Susanne Kolb

Nuovo Vocabolario Italiano Tedesco

Susanne Kolb

Nuovo Vocabolario Italiano Tedesco

ISBN/EAN: 9783741172670

Manufactured in Europe, USA, Canada, Australia, Japa

Cover: Foto ©Andreas Hilbeck / pixelio.de

Manufactured and distributed by brebook publishing software
(www.brebook.com)

Susanne Kolb

Nuovo Vocabolario Italiano Tedesco

NUOVO VOCABOLARIO ITALIANO-TEDESCO

AD USO

DE' PRINCIPIANTI

COMPILATO

DA BARTOLOMMEO BORRONI.

TOMO I.

MILANO. MDCCXCIII.

Presso Giuseppe Galeazzi Stampatore e Librajo.

Con Approvazione.

MILANO

Vendibile da Pietro Agnelli

PREFAZIONE.

AGLI AMATORI DELLA LINGUA TEDESCA

IL COMPILATORE.

FRa i pochi Dizionarj italiano-tedeschi e tedesco-italiani, che noi abbiamo, quelli del *Castelli* e del *Flathe* stampati in Lipsia l'uno nel 1782, e l'altro nel 1785. presso gli eredi di Weidmann, possono meritare qualche preferenza, perchè, oltre l'essere i più recenti, sono anche abbondantissimi di frasi, proverbj, e figure rettoriche; ma per conseguenza assai voluminosi e cari di prezzo, atteso il gravoso trasporto per la grande distanza dalla nostra Italia. Mancavaci dunque un Dizionario tale, che comprendendo tutte le voci in uso, primitive e composto dell' una e dell' altra lingua, contenesse eziandio quegli schiarimenti atti ad appianar la strada agli amatori d'amendue le dette lingue, e fosse nel tempo stesso comodo, e maneggevole per un principiante, ed anche di poca spesa.

Sebbene io fossi convinto della difficoltà del lavoro, e del rischio che ne sarei incorso; le sollecitazioni altrui, l'impegno dimostrato dagli editori Galeazzi di arrischiarne la stampa a proprie spese, le presentanee circostanze di molta gioventù che si applica allo studio della lingua tedesca, oggidì cotanto apprezzata, la necessità di avere un Dizionario comodo, utile, e di poco prezzo, e finalmente la lusinghiera speranza di essere in qualche modo utile al Pubblico, mi hanno animato ad intraprenderne la compilazione; e ciò tanto più, quanto che mi dò a credere di esserlo stato anche colla mia Gramatica uscita in Milano da questi medesimi torchj nel 1788, atteso lo smercio che ha avuto, forse per la sua brevità e chiarezza, adattata appunto alla più facile intelligenza dei principianti.

Io non intendo di quì trattenermi a spiegare il buon uso delle parole, od a rimontare all'origine delle lingue. Apprezzo quegli Autori che ne hanno lodevolmente parlato, e prescindendo dal ripetere ciò che fu detto già da tant' altri, mi sia però permesso di accennare due cose, sebbene queste soventemente ripetute: cioè l'utile che da un Dizionario qualunque si può ricavare (ed oserei dire ancora il bisogno che se ne ha), e la pena fastidiosa che costano sì fatti lavori; tutto il mondo dee convenire sul primo oggetto, ed il secondo è superiore ad ogni espressione.

Comunque ciò sia, io non voglio essere così

ardito di riputare il mio Dizionario completo, senza difetti, e purgato da ogni errore (*); poichè quand' anche lo asserissi niuno sarebbe in obbligo di prestar fede alle mie parole; e però io mi ristringerò a significare al Pubblico le misure che ho prese, ed il metodo che ho tenuto per riuscirvi.

Affine di render l'opera meno incomoda io l'ho divisa in due tomi; il primo contiene l'alfabeto italiano-tedesco, dietro le tracce dell' *Alberti*, e vice versa tedesco-italiano il secondo, colla scorta di *Flathe*, *Hübner*, ed altri classici Autori.

Tutti i vocaboli sono contraddistinti, sicchè si sappia cosa sieno realmente, cioè, se *sustantivi*, *aggettivi*, *avverbi*, *preposizioni*, *verbi* od altro. Per ciò che concerne i sustantivi tedeschi, ho segnato ad ognuno di essi il rispettivo articolo, onde rilevarne il genere; come pure le desinenze dei genitivi singolari, e dei nominativi plurali; e per rapporto ai verbi, se sieno semplici o composti, regolari od irregolari; anzi per una maggiore facilità dei prin-

---

(*) Se mai per avventura fosse senza errori, od almeno con pochi, ciò deesi alla diligenza, e somma attenzione del P. *Carlo Onofrio Mozzoni* Cappuccino della Provincia di Milano, il quale, come persona versatissima in varie scienze, non che in amendue coteste lingue, ha voluto darsi la pena di ripassarlo di mano in mano, e correggerlo dagli errori, che pur troppo vi s'incontravano, colla maggiore pazienza ed esattezza che gli sono cotanto famigliari.

espianti ho aggiunto al fine del secondo tomo una raccolta di tutte le preposizioni tedesche col loro significato; ed un' altra di que' sustantivi tedeschi, che in tutti i casi tanto del singolare, che del plurale vogliono l'aumento della sillaba *en*, a differenza degli altri; come pure un indice dei numeri cardinali ed ordinali, ed una tavola di tutti i verbi irregolari, colla rispettiva e varia conjugazione di ciaschedun di essi: cose tutte che costituiscono le maggiori difficoltà della lingua tedesca.

Mi sono fatto carico egualmente di dimostrare con esempj la varietà del significato dell' uno o dell' altro vocabolo; e se l' espressione sia nel senso proprio o figurato.

Non ho pure trascurato di dare in fine d'ogni tomo un indice separato de' nomi proprj tanto degli uomini che delle donne in amendue le lingue; come pure una esatta nomenclatura delle principali provincie, città, isole, e fiumi dell' Europa.

Adempiuto in tal modo quanto mi sono proposto, di essere cioè utile in qualche maniera ai miei Nazionali, mi giova sperare, che se malgrado la pena che mi sono data per rendere bene accetta al Pubblico questa mia qualunque siasi fatica, non incontrassi la comune soddisfazione, me ne sapranno buon grado i principianti almeno, i quali vorranno contentarsi di que' pochi vantaggi che ne ricaveranno.

Erklärung

Derer in diesem Werke vorkommenden Abbreviaturen.

SPIEGAZIONE

Delle abbreviature che s' incontrano nell' opera presente.

Accus.	Accusativo.	*Prep.*	Preposizione.
Ag.	Aggettivo.	*Op.*	Oppure.
Av.	Avverbio.	*Q. C.*	Qualche cosa.
Compar.	Comparativo.	*Sost.*	Sostantivo.
Ec.	Eccetera.	*V.*	Vedi.
F.	Femminino,	*V. att.*	Verbo attivo.
Fig.	Figurato.	*V. aus.*	Verbo ausiliare.
Gen.	Genitivo.	*V. ir.*	Verbo irregolare.
Imprec.	Imprecazione.	*V. ir. comp.*	Verbo irregolare composto,
It.	Item.		
M.	Mascolino.	*V. neutr.*	Verbo neutro,
N.	Neutro.	*V rec.*	Verbo reciproco.
NB.	Nota bene.	*V. r.*	Verbo regolare.
Partic. riempit.	Particella riempitiva.	*V. r. comp.*	Verbo regolare composto.
Part.	Participio.	*Vulg.*	Vulgo.
Pl.	Plurale.		

NUOVO VOCABOLARIO ITALIANO-TEDESCO

AD USO DE' PRINCIPIANTI.

AB | AB

A *prep.* zu, an, auf, bey, gegen, nach, um, vom (1).

A bada, *come*: tenere a bada alcuno, einen aufhalsten *v. ir*

Abate, der Abt *gen.* s, *pl.* (Aebte); *per*: Cherico, der Clericus, der Abbé; quello che abbraccia lo stato ecclesiastico, derjenige, welcher den geistlichen Stand antritt.

Abazia, die Abtey (2), *pl.* en.

Abaziale, des Abts, dem Abt, oder zur Abtey gehörig, *cioè*: appartenente alla Abazia; dignità abaziale, die Würde eines Abts.

Abbacchiare, abschlagen *v. ir. comp.* (3) als Früchte, *come*: Frutti.

Abbachiera, die Rechenmeisterin *pl.* en.

Abbachista, der Rechenmeister *gen.* s, (4).

Abbacinamento, die Blendung, Verblendung *pl.* en; *per*: inganno, die Verführung *pl.* en, der Betrug *gen.* s.

Abbacinare, blenden *v. r.*; verblenden *v. r. comp.*; als die Sonne oder sonst ein helles Licht; *in senso figurato*: einnehmen, verleiten, verführen, betrügen.

Abbaco, *per*: Aritmetica, die Rechenkunst (5); *per il*: libretto dal quale s'impara a numerare, die Rechentafel, *op.*: das Rechenbüchlein *gen.* s.

Abbadare, Achtung haben *v. auf.*, *cioè*: avere attenzione; abbadare a tutto, um alles sich bekümmern; auf alles ein wachsames Auge haben.

Abbadessa, die Aebtissin *pl.* en.

Abbadia, *V.* Abazia.

Abbadiale, *V.* Abaziale.

Abbagliamento, *V.* Abbacinamento.

Abbagliare, *V.* Abbacinare

Abbaglio, *V.* Abbacinamento.

Abbajamento (del cane), das Anbellen des Hundes.

Abbajare, anbellen *v. r. comp.*; Can, che abbaja, non morde, der den größten Lermen macht, ist der allerfeigste.

Abbajatore, der Anbeller, *cioè*: quello che abbaja; *in senso di*: calunniatore, der Verleumder *gen.* s.

Abbajatrice, die Anbellerin, *cioè*: quella che abbaja; *in senso di*: calunniatrice, die Verleumderin *pl.* en.

Abballare, in Ballen packen *v. r.*

Abbandonamento, die Verlassung, die Ueberlassung *pl.* en.

A

---

(1) Il vero significato di coteste preposizioni si darà nell'alfabeto tedesco.

(2) I sustantivi femminini in singolare sono indeclinabili.

(3) I verbi irregolari semplici si troveranno descritti per ordine alfabetico colla loro rispettiva conjugazione in un indice separato al fine del Dizionario.

(4) I sustantivi mascolini e neutri terminanti in el, er, en, ritengono la stessa desinenza anche in plurale.

(5) Que' sostantivi, ai quali non si è accennato il num. plurale, o non lo hanno assolutamente, o è pochissimo in uso.

Abbandonare, verlassen, unterlassen, davon ablassen *v. ir. comp.*, fahren lassen *v. ir.*; abbandonar le mani, die Hände fahren lassen; abbandonar la briglia, den Zaum schiessen lassen; *it.* abbandonare i suoi doveri, seine Pflicht nicht thun *v. ir.*; abbandonare un assedio, eine Belagerung aufheben *v. ir. comp.*

Abbandonarsi, sich verlassen, sich ergeben, sich übergeben, sich überlassen *v. rec. ir. comp.*; *per:* dimenticare se stesso, sich selbst vergessen *v. ir.*; *it.* (alle scienze) sich legen, als auf Wissenschaften: (ai pericoli), sich aussetzen, als der Gefahr.

Abbandonatamente, *av.* verlassener Weise, unbedachtsam.

Abbandonato, *part.* verlassen; vivere da abbandonato, sorglos, ruchlos leben *v. r.*; *it.* un viver da abbandonato, eine ruchlose Lebensart; abbandonato da' medici, ein Kranker, dem nicht mehr zu helfen ist; un fanciullo abbandonato, ein Findelkind.

Abbandonatore, der etwas verläßt, *cioè:* quello che abbandona qualche cosa *per esempio*: der einen Ort, einen Orden, eine Gesellschaft, eine Profession verläßt.

Abbandono, die Verlassung *pl.* en; mettere in abbandono, in die Schanze schlagen; darsi in abbandono a q. c., sich von etwas dahin reissen lassen; dare in abbandono, Preis geben; lasciar in abbandono, verlassen.

Abbarbagliamento, *V.* Abbacinamento.

Abbarbagliare, *V.* Abbacinare.

Abbarbaglio, *V.* Abbacinamento.

Abbarbicare, wurzeln *v. r.*

Abbarrare, den Weg verhauen *v. r. comp.* versperren *v. r. comp.*; *cioè* chiudere la strada con alberi od altro; *it.* Thüren und Fenster verschliessen, verriegeln, fest vermachen.

Abbaruffamento, der Zank *gen.* es, die Verwirrungen, Unruhen, die unter einander herrschen; das Handgemenge.

Abbaruffare, Handel anfangen *v. ir. comp.*, Zank, Zwietracht anrichten *v. r. comp.*, Verwirrungen, Unruhen anstiften *v. r. comp.*

Abbaruffarsi, sich schlagen *v. rec. ir.*, sich herumzanken *v. rec. r. comp.*

Abbassamento, die Erniedrigung *pl.* en; *it.* das Abreissen, oder Abtragen einer Mauer *it.* das Niedrigermachen; die Nachlassung, als der Stimme, wenn man sachter als Anfangs redet oder final.

Abbassare, erniedrigen *v. r. comp.*, abbassar l'animo, den Hochmuth fahren lassen *v. ir.*; (il volto), die Augen nieder schlagen *v. ir.*; (i prezzi), den Preis vermindern *v. r.*; (le vele), die Segel niederlassen, *v. ir. comp.*

Abbassarsi, sich herab lassen *v. rec. ir. comp.*; abbassarsi a pregare, *cioè:* umiliarsi, sich demüthigen *v. rec. r.*, sich erniedrigen *v. rec. r. comp.*

Abbasso, *cioè:* Abbassamento di prezzo, die Verminderung, Verringerung *pl.* en, (des Preises).

Abbasso, *av.* hinunter, unter.

Abbastanza, *av.* genug, zur Gnüge.

Abbatacchiare, *V.* Abbacchiare.

Abbattere, una casa, ein Haus niederschlagen, niederreissen, einreissen, umreissen *v. ir. comp.*; *it.* nieder, und zu Boden werfen; umhauen, als Bäume; abtragen, schleifen, als Festungswerke; den Muth benehmen, verzagt machen; essere abbattuto dalla disgrazia, von dem Unglücke getroffen seyn; abbattere la vela, die Segel streichen.

Abbattersi in qualcuno, jemandem ungefähr begegnen *v. r. comp.*; *per:* perdersi di coraggio, den Muth verlieren *v. ir. comp.*

Abbattimento, das Niederreissen; (dell' animo), das Niederschlagen des Gemüths; (di forze), die Kraftlosigkeit, *pl.* en; *per:* combattimento, die Schlacht *pl.* en; der Streit *gen.* es, *pl.* e.

Abbellare, abbellire, auszieren *v. r. comp.*; *per:* pulire, putzen, säubern, reinigen *v. r.*

Abbellimento, die Auszierung, Verschönerung, Zierde *pl.* en; gli abbellimenti, die Zierathen.

Abbellire, *V.* Abbellare.

Abbellirsi, sich putzen, sich zieren, sich schmücken *v. rec. r.*

Abbellitura, *V.* Abbellimento.

Abbenchè, *av.*, *V.* Benchè.

Abbendare una ferita, eine Wunde verbinden *v. ir.*; (gli occhi), die Augen verbinden *v. ir. comp.*

Abbeverare il bestiame, tränken v. r.; in senso di: adacquare, innaffiare, befeuchten, besprengen v. r. comp., begießen v. ir. comp., wässern v. r.

Abbeveratojo, die Tränke, der Tränktrog gen. s, pl. (Tränktröge), das Sauftrog gen. s; aus welchem Vögel oder sonst das Vieh zu trinken pflegt.

Abbici, das A, B, C; oppure: das Alphabet.

Abbiosciare, schrecken v. r., verabscheuen v. r. comp.

Abbiettezza, die Niederträchtigkeit, Verächtlichkeit, Kleinmüthigkeit pl. en; per: vile contegno, das niederträchtige Betragen gen. s; die niedrige Aufführung pl. en.

Abbietto, ag. niederträchtig.

Abbigliamento, die Kleidung pl. en; der Anzug gen. es.

Abbigliare, ankleiden v. r. comp.; abbigliare un cavallo, ein Pferd aufputzen v. r. comp.; meglio: adornare.

Abbigliarsi, meglio: vestirsi, sich ankleiden v. rec. r. comp.

Abbisognare, cioè: aver bisogno, vonnöthen haben v. aus., brauchen v. r.

Abbiurare, eine falsche Lehre, oder irrige Meinungen öffentlich abschwören v. ir. comp., derselben entsagen v. r. comp.; cioè: rinunziare ai medesimi.

Abbiurazione, die Entsagung, Abschwörung, öffentliche Wiederrufung pl. en.

Abboccamento, die mündliche Unterredung pl. en.

Abboccare coi denti, mit den Zähnen fassen v. r., anfassen v. r. comp.; proprio de' cani.

Abboccarsi con alcuno, sich mit jemand bereden, sich unterreden v. rec. r. comp.

Abbominabile, ag. abscheulich, greulich, häßlich.

Abbominamento, die Verabscheuung, die Greulichkeit pl. en; der Abscheu gen. es, pl. e.

Abbominare, scheuen v. r., verabscheuen v. r. comp.

Abbominazione, V. Abbominamento.

Abbominevole, V. Abbominabile.

Abbominevolmente, av. greulich, abscheulicher Weise, cioè: in modo abbominevole.

Abbonacciamento, V. Bonaccia.

Abbonamento (di danno), das Vergüten gen. s; ou meglio: die Ersetzung des Schadens pl. en.

Abbonare, vergüten v. r. comp.; den Schaden ersetzen v. r. comp.

Abbondante, ag. überflüssig.

Abbondantemente, av. überflüssig; im Ueberfluß; cioè: in abbondanza.

Abbondanza, der Ueberfluß gen. es; die Menge.

Abbondare im Ueberfluß haben v. aus.

Abbordare, anlanden v. r. comp., ans Land kommen v. ir.; cioè: prender terra; in senso di: abbordare coi nemici, den Feind angreifen v. ir. comp.

Abborrimento, V. Abbominamento.

Abborrire, V. Abbominare.

Abbortare, abortire, vor der Zeit gebähren v. ir.; cioè: partorire prima del tempo.

Abborto, die unzeitige Geburt.

Abbottinamento, die Plünderung, die Meuterey pl. en.

Abbottinare, cioè: far bottino, Beute machen v. r.; in senso di: ribellare, sollevare, ammutinare, aufwiegeln v. r. comp.

Abbottinarsi, per: sollevarsi, sich empören v. rec. r.

Abbottonare (un vestito), zuknöpfen v. r. comp.

Abbozzamento, der erste Entwurf eines Werks; cioè: il primo disegno, ed abbozzo di un' opera gen. es, pl. (Entwürfe).

Abbozzare, etwas mit den vornehmsten Strichen entwerfen v. ir. comp.; cioè: delineare colle linee principali.

Abbozzo, V. Abbozzamento.

Abbracciamento, das Umarmen, das Umhalsen gen. s, pl. (Umarmungen).

Abbracciare, umarmen, umhalsen; (qualche cosa), umfassen v. r. comp.

Abbracciarsi, sich umarmen (come sopra).

Abbrancare, anpacken v. r. comp., ergreifen, festhalten v. ir. comp.

Abbreviamento, die Verkürzung, Abkürzung pl. en; in senso di: Abbreviato, der Auszug gen. s, pl. (Auszüge); in senso di: Abbreviatura, abgekürztes Wort.

Abbreviare, abkürzen v. r. comp., kurz fassen v. r.

Abbrostolire, abbrostire, rösten v. r., abbrennen v. r. comp.

Abbrucciamento, die Verbrennung, das Abbrennen gen. s, der Brand; per: incendio, die Feuersbrunst.

Abbruciare, abbrennen, verbrennen v. r. comp.

Abbrunamento, das Braunwerden, gen. s

Abbrunare, cioè: divenir o render bruno, braun werden v. auf., o machen v. r.

Abbujare, oscurare, verdunkeln, verfinstern v. r. comp.; it. togliere la luce, den Glanz benehmen v. ir comp.

Abbujarsi, oscurarsi, finster, dunkel werden, cioè: diventare oscuro.

Abburattamento, das Sieben, das Sichten gen. s.

Abburattare, sieben, sichten v. r.; in senso figurato; abburattare alcuno, jemandem übel begegnen, plagen v. r., hin und wieder stossen v. ir.

Abburattatore, cioè: quello che abburatta, der Sieber, o Sichter.

Abbavo, Vor-Ober-Aeltervater gen. s, pl. (Väter).

Abdicazione, die Ablegung, Aufhebung pl. en; einer hohen Würde, di qualche dignità.

Abete, (albero) die Tanne, ossia der Tannenbaum gen. es, pl. (bäume).

Abile, ag. geschickt, tüchtig, fähig.

Abilità, die Geschicklichkeit, Fähigkeit pl. en.

Abilitare, cioè render abile, geschickt, tüchtig, fähig machen v. r.

Abilmente, av. geschickt, tüchtig.

Abissare, in einen Abgrund stürzen v. r., versenken v. r. comp.

Abisso, der Abgrund gen. es; die Tiefe; per: inferno, die Hölle.

Abitabile, ag. wohnbar.

Abitacolo, die Wohnung pl. en.

Abitante, sust. der Einwohner gen. s, ag. der da wohnet, cioè: quello che abita.

Abitare, wohnen v. r., bewohnen v. r. comp.

Abitatore, der Inwohner gen. s; meglio: der Einwohner.

Abitazione, V. Abitacolo.

Abito, das Kleid gen. es, pl. er; die Kleidung pl. en; per: abitudine, die Gewohnheit pl. en.

Abituale, ag. gewöhnlich, angewöhnt; eingewurzelt, cioè: radicato.

Abitualmente, av. auf angebohrner Art, cioè: in modo abituale.

Abituare (a qualche cosa), zu etwas gewöhnen v. r.

Abituarsi, avvezzarsi, sich gewöhnen v. rec. r.

Abitudine, die Gewohnheit pl. en; per: indole, proprietà, die Beschaffenheit, die Eigenschaft pl. en.

Abolimento, die Aufhebung, Abschaffung pl. en.

Abolire, abstellen, abschaffen v. r. comp., aufheben v. ir. comp.

Abolizione, V. Abolimento.

Abrogare, V. Abolire.

Absenza, assenza, die Abwesenheit pl. en; per: lontananza, die Entfernung pl. en.

Abusare, missbrauchen v. r. comp., misshandeln v. r. comp.

Abusivamente, av. mit Missbrauch, uneigentlich, betrüglich.

Abusivo, av. da Missbrauch dabey ist, cioè: ove vi è dell'abuso; senso abusivo, unrechter, uneigentlicher Verstand.

Abuso, der Missbrauch gen. es, pl. (Missbräuche), der Irrthum gen. s, pl. (Irrthümer).

AC

Acanto, ossia Branca orsina (certa erba), die Bärenklau.

Accademia, die hohe Schule pl. en, eine Versammlung von Gelehrten, cioè: una unione di Letterati, dicesi anche: Academie.

Accademicamente, av. auf academische Art.

Accademico, ag. academisch.

Accadere, geschehen, widerfahren, verfallen v. ir. comp.

Accaduto, part. ereignet, zugetragen.

Accagionare, verursachen v. r. comp.

Accalorare, erhitzen v. r.

Accampamento militare, das Lager, gen. s, pl. (Läger).

Accamparsi, sich lagern v. r.

Accannellare seta od altro, spuhlen, v. r.; oppure: auf die Spuhle wickeln v. r.

Accanto, av. neben, nahe, bey.

Accapezzare, cioè: terminare, vollbringen v. ir. comp., zu Ende bringen.

Accapigliamento, das Raufen gen. s; per: lite, der Zank, der Streit, gen. es, pl. e.

Accapigliarsi, raufen v. r. comp.; per: litigare, zanken v. r.; streiten v. ir.

Accapigliarsi, einander in die Haare kommen v. ir., cioè: prendersi per gli capelli.

Accappiare, eine Schlinge, eine Schleife machen v. r.

Accappiatura, die Schlinge, die Schleife pl. n.

Accapricciare, erschauern, erschrecken v. r. comp.; erschüttern v. r. comp.

Accarezzamento, die Liebkosung, die Liebesbezeugung pl. en.

Accarezzare, liebkosen v. r.

Accartocciare, cioè: involgere, einwickeln v. r. comp.

Accasamento, die Verheirathung pl. en; in senso di: soggiorno, das häusliche Niederlassen.

Accasarsi, per prender moglie, verheirathen v. r. comp.; in senso di: stabilire il suo soggiorno, sich ansässig machen v. rec. r.

Accatarramento, cioè: catarro, der Schnupfen g. v. s.

Accatarrare, cioè: aver il catarro, den Schnupfen haben v. aux.

Accattamento, das Betteln gen. s.

Accattare, betteln v. r.; Almosen sammlen v. r.

Accattarsi, per: acquistarsi, sich erwerben v. rec. ir. comp.

Accattatore, per: accattapani, der Bettler gen. s.

Accecamento, die Verblendung, die Blindheit pl. en; per: errore, der Irrthum gen. es, pl. (Irrthümer).

Accecare, blenden v. r.; verblenden v. r. comp., blind machen v. r.

Acceleramento, die Eilfertigkeit, die Beschleunigung, die Beförderung pl. en.

Accelerare, beschleunigen, befördern v. r. comp.; accelerare il passo, eilend fortgehen v. ir. comp.

Acceleratamente, av. eilends, schleunig, hurtig, geschwind.

Accelerazione, V. Acceleramento.

Accendere, anzünden, anbrennen v. r. comp.

Accendersi, cioè: divenire acceso, hitzig werden v. aux.; accendersi d'ira, d'amore, vor Zorn, vor Liebe brennen v. r.

Accendibile, ag. das leicht angezündet, angebrennet werden kann; cioè: che può facilmente accendersi; in senso figurato: das angezündet, entzündet werden kann.

Accendimento, per: incendio, die Feuersbrunst pl. (Feuersbrünste).

Accenditore, per: incendiario, der Mordbrenner gen. s.

Accennamento, der Wink gen. es, das Zeichen gen. s; (collu testa), (mano ec.), mit dem Kopfe, Hände ec.

Accennare, Zeichen geben, winken, cioè: far menzione, erwähnen v. r. comp.; per: notificare, andeuten v. r. comp.

Accento, der Accent gen. s, pl. e; per: parola, das Wort gen. es, pl. (Wörter).

Accentare, mit dem Accente bezeichnen v. r. comp.

Accerchiamento, das Umbinden gen. s.

Accerchiare, umbinden v. ir. comp.; (una Città ec.), umringen v. r. comp.

Accertamento, die Versicherung pl. en.

Accertare, versichern, behaupten, bestätigen v. r. comp.

Accertarsi, sich versichern, vergewissern v. rec. r.

Accertazione, V. Accertamento.

Accesamente, av. brünstiglich, inbrünstiglich, heftig, hitzig.

Acceso, part. angezündet, angebrannt; acceso d'amore, sehr verliebt; voglia accesa, ein brünstiges Verlangen; volto acceso, feuerroth ec.

Accessibile, ag. zugänglich.

Accessione, per: accrescimento, der Zuwachs gen. es.

Accesso, der Zutritt gen. es, pl. e; der Zugang gen. es, pl. (Zugänge); per: accesso di febbre, der Anfall vom Fieber gen. s, pl. (Anfälle).

Accessorio, sust. der Zugang gen. es, pl. (Zugänge); der Zusatz gen. es, pl. (Zusätze).

Accessario, ag. dazu gehörig, oder was das an einer Sache hanget, beiselben sind, ciò che ha relazione, o che dipende da una cosa.

Accetta, die Axt pl. (Aexte), das Beil gen. s, pl. e.

Accettabile, accettevole, ag. annehmlich.

Accettare, annehmen v. ir. comp.; accettare l'eredità, die Erbschaft antreten v. ir. comp.

Accettazione, die Annehmung, die Einwilligung pl. en; per: ricevuta, der Empfang gen. s.

Accettevole, V. Accettabile.
Accetto, ag. angenehm.
Acchetamento, die Beruhigung, die Besänftigung, die Stillung pl. en.
Acchetare, stillen v. r., besänftigen, beruhigen v. r. comp.; per: acquietare, beschwichtigen v. r. comp.
Acchetarsi, darsi pace, sich zufrieden geben v. rec. ir.
Acchiappare, erwischen, ertappen v. r. comp.; per: sorprendere, überfallen v. ir. comp.
Acchiudere, beyschließen, einschließen v. ir. comp., beylegen v. r. comp.
Accia, V. Accetta.
Acciabattare, liederlich verfertigen v. r. comp.; per: guastare il mestiero, pfuschen v. r.
Acciaccare, schiacciare, zerquetschen, zermalmen v. r. comp.; per: pillare, riducendo in polvere o minuzzando, zerstoßen, zerreiben, zerschlagen v. ir. comp.; it. zu Pulver machen v. r.
Acciacco, per: indisposizione, die Unpäßlichkeit pl. en; per: maldicenza, die Schmährede pl. n.
Acciajo, der Stahl gen. s; dar l'acciajo, acciajare, verstählen v. r. comp.; mit Stahl beschlagen v. ir. c.
Acciajuolo, battifuoco, focile, der Feuerstahl, das Feuerzeug gen. es.
Acciaino, acciarino, V. Acciajuolo.
Acciaro, V. Acciajo.
Accidentale, ag. zufällig.
Accidentalità, die Zufälligkeit pl. en.
Accidentalmente, av. zufälliger Weise, von ohngefähr.
Accidente, per: accidentalità, der Zufall gen. s, pl. (Zufälle); in senso di malattia, eine schlimme Krankheit, ein Unfall gen. s, pl. (Unfälle).
Accidia, die Saumseligkeit, Faulheit, Trägheit pl. en.
Accidiosamente, av. nachläßig, liederlich, langweilig, saumselig.
Accidioso, ag. faul, träg, langsam, schläfrig.
Accigliamento, per: aspetto burbero, das finstere, grämliche, unruhige Aussehen gen. s.
Accigliare, in senso di [illegible] zurichten v. ir. comp.; per: increspare le ciglia, die Stirne runzeln v. r.
Accigliato, part. e ag.: fronte accigliata, eine gerunzelte Stirne.

Accignersi, sich anschicken, sich bereiten v. rec. r. comp., sich rüsten, sich gefaßt machen v. rec. r.
Accignimento, die Zubereitung, die Vorbereitung pl. en.
Accingersi, V. Accignersi.
Accingimento, V. Accignimento.
Acciò, Acciocchè, conj. damit, auf daß.
Acciuffare, prender pei capelli, bey den Haaren nehmen v. ir., erwischen v. r. comp.
Acciuffarsi, (v. f.) sich bey den Haaren erwischen v. r. comp., ergreifen v. ir. comp.
Acciuga, specie di Sardella di mare, die Meergrundel pl. n; die Sardelle pl. n.
Acclamare, mit Freudengeschrey zurufen v. ir. comp.
Acclamazione, das Freudengeschrey.
Acclive, per: inclinato, ag. geneigt; per: erto, steil.
Accoccare (l'arco), den Pfeil auf den Bogen legen v. r.; in senso d' ingannare, betrügen, hintergehen v. ir. comp.
Accoglienza, der Willkommen gen. s, die Aufnahme pl. n, das Empfangen gen. s.
Accogliere, empfangen v. ir. comp.; per: dare il benvenuto, bewillkommen v. ir. comp.
Accoglimento, V. Accoglienza.
Accolito, der Akolyt, certo ufficio presso la Chiesa Cattolica.
Accollarsi, cioè prender sopra di se, auf sich nehmen v. ir.; per: tirarsi addosso, sich auf den Hals laden v. rec. ir.
Accollare, cioè: appiccare con colla, anleimen, ankleben v. r. comp.
Accolto, das accogliere, part. empfangen, aufgenommen.
Accommiatare, cioè: congedare, Abschied geben v. ir.
Accommiatarsi, cioè: prender congedo, Abschied nehmen v. ir.
Accommiatamento, per: congedo, die Entlassung, der Abschied gen. s; per: licenza, der Urlaub.
Accomodabile, ag. das zu vermitteln ist.
Accomodatamente, av. füglich, schicklich.
Accomodamento, per: buon ordine, disposizione, die Einrichtung, Anrichtung, Zurichtung pl. en; per: riparazione, die Ausbesserung pl. en.

per: riconciliazione, die Versöhnung, Vermittelung, Beylegung pl. en; per: accordo, der Vertrag gen. s, pl. (Verträge); der Vergleich gen. s.

Accomodare, per: render comodo, bequem machen v. r.; per: rimettere in buon essere, zurecht machen v. r.; per: riparare, ausbessern v. r. comp.; per: riconciliare, versöhnen v. r. comp.; per: comporre liti ec., beylegen v. r. comp.

Accomodarsi, per: adattarsi, sich schicken v. rec. r.; per: riconciliarsi, sich vergleichen v. rec. ir. comp., sich versöhnen v. rec. r. comp.; per: sedersi, sich niedersetzen v. rec. r. comp.

Accomodatamente, } V. Accomoda-
Accomodevolmente, } mente.

Accompagnamento, die Begleitung pl. en; das Gefolg gen. es.

Accompagnare, begleiten v. r. comp.; per: far compagnia, Gesellschaft leisten v. r.

Accompagnarsi, sich zu einem gesellen v. rec. r.

Accomunamento, das gemeinschaftliche Wesen gen. s.

Accomunare, cioè: render comune, gemein machen v. r.

Accomunarsi, sich gemein machen v. rec. r.

Acconcezza, die Zierde pl. n; der Zierrath pl. en; der Schmuck gen. s.

Acconciamente, av. zierlich, hübsch.

Acconciamento, die Zierung, die Ausschmückung pl. en; der Schmuck gen. es; per: riparamento, die Ausbesserung pl. en.

Acconciare, zieren v. r., aufputzen, ausschmücken v. r. comp.

Acconciarsi, cioè: ornarsi, sich zieren, schmücken, putzen v. rec. r.

Acconciatore, der Zierer, Schmücker, Putzer; cioè: quello che acconcia, ed orna.

Acconciatura (di testa), der Kopfputz gen. es.

Acconcime, die Einrichtung, die Ausbesserung pl. en; è termine delle case, o beni.

Acconcio, sost. die Bequemlichkeit pl. en; per: vantaggio, der Vortheil gen. s, pl. e.

Acconcio, part. acconciato, geputzt, ag. füglich, geschickt.

Acconsentimento, die Einwilligung pl. en; der Beyfall gen. s, pl. (Beyfälle).

Acconsentire, beywilligen, einwilligen, zustimmen v. r. comp., Beyfall geben v. ir.

Acconsenziente, ag. einstimmig, einmüthig.

Accoppare, cioè: uccidere, tödten v. r., umbringen v. ir. comp.

Accoppiamento, die Paarung, die Zusammenfügung pl. en.

Accoppiare, paarweise zusammenfügen, setzen, stellen v. r., thun v. ir.

Accoppiarsi, sich paaren v. rec. r.

Accoramento, das Leid gen. es; die Bekümmerniß.

Accorare, kränken, betrüben v. r.

Accorarsi, sich bekümmern, ängstigen, betrüben v. rec. r.

Accorazione, die Herzensangst.

Accorciamento, die Abkürzung, Verkürzung pl. en.

Accorciare, verkürzen v. r.

Accordatamente, av. cioè, einstimmig.

Accordamento, die Zusammenstimmung, Uebereinstimmung pl. en.

Accordare, vergleichen v. ir. comp., vereinigen v. r. comp.; accordare gli stromenti, die Instrumente stimmen v. r.

Accordatura di stromenti, die Uebereinstimmung der Instrumente.

Accordo (d'), cioè: esser d'accordo, gleicher Meinung, einstimmig seyn v. aux.

Accorgersi, merken v. r., wahrnehmen v. ir. comp., gewahr werden v. aux.

Accorgimento, die Wahrnehmung, die Bemerkung pl. en.

Accorrere, hinzulaufen v. ir. comp.

Accorrimento, der Zulauf gen. es; das Zusammenlaufen gen. s.

Accortamente, av. vorsichtig, listig.

Accortezza, die Vorsichtigkeit, die Klugheit, die Scharfsinnigkeit pl. en.

Accorto, ag. klug, behutsam, verschlagen, scharfsinnig.

Accostamento, die Näherung pl. en; der Zugang gen. es, pl. (Zugänge); der Zutritt gen. es, pl. e.

Accostare, nähern v. r.

Accostarsi, sich nähern v. rec. r., anrücken v. r. comp., nahe kommen v. ir.

Accosto, V. Accanto.

Accostumanza, die Gewohnheit pl. en; das Angewöhnen.

Accostumare, gewöhnen *v. r.*; essere accostumato, gewohnt seyn *v. aus.*

Accostumarsi, sich gewöhnen *v. rec. r.*; sich angewöhnen *v. rec. r. comp.*

Accostumatamente, *av.* nach gemeiner Gewohnheit; wie man immer pflegt, *cioè*: come si è solito.

Accostumato, *part. ed ag.* gewohnt, *ed anche*: gewöhnt.

Accozzamento, die Vereinbarung *pl.* en; das Vereinigen *gen.* s; per urtamento colla testa, das Stoßen mit dem Kopfe.

Accozzare, vereinbaren, vereinigen *v. r. comp.*; per: urtare colla testa, mit dem Kopfe stoßen *v. ir.*

Accreditare, berühmt machen *v. r.*, in guten Ruf bringen *v. r.*; uomo accreditato, ein Mann der in gutem Ruf steht.

Accreditarsi, sich berühmt machen *v. rec. r.*

Accrescente, *ag.* wachsend, zunehmend.

Accrescere, vermehren, vergrößern *v. r. comp.*

Accrescimento, die Vermehrung *pl.* en; das Zunehmen, Aufnehmen *gen.* s, der Zuwachs *gen.* es.

Accrescitivamente, *av.* zunehmender Weise, *cioè* in modo accrescitivo.

Accrescitivo, *ag.* das vergrößert, vermehrt, zunimmt.

Accrespare, kraus machen, kräuseln *v. r.*

Accudire, herzeilen, mitwirken *v. r. comp.*, dazuhelfen *v. ir. comp.*

Accumulamento, die Häufung, die Sammlung *pl.* en.

Accumulare, häufen, sammeln *v. r.*

Accumulanza, **Accumulazione**, *V.* Accumulamento.

Accuratamente, *av.* fleißig, genau, mit Sorgfalt.

Accuratezza, der Fleiß *gen.* es; die Vorsicht, die Genauigkeit *pl.* en.

Accuratissimamente, *av.* auf das genaueste, fleißigste.

Accurato, *ag.* sorgfältig, fleißig, genau, achtsam.

Accusa, die Klage, die Anklage, die Verklagung, die Beschuldigung *pl.* en.

Accusabile, *ag.* der angeklagt, verklagt, beschuldiget werden kann.

Accusatore, der Kläger, Ankläger *gen.* s.

Accusare, anklagen, verklagen *v. r. comp.*; accusare un fatto, eine That bekennen *v. r. comp.*; accusare una lettera, den Empfang eines Briefs anzeigen *v. r. comp.*

Acerbamente, *av.* bitter, sauer, scharf, hart, strenge.

Acerbare, erbittern *v. r. comp.*

Acerbetto, *ag.* (parlandosi di frutti), etwas herbe; *metaf.*, eigensinnig, widerspenstig.

Acerbezza (di frutti), die Grüne, die Rauhe, die Herbe *pl.* n; per rigore, die Schärfe, die Härte, die Strenge *pl.* n.

Acerbità, *V.* Acerbezza.

Acerbo, *ag.* (parlandosi di frutti), grün, rauh, herb, unzeitig; *metaf.* scharf, hart, streng.

Acera (albero), der Ahornbaum *gen.* es, *pl.* (Ahornbäume).

Acerrimamente, *av.* auf eine sehr heftige, anzügliche, strenge Art, *cioè*: in modo assai acerrimo.

Acerrimo, *ag.* sehr strenge.

Acetabolo, (certa erba) das Nabelkraut *gen.* es.

Acetire, Essig an etwas thun *v. ir.*, zu Essig werden, *cioè*: diventare aceto.

Aceto, der Essig *gen.* s.

Acetosa, der Sauerampf *gen.* es.

Acetosella, *cioè*: Trifoglio acetoso, der Sauerklee *gen.* s.

Acetosità, die Säure vom Essig.

Acetoso, *ag.* essigsauer.

Achillea od **aquilegia**, (erba) die Agley.

Acidetto, *ag.* säuerlich.

Acidezza, *V.* Acidità.

Acidità, die Säure.

Acido, *ag.* sauer.

Acino, das Kernchen im Obste, und in der Weinbeere, *cioè*: granelli nella frutta, e nell'uva.

Aconito, (erba velenosa) die Wolfswurz.

Acoro, galanga (erba medicinale) die Galgant.

Acqua, das Wasser *gen.* s, *pl.* (Wässer); andar per acqua, zu Wasser reisen *v. r.*, o fahren *v. ir.*; acqua benedetta, das Weihwasser; acqua minerale, die Sauerbrunnen; acqua forte, das Scheidewasser; acquavita, der Brandtewein.

Acquajo, der Wassertrog, der Röhrtrog *gen.* es, *pl.* (tröge); der Wasserständer *gen.* s; der Gußstein *gen.* s, *pl.* e.

Acquare, *V.* Innaffiare.

Acquatico, acquatile, *ag.* was im Wasser lebt, *cioè*: che vive nell' acqua.

Acquazzone, *cioè*: pioggia veemente, der Schlagregen, der Platzregen.
Acquazzoso, *V.* Acquoso.
Acquedotto, die Wasserröhre *pl.* n; die Wasserleitung *pl.* en; das Wasserwerk *gen.* es, *pl.* e.
Acqueo, *V.* Acquoso.
Acquetta, **Acquerella**, { das Wässerlein *gen.* s; *per*: vino leggiero, der schlechte Wein; *per*: acquarella dei pittori, die Wasserfarbe *pl.* n.
Acquidoso, *ag.* feucht, wässericht.
Acquidotto, *V.* Acquedotto.
Acquitrinoso, *ag.* sumpfig, morastig.
Acquietamento, die Beruhigung, die Befriedigung, die Besänftigung *pl.* en; *V.* Acchetamento.
Acquietare, besänftigen, beruhigen, befriedigen *v. r. comp.*, *V.* Acchetare.
Acquietarsi, sich besänftigen; (*t. f.*) *V.* Acchetarsi.
Acquifoglio, Agrifoglio, Alloro spinoso, der Stechpalm *gen. e pl.* en.
Acquilegia, (erba) die Winde *pl.* n.
Acquisito, *ag.* erlangt, erworben.
Acquisizione, die Erwerbung *pl.* en; der Gewinn *gen.* es; *V.* Acquisto.
Acquistare, erlangen *v. r. comp.*, erwerben *v. ir. comp.*, überkommen *v. ir. comp.*; *per*: guadagnare, gewinnen *v. ir.*; *per*: conquistare, erobern *v. r.*
Acquistarsi, sich erwerben *v. rec. ir.*
Acquistato, *sust.* das Erworbene, das Erlangte; *part.* erlangt, erworben.
Acquistatore, der Erwerber *gen.* s; *per*: conquistatore, der Eroberer *gen.* s.
Acquistatrice, die Erwerberin 2c.
Acquisto, die Erwerbung *pl.* en; *per*: vantaggio, der Vortheil *gen.* s; der Gewinn *gen.* es; *per*: compra, der Kauf *gen.* es, *pl.* (Käufe).
Acquitrino, Laguna, der Sumpf *gen.* s, *pl.* (Sümpfe).
Acquitrinoso, *ag.* sumpfig, morastig.
Acquosità, die Wässrichkeit, die wässerliche Feuchtigkeit *pl.* en.
Acquoso, *ag.* wässericht.
Acre, *ag.* scharf, herb, beissend; *parlandosi di*: parole, spitzig, anzüglich.
Acredine, *V.* Acrimonia.
Acremente, *av.* (di parole) auf eine spitzige, anzügliche Art; (d'animo), auf eine eifrige, hitzige Art; (di calore), auf eine brennende Art.

A crepa corpo, **A crepa pelle**, { *cioè*: mangiare a crepa pelle, unmässig fressen *v. ir.*
Acrezza, **Acrimonia**, { die Schärfe, die Herbigkeit, der Schwere; *per*: rancore, die Verbitterung *pl.* en.
Acrissimo, *av.* sehr scharf; *V.* Acre.
Acrità, *V.* Acrimonia.
Aculeo, der Stachel *gen.* s.
Acuminato, *ag.* spitzig; *part.* gespitzt.
Acutamente, *av.* spitzfündig, scharf; *trattandosi* d'ingegno, klug.
Acutezza, die Spitzfündigkeit; (d'ingegno), die Scharfsinnigkeit *pl.* en.
Acuto, *ag.* gespitzt, geschärft; (d'ingegno), scharfsinnig.

AD

Adacquamento, die Wässerung, die Begiessung, die Anfeuchtung *pl.* en.
Adacquare, begiessen *v. ir. comp.*, anfeuchten *v. r. comp.*, netzen *v. r.*; *per*: spruzzare, besprengen *v. r. comp.*
Adagiare, bequem, zurecht machen, zurichten *v. r. comp.*
Adagiarsi, seiner Bequemlichkeit pflegen *v. r.*; *per*, sedere, setzen *v. r.*
Adagio, *av.* gemächlich, langsam, leise, sacht.
Adamante, *V.* Diamante.
Adattabile, *ag.* füglich, bequem.
Adattabilità, die Bequemlichkeit, die Schicklichkeit *pl.* en.
Adattamento, die Füglichkeit, die Zuschickung, die Anschickung, die Anwendung *pl.* en.
Adattare, zuschicken, anschicken *v. r. c.*
Adattarsi, sich bequemen, sich anschicken *v. rec. r. comp.*
Adattazione, *V.* Adattamento.
Addarsi, *per*: avvedersi, merken *v. r.*, gewahrwerden *v. aus. comp.*; *per*: applicarsi, sich befleissigen *v. r. comp.*; sich auf etwas legen *v. rec. r.*
Addebolimento, *V.* Debilitamento.
Addebolire, *V.* Indebolire.
Addecimare, *V.* Decimare.
Addensamento, die Verdickung *pl.* en; das Dickwerden *gen.* s.
Addensare, *V.* Condensare.
Addentare, mit den Zähnen anfassen *v. r. comp.*, *cioè*: afferrare coi denti.
Addentato, *part.* mit Zähnen angefasst.

Addentellare, verzahnen *v. r. comp.*, *termine proprio nelle fabbriche.*

Addentellatura, die Verzahnung *pl.* en.

Addentro, *av.* hinnein; *per:* internamente, inwendig.

Addestramento, das Abrichten, das Unterrichten, das Lehren *gen.* s.

Addestrare, unterrichten, abrichten *v. r. comp.*, lehren *v. r.*

Addestrarsi, sich unterrichten *v. rec. r. comp.*; *per:* esercitarsi, sich üben *v. rec. r.*

Addestrato, *part.* abgerichtet.

Addietro, *av.* zurück, rückwärts, hintennach, dahinter; per l'addietro, vor diesem; ne' tempi addietro, in vorigen Zeiten.

Addiettivo, } das Beywort *gen.* es, *pl.* e.
Aggettivo, }

Addimanda, die Frage *pl.* n; das Begehren *gen.* s; *per:* preghiera, die Bitte *pl.* n; *per:* richiesta o pretensione, die Forderung, die Anforderung *pl.* en.

Addimandare, fragen, fordern *v. r.*, um etwas bitten *v. ir.*

Addimesticare, zahm machen *v. r.*

Addimesticarsi, zahm werden *v. aus.*, sich gemein machen *v. rec. r.*

Addimesticamento, } die Zähmung, die Vertraulichkeit *pl.* en; das Gemeinwerden *gen.* s
Addimesticatura, }

Addio, *sust.* der Abschied *gen.* es, prender l'addio, Abschied nehmen *v. ir.*

Addio, *av. ed interjezione*, Lebe wohl! Gott befohlen! Gott behüte dich!

Addire, zukommen *v. ir. comp.*, *V.* Confarsi.

Addirimpetto, *prep.* gerade gegenüber, auf der andern Seite, *cioè:* di là; addirimpetto a me, mir gegenüber.

Addirimpetto, *av.* gerade, gegenüber, ins Gesicht, *cioè:* in faccia, di contro.

Addirittura, *av.* geradezu, gerades Weges.

Addirizzamento, die Richtung, die Leitung, die Führung *pl.* en.

Addirizzare, *per:* apparecchiare, mettere in assetto, zurichten *v. r. comp.*; *per:* render diritta una cosa, gerade machen *v. r.*, addirizzare la nave per l'una o l'altra parte, das Schiff lenken, wenden *v. r.*, *cioè:* volgere.

Addirizzarsi, sich aufrichten *v. rec. r. comp.*; addirizzarsi a qualcuno, an jemanden sich wenden *v. rec. r.*

Additamento, die Anzeige *pl.* n; die Anzeigung *pl.* en; das Zeigen mit den Fingern.

Additare, anzeigen *v. r. comp.*; *per:* accedere, zutreten *v. r. comp.*

Addivenire, succedere, begegnen *v. r. comp.*, geschehen *v. ir. comp.*, wiederfahren *v. ir. comp.*, sich zutragen *v. rec. ir. comp.*

Addizione, der Zusatz *gen.* es, *pl.* (Zusätze); die Zugabe *pl.* n; die Hinzusetzung *pl.* en; das Beyfügen *gen.* s.

Addobbamento, der Aufputz *gen.* es, der Schmuck *gen.* es, *pl.* die Zierrathen.

Addobbare, schmücken, zieren *v. r.*, auszieren, aufputzen *v. r. comp.*

Addocchiare, anblicken *v. r. comp.*, *V.* Adocchiare.

Addolcimento, die Versüßung *pl.* en; *per:* rappacificamento, die Besänftigung *pl.* en.

Addolcire, *cioè:* render dolce, versüßen *v. r. comp.*, süß machen *v. r.*, *per:* mitigare, lindern *v. r.*; *per:* rappacificare, besänftigen, befriedigen *v. r. comp.*

Addolcirsi, *per:* divenire dolce, süß werden *v. aus.*; *per:* rappacificarsi, sich besänftigen *v. rec. r. comp.*; *per:* cedere, nachlassen *v. ir. comp.*; *per:* calmarsi, gelinder werden *v. aus.*

Addolorare, betrüben, bekümmern *v. r. comp.*, kränken *v. r.*, wehthun *v. ir. comp.*, *cioè:* far male.

Addolorarsi, sich betrüben, sich bekümmern, sich kränken *v. rec. r.*, *V.* Addolorare.

Addomanda, die Frage, die Bitte *pl.* n, *V.* Addimanda.

Addomandare, *V.* Addimandare.

Addomesticamento, das Zahmmachen *gen.* s, die Zähmung *pl.* en.

Addomesticare, *V.* Addimesticare.

Addomesticarsi, *V.* Addimesticarsi.

Addoppiamento, } die Verdoppelung *pl.* en.
Addoppiatura, }

Addoppiare, doppeln *v. r.*, doppelt legen *v. r. comp.*

Addoppio, *av.* doppelt.

Addormentamento, das Einschlafen, das Einschläfern *gen.* s.

Addormentare, einschläfern *v. r. comp.*

Addormentarsi, einschlafen *v. ir. comp.*

Addormentaticcio, *ag.* schläfrig, schlafend, schlaftrunken.

Addormentato, *ag.* eingeschläfert; *it.* far l'addormentato, sich einfältig, dumm, albern stellen *v. r.*

Addormire, *V.* Addormentare; *fig.* Addormire, entschlafen *v. ir. comp.*, sterben *v. ir.*

Addossamento, das Aufbürden, das Beladen, das Belassen, das Beschweren *gen.* 6; *per*: incarico, der Auftrag *gen.* 6, *pl.* (Aufträge).

Addossare, *cioè*: porre sulle spalle, auf die Schultern legen *v. r.*, aufbürden, belassen *v. r. comp.*, beladen *v. rec. ir.*; *per*: incaricare, auftragen *v. ir. comp.*

Addossarsi, über sich nehmen *v. ir.*, *cioè*: prendere sopra di se; *per*: attirarsi una disgrazia ec., sich zuziehen *v. rec. ir. comp.*

Addosso, *av.* auf, bey; avere addosso, *cioè*: presso di se, bey sich haben *v. auf.*; recarsi addosso, sich zuziehen *v. rec. ir. comp.*; girare gli occhi addosso ad uno, die Augen auf einen richten *v. r.*, werfen *v. ir.*

Addosso, *prep.* auf; tenere gli occhi addosso a uno, auf einen genau Acht haben *v. auf.*; dar addosso a uno, einen anfallen *v. ir. comp.*

Addotto, *part.* da Addurre.

Addottoramento, das Doctorat, *it.* das Doctorwerden *gen.* 6.

Addottorare, zum Doctor machen *v. r.*

Addottorarsi, zum Doctor werden *v. auf.*

Addottorato, *part.* zum Doctor geworden.

Addottrinamento, die Unterweisung, *pl.* en; der Unterricht *gen.* 6; die Lehre *pl.* n; *dicesi ancora*: das Unterweisen, das Unterrichten, das Lehren *gen.* 6.

Addottrinare, unterrichten *v. r. comp.*, lehren *v. r.*, unterweisen *v. ir. comp.*

Addottrinatamente, *av.* auf eine gelehrte Art.

Addottrinatissimo, *ag.* sehr gelehrt.

Addottrinato, *part.* gelehrt, erfahren.

Addottrinevole, *ag.* lehrsam, gelehrig, *V.* Docile.

Addrizzare, *V.* Addirizzare.

Addurare, hart machen *v. r.*, verhärten *v. r. comp.*, *V.* Indurare.

Adducere, hinzuführen, herbeyführen *v. r. comp.*; *per*: allegare, beybringen *v. ir. comp.*; addurre testimonj, Zeugen aufführen, herstellen *v. r. comp.*

Adeguamento, die Gleichheit, die Gleichheit *pl.* en; *per*: aggiustamento, die Beylegung, Vermittelung, Versöhnung *pl.* en; der Vergleich, der Vertrag *gen.* 6, *pl.* (Verträge).

Adeguare, gleich machen *v. r.*, *cioè*: render eguale, *V.* Agguagliare; *per*: aggiustare, vergleichen *v. ir. comp.*, beylegen *v. r. comp.*, vermitteln *v. r. comp.*

Adempiere, bewerkstelligen, erfüllen *v. r. comp.*, vollbringen *v. r. comp.*, *V.* Adempire.

Adempimento, die Erfüllung, die Bewerkstelligung, die Vollbringung *pl.* en

Adempire, bewerkstelligen *v. r. comp.*, erfüllen *v. r. comp.*, vollbringen *v. r. comp.*; adempire la sua promessa, sein Wort halten *v. ir.*, *cioè*: mantenere la sua parola; adempire i suoi doveri, gli ordini ec., seine Pflicht, die Befehle ec. vollziehen *v. ir. comp.*

A dentro, *av.* *cioè*: internamente, inwendig; ben addentro, tief hinein.

Adequare, *V.* Adeguare.

Adequazione, *V.* Adeguamento, *in senso di*: contra astronomico, o geometrico, die astronomische, oder geometrische Berechnung *pl.* en.

Aderente, *sust.* der Anhänger *gen.* 6; *per*: Fautore, der Gönner *gen.* 6, *fem.* die Anhängerin, die Gönnerin *pl.* en;

Aderenza, das Aneinanderhangen, das Anhangen *gen.* 6; *per*: inclinazione, die Zuneigung *pl.* en; *per*: appartenenza, das Zugehör *gen.* 6; *it.* die Verbindung *pl.* en.

Adergere, aufrichten, empor richten, in die Höhe richten *v. r. comp.*

Adergersi, sich aufrichten *v. rec. r. comp.*, *V.* Adergere.

Aderimento, das Anhangen, *V.* Aderenza.

Aderire ad uno, einem beystimmen, beypflichten *v. r. comp.*, beyfallen *v. ir. comp.*; essere inclinato, zugethan seyn *v. auf.*; *per*: favorire, begünstigen *v. r. comp.*

Adescamento, die Anlockung *pl.* en.

Adescare, locken *v. r.*, anlocken, verlocken *v. r. comp.*; tirare a se, an sich ziehen *v. ir.*

Adesione, das Anhangen, *V.* Aderenza.

Adesso, *av.* itzt, iezo, jezo, jetzunder; adesso adesso, gleich, den Augenblick.

Adiacente, *ag.* das daranliegende, daranstoßende; *per:* confinante, angränzende.

Adiacenza, die herum liegende Gegend *pl.* en.

Adiante (erba), *cioè:* Ruta parietaria, die Mauerraute.

Adiettivo, das Beywort *gen.* s, *pl.* (Beywörter): *V.* Addiettivo.

Adiramento, der Zorn, die Zornmüthigkeit, die Erzürnung *pl.* en.

Adirare, erzürnen *v. r. comp.*; portare alcuno alla collera, jemanden zum Zorn bringen *v. ir.*

Adirarsi, sich erzürnen *v. rec. r. comp.*, unwillig werden *v. auf.*

Adiratamente, *av.* auf eine zornige Art, *cioè:* in modo adirato.

Adiratissimo, *ag.* sehr zornig, sehr böse, sehr aufgebracht.

Adirato, *part.* zornig böse, aufgebracht.

A dirotta, *av.* piangere a dirotta, bitterlich weinen *v. r.*, *cioè:* piangere amaramente

Adito, der Eingang, der Zugang *gen.* es, *pl.* (Eingänge, Zugänge); der Zutritt *gen.* es, *pl.* e.

Adivenire, *V.* Addivenire

Adizzamento, die Aufhetzung, die Verhetzung *pl.* en; *per:* eccitamento, die Anreizung *pl.* en.

Adizzare, anhetzen, aufhetzen (proprio dei cani), *v. r. comp.*; *per:* eccitare, stimolare, anreizen *v. r. comp.*

Adizione, die Antretung *pl.* en; andare all' adizione dell' eredità, die Erbschaft antreten *v. ir. comp.*

Adobbare, *V.* Addobbare.

Adocchiamento, das Anblicken *gen.* s.

Adocchiare, anblicken *v. r. comp.*, Blicke geben *v. ir.*; *per:* guardar fisso, starr ansehen *v. ir. comp.*; *per:* riconoscere, erkennen *v. r. comp.*

Adocchiato, *part.* angeblickt.

Adolescenza, die Jugend, *cioè:* l'età dal 12 al 21 anni, das Alter von 12 bis 21 Jahren.

Adombrabile, *ag.* schattigt.

Adombramento, das Ueberschatten *gen.* s; die Ueberschattung *pl.* en; *per:* spavento, der Schrecken *gen.* s; *per:* sorpresa, die Ueberraschung *pl.* en.

Adombrare, *cioè:* far ombra, Schatten machen *v. r.*, überschatten, beschatten *v. r. comp.*; *per:* oscurare, verdunkeln *v. r. comp.*; *per:* abbarbagliare l'intelletto, den Verstand verblenden *v. r. comp.*

Adoperabile, *av.* das dienlich, nützlich, zuträglich, brauchbar ist.

Adoperabile, *av.* dienlich, nützlich, zuträglich, brauchbar.

Adoperamento, *per:* cura, diligenza, die Bestrebung, die Beschäftigung, die Bemühung *pl.* en; *per:* uso, der Gebrauch *gen.* es, *pl.* (Gebräuche).

Adoperare, *per:* usare, gebrauchen *v. r. comp.*; *per:* valersi, nutzen *v. r.*

Adoperarsi, *cioè:* darsi cura, sich bestreben, sich bemühen *v. rec. r. comp.*; *per:* applicarsi a qualche cosa, sich auf etwas legen *v. r.*

Adoperazione, *V.* Adoperamento.

Adoppiamento, *cioè:* sonnifero d'opio, der Schlaftrunk von Opium.

Adoppiare, *cioè:* dar l'oppio, das Opium eingeben *v. ir. comp.*

Adorabile, *ag.* anbetungswürdig, verehrungswürdig, *cioè:* degno di adorazione.

Adoramento, *V.* Adorazione.

Adorando, *V.* Adorabile.

Adorare, anbeten, verehren *v. r. comp.*

Adoratore, der Anbeter, Verehrer *gen.* s; *per:* amante, der Liebhaber *gen.* s.

Adoratrice, die Anbeterin *x.*

Adorazione, die Anbetung, die Verehrung *pl.* en.

Adornamente, *av.* zierlich, schön, hübsch.

Adornamento, der Anputz, der Schmuck *gen.* s, *pl.* die Zierrathen, *V.* Addobbamento.

Adornare, zieren, auszieren, *V.* Addobbare.

Adornatamente, *V.* Adornamente.

Adornatura, *V.* Adornamento.

Adorno, *lo stesso che:* adornato, *part.* gezieret, angeputzt, geschmückt.

Adorno, *av.* *V.* Adornamente.

Adottamento, die Aufnehmung an Kindesstatt.

Adottare, *cioè:* figliuolarsi alcuno, einen an Kindesstatt aufnehmen, annehmen *v. ir. comp.*

Adottatore, der an Kindesstatt aufnimmt, *cioè:* quello che adotta.

Adottazione, *V.* Adottamento.
Adottivo, *ag.* an Kindesstatt angenommen, *cioè:* quello che resta adottato per figlio.
Adozione, *V.* Adottamento.
Aduggiamento, *V.* Adombramento.
Aduggiare, beschatten *v. r. comp.*, *V.* Adombrare.
Aduggiarsi, *per:* oscurarsi, sich verdunkeln *v. rec. r. comp.*
Adulante, *ag.* schmeichelnd.
Adulare, schmeicheln *v. r.*; *per:* accarezzare, liebkosen *v. r. comp.*
Adularsi, sich schmeicheln *v. rec. r.*
Adulatore, der Schmeichler *gen.* s; *per:* ipocrita, der Heuchler *gen.* s.
Adulatorio, *ag.* schmeichelhaft.
Adulatrice, die Schmeichlerin *pl.* en.
Adulazione, die Schmeicheley, die Heucheley *pl.* en.
Adulteramente, *av.* ehebrecherischer Weise; *per:* falsamente auf eine verfälschte Art.
Adulteramento (di monete, o mercanzie), die Verfälschung *pl.* en.
Adulterare, *cioè:* commettere adulterio, ehebrechen *v. ir. comp.*, Ehebruch treiben *v. ir.*; *per:* falsificare, verfälschen *v. r. comp.*
Adulterato, *part.* *cioè:* commesso adulterio, die Ehe gebrochen; *per:* falsificato, verfälscht, unächt.
Adulteratore, } der Ehebrecher *gen.* s; it. der Verfälscher *gen.*
Adultero, } s; *per:* monetario falso, der Falschmünzer *g.* s.
Adultera, } die Ehebrecherin *pl.*
Adulteratrice, } en *rc.*
Adulterazione, *V.* Adulteramento.
Adulterino, *cioè:* nato d'adulterio, im Ehebruch erzeugt, unehelich gebohren; figlio adulterino, das Hurenkind *gen.* es, *pl.* er
Adulterio, der Ehebruch *gen.* s.
Adulteroso, *ag.* ehebrecherisch.
Adulto, *ag.* erwachsen, aufgewachsen; *per:* uomo adulto, ein mannbarer Mensch *gen.* e *pl.* en.
Adunamento, die Vereinigung, die Vereinbarung, die Versammlung *pl.* en, die Zusammenkunft *pl.* (Zusammenkünfte).
Adunanza, *V.* Adunamento.
Adunare, vereinigen, vereinbaren, versammlen *v. r. comp.*, zusammen rufen *v. r.*, o bringen *v. ir.*

Aduncare, krümmen *v. r.*
Adunco, *ag.* krumm, gebogen.
Adunghiare, *cioè:* afferrare colle unghie, mit den Nägeln anfassen *v. r. comp.*
Adunque, *cong.* so, also, derohalben, folglich; *it.* dann.
Adustare, *V.* Abbronzare.
Adustione, *V.* Abbronzamento.
Adustivamente, *av.* gebrannter, gesengter Weise.
Adusto, *part.* gedörrt, verbrannt.

AE

Aereo, *ag.* lüftig, in der Luft schwebend.
Aescare, *V.* Adescare.

AF

Affabile, *ag.* freundlich, gesprächig, höflich, holdselig, leutselig.
Affabilità, die Freundlichkeit, die Leutseligkeit, die Gesprächigkeit *pl.* en.
Affabilmente, *av.* freundlich, höflich, leutselig.
Affaccendarsi, sich bemühen *v. rec. r. comp.*, sich Mühe geben *v. rec. ir.*
Affaccendato, *ag.* geschäftig, mit Geschäften beladen.
Affacciare, *per:* spianare, eben machen *v. r.*
Affacciarsi, sich ins Gesicht stellen *v. rec. r.* (alla finestra), sich ans Fenster stellen *v. rec. r.*
Affaldare, } falten *v. r.*, in Falten
Affaldellare, } legen *v. r.*
Affalsificare, verfälschen *v. r. comp.*
Affamare, hungern lassen *v. ir.*, aushungern *v. r. comp.*
Affamato, *ag.* ausgehungert, verhungert; essere affamato, hungrig seyn *v. aus.*
Affangare (uno), einen mit Koth bespritzen *v. r.*, kothig machen *v. r.*
Affangarsi, sich kothig machen *rc. v. rec. r.*
Affannamento, *V.* Affanno.
Affannare, ängstigen, peinigen, quälen *v. r.*
Affannarsi, sich ängstigen (*c. s.*)
Affanno, die Angst, die Plage, die Qual, die Pein.
Affannosamente, *av.* ängstlich, sorgfältig, mit Sorgen.
Affannoso, *ag.* verdrüßlich, kummervoll, ängstlich.
Affare, das Geschäft *gen.* es, *pl.* e,

die Verrichtung *pl.* en; *per:* negozio, der Handel *gen.* s; *per:* opera, o lavoro, das Werk *gen.* s, *pl.* e; die Arbeit.

Affarsi, sich schicken *v. rec. r.*, geziemen, gebühren *v. r.*

Affaruccio, *cioè:* affare di poca entità, ein Geschäft, eine Verrichtung von kleiner Wichtigkeit.

Affasciare, verbinden *v. ir. comp.*

Affascinamento, das Binden *gen.* s; *in senso di:* ammaliamento, die Bezauberung *pl.* en; *per:* accecamento, die Verblendung *pl.* en.

Affascinare, binden *v. ir.* (*in senso c. s.*) bezaubern, verblenden *v. r. comp.*

Affascinazione, *V.* Affascinamento.

Affaticamento, die Ermüdung, die Bemühung *pl.* en.

Affaticare, ermüden, abmatten, bemühen *v. r. comp.*

Affaticarsi, müd werden *v. auf.*, sich bemühen, sich abmatten *v. rec. r. comp.*

Affatichevole, *ag.* mühsam, beschwerlich

Affaticoso, *ag. V.* Affatichevole; *it.* laborioso, arbeitsam.

Affatto, *av.* gänzlich, durchaus, ganz und gar.

Affatturamento, die Bezauberung, die Hexerey *pl.* en, das Hexenwerk *gen.* s, *pl.* e.

Affatturare, bezaubern *v. r. comp.*, Hexerey treiben *v. ir.*

Affatturatore, der Zauberer, der Hexenmeister *gen.* s.

Affatturazione, *V.* Affatturamento.

Affè, *av.* bey meiner Treue, in der That, *cioè:* infatti.

Affeddedieci, *av.* fürwahr.

Affermamento, die Bekräftigung, Bestätigung, Bejahung, Versicherung *pl.* en.

Affermamente, *av.* beiahender, o bekräftigender Weise; mit Gewißheit.

Affermare, bejahen, versichern, bekräftigen, bestätigen *v. r. comp.*

Affermatamente, } *V.* Affermamente.
Affermativamente, }

Affermativo, *ag.* bejahend.

Affermatore, der Bekräftiger, Bestätiger, Bejaher *gen.* s.

Affermazione, *V.* Affermamento.

Afferramento, das Ergreifen, das Fassen *gen.* s.

Affettare, affectiren *v. r.*, sich zu etwas zwingen *v. rec. ir.*; *per:* tagliare in pezzi, in Stücken schneiden *v. ir. comp.*: (il pane e simili).

Affettatamente, *av.* auf eine gezwungene Art, gekünstelt.

Affettato, *ag.* gezwungen, gekünstelt, unnatürlich.

Affettazione, der Zwang *gen.* s; das unnatürliche Wesen *gen.* s; die gekünstelte, gezwungene Aufführung *pl.* en.

Affetto, die Liebe, die Gewogenheit, die Zuneigung *pl.* en; mostrare affetto ad uno, einem gewogen seyn *v. auf.*

Affetto, *ag.* geneigt, gewogen; *V.* Affezionato.

Affettuosamente, *av.* liebreich, mit ganzer Liebe, herzrührend, auf bewegliche Weise.

Affettuoso, *ag.* liebreich, holdselig, geneigt, freundlich, leutselig.

Affezionare, lieben *v. r.*, Gewogenheit, Liebe, Zuneigung bey jemandem erwecken *v. r. comp.*; affezionare uno alla virtù, einen zur Tugend aufmuntern *v. r. comp.*

Affezionarsi (ad una cosa), sich in ein Ding verlieben *v. rec. r. comp.*; *per:* guadagnare amore, Liebe gewinnen *v. ir.*

Affezionatamente, *av.* auf liebreiche, freundliche Weise, mit Liebe, geneigt.

Affezionato, *part.* gewogen, geneigt, günstig, mit Liebe zugethan.

Affezione, die Liebe, *V.* Affetto; *per:* passione, die Leidenschaft.

Affibbiaglio, Fibbiaglio, Fermaglio, das Häftlein *gen.* s; die Spange *pl.* n.

Affibbiamento, das Einschnallen, das Zuschnallen, das Zuhäfteln *gen.* s.

Affibbiare, einschnallen, zuschnallen *v. r. comp.*; *per:* allacciare con stringa, e simili, einschnüren, zuschnüren *v. r. comp.*

Affibbiatoio, } die Spange, die Häftel, e
Affibbiatura, } simili [illegible]

Affidanza, das Zutrauen, das Vertrauen *gen.* s.

Affidare, vertrauen, anvertrauen *v. r. comp.*, sicher machen *v. r.*

Affidarsi, sich verlassen *v. rec. ir. comp.*, trauen *v. r.*

Affidatamente, *av.* kühnlich, muthig, getrost, unerschrocken; *per:* temerariamente, verwegentlich.

Affidato, *part.* vertraut; un servo affidato, ein getreuer Diener *gen.* s.

Affiebolare, schwächen *v. r.*, entkräften *v. r. comp.*; *per*: diminuire, vermindern, verringern *v. r. comp.*

Affiebolimento, die Schwächung, die Entkräftung *pl.* en; *it.* die Verminderung, die Verringerung *pl.* en.

Affiebolire,) *V.* Affiebolare.
Affievolire,)

Affievolezza, *V.* Affiebolimento, Fievolezza.

Affievolito, *part.* geschwächt, entkräftet; *it.* verringert.

Affiggere, anschlagen *v. ir. comp.*, anhängen, anheften *v. r. comp.*

Affiggersi, *cioè*: trattenersi, sich aufhalten *v. ir. comp.*

Affiguramento, das Erkennen *gen.* s.

Affigurare, deutlich erkennen *v. r. comp.*, *V.* Raffigurare.

Affigurazione, *V.* Affiguramento.

Affilare (rasoj e simili), schleifen *v. ir.*, schärfen, spitzen *v. r.*; *per*: mettere in fila i soldati, die Soldaten in Glieder stellen *v. r.*

Affilarsi, mettere in fila, sich in Glieder stellen *v. rec. r.*

Affilatura (di un coltello ec.), die Schärfe, die Schneide.

Affinamento (di metalli), die Reinigung, Läuterung, Feinmachung *pl.* en.

Affinare, reinigen, läutern, fein machen *v. r.*

Affinatojo, der Schmelzofen *gen.* s, *pl.* (Schmelzöfen), *cioè*: Fornace da fondere, die Schmelzhütte, *cioè*: Fonderia.

Affinatore (di metalli), der Schmelzer (der Metalle) *gen.* s.

Affinchè, *cong.* auf daß, damit, zu dem Ende daß.

Affine, *cioè*: Parente, der Verwandte *gen. e pl.* n.

Affinire, *cioè*: render fino, verfeinern *v. r. comp.*

Affinità, die Verwandschaft *pl.* en.

Affiocamento, die Heischerkeit *pl.* en.

Affiocare, heischer machen *v. r.*

Affirmare, *V.* Affermare.

Affissamente, *av.* starr, steif, fest, stätig, unablässig, beständig, unbeweglich.

Affissamento, das unablässliche, beständige Betrachten, das aufmerksame Anschauen *gen.* s.

Affissare, mit unverwandten Augen ansehen *v. ir. comp.*, steif, beständig, unablässig betrachten, anschauen *v. r. comp.*

Affissarsi, starr ansehen *v. ir. comp.*

Affissazione, *V.* Affissamento.

Affisso, *part. da*: Affiggere.

Affittajuolo, der Pachter *gen.* s, *V.* Fittajuolo.

Affittare, vermiethen, verpachten *v. r. comp.*

Affittatore, der Pachter, Verpachter *gen.* s, der da vermiethet, verpachtet, *cioè*: quello che affitta.

Affitto, die Miethe *pl.* en; der Hauszins *gen.* es, *pl.* e, *cioè*: la pigione.

Affliggere, betrüben, bekümmern, ängstigen *v. r. comp.*, plagen, quälen, peinigen *v. r.*

Affliggersi, sich betrüben (c. s.) *v. rec. r. comp.*

Afflittivo, *ag.* schmerzend, quälend, plagend, peinigend.

Afflitto, *part. ed ag.* betrübt, bekümmert &c.

Afflizione, die Trübsal *pl.* en; die Bekümmerniß *pl.* e; der Kummer *gen.* s; das Herzeleid *gen.* s; die Plage, die Qual, die Angst, die Marter.

Affluente, *ag.* zufließend; *per*: soverchio, überflüßig.

Affluentemente, *cioè*: abbondantemente, soverchiamente, *av.* überflüßig, reichlich, im Ueberfluß.

Affluenza; der Zufluß, der Ueberfluß, *gen.* es, *pl.* (Zuflüsse, Ueberflüsse); *per*: quantità, die Menge.

Affluenza (di gente), der häufige Zulauf der Leute.

Affocare, anzünden *v. ir. comp.*, *cioè*: accendere con fuoco.

Affocarsi, *per*: incollerire all'eccesso, sich heftig erzürnen *v. rec. r. comp.*, vor Zorn brennen *v. r.*

Affocato, *ag.* feuerroth, glühend, entzündet.

Affogagione, (die Erstickung *pl.* en;
Affogamento, (*per*: sommersione, die Ersäufung *pl.* en.

Affogare, ersticken *v. r. comp.*; *per*: sommergere, ersäufen *v. ir. comp.*

Affollamento (di gente), das Zulaufen, der häufige Zulauf *gen.* es (der Leute).

Affollare; drängen, sammeln *v. r.*, häufig zusammen bringen *v. r.*

Affollarsi, häufig zusammen laufen *v. ir.*

Affollata, *V.* Affollamento.

Affollatamente, *av.* gedrängter Weise.

Affoltamento, *cioè*: celerità precipitosa, die Uebereilung *pl.* en.

Affoltare, *cioè*: agire precipitosamente, mit Uebereilung verrichten *v. r. comp.*, allzusehr beschleunigen *v. r. comp.*

Affoltarsi (*in senso come sopra*) sich übereilen *v. r. comp.*

Affondamento, das Senken, das Versenken *gen.* s.

Affondare, zu Grunde senken *v. r.* versenken *v. r. comp.*

Affondarsi (delle navi), versinken zu Grunde *v. ir. comp.*, *cioè*: calare a fondo.

Affondo, *sust.* die Tiefe.

Affondo, *av.* tief, bis auf den Grund.

Affortificare, *V* Fortificare.

Afforza, mit Gewalt.

Afforzarsi, *cioè*: sforzarsi, sich alle Mühe geben *v. rec. ir.*

Affossamento (parlandosi di fortificazioni), die Verschanzung *pl.* en; *per*: circondamento con fosso, die Umgebung mit einem Graben.

Affossare, verschanzen *v. r. comp.*, mit Graben umgeben *v. ir. comp.* (*c. s.*)

Affrangere, } zerbrechen *v. ir. comp.*,
Affragnere, } zerknicken *v. r. comp.*

Affralire, *V.* Indebolire.

Affrancare, *cioè*: liberare, befreyen *v. r. comp.*, los, frey, ledig machen *v. r.*; *ir.* erlösen, erledigen *v. r. comp.*

Affrappare, zerstücken, zerstückeln *v. r. comp.*, *cioè*: fare in pezzi.

Affratellamento, } die Verbrüderung,
Affratellanza, } die Bruderschaft *pl.* en; der brüderliche Umgang *gen.* es

Affratellarsi, sich gemein machen *v. rec. r.*, als Brüder mit einander umgehen *v. ir. comp.*

Affreddarsi, kalt werden *v. aus.*, sich erkälten *v. rec. r. comp.*

Affreddato, *part.* erkältet, (*in senso figurato*) kaltsinnig geworden.

Affrenamento, das Zähmen *gen.* s; die Zähmung *pl.* en; *met.* die Zurückhaltung.

Affrenare, im Zaume halten *v. ir.*, zähmen *v. r.*, bändigen *v. r. comp.*, *met.* zurück halten *v. ir.*

Affrettamento, das Eilen *gen.* s, die Eile, die Eilfertigkeit *pl.* en.

Affrettanza, *V* Affrettamento.

Affrettare, eilen *v. r.*, hurtig seyn *v. aus.*; beschleunigen *v. r. comp.*

Affrettarsi, hurtig, geschwind seyn *v. aus.*, eilen *v. r.*

Affrettatamente, *av.* eilends, in Eil, schleunig.

Affrico (vento), der Süd-West-Wind *gen.* es, *pl.* e.

Affrontamento, das Gegeneinanderstellen *gen.* s; das Trotzbieten *gen.* s, das kühne Angreifen *gen.* s.

Affrontare, auf jemanden losgehen *v. ir. comp.*; affrontare il nemico, den Feind angreifen, anfallen *v. ir. comp.*; *it.* Trotz bieten *v. ir.*; *per*: insultare, schimpfen *v. r.*, beleidigen *v. r. comp.*

Affrontarsi, sich herzhaft wagen *v. rec. r.* affrontarsi col nemico, dem Feinde eine Schlacht liefern *v. r.*

Affronto, *per*: insulto, der Schimpf *gen.* es; die Beschimpfung, die Beleidigung *pl.* en.

Affrontatore, *od* affrontatrice, der, *o* die jemanden beschimpft, oder angreifet.

Affumato, } geräuchert.
Affumicato, }

Affumicamento, das Räuchern *gen.* s.

Affumicare, räuchern *v. r.*, in den Rauch hängen *v. r.*

Aforismo, der kurz gefaßte Lehrsatz, *gen.* es, *pl.* Lehrsätze.

AG

Agaloco (specie di legno), das Paradiesholz *gen.* es.

Agata, der Agatstein *gen.* es, *pl.* e.

Agente, der Agent *gen.* e *pl.* en.

Agenzia, die Agentschaft *pl.* en; *it.* die Bedienung, oder das Amt eines Agenten.

Agevolamento, die Leichterung, die Milderung *pl.* en.

Agevolare, leicht, leichter machen *v. r.*

Agevolarsi, sich leichter machen *v. rec. r.*

Agevole, *ag.* leicht, der Mühe nach.

Agevolezza, die leichte Mühe *pl.* n; *per*: favore, die Gefälligkeit, die Dienstfertigkeit *pl.* en.

Agevolissimamente, *av.* am leichtesten.

Agevolmente, *av.* leicht, mit leichter Mühe.

Aggelare, zufrieren, einfrieren *v. ir. c.*

Aggelarsi, erfrieren, gefrieren *v. ir. comp.*

Aggelazione, der Frost *gen.* es; das Gefrieren, das Erfrieren *gen.* s.

Aggentilire, artiger machen *v. r.*, *oppure*: werden *v. aus.*

Aggettivo, das Beywort, V. Addiettivo.

Agghiacciamento, das Gefrieren, V. Aggelazione.

Agghiacciare, gefrieren, einfrieren v. ir. comp.; per: intirizzire, erstarren v. r. comp.

Aggiacente, ar. angränzend.

Aggiacenza, die Angränzung pl. en.

Aggiacere, angränzen v. r. comp., anliegen v. ir. comp.

Agginocchiarsi, niederknien v. r. comp. V. Inginocchiarsi.

Aggio, ed Agio, der Aufwechsel gen. s; das Aufgeld gen. es, pl. er.

Aggiogare, cioè: porre sotto il giogo, anjochen v. r. comp., das Joch auflegen v. r. comp., unter das Joch bringen v. ir.

Aggiornamento, cioè: il giorno destinato, der bestimmte Tag gen. es, pl. e.

Aggiornare, cioè: destinare il giorno, den Tag bestimmen v. r. comp.

Aggiornarsi, cioè: farsi giorno, tagen v. r., Tag werden v. auf.

Aggiramento, per: travviamento, die Irre pl. n; per: smarrimento di strada, der Irrgang gen. es, pl. (Irrgänge), der Irrweg, Umweg gen. s, pl. e.

Aggirare, (v. f.) irre gehen v. ir., herum irren v. r., einen Umweg nehmen v. ir.; per: circondare, umgeben v. ir. comp., umzingeln v. r. comp.

Aggirarsi, irre werden v. auf., irre gehen v. ir.

Aggirata, der Umweg, V. Aggiramento.

Aggiratore, der herum irret, cioè: quello che va qua, e là; per: vagabondo, der Landstreicher gen. s.

Aggiudicare, gerichtlich zuerkennen v. r. comp., zuurtheilen v. r. comp., zusprechen v. ir. comp.

Aggiudicato, part. gerichtlich zuerkannt, zugesprochen.

Aggiudicazione, die gerichtliche Zusprechung, Zuerkenntniß.

Aggiugnere, hinzuthun v. ir. comp., hinzusetzen v. r. comp., zufügen v. r. comp.; per: suddelegare, zuordnen v. r. comp.

Aggiugnersi, per: unirsi, sich vereinigen v. rec. r. comp.; per: conformarsi, sich vergleichen v. r. comp.; per: concorrere, dazu beytreten v. ir. comp.

Aggiugnimento, (v. f.) die Vereinigung pl. en; das Vergleichen, das Beytreten gen. s.

Aggiungere,) V. Aggiugnere
Aggiungimento,) Aggiugnimento.

Aggiunta, der Zusatz gen. es, pl. (Zusätze); die Zulage pl. n; per: accrescimento, der Zuwachs gen. es; per: appendice, e supplemento di un libro, der Anhang gen. s.

Aggiunzione, V. Aggiugnimento.

Aggiustamento, das Zurichten, das Zurechtstellen gen. s; per: componimento, convenzione, der Vergleich gen. es; der Vertrag gen. s, pl. (Verträge); per: riconciliazione, die Versöhnung pl. en.

Aggiustare, zurecht richten, machen, stellen v. r., einrichten v. r. comp.; (in senso v. f.) beylegen, vereinigen v. r. comp., vergleichen, vertragen v. ir. comp.

Aggiustarsi, sich fertig, gefaßt machen v. rec. r.; per: abbigliarsi, sich putzen v. rec. r.; per: conformarsi, sich vertragen v. rec. ir. comp.

Aggiustatamente, av. richtig, recht, ordentlich.

Aggommare, mit Gummi anmachen, zurichten v. r. comp.

Aggomitolare, auf einen Knaul winden v. ir.

Aggradare, V. Aggradire.

Aggradevole, ag. angenehm, annehmlich, lieblich, anmuthig.

Aggradimento, die Anmuth, die Lieblichkeit, die Annehmlichkeit pl. en; per: approvazione, der Beyfall gen. s; die Verwilligung, die Genehmhaltung pl. en; per: inclinazione, die Zuneigung, die Gewogenheit pl. en.

Aggradire, genehm halten v. ir., genehmigen v. r. comp.

Aggraffare,) mit einem Häkchen an-
Aggraffarsi,) heften v. r. comp., anhäkeln, zuhäkeln v. r. comp.; per: afferrare colle unghie, mit den Nägeln anfassen v. r. comp.; per: graffiare leggiermente colle unghie, zerkratzen v. r. comp.

Aggrafiarsi (il viso), sich das Gesicht zerkratzen v. rec. r. comp.; per: attaccarsi colle unghie a qualche cosa, mit Nägeln sich an etwas halten v. ir.

Aggrampare, V. Aggrappare.

Aggranchiare,) steif werden, *v. auf.* von
Aggranchiarsi,) großer Kälte starren *v. r. c.*

Aggrandimento, die Vergrößerung, die Erweiterung *pl.* en, das Aufnehmen *gen.* s.

Aggrandire, vergrößern, erweitern *v. r. comp.* größer machen *v. r.*; *per*: inalzare, erhöhen *v. r. comp.*, ins Aufnehmen bringen *v. r.*

Aggrandirsi, groß werden *v. auf.*, zunehmen *v. tr. comp.*

Aggrappare, anhäkeln *v. r. comp.*, *V.* Aggraffare.

Aggrapparsi, sich anklammern *v. rec. r. comp.*, *V.* Aggraffarsi.

Aggratigliare, verwickeln *v. r. comp.*, *V.* Avvolgere.

Aggraticolare, auf dem Roste braten *v. tr.*; *per*: mettere una ferrata una grata, vergittern *v. r. comp.*; *per*: imprigionare, ins Gefängniß stecken *v. r.*

Aggravamento, das Beschweren *gen.* s, die Schwerelast, die Ueberladung *pl.* en; *per*: imposizione, die Auflage *pl.* n.

Aggravare, beschweren, belasten *v. r. comp.*, schwer beladen *v. tr. comp.*

Aggravarsi, sich beschweren (*c. f.*)

Aggravio, die Beschwerung, die Last *pl.* en; *per*: imposizione, die Auflage, die Steuer *pl.* n; *per*: offesa, die Beleidigung, die Beschimpfung *pl.* en; das Unrecht *gen.* s.

Aggraziare, begnädigen *v. r. comp.*

Aggregamento, (in qualche società) die Aufnehmung *pl.* en, (in eine Gesellschaft), die Innung *pl.* en; *per*: unimento, die Vereinbarung *pl.* en.

Aggregare, (*c. f.*) in eine Gesellschaft einnehmen, aufnehmen *v. tr. comp.*

Aggregazione, die Aufnahme, *V.* Aggregamento.

Aggressione, (di una Piazza) der Anfall *gen.* s, *pl.* (Anfälle), der Angriff *gen.* s, (eines Platzes); *per*: assalimento, die Ueberfall *pl.* en.

Aggressore, der Friedensstörer *gen.* s, der Anfänger eines Zankes.

Aggrinzare, runzeln *v. r.*

Aggrinzarsi, runzeln *v. r.*, runzlicht werden *v. aus.*

Aggrumarsi, vor Kälte erstarren *v. r. comp.*, *V.* Intirizzirsi.

Aggroppamento, das Zubinden *gen.* s (parlandosi di denaro o simili), das Einknüpfen *gen.* s.

Aggroppare, zubinden *v. tr. comp.*, einknüpfen *v. r. comp.*

Aggropparsi, sich verknüpfen, sich verwickeln *v. rec. r. comp.*

Aggrovigliarsi, sich in einander verwickeln *v. rec. r. comp.*

Aggrumare, *mod.*: coagularsi, gerinnen *v. tr.*

Aggrumolare, häufen, sammeln *v. r.*

Aggruppare,) *V.* Aggroppare, Ag-
Aggrupparsi,) gropparsi.

Agguagliamento, die Gleichmachung, die Gleichförmigkeit *pl.* en; *per*: paragone, die Vergleichung *pl.* en.

Agguaglianza, die Gleichheit, die Aehnlichkeit *pl.* en. *V.* Agguagliamento.

Agguagliare, vergleichen *v. tr. comp.*, gleich machen *v. r.*

Agguagliarsi, sich gleich, oder ähnlich machen *v. rec. r.*

Agguagliatamente, *av.* gleich, gleichförmig, gleichermaßen.

Agguagliatore, der Vergleicher *gen.* s.

Agguagliazione,) *V.* Agguaglia-
Agguaglio,) mento.

Agguatare, aufpassen *v. r. comp.*

Agguatarsi, *mod.*: nascondersi, sich verstecken *v. rec. r. comp.*

Agguato, der Hinterhalt *gen.* s; die Nachstellung, die Aufpassung *pl.* en; stare in agguato, *V.* Agguatare.

Agguerrimento, die Kriegsabrichtung, die Waffenübung *pl.* en.

Agguerrire, zum Kriege abrichten *v. r. comp.*, in den Waffen üben *v. r.*

Aggirindolamento, das Abhaspeln, das Abwinden *gen.* s; *per*: inganno, die Hintergehung *pl.* en; der Betrug *gen.* s.

Aggirindolare, haspeln *v. r.*; *per*: ingannare, hintergehen *v. tr. comp.*, betrügen *v. tr.*

Aggirindolo, der Haspel *gen.* s; (zum Winden).

Aggiustare, belustigen, ergötzen, erfreuen, vergnügen *v. r. comp.*

Agnella, die Lämmerschaft *pl.* en.

Aghetta, die Schnürnadel, *V.* Linergicio.

Aghirone, Airone, (uccello), der Reiger, der Reiher *gen.* s.

Agiamento, die Gemächlichkeit, die Bequemlichkeit *pl.* en, *V.* Agio.

Agiare,) *V.* Adagiare, Adagiarsi.
Agiarsi,)

Agiatamente, *av.* gemächlich, bequemlich, leichtlich, mit leichter Mühe.

Agiatissimamente, *av.* auf die bequemlichste Art.

Agiatezza, *V.* Agiamento.

Agiato, *ag.* bequem, gemächlich, leicht; *per:* benestante, wohlhabend.

Agibile, *ag.* thunlich.

Agile, *ag.* hurtig, geschwind, fertig; (di corpo), flüchtig vom Leibe.

Agilità, die Behendigkeit, Hurtigkeit, Fertigkeit, Geschwendigkeit *pl.* en.

Agilitare, geschickt, fertig, hurtig machen *v. r.*

Agilmente, *av. V.* Agibile.

Agio, die Bequemlichkeit, die Gemächlichkeit *pl.* en; *per:* gioja, die Freude, die Lust, das Vergnügen *gen.* s; *per:* benessere, der Wohlstand *gen.* es; a bell'agio, *av.* gemächlich, *V.* Agiatamente.

Agire, wirken *v. r.*

Agitamento (di mare), die Bewegung (des Meers); (d'anima), die Beschäftigung des Gemüths, die Verwirrung *pl.* en; die Unruhe *pl.* n; die Beschwerniß, die Bekümmerniß *pl.* e.

Agitare (una causa), einen Proceß führen *v. r.*; *per:* muovere, bewegen *v. r.*; *per:* inquietare, beunruhigen *v. r. comp.*

Agitarsi, beben *v. r.*, sich bekümmern *v. rec. r. comp.*

Agitazione, *V.* Agitamento.

Agliata, die Knoblauchbrühe.

Aglietino,) der junge Knoblauch
Aglietto,) *gen.* s

Aglio, der Knoblauch *gen.* s.

Agnato, der Blutsverwandte *gen.* n *pl.* n.

Agnazione, die Blutsfreundschaft von väterlicher Seite.

Agnella, Agnello, das Lamm *gen.* es, *pl.* (Lämmer).

Agnellino, das Lämmchen *gen.* s.

Ago, die Nadel *pl.* n; (da capelli), die Haarnadel; (da pomolo, *cioè:* spillo), die Stecknadel; (da cucire), die Nehnadel; (da sacco), die Packnadel; infilare l'ago, einfädeln *v. r. comp.*; l'occhio dell'ago, das Nadelloch *gen.* es, *pl.* (Nadellöcher).

Agognante, *ag.* begierig, lüstlich.

Agognare, begehren *v. r.*, sehnlich verlangen *v. r. comp.*

Agonia, die Todesangst, die Todesnoth, der Todeskampf *gen.* es; die letzten Züge, *cioè:* gli ultimi tratti della vita.

Agonizzante, der Sterbende *gen.* n *pl.* n; der in den letzten Zügen, *av.* im Todeskampfe liegt, *cioè:* quello che giace agli ultimi estremi.

Agonizzare, *cioè:* lottare colla morte, mit dem Tode ringen *v. ir.*, in den letzten Zügen liegen *v. ir.*, *cioè:* essere agli estremi di vita.

Agorajo, *cioè:* Fabbricatore di aghi, der Nadler *gen.* s; *per:* bocciuola, in cui si tengono gli aghi, die Nadelbüchse *pl.* n.

Agostiniano, der Augustinermönch *gen.* s, *pl.* e.

Agosto, der Augustmonat *gen.* s, *pl.* e.

Agozzino, der Zuchtmeister *gen.* s.

Agrestata, die Agrest (spezie di bevanda).

Agreste, *ag.* (parlandosi di frutti) herb, sauer; (parlandosi di campagne), wüst, öde.

Agrestezza (di frutti), die Herbigkeit *pl.* en; die Säure *pl.* n.

Agresto, (parlandosi di uva), die Weintraube *pl.* n; *per:* suco, der Saft von unreifen Weintrauben.

Agrestume, *V.* Agrestezza.

Agretia, *cioè:* acetosa, der Sauerampfer *gen.* s.

Agretto (erba), *ossia:* crescione, die Kresse.

Agretto, *ag.* säuerlich, herbe.

Agrezza, die Säure, die Herbigkeit *pl.* en; *met.* der Unwille, die Unfreundlichkeit *pl.* en.

Agricoltore, der Ackersmann *gen.* es, *pl.* (Ackersleute), der Bauer *gen.* s.

Agricoltura, der Ackerbau, der Feldbau *gen.* es.

Agrifoglio, *ossia:* alloro spinoso, der Stechpalm *gen.* es, *pl.* en.

Agrimensore, der Feldmesser *gen.* s.

Agrimonia,) (erba giulio) der Oder-
Agrimonio,) mennig.

Agro, *sust.* die Säure *pl.* n, *oppure:* der herbe, rauhe, saure Saft *gen.* es, *pl.* (Säfte); agro di limone, der Citronensaft.

Agro, *ag.* sauer, herb.

Agrotto (uccello), der Nimmersatt.

Agrume,) die säuerlichen Früchte.
Agrumi,)

Agguaglianza, die Gleichheit *pl.* en, *V.* Uguaglianza.

Agucchia, die feine, dünne Nadel *pl.* n.

Agucchiare, metaph.: agugliare, cucire, nähen v. r.
Agucchiaro, V. Agorajo.
Agucchiaruola, die Nadelbüchse pl. n.
Agucchiatore, der Stricker gen. s.
Agugliare, stricken v. r.
Agugliotte, V. Pungolo.
Agunanza, die Versammlung pl. en, V. Adunanza.
Agunare, versammeln v. r. comp. V. Adunare
Aguzzamento, das Wetzen, das Schleifen gen. s.
Aguzzare, affilare, wetzen v. r., schleifen v. ir., spitzen v. r., spitzig machen v. r.
Aguzzatore, der Schleifer gen. s.

A H

Ah! Ah! interj. Ach! ey!
Ahimè! Ahi! V. Oimè!
Ahime! Aime! V. Oimè!

A I

Aja (aia), Osaa; pos: luogo, ove si batte il grano, die Tenne pl. n.
Ajato, ag. [illegible]
Ajo, der Hofmeister gen. s.
Ajone, der Müßiggänger gen. s.
Airone, V. Aghirone.
Aissare (tenni), aufheben v. r. comp., anreitzen v. r. comp.
Aita, V. Ajuto.
Aitamento, V. Ajuto.
Ajutante, sost. der Helfer gen. s, (di un Reggimento), der Regimentsadjutant gen. e pl. en.
Ajutante, ag. hülflich, behülflich, beystehend.
Ajutare, helfen v. ir., beystehen v. irr. comp., behülflich seyn v. aus.
Ajutarsi, sich helfen v. rec. ir.
Ajutativo, ag. hülfreich, dienlich, zuträglich, nützlich.
Ajutatore,) Ajutatrice,) V. Ajutante, sost.
Ajuto, die Hülfe, der Beystand gen. es.
Aizzamento, das Anhetzen, das Aufhetzen gen. s.
Aizzare, V. Aissare.
Aizzatore, der Anhetzer, der Aufhetzer, der Aufwiegler gen. s.
Aizzone (erba), Semprevivo, die Hauswurz.

Ala, der Flügel gen. s, der Fittig, gen. s, pl. e.
Alabarda, die Hellebarde pl. n.
Alabardiere, der Hellebardier gen. s, der Trabant gen. e pl. en; der Hatschier gen. s.
Alabastro, der Alabaster.
Alacrità, die Freudigkeit, die Heiterkeit pl. en.
Alamaro, der Putz von Tressen, Franzen.
Alano (cane), die englische Dogge pl. n.
Alare,) pl. die Eisenböcke in der Feuer-
Alari,) esse, der Feuerbock.
Alarmi, Allarme, der Lärmen gen. s, der Aufstand gen. es.
Alba, die Morgenröthe, die erste Morgendämmerung; all'alba, mit anbrechendem Tage.
Albagìa, der Hochmuth gen. s, der Stolz gen. es.
Albagio, der grobe Flanell gen. s pl. e.
Albaro (albero), der Pappelbaum gen. es, pl. (Pappelbäume).
Albeggiamento, der weißlichte Schein gen. es, pl. e.
Albeggiante, ag. weißlicht.
Albeggiare, weißlicht, grau werden v. aus., weißlicht machen v. r.; per: farsi giorno, Tag werden v. aus.
Alberare, aufrichten v. r. comp., in die Höhe richten v. r., aufstellen v. r. comp.; alberare un cannone, ein Stück, oppure: eine Kanone auf die Lavette setzen v. r.; in senso di: ficcar pali in terra, einpfählen v. r., V. Inalberare.
Alberesi, V. Alberese.
Albercocca, Albicocca, (frutto) die Aprikose pl. n; (albero) der Aprikosenbaum gen. es, pl. (Aprikosenbäume).
Alberello (albuno), der Ebenbaum gen. es, pl. (Ebenbäume.)
Alberelletto, } (specie di Rascheorto, a
Alberellino, } boccaluolo), das Fläschchen, das Büchschen, das
Alberello, } Gefäßchen gen. s; per: (piccolo albore), das Bäumchen gen. s.
Alberese, cioè: Pietra da calcina, der Kalkstein gen. es, pl. e; per: Pietra focaja, der Feuerstein gen. es, pl. e.
Albergamento, V. Albergo.
Albergare, per: dar alloggio, beherbergen v. r. comp.; per: prendere alloggio, in eine Herberge einkehren v. aus. comp.; per: abitare, wohnen v. r.

Albergatore, der Beherberger gen. s, der Gastwirther gen. s, der Wirth gen. s, pl. e.

Alberghetto, die kleine Herberge pl. n; per : Bettola, die Schenke pl. n.

Albergo, die Herberge pl. n; das Gasthaus gen. es, pl. (Gasthäuser); per : osteria, das Wirthshaus gen. es, pl. (Wirthshäuser).

Albero, der Baum gen. es, pl. (Bäume); (di nave), der Mastbaum; (di famiglia), der Stammbaum.

Alberone, der große Baum (c. f.)

Albiccio, ag. weißlicht.

Albicocco, V. Albercocco.

Albore (colore), die Weiße, die weiße Farbe; (pianta), V. Albero.

Alborare, sich bäumen v. rec. r.; met. stolz einhertreten v. ir. comp.

Alboricello, } das Bäumchen gen. s; per :
Albuccello, } Strauch, die Staude pl. n.

Albugine, das weiße Fell im Auge; per : cataratta, der Augenstaar gen. s.

Albume, das Weiße im Ey, das Eyerklar gen. s; das Eyerweiß gen. es, cioè : la chiara d'uovo.

Albuscello, V. Albuccello.

Alce, das Elendthier gen. es, pl. e.

Alcea (erba), der Eibisch, der Ibisch gen. es, cioè : Altaalta.

Alchermes, der Alkermes.

Alchimia, die Alchymie, die Goldmacherkunst.

Alchimico, ag. alchymistisch.

Alchimista, der Goldmacher.

Alchimizzare, die Goldmacherkunst treiben v. ir.; per : falsificare, verfälschen v. r. comp.

Alcione (uccello), der Eisvogel gen. s.

Alcionio, cioè : schiuma di mare, der Meerschaum gen. es; die Meerballen.

Alcorano, der Alcoran, Koran gen. s; das Gesetzbuch der Türken gen. s.

Alcornoch, cioè : legno di sughero, das Pantoffelholz gen. es; der Kork gen. es; per : l'albero di sughero, der Korkbaum gen. s, pl. (Korkbäume)

Alcova, } cioè : luogo separato in una
Alcovo, } stanza, die Alkove.

Alcunamente, av. auf keine Weise, cioè : in alcun modo.

Alcuno, pron. jemand gen. es; irgend einer; alcuna volta, einigemale, bisweilen, zu Zeiten; pl. alcuni, etliche.

Alea, V. Viale.

Alemagna, Allemagna, Deutschland gen. es (*).

Alemanno, Allemanno, sust. der Deutsche, ein Deutscher gen. n; ag. deutsch.

Alena, der Athem gen. s; der Hauch gen. es; das Keichen gen. s; das Schnauben gen. s.

Alenamento, V. Alena.

Alenare, keichen v. r., schnauben v. r.

Alenoso, ag. keichend, schnaubend.

Alepardo, V. Leopardo.

Alessifarmaco, cioè : certo contravveleno, ossia : Teriaca, der Theriak gen. s.

Alesso, Allesso, cioè : il Bollito, das Gesottene gen. n.

Alfabeticamente, av. nach alphabetischer Ordnung, oppure : Art.

Alfabetico, ag. alphabetisch.

Alfabeto, das A, B, C, das Alphabet gen. s.

Alfiere, } der Fähnrich gen. s.
Alfiero, }

Alfine, av. endlich.

Alga, das Meergras, das Riedgras gen. es; das Wasserkraut gen. s.

Algebra, die Algebra.

Algente, ag. poet. frierend, gefroren.

Algerino, } der Algerer.
Algeriano, }

Algieri (città dell'Africa), Algier.

Algore, der heftige Frost gen. es; die große Kälte.

Alguso, ag. voll Meergras, cioè : pieno di Alga.

Aliare, flattern v. r.; per : andar vagando, herumschwärmen v. r. comp.

Alienabile, ag. veräußerlich.

Alienamento, die Veräußerung pl. en, V. Alienazione.

Alienare, veräußern v. r. comp., entfremden v. r. comp.

Alienarsi, sich abwenden v. rec. r. comp., sich entziehen v. rec. ir. comp.

Alienatamente, av. unbedachtsam, nachläßigerweise.

Alienazione, die Veräußerung, die Entfremdung pl. en; (del cuore), die Abwendung, die Abneigung pl. en.

(*) Tutti i nomi delle Città, e Provincie sono del genere neutro.

(di mente), die Verrückung des Verstandes, der Wahnwitz gen. es.
Alienissimo, ag. sup. weit entfernt.
Alieno, ag. fremd; essere alieno di una cosa, zu einer Sache abgeneigt seyn v. auf.; per: lontano, entfernet.
Alimentamento, V. Alimentazione.
Alimentare, ernähren v. r. comp., beköstigen v. r. comp.; per: mantenere, unterhalten, erhalten v. ir. comp.
Alimentazione, die Nahrung, die Kost, die Speise; per: mantenimento, der Unterhalt gen. s.
Alimento, V. Alimentazione.
Alimentoso, ag. nahrhaft.
Alimo (erba), der Meerburzel gen. s.
Aliosso, volgo: Dado, der Würfel gen. s.
Alismo (erba), das Mutterkraut.
Aliso, fiore: Ireos, die blaue Lilie, die Schwertlilie pl. n.
Alitare, athmen v. r., hauchen v. r., schnauben v. r.
Alito, der Athem gen. s; der Hauch gen. es; das Schnaufen gen. s.
Allacciamento, das Schnüren, das Zuschnüren, das Einschnüren gen. s; fig. die Bestrickung, die Verführung pl. en; it. die Anlegung pl. en (der Fesseln).
Allacciare, schnüren v. r., einschnüren, zuschnüren v. r. comp.; fig. fesseln v. r.
Allacciarsi, sich schnüren v. rec. r.; allacciarsi le calzette, die Strümpfe aufbinden v. ir. comp.
Allacciatura, V. Allacciamento.
Allagagione, } die Ueberschwemmung
Allagamento, } pl. en.
Allagare, überschwemmen v. r. comp., unter Wasser setzen v. r.
Allapidamento, V. Lapidazione.
Allapidare, V. Lapidare.
Allargamento, die Erweiterung, die Ausbreitung pl. en.
Allargare, erweitern v. r. comp., ausbreiten v. r. comp.
Allargarsi, sich ausbreiten v. rec. r. comp., weiter, breiter werden v. auf.
Alla spensierata, av. unbedachtsam.
Alla scapestrata, av. ganz unbändig.
Alla sfuggiasca, av. heimlich.
Alla sfuggita, av. in die Geschwindigkeit; auf den Raub.
Alla sprovvista, av. unversehens.
Allarmare, lärmen v. r.; einen Aufstand machen v. r.
Allarmarsi, sich empören v. rec. r.; per: mettersi sulla difesa, sich zur Wehre setzen v. r.
Allarme, die Empörung pl. en, V. Alarma.
Allastricare, V. Lastricare.
Allato, prep. neben, V. Accanto.
Allattamento, das Säugen gen. s.
Allattare, säugen v. r.
Alleanza, das Bündniß gen. es, pl. e.
Alleato, der Bundsgenoß gen. en pl. en; der Bundsverwandte gen. n pl. n.
Allegagione, } V. Allegazione.
Allegamento, }
Allegare, anführen v. r. comp., beybringen v. ir. comp.
Allegarsi, sich verbinden v. rec. ir. comp.
Allegazione, die Anführung pl. en (eines Spruches, Gesetzes, Zeugnisses), die angeführte Stelle pl. n.
Alleggerimento, die Erleichterung pl. en; it. die Linderung, die Milderung pl. en; e così: mitigamento
Alleggerire, erleichtern v. r. comp.; it. (e. f. mitigare) lindern, mildern v. r.
Alleggerirsi, leichter werden v. auf.; alleggerirsi di abiti, sich leichter machen v. rec. r.
Allegoria, die verblümte Rede pl. n; das Gleichniß pl. e; die Allegorie.
Allegoricamente, av. allegorischerweise, gleichnißweise, verblümt.
Allegorico, ag. allegorisch, verblümt, gleichnißweise vorgetragen.
Allegorizzare, allegorisch reden v. r., verblümt, durch Gleichnisse reden.
Allegramente, av. mit Freuden, munter, lustig, fröhlich; it. frisch.
Allegrare, } V. Rallegrare, Rallegrarsi.
Allegrarsi, }
Allegrezza, } die Freude pl. n, die Fröhlichkeit, die Munterkeit pl. en; voci d'allegrezza, das Jauchzen gen. s; der Jubel, das Geschrey, das Freudengeschrey.
Allegria, }
Allegrissimo, ag. sup. freudenvoll, sehr fröhlich.
Allegro, av. froh, V. Allegramente.
Allegro, ag. freudig, muthig, lustig.
Alleluja, das Alleluja; per certa erba detta anche Acetosella, der Buchampfer gen. s; der Sauerklee, der Hasenklee.
Allenamento, V. Allenimento.
Allenare, V. Allenire.
Allenimento, die Linderung, die Besänftigung pl. en.

Allenire, lindern v. r., besänftigen v. r. comp.

Allenramento, das Nachlassen gen. s; per: negligenza, die Nachlässigkeit pl. en.

Allentare, nachlassen v. ir. comp.

Allentarsi, schlaff werden v. auf, nachlassen v. ir. comp., langsam seyn v. auf.

Allessare, V. Lessare.

Allesso, V. Lesso

Allestimento, die Zurüstung, die Zubereitung pl. en.

Allestire, zurüsten v. r. comp., zurichten v. r. comp., zurechtmachen v. r. comp.

Alletamare, düngen v. r., V. Letamare.

Allettamento, die Lockung, die Anlockung, die Reizung, die Anreizung pl. en.

Allettare, locken v. r., anlocken v. r. comp., reitzen v. r.

Allettativo, V. Allettamento.

Allettevole, Allettativo, ag. anlockend, anreizend.

Allevamento, per: elevamento, die Erhebung, die Erhöhung pl. en; per: educazione, die Auferziehung, die Erziehung pl. en.

Allevare, per: elevare, erheben v. ir. comp., erhöhen v. r. comp., in die Höhe heben, oppure: ziehen v. ir., richten v. r.; per: educare, erziehen, auferziehen v. ir. comp.

Allevato, sust. per: educato, der Pflegsohn gen. es, pl. (Pflegsöhne).

Allevato, part. auferzogen.

Allevatore, cioè: quello che educa, der Pflegvater gen. s, pl. (Pflegväter); der Erzieher gen. s.

Allevatrice, (c. f.) die Kinderwärterin, die Kinderpflegerin pl. en; die Pflegmutter pl. (Pflegmütter).

Alleviagione, Alleviamento, Alleviazione, V. Alleggerimento.

Alleviare, V. Alleggerire.

Allezzare, V. Puzzare.

Allianza, V. Alleanza.

Allignare, Wurzel fassen v. r., Wurzel schlagen v. ir., wurzeln v. r.

Allindare, Allindire, putzen, zieren v. r., aufputzen, auszieren v. r. comp., verschönern v. r. comp., cioè: abbellire.

Allindarsi, Allindirsi, sich putzen, sich zieren v. rec. r.

Allisciare, V. Lisciare.

Allivellare, V. Livellare.

Allividire (di colore), grün, blau, schwarzgelb werden v. auf.

Alloccheggine, die Dummheit pl. en; die Einfalt.

Allocchire, heimlich nachstellen v. r. comp., V. Allogare.

Allocco (uccello), die Eule pl. n; per: uomo sciocco, der dumme, einfältige Mensch gen. e pl. en.

Allodola (uccello), die Lerche pl. n.

Allodio, sust. das freye Erbgut gen. es, pl. (Erbgüter); beni allodiali, die freyen Erbgüter.

Allogamento, Allogagione, cioè: appigionamento, die Vermiethung, die Verpachtung pl. en, oppure: das Miethen, das Pachten gen. s.

Allogare, cioè: dare a pigione, vermiethen, verpachten v. r. comp., miethen, pachten v. r.

Alloggiamento, die Wohnung, die Behausung pl. en; das Quartier gen. es, die Herberge pl. n.

Alloggiare, beherbergen v. r. comp.; per: abitare, wohnen v. r.

Alloggiatore, der Herbergier gen. s.

Alloggio, V. Alloggiamento.

Allongamento, V. Allungamento.

Allongare, V. Allungare.

Allontanamento, die Entfernung pl. en.

Allontananza, die Ferne, die Weite, die Entlegenheit pl. en.

Allontanare, entfernen v. r. comp.; per: bandire, verbannen v. r. comp.; per: distorre, abwendig machen v. r.

Allontanarsi, sich entfernen v. rec. r. comp., sich entziehen v. rec. ir. comp.

Alloppio, V. Oppio.

Allora, av. damals, alsdann; d'allora in quà, seit der Zeit her; d'allora innanzi, von der Zeit an.

Alloro (albero), der Lorbeerbaum gen. es, pl. (Lorbeerbäume); per: le fronde d'alloro, der Lorbeer gen. s; per: la bacca, od: orbacca d'alloro, die Lorbeere pl. n.

Alluciare, starr, genau ansehen v. ir. comp.

Allucignolare, den Locke zusammendrehen v. r. comp., cioè: torcere più fila di bambagia ec., per servirsene nelle lucerne, e simili.

Allinda, das gefärbte Schafleder, corto pelle (fatte per coprire libri).

Alludere, auf etwas deuten *v. r.*, zielen *v. r.*, anspielen *v. r. comp.*, das Ansehen haben *v. auf.*
Allumare, anzünden, anbrennen *v. r. c.*
Allumare, mit Alaun bestreichen *v. ir. comp.*
Allume, der Alaun *gen.* s; acqua d'allume, das Alaunwasser *gen* s.
Alluminoso, *ag. cioè*: pieno d'allume, voller Alaun.
Allungamento, die Verlängerung *pl.* en; *per*: allontanamento, die Entfernung *pl.* en
Allungare, verlängern *v. r. comp.*
Allungarsi, *cioè*: stenderſi, sich strecken, sich dehnen *v. rec. r.*
Allusione, das Anspielen *gen.* s; das Zielen, das Absehen auf etwas.
Allusivo, *ag.* anspielend.
Alluvione, das Anschwemmen *gen.* s; der Anfluß *gen.* es; das Anlaufen *gen.* s, das Anschwellen des Wassers.
Alma, *poet.* die Seele *pl.* n.
Almanacco, der Calender, o Kalender, das Almanach *gen.* s.
Almanco, *V.* Almeno.
Almiraglio,) *V.* Ammiraglio.
Almirante,)
Almo, *ag. poet.* schön, lieb, werth, vortreflich.
Aloè, die Aloe.
Alpe,) (monti) die Alpen, die
Alpi,) Alpengebürge.
Alpestre, *ag.* gebürgigt, felsicht, rauh.
Alpegiano, *sust.* der Bewohner der Alpengebirge, *cioè*: abitatore delle Alpi; *per*: alpestre, *V.* Alpestre.
Alquanto, *av.* ein klein wenig; *per*: all' incirca, etwa.
Alquanto, *pron.* einiger etc. *pl.* (etliche).
Alsazia (provincia), Elsaß *gen.* es.
Alsina (erba), die Mäusedärme.
Altalena, (certo bindolo, o strumento per dondolare) die Schaukel *pl.* n.
Altalenare, *cioè*: dondolare, agitare, scuotere ec., schaukeln *v. r.*
Altamente, *av.* hoch, sehr; parlare altamente, laut reden *v. r.*
Altare, der Altar *gen.* s, *pl.* (Altäre).
Altea (radice), die Eibischwurz *pl.* en.
Alteramente, *av.* stolzerweise.
Alteramento, *V.* Alterazione.
Alterare, *cioè*: cangiare, ändern *v. r.*, verändern *v. r. comp.*, anders machen *v. r.*
Alterarsi (*c. f.*), sich ändern *v. rec. r.*, anders werden *v. auf.*; *per*: adirarsi, sich ärgern *v. rec. r.*; *per*: turbarsi, commuoversi, bestürzt, gerührt werden *v. auf.*
Alterazione (*ne' sensi c. s.*), die Veränderung, die Bestürzung *pl.* en; die Aergerniß *pl.* e; der Zorn *gen.* es.
Altercare, zanken *v. r.*, streiten *v. ir.*
Altercazione, der Zank *gen.* es; der Streit *gen.* es, *pl.* e.
Alterezza,) der Stolz *gen.* es, der
Alterigia,) Hochmuth *gen.* s.
Alternamente, *av.* wechselsweise, eins ums andere.
Alternamento, die Abwechslung, die Umwechslung *pl.* en.
Alternare, abwechseln, umwechseln *v. r. comp.*
Alternatamente, *V.* Alternamente.
Alternativa,) die Wahl, *V.* Alter-
Alternazione,) namento.
Altero,) *ag.* hochmüthig, stolz.
Altiero,)
Altezza, die Höhe; *in senso di*: titolatura, die Hoheit, die Durchlauchtigkeit, die Durchlaucht *pl.* en.
Altieramente, *V.* Alteramente.
Altissimamente, *av.* aufs höchste.
Altissimo, *av.* sehr hoch, *sust. per*: l'Ente supremo, der Allerhöchste, *gen.* n, das erhabenste Wesen *gen.* s.
Alto, *ag.* hoch.
Altramente,) *V.* Altrimente.
Altramenti,)
Altresì, *av.* eben so, auch, gleichfalls.
Altrettanto, *ag.* ebenso viel, *av.* eben so, eben sowohl.
Altrieri, vorgestern.
Altrimente,) *av.* sonst, anders, widri-
Altrimenti,) genfalls.
Altro, *pron.* der andere, ein anderer etc.; l'uno e l'altro, beyde; *ag.* ander, *av.* anders.
Altrochè, *cong.* anders als
Altronde, *av.*) anders woher
Altrove, *av.*) anders wohin.
Altura, die Anhöhe *pl.* n
Alveare, (der Bienenstock *gen.* s, *pl.*
Alveario, ((Bienenstöcke); der Bie-
Alveo, (nenkorb *gen.* s; *pl.* (Bienenkörbe).
Alveolo, die Honigzelle *pl.* n.
Alunno, der Schüler, (der freye Kost und Erziehung genießet).
Alzamento, die Erhöhung, Erhebung *pl.* en.

Alzare, erhöhen *v. r. comp.*, erheben *v. ir. comp.*

Alzarsi, sich erheben *v. rec. ir.*; per: alzarsi da sedere, da letto ec., aufstehen *v. ir. comp.*

AM

Amabile, *ag.* lieblich, liebenswerth, angenehm.

Amabilità, die Lieblichkeit, die Liebenswürdigkeit *pl.* en.

Amabilmente, *av.* lieblich, auf angenehme Art.

Amandola, *V.* Mandola.

Amante, der Liebhaber *gen.* s; der Buhler *gen.* s; *fem.* die Liebhaberin, die Buhlerin; der, die Verliebte.

Amantemente, *av.* verliebterweise.

Amantissimamente, *av. sup.* auf das liebreichste.

Amaramente, *av.* bitterlich; piangere amaramente, bitterlich weinen *v. r.*

Amaranto (fiore), der Amarant, das Tausendschönchen *gen.* s.

Amarasca (frutto), die Amarelle *pl.* n, die saure Kirsche.

Amarasco (albore), der saure Kirschbaum *gen.* es, *pl.* (Kirschbäume)

Amare, lieben *v. r.*; *it.* verliebt seyn *v. aus.*

Amareggiamento, die Bitterkeit *pl.* en.

Amareggiare, *V.* Amareggiare.

Amarezza, die Bitterkeit *pl.* en; per: amarezza d'animo, das Leidwesen *gen.* s; die Betrübniß, der Verdruß *gen.* es; per: rancore, die Verbitterung *pl.* en.

Amarezzare, *cioè:* rendere amaro, verbittern *v. r. comp.*, bitter machen *v. r.*; divenire amaro, bitter werden *v. aus.*

Amariccio *ag.* bitterlich.

Amarina,) *V.* Amarasca, Amarasco.
Amarino,)

Amarissimo, *ag. sup.* sehr bitter.

Amaritudine, *V.* Amarezza.

Amaro, *ag.* bitter; *in senso di:* spiacevole, verdrießlich, widrig.

Amaro, *sust.*, *V.* Amarezza.

Amatista,) (pietra) der Amethist.
Ametista,)

Amatita, der Blutstein *gen.* es, *V.* Matita

Amatore, der Liebhaber *gen.* s.

Amazzone, die Amazonin *pl.* en; ein kriegerisches Weib; *cioè:* una donna guerriera.

Ambage, der Umschweif im Reden, und Schreiben; per: anfibologia, die Zweydeutigkeit.

Ambasceria, die Gesandschaft *pl.* en.

Ambascia, das Keuchen *gen.* s; *cioè:* difficoltà di respiro.

Ambasciadore, der Botschafter *gen.* s; per: inviato, ein Gesandter *gen.* s *pl.* n; *it.* ein Abgeschickter *gen.* n.

Ambasciare, schnauben, keichen, ängstigen *v. r.*

Ambasciata, die Gesandschaft, die Absendung, die Botschaft *pl.* en; per: avviso, die Nachricht *pl.* en.

Ambe, ambi, ambo,) Beyde.
Ambedue,)

Ambiente, *sust.* der Dunst, *ag.* l'aria ambiente, die herumgehende, umfließende, umschwebende Luft.

Ambiguo *ag.* von zweyerley Art.

Ambiguamente, *av.* zweydeutigerweise; *it.* dunkel, zweifelhaft.

Ambiguità, die Zweydeutigkeit; *it.* die Zweifelhaftigkeit, die Dunkelheit *pl.* en.

Ambiguo, *ag.* zweifelhaft, zweydeutig, dunkel.

Ambire, nachstreben, nachtrachten *v. r. comp.*, aus Ehrgeiz suchen *v. r.*

Ambizione, der Ehrgeiz *gen.* es, die Ehrbegierde, die Ehrsucht.

Ambiziosamente, *av.* ehrgeizigerweise, ehrsüchtigerweise.

Ambizioso, *ag.* ehrgeizig, ehrsüchtig.

Ambra, die Ambra, der Bernstein, der Agtstein *gen.* es, *pl.* e.

Ambretta (fiore), die Bisamblume *pl.* n.

Ambrosia (presso i Gentili), die Götterspeise *pl.* n, (bey den Heiden); per: corona erba, das Taubenkraut *gen.* es; der Beyfuß *gen.* es.

Amburghese, der Hamburger *gen.* s.

Amburgo (città), Hamburg.

Amello, (certa erba) das Sternkraut *gen.* es; das Kraut *gen.* es.

Amendue, *V.* Ambedue.

Amenissimamente, *av. sup.* auf die lieblichste, angenehmste Art.

Amenità, die Lieblichkeit *pl.* en; die Anmuth.

Ameno, *ag.* lieblich, anmuthig, freundlich.

Amenza, die Unsinnigkeit, die Dummheit *pl.* en; *it.* die Taubsucht.

America, Amerika.
Americano, *sust.* der Amerikaner *gen.* s; *ag.* amerikanisch.
Anfibio, der Amphibius, *cioè*: un animale che vive nell' acqua, e sopra la terra, ein Thier, das im Wasser und auf dem Lande lebet.
Anfisbena, *cioè*: certa biscia che ha una testa pel di dietro, e l'altra pel davanti, eine Schlange, die hinten und vorne einen Kopf hat.
Anfiteatro, Anfiteatro, der Schauplatz da man vor diesem rund herum zusehen konnte.
Amia, der Wals (certo pesce di mare).
Amianto (pietra), der Amiantstein *gen.* es; der Steinflachs *gen.* es.
Amica, die Freundin *pl.* en.
Amicabilmente, Amicamente, *av.* in der Güte, freundlich.
Amicarsi, sich zum Freunde machen *v. rec. r.*; *per*: conciliarsi, sich versöhnen *v. rec. r. comp.*
Amichevole, *ag.* gutwillig, freundlich, leutselig.
Amichevolezza, die Gutwilligkeit, die Freundlichkeit, die Leutseligkeit *pl.* en.
Amichevolmente, *V.* Amicamente.
Amicizia, die Freundschaft *pl.* en; *per*: inclinazione, die Gewogenheit, die Zuneigung *pl.* en.
Amico, *sust.* der Freund *gen.* es, *pl.* e; *ag.* freundlich, geneigt, gewogen.
Amido, das Amelmehl, das Kraftmehl *gen.* s; die Stärke; dar l'amido ai pannilini, die Wäsche stärken *v. r.*
Amistà, *V.* Amicizia; *per*: alleanza, der Bund *gen.* es.
Ammaccamento, die Quetschung, die Zerquetschung, die Zerknirschung, die Zerstoßung *pl.* en.
Ammaccare, quetschen *v. r.*, zerquetschen *v. r. comp.*, zerknirschen *v. r. comp.*, zerstoßen *v. ir. comp.*
Ammaccatura, *V.* Ammaccamento.
Ammacchiarsi, *cioè*: nascondersi in un cespuglio, sich in einem Strauch verstecken *v. rec. r. comp.*
Ammaestramento, das Unterrichten, das Lehren *gen.* s; der Unterricht, die Unterweisung, die Belehrung *pl.* en.
Ammaestrare, lehren *v. r.*, unterrichten, belehren *v. r. comp.*, unterweisen *v. ir. comp.*
Ammaestrarsi, sich selbst unterrichten *v. rec. r. comp.*
Ammaestratamente, *av.* geschickt, künstlicherweise.
Ammaestrativo, *ag.* gelehrig.
Ammaestratore, der Lehrer *gen.* s.
Ammaestrazione, die Abrichtung *pl.* en, *V.* Ammaestramento.
Ammaestrevole, *V.* Ammaestrativo,
Ammaestrevolmente, *av.* gelehrig, meisterlich.
Ammagliare, *cioè*: legare in croce le balle, die Ballen ins Kreuz schnüren *v. r.*
Ammagrare, } mager machen *v. r.*, aus-
Ammagrire, } trocknen *v. r. comp.*; *per*: divenir magro, auszehren *v. r. comp.*, mager werden *v. aus.*
Ammainare, die Segel streichen *v. ir.*, *op.*: die Segel einziehen *v. ir. comp.*
Ammalarsi, krank werden *v. aus.*
Ammalaticcio, *V.* Malaticcio.
Ammalato, *sust.* der Kranke *pl.* n.
Ammalato, *ag.* krank.
Ammaliamento, die Bezauberung, die Hexerey, die Zauberey *pl.* en; das Hexenwerk *gen.* es, *pl.* e.
Ammaliare, bezaubern, behexen *v. r. comp.*; *met.* den Verstand benehmen, *cioè*: togliere i sensi.
Ammaliato, *part.* bezaubert; *met.* des Verstandes beraubt.
Ammaliatore, der Zauberer, Bezauberer, Hexenmeister *gen.* s.
Ammanettare, an Händen und Füßen fesseln *v. r.*
Ammannajare, *cioè*: uccidere colla manaja, mit dem Beile hinrichten *v. r. comp.*
Ammannajato, *part.* (c. s.) mit dem Beile hingerichtet.
Ammannire, *cioè*: preparare, zurüsten, zurichten, zubereiten *v. r. comp.*
Ammannimento, die Zubereitung *pl.* en
Ammansare, zahm machen *v. r.*, bezähmen *v. r. comp.*, bändigen *v. r.*; *per*: pacificare, besänftigen *v. r. comp.*
Ammantare, } bemänteln *v. r. comp.*,
Ammantellare, } *V.* Mantellare
Ammanto, der kaiserliche, päbstliche, bischöfliche Mantel *gen.* s, *V.* Manto.
Ammarcimento, die Fäulung, die Fäulniß *pl.* e; *it.* die Vermoderung *pl.* en, *V.* Putrefazione
Ammarcire, faulen *v. r.*, verfaulen *v. r. comp.*, vermodern *v. r. comp.*

Ammarginarsi (di una ferita), zuheilen v. r. comp.
Ammaricarsi, V. Rammaricarsi.
Ammassamento, V. Ammasso.
Ammassare, häufen, sammeln v. r., zusammenlesen v. ir. comp., zusammenbringen v. r. comp.
Ammassarsi, sich häufen v. rec. r., sich versammeln v. rec. r. comp.
Ammasso, der Haufen gen. s; die Häufung, die Sammlung pl. en; per: quantità, die Menge.
Ammattire, zum Narren machen v. r.
Ammattirsi, zum Narren, närrisch werden v. aus.
Ammattonamento, das Pflastern mit Ziegeln.
Ammattonare, mit Ziegeln pflastern v. r.
Ammazzamento, das Niederhauen, das Niedermachen gen. s, das Blutbad gen. es.
Ammazzare, tödten v. r., umbringen v. r. comp., niedermachen v. r. comp., niederhauen v. ir. comp.
Ammazzarsi, sich umbringen v. rec. ir. comp.
Ammazzasette, der Eisenfresser gen. s; das Großmaul gen. s.
Ammazzato, part. getödtet, umgebracht.
Ammazzatojo, cioè: Maccelleria, die Schlachtbank pl. (Schlachtbänke); das Schlachthaus gen. es, pl. (Schlachthäuser).
Ammazzatore, cioè: Omicida, der Mörder gen. s.
Ammenda, die Geldbuße, die Geldstrafe pl. n; das Strafgeld gen. es, pl. (Strafgelder).
Ammendabile, cioè: punibile, strafbar; per: emendabile, verbesserlich.
Ammendamento, Ammendazione, die Verbesserung pl. en.
Ammendare, um Geld strafen v. r., V. Emendare.
Ammendare, schadlos halten v. ir., V. Emendare.
Ammendue, beyde.
Ammissario, V. Stallone.
Ammessibile, ag. gültig, das man zulassen, gelten lassen, annehmen kann.
Ammessione, die Zulassung zu etwas.
Ammettere, zulassen v. ir. comp., verstatten v. r. comp.
Ammettersi, sich einlassen v. rec. ir. co.
Ammezzamento, das Halbiren gen. s.

Ammezzare, cioè: fare la metà, halbiren v. r., in zwey Theile theilen v. r.
Ammi (certa erba), der Ammey.
Amminicare, nicken v. r., winken v. r., cioè: far cenno colla testa, o cogli occhi.
Ammigliorare, V. Migliorare.
Amministrazione, Amministranza, V. Amministrazione.
Amministrare, verwalten v. r. comp., besorgen v. r. comp.
Amministratore, der Verwalter, der Vorsteher, der Verweser gen. s.
Amministrazione, die Verwaltung, die Verwesung, die Besorgung pl. en; it. die Pflege, die Aufsicht.
Amminutare, V. Sminuzzare.
Ammirabile, ag. wunderbar, wundersam, bewunderungswürdig, bewundernswerth.
Ammirabilmente, av. wunderbarer Weise, wunderbarlich.
Ammiragliato, die Admiralschaft pl. en.
Ammiraglio, der Admiral gen. s; der oberste Befehlshaber zur See; per: specchio, der Spiegel gen. s.
Ammirando, V. Ammirabile.
Ammirare, bewundern v. r. comp., sich verwundern v. rec. r. comp.
Ammirativo, ag. verwunderungsvoll.
Ammiratore, der Bewunderer gen. s.
Ammirazione, die Bewunderung, die Verwunderung pl. en.
Ammiserire, cioè: divenire povero, arm, elend werden v. aus., verarmen v. r. comp., in schlechte Umstände gerathen v. ir.
Ammissibile, ag. zulässig.
Ammissione, die Zulassung pl. en; der Zugang gen. es, pl. (Zugänge).
Ammoderatamente, V. Moderatamente.
Ammodernare, nach der Mode richten v. r.
Ammogliamento, das Verehlichen gen. s; die Heirath, die Ehe pl. n.
Ammogliare, verheirathen v. r. comp.
Ammogliarsi, sich beweiben v. r. comp., ein Weib nehmen v. ir.
Ammollamento, die Erweichung pl. en.
Ammollare, erweichen v. r. comp., weich machen v. r.
Ammollimento, V. Ammollamento.
Ammollire, V. Ammollare.
Ammoniaco, der Ammonial.
Ammonimento, V. Ammonizione.

Ammonire, ermahnen *v. r. comp.*, warnen *v. r.*, erinnern *v. r. comp.*

Ammonizione, die Vermahnung, die Erinnerung, die Warnung *pl.* en.

Ammontare, *cioè:* porre in monte, aufhäufen *v. r. comp.*, auf Haufen legen *v. r.*; (in materia di conti, e simili), sich belaufen *v. rec. ir. comp.*, sich erstrecken *v. rec. r. comp.*, ausmachen *v. r. comp.*

Ammontare, *sust.* der Belauf, der Betrag *gen.* s.

Ammontonamento, *V.* Ammassamento.

Ammorbare, häßlich stinken *v. r.*; *per* ammalarsi, krank werden *v. aus.*

Ammorbidamento, die Weichlichkeit, die Zärtlichkeit *pl.* en; das Geschmeidigmachen *gen.* s.

Ammorbidare, weichlich, zärtlich machen *v. r.*, erweichen *v. r. comp.*

Ammorbidire, *V.* Ammorbidare.

Ammortamento, die Vertilgung, die Auslöschung *pl.* en; (de' peccati), die Büßung der Sünden; (delle piante); die Erstickung der Pflanzen; (di dolore), die Linderung des Schmerzens; (di calore), die Dämpfung, die Stillung.

Ammortare / Ammortire (il fuoco, il lume ec.), auslöschen *v. r. comp.*, (le passioni), unterdrücken *v. r. comp.*; *per:* venir meno, ohnmächtig werden *v. aus.*; *per:* impallidire, erblassen *v. r. comp.*, erbleichen *v. ir. comp.*

Ammorzare, *V.* Ammortare.

Ammovere, *V.* Rimuovere.

Ammucchiamento, die Häufung, *V.* Ammucchio.

Ammucchiare, *V.* Adunare.

Ammucchio, das Häufen, das Sammeln *gen.* s.

Ammutinamento, der Aufstand *gen.* es, der Aufruhr *gen.* s; die Empörung *pl.* en; die Meuterey *pl.* en.

Ammutinare, aufwiegeln *v. r. comp.*, aufrührisch machen *v. r.*

Ammutinarsi, sich empören *v. rec. r.*, aufrührisch werden *v. aus.*

Ammutire, / Ammutolare, / Ammutolire, verstummen *v. r. comp.*

Amnistia, (termine particolare) die Amnistie, oppure: die Vergessung aller Beleidigungen.

Amo, die Angel *pl.* n, (zum Fischen).

Amore, die Liebe; gli amori, die Liebelichkeiten; per amor mio, um meinetwillen, mir zu Liebe, wegen meiner; gli amorini, die Liebesgötter; l'amor proprio, die Eigenliebe.

Amoreggiamento, das verliebte Wesen *gen.* s; der Liebeshandel *gen.* s.

Amoreggiare, Liebeshändel treiben *v. ir.*, freyen *v. r.*

Amorevole, *ag.* freundlich, holdselig, liebreich.

Amorevolezza, die Freundlichkeit, die Dienstwilligkeit *pl.* en.

Amorevolmente, *av.* freundlich, zärtlich, liebreich.

Amorosamente, *av.* verliebterweise.

Amoroso, *sust.* der Liebhaber *gen.* s.

Amoroso, *ag.* verliebt; una lettera amorosa, ein Liebesbrief.

Ampiamente, *av.* weitläufig, ausführlich.

Ampiare, *V.* Ampliare.

Ampiezza, die Weite, die Breite, die Größe *pl.* n; die Weitläufigkeit *pl.* en; der weite Umfang *gen.* s.

Ampio, *V.* Amplo.

Ampiamente, *V.* Amplamente.

Amplesso, die Umarmung, die Umfassung *pl.* en.

Ampliare, erweitern, vergrößern, vermehren, ausbreiten *v. r. comp.*

Ampliazione, die Erweiterung, die Vergrößerung, die Vermehrung *pl.* en.

Amplificare, weitläuftig machen *v. r.*, ausführen, vergrößern *v. r. comp.*

Amplificazione, die weitläuftige Erzählung *pl.* en, *V.* Ampliazione.

Amplo, *ag.* breit, weitläuftig, ausführlich, weit, groß.

Ampolla, das Fläschchen *gen.* s; *per:* oriuolo a polvere, die Sanduhr.

Ampollosamente, *av.* schwülstig; *it.* aufgeblasen, stolz.

Ampollosità, die Schwülstigkeit *pl.* en; das aufgeblasene Wesen *gen.* s.

Ampolloso, *ag.* schwülstig, aufgeblasen, stolz, hochtrabend.

Anabattista, der Wiedertäufer *gen.* s.

Anacoreta, der Einsiedler *gen.* s.

Anacronismo, der Irrthum in der Zeitrechnung.

Anagallide (erba), die Gauchheil.

Anagramma, die Versetzung der Buchstaben.

Analisi, die Auflösung, die Erklärung, die Zergliederung einer Sache *pl.* en.

Analiticamente, *av.* auflösenderweise, zergliederungsweise.
Analitico, *ag.* auflösend.
Analogia, die Aehnlichkeit, die Gleichförmigkeit *pl.* en, die Uebereinstimmung.
Analogicamente, *av.* gleichförmigerweise.
Analogico, *ag.* gleichförmig, übereinstimmend.
Analogo, *V.* Analogico.
Anarchia, der Zustand eines Landes ohne Regenten, *cioè:* lo stato di un Paese senza Reggente.
Anarchico, *ag.* regentlos, *cioè:* senza Reggente.
Anatema, die Verfluchung, die Vermaledeyung *pl.* en.
Anatemizzare, verfluchen, vermaledeyen *v. r. comp.*
Anatomia, die Zergliederung (der Körper), die Zerlegungskunst.
Anatomicamente, *av.* auf anatomische Art.
Anatomico, *ag.* anatomisch.
Anatomizzare, zergliedern *v. r. comp*
Anatra, die Ente *pl.* n; *V.* Anitra.
Anca, die Hüfte, die Lende *pl.* n.
Ancella, *cioè:* Fante, Serva, die Dienstmagd.
Anche, *conj.* auch, ferner, desgleichen, eben so, also; quand' anche, wenn auch; non peranche, noch nicht.
Anco, *V.* Anche.
Ancora, *av.* noch, bis jetzt, jemals.
Ancora, *sust.* der Anker *gen.* s.
Ancorachè, Ancorchè, wenn auch, obschon, obgleich.
Ancudine, der Ambos *gen.* es.
Ancusa (erba), die Ochsenzunge.
Andamento (di una cosa), der Lauf einer Sache.
Andare, gehen *v. ir.*; andar via, weggehen; andare a piedi, zu Fuße gehen; andare in carrozza, fahren *v. ir*; andare a spasso, spatzieren gehen; andare in collera, sich erzürnen *v. rec. r. comp.*; andare del corpo, seine Nothdurft verrichten *v. r. comp.*
Andarsene, weggehen, fortgehen *v. ir. comp.*; *per:* partire, abreisen *v. r. c.*
Andata, das Hingehen, das Weggehen *gen.* s; der Gang *gen.* es, *pl.* (Gänge); *per:* viaggio, die Reise; *per:* partenza, der Aufbruch *gen.* s.

Andatura, das Gehen *gen.* s; der Gang *gen.* es, *pl.* (Gänge).
Andirivieni, die Umschweife, die Umwege.
Anditio, der Gang *gen.* es, *pl.* (Gänge).
Aneddoto, die Anekdote *pl.* n.
Anelamento, *V.* Ansamento.
Anelare, *V.* Ansare, Ambire.
Anello, der Ring *gen.* es, *pl.* e; anello da cucire, der Fingerhut *gen.* s, *pl.* (hüte).
Aneloso, *ag.* keichend, schnaubend, engbrüstig.
Anfibio, *V.* Amfibio.
Anfibologia, die zweydeutige Rede.
Anfibologicamente, *av.* zweydeutigerweise.
Anfibologico, *ag.* zweydeutig.
Anfiteatro, *V.* Amfiteatro.
Angareggiare, Angariare, *V.* Angheriare.
Angaria, *V.* Angheria.
Angelesco, *ag.* englisch, vortreflich.
Angelicamente, *av.* auf englische Weise, vortreflich.
Angelico, *V.* Angelesco.
Angelo, der Engel *gen.* s; l'Angelo Custode, der Schutzengel *gen.* s.
Angheria, das Pressen, das Verdrängen *gen.* s, (der Unterthanen).
Angheriare, pressen, drängen, drücken, plagen *v. r.*
Angina, *detta:* Scheranzia, die Kehlsucht, die Bräune.
Angiolo, *V.* Angelo.
Angolare, *ag.* eckicht, winklicht.
Angolarmente, *av.* durch alle Winkel, von Eck zu Eck, winkelmäßig.
Angolo, die Ecke *pl.* n; der Winkel, *gen.* s.
Angonia, *V.* Agonia.
Angore, *V.* Afflizione.
Angoscevole, *ag.* ängstlich, ängstiglich.
Angoscia, die Angst, die Betrübniß, die Bangigkeit *pl.* en.
Angosciosamente, *av.* ängstiglich.
Angoscioso, *ag.* angstvoll, bekümmert, ängstlich, bange.
Angue, die Schlange *pl.* n.
Anguilla (pesce), der Aal *gen.* s, *pl.* le anguille, die Aalfische.
Anguinaglia, die Schaamleiste.
Angustia, die Enge; *per:* difetto, der Mangel; *per:* povertà, die Armuth; *per:* difficoltà, die Beschwerlichkeit; *per:* affanno, die Angst.

Angustiare, ängstigen, quälen *v. r.*
Angustioso, *V.* Angoscioso.
Angusto, *coll.* stretto, *ag.* enge, schmal.
Anice, der Anis.
Anile, *ag.* altväterisch, *V.* Senile.
Anima, die Seele *pl.* n.
Animadversione, die Beobachtung, die Bemerkung *pl.* en.
Animalaccio, *sust. da:* animale, ein unvernünftiger Mensch, ein dummes Vieh; ein Narr.
Animale, *sust.* das Thier *gen.* es, *pl.* e; das Vieh *gen.* es; *per*: creatura vivente, eine lebendige Creatur.
Animale,) *ag.* thierisch, viehisch; gli
Animalesco,) spiriti animali, die Lebensgeister.
Animalescamente, *av.* viehmäßig.
Animare, beleben, beseelen *v. r. comp.*; *per*: rappresentare con dell'anima, lebhaft vorstellen, ausdrücken *v. r. comp.*, bilden *v. r.*
Animarsi, munter, freudig, lebhaft werden *v. aus.*; *per*: incollerirsi, sich erzürnen *v. rec. r. comp.*
Animavvertimento, die Züchtigung, die Bestrafung *pl.* en.
Animazione, die Beseelung, die Belebung *pl.* en.
Animella (di vitello), das Brüschen (vom Kalbe).
Animo, das Gemüth *gen.* s, *pl.* er; *per*: coraggio, die Herzhaftigkeit; fermezza d'animo, die Standhaftigkeit; perdersi d'animo, den Muth sinken lassen; di poco animo, *ag.* feig; di buon animo, *sust.*; di animo grande, großmüthig; mi basta l'animo, mi dà l'animo, ich getraue mir.
Animosamente, *av.* frisch, tapfer, beherzt.
Animosità (in senso buono), die Herzhaftigkeit, die Tapferkeit *pl.* en; (in senso cattivo), der Stolz, der Trotz, der Zorn, der Unwille, die Erbitterung, die Kühnheit.
Animoso, *ag.* herzhaft, tapfer; *de.* kühn, verwegen, trotzig.
Anitra, die Ente, *ed anche:* Anatra.
Anitrio (de' cavalli), das Wiehern der Pferde.
Anitrire (proprio de' cavalli), wiehern, *v. r.*, *V.* Nitrire.
Annaffiare, benetzen *v. tr. comp.*
Annale, *ag.* *V.* Annuale.
Annali, *sust. pl.* die Jahrbücher, die Chronike.
Annalista, der Geschichtschreiber, der Chroniken schreiber.
Annasare, beriechen, anriechen, daran riechen *v. tr. comp.*, *V.* Odorare.
Annata, der Jahrgang *gen.* s, *pl.* Jahrgänge; in senso di pagamento, die Bezahlung *pl.* en; *per*: entrata, das jährliche Einkommen *gen.* s.
Annebbiamento, die Umnebelung *pl.* en; das trübe Wetter *gen.* s.
Annebbiare,) nebelicht, umnebelt werden *v. aus.*
Annebbiarsi,)
Annegamento, das Ersäufen *gen.* s, die Ertränkung *pl.* en; das Ueberschwemmen *gen.* s.
Annegare, ersäufen *v. tr. comp.*, überschwemmen *v. r. comp.*
Annegarsi, sich ersäufen *v. rec. r. comp.*
Annegazione, die Verleugnung, die Selbstverleugnung *pl.* en.
Annegbittire, Anneghittire, nachlässig, träge, faul werden *v. aus.*
Annegrare, schwärzen *v. r.*, schwarz färben *v. r.*; *metaf.* anschwärzen *v. r. comp.*, schwarz machen *v. r.*
Annegrarsi, schwarz werden *v. aus.*
Annegramento, die Schwärze *pl.* n.
Annerare,) *V.* Annegrare.
Annerire,)
Annerimento,) *V.* Annegramento.
Anneritura,)
Annesso, *ag.* beigefügt, beiliegend; compresi gli annessi, e connessi, alles zugehörige mit eingerechnet.
Annestamento,) das Impfen, das
Annesto,) Pfropfen *gen.* s, *V.* Innesto.
Annestare, impfen *v. r.*, pfropfen *v. r.*, *V.* Innestare.
Annichilamento, die Vernichtung, *V.* Annichilazione.
Annichilare, vernichten, zunichte machen, vertilgen *v. r. comp.*; *per*: abolire, abschaffen *v. r. comp.*
Annichilarsi, zunichte werden *v. aus.*
Annichilazione, die Vernichtung, der Untergang; *it.* die Abschaffung.
Annidamento, *V.* Nido.
Annidare, nisten *v. r.*
Annidarsi, sich einnisten *v. rec. r. comp.*; *per*: cercare rifugio, Zuflucht suchen *v. r.*
Annientamento, *V.* Annichilazione.
Annientare, *V.* Annichilare.
Anneghittire, *V.* Anneghittire.
Annicare, dimenar la culla, hopeln, wiegen *v. r.*

Annalversario, *sust.* das Jahrgedächtniß, das Jahrbegängniß *gen.* s.

Anniversario, *ag.* jährlich.

Anno, das Jahr *gen.* es, *pl.* e; da molti anni in qua, vor vielen Jahren; d'anno in anno, von Jahr zu Jahr.

Annobilitare, *V.* Nobilitare.

Annodamento, das Anknüpfen, das Zusammenknüpfen *gen.* s; *per*: matrimonio, die Trauung, die Copulirung *pl.* en.

Annodare, anknüpfen, zusammenknüpfen *v. r. comp.*; *per*: unire in matrimonio, trauen, copuliren *v. r.*

Annodarsi, sich verknüpfen *v. rec. r. comp.*; *ir.* sich ehelich verbinden *v. rec. ir. comp.*

Annodazione, *V.* Annodamento.

Annojamento, der Verdruß *gen.* ses; das Aergerniß *gen.* es.

Annojare, Verdruß machen *v. r.*, ärgern *v. r.*, verdrüßlich fallen *v. ir.*

Annojarsi, Verdruß haben *v. aus.*, Ekel bekommen *v. ir.*

Annojosamente, *av.* verdrüßlicherweise, *meglio*; nojosamente.

Annojoso, *V.* Nojoso.

Annolare, dare a nolo, miethen *v. r.*, *V.* Affittare.

Annominare, *V.* Nominare.

Annona, der Proviant, der Vorrath an Lebensmitteln; l'uffizio dell'Annona, das Proviantamt *gen.* es, *pl.* (ämter).

Annoso, *ag.* bejahrt, sehr alt.

Annotare, anschreiben *v. ir. comp.*, anmerken *v. r. comp.*

Annotarsi, sich anschreiben, sich anmerken *v. rec.* (*c. s.*)

Annottare, } *cioè*: farsi notte, Nacht
Annottarsi, } werden.

Annoveramento, das Zuzählen *gen.* s; die Zählung *pl.* en.

Annoverare, zuzählen *v. r. comp.*; annoverare fra gli uomini, unter die Menschen rechnen *v. r.*

Annoverevole, *ag.* zählbar.

Annuale, *ag.* jährlich.

Annualmente, *av.* jährlich, alle Jahre.

Annullare, vernichten, abschaffen *v. r. comp.*, aufheben *v. ir. comp.*, ungültig machen *v. r.*, für null und nichtig erklären *v. r. comp.*

Annullamento, } die Vernichtung, die
Annullazione, } Abschaffung, die Aufhebung, Ungültigmachung *pl.* en; das Null und Nichtigerklären *gen.* s.

Annumerare, *V.* Annoverare.

Annumerazione, die Zählung *pl.* en.

Annunziamento, *V.* Annunzio.

Annunziare, verkündigen *v. r. comp.*, [illegible]lich bekannt machen *v. r.*, vermelden *v. r. comp.*, andeuten *v. r. c.*

Annunziata, } (di M. V.), die Ma-
Annunziazione, } riä Verkündigung.

Annunzio, die Ankündigung, die Verkündigung, die Vermeldung *pl.* en; *ir.* das Ankündigen, das Zubieten *gen.* s.

Annuvolare, umnebeln *v. r. comp.*, trübe werden *v. aus.*

Annuvolarsi, sich umnebeln *v. rec. r. comp.*, trübes Wetter werden *v. aus.*

Anodino, *ag.* schmerzstillend.

Anonimo, *ag.* unbekannt.

Anotomia, *V.* Anatomia.

Ansa, der Anlaß *gen.* ses; die Gelegenheit *pl.* en; dare ansa, Anlaß geben.

Ansamento, das Keichen, das kümmerliche und beschwerliche Athmen *gen.* s.

Ansante, *ag.* keichend, schnaubend.

Ansare, keichen, schnauben *v. r.*, schwer Athem holen *v. ir.*, kümmerlich und schwerlich athmen *v. r.*

Ansietà, die Bangigkeit, die Aengstlichkeit *pl.* en; die Beängstigung *pl.* en; *ir.* das Sehnen *gen.* s; die Angst *pl.* Aengste.

Ansiosamente, *av.* mit Angst, ängstlich, bekümmert; *ir.* sehnlich, begierig, sorgfältig.

Ansioso, *ag.* bange, ängstlich, sorgfältig, bekümmert; *ir.* begierig, sehnlich.

Antagonista, die Gegenpart, die Widerpart.

Antecedente, *ag.* vorhergehend; *sust.* der vorhergehende Satz, der Vordersatz *gen.* es, *pl.* (Sätze); (nella logica), der Antecedens.

Antecedentemente, *av.* vorher, zuvor, vormals.

Antecedenza, das Vorhergehen, *V.* Precedenza.

Antecessore, der Vorfahrer *gen.* s.

Antedetto, *ag.* vorhergemeldet, vorhergesaget, vorhererwähnet.

Antemurale, der Zwinger *gen.* s; die [illegible]mauer, die Schutzwehr.

Antenato, der Vorfahrer *gen.* s, *pl.*

die Vorfahren, die Voreltern, die Ahnen.
Antenna, die Segelstange pl. n.
Anteporre, voransetzen, vorsetzen v. r. comp., vorziehen v. ir. comp.
Anteposizione, die Vorsetzung pl. en; der Vorzug gen. s, pl. (Vorzüge).
Anteposto, part. vorgezogen, vorgesetzt.
Anteriore, fem. der, die, das Vordere, Vorhergehende.
Anteriore, ag. vorgängig
Anteriorità, der Vorzug gen. s, pl. (Vorzüge); der Vorgang gen. s, pl. (Vorgänge); das Vorrecht gen. s, pl. e.
Anteriormente, av. eher, zuvor, vorher.
Antescritto, sust. der, die, das Obenerwähnte; av. obenerwähnt.
Anticaglia, pl. die Alterthümer, die Antiquitäten.
Anticamente, av. ehemals, vor Alters, vor alten Zeiten.
Anticamera, das Vorzimmer gen. s, das Vorgemach gen. s.
Antichissimo, ag. uralt.
Antichità, das Alter gen. s; das Alterthum gen. s, pl. (Alterthümer); it. ein altes Ueberbleibsel.
Anticipamento, V. Anticipazione
Anticipare (q. c.), einem Dinge zuvorkommen v. ir., etwas vor der Zeit thun v. ir.; per. anticipare danaro, Geld vorschießen v. ir. comp.
Anticipatamente, av. vor der Zeit, voraus, zum voraus.
Anticipazione, das Vorkommen gen. s, der Vorschuß gen. es, pl. (Vorschüsse).
Antico, ag. alt, altväterisch; all' antica, nach alter Art; ab antico, von Alters her.
Anticognizione, die Vorkenntniß, V. Antivedimento.
Anticonoscere, vorherkennen, V. Antivedere
Anticorte, der Vorhof gen. es, pl. (Vorhöfe).
Anticristianesimo, das Widerchristenthum, Antichristenthum gen. s; it. das Reich, oder die Lehre des Antichristen.
Anticristiano, ag. widerchristlich, unchristlich.
Anticristo, der Antichrist gen. en.
Anticuore, das Herzweh, das Herzgespann gen. es.
Antidata, das Vordatum.
Antidetto, part. obgedacht, obenerwähnt, obengemeldet, obenberührt.
Antidicimento, das Vorhersagen gen. s.
Antidire, vorhersagen v. r. comp.; meglio: predire.
Antidoto, das Gegengift gen. s; die heilsame Arzney pl. en; met. die Stärkung pl. en.
Antifatto, sust. das Vorhergemachte, Vorhergeschehene gen. s, pl. n.
Antifona, das Vorsingen gen. s; die Anstimmung eines Gesanges; it. die Stücke eines Psalmen.
Antiguidare, voraus richten v. r.
Antiguardare, V. Prevedere.
Antiguardia, V. Vanguardia.
Antilogia, der widersinnige Verstand zweer Schriftsteller, der Widerspruch gen. s, pl. (Widersprüche), der Gegensinn gen. es.
Antimettere, V. Anteporre.
Antimonio, das Spießglas gen. es.
Antimurale, V. Antemurale.
Antimurare, vermauern v. r. comp., eine Brustwehr machen v. r.
Antimuro, die Vormauer pl. n; die Schutzwehr pl. n.
Antinome, der Vorname gen. ns, pl. n.
Antinomia, der Widerspruch zweyer Gesetze gen. s, pl. (Widersprüche).
Antipapa, der Gegenpabst gen. es, pl. (Gegenpäbste).
Antiparte, der vordere Theil gen. s, pl. e.
Antipasto, das Vorgericht gen. s; das Voressen gen. s.
Antipatia, die angebohrne Abneigung pl. en; der Widerwille gen. ns.
Antipatico, ag. widerwärtig.
Antipensare, voraus denken v. ir.
Antipensato, part. zuvor gedacht.
Antipodi, pl. die Gegenfüßler.
Antiporre, V. Anteporre.
Antiporta,
Antiporto, } die Vorthüre pl. n
Antiquario, ein Kenner der Alterthümer
Antiscala, der Vortritt, ed anche: Staffel gen. s, pl. (Vorritte).
Antisapere, vorherwissen, vorauswissen v. ir. comp.
Antisapevole, ag. zuvorwissend.
Antisaputa, das Vorherwissen gen. s.
Antivedere, zuvorsehen, vorhersehen, weit hinaus sehen v. ir. comp., vorhermerken v. r. comp.
Antivedere, sust. die Vorsehung, die Prophezeyung pl. en.

Antivedimento, das Zuvorsehen, gen. s, it. die Vorsichtigkeit, die Klugheit, pl. en.
Antivedutamente, av. vorsichtigerweise.
Antiveduto, part. zuvor vorausgesehn.
Antiveggente, v. vorhersehend.
Antivenire, V. Prevenire.
Antonomasia, ein Name, der einem eigen ist.
Antonomasticamente, av. antonomastisch.
Antrace, V. Carbonchio.
Antro, das Loch, gen. s, pl. (Löcher); die Höhle, pl. n.
Antropofago (animale), der Menschenfresser, gen. s.
Anversa (città), Antwerpen.
Anzare, V. Ansare.
Anzi, av. freylich, ja wohl, ja vielmehr, in senso di per lo contrario, im Gegentheil.
Anzi, prep. cioè: innanzi prima, ehe, vor, von der Zeit; venire anzi tempo, vor der Zeit kommen, v. ir.
Anzianità, das Alterthum, das Alter, gen. s; die Zeit nach welcher eine Sache eher als eine andere gewesen ist.
Anziano, der Aelteste, der Oberälteste, gen. n, pl. n; der Vorsteher bey einer Gemeinde, Kirche ec.; per: Giudice pedaneo, der Dorfrichter, gen. s.
Anzichè, cong. eher als, lieber als, ehe denn; anzichè mai, lieber als jemals; anzichè io muoja, cioè: prima ch' io muoja, ehe ich sterbe.
Anzichenò, av. vielmehr, so ziemlich, ziemlichermaßen.
Anzidetto, ag. vorerwähnt, V. Antidetto.
Anzinato (fratello), der älteste Bruder, gen. s; der Erstgebohrne, cioè: primogenito.
Anzivenire, zuvorkommen, V. Prevenire.

A O

Aocchiare, anschauen, anblicken, v. r. comp., V. Adocchiare.
Aombramento, V. Adombramento.
Aombrare, V. Adumbrare.
Aonestare, V. Onestare.

A P

Ape, die Biene, pl. n.
Apertamente, av. öffentlich, offenbar.
Aperto, part. geöffnet, eröffnet, aufgemacht.
Aperto, ag. offen; luogo aperto, ein gewöhnlicher Ort; Campagna aperta, das freye Feld; all' aperto, cioè sotto il cielo, unter dem freyen Himmel.
Apertura, die Oeffnung, die Eröffnung, pl. en; der Spalt, die Spalte, pl. n; in senso di scoprimento, die Entdeckung, pl. en; l'aprire, sub. das Aufthun, das Aufmachen.
Apice, der Gipfel, gen. s, die Spitze, pl. n.
A più, V. Piano.
Apieno, Appieno av. völlig, reichlich, sattsam, gänzlich.
A più non posso, av. mit aller Gewalt, aus allen Kräften, aus allen Leibeskräften.
Apis (ebr.), der Apis.
Apocalisse,) die Offenbarung Johannis;
Apocalisse,) in senso: die Dunkelheit.
Apocrifo, ag. verborgen, geheim, unbekannt; it. das von keiner Kirchen angenommen, oder angefochten wird, als eine Erzählung, eine Meinung, ein Buch ec., come: un racconto, un' opinione, un libro ec.
Apoftegma, der Denkspruch, V. Apotegma.
Apografo, die Abschrift, pl. en; die Copey, pl. en, cioè: copia.
Apolline, der Gott der freyen Künste; ... Apollino, im Ueberflusse leben.
Apologia, die Schutzrede, die Schutzschrift, die Vertheidigung, pl. en.
Apologista, der Vertheidiger, gen. s.
Apologo, die lehrreiche Fabel, pl. n.
Apologo, einer, der lehrreiche Fabeln schreibt.
Apoplesia, der Schlag, der Schlagfluß, gen. es.
Apoplettico, ag. vom Schlagflusse gerühret; it. was zum Schlagflusse gehöret, und denselben begleitet.
A posta, Apposta, av. mit Fleiß, mit Willen, vorsetzlich.
Apostasia, der Abfall von der wahren Religion; it. die Abtrünnigkeit.
Apostata, ein Abtrünniger vom Glauben, Orden ec. ein Mameluck, ein Abtrünniger, masc.
Apostatare, abfallen, v. n. comp. in Religionssachen, abtrünnig werden, ...
Apostema, das Geschwür, gen. s, die Eiterbeule, pl. n.

Apostilla, die kurze Anmerkung, pl. ein, die Randglosse, pl. n.
Apostolato, das Apostelamt, it. die apostolische Würde, pl. n.
Apostolicamente, av. apostolischer weise.
Apostolico, ca, apostolisch, it. päbstlich.
Apostolo, der Apostel, gen. s, it. der Prediger der christlichen Lehre.
Appaciamento, die Versöhnung, V. Pacificamento.
Appaciare, versöhnen, V. Pacificare.
Appadiglionare, Zelte aufschlagen, v. tr. comp.
Appadiglionarsi, sich lagern, v. rec. V. Attendarsi.
Appagamento, die Vergnügung, die Befriedigung, die Genugthuung, pl. en; das Zufriedenseyn, gen. s.
Appagare, vergnügen, befriedigen, v. tr. comp.; genugthun, v. tr. comp.; zufrieden stellen, v. tr. comp.; appagar l'appetito, den Appetit stillen, v. tr.
Appagarsi, sich begnügen lassen, sich zufrieden geben, v. rec. ir.; [illegible] vendicarsi, sich rächen, v. rec. r.
Appaiare, paaren, v. r.
Appaiarsi, V. Accoppiarsi.
Appalesare, entdecken, kund machen, v. r. comp.
Appalesarsi, sich entdecken, erklären, v. rec. r.; it. sich zu erkennen geben, v. rec. ir.; [illegible] [illegible] conoscere.
Appallidire, V. Impallidire.
Appallottolare, in Kügelchen machen, [illegible] formiren, v. r.
Appaltare, pachten, v. r.; verpachten, v. r. comp.
Appaltatore, der Pachter, gen. s.
Appalto, die Verpachtung, pl. en; der Pacht, gen. es, pl. [illegible]).
Appannare, V. Mappamondo.
Appannaggio, der Unterhalt, gen. [illegible]
Appannaggio, die Leibrente, pl. en.
Appannamento, die Verdunkelung, pl. en, (durch Schmutz), (per via di [illegible])
Appannare, verdunkeln, v. r. comp.
Appannarsi, verdunkelt werden, v. aus.
Appannato, ta, [illegible], dunkelgemacht.
Appannatura, V. Appannamento.
Apparare, V. Apparecchiare, in senso [illegible], imparare, V. Imparare.

Apparato)
Apparecchiamento) V. Apparecchio,

Apparecchiare, zurüsten, zubereiten, v. r. comp. Apparecchiare la tavola, die Tafel, den Tisch decken, v. r.
Apparecchiarsi, sich rüsten, sich bereiten, v. rec. r.; sich bereit halten, v. rec. ir.; [illegible] pronto.

Apparecchiatura,) die Vorbereitung,
Apparecchio,) die Zubereitung, die Zurüstung, der Anstalt, pl. en.

Appareggiare, V. Pareggiare.
Appareggiarsi, sich vergleichen, v. rec. ir.; sich gleich schätzen, v. rec. r.
Apparentarsi, sich befreunden, sich verschwägern, v. rec. r.
Apparente, augenscheinlich, scheinbar.
Apparentemente, av. augenscheinlich, dem Ansehen nach, scheinbarlich, wahrscheinlicherweise.
Apparenza, der Schein, der Anschein, gen. s; die Wahrscheinlichkeit, pl. en; it. das äusserliche Ansehen, gen. s; die Gestalt, pl. en; per l'apparenza, der Schein, gen. es.
Apparere, Apparire, scheinen, v. r.; erscheinen, v. r. comp.; das Ansehen haben, v. aus.; sich zeigen, v. rec. r.; sich sehen lassen, v. rec. ir.; [illegible] farsi vedere.
Apparimento, V. Apparizione.
Apparisciente, V. Apparente.
Apparizione, (d'ombra, di spiriti), die Erscheinung, pl. en; (eines Gespenstes, Geistes).
Appartamento, [illegible] ordine di stanze, eine Abtheilung in einem Gemächer; it. ein Stockwerk, gen. s, pl. [illegible]; das Zimmer, gen. s.
Appartare, [illegible] dividere, theilen, v. r.; absondern, v. r. comp.
Appartarsi, sich theilen, v. rec. r.; sich absondern, v. rec. r. comp.; den Platz geben, v. ir.
Appartatamente, av. [illegible], besonders.
Appartenente, [illegible] zugehörig, it. angehörend, [illegible] mit Anverwandte, ein [illegible] Freund, gen. [illegible], pl. e.
Appartenenza, das Zugehör.
Appartenere, gehören, v. r.; angehören, zugehören, v. r. comp.; [illegible] zukommen, v. [illegible]
Appassire, V. Appassire.
Appassionare, betrüben, v. r.; betrüben, v. r. comp.; Leidenschaft erregen, v. r.; [illegible] machen, v. r.
Appassionarsi, sich betrüben, betrüben,

v. r. [illegible] von Leidenschaften [illegible] nehmen lassen, v. r., sich verlieben, v. rec. r. comp. [illegible]

Appassionatamente, av. [illegible], eifrig, voller Regung, voller Leidenschaft.

Appattare, vermessen, v. r. comp. [illegible], v. tr. comp.

Appattare, ankleben, aufschlagen, [illegible], v. r. comp.

Appattarsi, [illegible] werden, v. r., sich aufhalten, v. rec. r. comp., nicht vom Flecke kommen, v. tr.

Appellagione, } V. Appellazione.
Appellamento, }

Appellare, [illegible] nominare, nennen, v. r., einen Namen geben, v. tr.; per: chiamare alcuno, rufen, v. r.; per: citare giudizialmente, fordern vor Gericht, v. r.; [illegible] appellare, v. r., sich auf einen höhern Richter berufen, v. rec. tr. comp.

Appellarsi, [illegible]; chiamarsi, heißen, v. r., sich nennen, v. rec. r.; appellarsi da una sentenza, von einem Urtheil [illegible], v. r.

Appellativo, [illegible] nome appellativo, ein Wort, das nicht nur einem Dinge, sondern vielen gemein ist.

Appellazione, die Berufung, pl. en; [illegible] die Berufung auf einen höhern Richter.

Appello, V. Appellazione.

Appena, } av. [illegible] mit
A pena, } vieler Mühe, mit genauer Noth.

Appendere, anhenken, aufhängen, v. r. comp.

Appendice, der Anhang, der Zusatz, gen. [illegible], pl. [illegible] per aggiunta, die Zugabe, pl. n.

Appensare, überlegen, wohl bedenken, v. r. comp., V. Riflettere.

Appensatamente, av. mit Ueberlegung, mit Bedacht, bedächtlich.

Appeso, part. da appendere.

Appestare, anstecken, v. r. comp., [illegible] die Pest, eine Seuche, [illegible] [illegible], v. [illegible], sehr übel riechen, v. [illegible] puzza [illegible] appesta, es stinkt, wie die Pest; [illegible] verpesten, vergiften, v. r. comp.

Appestato, von der Pest angesteckt seyn, [illegible], werden, v. aux.

Appetenza, V. Appetito.

Appetibile, av. [illegible], das Appetit machet, Lust erweckend, Begierde erregend.

Appetire, Begierde, appetere, Verlangen nach etwas haben, v. aux., sehnlich verlangen, v. r. comp.

Appetitoso, ag. verlangend, it. schmeckbar.

Appetito, [illegible], die natürliche Lust, oder Begierde, der Trieb, gen. es, pl. e; [illegible] die Lust, oder Begierde zu essen, [illegible], das Verlangen, die Gesundheit etwas zu thun.

Appetitoso, V. Appetibile.

Appetitoso, die Begierde, das Verlangen nach etwas.

Appetire, [illegible], v. r. comp., nahe gehen, v. r., am Herzen liegen, v. r.

Appetto, [illegible] contro, prep. [illegible] pigliare una cosa a petto, sich eine Sache angelegen seyn lassen, v. rec. tr.

Appiacevolire, erweichen, besänftigen, v. r. comp.

Appianamento, das Hobeln, gen. s.

Appianare, hobeln, v. r., glatt, eben machen, v. r.

Appianamento, das Planiren, gen. s, das Ebenmachen, gen. s; per: [illegible] die Erleichterung, die [illegible], die Hindernisse.

Appianare, eben, gleich machen, v. r.; per: facilitare, leicht machen, v. r.; per: togliere gl'imbarazzi, aus dem Wege räumen, alle Hindernisse.

Appiastrare, ankleben, v. r. comp., fest ankleben, v. r. comp., V. Appastare.

Appiastricciamento, das Ankleben, das Kleben, gen. s.

Appiattarsi (erba), das [illegible] kraut, V. Malva.

Appiattare, verbergen, v. tr. comp., verstecken, v. r. comp., V. Ascondere.

Appiattarsi, V. Ascondersi.

Appiattatamente, av. heimlicherweise, verstohlenerweise, heimlich.

Appiccagnolo, der Haken, der Wandhaken, gen. s, (um etwas daran zu hängen).

Appiccamento, das Anhängen, Aufhängen, Anheften, Ankleben, gen. s.

Appiccare, anheften, anhängen, ankleben, v. r. comp.; appiccare [illegible] la, den Streit anfangen, v. r. comp.

appiccar fuoco, Feuer anlegen, v. r. comp.; appiccare la battaglia, den Angriff thun, v. ir.

Appiccarsi, ankleben, v. r. comp., an etwas hangen, v. ir.; it. sich henken, v. rec. r., V. Attaccarsi.

Appiccaticcio) ag. klebricht, klebend;
Appiccativo) male appiccaticcio, die ansteckende Krankheit, pl. en.

Appiccatura, die Anheftung, die Vereinigung, die Zusammenfügung, pl. en.

Appicciare, V. Appiccare.

Appicciarsi, V. Appiccarsi.

Appicciante, ag. klebricht.

Appiccinire, verringern, verkleinern, v. r. comp., klein machen, v. r.

Appicco, V. Attaccamento.

Appicciolamento, die Verringerung, die Verminderung, pl. en.

Appicciolare) V. Appiccinire.
Appiccolire)

A piè) prep. unter, am Fuße: appiè
Appiè) del monte, am Fuße des Berges.

A pieno) av. völlig, ausführlich, gänzlich, ganz und gar, it.
Appieno) sattsam, überflüßig, genug.

Appiè pari, av. gleicherweise, gemächlich.

Appigionamento, die Miethe, pl. n, das Vermiethen, gen. s.

Appigionare, miethen, v. r., vermiethen, v. r. comp.

Appigliamento, V. Attaccamento.

Appigliare, V. Attaccare.

Appigrirsi, V. Impigrirsi.

Appillottare, vollstopfen, v. r. comp.

Appittolarsi, müßig stehen, v. ir.

Appio (erba), der Eppich, gen. s.

Appiolo (albero), der Herrnapfelbaum, gen. s, pl. (bäume).

Appiombo, av. bleyrecht, senkrecht.

Appionso (erba), der wilde Eppich, gen. s.

Appiuolo, V. Appiolo.

Applaudere) über etwas frohlocken,
Applaudire) v. r. comp., Beyfall geben, v. ir., Wohlgefallen bezeugen, v. r. comp., loben, v. r., Glück dazu wünschen, v. r.

Applaudirsi, wegen einer Sache sich selbst Glück wünschen, v. rec. r., sich etwas darauf einbilden, v. rec. r., Beyfall geben, v. ir.

Applauditore, der Beyfall giebt, der Wohlgefallen bezeuget, der Glück wünschet, frohlocket.

Applauso, der frohlockende Beyfall, gen. s, pl. (Beyfälle), der Glückwunsch, gen. es, pl. (Glückwünsche), it. die Lobeserhebung, pl. en.

Applicamento, die Anwendung, V. Applicazione.

Applicare, per: apporre, auflegen, v. r. comp.; per: imprimere, aufdrücken, v. r. comp.; per: appropriare, zueignen, v. r. comp.; per: imparare, lernen, appliciren, v. r.

Applicarsi (a qualche cosa), sich auflegen, v. rec. r. comp., sich befleißigen, sich bestreben, sich bemühen, v. rec. r., sich eine Sache angelegen seyn lassen, v. rec. ir.

Applicatamente, av. mit allem Ernste, mit allem Fleiße, auf eine fleißige Art.

Applicatura) der Fleiß, gen. es, die
Applicazione) Bemühung, pl. en, das Bestreben, gen. s; in senso di: applicazione di un impiastro e simili, die Auflegung, pl. en.

Appoco, appoco, av. nach und nach.

Appoggiamento, die Stütze, V. Appoggio.

Appoggiare, stützen, v. r., unterstützen, v. r. comp., mit einer Stütze befestigen, v. r. comp.; it. an etwas lehnen, v. r., auf etwas legen, v. r., auf etwas gründen, v. r.; appoggiare una commissione ad alcuno, einem einen Auftrag geben, v. ir.

Appoggiarsi, sich lehnen, v. rec. r., sich auf etwas verlassen, v. rec. ir. comp., sich stützen, v. rec. r.

Appoggiatoio) die Stütze, die Lehne,
Appoggio) pl. n; per: favore, die Gunst, die Hülfe, die Unterstützung, der Schutz; sedia d'appoggio, der Lehnstuhl; coll' appoggio degli amici, mit Beistand der Freunde; egli è il mio appoggio, er ist mein Beschützer.

Appollaiare, Hühner sammlen, v. r.

Appollaiarsi, mit den Hühnern schlafen gehen, v. ir., it. müßig stehen, v. ir.

Appomiciare, mit Bimsenstein poliren, v. r., reiben, v. ir.

Apponimento) die Beyfügung, die
Apposizione) Hinzuthuung, pl. en; per: richiesta, die Zumuthung, pl. en.

Appontare, V. Appuntare.

Apporre, dran machen, v. r., dran

[illegible], v. tr. ; per : aggiugnere, beyfügen, v. r. comp. ; apporre delle vivande, Speise vorsetzen, v. r. comp.

Apporsi per : opporsi, sich widersetzen, v. rec. r. comp. ; per : indovinare, errathen, v. r. comp. ; voi vi siete apposto, ihr habt es errathen.

Apportare, recare, bringen, v. r., herzutragen, v. tr. comp., herbeybringen, anführen, v. r. comp. ; it. cagionare, etwas verursachen, v. r. comp.

Apportatore, der Ueberbringer, Herbringer, gen. s, der bringt, hertragt, herbeybringt, anführt, cioè : quello che apporta.

Appossibilitare. V. Apportamento.

Apposta, avv. mit Fleiß, mit Willen, vorsetzlich.

Appostatamente, av. V. Apposta.

Appostamento, per : agguato, das Auflauern, gen. s ; per : assegnamento di tempo, die Zeitbestimmung, pl. en.

Appostare, cioè : stare in agguato, aufpassen, auflauern, v. r. comp. ; (stare guardando), legen, setzen, v. r. ; appostarsi in certo luogo, sich stellen, v. rec. r. ; per : destinare, bestimmen, v. r. comp.

Appostiecio, ag. falsch, (als Haare, Zähne.

Apposto, part. da apporre.

Appostolato
Appostolicale
Appostolicamente } V. Apostolato ec.
Appostolico
Appostolo

Appostumo, nach des Vaters Tod gebohren. V. Postumo.

Apprendente, ag. e sust. ein Lehrling, ein Schüler, ein Anfänger.

Apprendere, lernen, fassen, v. r., begreifen, v. ir. comp. ; per : temere, fürchten, v. r. besorgen, argwohnen, v. r. comp.

Apprendersi, sich einnehmen lassen, v. rec. ir. ; apprendersi d'amore, sich verlieben, v. rec. r. comp. ; il [illegible] fuoco, es fam Feuer, [illegible], V. Accendersi.

Apprendevole, ag. faßlich, begreiflich. V. Apprensibile.

Apprendimento, das Lernen, das Begreifen, das Verstehen, gen. s, (in cose giudiziali) das Greifen, das Fassen, das Halten, gen. s ; per : scomoscenza, ragione, das Vermessen, gen. s.

Apprenditore, der Lehrling, gen. s, pl. e, der Lehrnende, gen. n, pl. n, einer der lehrnet, begreift, vernimmt.

Apprensibile, ag. das man lernen, begreifen, vernehmen kann, it. faßlich, begreiflich.

Apprensione, per : nozione, der Begriff, gen. es, pl. e ; per : sospetto, timore, e simili, der Argwohn, gen. s, die Furcht, die Sorge, pl. n ; (in cose giudiziali), die Besitznehmung, die Verhaftnehmung, pl. en.

Apprensiva, sost. die Einbildungskraft, das Vermögen zu begreifen.

Apprensivo, cioè : sospettoso, ag. furchtsam, argwöhnisch ; per : atto ad apprendere, geschickt zum lernen.

Appresentare, vorlegen, darbieten ec. V. Rappresentare.

Appressamento, die Herbeynahung, die Annäherung, pl. en, das Hinzunahen, das Hinzutreten, gen. s.

Appressare, hinzunahen, v. r. comp., herzunahen, v. r. comp. ; in senso neutro, nahekommen, v. ir. comp.

Appressarsi, sich nähern, v. rec. r., anrücken, v. r. comp., herbeykommen, nahekommen, v. ir. comp.

Appresso, av. nahe, bey, an ; appresso a poco, beynahe, ohngefähr ; per : quindi, hernach, darauf.

Appresso, prep. bey, nach ; non ho danari appresso di me, ich habe kein Geld bey mir ; egli gli mandò appresso, cioè : dietro, er schickte nach ihm.

Appresso, ag. cioè : nelle vicinanze in der Nähe ; per : seguente, folgend ; il dì appresso, den folgenden Tag ; l'ora appresso, die folgende Stunde.

Appressochè, cong. nachdem.

Apprestamento, die Zurichtung, die Zubereitung, pl. en.

Apprestante, ag. zurichtend, zubereitend, zurüstend.

Apprestare, zurichten, zubereiten, zurüsten, zurechtmachen, v. r. comp.

Apprestarsi, cioè : prepararsi, sich bereiten, v. rec. r. comp., sich gefaßt machen, v. rec. r., bereit seyn, v. anom.

Apprestatore, der Zubereiter, gen. s, der zurichtet, zurichtet.

Appresto, sost. die Zubereitung, V. Apprestamento.

Apprezzabile, *ag.* achtbar, hochzuachten, schätzungswerth.
Apprezzamento, die Schätzung, *pl.* en, das Achten, das Hochachten, *gen.* s, der Werth, *gen.* s; *per* tassazione, das Taxiren, *gen.* s.
Apprezzare, schätzen, *v. r.*, hochschätzen, hochachten, *v. r. comp.*; *per* tassare taxiren, *v. r.*
Apprezzativo *V.* Apprezzabile.
Apprezzatore, *sost.* stimatore, der Schätzer, der Taxirer, *gen.* s.
Approcciamento, die Annäherung *pl.* en, *V.* Appressamento.
Approcciare herannahen, *v. r. comp.* *V.* Appressare.
Approcciarsi, sich nähern, *v. rec.* *r.* *V.* Appressarsi.
Approccio, *sost.* avvicinamento, die Näherung, *pl.* en, der Zugang, *gen.* s, *pl.* (Zugänge); *per* trincea, die Laufgräben; *in senso* [illegible], die Nachstellung, *pl.* en.
Approdare, anlanden, *v. r. comp.*, ans Land steigen, *v. ir.*; *per* esser utile, dienlich, nützlich seyn, *v. aus.*, nutzen, *v. r.*, helfen, *v. ir.*
Approfittare, Nutzen ziehen, *v. ir.*; *per* guadagnare, gewinnen, *v. ir. comp.*; (in gut Ruch), zunehmen, *v. ir. comp.*
Approfittarsi, sich zu Nutze machen, sich bedienen, *v. rec. r.*
Approfondare, [illegible] *v. r.*; *per* [illegible], ergründen, untersuchen, *v. r. comp.*
Approfondare, *V.* Approfondare.
Approntare, bereit halten, *V.* Allestire.
Appropiato, *av.* eben recht, zu rechter Zeit, etwan.
Appropiare, zueignen, *v. r. comp.*
Appropriarsi, sich zueignen, *v. rec. r. comp.*; *per* [illegible], sich anmaßen, *v. rec. r. comp.*
Appropriazione, die Zueignung, *pl.* en; (*in senso f.*), die Anmaßung, *pl.* en.
Approssimamento, die Herannahung, die Näherung, *pl.* en, *V.* Appressamento.
Approssimare, nähern, *v. r.* *V.* Avvicinare.
Approssimarsi, sich nähern, *V.* Avvicinarsi.

Approssimazione *V.* Approssimamento.
Approvagione } die Genehmigung, *V.*
Approvamento } Approvazione.
Approvare, gutheißen, *v. ir. comp.*, billigen, *v. r.*, genehm halten, *v. ir.*; *per* confermare, bestätigen, *v. r. comp.*
Approvatamente, *av.* mit Gutheißung, mit Beyfall, mit Genehmhaltung.
Approvato, *part.* gebilligt, genehmigt, gutgeheißen; *it.* bestätiget, bekräftiget.
Approvato, *sost.* das Gutachten, *gen.* s; *it.* die Meynung, die Bestätigung, *pl.* en.
Approvazione, die Gutheißung, die Genehmhaltung, die Billigung, *pl.* en, der Beyfall, *gen.* s; *it.* die Bestätigung, die Bekräftigung, *pl.* en.
Appuntamente, *av.* *V.* Appunto.
Appuntamento, *sost. m.* l'appuntare, das Zuspitzen, *gen.* s; *per* stabilimento di un luogo, ora ec. die Bestimmung, *pl.* en, eines Orts, einer Stunde ec.; *per* convenzione, die Verabredung, *pl.* en; *per* assegnamento di salario, die gesetzte Besoldung, *pl.* en.
Appuntare (un coltello ec.) zuspitzen, *v. r. comp.*; (con ago), anstecken, *v. r.*; *per* destinare, bestimmen, *v. r. comp.*, festsetzen, *v. r. comp.*; *per* convenire, den Vertrag schließen, *v. ir.*
Appuntato, *part.*; esser sensibile, empfindlich seyn, *v. aus.*
Appuntatamente, *av.* aufs genauste, *V.* Appunto.
Appuntellare, stützen, *v. r.*, unterstützen, *v. r. comp.*, eine Stütze unter etwas machen, *v. r.*
Appuntino, *av.* sehr genau.
Appunto, *av.* eben recht, genau, richtig, gewogen; *per* appunto, eben recht.
Appurare, [illegible] bringen, *v. ir.*, [illegible], *v. r.*
Appuzzamento, der Gestank, *gen.* s, das Durchstänkern, *gen.* s.
Appuzzare, einen Gestank machen, *v. r.*, mit üblem Geruch anstecken, *v. r. comp.*
Aprico, *av.* gegen der Sonne liegend.
Aprile, der Monat April, *per.* der Lenz.
Aprimento, das Oeffnen, das Aufthun, *gen.* s. *V.* Apertura.

Aprire, öffnen, *v. r.*, aufthun, *v. ir. comp.* aufmachen, *v. r. comp.*; *per*: iscoprire, offenbaren, entdecken, *v. r. comp.*; *per*: allargare, breiter machen, *v. r.*; aprire la campagna, ins Feld rücken, *v. r.*; aprire gli occhi, la mente, klug werden, *v. auf.*; aprire la vena, aderlassen, *v. ir. comp.*

Aprirsi, sich öffnen, *v. rec. r.*, sich aufthun, *v. rec. ir. comp.*; (proprio de' fiori), aufblühen, *v. r. comp.*; *per*: iscoprirsi, sich entdecken, *v. rec. r. comp.*; aprirsi il cammino, sich den Weg bahnen, *v. r.*

A Q

Aquario, der Wassermann eines von den 12. Zeichen des Thierkreises.

Aquartierarsi, sich einquartieren, *v. rec. r. comp.*

Aquila, der Adler, *gen. s.*

Aquilino, *ag.* einem Adler ähnlich; naso aquilino, eine Habichtnase.

Aquilonare, *ag.* nördlich, das von Norden kömmt, oder gegen Norden liegt.

Aquilone, der Nordwind; *it.* der Norden, oder die mitternächtliche Gegend.

Aquisgrana (città), Aachen.

A R

Ara, *poet.* der Altar, *gen. s.*

Arabesco, *fust.* die arabische Sprache, *ag.* arabisch, *av.*; all' arabesca, auf arabische Art.

Arabia, Arabien.

Arabico, *ag.* arabisch.

Arabile, *ag.* das sich pflügen läßt.

Arabo, *fust.* ein Araber, *gen. s*, *ag.* arabisch.

Aragaico, *fust.* die Darmgicht, (der Pferde).

Aragna } die Spinne, *pl.* n; tela d'a-
Aragno } ragno, die Spinneweben, *pl.* n.

Araldo, der Herold, *gen. s.*

Aramento, das Pflügen, das Ackern, *gen. s.*

Arancia, die Pomeranze, *V.* Melangola.

Arancio (albero), der Pomeranzenbaum, *gen. es*, *pl.* (Pomeranzenbäume) *V.* Melarancio, *ag.* orangengelb, pomeranzenfarbig, tinto a color d' arancio.

Aracno, das [illegible] Häutchen im Auge, das [illegible] des Auges.

Arare, ackern, pflügen, *v. r.*, *met.* arare diritto, etwas recht machen, *v. r.*

Aratore, der Ackermann, *gen. es*, *pl.* (Ackerleute); il buon aratore, der Pflugochs, *pl.* n.

Aratro, der Pflug, *gen. s*, *pl.* (Pflüge).

Araturá } das Pflügen, das Ackern
Arazione } *V.* Aramento.

Arazzeria, allerhand Tapezereyen, das Tapetenzeug; *per*: [illegible], die Tapetenfabrik, Tapetenweberey, *pl.* en.

Arazzi, *pl.* die Tapezereyen, das Tapetenwerk, *gen. s.*

Arazziere, der Tapetenmacher, Tapetenweber, Tapetenhändler, *gen. s*, der Tapezierer, *ved.* il tappezziere.

Arbaso, das Zweispitzeug, *gen. es.*

Arbagio, *V.* Albagio.

Arbero, *V.* Albero.

Arbicello } die Arvicole, *pl.* n.
Arbuscello }

Arbitraggio } der Ausspruch der
Arbitramento } Schiedsleute.

Arbitrare, *v. ad.* [illegible] sich [illegible] anmaßen, *v. r.*, deine Gebühren [illegible] nach seinem Belieben [illegible] thun, *v. r.*; arbitrare: nach seiner Willkühr mit etwas schalten und walten, *v. r.*; arbitrare qualche [illegible] als Schiedsrichter entscheiden, *v. ir. comp.*

Arbitrariamente, *av.* willkührlich, eigenmächtig, frey.

Arbitrario, *ag.* willkührlich, frey, eigenmächtig.

Arbitratore, *V.* Arbitro.

Arbitrio, die Willkühr, *gen. s*, der freye Wille, *gen. ns*, *pl.* n; (in senso giudiziale), der schiedsrichterliche Ausspruch, *gen. s*, *pl.* (Aussprüche); il pieno arbitrio, die freye Macht.

Arbitro, der Schiedsrichter, *gen. s.*

Arbore, der Baum, *V.* Albero.

Arboreo, *ag.* von Bäumen, zu Bäumen gehörig.

Arboscello, das Bäumchen, *gen. s*; *per*: arbusto, die Staude, *pl.* en; der Strauch, *gen. s*, *pl.* (Sträucher), das Gesträuch, *gen. s.*

Arca, die Lade, *pl.* n, der Kasten, *gen. s*; *per*: tomba, die Gruft, *pl.* en.

Arcale, *fust.* der Schwibbogen, *gen. s*, *pl.* (Schwibbögen) *per*: [illegible] del petto, das Brüstlein, gen. es.

Arcame, das Gerippe, V. Scheletro.

Arcanamente, av. heimlicherweise.

Arcangelo, der Erzengel, gen. s.

Arcano, sust. etwas Geheimes, die Heimlichkeit, pl. en; per: misterio, das Geheimniß, gen. es, pl. e.

Arcano, ag. heimlich, geheim, geheimnißvoll, verborgen.

Arcare, cioè: incurvare, krümmen, v. r., krumm biegen, v. ir. comp.; per: tirare d' arco, mit Bogen schießen, v. ir., met. hintergehen, v. ir. comp.; cioè: truffare.

Arcata, sust. der Bogenschuß, gen. es, pl. (Bogenschüsse); in arcata, in Bogen.

Arcato, ag. e part. cioè: incurvato, krumm, gekrümmt, gebogen; per: fatto a volto, in Bogen gewölbt.

Arcavolo, V. Abavo.

Archeggiare, einen Bogen an einer Thür oder an einem Fenster machen, v. r., eine Krümme an einem Gewölbe machen, v. r.

Archetipo, das Urbild, das Original, das Modell, gen. s.

Archetto, der kleine Bogen, gen. s.

Archibugiare, niederschießen, erschießen, v. ir. comp.

Archibugiere) der Büchsenmacher, g. s.
Archibugiaio) der Büchsenschmied, g. s.

Archibugiata, der Büchsenschuß, gen. es, pl. (Büchsenschüsse), ein Schuß mit einer Büchse.

Archibusiere, der Robrschütz, gen. en, it. der Musketier, gen. s.

Archibuseria, die Büchsenmacherkunst, die Musketerie.

Archibugio, die Büchse, die Flinte, die Muskete, pl. n.

Archidiacono, der Archidiaconus.

Archifanfano, der Erzwindmacher, gen. s.

Archimandrita, der Archimandrit, gen. e pl. en, der griechische Bischof, gen. s; pl. (Bischöfe).

Archimia V. Alchimia.

Archipenzolare, mit der Richtschnur, oder Bleywaage abmessen, v. ir. comp.

Archipenzolo, die Bleywaage der Maurer; met. die Regel, die Richtschnur.

Archisinagogo, der Höchste unter den Rabbinern, der Vorsteher der Judenschule.

Architettare, bauen, v. r., einen Bau anfangen, angeben, v. ir. comp.; per: formare il disegno di una Fabbrica, den Riß zu einem Gebäude machen, v. r.; met. architettare frodi, Ränke, listige Streiche, Intriguen spielen, v. r.

Architetto, der Baumeister, gen. s; met. der Urheber, gen. s.

Architettonicamente, av. nach den Regeln der Baukunst, baukunstmäßig.

Architettore, V. Architetto.

Architettura die Baukunst, die Bauart.

Architrave, der Unterbalken am Hauptgesimms eines Gebäudes, gleich nach den Säulen: die Oberschwelle, pl. n, der Architrab, gen. en.

Architravato, ag. e part. auf den Unterbalken gelegen, auf den Architrab liegend, mit dem Architrab versehen.

Archivista, der Archivarius, Archivist.

Archivio) das Archiv, gen. s.
Archivo)

Arci, prep. Erz.

Arcidiacono, V. Archidiacono.

Arcidivino, ag. Uebergöttlich.

Arciduca, der Erzherzog, gen. es.

Arciducale, ag. erzherzoglich.

Arciducato, das Erzherzogthum, gen. s.

Arciere, der Bogenschütz, gen. en; it. der Trabant, der Hartschier, gen. s.

Arcifanfano, der Erzwindmacher, der Erzaufschneider, der Erzruhmredige, gen. s.

Arcifreddissimo, ag. über die Maßen kalt.

Arcigiullare, sust. der Erztaschenspieler, der Erzgaukler, gen. s.

Arcignamente, av. strenge, V. Aspramente.

Arcignezza, die Strenge, V. Asprezza.

Arcigno, ag. streng, V. Aspro.

Arcilunatico, ag. erzmondensüchtig; per: incostante, sehr veränderlich, sehr unbeständig.

Arcimentire, unverschämt lügen, v. ir.

Arcimentitore, der Erzlügner, g. s.

Arcionato, ag. gebogen, gewölbt; it. gesattelt, wohl in dem Sattel sitzend.

Arcione, der Bogen am Sattel, auch der Sattel selbst.

Arcipedante, der Erzschulfuchs, gen. es.

Arcipelago, der Archipelagus.

Arcipresbiterato, das Erzpriesterthum gen. s.

Arcipresso, der Cipressenbaum, V. Cipresso.

Arciprete, der Erzpriester.

Arcipretura, cioè: ufficio dell' Arciprete, das Erzpriesteramt, gen. s; per l' abitazione, die Erzpriesterwohnung.

Arcisolenne, ag. erzfeyerlich.

Arcivero, ag. mehr als zu wahr.

Arcivescovado } das Erzbisthum, gen. s.
Arcivescovato }

Arcivescovale } ag. erzbischöflich.
Arcivescovile }

Arcivescovo, der Erzbischof, gen. s, pl. (Erzbischöfe).

Arco, der Bogen, gen. s; arco trionfale, der Triumphbogen, die Ehrenpforte; arco baleno, der Regenbogen.

Arcobugio V. Archibugio.

Arcolajo, die Haspel, pl. n, die Garnwinde, pl. n.

Arcoreggiare, rülpsen, V. Ruttare.

Arconato, V. Arcionato.

Ardente, ag. brennend, glühend; (in senso figurato), feurig, hitzig, eifrig, brünstig, heftig.

Ardentemente, av. hitzig, inbrünstiglich.

Arderare, in vece di ardenare, (proprio dei cavalli), sich aufbäumen, v. rec. comp.; (proprio degli uomini), widerspenstig seyn, v. aus., V. Ardore.

Ardere, brennen, v. r., verbrennen, v. r. comp.

Ardersi, brennen, v. r., (vor Liebe, Zorn).

Ardiglione, der Dorn in einer Schnalle.

Ardimento, die Kühnheit, die Vermessenheit, V. Ardire.

Ardire, sost. die Kühnheit, die Verwegenheit, die Frechheit, die Herzhaftigkeit, pl. en; per coraggio, der Muth, gen. s.

Ardire, verbo, sich unterstehen, v. rec. ir. comp., sich getrauen, v. rec. r., das Herz haben, v. ausil.; cioè: aver cuore.

Arditamente, av. herzhaft, muthig, kühn, dreist, frechermaßen.

Arditello, ag. etwas herzhaftig ec.

Arditezza, V. Ardire sost.

Ardore, die Hitze, die Brunst, der Eifer; gen. s; per: desiderio, die Begierde, das brünstige Verlangen, gen. s.

Arduamente, av. hoch, schwer, mühsam.

Arduità, die Beschwerlichkeit, die Mühseligkeit, pl. en.

Arduo, ag. schwer, mühselig.

Arefatto, ag. von der Sonne ausgedörret.

Arena, der Sand, gen. es.

Arenare, V. Arrenare.

Arenosità, das sandigte Erdreich, gen. es, der Sandboden, gen. s.

Arenoso, ag. sandig.

Argano, der Wellbaum, Wendelbaum, gen. s, pl. (bäume); das Hebzeug, gen. es.

Argentajo, der Silberarbeiter, gen. s.

Argentale, ag. silberfärbig, cioè: color d' argento.

Argentare, versilbern, v. r. comp.

Argenteo, ag. silbern, von Silber.

Argenteria, cioè: vasi d' argento ec. das Silbergeschirr, gen. s; per: luogo ove la si ripone, die Silberkammer.

Argentiera, die Silbergrube, pl. n, das Silberwerk, gen. s.

Argentina (città), Strasburg.

Argentina (erba), das Milchkraut, gen. s.

Argento, das Silber, gen. s; d' argento, ag. V. Argenteo; argento falso, Lionisch-Silber; argento vivo, Quecksilber; argento in foglia, Blättchensilber; argento battuto, gemünztes Silber.

Argentoso, ag. silberreich; ir. reich am Gelde.

Argiglia, die Thonerde, V. Argilla.

Argiglioso, ag. thonicht, V. Argilloso.

Argilla, der Thon, gen. s, die Thonerde; per: glarite, der Leim, gen. s.

Argilloso, ag. thonicht, leimicht.

Arginare, dämmen, v. r., Dämme machen, v. r., mit einem Damm verwahren, v. r. comp.

Argine, der Damm, gen. es, pl. (Dämme).

Argirone (uccello), der Reiger, gen. s.

Argomentare, Gründe anführen, v. r. comp. (etwas zu beweisen), schließen, v. ir., Schlüße machen, v. r.

Argomentatore, der Gründe anführt; (nelle dispute), der Opponent.

Argomentazione, der Schluß, gen. es, die Beweisung, pl. en.

Argomento, der Schluß, gen. es, der Beweis, gen. es, der Beweisschluß, pl. Beweisschlüße;

ſe. der Grund, gen. es, pl. Gründe.

Argomentoso, ag. gründlich, [illegible] ſe. [illegible], überzeugend, [illegible].

Arguire, getroſen, v. r. comp., mit Worten überzeugen, v. r. comp.; [illegible], v. r. comp.

Argutamente, av. [illegible], [illegible], ſcharfſinnig, [illegible].

Arguto, ag. [illegible], [illegible], verſchmitzt, [illegible].

Argutezza } die Spitzfindigkeit, die
Arguzia } Scharfſinnigkeit, pl. en.

Aria, die Luft, aria ſerena, die heitere Luft; prender aria, friſche Luft ſchöpfen; per: [illegible], das [illegible] Weſen, gen. [illegible]; per: forma di [illegible], die Geſtalt, die Geberden, das äuſſerliche Anſehen; per: varietà da cantare, eine Arie, ein Geſang, ein Lied.

Aridamente, av. [illegible].

Aridamente, av. trocken, dürre, [illegible], [illegible].

Aridezza, V. Aridità.

Aridire, ausdörren, v. r. comp., über, trocken werden, v. neut.; [illegible] machen, v. r.

Aridità, die Trockene, die Dürre, die [illegible].

Arido, ag. trocken, dürre, fruchtlos; [illegible] arido, der unfruchtbare Erdboden.

Ariete, der Widder, gen. s, das erſte Zeichen des Thierkreiſes.

Arimetica, die Rechenkunſt, V. Aritmetica.

Aringatore, der Hering, gen. s, Häring, gen. s, pl. e; per: aringamento, die öffentliche Rede, pl. n.

Aringare, eine öffentliche Rede halten, v. r.

Aringhiera } der öffentliche Kampf, [illegible]
Aringo } [illegible], gen. es.

Ariolo, der Wahrſager, Weiſſager, Zeichendeuter, gen. s.

Arioso, ag. luftig; (in ſenſo figurato), [illegible]; per: pomposo, prächtig.

Aristarco, der [illegible], gen. s, der [illegible].

Aristocratico, ag. ariſtocratiſch, da die Vornehmſten regieren.

Aristocrazia, eine Regierungsform, da die Vornehmſten in einem Staat regieren.

Aritmologia, die Oſterzeit, die Holzmark (certa erba).

A ritaglio, vender a ritaglio, Ellenweiſe verkaufen, v. r. comp.; cioè: vendere a braccio.

Aritmetica, die Rechenkunſt, oppure: was zum rechnen gehöret.

Aritmetico, ſuſt. der Rechenmeiſter, gen. s.

Aritmetico, ag. was zum rechnen gehöret.

A ritroso } av. umgekehrt.
A riverſcio }

Arlecchinismo, die Gaukeley.

Arlecchino, der Harlekin, cioè: der in der Comödie die Rolle eines luſtigen Dieners ſpielet.

Arlotto, der Fraß gen. es, der Schlemmer, der Praſſer, der Durchbringer, gen. s; per: ignorante, der Dummkopf, der ungeſchickte Menſch.

Arme, das Gewehr, V. Arme.

Armacollo, das Degengehenk, gen. s, das man über Achſel zu tragen pflegt.

Armadio, der Schrankkaſten, gen. s, der Schrank, gen. s, pl. (Schränke).

Armadura, V. Armatura.

Armajuolo, der Waffenſchmied, gen. s, pl. en, der Schwerdfeger, gen. s, der Gewehrhändler, gen. s, cioè: negoziante d'armi.

Armamentario, das Zeughaus, gen. s, pl. (Zeughäuſer), die Rüſtkammer.

Armare, bewaffnen, v. r. comp., mit Gewehr verſehen, v. ir. comp.; armare una nave, ein Schiff mit Waffen, Segeln &c. ausrüſten, v. r. comp.; in ſenſo figurato, einen erregen, operege machen, v. r.

Armario, V. Armadio.

Armarſi, ſich mit Gewehr verſehen, v. r. c. ir. comp., das Gewehr ergreiffen, v. ir. comp.; (per la guerra), ſich rüſten, v. rec. r., (zum Kriege).

Armaruolo, V. Armajuolo.

Armata, das Kriegsheer, gen. es, pl. e, die Armee; un'armata di terra, eine Armee zu Lande, eine Feldarmee, un'armata navale, eine Kriegsflotte.

Armatamente, av. mit bewaffneter Hand.

Armato, part. bewaffnet, gerüſtet; armato di legno, in Harniſch gebracht.

Armatore, der Kaper, der Seeräuber, gen. s, cioè: ladro di mare.

Armatura (d'un ſoldato), die Ausrüſtung, die Ausſtaffirung, pl. en, (eines Soldatens).

Arme o **armi**, *pl.* die Waffen, das Gewehr, *gen.* s; armi da fuoco, das Feuergeschoß; gente d'armi, das Kriegsvolk; uomo d'armi, der Kriegsmann; un fatto d'armi, eine Schlacht; essere in armi, im Gewehre stehen; gridare all'armi, Lermen [illegible]; [illegible] d'armi, fechten; arma [illegible], tödtliches Gewehr; armi difensive, Schutzgewehr; Piazza d'armi, der Waffenplatz.

Arme od **Armi** (gentilizie), das Wappen, *gen.* s; il Re d'armi, der Wappenkönig, *gen.* s, der Herold, *gen.* s.

Armeggevole, *av.* streitbar.

Armeggi, *pl.* allerhand Waffen, Gewehr [illegible].

Armeggiamento, *V.* Armeggieria.

Armeggiare, fechten, *v. n.*, turnieren, *v.*

Armeggiatore, der Fechter, der Turnierreiter, *gen.* s.

Armeggieria
Armeggio) das Ritterspiel, *gen.* s.

Armel (erba), die Harmelraute.

Armella, *V.* Armilla.

Armellino, der Hermelin, *gen.* s; pelli armelline, Hermelinfelle.

Armentajo
Armentario) der Viehhirte, der Hirte über großes Vieh.

Armento, die Heerde über großes Vieh; per: razza di cavalli, die Stuterey, *pl.* en.

Armeria, das Zeughaus, *gen.* es, *pl.* (Zeughäuser).

Armi, *V.* Arme.

Armigero, *ag.* kriegerisch, streitbar, soldatisch, der Waffen trägt.

Armilla, die Armspange, *pl.* n, der Armschmuck, *gen.* s, das Armband, *gen.* es, *pl.* (Armbänder); [illegible] fabbriche, die Ringe um die Säulen, welche zur Zierde herumgehen.

Armillare, *ag.* was ringweise ist.

Armipotente, *ag.* mächtig in Waffen.

Armistizio, der Waffenstillstand, *gen.* es.

Armola, *V.* Armel.

Armoneggiare, übereinstimmen, *v. n.*, *comp.*, [illegible], *v. n.*

Armonia, der Zusammenklang, *gen.* s, die Zusammenstimmung, der Wohllaut, *gen.* s; in materia di fabbriche, die Gleichheit, und Uebereinstimmung der Theile eines Gebäudes, it. die Einigkeit einer Sache.

Armoniaco, das Gummi, *gen.* s, der Ammoniak, *gen.* s.

Armoniale, *ag.* harmonisch, *V.* Armonico.

Armonico, *ag.* harmonisch, übereinstimmend.

Armonicamente, *av.* harmonisch, übereinstimmend.

Armonioso
Armonizzante) *ag.* harmonisch, wohlklingend, wohllautend.

Armonizzare, wohl zusammenstimmen, *v. r.*, *comp.* *V.* Armoneggiare.

Arnese, ist ein gewisser Name von allerley Werkzeugen, Geräthe, Hausrath, [illegible], Rüstung, Kleider *c.*

Arnia, der Bienenstock, *gen.* s, der Bienenkorb, *gen.* s, *pl.* (Bienenkörbe), Bienenhäuser.

Arnione, das dicke Fleisch der Lenden, it. die Nieren beym Vieh.

Arno, (ein Fluß bey Florenz) Arno.

Aromatajo
Aromatario) der Gewürzhändler, *gen.* s, der Würzkrämer, *gen.* s.

Aromati, *pl.* die Gewürze.

Aromaticità, der Geist der Gewürze, die aromatische Eigenschaft.

Aromatico, *ag.* würzhaft, wohlriechend, voll Gewürze gemacht.

Aromatizzare, würzen, *v. a.*

Aromato, das Gewürz, *gen.* es, *pl.* e.

Arpa, die Harfe, *pl.* n.

Arpeggiamento, *V.* Arpeggio.

Arpeggiare, auf der Harfe spielen, *v. n.*

Arpeggio, ein harfenähnlicher Klang, oder eine gewisse Art zu spielen, auf der Orgel, und andern Instrumenten.

Arpia, ein erdichtetes Thier der Poeten, (in senso figurato), die Harpyen, *pl.* geizige Leute [illegible].

Arpicare, klettern, hinanklettern, *v. r.*

Arpioncello
Arpioncino) ein kleiner Haken, *gen.* s.

Arpione, der Haken, *gen.* s, der Nagel, *gen.* s, die Thürangel, *pl.* n.

Arra, das Angeld, *gen.* es, *V.* Caparra.

Arrabbiamento, der Zorn, *gen.* es, der Unwille, *gen.* ns, *pl.* n, die Raserey *pl.* en, der Grimm, *gen.* es.

Arrabbiare, in Raserey, in Unsinnigkeit gerathen, *v. n.*, sich heftig erzürnen, *v. rec.*, *comp.*; (parlando di cani), rasend werden, *v. aus.*

Arrabbiatamente, *av.* auf eine unsinnige Art, grimmig, rasend.

Arrabbiato, *ag.* e *part.*, erzürnt, ergrimmt.

Arraffare, [illegible]

sammen raffen, v. r.; *fr.* entreissen, *v. ir. comp.*, mit Gewalt aus der Hand reissen, *v. ir.*

Arramacciare, auf einer Schleife schleifen, *v. ir.*, herunter schleppen, *v. r.*; die Aeste abstreifen, *v. r. comp.*

Arrampicare, klettern, *v. r.*, *V.* Rampicare.

Arrancare, erstarren, *v. r. comp.*; (parlandosi di navi), mit Gewalt fortrudern, *v. r.*

Arrandellare, zusammenrädeln, *v. r. comp.*, *V.* Randellare.

Arrangolare, grimmig werden, *v. aus.*

Arrangolarsi, sich grimmig geberden, anstellen, *v. rec. r. comp.*, rasen, *v. r.*; it. sehr ängstlich thun, *v. ir.*

Arrappare, entreissen, *V.* Arraffare.

Arrapatore, der mit Gewalt wegreißet, entreisset; per Ladro, der Räuber.

Arrasparé, scharren, *v. r.*, *V.* Raspare, Scavare.

Arrata, das Angeld, *gen. es*, *V.* Caparra.

Arrecare, bringen, *v. r.*, *V.* Recare.

Arrecarsi, *V.* Recarsi.

Arredare, mit Geräthe versehen, *v. ir. comp.*, ausmöbliren, *v. r. comp.*

Arredi, *pl.* allerhand Geräthe.

Arredo, das Geräthe, *gen. s.*

Arrembaggio, die Begegnung von zwey Schiffen, die sich nähern, um sich zu schlagen.

Arrembare, auf einander losgehen, *v. ir. comp.*, angreifen, *v. ir.* (parlandosi di navi).

Arrenamento, das Stranden eines Schiffes.

Arrenare, stranden, *v. r.*; met. eine Sache im Stiche lassen, *v. ir.*

Arrendersi, sich ergeben, *v. rec. ir. comp.*, *V.* Rendersi.

Arrendevole, *ag.* das sich leicht giebt, ergiebt; biegsam, ergiebig.

Arrendevolezza, die Ergebung, die Biegsamkeit, die Ergiebigkeit, *pl.* en.

Arrendevolmente, *av.* biegsam, ergiebig.

Arrendibile, *V.* Arrendevolezza.

Arrendimento (*ui nemici*), die Ergebung, die Uebergabe (an Feinden).

Arrequiare, ruhen, *v. r.*, aufhören, *v. r. comp.*

Arrestamento, *V.* Arresto.

Arrestare, halten, *v. ir.* aufhalten, *v. ir. comp.*, in Verhaft nehmen, *v. ir.*; obbligare a rimanere; per fur prigione, in Haft, oder gefangen nehmen, *v. ir.*; arrestare il sangue, das Blut stillen, *v. r.*

Arrestarsi, sich aufhalten, *v. rec. ir. comp.*, bleiben, *v. ir.*, stehen bleiben, *v. ir. comp.*; still halten, *v. ir. comp.*, still stehen, *v. ir. comp.*

Arrestatore, der einen aufhält, zurück hält, *it.* ein Hinder, *gen. s.*

Arresto, per fermare, der Aufenthalt, *gen. s.*; per impedimento, das Hinderniß, *gen. es*, *pl.* e; per catturare o sequestro, der Verhaft, *pl.* e, die Arretirung.

Arretrare, umwenden, *v. r. comp.*, wahrtreten, *v. r. comp.*, zurück weichen, *v. ir.*

Arreticare, *ag.* überfallen, besessen, (von bösen Geiste), (dallo spirito maligno).

Arrezzare, überschatten, *v. r. comp.*, Schatten machen, *v. r.*, Schatten werfen, *v. ir.*

Arricchimento, das Bereichern, *gen. s.*; it. das Ausziehren, *gen. s.*, die Ausziehrung, *pl.* en, der Zierath.

Arricchire, bereichern, *v. ir. comp.*, reich machen, *v. r.*, mit etwas reichlich ausziehren, *v. r. comp.*

Arricchirsi, sich bereichern *v. rec. r. comp.*, reich werden, *v. aus.*

Arricciamento, das Kräuseln, *gen. s.*, das Krausmachen, *gen. s.*

Arricciare, kräuseln, *v. r.*, krausmachen, *v. r. comp.*; per innalzare, empor richten, *v. r. comp.*

Arricciarsi (i capelli), zu Berge stehen, *v. ir.*, (als die Haare); sich entsetzen, *v. rec. r. comp.*; per sdegnarsi, harsch werden, *v. aus.*

Arricciatura, das Kräuseln, das Frisiren, *gen. s.*

Arridere, anlachen, *v. r. comp.*, günstig, beförderlich seyn, *v. aus.*; la fortuna mi arride, das Glück ist mir günstig.

Arrisare, würfeln, *v. r.*, mit Würfeln spielen, *v. r.*; per rubare, rauben, *v. r.*, entwenden, *v. r. comp.*

Arrigo (*n. p.*) Heinrich, *gen. s.*

Arringare, eine Rede halten, *v. ir.*

Arringatore, der Redner, *gen. s.*

Arripare, anlanden, *v. r. comp.*, *V.* Approdare.

Arrischiamento, das Wagen, *gen. s.*

das sich in Gefahr Setzen, gen. s.
Arrischiante, wagend, der es wagt.
Arrischiare, in Gefahr setzen, v. r., wagen, v. r., arrischiare la vita, das Leben in Gefahr setzen, v. r.
Arrischiarsi, sich wagen, v. rec. r., sich getrauen, v. rec. r., sich in Gefahr begeben, v. ir. comp.
Arrischiatamente, av. gewagterweise, verwegen, mit Gefahr.
Arrischievole, ed Arrisichevole, ag. gefährlich, verwegen, das man wagen kann, oder darf.
Arrisicare, wagen, v. r., V. Arrischiare.
Arrisicarsi, sich wagen, v. rec. r., V. Arrischiarsi.
Arrisichevole, ag. gefährlich, V. Arrischievole.
Arrivamento, die Ankunft, V. Arrivo.
Arrivare, ankommen, v. ir. comp., eintreffen, v. ir. comp., per prender terra, anlanden, v. r. comp., ans User kommen, v. ir.; per l'accadere, widerfahren, v. ir. comp., zustoßen, v. ir. comp., geschehen, v. ir. comp., sich zutragen, v. rec. ir. comp.; per arrivare, giugnere a qualche cosa, zu etwas gelangen, v. r. comp.; per acquistare, erreichen, v. r. comp.
Arrivata } die Ankunft, die Ankunftzeit,
Arrivo } die Anlandung.
Arrizzare, in die Höhe richten, v. r., V. Rizzare.
Arrizzarsi, sich aufrecht stellen, v. r., V. Rizzarsi.
Arrobbiare, mit Krappenwurzel, mit Färberröthe färben, v. r.
Arrocare, einen rauhen Hals machen, v. r.
Arrocarsi, heiser werden, v. auf.
Arroccare, porre il lino in la rocca, anwickeln, v. r. comp.
Arrocchiare, zerstückeln, v. r. comp., fig. obenhin, nachlässigerweise thun, v. ir., hudeln, v. r.
Arrogliarsi, sich in eine Sache verwickeln, v. r. comp.
Arrogante, sust. ein hochmüthiger, stolzer, vermessener, frecher Mensch, gen. en; ag. anmaßend, vermessen, stolz.
Arrogantemente, av. übermüthig, trotzig, einbilderisch.
Arroganza, der Hochmuth, gen. s, der Stolz, gen. es, die Frechheit, die eitle Einbildung, pl. en.
Arrogarsi, sich etwas mit Unrecht anmaßen, v. r. comp., beymessen, v. ir. comp.
Arrogere, zufügen, v. r. comp., etwas zulegen, v. r comp., zugeben, v. ir. comp., (um in Richtigkeit zu kommen).
Arrogimento, die Zulage, die Zugabe, pl. n, der Zusatz, gen. es, pl. (Zusätze).
Arrolare, auf die Rolle, oder ins Register schreiben, v. ir.; per reclutare, werben, v. ir.
Arrolarsi, sich werben laßen, v. rec. ir., sich in eine Gesellschaft einschreiben lassen, v. rec. ir.
Arrolatore, der Werber, gen. s.
Arrompere, abbrechen, v. ir. comp., von einander reißen, v. ir., V. Rompere.
Arrompersi, sich entreißen, v. rec. ir., sich entfernen, v. rec. r.
Arroncare, jäten, v. r.
Arronciliare, anhäckeln, v. r. comp., V. Ronciliare.
Arronciliarsi, sich zusammen krümmen, (wie eine Schlange), (proprio de' Serpenti).
Arrossare, erröthen, v. r. comp.; ir. rothfärben, v. r. comp., V. Arrossire.
Arrossimento, die Erröthung, das Schaamrothwerden; it das Rothfärben.
Arrossire, erröthen, v. r. comp.
Arrossirsi, sich schämen, v. rec. r., schaamroth werden, v. auf.
Arrostarsi, widerhalten, v. ir. comp., sich gegen etwas sperren, v. r., ablehnen, v. r. comp., widerstreben, v. ir. comp.
Arrosticciana, ein Stücklein, op. ein Stückchen Schweinesleisch auf dem Roste gebraten.
Arrostimento, das Rösten, das Braten, gen. s.
Arrostire, rösten, v. r., braten, v. ir.
Arrostitura, das Braten, gen. s, V. Arrostimento.
Arrosto, sust. der Braten, gen. s, das Gebratene.
Arrotare, cioè: molare, schleifen, v. ir., scharf und spitzig machen, v. r.
Arrotatore } der Schleifer, gen. s.
Arrotino }
Arrotolare, zusammen rollen, v. r.

appiccar fuoco, Feuer anlegen, v. r. comp.; appiccare la battaglia, den Angrif thun, v. ir.

Appiccarsi, ankleben, v. r. comp., an etwas hangen, v. ir.; it. sich anhalten, v. rec. r., V. Attaccarsi.

Appiccaticcio / **Appiccativo**) ag. klebricht, klebend; male appiccaticcio, die ansteckende Krankheit, pl. en.

Appiccatura, die Anhängung, die Vereinigung, die Zusammenfügung, pl. en.

Appicciare, V. Appiccare.

Appicciarsi, V. Appiccarsi.

Appiccicante, ag. klebricht.

Appiccinire, verringern, verkleinern, v. r. comp., klein machen, v. r.

Appicco, V. Attaccamento.

Appicciolamento, die Verringerung, die Verminderung, pl. en.

Appicciolare / **Appiccolire**) V. Appiccinire.

A piè / **Appiè**) av. unter, am Fuße; appiè del monte, am Fuße des Berges.

A pieno / **Appieno**) av. völlig, ausführlich, gänzlich, ganz und gar, it. [illegible], überflüßig, genug.

Appiè pari, av. gleichermaßen, gemächlich.

Appigionamento, die Miethe, pl. n, das Vermiethen, gen. s.

Appigionare, miethen, v. r., vermiethen, v. r. comp.

Appigliamento, V. Attaccamento.

Appigliare, V. Attaccare.

Appigrirsi, V. Impigrirsi.

Appillottare, [illegible], v. r. comp.

Appillottarsi, müßig leben, v. ir.

Appio (erba), der Eppich, gen. s.

Appiolo (albero), der [illegible]baum, gen. s, pl. (bäume).

Appiombo, av. schnurgerade, senkrecht.

Appiosa (erba), der wilde Eppich, gen. s.

Appiuolo, V. Appiolo.

Applaudere / **Applaudire**) über etwas frohlocken, v. r. comp., Beyfall geben, v. ir., Wohlgefallen bezeugen, v. r. comp., loben, v. r., Glück dazu wünschen, v. r.

Applaudirsi, wegen einer Sache sich selbst Glück wünschen, v. rec. r., sich etwas darauf einbilden, v. rec. r., Beyfall geben, v. ir.

Applauditore, der Beyfall giebt, der Wohlgefallen bezeuget, der Glückwünscher, Frohlocker.

Applauso, der frohlockende Beyfall, gen. s, pl. (Beyfälle), der Glückwunsch, gen. es, pl. (Glückwünsche), it. die Lobeserhebung, pl. en.

Applicamento, die Anwendung, V. Applicazione.

Applicare, per: apporre, auflegen, v. r. comp.; per: imprimere, aufdrücken, v. r. comp.; per: appropiare, zueignen, v. r. comp.; per: imputare, [illegible], v. r.

Applicarsi (a qualche cosa), sich auflegen, v. rec. r. comp., sich befleißigen, sich bestreben, sich bemühen, v. rec. r., sich eine Sache angelegen seyn lassen, v. rec. ir.

Applicatamente, av. mit allem Fleiße, mit allem Fleiße, auf eine fleißige Art.

Applicatezza / **Applicazione**) der Fleiß, gen. es, die Bemühung, pl. en, das Bestreben, gen. s; in senso di applicazione di un impiastro e simili, die Auflegung, pl. en.

Appoco, appoco, av. nach und nach.

Appoggiamento, die Stütze, V. Appoggio.

Appoggiare, stützen, v. r., unterstützen, v. r. comp., mit einer Stütze befestigen, v. r. comp.; it. an etwas lehnen, v. r., auf etwas legen, v. r., auf etwas gründen, v. r.; appoggiare una commissione ad alcuno, einem einen Auftrag geben, v. ir.

Appoggiarsi, sich lehnen, v. rec. r., sich auf etwas verlassen, v. rec. ir. comp., sich stützen, v. rec. r.

Appoggiatojo / **Appoggio**) die Stütze, die Lehne, pl. n; per: favore, die Gunst, der Schutz, die Unterstützung, der [illegible]; sotto l'appoggio, [illegible]; coll' appoggio degli amici, mit Beystand der Freunde; egli è il mio appoggio, er ist mein Beschützer.

Appollajare, [illegible], v. r.

Appollajarsi, mit den Hühnern schlafen gehen, v. ir., it. müßig leben, v. ir.

Appomiciare, mit Bimsenstein poliren, v. r., [illegible], v. ir.

Apponimento / **Apposizione**) die Beschuldigung, die [illegible], pl. en, [illegible], die Zumuthung, pl. en.

Appontare, V. Appuntare.

Appuzzare, [illegible] machen, v. r., [illegible]

thun, v. tr. ; per : negligentare, begehen, v. r. comp. ; apparire della [illegible], Speise zurichten, v. r. comp.

Apporsi per : opporsi, sich widersetzen, v. rec. r. comp. ; per : indovinare, errathen, v. tr. comp. ; voi vi siete apposto, ihr habt es errathen.

Apportare, recare, bringen, v. tr. herzubringen, v. tr. comp., beybringen ; [illegible], v. r. comp. ; it. cagionare, etwas verursachen, v. r. comp.

Apportatore, der Ueberbringer, Herbringer, gen. s, der bringt, herzu bringt, [illegible] quello che apporta.

Apportamento V. Appostamento.

Apposta, av. mit Fleiß, mit Willen, vorsetzlich.

Appostatamente, av. V. Apposta.

Appostamento, per : agguato, das Auflauren, gen. s ; per : destinamento di tempo, die Zeitbestimmung, pl. en.

Appostare, cioè : stare in agguato, aufpassen, auflauern, v. r. comp. (una guardia), legen, setzen, v. r. ; appostarsi in certo luogo, sich stellen, v. rec. r. ; per : destinare, bestimmen, v. r. comp.

Apposticcio, ag. falsch, (als Haare, Bärte.)

Apposto, part. da apporre.

Appostolato
Appostolicale
Appostolicamente } V. Apostolato ec.
Appostolico
Appostolo

Appostumo, nach des Vaters Tod gebohren, V. Postumo.

Apprendente, ag. e sost. ein Lehrling, ein Schüler, ein Anfänger.

Apprendere, [illegible], fassen, v. r., begreifen, v. tr. comp. ; per : temere, fürchten, v. r. besorgen, argwohnen, v. r. comp.

Apprendersi, sich einnehmen lassen, v. rec. tr. ; apprendersi d'amore, sich verlieben, v. rec. r. comp. ; il apprese fuoco, es kam Feuer aus, V. Attaccarsi.

Apprendevole, ag. faßlich, begreiflich, V. Apprensibile.

Apprendimento, das Lernen, das Begreifen, das Vernehmen, gen. s, (in [illegible]) das Greifen, das Fassen, das Halten, gen. s ; per : conoscenza, ragione, das Bewußtseyn, gen. s.

Apprenditore, der Lehrling, gen. s, pl. e, der Lernende, gen. n, pl. n, einer der lehrnt, begreift, vernimmt.

Apprensibile, ag. das man lernen, begreifen, vernehmen kann, it. faßlich, begreiflich.

Apprensione, per : nozione, der Begriff, gen. es, pl. e ; per : sospetto, timore, e simili, der Argwohn, gen. s, die Furcht, die Sorge, pl. n ; (in [illegible]), die Ergreifung, die Verarrestirung, pl. en.

Apprensiva, sost. die Einbildungskraft, das Vermögen zu begreifen.

Apprensivo, cioè : sospettoso, argwöhnisch ; per : atto ad apprendere, geschickt zum lernen.

Appresentare, vorlegen, darbieten ec. V. Rappresentare.

Appressamento, die Herbeinahung, die Annäherung, pl. en, das Hinzunahen, das Hinzutreten, gen. s.

Appressare, hinzugehen, v. tr. comp., hinzunahen, v. r. comp. ; in senso neutro, nahekommen, v. tr. comp.

Appressarsi, sich nähern, v. rec. r., anrücken, v. r. comp., herbeykommen, nahekommen, v. tr. comp.

Appresso, av. nahe, bey, am ; appresso a poco, beynahe, ohngefähr ; per : quindi, hernach, darauf.

Appresso, prep. bey, nach ; non ho danari appresso di me, ich habe kein Geld bey mir ; egli gli mandò appresso, cioè : dietro, er schickte nach ihm.

Appresso, ag. cioè : nelle vicinanze, in der Nähe ; per : seguente, folgend ; il dì appresso, den folgenden Tag ; l'ora appresso, die folgende Stunde.

Appresuchè, cong. [illegible].

Apprestamento, die Zurichtung, die Zubereitung, pl. en.

Apprestante, ag. [illegible], zubereitend, zurichtend.

Apprestare, zurüsten, zubereiten, zurichten, zurechtmachen, v. r. comp.

Apprestarsi, cioè : prepararsi, sich bereiten, v. rec. r. comp., sich gefaßt machen, v. rec. r., [illegible], v. sep.

Apprestatore, der Zubereiter, gen. s, der zurüstet, zurichtet.

Appresto, sost. die Zubereitung, V. Apprestamento.

Aprire, öffnen, *v. r.*, aufschließen, *v. ir. comp.* aufmachen, *v. r. comp.*; *per*: iscoprire, offenbaren, entdecken, *v. r. comp.*; *per*: allargare, breiter machen, *v. r.*; aprire la campagna, ins Feld rücken, *v. r.*; aprire gli occhi, la mente, klug werden, *v. aus.*; aprire la vena, aderlassen, *v. ir. comp.*

Aprirsi, sich öffnen, *v. rec. r.*, sich aufthun, *v. rec. ir. comp.*; (proprio de' fiori), aufblühen, *v. r. comp.*; *per*: iscoprirsi, sich entdecken, *v. rec. r. comp.*; aprirsi il cammino, sich den Weg bahnen, *v. r.*

A Q

Aquario, der Wassermann eines von den 12. Zeichen des Thierkreises.

Aquartierarsi, sich einquartieren, *v. rec. r. comp.*

Aquila, der Adler, *gen. s.*

Aquilino, *ag.* einem Adler ähnlich; naso aquilino, eine Habichtnase.

Aquilonare, *ag.* nördlich, das von Norden kömmt, oder gegen Norden liegt.

Aquilone, der Nordwind; *it.* der Norden oder die mitternächtliche Gegend.

Aquisgrana (città), Aachen.

A R

Ara, *poet.* der Altar, *gen. s.*

Arabesco, *sust.* die arabische Sprache, *ag.* arabisch, *av.*; all' arabesca, auf arabische Art.

Arabia, Arabien.

Arabico, *ag.* arabisch.

Arabile, *ag.* das sich pflügen läßt.

Arabo, *sust.* ein Araber, *gen. s*, *ag.* arabisch.

Aragaico, *sust.* die Darmgicht, (der Pferde).

Aragna, Aragno, die Spinne, *pl. n*; tela d'aragno, die Spinnenwebe, *pl. n.*

Araldo, der Herold, *gen. s.*

Aramento, das Pflügen, das Ackern, *gen. s.*

Arancia, die Pomeranze, *V.* Melangola.

Arancio (albero), der Pomeranzenbaum, *gen. es*, *pl.* (Pomeranzenbäume) *V.* Melarancio, *ag.* orangengelb, pomeranzenfarbig, *alias* color d'arancio.

Aranea, das [illegible] Häutchen im Auge, das zarte Fell des Auges.

Arare, ackern, pflügen, *v. r.*, [illegible] terra, etwas [illegible] machen, *v. r.*

Aratore, der Ackermann, *gen. es*, *pl.* (Ackersleute); il bove aratore, der Pflugochse, *pl. n.*

Aratro, der Pflug, *gen. s*, *pl.* (Pflüge).

Arazzera, das Gobelin, das Tapeten [illegible]

Arazzaria, *V.* Arazzolo.

Arazzeria, allerhand Tapeten, das [illegible], *per*: fabbrica, die Tapetenfabrik, Tapetenweberei, *pl. en.*

Arazzi, *pl.* die Tapezereien, das Tapetenwerk, *gen. s.*

Arazziere, der Tapetenmacher, Tapetenweber, Tapetenhändler, *gen. s.*, [illegible]

Arazzo, das Tapetenzeug, *gen. es.*

Arbagio *V.* Albagio.

Arbero, *V.* Albero.

Arbicocco, Arbicoccolo, die Abricose, *pl. n.*

Arbitraggio, Arbitramento, der Ausspruch der Schiedsrichter.

Arbitrare, nach eigenem Gutdünken meinen, *v. r.*, dafür halten, *v. ir. comp.*, [illegible] seinem Belieben etwas ordnen, *v. r.*; *per*: [illegible], nach seiner Willkühr mit etwas schalten und walten, *v. r.*; [illegible] Schiedsrichter entscheiden, *v. ir. comp.*

Arbitrariamente, *av.* willkührlich, eigenmächtig, frey.

Arbitrario, *ag.* willkührlich, frey, eigenmächtig.

Arbitratore, *V.* Arbitro.

Arbitrio, die Willkühr, *gen. s*, der freye Wille, *gen. ns*, *pl.* (n); (in senso giudiziale), der schiedsrichterliche Ausspruch, *gen. s*, *pl.* (Aussprüche); il pieno arbitrio, die freye Macht.

Arbitro, der Schiedsrichter, *gen. s.*

Arbore, der Baum, *V.* Albero.

Arboreo, *ag.* von Bäumen, zu Bäumen gehörig.

Arbuscello, das Bäumchen, *gen. s*; *per*: cespuglio, die Staude, *pl. n*, der Strauch, *gen. s*, *pl.* (Sträucher), das Gesträuch, *gen. s.*

Arca, die Lade, *pl. n*, der Kasten, *gen. s*; *per* tomba, die Gruft, *pl. en.*

Arcale, *sust.* der Schwibbogen, *gen. s*, *pl.* (Schwibbögen); *per* [illegible], [illegible]

del petto, das Brustbein, *gen.* es.
Arcame, das Gerippe, *V.* Scheletro.
Arcanamente, *av.* heimlicherweise.
Arcangelo, der Erzengel, *gen.* s.
Arcano, *sust.* etwas Geheimes, die Heimlichkeit, *pl.* en; *per*: misterio, das Geheimniß, *gen.* es, *pl.* e.
Arcano, *ag.* heimlich, geheim, geheimnißvoll, verborgen.
Arcare, *cioè*: incurvare krümmen, *v. r.*, krumm biegen, *v. ir. comp.*; *per*: tirare d'arco, mit Bogen schiessen, *v. ir.*, *met.* hintergehen, *v. ir. comp.*; *cioè*: truffare.
Arcata, *sust.* der Bogenschuß, *gen.* es, *pl.* (Bogenschüße); in arcata, in Bogen.
Arcato, *ag. e part. cioè*: incurvato, krumm, gekrümmt, gebogen; *per*: fatto a volto, in Bogen gewölbt.
Arcavolo, *V.* Abavo.
Archeggiare, einen Bogen an einer Thür oder an einem Fenster machen, *v. r.*, eine Krümme an einem Gewölbe machen, *v. r.*
Archetipo, das Urbild, das Original, das Modell, *gen.* s.
Archetto, der kleine Bogen, *gen* s.
Archibugiare, niederschiessen, erschiessen, *v. ir. comp.*
Archibugiere) der Büchsenmacher, *g.* s.
Archibugiaio) der Büchsenschmied, *g.* s.
Archibugiata, der Büchsenschuß, *gen.* es, *pl.* (Büchsenschüße), ein Schuß mit einer Büchse.
Archibugiere, der Rohrschütz, *gen.* en, *it.* der Musketier, *gen.* s.
Archibugeria, die Büchsenmacherkunst, die Musketerie.
Archibugio, die Büchse, die Flinte, die Muskete, *pl.* n.
Archidiacono, der Archidiaconus.
Archifanfano, der Erzwindmacher, *gen.* s.
Archimandrita, der Archimandrit, *gen.* s *pl.* en, der griechische Bischof, *gen.* s, *pl.* (Bischöfe).
Archimia *V.* Alchimia.
Archipenzolare, mit der Richtschnur, oder Bleywaage abmessen, *v. ir. comp.*
Archipenzolo, die Bleywaage der Maurer; *met.* die Regel, die Richtschnur.
Archisinagogo, der Höchste unter den Rabbinern, der Vorsteher der Judenschule.

Architettare, bauen, *v. r.*, einen Bau anfangen, angeben, *v. ir. comp.*; *per*: formare il disegno di una Fabbrica, den Riß zu einem Gebäude machen, *v. r.*; *met.* architettare frodi, Ränke, listige Streiche, Intriguen spielen, *v. r.*
Architetto, der Baumeister, *gen.* s; *met.* der Urheber, *gen.* s.
Architettonicamente, *av.* nach den Regeln der Baukunst, baukunstmäßig.
Architettore. *V.* Architetto.
Architettura, die Baukunst, die Bauart.
Architrave, der Unterbalken am Hauptgesimmse eines Gebäudes, gleich nach den Säulen; die Oberschwelle, *pl.* n, der Architrab, *gen.* en.
Architravato, *ag. e part.* auf den Unterbalken gelegen, auf den Architrab liegend, mit dem Architrab versehen.
Archivista, der Archivarius, Archivist
Archivio) das Archiv, *gen.* s.
Archivo)
Arci, *prep.* Erz.
Arcidiacono, *V.* Archidiacono.
Arcidivino, *ag.* übergöttlich.
Arciduca, der Erzherzog, *gen.* es.
Arciducale, *ag.* erzherzoglich.
Arciducato, das Erzherzogthum, *gen.* s.
Arciere, der Bogenschütz, *gen.* en; *it.* der Trabant, der Hatschier, *gen* s.
Arcifanfano, der Erzwindmacher, der Erzaufschneider, der Erzruhmredige, *gen.* s.
Arcifreddissimo, *ag.* über die Maßen kalt.
Arcigiullare, *sust.* der Erztaschenspieler, der Erzgaukler, *gen.* s.
Arcignamente, *av.* strenge, *V.* Aspramente.
Arcignezza, die Strenge, *V.* Asprezza.
Arcigno, *ag.* strenge, *V.* Aspro.
Arcilunatico, *ag.* erzmondensüchtig; *per*: incostante, sehr veränderlich, sehr unbeständig.
Arcimentire, unverschämt lügen, *v. ir.*
Arcimentitore, der Erzlügner, *g.* s.
Arcionato, *ag.* gebogen, gewölbt; *it.* gesattelt, wohl in dem Sattel sitzend.
Arcione, der Bogen am Sattel, auch der Sattel selbst.
Arcipedante, der Erzschulfuchs, *gen.* es.
Arcipelago, der Archipelagus.
Arcipresbiterato, das Erzpriesterthum *gen.* s.

Arcipresso, der Cipressenbaum, V. Cipresso.

Arciprete, der Erzpriester.

Arcipretura, cioè: ufficio dell' Arciprete, das Erzpriesteramt, gen. s; per: l' abitazione, die Erzpriesterwohnung.

Arcisolenne, ag. erzfeyerlich.

Arcivero, ag. mehr als zu wahr.

Arcivescovado } das Erzbisthum, gen. s.
Arcivescovato }
Arcivescovale } ag. erzbischöflich.
Arcivescovile }

Arcivescovo, der Erzbischof, gen. s, pl. (Erzbischofe).

Arco, der Bogen, gen. s; arco trionfale, der Triumphbogen, die Ehrenpforte; arco baleno, der Regenbogen.

Arcobugio V. Archibugio.

Arcolajo, die Haspel, pl. n, die Garnwinde, pl. n.

Arcoreggiare, rülpsen, V. Ruttare.

Arconato, V. Arcionato.

Ardente, ag. brennend, glühend; (in senso figurato), feurig, hestig, hitzig, brünstig, begierig.

Ardentemente, av. hitzig, brünstiglich.

Ardenza, in itersi in ardenza, (proprio dei cavalli), sich aufbäumen, v. rec. r. comp.; (proprio degli uomini), widerspenstig seyn, v. aus., V. Ardore.

Ardere, brennen, v. r., verbrennen, v. r. comp.

Ardersi, brennen, v. r., (vor Liebe, Zorn).

Ardiglione, der Dorn in einer Schnalle

Ardimento, die Kühnheit, die Verwegenheit, V. Ardire.

Ardire, sust. die Kühnheit, die Verwegenheit, die Frechheit, die Herzhaftigkeit, pl. en; per, coraggio der Muth, gen. s.

Ardire, verbo, sich unterstehen, v. rec. ir. comp., sich getrauen, v. rec. r., das Herz haben, v. aus.; cioè: aver cuore.

Arditamente, av. herzhaft, muthig, kühn, beherzt, freyherzig.

Arditello, ag. etwas herzhaftig &c.

Arditezza, V. Ardire sust.

Ardore, die Hitze, die Brunst, der Eifer; gen. s; per: desiderio, die Begierde, das brünstige Verlangen, gen. s.

Arduamente, av. hoch, schwer, mühsam.

Arduità, die Beschwerlichkeit, die Mühseligkeit, pl. en.

Arduo, ag. schwer, mühselig.

Arefatto, ag. von der Sonne ausgedörret.

Arena, der Sand, gen. es.

Arenare, V. Arrenare

Arenosità, das sandigte Erdreich, gen. es, der Sandboden, gen. s.

Arenoso, ag. sandig.

Argano, der Wellbaum, Wendelbaum, gen. s, pl. (bäume); das Hebzeug, gen. es.

Argentajo, der Silberarbeiter, gen. s.

Argentato, ag. silberfärbig, cioè: color d' argento.

Argentare, versilbern, v. r. comp.

Argenteo, ag. silbern, von Silber.

Argenteria, cioè: vasi d' argento &c. das Silbergeschirr, gen. s; per: luogo ove la si ripone, die Silberkammer.

Argentiera, die Silbergrube, pl. n; das Silberwerk, gen. s.

Argentina (città), Straßburg.

Argentina (erba), das Milzkraut, gen. s.

Argento, das Silber, gen. s; d' argento, ag. V. Argenteo; argento falso, Leonisch Silber; argento vivo, Quecksilber; argento in foglia, Blättchensilber; argento battuto, gemünztes Silber.

Argentoso, ag. silberreich; it. reich an Seide.

Argilla, die Thonerde. V. Argilla.

Argilloso, ag. thonicht, V. Argilloso.

Argilla, der Thon, gen. s, die Thonerde; per: glutine, der Leim, gen. s.

Argilloso, ag. thonicht, leimicht.

Arginare, dämmen, v. r., Dämme machen, v. r., mit einem Damm verwahren, v. r. comp.

Argine, der Damm, gen. es, pl. (Dämme).

Airone (uccello), der Reiger, gen. s.

Argomentare, Gründe anführen, v. r. comp. (etwas zu beweisen), schließen, v. ir., Schlüsse machen, v. r.

Argomentatore, der Gründe anführt; (nelle dispute), der Opponent.

Argomentazione, der Schluß, gen. es, die Beweisung, pl. en.

Argomento, der Schluß, gen. es, der Beweis, gen. es, der Beweisschluß, pl. Beweisschlüsse.

ie, der Grund, gen. es, pl. (Gründe).
Argomentoso, ag. gründlich, [illegible], sinnreich, [illegible].
Arguire, schließen, v. r. comp., mit Worten [illegible], v. r. comp.; ir. schelten, v. ir., beschuldigen, v. r. comp.
Argutamente, av. spitzfindig, verschlagen, scharfsinnig, künstlich.
Arguto, ag. listig, spitzfündig, verschlagen, ic. witzig.
Arguzia) die Spitzfindigkeit, die
Argutia) Scharfsinnigkeit, pl. en.
Aria, die Luft, aria serena, die heitere Luft; prender aria, frische Luft schöpfen; per: disinvoltura, das angenommene Wesen, gen. ens; per: [illegible] di volto, die Miene, die Geberden, das äußerliche Ansehen; per: [illegible] in canto, eine Arie, ein Gesang, ein Lied.
A ribocco, av. die Fülle.
Aridamente, av. trocken, dürre, schlecht, gering.
Aridezza, V. Aridità.
Aridire, ausdörren, v. r. comp., dürre, trocken werden, v. auf., [illegible] machen, v. r.
Aridità, die Trockene, die Dürre, die Trockenheit.
Arido, ag. trocken, dürre, [illegible] arido, der unfruchtbare Erdboden.
Ariete, der Widder, gen. s, das erste Zeichen des Thierkreises.
Arimetica, die Rechenkunst, V. Aritmetica.
Aringatore, der Redner, [illegible], gen. s, pl. es; per: aringamento, die öffentliche Rede, pl. n.
Aringare, eine öffentliche Rede halten, v. ir.
Aringo o) der öffentliche Kampf, [illegible]
Arringo) Streit, gen. es.
Ariolo, der Wahrsager, Weissager, Zeichendeuter, gen. s.
Arioso, ag. luftig, (in senso figurato), [illegible]; per: pomposo, prächtig.
Aristarco, der Tadler, gen. s, der scharfe Kritiker.
Aristocratico, ag. aristocratisch, da die Vornehmsten regieren.
Aristocrazia, eine Regierungsform, da die Vornehmsten in einem Staat regieren.
Aristologia, die Osterluzey, die Holzwurz (specie erba).

A ritaglio, vender a ritaglio, Ellenweise verkaufen, v. r. comp.; cioè vendere a braccio.
Aritmetica, die Rechenkunst, oppure was zum rechnen gehöret.
Aritmetico, sust. der Rechenmeister, gen. s.
Aritmetico, ag. was zum rechnen gehöret.
A ritroso) av. umgekehrt.
A rivescio)
Arlecchinismo, die Gaukeley.
Arlecchino, der Harlekin, cioè: der in der Comödie die Rolle eines lustigen Dieners spielet.
Arlotto, der Fraß gen. es, der Schlemmer, der Prasser, der Durchbringer, gen. s; per: ignorante, der Dummkopf, der ungeschickte Mensch.
Arma, das Gewehr, V. Arme.
Armacollo, das Degengehenk, gen. s, das man über Queer zu tragen pflegt.
Armadio, der Schrankkasten, gen. s, der Schrank, gen. s, pl. (Schränke).
Armadura. V. Armatura.
Armajuolo, der Waffenschmied, gen. s, pl. en, der Schwerdfeger, gen. s, der Gewehrhändler, gen. s, cioè: negoziante d'armi.
Armamentario, das Zeughaus, gen. s, pl. (Zeughäuser), die Rüstkammer.
Armare, bewaffnen, v. r. comp., mit Gewehr versehen, v. ir. comp.; armare una nave, ein Schiff mit Waffen, Segeln ic. ausrüsten, v. r. comp.; in senso figurato, einen erregen, rege machen, v. r.
Armario, V. Armadio.
Armarsi, sich mit Gewehr versehen, v. r. c. ir. comp., das Gewehr ergreifen, v. ir. comp.; (per la guerra), sich rüsten, v. rec. r., (zum Kriege).
Armaruolo, V. Armajuolo.
Armata, das Kriegsheer, gen. es, pl. e, die Armee; un'armata di terra, eine Armee zu Lande, eine Feldarmee. un'armata navale, eine Kriegsflotte.
Armatamente, av. mit bewaffneter Hand.
Armato, pa. e. bewaffnet, gerüstet; armato di sdegno, in Harnisch gebracht.
Armatore, der Caper, der Seeräuber, gen. s, cioè: ladro di mare.
Armatura (d'un soldato), die Ausrüstung, die Ausstaffirung, pl. en, (eines Soldatens).

Arme o armi, *pl.* die Waffen, das Gewehr, *gen.* s, arme da fuoco, das Feuergewehr, gente d'armi, das Kriegsvolk, uomo d'arme, der Kriegsmann, un fatto d'armi, eine Schlacht, essere in armi, im Gewehr stehen, gridare all' armi, Lärmen schreyen, ruffen; fare d'armi, fechten; arme offensive, [illegible] Gewehr; arme difensive, Schutzgewehr; Piazza d'armi, der Paradeplatz.

Arme od Arma [illegible], das Wappen, *gen.* s, il Re d'armi, der Wappenkönig, *gen.* s, der Herold, *gen.* s.

Armeggevole, *ag.* [illegible]

Armeggi, *pl.* allerhand Waffen, Gewehr ic.

Armeggiamento, *V.* Armeggiata.

Armeggiare, fechten, *v. tr.*, [illegible] *v. r.*

Armeggiatore, der Fechter, der Turnierreiter, *gen.* s.

Armeggiata
Armeggio
) das Ritterspiel, *gen.* s.

Armel (erba), die Harmelraute.

Armella, *V.* Armilla.

Armellino, der Hermelin, *gen.* s, pelli armelline, Hermelinfelle.

Armentario
Armentatico
) der Viehhirte, der Hirte über großes Vieh.

Armento, die Heerde über großes Vieh; per [illegible] di cavalli, die Stuterey, *pl.* en.

Armeria, das Zeughaus, *gen.* es, *pl.* (Zeughäuser).

Armi, *V.* Arme.

Armigero, *ag.* [illegible], streitbar, [illegible], der Waffen trägt.

Armilla, die Armzierde, *pl.* n, der Armschmuck, *gen.* s, das Armband, *gen.* es, *pl.* (Armbänder); (nelle fabbriche), die Ringe um die Säulen, welche zur Zierde herumgehen.

Armillare, *ag.* was [illegible] ic.

Armipotente, *ag.* mächtig in Waffen.

Armistizio, der Waffenstillstand, *gen.* es.

Armoia, *V.* Armel.

Armonizzare, übereinstimmen, *v. comp.*, harmoniren, *v. r.*

Armonia, der Zusammenklang, *gen.* s, die Zusammenstimmung, der Wohllaut, *gen.* s; in musica di [illegible], die Gleichheit, und Uebereinstimmung der Theile eines Gebäudes ic. die Einigkeit einer Sache.

Armoniaco, das Gummi, *gen.* s, der [illegible], *gen.* s.

Armoniale, *ag.* harmonisch, *V.* Armonico.

Armonico, *ag.* harmonisch, übereinstimmend.

Armonicamente, *av.* harmonisch, übereinstimmig.

Armonioso
Armonizzante
) *ag.* harmonisch, wohlklingend, wohllautend.

Armonizzare, wohl übereinstimmen, *v. r. comp. V.* Armonizzare.

Arnese, ist ein gemeiner Name von allerlen Werkzeug, Geschirr, Hausrath, Geräthe, Rüstung, Kleider ic.

Arnia, der Bienenkorb, *gen.* s, der Bienenstock, *gen.* s, *pl.* (Bienenkörbe, Bienenstöcke).

Arnione, das dicke Fleisch der Lenden, it. die Nieren beym Vieh.

Arno, (ein Fluß bey Florenz) Arno.

Aromatario
Aromatiere
) der Gewürzkrämer, *gen.* s, der Würzkrämer, *gen.* s.

Aromati, *pl.* die Gewürze.

Aromaticità, der Geruch der Gewürze, die aromatische Eigenschaft.

Aromatico, *ag.* würzartig, wohlriechend, von Gewürze gemacht.

Aromatizzare, würzen, *v. r.*

Aromato, das Gewürz, *gen.* s, *pl.* e.

Arpa, die Harfe, *pl.* n.

Arpeggiamento, *V.* Arpeggio.

Arpeggiare, auf der Harfe spielen, *v. r.*

Arpeggio, ein harfenähnlicher Griff, oder eine solche Art zu spielen auf der Orgel, und andern Instrumenten.

Arpia, ein erdichtetes Thier der Poeten, (in senso figurato) der Geizhals, *pl.* geizige Leute insgemein.

Arpicare, klettern, klimmern, *v. r.*

Arpioncello
Arpioncino
) ein kleiner Haken, *gen.* s.

Arpione, der Haken, *gen.* s, der Haspen, *gen.* s, der Thürangel, *pl.* n.

Arra, das Angeld, *gen.* es, *V.* Caparra.

Arrabattamento, der Trieb, *gen.* es, der Unwille, *gen.* ns, *pl.* n, die Marter, *pl.* en, *met.* der Grimm, *gen.* es.

Arrabbiare, in Rasen, in Wuth gerathen, *v. tr.*, sich heftig erzürnen, *v. rec. v. comp.*, (parlando di cani), rasend werden, *v. r.*

Arrabbiatamente, *av.* auf eine unsinnige Art, grimmig, rasend.

Arrabbiato, *ag. e part.*, rasend, ergrimmt.

Arraffare, arraffiare, o arrappare, [illegible]

sammen raffen, v. r.; it. entreißen, v. ir. comp., mit Gewalt aus der Hand reißen, v. ir.

Arramacciare, auf einer Schleife schleifen, v. ir., herunter schleppen, v. r.; it. Aeste abstutzen, v. r. comp.

Arrampicare, klettern, v. r., V. Rampicare.

Arrancire, erstarren, v. r. comp.; (parlandosi di navi), mit Gewalt fortrudern, v. r.

Arrandellare, zusammenschnüren, v. r. comp., V. Randellare.

Arrangolare, grimmig werden, v. auf.

Arrangolarsi, sich grimmig geberden, ausstellen, v. rec. r. comp., rasen, v. r.; it. sehr ängstlich seyn, v. ir.

Arrappare, entreißen, V. Arraffare.

Arrappatore, der mit Gewalt wegrafft, entreißet; per: Ladro, der Räuber.

Arraspare, scharren, v. r., V. Raspare, Scavare.

Arrala, das Angeld, gen. es, V. Caparra.

Arrecare, bringen, v. r., V. Recare.

Arrecarsi, V. Recarsi.

Arredare, mit Geräthe versehen, v. ir. comp., ausmeubliren, v. r. comp.

Arredi, pl. allerhand Geräthe.

Arredo, das Geräthe, gen. s.

Arrembaggio, die Begegnung von zwey Schiffen, die sich nähern, um sich zu schlagen.

Arrembare, auf einander losgehen, v. ir. comp., anpacken, v. r. (parlandosi di navi).

Arrenamento das Stranden eines Schiffes.

Arrenare, stranden, v. r.; met. eine Sache im Stiche lassen, v. ir.

Arrendersi, sich ergeben, v. rec. ir. comp., V. Rendersi.

Arrendevole, ag. das sich leicht giebt, ergiebt; biegsam, ergiebig.

Arrendevolezza, die Ergebung, die Biegsamkeit, die Ergebigkeit, pl. en.

Arrendevolmente, av. biegsam, ergiebig.

Arrendibilità, V. Arrendevolezza.

Arrendimento (ai nemici), die Ergebung, die Uebergabe (an Feinden).

Arrequiare, ruhen, v. r., ausruhen, v. r. comp.

Arrestamento, V. Arresto.

Arrestare, halten, v. ir., aufhalten, v. ir. comp., zu bleiben nöthigen; obbligare a rimanere; per: Far prigione, in Haft, oder gefangen nehmen, v. ir.; arrestare il sangue, das Blut stillen, v. r.

Arrestarsi, sich aufhalten, v. rec. ir. comp., bleiben, v. ir., stehen bleiben, v. ir. comp., still halten, v. ir. comp., still stehen, v. ir. comp.

Arrestatore, der einen aufhält, zurück hält, it. ein Häscher, gen. s.

Arresto, trattenimento, der Aufenthalt, gen. s; per: impedimento, das Hinderniß, gen. es, pl. e; per: cattura e sequestro, der Verhaft, pl. e, die Arrestirung.

Arretrarsi, umwenden, v. r. comp., zurückkehren, v. r. comp., zurück weichen, v. ir.

Arre[illegible], überfallen, besitzen, (von bösen Geiste), (dallo spirito maligno).

Arrezzare, überschatten, v. r. comp., Schatten machen, v. r., Schatten werfen, v. ir.

Arricchimento, das Bereichern, gen. s; it. das Auszieren, gen. s, die Auszierung, pl. en, der Zierath.

Arricchire, bereichern, v. r. comp., reich machen, v. r., mit etwas reichlich auszieren, v. r. comp.

Arricchirsi, sich bereichern, v. rec. r. comp., reich werden, v. auf.

Arricciamento das Kräuseln, gen. s, das Krausmachen, gen. s.

Arricciare, kräuseln, v. r., krausmachen, v. r. comp.; per: innalzare, empor richten, v. r. comp.

Arricciarsi (i capelli), zu Berge stehen, v. ir., (als die Haare); sich sträuben, v. rec. r. comp.; per: stizzirsi, borstig werden, v. auf.

Arricciatura, das Kräuseln, das Kräusern, gen. s.

Arridere, anlachen, v. r. comp., günstig, beförderlich seyn, v. auf.; la fortuna mi arride, das Glück ist mir günstig.

Arriffare, würfeln, v. r., mit Würfeln spielen, v. r.; per: rubare, rauben, v. r., entwenden, v. r. comp.

Arrigo (n. p.) Heinrich, gen. s.

Arringare, eine Rede halten, v. ir.

Arringatore, der Redner, gen. s.

Arripare, anlanden, v. r. comp., V. Approdare.

Arrischiamento, das Wagen, gen. s

das sich in Gefahr Setzen, *gen.* 6.
Arrischiante, wagend, der es wagt.
Arrischiare, in Gefahr setzen, *v. r.*, wagen, *v. r.*, arrischiare la vita, das Leben in Gefahr setzen, *v. r.*
Arrischiarsi, sich wagen, *v. rec. r.*, sich getrauen, *v. rec. r.*, sich in Gefahr begeben, *v. ir. comp.*
Arrischiatamente, *av.* gewagterweise, vermessen, mit Gefahr.
Arrischievole, ed Arrischevole, *ag.* gefährlich, verwegen, das man wagen kann, oder darf.
Arrischiare, wagen, *v. r.*, *V.* Arrischiare.
Arrisicarsi, sich wagen, *v. rec. r.*, *V.* Arrischiarsi
Arrischevole, *ag.* gefährlich, *V.* Arrischievole.
Arrivamento, die Ankunft, *V.* Arrivo.
Arrivare, ankommen, *v. ir. comp.*, eintreffen, *v. ir. comp.*; *per*: prender terra, anlanden, *v. r. comp.*, ans Ufer kommen, *v. ir.*; *per*: accadere, wiederfahren, *v. ir. comp.*, zustoßen, *v. ir. comp.*, geschehen, *v. ir. comp.*, sich zutragen, *v. rec. ir. comp.*; *per*: arrivare, giugnere a qualche cosa, zu etwas gelangen, *v. r. comp.*; *per*: acquistare, erreichen, *v. r. comp.*
Arrivata } die Ankunft, die Ankunftzeit,
Arrivo } die Anlandung.
Arrizzare, in die Höhe reichen, *v. r.*, *V.* Rizzare.
Arrizzarsi, sich aufrecht stellen, *v. r.*, *V.* Rizzarsi.
Arrobbiare, mit Krappenröthe, mit Färberröthe färben, *v. r.*
Arrocare, einen rauhen Hals machen, *v. r.*
Arrocarsi, heischer werden, *v. auf.*
Arrocare, porre il filo in la rocca ec., anspoulen, *v. r. comp.*
Arrocchiare, zerstückeln, *v. r. comp.*; *ir.*, obenhin, nachläßigerweise thun, *v. ir.*, handeln, *v. r.*
Arrocchiarsi, sich in eine Sache verwickeln, *v. r. comp.*
Arrogante, *sust.* ein hochmüthiger, stolzer, vermessener, frecher Mensch, *gen.* en, *ag.* aufgeblasen, vermessen, stolz.
Arrogantemente, *av.* übermüthig, trotzig, eingebildet.
Arroganza, der Hochmuth, *gen* 6, der Stolz, *gen.* es, die Frechheit, die eitle Einbildung, *pl.* en.
Arrogarsi, sich etwas mit Unrecht anmaßen, *v. r. comp.*, beymessen, *v. ir. comp.*
Arrogere, zufügen, *v. r. comp.*, etwas zulegen, *v. r. comp.*, zugeben, *v. ir. comp.*, (um in Richtigkeit zu kommen).
Arrogimento, die Zulage, die Zugabe, *pl.* n, der Zusatz, *gen.* es, *pl.* (Zusätze).
Arrolare, auf die Rolle, oder ins Register schreiben, *v. ir.*; *per*: reclutare, werben, *v. ir.*
Arrolarsi, sich werben laßen, *v. rec. ir.*, sich in eine Gesellschaft einschreiben laßen, *v. rec. ir.*
Arrolatore, der Werber, *gen.* 6.
Arrompere, abbrechen, *v. ir. comp.*, von einander reißen, *v. ir.*, *V.* Rompere.
Arrompersi, sich entreißen, *v. rec. ir.*, sich entfernen, *v. rec. r.*
Arroncare, jäten, *v. r.*
Arronciglare, anhäckeln, *v. r. comp.*, *V.* Ronciglare.
Arronciglarsi, sich zusammen krümmen, (wie eine Schlange), (proprio de Serpenti).
Arrossare, erröthen, *v. r. comp.*; *ir.* rothfärben, *v. r. comp.*, *V.* Arrossire.
Arrossimento, die Erröthung, das Schaamrothwerden *it.* das Rothfärben
Arrossire, erröthen, *v. r. comp.*
Arrossirsi, sich schämen, *v. rec. r.*, schaamroth werden, *v. aus.*
Arrostarsi, widerhalten, *v. ir. comp.*, sich gegen etwas sperren, *v. r.*, ablehnen, *v. r. comp.*, widerstehen, *v. ir. comp.*
Arrosticciana, ein Stücklein, *op.* ein Stückchen Schweinefleisch auf dem Roste gebraten.
Arrostimento, das Rösten, das Braten, *gen.* 6.
Arrostire, rösten, *v. r.*, braten, *v. ir.*
Arrostitura, das Braten, *gen.* 6, *V.* Arrostimento.
Arrosto, *sust.* der Braten, *gen.* 6, das Gebratene.
Arrotare, *cioè* molare, schleifen, *v. ir.*, scharf und spitzig machen, *v. r.*
Arrotatore } der Schleifer, *gen.* 6.
Arrotino }
Arrotolare, zusammen rollen, *v. r.*

zusammen winden und wickeln, *v. r.*

Arrovellare, heftig erzürnen, *v. r. comp.*; *ir.* böse machen, *v. r.*

Arrovellarsi, sich heftig erzürnen, *v. rec. r. comp.*, vor Zorn entzündet werden, *v. auf*

Arrovellatamente, *av.* grimmig, auf eine rasende, unsinnige Art.

Arroventamento, das Glühen, *gen.* s, das Glühendmachen.

Arroventare, glühen, *v. r.*, glühend machen, *v. r.*

Arroventimento, das Glühen, *gen.* s, *V.* Arroventamento.

Arroventire, glühen, *v. r.*, *V.* Arroventare.

Arrovesciamento, der Umsturz, *gen.* es, *V.* Rovesciamento.

Arrovesciare, umstürzen, *v. r. comp.*, *V.* Rovesciare.

Arrovesciatura, das Umwerfen, das Umreißen, das Umstoßen, das Umkippen, *gen.* s.

Arrozzire, grob, roh, unerfahren werden, *v. auf.*

Arrubigliare) rubinroth machen, *v. r.*;
Arrubinare) *op.* werden, *v. auf.*; per arrugginire, verrosten, *v. r. comp.*, rostig machen, *v. r.*

Arruffare, bey den Haaren zausen, *v. r.*, die Haare zu Berge stehen, *v. ir.*

Arruffarsi, sich zausen, *v. rec. r.*, sich bey den Haaren raufen, *v. r.*

Arruffianare, Kuppeley treiben, *v. ir.*, Hurenwirthschaft halten, *v. ir.*

Arruffianeria, die Kuppeley, die Hurenwirthschaft, *pl.* en.

Arrugginire, rostig machen, *v. r.*, *op.* werden, *v. auf.*

Arruotare, schleifen, *v. ir.*, schärfen, *v. r.*, *V.* Arrotare.

Arruvidare) rauh, grob werden, *v. auf.*;
Arruvidire) *ir.* vor Kälte erstarren, *v. r. comp.*

Arsella (specie di conchiglia), gewisse Art Muschelfische.

Arsenale, das Zeughaus, *gen.* es, *pl.* (Zeughäuser), die Rüstkammer.

Arsenico (specie di veleno), das Mäusegift, *gen.* s; per: orpimento, der Hüttenrauch, *gen.* s.

Arsibile, *ag.* brennbar, was leicht brennt.

Arsicciare, ein wenig brennen, *v. r.*, anbrennen, *v. r. comp.*; *ir.* durch jähe Hitze von außen versengen, *v. r. comp.*

Arsione, der Brand, *gen.* s, die Feuersbrunst, das angelegte Feuer, *gen.* s; *met.* die außerordentliche Hitze.

Arso, *part.* gebrannt, abgebrannt, geseimet.

Arsura, die Trockenheit, *pl.* en; *ir.*, *V.* Arsione.

Artagoticamente, *av.* wunderlich, über die Maßen.

Artanità (erba), das Säubrod, *gen.* s.

Arte, die Kunst, *pl.* (Künste); per scienza, der Wissenschaft, *pl.* en; le arti liberali, die freyen Künste; per: astuzia, die List; per: grande diligenza, der große Fleiß; per: abilità, die Geschicklichkeit.

Artefatto, *av.* künstmäßig, durch Kunst verfertiget.

Artefice, der Künstler, der Handwerker, *gen.* s.

Artegiano, der Handwerksmann, *gen.* es, *pl.* (Handwerksleute), *V.* Artigiano.

Artemisia (erba), das rothe Buckelkraute, *gen.* es, der Beyfuß, *gen.* es.

Arteria, die Pulsader; le arterie, *pl.* die Luftröhre.

Arteriale, *ag.* was zu den Pulsadern gehöret, (als das Geblüte in den Pulsadern).

Arteriologia, die Lehre von Adern.

Arterioso, *ag.* pulsaderich, voller Adern.

Arteriotomia, die Zerschneidung der Arterien.

Artetica, *sust.* das Gliederreißen, das Zipperlein, *gen.* s, die Gelenksucht, die Gliedersucht.

Artetico, *ag.* der das Zipperlein hat; dolori artetici, Gichtschmerzen.

Artico, *ag.* nordisch, was gegen den Nord liegt, oder dazu gehört; polo artico, der Nordpol.

Articolare, *verb.* deutlich von Punct zu Punct aufschreiben, *v. ir. comp.*, sein Vorbringen deutlich aussprechen, *v. ir. comp.*

Articolare, *ag.*, was die Glieder oder Gelenke angehet.

Articolatamente, *av.* deutlich, von Sylbe zu Sylbe, vernehmlich, sylbenweise.

Articolazione, das Gelenke, *gen.* s, die Zusammenfügung der Beine, die Ausführung der Sache, die punctweise geschiehet, (parlandosi di voce), die Deutlichkeit, die deutliche Aussprache.

Articolo (nel corpo), die Gelenke am Leibe, das Glied, gen. es; (in Abri e simili), der Punct, das Stück, der Theil, der Artikel, gen. s.

Artificiale, Artifiziale, künstlich, durch Kunst gemacht, ag. erfunden; fuoco artificiale, das Feuerwerk, gen. es.

Artificialmente, Artifizialmente, av. künstlich, künstlicherweise, nach der Kunst.

Artificio, Artifizio, das Kunststück, gen. es, die künstliche Arbeit, ag. Erfindung; per inganno, der Betrug, gen. s, der Kunstgriff, gen. es, die Arglist, die Hinterlist.

Artificiosamente, Artifiziosamente, av. künstlich, meisterlich, in. listiger weise.

Artificiosità, die Künstlichkeit, V. Artificio.

Artificioso, Artifizioso, ag. künstlich, kunstreich, erdichtet, ersonnen; ir. listig, verschmitzt, betrüglich.

Artigiano, der Künstler, gen. s, der Handwerksmann, gen. es, pl. (leute).

Artigliare, in die Klauen bekommen, v. ir., mit den Klauen fassen, v. r., festhalten, v. ir. comp.

Artigliere, Artigliero, einer der mit der Artillerie umgeht, als der Canonier, der Constabler; per, artefice, der Stückgießer.

Artiglieria, pl. die Stücke, allerhand Geschütze, Artillerie.

Artiglio, die Klaue, pl. n (der Vögel), die Krallen (von Katzen.

Artiglioso, ag. klauicht, krallicht, mit Klauen, ag. mit Krallen bewaffnet.

Artimone, das Hauptsegel, gen. s

Artista, der Künstler, gen. s; ir. einer, der die freyen Künste gelernet hat.

Arturo, ein Gestirn an der Bärenhüter, der Bootes, der Bär, gen. [illegible]

Aruspice, ein Wahrsager bey den alten Römern, der aus dem Eingeweide der Opferthiere wahrsagete.

Aruspicina, die Wahrsagerey aus dem Eingeweide der Thiere.

Arzigogolare, wunderliche Einfälle haben, v. aus. V. Fantasticare.

Arzigogolo, der wunderliche Einfall, gen. s, pl. (Einfälle), die seltsame Erfindung, die Spitzfindigkeit, pl. en.

Arzillo, ag. munter, aufgeräumt, lustig.

A S

Asaro (erba), die Haselwurzel [illegible]

Asce, die Art, pl. n, das Beil, pl. e, gen. s, eine kleine Hacke.

Ascella, die Höhlung unter der Achsel.

Ascendentale) ag. aufsteigend, aufgehend; linea ascendente
Ascendente) aufsteigende Linie, astro ascendente, aufgehendes Gestirn.

Ascendente, sust. das Aufsteigen der Sterne über den Horizont; ir. die angeborne Art; per, forza, die Macht, die Gewalt; per: prerogativa, der Vorzug, gen. s.

Ascendenza, die Freunde in aufsteigender Linie.

Ascendere, steigen, v. ir., hinaufsteigen, v. ir. comp.; (in materia di conti), belaufen, v. ir.; la somma ascende, die Summe beläuft.

Ascendimento, das Hinaufsteigen, das Aufsteigen, gen. s.

Ascensione (di G. C.), das Fest der Himmelfahrt Christi, V. Ascendimento.

Ascesa. Salita, V. Ascendimento.

Ascesso, das Geschwür, gen. s, das Schwären, gen. s.

Ascetico, ag. das von geistlichen Betrachtungen handelt.

Ascia, die Art, pl. (Aexte), V. Asce.

Asciare, hacken v. r., Holz hauen, v. ir.

Ascite, die Wassersucht im Unterleibe.

Ascitico, sust. der Wassersüchtige, gen. n, pl. n, ag. wassersüchtig.

Ascitizio, ag. fremd, anders woher angekommen.

Asciugaggine) die Trockenheit, die
Asciugamento) Dürre; ir. l'asciugare, das Abtrocknen, das Abwischen, gen. s.

Asciugare, trocknen, v. r., abtrocknen, v. r. comp., auswischen, v. r. comp.

Asciugarsi, sich abtrocknen, abwischen, v. rec. r. comp.

Asciugatoio, das Handtuch, gen. es, pl. (Handtücher), V. Sciugamano.

Asciuttamente, av. ganz trocken; avv. mit wenigen worten, kurz, cioè, con poche parole.

Asciuttezza, die Trockenheit, V. Asciugaggine.

Asciutto, ag. e part. trocken, abgetrocknet, abgewischt, ir. dürre, mager.

Ascolta) das Zuhören, das Horchen, das Anhorchen,
Ascoltamento) gen. s, ir. die Aufmerksamkeit, cioè Attenzione.

Ascoltante, der Zuhörer, Anhörer,

Horcher, gen. s, it. einer der zuhöret.
Ascoltare, zuhören, zuhorchen, v. r. comp.
Ascoltatore, der Zuhörer, gen. s, V. Ascoltante.
Ascoltazione, die Anhörung, die Zuhörung, pl. en, die Aufmerksamkeit, V. Ascoltamento.
Ascondere, verbergen, v. irr. comp., verhehlen, v. r. comp., bedecken, v. r. comp., heimlich halten, v. irr.; it. verstecken, v. r. comp.
Ascondersi, sich verstecken, v. rec. r. comp., sich verbergen, v. rec. irr. comp.; it. sich verstellen, v. rec. r. comp.
Ascondiglio, ein Ort, wo man sich, oder sonst etwas verbergen kann.
Ascondimento, das Verstecken, das Verbergen, gen. s.
Ascondítore, der Verhehler, der Vertuscher, gen. s.
Ascosamente, av. heimlich, verborgener weise.
Ascoso, part. od ag. heimlich, verhehlt, versteckt, verschwiegen, verborgen.
Ascostamente, av. heimlicherweise, V. Ascosamente.
Ascosto, part. V. Ascoso.
Ascrittizio, ag. zugefügt, beygefügt, zugeeignet, zugeschrieben, beygemessen.
Ascrivere, zuschreiben, v. irr. comp., zurechnen, v. r. comp., zuzählen, v. r. comp., beymessen, v. irr. comp., zueignen, v. r. comp.; ascrivere ad onore, für eine Ehre schätzen, v. r.
Asello (verme porcel), der Kellerwurm, gen. es.
Asfaltide, ag. nach Judenleim riechend, (lago) eine große See in Palästina.
Asfalto, das Bergpech, das Judenpech, gen. es, der Judenleim, gen. es.
Asfodillo (fiore), die Goldwurz, die Affodille, die wilde Lilie.
Asia, Asien.
Asiatico, ag. asiatisch.
Asilo, die Freystatt, pl. (Freystätte), der Zufluchtsort, gen. s, pl. (Zufluchtsörter), der Zuflucht, it. die Sicherheit.
Asinia, die Ungeschicklichkeit, V. Asina-
Asinaggine, Asineria, Asinità, die Eselhaftigkeit, die Dummheit, die Eseley, pl. en.
Asinajo, der Eseltreiber, gen. s.
Asinello, Asinino, der junge, der kleine Esel, gen. s.

Asinescamente, av. eselhaft, auf eine ungeschickte Art, dummerweise.
Asinesco, ag. eselhaft, ungeschickt, dumm.
Asinile, ag. was von Esel ist, V. Asinesco.
Asinire, zum Esel werden, v. aus., V. Inasinire.
Asino, der Esel, gen. s; per ignominia, ignorante, ein dummer, ungeschickter Kerl; Asino selvatico, ein Waldesel; lavar la testa all'asino, einem Undankbaren Wohlthaten erzeigen.
Asma, die Engbrüstigkeit, pl. en, der kurze Athem, gen. s.
Asmatico, ag. engbrüstig, kurzathmig.
Asolare, athmen, v. r., V. Alitare.
Asoliere, Asuliere, der Sattelgurt, gen. es, pl. (Sattelgürte).
Asolo, das Athemholen, gen. s; per buco da botte, das Zapfloch, gen. s, pl. (Zapflöcher); per: sollievo, V. Sollievo.
Aspalto, V. Asfalto.
Asparago, der Spargel, gen. s.
Aspe, eine kleine sehr giftige Schlange, V. Aspide.
Asperare, erbittern, erzürnen, v. r. comp., zornig machen, v. r.
Asperarteria, die Luftröhre im Halse.
Asperella (erba), das Scheuerkraut, das Kannenkraut, gen. s.
Aspergere, besprützen, besprengen, bestreuen, anfeuchten, v. r. comp.
Aspergersi, sich bespritzen, sich besprengen, v. rec. r. comp.
Asperità, die Strenge, die Härte, die Rauhigkeit, it. die Unfreundlichkeit.
Aspero, ag. rauh, V. Aspro.
Aspersione, die Besprengung, pl. en.
Aspersorio, der Sprengwedel, der Weihwedel, gen. s.
Aspettamento, Aspettanza, V. Aspettazione.
Aspettante, ag. ord.: che aspetta, erwartend; che appartiene, zugehörend, zukommend.
Aspettare, warten, v. r., erwarten, v. r. comp.; per: appartenere, zukommen, v. irr. comp., zugehören, v. r. comp.; questo non aspetta a me, dieses kommt mir nicht zu, od. dieses gehört mir nicht zu.
Aspettativa, die Erwartung, die Anwartschaft, pl. en; per: speranza, die Hoffnung, pl. en.

Aspet-

Aſpettatore, der Zuſchauer, *gen.* s, einer der auf etwas wartet.
Aſpettazione, *cioè* ſperanza, die Hoffnung, *pl.* en, das worauf man wartet und hofft.
Aſpetto, der Anblick, die Erblickung, *pl.* en; *per.* viſo, das Geſicht, *gen.* es, *n.* das Anſehen, *gen.* s.
Aſpide) eine kleine ſehr giftige Schlange, *pl.* n.
Aſpido)
Aſpirante, *ag.* ſtrebend, nachtrachtend.
Aſpirare, nach einem Dinge ſtreben, *v. r.* nachtrachten, *v. r. comp.*
Aſpirazione, das Hauchen, *gen.* s, Athem ſtärker laſſen; *it.* das Streben, das Beſtreben, um höher zu kommen.
Aſpo, der Haſpel, *gen.* s, *V.* Naſpo.
Aſpramente, *av.* hart, heftig, grob-lich, unfreundlich.
Aſpreggiamento, das rauhe Weſen, *gen.* s, die Erbitterung, *pl.* en, das harte Verfahren, die Reizung zum Zorn.
Aſpreggiare, hart verfahren, *v. ir. comp.*, erbittern, unfreundlich begegnen, *v. r. comp.*, ſtreng halten, *v. ir.*
Aſprezza, das Rauhe, die Härte, die Strenge, die ſtrenge Herbigkeit.
Aſpretto, *ag.* nicht zu hart, nicht zu herb.
Aſprità, *V.* Aſprezza.
Aſpro, *ag.* rauh, ſcharf, herb; *it.* hart, grob, widerſinnig.
Aſpro, *ſuſt.* der Aſper, (certa moneta turca).
Aſſa (certa gomma), eine Art Gummi, Aſſa fetida, der Teufelsdreck, *gen.* s.
Aſſaccomannare, ausplündern, *v. r. comp.*, *V.* Saccheggiare.
Aſſaggiamento, das Koſten, das Verſuchen, *gen.* s; *it.* die Probe.
Aſſaggiare, (vivande e ſimili), koſten, *v. r.*, verſuchen, probiren, *v. r. comp.*; dare un aſſaggio, einen Verſuch thun, *v. ir. ir.*; mettere alla prova, auf die Probe ſtellen, *v. r.*; aſſaggiar l'oro, das Gold probiren, *v. r.*
Aſſaggiato, *part.* gekoſtet, verſucht, probirt.
Aſſaggio, aſſaggiamento, das Koſten, das Verſuchen, *gen.* s; *it.* der Verſuch, *gen.* s, die Probe, *pl.* n.
Aſſai, *av.* viel, ſehr; *per.* abbondanza, genug, zur Genüge, ziemlich; aſſai più, vielmehr.
Aſſaiſſimo, *av.* ſehr viel.
Aſſalimento, e aſſaglimento, der Anfall, *gen.* s, *pl.* (Anfälle), der Angriff, *gen.* s, der Anlauf, *gen.* es, *pl.* e, der Sturm, *gen.* s, *pl.* (Stürme).
Aſſalire, anfallen, überfallen, angreifen, *v. ir. comp.*
Aſſalitore, der Angreifer, *gen.* s, der feindlich angreift, anfällt, überfällt, *cioè*: quello che aſſale oſſalimento.
Aſſaltamento, *V.* Aſſalimento.
Aſſaltare, *V.* Aſſalire.
Aſſaltatore, *V.* Aſſalitore.
Aſſaltatrice, da Aſſalitore.
Aſſalto, *V.* Aſſalimento.
Aſſannare, e azzannare, mit den Zähnen faſſen, *v. r.*, *cioè*: afferrare coi denti; *it.* anpacken, *v. r. comp.*
Aſſanno, e azzanno, die Anfaſſung, *pl.* en, (mit den Zähnen), der Biß, *gen.* es.
Aſſaporamento, das Koſten, *gen.* s, das Schmecken, *gen.* s; *it.* das Prüfen, *gen.* s.
Aſſaporare, *V.* Aſſaggiare, koſten, *v. r.*, verſuchen, *v. r. comp.*, ſchmecken, *v. r.*; *it.* prüfen, *v. r.*; *per* avvederſi merken, *v. r.*, wahrnehmen, *v. ir. comp.*
Aſſaſſinamento, aſſaſſinio, der Straßenraub, *gen.* es, der Straßenmord, *gen.* s, der Meuchelmord, *gen.* s.
Aſſaſſinare, ermorden, *v. r. comp.*, berauben, *v. r. comp.*; *met.* verderben, *v. ir. comp.*; io ſono aſſaſſinato, ich bin verloren.
Aſſaſſino, der Straßenräuber, *gen.* s, der Meuchelmörder, *gen.* s.
Aſſe, das Bret, *gen.* s, *pl.* er, die Diele, *pl.* n, die Achſe, (an der Himmelskugel).
Aſſedere, *v. ant.* belagern, *v. r. comp.*; *per* ſedere, *v. neut.* ſitzen, *v. ir.*
Aſſedimento, *V.* Aſſedio.
Aſſediante, der Belagerer, *gen.* s; *in ſenſo met.* einer der um etwas inſtändig anhält, *cioè*: uno che inſta per qualche coſa con importunità.
Aſſediare, belagern, *v. r. comp.*; *in ſenſo met.* um etwas ungeſtüm anhalten, *v. ir. comp.*
Aſſediatore, *V.* Aſſediante.
Aſſedio, die Belagerung, *pl.* en; levare l'aſſedio, die Belagerung aufheben, *v. ir. comp.*
Aſſegnamento, *per* riſcoſſione an-

nuale, *cioè*: entrata, die jährliche Einnahme, *pl.* n; *per*: assegno di un credito, die Anweisung *pl.* en; *per*: stabilimento d' un impiego, die Bestallung, *pl.* en.

Assegnare, *cioè*: indicare tempo e luogo, Zeit und Ort bestimmen, *v. r. comp.*; *per*: appropriare, zueignen, *v. r. comp.*; *per*: compartire, mittheilen, *v. r. comp.*; *per*: aggiudicare, zuerkennen, *v. r. comp.*; *per*: destinare, bestimmen, *v. r. comp.*, anweisen, *v. ir. comp.*

Assegnatamente, *av.* bestimmterweise; *per*: principalmente, besonders; *per*: nominatamente, namentlich.

Assegnato, *part. del verbo*, assegnare.

Assegnazione) *V.* Assegnamento.
Assegno)

Asseguimento, *V.* Conseguimento.

Asseguire, *voce antica*, *V.* Conseguire, Eseguire.

Asseguitore, *V.* Esecutore.

Assembramento, die Versammlung, die Vereinigung, *pl.* en; *per*: assalimento, der feindliche Anfall, *gen.* s, *pl.* (Anfälle); l' assembramento carnale die fleischliche Vermischung, *pl.* en.

Assembiare, *V.* Assembrare; *per*: ordinare, *V.* Disporre.

Assemblea, die Zusammenkunft, die Versammlung, die Gesellschaft, *pl.* en; der versammelte Haufen Leute, *cioè* unione di gente, *V.* Adunanza.

Assembrare, *cioè*: assomigliare, ähnlich sehen, *v. ir.*; *per*: sembrare, scheinen, *v. ir.*; mi pare, es scheinet mir, es kömmt mir vor; *per*: adunare, sammeln, *v. r.*

Assennare, warnen, *v. r.*, vermahnen, *v. r. comp.*, vorsichtig, klug machen, *v. r.*

Assennatamente, *av.* vorsichtigerweise, kluger, verständigerweise; *av.* bedachtsam.

Assennato, *part.* gewarnet, vermahnet; *av.* klug, vorsichtig, verständig gemacht, *ap.* gewarbelt.

Assensione, *V.* Assenso.

Assenso, der Beyfall, *gen.* s, *pl.* (Beyfälle), die Einwilligung, *pl.* en.

Assentamento, die Abwesenheit, die Entfernung, *pl.* en, *V.* Allontanamento.

Assentarsi, *V.* Allontanarsi.

Assentatore, *V.* Adulatore.

Assente, *ag.* abwesend, entfernet, nicht zugegen.

Assentimento, *V.* Assenso.

Assentire, bewilligen, *v. r. comp.*, Beyfall geben, *v. ir.*; essere dello stesso sentimento, eben der Meynung seyn, *v. aus.*

Assentito, *part. da* assentire, bewilliget, *ag.* witzig, vorsichtig; stare assentito, *cioè*: all' erta, auf seiner Hut seyn, *v. aus.*

Assenza, assenzia, die Abwesenheit, die Entfernung, *pl.* en, *V.* Allontanamento.

Assenzio (erba), der Wermuth, *in senso fig.* bitterer Schmerz, Verdruß.

Asserarsi, *cioè*: farsi sera, spät werden, Nacht werden, *v. aus.*

Asserire, affermare, behaupten, *v. r. comp.*, bestätigen, *v. r. comp.*, für gewiß sagen, *v. r.*, *cioè*: dir per vero certo.

Assertivamente, affermativamente, *av.* für gewiß, bestätiglich, auf eine bestätigende Art.

Asserzione, die Bejahung, die Behauptung, die Bestätigung, *pl.* en; *per*: assioma, der Lehrsatz, *gen.* es, *pl.* (Lehrsätze).

Assessore, der Beysitzer, *gen.* s.

Assestare, zurichten, einrichten, *v. r. comp.*, zurechte machen, *v. r.*, in Richtigkeit bringen, *v. r.*

Assetare, *cioè*: aver sete, durstig seyn, *v. aus.*; *in senso di*: eccitare desiderio, Sehnsucht, *op.* Begierde erwecken, *v. r. comp.*

Assetato, *part. ed ag.*, durstig, *sust.* ein Durstiger, *gen.* n.

Assettamento, das Zurechtmachen, *gen.* s, die Zurichtung, die Veranstaltung, *pl.* en; *per*: racconciatura, der Putz, *gen.* es; (di capelli), die Frisur.

Assettare, zurechte machen, ordentlich machen, *v. r.*, putzen, frisiren, *v. r.*

Assettatamente, *av.* hübsch, zierlich, nett, geputzt, in gute Ordnung gebracht.

Assettatore, der Aufputzer; *cioè*: quello che assetta; *in.* der Friseur, *gen.* s.

Assettatura, *V.* Assettamento, Aggiustatezza, Garbo.

Assetto, *sust. con o largo*: das Brettchen, *gen.* s; *con o stretto*: die Zusammenschickung, die Einrichtung, *pl.* en;

mettere in assetto, in Ordnung bringen, legen, setzen, v. r.; mettersi in assetto, sich anputzen, v. rec. r. comp.

Asserragliamento, asserragliamento, V. Asserramento.

Asseveranza, die Bekräftigung, Betheurung, Behauptung, Behauptung, pl. en.

Asseverare, bekräftigen, betheuren, behaupten, v. r. comp.

Asseverazione, V. Asseveranza.

Assicella, das Brettchen, gen. s; assicelle per coprir i tetti, die Schindel vom Dache.

Assicuramento, assicuranza, assicurazione, die Versicherung, die Sicherheit, die Sicherstellung, pl. en; per: pegno, das Pfand, gen. es, pl. (Pfänder); per fiducia, das Vertrauen, gen. s.

Assicurare, versichern, v. r. comp., sicher stellen, v. r.; machen, v. r.; bestätigen, v. r. comp., behaupten, v. r. comp., für gewiß sagen, v. r.

Assicurarsi, sich einer Sache versichern, v. rec. r. comp., sich gewiß machen, v. r.

Assiderare, erstarren, v. r. comp., vor Kälte halb erfrieren, v. ir. comp.

Assiderarsi, vor Kälte starr, halb erfroren seyn, v. auf.

Assiderazione, das Erstarren vor Kälte.

Assidere, beysitzen, v. ir. comp.

Assiduamente, av. fleißig, unverdrossen, unablässig.

Assiduità, der Fleiß, gen. es, die Unverdrossenheit, die Emsigkeit, pl. en.

Assiduo, ag. fleißig, emsig, stät, unablässig, unaufhörlich.

Assiepare, verzäunen, umzäunen, v. r. comp.

Assillo, ered: mosca, die Bremse, pl. n.

Assimigliare, assimilare, V. Assomigliare.

Assioma, der Grundsatz, gen. es; der angenommene Lehrsatz in einer Wissenschaft, gen. es, pl. (Grundsätze, Lehrsätze).

Assistente, der Helfer, gen. s; Helferinn, die Helferinn, der Beystand, gen. ...

Assistenza, die Hülfe, der Beystand; ... die Gegenwart, die Anwesenheit.

Assistere, beystehen, v. ir. comp., helfen, v. ir., dabey seyn, v. auf.

Assittiare, V. Assiderare.

Asso (nelle carte), das Daus, gen. es, pl. (Däuser), das As.

Associamento, associazione, die Zugesellung, die Gemeinschaft, die Gesellschaft, pl. en.

Associare, zugesellen, v. r. comp., zum Gehülfen, zum Mitgesellen annehmen, v. ir. comp.

Associarsi, in Gesellschaft treten, v. ir.

Assodamento, die Befestigung, pl. en, das Gerinnen; das feste, beständige Wesen, gen. s; ir. die Härte, die Dauerhaftigkeit.

Assodare, befestigen, v. r. comp., dicht, fest, gründlich, gewiß, beständig machen, v. r.; mer. stärken, v. r., auf festen Fuß setzen.

Assoggettamento, V. Assoggettimento.

Assoggettare, V. Soggettare.

Assoggettimento, die Unterwerfung, V. Soggettimento.

Assoldare, besolden, v. r., anwerben, v. ir.

Assoldato, part. da assoldare, besoldet, angeworben.

Assolvere, lossprechen, v. ir. comp.; per: perdonare, vergeben, v. ir. comp.; per: liberare, befreyen, v. r. comp.

Assolutamente, av. ganz und gar, durchaus; schlechterdings; ohne Ausnahme, cioè: senza eccezione.

Assoluto, assolto, part. losgesprochen, befreyet.

Assoluzione, die Lossprechung, Freysprechung, pl. en.

Assomare, beladen, v. ir. comp., eine Last auflegen, v. r. comp.; assomare denari, Geld sammeln, v. r.

Assomigliante, ag. ähnlich, gleich, V. Somigliante.

Assomiglianza, die Aehnlichkeit, die Gleichheit, pl. en.

Assomigliare, ähnlich seyn, v. auf.; per: paragonare, vergleichen, v. ir. comp.; assomigliare ad uno, einem ähnlich sehen, v. ir.

Assomigliarsi; cioè: paragonarsi, sich vergleichen, v. rec. ir. comp., ähnlich werden, v. auf., sehen, v. ir.

Assonnamento, das Einschläfern, gen. s; per: pigrizia, die Trägheit, die Faulheit, pl. en.

Assonnare, einschläfern, v. r. comp.; met. träge seyn, faul seyn, v. auf.

Assorbente, ag. verschlingend, einschluckend.

Assorbere, assorbire, verschlingen, einschlingen, *v. ir. comp.* einschlucken, verschlucken, *v. r. comp.*

Assorbimento, das Verschlucken, das Verschlingen, *gen.* s.

Assorbire, *V.* Assorbere.

Assordamento, *per:* sordità, die Betäubung; *per:* stordimento, die dumme Art; die Unbedachtsamkeit; *per:* pigrizia, die Faulheit, *pl.* en.

Assordare, assordire, betäuben, *v. r. comp.*

Assordire, divenir sordo, taub werden, *v. auf.*

Assortimento, die Wahl durchs Loos; *it.* die Auswahl, die Aussonderung; *it.* (di merci), das Sortiment.

Assortire, aussondern, aussortiren, *v. r. comp.*

Assottigliamento, das Subtil, *gen.* s; das Feinmachen; das Reinmachen; das Dünnermachen, *gen.* s; die Schärfung, die Verfeinerung, *pl.* en.

Assottigliare, verdünnen, verdünnern, *v. r. comp.*, dünne, subtil, fein, spitzig, scharf machen, *v. r.*; assottigliar l' ingegno, den Verstand schärfen, *v. r.*

Assottigliatore, cioè quello, che assottiglia, der etwas subtil, fein, rein, dünne, scharf macht.

Assottigliatura, *V.* Assottigliamento.

Assuefare, gewöhnen, angewöhnen, *v. r. comp.*, in Gewohnheit, in Uebung bringen, *v. r.*

Assuefarsi, sich gewöhnen, sich angewöhnen, *v. rec. r. comp.* gewohnt werden, *v. auf.*; *per:* esercitarsi, sich üben, in Uebung bringen, *v. rec. r.*

Assuefazione, die Gewohnheit, die Uebung, *pl.* en.

Assumere, auf sich nehmen, auf nehmen, *v. ir.*; *per:* promuovere ad una carica, erheben, *v. ir. comp.*

Assunto, inalzato, *part.* aufgenommen, erhoben.

Assunto, *sust.* die Anmaßung, die Bemühung, *pl.* en

Assunzione, die Aufnehmung, Annehmung, *pl.* en; *per:* l' assunta di M. V., die Mariä Himmelfahrt.

Assurdamente, *av.* ungereimterweise, abgeschmackterweise.

Assurdità, die ungereimte Sache oder Rede, *pl.* n; das abgeschmackte Wesen, *gen.* s; die Ungereimtheit.

Assurdo, *sust.* *V.* Assurdità, *ag.* ungereimt, abgeschmackt, dumm, unvernünftig, ungeschickt.

Asta, der Spieß, *gen.* es, *pl.* e; die Lanze, *pl.* n; der Stengel, *gen.* s.

Astante, che è presente, der, die gegenwärtig ist; *sust.*: presente, ein Anwesender; *per:* quello che assiste al malati, der Krankenwarter; *per:* Inspettore, der Aufseher, *gen.* s.

Astenersi, sich enthalten, *v. rec. ir. comp.*

Astinente, ed astegnente, *ag.* mäßig.

Astinenza, ed astegnenza, die Enthaltung, die Mäßigung; *per:* giorno d'astinenza, der Fasttag, *gen.* s, *pl.* e.

Astio, der Neid, *gen.* es; die Mißgunst. *V.* Livore.

Astraere, ed astraere, absondern, *v. r. comp.*

Astrattamente, *av.* abgesondert.

Astrattezza, die Absonderung, *it.* die Zerstreuung, die Tiefsinnigkeit, *pl.* en.

Astratto, *ag. e part.* abgesondert, zerstreuet; *it.* tiefsinnig.

Astrazione, *V.* Astrattezza.

Astringente, *ag.* nöthigend, zwingend; parlandosi di cibi, medicine, ec. stopfend.

Astringere, ed astrignere, zwingen, *v. ir.*, nöthigen, *v. r.*; *it.* verstopfen, *v. r. comp.*

Astringenza, der Zwang, *gen.* es, *it.* die Verstopfung, *pl.* en, das Zusammenziehen, *gen.* s.

Astro, das Gestirn, *gen.* es, *pl.* e; *it.* der Stern, *gen.* es, *pl.* e.

Astrologare, wahrsagen, *v. r. comp.*, prophezeyen, *v. r.*; *per:* meditare, nachsinnen, *v. r. comp.*, grübeln, *v. r.*

Astrologia, die Sternbetrachtungskunst, die Sterndeutung, das Wahrsagen aus den Gestirnen.

Astrologico, *ag.*, astrologisch, zur Sterndeuterey gehörig.

Astrologo, der Sterndeuter, *gen.* s; *per:* Indovino, der Wahrsager, *gen.* s.

Astronomia, die Sternseherkunst, die Sternbetrachtungskunst, die Sternmesserkunst, die Sternkunde.

Astronomicamente, *av.* auf astronomische Art.

Astronomico, *ag.* astronomisch, zur Sternkunst gehörig.

Astronomo, der Sternmesser, Sternkundiger, Sterndeuter, *gen.* s.

Astruso, *ag.* unergründlich, unerforschlich, unbegreiflich, dunkel, verborgen.

Astutamente, *av.* listigerweise.

Astutezza, die List, die Listigkeit, *pl.* en; *it.* die Verschlagenheit.

Astuto, *ag.* listig, schlau, verschlagen, arglistig.

Astuzia, *V.* **Astutezza**.

A T

Ateismo, die Gottesverleugnung, die Atheisterey; *it.* der Irrthum.

Ateista, der Atheist, *gen.* en, der keinen Gott glaubt; ein Gottesleugner, *gen.* s.

A tempo opportuno, *av.* zu rechter Zeit.

Atmosfera, der Dunstkreis, *gen.* es; die Luft, so am nächsten die Erde umgiebt.

A torno, ed **attorno**, *av.* herum, umherum, ringsherum, umher; attorno alla città, um die Stadt herum; andare attorno, umhergehen, *v. ir.*

A traverso, ed **attraverso**, *av.* mitten durch, durch etwas durch, quer über.

Atrio, das Vorhaus, *gen.* es, *pl.* (Vorhäuser); der Vorhof, *gen.* es, *pl.* (Vorhöfe).

Atroce, *ag.* grausam, hart, abscheulig, grimmig, erschrecklich.

Atrocemente, *av.* grausamlich, erschrecklich.

Atrocità, die Grausamkeit, die Abscheulichkeit, *pl.* en, der Grimm, *gen.* es.

Attaccamento, das Anhängen, das Ankleben, *gen.* s; *per:* inclinazione, die Zuneigung, die Ergebenheit, *pl.* en.

Attaccare, anheften, ankleben, *v. r. comp.*; *it.* anschlagen, anbinden, *v. ir. comp.*; attaccare il nemico, den Feind angreifen, *v. ir. comp.*; (fuoco), Feuer anlegen, anzünden, *v. r. comp.*

Attaccaticcio, *ag.* klebricht; *it.* ansteckend (als eine Krankheit).

Attamente, *ag.* richtig, geschickt, bequem.

Attanagliare, mit glühenden Zangen zwicken, *v. r.*, kneipen, *v. r.*

Attediare, verdriessen, *v. ir. comp.*, Verdruss machen, *v. r.*; *it.* beschwerlich fallen, *v. ir.*, Langeweile verursachen, *v. r. comp.*

Atteggevole, *ag.* geberdend.

Atteggiamento, das Geberden, *gen.* s; *per:* positura, die Stellung, *pl.* en; *per:* smorfie, die Grimasse, *pl.* n.

Atteggiare, geberden, *v. neutr. r.*; *in senso attivo*, die Affecten an einem Bilde ꝛc. recht natürlich ausdrücken, *v. r. comp.*, vorstellen, *v. r. comp.*

Atteggiatamente, *av.* mit allerhand Geberden.

Attemperamento, **temperanza**, die Mässigung, *pl.* en, *V.* **Temperamento**.

Attemperare, mässigen, *v. r.*, *V.* **Temperare**.

Attendere, *per:* aspettare, warten, *v. r.*, erwarten, *v. r. comp.*; *per:* essere attento, Acht haben, *v. aus.*; *per:* mantenere la promessa, sein Versprechen halten, *v. ir.*

Attenente, *ag.* zugehörig, *V.* **Appartenente**.

Attenenza, das Zugehörige, *V.* **Appartenenza**.

Attenere, *per:* mantenere la parola, sein Versprechen halten, *v. ir.*, *in signif. passivo*, angehören, *v. r. comp.*

Attenersi, sich halten, *v. rec. ir.*; *per:* astenersi, sich enthalten, *v. rec. ir. comp.*

Attentamente, *av.* aufmerksam, fleissig.

Attentare, *cioè:* procurare, trachten; *per:* provare, sperimentare, tentare, versuchen, *v. r. comp.*; *per:* intraprendere, vornehmen, *v. ir. comp.*

Attentato, *sust.* ein frevelhaftes Beginnen, *gen.* s, die Uebelthat, *pl.* en; *it.* der Eingriff, *gen.* s, *pl.* e.

Attentato, *part.* ed *ag.* gewagt, getrachtet, unterstanden.

Attento, *ag.* aufmerksam; *per:* divoto, andächtig.

Attenuare, verringern, *v. r. comp.*, vermindern, *v. r. comp.*; *per:* indebolire, schwächen, *v. r.*

Attenuazione, die Verminderung; *it.* die Schwächung, die Entkräftung, *pl.* en.

Attenzione, die Aufmerksamkeit, die Sorge, der Fleiss, *gen.* es; *per:* aspettazione, die Erwartung.

Atterramento, das Niederreissen, *gen.* s, das Schleifen, *gen.* s; *it.* die Zerstörung, die Verwüstung, *pl.* en.

Atterrare, niederreissen, einreissen, *v. ir. comp.*; schleifen, *v. ir. comp.*

zerstören, v. r. comp., verwüsten, v. r. comp., schleifen, v. ir.

Atterrimento, die Erschreckung, die Bestürzung, das Schrecken, gen. s, die Verwirrsamkeit.

Atterrire, erschrecken, v. ir. comp., bestürzen, v. r. comp.

Atteso, part. erwartet, av. sorgfältig, vorsichtig, prep. [illegible], in Anbetracht.

Atteso che conj. weil.

Attestare bezeugen v. r. comp.

Attestato, sust. das Zeugniß, gen. es, pl. e, der Schein, gen. s, pl. e.

Attestato, part. [illegible], bezeugt.

Attestazione, der Beglaubigungsschein, gen. s, V. Attestato sust.

Attignere, berühren, anrühren, v. r. comp.; it. schöpfen, erreichen, v. r. comp.; attignere acqua, Wasser schöpfen, v. r.; attignere vino, Wein heben, v. ir.; attignere danaro, Geld heben, v. r.

Attillatamente, av. zierlich, nett, niedlich, reinlich.

Attillato, ag. nett, sauber, zierlich, reinlich.

Attillatura, das Putzen, gen. s, die Kleiderpracht, der zierliche Anzug, gen. s.

Attinente, ag. zugehörig, V. Attinenza.

Attinere, (a se), an sich ziehen, v. ir., betreffen, v. r.; per: simulare, [illegible], v. r. comp.

Attitudine, die Geschicklichkeit, die [illegible] Fähigkeit, pl. en; per: positura, die Stellung.

Attivamente, av. thätig, lebhaft, [illegible], [illegible].

Attività, die Thätigkeit, die Geschäftigkeit, die Lebhaftigkeit, die Wirksamkeit, pl. en.

Attizzamento, das Anschüren, das Anfachen, das Anreizen, gen. s; per: [illegible], das Anlegen des Feuers.

Attizzare (il fuoco), das Feuer schüren, v. r.; per [illegible] [illegible], reizen, v. r., anhetzen, v. r. comp.

Atto, sust. die That, pl. en, das Thun, gen. s, die Handlung, pl. en; it. ein Actus, pl. die Acten.

Atto, ag. atto: [illegible], geschickt, [illegible]; per atto d'[illegible], [illegible].

Attonito, ag. [illegible] Verwunderung.

Befestigung, it. entsetzt, erstaunt.

Attorcere, [illegible], v. r.; biegen, v. ir.; it. zusammendrehen, v. r. comp.; attorcere i capelli, die Haare in einen Zopf flechten, v. ir.

Attorcigliare, herumdrehen, v. r. comp., herumwickeln, v. r. comp., umwinden, v. r. comp.; umflechten, v. ir. comp.

Attore (di Teatro) ein Schauspieler, gen. s; (in Giudizio), der Kläger, gen. s; per: Fattore, der Schaffer, gen. s.

Attorniamento, die Umgebung, pl. en, der Umfang, gen. s.

Attorniare, umgeben, v. ir. comp., umringen, v. r. comp., umzingeln, v. r. comp.

Attorniato, part. umgeben, umringt, umzingelt.

Attorno, av. umher, rings herum, umherum; attorno alla Città, um die Stadt herum.

Attortigliare, V. Attorcigliare.

Attoscare, avvelenare, vergiften, v. r. comp.

Attossicagione
Attossicamento } die Vergiftung.

Attossicare, V. Attoscare.

Attraente, V. Attrattiva.

Attrarre, anziehen, v. ir. comp., an sich ziehen, v. ir., V. Attrarre.

Attrattiva, V. Allettamento.

Attrattivo, attraente, ag. reizend, lockend; it. anziehend.

Attraversare, überzwergstegen, v. r. comp., querüberlegen, v. r. comp.; per impedire, verhindern, v. r. comp.; attraversar la via ad uno, einem den Weg abschneiden, v. ir. comp.; attraversare un fiume, über einen Fluß setzen, v. r.

Attrazione, das Anziehen, gen. s; (de' nervi), das Zusammenziehen der Nerven; it. die Anziehungskraft.

Attrecciare, einflechten, v. ir. comp.; it. verwickeln, v. r. comp., V. Intrecciare.

Attrezzo, das Werkzeug, gen. es, pl. e; attrezzi di casa, die Hausgeräthe; (di nave), die Schiffsgeräthe.

Attribuire, zueignen, v. r. comp., zuschreiben, v. ir. comp., beilegen, v. r. comp.

Attributo, per: qualità, die Eigenschaft, pl. en.

Attristamento, das Betrüben, gen. s, die Betrübniß, pl. e, das Traurigmachen, gen. s, die Traurigkeit, pl. en

Attristare, betrüben, v. r. comp., grämen, v. r., traurig machen, v. r.; attristarsi, sich betrüben ꝛc.

Attrizione (del cuore), die Zerknirschung des Herzens; per: tritamento, die Zerreibung, die Zerstoßung.

Attuale, ag. wirklich; it. thätig; per: presente, gegenwärtig.

Attualità, die Wirksamkeit, die Thätigkeit, die Wirklichkeit, pl. en,

Attualmente, av. wirklich, in der That.

Attuario, der Gerichtsactuarius, der Gerichtsschreiber, gen. s.

Attuffamento, das Tauchen, gen. s, das Eintunken, gen. s.

Attuffare, eintauchen, untertauchen, v. r. comp.

Atturare, zustopfen, v. r. comp., V. Turare.

A V

Avanguardia, V. Vanguardia.

Avante } av. vor, vorher, voraus,
Avanti } bevor, vorwärts; da qui avanti, von itzt an; più avanti, fernerhin; poco avanti, avv.: poco fa, kurz vorher.

Avantiché, cong. bevor, lieber, als.

Avanzamento, der Fortgang, gen. s, pl. (Fortgänge); per: promozione, die Beförderung, pl. en.

Avanzare, v. neutr., übrig bleiben, v. ir., übrig seyn, v. aus.; it. hervorragen, v. ir. comp.

Avanzare, v. att. fortrücken, fortsetzen, v. r. comp.; it. beschleunigen, v. r. comp.; per: affrettarsi, eilen, v. r.; per: prevenire, zuvorkommen, v. ir. comp.

Avanzarsi, sich forteilen, v. rec. r. comp.; it. empor kommen, v. ir. comp.

Avanzo, der Ueberbleibsel, gen. s; per: acquisto, die Erwerbung, pl. en; per: risparmj, die Ersparung, pl. en

Avaramente, av. geiziger Weise, geizig.

Avaria, die Haverey, pl. en

Avarizia, der Geiz, gen. es, die Kargheit, die Filzigkeit, pl. en.

Avarizzare, geizen, v. r., geizig seyn, v. aus.

Avaro, sost. ein Geiziger, gen. n, ein Geizhals, gen. ses; ag. geizig, karg, filzig, knickerisch.

Audace, sost. der Kühne, der Verwegene, der Kecke, der Muthige, der Dreiste, gen. n, pl. en.

Audace, ag. kühn, verwegen, keck, muthig, dreist.

Audacemente, av. verwegener Weise.

Audacia, die Kühnheit, die Verwegenheit, die Keckheit, die Dreistigkeit, pl. en.

Auditore, der Zuhörer, gen. s; it. der Auditeur.

Avello, sepoltura, das Grab, gen. s, pl. (Gräber).

Avena, avena: zampogna, die Schalmey, pl. en.

Avere, haben, v. aus.; it. possedere, besitzen, v. ir. comp.; per: ottenere, erlangen, v. r. comp.; per: acquistare, erwerben, v. ir. comp.; aver luogo, statt haben, v. ir.; aver per male, für übel halten, v. ir.

Aversione, [illegible], der Abscheu, gen. es, der Greuel, gen. s, der Ekel, gen. s, der Widerwille, gen. ns, pl. n.

Augurare, wünschen, v. r.

Augurio, der Glückwunsch, gen. es, pl. (Wünsche).

Augusta (città), Augsburg.

Avidamente, av. begierlich, mit großer Begierde.

Avidità, die Gierigkeit, die große Begierde, pl. n; avidità di gloria, der Ehrgeiz, gen. es.

Avido, ag. begierig, gierig.

Aula, der Hof, gen. es, pl. (Höfe), das Gehäuse, gen. s. V. Corte.

Aumentamento, V. Aumento.

Aumentare, vermehren, v. r. comp., zunehmen, v. ir. comp., zuwachsen, v. ir. comp., vergrößern, v. r. comp.

Aumentativo, ag. der etwas vermehret.

Aumentazione } die Vermehrung, die
Aumento } Vergrößerung, die Zunahme, der Wachsthum, gen. s, pl. (Wachsthümer), der Zuwachs, gen. es.

Avola, V. Avolo.

Avolo, der Großvater, gen. s, pl. (Großväter).

Avoltojo, der Geyer, gen. s.

Avorio, das Helfenbein, it. auch: Elfenbein, gen. s.

Aura, die gelinde, liebliche Luft, der angenehme Wind, *gen.* es; *met.* die Gunst, die Gewogenheit.

Aurora, die Morgenröthe.

Ausiliario, das zu Hülfe dienet, das hilft; milizie ausiliarie, die Hülfsvölker.

Auspicio die Gunst, *pl.* Günste, der Schutz, *gen.* es; sotto gli auspicj etc., unter dem Schutze etc.

Austeramente, *av.* strenger, harterweise, hart, ernsthaft.

Austerità, die Strenge, die Härte, die Ernsthaftigkeit, *pl.* en.

Austero, *ag.* herb, hart, streng, rauh, ernsthaft.

Australe, *ag.* südlich; vento australe, der Mittagswind.

Austria, Oesterreich.

Austriaco, *sust.* der Oesterreicher, *gen.* s, *ag.* österreichisch.

Austro (vento), der Südwind, der Mittagswind, *gen.* s, *pl.* e.

Autenticamente, *av.* glaubwürdigerweise, glaubwürdig, gesetzmäßig, urkundlich.

Autenticare, glaubwürdig, richtig machen, *v. r.*, darthun, *v. ir. comp.*, gerichtlich beweisen, *v. ir. comp.*, bestätigen *v. r. comp.*, bekräftigen, *v. r. comp.*

Autenticazione, die Urkunde, *pl.* n, die Bestätigung, die Bekräftigung, *pl.* en.

Autentico, *ag. ed av.* urkundlich, gültig, bewährt, authentisch.

Autore (di una cosa), der Urheber, der Erfinder, *gen.* s; (di una libro), der Verfasser, *gen.* s.

Autorevole, *ag.* ansehnlich, mächtig, gültig, vermögend.

Autorità, die Gewalt, die Macht.

Autorizzare, Vollmacht geben *v. ir.*, bevollmächtigen, *v. r. comp.*, mächtig machen, *v. r.*; (per approvare), billigen, *v. r.*, gutheißen, *v. ir. comp.*

Autunnale, *ag.* herbstlich, was zum Herbste gehöret.

Autunno, der Herbst, *gen.* es.

Avvaloramento, das Gültigmachen, *gen.* s, das Stärken, *gen.* s, das Bekräftigen, *gen.* s.

Avvalorare, gültig machen, *v. r. comp.*, stärken *v. r.*, bekräftigen, *v. r. comp.*

Avvampamento, das Brennen, *gen.* s, die Gluth, die Brunst; *it.* das Lodern von der Flamme.

Avvampare, *att.* brennen, *v. r. neutro*, entzündet werden, von der Gluth verzehret werden, *v. aus.*

Avvantaggiare, Vortheil, Vorzug verschaffen, *v. r. comp.*, vorziehen, *v. ir. comp.*

Avvantaggio, der Vortheil, *gen.* s, *pl.* e, der Nutzen, *gen.* s, der Gewinn, *gen.* es.

Avvantaggiosamente, *av.* vortheilhaft, nützlich.

Avvantaggioso, *ag.* vortheilhaft, nützlich, einträglich.

Avvedersi, merken, *v. r.*, wahrnehmen, *v. ir. comp.*, gewahr werden, *v. aus.*, inne werden, *v. aus.*

Avvedimento, die Vorsicht, die Vorbedachtsamkeit, die Klugheit, *pl.* en; *it.* der Verstand, *gen.* es.

Avvedutamente, *av.* vorsichtiglich, behutsam, vorbedachtlich, klug.

Avvedutezza, *V.* Avvedimento.

Avveduto, *sust.* ein Vorsichtiger, ein kluger Mensch, *part.* gemerkt, wahrgenommen.

Avvegnachè, *cong.* obschon, obgleich, wenn auch; *it.* maßen.

Avvelenare, vergiften, *v. r.*, Gift in etwas thun, *v. ir.*

Avvenente, *ag.* artig, hübsch.

Avvenentemente, *av.* hübsch, artig, auf eine angenehme Art, mit gutem Anstande.

Avvenenza / **Avvenevolezza**) der gute Anstand, *gen.* es, die Artigkeit, die Lieblichkeit, die Gebührlichkeit, *pl.* en.

Avvenevolmente, *av.* gebührlicherweise, anständigerweise, artig, manierlich.

Avvenire, accadere, geschehen, *v. ir.*, begegnen, *v. r. comp.*, zustoßen, *v. ir. comp.*, sich zutragen, *v. rec. ir. comp.*

Avvenire, *sust.* die Zukunft, *ag.* künftig, *av.*; in avvenire, künftighin, in Zukunft.

Avventare, anfallen, *v. ir. comp.*, schwingen, *v. ir.*, werfen, *v. ir.*

Avvento, die Adventszeit, der Advent, *gen.* s.

Avventore, der Kundmann, *gen.* es, *pl.* (Kundmänner), e. (Kundleute).

Avventura, das Abentheuer, *gen.* s, der Zufall, *gen.* s, *pl.* (Zufälle), die Begebenheit, *pl.* en; in senso de

fortuna, das Glück, gen. s; per buona avventura, zu allem Glücke.
Avventurare, wagen, v. r., in Gefahr bringen, v. ir. comp.
Avventuratamente, av. glücklich, abentheuerlich.
Avventuriere, der Abentheurer, gen. s; it. der Waghals, gen. es, ein verwegener Mensch, gen. e pl. en.
Avveramento, das Bejahen, das Bekräftigen, gen. s; it. der Beweis, gen. es, die Bewährung, pl. en.
Avverare, bejahen, v. r. comp., bewähren, v. r. comp., mit Wahrheit versichern, v. r. comp.
Avverbialmente, av. anstatt eines Nebenworts.
Avverbio, das Nebenwort, gen. s.
Avversamente, av. widrig, unglücklicherweise.
Avversare, opporsi, zuwider seyn, v. aux.
Avversario, sm. das Gegentheil, gen. s, der Feind, gen. es, pl. e, der Widersacher, gen. s, der Widerwärtige, gen. e pl. en.
Avversario, ag. widerwärtig, feindselig.
Avversazione, contrarietà, das Zuwiderseyn, gen. s.
Avversione, V. Aversione.
Avversità, die Widerwärtigkeit, pl. en, das Unglück, gen. s, die Noth pl. (Nöthe), die Trübsal pl. en, der Unfall, gen. es, pl. Unfälle.
Avverso, ag. widerwärtig, widrig, zuwider, unglücklich.
Avvertentemente, av. behutsam, mit Bedacht, mit Behutsamkeit, vorsichtigerweise.
Avvertenza, die Behutsamkeit, die Vorsichtigkeit, pl. en.
Avvertimento, per avviso, die Benachrichtigung, die Nachricht, pl. en; per buon consiglio, der gute Rath, die Warnung, pl. en.
Avvertire, per dar notizia, Nachricht geben, v. ir.; per ammonire, ammonire, warnen, v. r., erinnern, v. r. comp.
Avvertitamente, av. vorsichtigerweise.
Avvezzamento, das Angewöhnen, gen. s, die Gewohnheit, pl. en, der Gebrauch, gen. es, pl. (Gebräuche).
Avvezzare, gewöhnen, v. r., angewöhnen, v. r. comp.; avvezzarsi a qualche cosa, sich an etwas gewöhnen, v. rec. r.

Avvezzato / Avvezzo, part. gewohnt, angewöhnt.
Avviamento, die Anführung, pl. en, das Anfangen, gen. s, das Anheben, gen. s, (einer Sache)
Avviarsi, sich begeben, v. rec. ir. comp., (auf den Weg), (nach Hause) rc.
Avviato, ag. e part., mi negozio avviato, eine gangbare Handlung.
Avvicendamento, alternazione, der Wechsel, gen. s, das Wählen von Zweyen rc. die Abwechselung, pl. en.
Avvicendare, mutare a vicenda, abwechseln, v. r. comp., wechselsweise geschehen, v. ir. comp.
Avvicendevole, vicendevole, ag. abwechselnd.
Avvicendevolmente, av. wechselsweise, eins ums andere.
Avvicinamento, die Näherung, die Annäherung, pl. en.
Avvicinare, nähern, v. r., herannahen, v. r. comp., näher stellen, v. r., näher legen, v. r., näher rücken, v. r.
Avvicinarsi, hinzutreten, v. r. comp., herzutreten, v. ir. comp., sich nähern, v. rec. r., annähern, v. r. comp.
Avvicinazione, V. Avvicinamento.
Avvignare, Weinstöcke pflanzen, v. r., Weinberge anlegen, v. r. comp.
Avvilimento, die Verachtung, pl. en, die Erniedrigung, pl. en, die Niederträchtigkeit, pl. en; per scoraggimento, die Bestürzung, pl. en, die Feigheit, pl. en.
Avvilire, verachten, v. r. comp., gering schätzen, v. r., verächtlich, niederträchtig machen, v. r.
Avvilirsi, niedergeschlagen werden, bestürzt werden, v. aux., sich gering schätzen, v. rec. r.
Avvilito, part. erniedriget, niedergeschlagen, verzagt.
Avviluppamento, die Verwickelung, pl. en, das Verwickeln, das Einwickeln, gen. s.
Avviluppare, einwickeln, v. r. comp., einschlagen, v. ir. comp., einhüllen, v. r. comp. it. verdecken, v. r. comp.
Avviluppatamente, [illegible], av. auf verdeckte, verdeckte, verwickelte Art und Weise.
Avviluppatore, der etwas versteckt, ein Verwirrer, gen. s; it. ein Betrüger, gen. s.
Avvinare, [illegible], v. ir. comp.

umwinden, *v. ir. comp.*, *part.* umbinden, *v. ir. comp.*

Avvisare, benachrichtigen, *v. r. comp.*, Nachricht geben, *v. ir.*, zuverstehen geben, *v. ir.*; *it.* avvedersi, gewahr, oder ansichtig werden, *v. aus.*, etwas in die Augen erblicken, *v. r.*

Avvisatamente, *av.* mit Bedacht, vorsichtiglich, wohlbedächtlich.

Avvisato, *ag. e part.* benachrichtiget; *it.* gewarnet, unterrichtet.

Avviso, die Nachricht, *pl.* en, die Erinnerung, *pl.* en; gli avvisi, *cioè*: le Gazzette, die Zeitungen; esser d'avviso, der Meynung seyn, *v. aus.*

Avviticchiamento, das Umwinden, das Umschlingen, *gen.* s, die Umwickelung, die Umwindung, die Umschlingung, *pl.* en.

Avviticchiare, umwickeln, *v. r. comp.*, umwinden, *v. ir. comp.*, umschlingen, *v. ir. comp.*

Avvivare, beleben, *v. r. comp.*, lebhaft machen, *v. r.*; *per*: rinfrescare, erfrischen, *v. r. comp.*

Avvocare, Rechtshändel vor Gericht führen, *v. r.*, advociren, *v. r.*; *it.* das Amt eines Fürsprechers, Beschützers annehmen, *v. ir. comp.*

Avvocaria, avvocazione, die Sachwalterey, die Sachwaltung, *pl.* en, die Advocatur, das Amt eines Advocaten.

Avvocato, der Advocat, *gen.* en, der Sachwalter, *gen.* s, der Fürsprecher, *gen.* s, der Beschützer, *gen.* s.

Avvocazione
Avvocheria) *V.* **Avvocaria**.

Avvolgere, herumwickeln, aufwickeln, umwickeln, einwickeln, *v. r. comp.*, aufwinden, zusammenwinden, *v. ir. comp.*, rollen, *v. r.*

Avvolgimento, die Einwickelung, *pl.* en, das Zusammenwinden, das Wickeln, das Einwickeln, das Aufwinden, das Rollen, *gen.* s.

Avvolgitore, der zusammenwindet; *it.* der die Leute verwickelt; *it.* ein Betrüger, *gen.* s.

Avvolontatamente, *av.* vorsätzlich, nach eigenem Willen.

Avvoltare
Avvolticchiare) *V.* **Avvolgere**, *V.* **Attorcere**.

Avvolto, *part.* eingewickelt.

Azienda, die Verwaltung der häuslichen Angelegenheiten.

Azione, die Handlung, die That, *pl.* en; *it. per*: effetto, die Wirkung, *pl.* en, das Wirken, *gen.* s.

Azza, *V.* **Scure**.

Azzardare, wagen, *v. r.*

Azzardo, der Glücksfall, *gen.* s, *pl.* (Glücksfälle); *it.* das Wagen, *gen.* s.

Azzannare, mit den Zähnen anfassen, *v. r. comp.*, zerbeißen, *v. ir. comp.*

Azzoppare, lähmen, *v. r.*, lahm machen, *v. r.*

Azzuffamento, zuffa, das Handgemenge, *gen.* s, die Schlägerey, *pl.* en, das Balgen, das Schlagen, das Raufen, *gen.* s.

Azzuffarsi, sich balgen, *v. rec. r.*, sich schlagen, *v. rec. ir.*, sich raufen, *v. rec. r.*, handgemein werden, *v. aus.*

Azzuffatore, der Zänker, der Schläger, *gen.* s.

Azzurriccio
Azzurrigno
Azzurrino
Azzurro
Azzurrognolo } *ag.* blaulicht, lichtblau, himmelblau.

B A

Babbaccio
Babbuasso) *cioè*: semplice, sciocco, balordo, ein dummer Kerl, ein Tölpel, *gen.* s; *it.* ein unverständiger, abgeschmackter Mensch, *gen. e pl.* en.

Bacca, *cioè*: coccola, die Beere, *pl.* n; le bacche di lauro, die Lorbeerbeeren.

Baccanale, *sust.* das Bachusfest, *gen.* es; *per*: luogo di gozzoviglia, der Schmausort, *gen.* s, *pl.* (Schmausörter).

Baccano, *cioè*: fracasso, das große Getümmel, *gen.* s, der Lärmen, *gen.* s.

Baccello, *cioè*: guscio, scorza, die Schote, *pl.* n.

Bacchera (erba), spigo salvatico, die Haselwurz, *pl.* en.

Bacchetta, die Spießruthe, *pl.* n, der dünne Stecken, *gen.* s; (da schioppo), der Ladstock, *gen.* s, *pl.* (Ladstöcke).

Bacchettone, *cioè*: ipocrita, der Heuchler, der Kopfhänger, der Scheinheilige, *gen.* n.

Bacchettoneria
Bacchettonismo) die Heucheley, die Scheinheiligkeit, *pl.* en.

Baccio, der Weinmost, gen. es.
Baciamano, der Handkuß, gen. es, pl. (Handküsse).
Baciamento, das Küssen, gen. s.
Baciare, küssen, v. r.
Bacile } das Becken, gen. s.
Bacino }
Bacio, der Kuß, gen. es, pl. (Küsse).
Baco, der Wurm, gen. s, pl. (Würmer); i bachi da seta, die Seidenwürmer; far nascere i bachi da seta, die Seidenwürmer ausbrüten lassen.
Badamento, das lange Verweilen, die Verzögerung, V. Indugio.
Badare, per indugiare, verweilen, v. r. comp., verharren, v. r. comp.; per: aver attenzione, in Acht nehmen, v. ir., Acht haben, v. auf.
Badessa, V. Abbadessa.
Badia, V. Abbadia.
Badigliamento, sbadiglio, das Gähnen, gen. s.
Badigliare, gähnen, v. r., V. Sbadigliare.
Badile, die Schaufel, pl. n; per: pala, paletta, die Schippe, pl. n.
Bagaglie } das Reisegeräthe, gen. s,
Bagaglio } das Wandergeräth, gen. s,
Bagaglia } das Gepäcke, gen. s, die Bagage (von einer Armee).
Bagascia, prost. Meretrice, die Hure, pl. n, ein liederliches Weibsbild, pl. er.
Bagascione, der Hurer, der Hurenjäger, gen. s; per: Bardassa, der Schalk, gen. es.
Bagattella, eine Kleinigkeit, pl. en; eine nichts werthe Sache, pl. n.
Baggeo, V. Babbaccio.
Baggiano, V. Babbuasso.
Bagliore, der Blitz, gen. es, pl. e; der plötzliche Schein, gen. es, das Blenden der Sonne ic.
Bagnaiuolo, der Bader, gen. s, pl. (Bäder), der eine Badstube hält.
Bagnare, naß machen, v. r.; it. befeuchten, v. r. comp., baden, v. r.
Bagno, das Bad, gen. es, pl. (Bäder); it. das Baden, gen. s.
Baja, burla, scherzo, der Narrenpossen, gen. s; dare la baja ad alcuno, einen zu Narren haben, v. auf., aufziehen, v. ir. comp., schrauben, v. r.; far le baje, Narrenpossen treiben, v. ir.

Bajosso, V. Abbajare.
Bajuto, der Bop, gen. es.
Bailo, der venetianische Gesandte zu Constantinopel; it. ein Oberhofmeister eines Prinzen.
Bajo, ag. braunroth, castanienbraun, (proprio del Cavallo).
Bajocco, (certa moneta grossa romana) eine römische Kupfermünze, 5 Pfennige am Werthe.
Bajonetta, das Bajonett, gen. s, pl. er, (specie di arma militare).
Balaustra, die Granatenblüthe, pl. n, (worauf keine Frucht wird).
Balaustrata } das Geländer, gen. s; it.
Balaustro } eine Art kleiner Säulen.
Balbettamento, das Stammeln, das Lallen, gen. s.
Balbettare, stammeln, v. r., im Reden anstoßen, v. ir. comp., stottern, v. r.
Balcone, per: finestra, das Fenster; specie di prospetto di una casa con balaustrata, das Varone, Loggia, der Altan, gen. s, pl. e.
Baldacchino, der Baldachin, gen. s; dicesi anche, der Himmel, gen. s; (cielo) il cielo.
Baldanza, die Kühnheit, die Frechheit, die Dreistigkeit, pl. en; it. der Uebermuth, gen. s, die Vermessenheit, pl. en.
Baldanzosamente, av. dreiste, übermüthig, trotziglich.
Baldanzoso, ag. frech, vermessen, trotzig, übermüthig, [illegible], kühn.
Balena, der Wallfisch, gen. es, pl. e; grasso, o olio di Balena, der Fischthran, gen. s; osso di balena, das Fischbein, gen. es, pl. e.
Balenamento, das Blitzen, das Wetterleuchten, gen. s; it. das Schimmern, das Funkeln, gen. s.
Balenare, blitzen, v. r., wetterleuchten, v. r. comp. it. schimmern, funkeln, v. r.
Baleno, der Blitz, gen. es, der Schimmer, gen. s; in un baleno, in einem Augenblicke.
Balestra, die Armbrust, pl. (Armbrüste), der, o das Geschoß, gen. s.
Balestrajo, der Armbrustmacher, gen. s; der Armbrustschütz, gen. en, pl. n.
Balestrare, mit der Armbrust schießen, v. ir.
Balestrata, der Armbrustschuß, gen. es, pl. (Armbrustschüsse).
Balia, die Säugamme, pl. en.

Balia, eine Landvogtin, *pl.* en.

Balio, der Pflegevater, *gen.* s, *pl.* (Pflegeväter); *cioè*: quello che alleva alcuno, der einen aufzieht.

Balio } der Landvogt, *gen.* s, *pl.* Landvögte, der Landesverweser, *gen.* s, der Amtmann, *gen.* es, *pl.* (Amtmänner *ed* Amtleute).
Balivo }

Balla, der Ball, *gen.* s; *per*: invoglio, der Pack, *gen.* s, *pl.* Päcke, der Bund, *gen.* s, *pl.* e; *per*: palla, die Kugel, *pl.* n.

Ballare, tanzen, *v. r.*

Ballerino, der Tänzer, *gen.* s; *per*: Maestro di ballo, der Tanzmeister, *gen.* s.

Ballo, der Tanz, *gen.* es, *pl.* (Tänze): *per*: ballo da teatro, das Ballet, *gen.* s, *pl.* e.

Ballotta, eine gekochte Castanie, *pl.* n.

Ballottare, *cioè*: dare il suo voto, seine Stimme mit Einwerfung einer kleinen Kugel geben, *v. ir.*

Ballottazione, die Erwählung mit Kugelgreifen.

Baloardo, das Bollwerk, *gen.* s, *pl.* e, der Wall, *gen.* s, *pl.* (Wälle), die Bastey, *pl.* en.

Baloccaggine }
Baloccamento } *V.* Balordaggine.
Balocchería }

Balocco }
Balordo } *V.* Babbacio.

Balsamare, balsamiren, *v. r.*

Balsamico, *ag.* balsamisch.

Balsamo, der Balsam, *gen.* s.

Baluardo, die Bastey, *pl.* en, das Bollwerk, *gen.* s, *pl.* e, der Wall, *gen.* s, *pl.* (Wälle).

Balza e Balzo, der Fels, *gen.* e *pl.* en; *per*: orlo di vesta, *ossia*: lembo, der Saum, *gen.* es.

Balzana, *per*: certo bordo, die Freisur, oder die Borte, *pl.* n.

Balzare, hüpfen, *v. r.*, emporspringen, *v. ir. comp.*; balzar fuori, hervorspringen, herausspringen, *v. ir. comp.*

Bambagia, e Bambace, die Baumwolle.

Bambagino, die Bombasin; *per*: mussolina, das Nesseltuch, *gen.* es.

Bambinescamente, *av.* kindisch.

Bambino, das neugebohrne Kind, *gen.* es, *pl.* er; bambino in fasce, das Wickelkind, *gen.* es, *pl.* er.

Bamboccio } die Puppe, *pl.* n; *per*:
Bambola } uomo sciocco, der einfältige Mensch, *gen.* e *pl.* en.

Bambolaggine, die Kinderey, *pl.* en.

Bamboleggiare, Kinderey treiben, *v. ir.*, läppischen, *v. r.*

Bambolinaggine, *V.* Bambolaggine.

Banchettare, schlemmen, prassen, *v. r.* Gasterey halten, *v. ir.*

Banchetto, *dimin. di*: Banco, das Bänkchen, *gen.* s; *per*: gozzoviglia, der Schmaus, *gen.* es, *pl.* (Schmäuse), das Gastmahl, *gen.* s, *pl.* (Gastmähler).

Banchiere, der Wechsler, *gen.* s.

Banco, die Bank, *pl.* (Bänke), (*termine di commercio*) die Wechselbank.

Banda, lato, die Seite, *pl.* n; farsi da banda, ausweichen, *v. ir. comp.*; in quelle bande, in jenen Gegenden; dall' altra banda, im Gegentheil, *av.* auf der andern Seite; lasciar da banda, unterlassen, *v. ir. comp.*, davon absehen, *v. ir. comp.*, (*nelle armi gentilizie*), die Binde in den Wappen.

Banderuola, das Fähnchen, *gen.* s; *it.* der Wetterhahn, *gen.* s, *pl.* (hähne)

Bandiera, die Fahne, *pl.* n; (*sulle navi*), die Flagge, *pl.* n; spiegare la bandiera, die Fahne fliegen lassen.

Bandire, *per*: pubblicare un bando, kund thun *v. ir.*, s machen, *v. r.*; *per*: esiliare, aus dem Lande verweisen, *v. ir. comp.*; *per*: proscrivere, verbannen, *v. r. comp.*

Bandito, *sust.* ein Landverwiesener, *gen.* e *pl.* n, *ag.* e *part.* verwiesen, vertrieben, aus dem Lande gejagt.

Banditore, der Ausrufer, *gen.* s.

Bando, *per*: divieto, das Verbot, *gen.* s, *pl.* e; *per*: pubblicazione, der öffentliche Ausruf, *gen.* es, die Ausrufung, *pl.* en.

Bandoliera, das Bandelier, *gen.* s.

Bara, die Bahre, *pl.* n.

Baracane, der o das Barkan, *gen.* s; *it.* ein kameelhärener Zeug.

Baracca, die Barake, *pl.* n, die Hütte, *pl.* n; das Zelt, *gen.* es, *pl.* er

Barrare, mit einem Riegel, oder Schlagbaume aufhalten, *v. ir. comp.*, verhindern, *v. r. comp.*; *per*: ingannare, betrügen, *v. ir. comp.*

Baratro, der Abgrund, *gen.* es; *per*: voragine, der Schlund, *gen.* es; *per*: inferno, die Hölle.

Barattamento, die Vertauschung, die Verwechselung, *pl.* en; *per*: inganno, die Betrügerey, *pl.* en.

Barattare, tauschen, v. r., vertauschen, v. r. comp., it. wechseln, v. r., auswechseln, v. r. comp.

Baratteria } sust. das Tauschen, gen. s,
Baratto } die Verwechselung, pl. en; per: inganno, V. Barattamento.

Barba, cioè: Zio, der Oheim, gen. s, it. des Vaters, oder der Mutter Bruder, gen. s.

Barba (la), der Bart, gen. s, it. far la barba, barbiren, v. r.

Barbagianni (uccello), dicesi anche: Gufo, die Nachteule, pl. n; per: uomo sciocco, der einfältige, alberne Kerl, gen. s, Mensch, gen. en, pl. en.

Barbaramente, av. barbarischerweise, grausam.

Barbarisco, V. Barberesco.

Barbaria (paese), die Barbarey.

Barbarie, die Grausamkeit, die Unmenschlichkeit, die Tyranney, pl. en; per: rozzezza, der Ungeschicklichkeit, die Grobheit, pl. en.

Barbarismo, ein Fehler wider die Reinigkeit einer Sprache.

Barbaro, e barbaro, sust. der Barbar, gen. s, pl. en, ein wilder, barbarischer Mensch, gen. en, pl. en; per: nativo di Barberia, ein Gebürtiger aus der Barbarey; per: uomo rozzo, ein grober Mensch, gen. en, pl. en; ag. grausam, barbarisch.

Barberesco, ag. grausam, barbarisch; legno barberesco, ein Kaperschiff, gen. es.

Barbero, V. Barbaro; per: Cavallo, das Rennpferd, gen. es, pl. e.

Barbicamento, das Einwurzeln, gen. s.

Barbicare, einwurzeln, v. r. comp., Wurzel fassen, v. r., Wurzel schlagen, v. ir.

Barbiere, der Balbier, der Barbierer, gen. s.

Barbino (cane), der Pudelhund, gen. s, pl. e.

Barbottare, brummen, v. r.

Barbugliamento, das undeutliche Reden, gen. s.

Barbugliare, undeutlich, unvernehmlich reden, v. r.

Barca, das Schiff, gen. es, pl. e, die Barke, pl. n.

Barcajuolo, der Schiffer, gen. s.

Barcollamento, das Taumeln, gen. s, (von Trunkenheit).

Barcollare, taumeln, v. r., (vom Schwindel, o. (in der Besoffenheit).

Barda, e Bardamento (da cavallo), das Pferdgeschirr, gen. es, das Pferdzeug, gen. es, pl. e.

Bardamentare (un cavallo), ein Pferd aufgeschirren, v. r. comp.

Bardatura, V. Barda.

Barella, die Trage pl. n.

Bargello, der Oberhäscher, gen. s.

Barile, die Tonne, pl. n, das Fäßchen, gen. s.

Barlume, die Dämmerung, ein dunkelscheinendes Licht, gen. s.

Barometro, das Wetterglas, gen. es, pl. (Wettergläser).

Barone (di titolo), der Freyherr, gen. e pl. en, der Baron, gen. s; (termine di sprezzo), der Landstreicher, gen. s.

Baronia, V. Baronaggio.

Barra, Sbarra, der Riegel, gen. s, it. der Querbaum, gen. es, pl. (Querbäume).

Barricata, der Schlagbaum, gen. es, pl. (Schlagbäume, die Verriegelung, die Verschließung, die Versperrung, pl. en, (der Gassen, Thüren, Fenster rc.)

Barriera, die Vormauer, pl. n, das Pfahlwerk, gen. es, pl. e, die Palissaden.

Baruffa, e Baruffa, die Schlägerey, die Zänkerey, pl. en, das Handgemenge, gen. s.

Barzelletta, per: ischerzo, der Scherz, gen. es, pl. e; per: motteggio, das Spaßwort, gen. es, pl. (Spaßwörter; per: buffoneria, der scherzhafte Einfall, gen. s, pl. (Einfälle); raccontar barzellette, Märchen erzehlen, v. r. comp.

Basa, e base, der Grund, gen. es, pl. (Gründe), der Fuß, gen. es, pl. (Füße), die Stütze, pl. n, (einer Säule, oder eines andern Dinges).

Basilica, eine große Kirche, pl. n; it. ein Tempel, gen. s.

Basilischio, o Basilisco, der Basilisk, gen. en; it. eine erdichtete Schlange.

Bassamente, av. niedrig, tief; it. gering, leis.

Bassamento, die Erniedrigung, die Demüthigung, pl. en, V. Abbassamento.

Bassetto, der o das Bassel, gen. s.

Bassezza, die Niedrigkeit, *pl.* en; *per*: viltà, die Niederträchtigkeit, *pl.* en, die verächtliche Aufführung, *pl.* en, die niederträchtige That, *pl.* en.

Basilico (erba), das Basilikum.

Basso, *sust.* das Untertheil, *gen.* s, *pl.* e, das Niedrigste einer Sache; *per*: stromento musicale, der Baß, *gen.* es.

Basso, *ag.* niedrig, tief, nieder; la bassa Austria, das Niederösterreich; occhi bassi, nieder geschlagene Augen; una fronte bassa, eine niedrige Stirne; oro basso, schlecht Gold; prezzo basso, gering am Werth.

Basso, *av.* nieder, leis, niedrig, tief; a basso, unten, hinunter, herunter.

Basta, *interj.* kurz und gut, endlich, genug.

Bastante, *ag.* hinlänglich, zureichend, genugsam; *per*: capace, od abile, tüchtig, tauglich.

Bastantemente, hinlänglich, genugsam, *V.* Abbastanza.

Bastardo, der Bastard, *gen.* s, *pl.* en, das Hurenkind, *gen.* s, *pl.* er; *it.* ein außer Ehe erzeugtes Kind; (*parlandosi d'altre cose*), unächt, falsch.

Bastare, genug seyn, vermögend seyn, *v. aus*; bastar l'animo, das Herz haben, *v. aus*; sich getrauen, *v. rec. r.*

Bastevole, *V.* Bastante.

Bastevolmente, *V.* Bastantemente.

Bastimento, das Schiff, *gen.* es, *pl.* e, das Schiffgebäude, *gen.* s, das Schiffsfahrzeug, *gen.* es, *pl.* e.

Bastione, die Basten, *pl.* en, das Bollwerk, *gen.* es, *pl.* e, der Wall, *gen.* es, *pl.* (Wälle).

Basto, der Tragsattel, der Packsattel, der Saumsattel, *gen.* s, *pl.* (Sättel); un cavallo da basto, ein Saumpferd.

Bastonare, prügeln, *v. r.*, mit dem Stocke schlagen, *v. ir.*

Bastonata ⎫ der Schlag mit dem Stocke, *gen.* s, *pl.* (Schläge),
Bastonatura ⎭ *impl. dicesi comunemente*, die Stockschläge, die Prügel, die Prügeleyen.

Bastone, der Stock, *gen.* s, *pl.* (Stöcke), der Stab, *gen.* s, *pl.* (Stäbe), der Stecken, *it.* der Prügel, *gen.* s, die Stange, *pl.* n.

Battaglia, die Schlacht, *pl.* en, das Treffen, *gen.* s; *per*: duello, der Zweykampf, *gen.* s; dare battaglia, eine Schlacht liefern, *v. r.*; venire a battaglia, zum Treffen kommen, *v. ir.*

Battaglio, die Schwengel in der Glocke.

Battello, der Kahn, *gen.* s, *pl.* (Kähne), der Nachen, *gen.* s.

Battente, *sust.* (*ad un uscio ec.*), der Aufschlagklopfer, *gen.* s, *V.* Battitojo.

Battente, *ag.* der schlägt, der klopft.

Battere, schlagen, *v. ir.*; *per*: gittare, schmeißen, *v. ir.*; *per*: bastonare, prügeln, *v. r.*, *per*: bussare, klopfen, *v. r.*, anpochen, *v. r. comp.*; battere il grano, dreschen, *v. ir.*; battere la campagna, das Land durchstreichen, *v. ir. comp.*; batter le mani, mit den Händen klatschen, *v. r.*; batter le ali, die Flügel schwingen, *v. ir.*

Battersi, sich schlagen, *v. rec. ir.*

Batteria, die Batterie, *pl.* n.

Battesimale, *ag.* zur Taufe gehörig; fede battesimale, der Taufschein, *gen.* es, *pl.* e; libro battesimale, das Taufbuch, *gen.* s, *pl.* (Taufbücher); il Fonte battesimale, der Taufstein, *gen.* es, *pl.* e; *it.* das Taufwasser, *gen.* s.

Battesimo, die Taufe; tenere a battesimo, aus der Taufe heben, *v. ir.*

Battezzare, taufen, *v. r.*

Batticuore, das Herzklopfen, *gen.* s; *it.* die Angst, die Sorge, die Furcht.

Battifuoco, das Feuerzeug, *gen.* es, *pl.* e.

Battiloro, der Goldschläger, *gen.* s.

Battimento (*di cuore ec.*), das Schlagen, *gen.* s, (des Herzens *rc.*), (*di mani*), das Klatschen, *gen.* s.

Battisteo, e ⎫ der Taufstein, *gen.* es,
Battisterio ⎭ *pl.* e; *it.* die Taufkapelle, *pl.* n.

Battitojo, der Anschlagklopfer, *gen.* s, der Anschlag, *gen.* s, *pl.* (Anschläge), der Pocher, *gen.* s, (an einer Thür).

Battitura, der Schlag, *gen.* s, *pl.* (Schläge), das Schlagen, *gen.* s; *per*: bastonata, das Prügeln, *gen.* s; (*di grano*), das Dreschen, *gen.* s; *V.* Bastonata.

Bava, der Geifer, *gen.* s; *per*: sputo, der Speichel, *gen.* s; *per*: pituita, der Schleim; *per*: bava di metalli, die Schlacke, *pl.* n; bava di seta, die Seidenmatte.

Bavare, geifern, *v. r.*

Bavarese, *sust.* ein Bayer, *gen.* s, *ag.* bayerisch.

Bavella, die Florettseide.
Bavero, *cioè:* collare, der Kragen, *gen.* s.
Baviera (provincia), das Bayern, das Bayerland, *gen.* s.
Baule, der Kuffer, *gen.* s; *per:* cassano, der Kasten, *gen.* s; far baule, sich reisefertig machen, *v. rec. r.*
Bavoso, *ag.* geifernd, als ein Schleim fließend; *it.* rotzig.

B E

Beare, glücklich, selig machen, *v. r.*
Beatamente, *av.* selig, glücklich, heilig.
Beatificare, selig sprechen, *v. ir.*, in die Zahl der Seligen aufnehmen, *v. ir. comp.*
Beatificazione, die Seligmachung, die Seligsprechung, *pl.* en, das Aufnehmen in die Zahl der Seligen.
Beatitudine, die ewige Seligkeit, die Glückseligkeit; *it.* die Zahl der Seligen.
Beato, *sust.* ein frommer, heiliger, seliger, glückseliger Mann, *gen.* es, *pl.* (Männer).
Beato, *ag.* selig, fromm, heilig, glückselig, glücklich, vergnügt.
Beccaccia (uccello), die Schnepfe, *pl.* n.
Beccafico (uccello), die Feigendrossel, *pl.* n, die Feigenschnepfe, *pl.* n.
Beccajo, der Metzger, der Fleischer, der Schlächter, *gen.* s; *it.* der das Vieh schlachtet, *V.* Macellajo.
Beccamorti, der Todtengräber, *gen.* s.
Beccare, (*proprio degli uccelli*), mit dem Schnabel hacken, *v. r.*, *op.* picken, *v. r.*
Beccata, das Hacken, das Picken, *gen.* s, (mit dem Schnabel), *per:* morso di qualche insetto, der Biß, *gen.* es, *pl.* e.
Becco (*degli uccelli*), der Schnabel, *gen.* s; *per:* la bocca di una brocca, die Schnautze, *pl.* n.
Becco, *per:* il maschio della Capra, der Bock, *gen.* s, *pl.* (Böcke).
Befana, eine Lappenpuppe, *pl.* n; *it.* ein altes häßliches Weib, *gen.* s, *pl.* er.
Beffa, beffe, burla, scherzo, das Gespötte, das Spotten, *gen.* s, das Aushöhnen, das Auslachen, *gen.* s; *it.* der Scherz, *gen.* es, *pl.* e, der Spaß, *gen.* es; farsi beffe di qualche cosa, über etwas spotten, *v. r.*

Beffardo, che fa beffe, der Spaßvogel, *gen.* s, *pl.* (Spaßvögel), der scherzhafte Mensch, *gen.* e *pl.* en.
Beffare) mocken, *v. r.*, das Maul
Beffeggiare) ziehen, *v. ir.*, Scherz, *op.* Gespötte treiben, *v. ir.*, auslachen, *v. r. comp.*, spotten, *v. r.*
Beffeggiamento, die Spötterey, die Hohnneckerey, *pl.* en.
Beffeggiatore, der Spötter, *gen.* s, *V.* Beffardo.
Belamento (*delle pecore*), das Blöcken der Schaafe.
Belare, blöcken, *v. r.*
Belgic, *ag.* niederländisch.
Bel bello, *av.* ganz sachte, langsam, bedächtig.
Bellettarsi, sich schminken, *v. rec. r.*
Belletto, *sust.* die Schminke.
Bellezza, die Schönheit, *pl.* en, die Lieblichkeit, die Vortrefflichkeit, *pl.* en, die Anmuth; *it.* ein schönes Frauenzimmer.
Bellico, *sust.* (*parte del corpo*), der Nabel, *gen.* s.
Bellico, *av.* kriegerisch.
Bellicosamente, *av.* kriegerisch, heldenmüthig, tapfer.
Bellicolo) *ag.* zum Kriege geneigt,
Belligero) kriegerisch, heldenmüthig, tapfer.
Bellissimo, *ag.* sehr schön.
Bello *sust.* ein schöner Mensch, *gen.* e *pl.* en; il mio Bello, *cioè:* Innamorato, mein Liebster.
Bello, *ag.* schön, hübsch, artig, angenehm, anmuthig, vortrefflich, ausbündig, fein.
Beltà. *V.* Bellezza.
Belva, das wilde, reißende Thier, *gen.* es, *pl.* e; *it.* ein großes, häßliches Thier.
Benacconciamento, *av.* hübsch, zierlich, gebührend, recht, geschickt.
Benaffetto, *ag.* wohlgeneigt, *V.* Affezionato.
Benchè, *cong.* obgleich, wenngleich, obschon, obwohl, wiewohl.
Benda, eine Binde, *pl.* n.
Bendare, binden, *v. ir.*; (*una ferita*), verbinden, *v. ir. comp.*; (*gli occhi*), zubinden, *v. ir. comp.*
Bendatura, das Verbinden, *gen.* s; *it.* das Bandwerk, *gen.* es, *pl.* e; *per:* brachiere, das Bruchband, *gen.* s *pl.* (bänder).

Bene, [illegible] das Gut, gen. es, pl. (Güter), [illegible] das Eigenthum, gen. es, pl. (Reichthümer), das Vermögen, gen. s (in [illegible] [illegible]), das Glück, die Wohlfahrt [illegible] da bene, ein rechtschaffener Mann; [illegible] bene, zu meinem Besten.

Bene, ag. ed av. wohl, gut; it. sehr, viel [illegible] ben venuto, willkommen.

Benedetto, a . . . selig [illegible] gesegnet, geweyhet, geweiht; l'acqua benedetta, das Weihwasser, gen. s.

Benedire, segnen, [illegible] den Segen geben, v. ir.; in senso [illegible], preisen, loben, v. r.

Benedizione, der Segen, gen. s; die Einsegnung, pl. en.

Benefattore, der Wohlthäter, gen. s.

Beneficare, Wohlthaten erzeigen, v. r. comp. Wohl thun, v. ir.

Beneficenza, o beneficenza, die Wohlthätigkeit, die Gutthätigkeit, pl. en.

Beneficio, e benefizio, die Wohlthat, die Gutthat, pl. en; it. der Vortheil, gen. es, pl. e; benefizio ecclesiastico, die Pfründe.

Benefico, ag. wohlthätig, gnädig; glimpflich.

Benemerenza / Benemerito } die Belohnung, pl. en, das Verdienst, gen. s, pl. e; in benemerenza de' suoi servigi, zur Vergeltung, zur Belohnung seiner Dienste.

Benemerito, ag. wohlverdient.

Beneplacito, das Wohlgefallen, das Gutdünken, gen. s.

Bene spesso, av. sehr oft, öfters, oftermahls.

Benessere, der gute Zustand, der Wohlstand, gen. es, das Wohlseyn, gen. s.

Benestante, [illegible] ein wohlhabender Mensch, gen. e, pl. en, ag. wohlhabend, [illegible], [illegible].

Benevolenza, die Wohlgewogenheit, pl. en, die Liebe, das Wohlwollen, gen. s.

Benevolo, ag. wohlgewogen; [illegible] benaffetto.

Benignamente, av. gütig, freundlich, mildiglich.

Benignità, die Gütigkeit, die Mildigkeit, die Gutthätigkeit, die Gunwilligkeit, die Freygebigkeit, pl. en.

Benigno, ag. gütig, freundlich, gelind, leutselig; stella benigna, glücklicher Stern.

Benissimo, ag. sehr wohl, ganz wohl ganz recht.

Beosì, av. zwar, ja, gewißlich, auch, allerdings.

Benvenuto, ag. willkommen.

Benvolentieri, av. von Herzen gern, gar gern, herzlich gern.

Bere, e bevere, trinken, v. r.; bere a distesa, saufen, v. ir.; bere a sorsi, schluckweise trinken; bere tutto il contenuto, cioè, fino l'ultima goccia, austrinken, v. r. comp.

Berlina, der Pranger, gen. s; mettere alcuno alla berlina, jemanden an den Pranger stellen, v. r.

Beretta die Mütze, pl. n, die Kappe, pl. n; it. eine Barret.

Berettajo, der Barretmacher, gen. s.

Bersaglio, das Ziel, gen. s, die Scheibe nach der man schießet; per: scaramuccia, das Scharmützel, gen. s; per: lotta, der Kampf, gen. es; per: zuffa, der Streit, gen. es, pl. e.

Bertuccia, Scimia, der Affe, gen. e, pl. n.

Bestemmia, der Fluch, gen. es, pl. (Flüche), die Lästerung, pl. en.

Bestemmiare, fluchen, v. r., lästern, v. r.

Bestemmiatore, der Flucher, der Lästerer, gen. s.

Bestia, das Thier, gen. es, pl. e, das Vieh, gen. es, pl. er; una bestia da soma, ein Lastthier; una bestia selvatica, ein wildes Thier, una bestia domestica, ein zahmes Thier; andar in bestia, zornig, heftig werden, v. aus.

Bestiale, ag. viehisch, unmenschlich, grausam; un uomo bestiale, ein brutaler Mensch, gen. e pl. en, ein Erzgrobian, gen. s.

Bestialità, ein viehisches Leben, gen. s; it. der Greuel, gen. s; it. die Sodomiterey, pl. en; it. die Unvernunft.

Bestialmente, av. auf viehische Weise, thierischerweise, auf eine unvernünftige Art.

Bestiame, allerley Vieh; (bovino), das Hornvieh, gen. es, pl. er; (minuto), kleines Vieh, als Schaafe 1c.

Bettola, die Schenke, pl. n, die Kneipe, pl. n, die Garküche, pl. n.

Bettoliere, der Schenkwirth, gen. es, pl. e.

Bettonica, (erba), das Betonienkraut, gen. s.

Be-

Bevanda, der Trank, *gen.* s, *pl.* (Tränke), das Getränke, *gen.* s.
Bevere, *V.* Bere.
Bevibile, *ag.* trinkbar.
Bevitore, der Trinker *gen.* s, der Saufbruder *gen.* s, *pl.* (Saufbrüder).
Bevuta, der Trank, *gen.* s; *per* [illegible] der Schluck, *gen.* s, *pl.* (Schlücke).
Beccicare, ferir col becco, mit dem Schnabel picken *v. r.*
Beccicatura, eine Wunde, die die Vögel mit ihrem Schnabel verursachen.

BI

Biacca, das Bleyweiß, *gen.* es.
Biada, (*in generale*) das Getreide, *gen.* s; *per* vena, der Haber, *gen.* s; dar la biada ai cavalli, die Pferde füttern.
Biancastro, *ag.* weißlicht.
Biancheggiare, weißen, *v. r.*, weiß werden, *v. neu.*, weiß machen, *v. r.*; (la cera), bleichen *v. r.*
Biancheggiante, *ag.* weißlicht.
Biancheria, die Wäsche.
Biancheto, che tende al bianco, *ag.* weißlicht.
Bianchezza, die Weiße.
Bianchiccio, *V.* Biancheto.
Bianchire, *V.* Biancheggiare.
Bianco, *sust.* das Weiße, *gen.* n, die weiße Farbe.
Bianco, *ag.* weiß; bianco verdeggiante weißgrün; capelli bianchi, graue Haare.
Biasciare, [illegible] *v. r.*, *V.* Masticare.
Biasimabile, *ag.* verächtlich, schelbar, tadelnswerth.
Biasimare, schelten, *v. ir.*, tadeln, *v. r.*, verachten, *v. r. comp.*, vorwerfen, *v. ir. comp.*, einen Verweis geben, *v. ir.*; *ir.* nachreden *v. r. comp.*
Biasimatore, der Schelter, *gen.* s, der Tadler, *gen.* s.
Biasimevole, *ag.* tadelhaft, [illegible]
Biasimevolmente, *av.* tadelhaft, schändlich, tadelhafter Weise.
Biasimo, die Scheltung, *pl.* en, das Schelten, *gen.* s, *pl.* (Scheltworter), der Tadel, *gen.* s, der Verweis, *gen.* es, *pl.* e, die Schande, der Schimpf *gen.* s, die üble Nachrede, *pl.* n.
Bibbia, die Bibel.
Bibita, das Getränke *gen.* s, der Trunk, *gen.* s.

Biblioteca, die Bibliothek, *pl.* en; die Sammlung von Büchern; *it.* der Büchersaal.
Bibliotecario, der Bibliothekarius.
Bicchiere, das Trinkglas *gen.* es, *pl.* (Trinkgläser); *it.* ein Trinkbecher.
Bicipite, *ag.* zweyköpfig.
Bicorne, e bicorne
Bicornuto } *ag.* zweyhörnicht.
Bidello, (presso di una Università) der Pedell, *gen.* s; (presso le Curie), der Gerichtsdiener, *gen.* s.
Bidente, das zwey Zähne hat.
Biecamente, *av.* schief, scheel, schräge; guardare biecamente, scheel ansehen *v. ir. comp.*
Bieco, *ag.* scheel, schief, schräge.
Biennale, *ag.* zweyjährig.
Biennio, eine Zeit von zwey Jahren.
Bieta (erba), der Mangold *gen.* es.
Bifolca, ein Acker Landes.
Bifolcheria, der Ackerbau, der Feldbau *gen.* es.
Bifolco, der Ackersmann, der Landmann, der Bauersmann, *gen.* es, *pl.* (leute).
Biforme, *ag.* das zweyerley Gestalt hat, zweyförmig.
Bifronte, *ag.* der zwey Stirnen oder zwey Gesichter hat.
Bigamia, die Zweyweiberey, *pl.* en, der Ehestand mit zwey Personen.
Bigamo, einer der zwey Weiber zugleich zur Ehe hat.
Bigatto, e bigattolo, der Seidenwurm, *gen.* s, *pl.* (Seidenwürmer).
Bigio, *ag.* aschgrau.
Bigliardo, das Billiard *gen.* s; *per* giuoco, das Billiardspiel *gen.* s, *pl.* e.
Biglietto, e viglietto, der kleine Brief, *gen.* s, *pl.* e, der Zettel *gen.* s; biglietto amoroso, ein Liebesbriefchen.
Bigoncia, die Weinbutte, *pl.* n; *it.* ein Wasserzuber *gen.* s.
Bilancia, die Waage *pl.* n; *it.* die Gleichgewicht *gen.* s; [illegible], das Gewicht halten.
Bilanciamento, die Erwägung, die Abwägung, *it.* die Untersuchung, die Nachforschung, die Prüfung *pl.* en; das Gegeneinanderwägen *gen.* s.
Bilanciare, wägen *v. ir.*, gegeneinander wägen *v. ir. comp.*; überlegen *v. r.*, erwägen *v. ir. comp.*, beimessen *v. r. comp.*
Bilanciato, *part.* gewogen; *met.* überlegt, erwogen.

Bilanciajo, der Bilanz [illegible] gen. pl.
Bice, die [illegible], der Korn gen. s.
Bilenco, sust. ein Krummbeiniger; ag. krumm, der die Knie oder Füsse einwärts gebogen hat.
Bilico, das Gleichgewicht gen. s, die Waage, pl. n; it. das Gleichgewicht gen. s.
Bilioso, ag. gallreich, jähzornig.
Bellico, der Nabel gen. s.
Bilustre, ag. zehnjährig.
Bimestre, ag. zweymonatlich.
Binato, der Zwilling gen. s, pl. e; ag. zwillingsgebohren; [illegible], binati, oder gemelli, Zwillingsbrüder.
Bindellajo, der Bandwirker, der Bortenwirker gen. s.
Bindello, das Bändchen gen. s, die Borde, von Seide und Silber.
Bindolo, die Welle um herumzudrehen; it. die Strickhaspel, pl. n; per bindolo, der Betrug gen. s.
[illegible], [illegible] werden, v. [illegible]
Biondezza, die weißgelbe Farbe; it. die blonde Haarfarbe.
Biondo, ag. gelblich, weißgelb, blond.
[illegible], [illegible] Theile [illegible]
[illegible], ag. zweyfüßig.
Bipenne, die zweyschneidige Streitaxt.
Birbante) der [illegible] gen. s, der
Birbone) [illegible] gen. s; it. der [illegible], der Landbettler, der [illegible] gen. s.
[illegible], [illegible] ausüben, v. r. comp.
[illegible], die [illegible], die [illegible] gen. s.
[illegible], eine [illegible] pl. n.
Birra, das Bier gen. s.
Birrajuolo, der Bierbrauer gen. s.
Birreria, das Bierhaus gen. es, pl. (Bierhäuser).
Birro, der [illegible] gen. s.
Bisaccia, der Schnappsack gen. s, pl. [illegible] mit Riemen zusammengeschlagte Packsäcke.
Bisava) der Aeltervater, der Ober-
Bisavolo) [illegible] gen. s; pl. (väter); fem. die Urgroßmutter, pl. (mütter) [illegible]
Bisbetico, ag. wunderlich, phantastisch, [illegible], launisch, [illegible]
[illegible], das [illegible] gen. s, [illegible] gen. s.
[illegible], [illegible] v. r., leise [illegible] v. r., heimlich [illegible] v. r.

Bisbigliatore, der Ohrenbläser gen. s; it. einer der leise redet, oder murmelt.
Bisbiglio, V. Bisbigliamento.
Bisca) Biscazza, das öffentliche,
Biscaccia) das liederliche Spielhaus gen. es, pl. (Spielhäuser).
Biscazzare, [illegible] v. r. [illegible] vor sich bringen v. ir.
Biscanto, der getheilte Gesang gen. s, pl. (Gesänge); it. eine flache Ecke, ein heimlicher Winkel gen. s.
Biscia, die Schlange pl. n.
Bisciuolo, [illegible] di due colori, ag. zweyfärbigt.
Biscottare, Zwieback backen v. ir., part. biscottato, zweymal gebacken.
Biscottino, der kleine Zwieback (von Zucker), dicesi anche, Biscuit.
Biscotto, der Zwieback gen. s; it. das Schiffbrod gen. s.
Bisestile) ag. einschaltet, eingeschal-
Bisesto) ten; anno bisestile, das Schaltjahr gen. s, pl. e.
Bisforme, ag. zweyförmigt, V. Biforme.
Bislungo, ag. länglicht.
Bismalva, der Eibisch gen. es.
Bismutte (minerale), der Wismuth, gen. s.
Bisnipote, der Urenkel gen. s pl. n; der [illegible] gen. s.
Bisnonna, die Urgroßmutter, pl. (Urgroßmütter).
Bisnonno, Bisavolo, der Urgroßvater, gen. s, pl. (Urgroßväter).
Bisognante, bisognoso, sust. der bedürftige Mensch gen. s pl. en; ag. dürftig, bedürftig, nothdürftig, armselig, elend, mangelhaft.
Bisognare, vonnöthen haben v. aus., in Noth seyn v. aus.; in senso impersonale, bisogna fare ciò, man muß thun [illegible]; bisogna che io [illegible], ich muß [illegible]; ho bisogno di danaro, ich brauche Geld.
Bisognevole, ag. nöthig, nützlich, V. Bisognoso.
Bisogno, e bisogni, die Nothdurft, die Bedürfnisse, die Noth; fare i suoi bisogni, cioè cacare, seine Nothdurft verrichten v. r. comp.; aver bisogno, nöthig haben v. aus.
Bisognosamente, av. nothdürftiger Weise.
Bisognoso, ag. bedürftig, nothdürftig, armselig, elend.
Bistinto, due volte tinto, ag. zweymal gefärbt.

Bislungo, ag. länglichrund.
Bistorto, ag. gekrümmt.
Bisunto, ag. über und über schmutzig, schmierig, fett.
Bitorzo (tùmore), der Knorzel an einem Gewächse, die Beule pl. n, das Knötchen gen. s.
Bitume, ein gewisses Harz, das Bergwachs gen. es, das Erdpech gen. s.
Bituminoso, ag. harzig, das Erdpech führet.
Bizzarramente, av. seltsam, wunderlich; it. närrisch, auf närrische, wunderliche, eigensinnige Weise; it. keck, mit Anstand.
Bizzarria, das seltsame Wesen, das tolle Wesen gen. s; it. ein wunderlicher Einfall gen. s, pl. (Einfälle); der Eigensinn gen. es, pl. e, die Phantaserey pl. en, die Lebhaftigkeit pl. en.
Bizzarro, ag. seltsam, wunderlich, närrisch, eigensinnig, muthig, geistig, lebhaft, kurzweilig.

BL

Blandimento, lusinga, das Schmeicheln gen. s, die Schmeicheley, pl. en; it. accarezzamento, das Liebkosen gen. s.
Blandire, lusingare, schmeicheln, streicheln v. r.; per accarezzare, liebkosen v. r.
Blando, piacevole, lieblich, sanft, schmeichelhaft, gar zu freundlich.
Bloccare, blockiren v. r.; it. eine Stadt mit Besetzung aller Pässe ringsherum einschließen v. ir. comp.
Blocco, die Blockirung, die Einschließung pl. en.

BO

Bocca, der Mund gen. s, (eines Menschen), das Maul gen. s, (eines Thieres); per apertura, die Oeffnung pl. en, der Eingang gen. s, pl. (Eingänge); per buco, das Loch gen. s, pl. (Löcher).
Boccale, das Trinkgeschirr gen. es, pl. e, der Krug gen. s, pl. (Krüge), die Kanne pl. n.
Boccata, ein Mund voll, der Bissen gen. s.
Boccetta, eine kleine gläserne Flasche, pl. n.
Boccheggiamento, das Schnappen nach der Luft, wie Fische; met. der letzte Athemzug eines Sterbenden.
Boccheggiare, nach der Luft schnappen v. r.; met. in den letzten Zügen liegen v. ir.
Bocchino, bocchetta, boccuccia, das Mäulchen gen. s; it. das Löchlein, die kleine Oeffnung, der kleine Eingang.
Boccia, ampolla, V. Boccetta.
Boccia, bottone, bottoncino de' fiori, die Blumenknospe pl. n.
Bocconcino, bocconcello, das Bißchen gen. s, der kleine Bissen gen. s.
Boccone, sust. der Bissen gen. s; un boccon di pane, ein Bissen Brod.
Boccone, av. cader boccone, auf das Angesicht zur Erde fallen, v. ir.; giacer boccone, mit dem Gesichte zur Erde liegen v. ir.
Bogliente, ag. siedend, siedendheiß, glühend.
Boja, der Henker gen. s, der Scharfrichter gen. s; va al boja, geh zum Henker; il garzon del boja, der Henkersknecht gen. s.
Bolgia, valigia, der Mantelsack, der Quersack gen. s, pl. (säcke), das Felleisen, gen. s, die Reittasche, pl. n; bolgia da pistole, die Pistolenhalfter.
Bolino, bulino, das Grabeisen gen. s, der Meißel gen. s.
Bolla, die Blase pl. n; it. eine päbstliche Bulle; bolla d'infamia, eine Brandmarke.
Bollare, mit Siegeln bekräftigen v. r. comp., besiegeln v. r.; it. brandmarken v. r. comp.
Bollente, e bogliente, siedend, glühend, siedendheiß; sangue bollente, aufwallendes Blut.
Bollimento, das Wallen, das Aufkochen gen. s; bollimento di sangue, das Aufwallen des Geblüts, (della gioventù), die Hitze der Jugend, die Hitze der Gemüthsbewegungen.
Bollire, sieden, kochen v. r., aufkochen v. r. comp., aufwallen v. r. comp.
Bollito, sust. das Gesottene gen. n; part. gesotten, gekocht.
Bollitura, ein abgesottener Trank, V. Bollimento.
Bollo, das Siegel, das Insiegel gen. s.
Bollore (della gioventù), die Hitze,

der Anprall (dell' onda), das Wal- len des Gemüths, *it.* das Sprudeln (des Wassers), das Aufstoßen).
Bollo, *ag.* [illegible], [illegible]; der [illegible] [illegible].
Bomba, die Bombe *pl.* n.
Bombarda, eine Bombarde, ein Stück Geschütz.
Bombardamento, die Bombardirung *pl.* en.
Bombardare, bombardiren *v. r.*
Bombardiera, das Stückgeschütz *gen.* 6, *pl.* (Schießlöcher), die Schießschar- te *pl.* n.
Bombardiere, der Bombardierer, der Kanonier, der Büchsenmeister *gen.* 6.
Bombola, *bocca*, eine Flasche mit einem [illegible] Hals.
Bonaccia, die Meerstille.
Bonacciale, *ag.* stille (vom Meere); *met.* ruhig, friedsam, gelassen.
Bonamente, *av.* gutwillig, aus gutem Herzen.
Bonificamento, die Vergütung, die Ersetzung, die Erstattung *pl.* en; *it.* die Besserung, die Wiederherstellung, die Gutmachung *pl.* en.
Bonificare, vergüten, erstatten, er- setzen *v. r. comp.*; *it.* bessern *v. r.*, verbessern *v. r. comp.*, gut machen *v. r.*
Bonificazione, *v.* Bonificamento.
Bonissimo, *ag.* sehr gut.
Bontà, die Güte, die Gütigkeit; *it.* die Höflichkeit, die Vortrefflichkeit; *it.* die Stärke, *it.* die Gutwilligkeit.
Borbogliamento, das Gemurmel *gen.* 6, das Murren, das Brummen, das Murmeln *gen.* 6.
Borbogliare, murren *v. r.*, murmeln *v. r.*
Borbottare, [illegible], mur- meln, brummen; *it.* ein Polterer, *gen.* 6, *met.* ein Babler *gen.* 6.
Bordeggiare (*t. m.*) lavieren, [illegible].
Bordello, das Hurenhaus *gen.* es, *pl.* (Hurenhäuser).
Bordo, der Bord *gen.* 6, *pl.* (Bor- der), die Seite *pl.* n; *it.* der Bord, *it.* der Rand eines Schiffes.
Bordone, *sup.* bastone de' Pellegrini, der Pilgerstab, der Wanderstab, *gen.* 6, *pl.* (Stäbe).
Borea, der Nordwind *gen.* es, *pl.* e.
Boreale, *ag.* nordisch, mitternächtlich, was gegen Nordwärts, oder gen Mit- ternacht [illegible].
Borghese, *sost.* Cittadino, der Bür- ger *gen.* 6.
Borgo, das Dorf *gen.* 6, *pl.* (Dör- fer), ein offener Flecken; *per.* sob- borgo, die Vorstadt *pl.* (Vor- städte).
Borgomastro, der Bürgermeister *gen.* 6.
Boria, vanità, die Eitelkeit, der Hoch- muth *gen.* 6, der Stolz *gen.* es; *it.* die Prahlerey, die Hoffart.
Borioso, *ag.* hochtrabend, hochmüthig, stolz, prahlerisch.
Borra, die Scherwolle.
Borraggine (erba), der Borragen.
Borsa, der Beutel *gen.* 6; borsa da danari, der Geldbeutel; da capelli, der Haarbeutel; borsa dei negozian- ti, die Börse; la borsa dei testico- li, der Hodenbeutel.
Borsaiuolo, *sost.* quello che fa le borse, der Säckler, der Beutler, *gen.* 6; *per.* quello che ruba le borse, der Beutelschneider, *gen.* 6, der Spitzbube *gen.* *e pl.* n.
Borzacchini, *pl.* die Halbstiefeln, die Stiefeletten.
Boscaglia, das Buschwerk *gen.* 6, *pl.* e, das Gehölz *gen.* es.
Boscaiuolo, der Förster *gen.* 6, der Forstknecht *gen.* 6.
Boschereccio, *ag.* waldicht; vita bo- schereccia, ein ländliches Leben.
Boschetto, das kleine Gebüsch *gen.* es, das Gebüsche *gen.* 6, das Buschwerk *gen.* 6, *pl.* e, das Wäldchen *gen.* 6, *it.* der Lustwald *gen.* es, *pl.* (Wälder).
Bosco, der Wald *gen.* es, *pl.* (Wäl- der), das Gehölze *gen.* 6, der Forst *gen.* es.
Boscoso, *ag.* waldicht, gebüschicht, voll Gehölze.
Bosso, *per.* Busso (albero), der Buchsbaum *gen.* es, *pl.* (Bäume); *per.* specie di lavoro al legno, die hölzerne Büchse *pl.* n.
Botanica, die Kräuterwissenschaft, die Kräuterkenntniß.
Botanico, *sust.* der Kräuterverständige *gen.* *e pl.* n; *it.* der die Kräuter- wissenschaft versteht.
Botanico, *ag.* was zur Kenntniß der Kräuter gehöret.
Botta, *per.* colpo, der Stich *gen.* es, *pl.* e, der Streich *gen.* 6, *pl.* (Streiche), der Hieb *gen.* es, *pl.* e; due botte,

a riscuotere, Stickarbeit mit Buckeln, [illegible] gearbeitet.

Bottajo, der Böttcher, der Büttner, der Faßbinder, der Küfer *gen.* s.

Botte, das Faß *gen.* es, *pl.* (Fässer), die Tonne *pl.* n.

Bottega, der Kramladen *gen.* s, *pl.* (Kramläden), das Gewölbe eines Kaufmannes, der Handwerksladen, die Werkstatt eines Handwerksmannes *pl.* (Werkstätte); bottega da caffè, das Caffeehaus *gen.* es, *pl.* (Caffeehäuser).

Bottegajo, der Krämer *gen.* s, *pl.* (Krämer).

Bottiglia, eine Flasche *pl.* n.

Bottigliere, der Weinschenk *gen.* s, *pl.* n; *it.* ein Kellermeister *gen.* s.

Bottiglieria, der Ort, oder Tisch, wo die Weinflaschen stehen bey einem Gastmahle.

Bottino (de' soldati), die Beute; mettere a bottino, plündern *v. r.*

Bottone (agli abiti e simili), die Knöpfe *pl.* n; (agli abiti), der Knopf *gen.* s, *pl.* (Knöpfe).

Bottoniera, die Reihe Knöpfe; *it.* die Garnitur Knöpfe; per le [illegible] gli occhielli dei bottoni, die Knopflöcher.

Bove, bue, der Ochs *gen.* en, *pl.* en, das Rind *gen.* es; carne di manzo, das Rindfleisch.

Bozzolo, per: tumore, die Beule *pl.* n; per: [illegible] da seta nella sua [illegible], der Seidenwurm in seinem Cocon *gen.* s, *pl.* (Seidenwürmer); per: certa misura de' mugnai, die Metze der Müller.

BR

Bracciale, die Armeinfassung *pl.* en, das Armband *gen.* s, *pl.* (Armbänder).

Bracciata, die Umarmung *pl.* en; *it.* ein Arm voll.

Braccialetto, der Zähler *gen.* s; *it.* ein Bedienter, an dessen Arm die Damen sich anhalten.

Braccio (del corpo), der Arm *gen.* es, *pl.* (Arme, od. auch Arme); per: manica di vestito, der Ermel *gen.* s; per: certa misura, die Elle *pl.* n.

Bracco (cane), der Spürhund *gen.* es, *pl.* e, der Jagdhund zur Spur.

Brace, die Gluth, die glühende Kohle *pl.* n.

Brache, die Hosen, die Beinkleider; gli calarono le brache, er wird feige.

Brachiere, o braghiere, das Bruchband *gen.* s, *pl.* (Bruchbänder).

Bracia
Brage
Bragia } *V.* Brace.

Brama, die Begierde *pl.* n, der Wunsch *gen.* es, *pl.* (Wünsche), das heftige Verlangen *gen.* s.

Bramare, begierig seyn *v. aux.*, verlangen *v. r. comp.*; wünschen *v. r.*, vor Begierde brennen *v. r.*, brünstig begehren *v. r. comp.*

Bramosamente, *av.* begierig, brünstig, sehnlich.

Bramoso, *ag.* begierig, brünstig, sehnlich, schmachtend, lüstern.

Branca, artiglio, die Klaue *pl.* n, die Kralle *pl.* n; per: rampa, die Vordertatze *pl.* n, per: ramo d'albero, der Ast *gen.* s, *pl.* (Aeste).

Brancare, mit den Klauen, mit den Tatzen, mit den Krallen anpacken, *v. r. comp.*

Brancata, eine Hand voll.

Branco (di bestie), eine Heerde Vieh; (di uccelli), ein Zug Vögel; per: ramo, ein Ast, *V.* Branca.

Brancolare, herumtappen *v. r. comp.*, auf allen vieren kriechen *v. ir.*; *it.* taumeln *v. r.*

Brandistocco, der Springstock *gen.* s, *pl.* (Springstöcke) eine Art Lanzen.

Brando, ein großes, breites Schwerdt, *gen.* s; *it.* ein großer Degen *gen.* s.

Brano, ein abgerissenes Stück *gen.* es, *pl.* e; *it.* der Fetzen *gen.* s; a brano a brano, stückweise.

Bravamente, *av.* tapfer, brav, meisterhaften.

Bravare, drohen *v. r.*, hohnsprechen *v. ir. comp.*, mit Verachtung ansehen *v. ir. comp.*, trotzen *v. r.*, [illegible] halten *v. ir.*, Trotz bieten *v. ir.*

Bravo, *ag.* tapfer, beherzt, herzhaft, mannhaft, brav, rechtschaffen, geschickt; *sust.* ein Held *gen.* en, *pl.* en; *it.* ein Meuchelmörder, ein Bandit.

Bravura, die Tapferkeit, die Herzhaftigkeit, die tapfere That *pl.* en, der Muth *gen.* s.

Breccia, eine gewaltsame Oeffnung in einer Mauer; fare breccia, Bresche machen v. [illegible]

Breve, ad. [illegible] ag. kurz, wichtlang, bündig, sust. un Breve pontificio, ein päpstlicher Gnadenbrief gen. [illegible] pl. e.

Brevemente, av. kürzlich; mit wenigen Worten.

Breviario, das Brevier gen. [illegible] ein Auszug, ein kurzer Begriff aus den Historien, oder Schriften.

Breviloquio, die kurze Unterredung pl. en, das kurze Gespräch, gen. s, pl. e.

Brevità, die Kürze; in tutta brevità, in aller Kürze.

Briachezza, die Trunkenheit.

Briaco, ag. betrunken, besoffen, bezecht.

Bricco, ein rauher, wilder, felsichter Ort gen. s, pl. (Oerter).

Briccone, der Schelm gen. [illegible] der Schalk gen. [illegible] pl. [illegible] der liederliche Mensch gen. [illegible] pl. en; azione da briccone, ein Schelmstück.

Briconeggiare, Schelmereyen, Bübereyen treiben v. [illegible] [illegible] schelmenhaft leben v. r. comp.

Bricconeria, die Schelmerey, die Büberey, die Spitzbüberey, die Schalkheit pl. en; it. pl. die bösen Streiche, die Bubenstücke.

Briga, per: faftidio, der Verdruß gen. [illegible] per: incomodo, die Beschwerde, die Beschwerlichkeit, die Ungelegenheit pl. en, die Mühe; per: lite, der Zank gen. [illegible] [illegible] [illegible], die Gefahr [illegible] [illegible] [illegible] [illegible], der Proceß [illegible] [illegible] [illegible] [illegible], Händel haben; attaccar briga, Zank, Streit, Händel anfangen.

Brigante, ein Räuber gen. s, ein Straßenräuber gen. s, ein Rabenfänger gen. [illegible] ag. [illegible] [illegible].

Brigare, Leute aufhetzen v. r. comp., etwas durch Geld, oder Faction zu bekommen v. [illegible] comp.

Brigata, die Gesellschaft, die Versammlung pl. en.

Briglia, der Zaum gen. es, pl. (Zäume), der Zügel gen. [illegible] a briglia sciolta, mit verhängtem Zügel, in vollem Laufe; [illegible] [illegible] briglia, den Zügel schießen lassen; tenere [illegible] briglia, einen Einhalt thun.

Brigoso, ag. zänkisch, streitsüchtig.

Brillamento, das Funkeln gen. s,

das Glänzen gen. s; [illegible] [illegible] der Schimmer gen. s.

Brillante, sust. der Diamant gen. s, pl. en; ag. glänzend, schimmernd, funkelnd, [illegible] [illegible] [illegible].

Brillare, glänzen v. r., funkeln v. r., schimmern v. r., einen Glanz von sich geben v. ir.; il cuor mi brilla in petto, das Herz hüpft in meiner Brust für Freude.

Brina, der Reif gen. es.

Brindisi (un), ein Zutrunk, das Zutrinken gen. s.

Brinoso, ag. bereift, voller Reif.

Brio, die Munterkeit, die Lebhaftigkeit, die [illegible] [illegible] [illegible] [illegible], der [illegible], der Geist, der [illegible] gen. [illegible] [illegible] [illegible], der Muth, die Demuth.

Brioso, ag. lebhaft, glänzend; it. [illegible] [illegible], ansehnlich, [illegible].

Brivido, ag. sichert [illegible] [illegible], sust. die durchdringende Kälte, der heftige Frost gen. es.

Brocca, per: chiodetto, die Zwecke pl. n; per: [illegible] [illegible], der Wasserkrug gen. s, pl. (Wasserkrüge), die [illegible] pl. [illegible]; it. ein Geschirr gen. es.

Broccare, [illegible] v. [illegible] comp., [illegible] v. r. comp.

Broccato, sust. ein Zeug von Seiden, Gold, oder Silber, der Brocat gen. [illegible] pl. e.

Broccoso, [illegible] ag. [illegible], [illegible] [illegible].

Broccolo, der [illegible] [illegible], der [illegible] [illegible] [illegible] [illegible] gen. [illegible] [illegible] [illegible] [illegible] [illegible] [illegible], die [illegible].

Brocoloso) ag. knotigt, knorpflicht; it.
Brocolo) [illegible].

Broda, die Fleischbrühe; andar in broda, ein außerordentliches Vergnügen haben v. aus.

Brodo, die Brühe, die Tunke; brodo di minuzie, die Hühnerfleischbrühe.

Broloso, ag. [illegible], saftig, voller Saft, mit vieler Brühe.

Broncio, ceppo, der Kloß gen. es, pl. (Klöße); per: ramo, ein Ast gen. es, pl. (Aeste).

Broncolamento, das Murren, das Bellen gen. s, das [illegible] Reden gen. s.

Brontolare, murren, brummen, schmählen v. r.

Brunitojo, ein Polierer *gen.* s.
Bronzo, das Erz *gen.* es, das Metall, bald Kupfer, bald Messing &c. die Glockenspeise.
Bruciare, das Laub von Bäumen &c. abbrennen *v. ir. comp.*, abbrinten *v. r. comp.*
Bruciare, brennen *v. r.*, verbrennen *v. r. comp.*
Bruciore, *sust.* das Brennen *gen.* s; *it.* der Schmerz eines [illegible] Schadens, oder einer Wunde.
Bruco, die Raupe *pl.* n, der Gras- oder Kohlwurm *gen.* es, *pl.* (Würmer); *per:* scarafaggio, der Käfer *gen.* s.
Brusicare, e brusiicare, sengen *v. r.*
Brusichio, e brusticcio, das sengste Geruch *gen.* es, von Sengen.
Brunetto, *ag.* ein wenig bräunlich, schwarzbraun.
Brunezza, die Bräune, die braune Farbe; *it.* die Dunkelheit.
Brunire, braun machen *v. r.*, braun werden *v. ir.*; *it.* glätten *v. r.*, hell und glänzend machen *v. r.*, poliren *v. r.*
Brunito, *part.* polirt, *met.* ausgebessert.
Brunitura, das Glattmachen *gen.* s; *it.* der Glanz der polirten Arbeit.
Bruno, *ag.* braun; *per:* oscuro, dunkel, finster; *sust. per:* il bruno, die Trauer.
Bruscamente, *av.* bitterlich, hart, strenge, trotzig, herbe.
Bruschezza, die Herbigkeit, oder die Sprödigkeit.
Brusco, *ag.* jäh, trotzig, ungestüm, finster, hart, bitter; *per:* acido, herbe, sauer; vin brusco, herber Wein; parole brusche, harte Worte; guardar brusco, finster, trotzig aussehen *v. ir. comp.*
Brutale, *sust.* ein Grobian *gen.* s; *it.* ein Barenhäuter, *ag.* viehisch, thierisch, grob, unvernünftig.
Brutalità, das viehische Wesen *gen.* s, die Unvernunft, die unvernünftige That *pl.* en.
Brutalmente, *av.* viehisch, unvernünftig, unvernünftiger Weise.
Bruto, *sust.* das unvernünftige Thier *gen.* s, *pl.* e.
Bruttamente, *av.* scheußlich, häßlich, schändlich.
Bruttare, besudeln *v. r. comp.*; bruttarsi di sangue, sich mit Blut besudeln *v. rec. r. comp.*
Bruttezza, die Häßlichkeit, die Abscheulichkeit, die Schande.
Brutto, *ag.* häßlich, garstig; *it.* schändlich; *it.* was nicht sauber, polirt, glatt, oder gearbeitet ist.
Brutura, *V.* Bruttezza.

BU

Bubbone, eine große Beule *pl.* n, (meistens am Gemächte von unkeuschem Leben, oder in der Pestilenzzeit).
Buca, die Gruft; *per:* grotta, die Höle; *per:* buco, das Loch *gen.* s, *pl.* (Löcher); la buca sepolcrale, die Todtengruft *pl.* (grüfte).
Bucare, bohren *v. r.*, durchlöchern *v. r. comp.*
Bucato, *sust.* die Laugenwäsche; fare il bucato, die Lauge machen *v. r.*
Bucato, *part.* da bucare, durchbohrt, durchlöchert; *ag.* löcherich, voller Löcher.
Buccia, die Rinde, die Schaale (der Pflanzen).
Buccinamento, das Sausen, das Murmeln *gen.* s.
Buccinare, murmeln *v. r.*, heimlich reden *v. r.*
Buco, das Loch *gen.* es, *pl.* (Löcher).
Budello, der Darm *gen.* s, *pl.* (Därme); *ed* anche (die Gedärme).
Bue, der Ochse *gen.* e *pl.* n, das Rind *gen.* es, *pl.* er.
Bufalo, e bufolo, der Büffelochse *gen.* e *pl.* en.
Buffetto, [illegible] fossa nel [illegible], der Blasbalg *gen.* s, *pl.* (Blasbälge), *met.* [illegible]; [illegible] buffetti sul naso, Nasenstüber geben *v. ir.*
Buffonare, spotten *v. r.*, auslachen *v. r. comp.*, lächerlich machen *v. r.*, *per:* [illegible], nachäffen *v. r.*
Buffone, der Schalksnarr *gen.* e *pl.* n, der Hanswurst *gen.* es, *pl.* (Hanswürste), [illegible] *gen.* s.
Buffoneggiare, *V.* Buffonare.
Buffoneria, der Possen *gen.* s, die Schelmerey, Possen *gen.* s, der lächerliche Handel *gen.* s, *pl.* (Händel); *it.* das Possenreissen *gen.* s.

Buffonescamente, av. närrisch, lächerlich, possirlich, lustig, kurzweilig.

Bugerone, der Knabenschänder gen. s, der Hinterrückende Kerl gen. s.

Bugia, die Lüge pl. en; dir bugie, lügen v. n.

Bugiarda, die Lügnerinn pl. en.

Bugiardamente, av. lügenhafter Weise, fälschlich.

Bugiardo, subst. ein Lügner gen. s, ag. lügenhaft, falsch, betrüglich.

Bugio, ag. durchlöchert, durchbohrt; avere il cervello bugio, übergeschnappt seyn v. aux.; subst. V. Buco.

Bujo, subst. die Dunkelheit, die Finsterniß, die Dämmerung.

Bujo, ag. dunkel; al bujo, im Dunkeln; e. blindlings, ohne Ueberlegung.

Bulicare, schäumend hervorquellen v. r. comp., V. Bollire.

Bulimo, das Grimmen gen. s, der Hunger gen. s, V. Bolina.

Bullettino, das Zettelchen, das Handbriefchen gen. s; it. ein kleiner Zettel gen. s.

Buona, die Güte; alla buona, in der Güte; andar alla buona, geradeweg seyn v. aux.

Buonamente, av. in der Güte; it. gewiß, fürwahr, wahrlich.

Buonavoglia, der freywillige Ruderknecht gen. s; av. di buona voglia, freywillig, gutwillig, gern, ohne Zwang.

Buono, subst. das Gut gen. es, pl. (Güter); die Güte, etwas Gutes.

Buono, ag. gut, gütig, ehrlich, rechtschaffen, tüchtig; buon Dio, lieber Gott; buon appetito, gesegnete Mahlzeit; a buon ora, früh.

Burattare, sichten v. r., beuteln v. r.

Buratto, das Beuteltuch gen. s, pl. (Beuteltücher).

Burbero, subst. ein mürrischer Mensch gen. en, pl. en, ag. mürrisch, verdrießlich.

Burla, die Scherzrede pl. n, das Scherzwort gen. s, pl. e, das Stichelwort gen. s, pl. e, der Kurzweil pl. en; per burla, im Scherze, der Hohn gen. s, der Schimpf gen. s, der Spott gen. es; senza burla, ohne Scherz, im Ernst.

Burlare, scherzen v. r., schertzen v. r. Possen machen v. r., mit Stichelworten begegnen v. r. comp.; it. auslachen v. a. comp., spotten v. r., höhnen v. r.; it. foppen v. r.

Burlatore, der Spötter gen. s, der Spötter gen. s, der Spaßvogel gen. s, pl. (Spaßvögel).

Burlescamente, av. } kurzweilig, scherzhaft, possirlich.

Burlesco, ag. }

Burlevole, ag. lächerlich, auslachenswerth.

Burrasca, der Sturm gen. es, pl. (Stürme), der Sturmwind gen. s, pl. e; correre burrasca, Gefahr laufen v. ir.

Burrascoso, ag. stürmisch, ungestüm.

Burro, die Butter; burro crudo, die Schmelzbutter.

Burrone, ein abschüssiger, felsichter Ort gen. s, pl. (Oerter), ein Felsen, tiefer Abgrund gen. s, pl. (Abgründe).

Busca, das Nachsuchen, das Betteln, gen. s; andare a busca, betteln gehen v. ir.

Buscare, begierig suchen v. r.; erlangen v. r. comp., erwerben v. ir. comp., erbeuten v. r. comp.; buscar fortuna, das Glück suchen.

Buscherio, pl. die Possen.

Bussamento, das Anpochen, das Anklopfen gen. s; it. das Schlagen gen. s, der Schlag gen. s, pl. (Schläge).

Bussare, klopfen v. r., anpochen v. r. comp.

Bussola, der Compaß gen. es, die Büchse mit der Magnetnadel; it. ein etwas herum verwahrter Stuhl gen. s.

Bussolotto, das Büchschen gen. s.

Busto, der Rumpf oder Leib ohne Kopf, Arme und Beine; it. der Brustlatz, die Schnürbrust.

Buttero, V. Burro.

Buttare, werfen v. ir.; buttar via, wegwerfen v. ir. comp.; buttar a terra, zu Boden schmeißen v. ir.

CA

CAbala, der Juden geheime Lehre und Auslegung des alten Testamentes; it. die Schliche, die Kunstgriffe, die Ränke; it. die Cabala.

Cabalistico, ag. cabalistisch.

Cacao, e Caccao, die Cacaobohne pl. n.

Cacare, scheißen v. ir., kacken v. r., seine Nothdurft verrichten v. r., den Leib entledigen v. r. comp.

Cacarella, cacajo, der Durchfall gen. s, der Durchlauf gen. s.

Cacare, das Kacken gen. s, die Entledigung des Leibes.

Cacatojo, cesso, der Abtritt gen. s, it. das heimliche Gemach gen. s.

Cacatura) das Kacken gen. s, der Un-
Cacca) flath, der Dreck gen. s, (der Menschen, und Thiere).

Caccia, die Jagd, das Jagen gen. s; per salvaggina, das Wildpret gen. s.

Cacciagione, das gefangene oder geschossene Wildpret gen. s; it. die Jagd, das Jagen gen. s, die [illegible].

Cacciamento, das Verjagen gen. s, die Verjagung pl. en.

Cacciare, jagen v. r., verjagen v. r. comp., vertreiben v. ir. comp.; per: mettere in fuga il nemico, in die Flucht schlagen v. irr.; cacciar in prigione, ins Gefängniß stecken v. r.; cacciar dentro, hinein stecken v. r.

Cacciatore, der Jäger gen. s; it. ein Vertreiber, ein Verfolger gen. s.

Cachessia, die Schwindsucht.

Cachetico, ag. schwindsüchtig.

Cacio, der Käs, der Käse gen. s.

Cacofonia, ein Uebelklang gen. s, (in der Sprache), Cacophonie.

Cacografia, ein Fehler wider die Rechtschreibung, Cacographie.

Cacume, sommità, das allerobereste an einem Dinge, als der Gipfel gen. s, die Spitze pl. n.

Cadente, ag. fallend, hinfällig; [illegible] abnehmend; età cadente, das hohe Alter gen. s.

Cadenza, der Fall gen. s, pl. (Fälle), das Fallen gen. s; (nella musica), der Takt gen. s.

Cadere, fallen v. irr. it. decadere, abnehmen v. ir. comp.; per: scadere, verfallen v. ir. comp.; per: accadere, ereignen v. r. comp.; cader ammalato, krank werden [illegible]; cader in mano dei nemici, unter die Feinde gerathen v. ir. comp.

Cadetto, der jüngere Sohn gen. s, pl. (Söhne); fratello cadetto, der jüngere Bruder gen. s, ein Junker.

Cadimento, das Fallen gen. s, der Fall gen. s, pl. (Fälle) der Ruin pl. en, der Untergang gen. s; cadimento d'animo, die Kleinmüthigkeit.

Caduco (mal caduco), die Fallsucht.

Caducità, die Hinfälligkeit, die Vergänglichkeit, die Zerbrechlichkeit pl. en.

Caduco, ag. hinfällig, vergänglich; il mal caduco, die Fallsucht, die fallende Krankheit.

Caduta, der Fall gen. s, pl. (Fälle), das Herunterfallen gen. s; it. der Umsturz gen. s, der Ruin; la ricaduta è peggio della caduta, der Rückfall ist schlimmer als die Krankheit selbst.

Caffè, der Kaffee gen. s; it. la bibita, der Kaffeetrank [illegible]; bottega da caffè, das Kaffeehaus.

Caffettiera, die Kaffeekanne pl. n.

Cagionamento, cagione, die Ursache pl. n, das Verursachen gen. s, der Anlaß gen. es, das Veranlassen, gen. s; per: pretesto, der Vorwand gen. s; per questa cagione, deswegen; per mia cagione, meinetwegen; a cagione, wegen.

Cagionante, ag. verursachend, veranlassend.

Cagionare, verursachen v. r. comp., Ursache seyn v. aus.; it. anstiften v. r. comp., beschuldigen v. r. comp., veranlassen v. ir. comp., verleumden v. r. comp.

Cagionarsi (del male), sich Böses zuziehen v. rec. ir. comp.

Cagionatore, der Verursacher, der Anstifter, der Urheber gen. s.

Cagione, V. Cagionamento.

Cagionevole, ag. kränklich, unpäßlich.

Cagna, die Hündinn pl. en; it. die [illegible] pl. n.

Cagnescamente, av. hündischer Weise, it. zornig, grimmig, toll, grausam, neidisch.

Cagnesco, ag. hündisch, grimmig, zornig, rasend, toll.

Calabrone (insetto), die Hornisse pl. n, eine gewisse Wespe pl. n.

Calamajo, das Dintenfaß gen. es, pl. (Dintenfässer), das Schreibzeug gen. s; per certo pesce, die [illegible] pl. n.

Calamandrea (erba), das Gamanderlein gen. s.

Calamintha (erba), die Bergmünze pl. n.

Calamento, cioè: il calare, der Ab-[illegible], die Herunterlassung pl. en, das Herablassen, das Hinabsteigen gen. s; (di prezzo; di pe-

[illegible]), der Abfall gen. es, des Prei-ses, des Gewichts.

Calamina (minerale), die Galmey.

Calamita, der Magnetstein gen. es; fr. die Magnetnadel.

Calamità, das Elend gen. s, das Unglück gen. s, pl. (Unglücksfälle), die Trübsal pl. en.

Calamitosamente, av. elender Weise, kläglich.

Calamitoso, ag. trübselig, elend, unglücklich, tempi calamitosi, betrübte Zeiten.

Calamo (pianta), der Kalmus.

Calandra (uccello), die Haubenlerche, pl. n, die Feldlerche pl. n.

Calare, [illegible], herunterlassen v. tr. comp., fallen lassen v. tr.; herunterfteigen v. tr. comp.; it. abnehmen v. tr. comp., abfallen v. tr. comp.

Calata, scesa, das Hinabsteigen, das Hinablassen gen. s.

Calca, das Gedränge gen. s, die Menge, der Haufen gen. s, die Rotte; rompere la calca, sich durchdrängen.

Calcagno, die Ferse pl. n, das Fersenbein gen. s, pl. e; calcagno delle scarpe, der Absatz (am Schuhe) gen. es, pl. (Absätze).

Calcamento, cont.: il calcare coi piedi, das Treten mit Füßen; per: calca, das Gedränge gen. s.

Calcare, treten v. tr., betreten v. tr. comp.; it. niedertreten v. tr. comp., unterdrücken v. tr. comp., drücken v. tr.

Calcata, das Treten gen. s, der Tritt gen. es, pl. e.

Calcatamente, av. dicht aneinander gedrückt, gedrängt.

Calcatura, cont.: il calcare, das Drücken, das Treten, das Betreten, das Treten gen. s, V. Calcamento.

Calce, der Kalk gen. s, V. Calcina.

Calcedonio (pietra), der Calcedonier gen. s.

Calcina, der Kalk gen. s; calcina viva, ungelöschter Kalk; calcina spenta, gelöschter Kalk; fornace da calcina, der Kalkofen gen. s, pl. (Öfen).

Calcinaccio, per: rottame, der Schutt, gen. s.

Calcio, der Stoß (mit den Füßen), pl. (Stöße).

Calcitrare, hinten ausschlagen v. intr. comp.; met. unghorsam seyn v. aus., widerstreben v. tr. comp., widerspenstig seyn v. aus., calcitrare contra lo stimolo, wider den Stachel lecken v. r.

Calcolare, e calculare, ausrechnen, berechnen, zusammenrechnen v. r. comp.

Calcolatore, der Rechenmeister, der Rechner gen. s, der zusammenrechnet.

Calcolo, die Rechnung, die Zusammenrechnung pl. en, die Zusammenzählung pl. en; (in medicina), der Blasenstein, der Nierenstein gen. es.

Calcoloso, ag. der mit den Steinschmerzen beladen ist.

Caldaja, der Kessel gen. s.

Caldamente, av. hitzig, heftig; piangere caldamente, inständig bitten v. tr.; piangere caldamente, bitterlich weinen v. r.

Calderajo, der Kupferschmied gen. s, pl. e; it. der Kesselflicker gen. s.

Caldezza, die Wärme, die Hitze; it. die Inbrünstigkeit.

Caldo, sost. die Wärme, die Hitze; met. die Heftigkeit, das Feuer, der Ungestüm; fa caldo, es ist warm.

Caldo, ag. warm, hitzig, heiß, brennend; met. hitzig, heftig, eifrig.

Calendario, e calendaro, der Kalender gen. s.

Calende, e calendi, der erste Tag eines jeden Monats.

Calere, cont.: essere a cuore, daran gelegen seyn v. aus., zu Herzen gehen v. tr.; it. sich bekümmern v. rec. r. comp.

Calesso, das Kaleschwagen gen. s, [illegible] Rädern).

Calibro, per: compasso di proporzione, (t. di geom.) der Maaßstab gen. es; it. die Weite, Größe, Dicke (einer Kugel ec.); met. der Karakter, der Stand, die Tüchtigkeit, der Werth (einer Person).

Calice, der Kelch gen. es, (bey dem Abendmahl); met. das Leiden gen. s, die Trübsal, der Unfall gen. s, pl. (Unfälle).

Caligine, oscurità, die Dunkelheit, die Finsterniß, der dicke Nebel gen. s; [illegible] der Geist; la caligine della mente, der blöde Verstand gen. es; caligine di vista, dunkele, blöde Augen.

Caliginoso, sa, dunkel, finster, benebelt; vista caliginosa, blödes Gesicht.

Calle, per: via, strada, der Weg gen. es, pl. e; per: sentiero, der Pfad gen. es, der Fußsteig gen. es, pl. (steige), der Steig gen. s, pl. e.

Callo (ai piedi), das Hühnerauge gen. s, pl. n; (alle mani), das Horn gen. s, pl. (Hörner), (an Händen).

Callosità, die Härte, die fasrichte Härtigkeit pl. en.

Calma (del mare), die Meerstille; in altro senso, die Stille, die Ruhe, der Friede gen. ns.

Calmare, stillen v. r.; calmar l'animo, das Gemüth besänftigen v. r.

Calo, sud: discesa, das Hinabsteigen, das Hinabsteigen gen. s; met. per: decadimento, der Verfall gen. s, pl. (Verfälle), die Abnahme pl. n.

Calore, die Hitze, die Wärme; in die heftige Begierde, die Brunst, der Eifer gen. s.

Calorosamente, av. hitzig, heftig.

Caloroso, sa, warm, heiß.

Calpestamento, die Zertretung, das Treten gen. s; (mit den Füßen); per: disprezzo, die Verachtung, die Geringschätzung.

Calpestare, zertreten v. ir. comp., mit Füßen treten v. ir., oder stampfen v. r.; per: disprezzare, verachten v. r. comp.; fig. schlecht behandeln v. r. comp.

Calpestio, das Stampfen (mit den Füßen), das Trampeln, das starke Auftreten gen. s.

Calvare, far calvo, kahl machen v. r.; perder i capelli, die Haare verlieren v. ir. comp.

Calvezza, die Kahlheit, die Glatze; it. das Ausfallen der Haare.

Caluggine, o caluggine, die Milchhaare, die ersten Barthaare; it. die ersten Federn (an den Vögeln).

Calunnia, die Verleumdung, die falsche, verläumderische Beschuldigung pl. en, die Afterrede pl. n, die Schmähung pl. en, das falsche Angeben gen. s; per: ingiuria, der Schimpf gen. s.

Calunniare, verleumden v. r., lästern, v. r., lügen v. r., schmähen v. r., schmähen v. r., lügenhaft nachreden v. r. comp.

Calunniatore, der Verleumder, der Schänder, der Verhöhner gen. s.

Calunniosamente, av. verleumderischer Weise, fälschlich.

Calunnioso, sa, verleumderisch, fälschlich, lästerlich.

Calvo, va, kahl, glatzicht; capo calvo, ein Kahlkopf.

Calza, V. Calzetta.

Calzare, anziehen v. r. comp., (als Schuh und Strümpfe); calzarsi, sich anziehen, sust. il calzare, der Anzug gen. s.

Calzetta, der Strumpf gen. s, pl. (Strümpfe); cavar le calzette, die Strümpfe ausziehen v. ir. comp.

Calzettajo, der Strumpfwirker; per quello che le rattoppa, der Strumpfflicker gen. s.

Calzolajo, der Schuster, der Schuhmacher gen. s.

Calzoni, die Hosen, die Beinkleider.

Camaleone (erba), die Eberwurz.

Camaleonte, eine afrikanische Eidechse, Farbenwechsler, (die die Farbe verändert).

Camamilla (erba), die Kamille, das Kamillen.

Camarlingo, o camerlingo, der Kämmerer, der Schatzmeister gen. s, (am päpstlichen Hofe).

Cambiabile, av. veränderlich, wandelbar; it. wankelmüthig, unbeständig, leichtsinnig.

Cambiamento, die Veränderung, die Neuerung, die Verwechslung, die Verwandlung pl. en.

Cambiale, sust. der Wechselbrief gen. s, pl. e.

Cambiare, wechseln, tauschen, ändern v. r.; it. verwandeln v. r. comp.; cambiar denari, Geld wechseln v. r.; cambiar religione, einen andern Glauben annehmen v. ir. comp.; cambiar costumi, die Aufführung ändern v. r.

Cambiatore, der Wechsler gen. s.

Cambio, der Tausch gen. es, pl. (Täusche), der Wechsel gen. s, die Vertauschung, die Verwechslung pl. en; per: banco di cambio, die Wechselbank; in cambio, av. anstatt.

Camera, die Stube pl. en, das Zimmer *gen.* s, der Kammer *pl.* n, das Gemach *gen.* s, *pl.* (Gemächer).

Camerale, *sub.* ein Kammerbeamter *gen.* n; *ag.* was zur Kammer gehört.

Camerata, die Kameradschaften, eine Versammlung von Leuten; *it.* ein Mitglied *gen.* s *pl.* er.

Cameriere, der Kammerdiener *gen.* s; *fem.* die Kammerfrau, die Kammerjungfrau, das Kammermädchen *gen.* s.

Camice, das Meßhemde *gen.* s, *pl.* n, das Chorhemde (eines Priesters).

Camicia, das Hemde *gen.* s, *pl.* n.

Camiciuola, die Weste *pl.* n, das Kamisol *gen.* s, das Brusttuch *gen.* s, *pl.* (Brusttücher).

Cammello (animal noto), das Kameel *gen.* s, *pl.* e.

Camminare, gehen *v. ir.*, reisen *v. r.*, wandern *v. r.*; camminare a piedi, zu Fuße gehen; (a cavallo), reiten *v. ir.*; (in vettura), fahren *v. ir.*

Cammino, der Weg *gen.* s, *pl.* e, die Straße *pl.* n.

Camomilla, *V.* Camamilla.

Camoscio, der Gemsbock *gen.* s, *pl.* (Gemsböcke); pelle di camoscio, die Gemshaut, das Gemsleder, das Gemsfell *gen.* s.

Camozza, die Gemse *pl.* n.

Campagna, das Feld *gen.* es, *pl.* er, das Land *gen.* es, *pl.* (Länder); campagna rasa, flache Feld; la campagna militare, der Feldzug *gen.* s, *pl.* (Feldzüge); andare in campagna, aufs Land gehen *v. ir.*; battere la campagna, das Land durchstreifen *v. r. comp.*

Campagnuolo, der Landmann *gen.* es, *pl.* (Landleute).

Campale, *ag.* feldicht; battaglia campale, die Feldschlacht *pl.* en.

Campana, die Glocke *pl.* n; sonar le campane, läuten *v. r.*

Campanajo, der Glöckner *gen.* s, der Glockenläuter *gen.* s; *per:* fabbricatore, der Glockengießer *gen.* s.

Campanella ⎫ das Glöckchen *gen.* s; Campanellino ⎬ *per:* sonaglio, die Campanello ⎭ Schelle *pl.* n.

Campanile, der Glockenthurm, der Kirchenthurm *gen.* s, *pl.* (Thürme).

Campare, *per:* liberare, befreyen *v. r. comp.*, erretten *v. r. comp.*, losmachen *v. r. comp.*; campare la morte, dem Tode entgehen *v. ir. comp.*; *per:* sfuggire, entfliehen *v. ir. comp.*, entkommen *v. ir. comp.*; campare la vita, das Leben hinbringen, zubringen *v. ir. comp.*

Campeggiare, sich lagern *v. rec. r.*

Campestre, *ag.* ländlich; battaglia campestre, eine Feldschlacht *pl.* en.

Campidoglio, das Kapitolium.

Campione, ein tapferer Mann *gen.* es, *pl.* (Männer); *mer.* ein Kämpfer *gen.* s; *per:* certo registro, das Lagerbuch *gen.* s, *pl.* (bücher).

Campo, das Feld *gen.* es, *pl.* er; *per:* terra coltiva, der Acker *gen.* s, das Bauefeld *gen.* es, *pl.* er; campo di battaglia, das Schlachtfeld; *per:* accampamento, das Feldlager *gen.* s.

Canaglia, das Gesindel *gen.* s, der Pöbel *gen.* s; *it.* der Schurke, ein Lumpenhund, das Lumpengesindel *gen.* s.

Canale, der Kanal *gen.* s, *pl.* (Kanäle); *it.* eine Rinne, eine Röhre, eine Wasserleitung, ein Graben, der Gang *gen.* s (eines Flusses).

Canapa, e canape, der Hanf *gen.* s; *per:* lino, das Hanfgarn *gen.* s.

Canapo, cioè: fune grossa, ein großer Strick *gen.* s, *pl.* e.

Cancellamento, die Ausstreichung, die Vernichtung, die Ungültigmachung, *pl.* en.

Cancellare, auslöschen *v. r. comp.*, ausstreichen *v. ir. comp.*; *it.* vernichten *v. r. comp.*, ungültig machen *v. r.*

Cancellatura ⎫ *V.* Cancellamento.
Cancellazione ⎭

Cancelleria, die Kanzley *pl.* en.

Cancelliere, der Kanzler *gen.* s.

Cancello, das Gitter *gen.* s, die Schranken, das Gitterwerk *gen.* s, *pl.* e; *it.* die Gitterthüre *pl.* n.

Canchero, der Krebs *gen.* es, *pl.* e; *it.* ein Himmelszeichen.

Cancheroso, *ag.* krebshaftig.

Cancrena, e cangrena, der Krebs *gen.* es, *pl.* e, der kalte Brand, *gen.* s, *pl.* (Brände); *it.* das faule Fleisch *gen.* es.

Cancrenare, vom Krebs, *ag.* vom kalten Brande angegriffen seyn *v. aus.*

Cancro, granchio, *V.* Canchero.

Candela, die Lichtkerze *pl.* n; candela di sego, eine Inschlittkerze, o das Inschlittlicht gen. s, pl. er; candela di cera, das Wachslicht.

Candelliere, der Leuchter gen. s.

Candidamente, av. aufrichtig, redlicher Weise.

Candidezza, per: bianchezza, die Weiße; per: lucidezza, der Schein gen. es, der Glanz gen. es; per: sincerità, die Aufrichtigkeit, die Redlichkeit.

Candido, ag. weiß; fr. aufrichtig, redlich, offenherzig.

Candire, kandiren v. r., mit Zucker kochen v. r.

Candito, sust. die kandirte Frucht pl. (Früchte).

Candito, ag. e part. kandirt, in Zucker eingemacht, o gekocht; mit Zucker überzogen.

Candore, V. Candidezza.

Cane, der Hund gen. es, pl. e; cane da toro, ein Hetzhund; barbone, ein Pudelhund; levriere, ein Windhund; da caccia, ein Jagdhund; pesce cane, ein Seehund; mastino, ein Bauernhund.

Canestra, e canestro, der Korb gen. s, pl. (Körbe).

Canfora, der Kampfer gen. s; ed anche: Campfer.

Canforato, ag. mit, oder vom Kampfer gemacht.

Cangiamento, die Veränderung, die Verwandlung, die Verwechselung, die Neuerung pl. en.

Cangiante, ag. veränderlich, wandelbar; fr. wankelmüthig, unbeständig, leichtsinnig; color cangiante, die schielichte Farbe.

Cangiare, V. Cambiare.

Canicola, der Hundsstern gen. s.

Canicolare, ag. in giorni canicolari, die Hundstage.

Caninamente, av. hündisches Weise.

Canino, sust. dim. di cane, das Hündchen gen. s.

Canino, ag. hündisch; un animo canino, ein grausames Gemüth; fame canina, der Heißhunger gen. s; denti canini, die Augenzähne; rosa canina, die wilde Rose.

Canizie, das Grauwerden gen. s, das graue Alter gen. s, V. Canutezza.

Canna, das Rohr gen. s, pl. (Röhren); canna d'India, das spanische Rohr; canna della gola, der Schlund gen. s; canna d'archibugio, der Flintenlauf gen. s; canna da serviziale, die Klystierspritze; canna d'organo, die Orgelpfeife; canna da pescare, die Angelruthe pl. n.

Cannella, cinnamomo, der Zimmet gen. s, per: la corteccia, die Zimmetrinde.

Cannello, die Spule pl. n.

Cannocchiale, o canocchiale, das Fernglas gen. es, pl. (Ferngläser).

Cannone, das schwere Geschütz gen. es, die Kannone pl. n; cannone da campagna, das Feldstück gen. es, pl. (Stücken); per: accrescitivo di cannello, eine große Spule.

Cannoneggiamento, das Kanoniren gen. s.

Cannoniera, die Schießscharte pl. n.

Cannoniere, der Kanonier gen. s.

Cannolo, ag. voller Schilf, mit Rohr bewachsen.

Canocchiale, V. Cannocchiale.

Canone, das Kirchengesetz gen. es, pl. e.

Canonica, die Wohnung der Domherren.

Canonicale, ag. di Canonico, kanonisch.

Canonicamente, av. kanonischer Weise, den kanonischen Rechten gemäß.

Canonicato, eine Domherrnstelle pl. n, das Kanonikat gen. s.

Canonico, sust. der Domherr, der Chorherr, der Stiftsherr gen. n, pl. en; ag. diritto canonico, das Kirchenrecht; elezione canonica, eine rechtmäßige Kirchenwahl.

Canonista, der Lehrer des kanonischen Rechts.

Canonizzare, in die Zahl der Heiligen setzen v. r.

Canonizzazione, das Aufnehmen eines Verstorbenen in die Zahl der Heiligen.

Canoro, ag. e sust. armonioso, wohltönend, [illegible], wohlklingend, [illegible].

Cansare, [illegible] v. r. comp., wegthun v. irr. comp., abwenden v. r. comp.

Cantamento, das Singen gen. s, der Gesang gen. s, pl. (Gesänge), das Lied gen. es, pl. er, V. Canto.

Cantante, sust. ein Sänger gen. s, ag. singend

Cantare, singen v. ir., absingen v. ir. comp.; il gallo canta, der Hahn krähet; le rane cantano, die Frösche quaken.

Cantare, sust. das Singen gen. s.

Cantarida, eine spanische Fliege.

Cantaro, der Kammertopf gen. s, pl. (töpfe).

Cantata, eine Kantate pl. n.

Cantatore } der Sänger, der Kantor

Cantatrice } gen. s, fem. die Sängerinn.

Canterp, V. Cantaro.

Cantico, der Gesang gen. s, pl. (Gesänge), das Lied gen. es, pl. er; per: inno, der Lobgesang.

Cantilena, der Gesang, e f. aut. das Geschwätz gen. es.

Cantilenare, Lieder singen v. ir.

Cantina, der Keller gen. s, das unterirdische Gewölbe gen. es, pl. er.

Cantinetta, ein kleiner Keller, (dimin.), das [illegible] gen. s.

Cantiniere, canliniero, o canticajo, der Kellermeister gen. s.

Cantino (il suo stromento), die feinste Saite auf einer Geige u., die Quinte.

Canto, der Gesang gen. s, pl. (Gesänge), das Lied gen. es, pl. er; fr. die Melodie.

Canto, per: banda, parte, lato, die Seite pl. n; per: cantone, der Winkel gen. s, die Ecke pl. n.

Cantonamento, das Kantonnieren gen. s.

Cantonata, die Ecke von einem Gebäude.

Cantone, der Winkel gen. s, V. Canto.

Cantore, V. Cantatore.

Canutamente, av. ältlich, V. Canutezza.

Canutezza, das graue Alter gen. s, die grauen Haare.

Canuto, sust. der Greis gen. es, pl. e.

Canuto, ag. grau, eisgrau, schneeweiß; uccello canuto, ein eisgrauer Alter.

Canzone, das Lied gen. es, pl. er; canzone spirituale, ein geistliches Lied; mettere in canzone, lächerlich machen v. r.

Caos, das verwirrte Wesen gen. s, der Mischmasch gen. es; fr. allerley Vermischung pl. en.

Capace, ag. fähig, geschickt, tüchtig.

Capacità, die Fähigkeit, die Geschicklichkeit, die Tüchtigkeit pl. en; fr. die Geräumigkeit, (spaziosamente) die Gelehrsamkeit, die Wissenschaft pl. en.

Capacitare, geschickt, fähig, tüchtig machen v. r.; capacitarsi, sich belehren lassen v. rec. ir.

Capanna, die Hütte pl. n; capanna del cammino, der Rauchfang gen. s, pl. (fänge).

Caparbieria, die Hartnäckigkeit, die Halsstarrigkeit pl. en, der Eigensinn gen. s, pl. e, V. Ostinazione.

Caparbio, ciuè: ostinato, ag. hartnäckig, halsstarrig, eigensinnig.

Caparra, der Pfandschilling gen. s, das Aufgeld, Angeld, Handgeld gen. s, pl. er.

Caparrare, Angeld, oder Aufgeld geben v. ir.

Capelvenere } das Haupthaar gen. s,

Capellatura } pl. e, die Haartour pl. en.

Capello, das Haar gen. es, pl. e; arricciare i capelli, die Haare kräuseln v. r.; ir. aus. a capello, aufs Haar, sehr genau, accurat.

Capelluto, che ha molti capelli, behaaret.

Capelvenere (erba), die Mauerraute.

Capestro, der Strang gen. s, pl. (Stränge), die Halfter pl. n; per: ein Galgenstrick gen. s, pl. e.

Capezzale, per: guanciale, das Kopfkissen gen. s, das Polster gen. s.

Capimento, der Raum gen. es, pl. (Räume), die Weite, der Inhalt (eines Gefäßes).

Capire, ed avere, capere, per: intendere, verstehen v. ir. comp., begreifen v. ir. comp.; per: contenere, Raum haben v. aus. ir., gelassen v. r., enthalten v. ir. comp.

Capitale, sust. das Kapital gen. s, pl. ien, die Anlage zur Handlung; per: punto principale, der Hauptpunkt; far capitale di qualcuno, sich auf jemanden verlassen v. rec. ir. comp.

Capitale ag. berühmt, hauptsächlich, [illegible] delitto capitale, das Hauptverbrechen gen. s, nemico capitale, ein Todfeind gen. es, pl. e.

Capitalmente, av. hauptsächlich, vornehmlich; per: mortalmente, tödlich.

Capitano (d'infanteria), der Hauptmann gen. es, pl. (Hauptleute); (di cavalleria), der Rittmeister gen. s.

Capitare, per: arrivare, ankommen (da fortuna), anlangen v. r. comp. ; capitare nelle mani di alcuno, einem in die Hände gerathen v. ir. ; per: accadere, geschehen v. ir. comp., sich ereignen v. rec. r. comp.

Capitello (dim. di capo), das Köpfchen gen. s. (di colonna), das Gesimse, das Kapitäl gen. s. (an den Säulen), das Kronwerk gen. s. pl. e; per: manico di una sega, das Heft gen. es (einer Säge); it. die Riemen an etwas, wie an den Büchern.

Capitolare, kapituliren v. r., Bedingungen vorschlagen v. ir. comp., eingehen v. ir. comp.

Capitolare, ag. was zum Stift oder Kapitel gehöret.

Capitolato, part. da capitolare, kapitulirt.

Capitolato) die Kapitulation pl.
Capitolazione) en, der Vergleich, gen. s, die Bedingung pl. en.

Capitolo, das Kapitel gen. s, oder die Abtheilung einer Schrift; per: adunanza, die Versammlung der Stiftspersonen.

Capitombolare, einen Wurf des Leibes über seinen Kopf machen, einen Sturzbaum, od. einen Purzelbaum machen v. r.

Capitombolo, der Sturzbaum, der Purzelbaum gen. es, pl. (bäume), der Wurf des Leibes über den Kopf.

Capo, der Kopf gen. es, pl. (Köpfe), das Haupt gen. s, pl. (Häupter); it. per: principale, der Oberste gen. n pl. n; per: motivo, die Ursache pl. en; per: principio, der Anfang gen. s; per: origine, der Ursprung gen. s; il capo d'anno, der Neujahrstag; il capo di casa, der Hausvater; capofila, der Flügelmann gen. s.

Capogirlo) der Schwindel gen. s; it.
Capogiro) der närrische Einfall gen. s, pl. (Einfälle).

Capomaestro, der Obermeister gen. s; per: capo de' muratori, der Maurermeister gen. s; per: direttore di una fabbrica, der Oberbaudirector gen. s.

Caponaggine, die Hartnäckigkeit, V. Ostinazione.

Capo per capo, av. Mann für Mann, Stück für Stück, stückweise.

Capopiede, av. V. Sossopra.

Caporale, der Korporal gen. s, der Unterkorporal gen. s.

Caporione, der Stadthauptmann gen. es, pl. (leute); it. der Viertelmeister gen. s.

Capsoldo, das Handgeld gen. s, pl. er: der Zuschuß gen. es, pl. Zuschüsse.

Capovolgere, umdrehen v. r. comp. ; it. das Unterste zu oberst kehren v. r.

Capovolto, part. umgekehrt.

Cappa, specie di mantello, eine Kappe pl. n.

Cappella, die Kapelle pl. n.

Cappellajo, der Hutmacher gen. s, der Hüter gen. s.

Cappellania, per: la carica, die Kapellanstelle pl. n; per: l'abitazione, die Kapellanswohnung pl. en.

Cappellano, der Kapellan gen. s.

Cappelliera, das Hutfutteral gen. s.

Cappello, der Hut gen. s, pl. (Hüte); l'ala del cappello, die Hutkrempe pl. n; cappello da viaggio, der Reisehut; cappello di paglia, Strohhut; da cardinale, Kardinalshut; da dottore, Doktorshut ec.

Capperi! (voce d'ammirazione), Potztausend!

Cappero (frutice), die Kaper pl. n.

Cappio, per: annodamento, eine gebundene Schleife pl. n.

Capponaja, die Hünerkeige pl. n.

Capponare, cioè: castrare i polli, die Hähne kapaunen v. r., schneiden v. ir., kappen v. r.

Cappone, der Kapaun gen. s, pl. en.

Cappotto, der Regenrock gen. s, pl. (röcke).

Cappuccino, der Kapuziner gen. s, der Kapuzinermönch gen. s, pl. e.

Cappuccio, die Kapuze pl. n.

Capra, die Ziege pl. n, die Geis pl. en; capra salvatica, die Gemse pl. n.

Capraggine (erba), die Geisraute, die wilde Raute.

Capretto, ein junges Ziegelein, ein junges Böckchen gen. s.

Capriccio, der Eigensinn gen. es, pl. e; it. die Hartnäckigkeit pl. en, die seltsame, wunderliche Art.

Capricciosamente, av. eigensinniger Weise.

Capriccioso, ag. eigensinnig, wunderlich, seltsam, närrisch.

Capricorno, der Steinbock *gen.* [illegible]
Capriola, [illegible], der [illegible] *gen.* [illegible], *pl.* [illegible].
Capriolo, e capriuolo, der Rehbock *gen.* [illegible], *pl.* (Rehböcke), *fem.* die Rehkuh *pl.* [illegible].
Caprone, [illegible], der große Bock *gen.* [illegible], *pl.* (Böcke).
Carabina, eine Karabine *pl.* n.
Caracollare (de' cavalli), [illegible] *v.* [illegible] comp. (Caracolle [illegible]), eingebrochen suchen *v.* [illegible].
Caracollo, das [illegible] der [illegible] [illegible], das [illegible] *gen.* [illegible].
Caraffa, eine [illegible] [illegible] *pl.* n.
Caramente, *av.* freundlich, [illegible], [illegible], [illegible], mit Liebe.
Carato, der [illegible] Theil einer [illegible] [illegible], ein Gewicht zum Golde.
Carattere, der Charakter *gen.* [illegible], die [illegible] *pl.* en, die [illegible] einer Person; *per:* dignità, [illegible] *gen.* [illegible], das [illegible] *gen.* [illegible]; *per:* dignità, die Würde *pl.* n, der Rang *gen.* [illegible], der Titel *gen.* [illegible]; [illegible] [illegible] [illegible], [illegible] [illegible] [illegible] [illegible] [illegible]; die [illegible] *per:* lettera [illegible] [illegible], der Buchstab *gen.* [illegible] *pl.* en.
Caratterizzare, [illegible] seiner Art und Eigenschaft [illegible] *v.* [illegible] comp., [illegible] *v.* [illegible] comp., [illegible] *v.* [illegible] comp.
Carattere [illegible], [illegible] [illegible] *v.* [illegible] comp.
Caravana, [illegible] *gen.* [illegible], der [illegible] *gen.* [illegible].
Carbonchio (pietra), der Karfunkel *gen.* [illegible], das Karfunkelstein *gen.* [illegible]; [illegible] [illegible], die [illegible] *pl.* [illegible].
Carbone, die Kohle *pl.* n; [illegible], die [illegible].
Carcame, [illegible] carcasso, das Aas *gen.* es, *pl.* [illegible], das Gerippe *gen.* [illegible].
Carcasso, [illegible] [illegible] [illegible], eine Feuerkugel *pl.* n.
Carcere, [illegible], der Kerker in dem [illegible], der [illegible] *gen.* [illegible].
Carceramento, *v.* [illegible].
Carcerare, [illegible] [illegible] [illegible] comp., [illegible] [illegible] *v.* [illegible], einkerkern *v.* [illegible] comp.
Carceriere, *sost.* der [illegible] *gen.* [illegible] *pl.* [illegible].

Cardamomo, die [illegible], die [illegible], der [illegible] *gen.* [illegible], das [illegible] *gen.* [illegible].
Cardare, das [illegible] *gen.* es, *pl.* [illegible], der Karder *gen.* [illegible].
Cardatore, der Wollkämmer, der Streichmeister *gen.* [illegible].
Carciofo, eine Artischocke, eine Erdschocke *pl.* n.
Cardare, Wolle, Tuch, Seide *rc.* kämmen *v.* [illegible], [illegible] *v.* [illegible] comp.
Cardellino (uccello), der Stieglitz *gen.* es.
Cardinale, *sost.* der Cardinal *gen.* [illegible], *pl.* (Cardinäle); *per:* arpione di [illegible], die Thürangel *pl.* n.
Cardinale, *ag.* [illegible], hauptsächlich, [illegible] cardinali, Hauptwinde; numeri cardinali, Hauptzahlen.
Cardine, *per:* arpione, o gangherà, die Thürangel *pl.* n.
Cardo (erba), die Distel, *pl.* n.
Cardatura, *per:* strumento da cardare, die Distelkardetsche *pl.* n.
Careggiare, [illegible] carezzare, liebkosen *v.* [illegible], schmeicheln *v.* [illegible].
Carena, der Boden unten im Schiffe unter dem Wasser.
Carenza, carenzia, der Mangel *gen.* [illegible], *v.* [illegible].
Carestia, der Mangel *gen.* [illegible], die Theurung *per:* povertà, die Armuth.
Carezza, die [illegible], die Liebesbezeigung, die [illegible] [illegible] *pl.* en; die [illegible] *pl.* en; [illegible] carezze, schmeicheln *v.* [illegible], liebkosen *v.* [illegible] comp.; *per:* carestia, die Theurung.
Carezzare, liebkosen *v.* [illegible] comp., schmeicheln *v.* [illegible], *v.* accarezzare.
Carezzevolmente, [illegible], [illegible], schmeichelhafter Weise.
Carico, *per:* peso, der Last, oder Lasten *pl.* en; *per:* ufficio, das Amt *gen.* [illegible], die Würde, die Bemühung *pl.* en.
Caricare, [illegible] *v.* [illegible], beladen *v.* [illegible] comp., belästigen *v.* [illegible] comp., [illegible] *v.* [illegible] comp.; caricare [illegible], die [illegible] [illegible] *v.* [illegible] comp.; [illegible] [illegible] [illegible], [illegible] das Stück voll [illegible] *v.* [illegible].
Carica, *sost.* die Ladung, die Beschwerung *pl.* en, die Last

Carica, ag. e part. beladen, überladen, beschwert.

Carità, die christliche Liebe, die Menschenliebe, die Mildthätigkeit, die Liebe zu Gott und dem Nächsten; per l'limosina, das Almosen gen. s; un atto di carità, ein Liebeswerk.

Caritatevole, ag. liebreich, gutthätig gegen die Arme.

Caritatevolmente, av. aus Liebe, gutthätigerweise, gutthätiglich, mildiglich.

Caritevole, V. Caritatevole.

Carmelitano, ein Carmelitermönch, gen. s, pl. e.

Carminare, Wolle kämmen v. r., V. [illegible]

Carmino (colore), der Karmin gen. s.

Carnagione, die Fleischfarbe, die Gesichtsfarbe.

Carnale, ag. fleischlich; per l lussuriosi, unkeusch; peccato carnale, die Unzucht, die Geilheit; fratello carnale, leiblicher Bruder.

Carnalità, die fleischliche Begierde, die fleischliche Lust, die sinnliche Wollust, die Geilheit; per parentela, die nahe Verwandtschaft pl. en.

Carnalmente, av. fleischlich, unzüchtigerweise.

Carne, das Fleisch gen. es; carne salata, Pöckelfleisch; carne fumata, geräuchert Fleisch; carne di manzo, Rindfleisch; di vitello, Kalbfleisch; di porco, Schweinefleisch; di castrato, Schöpsenfleisch.

Carnefice, der Scharfrichter gen. s, der Henker gen. s; fi. ein grausamer Mensch.

Carnevale, e carnasciale, die Faßnachtszeit, die Faßnacht.

Carnevalesco, ag. fastnachtsmäßig, carnevalsmäßig.

Carneficina, das Blutbad gen. es, pl. (Blutbäder); fi. die Gerichtsstätte pl. n.

Carniola (Ducato), das Herzogthum Krain.

Carnosità, die Fleischigkeit, die Fettigkeit.

Carnoso, ag. fleischicht.

Carostia, die Theuerung, V. Carestia.

Caro, ag. theuer, lieb, werth, angenehm, lieber, köstlich.

Carogna, das Aas gen. es, pl. (Aeser), das Schindluder gen. es, die Schindmähre pl. n.

Carota (erba), die gelbe, oder [illegible]

[illegible] pl. m; pl. [illegible] bagli, die Läge.

Carovana, der Caravan, sc.

Carpentiere, der Wagner gen. s.

Carpire, erhaschen v. r. comp., erschleichen v. ir. comp., erdauern, v. r. comp.; fi. mit Gewalt, unvermuthet ergreifen v. ir. comp., an sich ziehen v. ir.

Carpone (andare), auf allen Vieren kriechen v. ir.

Carreggiare, fahren v. ir., (als die Fuhrleute).

Carreggiata, der Fuhrweg, der Fahrweg gen. s, pl. e.

Carreggiatore, der Fuhrmann gen. es, pl. (Fuhrleute).

Carreggio, das Fuhrwerk gen. s, pl. e; fi. eine Menge Wagen zusammen, ein immer dauerndes Fahren.

Carretta, der Karn gen. es; fi. ein unverdbeiges Fuhrwerk gen. s.

Carrettiere, der Kärner gen. s, der Fuhrmann, V. Carreggiatore; fi. ein Wagenknecht.

Carriaggio (t. di guerra), die Wagenburg; fi. die Bagage.

Carriera, das Rennpferdrennen gen. es; fi. der Weg gen. s, pl. e; der Gang gen. s, pl. (Gänge), die Laufbahn pl. en; a tutta carriera, in vollem Laufe; compiere la sua carriera, sein Leben beschließen.

Carro, der Wagen gen. s, pl. (Wägen), der Karn gen. s; un carro d'artiglieria, ein Stückwagen; un carro da guerra, ein Rüstwagen; un carro trionfale, ein Triumphwagen. av. a carro a carro, fuhrweise.

Carrozza, die Kutsche pl. n; andar in carrozza, in der Kutsche fahren; sportello di carrozza, das der Kutsche Thüren.

Carrozziere, cocchiere, der Kutscher, gen. s.

Carruba (frutto), das Johannisbrod, gen. s.

Carrucola, die Winde pl. n; zu Lasten empor zu heben.

Carta, das Papier gen. es; da scrivere, das Schreibpapier; da stampa, Druckpapier; suganza, Löschpapier; carta geografica, eine Landkarte; dorata, Goldpapier; un foglio di carta, ein Bogen Papier; un quinterno di carta, ein Buch Papier; una risma di carta, ein Rieß Papier.

Cartapecora, das Pergament gen. s.
[illegible]
Carteggiare, [illegible]
Carteggio, der Briefwechsel gen. s, pl. die Correspondenz pl. en.
Cartello, das Manifest gen. s, der Ausforderungsbrief gen. es, pl. e, it. eine Ordnung.
Cartilagine, der Knorpel gen. s.
Cartoccio, ein Papierdüte [illegible]
Cartone, das dicke Kartenpapier gen. s, die Puppe, [illegible]
Casa, das Haus gen. es, pl. (Häuser), die Wohnung pl. en; [illegible] casa di campagna, das Landhaus; [illegible] di casa, [illegible] miei di casa, meine Hausgenossen.
Casacca, der Ueberrock gen. s, [illegible] pl. n, der Reisemantel gen. s.
Casamatta, ein bombenfestes Gewölbe, gen. s, [illegible]
Casamento, die Behausung pl. en.
Cascamento, das Fallen, das Einfallen, gen. s, der Fall gen. s, pl. Fälle.
[illegible]
[illegible]
Cascata (Caduta), der Wasserfall gen. s, pl. (Wasserfälle), [illegible]
[illegible]
[illegible]
[illegible]
[illegible]

[illegible] die Kirche [illegible]
Cassare, ausstreichen v. a. comp., [illegible]
Cassazione, die Aufhebung, [illegible]
Cassia (lignea), der Cassienbaum gen. es, pl. [illegible]
Cassiere, der Cassier gen. s, der Schatzmeister gen. s.
Cassina, die Meierei pl. en.
[illegible]
[illegible]
Castellano, der Castellan gen. s, der Burgvogt gen. s, pl. [illegible]
Castello, das Schloss gen. s, [illegible]
[illegible]
Castigare, strafen, züchtigen v. a.
Castigo, die Strafe pl. n, die Züchtigung pl. en.
Castità, die Keuschheit, die Zucht.
Casto, keusch [illegible]
Castoro, der Biber gen. s, [illegible]
Castrare, entmannen v. a. comp. [illegible]
Castrato (animale), der Schöps gen. es, [illegible]
[illegible]
Castrone, V. Castrato.

Casuale, adj. zufällig.
Casualmente, adv. zufälligerweise, von ohngefähr.
Casuccia, das Häuschen gen. [illegible]
Catacomba, die Begräbniß unter der Erde in Italien.
Catafalco, das Gerüste gen. [illegible] pl. [illegible]
Cataletto, die Todtenbahre pl. [illegible]
Catalogo, [illegible] die Verzeichniß gen. [illegible] pl. [illegible]
Catapecchia, die Wildniß pl. [illegible] die Einöde pl. [illegible] die Wildniß, pl. [illegible]
Cataplasma, ein erweichendes Pflaster, der Umschlag, der Breiumschlag gen. [illegible] pl. [illegible]
Catarrale, adj. flüssiger Natur; febbre catarrale, das Flußfieber, mit dem Schnupfen [illegible]
Catarro, der Schnupfen gen. [illegible] der Fluß gen. [illegible]
Catarroso, v. Catarrale.
Catasto, die Anlage pl. [illegible] die Steuer pl. [illegible] [illegible] das Buch, gen. [illegible] wo die Verordnungen der Anlagen eingetragen sind.
Catastrofe, die Hauptveränderung, das Ende [illegible] der [illegible] [illegible] [illegible] und unvermutheter Veränderung; ein unglücklicher Unglücksfall gen. [illegible] pl. [illegible]
Catechismo, der Catechismus, die Unterweisung im Christenthume.
Catechista, der Catechet, einer der den Catechismum lehret.
Catechizzare, den Catechismum lehren, [illegible]
Catecumeno, einer, der im Christenthume unterwiesen wird, damit er [illegible] getauft werde.
Catedra, die Kanzel pl. [illegible] der [illegible] [illegible] gen. [illegible] pl. [illegible] v. Cattedra.
Categoricamente, adv. bündiglich, [illegible]
Catena, die Kette pl. [illegible]
Catenaccio, catenella, der eiserne Riegel gen. [illegible] [illegible] [illegible] [illegible] [illegible]
Catenare, mit Ketten legen [illegible] v. Incatenare.
Cateratta [illegible] der [illegible] [illegible] [illegible] [illegible] pl. [illegible]

Caterva, eine Schaar, der große Haufe gen. [illegible] pl. [illegible]
Catino, [illegible] Schüssel pl. [illegible] der [illegible] gen. [illegible] pl. [illegible] [illegible]
Catrame, das Pech gen. [illegible]
Cattedra, die Kanzel pl. [illegible] der [illegible] [illegible] gen. [illegible] pl. [illegible]
Cattedrale, [illegible] die Domkirche pl. [illegible]
Cattivamente, adv. [illegible] auf eine böse Art, sehr [illegible]
Cattivare, gefangen nehmen, [illegible]
Cattività, die Gefangenschaft.
Cattivo, [illegible] der Gefangene gen. [illegible] pl. [illegible] adj. gefangen, [illegible] böse, schalkhaft, [illegible]
Cattolicamente, adv. katholischer Weise, [illegible] auf katholische Art.
Cattolico, [illegible] ein guter Katholik, [illegible]
Cattura, das Gefängniß gen. [illegible] die [illegible] [illegible] die Gefangennehmung pl. [illegible] [illegible] zum Gefangennehmen.
Catturare, gefangen nehmen [illegible] [illegible] [illegible]
Cava, die Grube pl. [illegible] eine [illegible] gen. [illegible] eine [illegible] eine Steingrube, [illegible] ein [illegible] ein Schieferbruch gen. [illegible]
Cavadenti, der Zahnarzt gen. [illegible] pl. [illegible] (Zahnärzte)
Cavalcante, [illegible] der Bereiter gen. [illegible] [illegible]
Cavalcare, reiten [illegible]
Cavalcata, der [illegible] Aufzug zu Pferde, der [illegible] gen. [illegible] pl. [illegible] die Streiferey pl. [illegible]
Cavalcatore, der Reiter, der Bereiter, gen. [illegible]
Cavalierato, der Ritterstand gen. [illegible] pl. (Ritterstände).
Cavaliere, der Ritter gen. [illegible] der Cavalier gen. [illegible] [illegible]

per; uomo a cavallo, der Reiter, gen. s.

Cavaliere di corte, ein H[illegible] r.

Cavallaccio, ein garstiger [illegible] es, pl. e, eine Schindmähre, [illegible]

Cavallaro, [illegible] Pferdhirte, ein [illegible] treiber gen. s.

Cavallerescamente, av. ritterlich; artig, männerlich, cavaliermäßig.

Cavalleresco, ag. ritterlich, artig, männerlich, edelmännisch.

Cavalleria, der ritterliche Stand gen. es, pl. (Stände), die ritterliche Geburt; it. (a rin. maire) die Reiterey.

Cavallerizza, die Reitschule pl. n, das Reithaus gen. es, pl. (Reithäuser), der Reitbahne pl. n; per: la moglie del cavallerizzo, das Bereiters Frau

Cavallerizzo, der Bereiter gen. s.

Cavalletto (di legno), das hölzerne Pferd gen. es, pl. e; it. ein Bock von Holze.

Cavallo, das Pferd gen. es, pl. e, das Roß gen. es, pl. e; cavallo da carrozza, ein Kutschpferd; da carrette, ein Karrengaul; da sella, ein Reitpferd; da soma, ein Lastpferd; cavallo castrato, ein Wallach; cavallo intero, ein Hengst; cavallo barbero, ein Rennpferd; una man[illegible] di cavalli, ein Zug Pferde; ferrar un cavallo, ein Pferd beschlagen v. ir. comp.; mancare a cavallo, aufsitzen v. ir. comp.; cavalleggiero, ein leichter Dragoner.

Ca[illegible] marino, das Seepferd gen. [illegible]

Cavamento, das Ausgraben, das Aushölen gen. [illegible]

Cavare, per: fare buche, ausgraben, [illegible] comp., aushölen v. r. comp.; per: cavar fuori, herausnehmen, herausziehen v. ir. comp.; cavar sangue, aderlassen v. ir. comp.; cavar vino, Wein anzapfen v. r. comp.; cavarsi cappello, den Hut abnehmen v. ir. comp.

Caverna, die Höhle pl. n, die Höhlung pl. en.

Cavernoso, ag. [illegible] Höhlen; voce cavernosa, eine [illegible] Stimme.

Cavezza, die Halfter pl. n.

Caviale, die [illegible] Störeyer [illegible] gen. s.

Caviglia, ein hölzerner Nagel gen. s, pl. (Nägel), eine hölzerne Zwecke pl. n, der Keil gen. s, pl. en, die Pflock gen. s, pl. (Pflöcke)

Caviglio, das Rohr am [illegible]beine

Cavillare, deridere, spotten v. r., Gespötte treiben v. ir., ausschähnen, [illegible] lachen v. r. comp.; it. per: so[illegible]are, durch Trugschlüsse betrügen v. ir. comp.

Cavil[illegible]ore, ein Spötter gen. s, ein Spottvogel gen. s, pl. (Spottvögel); it. ein Rechtsverdreher, ein Sophiste, ein Betrieger gen. s.

Cavillazione, die Verspottung pl. en, das Gespötte gen. s; per: sottigliezza, die betrügliche Rede, die Rechtsverdrehung pl. en.

Cavillosamante, av. betrüglicherweise, betrüglich, listig, verfänglich, zweydeutig.

Cavilloso, ag. arglistig, zweydeutig, betrüglich, verfänglich; it. deridente, höhnisch.

Cavità, die Höhle pl. n, die Kluft, pl. (Klüfte).

Cavo, sust. das Höhle gen. e pl. n; per: modello, die Form, das Modell, das Muster gen. s, ag. hohl, [illegible]gestochen, eingegraben.

Cavolo, der Kohl gen. s, pl. en, das Kraut gen. es; cavoli salati e garbi, das Sauerkraut; cavoli rape, die Kohlrüben.

Causa, die Ursache pl. n; per: origine, der Ursprung gen. s; in affare giudiziari, der Rechtshandel, gen. s, die Rechtssache pl. n, der Proceß gen. es; per causa, aus gewissen Ursachen; per causa mia, um meinetwillen; it. a causa, praeposizione, aus Ursache.

Cau[illegible], verursachen, veranlassen v. [illegible]

Causidico, der Sachwalter, der Fürsprecher, der Anwalt, der Advocat [illegible] der Rechtsgelehrte gen. s, pl. n.

Caustico, sust. das wegfressende, beizende Arzneymittel gen. s, ag. beizend, [illegible].

Cautamente, av. behutsam, vorsichtig, mit gutem Bedacht, mit Vorsicht.

Cautela, die Vorsicht, die Vorsichtigkeit, die Behutsamkeit pl. en, die Sorgfalt.

Cautelare, warnen v. r., verwahren, vorbehalten v. r.; sicher stellen v. r.; st. Dinge [illegible] v. aus.

Cauto, ad. behutsam, vorsichtig, klug.

[illegible], die Kaufmannschaft pl. en, der [illegible] gen. s, pl. e, die [illegible] pl. en; st. die [illegible], V. Custode.

Cazzo, das männliche Glied gen. s, pl. er.

Cazzotto, ein starker Schlag gen. s, pl. (Schläge), ein starker Stoß gen. es, pl. (Stöße, (mit der Faust).

Cazzuola (da muratori), die Kelle pl. n, (der Maurer).

C E

Cece, die Erbse pl. n.

Cecità, die Blindheit, die Verblendung pl. en.

Cedente, ad. nachgebend, weichend, überlassend.

Cedere, weichen v. ir., nachgeben, v. ir. comp.; cedere i beni, sein Hab und Gut überlassen v. r. comp.; cedere il passo, den Weg abtreten, v. ir. comp.; per desistere, abstehen v. ir. comp.

Cedola, ein kleiner Zettel gen. s.

Cedrangola (erba), die Melisse.

Cedrato, sost. der Zeder gen. s, der Zedernbaum gen. s, pl. [illegible]; per il frutto, die Zitrone, pl. n; was nach Zitronen riecht, oder schmeckt.

Cedro, V. Cedrato; agro di cedro, der Zitronensaft gen. s.

C[illegible], [illegible], eine Dorfkirche pl. n, eine Hauskapelle pl. n.

Ceffo, der Rüssel gen. s, die Schnauze pl. n; brutto ceffo, ein häßliches Gesicht; far brutto ceffo ad alcuno, einem ein saures Gesicht machen v. r., die Nase rümpfen v. r.

Celamento, das Verbergen, das Verhehlen gen. s, die Verbergung, die Verheimlichung pl. en.

Celare, verbergen, verschweigen v. ir. comp., geheim halten v. ir.

Celatamente, ad. verborgenerweise, heimlich, im Geheim.

Celato, part. verborgen, verschwiegen, geheim gehalten.

Celebramento, e celebrazione, die Feierlichkeit pl. en.

Celebrare (una festa) ein Feiertag halten v. ir., feierlich begehen v. ir. comp.; parlando, loben, rühmen v. r.; celebrare la Messa, die Messe lesen v. ir.; celebrare le nozze, Hochzeit halten v. ir.; celebrare l'ufficio divino, Gottesdienst halten v. irr.; per [illegible], [illegible] v. ir. comp.

Celebre, ad. berühmt, feierlich.

Celebrità, die Feyerlichkeit, die feyerliche Begehung pl. en; st. der Ruhm, gen. s; per fama, der Ruf gen. s.

Celerità, die Geschwindigkeit, die Hurtigkeit, die Eilfertigkeit, die Schnelligkeit pl. en.

Celeste, ad. himmlisch, [illegible]; color celeste, himmelblau.

Celestino (colore), ad. himmelblau, [illegible].

Celia, per derisione, der Scherz [illegible], pl. e, das Scherzwort gen. s, pl. e.

Celiare, scherzen, spaßen, [illegible] v. r.

Celibato, der ledige Stand, der [illegible], ein [illegible] gen. s, pl. (Stände).

Celibato, der ledige Stand gen. es.

Celibe, ad. ledig, [illegible], unverheiratet, ledigen Standes.

Celidonia (erba), das Schwalbenkraut, das Schöllkraut gen. es; [illegible], der [illegible] gen. es.

Cella, die Zelle pl. n.

Celsitudine, die Hoheit pl. en, [illegible] Principi.

Cembalo, die Zymbel pl. n, das Clavier gen. s.

Cena, das Abendessen gen. s, das Abendbrod; la cena del Signore, das heilige Abendmahl gen. s.

Cenare, zu Abend essen v. ir.

Cenerata, der [illegible] gen. s.

Cenerendolo, der [illegible] gen. s, pl. en, der [illegible] gen. s.

Cenere, der [illegible] gen. s, der [illegible] gen. s.

Cenerigno, ad. aschicht, [illegible].

Cenno, der Wink pl. e; il [illegible] della Canzel, [illegible].

Cenobita, sost. [illegible] colui che [illegible], der [illegible], ad. [illegible], [illegible].

Cennamo (droga), die Zimmetrinde, V. Cannella.

Cenno, der Wink gen. s, pl. e, das Zeichen gen. s; per: incarico, der Auftrag gen. s, pl. (Aufträge); der Befehl gen. s, pl. e.

Censo, der Zins gen. es, pl. en.

Censore (di libri), der Bücherrichter gen. s; it. der Tadler gen. s, der Kritiker gen. s; it. der Sittenherr gen. n, pl. en.

Censurabile, ag. tadelbar.

Censura, das Urtheil gen. s, die Beurtheilung; it. die Kirchencensur; it. das Tadeln gen. s, die Schelten pl. en.

Censurare, beurtheilen v. r. comp., tadeln v. r.; it. censiren, kritisiren, v. r., verwerfen v. ir. comp.; in affari di religione, verdammen, v. r. comp.

Censuratore, ein Tadler, ein Kritiker gen. s.

Centaurea (erba), das Tausendgüldenkraut gen. s.

Centauro (mostro), der Centaur; it. ein erdichtetes Thier halb Pferd, halb Mensch.

Centinajo, ein Zentner gen. s.

Cento, ag. hundert; av. a cento a cento, hundertweis.

Centomila, ag. hunderttausend.

Centrale, ag. das im Mittelpunkte ist.

Centro, der Mittelpunct gen. s, die Mitte.

Centopiede (insetto), der Kellerwurm, gen. s, pl. (Kellerwürme).

Centuplicatamente, av. hundertfältig.

Centuplicare, hundertfach vermehren, v. r. comp.

Centuplicato } ag. ed av. hundertfach,
Centuplo } hundertfältig.

Centura, der Gürtel gen. s, V. Cintura.

Centuria, eine Compagnie von hundert Mann; per: certa erba, V. Centaurea.

Centurione, ein Hauptmann von 100 Mann (bey den alten Römern).

Ceppo (di una famiglia), der Stamm gen. es, eines Geschlechts pl. (Stämme), der Stammvater gen. s, (einer Geschlechte); it. ein Stock zusammengebundener Hölzer; ceppi, hölzerne Fesseln.

Cera, das Wachs gen. es; cera di Spagna, das Siegelwachs; cera vergine, das Jungfernwachs; per: viso, das Angesicht gen. s, das äusserliche Ansehen gen. s, die Miene; far buona, o cattiva cera ad alcuno, ein freundliches, oder unfreundliches Gesicht machen v. r.; aver buona cera, munter oder gut aussehen v. ir. comp.

Ceralacca, das Siegellack gen. s, das Siegelwachs gen. es.

Cerasa, die Kirsche pl. n, V. Ciregia.

Cercamento, cerca, die Aufsuchung, die Untersuchung, die Nachforschung, die Erforschung, die Erkundigung, pl. en, die Nachfrage pl. n.

Cercare, suchen v. r., nachforschen, v. r. comp.; cercare alcuno, nach jemanden sich erkundigen v. rec. r. c.; cercare onori, nach Ehrenstellen streben v. r.; cercare il polso, den Puls fühlen v. r.

Cerchiajo, der Büttner, der Böttcher, gen. s.

Cerchiamento, e cerchiatura, das Binden gen. s, (mit Reifen).

Cerchiare, binden, flechten v. ir., zusammenziehen v. ir. comp., (mit Reifen); it. una città, umgeben, v. ir. comp., umringen v. r. comp., einschliessen v. ir. comp., umzingeln, v. r. comp.

Cerchio, der Reif gen. s, pl. e; it. eine Kreislinie pl. n, der Zirkel, gen. s; cioè: compasso; it. per: circolo, der Kreis gen. es, pl. e; av. a cerchio, ringsherum.

Cerebro, das Gehirne gen. s.

Ceremonia, cerimonia, cirimonia, das Gepränge gen. s, pl. n, die Ceremonie pl. n; eine besondere Höflichkeit pl. en; senza ceremonie, ohne Umstände.

Ceremoniale, ag. Ceremonienmäßig, zum Ceremoniel gehörig.

Ceremoniere, der Ceremonienmeister gen. s.

Ceremoniosamente, av. umständlich, mit vielen Umständen.

Ceremonioso, ag. der gar zuviel Umstände, oder Gepränge macht.

Cerfoglio (erba), das Kerbelkraut gen. s.

Cernere, scerre, auslesen v. ir. comp., auswählen v. r. comp.; per: raccogliere, lesen v. ir.; per: distin-

[illegible]

Certificare, [illegible]

Certificato, [illegible] V. Certezza.

[illegible]

Cervello, [illegible]

Cervo, der Hirsch [illegible]

[illegible]

Cesare, der Kaiser [illegible]

[illegible]

CH

Che, pron. relat. [illegible]

[illegible]

come si chiama ella? Wie heißen Sie? come si chiama questo? Wie heißet dieses? chiamarsi offeso, sich beleidiget halten; debitore, sich schuldig erkennen; contento, zufrieden seyn; una chiamata, der Ruf, gen. s, das Rufen, gen. s; per: citazione, eine Forderung.

Chiappare, per: prendere, nehmen, v. ir.; per: impugnare, ergreifen, v. ir. comp., fassen, v. r.; per: arrestare, fangen, v. ir., ertappen, erwischen, v. r. comp.

Chiara dell' uovo, das Eyweiß, gen. es, pl. e, et anche: das Eyweiße.

Chiaramente, av. deutlicherweise, deutlich, [illegible].

Chiarezza, die Klarheit; per: limpidezza, die Lauterkeit, pl. en.

Chiarificare, heiter, helle machen, v. r.

Chiarificazione, die Aufklärung, Erklärung, Aufheiterung, Erläuterung, Deutlichkeit, pl. en.

Chiarire, per: risplendere, glänzen, leuchten, v. r., erleuchten, v. r. comp.; per: dichiarare, erklären, v. r. comp.; per: scoprire, entdecken, v. r. comp.; per: spiegare, auslegen, v. r. comp.

Chiaro, sost. die Klarheit, pl. en, das Licht, gen. es, pl. er; il chiaro della Luna, der Mondschein, gen. es.

Chiaro, ag. klar, licht, helle, deutlich; per: noto, bekannt, offenbar; per: netto, rein.

Chiaro, av. hell, deutlich, augenscheinlich, offenbar.

Chi[illegible], der [illegible], gen. es, pl. e, das [illegible], gen. es, pl. er.

Chiasso, per: romore, das Lärmen, gen. s; per: vicolo, e nascondiglio, der Schlupfwinkel, gen. s.

Chiavajuolo, der Schlosser, gen. s.

Chiavare, zuschließen, v. ir. comp.

Chiavatore, der Zuschließer, gen. s.

Chiave, der Schlüssel, gen. s.

Chiavica, die [illegible], pl. n.

Chiavistello, per: [illegible], die Klinke, pl. n, der Riegel, gen. s; per: [illegible], der Schlagbaum, gen. es, pl. (Schlagbäume).

[illegible], die [illegible], pl. n.

Chicchessia, pron. irgend einer, es mag seyn wer will.

Chiedente, ag. einer der da fordert, begehret, verlanget, bittet.

Chiedere, fordern, v. r., begehren, verlangen, v. r. comp., bitten, v. ir.; chiedere perdono, um Vergebung bitten.

Chiedimento, das Fordern, das Begehren, das Verlangen, das Bitten, gen. s.

Chieditore, der da fordert, begehret, verlanget, bittet.

Chiesa, die Kirche, pl. n; il Duomo, die Domkirche.

Chilificare, far il chilo, verdauen, v. r. comp., die Speisen in Nahrungssaft verwandeln, v. r. comp.

Chilo, der Nahrungssaft, der Verdauungssaft, gen. s, pl. (säfte).

Chimera, die Chimäre, die Phantasey, pl. en, eitele, ungegründete Sachen.

Chimerico, ag. erdichtet, eingebildet, ersonnen, chimärisch, voll eiteler Gedanken.

Chimerizzare, erdichten, einbilden, v. r. comp., ersinnen, v. ir. comp., phantasiren, v. r., eitele Einfälle haben, v. aus.

Chimica, die Scheidekunst, die Destillirkunst.

Chimico, sost. einer der die Chemie treibt, ein Chymicus, ag. chymisch.

China (Regno), das Königreich China; chinachina, die Chinarinde, die Fieberrinde; radice di china, die Chinawurz.

Chinamento, die Neigung, die Beugung, pl. en, met. der Verfall, gen. s, die Ende.

Chinare, neigen, beugen, bücken, v. r., dicesi anche: biegen, v. ir.

Chinatamente, av. geneigterweise.

Chinatezza, e chinatura, die Beugung, die Neigung, pl. en; per: incurvatura, die Krümme, pl. n.

Chino, ag. gebeugt, gebückt.

Chioccio, roco, ag. rauh, heischer.

Chiocciola, die Schnecke, pl. n; scala a chiocciola, die Wendeltreppe, pl. n.

Chiodajuolo, der Nagelschmied, gen. s, pl. e.

Chiodare, vernageln, v. r. comp.

Chiodo, der Nagel, gen. s.

Chioma, langes Haar auf dem Kopfe; chioma di cavallo, die Pferdemähne, pl. n.

Chiosa, die Auslegung, pl. en, die Glosse, pl. n.

Chiosare, interpretare, auslegen, v. r. comp., per: dichiarare, erklären, v. r. comp.

Chiostro, monistero, das Kloster, *gen.* s, *pl.* (Klöster); da monache, das Nonnenkloster.

Chirografario, ein Glaubiger, dessen Recht nur auf eine Handschrift gegründet ist.

Chirografo, eine Handschrift, eine schriftliche Obligation.

Chiromante, ein Weissager, *gen.* s.

Chiromanzia, das Weissagen, *gen.* s, aus den Händen.

Chirurgia, die Wundarzneykunst.

Chirurgico, *ag.* zur Wundarzneykunst gehörig.

Chirurgo, der Wundarzt, *gen.* es, *pl.* (Wundärzte).

Chitarra, die Zitter, *pl.* n.

Chiudere, schließen, *v. ir.*, zuschließen, *v. ir. comp.*, zumachen, *v. r. comp.*; *per* rinchiudere, einschließen, *v. ir. comp.*; *per* involgere, umgeben, *v. ir. comp.*; *per* conchiudere, beschließen, *v. ir. comp.*; *per* terminare, endigen, *v. r.*, vollenden, *v. r. comp.*

Chiudimento, das Schließen, das Zuschließen, das Zumachen, das Einschließen, das Umgeben, *gen.* s.

Chiunque, *pron.* jeder, ein jeder, wer nur.

Chiusa, das Gesperre, *gen.* s, *pl.* n.

Chiuso, *fem.* F. Chiusa, *ag.* e *part.* verschlossen, versperrt.

CI

Ci, *av.* hier, da, dort; ci è, ci ha, ci sono, es giebt; ci è della gente, che dice, che ec., es giebt Leute, so lehrt sagen, daß ec.

Ciabatta, ein alter zerrissener Schuh, *gen.* es, *pl.* e.

Ciabattino, der Schuhflicker, *gen.* s.

Cialtrone, der Schurke, *gen.* s, *pl.* n, der Schelm, *gen.* s, *pl.* en.

Ciambella, eine Brezel von Eyer und Butter.

Ciamberlano, ein Kammerherr, *gen.* e *pl.* en.

Ciancia, das eitele Geschwätz, *gen.* es, *pl.* e; it. das Mährchen, *gen.* s.

Cianciare, eiteles Geschwätz vorbringen, *v. ir. comp.*; it. Mährchen erzählen, *v. r. comp.*

Cianciatore, ein Plauderer, *gen.* s, ein unnützer Schwätzer, *gen.* s.

Ciarla, die Gewäsche, *pl.* n, die Geschwätzigkeit, die Plapperey, die Plauderey, *pl.* en.

Ciarlare, plaudern, plappern, schwatzen, *v. r.*

Ciarlatano, *per* ciarlone, ein Schwätzer, ein Maulmacher, *gen.* s; it. [illegible], ein Marktschreyer, *gen.* s.

Ciarpa, die Schärpe, *pl.* n.

Ciascheduno, *pron.* ein jeder, jeglicher,

Ciascuno, jedweder, jedermann.

Cibare, speisen, *v. r.*, nähren, *v. r.*, ernähren, *v. r. comp.*; *per* saziare, sättigen, *v. r.*; *per* pascolare, weiden, *v. r.*

Cibo, die Speise, *pl.* n, die Nahrung, *pl.* en, das Essen, *gen.* s; il pascolo, die Weide, *pl.* n.

Cicala, die Heuschrecke, *pl.* n; *met.* der Schwätzer, die Plauderey.

Cicalamento, [illegible] il [illegible] della cicala, das Zirpen (der Heuschrecken), F. Cicala.

Cicalare, [illegible] *v. r.*, wie die Heuschrecken; it. immer plaudern, und schwatzen, *v. r.*

Cicalata, eine gewisse Weberey, *pl.*
Cicaleccio, [illegible] it. F. Cicalamento.

Cicalone, der Schwätzer, der Plauderer, *gen.* s.

Cicatrice, die Narbe von einer Wunde.

Cicatrizzare, heilen, *v. r.*, Narben machen, *v. r.*

Cicisbea, eine Geliebte, eine Coquette.

Cicisbeare, das Frauenzimmer bedienen, *v. r. comp.*, einen Galan abgeben, *v. ir. comp.*

Cicisbeo, ein Liebhaber, ein Galan, *gen.* s, der bey dem Frauenzimmer Aufwartung macht.

Cicogna, der Storch, *gen.* es, *pl.* (Störche).

Cicoria, Cichorie, die Wegwart.

Cicutaria, der Wüterich, *gen.* s, das Ziegenkraut, das giftige Kraut, *gen.* s.

Ciecamente, *av.* blinderweise, unbesonnenerweise, blindlings.

Cieco, *sost.* der Blinde; *ag.* blind.

Cielo, der Himmel, *gen.* s.

Cifera, e cifra, die Ziffer, *pl.* n; it. ein gewisses Zeichen; parlar in cifra, verborgen reden, *v. r.*

Ciglio, le ciglia, die Augenbraunen; increspar le ciglia, die Stirne runzeln, *v. r.*

Cignere, e cingere, umgürten, *v. r. comp.*; it. umfassen, *v. r. comp.*, umgeben, *v. ir. comp.*

Cigno (uccello), der Schwan gen. s, pl. Schwäne.
Cigolamento, das Knarren gen. s.
Cigolare, knarren v. r.
Cilicio, das Bußkleid gen. s, pl. er.
Cilindrico, ag. cylindrisch, d. i. was zur Walze[illegible] gehört.
Cilindro, der Cylinder gen. s, die Walze pl. n.
Cima, pres. presa, die Spitze pl. n, pres. la cima di un monte, di una casa, der Gipfel gen. s, [illegible] albero, der Wipfel gen. s.
Cimare (gli alberi), die Gipfel abschneiden [illegible], [illegible] ([illegible] [illegible]), [illegible] [illegible] [illegible] v. r. per: spuntare, [illegible] v. r. per: tagliare le [illegible] di [illegible], decollare, mozzare, [illegible] [illegible] v. r.
Cimatura (di panno), die Scherwolle, pl. n; [illegible], das Schieren gen. s.
Cimentare, per: provare, sperimentare, versuchen v. r. einen Probe machen v. r. per: arrischiare, wagen v. r. in Gefahr setzen v. r.
Cimento, der Versuch gen. s, die Probe, pl. n; [illegible] das Wagen gen. s.
Cimice, die Wanze pl. n, der Wandlaus pl. (Wandläuse).
Cimiero, der Helm gen. s, pl. [illegible]; [illegible] die Helmzierath pl. [illegible].
Cimiterio, der Kirchhof gen. s, pl. (Kirchhöfe), der Gottesacker gen. s, pl. (Gottesäcker).
Cinabro, der Zinnober gen. s.
Cinciallegra (uccello), die Kohlmeise, pl. n.
Cingere, v. Cignere.
Cinghiale, das wilde Schwein gen. s, pl. e; [illegible] vero, der Eber gen. s.
Cinghia, der Gurt gen. s, der Umfang gen. s, der Umkreis gen. es, v. Cerchio.
Cingolo, der Gurt oder Gürtel gen. s.
Cinguettare, lallen, plaudern v. r.
Cinguettería, das Lallen gen. s, die [illegible], Plauderei, Kinderreden, pl. en.
Cinquettiero, cinguettiera, [illegible] [illegible], Plauderer, Schwätzer, [illegible] Schwätzerin.
Cinnamomo, (specie di cannella [illegible]), der Zimmet gen. s.

Cinquanta, fünfzig; cinquantesimo, der fünfzigste.
Cinque, fünf.
Cinquecento, fünfhundert.
Cinquemila, fünf tausend.
Cinta }
Cinto } der Gürtel gen. s, der [illegible] gen. s, der Umfang, gen. s, die Umkreis gen.
Cintola } es, die [illegible] [illegible]
Cintura }
pres. la [illegible] da [illegible], [illegible] [illegible] [illegible], das Degengehenk, Schwertgehenk gen. s, pl. (Gehenke); per: [illegible] muro, die Ringmauer pl. en.
Ciò, pron. das, dieses; contratto per ciò che, das, was.
Ciocca di capelli, die Locke, Haarlocke [illegible] per: mazzetto, gruppo [illegible] [illegible], der Busch gen. es, pl. (Büsche), das Büschchen gen. s.
Ciocchè, pron. das was, was.
Ciocciolata, die Schocolade.
Cioccolattiera, die Schocoladenkanne pl. n.
Cioè, av. nämlich, das ist, das heißt.
Ciondolare, hin und her wanken, [illegible] [illegible], [illegible] [illegible] [illegible] [illegible] [illegible] [illegible] [illegible] [illegible] v. r.
Cipolla, die Zwiebel pl. n.
Cipresso (albero), der Cypressenbaum gen. es, pl. (bäume).
Circa, prep. um, gegen, betreffend, anlangend, [illegible], ungefähr, fast.
Circolare, cerchio, im Kreise herumgehen, [illegible] v. r. [illegible] [illegible], herumdrehen v. r. [illegible].
Circolare, ag. rundlich, kreisrund, zirkelförmig, im Kreise herumlaufend, [illegible] lettera circolare, ein Kreisschreiben, ein Zirkularschreiben gen. s.
Circolarmente, av. rundherum, [illegible] [illegible].
Circolazione, die Bewegung eines Dinges, das im Kreise herum gehet, del sangue, der Umlauf gen. s, [illegible] Geblüts.
Circolo, der Zirkel gen. s, pl. e, per: compasso, der Zirkel gen. s, per: [illegible], der [illegible] gen. [illegible], [illegible] v. Cinta.
Circoncidere, beschneiden v. r. [illegible], Circoncisione, die Beschneidung pl. en.
Circondamento, das Umgeben, das Umringen gen. s, die Umgebung, die Umringung pl. en.

Circondare, umgeben *v. ir. comp.*; umzingeln, umringen, umfassen, *v. r. comp.*

Circondato, *part.* umgeben, umzingelt, umringelt, umfaßt.

Circondurre, herumführen *v. r. comp.*, herumziehen *v. ir. comp.*

Circonferenza, der Umkreis *gen.* es, *pl.* e, der Umfang *gen.* s.

Circonflettere, herumbiegen *v. ir. comp.*, umlenken, umbeugen, herumlegen *v. r. comp.*

Circonscrivere, mit vielen Worten umschreiben *v. ir. comp.*; *per:* limitarsi, sich einschränken *v. rec. r. comp.*

Circonscrizione, die Umschreibung, Beschreibung *pl.* en; *ir.* die Einschränkung *pl.* en.

Circonspetto, *ag.* klug, vorsichtig, wohlbedacht.

Circonspezione, die Bedachtsamkeit, die Behutsamkeit, die Vorsichtigkeit, *pl.* en.

Circonvallazione, die Circumvallationslinie *pl.* n.

Circonvenire, *cioè:* ingannare, hintergehen *v. ir. comp.*, betrügen *v. ir.*

Circonvenzione, der listige Betrug, *gen.* s, die Arglist.

Circonvicino, *sust.* der Umliegende, Angränzende Benachbarte *gen.* e *pl.* n; *ag.* umliegend, angränzend, benachbart

Circostante, *ag.* umstehend.

Circostanza, der Umstand *gen.* es, *pl.* (Umstände).

Circostanziare, umständlich beschreiben *v. r. comp.*

Circuito, der Umgang *gen.* es, *pl.* (Umgänge), *V.* Circolo.

Ciriegia (frutto), die Kirsche *pl.* n.

Ciriegio (albero), der Kirschbaum, *gen.* es, *pl.* (bäume).

Cirimonia, *V.* Cerimonia.

Cispa, der Unrath *gen.* es.

Cisterna, die Zisterne *pl.* n; *met.* der Abgrund *gen.* es, *pl.* (Abgründe).

Citare, giudizialmente, vorfordern, *v. r. comp.*; *per:* citare qualche detto d' un autore, o di un libro, etwas aus einem Auctor oder Buche anführen *v. r. comp.*

Citatoria (lettera), ein Vorforderungsschreiben *gen.* s, eine schriftliche Forderung *pl.* en.

Citazione, giudiziale, eine Vorforderung *pl.* en; *ir.* eine Anführung eines Schriftstellers rc.

Città, die Stadt *pl.* (Städte); una Città mercantile, ein Handelsplatz.

Cittadinamente, *av.* nach bürgerlicher Art und Weise.

Cittadinanza, die Bürgerschaft, das Bürgerrecht *gen.* s, *pl.* e.

Cittadinesco, *ag.* bürgerlich.

Cittadino, der Bürger *gen.* s; *per:* abitante, der Einwohner *gen.* s; *per:* patriota, der Landsmann *gen.* es, *pl.* (leute).

Civetta, die Eule *pl.* n.

Civettare, buhlen *v. r.*, immer liebkosen *v. r. comp.*

Civetteria, die verliebte Geberden, die Buhlerey, die Löffeley *pl.* en.

Ciuffo, ein Busch Haare.

Civile, *per:* cortese, *ag.* höflich; *per:* civico, bürgerlich.

Civiltà, *per:* cortesia, die Höflichkeit, die Artigkeit *pl.* en; *met.* das Bürgerrecht *gen.* s, *pl.* e, der Bürgerstand *gen.* es, *pl.* (Bürgerstände).

Ciurma, der Pöbel *gen.* s, das Lumpengesindel *gen.* s.

C L

Clamore, der Lärm *gen.* es, *pl.* en, das Geschrey *gen.* es.

Clandestinamente, *av.* verbotenerweise, heimlich.

Clandestino, *ag.* was heimlich, verbotenerweise geschiehet.

Clarificare, *V.* Chiarificare.

Classe, die Classe *pl.* n; *per:* ripartizione, die Eintheilung *pl.* en.

Classico, *ag.* claßisch, vortreflich.

Clava, der Kolben *gen.* s, die Keule *pl.* n; la clava d' Ercole, die Keule des Herkules.

Clavo, *cioè:* chiodo, der Nagel *gen.* s, *pl.* (Nägel).

Clausola, e clausola, die Clausel *pl.* n, die Bedingung *pl.* en, ein besonderer Punkt.

Claustrale, klösterlich, was zum Kloster gehört.

Claustro, e chiostro, das Kloster, *gen.* s, *pl.* (Klöster).

Clausura, das Versperren eines Klosters, ein versperrter Ort.

Clemente, *ag.* gnädig, gütig, gelinde,

liebreich; *sust.* (nome proprio), Clemens.

Clementemente, *av.* auf eine gnädige, gütige, huldreiche Art, gnädig, gütig, huldreich.

Clemenza, die Gnade, die Gütigkeit.

Clero, die Klerisey, die Geistlichkeit.

Cliente, der Client, *gen.* es, *pl.* en.

Clientela, der Schutz, *gen.* es.

Clima, die Beschaffenheit der Luft eines Orts.

Cloaca, ein Gang, oder Kanal in der Erde, die Unreinigkeit einer Stadt abzuführen; *it.* ein heimliches Gemach, ein Sekret, *gen.* s.

CO

Coabitare, beywohnen, *v. r. comp.*, zusammen wohnen, bey einander wohnen, *v. r.*

Coabitazione, die Beywohnung, *pl.* en.

Coadiutore, der Coadjutor, *gen.* s.

Coadiutoria, das Amt eines Coadjutors.

Coadiuvare, mithelfen, beystehen, *v. ir. comp.*

Coagulare, gerinnen, *v. ir.*, verdicken, *v. r. comp.*, dicke machen, *v. r.*

Coagulativo, *ag.* was gerinnen kann, oder gerinnen macht.

Coagulazione, die Gerinnung, die Verdickung, *pl.* en, das Dickwerden, *gen.* s.

Coartare, einzwingen, knapp einziehen, enge zusammenzwängen, *v. ir. comp.*

Cocca, die Kerbe, *pl.* n; *per* orlo, estremità ec., die Kante, *pl.* n.

Coccare (proprio delle Scimie), die Zähne blöcken, *v. r.*

Cocchiere, der Kutscher, *gen.* s.

Cocchio, die Kutsche, *pl.* n.

Cocco (albero), der Cocosbaum, *gen.* es, *pl.* (Cocosbäume).

Coccodrillo, das Krokodill, *gen.* s, *pl.* en.

Coccola, die Beere, *pl.* n; di lauro, Lorberbeere; di ginepro, Wachholderbeere.

Cocente, *av.* kochend, brennend, heiß.

Cocimento, Cocitura, das Kochen, das Sieden, das Brennen, *gen.* s, die heftige Hitze; *per* digestione, die Verdauung.

Cocolla, die Mönchskutte, *pl.* n.

Cocomero, die Gurke, *pl.* n.

Coda, der Schwanz, *gen.* es, *pl.* (Schwänze), der Schweif, *gen.* s.

Codardamente, *av.* blöd, feig, verzagt, feigherzig, zaghaft.

Codardia, die Zaghaftigkeit, die Blödigkeit, die Feigheit, *pl.* en.

Codardo, *sust.* ein feiger, verzagter, zaghafter Mensch, *gen.* e *pl.* en, *ag.* blöd, feig, verzagt, zaghaft.

Codice, das Gesetzbuch, *gen.* es, *pl.* (Gesetzbücher).

Codicillo, das Codicill, *it.* eine Schrift, dadurch einer, der ein Testament gemacht hat, etwas zusetzt, oder verändert.

Coequale, o coeguale, *ag.* ähnlich, einander gleich.

Coerede, *sust.* der Miterbe, *fem.* die Miterbin.

Coerenza, der Zusammenhang, *gen.* es, *pl.* (hänge), die Zusammenfügung, die Vereinbarung, *pl.* en.

Coetaneo, *sust.* der Zeitverwandte, der Zeitgenoße, *gen.* e *pl.* en, *ag.* zeitverwandt.

Cofano, *per* cestello, der Korb, *gen.* s, *pl.* (Körbe), *per* baule, der Koffer, *gen.* s.

Cogitabondo, *ag.* tiefsinnig, nachdenkend, in tiefen Gedanken.

Cogliere (frutti, erbe, ec.) ablesen, *v. ir. comp.*, pflücken, ernten, *v. r.*; *per* adunare, sammeln, *v. r.*; cogliere il tempo, die Zeit in Acht nehmen, *v. ir.*

Coglitore, der Sammler, *gen.* s, der einsammelt.

Cognato, der Schwager, *gen.* s.

Cognazione, die Schwagerschaft, die Verwandschaft, *pl.* en.

Cognito, *ag.* bekannt, bewußt.

Cognizione, die Erkenntniß, die Kenntniß, *pl.* e.

Cognome, der Zuname, *gen.* ns, *pl.* n.

Cognominare, den Zunamen nennen, *v. r.*, einen Zunamen geben, *v. ir. comp.*

Cognoscibile, *ag.* kennbar.

Cognoscimento, die Kenntniß, *pl.* e.

Cognoscitivo, *ag.* kenntlich.

Coito, die fleischliche Vermischung, die Begattung, *pl.* en, der Beyschlaf, *gen.* s.

Col, *prep.* mit dem.

Colà, *av.* dort, dahin.

Colamento, das Seigen, *gen.* s; *per* mucilaggine, der Schleim, *gen.* s.

Colare, durchseigen, *v. r. comp.*, [illegible]

zen *v. r.*; *it.* fondare, schmelzen *v. ir.*

Colatura, die Durchseigung *pl.* en, das Durchgeseihte *gen.* s.

Colei, *pron.* jene, jenes Frauenzimmer.

Colendissimo, *ag.* ehrwürdigst.

Colezione, das Frühstück *gen.* s.

Colica, die Kolik, das Schneiden und Reissen im Bauche, das Bauchgrimmen *gen.* s.

Colla, der Leim *gen.* s, der Kleister, *gen.* s, die Pappe.

Collana, eine Halskette *pl.* n.

Collare, *verbo*, leimen, pappen *v. r.*, verkleistern *v. r. comp.*

Collare } das Halsband *gen.* es, das
Collarino } Halsbündel *gen.* s.

Collaterale, der Stammfreund, Blutsfreund *gen.* es, *pl.* en, *ag.* anliegend.

Collazionare, collationiren *v. r.*

Collazione (di benefizj), die Collatur geistlicher Güter; *it.* die Vergleichung, *pl.* en, die Gegeneinanderhaltung zweyer Dinge.

Colle (picciol monte), der Hügel, *gen.* s, ein kleiner Berg *gen.* s, *pl.* e, eine Anhöhe.

Collega, der Amtsgenosse, der Amtsgehülfe *gen.* n *pl.* n.

Collegamento, die Zusammenfügung, die Zusammenverbindung *pl.* en; *it.* die Allianz, die Bündnis *pl.* e, der Bund *gen.* s, *pl.* e.

Collegare, Bündniß, Bund, Allianz machen *v. r.*; *it.* zusammenfügen, *v. r. comp.*

Collegato, *sust.* der Bundsgenosse, *gen.* n *pl.* n, *ag.* mit verbunden.

Collegazione, *V.* Collegamento.

Collegiata, die Collegialkirche, die Domkirche *pl.* n.

Collegio, eine Versammlung von Personen von gleichem Stande; *it.* ein Gymnasium.

Collera, der Zorn *gen.* es, die Galle; andare in collera, zornig werden, *v. aus.*; far saltare altrui in collera, jemanden zornig machen *v. r.*

Collericamente, *avv.* zornigerweise.

Collerico, *ag.* hitzig, zornig, gallsüchtig.

Colletta, eine Sammlung von Geld; *it.* das Gebet der Priester bey der Messe.

Collettivamente, *avv.* zugleich, zusammen.

Colletto, *V.* Collarino.

Collettore, der Steuereinnehmer *gen.* s, der sonst etwas einsammelt.

Collezione, die Zusammenbringung, die Zusammensammlung *pl.* en, dieser gleichen Dingen.

Collidere (il), das heftige Zusammenstoßen wider einander von zweyen harten Körpern.

Collimare, zielen *v. r.*, sein Absehen auf etwas richten *v. r.*

Collina, das Hügelchen, Hügelein *gen.* s

Collisione, das Zusammenstoßen, *V.* Collidere

Collo, *prep.* mit dem.

Collo, *sust.* der Hals *gen.* es, *pl.* (die Hälse).

Collocamento, die Stellung, die Legung *pl.* en; *it.* die Ordnung.

Collocare, stellen, setzen, legen *v. r.*; collocare una fanciulla, ein Mädchen verheurathen *v. r.*

Collocuzione } die Unterredung *pl.* en,
Colloquio } das Gespräch *gen.* s.

Collusione, das geheime Verständniß mit einem zu eines andern Nachtheil.

Colmare, überhäufen, überschütten *v. r. comp.*; colmare uno di gioja, einen mit Freuden erfüllen *v. r. c.*

Colmo, *sust.* der Gipfel *gen.* s, der höchste Grad *gen.* s, die höchste Stufe, oder Staffel; *it.* per perfezione, die Vollkommenheit.

Colmo, *ag.* voll, gehäuft.

Colomba, die Taube *pl.* n.

Colombaja, das Taubenhaus *gen.* es, *pl.* (häuser).

Colombo, *V.* Colomba.

Colonia (città), Kölln, o Cölln; *it.* una Colonia Francese, eine französische Colonie.

Colonna, die Säule *pl.* n; per sostegno, die Stütze *pl.* n; una colonna di soldati, eine Colonne Soldaten; nei libri, o nella scrittura, ein Theil einer Seite.

Colonnato, ordine di colonne, eine Reihe Säulen.

Colonnello (di un reggimento), ein Obrister; *it.* dimin. di colonna, ein Säulchen *gen.* s.

Colono, ein Kolonist, ein Pflanzstädter, *gen.* s; per contadino, der Bauersmann, der Landmann *gen.* es, *pl.* (leute).

Colorare, färben *v. r.*, eine Farbe geben *v. r.*, anstreichen *v. ir. comp.*; in senso fig. beschönigen, bemänteln, *v. r. comp.*, einen Schein geben,

v. [illegible] la bugia, die Lüge beschönigen v. a. comp.
Coloratamente, av. unter Vorwand, zum Schein, verstellterweise.
Colorato, part. da colorire, gefärbt, beschönigt, bemäntelt; ag. [illegible] scheinbar.
Colore, die Farbe pl. n; per [illegible] pretesto, der Vorwand gen. s, der Deckmantel gen. s, der Schein, gen. es, sotto colore di giustizia, unter dem Scheine der Gerechtigkeit.
Colorire, V. Colorare.
Colorito, sust. das Colorit, die lebhafte Farbe pl. n.
Colorito, ag. V. Colorato.
Colossale, ag. von ungemeiner Grösse, riesenmässig.
Colosso, ein sehr grosses Bild gen. s, der Colosse.
Colpa, die Schuld gen. [illegible] per [illegible] das Verbrechen gen. s; per [illegible] die Ursache per [illegible] der Fehler gen. s; che colpa ne ho io? was kann ich dafür? per colpa mia, um meinet Willen; aver colpa, Ursache seyn v. aus.
Colpevole, ag. schuldig, strafbar.
Colpire, treffen v. irr. [illegible] ferire [illegible] schlagen v. irr.
Colpo, der Schlag gen. s, pl. [illegible] der Streich gen. s, [illegible] der Stoss gen. es, pl. [illegible] der Wurf gen. s, pl. [illegible] der Stich gen. s, pl. e; per [illegible] der Zufall gen. s, pl. [illegible]
Coltello, das Messer gen. s; coltello da [illegible] ein [illegible] [illegible] [illegible] [illegible] [illegible] [illegible] [illegible]
Colt[illegible] [illegible] [illegible] [illegible] [illegible]
Coltivare [illegible] [illegible] [illegible]
[illegible]
Coltivatore (di terreno), der Ackermann gen. es, pl. [illegible]
Coltivazione, V. Coltivamento.
Colto, (come [illegible] [illegible] ge[illegible], gesammelt, gesammelt.
Colto, (come [illegible] [illegible] [illegible]
Coltre, das Oberbette gen. es, die Bettdecke pl. n.
Coltrice, das Federbette, das Federunterbette pl. n.
Coltura, das Anbauen gen. s, it. die Bereitung.
Colubrina, die Feldschlange pl. n.
Colui, pron. derjenige.
Columbaria (erba), das Eisenkraut, gen. es, das Taubenkraut.
Coma, [illegible] virgola, ein Comma.
Comandamento, das Gebot gen. es, pl. e, der Befehl gen. s, pl. e; [illegible] dieci Comandamenti, die zehn Gebote.
Comandante, der Commendant gen. es, pl. en.
Comandare, befehlen v. irr. comp. gebieten, verordnen v. a. comp. gebieten v. irr. [illegible] dominare, herrschen v. n.
Comando, der Befehl gen. s, pl. e; [illegible] comando, die Befehlshaberschaft [illegible]
Combaciare, einer [illegible] aneinander [illegible] [illegible], zusammenfügen v. a. comp.
Combattente, sust. ein Streitender, der Kämpfer gen. s.
Combattere, streiten v. irr., fechten, [illegible] [illegible] kämpfen v. n. [illegible] sich schlagen mit dem Feinde.
Combattimento, die Schlacht gen. [illegible] der Kampf gen. es, der Streit gen. s.
Combinazione, die Vereinigung, die Zusammenfügung pl. en.
Combinare, [illegible] [illegible] [illegible]
[illegible] [illegible]
Combriccola, [illegible] [illegible]
Combustibile, ag. [illegible] leicht zu verbrennen.
Combustione, die Verbrennung pl. [illegible]
Come, [illegible] [illegible] [illegible]

Comedia, o comedia, [illegible] [illegible], [illegible].

Commentare (un libro), erklären, [illegible] [illegible], über ein Buch [illegible].

Commentario, [illegible] die Erklärung, die Erklärung [illegible].

Commentatore, ein Ausleger [illegible], der die Erklärung über eine gewisse Schrift macht.

Comento, [illegible] Commentario.

Come [illegible] [illegible].

Cometa, der Komet [illegible].

Comico, [illegible] ein Schauspieler [illegible], ein [illegible] [illegible].

Cominciamento, der Anfang [illegible].

Cominciante, [illegible] ein Anfänger [illegible], einer der anfängt.

Cominciare, anfangen, anheben [illegible], einen Anfang machen, [illegible] einen Anfang nehmen [illegible], chi ben comincia è alla metà dell' opera, wer frisch wagt, [illegible] halb [illegible].

Comitato, [illegible] [illegible], der Spieler [illegible] [illegible] Commediante.

Comitiva, der [illegible] [illegible].

Comizi, das Geleit [illegible], das Gefolge [illegible], die Begleitung [illegible].

Comma, eine [illegible], ein [illegible].

Commediante, ein Comödiant [illegible], ein Schauspieler [illegible].

Commedia, [illegible] die [illegible], die Comödie, der [illegible].

Commemorare, erwähnen, erinnern, [illegible] [illegible].

Commenda, eine [illegible], oder [illegible], ein geistliches [illegible], eine Commende, eine Comthurey, [illegible].

Commendabile, [illegible] lobenswürdig, [illegible] [illegible].

Commendare, loben [illegible], [illegible].

Commendatario, der [illegible] Commende [illegible] [illegible] [illegible].

Commendatizia, [illegible] [illegible] [illegible], [illegible] commendatizia, [illegible] Empfehlungsschreiben [illegible].

Commendatore [illegible] [illegible], [illegible] [illegible], [illegible] [illegible].

Commendazione, die Empfehlung, Anpreisung [illegible], [illegible] [illegible] [illegible], in Ehren.

Commendevole, v. Commendabile.

Commensale, der Tischgenosse [illegible], der [illegible] [illegible].

Commentare, v. Commentare e [illegible].

Commercio, per traffico, die Handlung [illegible], der Kaufhandel [illegible], per conversazione, der Umgang [illegible], commercio di lettere, der Briefwechsel [illegible].

Commissariato, das Commissariat.

Commissario, der Commissar, Commissarius.

Commissione, die Commission [illegible], der Auftrag [illegible] ([illegible]).

Commesso, [illegible] ein Verwalter [illegible], [illegible] commettere, aufgetragen, [illegible].

Commestibile, [illegible] eßbar; [illegible] commestibili, die Eßwaare.

Commessione, die Vermischung [illegible].

Commettente, [illegible] der Auftrager, [illegible], der [illegible] [illegible], der einem [illegible], befiehlt.

Commettere, auftragen, anbefehlen, überlassen [illegible], commettere un [illegible], ein Laster begehen [illegible], commettere [illegible], [illegible] [illegible], [illegible].

Commiato, [illegible], [illegible], die Erlaubniß, der Abschied [illegible], [illegible], das [illegible] [illegible].

Commiserabile, [illegible] erbärmlich.

Commiserabilmente, [illegible] mitleidiger-weise.

Commiserare, Mitleiden haben [illegible], sich erbarmen [illegible].

Commiserazione, die Erbarmung, das Mitleiden [illegible].

Commiserevole, [illegible] mitleidenswürdig, erbärmlich.

Commissione, v. Commessione.

Commisurare, [illegible], [illegible], gegen einander abmessen, [illegible].

Commosso, [illegible] [illegible], [illegible] [illegible], bewegt, [illegible] [illegible], [illegible].

Commozione, die Bewegung [illegible] [illegible], die [illegible] [illegible].

sollevazione, der Aufruhr, *gen.* s, der Aufstand; *gen.* es.

Commovere, bewegen, *v. ir. comp.*; *it.* eccitare, erregen, erwecken, *v. r. comp.*

Commutabile, *ag.* wandelbar, unstät, veränderlich.

Commutamento, die Veränderung, die Verwandelung, *pl.* en; *per:* baratto, der Tausch, *gen.* es, *pl.* (Täusche).

Commutare, verändern, verwechseln, verwandeln, vertauschen, *v. r. comp.*

Commutante, *ag.* tauschend, verwechselnd, verwandelnd, der etwas verwechselt *&c.*

Commutativo, *ag.* was der Veränderung unterworfen ist.

Commutazione, die Veränderung, die Aenderung, die Abwechselung, *pl.* en

Comodamente, *av.* bequemlich, gemächlich, schicklich.

Comodare, bequem machen, zurechte machen *v. r.*

Comodevole, *ag.* schicklich, bequem.

Comodevolmente, comodamente, *av.* schicklich, bequem, recht gut.

Comodità, die Bequemlichkeit, *pl.* en, etwas Bequemes, die bequeme Zeit, *pl.* en; *per:* buona occasione, die gute Gelegenheit, *pl.* en; *per:* latrina, das heimliche Gemach, *gen.* s.

Comodo, *ag.* bequem, füglich, leicht.

Comodo, *sust.* *V.* Comodità.

Compadrone, der mit herschet, der mit zugleich Herr ist.

Compagnia, die Gesellschaft, *pl.* en; *it.* unione, die Versammlung; accompagnamento, die Begleitung, *pl.* en; adunanza, die Zusammenkunft, *pl.* (Zusammenkünfte); parlando di truppe, eine Compagnie.

Compagno / Compagnone } der Gehülfe der Gesellschaft, *gen.* en, *pl.* en.

Companatico, *sust.* allerley Vorrath an Mundkost, die Zukost, *it.* das Zugemüse, *gen.* es.

Comparabile, *ag.* vergleichlich, was kann verglichen werden.

Comparare, vergleichen, *v. ir. comp.* gegen einander halten, *v. ir.*

Comparativamente, *av.* vergleichungsweise.

Comparazione, die Vergleichung, *pl.* en, die Gegeneinanderhaltung, *pl.* en; *per:* similitudine, das Gleichniß, *gen.* es, *pl.* e, die Gleichheit, *pl.* en; senza comparazione, ohne Vergleich.

Compare, der Gevatter, *gen.* s.

Comparigione in giudizio, das Erscheinen vor Gerichte.

Comparire, erscheinen, *v. ir. comp.*; *it.* sich zeigen, *v. rec. r.*, sich einstellen, *v. rec. r. comp.*; comparire in giudizio, sich vor Gerichte stellen, *v. rec. r.*

Comparsa, das Erscheinen, *gen.* s, die Erscheinung, *pl.* en.

Compartimento, die Abtheilung, die Eintheilung, die Austheilung, *pl.* en

Compartire, abtheilen, mittheilen, *v. r. comp.*, Zutheilung machen, *v. r.*; *per:* donare, schenken, *v. r.*

Compassare, abzirkeln, *v. r. comp.*, abmessen, *v. ir. comp.*; *it.* disporre a dovere, wohl einrichten, *v. r. comp.*; riflettere attentamente, fleißig überlegen, *v. r. comp.*

Compassionare, bedauern, *v. r. comp.* Mitleiden haben, *v. aus.*

Compassione, das Mitleiden, das Bedauern, *gen.* s.

Compassionevole, *ag.* zu bedauern, mitleidenswürdig.

Compassionevolmente, *av.* auf eine mitleidenswürdige Art.

Compasso, der Zirkel, *gen.* s; *per:* divisione, compartimento, die Abtheilung, Eintheilung, *pl.* en

Compatimento, *per:* condiscendenza, die Nachsicht, *pl.* en; *per:* perdono, die Vergebung, die Verzeihung, *pl.* en; *V.* Compassione.

Compatire, *per:* perdonare, vergeben, verzeihen, *v. ir. comp.*, *V.* Compassionare.

Compatriota, compatriotta, compatriotto, der Landsmann, *gen.* es, *pl.* (Landsleute).

Compendiare, kurz fassen, *v. r.*, ins Kurze ziehen, *v. ir.*, ins Enge bringen, *v. r.*

Compendio, die Kürze, der Inhalt, *gen.* s, der kurze Begriff, *gen.* es, *pl.* e.

Compendiosamente, *av.* kurz, mit wenig Worten

Compendioso, *ag.* kurz, kurz gefaßt.

Com-

Compensabile, *ag.* ersetzlich, was kann vergolten, oder ersetzt werden.
Compensamento, der Vergeltung, die Ersetzung, *pl.* en.
Compensare, ersetzen, *v. r. comp.*, vergelten, *v. ir. comp.*, wiederein- bringen, *v. r. comp.*
Compensazione, *V.* Compensamento.
Compendio, *sust.* das Mittel, *gen.* s.
Compera, der Kauf, *gen.* es, der Einkauf, *gen.* es, das Einkaufen, *gen.* n.
Comperare, kaufen, *v. r.*, einen Kauf thun, *v. ir.*
Comperato, *part.* eingekauft.
Comperatore, der Einkäufer, *gen.* s.
Competenza, *sust.* der Mitwerber, *gen.* s, *ag.* gehörig, rechtmäßig, gebührend.
Competentemente, *av.* rechtmäßiger- weise, zulänglich, genugsam, ge- bührendermaßen.
Competenza, *sust.* das Recht, *gen.* s, *pl.* e, die Befugniß, *pl.* e.
Competere, sich gebühren, *v. rec. r.*, zukommen, *v. ir. comp.*; *per* con- tendere, streiten, *v. ir.*
Competitore, der Mitwerber, *gen.* s.
Compiacente, gefällig, gutwillig, willfährig.
Compiacenza, die Gefälligkeit, die Will- fährigkeit, die Dienstwilligkeit, *pl.* en.
Compiacere, zu Willen seyn, *v. aus.*, Gefallen erweisen, *v. ir. comp.*, ge- fallen, *v. ir.*; l'ho fatto per com- piacerlo, ich habe es gethan, um ihm zu gefallen.
Compiacevole, *ag.* angenehm. *V.* Compiacente.
Compiacimento, die Gefälligkeit, *pl.* en, das Wohlgefallen, das Belie- ben, *gen.* s.
Compiagnere, beweinen, bedauern, *v. r. comp.*, Mitleid haben, *v. auf.*
Compianto, *sust.* das Beweinen, *gen.* s, *part.* beweinet, bedauert, beklagt.
Compiere, vollenden, erfüllen, *v. r. comp.*
Compieta, die Complet, das Nach- [illegible] *gen.* s [illegible]
Compilare, eine Schrift verfassen, *v. ir. comp.*; *v. r.* zusammen[illegible] [illegible] zusammentragen, *v. ir. r.*
Compilatore, der [illegible], *gen.* s, der etwas zusammenträgt.
Compilazione) der Zusammen[illegible],
Compilazion) [illegible]
[illegible]

Compimento, die Erfüllung, die Vol- lendung, die Vollziehung, *pl.* en, der Beschluß, *gen.* es.
Compire, *V.* Compiere.
Compitare, *per* far conti, rechnen, zählen, *v. r.*, berechnen, *v. r. comp.*; compitare del fanciulli, buchstabi- ren, *v. r.*
Compitezza, die Höflichkeit, die Ar- tigkeit, die Freundlichkeit, *pl.* en.
Compitamente, e compiutamente, *av.* vollkommen, vollständig, völlig, *it.* höflicherweise.
Compito, e compiuto, *ag.* e *part.* ganz vollkommen, vollendet, voll- ständig, *it.* höflich.
Complessionale, *ag.* geartet.
Complessione, die Leibes- oder Ge- müthsbeschaffenheit, *pl.* en, das Temperament, *gen.* s, die Natur, die Art.
Complesso, *sust.* der Inhalt, *gen.* s, *it.* das Umfassen, *gen.* s; *ag.* un uomo ben complesso, ein Mensch von guter Leibesbeschaffenheit, ein handfestiger Mensch, *gen.* en, *pl.* en.
Completivo, *ag.* erfüllend, vollendend.
Complicazione, die Verwickelung, die Verwirrung, *pl.* en; *it.* die Vermen- gung, oder der Zusammenfluß vieler Krankheiten, *gen.* es, *pl.* (Kürze).
Complice, ein Mitschuldiger, *gen.* n.
Complimentare, höflich begrüßen, *v. r. comp.*, Ehre erweisen, *v. ir. comp.*, bewillkommen, *v. r.*
Complimento, die Höflichkeitsbezeu- gung, die Versicherung der Werth- schätzung; höfliche verbindliche, ehr- erbietige Worte; senza compimen- ti, ohne Umstände.
Componimento, eine Composition, eine Schrift, *pl.* en.
Compositore, ein Schriftsteller, ein Meister, ein Verfasser, *gen.* s.
Comporre, aufsetzen, zusammensetzen, verfertigen, *v. r. comp.*; comporre [illegible], Zank und Streit beylegen, *v. r. comp.*; comporre l'animo, sich befriedigen, *v. rec. r. comp.*; comporsi con qualcheduno, sich vergleichen, *v. rec. ir. comp.*
Comportabile, *ag.* erträglich, leidlich, *it.* conveniente, anständig, schicklich.
Comportare, ertragen, erleiden, *v. ir. comp.*, dulden, *v. r.*

Comportevolmente, *av.* leidlich, erträglich.

Compositore, der Verfasser, *gen.* s, *V.* Componitore.

Composizione, die Zusammensetzung, die Zusammenfügung, die Verfertigung, *pl.* en, *V.* Componimento.

Compostamente, *av.* bescheiden, manierlich, wohlanständig, eingezogen, züchtig.

Compostezza, die Eingezogenheit, die Bescheidenheit, die Manierlichkeit, *pl.* en, die gute Zucht.

Compra, *meglio:* compera, der Kauf, *gen.* es, *pl.* (Käufe), der Einkauf.

Compratore, ein Käufer, *gen.* s.

Comprendere, begreifen, verstehen, *v. ir. comp.*, fassen, *v. r.*, schliessen, *v. ir.*; da ciò si comprende, daraus ist zu schliessen.

Comprendimento, das Begreifen, *gen.* s, die Faßlichkeit, *pl.* en; *it.* das Enthalten, *gen.* s, die Begreifungskraft.

Comprensibile, *ag.* begreiflich, faßlich, verständlich.

Comprensione, *V.* Comprendimento.

Comprensivamente, *av.* begreiflich, verständlich, faßlich.

Compressione, das Zusammendrücken, das Zusammenpressen, *gen.* s.

Comprimere, zusammendrücken, einpressen, *v. r. comp.*; *it.* domare, bändigen, *v. r.*

Compromesso, *sust.* die Einwilligung zweyer Partheyen, der Compromiß.

Compromesso, *ag. e part.* eingewilliget, bewilliget, eingestimmt, beygestimmt.

Compromettere, einwilligen, *v. r. c.*; compromettersi, sich verpflichten, *v. rif. r. comp.*

Compromissario, der Schiedsrichter, *gen.* s.

Comprovamento, die Genehmhaltung, die Billigung, *pl.* en.

Comprovare, billigen, *v. r.*, gutheissen, *v. ir. comp.*

Compugnere, betrüben, beunruhigen, bereuen, *v. r. comp.*; *per:* schiacciare, zerknirschen, *v. r. comp.*; *per:* cociare, rühren, *v. r.*

Compunzione, die Reue, die Gemüthsunruhe; *it.* die Zerknirschung.

Computamento, e computo, die Ausrechnung, *pl.* en.

Computare, rechnen, zählen, *v. r.*, Rechnung schliessen, *v. ir.*, oder machen, *v. r.*

Computista, der Rechnungsführer, *gen.* s.

Computo, die Ausrechnung, *pl.* en, das Berechnen, das Nachrechnen, *gen.* s.

Comunale, *ag.* gemein, gemeinschaftlich; *it.* solito, gewöhnlich.

Comunalmente, *av.* gemeiniglich, gemeinschaftlich.

Comune, *sust.* die Gemeinde, *pl.* n.

Comune, *ag.* gemein, allgemein; *it.* gewöhnlich.

Comunemente, *av.* gemeiniglich, insgemein, nach gemeiner Art, überhaupt.

Comunicabile, *ag.* was man mittheilen kann; *it.* gesellschaftlich, leutselig.

Comunicamento, die Mittheilung, *pl.* en, *V.* Comunicazione.

Comunicante, der was mittheilet.

Comunicare, mittheilen, *v. r. comp.*, theilhaftig machen, *v. r.*; *per:* il coprire, entdecken, *v. r. comp.*, mit wissen lassen, *v. ir.*; *per:* render comune, gemein machen, *v. r.*

Comunicativa, die Mittheilungsgabe, *pl.* n.

Comunicativo, *ag.* mittheilbar.

Comunicatore, der etwas mittheilet.

Comunicazione, die Mittheilung, *pl.* en, das Zuwissenmachen, *gen.* s, die Kundmachung, die Benachrichtigung, *pl.* en.

Comunione, die Vereinigung, die Gemeinschaft, *pl.* en; *it.* Eucarestia, der Genuß des heil. Abendmahls, die Communion.

Comunità, die Gemeinde, *pl.* n, die Innung, *pl.* en, die Zunft, *pl.* (Zünfte), die Gesellschaft, *pl.* en, das gemeine Wesen, *gen.* s.

Comunque, *av.* wie es wolle, wie es auch sey; *it.* subito che, sobald als.

Con, *prep.* mit; ed anche: bey; venga con me, kommen Sie mit mir; resti ella con me, bleiben Sie bey mir.

Conca, *per:* conchiglia, eine Muschel, *pl.* n; *per:* catino da lavare, der Waschnapf, *gen.* es, *pl.* (Waschnäpfe); *per:* catino, der Zuber, *gen.* s; *per:* tinozza, die Mulde, *pl.* n.

Concatenare, an einander, wie eine

Kette fügen *v. r.*, verbinden, zusammenhängen, *v. ir. comp.*

Concatenazione, die Verbindung, *pl.* en, der Zusammenhang, *gen.* s.

Concavità, die Tiefe, die Höhle, die runde Höhlung, *pl.* en.

Concavo, *sust.* *V.* Concavità, *ag.* hohl, rund ausgehöhlt.

Concedente, *ag.* zulassend, erlaubend, bewilligend.

Concedere, erlauben, bewilligen, *v. r. comp.*, zulassen, *v. ir. comp.*, gestatten, *v. r. comp.*

Concedimento, die Erlaubniß, *pl.* e, die Gestattung, *pl.* en.

Concento, *sust.* die Harmonie, die Melodie, die Zusammenstimmung, *pl.* en.

Concentrare, in einem Mittelpuncte zusammenkommen, *v. ir.*; *per:* approfondire, ergründen, *v. r. comp.*; *per:* nascondere, verbergen, *v. ir. comp.*

Concentrarsi, hineindringen, *v. ir. comp.*

Concentrazione, die Eindringung, *pl.* en.

Concepimento, die Empfängniß in Mutter Leibe.

Concepire, empfangen, *v. ir. comp.*, (in Mutter Leibe); *per:* intendere, begreifen, *v. ir. comp.*; concepire odio, amore ec. fassen, *v. r.*

Concepito, *meglio:* conceputo, *part.* empfangen; *it.* begriffen, gefaßt.

Concernente, *ag.* betreffend, anlangend.

Concernere, betreffen, *v. ir. comp.*, anlangen, *v. r. comp.*, angehen, *v. ir. comp.*

Concertare, zusammenstimmen, *v. r. comp.*, mit einander eins werden, *v. aus.*; concertare un fatto, eine Sache verabreden, *v. r. comp.*, angeben, *v. ir. comp.*

Concerto, die Uebereinstimmung, *pl.* en, *V.* Concento.

Concessione, die Erlaubniß, die Gestattung, die Bewilligung, *pl.* en.

Concetto, *per:* pensiero, der Gedanke, *gen.* s *pl.* n; *per:* fama, der Ruf, *gen.* s.

Concezione, *V.* Concepimento.

Conchiglia, die Perlenmuschel, *pl.* n, die Purpurschnecke, *pl.* n.

Conchiudere, beschließen, *v. ir. comp.*, enden, Schluß fassen, *v. r.*

Conchiusione, o conclusione, der Schluß, *gen.* es, *pl.* (Schlüsse), die Schlußrede, *pl.* n.

Conciare, *per:* accomodare, zurichten, zubereiten, *v. r. comp.*; conciar pelli, das Leder gärben, *v. r.*

Conciatore, der Zurichter, Zurichtemacher (di pelli), der Gerber, *gen.* s.

Conciatura, die Zurichtung, die Zusammenordnung, *pl.* en, der Putz, *gen.* es.

Conciliamento, conciliazione, die Versöhnung, die Vereinigung, *pl.* en.

Conciliare, vereinigen, versöhnen, *v. r. comp.*; conciliare il sonno, den Schlaf zuwege bringen, *v. r. comp.*, l'appetito, die Lust zum Essen erwecken, *v. r. comp.*

Concilio, die Versammlung, *pl.* en.

Concimare, düngen, *v. r.*

Concime, der Dünger, *gen.* s, der Mist, *gen.* es.

Concio, *sust.* *per:* patto, der Vertrag, *gen.* s, *pl.* (Verträge), der Vergleich, *gen.* s; *per:* belletto, die Schminke; *part.* zubereitet, zugerichtet; *ag.* zierlich, hübsch, ordentlich.

Conciossiachè, *cong.* zumal, demnach, dieweil, weil, angesehen daß.

Conciso, *ag.* kurz, abgekürzt, von wenig Worten; *it.* zusammengezogen.

Concistoriale, *ag.* was zum Consistorie gehöret, oder darinnen geschiehet.

Concistorio, das Consistorium, der Kirchenrath, *gen.* s.

Concitamento, die Anstiftung, die Erregung, die Anreizung, die Aufwiegelung, die Empörung, *pl.* en.

Concitare, reizen, *v. r.*, antreiben, bewegen, *v. ir. comp.*, erregen, aufwiegeln, *v. r. comp.*

Concitazione, *V.* Concitamento.

Concittadino, der Mitbürger, *gen.* s.

Conclave, das Conclave, ein Ort zu Rom wo der Pabst gewählt wird.

Concludente, *ag.* bündig, schließend.

Concludentemente, *av.* geschickt, füglich.

Concludere, schließen, *v. ir.*, Schlüsse machen, *v. r.*; *it.* entschließen, *v. ir. comp.*

Conclusione, der Beschluß, *gen.* es, *pl.* (Beschlüsse), die Schlußrede, *pl.* n; *it.* das Ende, *gen.* s, *pl.* n, *av.* in conclusione, endlich, schließlich.

Concordante, *ag.* übereinstimmend.

Concordanza, die Uebereinstimmung, die Einstimmigkeit, *pl.* en.

Concordare, übereinstimmen, *v. r. comp.*, eins seyn, *v. auf.*

Concordarsi, mit einander einig werden, *v. auf.*

Concordato, *sust.* der Vertrag, *gen.* s, *pl.* (Verträge), der Vergleich, *gen.* es, *ag.* übereinstimmend, einmüthig, einhellig, einträchtig.

Concorde, *ag.* einstimmig, einig, ähnlich.

Concordemente, *av.* einträchtiglich.

Concordia, die Einigkeit, die Einträchtigkeit, die Einhelligkeit, *pl.* en.

Concorrente, *ag.* zusammenlaufend.

Concorrenza, der Zusammenlauf, *gen.* es, *av.* in concorrenza, bewerbungsweise.

Concorrere, zusammenlaufen, dazukommen, *v. ir. comp.*, streben, *v. r.*; *per*: cooperare, mitwirken, *v. r.*, dazuhelfen, *v. ir. comp.*

Concorrimento, **Concorso**, der Zusammenlauf, der Zulauf, *gen.* es; *it.* das Mitwirken, *gen.* s.

Concorso, *part.* zusammengelaufen, mitgewirket, gestrebet.

Concreto, das Concretum, (termine di logica).

Concubina, eine Beyschläferin, das Kebsweib, *gen.* es, *pl.* er.

Concubinario, einer, der eine Beyschläferin hält.

Concubinato, *sust.* der Beyschlaf, *gen.* s; *it.* die Beywohnung einer Manns- und Weibsperson, die nicht verehliget ist.

Concubinoso, *ag.* zum Beyschlaf gehörig.

Concubino, ein Beyschläfer, *gen.* s.

Concubito, der Beyschlaf, *gen.* s.

Conculcamento, das Treten mit den Füßen; *per*: oppressione, die Unterdrückung, *pl.* en.

Conculcare, mit den Füßen treten, *v. ir.*, zertreten, *v. ir. comp.*; *met.* unterdrücken, *v. r. comp.*

Conculcatore, der mit Füßen tritt, zertritt; *it.* ein Unterdrücker, *gen.* s.

Conculcazione, die Zertretung, *pl.* en, *V.* Conculcamento.

Concuocere, *per*: digerire, verdauen, *v. r. comp.*; *per*: cuocere, mitkochen, *v. r.*

Concupire, heftig begehren, *v. r. comp.*, gelüsten, *v. r.*; *it.* böse Begierde haben, *v. auf.*

Concupiscenza, das Gelüsten, *gen.* s; die Gelüstung, *pl.* en, die Lüsternheit, *pl.* en.

Concupiscevole, **Concupiscibile**, *ag.* begierig, lüstern.

Concussare, schütteln, *v. r.*, erschüttern, *v. r. comp.*; *met.* pressen, drücken, *v. r.*

Concussione, die Bedrängniß, *pl.* e; *it.* das ungebührliche Auflegen der Auflagen.

Concussivo, *ag.* was zu drücken und zu pressen geschickt ist.

Condanna, die Beurtheilung, *pl.* en; *per*: castigo, die Strafe, *pl.* n, die Züchtigung, *pl.* en.

Condannabile, *av.* verdammlich, verwerflich, tadelnswerth.

Condannare, verurtheilen, verdammen, *v. r. comp.*; *per*: riprovare, tadeln, *v. r.*, mißbilligen, *v. r. comp.*; verwerfen, *v. ir. comp.*, nicht gut heißen, *v. ir.*

Condensamento, die Verdickung, die Stockung, *pl.* en.

Condensare, verdicken, *v. r. comp.*, stockend machen, dick machen, *v. r.*; condensarsi, dick werden, *v. auf.*

Condensazione, das Dickmachen, *gen.* s, *V.* Condensamento.

Condescendente, e condiscendente, *ag.* willfährig, nachgebend, nachsehend, herablassend.

Condescendenza, die Willfährigkeit, die Herablassung, *pl.* en, die Nachsicht; das Nachgeben, *gen.* s.

Condescendere, willfahren, nachgeben, *v. ir. comp.*; *it. met.* sich herablassen, *v. ir. comp.*

Condescendimento, *V.* Condescendenza.

Condimento, die Würzung, *pl.* en, das Würzen der Speisen; *it.* das Einmachen, *gen.* s.

Condire, würzen, *v. r.*; *it.* einmachen, *v. r. comp.*

Condiscendente, *ag.* willfährig, *V.* Condescendente.

Condiscendenza, die Willfährigkeit, *pl.* en, *V.* Condescendenza.

Condiscendere, willfahren, *v. ir. comp.*, *V.* Condescendere.

Condiscendimento, die Willfährigkeit, *pl.* en, *V.* Condescendenza.

Condiscepolo, der Schulgeselle, gen. e, pl. n.

Condizionale, ag., bedinglich, eingeschränkt.

Condizionalmente, av. bedingungsweise, mit gewissen Bedinge.

Condizionare, tüchtig machen, v. r., verfertigen, v. r. comp., machen wie es seyn soll; die nöthigen Bedingungen zu etwas setzen, v. r., mit [illegible] versehen, v. ir. comp.

Condizionato, ag. e part. [illegible], [illegible], beschaffen, versehen, bedinget, e [illegible].

Condizione, per: qualità, der Zustand, gen. es, pl. (Zustände), oder die Eigenschaft eines Dinges; per: nascita, das Herkommen, gen. s; per: stato, der Stand, gen. es; di bassa condizione, von niedrigem Stande; con condizione, mit dem Bedinge, bedingungsweise.

Condoglianza, das Mitleiden, gen. s, das Beyleid, gen. es, die Bezeigung des Mitleidens, die Condolenz.

Condolersi, beklagen, Mitleiden bezeigen, v. r. comp., condoliren, v. r.

Condonabile, ag. verzeihlich, vergeblich, was zu verzeihen ist.

Condonare, verzeihen, vergeben, v. ir. comp.

Condonazione, die Verzeihung, die Vergebung, pl. en.

Condotta, per: diportamento, die Aufführung, pl. en; per: accompagnamento, die Begleitung, pl. en; per: guida, die Leitung, die Anführung; per: vettura, die Fracht; essere in condotta, in Bestallung seyn, v. anf.

Condottiere, ein Führer, ein Anführer, gen. s; per: vetturale, ein Fuhrmann, gen. es, pl. (Fuhrleute); per: guida, der Wegweiser, gen. s.

Condotto, die Schleuse, pl. n, der Kanal, gen. s, pl. (Kanäle) ic. die Wasserleitung, pl. en.

Conducente, ag. führend, aufführend; der Führer, der Leiter.

Conducimento, die Führung, die Leitung pl. en, das Führen, gen. s; per accompagnamento, die Begleitung, pl. en.

Condurre, führen, leiten, v. r.; per accompagnare, begleiten, v. r.; per mostrare la strada, den Weg weisen, v. ir.

Conduttore, per: affittajuolo, der Pachter, gen s, pl. (Pächter), V. Condottiere.

Conesso, av. anstatt; prep. con esso, con ella, mit ihm, mit ihr.

Confabulare, miteinander schwatzen, v. r.

Confabulazione, das freundliche Gespräch, gen. s, pl. e.

Confacente, ag. geziemend, ähnlich, schicklich.

Confacevole, ag. nützlich, dienlich, V. Confacente.

Confarsi, sich vertragen, v. rec. ir. comp., sich schicken, v. rec. r., gebühren, v. r. comp., ähnlich seyn, v. anf.

Confederarsi, sich vereinigen, v. rec. r. comp., sich verbinden, v. rec. ir. comp., Bündniß machen, v. r.

Confederato, sust. der Bundsgenosse, gen. e, pl. n, der Bundsverwandter, gen. n; part. verbunden, vereiniget.

Confederazione, das Bündniß, pl. e, die Allianz, der Bund, gen. es, pl. e; per: concordanza, conformità, die Aehnlichkeit, die Uebereinstimmung, pl. en.

Conferenza, die Unterhandlung, die Unterredung, die Besprechung, pl. en, die Conferenz.

Conferire insieme, sich unterreden, v. rec. r. comp, sich berathschlagen, v. rec. ir. comp., conferire una carica, ein Amt vergeben, v. ir. comp.; conferire grazie, Gnaden ertheilen, v. r. comp.; conferire alla salute, der Gesundheit dienlich seyn, v. anf.

Conferma ⎫ die Bekräftigung, die Conformamento ⎭ Bestätigung, die Bestärkung, pl. en, der Beweis, gen es, pl. e.

Confermare, bekräftigen, bestätigen, bestärken, v. r. comp., beweisen, v. ir. comp., versichern, v. r. comp.; ir. approvare, gutheißen, genehmhalten, v. ir. comp.

Confermativo, ag. bekräftigend, bestärkend, was bekräftiget, bestätiget.

Confermazione (Sacramento), die Firmung; in altro senso, V. Conferma

Confessare, per: affermare, professare, bekennen, v. r. comp., gestehen, v. ir. comp.; per: udire la confessione, Beichte hören, v. r.; confessarsi, beichten, v. r.

Confessionale, der Beichtstuhl, gen. s, pl. (Beichtstühle).

Confessore, der Beichtvater, gen. s, pl. (Beichtväter); der Beichte höret.

Confettare, candiren, v. r., in Zucker oder Honig einmachen, v. r. comp., mit Zucker überziehen, v. ir. comp.

Confettiere, ein Zuckerbecker, gen. s.

Confetto, meglio: confetti, sust. allerhand Zuckerwerk, das Confect; confetto, ag. e part. eingemacht.

Confettura } das Zuckerwerk, gen. es,
Confezione } das Einmachen, gen. s, das Confect, das Eingemachte in Zucker oder Honig.

Conficcamento, das Anheften, das Vernageln, gen. s.

Conficcare, heften, v. r., vernageln, v. r. comp.; conficcare nella memoria, ins Gedächtniß prägen, v. r.

Confidare, vertrauen, anvertrauen, v. r. comp.

Confidarsi, sich verlassen, v. rec. ir. comp. sich vertrauen, v. rec. r. comp.; confidarsi all' amico, sein Anliegen dem Freunde offenbaren, v. r. comp.

Confidente, ein Vertrauter, gen. e pl. n.

Confidentemente, av. vertraulich, im Vertrauen.

Confidenza, das Vertrauen, das Zutrauen, gen. s, die Vertraulichkeit, pl. en; ir. [illegible], die Zuversicht.

Confinante, ag. angränzend, [illegible], nahe anliegend.

Confinare, gränzen, v. r., angränzen, v. r. comp., anstoßen, v. ir. comp.; per: esiliare, verbannen, v. r., verweisen, v. ir. comp.; met. einschränken, v. r. comp.

Confine, die Gränze.

Confiscare, dem Fiscus zuerkennen, zueignen, v. r. comp.; ir. confisciren, v. r., wegnehmen, einziehen, v. ir. comp.

Confiscazione, die Einziehung der Güter von dem Fisco.

Conflitto, das Treffen, gen. s, die Schlacht, pl. en; per: lite, der Streit, gen. es, pl. e.

Confondere, prol: frammischiare, vermengen, vermischen, v. r. comp.; per: disordinare, in Unordnung bringen, v. r.; per: sbagliare, sich verirren, v. rec. r. comp., sich vergreifen, v. rec. ir. comp.; per: imbrogliarsi, sich verwirren, v. rec. r. comp.

Conformare, einrichten, v. r. comp., einförmig machen, v. r.; conformarsi, sich schicken, v. rec. r.

Conformativo, ag. gleichförmig.

Conformazione, die Gleichförmigkeit, die Darnachrichtung, pl. en.

Conforme, ag. ähnlich, gemäß, gleichförmig, prep. laut, [illegible], vermöge, nach, av. ähnlicherweise, so wie.

Conformemente, av. gemäß, gleichförmig.

Conformità, die Aehnlichkeit, die Gleichheit, die Gleichförmigkeit, die Uebereinstimmung, pl. en; in conformità di ciò, vermöge dessen.

Confortare, stärken, v. r., Kraft geben, v. ir.; per: consolare, trösten, v. r., ermahnen, v. r. comp., laben, v. r., Muth einsprechen, v. ir. comp., Trost geben, v. ir.

Confortativo, sust. eine stärkende Arzney, ag. stärkend, kräftig; per: consolativo, tröstlich, erquickend, aufmunternd.

Confortatore, der Tröster, der Erquicker, der Aufmunterer, gen. s.

Conforto, die Erquickung, die Verstärkung, pl. en, der Trost, der Beystand, gen. es, die Hilfe.

Confratello, der Mitbruder, gen. s, pl. (Mitbrüder); ir. ein Ordensbruder, ein Mitgenosse, gen. e pl. n.

Confraternità, die Brüderschaft; ir. die Ordensgesellschaft, pl. en.

Confrontare, ein Ding gegen das andere halten, v. ir., vergleichen, v. ir. comp., gegeneinanderstellen, v. r. comp.

Confronto, die Gegeneinanderhaltung, die Vergleichung, pl. en.

Confusamente, av. unordentlich.

Confusione, die Unordnung, die Verwirrung, die Bestürzung, pl. en.

Confuso, ag. verwirrt, bestürzt; ir. svergognato, beschämt.

Confutamento, die Widerlegung, pl. en, der Widerspruch, gen. es, pl. (Widersprüche).

Confutare, widerlegen, v. r., widersprechen, v. ir. comp.

Confutazione, V. Confutamento.
Congedare, Abschied geben, v. ir.; beurlauben, verabschieden, v. r. comp.
Congedo, der Abschied, gen. es, der Urlaub, gen. s, die Entlassung, pl. en.
Congegnare, zusammenfügen, v. r. comp., heften, paßen, v. r.
Congelamento, die Gerinnung, pl. en, das Frieren, das Einfrieren, gen. s.
Congelare, gerinnen, v. r.; frieren, v. ir., einfrieren, v. ir. comp.
Congelazione, die Verdickung der flüßigen Dinge, wenn sie kalt werden, V. Congelamento.
Congettura, die Muthmaßung, die Meinung, die Vermuthung, pl. en.
Congetturare, muthmaßen, vermuthen, v. r. comp.; it. wähnen, v. r.
Conghiettura, V. Congettura.
Conghietturare, V. Congetturare.
Congiugnere, e congiungere, vereinigen, zusammenfügen, oder stellen, v. r. comp.
Congiugnimento, e congiungimento, das Zusammenfügen, setzen, legen, gen. s, die Vereinigung, pl. en, eine Zusammenverbindung, pl. en; congiungimento carnale, die fleischliche Vermischung.
Congiuntamente, av. zusammen, miteinander, sämmtlich.
Congiuntivo, ag. verbindend, zusammenfügend.
Congiunto, sust. der nahe Anverwandte, gen. e pl. n.
Congiunto, ag. e part. verbunden, gebunden, zusammengefüget.
Congiuntura, die Gelegenheit, pl. en; per: circostanza, die Beschaffenheit, pl. en, der Umstand, gen. s, pl. (Umstände).
Congiunzione, die Vereinigung, die Verbindung, pl. en.
Congiura, die Meuterey, die Verschwörung, pl. en.
Congiurare, verschwören, v. ir. comp.
Congiurato, sust. ein Verschworner, gen. n, ag. zusammenverschworen.
Conglutinare, zusammenleimen, v. r. comp.
Congratulare, einem Glück wünschen, v. r., sich freuen, v. rec. r.
Congratulazione, der Glückwunsch, gen. es, pl. (Glückwünsche), die Glückwünschung, pl. en
Congregare, versammeln, v. r. comp., zusammenberufen, v. ir. comp.

Congregazione, congrega, die Versammlung, pl. en; it. die Brüderschaft, pl. en.
Congresso, die Versammlung, pl. en. die Zusammenkunft, pl. (zusammenkünfte), der Congreß, gen es.
Congruente, ag. schicklich, bequemlich.
Congruenza, die Uebereinstimmung, pl. en, die Gleichförmigkeit, die Schicklichkeit, pl. en.
Congruo, ag. bequem, sich schickend.
Conguagliare, mitvergleichen, v. ir. comp.
Coniare, münzen, prägen, v. r.
Coniatore, ein Geldpräger, ein Münzer, gen. s.
Coniglio, das Kaninchen, gen. s.
Conio, der Keil, gen. es, pl. e; it. der Stempel, gen. s.
Coniugale, ag. ehelich.
Conjugare, term. gram. abwandeln, v. r. comp.; per: congiugnere, zusammenbinden, v. ir comp.
Conjugato, per: maritato, die Eheleute, ag verehelicht; per: collegato, zusammenverbunden, per: term. gram. abgewandelt.
Conjugazione, term. gram. die Abwandlung, pl. en.
Connaturale, ag. angebohren, der Natur eines Dinges angemessen.
Connessione, die Verknüpfung, pl. en; per: parentela, die Verwandschaft.
Connettere, zusammenbinden, v. ir. comp., knüpfen, fügen, v. r.; verbinden, v. ir. comp.
Connivenza, die Nachsicht, das Nachsehen, gen. s, das Uebersehen einer Sache.
Connubio, term. poet. die Eheverbindung.
Cono, die Figur eines Kegels in der Geometrie.
Conocchia, der Spinnrocken, gen. s.
Conoscente, sust. ein Bekannter, gen. e pl. en; un buon amico, ein guter Freund, gen. es. pl. e; ag. riconoscente, erkenntlich, dankbar.
Conoscentemente, av. erkenntlich, dankbarlich.
Conoscenza, die Kenntniß, pl. e, die Bekanntschaft, pl. en; per: riconoscenza, die Dankbarkeit, pl. en.
Conoscere, kennen, v. r., erkennen, v. r. comp.; farsi conoscere sich zu erkennen geben, v. ir.; aver conoscen-

za, Bekanntschaft haben, *v. auf.*
Conoscitore, ein Kenner, *gen.* s, der sich auf etwas verstehet.
Conoscitivamente, *av.* wissentlich, einsichtlich, mit guter Einsicht.
Conosciuto, *part.* erkannt, gekannt.
Conquassamento, die Zerschmetterung, die Einstürzung, *pl.* en; *per:* scuotimento, die Erschütterung, *pl.* en
Conquassare, zerschmettern, zerstöhren, *v. r. comp.*; *it.* erschüttern, *v. r. comp.*
Conquasso, *part.* zerschmettert, zerstört, *sust. V.* Conquassamento
Conquidere, übel mitnehmen, *v. ir. comp.*; *per:* importunare; stören, *v. r.*, ängstigen, *v. r. comp.*
Conquiso, *part.* übel aufgenommen; *it.* gestöret, geängstiget.
Conquista, die Eroberung, die Erwerbung, *pl.* en.
Conquistare, erobern, *v. r. comp.*, erwerben, *v. ir. comp.*
Conquistatore, der Eroberer, *gen.* s.
Consacrare, e consagrare, weihen, heiligen, segnen, *v. r.*; *per:* offerire, widmen, *v. r.*; consacrare un Re, einen König salben, *v. r.*
Consacrazione, die Einweihung, die Segnung, *pl.* en; *it.* die Salbung, *pl.* en.
Consanguineo, ein Blutsverwandter, *gen.* s *pl.* n.
Consanguinità, die Blutsverwandschaft, *pl.* en.
Consapevole ⎫ *ag.* bewust, wissend, mit-
Conscio ⎭ wissend; far consapevole alcuno di qualche cosa; einem etwas eröffnen, entdecken, *v. r. comp.*
Conscrivere, anschreiben, *v. ir. comp.*; *it.* anzeichnen, *v. r. comp.*
Consecuzione, die Folgerung, die Erlangung, *pl.* en, der Folgeschluß, *gen.* es, *pl.* (Folgeschlüsse).
Consegnare, übergeben, *v. ir. comp.*, einhändigen, zustellen, *v. r. comp.*
Consegnazione, die Uebergabe, die Einhändigung, *pl.* en.
Conseguente, *ag.* folgend, hintereinanderfolgend, *av.* folglich.
Conseguentemente, *av.* hintereinander, darauf, folglich, zufolge, der Folgerung gemäß.
Conseguenza, die Folgerung, *pl.* en; *it.* der Schluß, *gen.* es, *pl.* (Schlüsse); *per:* importanza, das Ansehen, *gen.* s, die Wichtigkeit; *av.* per conseguenza, folglich.
Conseguimento, die Erlangung, *pl.* en.
Conseguire, erlangen, *v. r. comp.*; erwerben, *v. ir. comp.*; *it.* mandare ad effetto, zuwege bringen, *v. r.*
Consenso, die Einwilligung, der Beyfall, *gen.* s.
Consentaneamente, *av.* gemäß.
Consentaneo, *ag.* gemäß, einstimmig
Consentimento, *V.* Consenso.
Consentire, einwilligen *v. r. comp.*, Beyfall geben, *v. ir.*, gewähren, *v. r. comp.*, übereinkommen, *v. ir. comp.*; chi tace consente, wer schweiget, willigt darein.
Consenziente, *ag.* der einwilliget, Beyfall giebt, gewähret, übereinkommt
Conserva, *per:* ripostiglio, das, ed anche: die Behältniß, *pl.* e; *per:* custodia die Verwahrung, *pl.* en; mettere la frutta in conserva, das Obst einmachen, *v. r. comp.*
Conservabile, *ag.* was sich hält, was sich aufheben läßt.
Conservare, verwahren, *v. r. comp.*, aufheben, erhalten, *v. ir. comp.*
Conservatore, ein Erhalter, ein Verwahrer, *gen.* s.
Conservazione, die Erhaltung; *per:* salute, die Gesundheit, das Wohlergehen, *gen.* s
Consesso, die Rathsversammlung, die Versammlung, *pl.* en.
Considerabile, *ag.* betrachtungswürdig, merkwürdig, beträchtlich, bedächtlich; *it.* ansehnlich.
Considerare, betrachten, *v. r.*, überlegen, *v. r. comp.*; *per:* esaminare, untersuchen, *v. r. comp.*; *per* stimare, hochschätzen, *v. r. comp.*, achten, *v. r.*
Consideratamente, *av.* bedächtlich, bedachtsamerweise.
Considerato, *part.* betrachtet *w.*; uomo considerato; *cioè:* cauto, ein vorsichtiger Mann.
Considerazione, die Betrachtung, die Ueberlegung, *pl.* en; *per:* stima, die Hochachtung.
Consigliare, anrathen, *v. r. comp.*, Rath geben, *v. ir.*; lasciarsi consigliare, sich überreden lassen; consigliarsi, sich berathschlagen, *v. rec. r. comp.*

Consigliatamente, *av.* mit Ueberlegung, mit Vernunft, vorsichtig, bedächtlich, klüglich.

Consigliere, der Rath, *gen.* s, *pl.* (Räthe), der Rathgeber, *gen.* s; Consigliere intimo, ein geheimer Rath; Consigliere di stato, di giustizia, delle miniere, della camera, della corte, concistoriale, Staatsrath, Justizrath, Bergrath, Commerzrath, Hofrath, Kirchenrath.

Consiglio, der Rath, *gen.* s, *pl.* e, der Rathschlag, *gen.* s, *pl.* (Rathschläge), das Gutachten, *gen.* s; pel luogo del consiglio, die Versammlung der Räthe.

Consimile, *ag.* völlig, ähnlich.

Consistente, *ag.* bestehend; che ha consistenza, was Festigkeit, Dauer, Bestand hat; *per:* tenace, zähe.

Consistenza, der Bestand, *gen.* es; *it.* die Festigkeit, die Dicke; *per:* durata, die Dauer.

Consistere, bestehen, *v. ir. comp.*; *it.* durare, dauern, *v. r.*

Consolare, *verb.* trösten, erquicken, *v. r.*, vergnügen, *v. r. comp.*; consolarsi, sich trösten, *v. rec. r.*, sich zufrieden geben, *v. rec. ir.*

Consolare, *ag.* bürgermeisterlich.

Consolarmente, *av.* bürgermeisterlich.

Consolatamente, *av.* tröstlich, freudig, mit Freuden.

Consolativo, *ag.* tröstlich, freudig.

Consolato, *sust.* die Bürgermeisterwürde, *pl.* n; di mare, das Seeconsulat, *gen.* s.

Consolato *part.* ed *ag.* getröstet.

Consolatore, der Tröster, *gen.* s.

Consolazione, der Trost, *gen.* es, die Freude, *pl.* n, das Vergnügen, *gen.* s.

Console, der Bürgermeister, *gen.* s, *per:* sindico, der Richter, *gen.* s; di mare, der Consul, *gen.* s.

Consolidamento, die Befestigung, die Stärkung eines Dinges.

Consolidare, befestigen, bekräftigen, *v. r. comp.*, dicht, oder derb machen, *v. r.*

Consolidativo, *ag.* befestigend, bekräftigend; *it.* zuheilend; virtù consolidativa, stärkende Kraft.

Consolidazione, *V.* Consolidamento.

Consonante, *sust.* der Mitlauter, *gen.* s, *ag.* mitlautend, gleichlautend, zusammenklingend.

Consonanza, die Harmonie, der Zusammenklang, die Uebereinstimmung; *per:* egualianza, die Gleichheit.

Consonare, zusammenstimmen, gleichlauten, *v. r. comp.*; *per:* corrispondere. *V.* Corrispondere.

Consono, *ag.* zusammenstimmend, übereinstimmend, gleichlautend.

Consorte, *per:* marito der Ehemann, *gen.* es, der Ehegemahl, *gen.* s, die Ehegemahlin; *per:* compagno, der Gesell, der Gefährte, *gen.* n.

Consorzio, *per:* matrimonio, die Ehe, der Ehestand, *gen.* es; *per:* compagnia, die Gesellschaft, *pl.* en, der Gefährte, *gen.* e *pl.* n.

Conspirare, sich verschwören, *v. ir. comp.*, *V.* Congiurare.

Conspiratore, ein Mitverschworner, *gen.* e *pl.* n.

Conspirazione, die Verschwörung *pl.* en, die Verrätherey *pl.* en, das heimliche Verbündniß *gen.* es, *pl.* e.

Constare, bekannt seyn *v. aus.*, kund seyn *v. aus.*, davon wissen *v. r.*

Constituire, bestellen *v. r. comp.*, setzen *v. r.*, einsetzen, bestimmen *v. r. comp.*

Constituzione, die Satzung, die Einrichtung, die Verordnung *pl.* en.

Constringere, zwingen *v. ir.*, abnöthigen *v. r. comp.*

Constringimento, die Abnöthigung *pl.* en, der Zwang *gen.* s.

Construire, erbauen, verfertigen *v. r. comp.*: *term. gram.* zusammenfügen *v. r. comp.*; *it.* ordnen *v. r.*; in prosa, o poesia, aufsetzen *v. r. comp.*

Construtto, *part.* gebauet, erbauet, geordnet; *it.* zusammengefüget, aufgesetzt.

Consuetamente, *av.* gewöhnlich, gewöhnlichermaßen.

Consueto, *ag.* gewöhnlich, gewohnt.

Consuetudine, die Gewohnheit *pl.* en, der Gebrauch *gen.* s, *pl.* (Gebräuche).

Consulta, die Berathschlagung *pl.* en, das Gutachten *gen.* s.

Consultare, rathschlagen *v. ir. comp.*, um Rath fragen *v. r.*, sich Raths erholen *v. r. comp.*

Consultazione, *V.* Consulta.

Consultivo, *ag.* der einen Rath geben, oder begehren kann; un voto con-

sultivo, eine Stimme, die nur als Rath gilt, aber nicht entscheidet.
Consultore, ein Rathgeber, *gen.* s.
Consultoriamente, *av.* nach guter Berathschlagung.
Consumabile, *ag.* was verzehret werden kann.
Consumamento, die Verzehrung, *pl.* en; *it.* die Vollbringung: in genere di merci, der Abgang der Waaren.
Consumare, verzehren, *v. r. comp.*; *it.* vollbringen, *v. r. comp.*; consumare il tempo, die Zeit zubringen, durchbringen, *v. r. comp*; consumare gli abiti, die Kleider abnutzen, *v. r. comp.*
Consumatore, ein Verzehrer, Vollbringer, Abnutzer; *per:* scialacquatore, Verschwender, *gen.* s; consumare il matrimonio, die Ehe vollziehen, *v. ir. comp.*
Consumazione } die Vollbringung, die
Consumo, } Verzehrung, die Abnützung; *it.* das Zubringen der Zeit; *it.* der Abgang der Waaren.
Consuntivo, *ag.* verzehrend, abnutzend, vollbringend.
Consunzione, die Auszehrung, die Abnützung, *pl.* en.
Contadinesco, *ag.* bäuerisch.
Contadino, der Bauer, *gen.* s, der Landmann, *gen.* es, *pl.* (Landleute).
Contado, *per:* contea, die Grafschaft; *pl.* en; *it.* das Land, die Länderey, die Dorfschaft, *pl.* en.
Contagio } die Ansteckung, die auffer-
Contagione } dende Seuche, die Pest; la contagione del peccato, die Erbsünde.
Contagioso, *ag.* ansteckend; *it.* dannoso, schädlich, verderblich.
Contaminabile, *ag.* was besteckt, besudelt, verunreiniget werden kann.
Contaminamento, die Befleckung, die Besudelung, *pl.* en; *per:* violazione, die Schändung.
Contaminare, besudeln, beflecken, verunreinigen, *v. r. comp.*; *it.* violare, schänden, *v. r.*
Contaminazione, *V.* Contaminamento.
Contante, *sust.* das baare Geld, *gen.* s.
Contante, *ag.* baar, zählend, der zählt.
Contare, zählen, *v. r.*; *per:* far conto, rechnen, die Rechnung machen, *v. r.*; *per:* essere in credito, in gutem Credit stehen, *v. ir.*; *per:* valere, gelten, *v. ir.*
Contatto, *sust.* die Berührung, die Zutadung, *pl.* en.
Conte, der Graf, *gen.* e *pl.* en; Conte dell' Impero, ein Reichsgraf.
Contea, die Grafschaft, *pl.* en.
Conte, *prep.* mit dir.
Conteggiare, berechnen, *v. r. comp.*, die Rechnung machen, *v. r.*
Conteggio, die Berechnung, *pl.* en.
Contegno, *per:* diportamento, die Aufführung, *pl.* en, das Betragen, *gen.* s; *per:* ritenutezza, die Zurückhaltung, die Eingezogenheit, *pl.* en.
Contemperanza, die Mäßigung; *it.* mescolanza, die Mischung, *pl* en.
Contemperare, mäßigen, mildern, *v. r.*; *it.* mischen, *v. r.*
Contemplabile, *ag.* betrachtungswürdig, was zu betrachten ist.
Contemplare, betrachten, anschauen, *v. r. comp.*
Contemplatore, ein Betrachter, ein Beschauer, *gen.* s.
Contemplazione, die Betrachtung, die Anschauung, *pl.* en, das Betrachten, das Anschauen, *gen.* s.
Contemporaneo, *sust.* ein Zeitgenosse, ein Zeitverwandter, *gen.* n; *it.* der zu gleicher Zeit mit einem lebt, oder gelebet hat.
Contendente, *sust.* der, die Streitende, *gen.* e *pl.* n, *ag.* streitend.
Contendere, streiten, *v. ir.*, zanken, *v. r.*; contendere, *per:* contrastare qualche cosa ad alcuno, einem etwas streitig machen, *v. r.*
Contendevolmente, *av.* auf eine streitige, zänkische Art.
Contendimento, *V.* Contesa.
Contenente, che contiene, *ag.* in sich haltend, begreifend; *per:* morigerato, keusch, ehrbar; *per:* subito, *av.* sogleich.
Contenenza, die Enthaltung, *V.* Continenza.
Contenere, enthalten, begreifen, *v. ir. comp.*, in sich halten, *v. ir.*; *per:* contenere uno in disciplina, einen in Schranken, *op.* im Zaum halten, *v. ir.*
Contenersi, sich mäßigen, *v. rec. r.*

Contenimento, per contenere, der Inhalt, gen. s; per contenere, die Enthaltung, pl. en.

Contentamento, das Vergnügen, gen. s, die Befriedigung, die Zufriedenheit, pl. en.

Contentare, vergnügen, befriedigen, v. r. comp., zufrieden stellen, v. r., begnügen, v. r. comp.

Contentezza) die Zufriedenheit, V.
Contento,) Contentamento.

Contento, ag. vergnügt, zufrieden; mal contento, unzufrieden.

Contenuto, sust. der Inhalt, gen. s, der Inbegriff, gen. es.

Contenzione, der Zank, V. Contesa.

Contenziosamente, av. streitend, zänkend, mit Zank, mit Streit.

Contenzioso, ag. streitig, zänkisch.

Contesa, der Zank, gen. s, der Handel, gen. s, pl. (Händel), der Streit, gen. s, pl. es; it. die Schlägerey, pl. en.

Contessa, die Gräfinn.

Contessere, weben, v. r., flechten, v. ir.

Contestare, zanken, streitig machen, v. r.; contestare la lite, den Streit Rechtens befestigen, v. r. comp.

Contestazione, der Streit, gen. s, pl. e; die Zwiespalt, pl. en.

Contesto, sust. die Zusammensetzung, die Zusammenfügung, die Verbindung, pl. en, der Context, gen. es.

Contezza, die Kundschaft, die Nachricht, pl. en; it. die Erzählung, pl. en.

Contiguità, die Angränzung, pl. en, das Anstoßen, gen. s, das nahe Anliegen, gen. s.

Contiguo, ag. anstoßend, angränzend, zusammenstoßend, anrührend.

Continente, ag. in sich haltend, enthaltend, begreifend; per savio, moderato ec., keusch, mäßig, züchtig, eingezogen.

Continentemente, av. mit Enthaltung, mäßiglich, züchtiglich, enthaltsam.

Continenza, die Enthaltung; it. die Mäßigkeit, pl. en.

Contingente, sust. der Antheil, gen. s, pl. e, ag. zufällig, veränderlich.

Contingentemente, av. zufälligerweise.

Contingenza, die Zufälligkeit, pl. en, der ungefähre Zufall, gen. s, pl. (Zufälle), das zufällige Ding, gen. s, pl. e.

Continovamente, av. ohne Unterlaß, unaufhörlich, fortdaurend, beständig.

Continovare, fortfahren, v. ir. comp., fortsetzen, fortwähren, v. r. comp.

Continovamento) die Fortsetzung, die
Continovazione,) Fortwährung, pl. en, das Fortsetzen, das Beharren, das lange Anhalten, gen. s; per durata, die Dauer, pl. n.

Continovo, ag. fortwährend, immerdaurend; av. di continovo, beständig, immerfort.

Continuamente }
Continuare } Continovamente ec.
Continuo ec. }

Conto, sust. die Rechenschaft, pl. en, das Rechnen, gen. s; it. das Zählen, gen. s; a buon conto, auf alle Fälle; far gran conto di uno, viel auf jemanden halten, v. ir.; av. per conto, wegen; a questo conto, auf diese Art.

Conto, ag. cioè: noto, bekannt, berühmt, kund.

Contorcere, krümmen, v. r., biegen, v. ir., zusammen drehen, v. r., umkehren, umwenden, v. r. comp.

Contorcimento, das Krümmen, das Zusammendrehen, gen. s, die Krümmung, die Drehung, pl. en.

Contornare, umfangen, umgeben, v. ir. comp., umfassen, v. r. comp.

Contorno, der Umfang, der Bezirk, gen. s, der Umkreis, gen. es, pl. e, die Gegend, pl. en.

Contorsione, das Krümmen, V. Contorcimento.

Contra, prep. gegen, wider; di contra, cioè: di rimpetto, gegenüber; av. per lo contrario, hingegen.

Contrabbandiere, ein Schleichhändler, gen. s.

Contrabbando, der Schleichhandel, gen. s, pl. (Händel), der Unterschleif in Abgaben.

Contrabbasso, der Contrabaß, gen. es.

Contraccambiare, vergelten, v. ir. comp., ersetzen, v. r. comp.; it. erwiedern, vertauschen, v. r. comp.

Contraccambio, sust. die Vergeltung, pl. en, der Gegentausch, gen. es, pl. (Gegentausche).

Contrada, die Gasse, pl. n.

Contraddicente, sust. der Widersprecher, gen. s; ag. widersprechend.

Contraddire, widersprechen, v. ir. comp.

Contraddittore, der Gegner, der Widersprecher gen. s.

Contraddizione, der Widerspruch gen. s, pl. (Widersprüche), die Widersetzung pl. en, das Widersprechen gen. s.

Contraente, sust. ein Contrahierender; ag. zusammenziehend.

Contraere, V. Contrarre.

Contraffacimento, das Uebertreten gen. s, die Uebertretung pl. en; fr. die Verfälschung, die Nachahmung pl. en.

Contraffattore, ein Uebertreter, ein Verfälscher gen. s.

Contraffare, übertreten u. r. comp.; fr. nachmachen, nachahmen; verfälschen v. r. comp.

Contraffatto, ag. e part. nachgemacht, verfälscht, erdichtet: contraffarsi, sich verstellen v. rec. r. comp.

Contralto, der Alt, der Altist, (voce musicale).

Contrammandare, absagen v. r. comp., widerrufen v. ir. comp., Contreordre geben v. ir.

Contrammina, die Gegenmine pl. n.

Contramminare, Gegenminen machen v. r., gegenminieren v. r. comp.

Contrappelo, das gegeneinander stehende Haar pl. e.

Contrappesare, eben soviel wägen v. ir.; fr. gleichviel gelten v. ir.

Contrappeso, das Gleichgewicht, das Gegengewicht gen. s.

Contrapporre, entgegensetzen, entgegenstellen v. r. comp.; contrapporsi, sich widersetzen v. rec. r. comp.

Contrapposizione, die Entgegenstellung, die Widersetzung pl. en.

Contrapposto, part. entgegengesetzt, sust. V. Contrapposizione.

Contrappunto (nella musica), das Ansetzen, das Eintreffen der Noten; fr. das Sticheln, das Rügen gen. s.

Contrariamente, av. entgegen, zuwider, im Gegentheil.

Contrariare, widersprechen v. ir. comp.; fr. impedire, im Wege stehen v. ir., hindern v. r.

Contrarietà, die Widerstrebung, die Widerstrebung, die Widerwärtigkeit pl. en; per lite, der Streit; per impedimento, die Hinderniß pl. e.

Contrario, sust. das Widerspiel, das Gegentheil gen. s, pl. e.

Contrario, ag. widerwärtig, entgegen, zuwider.

Contrarre, einen Vertrag, oder Vergleich machen v. r.; per stringersi v. ir., eins werden v. aus. i; contrarre debiti, Schulden machen v. r.; contrarre matrimonio, Hochzeit halten v. ir.; contrarre un abito cattivo, eine böse Gewohnheit annehmen v. ir. comp.

Contrascarpa, die äußere Abdachung des Grabens einer Festung, die Contrescarpe.

Contrascrivere, dagegenschreiben v. ir. comp.

Contrassegnare, zeichnen v. r., bezeichnen v. r. comp., ein Kennzeichen dagegen machen v. r.

Contrassegno, das Kennzeichen gen. s, ein Merkmal gen. s, pl. e.

Contrastare, streiten v. ir., zanken v. r.; [illegible] widersprechen v. ir. comp.; per: opporsi, sich widersetzen v. rec. r. comp.

Contrastatore, der Zänker, der Widersprecher gen. s.

Contrasto, sust. die Widersetzung pl. en, der Widerstand gen. es, pl. (Widerstände).

Contrattamento, der Vertrag gen. s, pl. (Verträge), der Vergleich gen. s.

Contrattare, einhandeln v. r. comp., einen Vertrag, oder Vergleich machen v. r.

Contrattazione, der Vertrag, V. Contrattamento.

Contrattempo, sust. die Unzeit, die ungelegene Zeit pl. en; per: impedimento, die Hinderniß pl. e.

Contratto, sust. der förmliche Vertrag, Vergleich gen. s.

Contratto, ag. per: storpio, lahm, zusammengezogen, part. eingehandelt, contrahiert.

Contravveleno, das Gegengift gen. s.

Contravvenire, dawiderhandeln, zuwiderhandeln v. r. comp., übertreten v. ir. comp.

Contravventore, der Uebertreter gen. s.

Contravvenzione, die Uebertretung, die Zuwiderhandlung pl. en, das Verbrechen gen. s.

Controversia } der Streit gen. s, pl. e, die Widerwärtigkeit
Controversità } pl. en, der Widerspruch gen. s, pl. (Widersprüche).

Contribuire, beytragen, [illegible] v. ir. comp. per: aiutare, helfen v.

ir. comp.; *per*: concorrere alla spesa, beysteuern *v. r. comp.*; *per*: pagare, bezahlen *v. r. comp.*, herschießen *v. ir. comp.*

Contribuzione, die Beysteuer *pl.* n, der Beytrag *gen.* s, *pl.* (Beyträge); *it.* die Brandschatzung *pl.* en.

Contristamento, das Betrüben *gen* s, die Betrübniß *pl.* e, die Traurigkeit *pl.* en.

Contristare, betrüben, traurig machen, Verdruß machen *v. r.*

Contristazione, die Muthlosigkeit *pl.* en, der Kummer *gen.* s, die Beklommenheit *pl.* e, *V.* Contristamento.

Contrito, *ag. e part.* reuend, berührt; *per*: infranto, zerstampft, zerstoßen, zerschmettert.

Contrizione, die Reue und das Leid der Sünde; *it.* die Zerknirschung.

Contro, *prep.* gegen, entgegen, wider; di contro, gegenüber.

Controversia, der Streit *gen* s, *pl.* e, die Streitsache *pl.* n.

Controverso, *ag.* unausgemacht, was noch streitig ist.

Controvertere, streiten *v. ir.*, disputiren, streitig machen *v. r.*, e streitig seyn, im Streite liegen *v. ir.*

Controvertibile, *ag.* streitig.

Contumace, *ag. e sust.* halsstarrig, widerspenstig, ein Widerspenstiger *gen.* n.

Contumacemente, *av.* widerspenstig, ungehorsam, halsstarrigerweise.

Contumacia, das Ausenbleiben vor Gerichte, die Unterlassung des Erscheinens, der Ungehorsam *gen.* s; fare la contumacia, die Quarantäne halten *v. ir.*; *it.* die Contumaz.

Contumelia, die Schmach, der Schimpf, das Unrecht *gen.* s; *per*: offesa, die Beleidigung *pl.* en.

Contumeliosamente, *av.* schmählich, schimpflich, schimpflicherweise.

Contumelioso, *ag.* schimpflich, schmählich; parole contumeliose, Schimpfworte.

Conturbamento, die Verwirrung, die Bestürzung *pl.* en, die Betrübniß *pl.* e.

Conturbare, stöhren *v. r.*, verwirren, beunruhigen, betrüben *v. r. comp.*

Conturbazione, die Bestürzung, *V.* Conturbamento.

Contusione, die Quetschung *pl.* en; die Beule vom Stoße.

Contuttoché) *prep.* obschon, ob-
Contuttociocché) gleich, wenngleich, bey alle dem daß, nichts desto weniger.

Convalescente, *ag.* genesend *sust.* der wieder gesund wird.

Convalescenza, die Genesung *pl.* en, das Genesen, das Gesundwerden *gen.* s.

Convalidare, bekräftigen, befestigen *v. r. comp.*, stärken *v. r.*

Convenenza, die Wohlanständigkeit *pl.* en, *V.* Convenienza.

Convenevole, *ag.* wohlanständig, anständig, gebührend.

Convenevolezza, die Wohlanständigkeit *pl.* en, *V.* Convenienza.

Convenevolmente, *av.* gebührendermaßen.

Conveniente, *ag.* zukommend, gebührend, sich schickend.

Convenientemente, *av.* gebührenderweise, wie es sich gebühret, gehört.

Convenienza, die Wohlanständigkeit *pl.* en, der Wohlstand *gen.* s, *pl.* (Wohlstände); *it.* die Pflicht, die Uebereinstimmung *pl.* en.

Convenire) zusammenkommen *v. ir.*,
Convenirsi) sich schicken *v. rec. r.*, eins seyn *v. aus.*, sich vergleichen *v. rec. r. comp.*, sich verabreden, übereinstimmen *v. rec. r. comp.*, conviene farlo, es ist nothwendig es zu thun.

Conventicola, die verbotene, unrechtmäßige kleine Versammlung *pl.* en.

Convento, das Kloster *gen.* s, *pl.* (Klöster).

Conventuale, *ag.* klösterlich.

Convenuto, *part.* da convenire, verglichen, eingeräumt; in giudizio, vor Gerichte belanget.

Convenzionare, einen Vergleich treffen *v. ir.*

Convenzione, der Vertrag *gen.* s, *pl.* (Verträge), der Vergleich *gen.* s.

Conversabile, *ag.* gesprächig, gesellig.

Conversamente, *av.* dagegen gekehrt.

Conversamento, das Umgehen mit einem, der Umgang *gen* s.

Conversante, *ag.* der umgehet, wandelt.

Conversare, mit einem umgehen *v. ir. comp.*, Umgang pflegen, Gespräch halten *v. ir.*

Conversazione, der freundliche Umgang *gen.* s, *pl.* (Umgänge), die Gesellschaft *pl.* en ; *it.* die Lebensart *pl.* en, die Unterredung, die Gemeinschaft *pl.* en.

Conversevole *ag.* gesprächig, gesellig, *V.* Conversabile.

Conversione, die Veränderung, die Verwandlung, (proprio degli Elementi, dei metalli ; *per* : ravvedimento, die Bekehrung.

Converso, *ag.* e *part.* verwandelt, bekehrt ; *sust.* Religioso converso, ein Ordensbruder *gen.* s, *pl.* (Ordensbrüder).

Conversabile, *ag.* was umgekehrt werden kann ; *it.* was sich umkehren läßt.

Convertimento, *V.* Conversione.

Convertire, verwandeln, verändern *v. r. comp.*, zum Gehorsam bringen *v. r.* ; *per* : persuadere, überreden *v. r. comp.* ; convertir danari, Geld umsetzen *v. r. comp*

Convertirsi, sich bekehren *v. rec. r.*

Convesso, *ag.* rund, ausgebogen (als eine Kugel von außen.

Convincente, *ag.* einer der da überzeuget, überweiset, überwindet.

Convincentemente, *av.* überzeugenderweise, augenscheinlich, überweislich.

Convincere, überzeugen *v. r. comp.*, überweisen *v. ir. comp.*, überführen *v. r. comp.*

Convincimento, die Ueberzeugung, die Ueberweisung, die Ueberführung *pl.* en.

Convitare, einladen *v. ir. comp.*, zu Gaste bitten *v. ir.*

Convitato, *sust.* ein Gast *gen.* es, *pl.* (Gäste), der Eingeladene *gen.* e *pl.* n ; *part.* eingeladen, zu Gaste gebeten.

Convito, die Gasterey *pl.* en, das Gastgebot *gen.* s, das Gastmahl *gen.* s ; *it.* das Zusammenspeisen, die Tischgesellschaft ; *it.* der Ort wo gespeiset wird, das Convict *gen.* s.

Convivente, *ag.* einer der mit andern lebt.

Convivere, zusammenleben *v. r. comp.*

Convocamento, das Zusammenrufen *gen.* s, die Zusammenrufung *pl.* en.

Convocare, zusammenrufen, versammeln *v. r. comp.*

Convocazione, die Zusammenrufung, *V.* Convocamento.

Convogliare, der Sicherheit wegen bedecken *v. r. comp.*, begleiten *v. r. comp.*, convoyiren *v. r.*

Convoglio, die Begleitung, die Bedeckung *pl.* en.

Convolgere, zusammenwickeln, zusammenrollen *v. r. comp.* ; *it.* herumwälzen *v. r. comp.*

Convolgimento, das Zusammenwickeln *gen.* s, die Herumwälzung, die Zusammendrehung *pl.* en.

Convulsione, das Verzucken, und Verdrehen der Glieder, als in der fallenden Sucht ; *it.* die Ohnmacht *pl.* en.

Convulsivo, *ag.* was in Gliedern Zucken macht, krampficht, verzückend.

Convulso, *ag.* einer, der mit dem Gliederzucken behaftet ist.

Conobbligare, mitverbinden *v. ir. comp.*

Coonestare, beschönigen *v. r. comp.*

Cooperamento, *V.* Cooperazione.

Cooperante, *ag.* mitwirkend.

Cooperare, mitwirken *v. r. comp.*

Cooperatore, der Mitwirker, der Mitarbeiter *gen* s.

Cooperazione, die Mitwirkung *pl* en.

Coorte, *sust.* ein Haufen Kriegsvolk bey den Römern von 500 Mann ; *it.* ein Haufen Leute überhaupt.

Coperchiare, zudecken *v. r. comp.* ; *it.* etwas auf was anders thun *v. ir.*

Coperchio, der Deckel *gen.* s.

Coperta, die Decke *pl.* n, der Ueberzug *gen.* s, *pl.* (Ueberzüge) ; di una lettera, der Umschlag *gen* s, *pl.* (Umschläge), eines Briefes, *metaf.* der Deckmantel *gen.* s, der Vorwand *gen.* es.

Copertamente, *av.* heimlich, verborgenerweise ; *met.* verblümt, dunkel.

Coperto, *sust.* ein bedeckter Ort, die Dachung ; *it.* die Bedeckung ; mettersi al coperto, sich in Sicherheit setzen *v. rec. r.* ; *part.* da coprire, gedeckt, bedeckt ; *av.* verborgenerweise, heimlich ; *it.* dunkel, verblümt.

Copia, die Abschrift, die Copey *pl.* en ; *per* : quantità, die Menge.

Copiare, abschreiben *v. ir. comp.*, nachmachen *v. r. comp.*

Copiatore o **copista**, der Copist, einer der etwas abschreibet, nachahmet, nachmacht.

Copiosamente, *av.* im Ueberfluße, häufig, reichlich.

Copiosità, die Menge, der Ueberfluß *gen.* es.

Copioso, *ag.* häufig, reichlich, überflüßig; *per:* prolisso, weitläufig.

Copista, *V.* Copiatore.

Coppa *coll' o stretto*, der Hintertheil des Haupts, das Genick *gen.* s; *ir.* ein Becher zum Trinken; farsi metter le coppe, o coppette, sich schröpfen lassen; *coll' o aperto*, eine gewisse Farbe im Karotspiel.

Coppetta, ein Schröpfkopf *gen.* es, *pl.* (Schröpfköpfe).

Coppia, ein Paar.

Coppiere, der Mundschenk *gen.* e *pl.* en.

Coprimento, das Bedecken, das Zudecken, das Ueberziehen *gen.* s.

Coprire, decken *v. r.*, zudecken, bedecken *v. r. comp.*; *per:* compagnare, begleiten *v. r.*; *per:* custodire, verbergen *v. ir. comp.*, verwahren, beschützen *v. r. comp.*

Copritore, einer der deckt, bedeckt, verbirgt, verwahrt.

Copula, die Vereinigung, die Verbindung *pl.* en; copula carnale, der Beyschlaf *gen.* s.

Copulare, trauen, copuliren *v. r.*, verbinden, die Verlobten zusammengeben *v. ir. comp.*

Copulativamente, *av.* zusammenfügenderweise.

Copulativo, *ag.* zusammenfügend, verbindend.

Copulazione, die Verbindung, die priesterliche Trauung *pl.* en, *V.* Copula.

Coraggio, der Muth *gen.* s, die Herzhaftigkeit, das Herz *gen.* ens; armarsi di coraggio, Muth fassen *v. r.*; perdersi di coraggio, den Muth sinken lassen.

Coraggiosamente, *av.* herzhaft, muthig, tapfer, beherzterweise.

Coraggioso, *ag.* muthig, tapfer, herzhaft, getrost.

Corallo, die Koralle *pl.* n; una filza di coralli, eine Schnur Korallen.

Corame, das Lederwerk *gen.* s.

Corazza, der Küraß; *per:* corazziere, der Küraßier *gen.* s.

Corba, der Korb *gen.* es, *pl.* (Körbe).

Corbellare, spotten *v. r.*, aufziehen, verspotten *v. r. comp.*, äffen *v. r.*

Corbellatore, einer der spottet, äffet.

Corbellatura, das Spotten, das Aeffen *gen.* s.

Corbelleria, eine nichtswürdige Sache *pl.* n, ein Posse *gen.* ns, *pl.* n.

Corbo o corvo, der Rabe *gen.* e *pl.* n.

Corda, der Strick *gen.* s, *pl.* e; *per:* gomona, *ossia:* corda grossa, das Seil *gen.* s, *pl.* e; *per:* corda di violino ec. die Saite *pl.* n; *per:* miccia, die Lunte *pl.* n; *per:* nervo, die Nerve *pl.* n.

Cordiale, *ag.* herzlich; amico cordiale, Herzensfreund; *per:* certa medicina, die Herzstärkung *pl.* en.

Cordialità, die herzliche Liebe, die Aufrichtigkeit.

Cordialmente, *av.* herzlicherweise, von Herzen, aufrichtig.

Cordoglio, das Herzleid *gen.* s, die Angst, *ir.* die Todtenklage.

Cordoglioso, *av.* ängstlich.

Cordone, die Schnur *pl.* en.

Cordovaniere, *V.* Calzolajo.

Cordovano, *ossia:* marrocchino, der Korduan, *ossia:* das korduanische Leder.

Coreggia, ein lederner Riemen, ein lederner Gürtel *gen* s; *per:* peto, ein Wind, ein Furz *gen.* es, tirar una coreggia, einen Furz lassen *v. ir.*

Coreggiajo, ein Riemer *gen.* s.

Coricare, niederlegen *v. r. comp.*, auf die Erde legen *v. r.*; (un malato, einen Kranken zu Bette bringen *v. ir.*

Coricarsi, sich niederlegen *v. rec. r. comp.*, zu Bette gehen *v. ir.*

Corio, das Kleid, oder Häutchen, in welchem die Kinder im Mutterleibe liegen.

Corista, der Cantor, der Chorsänger, der Chordirector *gen.* s.

Cornacchia, die Krähe *pl.* n; cornacchia marina, die Meerschwalbe *pl.* n; cornacchia da campanile, der Wetterhahn *gen.* s, *pl.* (hähne).

Cornetta (da posta), das Posthorn *gen.* es, *pl.* (Posthörner); (da caccia), das Jägerhorn; *per:* certa carica militare, der Cornet, der die Standarten trägt.

Cornice, *per:* cornacchia, die Krähe; (di edificj), das Karnies am Gebäude; (di quadri), die Rahme *pl.* n, (über ein Bild, Spiegel rc.)

Corniola, der Karniol, e Carniol; *ir.* die Cornelkirsche *pl.* n.

Corno, das Horn *gen.* s, *pl.* (Hörner); das Geweihe; corno di cervo, das Hirschgeweihe; di lumaca, das Schneckengeweihe ic.; corno da caccia, das Waldhorn.

Cornuto, *ag.* gehörnt, mit Hörnern versehen, becco cornuto, ein Hahnrey.

Coro, das Chor *gen.* s, *pl.* (Chöre); *it.* eine Reihe von Singern.

Corona, die Krone *pl.* n; *per*: ghirlanda, der Kranz *gen.* es, *pl.* (Kränze).

Coronamento, die Krönung *pl.* en.

Coronare, krönen *v. r.*, belohnen *v. r. comp.*; *in senso di*: dar compimento ad una cosa, ein rühmliches Ende machen *v. r.*

Coronazione, die Krönung *pl.* en.

Corpo, der Leib *gen.* es, *pl.* er, der Körper *gen.* s; *per*: sostanza, die Stärke, die Steife, die Dicke; *per*: unione, die Zunft *pl.* (Zünfte), die Gemeinschaft, die Versammlung *pl.* en.

Corporale, *ag.* leiblich, körperlich; *sust.* *per* tesso: pannolino ad uso degli altari, das Corporal; *per* carica militare, der Corporal *gen.* s.

Corporalmente, *av.* leiblich, dem Leibe nach, leiblicherweise.

Corporatura, die Leibesgestalt, die Taille des Leibes, die Größe.

Corpulento, *ag.* dick, fett, stark vom Leibe, starkleibig.

Corpus Domini, der Frohnleichnamstag *gen.* es, das Frohnleichnamsfest.

Corredare, rüsten *v. r.*, ausrüsten, ausstaffiren, zubereiten *v. r. comp.*; *it.* putzen *v. r.*

Corredato, *part. ed ag.* mit Hausgeräthe versehen.

Corredo, die Ausstaffirung, die Zubereitung *pl.* en; *corredi*, allerhand Geräthe.

Correggente, *sust.* ein Mitregent *gen.* e *pl.* en.

Correggente, *ag.* einer, der etwas verbessert, strafet, ändert, warnet, ermahnet, zurechte weiset.

Correggere, bessern *v. r.*, verbessern *v. r. comp.*; *it.* warnen *v. r.*, ermahnen *v. r. comp.*, strafen *v. r.*; *per*: cambiare in meglio, vom Bösen zum Guten ändern *v. r.*

Correggibile, e corriggibile, *ag.* verbesserlich, was sich bessern läßt.

Correggimento, die Verbesserung, die Ausbesserung *pl.* en; *it.* die Ermahnung, die Warnung, die Bestrafung *pl.* en; *it.* die Zucht.

Correggitore, ein Verbesserer *gen.* s, ein Corrector *gen.* s; *per*: punitore, der Zuchtmeister *gen.* s.

Correlativo, *ag.* beziehend, was sich auf was anders beziehet, was mit etwas anderm in Bezug stehet.

Correlazione, die Beziehung auf was anders.

Corrente, *sust.* *per*: opinione, die allgemeine Meinung; la corrente di un fiume, der laufende Strom des Flusses, *ag.* laufend, gangbar, flüchtig.

Correntemente, *av.* eilend, geschwind, kurz, im Laufe; *it.* gewöhnlicherweise, wie gewöhnlich, gebräuchlich.

Correre, laufen *v. ir.*, eilen, rennen *v. r.*; *it.* scorrere, fließen *v. ir.*; correre dietro ad uno, einem nachlaufen *v. ir. comp.*; corre la voce, es gehet die Rede.

Correspettivamente, *av.* verhältnißweise, beziehendermaßen.

Correspettività, das Verhältniß *gen.* s, *pl.* e, die Beziehung *pl.* en.

Correspettivo, *ag.* beziehend, verhaltend.

Correttamente, *av.* ohne Fehler, gut, reinlich.

Correttore, ein Verbesserer, ein Corrector *gen.* s; (di stampa), der die Druckfehler verbessert.

Correzione, die Verbesserung, *V.* Correggimento.

Corridore (che corre), einer der läuft, ein Läufer *gen.* s; *per*: corridore, *ossia*: loggia, der Gang *gen.* s, *pl.* (Gänge).

Corriere, ein Courier *gen.* s, ein Postbothe.

Corriggibile, *ag.* verbesserlich, *V.* Correggibile.

Corrispondente, *ag.* zusammentreffend, schicklich, übereinkommend; una casa corrispondente, ein nahe anstoßendes Haus.

Corrispondente, } *ag. ed av.*,
Corrispondentemente } schicklich, gemäß, füglich, gleichförmig.

Corrispondenza (di lettere), der Briefwechsel *gen.* s; *per*: contraccambio, die Erwiederung *pl.* en.

Corrispondere (con lettere), Briefe wechseln, v. r.; per: andare in conformità, übereinkommen, v. ir. comp.; per: contraccambiare, erwiedern, v. r. comp.; I fatti non corrispondono alle sue parole, die Thaten kommen nicht mit seinen Worten überein.

Corrivo, ag. leichtgläubig.

Corroborante, ag. stärkend, befestigend.

Corroborare, stärken v. r., befestigen v. r. comp.; vino corroborante, der Magenwein.

Corroborazione, die Stärkung, die Befestigung.

Corrodente, ag. zernagend, zerfressend, zerbeißend.

Corrodere, zernagen v. r. comp., zerfressen, zerbeißen v. ir. comp.

Corrodimento, die Zernagung, die Zerfressung pl. en.

Corrompente, ag. verfaulend, verderbend.

Corrompere, verfaulen v. r. comp., verderben v. ir. comp.; per: peggiorare, schlimmer werden v. anf.; non durare, sich nicht halten v. rec. ir., nicht dauren v. r.; it. (carnalmente), sich mit fleischlichen Sünden beflecken v. r. comp.

Corrompevole, ag. verderblich, vergänglich, der sich leicht verführen läßt.

Corrompimento, die Verderbung, die Befleckung pl. en, V. Corruzione.

Corrosione, die Zernagung, die Zerfressung pl. en, das Zernagen, das Beißen gen s.

Corrosivo, ag. zernagend, zerfressend, beißend; it. auflösend.

Corroso, ag. e part. zerfressen, zernagt, gebeizt.

Corrottamente, av. verderblicherweise.

Corruttibile, ag. vergänglich, verderblich, V. Corruttibile.

Corrucciarsi, sich betrüben, sich erzürnen v. rec. r. comp.; zornig, unwillig, böse werden v. auf.

Corrucciatamente, av. unwilligerweise, zornigerweise.

Corruccio, das Leid, das Herzenleid, der Zorn gen. es, der Unwillen gen s, die Betrübniß pl. e.

Corrucciosamente, V. Corrucciatamente.

Corruccioso, ag. unwillig, zornig, verdrießlich.

Corrugare, runzeln, falten v. r.

Corruttela, die Verderbniß pl. e, V. Corrompimento.

Corruttibile, ag. verderblich, vergänglich, verweslich.

Corruttibilità, die Vergänglichkeit, die Verderblichkeit, die Verweslichkeit pl. en.

Corruzione, das Verderben gen. s, die Verderbniß pl. e, die Fäulung, das Schlimmerwerden eines Dinges; it. die Reitzung zum Bösen, die Befleckung.

Corsa, der Lauf, das Laufen gen. s; av. a corsa, im vollen Laufe, eilend, geschwind.

Corsale, e corsaro, ein Seeräuber gen. s.

Corseggiare, auf dem Meere herumstreifen v. r. comp., Seeräuberey treiben v. ir.; it. herumstreifen v. r. comp.

Corsia, der Gang gen. s, pl. (Gänge); it. der Strom des Wassers und der Flüße.

Corsivamente, av. laufenderweise, obenhin, leichtweg.

Corsivo, ag. flüchtig met. fließend; carattere corsivo, eine flüchtige Hand.

Corso, sust. das Laufen, der Lauf, gen. s; it. das Rennen, das Kreutzen, das Streifen auf der See; moneta di corso, gangbare Münze; per: nativo della Corsica, ein Corsicaner; per: luogo di passeggio, der Lauf.

Cortamente, V. Brevemente.

Corte, der Hof an einem Hause pl. (Höfe); uomo di Corte, ein Hofmann gen. es, pl. (Hofleute); Corte di giustizia, der Gerichtsort gen. s, pl. (Gerichtsörter).

Corteccia, die Rinde pl. n, die Schaale pl. n, von Holze ꝛc.

Corteccioso, ag. rindig.

Corteggiare, aufwarten v. r. comp., sich durch höfliche Dienstbezeugungen beliebt machen v. r., dem Frauenzimmer liebkosen v. r. comp., schmeicheln, seine Aufwartung machen v. r.

Corteggiatore, der Frauenzimmer aufwartet, der Aufwartung macht.

Corteggio, die Aufwartung, die Ehrerbietung pl. en; per: seguito, das Gefolg gen. es.

Cortese, ag. höflich, artig, freundlich, manierlich, [illegible]

Cortesemente, av. höflich, artlich, gnädig, freundlich, [illegible] manierlich, [illegible]

Cortesia, [illegible] Höflichkeit, die Freundlichkeit, [illegible] die Manierlichkeit, die [illegible] pl. [illegible] in cortesia, per cortesia, aus [illegible]

Corteccia, die Rinde, V. Borcia.

Cortigiana, eine Hofdame, pl. n; per meretrice, eine [illegible] Hure, pl. n.

Cortigianamente, av. nach Hofmanier, [illegible]

Cortigianello, [illegible] der Hof[illegible] gen. [illegible] pl. [illegible] pl. n.

Cortigianesco, ag. hofmäßig, [illegible]

Cortigiano, ein Hofmann, gen. [illegible], pl. [illegible], ein Schmeichler, ein [illegible], gen. s.

Cortile, der Hof an einem großen Pallast, der [illegible]

Cortina, der Vorhang, gen. s, pl. [illegible] [illegible]

Corto, [illegible]

Corto, ag. kurz, [illegible]

Coruscare, [illegible]

Corvo, ein Rabe, V. Corbo.

Cosa, die Sache, pl. n, das Ding, gen. [illegible] [illegible]

Coscia, der [illegible] pl. [illegible]

Coscienza, das Gewissen, gen. s [illegible]

Così, av. so, [illegible]

Cosmografia, die Weltbeschreibung.

Cosmografo, [illegible] der die Welt beschreibt.

Cospergere, besprengen, bestreuen, [illegible]

Cosparso, part. ed ag. besprengt, bestreuet, [illegible].

Cospergere, V. Cospargere.

Cosperso, V. Cosparso.

Cospetto, presenza, die Gegenwart; [illegible] das Angesicht; [illegible] Potztausend!

Cospicuo, ag. in die Augen fallend; [illegible] ein berühmter, ein vornehmer Mann, V. Conspicuo.

Costa, eine Rippe, oder Ruppe, pl. n; per: sponda di mare, die See-Küsten, das Ufer, gen. s; per: Collina, der Hügel, gen. s, eine kleine Anhöhe, pl. n.

Costà, av. da, hier, allhier; costà dentro, da hinein; di costà, von dahier.

Costaggiù, av. hier unten.

Costante, ag. beständig, standhaft; per: durante, währent.

Costantemente, av. beständiglich, standhaftig, immerfort.

Costanza, die Standhaftigkeit, die Beständigkeit, pl. en; (città) Costanz.

Costare, kosten, v. r.; costar caro, theuer seyn, v. anf.; costar poco, [illegible] kosten; per: constare, bekannt seyn, v. anf.; per: constituere, bestehen, v. ir. comp.

Costassù, av. dort oben, hier oben, [illegible]

Costato, [illegible] die Seite, pl. n, [illegible] [illegible] gekostet.

Costeggiare, [illegible] dem Ufer fahren, [illegible] an das Land halten, v. [illegible]

Costei, pron. diese da.

Costellazione, das Gestirn, gen. es, pl. [illegible] das [illegible] der Planeten [illegible]

Costernare, [illegible], v. r.

Costernarsi, bestürzt werden, v. anf.

Costernazione, die Bestürzung, das Entsetzen, gen. s.

Costì, av. dort, an jenem Orte; esser di costì, von dort her seyn.

Costipamento, die Verstopfung des Leibes, die Hartleibigkeit, pl. en.

Costipato, part. ed ag. verstopft.

Costipazione, die Verstopfung des Leibes, V. Costipamento.

Costituire, einsetzen, bestellen, bestätigen, v. r. comp.; costituire un reo, einen Verbrecher vernehmen, v. ir. comp.

Costitutore, ein Einsetzer, Bestätiger, gen. s; [illegible] ein Richter, der einen Verbrecher vernimmt.

Costituita, part. eingesetzt; la premessa, fam. der vorgenommene Wille.

Costituzione, die Einrichtung, die Anordnung, die Zusammensetzung vieler Theile; le costituzioni dell' Impero, die Reichsgesetze; dalla costituzione del mondo, von Erschaffung der Welt.

Costo, per spesa, der Aufwand, gen. es; die Unkosten; per prezzo, der Werth, gen. es; der Preis, gen. es, pl. e; prov. a ogni costo, es mag kosten was es will.

Costretto, part. gezwungen, genöthiget, angehalten.

Costringere, zwingen, v. ir., nöthigen, v. r., anhalten, v. ir. comp., in die Enge bringen, v. r., im Zaume halten, v. ir.

Costrignimento, der Zwang, gen. es, die Gewalt, die Zwingung, V. Costringimento.

Costruire, per fabbricare, bauen, v. r.; per disporre in ordine, zusammen ordnen, zusammen fügen, v. r. comp., V. Construire.

Costrutto, sust. der Nutzen, gen. s, der Vortheil, gen. s, pl. e; it. die Bedeutung einer Rede; av. e part. gebauet, zusammengesetzet.

Costruzione, eine zusammengesetzte Rede.

Costumanza, die Gewohnheit, pl. en, der Gebrauch, gen. es, pl. Gebräuche; per maniera di trattare, die Artigkeit im Umgange.

Costumare, im Gebrauch haben, v. aus., gewohnt seyn, v. aus.; per istruire, unterrichten, v. r. comp.

Costumatezza, civil. civiltà, die höfliche angenommene Art, die Höflichkeit; die Artigkeit; die gute Aufführung.

Costumato, av. höflich, wohlgezogen, wohlgesittet; per solito, gewohnt.

Costume, die Gewohnheit, pl. en, der Gebrauch, gen. es, pl. Gebräuche; av. la costume, gebräuchlich; pl. i costumi, [illegible] la condotta, die Sitten, die Aufführung, pl. en; das Bezeugen, das Betragen, gen. s; uomo di buoni costumi, ein wohlgesitteter Mann.

Cotanto, av. si tanto, so viel; av. così grande, so groß; così lungo, so lang.

Cote, acc. pietra da affilar ferri, der Wetzstein, gen. es, pl. e.

Cotesto, pron. selbiger, derselbe; it. dortiger.

Cotidianamente, av. täglich.

Cotidiano, av. täglich, tägig.

Cotogna (frutto), die Quitte, pl. n; mela cotogna, der Quittenapfel, gen. s.

Cotogno (albero), der Quittenbaum, gen. es, pl. Quittenbäume.

Cotone, bambagia, die Baumwolle, cotoni, pl. die baumwollene Zeuge, der Cattun, gen. s.

Coturnice, das Feldhuhn, der Rebhuhn, gen. s, pl. (Reb, o Feldhühner).

Cotta, die Kutte, pl. n; (ad uso di Chiesa), das Chorhemde, pl. n;

Cotto, sust. ein gekochtes Gerichte, das Essen; av. e part. gekocht, gebacken, gebraten.

Cottura, das Kochen, gen. s; (dei mattoni ec.), das Brennen der Ziegel; it. una cottura di mattoni, di calcina ec., Ein Brand, ein Ofen voll.

Coturno, eine Art römischer Halbstiefel, in Trauerspielen gewöhnlich.

Covare, brüten, v. r., ausbrüten, v. r. comp., über den Eyern sitzen, v. ir.; covare il fuoco, mit dem Fuße am Feuer sitzen, v. ir.; per nascondersi, sich verbergen, v. rec. ir. comp., verstecken, verdecken, v. rec. r. comp.

Covile, das Nest, gen. es, pl. er, zum brüten; it. das Lager eines wilden Thieres, gen. s, pl. (Läger).

Covo, V. Covile.

Cozione, das Kochen, gen. s, V. Cocimento, Cottura.

Cozzare, mit den Hörnern stoßen, v. ir., anstoßen, v. r. comp.; cozzare insieme, sich zanken, v. rec. r.

Cozzarsi, sich widerreden, v. rec. ir. comp., aneinander gerathen, v. ir.

Cozzata
Cozzo) ein Stoß mit den Hörnern.

CR

Cranio, der Schädel, der Hirnschädel, gen. s; it. die Hirnschale.

Crapola
Crapula) der Rausch, gen. es; die Schwelgerey, die Völlerey, die Trunkenheit, pl. en.

Crepitare, schwelgen v. r., krachen und prasseln v. r.; per: [illegible], [illegible] v. rec. [illegible]

Crepitio, das Geknister gen. s.

Crespolino, die [illegible], V. Crespula.

Crassezza, die Fettigkeit, die Dicke

Crasso, ag. fett, dick; ignoranza crassa, grobe Unwissenheit.

Cravatta, die Halsbinde pl. n.

Crazia, eine Art Münze in Toscana von fünf Pfennigen. [illegible]

Creanza, die gute Art, die gute Erziehung, die Höflichkeit, die Wohlgezogenheit; creanze, gute Sitten; per: [illegible], die [illegible].

Creanzato, ag. höflich, wohlerzogen, manierlich, gesittet.

Creare, schaffen v. ir., erschaffen v. ir. comp.; per: eleggere, erwählen v. r. comp.

Creato, ag. e part. erschaffen.

Creatore, der Schöpfer gen. s.

Creatura, das Geschöpf gen. es, pl. e; [illegible], die Creatur pl. en.

Creazione, die Erschaffung, die [illegible], die Ernennung pl. en.

Credente, [illegible] der Gläubige, gen. n [illegible].

Credenza, der Glaube gen. ns; dare credenza, auf Borg geben v. ir.

Credenziale, ag. glaubwürdig; lettera credenziale, Beglaubigungsschreiben, Creditivschreiben gen. s.

Credenziera, die Tischschranke, der Credenzschrank gen. es.

Credenziere, der [illegible].

Credere, glauben, achten [illegible], halten v. ir.; dare a credere, [illegible] v. r. [illegible], [illegible]; dare ad intendere, einem etwas weis machen v. r.

Credibile, ag. glaublich, glaubwürdig, [illegible].

Credibilità, die Glaubwürdigkeit.

Credibilmente, av. [illegible], glaubwürdiglich.

Credito, der Glaube, gen. ns; per: riputazione, der [illegible] gen. es; das Ansehen gen. s; per: [illegible], der [illegible], der [illegible] der Creditor, [illegible]; die Schulden [illegible] v. ir. [illegible].

Creditore, der Gläubiger gen. s.

Credulità, die Leichtgläubigkeit.

Credulo, ag. leichtgläubig; per: semplice, einfältig.

Crema, agg. fior di latte, der Milchrahm gen. es; das Beste von einem Dinge.

Cremor di tartaro, gereinigter Weinstein gen. es.

Crepacuore, die Angst, das Herzeleid gen. es.

Crepare, zerbersten, aufspringen v. ir. comp., zerplatzen, krachen, platzen, rauschen, [illegible], bersten, plagen v. r.; crepar dalle risa, sich zu Tode lachen v. r. [illegible].

Crepatura, eine Spalte pl. n; der Bruch, der Riss gen. es, pl. e.

Crepitante, ag. knisternd, krachend, knallend, platzend, prasselnd.

Crepitare, knacken, knistern, knarren, prasseln v. r.

Crepuscolo, die Dämmerung (Abends und Morgens).

Crescente, ag. wachsend, zunehmend; Luna crescente, das Zunehmen des Mondes.

Crescenza) das Wachsthum, der
Crescenza) Anwachs gen. es; per: [illegible], das Gewächs gen. es, pl. e; V. Crescimento.

Crescere, wachsen v. ir., zunehmen v. ir. comp., [illegible] v. r. comp.; crescere in età, älter werden v. ir.; la luna cresce, der Mond nimmt zu.

Crescevole, ag. wachsend, zunehmend, [illegible].

Crescimento, das Wachsthum, der Anwachs gen. es; das Gewächse.

Crescione (erba), die Kresse.

Cresima, die Salbung mit Oele bey der Firmung.

Cresimare, die Oele bey der Firmung [illegible], [illegible] salben v. r.

Cresta, der Kamm, die Falte pl. n.

Crespamente, das [illegible] gen. [illegible]; der [illegible] pl. en.

Crespare, [illegible], kraus, [illegible] machen v. r.

Crespino, die Krausbeerstaude, die Stachelbeerstaude pl. n.

Crespo, ag. kraus.

Crespone, ag. runzlicht, voller Runzeln.

Cresta di gallo, der Hahnenkamm; [illegible] (d'uccello), ein Schopf oder Busch die Nägel, (Englisch ...), der Gipfel der Blume; ... kalt werden, v. n.

Crestoso, ag. das einen Kamm oder Federbusch hat.

Creta, die Kreide; per: argilla, der Thon, gen. es.

Cretoso, ag. kreidicht, voll Kreide.

Cribro, das Sieb, gen. es, pl. e.

Criminale, peinlich, verdammlich, strafbar, halsbrüchig.

Criminalista, einer der vom Criminalrechte versteht, oder schreibet.

Criminalmente, av. peinlich, auf Leib und Leben, strafbarerweise.

Criminare, peinlich verfahren, v. a. comp.; per incolpare, beschuldigen, v. a. comp.

Criminoso, ag. lasterhaft, strafbar; sust. ein Uebelthäter, gen. s.

Crine, die Mähne, das Haar auf dem Halse der Pferde oder Löwen; preso in Poesia, das Haar überhaupt.

Crinito, ag. haaricht; una cometa crinita, ein Schweifstern, gen. s.

Crisalide, ein Gewürm, so sich in einen andern Wurm verwandelt hat.

Crise / Crisi } eine plötzliche Veränderung mit einem Kranken, die Crisis.

Cristallino, ag. von Crystall, klar und durchsichtig, als Crystall.

Cristallino, sust. die crystallene Feuchtigkeit im Auge.

Cristallo, der Crystall, gen. es; cristallo di rocca, der Bergcrystall.

Cristeo / Cristere / Cristero } it. serviziale, das Klistier, gen. s.

Cristianamente, av. christlicherweise; christlich.

Cristianesimo, das Christenthum, gen. s; it. die christliche Lehre; die christliche Gemeine gen. s.

Cristianità, die Christenheit, die christliche Kirche; it. der christliche Gottesdienst, gen. es.

Cristiano, sust. der Christ, gen. en, pl. en; ag. christlich.

Cristo, der Herr Christus.

Criterio, die Beurtheilung, die Ausübung.

Critica, die Kritik; das Urtheil über eine gelehrte Sache.

Criticamente, av. auf urtheilende Art, kritischerweise.

Criticare, kritisiren, tadeln, durchhecheln v. a. comp.; it. etwas boshaftes zu urtheilen suchen.

Critico, sust. ein Kritiker, ein Kunstrichter; ag. kritisch.

Crivellare, durchsieben v. a. comp.; beuteln, sichten v. a.

Crivello, das Sieb gen. es, pl. e.

Crocchiare, klappern, rasseln, krachen machen v. a.; crocchiare i denti, die Zähne klappern lassen.

Crocchio, eine Versammlung unterschiedlicher Personen zum Plaudern.

Croce, das Kreuz gen. es; in gran Croce, ein Groß-Kreuzträger; ex. in croce, übers Kreuz, kreuzweise.

Crociamento, die Kreuzigung, die Plage, die Marter, die Pein.

Crociare, plagen, peinigen, martern, quälen v. a.

Crociata, ein Kreuzzug gen. es, pl. (Kreuzzüge).

Crocifiggere, kreuzigen v. a.; it. martern, plagen v. a.

Crocifiggimento / Crocifissione } die Kreuzigung.

Crocifisso, sust. das Bildniß Christi am Kreuze; ag. e part. gekreuzigt; it. gemartert, gequälet.

Crogiuolo, der Schmelztiegel, gen. s.

Crollamento, das Schütteln, das Erschüttern gen. s.

Crollante, ag. erschütternd, wackelnd.

Crollare, schütteln, wackeln v. a.

Crollo, die Erschütterung, die heftige Bewegung, pl. en; per: perdita, der Verlust gen. es; die Schaden, pl. n, die Einbuße der Güter.

Cronica, das Jahrbuch, das Zeitbuch gen. es, pl. (Bücher); die Chronicke pl. n.

Cronico, ag. langwierig, un mal cronico, eine langwierige Krankheit.

Cronologia, die Zeitrechnung, die Wissenschaft der Zeiten.

Crosciare, prasseln v. n.; it. einen Schlagregen thun v. n.; it. knallen, schlagen v. a.

Croscio, das Knallen, das Sprudeln, gen. s.

Crosta, die Rinde pl. n; die harte Schaale der Kunst gen. ..; die Schwarte pl. n.

Crucciolo, ag. zum Zorne leicht zu reizen.

Crucciosamente, av. zornigerweise.

Crucciare, erzürnen, zum Zorne reizen, aufbringen v. a. comp.; it. plagen v. a.

Crucciatamente, V. Crucciosamente.
Crucciato, part. erzürnet, aufgebracht, geängstiget.
Cruccio, der Zorn, gen. es; der Unwillen, gen. s; das Widerwillen, gen. s; das Herzeleid, gen. es.
Crucciosamente, av. zornigerweise; unwilligerweise.
Cruccioso, ag. zornig, unwillig; it. verdrießlich, ungehalten.
Crudamente, av. rauh, grob; met. grausamlich.
Crudele, ag., grausam, unbarmherzig, unmenschlich; it. grimmig; sust. ein Unmensch, gen. e pl. en.
Crudelmente, av. grausamerweise, unbarmherzlich.
Crudeltà, die Grausamkeit, die Unmenschlichkeit; it. der Grimm, gen. s.
Crudezza, die Herbe, die Unreifheit; it. das Rohe an den Früchten per; crudezza presso gli uomini, die Rauhigkeit, die Strenge, das rauhe Bezeigen, das grobe Reden, gen. s.
Crudo, ag. roh, ungekocht, herbe, unreif; parlando d'uomini: grob, grausam.
Crusca, die Kleye; pane di crusca, das Kleyenbrod.

C U

Cubico, ag., viereckigt, würflicht.
Cubito, der Ellenbogen, gen. s; it. ein gewisses Maas.
Cubo, der Würfel, gen. s; it. ein Körper, der von gleicher Länge, Breite und Höhe ist; ag. zum Cubo oder Würfel gehörig.
Cuccagna, das Wohlleben, gen. s; it. ein Haus wo frey gastirt wird.
Cucchiajo, der Löffel, gen. s; cucchiajo forato, der Schaumlöffel.
Cucina, die Küche, pl. n; fig. die zugerichtete Speise.
Cucinare, Essen zurichten, v. r. comp., kochen, v. r., die Küche versorgen, v. r. comp.
Cuciniere, der Koch, gen. s, pl. Köche; fem. die Köchin, V. Cuoco.
Cucire, nähen, v. r.
Cucitura, das Nähen, gen. s, die Naht, pl. (Nähte).
Cuffia, eine Weiberhaube, pl. n.
Cuffiotto, eine Nachtmütze, pl. n.
Cugina, eine Base, Muhme; Geschwisterkind; it. eine Vaters oder Mutter Schwester Tochter.
Cugino, der Vetter, gen. s; it. eine Vaters oder Mutter Bruders Sohn.
Cugno, der Keil, gen. s, pl. e.
Culata, ein Schlag, ein Fall auf den Hintern.
Culatta, die Hinterbacke, pl. n; it. der hintere Theil von verschiedenen Dingen.
Culattare, mit dem Gesäß wider die Erde stoßen, v. irr.
Culla, die Wiege, V. Cuna.
Cullare, wiegen, boyen, v. r., V. Cunare.
Culo, der Arsch, gen. es; it. der Hintertheil, der Poder, gen. s.
Culto, der Gottesdienst, gen. es.
Cultura, das Anbauen, V. Coltura.
Cumulare, häufen, sammeln, v. r.
Cumulatamente, av. haufenweise, häufig.
Cumulazione, die Zusammenhäufung, pl. en.
Cumolo, der Haufen, gen. s; it. ein gehäuftes Maas.
Cuna, die Wiege, die Boye, pl. n.
Cunare, wiegen, boyen, v. r.
Cuneo, der Keil; it. eine geometrische Figur; V. Cugno.
Cuocere, kochen, v. r.; (al forno), backen, v. r.; per: bollire, sieden, v. irr.; per: arrostire, braten, v. irr.
Cuocitore, V. Cuoco.
Cuocitura, das Kochen, gen. s; die Kocherey, pl. en; it. das Sieden etc.
Cuoco, der Koch, gen. s, pl. Köche; fem. cuoca, die Köchin.
Cuojo, das Fell, gen. es; das Leder, gen. s; it. die Haut von einem todten Thiere.
Cuore, das Herz, gen. ens, pl. en; in senso figurato per: centro, die Mitte, der Mittelpunct; nel cuore dell' Italia, mitten in Italien; per: coraggio, die Herzhaftigkeit, der Muth, gen. s; aver a cuore, sich angelegen seyn lassen.
Cupezza, die Tiefe.
Cupidamente, av. begierig.
Cupidigia) die große Begierde, die
Cupidità) Lust.
Cupido, sust. der Cupido, der Liebesgott der Heiden.
Cupido, av. begierig.
Cupo, sust. die Tiefe; per: oscurità, das Finstere.

Cupo, *ag.* tief: cupa valle, ein tiefes Thal; uomo cupo, e scaltro, ein schlauer Mensch; *per:* uomo pensoso, ein tiefsinniger, heimlicher, zurückhaltender Mensch; color cupo, eine dunckele Farbe.

Cupola, das Dach eines runden Thurms, oder einer Kirche; *it.* das Helmdach, *gen.* s, *pl.* (Dächer).

Cura, die Sorge *pl.* n; der Fleiß, *gen.* es; die Achtsamkeit, die Bemühung, *pl.* en; aver cura, besorgen, *v. r. comp.*; *per:* amministrazione, od ispezione, die Verwaltung, die Aufsicht.

Curabile, *ag.* heilbar; das curiret, geheilet werden kann.

Curagione, das Heilen, *gen.* s; die Cur.

Curare, aver cura, besorgen, *v. r. comp.*, achten, *v. r.*, bedacht seyn, *v. a/f.*, in Acht nehmen, *v. ir.*; *per:* curare un malato, kuriren, e curiren, heilen, *v. r.*

Curato, *sust.* der Pfarrherr, *gen.* e *pl.* en; der Seelsorger, *gen.* s; *part.* da curare, besorget &c. curiret &c.

Curatore, der Vormund, *gen.* es, *pl.* (Vormünder); ein Curator; *it.* einer der auf Leute Acht haben muß, die ihren Gütern nicht vorstehen können.

Curia, ein Rathhaus, *gen.* es; die Gerichtsstube, *pl.* n; *it.* der Ort wo Rath gehalten wird.

Curiale, *sust.* ein Curialist, *ag.* zum Rathause gehörig.

Curiosamente, *av.* auf eine neugierige, vorwitzige Art und weise; mit Begierde, fleißig, sorgfältig, genau.

Curiosità, die Neugierigkeit, *pl.* en; der Vorwitz, *gen.* es; *it.* die Begierde, Sachen zu wissen.

Curioso, *sust.* ein neugieriger, vorwitziger Mensch, *gen.* s *pl.* en; *ag.* vorwitzig, neugierig, sorgfältig, begierig zu wissen &c.

Curro, die Walze, *pl.* n; il curro degli occhi, das Treiben der Augen.

Cursore, der Laufer, *gen.* s; ein Gerichtsdiener, oder Bothe, *pl.* n; *V.* Corsore.

Curvare, krümmen, *v. r.*, krumm biegen, *v. ir.*

Curvatura
Curvezza } das Krümmen, das Biegen, *gen.* s; die Krümme, *pl.* n.
Curvità

Curvo, *ag.* krumm, krummgebogen.

Cuscino, *V.* guanciale, das Kopfküssen.

Cuspide, (in poesia), die Spitze, *pl.* n.

Custode, der Hüter, der Aufseher, der Wächter, *gen.* s; l'Angelo Custode, der Schutzengel, *gen.* s.

Custodia, das Huth, *gen.* s; die Wache, *pl.* n; die Aufsicht, *pl.* en; *per:* carcere, die u. das Gefängniß, *pl.* e; *it.* die Verwahrung, *pl.* en.

Custodire, hüten, *v. r.*; bewachen, *v. r. c.*; *it.* bewahren, verwahren, *v. r. comp.*; behalten, *v. ir. comp.*

Custoditamente, *av.* sorgfältig, fleißig.

Custoditore, der Wächter, der Bewahrer, *gen.* s; *V.* Custode.

Cute, die Haut, das Fell, *gen.* es; *per:* corteccia, die Rinde.

C Z

Czar, der russische Kaiser, *gen.* s.

D A

DA (segno caso dell' ablativo), von; *in senso di:* come, als; da galantuomo, als ein ehrlicher Mann; alle volte se ne fanno un aggercivo: una botte da vino, ein Weinfaß; *prep:* für; lo farò da me, ich werde es für mich thun; da: *avanti un verbo, od un pronome personale*, zu; questo è da desiderare, das ist zu wünschen; io vengo da te, ich komme zu dir.

Da banda, *av.* bey Seite.

Dabbenaggine, die Gelindigkeit, die Rechtschaffenheit, die Nachsicht *pl.* en.

Dabbene, *av.* rechtmäßig, redlich.

Da capo, *av.* vom neuen, vom Anfange, von vorne; da capo a piè, vom Kopf bis auf den Fuß.

D'accordo, *av.* einhellig, zufrieden.

Da che, *av.* nachdem, seit daß, seit dem daß; *per:* mentre, poichè, weil, als, da.

Da ciò, von dem, von diesem.

D'addosso, *av.* von der Achsel, von der Schulter; levarsi d'addosso, *cioè:* deporre, ablegen; *in senso metaf.* sich vom Halse schaffen.

Daddovero, *av.* in Wahrheit, im Ernste, wahrlich.

Dado, der Würfel *gen.* s; giuocare ai dadi, würfeln, *v. r.*

Daino, der Damhirsch gen. es, pl. e.

Da lontano, av. von weitem.

Dama, eine Frau von Adel, eine Dame.

Damaschino, ag. von Damascus; una lama damaschina, eine damascirte Klinge.

Dameggiare, dem Frauenzimmer aufwarten v. r. comp.

Damerino, ein Jungfernknecht gen. s, pl. e, der dem Frauenzimmer nachläuft.

Damigella, das Fräulein gen. s; it. das Mägdlein überhaupt.

Danajo, danaro, danari, das Geld gen. es, pl. er; per: certo peso, cioè: la ventiquattresima parte di un' oncia, ein Gewicht, das den vier und zwanzigsten Theil von einer Unze enthält; per: la duodecima parte di un soldo, ein denar.

Danajoso, e danaroso, ag. reich am Gelde; it. wohlhabend.

Dannabile, ag. verdammlich, verwerflich, verächtlich.

Dannabilmente, av. verdammlicherweise, verächtlicherweise.

Dannamento, die Verdammung, V. Dannazione

Dannare, verdammen v. r. comp.; it. condannare, verurtheilen v. r. comp.; per: rigettare, verwerfen v. ir. comp.; per: sprezzare, verachten v. r. comp.

Dannato, sust. ein Verdammter gen. s; part. verdammt, verurtheilt; ag. ruchlos.

Dannatore, ein Verurtheiler gen. s; it. der einen verurtheilet, verdammt.

Dannazione, die Verdammung, die Verurtheilung pl. en; it. die Verdammniß pl. e.

Danneggiamento, der Nachtheil gen. s; der Schaden pl. e; die Beschädigung pl. en, V. Danno.

Danneggiare, schaden v. r., beschädigen, Schaden verursachen v. r. comp., in Schaden setzen v. r.

Danneggiatore, der einen Schaden verursachet, der einen beschädiget.

Dannevole, e dannoso, ag. schädlich, verwerflich verachtungswürdig; per: pericoloso, gefährlich.

Dannevolmente, av. schädlicherweise, verachtungsweise, gefährlicherweise, verwerflich.

Dannificare, beschädigen v. r. comp. V. Danneggiare.

Danno, der Schade gen. ns pl. n, der Nachtheil gen. es; per: perdita, die Verlust; it. die Beschädigung pl. en; riparare il danno, den Schaden wieder ersetzen v. r. comp.; avverb. mio danno, es ist mein Schade; suo danno, desto schlimmer für ihn.

Dannosamente, av. mit Schaden, verderblich, V. Dannevolmente

Dannoso, ag. schädlich, verderblich.

Dante, sust. ein zugerichtetes Dammhirschfell; part. der da giebt.

Danubio (fiume), die Donau.

Danza, der Tanz gen. es, pl. e; il Maestro di danza, di ballo, der Tanzmeister gen. s.

Danzante, sust. ein Tänzer gen. s.

Danzare, tanzen v. r.

Danzatore, ein Tänzer gen. s.

Da poi, e dappoi, av. hernach.

Da poichè, e dappoichè, cong. nachdem, seitdem als.

Dappertutto, av. allenthalben, aller Orten, durchgehends, überall.

Dappocaggine, die Zaghaftigkeit, die Trägheit, die Faulheit, die Niederträchtigkeit, die Nichtswürdigkeit pl. en.

Dappoco, ag. essere da poco, zu nichts nütze seyn v. auf.; nichts taugen v. r.

Da presso, e dappresso, av. nahe, in der Nähe, V. Presso.

Dardo, der Wurfspieß gen. es, pl. e; lanciare il dardo, den Spieß werfen v. ir.

Dare, in senso lato, geben v. ir.; per: augurare, wünschen v. r., io vi do una buona notte, ich wünsche euch eine gute Nacht; per: consegnare, übergeben v. ir. comp.; per: conferire, ertheilen v. r. comp.; it. in varj altri sensi: ausliefern v. r. comp., widmen v. r., darreichen, zueignen v. r. comp.; it. dar di piglio, ergreifen v. ir. comp.; dare ad intendere, weis machen v. r.

Darsi, sich ergeben v. rec. ir. comp.; darsi la pena, sich die Mühe nehmen v. ir.; darsi aria, groß thun v. ir.

Darsena, die Darsena; it. der Theil eines Seehafens, worein man Schiffe mit einer Kette schließen kann.

D'assai, e dassai, av. genug, hinlänglich; it. recht sehr.

Data, die Zeit, da ein Brief geschrieben wird; it. das Datum.

Datare, das Datum, oder den Tag in einen Brief schreiben v. tr.

Dativo, der dritte casus des Nennworts.

Dato, *subst.* die Gabe *pl.* n; it. das Geschenk *gen.* s, *pl.* e; *part.* gegeben.

Datore, der Geber, der da giebt.

Dattero, die Dattel *pl.* n; *pro* l'albero, der Dattelbaum *gen.* es, *pl.* (Dattelbäume).

Dattilo, ein *vers.* in der Poesie von einer langen und zwo kurzen Silben.

Dattorno, da torno, e d'attorno, *av.* rundherum.

Da vantaggio, *av.* überdieß, zudem, weiter, mehr.

Davante, e davanti, *av.* in Gegenwart, zuvor, vordero; *prep.* vor.

Davanti che, e davanti che, *cong.* bevor; eher als.

Davanzo, e d'avanzo, *av.* übrig, übrig genug, mehr als zu wohl; it. übergenug.

Davvero, e da vero, *av.* im Ernste, in Wahrheit, wahrhaftig.

Dazio, die Steuer, die Auflage *pl.* n, der Impost *gen.* es, der Zoll *gen.* es, *pl.* (Zölle), die Accise *pl.* n; *pro* l'ufizio de'dazj, das Zollamt *gen.* s, *pl.* (Zollämter).

D E

Dea, die Göttin *pl.* n.

Debellare, überwinden *v. ir. comp.*, verwüsten, erobern *v. r. comp.*; *it.* bekriegen *v. r.*, mit Krieg überziehen *v. ir. comp.*

Debellatore, ein Ueberwinder, ein Obsieger *gen.* s.

Debellazione, die Eroberung, die Verwüstung *pl.* en; *it.* die Niederlage des Feindes.

Debile, *av.* schwach, kraftlos, *V.* Debole.

Debilitamento, die Schwächung, die Entkräftung, die Schwachheit, die Kraftlosigkeit *pl.* en.

Debilitare, schwächen, *v. r.*, entkräften *v. r. comp.*

Debilmente, *av.* schwächlich, schwach, *V.* Debolmente.

Debitamente, *av.* gebührlich, billig, nach Billigkeit.

Debito, die Schuld *pl.* en; *pro* obbligazione, die Pflicht, die Schuldigkeit *pl.* en; *ag.* gebührend, gehörig, schuldig; *it.* a debito tempo, zu rechter Zeit.

Debitore, *subst.* der Schuldner *gen.* s; *ag.* schuldig.

Debole, *subst.* die Schwäche; *ag.* schwach, kraftlos, matt, blöde; un uomo debole, ein blöder Mensch.

Debolmente, *av.* schwächlich, schwach.

Debolezza, die Schwachheit, die Blödigkeit, die Kraftlosigkeit, die Mattigkeit, die Ohnmacht; *pro* viltà, die Niederträchtigkeit *pl.* en.

Decadenza, e decadimento, die Abnahme, der Abgang, der Verfall *gen.* s; *it.* die Neigung zum Falle, der Anfang zum Verderben.

Decadere, abnehmen, abfallen *v. ir. comp.*; *it.* anfangen zu verderben.

Decalogo, die Gesetztafel, die zehn Gebote Gottes.

Decano, der Dechant *gen.* s.

Decantare, ausposaunen *v. r. comp.*, ausbreiten, ausbündigen *v. r. comp.*; *it.* ausbreiten *v. r. comp.*, besingen *v. ir. comp.*

Decapitare, köpfen *v. r.*, enthaupten *v. r. comp.*, den Kopf abschlagen *v. ir. comp.*

Decapitazione, die Enthauptung *pl.* en.

Decennale } *ag.* zehnjährig, das alle
Decennario } zehn Jahre geschiehet.

Decennio, zehn Jahre; *it.* eine Zeit von zehn Jahren.

Decente, e decevole, *ag.* wohlanständig, geziemend, gebührend.

Decentemente, *av.* gebührendermaßen, wohlanständig, fein.

Decenza, der Wohlstand, der Anstand *gen.* es, die Gebührlichkeit, die äußerliche Ehrbarkeit.

Decevolmente, *av.* wohlanständig, *V.* Decentemente.

Decidere, entscheiden *v. ir. comp.*, erörtern *v. r. comp.*; *it.* Endurtheil sprechen *v. ir.*

Decifrare, auslösen *v. r. comp.*, aus einander setzen, daß man den Verstand davon einsehen kann.

Decima, der Zehende *gen.* n, *pl.* n; imporre la decima, den Zehenden auflegen *v. r. comp.*

Decimare, abzehenden *v. r. comp.*, den Zehenden eintreiben.

Decimo, *subst.* der Zehende *gen.* n; *ag.* zehend.

Decina, eine Zahl von zehn.
Decisione, die Entscheidung *pl.* en, der Ausspruch, das Urtheil *gen.* s.
Decisivamente, *av.* entscheidenderweise.
Decisivo, *ag.* entscheidend, das da entscheidet, das Endurtheil giebt.
Deciso, *sust.* das Entscheidungsurtheil *gen.* s, das Decisum; *part.* entschieden.
Declamare, declamieren *v. r.*, die Stimme im Reden erheben *v. ir. comp.*; *it.* als ein Redner reden, sich in der Redekunst üben *v. r.*
Declamatore, ein öffentlicher Redner *gen.* s, der sich in der Redekunst übt, der eine öffentliche Rede hält.
Declamatorio, *ag.* zur Redeübung gehörig.
Declamazione, eine Rede, die man öffentlich herliest, oder hält; *it.* eine Strafrede *pl.* n, eine Ausschelltung einer Person.
Declinamento, der Verfall *gen.* s, das Neigen gegen das Ende, das Abwärtssinken *gen.* s.
Declinabile, *ag.* was abgewandelt werden kann.
Declinante, *ag.* abnehmend.
Declinare, *term. gramat.* abwandeln *v. r. comp.*; *per* inclinare in giù, niedersinken; *neutr.* sich neigen *v. rec. r.*, abnehmen *v. ir. comp.*; il giorno declina, der Tag nimmt ab.
Declinazione, *term. gramat.* die Abwandlung *pl.* en; *fig. ed in senso* der Verfall, das Abwärtssinken *gen.* s.
Declive, *ag.* abhängig, abschüssig, abwärts hängend.
Declività, e declivio, die Abschüssigkeit, die Abhängigkeit *pl.* en, der Abhang *gen.* es; *it.* der abhängige Ort *gen.* s, *pl.* (Oerter).
Decollare, enthaupten *v. r. comp.*, den Kopf abschlagen *v. ir. comp.*
Decollazione, die Enthauptung *pl.* en.
Decoramento, die Zierde *pl.* n; *V.* Decorazione.
Decorare, zieren, schmücken *v. r.*
Decorazione, die Zierde *pl.* n, die Ausziehrung, die Zierrat *pl.* en.
Decoro, die äusserliche Wohlanständigkeit, oder Höflichkeit *pl.* en.
Decorosamente, *av.* zierlich, wohlanständig, hübsch, fein, ehrbar.
Decoroso, *ag.* *V.* Decorosamente.
Decorso, *ag.* verlaufen, abgelaufen, vollbracht.
Decotto, *sust.* ein abgesottener Arzeneytrank; *it.* das Aufsieden eines dünnen Saftes, *V.* Fallito.
Decotto, *ag.* abgesotten, abgekocht, *V.* Fallito.
Decozione, der abgesottene Trank *gen.* s, *pl.* (Tränke)
Decremento, der Verfall *gen.* s, die Abnahme *pl.* n, das Abnehmen, das Verringern *gen.* s.
Decrepità, das hohe Alter *gen.* s; *per* caducità, die Gebrechlichkeit *pl.* en.
Decrepito, *ag.* sehr alt, steinalt.
Decrescente, *ag.* abnehmend.
Decrescere, abnehmen *v. ir. comp.*, schwinden *v. ir.*
Decrescimento, die Abnahme *pl.* n, die Verringerung *pl.* en.
Decretale, *sust.* ein Brief, oder eine Anordnung des Pabstes.
Decretare, Befehl ertheilen, verordnen *v. r. comp.*, befehlen *v. ir. comp.*
Decreto, eine Verordnung *pl.* en; (in Teologia); ein Rathschluß Gottes.
Decubito, *sust.* das Krankenlager *gen.* s.
Decurio ⎫ bey den alten Römern,
Decurione ⎭ ein Corporal *gen.* s; ein Rottmeister über zehn; *it.* ein Schüler, der zehn andere unter sich hat.
Dedicamento, die Zueignung, *V.* Dedicazione.
Dedicare, zueignen, widmen *v. r. comp.*
Dedicarsi sich widmen *v. rec. r.*, sich ergeben *v. rec. ir. comp.*; (alle scienze), sich legen *v. rec. r.*
Dedicatorio, *ag.* lettera dedicatoria, die Zueignungsschrift *pl.* en.
Dedicazione, die Zueignung *pl.* en; *it.* die Einweihung einer Kirche etc.
Dedito, *ag.* ergeben, geneigt, zugethan.
Dedizione, *cioè* arrendimento, die Uebergabe *pl.* n, die Ergebung *pl.* en.
Dedurre, abziehen von einer Summe *v. ir. comp.*; dedurre le sue ragioni, seinen Beweis führen *v. r.*
Deduzione, der Abzug *gen.* s, *pl.* (Abzüge); *it.* eine Ausführung der Ursachen.
Defalcare, e diffalcare, abziehen *v. ir. comp.*; *it.* abkürzen *v. r. comp.*
Defalco, der Abzug *gen.* s, *pl.* (Abzüge) einer kleinen Summe von einer grössern.
Defatigare, abmatten, ermüden *v. r. comp.*, müde machen *v. r.*

Deferenza, die Ehrerbietigkeit *pl.* en; das Nachgeben, der Gehorsam *gen.* s.
Deferire, mit Ehrerbietung nachgeben *v. ir. comp.*, den Vorzug lassen *v. ir.*; *it.* heimlich verklagen *v. r. comp.*, oder angeben *v. ir. comp.*; *it.* viel halten *v. ir.*; io deferisco molto a quello, ich halte viel auf ihn.
Defesso, stanco, *ag.* ermüdet, müde, niedergeschlagen.
Deficiente, *ag.* abnehmend, mangelnd, abgehend.
Definire, entscheiden *v. ir. comp.*, bestimmen *v. r. comp.*, beschließen *v. ir. comp.*
Definitivamente, *av.* ausdrücklich; *it.* auch ein Endurtheil entschieden.
Definitivo, *ag.* das entscheidet, was ein Endurtheil mit sich bringt.
Definizione, die Entscheidung *pl.* en; *it.* eine Beschreibung *pl.* en; der Schluß *gen.* es, *pl.* Schlüsse).
Deflorare una fanciulla, eine Jungfrau schänden, schwächen *v. r.*; *it.* des Glanzes berauben *v. r. comp.*
Deflusso, *sust.* der Abfluß *gen.* es; der Ablauf *gen.* s.
Deformare, verunstalten *v. r. comp.*, aus der Forme bringen *v. r.*
Deformazione, die Verunstaltung, *V.* Difformazione.
Deforme, *ag.* ungestalt, unförmlich, häßlich, garstig, *V.* Difforme.
Deformemente, *av.* unförmlich, schändlich, häßlich, *V.* Difformemente.
Deformità, die Ungestaltheit, die Häßlichkeit *pl.* en.
Defraudamento, die Entziehung, die Bevortheilung, die Betrügereÿ *pl.* en.
Defraudare, betrügen *v. ir. comp.*, bevortheilen *v. r. comp.*, hintergehen *v. ir. comp.*, abzwacken, veruntreuen *v. r. comp.*
Defraudazione, die Veruntreuung, *V.* Defraudamento.
Defunto, *sust.* der Verstorbene *gen.* n *pl.* n; *ag.* verstorben.
Degenerare, ausarten *v. r. comp.*; *it.* aus der Art schlagen *v. ir.*, sich in was schlimmes verwandeln *v. r. comp.*
Degenerazione, die Ausartung, die Verschlimmerung *pl.* en.
Degnamente, *av.* würdiglich, gebührend, *V.* Degnevolmente.
Degnante, *ag.* würdigend, höflich, holdselig.
Degnare, würdigen *v. r.*, genehmigen *v. r. comp.*; *it.* würdig schätzen.
Degnarsi, die Gütigkeit haben *v. aus.*; geruhen, belieben *v. r. comp.*
Degnazione, die Würdigung, die Genehmigung, die Holdseligkeit *pl.* en.
Degnevole, *ag.* holdselig, gnädig gegen Geringere; das würdig ist.
Degnevolmente, *av.* würdiglich, gebührendermassen, auf eine gebührende Art.
Degno, *ag.* würdig.
Degradare, von seiner Würde absetzen *v. r. comp.*
Degradazione, die Absetzung, die Entsetzung *pl.* en; (von einem Amte, vom Adel, oder sonst von einem Ehrenstand).
Deh, *interj.* ach! eÿ!
Deificamento, die Vergötterung.
Deificare, vergöttern *v. r. comp.*
Deificazione, e deificamento, die Vergötterung.
Deifico, *ag.* vergötternd, göttlich.
Deiforme, *ag.* Gott ähnlich.
Deità, die Gottheit; le Deità pagane ec., die heidnischen Götter.
Delatore, der Angeber, der Anbringer *gen.* s, (vor Gericht).
Delegare, abordnen, absenden *v. r. comp.*, Befehl geben, (etwas zu verrichten, oder zu untersuchen).
Delegazione, der Befehl *gen.* s; (etwas zu untersuchen, zu verrichten, oder zu entscheiden).
Delfino (pesce), der Delphin *gen.* s; il Principe ereditario in Francia, der Dauphin, *gen.* s.
Deliberare, beschliessen *v. ir. comp.*, anordnen *v. r. comp.*; per: essere di sentimento, Willens seyn, *v. aus.*; per: assolvere, lossprechen *v. ir. comp.*; per: risolvere, consultare, esaminare, überlegen, berathschlagen, untersuchen *v. r. comp.*
Deliberatamente, *av.* entschlossenerweise, beherzt, unverzagt.
Deliberativo, *ag.* berathschlagend; voto deliberativo, das Schluß Votum.
Deliberazione, die Berathschlagung, die Entschließung *pl.* en; *it.* der Schluß *gen.* es, *pl.* Schlüsse).
Delicatamente, *av.* zärtlich, niedlich.
Delicatezza, die Zartheit, die Zärtlichkeit, die Niedlichkeit *pl.* en.
Delicato, *ag.* zart, niedlich, köstlich.

zu dem Geschmacke angewöhnen; per: debole, schwach, unkräftig, weichlich; it. der nicht viel aussehen kann, it. d'intelletto, d'ingegno, subtil, scharf; per: [illegible], zärtlich, behutsam.

Delimare, wegfeilen, abfeilen v. r. comp.

Delineamento, die Abzeichnung pl. en; der Entwurf gen. es, pl. (Entwürfe).

Delineare, entwerfen, abreißen v. ir. comp., abzeichnen v. r. comp., einen Riß machen v. r.

Delineatore, der Zeichner gen. s.

Delineazione, der Entwurf gen. es; v. Delineamento.

Delinquente, sust. ein Verbrecher, ein Schuldiger, ein Missethäter gen. s.

Deliquio, die Ohnmacht.

Delirante, ag. der närrisch thut, schwärmet, raset.

Delirare, närrisch seyn v. aus. thöricht thun v. ir., schwärmen v. r.

Delirio, der Aberwitz, der Wahnwitz gen. es; die Raserey pl. en; delirio amoroso, die thörichte Liebe.

Deliro, ag. part. aberwitzig, wahnwitzig, rasend.

Delitto, das Verbrechen gen. s; die Missethat, die Uebertretung pl. en.

Delizia } die Lust, die Freude pl. en;
Deliziamento } das Vergnügen gen. s, die Wollust, die Wonne pl. n.

Deliziarsi, sich vergnügen v. rec. r. comp., in Wollust leben v. r., sich ergötzen, sich belustigen v. r. comp.

Deliziosamente, av. köstlich, wollüstiger Weise.

Delizioso, ag. angenehm, wollüstig, reizend, köstlich.

Del pari, av. zugleich, auch, ebenfalls.

Del resto, cong. übrigens.

Del tutto, av. gänzlich.

Deludere, oder: ingannare, betrügen, hintergehen v. ir. comp.; per: dileggiare, verspotten v. r. comp., äffen v. r.

Delusione, der Betrug gen. s; pl. die Verspottung, die Täuschung pl. en.

Deluso, part. betrogen, verführt.

Demente, ag. unsinnig.

Demenza, die Unsinnigkeit, die Thorheit, die Narrheit pl. en.

Demergere, untertauchen, versenken v. r. comp.

Demeritare, sich unverdient machen v. r.; it. eine strafwürdige That begehen v. ir. comp., nè meritare, nè demeritare, weder verdienen noch verschulden.

Demeritevole, ag. unverdient, unverschuldet, unwürdig.

Demerito, sust. die Verschuldung, die strafwürdige That pl. en.

Demerso, part. untergetaucht, versenkt.

Democratico, ag. demokratisch.

Democrazia, eine Regierungs-Form, wo die höchste Gewalt beym Volke stehet.

Demolire, abreißen, einreißen v. ir. comp., zerstören v. r. comp.

Demolizione, die Niederreißung, die Zerstörung, die Schleifung pl. en.

Demonio, der Teufel gen. s; it. lo spirito maligno, der böse Geist gen. es.

Danaio } das Geld gen. s, pl. er.
Danaro }

Danaroso, ag. wohlhabend, mit Gelde versehen.

Denegare, verneinen, verläugnen v. r. comp., abschlagen v. ir. comp.; it. entziehen v. ir. comp., leugnen v. r.

Denigrare, verschwärzen, anschwärzen v. r. comp., [illegible] v. ir. comp., verdunkeln v. r. comp., schwarz machen v. r.; it. schänden v. r.

Denigrazione, die Verläumdung pl. en, die üble Nachrede pl. n.

Denodare, losknüpfen, einen Knoten auflösen v. r. comp., v. Snodare.

Denominare, nennen v. r., ernennen v. r. comp.

Denominatore, der Nenner gen. s.

Denominazione, die Benennung, die Ernennung pl. en; it. der Name gen. ns, pl. n.

Denotare, anzeigen, andeuten, bemerken, bezeichnen v. r. comp.; per: descrivere, beschreiben v. ir.

Denotativo, ag. anzeigend.

Denotazione, die Anzeige pl. n, die Bemerkung pl. en, das Kennzeichen gen. s.

Densare, condensare, dicke machen v. r.

Densità, die Dichtigkeit, die Festigkeit pl. en; die Dicke, die Dichte der [illegible].

Denso, ag. dicht, fest auf einander.

Dentare, zahnen, [illegible] v. r.

Dentaruolo, der [illegible] gen. es, pl. ([illegible]); it. das [illegible] der Kinder.

Dentatura, die Reihe Zähne *pl.* (Gebiß).

Dente, *sm.* der Zahn *gen.* es, *pl.* Zähne; i denti mascellari, die Backzähne; denti d' avanti, die vorderen Zähne; denti di sotto, die untern Zähne; denti canini, der Augenzahn; fare i denti, Zähne bekommen *v. ir. comp.*; battere coi denti, mit den Zähnen klappern, [illegible] *v. r.*; dente canino (erba), der Hundszahn; dente cavallino (erba), der Roßzahn.

Dentecchiare, [illegible], *V.* Denticchiare.

Dentelliere, [illegible], der Zahnstocher *gen.* s.

Denticchiare, knabbern *v. r.*, thun, als man mit den Zähnen knacke, die Speise im Munde nur herumwerfen *v. ir. comp.*; *fig.* wenig und langsam ohne Appetit essen *v. r.*

Dentice (pesce), eine röthliche Meerbrasse *pl.* n; Meerbrachsen.

Dentro, *av.* drinnen, innerhalb, inwendig, hinein; mettere dentro, hinein thun *v. ir.*

Denudare, entblößen *v. r.*; *per* scoprire, entdecken *v. r. comp.*; *per* spogliare, berauben *v. r. comp.*

Denunziare, anzeigen *v. r. comp.*

Denunzia, o denunziatore *ec.*, *V.* Dinunzia, Dinunziare *ec.*

Dependente, *sust.* der Abhängende, der Untermann *gen.* s *pl.* en; *ag.* abhängend, unterworfen.

Dependentemente, *av.* abhängiger Weise, auf eine abhängende Weise, nach der Ordnung [illegible].

Dependenza, die Unterwürfigkeit, die Abhängigkeit, die Unterthänigkeit *pl.* en.

Dependere, abhangen *v. r. comp.*; *fig.* unter einem seyn *v. ausl.*; *it.* provenire, herrühren *v. r. comp.*

Deplorabile, *ag.* kläglich, jämmerlich, [illegible] zu beklagen, zu bejammern *ec.*

Deplorabilmente, *av.* jämmerlicherweise, kläglicherweise.

Deplorare, beklagen, beweinen, bejammern *v. r. comp.*

Deponente, *sust.* der Zeuge *gen.* e *pl.* n; *ag.* einer der etwas ablegt.

Deponimento, die Absetzung, die Abdankung einer Würde *pl.* en; *it.* die Aussage eines Zeugen vor Gerichte; *per* testimonio di cose fatte, der Eid *gen.* es.

Deporre, ablegen, niederlegen *v. r. comp.*; *per* degradare, absetzen, abdanken *v. r. comp.*; *per* dar in deposito, in Verwahrung geben *v. ir.*; *per* affidare, anvertrauen *v. r. comp.*; *per* deporre in testimonio, Zeugniß geben *v. ir.*, Zeugniß ablegen *v. r. comp.*; deporre il giuramento, das Jurament ablegen *v. r. comp.*

Depositare, in Verwahrung geben *v. ir.*, anvertrauen *v. r. comp.*; *it.* hinterlegen *v. r. comp.*

Depositario, der, dem man was zu verwahren giebt.

Depositeria, der Ort, wo das Anvertraute verwahret wird.

Deposito, der Unterpfand *gen.* es, *pl.* Unterpfänder; das anvertraute, niedergelegte Geld *ec.*; *per* tomba, das Grab *gen.* es, *pl.* er.

Deposizione, die Niederlegung *pl.* en; *V.* Deponimento.

Deposto (di un testimonio), *sust.* die Aussage eines Zeugen; *ag. it.* abgelegt, abgesetzt.

Depravare, verderben *v. ir. comp.*, verführen *v. r. comp.*

Depravatore, der Verderber, der Verführer *gen.* s.

Depravazione, die Verderbung, die Verführung *pl.* en, das Verderbniß *pl.* e; *it.* die Unordnung, die unordentliche Beschaffenheit *pl.* en.

Deprecabile, *ag.* erbittlich, was sich erbitten läßt.

Deprecativo, *ag.* abbittlich.

Depredamento, die Plünderung, die Beschädigung *pl.* en; *it.* die untreue Verwaltung *pl.* en.

Depredare, berauben, plündern *v. r. comp.*

Depredatore, der Räuber, der Freybeuter *gen.* s.

Depredazione, die Beraubung, *V.* Depredamento.

Depressione, die Unterdrückung *pl.* en, das Niederdrücken *gen.* s; *per* abbassamento, die Erniedrigung, die Niedrigkeit *pl.* en.

Deprimere, unterdrücken, niederdrücken *v. r. comp.*; *it.* [illegible] *v. ir.*

Depurare, reinigen, säubern *v. r.* (nella chimica), läutern *v. r.*

Depurazione, die Reinigung, die Säuberung, die Läuterung *pl.* en.

Deputare, abordnen, abschicken, bestimmen, erwählen *v. r. comp.*

Deputato, *sust.* ein Abgeordneter, ein Abgesandter, ein Deputirter *gen.* s; *ag. e part.* abgeordnet.

Deputazione, die Abordnung, die Abschickung, die Absendung *pl.* en.

Derelitto, *ag.* verlassen; *sust.* ein Verlassener; *it.* der keine Hofnung hat.

Derelizione, die Verlassung *pl.* en.

Deretano, e diretano, *sust.* der Hintere *gen. e pl.* n; *ag.* was hinten ist.

Deridere, verlachen, verspotten, auslachen *v. r. comp.*

Derisitore, der Spötter, der Verächter. *V.* Derisore.

Derisibile, *ag.* spöttlich, lächerlich, verspottungswerth.

Derisione, die Verspottung *pl.* en, das Auslachen, das höhnische Gelächter *gen.* s.

Derisivamente, *av.* lächerlich, spöttlich, höhnischerweise.

Deriso, *sust.* das Verlachen, das Verspotten, das Gelächter *gen.* s; *part.* ausgelacht.

Derisore, der Spötter *gen.* s; *it.* ein Spottvogel *gen.* s *pl.* (Spottvögel).

Derisorio, *ag.* höhnisch, spöttlich, lachenswerth, verspottenswürdig.

Derivare, entspringen, herkommen *v. ir. comp.*, herrühren *v. r. comp.*, entstehen *v. ir. comp.*; *it.* aver origine, Ursprung haben *v. auf.*, abstammen *v. r. comp.*

Derivativo, *ag.* abstammend, entspringend, herkommend.

Derivazione, die Ableitung, die Herleitung; *it.* die Abstammung *pl.* en; *it.* der Ursprung *gen.* s.

Deroga, der Abbruch *gen.* s, *V.* Derogazione.

Derogabile, *ag.* prejudicirlich, dem Abbruch geschehen kann.

Derogare, etwas ordnen was einem Edicte oder Gebrauche zuwider ist; derogare ad una legge, einem Gesetze Abbruch thun *v. ir.*; *it.* distruggere, annientare, vernichten *v. r. comp.*

Derogativo, *ag.* was einem Dinge Abbruch thut, was etwas ungültig macht.

Derogazione, der Abbruch, der Nachtheil *gen.* s.

Derrate, allerley Lebensmittel; *it.* die Waaren.

Descendente ec., *ag.* absteigend, *V.* Descendente.

Desco, der Tisch *gen.* es, *pl.* e; *it.* ein Stuhl mit drey Beinen; *it.* ein Tisch, oder Bank, worauf man etwas feil hat.

Descrittibile, e descrivibile, *ag.* beschreiblich; *it.* was man beschreiben kann.

Descrittivo, *ag.* beschreibend.

Descrittore, der Beschreiber, der Abschreiber *gen.* s; *it.* einer, der beschreibt.

Descrivere, beschreiben; *it.* abschreiben; *it.* aufschreiben *v. ir. comp.*; *it.* eintragen *v. ir. comp.*

Descrizione, die Beschreibung, die Schilderung; *it.* die Vorstellung *pl.* en. (eines Dinges mit Worten).

Desertare, wüste machen *v. r.*; *it.* einen Ort verlassen, davon gehen *v. ir. comp.*; *per termine militare*, davon laufen *v. ir.*, ausreissen *v. ir. comp.*, desertiren *v. r.*; *it.* zum Feinde übergehen *v. ir. comp.*

Deserto; *sust.* die Wüste *pl.* n, die Wüsteney *pl.* en; *it.* die Oede *pl.* n; *it.* ein unbewohnter Ort.

Deserto, *ag.* wüste, öde, einsam, unbewohnt.

Desertore, ein Deserteur, ein Ausreisser, ein Ueberläufer *gen.* s.

Desertazione, die Verlassung (im Kriege) *pl.* en.

Desiderabile, *ag.* wünschenswerth, *it.* angenehm; *it.* das, was wohl zu wünschen ist.

Desiderabilmente, *av.* begierig, sehnlich, verlangenderweise.

Desiderante, ein Wünschender, ein Begehrender *gen.* s.

Desiderare, wünschen *v. r.*, begehren, verlangen *v. r. comp.*; *it.* sich sehnen *v. rec. r.*; desiderare, ad augurare ad uno qualche cosa, einem etwas wünschen; desiderare qualche cosa, etwas verlangen, wünschen.

Desiderevole, *ag.* wünschenswerth, *V.* Desiderabile.

Desiderio, das Verlangen *gen.* s, die Begierde *pl.* n, der Wunsch *gen.* es, *pl.* (Wünsche); die Sehnsucht; entrar in desiderio, Lust haben *v. auf.*; mi viene il desiderio, ich möchte gern,

Desideratamente, *av.* begierig, sehnlich, mit Sehnsucht, mit Verlangen.
Desideroso, *ag.* sehnlich, willfährig, begierig.
Designare ec., zeichnen *v. r.*, *V.* Disegnare ec.
Desinare, zu Mittag essen *v. ir.*; *sust.* il desinare, das Mittagmahl, das Mittagessen *gen.* s.
Desinenza, die Endigung *pl.* en; das Ausgehen, das Enden *gen.* s.
Desio, e desire, *V.* Desiderio.
Desistenza, das Nachlassen, das Aufhören *gen.* s.
Desistere, abstehen, ablassen, nachlassen *v. r. comp.*, *per* cessare, aufhören *v. r. comp.*
Desolamento, die Verheerung, *V.* Desolazione.
Desolare, ausplündern, verwüsten *v. r. comp.*, verderben *v. ir. comp.*; *per* angustiare, bekümmern, betrüben *v. r. comp.*
Desolatore, der Verwüster, der Verheerer *gen.* s.
Desolazione, die Verheerung, die Verheerung, die Verwüstung *pl.* en; *in senso de' costumi*, die Betrübniß *pl.* e; die Trübsal.
Despota ec., ein Despot *gen.* s, *V.* Dispoto.
Dessa, *per* essa, *pron.* Sie. Sie
Desso, *per* esso, selbst; egli è desso, e ella è dessa, Sie ist es.
Destamento, das Aufwecken, das Aufwachen *gen.* s; *met.* die Ermunterung, die Anreizung *pl.* en.
Destare, aufwecken, aufwachen *v. r. comp.*, *met.* aufmuntern, ermuntern *v. r. comp.*; destar l' appetito, Lust machen *v. r.*; destar un desiderio, ein Verlangen erwecken *v. r. comp.*
Destarsi, erwachen *v. r. comp.*, munter werden *v. anf.*
Destinare, bestimmen *v. r. comp.*, sich vornehmen *v. rec. ir. comp.*; *it.* verordnen bey sich selbst.
Destinazione, die Bestimmung *pl.* en; *it.* die Verordnung, die man in seinem Herzen macht.
Destino, das Schicksal *gen.* s; die Fügung *pl.* en; das Verhängniß *pl.* e, *it.* das göttliche Geschick *gen.* es, *pl.* e.
Destituto, *ag.* e *part.* abgesetzt, beraubt, entblößt, verlassen.
Destituzione, die Absetzung (vom Amte) *pl.* en; *it.* die Verlassung *pl.* en.
Desto, svegliato, *ag.* e *part.* aufgeweckt, *met.* munter, frisch, lebhaft, geschwind.
Destra, die rechte Hand, die rechte Seite.
Destramente, *av.* geschicklich, listig.
Destreggiare, geschicklich handeln *v. r.*
Destrezza, die Geschicklichkeit, die Fertigkeit *pl.* en; *met.* die List, die Klugheit, die Spitzfündigkeit, die Verschlagenheit *pl.* en.
Destriere, e destriero, ein abgerichtetes Handpferd *gen.* es, *pl.* Handpferde.
Destro, *ag.* geschickt, fertig, recht; *met.* listig, klug, verschlagen, günstig; un uomo destro, ein kluger Mann; il lato destro, die rechte Seite; l'ala destra, der rechte Flügel; *it. ag.* destro, ungeschickt.
Desumere, schließen *v. ir.*, begreifen, abnehmen *v. ir. comp.*, folgern *v. r.*; *per* congetturare, muthmaßen *v. r. comp.*
Detergere, *term. medico* die verderbten bösen Feuchtigkeiten ausführen *v. r. comp.*
Deterioramento, die Verderbung, die Verschlimmerung *pl.* en.
Deteriorare, etwas verderben *v. ir. comp.*, verschlimmern *v. r. comp.*, schlimmer machen, in schlimmern Zustand setzen *v. r.*
Determinare, entscheiden *v. ir. comp.*, ausdrücklich bestimmen *v. r. comp.*; determinare i confini, die Gränzen stellen *v. r.*, bestimmen *v. r. comp.*; *it.* veranlassen, beschließen *v. ir. comp.*
Determinarsi, sich entschließen *v. rec. ir. comp.*, bestimmen *v. ir. comp.*
Determinatamente, *av.* durchaus, ausdrücklich, eigentlich; *it.* ohne Ansehen.
Determinativo, *ag.* entscheidend, bestimmend.
Determinazione, die Entscheidung, die Bestimmung *pl.* en; *it. per* decreto, der Ausspruch *gen.* s; *it.* die Veranstaltung, die Bewegung *pl.* en.
Detersivo, *ag.* das abführet, reiniget.
Detestabile, *ag.* abscheulich, gräulich, garstig, häßlich, verfluchenswerth, schlecht.
Detestabilmente, *av.* abscheulicherweise, verdrüßlicherweise, häßlicherweise.

Detestare, verwerfen *v. ir. comp.*, verabscheuen *v. r. comp.*, Abscheu haben *v. aus.*; *it.* verfluchen *v. r. comp.*

Detestazione, der Abscheu *gen.* es, die Verabscheuung, der Greuel *gen.* s.

Detraggere ⎫ abziehen, abrechnen *v. ir.*
Detrarre ⎭ *comp.*, (von einer Summe); *met.* e *id.*; parlar male, übel nachreden, verläumden *v. r. comp.*; detrarre altrui, einem an seiner Ehre abschneiden *v. ir. comp.*

Detrattore, ein Verläumder *gen.* s.

Detrazione, der Abzug *gen.* s, *pl.* (Abzüge); *met.* die Verläumdung, *pl.* en, die Nachrede *pl.* n.

Detrimento, der Schade *gen.* n, *pl.* (Schäden), der Nachtheil *gen.* es, *it.* die Verlust.

Detronizzare, vom Trone stoßen *v. ir.*

Detrudere, herabstoßen, verstoßen *v. ir. comp.*, herunterstürzen *v. r. comp.*

Detta, *sust.* eine gewiße Handlung, *it.* eine Schuld; *per* sentimento, die Meynung *pl.* en; stare alla detta altrui, sich auf das, was einer sagt beziehen, berufen *v. rec. ir. comp.*

Dettame, das Eingeben, das Sagen und Lehren *gen.* s. (*parlandosi d' affetti, e di coscienza*).

Dettare, dictiren *v. r.*, das Wort zu Wort vorsagen *v. r. comp.*; la ragione ci detta, die Vernunft lehret uns.

Dettato, *sust.* der Einfluß *gen.* es, *pl.* Aufsätze, eine Tractat, ...

Dettatore, ein Dichter *gen.* s, *it.* einer der etwas dichtet, *it.* eine Würde bey den alten Römern.

Dettatura, das Dictiren *gen.* s, *it.* die Würde eines Dictators bey den alten Römern.

Detto, *part. ed ag.* gesagt, genannt, angeführt.

Detto, *sust.* das Wort *gen.* s, *pl.* (Wörter), der Spruch *gen.* s, *pl.* (Sprüche); *per* proverbio, das Sprüchwort *gen.* s.

Deturpare, verunstalten *v. r. comp.*, ungestalt machen *v. r.*; *it.* verwüsten *v. r. comp.*, schänden *v. r.*

Deturpatore, einer der verwüstet, ungestalt macht, schändet.

Devastamento, die Verheerung, *V.* Devastazione.

Devastare, ein Land verwüsten, verheeren, zerstören *v. r. comp.*; *it.* verhindern *v. r.*

Devastatore, ein Verwüster, ein Verheerer *gen.* s.

Devastazione, die Verheerung, die Verwüstung, die Zerstörung *pl.* en; *it.* der Raub *gen.* es, die Plünderung *pl.* en.

Deviamento, die Abweichung *pl.* en; (der Planeten), das Abkommen *gen.* s (vom Wege).

Deviare, von seinem Vorsatz abgehen *v. ir. comp.*, entfernen, vom Wege abweichen *v. r. comp.*, aus der Richtschnur kommen *v. ir.*, sich verirren *v. rec. r. comp.*; *met.* ausschreiten *v. ir. comp.*, ausschweifen *v. r. comp.*

Devolvere, heimfallen, anfallen *v. ir. c.*

Devolutivo, *ag.* heimfällig, anfällig, das heimfällt, anfällt.

Devoluto, *ag.* verfallen, heimgefallen, (als ein Gut, oder Einkommen).

Devoluzione, das Heimfallen *gen.* s (einer Pfründe, Erbschaft *rc.*)

Devotamente *ec.*, *av.* andächtiglich, *V.* Divotamente *ec.*

DI

DI, *art. gen.* des; in *senso di un gerundio*: zu; di vedere, zu sehen; *alle volte dirch*: mit; *con* di tutta forza, mit aller Gewalt; *dopo un comp. ar.* vo, als; più saggio di lui, weiser als er; *in certi sensi significa* alcuni, einige, etliche; vi erano di quelli che *ec.*, es waren einige, welche *rc.*; *it.* bey, vicino, vicino di Dresda, nahe bey Dresden; *it.* für; di certo verrò, für gewiß werde ich kommen; *av.* di voglia, willig; di cuore, herzlich.

DI, giorno, der Tag *gen.* es, *pl.* (Tage); a dì 15 Gennajo, den fünfzehnten Jener; a' dì miei, zu meiner Zeit, al dì d' oggi, heut zu Tage; a' nostri dì, zu unsern Zeiten; di dì, bey Tage; un dì sì, un dì no, einen Tag um den andern.

Diabete, e Diabetica (certa malattia), der Harnfluß *gen.* es.

Diabetico, *ag.* mit dem Harnfluße behaftet.

Diabolicamente, *av.* verteufelt, teuflischerweise; *it.* grausam.

Dia-

Diabolico, *ag.* teufelisch.

Diacciuolo, das Eis *gen.* es, *V.* Ghiaccio.

Diaconato, die Würde eines Diakon(s) [zu geistlichen Kirchenverrichtungen].

Diacono, ein Diakonus; *it.* der nächste nach dem Prediger.

Diadema, eine königliche Hauptbinde, oder Krone *pl.* n.

Diafanità, die Durchsichtigkeit.

Diafano, *ag.* durchsichtig.

Diaframma, o diafrámma, (*ter. anat.*), das Zwerchfell im Leibe; *it.* der Knorpel, so die Naselöcher abtheilet.

Diaforetico, *ag.* schweißtreibend.

Diagonale, *ter. matem.*, ein Strich von einem Winkel zum andern, durch den Mittelpunkt gezogen.

Diagonalmente, *av.* übereck, eckstrichsweise.

Dialettica, die Logik, die Disputirkunst.

Dialettico, *sust.* ein Logikus; ein Lehrer der Logik; *ag.* was zur Logik gehört.

Dialetto, die Redensart; die Mundart (eines gewissen Landes).

Dialogista, ein Verfasser der Gespräche.

Dialogo, das Gespräch *gen.* s, *pl.* e.

Diamante, der Diamant *gen.* s; ein edler Stein; diamante greggio, ein ungeschliffener Diamant; fino, ein ächter Diamant; falso, ein falscher Diamant.

Diametrale, *ag.* linea diametrale, die Durchschnittslinie *pl.* n.

Diametralmente, *av.* gerade gegen einander; durchaus wider einander.

Diametro, der Durchschnitt *gen.* s; eines Zirkelkreises durch den Mittelpunkt.

Diana, die Göttin Diana; die Göttin der Jagd; *it.* (*ter. milit.*) die Revell; battere la diana, die Revell schlagen *v. ir.*

Dianzi, poco fa, *av.* vorher, kurz vorher, seit kurzem, vor kurzer Zeit.

Diario, giornale, das Tagebuch *gen.* s, *pl.* (Tagebücher).

Diarrea, der Durchlauf, der Durchfall *gen.* s; der Bauchfluß *gen.* es.

Diaspro, der Jaspis *gen.* es; (ein Edelgestein).

Diavolo, der Teufel *gen.* s; fare il diavolo, wüten, toben, rasen *v. r.*; fare il diavolo a quattro, großen Lerm machen *v. r.*; un diavolo caccia l'altro, ein Teufel jagt den andern aus; *interj.* poffar il diavolo! Potz Teufel!

Dibarbicare, mit samt der Wurzel ausreißen *v. ir. comp.*; ausrotten, ausjäten *v. r. comp.*

Dibattere, herumschlagen *v. ir. comp.*, untereinander rühren, quirlen *v. r.* zerklopfen, zusammenschütteln *v. r. comp.*, *met.* dibattere una quistione, über etwas streiten *v. ir.*, zanken *v. r.*; *it.* eine streitige Sache abthun *v. ir. comp.*; dibattere i denti dal freddo, mit den Zähnen für Kälte klappern *v. r.*

Dibattimento, das Eindrücken, das Zerschlagen, das Zusammenstoßen *gen.* s; *per* movimento, die Bewegung *met. per* pugna, der Streit *gen.* es, *pl.* e.

Diboscare, einen Wald umhauen *v. ir. comp.*; *it.* escire dal bosco, aus dem Walde herauskommen, *v. ir. comp.*

Dibrucare, o dibrascare, die unnützen und dürren Aeste abnehmen *v. ir. comp.*

Dicadere, abfallen *v. ir. comp.*, *V.* Decadere.

Dicadimento, der Abfall *gen.* s; *met.* Verfall, der Zerfall *gen.* s, *pl.* (fälle).

Dicapitare, enthaupten *v. r. comp.*, *V.* Decapitare.

Dicasterio, das Gerichtscollegium.

Dicembre, der Christmonat *gen.* s, *pl.* e.

Diceria, eine lange, öffentliche Rede *pl.* n; *it.* ein unnützes, langweiliges Geschwätz *gen.* es, *pl.* e; *it.* der Spruch *gen.* s, *pl.* (Sprüche).

Dicevole, *ag.* geziemend, *V.* Decente.

Dichiaragione e dichiaragione } die Er-
Dichiaramento } klärung, die Auslegung, die Kundmachung, die Offenbarung, die Erkundigung, die Bezeugung, die Beschreibung *pl.* en; *it.* die Aussage *pl.* n.

Dichiarare, erklären, offenbaren, bezeugen *v. r. comp.*, zu wissen thun, zu erkennen geben *v. ir. comp.*; *per* nominare, ernennen, erwählen *v. r. comp.*

Dichiararsi, sich erklären *v. rec. r. comp.*; dichiararsi debitore, sich für einen Schuldner erkennen.

Dichiaratore, einer der sich erklärt, offenbaret; *it.* ein Ausleger *gen.* s.

Dichiarazione, die Erklärung, *V.* Dichiaragione.

Dichinamento, das Sinken, das Neigen *gen.* s; *it.* das Abnehmen *gen.* s; *it.* der Verfall *gen.* s.

Dichinante, *ag.* sich neigend, abnehmend.

Dichinare } sich neigen *v. rec. r.*, zu
Dichinarsi } seinem Ende gehen *v. ir.*, abnehmen *v. ir. comp.*, sich erniedrigen *v. rec. ir. c.*, sich herablassen *v. rec. r.*

Diciannove, neunzehn.

Diciannovesimo, der, die, das Neunzehnte *gen.* e *pl.* n; *ag.* neunzehnt.

Diciassette, siebenzehn.

Diciassettesimo, der, die, das Siebenzehnte *gen.* e *pl.* n; *ag.* siebenzehnt.

Dicibile, *ag.* was sich reden läßt.

Dicifrare, erklären, auslegen *v. r. comp.*, herausbringen *v. ir. comp.* (Ziffern, Geheimnisse, Räthsel rc.)

Dicifratore, einer der die Kunst, unbekannte Ziffern, Schriften rc. zu erklären und auszulegen versteht.

Diciottesimo, der, die, das Achtzehnte *gen.* e *pl.* n; *ag.* achtzehnt.

Diciotto, achtzehn.

Dicitore, ein Redner *gen.* s; *it.* der saget, erzählet.

Dicitura, die Wohlredenheit *pl.* en; die zierliche Rede *pl.* n; die zierliche Schreibart *pl.* en.

Dicrescere, abnehmen *v. ir. comp.*, schwinden *v. ir.*; l'acqua è dicresciuta, das Wasser ist gefallen.

Dicrescimento, der Verfall *gen.* s; die Abnahme *pl.* n; das Abnehmen *gen.* s.

Dicrollamento, die Erschütterung *pl.* en.

Dicrollare, erschüttern *v. r. comp.*, stark bewegen *v. ir. comp.*; *met.* übertäuben *v. r. comp.*, *V.* Crollare.

Didiacciare, aufthauen *v. r. comp.*, schmelzen *v. ir.*, (das Eis, oder den Schnee), *V.* Dighiacciare.

Didietro, *sust.* der Hintere; das Hintertheil (eines Dinges); *av.* hinten.

Dieci, zehn e zehen.

Diecina, eine Zahl von Zehn, *V.* Decina.

Dieta, *per:* Assemblea, der Reichstag *gen.* es, *pl.* e; Landtag; *it.* eine Zusammenkunft der Stände.

Dieta, *per:* astinenza di cibo, das mäßige Leben im Essen und Trinken.

Dietro, *av.* hinten, hinten nach, hinten drein; *prep.* nach, hinter; correr dietro ad uno, einem nachlaufen *v. ir. comp.*; dietro alla porta, hinter der Thüre; *sust.* il dietro della carrozza, das Hindertheil der Kutsche; *per:* culo, der Hintere *gen.* e *pl.* n.

Dietroguardia, der Nachzug *gen.* es; (einer Armee).

Difalcare ec., verringern *v. r. comp.*, *V.* Defalcare ec.

Difendente, *sust. ed ag.*, einer der vertheidigt, beschützt, behauptet, für etwas streitet.

Difendere, vertheidigen, beschützen, behaupten *v. r. comp.*, für etwas streiten *v. ir.*; *per:* proibire, untersagen, verwehren *v. r. comp.*

Difenderli, sich vertheidigen *v. rec. r. comp.*, sich wehren *v. rec. r.*

Difendevole, *ag.* das gut zu vertheidigen ist.

Difendimento, die Vertheidigung, *V.* Difesa.

Difenditore, der Vertheidiger, der Beschützer, der Beschirmer *gen.* s.

Difensione, die Vertheidigung, *V.* Difesa.

Difensore, der Vertheidiger, der Beschützer, der Beschirmer *gen.* s.

Difesa, die Vertheidigung, die Beschützung, die Beschirmung, die Rechtfertigung *pl.* en; *per:* protezione, der Schutz *gen.* es; *term. di fortificazioni milit.* die Vertheidigungswerke; die Verschanzungen, die Batterien, die Basteyen, die Trancheen rc.; *per:* divieto, das Verbot *gen.* es.

Difeso, *part. da* difendere, vertheidiget, rechtfertiget rc.; *per:* proibito, verboten, untersaget.

Difettare, Mangel haben *v. aus.*; oder leiden *v. ir.*, für mangelhaft erklären *v. r. comp.*; *met. per:* censurare, tadeln, censiren *v. r.*

Difettivamente, *av.* mangelhaft; in Ermangelung.

Difettivo, *ag.* mangelhaft, fehlerhaft; *per:* cagionevole, gebrechlich, kränklich, schwach.

Difetto, der Fehler, der Mangel, das Vergehen *gen.* s; *per:* malattia, das Gebrechen *gen.* s; *av.* in difetto, an statt.

Difettosamente, *av.* mangelhaft.

Difettoso, *ag.* mangelhaft, fehlerhaft; *in malattie:* gebrechlich.

Diffamare, *V.* Infamare ec.

Differente, *ag.* unterschieden, verschieden, unterschiedlich, ungleich.

Differentemente, *av.* unterschiedlich, verschiedentlich, auf unterschiedene Weise.

Differenza, der Unterschied *gen.* es; die Verschiedenheit *pl.* en; *per:* contesa, die Streitigkeit *pl.* en; der Streithandel *gen.* s.

Differenziare, unterscheiden *v. ir. comp.*, einen Unterschied machen *v. r.*

Differire, *per:* prolungare, aufschieben, verschieben *v. ir. comp.*, verzögern *v. r. comp.*; *per:* diversificare da qualche cosa, von etwas unterschieden seyn *v. auf.*

Difficile, *ag.* schwer; nicht leicht; *it.* mühsam.

Difficilmente, *av.* schwerlich, schwer.

Difficoltà, die Schwierigkeit *pl.* en; *it.* die Mühe *pl.* n; senza difficoltà, ohne Mühe, ohne Zweifel, gar leicht.

Difficoltare, Schwierigkeit machen *v. r.*

Diffidare, Mißtrauen haben *v. auf.*, nicht zutrauen *v. r. comp.*; diffidare di alcuno, einem etwas nicht zutrauen *v. r. comp.*

Diffidente, *ag.* mistrauisch, argwöhnisch.

Diffidentemente, *av.* mistrauischer Weise; argwöhnischer Weise.

Diffidenza, das Mistrauen, der Argwohn *gen.* s; *it.* Furcht und Zweifel gegen etwas.

Diffinire, entscheiden *v. ir. comp.*, *V.* Definire ec.

Diffondere, hin und wieder streuen *v. r.*, ausbreiten, erweitern *v. r. comp.*, unter die Leute bringen *v. r.*

Diffondersi, sich ausbreiten *v. rec. r. comp.*; *it.* weitläuftig seyn *v. auf.*

Difformare, verstellen *v. r. comp.*, *V.* Deformare ec.

Difforme, ungestaltet *n.*, *V.* Deforme ec.

Diffusamente, *av.* weitläufig.

Diffusione, die Weitläuftigkeit, die Ausführlichkeit, die Ausbreitung *pl.* en; *per:* spandimento, die Ergießung *pl.* en.

Diffuso, *ag.* weitläuftig; *part.* ausgebreitet.

Diga, der Damm, welcher den Durchbruch des Wassers hindert *gen.* es, *pl.* (Dämme).

Digerire, verdauen *v. r. comp.*, läutern *v. r.*

Digestione, die Verdauung.

Dighiacciare, aufthauen *v. r.*, zerschmelzen *v. ir. comp.*

Digiugnere, e digiungere, von einander scheiden *v. ir.*, trennen *v. r.*, absondern *v. r. comp.*

Digiugnersi, sich scheiden *v. rec. ir.*, sich trennen *v. rec. r.*, sich absondern *v. rec. r. comp.*

Digiunare, fasten *v. r.*; mangiar cibi quaresimali, Fastenspeisen essen *v. ir.*; digiunare, cioè: non mangiar nulla, gar nichts essen *v. ir.*

Digiuno, das Fasten *gen.* s; il tempo di digiuno, die Fastenzeit *pl.* en; giorno di digiuno, der Fasttag *gen.* es, *pl.* e; *ag.* digiuno, nüchtern; *av.* a digiuno, nüchtern.

Dignità, die Würdigkeit *pl.* en; *it.* die Würde *pl.* en; *per:* carica, ein Ehrenamt *gen.* s; *it.* ein majestätisches Ansehen *gen.* s.

Digradare ec., entsetzen *v. r. comp.*, *V.* Degradare ec.

Digrassare, das Fett abziehen, abnehmen *v. ir. comp.*

Digressione, das Ausschweifen, das Abweichen *gen.* s; die Entfernung *pl.* en; (von einer Sache, oder Materie).

Digressivo, *ag.* ausschweifend, abgehend, (von einer Materie).

Digrignare, die Zähne blecken, knirschen, lecken *v. r.* (von Thieren).

Digrossamento, das Arbeiten *gen.* s; (aus dem Gröbsten); der erste Entwurf *gen.* s, *pl.* (Entwürfe) (einer Statue, Säule rc.)

Digrossare das Gröbste weg nehmen *v. ir.*; *it.* zuhauen *v. r. comp.*, (in Bildhauerarbeit rc.)

Diguazzamento, das Rütteln, das Quirlen *gen.* s; *it.* die Herumschüttelung, die Zerlösung *pl.* en.

Diguazzare, rütteln, quirlen *v. r.*; *it.* diguazzare i bicchieri, die Gläser ausschwenken *v. r. comp.*

Dilà. *prep.* jenseits.

Dilacerare, zerreissen *v. ir. comp.*, *V.* Lacerare.

Dilagare, überschwemmen *v. r. comp.*, *V.* Allagare ec.

Dilapidamento, die Verschwendung, die Verschleiderung *pl.* en.

Dilapidare, verschwenden *v. r. comp.*, verthun *v. ir. comp.*

Dilatamento, dilatazione, die Erweiterung

terung, die Ausdehnung, die Ausbreitung *pl.* en.

Dilatante, *ag.* erweiternd, ausdehnend, ausbreitend.

Dilatare, erweitern, ausbreiten, ausdehnen *v. comp.*, breiter machen, weitmachen *v. r.*; *it.* prolungare, verzögern, verlängern *v. r. comp.*

Dilavare, abwaschen *v. ir. comp.*, *V.* Lavare.

Dilazione, der Aufschub, der Verzug *gen.* s, die Verzögerung *pl.* en, die Frist.

Dileggiamento, die Verspottung, die Verhöhnung *pl.* en, *V.* Derisione.

Dileggiare, verspotten, verhöhnen *v. r. comp*, *V.* Deridere.

Dileggiatore, ein Spötter, ein Verächter *gen.* s, *V.* Derisore.

Dileguamento, die Entrinnung, die Aufthauung, die Auflösung, die Zerfließung, die Verschwindung *pl.* en.

Dileguarsi, aufthauen *v. r. comp.*, aufgehen, zergehen, zerfließen *v. ir. comp.*, schmelzen *v. ir.*; *per*: scomparire, verschwinden *v. ir. comp.*, aus den Augen kommen *v. ir.*; le nuvole si dileguano, die Wolken brechen sich.

Dilemma, eine Schlußrede von zween Sätzen, deren jeder das Gegentheil setzt.

Dilettante, *sust.* ein Liebhaber (von Wissenschaften, Sprachen ꝛc.)

Dilettare, ergötzen, erfreuen, belustigen *v. r. comp.*

Dilettazione, dilettamento, die Ergötzung, die Belustigung *pl.* en, die Lust, die Annehmlichkeit, die Ergötzlichkeit *pl.* en.

Dilettevole, dilettabile, *ag.* angenehm, ergötzlich, annehmlich.

Dilettevolmente, *av.* auf eine angenehme, ergötzende Art.

Diletto, *sust.* das Vergnügen *gen.* s, die Ergötzung *pl.* en.

Diletto, *ag.* angenehm, lieb, werth; *av.* a diletto, zum Vergnügen; a bel diletto, mit allem Fleiße; *it.* prender diletto di uno, mit jemanden sein Vergnügen haben.

Dilezione, die Liebe, das Wohlwollen *gen.* s.

Diliberare ec., befreyen *v. r. comp.*, *V.* Deliberare.

Dilicatamente, *av.* niedlich, zärtlich, *V.* Delicatamente.

Dilicatezza, die Zärtlichkeit, *V.* Delicatezza.

Diligente, *ag.* fleißig, emsig, hurtig, eilfertig.

Diligentemente, *av.* fleißig, hurtig.

Diligenza, der Fleiß *gen.* es; *it. per*: prontezza, die Hurtigkeit, die Eilfertigkeit, die Emsigkeit, die Geschwindigkeit *pl.* en.

Dilucidamente, *av.* klar, hell, deutlich.

Dilucidare, erläutern, erklären *v. r. comp.*

Dilucidazione, e dilucidamento, die Erläuterung, die Erklärung *pl.* en.

Dilungamento, die Verzögerung *pl.* en, der Aufschub *gen.* s; *per*: allontanamento, die Entfernung *pl.* en.

Dilungare, aufschieben *v. ir. comp.*, verzögern *v. r. comp.*; *it.* entfernen, verlängern *v. r. comp.*; *it.* in die Länge ziehen *v. ir.*; *it.* zaudern *v. r.*, ausdehnen *v. r. comp.*

Dilungarsi, *per*: allontanarsi, sich entfernen *v. rec. r. comp.*

Diluviare, überschwemmen *v. r. comp.*; *it.* stark regnen *v. r. impers.*; *per*: mangiare smisuratamente, übermäßig essen *v. ir.*

Diluvio, die Sündfluth, die Wasserfluth; *it.* die Ueberschwemmung; *per*: ghiottoneria, die Schwelgerey, die Vielfräßigkeit.

Dimagrare, mager werden *v. aus.*, schwinden *v. ir.*; *met.* in Verfall gerathen *v. ir. comp.*

Dimanda, die Frage, *V.* Domanda.

Dimandare, fragen *v. r.*, *V.* Domandare.

Dimane, dimani, domani, *sust.* der folgende Tag; il dimani, *cioè*: lo spuntar del giorno, der Anbruch des Tages; *av.* morgen; domani mattina, frühmorgens, morgen früh.

Diman l'altro, *av.* übermorgen.

Di maniera che, *cong.* so daß, dergestalt daß.

Dimembrare, zergliedern *v. r. comp.*, *V.* Smembrare.

Dimenamento, die Schüttelung, die Rüttelung *pl.* en.

Dimenare, schütteln, rütteln *v. r.*

Dimenarsi, schaukeln *v. r.*, sich hin und wieder wälzen *v. rec. r.*, sich herumwerfen, sich hin und her bewegen *v. rec. ir.*; *per*: mostrarsi inquieto, sich unruhig anstellen *v. rec. r. comp.*;

arer, sich gewaltig bemühen v. rec. ir. comp.

Dimensione, die Ausmessung, die Abmessung, die Abtheilung pl. en; it. die Erstreckung, die Ausdehnung pl. en, (nach der Länge, Breite, Höhe rc.)

Dimenticanza, die Vergessenheit, die Vergeßlichkeit pl. en, die Vergessung.

Dimenticare) vergessen, entfallen v.
Dimenticarsi) ir. comp.

Dimentichevole, ag. vergeßlich; it. wer leicht vergißt.

Dimentico, ag. vergeßlich; part. da dimenticare, vergessen, entfallen.

Dimentire, Lügen strafen v. r.

Dimessamente, demüthigerweise, V. Dismessamente rc.

Dimessione, die Abdankung (von einem Amte); die Aufhebung seiner Würde; per: umiltà, die Demüthigkeit.

Dimesso, part. da dimettere, abgedankt, entlassen; it. condonato, verziehen, vergeben; dimesso, it. niedergelassen, nachgelassen; it. per: dimesso, demüthig, niedrig; per: licenziato, entlassen.

Dimesticare, zahm machen, V. Domesticare.

Dimettere, per: perdonare, verzeihen, vergeben v. ir. comp.; per: abbandonare, verlassen v. ir. comp.; per: lasciare in libertà, loslassen v. ir.; per: congedare, abdanken v. r. comp. entlassen v. ir. comp.

Dimezzare, halbiren, in die Hälfte theilen, in zween gleiche Theile theilen v. r.

Diminuimento, diminuzione, die Verminderung, die Verringerung pl. en, der Abschlag, der Abzug gen. s; der Nachlaß gen. sses; it. die Schmälerung pl. en.

Diminuire, vermindern, verringern v. r. comp., kleiner machen v. r., abnehmen v. ir. comp.; it. diminuirsi, geringer werden v. aux.

Dimissoria, lettera dimissoria, ein Brief, durch welchen ein Bischof erwilliget, daß einer von seinen Diöcesanen, durch einen andern Bischof in den geistlichen Stand, oder in einen Orden aufgenommen werde.

Di modo che, cong. so daß; auf die Art daß.

Di molto, av. ziemlich viel.

Dimonio, der Teufel, V. Demonio.

Dimora, der Aufenthalt gen. s; per: abitazione, die Wohnung; it. indugio, die Verweilung, die Verzögerung, der Verzug gen. s.

Dimorante, ag. wohnhaft, sich aufhaltend, beständig, bleibend, still stehend, verharrend.

Dimorare, wohnen v. r., sich aufhalten v. rec. ir. comp, verharren v. r. comp., stehen bleiben, still stehen, dableiben, beständig bleiben v. ir.; per: indugiare, differire, verziehen v. ir. comp.

Dimostrabile, ag. erweislich; was klar gezeigt werden kann.

Dimostramento, dimostrazione, ein klarer Beweis gen. es, pl. e; das Zeichen gen. s; das Zeugniß pl. e, die Anzeigung, die Bezeugung pl. en; per: contrassegno, indizio, das Merkmal gen. s, pl. e.

Dimostrantemente, av. erweislich; mit Beweis; auf eine überzeugende Art.

Dimostrare, klar und deutlich beweisen, darthun v. ir. comp.; it. zeigen v. r., erzeigen v. r. comp., zu erkennen geben v. ir.

Dimostrativamente, av. deutlich erweislich, V. Dimostrantemente.

Dimostrativo, ag. erweislich; das da klar beweiset.

Dinanzi, sust. il dinanzi, das Vordertheil gen. s, pl. e.

Dinanzi, prep. vor.

Dinanzi, av. vorher; it. von vorne.

Dinanzi, ag. vorig, vorhergehend; il verno dinanzi, den vorigen Winter; il di dinanzi, den vorhergehenden Tag.

Dinegare, abschlagen v. ir. comp., V. Denegare.

Dinervare, entkräften v. r. comp., V. Snervare.

Dinodare, aufknüpfen v. r. comp, V. Snodare.

Dinominare, benennen v. r. comp., V. Denominare.

Dinotante, ag. anzeigend, andeutend.

Dinotare, andeuten v. r. comp., V. Denotare.

Dintornamento, die Abzeichnung pl. en, (der herumliegenden Gegenden).

Dintornare, die Gegenden abzeichnen v. r. comp.

Dintorno, *sust.* die Gegend *pl.* en; das Herumliegende; *av.* herum.

Dinudare, entblößen, entkleiden *v. r. comp.*; *it.* berauben *v. r. comp.*, *V.* Snudare, Spogliare.

Dinunzia, die Anklage *pl.* n, die Ankündigung *pl.* en.

Dinunziare, ankündigen, öffentlich ansagen, ausrufen, vor Gericht anklagen *v. r. comp.*; per: significare qualche cosa ad alcuno, einem etwas andeuten *v. r. comp.*

Dio, Gott *gen.* es, *pl.* gli Dei (Iddio), die Götter; la Dea, die Göttinn; *avverb.* a Dio, ed a Dio, lebe wohl! Gott befohlen, per l'amor di Dio! um Gotteswillen! Dio ci guardi! Bewahre Gott! piacendo a Dio! Beliebt es Gott!

Diocesano, der zu einen Kirchensprengel gehört.

Diocesi, das Kirchenamt *gen.* s, *pl.* e, der Kirchensprengel, das Kirchspiel *gen.* s.

Dipartenza, die Abreise, der Abbruch *gen.* s, der Abschied *gen.* es.

Dipartimento, per: partenza, die Abreise; per: divisione, die Absonderung, die Austheilung, die Eintheilung *pl.* en.

Dipartire, per: partire, abreisen *v. r. comp.*; per: scostarsi, abweichen *v. ir. comp.*; per: dividere, separare, abtheilen *v. r. comp.*, theilen *v. r.*, absondern *v. r. comp.*

Dipartirsi, sich entfernen *v. rec. r. comp.*; *it.* sich entziehen *v. rec. ir. comp.*; *it.* sich los machen *v. rec. r.*; *it.* abtreten *v. ir. comp.*

Dipelare, kahl machen *v. r.*, die Haare ausreißen *v. ir. comp.*; die Federn ausziehen *v. r. comp.*, rupfen *v. r.*; dipelar la canapa, den Flachs brechen *v. ir.*

Dipellare, die Haut abziehen *v. ir. comp.*, schinden *v. r.*

Dipendente, *sust.* der unter einem Andern.

Dipendente, *ag.* abhängig, zugehörig.

Dipendentemente, *av.* auf eine abhängige Weise.

Dipendere, abhängen, abhangen *v. ir. comp.*, *V.* Dependere.

Dipignere) malen *v. r.*, abmalen *v. r.*
Dipingere) *comp.*; per: descrivere, beschreiben *v. ir. comp.*, schildern *v. r. comp.*; dipingere a fresco, auf nassen Kalk malen; in guazzo, mit Wasserfarben malen; a olio, mit Oelfarbe malen; dipingere alla grossa, grob entwerfen *v. ir. comp.*

Dipintore, der Maler *gen.* s.

Dipintura, die Malerey *pl.* en; per: quadro, das Gemählde *gen.* s.

Diploma, ein offener Brief, ein Gnadenbrief *gen.* s, *pl.* e; oder eine öffentliche Urkunde *pl.* n.

Diplomatica, *sust.* die Diplomatik, die Wissenschaft, die alten Urkunden zu kennen.

Diplomatico, *ag.* diplomatisch.

Dipoi, *av.* hernach, darauf, alsdann.

Dipopolare, entvölkern, vom Volke entblößen *v. r. comp.*, leer machen *v. r.*

Diporre, ablegen *v. r. comp.*, *V.* Deporre.

Diportamento, das Aufführen *gen.* s, die Aufführung *pl.* en, die Sitten, das Verhalten, der Wandel, das Thun und Lassen (eines Menschen).

Diportarsi, sich verhalten *v. rec. ir. comp.*, sich aufführen *v. rec. r. comp.*; per: prender diporto, sich einen Zeitvertreib, oder ein Vergnügen machen *v. r.*

Diporto, die Ergötzlichkeit, die Belustigung *pl.* en, der Zeitvertreib *gen.* es.

Dipositare, in Verwahrung geben *v. ir. comp.*, *V.* Depositare.

Diposto, *part.* abgelegt, da deporre.

Dipresso, *prep.* nahe bey; dipresso alla mia casa, nahe bey meinem Hause.

Dipresso, *av.* in der Nähe.

Diputare, abordnen *v. r. comp.*, *V.* Deputare.

Di qua, *prep.* diesseits.

Di quando in quando, *av.* dann und wann, zuweilen.

Diradare, dünne, oppure: seltsam werden *v. aus.*, verstreuen *v. r. comp.*; *it.* sich zertheilen *v. rec. r. comp.*; le nuvole si diradano, die Wolken zertheilen sich.

Diradicare, ausrotten *v. r. comp.*, *V.* Sradicare.

Diramare, die Aeste abnehmen, abhauen *v. ir. comp.*; parlandosi de fiumi: sich ausbreiten *v. rec. r. comp.*

Diramarsi, sich wie die Aeste ausbreiten *v. rec. r. comp.*; per: [illegible] dividersi, sich trennen v. rec. r., absondern v. r. comp., (vom Flüssen).

Diramazione, die Abtheilung der Aeste; it. die Trennung, die Absonderung pl. en, (der Flüsse).

Dire, sagen, reden v. r., sprechen, gesprochen v. ir.; dire la verità, die Wahrheit bekennen v. r. comp.; cioè vuol dire, das heißt; che vuol dir questo? was soll das heißen? bedeuten? dire la Messa, die Messe lesen v. r.; vale a dire, das ist.

Dire sust. eine Rede pl. n, eine Abhandlung pl. en; it. das Vorgeben, das Vorbringen, das Aussagen gen. s, (als der Zeugen).

Dirodare, entrinden v. r.

Dirittamente, av. gerade, in gerader Linie; dirittamente opposto, gerade zuwider, geradezu oder gegenüber; it. einander schnur grade entgegen; it. ganz [illegible] Meynung.

Direttivo, ag. richtend, leitend, der da richtet, leitet, regiert.

Diretto, ag. gradlinicht, gerade als eine Linie; it. legittimo, rechtmäßig; linea diretta (nella Genealogia), die gerade, oder [illegible] Linie; Signore diretto, der Lehnsherr gen. n pl. en; parlandosi di [illegible], [illegible].

Direttore, der Direktor, der Oberaufseher, der Vorsteher gen. s.

Direzione, die Oberaufsicht, die Einrichtung, die Regierung; it. die Leitung, die Führung, die Aufsicht pl. en.

Diridere, auslachen v. r. comp., V. Deridere.

Dirigere, einem Dinge vorstehen v. ir. comp., etwas in Aufsicht haben v. aus.; it. regieren v. r., einrichten v. r. comp., richten, leiten v. r.

Dirimpetto, di rincontro, av. gegenüber, gerad über.

Dirittamente, av. gerade, gerade zu, in gerader Linie; dirittamente il contrario, gerade das Gegentheil; operare dirittamente, recht thun, v. ir., redlich handeln v. r.

Dirittezza, die Richtigkeit, die Gerechtigkeit, die Rechtschaffenheit, die Aufrichtigkeit pl. en.

Diritto, e dritto, sust. das Recht gen. s, pl. e; it. eine gerechte Sache pl. n; il diritto naturale, delle genti, di guerra ec., das Naturrecht, Völkerrecht, Kriegsrecht ic.; p. i diritti, die Gerichtsgebühren; per: imposizione, gabella ec., die Auflage pl. n.

Diritta, o dritta ag., gerade, aufrecht, recht; la mano diritta, die rechte Hand.

Dirittura, die gerade Linie, V. Dirittezza.

Dirivare, herkommen v. ir. comp., V. Derivare.

Dirizzamento, das Geraderichten gen. s; it. die Abweisung nach der Richtschnur.

Dirizzare, gerade machen v. r., gerade halten v. ir., richten, lenken v. r.; it. aufrichten v. r. comp.; per: migliorare, verbessern v. r. comp.

Dirizzarsi sich lenken, sich wenden v. rec. r.; dirizzarsi in piedi, aufstehen v. ir. comp.

Dirizzatura, die Aufrechthaltung, die Aufrichtung pl. en, (einer Säule ic. in die Höhe); it. das Richten gegen etwas.

Diroccamento, das Einreißen, das Niederbrechen, das Niederwerfen gen. s, (der Festungswerke).

Diroccare, einreißen, niederbrechen, niederwerfen v. ir. comp., (der Festungswerke, oder Gebäude): parlandosi di rupi dall'alto, herunterstürzen v. r. comp.

Diroccíare, parlandosi di rupi herunterstürzen v. r. comp.; (di acque), herabschießen v. ir. comp.

Dirompere, brechen v. ir., zerreissen, zerbrechen v. ir comp.; it. zertrennen, zerschmettern v. r. comp.; (coi denti), zerknirschen v. r. comp.; met. unterbrechen v. ir. comp.

Dirompimento, die Brechung; per: separazione, die Trennung pl. en; per: disunione, die Uneinigkeit pl. en; met. die Unterbrechung pl. en.

Dirottamente, av. unmäßig, ungestümmig, über die maßen; it. bitterlich; piangere dirottamente, bitterlich weinen v. r.; piovere dirottamente, über die maßen regnen v. r.

Dirotto, part. da dirompere, zerrissen, zerbrochen, zerschmettert.

Dirotto, ag. unmäßig, bitterlich, ausgelassen; pianto dirotto, das bitterliche Weinen; riso dirotto, das ausgelassene Lachen.

Dirozzamento, *per:* istruzione, die Unterrichtung *pl.* en, der Unterricht *gen.* s; *per* lavoro grossolano, die Ausarbeitung aus dem Groben.

Dirozzare, aus dem Groben arbeiten *v. r.*; *met.* in den ersten Grundsätzen unterrichten *v. r. comp.*

Dirubare, stehlen, bestehlen *v. ir. comp.*, *V.* Rubare.

Diruggiare, den Rost vom Eisen abmachen, abfeilen *v. r. comp.*, putzen *v. r.*

Dirupamento, das Einfallen, das Herunterstürzen *gen.* s; (der Erde, Mauren rc.); *per:* luogo diruposo, ein felsichter Ort, ein steiler Fels *gen.* e *pl.* en.

Dirupare, von einem felsichten Orte herunterstürzen *v. r. comp.* | cioè precipitare da una rupe, *in senso attivo non è troppo in uso.*

Dirupo, der Fels *gen.* e *pl.* en; *it.* il precipitare da una rupe die Herabstürzung von einem Felsen.

Disabbellire, verunzieren *v. r. comp.*, häßlich, ungestalt machen *v. r.*

Disabbellirsi, den Putz ablegen *v. r. comp.*; *it.* den Glanz verlieren *v. ir. comp.*

Disabitare, entvölkern *v. r. comp.*, öde, unbewohnt machen *v. r.*

Disacconciamente, *av.* disconciamente, schlecht, *V.* Sconciamente.

Disacconciare, übel zurichten *v. r. comp.*, *V.* Disconciare.

Disacconcio, disconcio, *ag.* unanständig, *V.* Sconcio.

Disaccordare, nicht zusammenstimmen *v. r. comp.*, sich nicht vertragen *v. rec. ir. comp.*, uneinig seyn *v. aus.*

Disacerbare, besänftigen *v. r. comp.*, mildern *v. r.*, versüßen *v. r. comp.*, lindern *v. r.*

Disacquistare, das Erlangte verlieren *v. ir. comp.*, um das Erworbene kommen *v. ir.*

Disadattamente, *av.* ungeschickt, unbequem, unschicklich.

Disadatto, *ag.* ungeschickt, unbequem; una selva disadatta, ein wüster Wald.

Disadorno, *ag.* unzierlich, ohne Schmuck.

Disagevole, disagevolezza rc. unbequem, die Unbequemlichkeit, *V.* Difficile, Difficoltà rc.

Disaggradare, unangenehm seyn, nicht beliebt seyn *v. aus.*; *it.* mißfallen *v. ir. comp.*, ein Mißfallen an etwas haben *v. aus.*

Disaggradevole, *ag.* mißfällig, unangenehm.

Disaggualianza, die Ungleichheit, die Verschiedenheit *pl.* en.

Disaggualiarsi, sich unterscheiden *v. ir. comp.*

Disaggualiatamente, *av.* verschiedentlich; auf eine ungleiche Art.

Disagiare, unbequem, beschwerlich seyn *v. aus.*, beschwerlich fallen *v. ir.*; *it.* beschweren *v. r. comp.*

Disagiatamente, *av.* ungelegen, beschwerlich, unbequemlich; auf eine unbequeme, beschwerliche Art.

Disagiato, *ag.* beschwerlich, ungelegen, unbequem, ungemächlich.

Disagio, die Ungelegenheit, die Beschwerlichkeit, die Unbequemlichkeit; das Ungemach *gen.* s; stare a disagio, mühselig leben *v. r.*, tenere uno a disagio, einem beschwerlich fallen *v. ir.*

Disagiosamente, *av.* ungemächlich, beschwerlich, *V.* Disagiatamente.

Disagioso, *ag.* beschwerlich, *V.* Disagiato.

Disalbergare, die Wohnung ändern *v. r.*, ausziehen, die Herberge verlassen *v. ir. comp.*

Disalloggiare, aus einem Hause, Orte rc. jagen *v. r.*, wegtreiben *v. ir.*, *V.* Sloggiare.

Disamare, von der Liebe abgehen *v. ir. comp.*, der Liebe entsagen *v. r. comp.*

Disamina, disaminazione, die Untersuchung, die Nachforschung *pl.* en; das Examen.

Disaminare, untersuchen *v. r. comp.*, examiniren *v. r.*, *V.* esaminare.

Disamistà, **Disamistade**, die Freundlosigkeit, *V.* Disamicizia.

Disamore, die Lieblosigkeit.

Disamorevole, *ag.* lieblos, unfreundlich.

Disanimare, einem den Muth benehmen *v. ir.*; *it.* uccidere, entseelen, tödten *v. r.*

Disapparare, verlernen *v. r. comp.*, *V.* disapprendere.

Disappassionato, *ag.* ohne Leidenschaft, unpartheiisch.

Disapplicare, **Disapplicarsi**, vom Fleiße, oder von der Aufmerksamkeit abziehen *v. ir. comp.*, unfleißig werden *v. aus.*

Diſapplicazione, der Unfleiß *gen.* es; die Nachläßigkeit, die Unachtſamkeit *pl.* en.

Diſapprendere, verlernen *v. r. comp.*, vergeſſen *v. ir. comp.*

Diſapprovare, mißbilligen *v. r. comp.*, nicht gut heiſſen *v. ir. comp.*

Diſapprovazione, die Mißbilligung *pl.* en.

Diſarborare, entmaſten *v. r. comp.*, den Maſtbaum vom Schiffe abnehmen *v. ir. comp.*

Diſargin are, den Damm wegnehmen, den Damm wegreiſſen *v. ir. comp.*

Diſarmamento, die Entwaffnung *pl.* en; das Abnehmen der Stücke oder Rüſtung von einem Schiffe; *meglio:* die Abtackelung *pl.* en; *per:* congedo delle Truppe, die Abdankung der Soldaten.

Diſarmare, entwaffnen *v. r. comp.*, einem mit Gewalt die Waffen abziehen *v. ir. comp.*, ceſſare di guerreggiare, aufhören zu kriegen; *it.* congedar le truppe, die Kriegsvölker abdanken *v. r. comp.*, la penitenza diſarma la collera di Dio, die Buße ſtillet den Zorn Gottes.

Diſarmonia, der Uebellaut, der Uebelklang *gen.* s; *per:* diſunione, die Uneinigkeit *pl.* en.

Diſarmonico, *ag.* unanſtimmig, unharmoniſch, übelklingend.

Diſaſtro, das Unglück, das Unheil, der Unſtern *gen.* s; der Schade *gen.* ns, *pl.* n.

Diſaſtroſo, *ag.* unglücklich, beſchwerlich, mit Unheil beladen.

Diſattento, *ag.* unaufmerkſam, unachtſam, fahrläßig.

Diſattenzione, die Unachtſamkeit, die Achtloſigkeit *pl.* en.

Diſavanzare, *cioè:* ſcapitare, Verluſt haben *v. auſ.*, oder leiden *v. ir.*

Diſavanzo, der Verluſt *gen.* s, *pl.* e; die Einbuße; mettere a diſavanzo, für verloren ſchätzen *v. r.*

Diſavvantaggio, **Diſavvantaggioſo** ec. der Nachtheil *gen.* s; nachtheiligerweiſe, *V.* Svantaggio, Svantaggioſo ec.

Diſavvedutamente, *av.* unverſehenerweiſe.

Diſavvedimento) die Unachtſamkeit, die
Diſavvedutezza) Unvorſichtigkeit *pl.* en das Verſehen *gen.* s.

Diſavveduto, *ag.* unvorſichtig, unachtſam, unverſehen.

Diſavvenente, *ag.* unanſtändig; *it.* unannehmlich, unfreundlich, unlieblich.

Diſavvenenza, das unangenehme Weſen *gen.* s, die Unannehmlichkeit, die Unfreundlichkeit *pl.* en.

Diſavvenevole, *ag.* unannehmlich, unangenehm, unfreundlich.

Diſavvenire, unglücklich ſeyn, oder werden *v. auſ.*

Diſavventura, das Unglück, der Unfall *gen.* s, *pl.* (Unfälle); die Unglückſeligkeit *pl.* en.

Diſavventuratamente, *av.* unglücklicherweiſe, unglückſeligerweiſe.

Diſavventurato,) *ag.* unglücklich, un-
Diſavventuroſo) glückſelig.

Diſavventuroſamente, *av.* unglücklicherweiſe, *V.* Diſavventuratamente.

Diſavvertenza, die Unachtſamkeit, *V.* Inavvertenza.

Diſavvezzare, abgewöhnen *v. r. comp.*, *V.* Diſvezzare.

Diſbarbare, ausrotten *v. r. comp.*, *V.* Sbarbare.

Diſbramare, ſeine Luſt büßen *v. r.*; diſbramare il deſio di alcuno, eines Verlangen ſtillen *v. r.*; diſbramarſi la ſete, den Durſt ſtillen *v. r.*

Diſbrancare, abſondern, ausſondern *v. r. comp.*; *V.* Sbrancare.

Diſbrigare, vom Verdruſſe befreyen *v. r. comp.*, *V.* Sbrigare.

Diſcacciamento, das Verjagen, das Vertreiben *gen.* s.

Diſcacciare, verjagen *v. r. comp.*, verſtoßen, vertreiben *v. ir. comp.*

Diſcadere, diſcaduto, abfallen *v. ir. comp.*; *part.* abgefallen, *V.* Decadere, Decaduto.

Diſcalzare, Schuhe und Strümpfe ausziehen *v. ir. comp.*; diſcalzare un albero, einen Baum umgraben *v. ir. com.*; *V.* Scalzare.

Diſcalzato, *part. ed ag.* Schuhe und Strümpfe ausgezogen; alberi diſcalzati, umgegrabene Bäume, *V.* Scalzato.

Diſcalzo, *ag.* barfüßig; *cioè:* a piedi ſcalzi.

Diſcapitare ec., einbüßen *v. r. comp.*, *V.* Scapitare ec.

Diſcaricare, abladen, entladen *v. ir. comp.*, entledigen *v. r. comp.*, *V.* Scaricare.

Discarico, *sust.* die Abladung, die Entledigung, die Vertheidigung *pl.* en, *V.* Scarico.

Discarnato, *part.* levato di carne, abgezehret, entfleischet, entledigt.

Discarnare, mager werden *v. n. aus.*, *V.* Scarnare.

Discaro, *ag.* unangenehm, nicht lieb; aver discaro, es übel nehmen *v. tr.*

Discendentale) *ag.* absteigend; linea
Discendente) discendente, die absteigende Linie.

Discendenza, das Absteigen, das Heruntersteigen *gen.* s; *it.* die Herstammung *pl.* en.

Discendere, absteigen, heruntersteigen *v. n. comp.*; *it.* herstammen *v. n. comp.*

Discendimento, die Absteigung, die Heruntersteigung *pl.* en, *V.* Discendenza.

Discepolato, die Schuljahre, die Lehrjahre.

Discepolo, der Lehrling *gen.* s, *pl.* e; der Schüler *gen.* s.

Discernente, *ag.* unterscheidend, erkennend; *it.* der das Gute vom Bösen zu unterscheiden weiß.

Discernere, unterscheiden *v. tr. comp.*, erkennen *v. tr. comp.*; *it.* urtheilen *v. n. comp.* (durch Vergleichung).

Discernevole, *ag.* der sich unterscheiden, oder deutlich erkennen läßt; *it.* der Unterscheidungskraft besitzt.

Discernimento, der Unterschied, den man zwischen etwas macht *gen.* s; *it.* das Unterscheiden, das Erkennen *gen.* s, (von einander); *it.* per intelletto, die Einsicht, der Verstand (von einem Dinge); die Unterscheidungskraft.

Discesa, die Absteigung, die Heruntersteigung; per luogo, ein abhängiger Ort.

Disceso, *ag.* entsprossen, herkommend, abstammend.

Disceso, *part.* heruntergestiegen, abgestiegen.

Dischiarare, dichiarare, erklären, erläutern *v. tr. comp.*; *it.* in senso di illuminare, erleuchten *v. tr. comp.*

Dischiavare, aufschließen *v. tr. comp.*, *V.* Dischiudere.

Dischierare, die Rotten, die Haufen von einander trennen *v. r.*, die Soldaten aus ihrer Schlachtordnung weichen lassen.

Dischiudere, aufschließen *v. tr. comp.*, aufmachen *v. tr. comp.*

Dischiumare, abschäumen *v. tr. comp.*, *V.* Schiumare.

Dischiuso, *part.* da dischiudere, aufgeschlossen, aufgemacht.

Disciogliere, e disciorre, auflösen *v. tr. comp.*, entwickeln *v. tr. comp.*, losmachen *v. tr. comp.*

Disciogliersi, e disciorsi, schmelzen, fließen lassen *v. r.*; disciogliersi in pianto, in Thränen zerfließen *v. r. comp.*; disciogliersi dalla promessa, sich von dem Versprechen losmachen, *it.* losfagen *v. rec. comp.*; *it.* sparire, zerstreuen *v. r. comp.*, verschwinden *v. n. comp.*; le nubi si disciolgono, die Wolken zertrennen sich.

Discioglimento, die Auflösung, die Zerfließung, die Zerschmelzung; *it.* die Verschwindung *pl.* en.

Disciolto, *part.* da disciogliere, aufgelöst, losgemacht &c.; il fumo è disciolto, der Rauch ist verschwunden.

Disciorre, auflösen *v. tr. comp.*, *V.* Disciogliere.

Disciplina, die Zucht; *it.* insegnamento, die Lehre, die Unterweisung; *it.* die Disciplin, per: una specie di flagello, die Peitsche, die man braucht sich selbst oder andere zu züchtigen.

Disciplinabile, *ag.* gelehrig, *V.* Disciplinevole.

Disciplinare, in der Zucht halten *v. tr.*, per: istruire, unterrichten *v. tr. comp.*; per: flagellare, geißeln, züchtigen *v. tr.*

Disciplinarsi, sich geißeln, sich kasteyen, sich züchtigen *v. rec. r.*, sich mit der Geißel peitschen *v. rec. r.*

Disciplinevole, *ag.* gelehrig, wohl abzurichten, was sich unterrichten, oder ziehen läßt.

Discolo, *sust.* ein liederlicher Mensch *gen.* en, *pl.* en.

Discolo, *ag.* liederlich, ungehorsam, unerträglich.

Discolorare, discolorire, entfärben *v. tr. comp.*, *V.* Scolorare.

Discolpa) die Entschuldigung, die
Discolpamento) Verantwortung, die Rechtfertigung *pl.* en; ciò vale per mia discolpa, es dienet zu meiner

Entschuldigung; *it. per*: assoluzione, die Lossprechung von der Anschuldigung.

Disculpare, entschuldigen *v. r.*; *it. per*: assolvere, lossprechen, freysprechen *v. ir. comp.*

Discompor re, in Unordnung bringen *v. r.*, *V.* Scomporre.

Disconciamente, *av.* unordentlich, *V.* Disacconciamente.

Disconfortare, kleinmüthig machen *v. r.*, *V.* Sconfortare.

Disconoscente, *ag.* undankbar, *V.* Sconoscente.

Disconsentire, *V.* Discordare.

Disconsigliare, abrathen, missrathen, widerrathen, abrathen, abwehren *v. r. comp.*

Disconvenire, unanständig seyn *v. auf.*, *V.* Sconvenire.

Discoprire, e discovrire, entdecken *v. r. comp.*, *V.* Scoprire.

Discorare, betrüben *v. r. comp.*, niederschlagen *v. ir. comp.*

Discordamento, die Uneinigkeit *pl.* en; *per*: mala intelligenza, das Missverständniss *pl.* e.

Discordante, *ag.* parlandosi di stromenti, canto ec., nicht einstimmig, falsch lautend, verstimmt; *it.* disuguale, ungleich; *per*: contrario, widrig, uneinmüthig.

Discordanza, parlandosi di stromenti, di voci ec., die Verstimmung *pl.* en, der ungleich lautende Ton *gen.* s, *pl.* (Töne); *per*: disunione, die Uneinigkeit *pl.* en; *it.* die Zwiespalt *pl.* en.

Discordare, *v. f.* nicht zusammenklingen, übel zusammenstimmen *v. r. comp.*, *per*: discordare nei sentimenti, e simili, uneinig, zwistig seyn *v. auf.*, sich nicht vertragen *v. rec. ir. comp.*, verschieden seyn *v. auf.*

Discorde, *ag.* misshellig, *V.* Discordante.

Discordemente, *av.* misshellig, uneinhellig; *it.* uneinträchtig, uneinmüthig.

Discordevole, *av.* uneinstimmig, missverständig, *V.* Discordemente.

Discordia, die Uneinigkeit *pl.* en, die Zwiespalt, o Zwietracht; die Misshelligkeit *pl.* en, das Missverständniss *pl.* e.

Discorrere, Gespräche halten *v. ir.*, reden *v. r.*, Unterredung halten *v. ir.*; *per*: correre quà, e là, hin und wieder laufen *v. ir.*

Discorrevole, *ag.* herumschweifend, schlüpfrig, e schlüpferig, *per*: corrente, fliessend, fliessend.

Discorrimento, das Hin- und Wiederlaufen, das Zusammenlaufen *gen.* s; *per*: scorrimento, der Ausfluss *gen.* es.

Discorsivamente, *av.* gesprächweise.

Discorsivo, *ag.* gesprächig.

Discorso, eine Rede *pl.* n, das Gespräch *gen.* es, *pl.* e; entrare in discorso, sich in ein Gespräch einlassen *v. rec. ir. comp.*; tornare in discorso, auf die vorige Rede wieder kommen *v. ir.*; impiantare un discorso, ein Gespräch anfangen *v. ir. comp.*; menare un discorso, ein Gespräch halten *v. ir.*

Discortese, unhöflich, grob, *V.* Scortese.

Discortesia, die Unhöflichkeit, die Grobheit *pl.* en, *V.* Scortesia.

Discoscendere, abgleiten *v. r. comp.*, *V.* Scoscendere.

Discoscelo, *f. B.* ein steiler, jäher, abhängiger Ort.

Discoscesa, *ag.* steil, abhängig.

Discostamento, die Entfernung *pl.* en.

Discostare, hinwegthun *v. ir. comp.*, aus dem Wege räumen *v. r.*; *it.* von der Seite gehen *v. ir.*

Discostarsi, sich entfernen *v. rec. r. comp.*

Discosto, *ag. e part.* entfernet, entlegen; *it.* von der Seite gegangen.

Discosto, *av.* da discosto, von weitem.

Discredente, *ag.* ungläubig, der schwerlich glaubt; *per*: diffidente, misstrauisch.

Discredenza, der Unglaube *gen.* ns; *it.* das Misstrauen *gen.* s.

Discredere, schwerlich glauben *v. r.*; *it.* misstrauisch seyn *v. auf.*

Discreditare, anschwärzen *v. r. comp.*, in einen üblen Ruf bringen, oder setzen *v. r.*

Discredito, der üble Ruf *gen.* s, die Nachrede *pl.* n, der Misscredit *gen.* s; parlandosi di merci o d'altre cose, die Abnahme, der Verfall *gen.* s.

Discrepanza, die Uneinigkeit, *V.* Discordanza.

Discretamente, *av.* vernünftiglich, bescheiden, vorsichtig.

Discretezza, die Bescheidenheit, *V.* Discrezione.

Discreto, *ag.* verständig, vernünftig, bescheiden; *it.* billig: un prezzo discreto, ein billiger Preis; *sust.* il Discreto presso i Regolari, der Rath (in den Klöstern) *gen.* s, *pl.* (Räthe).

Discrezione, e discrizione, der gesunde Verstand *gen.* es; die Bescheidenheit, die Vorsichtigkeit, die Bedachtsamkeit, die vernünftige Enthaltung *pl.* en; intendere a discrezione, mit Rosen versehen; senza discrezione, ohne Ueberlegung; rendersi a discrezione, sich auf Gnade oder Ungnade ergeben; lo lascio alla vostra discrezione, ich stelle es eurem Belieben heim.

Discucire, lostrennen, auftrennen *v. r. comp.*

Discuoprire, entdecken *v. r. comp.*, *V.* Scoprire.

Discussione, die Untersuchung, die genaue Betrachtung *pl.* en.

Discutere, untersuchen, genau betrachten *v. r. comp.*; *it.* eine Streitsache erörtern *v. r. comp.*, discutere i beni d'un debitore, die Güter eines Schuldners anschlagen *v. ir. comp.*

Disdegnare, verachten *v. r. comp.*, *V.* Sdegnare.

Disdegno, der Zorn *gen.* es; die Verachtung, die Verschmähung *pl.* en; der Unwille *gen.* ns, *pl.* n, *V.* Sdegno.

Disdegnosamente, *av.* verächtlicherweise, auf eine verächtliche Art.

Disdegnoso, *ag.* zornig, verächtlich.

Disdetta (in giuoco), das Unglück im Spiele; *per:* rinunziazione, die Weigerung, die Versagung *pl.* en.

Disdetto, *part.* da disdire, widersprechen, widersprochen, verweigert, *V.* Disdire.

Disdicevole, *ag.* unanständig, ungebührlich.

Disdicevolezza, die Unanständigkeit, die Ungebührlichkeit, die Ungeziemtheit *pl.* en

Disdire } versagen *v. r. comp.*, abschlagen
Disdirsi } widersprechen *v. ir. comp.*, sein Wort widerrufen *v. ir. comp.*, sich los sagen *v. rec. r. comp.*; ciò disdice alla sua condizione, es schickt sich für seinen Stand nicht.

Disseccamento, disseccazione, die Austrocknung, die Ausdörrung *pl.* en; das Austrocknen, das Dörren *gen.* s

Disseccare, austrocknen *v. r. comp.*, dörren *v. r.*, trocken werden *v. aus.*

Disseccativo, *ag.* austrocknend, ausdörrend.

Disegnare, abreißen, entwerfen *v. ir. comp.*, zeichnen *v. r.*, abzeichnen *v. r. comp.*; *per:* aver in pensiero, etwas vorhaben *v. aus. comp.*, Vorsatz haben *v. aus.*; *per:* descrivere, beschreiben *v. ir. comp.*; *per:* determinare, bestimmen *v. r. comp.*

Disegnatore, der Zeichner *gen.* s; *it.* der entwirft, zeichnet.

Disegno, der Abriß *gen.* es, *pl.* e, der Entwurf *gen.* s, *pl.* (Entwürfe); *per:* determinazione, pensiero ec., das Vorhaben, das Vornehmen *gen.* s, der Vorsatz *gen.* es; a qual disegno? zu was Ende? a disegno, mit Fleiß.

Diseguaglianza, die Ungleichheit, die Verschiedenheit, die Unähnlichkeit *pl.* en.

Diseguale, *ag.* ungleich, uneben, verschieden.

Disegualmente, e disugualmente, *av.* auf ungleiche Art.

Disellare, absatteln *v. r. comp.*

Disensato, *ag.* cioè: privo di senso, dumm, unsinnig, unverständig, ohne Verstand.

Disenteria ec., die rothe Ruhr, *V.* Dissenteria ec.

Diseppellire, aus dem Grabe wieder ausgraben *v. ir. comp.*

Diseredare, enterben *v. r. comp.*

Diseredazione, die Enterbung *pl.* en.

Disérede, ein Enterbter *gen.* n; *it.* der, o die enterbt ist.

Diseredítare, enterben *v. r. comp.*, *V.* Diseredare.

Diserrare, e disserrare, aufschließen *v. ir. comp.*, öffnen *v. r.*

Disertamento, die Verwüstung, die Verheerung *pl.* en; *per:* diserzione, das Ausreissen der Soldaten, das Desertiren *gen.* s, die Desertion, *V.* Diserzione.

Disertare, verwüsten, verheeren *v. r. comp.*; *parlandosi di soldati*, desertiren *v. r.*, ausreißen *v. ir. comp.*

Diserto, *sust.* die Wüsteney *pl.* en, die Einöde *pl.* n.

Diserto, *ag.* wüste, öde, einsam.

Disertore, der Ausreißer, *V.* Desertore.

Disfacimento, das Abbrechen, das Verwüsten, das Zerstören, das Niederreissen *gen.* s, die Zerstörung, die Verwüstung *pl.* en.

Disfacitore, der Verwüster, Verderder, Zerstörer, Verheerer *gen.* s.

Disfamare, *in senso*: di levar la fame, den Hunger stillen *v. r.*; *it.* sättigen *v. r.*, *V.* Difamare.

Disfare, aus einanderlegen *v. r.*, zerlegen *v. r. comp.*; disfare una società di commercio, eine Handlungsgesellschaft aufheben *v. ir. comp.*; *per*: demolire fortificazioni, schleifen *v. r.*; *per*: distruggere, abbattere, niederreissen *v. ir. comp.*, verwüsten, zerstören *v. r. comp.*; *per*: liquefare, zerschmelzen *v. ir. comp.*

Disfarsi, *parlandosi di cera, o simili*, zerfliessen, zergehen *v. ir. comp.*; disfarsi di qualche cosa, sich etwas vom Halse schaffen *v. r.*, eine Sache abschaffen *v. r. comp.*; disfarsi dalle risa, für Lachen bersten wollen.

Disfasciare, auswickeln *v. r. comp.*, *V.* Sfasciare.

Disfatta, die Niederlage einer Armee; *it.* die verlorne Schlacht *pl.* en.

Disfatto, *ag. e part.*, aus einander gelegt, zerlegt; *it.* verwüstet, niedergerissen; *it.* geschleifet; *it.* zerschmelzt.

Disfattore, der Zernichter, *V.* Disfacitore.

Disfavore, die Ungunst, die Ungnade *pl.* n; *it.* der Verdruß *gen.* es.

Disfavorevole, *ag.* ungünstig, ungnädig, abgeneigt.

Disfavorevolmente, *av.* widrig, auf eine ungünstige, ungnädige Art und Weise.

Disfavorire uno, einem ungünstig, ungnädig, abgeneigt seyn *v. auf.*; *per*: esser contrario, entgegen, zuwider seyn *v. auf.*

Disferenziare, unterscheiden *v. ir. comp.*, *V.* Differenziare.

Disfida, die Ausforderung *pl.* en; lettera di disfida, der Ausforderungsbrief *gen.* s, *pl.* e; *it.* das Cartell *gen.* s.

Disfidare, ausfordern *v. r. comp.*; *it.* den Krieg ankündigen *v. r. comp.*; *per*: azzuffarsi, mit einem anbinden *v. ir. comp.*; *per*: bravare alcuno, affrontare, einem Trotz bieten *v. ir.*; *per*: diffidare, nicht zutrauen *v. r. comp.*, *it.* diffidiren.

Disfigurare, verunstalten *v. r. comp.*, ungestalt machen *v. r.*, die Gestalt nehmen *v. ir.*; *it.* entstellen, verstellen *v. r. comp.*

Disfioramento, das Verblühen *gen.* s; *parlandosi di ragazze*, die Entehrung, die Schändung *pl.* en (einer Jungfer).

Disfiorare, verblühen, der Blumen berauben *v. r. comp.*; *it.* disfiorare una ragazza, eine Jungfer schänden *v. r.*

Disfiorato, *part.* entblühet; *it.* geschändet, entehrt.

Disfogare, den Zorn auslassen *v. ir. comp.*, *V.* Sfogare.

Disformare, verunstalten *v. r. comp.*; *V.* Deformare.

Disfornire, der Zierde berauben *v. r. comp.*, *V.* Sfornire.

Disgiugnere, e disgiungere, absondern *v. r. comp.*, von einander thun *v. ir.*, aus einander setzen *v. r.*; *it.* scheiden *v. ir.*, theilen, trennen *v. r.*

Disgiugnimento, e Disgiungimento } die Sonderung, die Scheidung, die Trennung, die Zertheilung, die Absonderung *pl.* en.

Disgiuntamente, *av.* getrennterweise, abgesonderterweise; *it.* insbesondere; *it.* absonderlich, verschiedentlich.

Disgiunzione, die Absonderung, *V.* Disgiugnimento.

Disgombrare, räumen *v. r.*, *V.* Sgombrare.

Disgradire, *cioè*: non gradire, misfallen *v. ir. comp.*, unangenehm seyn *v. auf.*

Disgravare, entladen *v. r. comp.*, *V.* Sgravare.

Disgravidare, Disgravidarsi } niederkommen, gebähren, sich der Leibesfrucht entbinden *v. ir. comp.*, entledigen *v. r. comp.*, entbunden werden *v. auf.*

Disgrazia, *per*: sfortuna, das Unglück *gen.* s; der Unfall *gen.* s, *pl.* (Unfälle); *per*: disfavore, die Ungunst, die Ungnade; venir in disgrazia, in Unglück gerathen *v. ir. comp.*, cadere in disgrazia di alcuno, in jemandes Ungnade fallen *v. ir.*; per disgrazia, zum Unglücke.

Disgraziatamente, *av.* unglücklicherweise, zufälligerweise.

Disgraziato, *sust.* der Unglückliche; der in Ungnade gefallen ist; *ag.* unglücklich.

Disgregare, sondern *v. r.*, *V.* Separare.

Disgrossare ec., entwerfen *v. ir. comp.*, *V.* Digrossare ec.

Disgustare, Ekel machen; verdrießlich

machen *v. r.*; *it.* offendere, beleidigen *v. r. comp.*, questo mi disgusta, dieses verdrießt mich; questo cibo mi disgusta, diese Speise ist mir ekelhaft.

Disgustarsi, überdrüssig werden *v. auf.* disgustarsi con uno, mit jemandem uneins werden *v. auf.*, sich veruneinen *v. rec. r. comp.*, sich überwerfen *v. rec. ir. comp.*

Disgustevole, *ag.* ekelhaft; *it.* verdrießlich, mißfällig, unangenehm.

Disgusto, der Ekel *gen.* s; der Verdruß *gen.* es; die Unlust, die Beleidigung *pl.* en; das Mißfallen *gen.* s.

Disgustoso, *ag.* ekelhaft, verdrießlich, mißfällig.

Disiderabile, *ag.* verlangenswerth, *V.* Desiderabile.

Disiderare, verlangen, *V.* Desiderare.

Disigillare, aufsiegeln *v. r. comp.*

Disimparare, verlernen *v. r. comp.*; *it.* vergessen was man gelernet hat.

Disimpedire, die Hindernisse heben *v. ir.* von Hindernissen befreyen *v. r. comp.*

Disimpegnare, von der Verbindlichkeit lossprechen *v. ir. comp.*; *it.* ein Pfand einlösen *v. r. comp.*

Disimpegnarsi, sich losmachen *v. rec. r. comp.*

Disimpegno, die Entledigung, die Entschlagung *pl.* en (des Versprechens); *it.* die Befreyung von einer Verbindlichkeit; *it.* die Einlösung eines Pfandes.

Disingannare, aus dem Irthume helfen *v. ir.*, bessere Meinung beybringen *v. r. comp.*, aprire gli occhi, die Augen aufthun *v. ir. comp.*

Disingannarsi, eine Sache besser einsehen *v. ir. comp.*, den Irthum fahren lassen *v. ir.*, seine irrige Meinung ablegen *v. r. comp.*

Disinganno, die bessere Meinung; die Erkenntniß seines Irthums.

Disinnamorarsi, Snamorarsi, die Liebe, die Lust zu etwas verlieren *v. ir. comp.*

Disinteressato, *ag.* uneigennützig.

Disinteresse, der Uneigennutz *g. n.* es.

Disinvolto, *ag.* ungezwungen, frey; *it.* manierlich, artig, unaffectirt; *part.* da disinvolgere, uneingewickelt.

Disinvoltura, das ungezwungene freye Wesen; *it.* die Artigkeit im Betragen der Anstand, die Annehmlichkeit in der äusserlichen Gestalt.

Dislacciare, auflösen *v. r.*, *V.* Slacciare.

Dislagarsi, sich ausbreiten *v. rec. r. comp.*, sich ergiessen *v. rec. ir. comp.*; *it.* überschwemmen *v. ir. comp.*

Disleale, *ag.* treulos, untreu, verrätherisch.

Dislealmente, *av.* treuloserweise, verrätherischerweise.

Dislealtà, die Treulosigkeit *pl.* en, die Untreue.

Dislegare, losbinden *v. ir. comp.*, loslassen *v. ir.*; *per*: liberare befreyen *v. r. comp.*; *per*: palesare, offenbaren *v. r. comp.*

Dislogamento, die Verrenkung, die Verstauchung *pl.* en.

Dislogare, e disiugare, verrenken, verstauchen *v. r. comp.*, (eine Hand, einen Fuß rc.)

Dislogarsi un braccio, sich einen Arm verrenken *v. rec. r. comp.*

Dismesso, unterlassen, *V.* Dimesso.

Dismettere, unterlassen, *V.* Dimettere.

Dismisura, das Uebermaaß *gen.* es; *ag.* a dismisura, übermäßig.

Dismisuratamente, *av.* unmäßig, übermäßig, ohne Maaß.

Dismontare, dismuovere, disnodare, herunter steigen *v. ir. comp.*, abwenden, den Knoten aufläsen *v. r. comp.*, *V.* Smontare, Smuovere, Snodare.

Disobbediente, *ag.* ungehorsam.

Disobbedienza, der Ungehorsam *gen.* s.

Disobbligante, *ag.* undienstfertig, unfreundlich, unverbindlich, unhöflich.

Disobbligantemente, *av.* unhöflicherweise, undienstlicherweise.

Disobbligare, verunwilligen, von der Verbindlichkeit los machen *v. r. comp.*; *per*: mostrare dell' incività, Unhöflichkeit erweisen *v. ir. comp.*

Disobbligazione, die Befreyung von der Verbindlichkeit, die Erlassung einer Pflicht.

Disoccupare, geschäftlos machen *v. r.*, von der Bemühung, oder von der Arbeit befreyen *v. r. comp.*

Disoccuparsi, sich von allen Sorgen frey machen *v. rec. r. comp.*

Disoccupazione, die Entschlagung der Geschäfte, die Abschaffung aller Sorge und Arbeit; *it.* l'oziosità, die Müßigkeit, die müßige Zeit.

Disonestà, die Unehrlichkeit, die Unehrbarkeit, die Unverschämtheit, die Unzüchtigkeit *pl.* en.

Disonestamente, *av.* unehrlich, unziemlich, schändlich, unverschämterweise.

Disonesto, *ag.* unehrlich, unzüchtig, schändlich.

Disonnarsi, vom Schlafe erwachen *v. r. comp.* V. Svegliarsi.

Disonoramento, die Entehrung, V. Disonore.

Disonorare, entehren, verunehren, beschimpfen *v. r. comp.*; *it.* schänden *v. r.*, verunzieren *v. r. comp.*, Schande machen *v. r.*

Disonoratamente, *av.* schändlich, schimpflich, unehrlich.

Disonore, die Unehre, der Schimpf *gen.* es; der Schande, die Schmach.

Disonorevole, *ag.* schimpflich, schändlich, unehrlich.

Di soppiatto, *av.* verdächtigerweise, heimlich, verstohlenerweise.

Disopra, o di sopra, *av.* oben, droben, hier, darüber, oben drüber.

Disoprappiù, o di soprappiù, *av.* außerdem, noch, ferner, zum Ueberfluß, noch überdies.

Disorbitante, übermäßig, V. Esorbitante.

Disorbitantemente, V. Esorbitantemente.

Disorbitanza, die Unmäßigkeit, V. Esorbitanza.

Disordinamento) die Unordnung, V.
Disordinanza) Disordine.

Disordinare, in Unordnung bringen *v. r.*, per: vivere disordinatamente, unordentlich leben *v. r.*, per: commettere delle stravaganze, ausschweifen *v. r. comp.*

Disordinatamente, *av.* unordentlich, unmäßig, liederlich.

Disordine, die Unordnung, die Verwirrung, die Ausschweifung, die Unmäßigkeit *pl.* en; per: danno, die Beschädigung *pl.* en; der Schade *pl.* n; der Verlust *gen.* es; *av.* in disordine, unordentlich.

Disossare, die Beine herausthun, die Knochen ausschneiden *v. ir. comp.*; *it.* die Gräten von Fischen herausthun.

Disotterrare, ausgraben *v. ir. comp.*; einen Körper aus der Erde graben *v. ir.*

Disotto, *av.* unten, drunter, von unten, unterhalb; restar di sotto, unterliegen *v. ir. comp.*, den Kürzern ziehen *v. ir.*; al di sotto, darunter.

Di soverchio, *av.* überhäufig, übermäßig, zuviel, zusehr, über die Maßen.

Dispaccio, ein Brief *gen.* s, *pl.* e (der wichtige Staatssachen in sich hält); *it.* eine Verrichtung, eine Absertigung *pl.* en; *pl.* dispacci, ein Paquet mit dergleichen wichtigen Briefen.

Dispaiare, vereinzeln *v. r. comp.*; V. Disappaiare.

Disparato, diverso, *ag.* unterschieden, verschieden, unähnlich; *it.* weit entfernet.

Disparere, *sust.* die widrige Meinung *pl.* en.

Dispari, *ag.* ungleich, verschieden

Disparire, V. Sparire.

Disparità, die Ungleichheit, die Unähnlichkeit *pl.* en; der Unterschied *gen.* s.

Disparte, *av.* beyseite; *it.* abwärts, anderwärts; andare in disparte, beyseite treten *v. ir.*; mettere in disparte, zurücklegen *v. r. comp.*

Disparire, V. Sparire ec.

Disparutezza, das unansehnliche Wesen *gen.* s, die Unansehnlichkeit *pl.* en; per: decadenza di volto, di corpo, di salute ec., die Magerkeit, die verfallene Gestalt *pl.* en.

Disparuto, *ag.* unansehnlich, mager.

Dispendio, die schwere Unkosten, die Ausgaben, der Aufwand *gen.* s; *it.* per: perdita, danno, der Verlust *gen.* es, der Schade *gen.* ns, *pl.* n.

Dispendiosamente, *av.* mit Aufwande, kostlich, mit vielen Kosten, prächtig.

Dispendioso, *ag.* verschwenderisch, kostlich, kostbar, mit Aufwande verknüpft.

Dispensa, die Lossprechung, die Freyheit *pl.* en; *it.* die Erlaubniß etwas zu unterlassen oder zu thun; per: distribuzione di benefizi, die Austheilung der Wohlthaten; per: luogo ove si conservano le vivande, die Speisekammer.

Dispensabile, *ag.* was ausgetheilet werden kann.

Dispensare, unter andere austheilen, ausspenden *v. r. comp.*; per: liberare permettere, befreyen, begnadigen *v. r. comp.*, erlassen *v. ir. comp.*, erlauben *v. r.*

Dispensatore, der Austheiler, der Ausgeber *gen.* s; *it.* der austheilt, (als Wohlthaten, Gnaden, Gaben ꝛc.)

Dispensazione, die Austheilung *pl.* en, (der Wohlthaten ꝛc.); *it.* die Lossprechung, die Freyheit *pl.* en; die Erlaubniß *pl.* e; (etwas zu thun oder zu unterlassen).

Dispensiere, o dispensiero, der Ausgeber, der Hausverwalter, der Speisemeister *gen.* s.

Disperabile, *ag.* verzweifelnd, verzagend, ohne Hofnung.

Disperare, Hofnung verlieren *v. ir. comp.*, verzagen *v. r. comp.*; disperare di qualche cosa, an etwas verzweifeln *v. r. comp.*; far disperare alcuno, einen zur Verzweiflung bringen *v. r.*, einem alle Hofnung benehmen *v. ir. comp.*, einen aller Hofnung berauben *v. r. comp.*

Disperarsi, verzweifeln *v. r. comp.*, sich grämen *v. rec. r.*, sich umbringen wollen, *cioè*: volersi uccidere; *met.* die Geduld verlieren, *cioè*: perdere la speranza; essere disperato dai Medici, von den Aerzten aufgegeben werden.

Disperatamente, *av.* verzweifelterweise.

Disperato, *part. ed ag.* verzweifelt, der alle Hofnung verloren hat; in verzweifeltem Zustande; *it.* der sein Leben verachtet; *met.* vergebliche Zucht an einem bösen Menschen; *av.* alla disperata, verzweifelterweise.

Disperazione, die Verzweiflung, die Verzagung *pl.* en; der Kleinmuth *gen.* s; der äusserste Verdruß *gen.* es; die Betrübniß *pl.* e, der Unwille *gen.* ns; darsi alla disperazione, sich der Verzweiflung überlassen.

Disperdere, *per*: rovinare, verderben *v. ir. comp.*, verwüsten *v. r. comp.*, zunichte machen *v. r.*; *per*: consumare, verwenden, aufwenden *v. r. comp.*; disperdere un parto, eine Geburt abtreiben *v. ir. comp.*

Disperdersi, andare in rovina, zu Grunde gehen *v. ir.*; *per*: abortire, vor der Zeit gebähren.

Dispersione, die Zerstreuung; *it.* die Verschwendung *pl.* en.

Dispersa, *ag. e part.* zerstreuet; una donna che si è dispersa, ein Frauenzimmer, dem es unrichtig gegangen.

Dispettare, verachten, verhöhnen *v. r. comp.*, höhnisch begegnen *v. ir. comp.*

Dispettarsi, ekeln *v. r.*, einen Ekel bekommen, oder haben; *it.* in Zorn gerathen *v. ir. comp.*

Dispetto, *sust.* der Schimpf, der Spott, der Hohn, der Trotz *gen.* es; *it.* eine vorsätzliche Beleidigung; *av.* a dispetto, zum Trotze, zum Possen; fare dei dispetti ad uno, einem grobe Possen thun; aver in dispetto, für nichts achten; *per*: disprezzo, die Verachtung.

Dispettosamente, *av.* verächtlich, höhnisch, im Zorn.

Dispettoso, *ag.* höhnisch, spöttisch, trotzig; *it.* verächtlich; *per*: inquieto, caparbio, unruhig, widerspenstig.

Dispiacente, *ag.* verdrießend, mißfallend, beleidigend.

Dispiacenza ⎫ das Mißfallen, das
Dispiacere *sust.* ⎭ Mißvergnügen *gen.* s, der Verdruß *gen.* es, die Betrübniß *pl.* e; *it.* die Unlust.

Dispiacere, *verb.* mißfallen *v. ir. comp.*, Verdruß bringen *v. ir.*, verdrießen *v. comp.*

Dispiacevole, *ag.* mißfällig, verdrießlich, unangenehm, zuwider, beschwerlich.

Dispiacevolmente, *av.* mit Ekel, mit Verdruß, auf eine unangenehme Art.

Dispianare, glatt machen, eben machen, *v. r.*; *per*: allargare, ausbreiten *v. r. comp.*; *per*: ischiarire, o spiegare una cosa, erklären *v. r.*, auslegen *v. r. comp.*, deutlich machen *v. r.*

Dispiccare, *V.* Spiccare.

Dispiegare, entfalten *v. r. comp.*, *V.* Spiegare.

Dispietatamente, dispietato, grausamlich, grausam, *V.* Spietatamente, Spietato.

Dispogliare, *V.* Spogliare.

Dispolverare, abstauben *v. r. comp.*; *V.* Spolverare.

Disponente, *ag.* ordnend, einrichtend, veranstaltend.

Disporsi, e disporsi, sich gefaßt halten *v. ir.*

Disponimento, die Veranstaltung, *V.* Disposizione.

Disporre, veranstalten *v. r. comp.*, ordnen *v. r.*, zurechte stellen *v. r.*, einrichten, anrichten, eintheilen *v. r. comp.*; *per*: persuadere, überreden, bereden, zureden *v. r. comp.*; disporre uno a qualche cosa, einen

zu

zu etwas bewegen v. r. [illegible]; disporre uno alla morte, einen zum Tode zubereiten v. r. comp.

Dispositore, der Anordner, der Anstiller gen. s. der ordnet, zurecht stellt, [illegible].

Disposizione, der Entschluß gen. es, pl. (Entschlüsse), die Absicht, die Vorbereitung, die Anstalt, die Verfügung, die Einrichtung pl. en; per [illegible], die Neigung pl. en, die Lust, das Belieben gen. s; disposizione d'animo, die Gemüthsverfassung pl. en; [illegible] del luogo, die Lage des Orts; disposizione naturale, die natürliche Anlage pl. en; [illegible] disposizione, zu ihrem Befehl.

Dispostamente, av. ordentlich, mit Ordnung, geschicklich, [illegible], [illegible].

Disposto, ag. e part. [illegible], geschickt; [illegible] gut beschaffen, [illegible] bereit; io sono bene, o male disposto, ich bin gut oder übel aufgelegt; [illegible] corpo, ich bin gesund oder kränklicher Leibesbeschaffenheit.

Dispoticamente, av. [illegible] unumschränkter Gewalt.

Dispotico, ag. der eine unumschränkte Gewalt hat.

Dispoto, sust. ein Despot, ein Allgewaltiger gen. s.

Dispotismo, die unumschränkte Gewalt.

Dispregevole, e dispregiabile, ag. verächtlich, verachtungswürdig.

Dispregevolmente, av. verächtlicher weise.

Dispregiamento, die Verachtung, die Geringachtung, die Geringschätzung pl. en.

Dispregiante, ag. verachtend, gering achtend, verschmähend.

Dispregiare, verachten, geringachten v. r. comp.; gering schätzen v. r., verschmähen v. r. comp.

Dispregiato, ag. e part. verachtet, gering geschätzt, verschmähet.

Dispregiatore, ein Verächter, ein Verschmäher, ein Spötter gen. s. V.

Dispregio } die Verachtung, V.
Disprezzamento } Disprezzo.

Disprezzare [illegible], verachten v. r. comp. V. Dispregiare [illegible].

Disprezzo, die Verachtung, die Geringschätzung, [illegible] [illegible] pl. [illegible] gen. s.

Dispri[illegible]nare, aus dem Gefängniß erlassen [illegible] V. Sprigionare.

Disputa, disputazione, der Streit, das Wortgezänk gen. es; pl. e. eine Disputation.

Disputante, sust. einer der disputirt, gerne streitet; der eine Disputation hält.

Disputare, öffentlich disputiren, mit Worten streiten v. ir., zanken v. r.; [illegible] differenti in sue opinione, seine Meynung verschieden v. r. comp.

Disputatore, sust. ein Zänker gen. s; ein Streitkopf gen. s; ein [illegible] Mensch gen. e pl. en.

Disquisizione, die genaue Untersuchung einer Sache.

Disseminare, ausstreuen, aussäen v. r. comp. [illegible], verzetteln; disseminare discordie, Uneinigkeit stiften v. r. comp.

Dissennato, ag. thöricht, unverständig.

Dissensione, die Uneinigkeit, die Mishelligkeit pl. en; die Zwietracht, der Zwiespalt gen. es, pl. en.

Dissenteria, die rothe Ruhr, der Durchfall gen. s.

Dissenterico, ag. der mit der rothen Ruhr, mit dem Durchfall behaftet ist.

Dissentire, nicht übereinstimmen v. r. comp. V. Discordare.

Dissertazione, die gelehrte Abhandlung pl. en, die Dissertation.

Dissetare, den Durst löschen v. r. [illegible] eines Verlangen stillen v. r.

Dissigillare, entsiegeln v. r. comp. [illegible] das Siegel aufbrechen v. ir. comp., oder aufsiegeln v. r. comp.

Dissimigliare [illegible], unähnlich seyn v. aus. V. Dissomigliare.

Dissimile, ag. unähnlich, unbillig, verschieden; [illegible] von ungleicher Art [illegible].

Dissimilitudine, die Unähnlichkeit, die Unbilligkeit, die Verschiedenheit pl. en.

Dissimulare, nachsehen v. ir. comp.; seine Gedanken verborgen halten v. ir., sich verstellen v. r. comp.; dissimulare un'ingiuria, sich stellen, als wenn man einen Schimpf nicht merke.

Dissimulatamente, *av.* verstellterweise, [illegible]

Dissimulatore, ein Gleißner, ein Heuchler, Scheinheiliger *gen.* [illegible] ein heuchlerischer Mensch *gen.* [illegible]

Dissimulazione, die Verstellung, die [illegible], die Verhehlung, [illegible] die Nachsicht *pl.* en.

Dissipamento, die Zerstreuung, die Verschwendung, die Verzehrung *pl.* en, [illegible] die Verschwendung *pl.* en.

Dissipare, zerstreuen, zertheilen, zertrennen, zerstören *v. r. comp.* [illegible], verjagen *v. r. comp.* [illegible] durchbringen, verschwenden *v. r. comp.*, [illegible] *v. r. comp.*, durchbringen *v. r. comp.*

Dissipatore, ein Verschwender, ein Zerstreuer *gen.* s.

Dissipazione, die Zerstreuung, *V.* Dissipamento.

Dissodare un campo, ein Feld urbar machen *v.* [illegible], umbrechen *v. ir. comp.*

Dissolubile, *ae.* auflöslich.

Dissolvere, auflösen, zerschmelzen *v. r. comp.*, [illegible] machen *v. r.* [illegible], durchdringen *v. ir. comp.* [illegible] *v. r.*, zerstören *v. r. comp.*

Dissolutamente, *av.* unzüchtig, liederlich, unordentlich, ausschweifend.

Dissolutezza, die Unordentlichkeit, die Liederlichkeit, die Unmäßigkeit *pl.* en, [illegible] das Liederliche, [illegible] liederliches Leben *gen.* s.

Dissoluto, *ae.* aufgelöst, schmelzend, zerfließend, [illegible].

Dissoluto *sust.* ein ausschweifender, liederlicher, unmäßiger Mensch *gen.* en *pl.* en.

Dissonante, *ae.* [illegible], [illegible].

Dissonanza, die [illegible], die [illegible], die Trennung *pl.* en.

Dissomigliante, *ae.* ungleich, unähnlich, unterschieden.

Dissomiglianza, die Unähnlichkeit, die Verschiedenheit *pl.* en.

Dissomigliare, unähnlich, unterschieden seyn *v. aus.*, nicht gleichen *v.* [illegible], nicht [illegible] *v. ir. comp.*, [illegible] *v. r. comp.*

Dissonante, *ae.* übel lautend, nicht übereinstimmend, [illegible] zusammenstimmend.

Dissonanza, der Uebellaut, der Mißklang, der falsche Klang *gen.* [illegible] die Uebereinstimmung [illegible].

Dissuadere, abrathen, [illegible] *v. ir. comp.*, [illegible], abwenden *v. r. comp.*, [illegible] *v. ir. comp.*

Dissuasione, das Abrathen, das Abwenden, das Abreden, das Abbewegen *gen.* s.

Distaccamento, die Entfernung der Seele, *u.* die Absonderung, die Entfernung *pl.* en, [illegible] *gen.* s, un distaccamento di truppe, ein abgesondertes Häufen Soldaten, ein Detaschement.

Distaccare, absondern, losreißen *v. ir. comp.*, *V.* Staccare.

Distante, *ae.* entfernt, abgelegen, [illegible], [illegible] *av.* weit, un Villaggio poco distante dalla Città, ein nicht weit von der Stadt gelegenes Dorf.

Distanza, die Entfernung, die Entlegenheit *pl.* en, [illegible] eines Orts vom andern, die Weite, *u.* der Zwischenraum von einem Orte zum andern.

Distemperare, auflösen *v. r. comp.*, *V.* Stemperare.

Distendere, ausbreiten, ausdehnen *v. r. comp.*, auseinander ziehen *v. ir. comp.*, erweitern *v. r. comp.*, strecken *v. r.*, auseinander legen, den Tisch [illegible] *v. r.*, la tela, die Leinwand [illegible] *v. r. comp.*, un concetto, einen Gedanken niederschreiben *v. ir. comp.*, [illegible] aufsetzen *v. r. comp.*

Distensione, *V.* Distendimento, die Ausdehnung, die Streckung, die Ausbreitung, die Ausstreckung *pl.* en.

Distenuare, beschöpfen *v. r. comp.*, *V.* [illegible]

Distesa, *sust.* die Ausdehnung, *V.* Distensione.

Distesa (alla), *av.* hintereinander, in einem weg, ausführlich.

Distesamente, *av.* ausführlich, weitläuftig.

Disteso, *sust.* ein Formular, eine Vorschrift.

Disteso, *part.* da distendere, ausgebreitet ꝛc.

Distico, ein Gedicht von zwo Zeilen, ein paar Verse.

Distillamento, das Distilliren, das Abziehen [illegible] *gen.* s.

Distillare, distilliren *v. r.*, abziehen

v. ir. comp., abtröpfeln v. r. comp., [illegible] lassen v. ir., tropfenweise herabfallen v. ir. comp.

Distillatore, ein Distillirer, ein Wasserbrenner gen. s.

Distillazione, das Abtröpfeln, das Herausziehen der flüssigen Feuchtigkeit aus etwas gen. s; per: compassione, estinzione, der Schmerz gen. s.

Distinguere, unterscheiden v. ir. comp., ausgezeichnen, von einander erkennen v. r. comp.; per: dividere, abtheilen v. r. comp.

Distintamente, avv.: chiaro, avv. klar und deutlich.

Distintivo, sust. das Unterscheidungszeichen, das Kennzeichen gen. s.

Distinto, ag. e part. unterschieden, eingetheilt, abgetheilt, unterschiedlich, ausgezeichnet; per: chiaro, deutlich, verständlich.

Distinzione, der Unterschied gen. s; die Unterscheidung pl. en; it. la divisione, die Abtheilung pl. en; un uomo di distinzione, ein vornehmer, berühmter Mann; gente di distinzione, vornehme Leute.

Distogliere, abwenden v. r. comp., V. Distorre.

Distorcere, verdrehen v. r. comp., V. Storcere.

Distornare, abwenden v. r. comp., V. Distorre.

Distorre, abhalten v. ir. comp., abwenden v. r. comp., abwendig machen v. r.; per: impedire, verhindern v. r. comp.; per: togliere via, davon wegnehmen, wegthun v. ir. comp.; per: separare, absondern v. r. comp.

Distraere, abziehen v. ir. comp., abwendig machen v. r.; it. abhalten v. ir. comp., abwenden v. r. comp. (von etwas); distrar la mente, l'animo, die Gedanken, das Gemüth zerstreuen v. r. comp.

Distrarsi, sich zerstreuen v. rec. r. comp.

Distratto, ag. e part. abgehalten, abgewendet; it. incauto, unachtsam, zerstreut, von zerstreuten Sinnen.

Distrazione, die Zerstreuung der Gedanken; it. die Abwendigmachung von Geschäften pl. en.

Distretta, necessità, die Nothwendigkeit pl. en; der Zwang gen. s.

Distretto, sust. das Gebiet gen. s. pl. en; der Bezirk eines Orts, der District gen. s.

Distretto, ag. scharf, genau, [illegible]; distretto amico, ein vertrauter Freund; [illegible] giudizio, ein strenges Gericht.

Distribuimento, distribuzione, die Austheilung, die Eintheilung pl. en; das Austheilen, das Eintheilen, das Vertheilen, das Ausgeben gen. s.

Distribuire, austheilen v. r. comp., ausgeben v. ir. comp., eintheilen, vertheilen v. r. comp.

Distributore, ein Austheiler, ein Vertheiler gen. s.

Distribuzione, die Austheilung, V. Distribuimento.

Distrigare, auswickeln, entwickeln v. r. comp.; per: sciogliere, losmachen v. r. comp.

Distrigarsi, sich herauswickeln v. rec. r. comp., sich aus der Schlinge ziehen v. rec. ir.; per: essere sollecito, sich abfertigen v. rec. r. comp.; distrigarsi da qualche cosa, sich etwas vom Halse schaffen v. rec. r.

Distringere, nöthigen v. r., V. Costringere ec.

Distruggere, zunichte machen v. r., zernichten v. r. comp., verderben v. ir. comp., zerstören v. r. comp.; it. alterare, entrüsten, [illegible] v. ir. comp., verwüsten v. r. comp.

Distruggimento, die Vernichtung, die Verwüstung, die Zerstörung pl. en; mettere a distruggimento, zu Grunde richten v. r., V. Distruzione.

Distruggitore, ein Zerstörer, ein Verwüster, ein Verderber gen. s.

Distruttivo, ag. zerstörend.

Distruttore, ein Zerstörer, V. Distruggitore.

Distruzione, die Zerstörung, die Verwüstung, die Verheerung, die Verderbung pl. en.

Disturbamento, die Störung, die Verhinderung pl. en, die Unruhe pl. n, die Beunruhigung pl. en.

Disturbare, hindern, stören v. r., beunruhigen v. insep. r.; it. [illegible] verursachen, verwirren v. r. comp.

Disturbatore, ein Friedenstörer, ein Aufwiegler gen. s; it. un uomo inquieto, ein unruhiger Mensch gen. e pl. en.

Disturbo, die Unruhe, V. Disturbamento.

Disubbidiente, ag. ungehorsam.

Disubbidientemente, avv. ungehorsamer Weise, ungehorsamlich. K 2

Disubbidienza, der Ungehorsam *gen.* s.
Disubbidire, ungehorsam seyn *v. aus.*
Disvelare, aufdecken *v. r. comp.* *V.* Svelare ec.
Disvenire, in Ohnmacht fallen *v. fr.* *V.* Svenire.
Disvestire, auskleiden *v. r. comp.*, *V.* Svestire.
Disvezzare, abgewöhnen, entwöhnen *v. r. comp.*
Disvezzarsi, sich abgewöhnen *v. rec. r. comp.*
Disvezzato, *part.* abgewöhnt.
Disuguale, *ag.* ungleich *V.* Diseguale.
Disvilimento, die Verachtung, die Verkleinerung *pl.* en, *V.* Disistimazione.
Disviare, vom Wege abführen, abwendig machen, verführen *v. r. comp.*, abwendig machen *v. r.*
Disviato, *ag. e part.* verführt, ungerathen; un figlio disviato, ein ungerathener Sohn *gen.* s.
Disviluppare, entwickeln *v. r. comp.*, *V.* Sviluppare.
Disvolgere, das Laster ablegen *v. r. comp.*, *V.* Svolgere.
Disumanarsi, die Menschheit ablegen *v. r. comp.*, unmenschlich werden *v. aus.*
Disumanato) *part.* unmenschlich geworden; *ag.* unmenschlich, grausam, ein Unmensch *pl.* en.
Disumano
Disunire, absondern *v. r. comp.*, von einander stellen, von einander trennen *v. r.*, uneinig machen *v. r.*, uneins machen *v. r.*
Disusare, abkommen, außer Gebrauch bringen *v. ir. comp.*, ungewohnt werden *v. aus.*, sich entwöhnen *v. rec. r. comp.*
Disusanza, die Entwöhnung, der Abgebrauch, die Nachlässigkeit *pl.* en.
Disusanza, die Ungewohnheit, der Entwöhnung *pl.* en.
Disusare, abgewöhnen *v. r. comp.*, *V.* Disvezzare.
Disusato, *part. ed ag.* ungewöhnt, ungewöhnlich, außer Gebrauch gekommen.
Disuso, *sust.* die Ungewohnheit, *V.* Disusanza.
Disutile, *ag.* unnütz, untauglich, vergeblich, schädlich.
Disutilità, die Unnützlichkeit *pl.* en; *per* danno, der Schade *gen.* ns *pl.* n.
Disutilmente, *av.* unnützerweise, unnützlich.
Disvoglia, der Unwillen *gen.* s, *pl.* (Unwillen).

Ditirambo, *sust.* ein Lobgesang des Bacchus; *ec.* ein Gedicht bey den alten Griechen, (*pl.* Lobgesänge, Freudenlieder).
Dito della mano, der Finger *gen.* s; dito grosso, der Daumen *gen.* s; il pollice, der Daumen; l'indice, der Zeigefinger; il medio, der mittelste Finger; l'anulare, der Goldfinger; il mignolo, der kleine Finger; mostrare a dito, mit Fingern zeigen; *per.* mostrarla a dito, etwas bezeugen, begreiflich; a dito, sich etwas genau stellen; saper una cosa sulle dita, eine Sache recht gewaltig wissen.
Dittamo, (erba), der Diptam *gen.* s.
Dittatore, eine Herrscher, eine römische Magistratsperson.
Dittatura, die Würde, das Amt eines Dictators; *ec.* das Dictatur *gen.* s, die Dictatur *pl.* en.
Dittongo, ein doppellautender Buchstab *gen.* s, ein Doppellaut.
Diva, die Göttin *pl.* en.
Divagamento, der Umschweif *gen.* es; der Umgang *gen.* es, *pl.* e.
Divagare, herumschweifen *v. r. comp.*, vom Wege abweichen *v. ir. comp.*, Umweg nehmen *v. ir.*, sich zu sehr herumziehen *v. ir. comp.*; *ec.* [illegible], abkommen *v. r. comp.*
Divagarsi, sich zerstreuen *v. r. comp.*, von seiner Arbeit abweichen *v. ir. comp.*
Divampare, *v. n.* aufflammen, verbrennen *v. r. comp.*; *v. att.* anzünden *v. r. comp.*, *V.* Avvampare, Ardere.
Divano, die Rathsversammlung der türkischen Minister, der türkische Rath *gen.* s.
Divario, der Unterschied *gen.* s.
Divellere, ausreißen *v. ir. comp.*, *V.* Svellere.
Divelto, *add. e part.* ausgerissen.
Diverbio, *sust.* der Wortwechsel *gen.* s, der Wortwechsel *gen.* s *pl.* [illegible], Wortstreite.
Divenire, werden *v. aus.*, *ec.* anfangen das zu seyn, was man nicht war; divenir grande, groß werden; *per* pervenire, gelangen *v. r. comp.*; *per* succedere, geschehen *v. ir. comp.*, begegnen *v. r. comp.*, erfolgen *v. r. comp.*; *per* cangiarsi, sich verändern *v. rec. r. comp.*; egli è divenuto tutt' altro, er hat sich ganz verändert.

Diventare, werden *v. auf.*, V. Divenire.

Diversamente, *av.* auf unterschiedene Weise, auf allerley Art, unterschiedlich, ungleich, anders.

Diversificare, unterscheiden *v. ir. comp.*, verändern *v. r. comp.*, verschieden machen *v. r.*, Veränderung vornehmen *v. ir. comp.*, auf mancherley Art etwas thun *v. ir.*, oder vorstellen, verschiedentlich behandeln *v. r. comp.*

Diversione, die Abwendung, die Ablehnung, die Ablenkung, der Veränderung *pl. en.*

Diversità, der Unterschied *gen. s*, die Verschiedenheit, die Ungleichheit *pl. en.*, mancherley Art.

Diverso, *av.* ungleich, unterschiedlich, unterschieden, verschieden; *per* incostante, unbeständig.

Divertimento, die Lust, die Belustigung, die Ergötzung *pl. en.*, der Zeitvertreib *gen. s*, die Freude; *per* [illegible], [illegible], die Abwendung, die Ablehnung, die Ablenkung *pl. en.*

Divertire, die Zeit vertreiben *v. ir. comp.*, ergötzen, belustigen *v. r. comp.*; *in senso di* [illegible], abwenden, ablenken *v. r. comp.*

Divertirsi, sich lustig machen *v. rec. r.*; *per* burlare, [illegible], scherzen, [illegible] *v. r.*

Divezzare, abgewöhnen *v. r. comp.*, V. Disvezzare *ec.*

Diviare, abweichen *v. r. comp.*, V. Disviare *ec.*

Dividente, *sust.* der Theiler *gen. s*, (im Rechnen) *ag.* theilend, scheidend.

Dividere, theilen *v. r.*, scheiden *v. ir.*, abtheilen, eintheilen, austheilen *v. r. comp.*, zertheilen, zertrennen, absondern *v. r. comp.*, unterscheiden *v. ir. comp.*

Dividersi, sich theilen *v. rec. r.*

Dividitore, der Theiler *gen. s*, (im Rechnen).

Divietare, verbieten *v. ir. comp.*, untersagen *v. r. comp.*

Divieto, das Verbot *gen. es*, *pl. e*, der Untersagung *pl. en.*

Divinamente, *av.* göttlich, von Gott; *it.* eccellentemente, vortrefflich, unvergleichlich.

Divinazione, die Errathung, die Weissagung, die Wahrsagung *pl. en.*

Divincolamento, divincolazione, die Losmachung *pl. en.*

Divincolare, loswickeln *v. r. comp.*, V. Storcere *ec.*

Divinità, die Gottheit, die göttliche Natur; negare la Divinità, leugnen, daß ein Gott sey.

Divinizzare, vergöttern *v. r. comp.*, für göttlich halten.

Divino, *ag.* göttlich; *it.* eccellente, unvergleichlich, vortrefflich; *per* incomprensibile, unbegreiflich, übernatürlich.

Divisa, divisione, eine Theilung, eine Scheidung *pl. en.*; *it.* emblema, das Sinnbild *gen. es*, *pl. er*; *per* [illegible], [illegible], eine Tracht.

Divisamente, *av.* auf getheilte Art [illegible].

Divisamento, eine Eintheilung, Abtheilung *pl. en.*; *per* pensiero, der Gedanke *gen. n*, *pl. n*, die Einbildung *pl. en*; *per* scelta, die Wahl, V. Divisa.

Divisare, sich vornehmen etwas zu thun *v. rec. ir. comp.*, sich einbilden *v. rec. r. comp.*, denken *v. r.*; *per* [illegible] diverso, auf verschiedene Art [illegible] *v. r.*, unterscheiden *v. ir. comp.*

Divisatamente, *av.* abgesondert, [illegible], V. Distintamente.

Divisibile, *ag.* theilbar, was getheilet werden kann.

Divisione, die Theilung, die Eintheilung, die Abtheilung, die Austheilung *pl. en.*, (im Rechnen), das Dividiren; *per* [illegible] intelligenza, das Mißverständniß *gen. es*, *pl. e.*

Diviso, *gen. e part.* da dividere, getheilet, abgesondert.

Divisore, der Theiler *gen. s*, V. Dividitore.

Divolgamento, divolgazione, die Ausbreitung, die Kundmachung, die öffentliche Bekanntmachung *pl. en.*

Divolgare, ausbreiten, aussagen *v. r. comp.*, unter die Leute bringen *v. ir.*, kundmachen, öffentlich bekannt machen *v. r. comp.*

Divolgatore, der Kundmacher *gen. s*.

Divolgere, herumwälzen, herumdrehen *v. r. comp.*, herumwenden *v. ir. comp.*

Divolvere, heimfallen, zufallen *v. ir. comp.*

Divoramento, das Auffressen, das unmäßige Fressen *gen. s*, *it.* das Verschlingen, *gen. s*.

Divorare, fressen v. r.; it. [illegible] verschlingen v. ir. comp., verzehren v. r. [illegible]; it. [illegible] v. r. comp., mit den Augen verzehren v. r. comp.; divorare la strada, den Weg aus[illegible] [illegible] v. r. comp.

Divoratore, der Fresser, ein Verzehrer, ein Prasser gen. s.

Divorzio, die Ehescheidung pl. en; it. die Uneinigkeit unter Eheleuten, oder Freunden; far divorzio, sich scheiden lassen vom Tisch und Bette.

Divotamente, av. andächtiglich, fromm, [illegible].

Divoto, ag. andächtig, fromm, [illegible]; falso divoto, ein Heuchler, [illegible].

Divozione, die Andacht, die Frömmigkeit, die Gottesfurcht; it. die [illegible].

Diurno, fem. die Verzeichniß der [illegible] Gebete, die alle Tage [illegible] werden.

Diurno, ag. was am Tage geschiehet; [illegible] täglich [illegible].

Diuturnamente, av. sehr lang, langwierig, lange, langezeit.

Diuturnità, die Langwierigkeit, die Länge der Zeit.

Diuturno, ag. langwierig, [illegible].

Divulgamento, die Ausbreitung, pl. Divulgamenti.

Dizionario, das Wörterbuch gen. s, pl. (Wörterbücher); [illegible] das Buch [illegible].

Dizione, ein Wort, [illegible] eine Redensart; [illegible] Signoria, das Gebiet, eine Herrschaft.

D O

Dobbla, o doble, (eine gewisse goldene Münze).

Doccia, [illegible], eine Traufrinne pl. n; it. eine Röhre zur Wasserleitung; it. eine Dachrinne pl. n.

Docile, ag. gelehrig, [illegible], zum lernen geschickt.

Docilità, die Gelehrigkeit, die [illegible] pl. en; it. die Geschicklichkeit etwas zu lernen.

Documento, die Urkunde pl. n.

Dodici, zwölf.

Dodicesimo, der, die, das Zwölfte.

Doga (coll' o stretto), eine Faßdaube pl. n.

Dogana, das Zollhaus gen. es, pl. (Zollhäuser); it. der Zoll oder die Gefälle, so man von den Gütern geben muß.

Doganiere, der Zöllner, der Zolleinnehmer gen. s.

Doge, der Herzog zu Venedig, oder zu Genova.

Doglia (coll' o largo), dolore, der Schmerz gen. es pl. en.

Doglianza, [illegible], lamento, pl. die Klage, die Beschwerung über etwas.

Doglio (coll' o stretto), ein Faß gen. es, pl. (Fässer), eine Tonne pl. n.

Dogliosamente, av. schmerzlich, jämmerlich, kläglich.

Doglioso, ag. schmerzhaft, betrübt, niedergeschlagen.

Dogma, dommo, insegnamento, der Lehrsatz gen. es, pl. (Lehrsätze), die Lehre; it. die Glaubenslehre pl. n.

Dogmatico, ag. was zum Lehren gehöret; stile dogmatico, lehrende Schreibart.

Dolce, fem. das Süße gen. n; le dolcezze, die Süßigkeit, die Annehmlichkeit pl. en.

Dolce, ag. süß, gelind, angenehm, lieblich, sanft, sanftmüthig, gütig, freundlich, gelassen; un uomo dolce, ein gelassener Mann gen. es; legno dolce, ein weiches, schmeidiges Holz; tempo dolce, gelindes Wetter; aria dolce, sanfte Luft; lume dolce, sanftes Licht gen. s.

Dolcemente, dolce, av. süß, angenehmlich, lieblich, freundlich; it. leise, gemach, sanft, still.

Dolcezza, die Süßigkeit pl. en; [illegible]; it. die Annehmlichkeit, die Lieblichkeit, die Freundlichkeit, die Ergötzlichkeit pl. en; [illegible] das [illegible], die [illegible]; la dolcezza della vita, die Annehmlichkeiten des Lebens; [illegible], mit [illegible] verliebt reden.

Dolente, ag. kläglich, traurig, betrübt (als die Person, das Gesicht, die Geberden, Augen, Stimme rc.)

Dolere, schmerzen v. r., wehe thun v. ir.; it. bedauern, bejammern v. r. comp., klagen, einen Schmerz fühlen v. r.; mi duole il capo, es thut mir der Kopf weh; mi duole di vederla afflita, ich bedaure Sie betrübt zu sehen.

Dolersi di uno, sich über einen beklagen, sich beschweren v. rec. r. comp.; it. per, sein Compassione, Mitleiden haben v. auf., wehe thun v. ir.

Dolo, der Betrug gen. es, die Tücke pl. n, die Arglist.

Dolore, der Schmerz gen. s, pl. en; die Wehemuth, die Betrübniß der Jammer gen. s; dolor di testa, Kopfweh; dolori colici, Bauchgrimmen; dolori di parto, Geburtsschmerzen; dolori di denti, Zahnschmerzen; dolore di denti, Zahnweh.

Dolorifico, ag. das Schmerzen verursacht; schmerzhaft, [illegible].

Dolorosamente, av. schmerzlich, jämmerlich, [illegible].

Doloroso, ag. schmerzlich, jämmerlich, kläglich, betrübt.

Dolosamente, av. betrüglich, [illegible] listigerweise, arglistigerweise.

Dolosità, die Betrüglichkeit pl. en, die Tücke.

Doloso, ag. betrüglich, falsch, listig, [illegible].

Domabile, ag. das zu bändigen, zu zähmen, zu zwingen ist.

Domanda, die Frage pl. n, das Ansuchen gen. s; it. die Nachfrage pl. n, das Begehren gen. s, die Bitte; it. eine Forderung pl. en.

Domandare, fragen v. r.; it. begehren v. r. comp., bitten v. ir., fordern v. r., ansuchen v. r. comp.; domandare aiuto, rufen v. r.; domandare qualche cosa, etwas verlangen v. r. comp.; domandar la limosina, betteln v. r.; [illegible] heißen v. ir.; come si domanda ella? wie heißen Sie?

Domane } av. morgen; doman l'altro,
Domani } übermorgen; domane sera, morgen Abends; domane, fast. der Folgmorgen gen. s; it. der Anfang des Tages.

Domare, bezähmen v. r. comp., zahm machen v. r.; it. überwältigen v. ir. comp., zwingen v. ir.; per, überwinden, abrichten v. r. comp.

Domatore, ein Bezwinger, ein Ueberwinder gen. s.

Domattina, av. morgen früh.

Domeneddio, domineddio, der liebe Gott, V. Dio.

Domenica, der Sonntag gen. es, pl. e.

Domenicale, ag. sonntäglich; l'Orazione Dominicale, das Vater unser; domenicale, [illegible] appartenente al Padrone, eigenthümlich, dem Herrn gehörig.

Domenicano, ein Dominikanermönch gen. es, pl. e.

Domesticare, ec., zahm machen v. r.; V. Dimesticare.

Domicilio, die Wohnung pl. en, der Wohnplatz gen. es; [illegible] der Ort, wo sich einer häuslich niedergelassen hat.

Dominante, fast. der Beherrscher gen. s, der Herrschende, der Oberhand habende gen. s, pl. n.

Dominante, ag. herrschend, Oberhand habend; l'amore è la passione dominante, die Liebe ist die stärkste Leidenschaft; Dresda è la dominante della Sassonia, Dresden ist die Residenzstadt in Sachsen.

Dominare, herrschen v. r., beherrschen v. r. comp.; it. Herr seyn, zu befehlen haben v. aux., regieren v. r., die Herrschaft, die Oberhand haben v. aux.; dominare le proprie passioni, seine Leidenschaften im Zaum halten v. ir.; it. erhaben seyn v. aux.; überlegen v. r.

Dominatore, ein Beherrscher gen. s, ein Regent gen. s, pl. en.

Dominio, die Herrschaft, die Gebiethsherrlichkeit pl. en, das Gebiet gen. es, pl. en; it. die Regierung, die Gewalt.

Dommasco, der Damast gen. es.

Domo, per, domato, part. bezähmt, zahm gemacht.

Donare, schenken, v. r., geben v. ir., verehren v. r. comp.; per, [illegible], schenken v. r. comp.

Donativo, fast. ein Geschenk, V. Dono.

Donatore, ein Schenker, ein Geber gen. s; it. der da schenkt.

Donazione, die Schenkung pl. en.

Donde, av. woher, daher, wovon, woraus; donde siete? wo seyd ihr her? d'onde viene ella? wo kommt sie her? [illegible] d'onde viene, daher kommt es.

Dondolare, schaukeln, baumeln *v. r.*

Donna, das Weib *gen.* es *pl.* er, die Frau, eine Weibsperson *pl.* en; una donna maritata, ein Eheweib, eine Ehefrau; una donna di parto, eine Sechswöchnerinn; una donna di governo, eine Haushälterinn; una donna di camera, eine Kammerfrau; donna fatta, eine Frau bey Jahren; la nostra donna, die Mutter Gottes; *it.* la donna, das Frauenzimmer.

Donnescamente, *av.* weibisch, einem Frauenzimmer wohl anständig; *it.* herrisch, herrschaftlich; auf eine gebietende Art.

Donnesco, *ag.* weiblichen Geschlechts, weiblich, weibisch; *it.* dem Frauenzimmer gehörig.

Donnetta, donnicciuola, donnicina, donnuccia, *in sen. obv. no.* ein artiges hübsches Weibchen; *it.* eine kleine Frau; *in senso attivo*, ein schlechtes, gemeines Weib.

Donnola, eine Wiesel *pl.* n; *it.* ein Waise, ein Iltis.

Dono, das Geschenk *gen.* es, *pl.* e; die Gabe *pl.* n; i doni della natura, die Naturgaben, die natürliche Eigenschaften; in dono, zum Geschenk; *it.* umsonst.

Donzella, *vid.* damina, ein Fräulein; ein junges Mädchen vom Stande; *per* cameriera, eine Kammerjungfer.

Donzello, ein Junggeselle *gen.* n, *pl.* n; *it.* ein junger Herr *gen.* en *pl.* en; ein Junker, ein Page, ein Bedienter *gen.* n.

Dopo, *prep. ed av.* nach, hernach, darnach, nachdem, nach diesem, darauf.

Dopo che, *cong.* nachdem, sobald als.

Doppia, *V.* Dobla.

Doppiamente, *av.* doppelt, auf doppeltenweise.

Doppiare, doppeln *v. r.*, verdoppeln *v. r. comp.*

Doppiero, eine Fackel, *V.* Torcia.

Doppiezza, die Zweydeutigkeit, die Falschheit, die Verstellung *pl.* en; die Tücke *pl.* n.

Doppio, *ag.* doppelt, zweyfach; *it.* falsch, tückisch, zweydeutig; al doppio, noch einmal so viel.

Doppio, *av.* doppelt; verstellterweise, tückischerweise.

Dorare, vergolden *v. r. comp.*, *V.* Indorare *ec.*

Dorico, *ag.* dorisch.

Dormicchiare, schlummern *v. r.*, ein wenig schlummern *v. r. comp.*

Dormiente, *sust.* ein Schläfer *gen.* s, *ag.* schlafend.

Dormiglione, ein Langschläfer *gen.* s; *it.* ein fauler, träger Gesell *gen.* en.

Dormiglioso, *ag.* schläfrig, verschlafen, faul, träge.

Dormire, schlafen *v. ir.*

Dormitorio, dormentorio, das Schlafgemach *gen.* s, *pl.* (Gemächer), das Schlafzimmer *gen.* s.

Dorsale, *ag.* mit dem Rücken gehört.

Dorso, der Rücken *gen.* s, *V.* Dosso.

Dose, dosa, eine Dosis von Arzneyen oder andern Sachen.

Dosso, der Rücken *gen.* s, (am Leibe der Menschen und Thiere, an einem Messer, Buche *ec.*); *it.* die breite Seite und Länge der Berge; levarsi da dosso, oder mit vom Leibe; trarsi da dosso un vestito, ein Kleid ausziehen *v. ir. comp.*; gettar da dosso, vom Leibe werfen *v. ir.*; aver da dosso, vom Leibe; in dosso, auf dem Leibe.

Dotale, *ag.* was zum Heyrathsgut gehört.

Dotare una figlia, eine Tochter aussteuren, ausstatten *v. r. comp.*, ihr das Heyrathsgut geben *v. ir.*; dotare una Chiesa, una Scuola, e simili, eine Kirche, eine Schule mit gewissen Einkünften beschenken *v. r.*

Dote, das Heyrathsgut *gen.* es, die Aussteuer, die Mitgabe, die Morgengabe *pl.* n; so die Braut dem Bräutigam mitbringt; was man einer Tochter mitgiebt; *it.* le doti della natura, die Gaben der Natur *ec.*

Dottamente, *av.* gelehrt, auf gelehrte Art, gelehrsamlich.

Dotto, *ag.* gelehrt; *sust.* ein Gelehrter *gen.* n.

Dottorale, *ag.* doctormäßig.

Dottorare, zum Doctor machen *v. r.*, *V.* Addottorare.

Dottorato, *sust.* die Doctorwürde; *it.* Doctor geworden.

Dottore, ein Doctor, ein Lehrer *gen.* s; i Dottori della Chiesa, die Kirchenväter; fare il dottore, klugscheißen *v. r.*

Dottrina, die Wissenschaft pl. en, it. die Lehre, die Lehrsätze, die Meynungen, die Lehrpuncte, die Grundsätze; la dottrina cristiana, der Catechismus.

Dottrinale, ad. zur Lehre, zur Gelehrsamkeit gehörig.

Dottrinalmente, av. lehrreich, nach der Lehre.

Dottrinare, unterrichten v. a. comp. V. Ammaestrare.

Dove, av. wo, allwo, wohin, worin, worinn; di dove? woher? per dove? wodurch? wohin? per ogni dove, allenthalben.

Dove che, conj. wo nur; dove che sia, es mag seyn, wo es will; wo es auch sey; ovunque.

Dovere, müssen, sollen; — esser debitore, schuldig seyn v. aux.; [illegible], das schickt sich, das gehört sich.

Dovere, sust. die Pflicht, die Schuldigkeit, die Obliegenheit pl. en; der Gebühr; è di dovere, es ist billig; [illegible] il dovere, gebührender maßen, rechtse.

Dovizie, der Reichthum gen. s, pl. (Reichthümer); der Ueberfluß, die Menge am Vermögen, V. Ricchezza.

Doviziosamente, av. reichlich, überflüssig, im Ueberfluß.

Dovunque, av. wo doch, wo nur, wo es auch sey.

Dovutamente, av. wie sichs gebühret, wie es seyn soll, standesmäßig, nach Schuldigkeit, gebührenderweise, [illegible].

Dovuto, ad. schuldig, gebührend, bestimmt; [illegible], gesollt, gemußt.

Dozzina (una), eine Dutzend; [illegible] a dozzina, [illegible] in der Luft, [illegible] v. aux.; cose da dozzina, geringe, schlechte Sachen.

Dozzinale, ad. schlecht, gemein, nicht viel am Werthe.

Dozzinalmente, av. schlecht, gemein, von geringem Werthe.

Dozzinante, ein Kostgänger gen. s, ein Tischgänger [illegible], ein Tischpursche gen. s, pl. n.

D R

Drago, dragone, ein Drache gen. n pl. n; it. soldato, ein Dragoner gen. s.

Dramma, das Schauspiel gen. s, pl. e; it. ein gewisses Gedichte, das durch Musik vorgestellet werden kann; [illegible] peso, ein Quintchen, oder das vierte Theil von einem Lothe.

Drammatico, ad. dramatisch, was zu einem Schauspiele in Versen gehöret.

Drappello, [illegible]: piccola bandiera, das Fähnlein gen. s; [illegible], ein gewisser Haufen Soldaten; it. eine Gesellschaft pl. en.

Drapperia, das Tuchmacherhandwerk gen. es, pl. e, die Tuchhandlung pl. en; it. allerhand Arten Tuch- und seidene Zeuge.

Drappiere, der Tuchmacher, der Tuchhändler gen. s.

Drappo, das Zeug gen. s, pl. e, das Tuch gen. es, pl. Tücher, aber Stoff gen. es, pl. e; drappi, allerhand Kleider; drappo d'oro, d'argento, der Goldstoff, Silberstoff; di seta, das Seidenzeug; di lana, das Wollenzeug.

Drento, av. drinnen, V. Dentro.

Driade, eine Dryade, eine Waldnymphe; [illegible], eine Prophetin der Gallier.

Drittamente, av. gerade, geradezu; it. giusto, billig, gerechterweise.

Dritto, ad. gerade, V. Diritto.

Drizzare, v. a. geradmachen v. r., V. Dirizzare ec.

Droga, die Specerey pl. en; it. Apotheker und Materialistenwaaren.

Drogheria, allerhand Specereyen und Materialienwaaren.

Droghiere, ein Materialist, ein Specereyhändler gen. s.

Dromedario, das Trampelthier gen. s, pl. e, eine Art Cameele, kleiner und geschwinder als die andern.

Druderia, das Buhlen, das verliebte Scherzen gen. s.

Drudo, ein Buhler gen. s, ein [illegible]; it. ein Verschwender des Frauenzimmers; ad. verliebt.

Druido, ein Priester der alten Gallier.

D U

Dubbiamente, av. zweifelhaft, ungewiß, V. Dubbiosamente.

Dubbiezza, die Zweifelhaftigkeit, V. Dubbiezza.

Dubbievole, ad. zweifelhaft, V. Dubbioso.

Dubbiezza, die Zweifelhaftigkeit, die Ungewißheit *pl.* en; *it.* die Bedenklichkeit *pl.* en.

Dubbio, der Zweifel *gen.* s; die Ungewißheit, die Bedenklichkeit *pl.* en; die Besorgniß *pl.* e; *it.* timore; die Furcht; senza dubbio, ganzgewiß; ohne Zweifel.

Dubbiosamente, *av.* zweifelhaft, bedenklicherweise; voll Zweifel.

Dubbiosità, die Zweifelhaftigkeit, *V.* Dubbiezza.

Dubbioso, *ag.* zweifelhaft, ungewiß, bedenklich: woran man zweifelt; un uomo dubbioso, ein argwohnischer Mann.

Dubitabile, *ag.* zweifelhaft.

Dubitare, zweifeln *v. r.* besorgen *v. r. comp.*, in Sorgen stehen *v. ir.*, Bedenken tragen *v. ir.*; *it.* temere, befürchten *v. r. comp.*

Dubitativo, *ag.* ungewiß, *V.* Dubbioso.

Dubitazione, der Zweifel. *V.* Dubbio.

Dubitevole, *ag.* zweifelhaft.

Dubitevolmente, *av.* zweifelhaft, *V.* Dubbiosamente.

Duca, der Herzog *gen.* s; il Granduca, der Großherzog *gen.* s, *pl.* en.

Ducale, *ag.* herzoglich; *it.* was des Herzogs ist, oder dem Herzoge gehört.

Ducato, das Herzogthum *gen.* s, *pl.* (Herzogthümer); certa moneta, ein Dukaten.

Due, zween, zwo, zwey; alle due ore, um zwey Uhr; a due a due, paar und paar.

Duecento, zweyhundert.

Duellante, ein Duellant; einer der sich im Zweykampfe schlägt.

Duellare, duelliren *v. r.*, sich im Zweykampfe schlagen *v. ir*

Duello, der Zweykampf *gen.* s; *it.* ein Duell.

Duemila, zweytausend.

Duetto, ein Duett, oder ein von zwey Personen aufgeführtes Musikstück.

Dugento, zweyhundert.

Dunque, *av.* nun, also; alsdenn, folglich, sodann, derowegen derohalben.

Duodecimo, der zwölfte.

Duodeno, zwölf Zoll lang; intestino duodeno, der Zwölffingerdarm

Duolo, der Schmerz, *V.* Dolore.

Duomo, der Dom *gen.* s; die Domkirche, die Hauptkirche *pl.* n.

Duplicare, verdoppeln *v. r. comp.*

Duplicatamente, *av.* zweyfältig.

Duplicità, *per* finzione, die Falschheit, die Verstellung *pl.* en; die Tücke; *per* duplicazione, die Verdoppelung.

Durabile, *ag.* dauerhaft, lange dauernd, langwierig.

Durabilità, die Dauerhaftigkeit *pl.* en; die lange Dauer.

Durabilmente, *av.* dauerhaft, langewährend, langwierig.

Duracine, das Obst, so sich hält; das Winterobst.

Duramente, *av.* hart, grob, schwer; *it.* crudelmente, unbarmherzig, strenge, scharf.

Durante, *ag.* während, lang, durch, über, unter; durante che, so lange als, indem; durante l' inverno, den Winter über.

Durare; aushalten *v. ir. comp.* ausdauern *v. r. comp.*, dauern *v. r.*; durar fatica, schwer halten *v. ir.*

Durata } die Dauer *pl.* en; di poca durata, von kurzer Dauer, di molta durata, von langer Dauer.
Durazione }

Duretto, *ag.* halb weich, härtlich.

Durevole, dauerhaft, *V.* Durabile; Durabilmente ec.

Durezza, durità, die Härte, die Hartigkeit, die Festigkeit *pl.* en; durezza di cuore, die Unbarmherzigkeit; durezza di corpo, die Verstopfung des Leibes; *it.* eine Beule, oder Geschwulst.

Duro, *ag.* hart; *it.* unbarmherzig, streng, unerbittlich; cavallo duro di bocca, ein hartmäuliges Pferd; una legge dura, ein schweres Gesetz; una vita dura, ein strenges Leben; tener duro, von seinem Absatze nicht abgehen *v. ir. comp.*

E

E *cong.* und.

E' *verb.* ist.

E B

Ebano, das Ebenholz *gen.* es.

Ebbro, ebbrezza, *V.* Ubbriaco ec.

Ebreo, *sust.* der Hebräer *gen.* s, der Jud *gen.* s, *pl.* en; *ag.* hebräisch, jüdisch.

Eburneo } *ag.* von Elfenbein, elfenbeinern.
Eburno }

Ecatombe, ein Opfer von hundert Stück Vieh einerley Art.

Eccedente, ag. übertreffend, übermäßig, überschreitend.

Eccedentemente, av. auf eine übertreffende Art, außerordentlich, ausnehmend.

Eccedere, übertreffen, überschreiten v. ir. comp. ; it. größer seyn v. auf., zu viel thun; die Maaße nicht halten v. ir.

Eccellente, ag. vortrefflich, köstlich, ungemein, herrlich, ausbündig.

Eccellente, sust. der, die, das Beste.

Eccellentemente, av. vortrefflicher-weise, ausnehmend, herrlich, schön.

Eccellenza, die Vortrefflichkeit pl. en, der Vorzug gen. s, pl. (Vorzüge); it. das Beste an einem Dinge; per eccellenza; Vostra Eccellenza, Eure Excellenz; av. per eccellenza, vor andern, mit großem Vorzuge.

Eccelsamente, av. hoch, herrlich, erhaben.

Eccelso, ag. hoch, vortrefflich, herrlich, erhaben.

Eccessivamente, av. unmäßig, gar zu viel, gar zu sehr.

Eccessivo, ag. unmäßig, allzugroß, außerordentlich.

Eccesso, der Ueberfluß gen. es, die Unmäßigkeit pl. en, das Uebermaaß; bevere all' eccesso, übermäßig trinken; pecc. delitto, der Frevel gen. s, pl. en, das Verbrechen gen. s; dare, prorompere in eccessi, Ausschweifungen begehen v. ir.

Eccetto, sust. die Ausnahme.

Eccetto, av. eccettuato, ausgenommen, av. außer.

Eccetto che, cong. außer daß.

Eccettuare, ausnehmen v. ir. comp., ausbedingen v. r. comp., sich vorbehalten v. rec. ir. comp.

Eccettuazione, die Ausnahme pl. n; Eccezione, it. die Entschuldigung, die Einwendung pl. en.

Echeggiante, ag. erschallend, ertönend.

Echeggiare, erschallen, ertönen v. r. comp.

Eccidio, die Zerstörung, die Verwüstung pl. en, die Niederlage, der Untergang gen. s.

Eccitamento, die Aufmunterung, die Anreizung, die Anfrischung, die Verursachung pl. en.

Eccitare, aufmuntern, bewegen v. r. comp., antreiben v. ir. comp., anreizen v. r. comp.; it. erwecken, verursachen v. r. comp.

Eccitatore, der Aufmunterer, der Antreiber gen. s.

Eccitazione, die Aufmunterung, die Anreizung, die Anfrischung pl. en.

Ecclesiasticamente, av. nach Kirchengebrauch, nach Art der Geistlichen.

Ecclesiastico, sust. ein Geistlicher gen. s.

Ecclesiastico, ag. geistlich, zur Kirche gehörig.

Ecclissare, ed eclissare, verdunkeln, verfinstern v. r. comp.; it. den Glanz benehmen v. ir. comp.

Ecclisse, ed eclisse, die Sonnen-Mondsfinsterniß.

Ecco, ed eco, sust. das Echo; it. der Wiederschall gen. s.

Ecco, av. siehe, hier ist; siehe da; eccolo qui, da kömmt er; eccolo lì, dort ist er; eccoli qui, da kommen sie; eccoli, eccole lì, dort sind sie.

Economia, sust. die Wirthschaft, das kluge Verwalten, das Haushalten gen. s, die Sorgfalt über etwas, die gute Ordnung; it. die Sparsamkeit; vivere in economia, sparsam leben v. r.

Economicamente, av. haushälterisch, hauswirthlich.

Economico, ag. haushälterisch, wirthschaftlich.

Economo, sust. ein Wirthschafter gen. s; it. ein Verwalter eines Guts, ein Haushalter (im gemeinen); it. ein Sparer gen. s.

Eculeo, eine Folterbank, eine Folterleiter.

Ecumenico, ag. allgemein; un concilio ecumenico, eine allgemeine Zusammenkunft der christlichen Geistlichen.

E D

Ed conj. und.

Edace, ag. fräßig, freßhaftig, gefräßig.

Edera (ellera), das Epheu gen. s, v. Ellera.

Edificante, ag. erbauend; bauend; met. erbauend.

Edificare, fabbricare, bauen v. r., aufbauen v. r. comp.; met. erbauen v. r. comp. (durch gute Aufführung, Gespräche, Exempel etc.).

Dissimulatamente, av. verstellterweise, scheinheiligerweise.
Dissimulatore, ein Gleißner, ein Heuchler, Scheinheiliger gen. 8; ein heimtückischer Mensch gen. en pl. en.
Dissimulazione, die Verstellung, die Gleißnerey, die Verhehlung, die Heucheley pl. en.
Dissipamento, die Zerstreuung, die Verschwendung, die Verzehrung pl. en; per dissipazione, die Unachtsamkeit pl. en.
Dissipare, zerstreuen, zertheilen, zertrennen, zerstören v. r. comp., dissipare, vertilgen v. r. comp., verschwenden v. r. comp., verthun v. ir. comp., durchbringen v. r. comp.
Dissipatore, ein Verschwender, ein Schwelger gen. 8.
Dissipazione, die Zerstreuung, s. dissipamento.
Dissodare un campo, ein Feld brechen v. ir., umbrechen v. ir. comp.
Dissolubile, av. auflöslich.
Dissolvere, auflösen, zerschmelzen v. r. comp., zerlassen werden v. ir., zertrennen v. r. comp., zertheilen v. r., zerstören v. r. comp.
Dissolutamente, av. ausschweifend, liederlich, unordentlich, unverschämt.
Dissolutezza, die Ausschweifung, die Liederlichkeit, die Unmäßigkeit pl. en; ein liederliches, ausgelassenes, unzüchtiges Leben gen. 8.
Dissoluto, av. ausschweifend, schwelgend, zerrüttet, liederlich.
Dissoluto, sust. ein ausschweifender, liederlicher, unmäßiger Mensch gen. en pl. en.
Dissolvente, av., auflösend, zerschmelzend.
Dissoluzione, die Auflösung, die Zerschmelzung, die Trennung pl. en.
Dissomigliante, av. ungleich, unähnlich, verschieden.
Dissomiglianza, die Ungleichheit, die Unähnlichkeit pl. en.
Dissomigliare, ungleich, unähnlich seyn v. irr., nicht gleichen v. ir., nicht übereinkommen v. ir. comp., abweichen v. ir. comp.
Dissonante, av. übel lautend, nicht übereinstimmend, nicht zusammenklingend.
Dissonanza, der Übellaut, der Mißlaut, der falsche Klang gen. es; der Übelklang (bey der Musik).
Dissuadere, abrathen, widerrathen v. ir. comp., ausreden, abwenden v. r. comp., abhalten v. ir. comp.
Dissuasione, das Abrathen, das Abreden, das Widerrathen gen. 8.
Distaccamento, die Entledigung der Seele; it. die Absonderung, die Entfernung pl. en; das Absondern gen. 8. un distaccamento di truppe, ein abgesonderter Haufen Soldaten, ein Detachement.
Distaccare, abreißen, losmachen v. r. comp., s. staccare.
Distante, av. entfernt, abgelegen, entlegen, weit; un villaggio poco distante dalla città, ein nicht weit von der Stadt gelegenes Dorf.
Distanza, die Entfernung, die Entlegenheit pl. en. eines Orts vom andern; die Weite; it. der Zeitraum von einem Orte zum andern.
Distemperare, auflösen v. r. comp., s. stemperare.
Distendere, ausbreiten, ausdehnen v. r. comp., auseinander ziehen v. ir. comp., erweitern v. r. comp., sich dehnen v. r., distendere la pasta, den Teig walzen v. r., la vela, die Segel aufspannen v. r. comp. un concetto, einen Gedanken niederschreiben v. ir. comp., etwas aufsetzen v. r. comp.
Distensione, s. Allentamento, die Ausdehnung, die Streckung, die Ausbreitung, die Verlängerung pl. en.
Disterminare, vertilgen v. r. comp., s. sterminare.
Distesa, sust. die Ausdehnung, s. distensione.
Distesa (alla), av. hintereinander, in einem weg, ausführlich.
Distesamente, av. ausführlich, weitläufig.
Disteso, sust. ein Formular, eine Vorschrift.
Disteso, part. da distendere, ausgedehnt etc.
Distico, ein Gedicht von zwo Zeilen, ein paar Verse.
Distillamento, das Destilliren, das Abziehen gen. 8.
Distillare, destilliren v. r., abziehen

[illegible] v. ir. comp., abwesend seyn v. ir. comp., [illegible] v. ir., [illegible] verbleiben v. ir. comp.

Distillatore, ein Distillirer, ein Wasserbrenner gen. s.

Distillazione, das Abtröpfeln, das Herauszischen der flüssigen Feuchtigkeit aus etwas gen. s; per. stillicidio, [illegible], der Schnupfen gen. s.

Distinguere, unterscheiden v. ir. comp., ausnehmen, von einander erkennen v. ir. comp.; per. dividere, absondern v. r. comp.

Distintamente, avv. chiaro, avv. klar und deutlich.

Distintiva, s. f. das Unterscheidungszeichen, das Kennzeichen gen. s.

Distinto, ta, e part. unterschieden, eingetheilt, abgetheilt, unterschiedlich, absonderlich; per. chiaro, deutlich, verständlich.

Distinzione, der Unterschied gen. es, die Unterscheidung pl. en; per. la divisione, die Abtheilung pl. en; un uomo di distinzione, ein vornehmer, berühmter Mann; gente di distinzione, vornehme Leute.

Distogliere, abwenden v. r. comp., V. Distorre.

Distorcere, verdrehen v. r. comp., V. Storcere.

Distornare, abwenden v. r. comp., V. Distorre.

Distorre, abhalten v. ir. comp., abwenden v. r. comp., abwendig machen v. r.; per. impedire, verhindern v. r. comp.; per togliere via, davon wegnehmen, wegthun v. ir. comp.; per dissuadere, [illegible] v. r. comp.

Distrarre } abziehen v. ir. comp., abwendig machen v. r.; [illegible] abhalten v. ir. comp., abwenden v. r. comp. (von etwas); distrar la mente, l'animo, die Gedanken, das Gemüth zerstreuen v. r. comp.

Distrarsi, sich zerstreuen v. rec. r. comp.

Distratto, ta, e part. abgezogen, abgewendet; per. intento, nachlässig, zerstreut, von zerstreuten Sinnen.

Distrazione, die Zerstreuung der Gedanken; [illegible] der Gedanken pl. en.

Distretta, necessità, die Nothwendigkeit pl. en; der Zwang gen. s.

Distretto, s. m. das Gebiet gen. s, pl. e; der Bezirk eines Orts, der District gen. s.

Distretto, ad. hart, genau, streng; un distretto amico, ein vertrauter Freund; un distretto giudizio, ein strenges Gericht.

Distribuimento, distribuzione, die Austheilung, die Eintheilung pl. en; das Austheilen, das Eintheilen, das Vertheilen, das [illegible] gen. s.

Distribuire, austheilen v. r. comp., ausgeben v. ir. comp., eintheilen, vertheilen v. r. comp.

Distributore, ein Ausgeber, ein Austheiler gen. s.

Distribuzione, die Austheilung, V. Distribuimento.

Distrigare, auswickeln, entwickeln v. r. comp.; per. sciogliere, losmachen v. r. comp.

Distrigarsi, sich herauswickeln v. rec. r. comp., sich aus der Schlinge ziehen v. rec. ir.; per. essere sollecito, sich abfertigen v. rec. r. comp.; distrigarsi d'una cosa, sich etwas vom Halse schaffen v. rec. r.

Distringere, nöthigen v. r., V. Costringere ec.

Distruggere, zunichte machen v. r., zerstören v. r. comp., verderben v. ir. comp., [illegible] v. r. comp.; per. liquefare, schmelzen, [illegible] v. ir. comp., verwüsten v. r. comp.

Distruggimento, die Verheerung, die Verwüstung, die Zerstörung pl. en; mettere a distruggimento, zu Grunde richten v. r., V. Distruzione.

Distruggitore, ein Zerstörer, ein Verwüster, ein Verderber gen. s.

Distruttivo, ad. zerstörend.

Distruttore, ein Zerstörer, V. Distruggitore.

Distruzione, die Zerstörung, die Verwüstung, die Verheerung, die Verderbung pl. en.

Disturbamento, die Störung, die Verhinderung pl. en, die Unruhe pl. n, die Beunruhigung pl. en.

Disturbare, hindern, stören v. r., beschwerlich seyn v. aux. ir. Unruhe verursachen, verwirren v. r. comp.

Disturbatore, ein Friedenstörer, ein Unruhstifter gen. s; per. uomo inquieto, ein unruhiger Mensch gen. en pl. en.

Disturbo, die Unruhe, V. Disturbamento.

Disubbidiente, ad. ungehorsam.

Disubbidientemente, avv. ungehorsamer Weise, ungehorsamlich.

Disubbidienza, der Ungehorsam *gen.* s.
Disubbidire, ungehorsam seyn *v. aus.*
Disvelare, aufdecken *v. r. comp.*, *V.* Svelare ec.
Disvenire, in Ohnmacht fallen *v. n. ir.*, *V.* Svenire.
Disvestire, auskleiden *v. r. comp.*, *V.* Svestire.
Disvezzare, abgewöhnen, entwöhnen *v. r. comp.*
Disvezzarsi, sich abgewöhnen *v. rec. r. comp.*
Disvezzato, *part.* abgewöhnt.
Disuguale, *ag.* ungleich, *V.* Diseguale.
Disviamento, die Abwendung, die Verführung *pl.* en, *V.* Deviazione.
Disviare, vom Wege ableiten, abbringen, verführen *v. r. comp.*, abwendig machen *v. r.*
Disviato, *ag.* e *part.* verführt, ungerathen; un figlio disviato, ein ungerathener Sohn *gen.* s.
Disviluppare, entwickeln *v. r. comp.*, *V.* Sviluppare.
Disviziare, das Laster ablegen *v. r. comp.*, *V.* Sviziare.
Disumanarsi, die Menschheit ablegen *v. r. comp.*, unmenschlich werden *v. aus.*
Disumanato) *part.* unmenschlich geworden;
Disumano) *ag.* unmenschlich, grausam; [illegible] ein Unmensch [illegible]
Disunire, absondern *v. r. comp.*, von einander theilen, von einander trennen *v. r.*, [illegible] *v. ir.*, uneins machen *v. r.*
Disusare, [illegible] *v. r. comp.*, unüblich werden *v. aus.*, sich [illegible] *v. rec. r. comp.*
Disusanza, die Entwöhnung, die Abschaffung, die Unüblichkeit *pl.* en.
Di[illegible], die Ungewohnheit, die Entwöhnung *pl.* en.
Disvogliare, abgewöhnen *v. r. comp.*, *V.* Disvezzare.
Disusato, *part.* e *ag.* abgewöhnt, ungewöhnlich, aus der Mode gekommen.
Disuso, *sost.* die Ungewohnheit, *V.* Disusanza.
Disutile, *ag.* unnütz, [illegible], schädlich.
Disutilità, die Unnützlichkeit *pl.* en; *per* danno, der Schade *gen.* [illegible] *pl.* n.
Disutilmente, *av.* unnützerweise, unnützlich.
Ditale, der Fingerhut *gen.* s, *pl.* (Fingerhüte).

Ditirambo, *sost.* ein Lobgesang des Bacchus; *it.* ein Trinklied bey den alten Griechen, (*pl.* Lobgesänge, Trinklieder).
Dito delle mani, der Finger *gen.* s; *de' piedi*, die Zehe *pl.* n; il pollice, der Daumen; l'indice, der Zeigefinger; il medio, der mittelste Finger; l'anulare, der Goldfinger; il mignolo, der kleine Finger; mostrare a dito, mit Fingern zeigen; *met.* mordersi le dita, etwas bereuen; leggere al dito, sich etwas genau merken; sapere una cosa sulle dita, eine Sache recht auswendig wissen.
Dittamo, (erba), der Diptam *gen.* s.
Dittatore, ein Dictator, eine römische Magistratsperson.
Dittatura, die Würde, das Amt eines Dictators; *it.* das Dictiren *gen.* s, die Dictirung *pl.* en.
Dittongo, ein zweystimmender Buchstab *gen.* s, der Doppellauter.
Diva, die Göttinn *pl.* en.
Divagamento, der Umschweif *gen.* es, der Abweg *gen.* es, *pl.* e.
Divagare, herumschweifen *v. r. comp.*, vom Wege abweichen *v. ir. comp.*, umher irren *v. r.*, bald da, bald dort hinausgehen *v. ir. comp.*; *per* distogliere, abwenden *v. r. comp.*
Divagarsi, sich zerstreuen *v. r. comp.*, von seiner Absicht abweichen *v. ir. comp.*
Divampare, *v. n.* aufflammen, verbrennen *v. r. comp.*; *v. att.* anzünden *v. r. comp.*, *V.* Avvampare, Ardere.
Divano, die Rathsversammlung der türkischen [illegible], der türkische Rath *gen.* s.
Divario, der Unterschied *gen.* s.
Divellere, ausreißen *v. ir. comp.*, *V.* Svellere.
Divelto, *ad.* e *part.* ausgerissen.
Divelto, *sost.* das Umbrechen *gen.* s, das Ausgraben *gen.* s, *pl.* [illegible]; terra divelta, umgegrabene Erde.
Divenire, werden *v. aus.*; *it.* anfangen das zu seyn, was man nicht war; divenir grande, groß werden; *per* pervenire, hinkommen *v. ir. comp.*; *per* accadere, widerfahren *v. ir. comp.*, begegnen *v. r. comp.*, geschehen *v. ir. comp.*; *per* cangiarsi, sich verändern *v. rec. r. comp.*; egli è divenuto tutt' altro, er hat sich ganz verändert.

Diventare, werden *v. auſ.*, *V.* Divenire.

Diverſamente, *av.* auf unterſchiedene Weiſe, auf allerley Art, unterſchiedlich, ungleich, anders.

Diverſificare, unterſcheiden *v. ir. comp.*, verändern *v. r. comp.*, verſchieden machen *v. r.*, Abwechslung verſchaffen *v. ir. comp.*, auf allerley Art etwas thun *v. ir.*, oder verſchieden, verſchiedentlich behandeln *v. r. comp.*

Diverſione, die Abwendung, die Ablenkung, die Zerſtreuung, die Veränderung *pl.* en.

Diverſità, der Unterſchied *gen.* s, die Verſchiedenheit, die Ungleichheit *pl.* en, mancherley Art.

Diverſo, *ſa*, ungleich, unterſchiedlich, unterſchieden, verſchieden; *per:* [illegible], [illegible].

Divertimento, die Luſt, die Beluſtigung, die Ergötzung *pl.* en, der Zeitvertreib *gen.* s, *pl.* e, die Freude; *per:* traviamento, ſvolgimento, die Abwendung, die Ableitung, die Ablehnung *pl.* en.

Divertire, die Zeit vertreiben *v. ir. comp.*, ergötzen, beluſtigen *v. r. comp.*; *in ſenſo di:* allontanare, abwenden, ablehnen *v. r. comp.*

Divertirſi, ſich luſtig machen *v. rec. r.*; *per:* burlare, [illegible], ſcherzen, ſpotten *v. r.*

Divezzare, abgewöhnen *v. r. comp.*, *V.* Diſvezzare ec.

Diviare, abwenden *v. r. comp.*, *V.* Deviare ec.

Dividente, *ſuſt.* der Theiler *gen.* s, (im Rechnen) *ag.* theilend, ſcheidend.

Dividere, theilen *v. r.*, ſcheiden *v. ir.*, abtheilen, austheilen, eintheilen *v. r. comp.*; [illegible] zertheilen, zertrennen, abſondern *v. r. comp.*, unterſcheiden *v. ir. comp.*

Dividerſi, ſich theilen *v. rec. r.*

Dividitore, der Theiler *gen.* s, (im Rechnen).

Divietare, verbieten *v. ir. comp.*, unterſagen *v. r. comp.*

Divieto, das Verbot *gen.* es, *pl.* e, die Unterſagung *pl.* en.

Divinamente, *av.* göttlich, von Gott; *it.* eccellentemente, vortrefflich, unvergleichlich.

Divinazione, die Errathung, die Weiſſagung, die Wahrſagung *pl.* en.

Diſvincolamento, diſvincolazione, die Loswickelung *pl.* en.

Diſvincolare, loswickeln *v. r. comp.*, *V.* Sviluppare ec.

Divinità, die Gottheit, die göttliche Natur; negare la Divinità, leugnen, daß ein Gott ſey.

Divinizzare, vergöttern *v. r. comp.*, für göttlich halten.

Divino, *na*, göttlich; *it.* eccellente, unvergleichlich, vortrefflich; *per:* incomprenſibile, unbegreiflich, übernatürlich.

Diviſa, diviſione, eine Theilung, eine Scheidung *pl.* en; *it.* emblema, das Sinnbild *gen.* es, *pl.* er; *per:* uniforme, livrea ec., eine [illegible].

Diviſamente, *av.* auf getheilte Art, ſeparatamente.

Diviſamento, eine Entſchließung, [illegible] *pl.* en; *per:* penſiero, der Gedanke *gen.* n, *pl.* n; die Entſchließung *pl.* en; *per:* ſcelta, die Wahl, *V.* Diviſa.

Diviſare, ſich vornehmen etwas zu thun *v. rec. ir. comp.*, ſich einbilden *v. rec. r. comp.*, denken *v. r. ir.*; *per:* veſtir diverſo, auf verſchiedene Art kleiden *v. r.*, unterſcheiden *v. ir. comp.*

Diviſatamente, *av.* abgeſondertermaßen, *V.* Diſtintamente.

Diviſibile, *ag.* theilbar, was getheilet werden kann.

Diviſione, die Theilung, die Eintheilung, die Abtheilung, die Austheilung *pl.* en, (im Rechnen) das Dividiren; *per:* male intelligenza, das Mißverſtändniß *gen.* es, *pl.* e.

Diviſo, *ger. e part.* da dividere, getheilet, abgeſondert.

Diviſore, der Theiler *gen.* s, *V.* Dividitore.

Divolgamento, divolgazione, die Ausbreitung, die Kundmachung, die öffentliche Bekanntmachung *pl.* en.

Divolgare, ausbreiten, ausſagen *v. r. comp.*, unter die Leute bringen *v. ir.*, kundmachen, öffentlich bekannt machen *v. r. comp.*

Divolgatore, der Kundmacher *gen.* s.

Divolgere, herumwälzen, herumdrehen *v. r. comp.*, herumtreiben *v. ir. comp.*

Divolvere, [illegible], wälzen *v. r. comp.*

Divoramento, das Auffreſſen, das unmäßige Freſſen *gen.* s; *it.* das Verſchlingen, *gen.* s.

Divorare, fressen [illegible], verschlingen, [illegible] verzehren [illegible] comp. [illegible] mit den Augen [illegible] comp.; divorare la strada, den Weg [illegible] schleunigst durchziehen [illegible] comp.

Divoratore, ein Fresser, ein Verzehrer, ein Prasser gen. s.

Divorzio, die Ehescheidung pl. en; fr. die Uneinigkeit unter Eheleuten, oder Freunden; far divorzio, sich scheiden lassen vom Tisch und Bette.

Divotamente, av. andächtiglich, fromm, [illegible] ehrerbietigerweise.

Divoto, ae. andächtig, fromm; fr. ergeben, zugethan; [illegible] ein Heuchler, [illegible] ipocrita.

Divozione, die Andacht, die Frömmigkeit, die Gottseligkeit, die Gottesfurcht; [illegible] die Ergebenheit.

Diurno, sust. die Verzeichniß der [illegible] Gebete, die alle Tage gesungen werden.

Diurno, ae. was am Tage geschiehet; [illegible] täglich [illegible].

Diuturnamente, av. [illegible] lang, langwierig, lange, langsam.

Diuturnità, die Langwierigkeit, die Länge der Zeit.

Diuturno, ae. [illegible], langwierig.

Divulgamento ec., die Ausbreitung, [illegible] Divolgamento ec.

Dizionario, das Wörterbuch gen. s, [illegible] (Wörterbücher); das Lexikon; buch; das Buch zum aufschlagen.

Dizione, ein Wort gen. es, pl. Wörter; fr. eine Redensart; per [illegible] Signoria, das Gebiete, eine Herrschaft.

D O

Dobla, e doble, eine gewisse goldene Münze.

Dozzina, [illegible], eine Franzosen [illegible] fr. eine [illegible] Dutzend pl. n.

Docile, ae. lehrsam, gelehrig, zum lernen geschickt.

Docilità, die Lehrsamkeit, die Gelehrigkeit pl. en; fr. die Geschicklichkeit etwas zu lernen.

Documento, die Urkunde pl. n.

Dodici, zwölf.

Dodicesimo, der, die, das zwölfte.

Doga (dall' a Brettl), eine [illegible] pl. n.

Dogana, das Zollhaus gen. es, pl. [illegible] (Zollhäuser); fr. der Zoll oder die [illegible], so man von den Gütern geben muß.

Doganiere, der Zöllner, der Zolleinnehmer gen. s.

Doge, der Herzog zu Venedig, oder zu Genova.

Doglia (coll' o largo), dolore, der Schmerz gen. es pl. en.

Doglianza, pre lamento, pl. die Klage, die Beschwerung über etwas.

Doglio (coll' o stretto), ein Faß gen. es, pl. (Fässer), eine Tonne pl. n.

Dogliosamente, av. [illegible], [illegible] Unglück.

Doglioso, ae. schmerzhaft, betrübt, niedergeschlagen.

Dogma, dommo, insegnamento, der Lehrsatz gen. es, pl. (Lehrsätze); die Lehre; fr. die Glaubenslehre pl. n.

Dogmatico, ae. was zum Lehren gehöret; stile dogmatico, lehrende Schreibart.

Dolce, sust. das Süße gen. n; la dolcezza, die Süßigkeit, die Annehmlichkeit pl. en.

Dolce, ae. süß, gelind, angenehm, lieblich, sanft, [illegible], edel, freundlich, gütig; un uomo dolce, ein gelassener Mann gen. es; legno dolce, ein weiches, [illegible] Holz; tempo dolce, gelindes Wetter; aria dolce, sanfte Luft; suono dolce, sanfter Schall gen. s.

Dolcemente, dolce, av. süß, annehmlich, lieblich, freundlich; fr. leise, gemach, sanft, still.

Dolcezza, die Süßigkeit pl. en; [illegible] fr. die Annehmlichkeit, die Lieblichkeit, die Freundlichkeit, die Ergötzlichkeit pl. en; mit das Vergnügen, die Lust; fr. die Sanftmuth; le dolcezze della vita, die Annehmlichkeiten des Lebens; dire delle dolcezze ad una femmina, mit einer Weibsperson verliebt reden.

Dolente, ae. kläglich, traurig, betrübt (als die Person, das Geschöpf, die Glieder, Knabe, Blume ec.)

Dolere, schmerzlich v. r., weh thun v. n.; fr. bedauern, bekümmern v. r. comp., klagen, einen Schmerz fühlen v. r.; mi duole il capo, es thut mir der Kopf weh; mi duole di vederla afflitta, ich bedaure Sie betrübt zu sehen.

Dolersi di alcuno, sich über einen beklagen, sich beschweren v. rec. r. comp.; it. per compassione, Mitleiden haben v. auf., weh thun v. ir.

Dolo, per Frode; der Betrug gen. es; die Tücke pl. n; die Arglist.

Dolore, der Schmerz gen. ens pl. en; die Wehmuth; das Betrübniß, der Kummer gen. s; dolor di testa, Kopfweh; dolori colici, Bauchgrimmen; dolori di parto, Geburtsschmerzen; dolore di denti, Zahnschmerzen; dolori di denti, Zahnweh.

Dolorifico, ag. das Schmerzen verursacht; schmerzhaft, kümmerlich.

Dolorosamente, av. schmerzlich, kümmerlich, schmerzhaft.

Doloroso, ag. schmerzlich, jämmerlich, kläglich, betrübt.

Dolosamente, av. betrüglich, tückischerweise, arglistigerweise.

Dolosità, die Betrüglichkeit pl. en, die Tücke.

Doloso, ag. betrüglich, falsch, listig, tückisch.

Domabile, ag. das zu bändigen, zu zähmen, zu zwingen ist.

Domanda, die Frage pl. n, das Ansuchen gen. s; it. die Nachfrage pl. n, das Begehren gen. s, die Bitte; it. eine Forderung pl. en.

Dimandare, fragen v. r.; it. begehren v. r. comp., bitten v. ir., fordern v. r., ansuchen v. r. comp.; domandare elemosina, rufen v. r.; domandare qualche cosa, etwas verlangen v. r. comp.; domandar la limosina, betteln v. r.; domandarsi, heißen v. ir.; come si domanda ella? wie heißen Sie?

Domane } av. morgen; doman l'altro,
Domani } übermorgen; domane sera, morgen Abends; domane, sust. der Frühmorgen gen. s; it. der Anfang des Tages.

Domare, bezähmen v. r. comp., zahm machen v. r.; it. überwinden v. ir. c. insp., zwingen v. ir.; per istruire, abrichten v. r. comp.

Domatore, ein Bezwinger, ein Ueberwinder gen. s.

Domattina, av. morgenfrüh.

Domeneddio, domineddio, der liebe Gott, V. Dio.

Domenica, der Sonntag gen. es, pl. e.

Domenicale, ag. sonntäglich; l'orazione Dominicale, das Vater unser; dominicale, ag. appartenente al Padrone, eigenthümlich, dem Herrn gehörig.

Domenicano, ein Dominikanermönch gen. es, pl. e.

Domesticare ec., zahm machen v. r., V. Dimesticare.

Domicilio, die Wohnung pl. en, der Wohnplatz gen. es, ove; der Ort, wo sich einer häuslich niedergelassen hat.

Dominante, sust. der Beherrscher gen. s, der Herrschende, der Oberhand habende gen. n pl. n.

Dominante, ag. herrschend, Oberhand habend; l'amore è la passione dominante, die Liebe ist die stärkste Leidenschaft; Dresda è la dominante della Sassonia, Dresden ist die Residenzstadt in Sachsen.

Dominare, herrschen v. r., beherrschen v. r. comp.; it. Herr seyn, zu befehlen haben v. auf., regieren v. r., die Oberhand, die Oberhand haben v. auf.; dominare le proprie passioni, seinen Leidenschaften Einhalt thun v. ir.; it. erhaben seyn v. auf.; höher liegen v. ir.

Dominatore, ein Beherrscher gen. s, ein Regent gen. en pl. en.

Dominio, die Herrschaft, die Botmäßigkeit pl. en, das Gebiet gen. es, pl. e; it. die Regierung, die Gewalt.

Dommasco, der Damast gen. es.

Domo, per domato, part. bezähmt; zahm gemacht.

Donare, schenken v. r., geben v. ir.; verehren v. r. comp.; per comunicare, ertheilen v. r. comp.

Donativo, sust. ein Geschenk, V. Dono.

Donatore, ein Schenker, ein Geber gen. s; it. der da schenkt.

Donazione, die Schenkung pl. en.

Donde, av. woher, daher, wovon, woraus; donde siete? wo sind Sie her? d'onde viene che? wo kommt es her? d'onde viene, daher kommt es.

Dondolare, schaukeln, [illegible] v. a.

Donna, das Weib *sen. et.* pl. *e*, die Frau, eine Weibsperson *sen. e*; una donna maritata, ein Eheweib, eine Ehefrau; una donna di partito, eine [illegible]; una donna di governo, eine Haushälterinn; una donna di camera, eine Kammerfrau; donna forte, eine [illegible] [illegible] nostra donna, die Mutter Gottes; [illegible] la donna, das Frauenzimmer.

Donnescamente, *av.* weiblich, einem Frauenzimmer wohl anständig, [illegible] herrschaftlich; auf eine [illegible] Art.

Donnesco, *ag.* weiblichen Geschlechts, weiblich, weibisch, [illegible] dem Frauenzimmer gehörig.

Donnola, donnicciuola, donnicina, [illegible] [illegible] [illegible] eine kleine [illegible] [illegible] ein schlechtes, gemeines Weib.

Donnola, eine Wiesel *pl.* [illegible] ein [illegible]

Dono, das Geschenk *sen. es,* pl. *e*; die Gabe [illegible] doni della natura, die Naturgaben, die [illegible] [illegible] [illegible] [illegible] gebracht.

Donzella, [illegible] donzela, ein Fräulein; ein [illegible] [illegible] eine Kammerjungfer.

Donzello, ein Junggeselle *sen.* [illegible] [illegible] ein junger Herr *sen.* [illegible] ein Knabe, ein Page, ein Bedienter *sen. r.*

Dopo, *prep. ed av.* nach, hernach, [illegible] nachdem, nach diesem, [illegible]

Dopo che, [illegible] nachdem, [illegible]

Dopoia, *V.* Dopo.

Doppiamente, *av.* doppelt, auf doppelte Weise.

Doppiare, doppeln *v. a.*, verdoppeln *v. a.* [illegible]

Doppiere, eine Fackel, *V.* Torchio.

Doppiezza, die Zweideutigkeit, die Falschheit, die Verstellung *pl. en*; die [illegible]

Doppio, *ag.* doppelt, zweifach, [illegible] falsch, [illegible] [illegible] [illegible] [illegible] noch einmal so viel.

Doppio, *av.* [illegible] [illegible] doppelterweise.

Dorare, vergolden *v. a. comp.*, [illegible] indorare [illegible]

Dorato, *ag.* [illegible]

Dormicchiare, schlummern *v. n.*, [illegible] [illegible] *v. n. comp.*

Dormiente, *sust.* ein Schläfer *gen.* [illegible] *ag.* schlafend.

Dormiglione, ein Langschläfer *gen.* [illegible] ein [illegible] [illegible] [illegible]

Dormigliosa, *ag.* [illegible] [illegible] [illegible]

Dormire, schlafen *v. n.*

Dormitorio, dormentorio, der Schlafsaal [illegible] [illegible] (Klöstern), das Schlafzimmer [illegible]

Dorso, [illegible] [illegible] gehört.

Dosso, [illegible] [illegible] *V.* Dosso.

Dose, [illegible] eine [illegible] von [illegible] oder andern Sachen.

Dosso, der Rücken *sen. s,* (ein Theil der Menschen und Thiere) [illegible] [illegible] [illegible] [illegible] [illegible] [illegible] [illegible] [illegible] [illegible] [illegible] [illegible] [illegible] [illegible] [illegible] [illegible] [illegible] [illegible] dosso, [illegible] [illegible] [illegible] [illegible] [illegible] dosso, auf dem Leibe.

Dotale, *ag.* was zum Heurathgut gehört.

Dotare una figlia, eine Tochter ausstatten, ausstatten *v. a. comp.*, [illegible] [illegible] *v. a.*; dotare una Chiesa, una [illegible] [illegible] eine Kirche, eine Schule mit [illegible] [illegible] begaben [illegible]

Dote, das Heurathgut *sen. es*, die Aussteuer, die Mitgabe [illegible] [illegible] [illegible] [illegible] die Gaben der Natur.

Dottamente, *av.* gelehrt, auf gelehrte Art, [illegible]

Dotto, *ag.* gelehrt; *sust.* ein Gelehrter [illegible]

Dottorale, *ag.* doctormäßig.

Dottorare, zum Doctor machen *v. a.*, *V.* Addottorare.

Dottorato, *sust.* die Doctorwürde; [illegible] Doctor geworden.

Dottore, ein Doctor, ein Lehrer [illegible] [illegible] Dottori della Chiesa, die Kirchenlehrer; fare il dottore, [illegible] [illegible]

Dottrina, die Wissenschaft *pl.* en; *it.* die Lehre, die Lehrsätze, die Meynungen, die Lehrpunkte, die Grundsätze; la dottrina cristiana, der Catechismus.

Dottrinale, *ad.* der Lehre, zur Gelehrsamkeit gehörig.

Dottrinalmente, *av.* lehrreich, nach der Lehre.

Dottrinare, unterrichten *v. r.* comp. *V.* Addottrinare.

Dove, *av.* wo, allwo, wohin, wann, worin, worinn; di dove? woher? per dove? wodurch? wohin? per ogni dove, allenthalben.

Dove che, dove, wo man, dove che sia, es mag seyn, wo es will; wo es auch sey, ovunque.

Dovere, müssen, sollen *v. r.* [illegible] essere debitore, schuldig seyn *v.* [illegible] è dovere, das schickt sich, das gehört sich.

Dovere, *subst.* der Pflicht, die Schuldigkeit, die Obliegenheit *pl.* en, die Gebühr; a da dovere, wie es billig [illegible] a dovere, gebührend, gerecht.

Dovizia, der Reichthum *gen.* s, *pl.* (Reichthümer); der Ueberfluß, die Menge am Vermögen, *V.* Ricchezza.

Doviziosamente, *av.* reichlich, überflüßig, im Ueberfluß.

Dovunque, *av.* wo auch, wo nur, wo es auch sey.

Dovutamente, *av.* wie sichs gebühret, wie es seyn soll, schuldigermaßen, nach Schuldigkeit, gebührendermaßen, angemessenerweise.

Dovuto, *ag.* schuldig, gebührend, zukommend; *av.* [illegible] gemäß.

Dozzina (una), ein Dutzend; tenere a dozzina alcuno, jemanden in der Kost, der sich in D[illegible] haben *v.* [illegible] dozzina, geringe, Sachen.

Dozzinale, *ag.* schlecht, gemein, nicht viel am Werthe.

Dozzinalmente, *av.* schlecht, gemein, von geringem Werthe.

Dozzinante, ein Kostgänger *gen.* s, ein Tischgänger *gen.* [illegible], ein Tischpursche *gen.* [illegible] *pl.* n.

D R

Drago, dragone, ein Drache *gen.* en *pl.* n, *it.* soldato ein Dragoner *gen.* s.

Dramma, das Schauspiel *gen.* s, [illegible] [illegible] ein Gewicht das [illegible] [illegible] [illegible] ein Quentchen, oder das vierte Theil von einem Lothe.

Drammatico, *ag.* dramatisch, was zu einem Schauspiele in Versen gehört.

Drappello, *pl.* drappelle [illegible] das Fähnlein *gen.* s, [illegible] eine Haufen Soldaten; *it.* eine Gesellschaft *pl.* en.

Drapperia, das Tuchmacherhandwerk *gen.* es, *pl.* e, die Tuchhandlung *pl.* en; *it.* allerhand seiden, tuchene [illegible] Waare.

Drappiere, der Tuchmacher, der Tuchhändler *gen.* s.

Drappo, das Zeug *gen.* s, *pl.* e, das Tuch *gen.* es, *pl.* Tücher, der Stoff *gen.* es, *pl.* e; drappi, allerhand Waaren; drappi d'oro, d'argento, der Goldstoff, Silberstoff; di seta, das seidene Zeug; di lana, das wollene Zeug.

Drento, *av.* drinnen, *V.* Dentro.

Driade, eine Dryade, eine Waldnymphe; *it.* eine Dryshen der Bäume.

Dirittamente, *av.* gerade, geradezu; *it.* richtig, billig, [illegible].

Dritto, *ag.* gerade, *V.* Diritto.

Dirizzare, *av.* geradmachen *v. r.*, *V.* Dirizzare *ec.*

Droga, die Specerey *pl.* en; *it.* Specereyen und Materialistenwaaren.

Drogheria, allerhand Specereyen und Apothekerswaaren.

Droghiere, ein Materialist, ein Specereyhändler *gen.* s.

Dromedario, das Trampelthier *gen.* s, *pl.* e, eine Art Cameele, kleiner und geschwinder als die andern.

Druderia, das Buhlen, das verliebte Scherzen *gen.* s.

Drudo, ein Buhler *gen.* s, ein Kebsmann; *it.* ein Vertrauter des Frauenzimmers; *ag.* verliebt.

Druido, ein Priester der alten Gallier.

D U

Dubbiamente, *av.* zweifelhaft, ungewiß, *V.* Dubbiosamente.

Dubbiezza, die Zweifelhaftigkeit, *V.* Dubbianza.

Dubbievole, *ag.* zweifelhaft, *V.* Dubbioso.

Dubbiezza, die Zweifelhaftigkeit, die Ungewißheit pl. en; it. die Bedenklichkeit pl. en.

Dubbio, der Zweifel gen. s; die Ungewißheit, die Bedenklichkeit pl. en; die Besorgniß pl. e; it. timore; die Furcht; senza dubbio, ganz gewiß; ohne Zweifel.

Dubbiosamente, av. zweifelhaft, bedenklicherweise; voll Zweifel.

Dubbiosità, die Zweifelhaftigkeit, V. Dubbiezza.

Dubbioso, ag. zweifelhaft, ungewiß, bedenklich; woran man zweifelt; un uomo dubbioso, ein argwohnischer Mann.

Dubitabile, ag. zweifelhaft.

Dubitare, zweifeln v. r. besorgen v. r. comp., in Sorgen stehen v. ir.; Bedenken tragen v. ir.; it. temere, befürchten v. r. comp.

Dubitativo, ag. ungewiß, V. Dubbioso.

Dubitazione, der Zweifel. V. Dubbio.

Dubitevole, ag. zweifelhaft.

Dubitevolmente, av. zweifelhaft, V. Dubbiosamente.

Duca, der Herzog gen. s; il Granduca, der Großherzog gen. s, pl. en.

Ducale, ag. herzoglich; it. was des Herzogs ist, oder dem Herzoge gehört.

Ducato, das Herzogthum gen. s, pl. (Herzogthümer); certa moneta, ein Dukaten.

Due, zween, zwo, zwey; alle due ore, um zwey Uhr; a due a due, paar und paar.

Ducento, zweyhundert.

Duellante, ein Duellante; einer der sich im Zweykampfe schlägt.

Duellare, duelliren v. r., sich im Zweykampfe schlagen v. ir.

Duello, der Zweykampf gen. s; it. ein Duell.

Duemila, zweytausend.

Duetto, ein Duett, oder ein von zwey Personen aufgeführtes Musikstück.

Dugento, zweyhundert.

Dunque, av. nun, also; alsdenn, folglich, sodann, derowegen, derohalben.

Duodecimo, der zwölfte.

Duodeno, zwölf Zoll lang; intestino duodeno, der Zwölffingerdarm.

Duolo, der Schmerz, V. Dolore.

Duomo, der Dom gen. s; die Domkirche, die Hauptkirche pl. n.

Duplicare, verdoppeln v. r. comp.

Duplicatamente, av. zweifältig.

Duplicità, verdoppelung, die Falschheit, die Verstellung pl. en; die Doppel... V. duplicazione, die Verdoppelung.

Durabile, ag. dauerhaft, lange dauernd, langwierig.

Durabilità, die Dauerhaftigkeit pl. en; die lange Dauer.

Durabilmente, av. dauerhaft, lange während, langwierig.

Duracine, das Obst, so sich hält; das Winterobst.

Duramente, av. hart, grob, schwer; it. crudelmente, unbarmherzig, strenge, scharf.

Durante, av. während, lang, durch, über, unter; durante che, so lange als, indem; durante l'inverno, den Winter über.

Durare, ausdauern v. ir. comp., ausdauern v. r. comp., dauern v. r.; durar fatica, Mühe haben v. ir.

Durata
Durazione } die Dauer pl. en; di poca durata, von kurzer Dauer; di molta durata, von langer Dauer.

Durello, ag. halb weich, härtlich.

Durevole, dauerhaft, V. Durabile, Durabilmente etc.

Durezza, durità, die Härte, die Hartnäckigkeit, die Festigkeit pl. en; durezza di cuore, die Unbarmherzigkeit; durezza di corpo, die Verstopfung des Leibes; it. eine Beule, oder Geschwulst.

Duro, ag. hart; it. unbarmherzig, strenge, unerbittlich; cervello duro di bosco, ein hartnäckiger Mensch; una legge dura, ein schweres Gesetz; uno stile duro, ein strenges Schreiben; tener duro, den Stand halten, nicht nachgeben v. ir. comp.

E conj. und.
E' verb. ist.

E B

Ebano, das Ebenholz gen. es.

Ebbro, ebbrezza, V. Ubbriaco etc.

Ebreo, sust. der Hebräer gen. s, der Jud gen. s, pl. en; ag. hebräisch, jüdisch.

Eburneo
Eburno } ag. von Elfenbein, elfenbeinern.

Ecatombe, ein Opfer von hundert Stück Vieh einerley Art.
Eccedente, ag. übertreffend, übermäßig, überschreitend.
Eccedentemente, av. auf eine übertreffende Art, außerordentlich, ausnehmend.
Eccedere, übertreffen, überschreiten v. ir. comp.; it. größer seyn v. anf., zu viel thun; die Maaße nicht halten v. ir.
Eccellente, ag. vortrefflich, köstlich, ungemein, herrlich, ausbündig.
Eccellente, sust. der, die, das Beste.
Eccellentemente, av. vortrefflicherweise, ausnehmend, herrlich, schön.
Eccellenza, die Vortrefflichkeit pl. en, der Vorzug gen. s, pl. (Vorzüge); it. das Beste an einem Dinge; per denominazione: Vostra Eccellenza, Eure Excellenz; av. per eccellenza, vor andern, mit großem Vorzuge.
Eccelsamente, av. hoch, herrlich, erhaben.
Eccelso, ag. hoch, vortrefflich, herrlich, erhaben.
Eccessivamente, av. unmäßig, gar zu viel, gar zu sehr.
Eccessivo, ag. unmäßig, allzugroß, außerordentlich.
Eccesso, der Ueberfluß gen. ss, die Unmäßigkeit pl. en, das Uebermaaß; havere all' eccesso, überflüssig haben; per delitto, der Mißethat gen. s, pl. en, das Verbrechen gen. s.; dare, prorompere in eccessi, Ausschweifungen begehen v. ir.
Eccetto, sust. die Ausnahme.
Eccetto, av. eccettuato, ausgenommen; av. außer.
Eccetto che, cong. außer daß.
Eccettuare, ausnehmen v. ir. comp., ausdingen v. r. comp., sich vorbehalten v. rec. ir. comp.
Eccettuazione } die Ausnahme pl. n;
Eccezione } it. die Entschuldigung, die Einwendung pl. en.
Ecchegiante, ag. erschallend, ertönend.
Ecchegiare, erschallen, ertönen v. r. comp.
Eccidio, die Zerstörung, die Verwüstung pl. en, die Niederlage, der Untergang gen. s.
Eccitamento, die Aufmunterung, die Anreizung, die Aufreizung, die Verursachung pl. en.
Eccitare, aufmuntern, bewegen v. r. comp., antreiben v. ir. comp., aufwiegeln v. r. comp.; it. erwecken, verursachen v. r. comp.
Eccitatore, der Aufmunterer, der Anreizer gen. s.
Eccitazione, die Aufmunterung, die Anreizung, die Aufreizung pl. en.
Ecclesiasticamente, av. nach Kirchengebrauch, nach Art der Geistlichen.
Ecclesiastico, sust. ein Geistlicher gen. s.
Ecclesiastico, ag. geistlich, zur Kirche gehörig.
Ecclissare, ed eclissare, verdunkeln, verfinstern v. r. comp.; it. den Glanz benehmen v. ir. comp.
Ecclisse, ed eclisse, die Sonnen- Mondfinsterniß.
Ecco, ed eco, sust. das Echo; it. der Wiederschall gen. s.
Ecco, av. siehe; ecco qui, siehe da; eccolo qui, da kömmt er; eccola lì, dort ist Sie; eccoli qui, da kommen Sie; eccoli, eccole lì, dort sind Sie.
Economia, sust. die Wirthschaft, das kluge Verwalten, das Haushalten gen. s, die Ordnung über etwas, die gute Ordnung; it. die Sparsamkeit; vivere in economia, sparsam leben v. r.
Economicamente, av. haushälterisch, hauswirthlich.
Economico, ag. haushälterisch, wirthschaftlich.
Economo, sust. ein Wirthschafter gen. s; it. ein Verwalter eines Guts, ein Haushalter (ins gemein); it. ein Sparer gen. s.
Eculeo, eine Folterbank, eine Folterleiter.
Ecumenico, ag. allgemein; un concilio ecumenico, eine allgemeine Zusammenkunft der christlichen Geistlichen.

E D

Ed cong. und.
Edace, ag. fräßig, freßhaftig, gefräßig.
Edera (erba), das Epheu gen. s, [illegible]
Edificante, ag. aufbauend; bauend; mor. erbauend.
Edificare, fabbricare, bauen v. r., aufbauen v. r. comp.; mor. erbauen v. r. comp., durch gute Aufführung, Gebräuche, Exempel rc.

Edificatore, einer der gerne bauet; fr. ein Erbauer gen. s.

Edificazione, das Bauen gen. s; in mor. eccles. die Erbauung in geistlichen Dingen.

Edificio ⎫
Edifizio ⎭ das Gebäude gen. s, pl. n.

Editore, der Verleger gen. s.

Editto, ein öffentlicher Befehl gen. es (eines großen Herrn) pl. e.

Edizione, die Auflage eines Buches pl. n; fr. das Befördern zum Drucken.

Edra, der Epheu, V. Ellera.

Educare, auferziehen, erziehen v. irr. comp.

Educatore, der Erzieher, der Auferzieher gen. s.

Educazione, die Auferziehung, die Erziehung pl. en.

E F

Effemeride, das Tagebuch, worinnen tägliche Begebenheiten aufgezeichnet stehen; fr. zusammengerechnete Tabellen, (durch den Sternseher).

Effeminare, ed effeminarsi, weibisch, weichlich machen v. r.

Effeminarsi, ed effemminarsi, weichlich, weibisch werden v. aus.

Effeminatamente, ed effemminatamente, avv. weibisch, weichlich.

Effeminatezza, ed effemminatezza, das Weibischwesen gen. s; die weibische Art; die Weichlichkeit, die Weibischkeit pl. en.

Effervescenza, die Hitze, die Erhitzung, die Aufwallung, die Heftigkeit pl. en; das Aufwallen gen. s; fr. das Aufbrausen gen. s.

Effettivamente, avv. tätlich, wahrhaftig, wirklich; in der That.

Effettivo, agg. tätig, wahrhaftig, wirklich.

Effetto, die Wirkung, die Bewerkstelligung, die Vollbringung pl. en; die That pl. en; fr. in pl. gli effetti, die fahrende Habe, allerhand Waaren und Güter eines Kaufmannes; mandare ad effetto, bewerkstelligen v. r. comp. avere effetto, erfolgen v. irr. in effetto, avv. wirklich, gewiß, thatsächlich; a tale effecto, zu dem Ende.

Effettore, der Vollbringer gen. s; fr. einer der etwas bewerkstelligt, wirker, urheber.

Effettuare, bewerkstelligen v. r. comp. ins Werk setzen v. r. vollziehen, ausrichten v. r. comp.

Efficace, agg. wirkend, kräftig, nachdrücklich; fr. tüchtig, thätig.

Efficacemente, avv. kräftig, nachdrücklich; mit Ernst, nachdrücklicherweise.

Efficacia, die Kraft, die Wirkung, die Wirksamkeit pl. en; der Nachdruck, das Vermögen gen. s.

Efficiente, agg. das etwas wirkt; das wirklich hervorbringet (in der Philosophie).

Effigiare, abbilden, abzeichnen v. r. comp.

Effigie, das Bild gen. es, pl. er; die Abbildung pl. en; das Bildniß gen. es, pl. e.

Effimera, das eintägige Fieber gen. s.

Effimero, agg. was nur ein Tag dauert; febbre effimera, das Fieber, das nur einen Tag dauert.

Effusio, die Ausschüttung pl. en (der flüssigen Theile).

Effusione, das Vergießen, das Ausgießen gen. s; effusione di sangue, die Blutvergießung pl. en.

Efimero, V. Effimero.

E G

Egli, pron. er; egli stesso, er selbst; egliino stessi, sie selbst; egli è vero che ec. es ist wahr, daß ec.

Egloga, ein Hirtenlied, ein Schäferlied gen. s, pl. er.

Egregiamente, avv. vortrefflich, herrlich; fr. mutig; tapfer.

Egregio, agg. vortrefflich; fr. tapfer, rühmlich.

Egro, agg. krank, unpäß; fr. schwach, kraftlos.

Eguagliare, gleichen, V. Ugguagliare ec.

Eguale, gleich, V. Equale ec.

E H

Eh! interj. ey! he! ach! wohlan! eh! pleuel interrog. nicht wahr?

E I

Ei, cioè egli, pron. er; imperf. ella.

E L

Ella! interj. hey da!

Elasticità, die Spannkraft, oder ausdehnende Kraft; fr. die Schnellkraft.

oder die Federkraft der Luft, oder eines andern Körpers.

Elastico, ag. elastisch, federnd, schnellend; das eine ausdehnende Kraft besitzt; it. das sich dehnt und [illegible].

Elce, eine Steineiche, V. Quercia.

Elefante, der Elephant gen. en, pl. en.

Elegante, ag. zierlich, artig, schön, (im Reden und Schreiben).

Elegantemente, av. zierlich, artig, schön, (im Reden und Schreiben).

Eleganza, die Zierlichkeit, die Schönheit (im Reden und Schreiben).

Eleggere, erwählen, auslesen, aussuchen v. r. comp.

Elegia, das Trauergedicht, oder das weinende Gedicht gen. s, pl. e.

Elegiaco, ag. was zur Elegie gehört; sust. ein Elegienschreiber gen. s.

Elementare, ag. elementarisch.

Elemento, das Element gen. s.

Elemosina, das Almosen, V. Limosina.

Elemosiniere, der Almosenpfleger gen. s, it. der Almosen einnehmer.

Elenco, das Register gen. s, (eines Buchs rc.)

Eletto, par. da eleggere, erwählt; sust. ein Auserwählter; gli eletti, die Auserwählten.

Elettorale, ag. churfürstlich.

Elettorato, das Churfürstenthum gen. s, pl. (thümer).

Elettore, der Churfürst gen. en, pl. en; it. che elegge, ein Wähler, Erwähler gen. s.

Elettricità, die electrische Kraft.

Elettrico, ag. electrisch.

Elettrizzare, electrisiren v. r., die electrische Kraft mittheilen v. r. comp.

Elettro, der Ambra, der Bernstein gen. es; it. eine Art Metalls aus Gold und Silber zusammen gesetzt.

Elettuario, die Latwerge.

Elevamento, elevazione, die Erhebung, V. Alzamento.

Elevare, erheben, V. Alzare, Innalzare.

Elevazione, die Erhabenheit, V. Altezza.

Elezione, die Wahl, die Erwählung pl. en, das Wählen, das Erwählen gen. s.

Elicere, herausziehen v. ir. comp., herauslocken, herausbringen v. r. comp. [illegible] heraus.

Eligibile, ag. wählbar, wahlfähig.

Elisione, die Auslassung, die Ausstoßung eines Selbstlauters im Reden, oder Schreiben.

Elisire, das Elixir gen. s.

Elitropia, od. eliotropia, die Sonnenwende; it. ein kostbarer grüner Stein, mit rothen Flecken besprengt.

Ella, pron. Sie; per terra erba, der Alant gen. s.

Elleboro (erba), die Nieswurz.

Elmo, der Helm gen. es.

Elocuzione, die Schreibart; die Setzung der Redensarten; die schickliche Verfassung; it. die Aussprache, die Aussrede pl. n.

Elogio, der Lobspruch gen. s, pl. (Lobsprüche); die Lobrede pl. n; das Lob gen. es.

Eloquente, ag. beredt, beredsam; wohlredend.

Eloquentemente, av. wohlrednerisch, mit großer Beredsamkeit.

Eloquenza, die Beredsamkeit, die Wohlredenheit.

Elsa, die Stange an einem Degengefäße, it. das Degengefäß selbst.

Eludere, fruchtlos machen, kraftlos machen v. r.; it. machen das nichts daraus wird; it. ausweichen v. r. comp. (von sich); entgehen v. ir. comp.

E M

Emaciare, mager werden, oder machen v. r., V. Dimagrare.

Emancipare, einen Pupillen frey von den Vormündern sprechen v. ir., ihm seine Güter selbst anvertrauen v. r. comp.; it. mündig erklären v. r. comp.

Emanciparsi, sich zuviel unterfangen v. ir. comp., zu verwegen seyn v. aus.

Emancipazione, die Lossprechung eines Kindes oder mündigen Sohnes von der väterlichen Gewalt; it. die Freyheit mit dem Seinen umzugehen, ohne Vormund.

Ematite, ematica, e matita, der Blutstein gen. s.

Emblema, das Sinnbild gen. es, pl. er.

Emblematico, ag. sinnbildlich.

Embrice, der Dachziegel, Forstziegel, Hohlziegel gen. f.; it. die Dachrinne pl. n.

Embrione, ein Kind in Mutter Leibe; it. eine noch unvollkommene Pflanzenfrucht.

Embroccazione, Embrocca, ein Wasser, kranke Glieder damit zu waschen; it. die Anfeuchtung der kranken Theile des Leibes mit medicinalischen Kräutern.

Embroccare, kranke Glieder mit medicinalischen Wassern auswaschen v. r. comp., [illegible].

Emenda, die Besserung, v. Ammenda.

Emendabile, ag. verbesserlich, was zu verbessern ist.

Emendamento, die Besserung, v. Emendazione.

Emendare, bessern v. r., verbessern v. r. comp.; it. riparare il danno, den Schaden ersetzen v. r. comp.

Emendarsi, sich bessern v. rec. r.

Emendatore, ein Verbesserer gen. s.

Emergenza, sost. emergenza, der Vorfall, der Zufall gen. s., pl. Zufälle, Vorfälle.

Emergente, ag. dasjenige, so herauskommt, heraus steigt, heraus gewachsen; it. [illegible] entstehend, fliessend, erwachsend; danno emergente, der aus der Verwaltung einer Sache erwachsene Schade.

Emergere, heraus, hervor, empor kommen, heraus steigen v. r.; it. entspringen v. ir. comp., sich [illegible] v. rec. ir. comp.

Emetico, sost. das Brechmittel gen. s.; it. ag. das [illegible] einzunehmen [illegible].

Emicrania, der [illegible] Kopfschmerz gen. es; it. das Kopfweh an einer Seite.

Eminente, ag. hoch, erhaben; per eccellenza, vortrefflich, fürtrefflich; [illegible] eminente, die [illegible] Gnade, Signor eminente, der hohe Herr.

Eminentemente, ag. vorzüglicherweise, vortrefflicherweise, mit grossem Vorzug.

Eminenza, die Höhe, die Erhabenheit pl. en; per titolo cardinalizio, Eminenz; it. eine Anhöhe, ein Berg, ein Hügel; it. der Vorzug, so man etwas im hohen Grade vor andern besitzt; it. das Erhabene in der Bildhauer- und Schnitzarbeit.

Emisferico, ag. halbkugelförmig.

Emisfero, ed emispero, die halbe Erdkugel, oder ein halbkugelförmiger Körper gen. s.

Emissario, der Kundschafter gen. s, der Nachricht bringen muss; it. ein Spion gen. s.

Emissione, das Ausschiessen gen. s, die Auslassung oder [illegible]; emissione del voti, die wirkliche Ablegung der Klostergelübde; emissione di sangue, die Ausgiessung des Bluts; it. die Abzapfung [illegible] des einen Wasserschlägen.

Emolliente, ag. erweichend.

Emolumento, der Nutzen von einem Amte; das Auskommen davon.

Emorragia, der Blutfluss, der Blutstall gen. es, das Blutabfliessen gen. s.

Emorroidale, ag. was zu goldenen Ader gehöret.

Emorroide, die güldene Ader pl. n, die Hämorrhoiden.

Emozione, die ausserordentliche Bewegung und Veränderung im Leibe und Gemüthe; it. der Anfang zu einer Empörung.

Empetiggine, der böse Grind, der bösartige Grind gen. es.

Empiamente, av. gottloserweise.

Empiastrare, ein Pflaster aufstreichen v. ir. comp., solches auflegen v. r. comp.; it. mit etwas Unreinem beschmieren v. r. comp.

Empiastro, das Pflaster gen. s; it. ein Stück Leinwand, oder Leder, worauf man ein Pflaster streicht.

Empiere, füllen v. r., anfüllen, ausfüllen v. r. comp.; it. adempiere, erfüllen v. r. comp., in Erfüllung bringen v. ir.

Empietà, empiezza, die Gottlosigkeit, die Ruchlosigkeit pl. en, das gottlose Wesen gen. s; per crudeltà, die Grausamkeit pl. en.

Empimento, das Anfüllen gen. s, die Erfüllung, die Füllung pl. en; per adempimento, die Erfüllung pl. en; l'empimento, esecuzione del consiglio, die Ausführung des Rathschlags.

Empio, sost. ein Gottloser Mensch; ag. gottlos, ruchlos; it. grausam.

Empireo, sost. der oberste, oder höchste Himmel gen. s; ag. himmlisch; il cielo empireo, der Feuerhimmel.

Empireumatico, *ag.* der brandige Geruch, oder Geschmack, der den Materien giebt, die durch Feuer ausgerichtet werden.

Empirico, *sust.* ein Quacksalber, ein Marktschreyer *gen.* s; *it.* ein Arzt, der sich auf die Erfahrung beruft.

Empito, *part.* di empiere, gefüllt *x.*; *sust.* der ungestüme Anlauf *gen.* s, die Heftigkeit.

Empimento, die Ausfüllung, *V.* Empimento.

Empiuto, *part.* *V.* Empito.

Emporio, ein Handelsplatz *gen.* es, eine Handelsstadt; ein öffentlicher Markt *gen.* s.

Emulare, eifern *v.* *r.*, nachahmen, nachstreben *v. r. comp.*, es einem in etwas gleichthun *v. ir. comp.*

Emulatore, ein Nacheiferer, ein Wetteiferer *gen.* s, einem in Tugenden und andern Gaben gleich zu seyn.

Emulazione, die Nacheiferung, die Wetteiferung, die Nachahmung, die Bestrebung *pl.* en.

Emulo, ein Mitwerber, *V.* Emulatore.

Emulsione, das Kühltränkchen *gen.* s, *it.* die ausgepreßte Milch in der Medizin, als Mandelmilch *x.*

Emungere, od emugnere, auswischen, ausschnauben *v. r. comp.*; *it.* ausschnauben *v. r. comp.*, die Nase putzen, die Nase wischen *v. r.*; [illegible] einen ausfragen, um das Seinige bringen.

EN

Encomiare, loben, preisen *v. r.*

Encomiatore, ein Lobredner *gen.* s.

Encomio, das Lob *gen.* s, die Lobrede *pl.* n, der Lobspruch *gen.* s, *pl.* (Lobsprüche).

Endecasillabo ein Vers von eilf Sylben.

Endivia (*erba*), die Endivien.

Energia, der Nachdruck in Worten, die Kraft einer Rede, eines Gesichts.

Energicamente, *av.* nachdrücklicherweise, kräftigerweise.

Energico, *ag.* nachdrücklich, kräftig.

Energumeno, ein Besessener *gen.* s, vom Teufel besessen.

Enfasi, der Nachdruck *gen.* s, in einem Worte, oder Ausdrucke.

Enfaticamente, *av.* nachdrücklicherweise.

Enfatico, *ag.* nachdrücklich, kräftig.

Enfiagione, enfiamento, enfiatura, die Geschwulst, das Schwellen *gen.* s, die Aufschwellung *pl.* en; *it.* superbia, orgoglio, der Stolz *gen.* es, der Hochmuth *gen.* s.

Enfiare, aufschwellen *v. ir. comp.*, aufblähen *v. r. comp.*, aufblasen *v. ir. comp.*, geschwollen machen *v. r.*; *it.* eitel und hochmüthig machen *v. r.*

Enfiarsi, aufschwellen *v. ir. comp.*; *it.* sich erheben *v. ir. r. comp.*, zunehmen *v. ir. comp.*

Enfiteusi, das Erblehen, der Erbpacht *gen.* s, *pl.* (Erbpächte), der Erbzins *gen.* es, *pl.* en; *it.* die Ueberlassung eines Gutes auf lange Jahre, oder auf ewig, davon Zins und Steuer zu geben, und es zu bessern.

Enigma, od enimma, das Räthsel *gen.* s, eine dunkele Sache; *it.* etwas das schwer zu verstehen ist.

Enigmaticamente, *av.* räthselhaft; auf Räthselart.

Enigmatico, *ag.* räthselhaft, dunkel, unverständlich.

Enorme, *ag.* ungemein, gar zu groß, unermäßig.

Enormemente, *av.* gar zu sehr, unverantwortlicherweise, über die Gebühr.

Enormità, die Abscheulichkeit, die ungeheure Bosheit.

Ente, das Wesen *gen.* s; *it.* ein Ding, das wesentlich ist.

Entimema, ein Schluß von zween Sätzen, da ein ordentlicher Schluß sonst drey hat, da man einen um der Kürze willen im Sinne behält.

Entità, die Wesentlichkeit, die Wirklichkeit, das Daseyn *gen.* s.

Entragno, das Eingeweide *gen.* s, *pl.* [illegible] *met.* das Innerste der Seelen.

Entrambi, *pron.* alle beyde.

Entramento, der Eingang, das Hineingehen *gen.* s, *V.* Entrata.

Entrante, *ag.* einnehmend, durchdringend; una persona entrante, eine zudringliche Person; einer der sich einzuschmeicheln weiß, der sich überall den Eintritt verschafft; il mese entrante, der angehende Monat.

Entrare, hineingehen, hereinkommen *v. ir. comp.*; *it.* antreten *v. ir. comp.*, [illegible] ein gewisses Amt [illegible]; entrare in [illegible] giuo, zu tanzen anfangen v. fr. comp., entrare in un [illegible] sich in einen [illegible] einlassen; entrare in un medesimo sentimento, einerley Meynung mit einem haben v. r., [illegible] [illegible] sich mit einem einlassen v. r. comp., entrare in discorso, ein Gespräch anfangen v. ir. comp., entrare in sollecito, zornig werden; entrar malevadore, Bürge werden v. aus. entrar in un pensiero, auf einen Einfall gerathen v. ir. comp.

Entrata, der Eingang, oder der Weg, wo man hineingehet, das Hineingehen gen. s; der Anfang der Einkünfte [illegible], einer [illegible] [illegible] Eintritt in die Welt; die Einkünfte in einem [illegible], oder [illegible] pl. le entrate, die Einkünfte, die Renten.

Entratura, der Eingang, v. Entrata.

Entro, av. darinnen, drinnen, innen, v. Dentro.

Entusiasmo, die prophetische, oder poetische Entzückung, die Begeisterung, die Erhebung pl. en.

Entusiaste, sust. ein Mensch, der eine außerordentliche Entzückung des Geistes vorgiebt; s. ein Schwärmer gen. s; ag. Enthusiast gen. en.

Enula (erba), die Alantwurz.

Enumerare, herzählen v. r. comp., v. Numerare, noverare.

Enumerazione, die Herzählung pl. en, v. [illegible].

Enunciare) reden, deutlich darlegen, Enunziare) [illegible] v. r. comp., ausdrücken, [illegible] v. r. comp., aussprechen v. ir. comp., seine Gedanken durch Worte von sich geben v. ir.

E O

Eoo, ag. poet. morgenländisch.

E P

Epatta, der Unterschied eines gemeinen Mondjahres von 354 Tagen, mit dem Sonnenjahre von 365 Tagen, durch welchen Unterschied der neue Mond alle Jahr 11 Tage zurück geht.

Epico, ag. episch; zum Heldengedichte gehörig; un Poema epico, ein Heldengedicht.

Epidemia, eine ansteckende Seuche.

Epidemico, ag. ansteckend; einheimisch; [illegible].

Epifania, das Fest der Erscheinung Christi; das Fest der heiligen drey Könige.

Epifonema, der Anhang einer Erzählung, darinnen man den Nutzen und die Lehre zeigt, ein Denkspruch gen. s, pl. Denksprüche.

Epigrafe, eine Ueberschrift, die man an das Gewölbe, oder auf ein Buch aufsetzt.

Epigramma, ein Sinngedicht gen. s, pl. e, it. ein sinnreiches kurzes Gedicht über etwas.

Epilessia, die fallende Sucht.

Epilettico, ag. der die fallende Sucht hat.

Epilogare, epilogo, die Schlußrede machen; die Schlußrede, v. Compendiare, Compendio.

Episcopale, ag. bischöflich.

Epistilico, ag. was zwischen einem Gebälke, als ein Steinwerk eingeschoben wird.

Epistilio, ein Nebenstück gen. es; it. das Gebälke, das zwischen dem Hauptwerke zur Stützung eingeschoben wird.

Epistola, eine Epistel, die in einer Kirche gesungen wird gen. ; lettera, ein Brief gen. s, pl. e.

Epistolare, ag. was zu Episteln, oder Briefen gehört; l'arte epistolare, die Art, Briefe zu schreiben; s. der Briefstil gen. s.

Epitaffio) eine Grabschrift pl. en.
Epitafio)

Epitalamico, ag. zum Hochzeitgedichte gehörig.

Epitalamio, das Hochzeitgedicht gen. s, pl. en; it. einige Verse auf eine Hochzeit gemacht.

Epiteto, das Beywort gen. es, pl. Beywörter; it. ein Zuname, den man einer Sache giebt.

Epitome, ein kurzer Begriff, oder Inhalt eines Dinges; ein Auszug aus etwas Weitläuftigern.

Epoca, eine gewisse Zahl, wovon man eine Zeitrechnung anfängt.

Epulone, ein Vielfraß gen. es; ein Prasser gen. s; ein großer Schwelger gen. s; it. einer, der außerordentlich [illegible].

Equabile, *ag.* gleich.
Equabilità, die Gleichförmigkeit.
Equabilmente, *av.* gleichförmigerweise, gleicherweise.
Equalità, die Gleichheit.
Equanimità, die Gelassenheit, die Gleichheit des Gemüths, die Gelassenheit.
Equanimo, *ag.* gelassen, gleichmüthig, gleichgültigen Gemüths.
Equatore, der große Kreis in der Erdbeschreibung, der die Welt in zween gleiche Theile eintheilt; *it.* die Linie; der Aequator.
Equazione, nell' astronomia, die Gleichmachung des ungleichen Verhältnisses; nella Gramm. die Vergleichung zweer Zahlen von gleicher Größe.
Equestre, *ag.* ritterlich, adelich; vom Ritterstande; Ordine equestre, der Ritterorden *gen.* s.
Equidistante, *ag.* gleich weit abgelegen.
Equidistanza, die gleiche Weite von einander; der gleiche Abstand *gen.* es, *pl.* (Abstände).
Equilatero, *ag.* gleichseitig.
Equilibrare, das gleiche Gewicht haben *v. aus.*
Equilibrio, das Gleichgewicht *gen.* s; *it.* die Gleichheit an Würde, Macht *ec.*
Equinoziale, *ag.* gleichnächtig.
Equinozio, die Zeit, da Tag und Nacht gleich viele Stunden haben.
Equipaggio, das ganze Reisegeräthe, die Bagage, die Equipage; *it.* die völlige Ausrüstung eines Soldaten; *it.* alles Geräthe, das einer an Kleidern, und anderm Hausrath besitzt; *it.* die Ausrüstung, das Zugehör, das Gefolge von Leuten, Pferden *ec.* eines Schiffes *ec.*
Equità, die Billigkeit, die Gerechtigkeit.
Equivalente, *sust.* das Aequivalent; etwas von gleichem Werthe.
Equivalente, *ag.* gleichgeltend, den Werth ausgleichend.
Equivalentemente, *av.* auf eine gleichgeltende Art.
Equivalenza, die Gleichgültigkeit, die Ausgleichung des Werthes.
Equivalere, gleichviel gelten *v. ir.*, von gleichem Werthe seyn *v. aus.*
Equivocamente, *av.* zweydeutig, zweifelhaft, ungewiß.
Equivocare, zweydeutige Worte gebrauchen *v. r. comp.*, zweydeutig reden *v. r.*
Equivoco, *sust.* der Doppelsinn *gen.* es, *pl.* die Aequivoquen; *it.* ein Wort, das zweydeutig ist, zweyerley bedeutet; *it.* Irrthum, ein Irrthum, ein Versehen *gen.* s.
Equivoco, *ag.* zweydeutig, zweifelhaft, ungewiß, zweifelhafte, ungewisse Reden führend.
Equo, *ag.* billig, gerecht.

ER

Eradicare, ausrotten *v. r. comp.*, *V.* Sradicare *ec.*
Erario, der Ort, wo der öffentliche Schatz liegt; die Schatzkammer.
Erba, das Kraut *pl.* (Kräuter), das Gras *gen.* es; erbe medicinali, die Arzneykräuter; erba d'orso, [illegible]; erba solomaria, das Eisenkraut; erba gatta, das Katzenkraut; erba da buoi, die Ochsenzunge; erba [illegible], die [illegible]; [illegible], das Unkraut.
Erbaccia, das Unkraut *gen.* s, *pl.* (Unkräuter).
Erbaggio, allerhand Kräuterwerk.
Erbaiuolo, ein Kräutermann *gen.* es, *pl.* (Kräuterleute).
Erboso, *ag.* grasig, grasicht, mit Gras bewachsen.
Erede, der Erbe *gen.* e *pl.* n.
Eredità, die Erbschaft *pl.* en.
Ereditare, erben *v. r.*
Ereditario, *ag.* erblich.
Eremita, der Einsiedler, der Waldbruder *gen.* s; der Eremit *gen.* e *pl.* en.
Eremitaggio, die Einsiedlerey, *V.* Romitaggio.
Eremitico, *ag.* einsiedlerisch, [illegible].
Eremo, die Einöde *pl.* n; die Einsiedeley *pl.* en; *it.* ein einsamer und wilder Ort.
Eresia, die Ketzerey *pl.* en; die falsche Meinung.
Eresiarca, ein Stifter einer Ketzerey, ein Erzketzer, ein Hauptketzer *gen.* s.
Ereticale, *ag.* ketzerisch.
Ereticamente, *av.* ketzerischerweise.
Eretico, *sust.* ein Ketzer.
Eretico, *ag.* ketzerisch.
Eretto, *part.* da erigere, aufgerichtet, aufgebauet.
Erezione, die Aufrichtung in gerader

Höhe, *fr.* die Erhebung eines Landes zu einer Herrschaft; *it.* die Errichtung eines geistlichen Standes.

Ergastolo, das Zuchthaus *gen.* es, *pl.* (Zuchthäuser).

Ergere ed erigere, aufrichten *v. r. comp.*, in die Höhe richten *v. r.*

Ergersi, sich erheben *v. rec. ir. comp.*, sich empor schwingen *v. rec. ir.*

Erinne, *pl.* die höllischen Furien.

Ermafrodito, das was von einer vermischten Zeugung ist, *it.* ein Mensch der männlicher und weiblicher Gattung ist; ein Zwitter *gen.* s.

Ermellino, *sost.* der Hermelin *gen.* s, das Thier selbst; das Fell davon *ag.* von Hermelin.

Ermesino, ed ermisino, der Doppeltaffent *gen.* s.

Ermeticamente, *av.* hermetischer weise.

Ermetico, *ag.* hermetisch, eingeschlossen, zur Scheidekunst gehörig; la filosofia ermetica, die Wissenschaft der Alchemisten.

Ermo, die Einöde, *v.* Eremo.

Ermo, *ag.* öde, einsam, wüste.

Ernia, der Leibschaden *gen.* s, *it.* ein Bruch *gen.* s.

Erniaria (erba), das Bruchkraut.

Eroe, der Held *gen.* en *pl.* en.

Eroicamente, *av.* nach Art und Weise der Helden.

Eroico, *ag.* heroisch, heldenmüthig, heldenhaft, heldenmäßig hoch; verso eroico, Heldenvers; poema eroico, das Heldengedicht; poeta eroico, der Heldendichter.

Eroina, eine Heldin.

Eroismo, die Heldenthat *pl.* en.

Erpicare, eggen *v. r.*

Erpice, die Egge *pl.* n.

Errante, *ag.* irrend, herumschweifend; der in der Irre herumgeht; der sich bald da, bald dorthin begiebt; stella errante, die Irrsterne; cavaliere errante, der irrende Ritter.

Errare, irren *v. r.*, bald da, bald dorthin gehen *v. ir.*, herumschweifen *v. r. comp.*, nicht auf einem Orte bleiben *v. ir.*, zweifelhaft und unruhig seyn *v. aus. ir.*; per.. fallire, fehlen *v. r.*; errare il cammino, sich verirren *v. rec. r. comp.*

Erratico, *ag.* irrend (als ein Mensch); unstetschweifend (als ein Fieber).

Erroneamente, *av.* irriger Weise; betrüglicher Weise.

Erroneo, *ag.* irrig.

Errore, der Irrthum *gen.* s, *pl.* Irrthümer; der Fehler; das Vergehen *gen.* s; cadere in errore, in einen Irrthum gerathen; un errore di stampa, ein Druckfehler; un errore di scrittura, ein Schreibfehler; un errore d'ortografia, ein Rechtschreibungsfehler.

Erta, ein hoher, steiler, erhabener Ort *gen.* s; *it.* eine Anhöhe; stare all'erta, auf seiner Hut seyn; all'erta! gebt Acht! seyd munter und wachsam!

Ertezza, die Höhe, die Anhöhe.

Erto, *ag.* jäh, steil; *it.* hoch, erhaben; a capo erto, mit aufgerichtetem Haupte.

Erubescenza, die Erröthung, die Schamröthe.

Eruca (erba), der weiße Senf; per bruco, die Raupe, der Kraupwurm.

Erudimento, der Unterricht *gen.* s, *pl.* e; das Unterrichten *gen.* s; die Unterweisung *pl.* en.

Erudire, unterrichten *v. r. comp.*, unterweisen *v. ir. comp.*, belehren *v. r. comp.*

Eruditamente, *av.* gelehrt.

Erudito, *sost.* ein Gelehrter *ag. e part.* gelehrt, unterrichtet.

Erudizione, die Gelehrsamkeit *pl.* en.

Eruttare, rülpsen *v. r.*

Eruttazione, das Rülpsen *gen.* s; das Aufstoßen des Magens.

ES

Esacerbamento, die Verbitterung, *V.* Esacerbazione.

Esacerbare, verbittern; erzürnen, erhitzen *v. r. comp.*, esacerbarsi, sich erzürnen *v. rec. r. comp.*

Esacerbazione, die Verbitterung, die Erzürnung *pl.* en.

Esagerante, *ag.* groß vorstellend; mit Worten vergrößernd.

Esagerare, größer vorstellen *v. r. comp.*, groß machen *v. r.*, mit Worten vergrößern *v. r. comp.*; *it.* übertreiben *v. ir. comp.*

Esageratore, der Großsprecher *gen.* s.

Esagerazione, das Vermehren und Großmachen eines Dinges im Reden.

Esagitare, hin und her treiben *v. ir.*, bald da, bald dorthin bewegen *v. r.*;

it. far andare in collera, aufbringen v. r. comp., erzürnen, zornig machen v. r.; per: inquietare, beunruhigen v. r. comp.; per: tormentare, plagen v. r.

Esagitazione, die Antreibung pl. en; it. die Bedrückung pl. en; die Plage pl. en.

Esagono, ein Sechseck gen. s.

Esalare, ausdünsten v. r. comp., ausdämpfen v. r. comp.; it. aushauchen v. ir. comp., (als einen Geist) ausblasen v. ir. comp., (als die Seele) esalare lo spirito, sterben v. ir.; amore a esalare, verschnauben v. r. comp.

Esalazione, der Dampf gen. s; der Dunst gen. es; die Ausdämpfung, die Ausdünstung pl. en; it. eine Austreibung der flüchtigen Theile eines Dinges in der Chymie.

Esaltamento, die Erhebung, V. Esaltazione.

Esaltare, erheben v. ir. comp., erhöhen v. r. comp., gewaltig rühmen, loben v. r., trefflich herausstreichen v. ir. comp.; esaltare di gioja, für Freude springen v. ir.

Esaltatore, einer, der erhebt, sehr rühmt, herausstreichet; it. ein Erhöher, ein Herausstreicher gen. s.

Esaltazione, die Erhöhung, die Erhebung, die Herausstreichung pl. en; it. die Beförderung zu hohen Ehren.

Esame) das Nachfragen, das Ver-
Esamina) hör gen. s, die Erkundigung, die Erforschung, die Vernehmung, die Untersuchung, die Abhörung, die Prüfung pl. en; it. das Examen.

Esaminare, verhören, untersuchen v. r. comp., prüfen v. r.; it. per: osservare, genau betrachten v. r. comp.; per: riflettere, überlegen v. r. comp.

Esaminatore, einer, der verhört, untersuchet, prüfet, betrachtet; ein Prüfer gen. s.

Esangue, ag. blutlos, erblaßt; mez. blaß, schwach, halb todt.

Esanimare, entseelen v. r. comp., erblassen v. ir. comp., tödten v. r.; it. tramortire, erschrecken v. r. comp.

Esanime, ag. blutlos, V. Esangue.

Esasperare, erbittern v. r. comp., V. Esacerbare.

Esattamente, av. mit Sorgfalt, fleißig, genau, recht, mit Richtigkeit

Esattezza, die Sorgfalt, die Achtsamkeit, die Richtigkeit, die Genauigkeit pl. en; it. per: diligenza, der Fleiß gen. es.

Esatto, ag. achtsam, fleißig, sorgfältig, richtig, genau, vollkommen.

Esattore, der Einnehmer, Eintreiber, Einforderer gen. s.

Esaudimento, esaudizione, die Erhörung, die Willfahrung, die Willfährigkeit pl. en.

Esaudire, willfahren, gewähren v. r. comp., zugestehen v. ir. comp., erhören v. r. comp.

Esauditore, der Erhörer gen. s.

Esaurimento, die Erschöpfung pl. en.

Esaurire, erschöpfen v. r. comp.

Esausto, ag. erschöpft, ausgeleert, ausgesaugt; it. (di forze), kraftlos.

Esazione, die Einforderung, die Eintreibung, die Erpressung pl. en, das Eintreiben gen. s.

Esca, die Lockspeise, das Lockaas gen. es, das Luder gen. s, (die Vögel, Fische etc. zu fangen); per: esca o spugna da accendere, der Zunder gen. s, der Schwamm gen. es; fig. die List.

Escandescente, ag. jähzornig, hitzig.

Escandescenza, der jähe, heftige Zorn, der Jähzorn gen. s; it. die Hitze.

Escire, herausgehen, -laufen, der Ausgang, V. Uscire, Uscita.

Esclamare, ausrufen, laut schreyen v. ir., ein Geschrey anfangen v. ir. comp.

Esclamazione, die Ausrufung pl. en, das laute Geschrey gen. s, pl. e, das Ausrufen über etwas, die Erhebung der Stimme (aus Schmerzen, oder Verwunderung).

Escludere, ausschließen v. ir. comp., (von einem Dienste, von der Gnade etc.), nicht annehmen wollen; den Zutritt nicht zulassen v. ir. comp.

Esclusione) die Ausschließung pl. en;
Esclusiva) das Ausschließen gen. s; per: eccezione, die Ausnahme pl. n; dar l'esclusiva, seine Stimme nicht dazu geben.

Esclusivamente, av. ausschließenderweise.

Esclusivo, ag. ausschließend.

Escommunicare etc., V. Scommunicare etc.

Escorticamento, die Schindung, V. Scorticamento.

Escremento, der Koth und alle Un- reinigkeit, so aus dem Leibe gehet, it. was sich inwendig vom Gebäu- de sondert (als Speichel, Rotz, Schweiß 2c.)

Escrescenza, das Gewächse an einem Gliede; eine außerordentliche Erhö- hung, oder eine Beule; it. [illegible] wil- des Fleisch.

Escusare, entschuldigen v. r. comp., V. Scusare.

Esecrabile, ed esecrando, ag. ab- scheulich, greulich, verflucht, ver- fluchenswerth.

Esecrabilmente, abscheulicherweise.

Esecrare, verfluchen, verwünschen, verabscheuen v. r. comp.

Esecrazione, die Verfluchung, die Verwünschung pl. en, der Abscheu gen. es, der Greuel gen. s; it. ein [illegible] Fluch, Schwur gen. s, (den man einem zur Versicherung thut).

Esecutore, der da vollziehet, was der Obere befiehlt, der Verordnete zur Vollziehung eines Befehls, einBu- [illegible], ein Voll- zieher eines Testaments.

Esecuzione) die Vollziehung, die
Eseguimento) Ausführung pl. en, (eines Befehls 2c.); [illegible] die gewaltsame Pfändung, oder Ver- kaufung der Güter wegen Schulden; esecuzione di sentenza, die Voll- streckung eines Urtheils an einem Missethäter.

Eseguire, vollziehen v. ir. comp., aus- führen, bewerkstelligen, vollstrecken v. r. comp.

Esempio, das Exempel, das Beyspiel gen. s; per modello, das Muster gen. s; in Referenza, der Beweis gen. es; per esempio, zum Exem- pel, zum Beyspiele.

Esemplare, sust. das Muster, das Mo- dell gen. s; it. das Exemplar gen. s, ein Abdruck eines Buchs.

Esemplare, ag. [illegible], exempla- risch, [illegible], [illegible].

Esemplarità, das [illegible] Leben gen. s, die [illegible] pl. en, der [illegible] Wandel gen. s.

Esemplarmente, av. exemplarisch, der [illegible] nach, der [illegible] nach.

Esemplificare, Beyspiele anführen, sich der Beyspiele bedienen v. r. comp.

Esemplificazione, die Erklärung durch Beyspiele, die Anführung der Exempel.

Esentare, befreyen v. r. comp., aus- schließen v. ir. comp., V. Esimere.

Esente, ag. frey, befreyet von dem, was andere thun müssen; [illegible] [illegible] (von etwas).

Esenzione, die Freyheit etwas nicht zu thun, was andere thun; it. die Befreyung pl. en, die Ausnahme, das Privilegium.

Esequie, pl. die Leichenbegängniß, die Bestattung zur Erde; fare le ese- quie, die Leichenbegängniß halten.

Esercitamento, die Uebung pl. en, die [illegible] pl. en, der [illegible] Gebrauch gen. s.

Esercitare, üben v. r., etwas treiben v. ir., ausüben v. r. comp., ins Werk setzen, [illegible] [illegible], [illegible] halten v. ir.; esercitare una carica, ein Amt verwalten v. r. comp.; esercitar la giustizia, die Gerechtig- keit handhaben.

Esercitarsi, sich üben, sich gewöhnen v. rec. r.

Esercito, das Kriegsheer gen. es, die Armee pl. n.

Esercizio, die Uebung, die Verrich- tung pl. en; per [illegible], die [illegible]; per [illegible], die Arbeit; l'esercizio del corpo, die Bewe- gung des Leibes; gli esercizj spiri- tuali, die geistliche Uebung; gli esercizj militari, das Exerciren, die Uebung in den Waffen.

Esibire, at., anbieten v. ir. comp., V. Offerire 2c.

Esigenza, die Nothdurft der Sache, die Bedürfniß, die Erforderniß der Sache.

Esigere, fodern v. r., etwas billiger- haben wollen v. r., einfodern v. r. comp., eintreiben v. ir. comp.

Esiglio, die Verbannung, V. Esilio.

Esiliare, des Landes verweisen v. ir. comp., verbannen v. r. comp., ins Elend schicken v. r.

Esiliato, sust. ein Vertriebener gen. n; ag. e part. vertrieben, des Lan- des verwiesen, ins Elend geschickt.

Esilio, die Landesverweisung, die Ver- weisung pl. en, (des Ortes, oder Landes); das Elend gen. s.

Esimere, ausnehmen, ausschließen v.

tr. comp., befreyen *v. r. comp.*, (vom Joch 2c.)

Esimio, *ag.* vornehm, herrlich, vortrefflich, rühmlich, groß 2c.

Esistente, *ag.* das vorhanden ist, das noch da ist.

Esistenza, das wirkliche Daseyn, das Bestehen *gen.* s.

Esistere, wirklich da seyn *v. auf.*, bestehen *v. tr. comp.*

Esitare, dubitare, in Zweifel stehen *v. tr.*, zweifeln *v. r.*, sich bedenken *v. rec. r.*, unschlüssig seyn *v. auf.*, anstoßen im Reden *v. tr. comp.*; per vendere, verkaufen *v. r. comp.*, per vacuare, vermeiden *v. tr. comp.*

Esitazione, die Unentschlossenheit, die Ungewißheit *pl.* en, der Zweifel *gen.* s, der Anstand *gen.* es, *pl.* Anstände, das unschlüssige Wesen *gen.* s; *it.* das Anstoßen im Reden, der Wankelmuth *gen.* s.

Esito, der Ausgang *gen.* es, das Ende, der Erfolg einer Sache 2c.; per vendita, der Abgang, der Absatz *gen.* es (der Waaren).

Esiziale, *ag.* höchst schädlich, verderblich.

Esizio, das Verderben, der Schaden, der Untergang *gen.* s.

Esodo, das andere Buch Mosis.

Esofago, der Schlund *gen.* es, das Speiseröhre *gen.* s.

Esorbitante, *ag.* übermäßig, über die Maaß, über die Gebühr, gar zu groß.

Esorbitantemente, *av.* übermäßig.

Esorbitanza, die Uebermäßigkeit *pl.* en, die ungeheure Größe, das überschrittene Ziel und Maaß.

Esorcismo, das Beschwören des bösen Geistes.

Esorcista, ein Exorcist, einer der die bösen Geister aus den Besessenen treiben soll.

Esorcizzare, beschwören *v. ir. comp.*, als ein Priester den bösen Geist.

Esordio, der Eingang *gen.* s (einer Rede).

Esortare, ermahnen *v. r. comp.*, antreiben *v. ir. comp.*

Esortazione, die Ermahnung, die Vermahnung *pl.* en, das Zureden *gen.* s; *it.* die Anreizung.

Espandere, ausbreiten *v. r. comp.*, *V.* Spandere.

Espansione, die Ausdehnung, die Ausbreitung, die Verlängerung *pl.* en; *it.* das Aufbrechen der Blumen.

Espediente, *sust.* das Mittel *gen.* s; das Hülfsmittel; *ag.* nützlich, zuträglich, ersprießlich.

Esperimentalmente, Esperimentalmente, *av.* durch angestellte Erfahrung, auf eine versuchte, geprüfte Art und Weise, aus der Erfahrung.

Esperienza, die Erfahrung, die Erfahrenheit *pl.* en; per sperimento, der Versuch *gen.* s, die Probe; fare un' esperienza, versuchen, einen Versuch machen.

Esperimentale, *ag.* das sich auf die Erfahrung gründet.

Esperimentare, versuchen *v. r. comp.*, probiren *v. r.*, erfahren *v. ir. comp.*

Esperimentatore, der was versucht, probirt.

Esperimento, die Erfahrung *pl.* en; die Probe *pl.* n; der Versuch *gen.* s, *pl.* e; das Meisterstück *pl.* e.

Espero, der Abendstern *gen.* s.

Esperimentale, *av.* aus der Erfahrung.

Esperto, *ag.* erfahren, versucht, geübt.

Espettante, espettativa, espettazione, *V.* Aspettante 2c.

Espiare, versöhnen *v. r. comp.*, die Sünden büßen *v. r.*, vertilgen *v. r. comp.*, die verdiente Strafe ausstehen *v. ir. comp.*; per riconoscere, auskundschaften *v. r. comp.*

Espiazione, das Ausstehen der Strafe, die Versöhnung, der Ausgleichung *pl.* en; das Versöhnopfer *gen.* s.

Espilare, stehlen *v. r.*; espilazione, der listige Diebstahl, *V.* Rubare, Ruberia.

Esplicare ec., erklären, *V.* Spiegare ec.

Esplicitamente, *av.* deutlich, ausdrücklich, namentlich.

Esplicito, *ag.* offenbar, deutlich, klar, *V.* Espresso, Dichiarato.

Esplorare, ausforschen, erforschen, auskundschaften *v. r. comp.*, *V.* Spiare.

Esploratore, ein Ausspäher, ein Kundschafter, ein Ausforscher *gen.* s; *it.* ein Spion, *V.* Spia.

Esplorazione, die Erkundigung, die Ausforschung, die Nachforschung *pl.* en; die Nachfrage *pl.* n.

Esponente, *sust.* der Anbringer *gen.* s.

Esporre, mettere in vista, auslegen, ausstellen *v. r. comp.*, mostrare, zeigen *v. r.*, vorstellen *v. r. comp.*

esporre l'ambasciata, la sue ragioni ec. die Commission, seine Rechte andbringen v. r. comp.

Esporsi, sich in Gefahr begeben v. rec. ir. comp., sich der Gefahr aussetzen v. r. comp.

Espositore, der Ausleger gen. s.

Esposizione, die öffentliche Darstellung pl. en; das Ausstellen gen. s; per dichiarazione, die Erklärung pl. en; it. die Auslegung, die Auslegung pl. en.

Espressamente, av. mit Fleiß; vorsetzlich, absonderlich, ausdrücklich, insonderheit.

Espressione, die Ausdrückung pl. en; der Ausdruck gen. es; it. die Benennung einer Sache mit Worten.

Espressivo, ag. ausdrücklich, deutlich.

Espresso, sust. ein eigener Bothe, der wegen einer Sache besonders abgeschickt wird.

Espresso, part. da esprimere, ausgedruckt ag. klar, deutlich, ausdrücklich.

Esprimente, ag. ausdrückend, beschreibend, darstellend, vorbringend.

Esprimere, ausdrücken v. r. comp.; beschreiben v. ir. comp., vorstellen v. r. comp., seine Gedanken an den Tag geben v. ir. comp., darstellen v. r. comp.

Esprimersi, sich erklären v. r. comp.; it. vorbringen was man denkt.

Espugnabile, ag. bezwinglich, überwindlich; was man erobern kann; das zu bezwingen, oder zu überwältigen ist.

Espugnare, erobern v. r. comp., bezwingen v. ir. comp.

Espugnatore, ein Eroberer (ein Ueberwinder) ein Sieger; ein Bezwinger gen. s.

Espugnazione, die Eroberung, die Ueberwältigung pl. en, die Einnahme pl. n.

Espulsione, die gewaltsame Vertreibung, die Austreibung pl. en, (einer Person aus einem Orte).

Espulsivo, ag. vertreibend, austreibend; was austreibt.

Espulsore, ein Austreiber gen. s.

Esquisitamente av. av. von besonderer Art, V. Squisitamente av.

Esso, pron. Er, dieselbe, eben der; esso stesso, sie selbst, eben dieselbe.

Essecrazione, die Verwünschung, V. Execrazione.

Essendochè, cong. indem, da, sintemal, angesehen daß.

Essenza, das Wesen gen. s, die Natur, die Art; (nella chimica), die Essenz.

Essenziale, ag. wesentlich, vornehm, wichtig; sust. das Wesentliche.

Essenzialmente, av. wesentlich, wirklich, nothwendig.

Essere, seyn v. aus.; essere (in passivo), werden; io sono, ich bin; io sono aspettato, ich werde erwartet.

Essere, sust. das Wesen, das Daseyn gen. s; in cattivo essere, in schlechten Umständen; per il mio buon essere, zu meinem Besten.

Esso, pron. er; esso lui, eben derselbe; con esso lui, mit ihm selbst.

Estasi, die Entzückung.

Estatico, ag. entzückt, entzückend, in Entzückung.

Estemporaneo, ag. eilfertig, unvorsichtig; ohne vorgehendes Nachsinnen.

Estendere, ausstrecken, ausspannen, ausbreiten, ausdehnen, verlängern, erstrecken v. r. comp.

Estensione, die Ausdehnung, die Ausbreitung pl. en, das Erstrecken, das Ausstrecken gen. s.

Estensivo, ag. sich ausdehnend, ausstreckend, das sich ausstrecken läßt.

Estenuare, entkräften v. r. comp., von Kräften bringen, schwächen v. r. comp.; impugnire, mager werden v. aus.; per diminuire, vermindern, verkleinern, verdünnen v. r. comp.

Estenuativo, ag. was von Kräften bringen kann; it. was vermindert, verkleinert werden kann.

Estenuazione, die Entkräftung, die Verringerung (der Kräfte) pl. en; it. die Verdünnung, die Verminderung pl. en, die Magerkeit; it. das Geringmachen gen. s, die Verkleinerung (einer Sache).

Esteriore, sust. das Aeußerliche, das Auswendige, das äußere Ansehen eines Menschen, das äußerliche Wesen desselben.

Esteriore, ag. äußerlich, auswendig, andere.

Esteriorità, das Auswendige, das Aeußerliche gen. e pl. n.

Esteriormente, av. äußerlich, von außen.

Esterminare, verheeren v. ir. comp.,

vertilgen, austilgen v. r. comp.; per: esiliare, aus dem Lande jagen v. r., verbannen v. r. comp., verweisen v. ir. comp., ausrotten v. r. comp.

Esterminato, ag. e part. vertilget, ausgerottet; per: smisurato, übermäßig groß.

Esterminatore, ein Zerstörer, ein Vertilger, ein Verderber gen. s; l'angelo esterminatore, der Würgengel gen. s.

Esterminazione, die Verderbung, die Zerstörung, die Vertilgung, die Ausrottung pl. en.

Esterminio, das Verderben gen. s; it. esilio, die Landesverweisung, die Ausrottung pl. en.

Esternamente, av. äußerlich, von außen.

Esterno, ag. äußerlich, auswendig, it. auswärtig.

Estesamente, av. ausführlich, weitläuftig, mit vielen Worten.

Esteso, ag. e part. ausgedehnt, ausgebreitet.

Estimare, schätzen v. r., V. Stimare.

Estimativa, facoltà di stimare, die Urtheilungskraft.

Estimazione, die Schätzung, V. Stima.

Estimo, die Schätzung, eine Art von Auflage.

Estinguere, auslöschen, ablöschen v. ir. comp., austilgen v. r. comp.; per: abolire, aufheben v. ir. comp., abschaffen v. r. comp.; per: uccidere, tödten v. r.

Estinguibile, ag. auslöschlich, was leicht auszulöschen ist.

Estinguimento, das Auslöschen, V. Estinzione.

Estinguitore, der Austilger gen. s, der da auslöscht.

Estinto, part. ed ag. ausgelöscht, vertilget; fr. gli estinti, die Verstorbenen; linea estinta, eine abgestorbene Linie; lite estinta, der geendigte Proceß; debito estinto, eine getilgte Schuld.

Estinzione, die Auslöschung, die Vertilgung pl. en, das Auslöschen, das Ablöschen gen. s (eines Lichts ec.); per: abolizione, das Abschaffen gen. s, (einer Auflage).

Estirpamento, die Ausrottung, V. Estirpazione.

Estirpare, ausrotten, vertilgen v. r. comp.

Estirpatore, der Ausrotter, der Vertilger gen. s.

Estirpazione, die Ausrottung, die Vertilgung pl. en.

Estispicio, die Wahrsagung aus dem Eingeweide der Opferthiere.

Estivo, ag. giorni estivi, die Sommertage.

Estorsione, die Erpressung, die Abdringung, die Gewaltthätigkeit.

Estorto, part. ed ag. erpreßt, abgenöthiget, abgedrungen.

Estraneamente, av. äußerlich.

Estraneo, ag. ausländisch, fremd, V. Straniero.

Estraordinariamente ec., außerordentlich, V. Straordinariamente ec.

Estrarre, ausziehen v. ir. comp., einen Auszug machen v. r.

Estratto, sust. der Auszug gen. s, pl. (Auszüge).

Estratto, ag. e part. ausgezogen.

Estravagante, ausschweifend, V. Stravagante ec.

Estrazione, das Herausziehen, oder das Distilliren, (eines Krautes), das Wasserbrennen gen. s; per: schiatta, das Herkommen, das Geschlecht gen. s, der Stamm gen. es; l'estrazione del lotto, die Lotterieziehung.

Estremamente, av. sehr, über die maßen, ungemein viel, schrecklich, äußerst, im höchsten Grade.

Estremità, das Ende an einem Dinge, das Aeußerste gen. e pl. n, die äußersten Gränzen eines Orts; it. der äußerste Zustand, die äußerste Noth, das Elend gen. s.

Estremo, ag. äußerst, letzt, sehr groß, im höchsten Grade, heftig, gewaltsam; l'estremo giudizio, das jüngste Gericht; l'estremo bisogno, die äußerste Armuth; l'estremo addio, das letzte Lebewohl; ridurre uno all'estremo, einen auf das Aeußerste bringen; tutti gli estremi sono dannosi, alles Uebermaaß ist schädlich.

Estrinsecamente, av. äußerlich, von außen.

Estrinseco, ag. äußerlich, was sich äußerlich sehen läßt.

Estro, der poetische Geist gen. es, das Feuer gen. s, die Wuth, der hitzige Antrieb, der den Dichter im Dichten belebet.

Esinle, *fuss.* der Verschiedene der [illegible], der Verbannte *gen.* e, *pl.* n; *ag.* verstoßen, vertrieben, verbannt.
Esultante, *ag.* frohlockend, jauchzend.
Esultare, jauchzen *v. r.*, *f.* Giubilare.
Esultazione, eine große Freude, eine jauchzende, freudige Bewegung.

ET

Età, das Alter *gen.* s; uomo di età, ein bejahrter Mann; di grande età, sehr alt; di mezza età, in seinen besten Jahren; età cadente, abnehmendes Alter.
Etere, der höchste Himmel *gen.* s.
Eterno, *ag.* himmlisch, ätherisch.
Eternamente, *av.* ewiglich, immer, stets.
Eternare, verewigen *v. r. comp.*, unsterblich machen *v. r.*
Eternità, die Ewigkeit *pl.* en; per immortalità, die Unsterblichkeit *pl.* en.
Eterno, *ag.* ewig, stetswährend, immerwährend; in eterno, in Ewigkeit.
Eteroclito, fremdartig, ungewöhnlich, seltsam; *fust.* ein Sonderling *gen.* s.
Eterodosso, *ag.* falschgläubig, irrlehrig; *fust.* ein Falschgläubiger *gen.* s, *pl.* n.
Eterogeneo, *ag.* von ungleicher Gattung, von verschiedener Art.
Etica, die Sittenlehre; *per* [illegible], die Schwindsucht.
Etichetta, der Hofgebrauch *gen.* s; die Hofordnung.
Etiope, *fust.* [illegible], ein Schwarzer [illegible], einer der [illegible]; *ag.* [illegible].
Etimologia, die Wortforschung, der Ursprung, die Herleitung eines Wortes.
Etimologico, *ag.* was zur Herleitung der Wörter, zur Wortforschung gehört.

EV

Evacuante, *ag.* ausführend, abführend.
Evacuare, ausführen *v. r. comp.*, (durch Medicin) abführen, wegführen *v. r. comp.*, evacuare una Città ec., eine Stadt räumen *v. r.*
Evacuativo, *ag.* abführend.
Evacuazione, die Abführung (durch Arzneyen); *in guerra*, das Verlassen eines Orts, das Herausnehmen der Besatzung.
Evadere, entweichen *v. r. comp.*, entlaufen *v. ir. comp.*, [illegible] *v. r. comp.*
Evangelicamente, *av.* evangelischer Weise.
Evangelico, *ag.* evangelisch.
Evangelio, evangelo, das Evangelium.
Evangelista, ein Evangelist.
Evaporare, ausdämpfen *v. r. comp.*, *f.* Vaporare.
Eucaristia, das heilige Abendmahl *gen.* s.
Evento, il fine, der Ausgang *gen.* s, das Ende einer Geschichte; in ogni evento, auf alle Fälle, allenfalls.
Evidente, *ag.* deutlich, klar, offenbar, augenscheinlich.
Evidentemente, *av.* augenscheinlich, öffentlich, offenbarlich.
Evidenza, die Deutlichkeit, die klare Wahrheit, die [illegible] Offenbarkeit *pl.* en; der Augenschein *gen.* s; *av.* ad evidenza, klärlich, augenscheinlich.
Evirabile, *ag.* vermeidlich.
Evitare, vermeiden *v. ir. comp.*, meiden, fliehen *v. ir.*
Eunuco, ein Verschnittener *gen.* n.
Euro, der Ostwind *gen.* es, *pl.* e.

EZ

Eziandio, *av.* auch, ebenfalls.
Eziandiochè, *prep.* obschon, obgleich.

FA

FAbaria (erba), das Wurmkraut *gen.* s.
Fabbrica, der Bau *gen.* es, das Bauen, das Gebäude *gen.* s; *it.* die Aufführung eines Gebäudes, die Verfertigung eines Dinges; *it.* die Fabrike *pl.* n.
Fabbricare, bauen *v. r.*; *it.* verfertigen *v. r. comp.*, machen *v. r.*; fabbricar bugie, calunnie ec., Lügen, Verleumdungen erdenken, erdichten *v. r. comp.*, sich ausſinnen *v. rec. ir. comp.*
Fabbricatore, der etwas macht; *it.* der Werkmeister *gen.* s.
Fabbricazione, das Bauen *gen.* s; *it.* die Verfertigung einer Sache.

Fabbrile, ag. zur Baukunst gehörig; it. dem Schmied eigen; it. was zum Arbeiten gehört.

Fabbro, ein Handwerker gen. s; met. ein Urheber, ein Erfinder gen. s; esser fabbro della sua disgrazie, Schuld an seinem Unglücke seyn; sich sein Unglück selbst zuziehen.

Faccenda, das Werk gen. es, das Geschäfft gen. s, pl. e; die Verrichtung pl. en; aver molte faccende, viel zu thun haben.

Faccendiere, einer, der immer zu thun hat.

Faccenduola, das Geschäftchen gen. s, die kleine Verrichtung, die geringe Beschäfftigung.

Faccente, ag. arbeitsam, fleißig; it. machend.

Faccetta, eine kleine Fläche, oder Seite; it. ein Winkel eines geschnittenen, oder geschliffenen Dinges (als eines Edelsteins rc.)

Facchineria, eine schwere Arbeit; it. verächtliche, nichtswürdige Dinge, oder Händel; it. die Lumpereyen plur.

Facchino, ein Lastträger gen. s; it. ein geringer, verächtlicher, nichtswürdiger Kerl gen. s; un lavoro da facchino, eine plumpe Arbeit; faccia da facchino, ein Galgengesicht.

Faccia, das Gesicht, das Angesicht gen. s; it. das Ansehen gen. s; it. die Seite eines Dinges; in faccia di..., von vornen; it. in Gegenwart, ins Gesicht; uomo di due faccie, ein falscher Mensch; le cose mutano faccia, die Sachen ändern sich; a prima faccia, beym ersten Anblick; a faccia a faccia, nahe gegen einander über; non aver faccia, sich nicht unterstehen.

Facciata, die vorderste Seite eines Hauses rc.; it. die Seite eines Blatts in einem Buche.

Facciuola, die Seite eines Octav- oder Duodezblattes; it. das Gesichtchen.

Face, die Fackel pl. n; poet. V. Lume, Splendore.

Facella, eine kleine Fackel.

Faceto, ag. scherzhaft, lustig.

Facezia, der Scherz gen. es, pl. e; der lustige Einfall gen. s, pl. (Einfälle), lustige Possen, die spaßhafte Worte, oder Thaten.

Facile, ag. leicht; uno stile facile, eine deutliche, ungezwungene Schreibart; un uomo facile, ein gefälliger, zuvorkommender Mensch.

Facilità, die Leichtigkeit, die Leichte, das Leichtseyn, das ungezwungene Wesen gen. s; it. die geläufige Art im Schreiben.

Facilitare, erleichtern v. r. comp.; leicht machen v. r.; it. befördern v. r. comp.; facilitare il parto, die Geburt befördern, geschwinder beibringen v. r.

Facilmente, av. leicht, leichtlich.

Facinoroso, ag. lasterhaft, ruchlos, verrucht.

Facitore, ein Verfertiger gen. s; it. ein Arbeiter gen. s.

Facoltà, e facultà, die Kraft pl. (Kräfte), das Vermögen gen. s, die Gewalt, die Macht, die Vollmacht, die Erlaubniß; it. die Facultät; le facoltà dell' anima, die Kräfte der Seele.

Facoltoso, ag. begütert, reich, wohlhabend; it. der Vermögen hat.

Facondamente, av. beredt, beredter Weise.

Facondia, die Beredsamkeit, die Wohlredenheit pl. en.

Facondo, ag. beredsam, wohlredend, geschwätzig.

Faggio (albero), die Buche pl. n.

Fagiano, der Fasan gen. s, pl. en.

Fagiuolo, die welsche Bohne pl. n.

Fagotto, der Bund, das kleines Bündel gen. s; it. das Bündel, der Pack gen. s; per serio fremmere da fuora; eine Baßpfeife pl. n, das Fagott gen. s.

Falange, ein Heer von 8000 Fußknechten.

Falcastro, eine große Sichel pl. n; it. der Jägerspieß gen. es; it. die Stürmsense pl. n.

Falcato, ag. sichelförmig.

Falciatore, der Mäher, der Schnitter gen. s.

Falce, die Sense, die Sichel pl. n.

Falcetta, eine Handsichel pl. n.

Falciata, der Schnitt, den man beym Mähen auf einmal thut.

Falciatore, der Mäher, V. Falciatore.

Falcinello (uccello), der Krummschnabel gen. s.

Falco, e falcone, der Falke gen. n

pl. n.; *porre* [illegible], das Fal-kennetz *gen.* es, *pl.* e.

Falconeria, das Falkenhaus *gen.* es, *pl.* (Falkenhäuser); *it.* die Falkenja-gd *pl.* en.

Falconiere, der Falkenwärter, der Falkenmeister *gen.* s; *it.* der über die Falken gesetzt ist.

Falda, der Bug *gen.* es; die Falte, *pl.* en; la falda del cappello, die Hutkrempe *pl.* n; la falda della montagna, die abhängige Seite eines Berges; die Klippe *pl.* n; alla falda del monte, am Fuß des Berges; la falda del vestito, der Schoß am Kleide.

Faldella, eine kleine Falte; *it.* eine kleine Strähne Seide zum Aufwinden.

Faldiglia, der Reifrock *gen.* s, *pl.* (Reifröcke); *oggi* [illegible] guardinfante.

Falegname, der Zimmermann *gen.* es, *pl.* (Zimmerleute).

Falimbello (uccello), der einfältige Vogel; *fig.* ein leichtsinniger Mensch *gen.* en, *pl.* en.

Fallace, *ag.* betrüglich, falsch.

Fallacemente, *av.* betrüglicherweise.

Fallacia, der betrügliche Schluß *gen.* es; *it.* das falsche Argument in der Logik.

Fallare, fehlen, irren *v. r.*, verfehlen *v. r. comp.*, fehl gehen *v. ir.*; *it.* übertreten *v. ir. comp.*; mi fallò il colpo, ich habe fehl geschossen, oder geschlagen; io ho fallato a scrivere, ich habe fehl geschrieben.

Fallibile, *ag.* dem Irrthume unterworfen; trüglich.

Fallibilità, die Trüglichkeit *pl.* en; die Möglichkeit zu irren.

Fallimento, (*term. de mercanti*), das Falliren *gen.* s; per errore, fallo, der Fehler *gen.* s, der Irrthum *gen.* s, *pl.* (Irrthümer).

Fallire, (*term. de mercanti*), falliren *v. r.*; *it.* fehlen, irren *v. r.*, sich versehen *v. rec. ir. comp.*; *it.* fehlschlagen *v. ir. comp.*; mangeln *v. r.*, übertreten *v. ir. comp.*

Fallito, *ag. e parc.*, fallirt; *sost.* ein Fallirter *gen.* n.

Fallo, das Versehen, der Fehler, der Irrthum *gen.* s, *pl.* (Irrthümer); *it.* das Verbrechen, der Mangel *gen.* s; per mio fallo, durch mein Verschulden; senza fallo, unfehlbar, ganz gewiß.

Falò, das Lustfeuer, das Strohfeuer *gen.* s.

Falotico, *ag.* närrisch, wunderlich, seltsam; eigensinnig, phantastisch.

Falsamente, *av.* fälschlich.

Falsare, verfälschen, fälschlich nachmachen *v. r. comp.*; falsar la mano, eine falsche Handschrift nachmachen.

Falsario, der Verfälscher, der Betrüger *gen.* s.

Falsetto, der Diskant *gen.* es; *it.* eine schlechte Stimme.

Falsificamento, die Verfälschung *pl.* en.

Falsificatore, di [illegible], [illegible], ein Schriften [illegible] verfälscher *gen.* s.

Falsificare, verfälschen *v. r. comp.*, *V.* Falsare.

Falsificazione, die Verfälschung *pl.* en.

Falsità, die Falschheit *pl.* en; das Falsche *gen.* s; *it.* die Verfälschung *pl.* en.

Falso, *sost.* die Fälschung *gen.* s; das Falsum.

Falso, *ag.* ed *av.* falsch, erdichtet, unwahr, betrüglich; treulos.

Fama, das Gerücht *gen.* es; der Ruf *gen.* es; der gute Name.

Fame, der Hunger *gen.* s; *fig.* die Begierde; aver fame, hungrig seyn; patire la fame, hungern *v. r.*; morir di fame, verhungern *v. r. comp.*

Famelico, *ag.* hungrig; *fig.* begierig.

Famiglia, das Haus *gen.* es; das Geschlecht *gen.* s; der Stamm *gen.* es; *it.* die nächsten Blutsverwandten; die Familie; *pl.* gente di servizio, das Hausgesinde.

Famigliare, *sost.* ein vertrauter Freund *gen.* s, *pl.* e; *it.* per famiglio, ein Hausknecht *gen.* s, *pl.* e.

Famigliare, *ag.* vertraut, gemein, bekannt; *it.* leicht, angewöhnt.

Famigliarità, die Vertraulichkeit; die Gemeinschaft, bekannter Umgang *pl.* en.

Famigliarmente, *av.* vertraulich, freundschaftlich, gemein; auf eine ungezwungene Art.

Famiglio, der Hausknecht *gen.* s, *pl.* e.

Familiare *ec.*, vertraut, *V.* Famigliare *ec.*

Famosamente, *av.* auf eine berühmte Art.

Famoso, *ag.* berühmt; berüchtigt.

Fanale, die Wachtleuchte; die Schiffslaterne *pl.* n.

Fanatico, *ag.* schwärmerisch, fanatisch.

Fanatico, *sost.* der Schwärmer *gen.* s; ein Schwärmgeist *gen.* es, *pl.* er.

Fanatiker gen. s; it. der im Verstande verrückt ist; der sich Träume rc. einbildet, oder vermeint.

Fanatismo, die Schwärmeren pl. en; it. eingebildete Gesichter und göttliche Eingebungen.

Fanciulla, das Mädchen gen. s, die Jungfer pl. n; it. das unverheirathete Weibsbild gen. s, pl. er.

Fanciullaggine, die Kinderen pl. en; das kindische Wesen gen. s; die kindische Aufführung pl. en.

Fanciullescamente, av. kindisch, kindischer Weise, [illegible].

Fanciullesco, ag. kindisch, jung.

Fanciullezza, die Kindheit, die Jugend.

Fanciullo, das Kind gen. es, pl er; der kleine Knabe gen. en pl. n; der Jungesell gen. en pl. en; sin da fanciullo, von Kindheit an.

Fandonia, die Kinderen pl. en; die Possen; das leere Geschwätz gen. es; it. die Prahleren, die Aufschneideren pl. en; das Lügen gen. s.

Fanello (uccello), der Flachsfinke gen. en pl. n.

Fanfalla, e farfalla, der Schmetterling gen. s.

Fanfaluca der Narrenspossen, ma usasi per lo più in plurale, die Narrenspossen, das Märchen gen. s, eine kleine Lüge; it. die Lodenasche.

Fanfano, ein Prahler gen. s.

Fango, der Koth gen. s, der Schlamm gen. es; per: putridume, der Moder gen. s.

Fangoso, ag. kothig.

Fantaccino, ein Fußgänger gen. s, ein Soldat zu Fuß.

Fantasia, die Einbildungskraft, der Einfall gen. s, der Gedanke gen. e pl. n, die Meinung, die Phantasie; it. die närrische Einbildung; a vostra fantasia, nach eurem Belieben, nach eurem Gutdünken.

Fantasima } der Alp gen. s, das Gespenst
Fantasma } gen. es, pl. er, das Unding gen. s; it. ein Bild, das man sich im Sinne macht, eine Einbildung von etwas, das doch nicht wirklich ist; it. ein Schreckenbild gen. s, pl. er.

Fantasticaggine, die närrische Einbildung pl. en, der närrische Einfall gen. s, pl. (Einfälle); it. die Grille pl. n, der Widersinn, der Eigensinn gen. es.

Fantasticamente, av. närrisch, wunderlich, seltsamerweise, widersinnig, in der Einbildung.

Fantasticare, phantasiren, nach seinem Eigensinn etwas machen, seiner Einbildung folgen v. r.; it. nachsinnen v. ir. comp.; fantasticare col cervello, sich den Kopf zerbrechen v. ir. comp.

Fantasticatore, ein Phantast gen. en pl. n, einer, der nach seinem Eigensinne etwas macht, der seiner Einbildung folget.

Fantastico, ag. eingebildet, in bloßer Einbildung bestehend, das nur so scheint; it. ausschweifend, ganz sonderbar; un uomo fantastico, ein eigensinniger Mensch gen. en pl. en, ein Grillenfänger gen. s.

Fante, soldato, ein Fußgänger gen. s, ein Soldat zu Fuß; per: garzone, servo, der Knecht gen. s, pl. e, der Bediente gen. e pl. n; it. ein Knabe gen. en pl. n; sust. fem. eine Magd, eine Bauernmagd, V. Fantesca.

Fanteria, das Fußvolk gen. s, V. Infanteria.

Fantesca, eine Magd pl. (Mägde).

Fantoccio, ein kleines Kind gen. es, pl er; eine Puppe pl. n; it. ein alberner, ungeschickter Mensch gen. en pl. en.

Farda, der schleimichte, rotzige Speichel, oder Auswurf gen. s, pl. (Auswürfe).

Fardaggio, eine Last, etwas Beschwerliches; allerlen Plunder, Soldatengeräthe, Gepäcke rc.

Fardello, das Bündel gen. s, der Sack und Pack gen. es; far fardello, auf und davon gehen v. ir.

Fare, machen v. r., thun v. ir.; far fare, machen lassen v. ir.; fare il pazzo, sich närrisch stellen v. r.; questo fa per me, dieses ist mir eben recht; questo non fa per me, dieses taugt nichts für mich; poco fa, vor Kurzem, ohnlängst; gran tempo fa, schon vor langem; far la guerra, Krieg führen; fare il medico, einen Arzt abgeben; far compagnia, Gesellschaft leisten; far lume ad uno, einem leuchten; far la barba, barbiren; far carezze, liebkosen; buon pro vi faccia! wohl bekommt es euch? far palese, offenbaren; si fa giorno, es wird Tag; che tempo fa? was ists für Wetter? far crocere, weis machen; far le uova, die Eyer legen.

Faretra, il turcasso, der Köcher gen. s.

Farfalla, der Schmetterling gen. s.

Farina, das Mehl gen. s; fior di farina, das Kernmehl, Weitzmehl, Kraftmehl; questa non è farina sua, er ist nicht dazu gewachsen; dieses ist nicht seine Arbeit.

Farinacolo, ein Würfel, der nur eine Seite mit Augen hat.

Farinacciolo, ag. mehlicht, mürbe; campo farinacciolo, ein locker Erdreich gen. s.

Farinajuolo, der Mehlhändler gen. s; der Grützmann gen. es, pl. (Grützleute).

Farinata, ein Mehlbrey.

Farinello, ein Schelm gen. s, pl. e; ein böser Mensch gen. e pl. en.

Fariseo, ein Pharisäer gen. s; it. ein Heuchler gen. s; viso da Fariseo, ein widerwärtiges Gesicht.

Farmaceutico, ag. zur Apothekerkunst gehörig.

Farmacia, die Apothekerkunst.

Farmaco, das Arzneymittel, V. Medicina.

Farmacopea, die Apotheke pl. n; it. ein Buch, das von Zubereitung der Arzneymittel handelt.

Farneticare, unsinnig, sinnlos, rasend seyn v. aus. it. irrereden v. r. comp., phantasiren v. r.

Farneticazione, die Unsinnigkeit, die Rasereÿ pl. en der Wahnwitz gen. es.

Farnetico, ag. unsinnig, sinnlos, rasend; it. heftig, hitzig, als eine Begierde, so man nach etwas trägt.

Farnia, cerro, (albero), eine Eiche mit breiten Blättern.

Faro, eine Beleuchte; il Faro di Messina, die Meerenge von Messina.

Farragine, eine Menge, ein Haufen, (als Geschäfte, Arbeit etc.)

Farro, der Roggen gen. s; die Spelt.

Farsa, ein kleines Nachspiel gen. s.

Farsetto, das Wammes.

Farsi, sich lassen v. rec. ir.; it. werden v. aus., farsi dipingere, sich malen lassen; farsi soldato, Soldat werden; farsi innanzi, hervortreten v. ir. comp., farsi indietro, zurück treten v. ir. comp., farsi verso un luogo, sich nähern v. rec. r.

Fascia, eine Binde pl. n; die Windel pl. n; das Wickelband gen. s, pl. (Wickelbänder); dalle fascie, von der Kindheit an.

Fasciare, wickeln v. r., umwinden v. r. comp., fasciar ferite, verbinden v. ir. comp., fasciare un bambino, ein Kind wickeln.

Fasciatura, e. fasciata, das Wickeln gen. s; das Umwinden mit einer Binde; it. ein Wickelband gen. es.

Fascina, der Büschel Reiser; das Bündel Reisholz, das Reißbündel gen. s.

Fascinare, far fascine, Reißbündel machen v. r., affascinare, bezaubern v. r. comp.

Fascinata, eine Menge Reißbündel.

Fascinazione) die Bezauberung, V.
Fascino) Malia.

Fascio, di paglia, di fieno etc., der Bund gen. s, (Stroh, Heu etc.); un fascio di spighe, eine Garbe; it. un fascio di scritture, ein Haufen Schriften.

Fastello, ein Gebund (Heu, Stroh, Holz etc.)

Fastidio, der Verdruß gen. es; die Verdrießlichkeit pl. en; it. der Unwille gen. ns, pl. n; der Zorn gen. s; it. die Unruhe pl. n; die Mühe; it. der Widerwille, die Unlust, das Grauen gen. s; it. die Beschwerlichkeit pl. en; it. der Ekel gen. s; prendersi fastidio, sich die Mühe geben; Sorge tragen.

Fastidiosamente, av. verdrießlicher Weise.

Fastidioso, ag. verdrießlich, beschwerlich, ekelhaft, verdrießlich: it. sust. ein Mensch, den man nicht wohl leiden kann, bey dem einem Zeit und Weile lang wird.

Fastidire, verdrießen v. ir. comp., ärgern v. r.; it. verdrießlich, beschwerlich seyn, oder fallen v. ir., Ekel für etwas haben, Ekel verursachen v. r. comp.

Fastigio, der Gipfel gen. s, das Höchste eines Dinges.

Fasto, der Stolz gen. es, die Hoffart, die Pracht; it. die hochtrabende Art zu reden oder zu schreiben.

Fastosamente, av. stolzer Weise, hoffärtig, hochmüthig, übermüthig.

Fatato, ag. bezaubert, ausgeschlafen, [illegible].

Fata, Maga, eine Zauberin, eine Wahrsagerin pl. en.

Fatale, ag. unglücklich; it. unvermeidlich; mal colpo fatale, eine verwünschte Sache; un colpo fatale, ein tödlicher Streich gen. s, pl. e.

Fatalità, das unvermeidliche Unglück, das göttliche Verhängniß gen. es.

Fatalmente, av. unglücklicher Weise, verhängter Weise.

Fatazione, die Bezauberung, die Behexung pl. en.

Fatica, die Mühe, die Arbeit; it. die Beschwerlichkeit pl. en; a gran fatica, mit genauer Noth; a fatica, mühsamer Weise, kaum; durar fatica, viele Mühe brauchen v. r. comp.

Faticare, ermüden, abmatten v. r. comp., müde machen v. r.; it. beschwerlich seyn.

Faticarsi, sich bemühen, sich befleißen v. rec. r. comp., saure Arbeit verrichten v. r. comp., V. Affaticarsi.

Faticherole, e faticoso, ag. arbeitsam, unermüdet.

Faticosamente, av. mühsam, beschwerlich, mit vieler Mühe, mühsamerweise.

Faticoso, ag. mühsam, schwer, abmattend; it. arbeitsam, unermüdet.

Fatidico, indovino, sust. ein Wahrsager gen. s; ag. wahrsagend, prophezeyend.

Fato, das Geschick, das Gottes Verhängniß gen. es, das Schicksal gen. s, die unauflösliche Bestimmung.

Fatta, specie, foggia, die Art, die Gattung pl. en; it. die Arbeit.

Fattamente, av. dermaßen, so, also, dergestalt, wirklich, in der That; ei fattamente, auf solche Art.

Fattezza, der Zug gen. es, pl. e, die Bildung, die angenehme Miene eines Menschen, das äußerliche Ansehen gen. s, die Gestalt pl. en; it. die Art, die Gattung.

Fattibile, ag. thunlich, möglich.

Fatticcio, ben complesso, ag. stark von Gliedern, untersetzt; it. durch Kunst gemacht, V. Fittizio.

Fattivo, ag. künstlich, durch Kunst.

Fatto, part. da fare, gemacht, gethan, vollendet.

Fatto, sust. die That pl. en, das Geschäft pl. e, die Verrichtung pl. en; non mi fido gran fatto, ich traue nicht viel; sul fatto, auf der Stelle; di fatto, in der That, wirklich, gewiß; in fatti, allerdings; un fatto d'arme, eine Schlacht; non venire [illegible] fatto, ein wohl ausgeführter Streich; andare pe fatti suoi, seines Weges gehen v. n.

Fattore, Creatore, der Schöpfer gen. s; it. der Factor, der Verwalter gen. s.

Fattoria, das Kaufmannsgewölbe gen. s, pl. e; it. eine Factorey pl. en; it. das Amt des Verwalters.

Fattosta, av. darauf kommt es an, die Sache ist so; das wichtigste ist, [illegible]

Fattucchiera, eine Zauberin pl. en, eine Hexe pl. n.

Fattucchieria, die Zauberey, die Hexerey, die Bezauberung pl. en.

Fattura, die Arbeit, die Verfertigung pl. en; it. pagare la fattura, den Macherlohn bezahlen; term. merc., das Verzeichniß der Waaren.

Fatturare, zaubern v. r., verfälschen v. r. comp.; fatturare il vino, den Wein anmachen v. r. comp.

Fatturato, part. bezaubert, verfälscht; vino fatturato, angemachter Wein.

Fatuità, die Narrheit, die Thorheit pl. en.

Fatuo, ag. närrisch, thöricht.

Fava, die Bohne pl. n; sgranare le fave, die Bohnen abschälen.

Favata, das Bohnengericht gen. s, pl. e.

Fauci, fem. e pl. der Rachen, der Schlund gen. s, pl. (Schlünde).

Favella, die Sprache pl. n, das Reden, das Sprechen gen. s, die Mundart pl. en; it. per colloquio, das Gespräch gen. s, pl. e, die Unterredung pl. en.

Favellante, ag. sprechend, redend.

Favellare, sprechen v. ir., reden v. r.; favellar mozzo, gebrochen reden, im Reden stocken v. r.

Favellatore, der Sprecher, der Redner gen. s.

Favilla, die Lohenasche, die glimmende Asche; it. der Feuerfunke gen. n pl. n.

Favillare, funkeln, schimmern v. r.

Fauno, ein Waldgott bey den Heyden.

Favo, der Honig und Wachskuchen

in den [illegible], der [illegible] *gen.* es.

Favola, eine Fabel *pl.* en; das Gedicht *gen.* s, *pl.* e; die Erdichtung *pl.* en; das Mährchen *gen.* s; *it.* eine Unwahrheit *pl.* en; eine Lüge *pl.* n; ein Geschwätz *gen.* es; ein Geplauder *gen.* s.

Favoleggiare, Fabeln erzählen *v. r. comp.*, dichten *v. r.*, Lügen erdenken *v. irr. comp.*

Favoleggiatore, ein Fabeldichter, ein Erdichter, ein Plauderer *gen.* s.

Favolosamente, *av.* fabelhafterweise, erdichtet.

Favoloso, *ag.* fabelhaft, erdichtet.

Favonio, der laue Westwind, der Abendwind *gen.* es.

Favore, die Gunst; die Gewogenheit; *it.* die Liebe, die Freundschaft, die Gnade, die Höflichkeit *pl.* en; der Beyfall *gen.* s, die Wohlthat, die Gefälligkeit *pl.* en; in mio favore, zu meinem Besten.

Favoreggiare, begünstigen *v. r. comp.*, *V.* Favorire.

Favorevole, *ag.* günstig, gnädig, geneigt; *it.* vortheilhaft.

Favorevolmente, *av.* geneigterweise, auf eine liebreiche Art, auf eine günstige Weise.

Favorire, begünstigen *v. r. comp.*, Gunst erweisen *v. irr. comp.*, günstig seyn *v. aus.*; i parte [illegible], helfen *v. irr.*, beystehen *v. irr. comp.*; favorisca, seyn Sie so gütig.

Favorito, *sust.* ein Günstling, ein Liebling *gen.* s; *it.* der Liebling, die [illegible].

Faustamente, *av.* glücklich, günstig, glücklicherweise, auf eine glückliche Art.

Fausto, *ag.* glücklich, glückselig, gesegnet, *V.* Felice.

Fautore, der Gönner, der Beförderer *gen.* s.

Fazione, eine zwistige Parten *pl.* en; eine Rotte, die man wider den Staat macht; eine Bunden, so sich wider die andere zusammen thut; *it.* eine That, eine Schlacht, ein Treffen, ein Kampf; *it.* sollevazione, ein Aufruhr *gen.* s.

Fazioso, *ag.* rotterisch, aufrührerisch.

Fazzoletto, da naso, das Schnupftuch; da collo, das Halstuch *gen.* s, *pl.* (tücher).

pl. die Treue, der Glaube, *V.* Fede.

Febeo, *ag.* sonnlich.

Febbrajo, der Hornung *gen.* s, Februar.

Febbre, das Fieber *gen.* s; quotidiana, das alltägige Fieber; terzana, das dreytägige Fieber; quartana, das viertägige Fieber; maligna, das hitzige Fieber; putrida, das faulende Fieber; [illegible], das [illegible] Fieber; l'accessione della febbre, der Anfall des Fiebers.

Febbricitante, *sust.* ed *ag.* der das Fieber krank ist.

Febbricitare, am Fieber krank seyn, das Fieber haben *v. aus.*

Febbricoso, *ag.* fieberhaft, mit dem Fieber behaftet, am Fieber krank.

Febbrifugo, *ag.* was das Fieber vertreibt.

Febrile, *ag.* fieberhaft, fieberisch, vom Fieber.

Feccia, die Hefen, der Bodensatz; *it.* immondizia, der Unflat; la feccia del popolo, das gemeine Volk *gen.* es; der Abschaum des Pöbels.

Feccioso, *ag.* das Hefen hat; unflätig.

Fecondamente, *av.* fruchtbarlich, reichlich, überflüssig, einträglich.

Fecondante, *ag.* fruchtbar machend, befruchtend.

Fecondare, fruchtbar machen *v. r.*, *it.* befruchten; met. fecondare di grazie, reichlich mit Gnaden begaben *v. r. comp.*

Fecondazione, die Fruchtbarkeit; *it.* das Wachsthum.

Fecondevole, *ag.* fruchtbar.

Fecondità, die Fruchtbarkeit.

Fecondo, *ag.* fruchtbar; *it.* reichlich, überflüssig.

Fede, der Glaube *gen.* ns, der Glauben *gen.* s, *pl.* (Glauben); die Zuversicht, das Vertrauen *gen.* s; per promessa, das Wort, das Versprechen; far fede, bezeugen, bekräftigen *v. r. comp.*; dar fede, Glauben beymessen *v. irr. comp.*; rinegar la sua fede, seine Religion ändern *v. r.*; uomo senza fede, ein treuloser Mann; sulla mia fede, auf mein Wort, bey meiner Treue.

Fedecommessario, der Erbe eines Fideicommisses, *V.* Fidecommissario.

Fedecommesso, der Fideicommiß *gen.* sses.

Fedecommettere, einem ein Fideicommiß vermachen *v. r. comp.*

Fededegno, *sust.* ein glaubwürdiger Mann; *ag.* glaubwürdig.

Fedele, *ag.* getreu, aufrichtig, gläubig, wahrhaftig; i fedeli, die Christen, die Gläubigen; *s. f.* ein getreuer Freund *gen.* es, *pl.* e.

Fedelmente, *av.* getreulich, treulich, aufrichtig.

Fedeltà, die Treue, die Aufrichtigkeit.

Fegatello, das kleine Leber-Stückchen, entweder gebraten, oder ungebraten; *it.* die Leber vom kleinen Viehe.

Fegato, die Leber.

Fegatoso, der eine Leberkrankheit hat.

Felce (*erba*), das Farrenkraut *gen.* s.

Felice, *ag.* glücklich, glückselig, beglückt; *it.* selig; mio Padre di felice memoria, mein Vater seligen Andenkens.

Felicemente, glücklich, mit Glücke.

Felicità, die Glückseligkeit *pl.* en, das Glück *gen.* s, die Wohlfahrt.

Felicitare, Glück wünschen *v. r.* cioè augurare felicità; *per* rendere felice, glücklich machen *v. r.*

Fello, malvaggio, *ag.* untreu, verrätherisch; *it.* boshaft, treulos, grimmig, grausam.

Fellone, ein Treulose, ein Verräther, ein Meineidiger; ein grausamer, gewaltiger, grimmiger Mensch.

Fellonescamente, *av.* boshafter, treuloser, gottloser Weise, verrätherischer, untreuer, grausamer Weise.

Fellonesco, *ag.* grausam, *V.* Fello.

Fellonia, die Untreue eines Lehnmannes; der Eidbruch desselben; *it.* crudeltà, die Grausamkeit, die Unbarmherzigkeit *pl.* en.

Felpa, die Felpe, der Plüschsammet *gen.* s; *it.* eine gewisse Art von Plüsch.

Feltrare, mit Filz füttern, filtriren *v. r.*, durchseihen, zu einem Filz zusammenstampfen *v. r. comp.*

Feltro, der Filz *gen.* es.

Feluca, ein kleines Geschiff von sechs Rudern, unbedeckt; eine Felucke.

Femmina, das Weib *gen.* es, *pl.* er, die Weibsperson *pl.* en; la femmina, le femmine, *cioè:* il bel sesso, das Frauenzimmer *gen.* s; una femmina maritata, ein Eheweib *gen.* es; femminina, *ag.* weiblichen Geschlechts.

Femminescamente, *av.* weiblicher Weise.

Femminesco, *ag.* weibisch, unzüchtig, den Weibern ergeben.

Femminile, *ag.* dem weiblichen Geschlecht eigen, *V.* Femminino.

Femminilmente, *av.* weibisch, *V.* Femminescamente.

Femminino, *ag.* weiblichen Geschlechts, weiblich, weibisch.

Fendente, *ag.* spaltend; *sust.* ein Hieb *gen.* s, ein Spalt *gen.* es.

Fendere, zerspalten *v. r. comp.*, spalten *v. r.*, aufreißen *v. ir. comp.*, entzweihauen *v. r. comp.*, Risse bekommen *v. ir. comp.*; fendere le legna, Holz machen, spalten *v. r.*; fendere la terra, l'onda, etwas durchkreuzen, fendere il campo, brachen *v. r.*

Fendersi, zerspringen *v. ir. c. imp.*, sich spalten *v. r. r.*; *it.* aufspringen *v. ir. comp.*, reißen *v. ir.*

Fendimento, fenditura, eine Spalte, *V.* Fessura.

Fenice, der erdichtete Vogel Phönix; *met.* etwas seltenes.

Fenile, der Heuboden *gen.* s.

Fenomeno, eine Lufterscheinung *pl.* en; *met.* etwas seltsames.

Ferace, *ag.* fruchtbar, *V.* Fertile.

Ferale, *ag.* tödtlich; *sust.* die Schifflaterne, *V.* Fanale.

Feralmente, *ag.* tödtlich, grausam, *V.* Fieramente.

Feretro, die Todtenbahre *pl.* n; per barella, die Tragbahre, *V.* Bara.

Feria, ein Feyertag *gen.* s, *pl.* e, ein Fest, *it.* ein Wochentag; feria seconda, Montag; feria terza, Dienstag *u. s. w.*; *pl.* le ferie, die Ferien.

Feriale, *ag.* alltäglich, werktäglich; abito feriale, alltägliches Kleid; giorni feriali, Festtage, Werktage, Werkeltage.

Ferialmente, *av.* feyerlich, alltäglich, nach gemeiner Art, schlecht weg.

Feriato, *ag.* gefeyert, festlich; di feriato, feyernd.

Ferimento, das Verwunden *gen.* s, die Verwundung *pl.* en; *it.* ein Schlag, ein Hieb, wodurch eine Wunde entstanden.

Ferino, *ag.* thierisch, viehisch.

Ferire, verwunden *v. r. comp.*; *it.* percuotere, schlagen *v. ir.*, ferire di punta, stechen *v. ir.*, di taglio, hauen *v. ir.*; *met.* verletzen *v. r.*

Ferita, die Wunde *pl.* n.

Feudo, [illegible] der Unterthan [illegible] ein [illegible] gen. m.

Fenogreco, der [illegible] gen. m., die [illegible] pl. n., die [illegible] zum [illegible] pl. n.

[illegible], [illegible] un-[illegible]

Feroce, [illegible]

Fermare, [illegible] mit [illegible] [illegible] [illegible] [illegible]

Fermentazione, [illegible]

Fermento, [illegible]

Fermezza, die Beständigkeit, die Festigkeit [illegible]

Fermo, [illegible] [illegible] [illegible] [illegible] [illegible]

Feroce, [illegible]

Ferocia, [illegible] die [illegible]

Ferraio, ein Schmied [illegible] gen. [illegible]

Ferraiuolo, das [illegible] das [illegible] gen. [illegible]

[illegible] die [illegible] [illegible] [illegible]

Ferrare, mit Eisen beschlagen [illegible]

Ferrata, das eiserne Gitter gen. [illegible]

Ferreo, [illegible] [illegible]

Ferriera, der Eisenhammer, die [illegible] [illegible]

Ferro, [illegible]

Ferrovecchio, [illegible]

Ferruginoso, [illegible]

Fertile, fruchtbar [illegible]

Fertilità, die Fruchtbarkeit [illegible]

Fervente, [illegible] reichlich [illegible]

Fervere, [illegible]

Fervidamente, [illegible]

Fervido, [illegible] V. Fervente.

Fervore, die Hitze, der Eifer gen. [illegible] die Inbrunst [illegible]

Ferza, die Ruthe, die Geissel pl. n. [illegible]

Fessa, [illegible]

Fessura, die Spaltung [illegible] die Spalte pl. n. [illegible]

Festa, das Fest gen. [illegible] der Feiertag

gen. s, pl. e; it. ein Festtag, die Feste, feyern v. r.; la festa del nome, der Namenstag.

Festevole, festeggevolmente av., freudig, fröhlich, V. Festevole, Festevolmente av.

Festeggiamento, o festeggio, die Festlichkeit pl. en, das feyerliche Gepränge gen. es, pl. e.

Festeggiare, far feste, giuochi, spettacoli, feyern v. r., feyerlich begehen v. ir. comp., it. öffentliche Lustbarkeiten anstellen v. r. comp.

Festevole, ag. freudig, frohlockend, fröhlich, lustig.

Festevolmente, av. freudig, frohlockend, fröhlich, lustig.

Festino, eine große Mahlzeit pl. en, eine Gasterey, das Bankett, der Ball gen. s.

Festivamente, av. feyerlich, festlich.

Festivo, ag. feyerlich, festlich, fröhlich; [illegible], das Feyerliche.

Festosamente, av. feyerlich, festlich.

Festoso, ag. freudig, fröhlich, vergnügt.

Festuca, o festuco, der Splitter gen. s (Holz, Stroh rc.), der Sprößling gen. s; [illegible], der Keim gen. s, pl. e.

Fetente, ag. stinkend.

Fetidamente, av. [illegible].

Fetido, ag. stinkend, [illegible], [illegible], der [illegible] gen. s.

Feto, die Frucht im Mutterleibe.

Fetore, der Gestank gen. s.

Fetta, eine Schnitte pl. n; it. ein Stück von etwas; una fetta di pane, ein Stück Brodte; una fetta di presciutto, ein Schnittchen Schinken.

Fettolina, fettuccia, dim. ein Stückchen, ein Schnittchen gen. s (von etwas).

Feudale, ag. was zum Lehen gehört; il diritto feudale, das Lehnrecht gen. s.

Feudalità, die Lehnbarkeit pl. en.

Feudatario, sost. der Lehnmann gen. es, pl. (Lehnsmänner, Lehnleute); it. der ein Lehn empfangen hat.

Feudo, das Lehn, das Lehen, das Lehngut gen. s, pl. (Lehngüter).

F I

Fiaccamente, av. matt, schläfrig, schwächlich.

Fiaccamento, o fiaccatura, das Zerbrechen, das Zerreißen, das Zerspalten, das Zerschmettern gen. s.

Fiaccare, ammaccare, zerbrechen v. ir. comp.; it. [illegible] v. r.; [illegible] v. r.; zerschmettern v. r. comp.; fiaccare il collo, über Hals und Kopf, [illegible]; fiaccarsi v. r. comp.; fiaccarsi l'osso del collo, den Hals brechen v. ir.

Fiacchezza, die Schwachheit, die Kraftlosigkeit, die Müdigkeit, die Mattigkeit pl. en.

Fiacco, avvilito, [illegible], das [illegible] gen. s, die [illegible], die Verwüstung pl. en, die [illegible].

Fiacco, ag. schwach, matt, müde, kraftlos.

Fiaccola, die Fackel pl. n.

Fiamma, die Flamme pl. n; it. ein helles Feuer gen. s; [illegible], die [illegible], die [illegible] Begierde; it. die [illegible] Gesichts; frappa e fiamma, der gesammte Zeug.

Fiammante, ag. flammend; it. brennend, hellleuchtend, glänzend, funkelnd.

Fiammeggiante, ag. funkelnd, schimmernd.

Fiammeggiare, flammen, oder Feuer auswerfen, ausstoßen v. ir. comp., [illegible] v. r. comp.; it. schimmern, leuchten, glänzen, funkeln v. r.

Fiammifero, ag. brennend, flammend, feuergebend.

Fiancare, der Seite beikommen v. r. comp., oder sonst einem Dinge etwas an die Seite setzen, legen, stellen, [illegible] v. r.

Fiancata, der Seitenstoß gen. es, pl. (Seitenstöße); it. der Stoß an die Seite der Pferde.

Fiancheggiare, an die Seite anlehnen v. r. comp., zur Seite seyn v. [illegible] v. ir.; V. Fiancare.

Fianco, die Seite, die Lende pl. n; vornehmlich die Dünne, oder Weiche in der Seite, unter den Rippen an Menschen und Thieren; it. [illegible], die Flanke pl. n.

Fiasca) die Flasche pl. n, mit einer
Fiasco) Schraube.

Fiata (una), einmal, als Lazo, [illegible] [illegible] lange Zeit, eine lange Weile; [illegible], [illegible].

M.

[illegible], das [illegible] halten gen. [illegible]

[illegible]

[illegible], der [illegible] [illegible]

[illegible]

[illegible]

[illegible]

[illegible]

[illegible]

[illegible]

[illegible]

[illegible]

[illegible], das [illegible] [illegible]

[illegible]

[illegible]

[illegible] Gewissen [illegible], [illegible] berührt.

[illegible]

[illegible] die Erbe, [illegible]

Fideicommissum, [illegible] Erbschaft, [illegible] wieder zurück [illegible]

[illegible]

[illegible]

[illegible], die Stelle, [illegible]

[illegible]

[illegible]

[illegible]

[illegible]

[illegible]

[illegible]

Figliuolanza, die Kindschaft, V. Adozione.

Figliuolo, figliuolo, der Sohn gen. m; [illegible] das Kind gen. co, [illegible] ein unehelicher Sohn.

Figliuola, die Tochter [illegible] gehoben hat.

Fignolo, die Eiterblase gen. [illegible] ein Knötchen, das man auf der Haut [illegible] hat.

Figura, die Figur. V. Figlia.

Figliuolanza, [illegible] die Kinder und junge Familie.

Figliuolo, der Sohn. V. Figlio.

Figlio, das Geschwür gen. [illegible]

Figura, die Gestalt, Gestalt, [illegible] Bildniß, [illegible] der Ausdruck gen. [illegible] die Abbildung, die Vorstellung, [illegible] das Bild gen. [illegible] Gemälde oder künstliche Arbeit; [illegible] ein ansehnlicher Mann gen. [illegible] eine Bedeutung [illegible] ein Figur, Staat machen.

Figurare, [illegible] die Figur, Figuren machen [illegible] vorstellen [illegible]

Figurarsi, sich einbilden, sich vorstellen [illegible] glauben [illegible]

Figuratamente, figuratamente, [illegible] auf eine [illegible] Art, auf eine [illegible] Weise, [illegible]

Figurativo, [illegible] verblümt, mystisch.

Figurato, [illegible] die Figuren [illegible] il canto figurato, die Figuralmusik, [illegible] figurato, ein [illegible]

Figurazione, die Bildung. V. Figura.

Fila, die Reihe [illegible] das Glied gen. [illegible] von Soldaten.

Filaccia, [illegible] die Fäserchen, so von etwas [illegible] verschliffen [illegible]

Filamento, das Gespinnst [illegible] delle radici, [illegible] der Wurzeln.

Filandra (in erba), ein langer und dünner Wurm, welcher [illegible] die Falken [illegible] sind.

Filare, spinnen, Fäden machen [illegible] die Räder und [illegible] mit dem [illegible] Gewinn, [illegible]

Filare, [illegible] eine Reihe von Häusern, Bäumen [illegible] in gerader Linie gesetzt.

Filastrocca, ein langes, [illegible] Geschwätz [illegible]

Filato, [illegible] die Faden, gesponnenes, das [illegible]

Filatojo, Werkzeug zu Faden, die Spinnmühle gen. [illegible] das Spinnrad [illegible] die Seidenmühle [illegible]

Filatore, der Spinner gen. [illegible]

Filatura, das Spinnen gen. [illegible] das Spinnen [illegible]

Filetto, ein kleiner, dünner Faden [illegible] ein Glied oder Band zum [illegible] die Zungenband [illegible] die Zierrathen aus Metall, Marmor [illegible] il filetto della lingua, das Zungenbändchen gen. [illegible]

Filiale, [illegible] kindlich. V. Figliale.

Filigrana, der Putz [illegible]

Filo, der Faden, das Garn, der Draht [illegible] filo di ferro, der Eisendraht [illegible] filo di oro, der Golddraht [illegible] filo di ferro, der Eisendraht gen. [illegible] un filo di perle, eine Schnur Perlen [illegible] filo della schiena [illegible] das Rückgrat [illegible] über die [illegible] laufen lassen.

Filologia, die Wissenschaft [illegible] in allerley Wissenschaften und [illegible]

Filologo, ein Gelehrter [illegible] Sprach-[illegible]

Filomela, [illegible] die Nachtigall, V. Rosignuolo.

Filone, [illegible]

Filosofia, [illegible]

Filosofo, ein Weltweiser [illegible] der die Weltweisheit [illegible]

Filosofare, von der [illegible]

[illegible] unterscheiden [illegible] v. r. comp. [illegible] Meinung [illegible]

Fil[illegible], die [illegible] Weisheit [illegible]

Filosofamento [illegible]

Filosofico, [illegible] philosophisch [illegible]

Filosofo, der Weltweise [illegible] gen. [illegible] pl. [illegible] Mensch gen. [illegible] pl. [illegible]

Filtrare, [illegible] v. r. comp. [illegible]

Filo, der [illegible]

[illegible]

Fine, [illegible]

[illegible]

Finanze, [illegible]

[illegible]

Finestra, [illegible]

[illegible]

Finire, [illegible]

Fino, [illegible]

[illegible]

Fiutante, ag. anriechend, beriechend, beschnoppernd.

Fiutare, anriechen, beriechen v. tr. comp., beschnoppern v. r. comp.

Fiuto, der Geruch, das Beriechen gen. s; per: fiuto, die Fährte pl. n.

F L

Flagellante, ag. der sich geißelt, peitscht.

Flagellare, peitschen, geißeln v. r.

Flagellatore, der Geißler gen. s; it. ein Geißelbruder gen. s.

Flagellazione, die Geißelung pl. en, das Geißeln, das Peitschen gen. s; la flagellazione di Gesù Cristo, die Geißelung Christi.

Flagello, flagello, die Geißel, die Ruthe pl. n; per mio flagello, zu meiner Strafe; av. a flagello, bis zum Uebermaße.

Flanella, der Flanell gen. s.

Flato, die Blähung pl. en, ein verschlossener Wind im Leibe.

Flatuosità, pl. die Blähung, die Winde im Leibe.

Flatuoso, ag. mit Blähung geneigt, was Blähungen verursachet.

Flauto, die Flöte pl. n; flauto traverso, die Querpfeife pl. n; sonar di flauto, auf der Flöte blasen v. ir.

Flebile, ag. kläglich, jämmerlich, zu beweinen.

Flebilmente, av. erbärmlich, kläglich.

Flebotomare, volgarmente cavar sangue, zur Ader lassen v. ir.

Flebotomia, das Aderlassen gen. s.

Flemma, ein zäher Schleim, ein ausgeworfener Schleim gen. s; it. das Wasser oder die sehr Feuchtigkeit im menschlichen Leibe; it. die wässerichte Feuchtigkeit im Destilliren; it. ein gelassenes, friedliches Wesen gen. s; per: indifferenza, lentezza, e simili, die Gleichgültigkeit, Trägheit, Langsamkeit.

Flemmaticità, die Eigenschaft und Natur des zähen Schleims; it. die Trägheit.

Flemmatico, ag. schleimiger Natur, flüssig, voll zäher Feuchtigkeit; per: pigro, träge, langsam, phlegmatisch; sost. ein Phlegmatikus.

Flessibile, ag. biegsam, geschmeidig; ag. nachgiebig; it. willfährig.

Flessibilità, [illegible] die Biegsamkeit, die [illegible] die Ergebenheit, die [illegible] pl. [illegible]

Floscio, [illegible] [illegible] das [illegible] [illegible] ist, S. Pierito.

Floricato, [illegible] blumenreich, voller Blumen, was Blumen trägt.

Fluidamente, [illegible] fließender weise, [illegible] [illegible] weich, zart.

Fluido, [illegible] [illegible] [illegible] flüssig, gelinde.

Flotta, [illegible] [illegible] pl. [illegible] ein [illegible]

Flutteraz [illegible] } die Flüssigkeit, (als [illegible] Dinge, oder [illegible] [illegible] [illegible] [illegible] Sachen, auf eine Pilgerschaft von sehr [illegible] [illegible] reden.)

Flussio, [illegible] [illegible], die Flüssigkeit, [illegible] [illegible] die flüssigen Theile im menschlichen Körper [illegible] [illegible] [illegible] Luft, Wasser, [illegible] [illegible] [illegible] [illegible] Reden.

Flussile [illegible] fließend.

Flussione [illegible] [illegible] [illegible] [illegible] [illegible] [illegible] [illegible] der [illegible]

Flusso, die Flut, oder das [illegible] der See nach der Ebbe [illegible] [illegible] [illegible] [illegible] [illegible] [illegible] der [illegible] Durchfall [illegible] [illegible] [illegible] der [illegible] [illegible] das [illegible] [illegible] [illegible] [illegible] [illegible] die rothe Ruhr [illegible] [illegible] [illegible] [illegible] [illegible] [illegible]

Flutto, eine Welle des Wassers, eine Flut, die Flut nach der Ebbe.

Fluttuamento, der Wellenmann, der Wellen [illegible] [illegible] [illegible] [illegible]

Fluttuante, [illegible] auf den Wellen schwimmend [illegible] [illegible] [illegible] unentschlüssig.

Fluttuazione, die Bewegung der Wellen, S. Fluttuamento.

Fluttuoso, [illegible] wellenschwanz, wellenschlagend, das [illegible] [illegible] [illegible] [illegible] der [illegible] nicht [illegible] [illegible]

F O

Foca, (animal mar.) [illegible] das Meerkalb, [illegible] [illegible] [illegible] [illegible]

Focaccia, der Kuchen, der [illegible] [illegible] [illegible] [illegible] [illegible] [illegible] [illegible] [illegible] [illegible] mit gleichen [illegible]

Focaccia, [illegible] [illegible] [illegible] [illegible] [illegible] [illegible] [illegible] [illegible] [illegible] [illegible] pl. [illegible]

Foce, der Rachen [illegible] der [illegible] [illegible] [illegible] [illegible] [illegible] [illegible] der Ausfluß eines Flusses [illegible] eine [illegible] Oeffnung.

Focile, das Feuerzeug, der [illegible] [illegible] [illegible] [illegible] [illegible] die [illegible] pl. [illegible] [illegible] [illegible] [illegible] [illegible] [illegible] [illegible] [illegible] [illegible] [illegible] [illegible]

Focolare, der Feuerherd [illegible] [illegible] pl. [illegible] die Feuerstätte pl. [illegible]

Focone, ein großer Feuer [illegible] [illegible] [illegible] [illegible] [illegible] [illegible]

Focosamente, [illegible] [illegible] [illegible] [illegible] [illegible] [illegible]

Focoso, [illegible] [illegible] [illegible] [illegible] [illegible] [illegible] [illegible]

Fodera, das Futter, das [illegible] [illegible]

Foderare, füttern [illegible] [illegible] [illegible] [illegible] ein Futter [illegible] [illegible] [illegible] [illegible]

Foderatura, das [illegible] [illegible] der [illegible] [illegible] [illegible] die Fütterung eines Kleides.

Fodero, [illegible] [illegible] [illegible] [illegible] die [illegible] [illegible] [illegible] [illegible] [illegible] [illegible] [illegible] [illegible] [illegible] [illegible] [illegible] das Futteral [illegible]

Foga, [illegible] [illegible] [illegible] die [illegible] [illegible] [illegible] die [illegible] [illegible] [illegible] die heftige [illegible] [illegible] [illegible] die [illegible] [illegible]

Foggia, [illegible] die Art, die Manier, die Weise, die Mode, die [illegible] [illegible] [illegible] [illegible] [illegible] [illegible] [illegible] nach Weise [illegible]

Foglia, das Blatt pl. [illegible] [illegible] [illegible] [illegible] [illegible] [illegible] [illegible] ein [illegible] [illegible] [illegible] [illegible] [illegible] [illegible] [illegible] [illegible] [illegible] [illegible] [illegible] [illegible] [illegible] [illegible] [illegible] [illegible] [illegible] [illegible]

Fogliame, eine Menge Blätter, das [illegible] [illegible] [illegible] [illegible] [illegible]

Foglietto, [illegible] [illegible] [illegible] [illegible] [illegible] [illegible]

Foglio, das Blatt von einem [illegible] [illegible] [illegible] von einem Buch [illegible] [illegible] [illegible] [illegible] [illegible] [illegible] [illegible] [illegible] [illegible] [illegible] [illegible] [illegible] [illegible]

[illegible]

Fondsaffinehlage, fondement [illegible] des Qualnes [illegible], der Grund, der Satz [illegible]

Fondiren, [illegible] der Grund [illegible] gründen, [illegible]

Fondo, der Grund, aber der [illegible] eines Dinges, (als des Meeres, eines Flusses, Fasses ec.) das Unterste, [illegible] ein Acker oder Landgut [illegible] ein Kapital [illegible] [illegible] Capital [illegible] Lande [illegible], untersuchen [illegible] [illegible] de fonds, von Grund aus zerstören [illegible]

Fondo, [illegible] profondo, tief, [illegible] tief.

Fontana) die Quelle [illegible] der Springbrunnen [illegible]
Fonte) [illegible] der Ursprung [illegible] das Taufbecken [illegible] ein Kind aus der Taufe heben [illegible]

Foraminare, viele kleine Löcher bohren [illegible] durchbohren, [illegible] durchlöchern [illegible]

Foraggiare, auf das Futterholen ausgehen [illegible] fouragiren [illegible] [illegible]

Foraggio, die Fütterung für das Vieh, (als Gras, Heu ec.)

Forame, das Loch [illegible] eine kleine Oeffnung [illegible] das Loch des [illegible] der Hintere.

Forastiero, fust. ein Ausländer, ein Fremder [illegible]

Forense, [illegible] gerichtlich, dem Gerichte gehörig [illegible] ausländisch.

Forare, forare, durchlöchern, durchbohren [illegible] durchstechen, durchschneiden [illegible]

Forbice [illegible] forbici, die Scheere.

Forbire, [illegible] säubern [illegible] abwischen [illegible] putzen [illegible]

Forca, die Gabel [illegible] der Galgen [illegible]

[illegible] ausgesprengt [illegible]

Forcella, eine Gabel [illegible] mit der Gabel.

Forchetta, eine Gabel zum Essen.

Forcuto [illegible] gabelförmig [illegible]

Forense [illegible] der Ausländer [illegible]

Foresta, der Wald [illegible] der Wald [illegible]

Forestiere, forestiero, o forastiero, ein Fremder, ein Ausländer [illegible] fremd, ausländisch.

Forestico, [illegible] wild [illegible]

Forfice, [illegible] die Scheere [illegible]

Forma, das Modell [illegible] die natürliche Eigenschaft [illegible] ein Ding das [illegible] die Bildung [illegible] Käsereifen [illegible] der Leisten [illegible]

Formaggio, der Käse [illegible]

Formale, [illegible] förmlich, eigentlich, ausdrücklich [illegible] die Form [illegible]

Formalità, die [illegible] Förmlichkeit, gewisse Ceremonien, [illegible] die Förmlichkeit [illegible]

Formalizzarsi, sich über etwas [illegible]

Formalmente, [illegible] der Form nach, förmlich, ausdrücklich [illegible]

Formare, bilden [illegible] die Gestalt geben [illegible] [illegible] bereden, überreden [illegible] [illegible] [illegible] formare un processo, einen Proceß anfangen [illegible]

Formatore, der Bildner [illegible]

Formidabile, [illegible] fürchterlich [illegible] erschrecklich.

Formicaio, die Wohnung der Ameisen, [illegible] ferstiavna pl. en.

Formicare, [illegible] die Ameise gen. e, pl. (Ameisen) [illegible].

Formicolone, [illegible], der [illegible] Weinberg gen. [illegible].

Formica, die Ameise pl. n; [illegible] in [illegible], das Jucken in der Haut, als wenn Ameisen liefen.

Formicolio, der Ameisenhaufen gen. [illegible] [illegible] il formicolio, [illegible] [illegible] anfangen.

Formicare, [illegible] v. n., wie die Ameisen [illegible], [illegible] Ameisen, die auf ihren Händen herum laufen [illegible], als wenn Ameisen liefen.

Formicolamento, das Jucken gen. s, in der Haut, als wenn Ameisen liefen.

Formidabile, ag. erschrecklich, fürchterlich.

Formosità, die [illegible] Schönheit, V. Bellezza.

Formoso, ag. schön, V. Bello.

Formola, o formula, das Gebildgen, pl. (Gebilde), die Formel pl. n, das [illegible] gen. [illegible] die Art und Weise, welche man halten und [illegible] muß.

Formulario, die Vorschrift, [illegible] [illegible], wie man etwas thun, schreiben, [illegible] oder [illegible].

Fornace, der Ofen, der [illegible] gen. [illegible] (Ofen) [illegible] fornace da calcina, ein Kalkofen [illegible] fornace da mattoni, ein Ziegelofen [illegible] fornace da [illegible], ein [illegible].

Fornaciajo (da calcina), ein Kalkbrenner gen. [illegible] (da tegole), ein Ziegelbrenner gen. s.

Fornajo, der Becker gen. s.

Fornicare, huren v. n., Hurerey treiben [illegible] [illegible] commettere un adulterio, einen Ehebruch begehen [illegible].

Fornicatore, ein Hurer gen. s, [illegible] Ehebrecher gen. s.

Fornicazione, die Hurerey pl. en [illegible], der Ehebruch gen. s.

Fornimento, [illegible] das [illegible] gen. [illegible] des [illegible] [illegible] [illegible], die [illegible] [illegible] pl. [illegible] il fornimento da cavallo, das Pferdezeug, il fornimento da tavola, da camera, das [illegible] [illegible] [illegible] [illegible] [illegible] mento di [illegible], das [illegible] Fornimento di [illegible], die [illegible], V. Guarnimento, Guarnizione.

Fornire, versehen v. a. comp., versorgen mit etwas, verschaffen, [illegible], [illegible] v. a. comp., [illegible] [illegible] [illegible], vollenden [illegible] fornire un' opera, ein Werk zu [illegible] bringen [illegible] fornire una [illegible] di [illegible], [illegible] mit Gelde versehen [illegible].

Fornito, [illegible], das [illegible], der [illegible] gen. s, das [illegible], die [illegible] pl. en.

Fornito, part. da fornire, versehen, versorgt [illegible].

Foro, [illegible] pl. (Örter).

Foro, [illegible], das Loch gen. s, pl. (Löcher).

Foro, [illegible], das Gericht gen. s, der [illegible] gen. [illegible] [illegible] [illegible] il foro ecclesiastico, das geistliche Gericht.

Forse, av. vielleicht, ohngefähr [illegible] il forse, das [illegible], [illegible] gen. [illegible] pl. [illegible] forse [illegible] [illegible] forse, [illegible] forse [illegible] essere in forse, in Zweifel stehen [illegible] tenere uno in forse, einem [illegible] [illegible] [illegible] in forse, [illegible] forse [illegible].

Forsennato, [illegible], V. Forse.

Fortemente, av. [illegible] [illegible], [illegible].

Forte, av. [illegible] [illegible] [illegible], [illegible] [illegible] [illegible], [illegible], [illegible] forte, ein [illegible] [illegible].

Forte, sost. [illegible], das [illegible], [illegible] [illegible], der [illegible].

Forte, av. [illegible] [illegible] [illegible], laut [illegible] forte, [illegible].

Fortemente, av. stark, kräftig, tapferer weise, herzhafter weise.

Fortezza, die Stärke, die Kraft; it. die Tapferkeit, die Herzhaftigkeit, die Standhaftigkeit; per. Castello, die Festung st. it. ein festes Schloß gen. f. u. pl. [Schlösser].

Fortificamento, das Festmachen, das Stärken, das Stärkermachen gen. s; it. das Befestigen gen. s.

Fortificare, fest machen, stärken v. a., stärkermachen v. r. comp., stärker machen v. [illegible] it. verstärken, befestigen v. r. comp.

Fortificazione, das Festungswerk gen. s, pl. er. die Kriegsbaukunst gen. der Befestigungs- oder Festungsbaukunst; it. die Mühe, oder Schanzen um einen Platz; it. la scienza in materia di fortificazioni, die Wissenschaft einen Ort zu befestigen.

Fortuitamente, av. unversehener weise, zufälliger weise, von ungefähr, unvermerkt.

Fortuito, ag. von ungefähr, unversehens.

Fortuna, das Glück gen. s; per accidente, der Zufall gen. es pl. (Zufälle); per destino, das Schicksal gen. s; la Dea fortuna, die Glücksgöttin; un fortunato accidente, ein Glücksfall; i beni di fortuna, die Glücksgüter; l'avversa fortuna, die Widerwärtigkeit.

Fortunatamente, av. glücklich, glücklicherweise.

Fortunato, ag. glücklich, beglückt.

Foruscito, ein Landesverwiesener, ein Bandit gen. f.

Forza, die Kraft, die Stärke; it. die Gewalt, der Zwang; it. die Macht; far forza ad uno, einem Gewalt anthun; fare q. c. a forza, etwas gezwungen thun; a tutta forza, mit aller Gewalt, durchaus; a forza, a [illegible], durch, vermöge, vermittelst [illegible]; per forza, durchaus, [illegible].

Forzamento, der Zwang gen. s, die Stärke, die Gewalt.

Forzare, zwingen v. a., nöthigen v. r., überwältigen v. r. comp.; forzare una porta, eine Thüre mit Gewalt [illegible] v. r., aufbrechen v. r. comp., erbrechen v. r.

Forzatamente, av. gezwungenerweise, mit Zwangsmitteln.

Forzato, sost. ein auf die Galeere verdammter Ruderknecht; ag. gezwungen etc.

Forziere, der Geldkasten, der Koffer gen. s.

Forzosamente, av. gewaltthätigerweise, nothwendigerweise, thätigerweise.

Forzoso, ag. gewaltsam, mächtig, kräftig.

Foscamente, av. dunkel, finster.

Fosco, ag. dunkel, dunkelbraun, schwarzbraun; aria fosca, finstere Miene; pensieri foschi, schwermüthige Gedanken; turba fosca, schwarzer Haufe; una fosca nube, eine dicke Wolke; giorni foschi, trübe Tage; aver color rossiccio [illegible].

Fosforo, der Morgenstern gen. s; it. das Licht, der Glanz gen. es; it. etwas das unangezündet brennt, oder leuchtet.

Fossa, der Graben gen. s, die Grube pl. n; per sepolcro, das Grab gen. s; per buco, das Loch gen. s pl. (Löcher); it. eine Höhle; avere il piè nella fossa, mit einem Fuße im Grabe stehen; la fossa della Città, der Stadtgraben.

Fossile, ag. ein Beywort von Dingen, von Gewächsen, so aus der Erde gegraben wird, als Metall, Salz, Steine etc.; pendant fossile, die Gräberwolle.

Fosso, cioè: gran Fossa, ein großer Graben gen. s, eine große Grube.

Fottere, Unzucht treiben v. a.

Fottitore, einer, der Unzucht treibt, ein Hurer gen. s.

Fottuto, ag. geschändet, gemißbraucht; per Ironia: un becco fottuto, ein Hundsfott!

FR

Fra, prep. zwischen, unter; fra via, unterwegs; fra le piante, zwischen den Pflanzen; pensar fra se, bey sich selbst denken v. r.

Fracassamento, das Zerbrechen, das Zertrümmern, das Zerschmettern gen. s.

Fracassante, ag. zerbrechend, zerschmetternd, zertrümmernd.

Fracassare, zerbrechen v. a. comp., zerschmettern, zertrümmern, zerreißen v. r. comp.

Fracasso, das Geräusch, das Getöse pl. [illegible], per [illegible], das Gepolter, das [illegible] das Drucken, das [illegible]

Fracidezza, die Fäule, die Fäulung, [illegible]

Fracido, ag. faul, [illegible]

[illegible]

Fragile, ag. zerbrechlich, gebrechlich, [illegible]

Fragilità, [illegible]

[illegible]

Fragola, die Erdbeere [illegible]

Fragore, [illegible]

Fragranza, [illegible]

Frale, gebrechlich, V. Fragile.

[illegible]

[illegible]

Frammento, [illegible]

[illegible]

Franchezza, [illegible] die Freyheit, [illegible]

[illegible]

Franco, [illegible]

[illegible]

Frangere, brechen, [illegible]

Frangia, die Franse [illegible]

[illegible]

Frappa, [illegible]

[illegible]

Frappatore, [illegible]

Frappamento, das Dazwischenlegen gen. [illegible] Zwischenfall gen. es, pl. (Zwischenfälle).

Frapporre, dazwischenlegen, zwischen einschieben v. a. comp.

Frasca, ein grüner Reis gen. es, pl. er, ein grünes Zweiglein [illegible] eine Staude [illegible] im plurali frasche, [illegible] Possen, Fragen, [illegible] gen. [illegible] delle frasche, Narrenpossen [illegible]

Frascato, eine Laubhütte, eine Sommerlaube [illegible] Blätter gen. [illegible] pl. (Gärten).

Frascheggiare, [illegible] v. n. comp., [illegible] rauschen (wie Blätter im Walde).

Fraschetta, die Fratze [illegible]

Frascone, ein Reisbündel zum Verbrennen.

Frase, der [illegible] Ausdruck gen. s, pl. (Ausdrücke), die [illegible]

[illegible]

Frassino, die Esche pl. n.

[illegible]

[illegible]

[illegible]

[illegible]

[illegible]

Fratellevolmente, adv. brüderlich, [illegible] Weise.

Fratello, der Bruder gen. s, pl. (Brüder); [illegible]

[illegible]

Fraterno, adj. brüderlich.

Fratesco, [illegible] Mönch.

Fratricida, [illegible] der Brudermörder gen. s.

Fratricidio, [illegible] der Brudermord gen. s.

Fratta, [illegible] die Dornhecke [illegible] das Dornengebüsch gen. [illegible] Dornstrauch gen. [illegible]

Frattanto, inzwischen, unterdessen, [illegible] unter der Zeit.

Frattempo, der Zwischenraum der Zeit.

Frattura, der Bruch gen. s, [illegible] die Zerbrechung eines Beins.

Fraudare, betrügen, hintergehen [illegible]

Fraudatore, der Betrüger gen. s, [illegible]

Frode, der Betrug gen. s, die [illegible]

Fraudolente, [illegible] betrüglich, [illegible]

Fraudolentemente, adv. betrügerischer Weise.

Fraudolenza, der Betrug [illegible]

[illegible]

Freccia, der Pfeil gen. s, pl. e; [illegible]

[illegible]

Fregare, [illegible] gen. [illegible] pl. [illegible]

[illegible]

Fraddamente, [illegible] kalt, kaltsinniger weise, ohne [illegible] zu machen, ohne Bewegung.

Freddare, kalt machen v. a., kalt werden [illegible], erkalten [illegible]

Freddezza [illegible]

[illegible]

Freddo, [illegible] der [illegible] der Frost [illegible]

Fred[illegible], kalt, [illegible] kaltsinnig [illegible]

[illegible]

Freg[illegible]

Fregare, [illegible] reiben [illegible]

Fregata [illegible]

[illegible]

[illegible] brücken, niederdrücken [illegible] formen [illegible]

Frenaio [illegible] Schauder [illegible] man in den [illegible], wenn man das Fieber hat [illegible]

Frenare, [illegible]

Frenesia [illegible]

Frenetico [illegible]

Freno, der Zaum [illegible]

Frequentare [illegible]

Frequenza [illegible]

Frequente [illegible]

Fresco [illegible]

[illegible]

Fresco, e fresca, [illegible] die Kühle der Luft; [illegible] freschi, [illegible] kühle Luft [illegible] frisch [illegible] Kühle [illegible] wehen.

Fresco, ag. frisch, neu; [illegible] frische, [illegible] junger [illegible] frisch [illegible] frische [illegible] Eyer, [illegible] frisch [illegible].

Fretta, die Eil, die Eile, das Eilen. [illegible] in fretta, mit etwas [illegible] in fretta [illegible] in aller Eil.

Frettolosamente, av. in Eil, geschwind, eilends.

Frettoloso, ag. eilend, [illegible].

Fricassea, ein Gericht von [illegible] Fleisch [illegible] Butter und Gewürze [illegible].

Friggere, [illegible] Butter in der Pfanne [illegible] backen [illegible] als Eyer, Küchelchen [illegible].

Frigidamente, av. [illegible]. V. Freddamente.

Frigidezza, e Frigidità, der Frost, die Kälte. V. Freddezza.

Frigido, ag. V. Freddo.

Frine (natura della femmina), die weibliche Scham.

Fringuello, der Fink [illegible].

[illegible], das [illegible].

Frittata, der Eyerkuchen [illegible].

Frittella, der Pfannkuchen [illegible].

Fritto, part. da friggere, gebacken [illegible].

[illegible]

[illegible]

[illegible]

[illegible] verstopfung [illegible] senza freno [illegible].

[illegible] in der [illegible] Schre[illegible] [illegible].

Frizzare, [illegible] beissen [illegible].

Frizzo, [illegible] das Beissen, das [illegible].

Frodare, [illegible].

Frollamento, e frollatura, das [illegible].

[illegible]

[illegible]

Frombola, e Frombola, die Schleuder [illegible].

Frombo, das Sausen, das [illegible].

Fronda, das [illegible] das Blatt [illegible].

Frondeggiare, [illegible] Laub bekommen [illegible] Laub [illegible].

Frondeggiare, [illegible] grünen; Laub [illegible].

Frondoso, ag. laubicht, blätterich, [illegible] das viele [illegible] Blätter hat.

Fronduto, ag. laubicht. V. Frondoso.

Frontale, ein Ueberschlag über die Stirne; ein Stirnband der Weiber; [illegible] der Theil des Zaums, so dem Pferde [illegible] den Kopf geht, [illegible] das Gebiß hält.

Fronte, die Stirne an Menschen und Thieren; das Haupt; das äussere [illegible].

Fronteggiare, [illegible]

[illegible]

Frontespizio [illegible] das [illegible] Gebäude [illegible]

[illegible]

Franco, [illegible]

[illegible]

Fragmento, [illegible]

[illegible]

Frugale, [illegible]

[illegible]

Frutto, [illegible]

[illegible]

FU

Fu, [illegible]

[illegible] der Gebiet [illegible] [illegible] siner [illegible] der [illegible] Ring, [illegible] [illegible] [illegible].

[illegible], [illegible], verfälscht, [illegible], falsch.

[illegible], der [illegible], f. Focile.

Fucina, der große Schmiedeofen gen. f. pl. (Oefen), [illegible] Schmiede pl. n., die [illegible] selben, [illegible] der Durchschneiden.

[illegible], eine Menge, eine große Anzahl, ein großer Haufen.

Fuga, die Flucht; [illegible] das [illegible] pl. [illegible], eine fuga di stanze, eine Reihe Stuben, [illegible] in fuga, die Flucht ergreifen, mettere in fuga, in die Flucht jagen, [illegible].

Fugace, ag. flüchtig, [illegible].

Fugamento, das [illegible], das in die Flucht Jagen gen. s.

Fugare, in die Flucht schlagen [illegible], [illegible] v. a. comp. [illegible] v. a. comp., [illegible] v. a. comp. [illegible], sich [illegible] machen [illegible].

Fuggiascamente, av. auf der Flucht, [illegible], [illegible].

Fuggiasco, e fuggitivo, ag. flüchtig, [illegible], alla fuggiasca, [illegible].

Fuggire, fliehen v. n., entlaufen v. n., [illegible] entfliehen v. n. comp., [illegible], sich [illegible], zur Sicherheit wohin [illegible], fuggire [illegible], die Gelegenheit [illegible].

Fuggitivo, sub., ein Flüchtling, ein Ueberläufer gen. s; ag. flüchtig, s. Fuggiasco.

Fuggitore, der Ausreißer gen. s, [illegible].

Fulgente, ag. glänzend, leuchtend, schimmernd.

Fulgidezza, der Glanz gen. es, der [illegible].

Fulgido, ag. glänzend, s. Fulgente.

Fulgore, der Schein gen. es, der Glanz gen. es, das Licht gen. s.

Fuliggine, der Ruß gen. es, der Rauchschwarz gen. es.

Fuliginoso, ag. rußig, schwarz wie Ruß.

Fulminante, ag. blitzend, donnernd, [illegible], [illegible], [illegible] Wagen.

Fulminare, blitzen v. n., erschlagen, mit dem Donner erschlagen v. ir. comp., [illegible], [illegible] v. a. comp., [illegible] v. a. comp., [illegible], [illegible], [illegible] des Papstes [illegible].

Fulminatore, der mit dem Donnerkeile [illegible], mit dem Donnerkeile [illegible].

Fulminazione, das Einschlagen gen. s des Gewitters, [illegible] der Ausspruch gen. s des Bannes pl. (Aussprüche).

Fulmine, der Donnerstrahl gen. s, pl. [illegible], der Donnerkeil, der Donnerkeil gen. s, [illegible] [illegible] [illegible], [illegible] in der Schlacht [illegible].

Fumante, e fumoso, ag. rauchend, [illegible].

Fumare, e fumire, rauchen, Tabak rauchen [illegible], [illegible], [illegible].

Fumicante, e fumicoso, ag. rauchend, dampfend, [illegible].

Fumicare, e fumicare, rauchen, dampfen, [illegible].

Fumicazione, o fumigazione, der [illegible] Rauch, das Verbrennen gen. s, [illegible], die Ausdünstung, die Ausdünstung pl. en.

Fummo, o fumo, der Rauch, der Dampf gen. s, der Dunst gen. es, die [illegible], [illegible], der Eitelkeit, [illegible], die [illegible], [illegible], der Zorn, der hitzige Eifer gen. s, [illegible], der [illegible], die [illegible].

Fumosità, e fumosità, der [illegible] Rauch gen. s, die Ausdünstung, die [illegible] pl. [illegible], [illegible], [illegible], der [illegible].

Fumoso, e fumoso, ag. [illegible], [illegible], [illegible], [illegible].

[illegible] der [illegible] [illegible].

Fune, [illegible], der Stricker gen. s.
Fune, der Strick, das Seil gen. s, pl. e, (von allerhand Materie).
Funebre, ag. was zum Leichenbegängniß gehöret; it. traurig, düster; pompa funebre, ein Leichenbegängniß; Orazione funebre, eine Leichenpredigt.
Funerale, fust. das Leichenbegängniß gen. es, pl. e; it. die Bestattung zur Erde; [illegible] funerale, die Todtenmesse; [illegible], das Sterbehemd gen. es, pl. er.
Funestamente, av. auf eine betrübte Weise, auf eine unglückliche Art.
Funestare, betrüben v. r. [illegible] v. r.
Funesto, ag. unglücklich, Unglück verursachend, ein Betrübniß bringt, den Untergang nach sich zieht, erbärmlich.
Fungo, der Erdschwamm gen. es, pl. (Schwämme), der Pilz gen. es; der Bilz gen. es, pl. e; die Morchel pl. n.
Fungomarino (erba), der Seeschwamm gen. es.
Fungoso, ag. schwammicht, voller Schwämme.
Funicella, ein dünnes Seil gen. s, pl. e; ein Strickchen gen. s; eine Schnur pl. (Schnüre).
Funzione, die Verrichtung, die Verwaltung pl. en; das Amt gen. s; it. die Schuldigkeit pl. en.
Fuoco, das Feuer gen. s; it. ein Brand, eine Feuersbrunst; it. der feurige Glanz der Edelgesteine; it. die Hitze im Fieber; it. das brennende Jucken auf der Haut; it. met. die Liebe, der Eifer, der Zorn, die Lebhaftigkeit, die Munterkeit an Menschen und Thieren; [illegible]; das Feuerwerk gen. s; far fuoco, Feuer anmachen v. r. comp.; [illegible] v. ir. comp., das rocco, [illegible] v. ir.
Fuori, fuore, fuora, [illegible], draußen, hinaus; al di fuori, von außen, auswärts, außerhalb; [illegible], ausgenommen; [illegible], das Aeußere, [illegible], [illegible], [illegible] die Gewohnheit; fuori di tempo, zur Unzeit; fuori d'ordine, außerordentlich; fuori di modo, fuor di misura, über die Maßen.
Fuorchè, av. ausgenommen, außer.
Fuoruscito, fust. ein Vertriebener, ein Ausgewanderter gen. n. V. Foruscito.
Furace, ag. diebisch, räuberisch.
Furbaccio, ag. [illegible], [illegible].
Furare, stehlen v. ir. V. Rubare.
Furberia, die Spitzbüberey, die Schelmerey, die Betrügerey pl. en; das Schelmenstück gen. s, pl. e; it. das [illegible] V. Astuzia.
Furbescamente, av. schelmisch, spitzbübisch, listigerweise, schmeichlerweise.
Furbesco, ag. schelmisch, spitzbübisch; lingua furbesca, rothwelsche Sprache.
Furbetto, (un [illegible]), ein listiger Junge gen. n, pl. n; ein Schalk gen. s.
Furbo, ein Betrüger gen. s, ein Schalk gen. s, pl. [illegible]; ein Spitzbube gen. n, pl. n; ein Schelm gen. s, pl. [illegible]; [illegible], ein Landstreicher gen. s; [illegible], ein listiger Mensch gen. en, pl. en.
Furfantare, [illegible].
Furfante, ein Spitzbube gen. n, pl. n; ein Betrüger gen. s; ein Schelm, ein Schelm gen. s, pl. en.
Furfanteria, die Spitzbüberey, die Betrügerey, die Schelmerey pl. en; der böse Handel gen. s.
Furia, der Grimm gen. es; die Wuth, die Raserey pl. en; it. die Heftigkeit, die Gewaltsamkeit pl. en; dare nelle furie, rasend thun v. ir.; le Furie infernali, die höllischen Furien; av. in furia, in der Eil; a furia di percosse, durch unzählige Schläge; [illegible] furia, in [illegible] Eile, haufenweise.
Furiare, wüthen, toben, rasen v. r., sich sehr erzürnen.
Furibondo, ag. rasend, wüthend, tobend.
Furiosamente, av. wütigerweise, heftig, grimmig, wüthend, [illegible].
Furioso, ag. rasend, wüthend, grimmig, ungestüm, heftig, ungestüm; it. hitzig, [illegible].
Furore, die Wuth, das Wüthen gen. s, die Raserey, die Tollheit, die Unsinnigkeit, der heftige Zorn gen. s, der Grimm gen. es, [illegible] das Toben, das Ungestüm gen. s, [illegible] der Winde); it. eine Entzückung, ein edler Eifer, ein [illegible] Trieb gen. s; eine heftige Bewegung des Gemüths.

Furtivamente, *av.* heimlich, verstohlenerweise, diebischerweise.
Furtivo, *ag.* heimlich, verborgen, verstohlen, geheim.
Furto, der Diebstahl *gen.* s, *pl.* (Diebstähle), das gestohlene Gut *gen.* es, *pl.* (Güter).
Fusibile, schmelzbar, das sich gießen läßt.
Fusione, der Guß *gen.* es, über dem Schmelzen der Metallen, das Schmelzen *gen.* s, *l.* [illegible] in fusione, einschmelzen *v. r. comp.*
Fuso, *part.* da fondere, gegossen, geschmolzen.
Fuso, *sust.* die Spindel zum Spinnen, ein Modell, oder Stock, worauf [illegible] Seide, oder anders gewickelt wird.
Fusto, das Gestämm *gen.* s, *pl.* [illegible] Wellbaum [illegible] der Spindel von einem Mühlrade.
Futto, der Augenblick einer Stunde, der Stiel am Getreide, an einem Baume *v.* [illegible] der Stamm eines Baumes [illegible] die Rolle, der Schaft einer Glocke.
Futuro, *ag.* künftig, zukünftig, was geschehen wird, *term. gram.* das Futurum, oder das *Tempus* eines Verbi, so die künftige Zeit andeutet.

G A

GAbbamento, der Betrug *gen.* s, die Hintergehung.
Gabbano, der Regenrock *gen.* s, *pl.* (Regenröcke), der Kapuziner, der Kittel *gen.* s.
Gabbare, hintergehen, betrügen *v.* [illegible] *comp.* [illegible] spotten *v.* [illegible]
Gabbatore, der Betrüger *gen.* s [illegible] der Spötter *gen.* s.
Gabbia, der Käfig *gen.* s [illegible] ein Vogelbauer *gen.* s [illegible] ein Maulkorb [illegible] der Korb [illegible] [illegible] Haarsieb [illegible] Korb *gen.* s.
Gabbiano, (uccello), ein Vogel [illegible] [illegible] [illegible] Mauß [illegible]
Gabbo, der Hohn, der Spott *gen.* es, [illegible] die Verspottung *pl.* [illegible] [illegible] sich über etwas aufhalten.
Gabella, der Zoll *gen.* s, *pl.* (Zölle) die Accise [illegible] die Steuer, die Mauth.
Gabellare, den Zoll, die Accise, die Mauth, die Steuer bezahlen *v. r. comp.*
Gabelliere, der Zöllner, der Zolleinnehmer, der Mauthner *gen.* s [illegible] der Aufseher des Zolls.
Gabinetto, die Schreibstube *pl.* [illegible] das Schreibzimmer, das Kabinet *gen.* s [illegible] [illegible] geheime Staatsrath *gen.* s [illegible] das heimliche Gemach *gen.* s.
Gaglioffo, [illegible] der Kerl *gen.* [illegible] die [illegible] [illegible] [illegible] [illegible] die Bürgschaft *pl.* en.
Gagliardamente, *av.* stark, frisch, [illegible] tapfer.
Gagliardezza, die Stärke des Leibes [illegible] und Gemüths [illegible] die Munterkeit, die Tapferkeit [illegible] die tapfere That.
Gagliardo, *ag.* stark, munter, tapfer, [illegible] [illegible] [illegible] [illegible] trinken, [illegible] [illegible]
Gagliofferia, [illegible] [illegible] [illegible] [illegible]
Gaglioffo, [illegible] der Flegel, der Faulenzer, der [illegible] [illegible]
Gagliotto, ein fauler Schlingel, ein Schurke, ein Flegel, ein Landstreicher, ein Lumpenhund *gen.* s.
Gagno, das Lager *gen.* s, die Höhle der wilden Thiere.
Gagnolamento, gagnolio, das Heulen, das Winseln *gen.* s (von Hunden und andern Thieren).
Gagnolare, winseln, heulen *v. r.* (wie die Hunde), *fig.* murren *v. r.*, sich beklagen *v. r. comp.*
Gajamente, *av.* lustig, fröhlich.
Gajezza, giulivo, das lustige Wesen, *fig.* die Artigkeit, [illegible] [illegible] [illegible] [illegible] [illegible] Form *gen.* en.
Gajo, *ag.* lustig, fröhlich, munter, aufgeräumt, verdrießlich, belustigend.
Gala, *in generale*, der Putz *gen.* es,

fr. ... Kleider; giorno di gala, der Galltag *gen.* es; abito di gala, das Galakleid *gen.* es.

Galange (orda), die Galgant.

Galante, *sust.* (ein Galan, ein Aufwärter), der Frauenzimmer, ein Liebhaber *gen.* s, *fr.* ein artiger, zierlicher Mensch *gen.* en, *pl.* (en); un galantuomo, ein ehrlicher, rechtschaffener Mann *gen.* es, *pl.* (Leute).

Galante, *agg.* artlich, artig, höflich, wacker, brav, hübsch, schön, geputzt, manierlich.

Galantemente, *av.* artig, höflich, schön, manierlich, zierlicher Weise, geputzt.

Galanteria, die Höflichkeit, die Artigkeit, die Zierlichkeit *pl.* en; das ... Wesen *gen.* s; die ... Art; *ec.* die Liebe, die Liebkosung, der Liebeshandel *gen.* s; die Galanterie.

Galantuomo, ein manierlicher, ... , redlicher, ehrbarer, ... Mensch *gen.* en *pl.* en.

Galea, e galera, eine Galere, *pl.* n; ein Ruderschiff *gen.* es, *pl.* e.

Galeazza, eine venetianische große Galeere *pl.* n.

Galeotto, ein Galleot *gen.* s, *pl.* en, ein Galeerensklave *gen.* n, *pl.* n; ein Ruderknecht *gen.* s, *pl.* e; *fr.* ein Bösewicht *gen.* s, *pl.* er; ein Landläufer, ein nichtswürdiger Kerl, ein Schalk *gen.* s, *pl.* e.

Galeone, eine Galleone *pl.* n.

Galla, *f.* ... [illegible] ..., die Eiche; ... di galla, der Gallapfel *gen.* s; ... gamba ... , die ... [illegible] ... haben.

Galleggiare, *n.* ... [illegible] ...

Galleggiante, ... [illegible] ...

Galleria, der bedeckte Gang *gen.* s, *pl.* (Gänge); *fr.* ein Gang zwischen den Gemächern, ein Bildersaal, ein Kunstkabinet, ein Naturalienkabinet.

Gallina, die Henne *pl.* (Hühner).

Gallinaccia, eine ... *fr.* ..., das Halskuhn *gen.* s, *pl.* (Halshühner), ... eine große ... Henne.

Gallinaccio, *sust.* der indianische, welsche Hahn *gen.* s, *pl.* en; ... Truthahn *gen.* s, *pl.* ... Hühnern.

Gallinajo, der Hühnerhaus *gen.* es, *pl.* (Hühnerhäuser).

Gallo, der Hahn *gen.* s, *pl.* ...; ... , ein welscher Hahn, ein Truthahn.

Galloni, ... , ... [illegible] ..., eine Gallone, eine Borte, eine Tresse, ... ein breites Band, oder eine Borte auf die Kleider zur Zierde zu nähen.

Galloria, allegrezza eccessiva, die übermäßige Freude, das Jauchzen, das Frohlocken *gen.* s.

Galluzzare, außerordentliche Freude bezeigen ... (durch Hüpfen und Springen).

Galoppare, im Galopp gehen, im Galop laufen, im Galop reiten u. s. w.

Galoppo, e galoppo, der Galop *gen.* s; andar di galoppo, galoppiren ... [illegible] ... in vollem Galop.

Galoscia, die Überschuhe, so man über andere anlegt, um die Füße vor dem Kothe und Kälte zu verwahren.

... [illegible] ...

Gamba, der Fuß *gen.* es, *pl.* e; das Schienbein ... gamba, ... [illegible] ..., die auf den Weg ... , mit den Füßen in die ... , in ... Galoppo, ... Gehen.

Gambale, der Stengel *gen.* s; der Stiel *gen.* s, *pl.* e (an Kräutern, Blumen *ec.*).

Gambata, der Schlag *gen.* s, *pl.* (Schläge), der Stoß *gen.* es, *pl.* (Stöße) an die Beine.

Gambero, der Krebs *gen.* es, *pl.* e; gambero di mare, der Meerkrebs.

Gambettare, ... mit den Füßen ... , mit den Beinen wackeln, ... (wie die Kinder).

Gambo, der Stengel *gen.* s; der Stiel *gen.* s, *pl.* e, (an Blättern, Früchten, Blumen *ec.*), *fr.* der Schwanz an einem Buchstabe) *pl.* (Schwänze).

Garbato, ag. artlich, das Manierliche; m. lungo di garbo, langbeinicht.

Ganascia, der Kinnbacken gen. s, die Wange [illegible]

Gancio, uncino, der Haken gen. s.

Gangherare, Thürangeln einhängen [illegible], anheften v. a.

Gangheretto, die Angel pl. n (an Thüren) [illegible] das Häkelgen [illegible] [illegible] zwar auf [illegible] aufhefteln v. [illegible] die [illegible] [illegible] außer sich [illegible] gebracht, von sich [illegible] seyn.

Garzella, Gargiola, die Drüse pl. n, it. das [illegible] der Pferde mit [illegible]

Gangolato, ag. voller Drüsen.

Gangrena, der Krebs gen. es, eine um sich fressende Krankheit.

Garzonaccio, ein Junker, ein Frauenzimmerknecht gen. s, ein [illegible] gen. es.

Gara, die Wette pl. en, das Wetteifern, it. der Wettstreit, der Zank gen. es [illegible] [illegible] a gara, um die Wette machen; vincere la gara, den Preis davon tragen; [illegible] a gara, um die Wette.

Garante, s. f. der Bürge für etwas, der dafür gutstehet, ein Gewährsmann gen. s, der [illegible] eines Dinges gewiß versichert.

Garantia, die Bürgschaft, das Gutsprechen [illegible] die Schadloshaltung, V. Malleveria.

Garantire, Bürge seyn, V. Mallevare, Guarentire.

Garbare, aus schmecken [illegible] v. r., schmackhaft seyn v. aus. [illegible] angenehm seyn, wohl anstehen v. [illegible]

Garbatamente, av. anständig, fein, mit Anstande.

Garbatezza, der Anstand gen. s, die Wohlanständigkeit, die Artigkeit, die Höflichkeit pl. en, das artige Betragen gen. s.

Garbato, ag. fein, wohl anständig, artig, manierlich, hübsch, reinlich [illegible] [illegible] die [illegible] [illegible] [illegible] Mann.

Garbo, s. m. [illegible], die Artigkeit, die Manier; uomo garbo, ein [illegible] [illegible] Mann; der [illegible] V. Garbatezza; uomo di garbo, ein [illegible] Mensch; con poco garbo, mit wenig Anstand, unartig, ungeschickt, unmanierlich.

Gareggio, die [illegible] und [illegible] pl. n, it. die Verbrennung der Worte [illegible], it. die Verwirrung.

Gareggiamento, die Wetteiferung, V. Gara.

Gareggiante, der Mitbieter gen. s, V. Gareggiatore.

Gareggiare, um die Wette streiten v. n. wetteifern v. n. comp.

Gareggiatore, einer der um die Wette streitet, ein Mitbewerber, ein Wetteiferer, ein Mitbuhler gen. s.

Garbugliosa, ag. [illegible], zänkisch [illegible]

Gargarismo, das Gurgelwasser gen. s.

Gargarizzare, gurgeln v. n., mit Gurgelwasser den Hals ausspülen v. a. comp.

Garofanata, [illegible] (erba), das Benedictenkraut gen. s.

Garofano (fiore), die Nelkenblume pl. n, der; [illegible] der Gewürznägel gen. s, pl. (Gewürznelken).

Garrimento, das Zanken, das Schreyen [illegible] garrimento, der [illegible] gen. es.

Garrire, schelten v. n., einen Verweis geben v. a. [illegible] v. a. comp. [illegible] it. [illegible] (wie die Vögel), it. zanken v. r., it. schnattern v. n.

Garritore, ein Schwätzer gen. s, it. der [illegible], der [illegible]

Garrulità, die Schwatzhaftigkeit pl. en, it. das Geschwätz der Vögel.

Garrulo, ag. schwätzig it. zwitschernd, (von Vögeln).

Garza, e garzo (uccello), die Reiher, pl. [illegible], eine schmale [illegible] [illegible] [illegible] [illegible], Zöpfchen.

Garzone, ragazzo, der Knabe gen. n, pl. n, der Junge gen. n pl. n, ein lediger Mensch gen. en pl. en, der Junggesell gen. en, pl. en; garzone presso di un artefice, der Lehrbursch gen. s, pl. [illegible]; garzone di bottega, ein Ladendiener gen. s.

Gastigare, strafen, züchtigen v. a., it. verbessern v. a. comp., V. Castigare.

Gastigatore, einer der züchtiget, [illegible] v. [illegible]

Gastigazione, Strafe, Züchtigung.

Gattegiare, [illegible] Rutsch, [illegible] fertig, [illegible] gattegiato, [illegible] ziehen

Gattiro, die Strafe. V. Cetig.

Gatta, die Katze. pl. [illegible] la gatta [illegible], als ob [illegible] Katze [illegible] [illegible] pigliar. [illegible] nicht von der.

Gattaiola, das Katzenloch gen. [illegible] pl. Katzenlöcher, [illegible] an einer Thüre.

Gatto, [illegible] eine [illegible] Weibchen [illegible] pl. [illegible]

Gattolone, ac. [illegible] [illegible] schleichend oder heimlich gehen, wie eine Katze.

Gattomammone, eine Meerkatze, pl. [illegible]

Gattone, ein großer Kater, eine große Katze, [illegible] ein alter Schalk, gen. [illegible]

Gavazza, Gavazzamento, } das [illegible], das Freudengeschrey, [illegible] das Frohlocken, gen. [illegible]

Gavazzare, frohlocken, jubeln, jauchzen [illegible] für Freuden außer sich seyn.

Gaudio, allegrezza, die Freude, die [illegible] die Fröhlichkeit pl. [illegible]

Gavina, [illegible] geschwollene Wandeln im Halse, geschwollene Trüsen [illegible]

Gazza, [illegible] die Elster pl. [illegible] [illegible]

Gazzetta, [illegible] [illegible] pl. [illegible]

Gazzettiere, der Zeitungsschreiber, gen. [illegible]

G E

Gelamento, der Frost, gen. [illegible] das Gefrieren gen. [illegible]

Gelare, [illegible] [illegible]

Gelatina, [illegible] Sulze, [illegible]

Gelatina, eine Gallerte.

Gelato, [illegible] gefroren, erfroren.

Gelicidio, die frostige Witterung, [illegible] [illegible] durch [illegible] Witterung leiden.

Gelidezza, der Frost, gen. [illegible] die Kälte, [illegible] die [illegible] Witterung.

Gelido, ac. frostig, kalt, gelido del freddo, von Kälte erstarret.

Gelo, [illegible] der Frost, gen. [illegible] die Kälte.

Gelosamente, av. [illegible] [illegible] [illegible] über etwas.

Gelosia, die Eifersucht, der Neid, die [illegible] die Gunst, [illegible] [illegible] die [illegible] gen. [illegible] die [illegible]

Geloso, ac. eifersüchtig, [illegible] [illegible] über etwas [illegible] eine [illegible] [illegible] mit Vorsicht behandelt werden soll.

Gelso (moro), die Maulbeere pl. [illegible]

Gelso (albero), der Maulbeerbaum gen. [illegible] pl. (Maulbeerbäume).

Gelsomino, der Jasmin gen. [illegible] die [illegible] das [illegible] gen. [illegible]

Gemello, der Zwilling gen. [illegible] pl. [illegible]

Gemente, ac. seufzend, eine [illegible] [illegible]

Gemere, seufzen, weinen, [illegible] klagen [illegible] [illegible] [illegible] das Girren [illegible] Taube oder Turteltaube.

Gemitare, [illegible] [illegible]

Gemito, das Seufzen, ein Seufzen der [illegible]

Gemma, der [illegible] gen. [illegible] der [illegible] das [illegible] der Zweige.

Gemma, der Edelstein, [illegible] [illegible] die [illegible] der Weinstock [illegible] [illegible] Edelstein [illegible]

Generale, [illegible] der [illegible] gen. [illegible] der Generalissimus, die [illegible] [illegible]

Generalità, ac. [illegible] Geschlechts [illegible]

Generazione, der Geschlechts[illegible] [illegible]

Generativo, ac. was fähig ist [illegible] zum [illegible] oder aus welchem etwas [illegible] wird.

Generatrice, das Vermögen zum Gebären, das Vermögen zum [illegible].

Generalato, das Oberbefehlshaberamt gen. [illegible] pl. (Ämter), die Generalschaft, die Generalswürde pl. [illegible]

Generale, *sub.* der Oberbefehlshaber gen. s. [illegible] eines geistlichen Ordens.

Generale, *ag.* gemein, allgemein *ec.* in generale, überhaupt.

Generalità, die Allgemeinheit, alle, im Gemeinen [illegible], alle Generale überhaupt, die Generalität.

Generalmente, *av.* überhaupt, insgemein.

Generamento, *e* generazione, die Zeugung, die Erzeugung *ec.* die Geburt, das Geschlecht gen. s. *pl.* er; l'umana generazione, das menschliche Geschlecht; [illegible] generazion [illegible], viele Arten Vögel; alla terza generazione, an den dritten Erben.

Generante, *ag.* zeugend, erzeugend, der da zeuget.

Generare, zeugen *v. r.* (als Kinder), gebähren *v. r.* comp. schaffen *v.* [illegible] hervorbringen, verursachen *v.* *r.* comp., entstehen *u.* *ir.* comp., machen *v.* *r.*

Generativo, *ag.* was zur Zeugung gehört, oder zur Zeugung vermögend ist, wirkend.

Generatore, der Erzeuger gen. s, einer der zeuget; it. der Vater gen. s; it. der Urheber gen. s.

Generazione, die Zeugung, die Hervorbringung *sl.* en, die Geburt, das Geschlecht gen. s, *pl.* er, der Stamm gen. es, *pl.* (Stämme). *V.* Generamento.

Genere, das Genus; in der Logik, in der Grammatik, oder ein Begriff der vieler Sachen gemein ist, *it.* das Geschlecht der Nennwörter; überhaupt eine Gattung, eine Art, eine Weise; negoziare in ogni genere di merci, in allen Gattungen von Waaren handeln; egli è versato in ogni genere di [illegible], er ist in aller Art der Wissenschaften bewandert; *av.* in genere, insgemein, überhaupt, in allgemeinem Verstande.

Generalmente, *av.* insgemein, überhaupt, im Ganzen.

Generico, *ag.* was zu einer Art gehört, sie ausmacht (in der Logik).

Genero, der Schwiegersohn gen. s, *pl.* (Söhne), der Tochtermann gen. es, der Eidam gen. s.

Generosamente, *av.* großmüthiger Weise, freygebig, [illegible], großmüthig.

Generosità, die Großmuth, die Großmüthigkeit, die Freymüthigkeit, die Tapferkeit, ein edles Gemüth gen. s, eine besondere Güte.

Generoso, *ag.* großmüthig, freymüthig, edel, tapfer; der vornehme große Hülfe [illegible] vino generoso, ein starker Wein, der viel Geist hat; Mensch, das erste Buch Mosis.

Gengia, *e* gengiva, das Zahnfleisch gen. es.

Genia, eine schlechte Art, das Gesindel gen. s, die Brut.

Geniale, *ag.* nach der angebohrnen Art und Natur; un uomo geniale, ein lieblicher Mann; il letto geniale, das Ehebett.

Genialità, die Zuneigung, *V.* Inclinazione.

Genio, preso i poeti, der Geist gen. es; per inclinazione, die Neigung, die Art, die Natur, die Lust; questo è il genio mio, das ist meiner Art; a mio genio, nach meiner Art, nach meinem Geschmacke; aver genio di ..., Lust haben; perder il genio, die Lust verlieren; andare a genio, angenehm seyn; a contragenio, mit Widerwillen; dare nel genio ad uno, jemanden gefallen.

Genitale, *ag.* das zum Zeugen gehört; *sub.* *pl.* i genitali, die Geburtsglieder.

Genito, *ag.* gebohren, erzeuget; il primogenito, der Erstgebohrne.

Genitore, der Vater gen. s, *pl.* i genitori, die Eltern.

Genitura, die Geburt, das Gebähren gen. s; it. der Geburtsstamm; la primogenitura, die Erstgeburt.

Gennajo, *e* gennaro, der Jenner gen. s.

Genraglia, gente vile, das geringe Volk, der Pöbel, das liederliche Gesindel gen. s.

Gente, die Leute, das Volk gen. es; la gente di servizio, die Dienstleute; gente d'arme, die Kriegsleute, die Soldaten, das Kriegsvolk; levar gente, Soldaten werben; buona gente, rechtschaffene Leute; gente bassa, das liederliche Gesindel, der gemeine Pöbel gen. s.

Gastigato, [illegible] [illegible], [illegible] [illegible] [illegible], parlar gastigato, [illegible] [illegible] [illegible].

Gattiga, die [illegible], v. Castiga.

Gatto, die Katze [illegible] [illegible] [illegible] [illegible] [illegible] [illegible] [illegible] [illegible] [illegible] [illegible] [illegible] [illegible] [illegible] [illegible] [illegible] [illegible] [illegible] [illegible].

Gavaliauo, [illegible] [illegible] [illegible] [illegible] [illegible] [illegible] [illegible].

Gavio, [illegible] [illegible] [illegible] [illegible] [illegible] [illegible] [illegible] [illegible] [illegible] [illegible] pl. [illegible]

Gavalino, [illegible] [illegible] [illegible] [illegible] oder [illegible] [illegible] [illegible] [illegible].

[illegible] [illegible] [illegible] pl. [illegible]

Gabone, ein großer Kater, eine große [illegible], ein alter [illegible] gen. [illegible]

Gavotta [illegible], Gavottamente [illegible] das [illegible] [illegible] [illegible] [illegible] [illegible] [illegible] [illegible].

Gavazzare, [illegible] [illegible] [illegible] [illegible] für Freuden [illegible] [illegible].

Gaudio, allegrezza, die Freude, die [illegible], die [illegible] pl. en.

Gaviglia, [illegible] [illegible] [illegible] [illegible] [illegible] [illegible] [illegible] [illegible] [illegible].

Gazza, gazzera, [illegible], die Elster pl. [illegible] [illegible] [illegible] [illegible] [illegible] [illegible] [illegible] [illegible] [illegible].

Gazzetta, die [illegible] Zeitungen, der [illegible] pl. (blätter).

Gazzettiere, der Zeitungs[illegible] gen. [illegible]

GE

Gelamento, der [illegible] gen. [illegible], das [illegible] [illegible].

[illegible] [illegible] [illegible] [illegible] [illegible]

[illegible] [illegible] [illegible] [illegible] [illegible] [illegible]

Gelatina, eine [illegible].

Gelato, [illegible] [illegible] [illegible] [illegible] [illegible].

Gelicidio, [illegible] [illegible] [illegible] [illegible] [illegible], [illegible] [illegible] [illegible] durch [illegible] [illegible] [illegible] [illegible].

Gelidezza, der Frost gen. [illegible], die Kälte, [illegible] die [illegible] [illegible].

Gelido, [illegible] [illegible] [illegible] [illegible] [illegible] [illegible] [illegible] [illegible].

Gelo, o [illegible], der Frost gen. es, die Kälte.

Gelosamente, [illegible] [illegible] [illegible] [illegible] [illegible] [illegible] über etwas.

Gelosia, die Eifersucht [illegible] der [illegible], [illegible] [illegible] [illegible] der [illegible] [illegible] [illegible] [illegible] [illegible] [illegible] [illegible] [illegible] [illegible] [illegible].

Geloso, [illegible] eifersüchtig [illegible] [illegible] [illegible] [illegible] [illegible] [illegible] über [illegible] [illegible] [illegible] [illegible] [illegible] [illegible] [illegible] [illegible] [illegible] [illegible] [illegible].

Gelso (frutto), die Maulbeere pl. n.

Gelso (albero), der Maulbeerbaum gen. [illegible] (Maulbeerbäume).

Gelsomino, [illegible] [illegible] [illegible] [illegible] [illegible] [illegible] [illegible] [illegible] gen. [illegible]

Gemello, der Zwilling gen. [illegible] pl. [illegible]

Gemente, [illegible] [illegible] [illegible] [illegible] [illegible].

Gemere, [illegible] [illegible] [illegible] [illegible] [illegible] [illegible] [illegible] [illegible] [illegible] [illegible] [illegible] [illegible] oder [illegible].

Geminare, [illegible] [illegible] [illegible] [illegible] [illegible].

Gemito, [illegible] [illegible] [illegible] [illegible] des [illegible].

Gemma, [illegible] [illegible] [illegible] [illegible] [illegible] gen. [illegible] [illegible] [illegible] [illegible] [illegible] [illegible].

[illegible] [illegible] [illegible] gen. [illegible] pl. e, die [illegible] [illegible] [illegible] [illegible] [illegible] [illegible] [illegible] [illegible] [illegible] [illegible] [illegible] [illegible] [illegible] [illegible].

[illegible] [illegible] [illegible] [illegible] [illegible] [illegible] [illegible] gen. [illegible] [illegible] [illegible] [illegible].

[illegible] [illegible] [illegible] [illegible] [illegible] [illegible].

Generalità, [illegible] [illegible] [illegible] [illegible] [illegible] [illegible] [illegible] [illegible] [illegible] [illegible].

Generativo, [illegible] [illegible] [illegible] [illegible] [illegible] [illegible] [illegible] [illegible] nicht [illegible] wird.

Generalità, [illegible] [illegible] [illegible] [illegible] [illegible] [illegible] [illegible].

Generalato, [illegible] [illegible] gen. [illegible] pl. (äuter), die [illegible] [illegible], die Generalwürde pl. n.

Generale, *sost.* der Oberbefehlshaber (e. d. einer Armee, eines geistlichen Ordens).

Generale, *ag.* generale, allgemein; in generale, überhaupt.

Generalità, die Allgemeinheit, alle, im Gemeinen genommen, alle insgemein; alle Generale überhaupt, die Generalität.

Generalmente, *av.* überhaupt, insgemein.

Generamento, e generazione, die Zeugung, die Erzeugung [illegible], die Geburt, das Geschlecht gen. [illegible] pl. [illegible]; l'umana generazione, das menschliche Geschlecht; molte generazioni [illegible], viele Zeitalter [illegible]; alla terza generazione, im dritten [illegible].

Generante, *ag.* zeugend, erzeugend, der da zeuget.

Generare, zeugen v. r. (als Kinder), gebären v. ir. comp. schaffen v. r. [illegible], hervorbringen, verursachen v. r. comp., entstehen v. ir. comp., machen v. r.

Generativo, *ag.* was zur Zeugung gehört, oder zur Zeugung vermögend ist, wirkend.

Generatore, der Erzeuger gen. [illegible], der Zeuger; [illegible] der Urheber gen. [illegible]

Generazione, die Zeugung, die Hervorbringung [illegible], die Geburt, das Geschlecht gen. [illegible], der Stamm gen. [illegible] pl. (Stämme); V. Generamento.

Genere, das Genus, in der Logik, in der Grammatik, oder ein Begriff der vieler Sachen gemein ist, [illegible] das Geschlecht der Nennwörter; überhaupt eine Gattung, eine Art, eine Weise; negoziare in ogni genere di merci, in allen Gattungen von Waaren handeln; egli è eccellente in ogni genere di dottrina, er ist in aller Art der Wissenschaften vortrefflich; [illegible] in genere, insgemein, überhaupt, im allgemeinen Verstande.

Genericamente, *av.* insgemein, überhaupt, im Ganzen.

Generico, *ag.* was zu einer Art gehört, sie ausmacht (in der Logik).

Genero, der Schwiegersohn gen. [illegible] pl. (Söhne), der Tochtermann gen. [illegible], der Eidam gen. s.

Generosamente, *av.* großmüthiger Weise, freygebig, [illegible], großmüthig.

Generosità, die Großmuth, die Großmüthigkeit, die Freygebigkeit, die Tapferkeit [illegible]; ein edles Gemüth gen. s, eine [illegible] That.

Generoso, *ag.* großmüthig, edelmüthig, [illegible] tapfer, der freywillig große Dinge thut; vino generoso, ein starker Wein, der viel Geist hat, [illegible].

Gengia, e gengiva, das Zahnfleisch gen. es.

Genìa, eine schlechte Art, das Geschmeiß gen. es, die Brut.

Geniale, *ag.* nach der angebornen Art und Natur; un uomo geniale, ein lieblicher Mann; il letto geniale, das Ehebett.

Genialità, die Zuneigung, V. Inclinazione.

Genio, preso per [illegible], der Geist gen. es; per inclinazione, die Neigung, die Art, die Natur, die Lust; questo è il genio mio, das ist meiner Art; a mio genio, nach meiner Art, nach meinem Geschmacke; aver genio a [illegible], Lust haben; perder il genio, die Lust verlieren; andare a genio, [illegible]; di buon genio, mit [illegible]; dare nel genio ad uno, jemanden gefallen.

Genitale, *ag.* das zum Zeugen gehört; *sost. pl.* i genitali, die Geburtsglieder.

Genito, *ag.* gebohren, erzeuget; il primogenito, der Erstgeborne.

Genitore, der Vater gen. s; pl. i genitori, die Eltern.

Genitura, die Geburt, das Gebähren gen. s [illegible], der Geburtsstamm; la primogenitura, die Erstgeburt.

Gennajo, e gennaro, der Jenner gen. s.

Gentaglia, gente vile, das gemeine Volk, der Pöbel, das liederliche Gesindel gen. s.

Gente, die Leute, das Volk gen. es; la gente di servizio, die Dienstleute; gente d'armi, die Kriegsleute, die Soldaten, das Kriegsvolk; levar gente, Soldaten werben; buona gente, rechtschaffene Leute; gente bassa, das liederliche Gesindel, der gemeine Pöbel gen. s.

[illegible], [illegible] [illegible] [illegible] ein [illegible] [illegible] Name [illegible] [illegible]
[illegible]

Ge[illegible], [illegible] [illegible] [illegible] [illegible] [illegible] [illegible]

Ge[illegible], [illegible] [illegible], die Heiden.

Ge[illegible], [illegible] [illegible] [illegible] [illegible] [illegible] [illegible] auf heidnische Art.

Ge[illegible], [illegible] [illegible] [illegible] [illegible] [illegible] herrlich, [illegible] [illegible] [illegible] [illegible] [illegible] [illegible] [illegible]

Ge[illegible], das [illegible]

Ge[illegible], die [illegible] [illegible] [illegible] [illegible] [illegible] [illegible] [illegible] [illegible] [illegible] [illegible] [illegible] [illegible] [illegible], die [illegible] [illegible]

Ge[illegible], [illegible] [illegible] [illegible] [illegible] [illegible] [illegible] [illegible] [illegible], die Geschlechts-Familien [illegible] [illegible]

Ge[illegible], [illegible] [illegible] [illegible] [illegible] [illegible] [illegible] [illegible] [illegible] [illegible] [illegible]

Ge[illegible], [illegible] [illegible] [illegible] [illegible] [illegible] [illegible] [illegible] [illegible] [illegible] [illegible] [illegible] [illegible]

Ge[illegible], das [illegible], [illegible] [illegible] [illegible] [illegible] [illegible]

Ge[illegible], [illegible] auf [illegible] [illegible] [illegible] [illegible] [illegible]

Ge[illegible], [illegible] [illegible] [illegible] [illegible] [illegible], auf der [illegible] [illegible] [illegible] [illegible] [illegible] [illegible] [illegible] [illegible] [illegible]

Genio, naturale, natürlich, [illegible] [illegible] [illegible] [illegible] [illegible]

Ge[illegible] [illegible], [illegible] [illegible], die [illegible]

Ge[illegible], die [illegible] [illegible] [illegible] [illegible] [illegible] [illegible] [illegible]

Ge[illegible], [illegible] [illegible] [illegible] [illegible] [illegible]

Ge[illegible], [illegible] [illegible] [illegible] [illegible] [illegible] [illegible] [illegible] [illegible]

Ge[illegible], [illegible] [illegible] [illegible] [illegible] [illegible] [illegible]

Ge[illegible], [illegible] [illegible] [illegible], das [illegible] [illegible] [illegible] [illegible]

Geometra, [illegible], ein [illegible] [illegible] [illegible] [illegible], der die [illegible], oder Geometrie [illegible]

Ge[illegible], die [illegible], die [illegible]

Ge[illegible], [illegible] [illegible] [illegible], nach der [illegible]

Ge[illegible], [illegible] [illegible], was zu [illegible] [illegible]

Gera[illegible], [illegible], der [illegible] [illegible], der [illegible] der [illegible]

Ge[illegible], der geistliche Stand, [illegible] [illegible], die Hierarchie, die geistliche Herrschaft.

Ge[illegible], [illegible] [illegible] geistlichen [illegible] [illegible] der [illegible] Herrschaft, zur Hierarchie gehörig, [illegible]

Geres, ein [illegible] [illegible] [illegible] [illegible] [illegible] [illegible] [illegible] [illegible] die [illegible] [illegible] [illegible] [illegible] [illegible] [illegible] [illegible] [illegible] [illegible] [illegible] [illegible] [illegible] [illegible]

Gergone, die [illegible], die [illegible] [illegible] [illegible] [illegible]

Gerle, [illegible] [illegible], der [illegible] [illegible] [illegible] [illegible]

Germania, das Deutschland, [illegible] [illegible]

Ge[illegible], [illegible] die Schwester [illegible] [illegible] [illegible] [illegible] [illegible] [illegible] [illegible]

Germanico, [illegible] deutsch.

Ge[illegible], [illegible] der Bruder [illegible] [illegible] [illegible] [illegible] [illegible] [illegible] [illegible] [illegible] [illegible] [illegible] [illegible]

Germe, der [illegible] [illegible] [illegible] der [illegible] [illegible] [illegible] [illegible] der [illegible] [illegible] [illegible] [illegible] [illegible] [illegible] [illegible]

Ge[illegible], [illegible] [illegible] [illegible] [illegible] Germogliare [illegible]

Germinazione) [illegible] [illegible], das
Germogliamento) [illegible] [illegible] [illegible] [illegible] [illegible]

Germogliante, [illegible] [illegible], [illegible] [illegible] [illegible] [illegible] [illegible]

Germogliare, [illegible], [illegible] [illegible] [illegible] [illegible] [illegible] [illegible] [illegible] [illegible] [illegible] [illegible] [illegible] [illegible] [illegible] [illegible] [illegible] [illegible] [illegible] [illegible]

Germoglio, der [illegible] [illegible] [illegible], der [illegible] [illegible] [illegible] [illegible]

[illegible] die Quaste [illegible] Bramuccio, das Ding [illegible]

Gargarizzare, [illegible] gurgeln [illegible]

Garigliano, [illegible] der Fluß [illegible] die himmlische [illegible] eine Kunst oder Wissenschaft.

Gesto, der [illegible]

Gettare, [illegible]

Gello, [illegible] die [illegible]

Ge[illegible] [illegible] eine Zeichnung, Ge[illegible] machen [illegible]

Gesto, die Gebärde [illegible] die Stellung des Leibes, die Bewegung der Hände im Reden.

Gesù, [illegible] della Compagnia di Gesù, die geistliche Jesuiten.

Geto, die Oeffnung an einem Schiebel [illegible] was gießt, das Gießhaus [illegible]

Getramento, e gettamento, das Werfen [illegible] der [illegible]

Gettare, e gittare, werfen [illegible] eu[illegible] [illegible] wegwerfen [illegible] gettar la [illegible] le fondamenta, den Grund legen [illegible] gettar [illegible] verlieren [illegible] gettar il tempo, die Zeit [illegible] gettar parole al vento, [illegible] [illegible] tempo [illegible]

Ge[illegible], e gittare, [illegible] in [illegible] Spanischen [illegible]

[illegible] Geschlecht [illegible] [illegible] ein Fleischmen[illegible]

Geito, ein Ausschößling von Blumen, ein Kunz von Blumen [illegible] das [illegible] [illegible] lavoro di gesso, die [illegible] Arbeit [illegible] ein Gypsmacher.

G H

Ghermire, mit den Klauen fassen [illegible] [illegible] Gewalt [illegible]

Gheroncino, die [illegible]

Gherone, der Saum oder [illegible] Stück eines Kleides; [illegible] ein Stück von etwas.

Ghetto, [illegible] Judenstadt [illegible]

Ghezzo, [illegible] schwarz [illegible] eine Mohrin [illegible] die Weintraube [illegible] [illegible] schwarz zu werden.

Ghiacciaia, eine Eisgrube [illegible]

Ghiacciare, gefrieren, einfrieren, [illegible]

Ghiacciato, [illegible] [illegible] im Eis [illegible] ghiacciato, im Eis gekühlter Wein.

Ghiaccio, das Eis [illegible] rompere il ghiaccio, brechen das Eis, oder einen Weg machen [illegible] Ghiaccio, auf Eis [illegible]

Ghiacciuolo [illegible], eine Schweinerin.

Ghiado, der außerordentliche Frost [illegible]

Ghiaia, e ghiara, der grobe Sand, der Kies [illegible] die [illegible]

Ghiajata, das Ausfüllen mit groben Sande.

Ghiajoso, [illegible] kiesicht, voll Kies.

Ghianda, die Eichel [illegible] das [illegible] die Eichel am männlichen Gliede.

Ghiera, eine Spitze an einem Stocke, [illegible] ein kleiner [illegible] [illegible] eine Art Pfeile [illegible] gewisse [illegible]

Ghignare, e sghignazzare, [illegible] lächeln [illegible]

Ghigno, das Kichern, das Auslachen [illegible]

Ghindo, eine Unterstellung, wodurch man [illegible] Holz nach Brettern [illegible], eine Brettsäge, unter dem Brettern zu sägen.

Ghiottonaccio, *ag.* begierig im Essen; *it.* [illegible] schmeckend.

Ghiotto, *ag.* gefräßig, naschhaft; *mer.* begierig, lüstern; *it.* [illegible] schmaut, lüsterne Speisen, Bissen; [illegible] gierige Blicke; [illegible] ein guter Schmarutzbruder seyn.

Ghiottone, ein Fresser, ein Prasser *gen.* [illegible], ein lose Schalk, ein loser Bube *gen.* [illegible]

Ghiottoneria, die Fresserey, die Prasserey *pl.* en; *it.* die Schalkerey, die Schelmerey *pl.* en.

Ghiribizzare *ec.*, nachsinnen [illegible], *V.* Fantasticare *ec.*

Ghirlanda, der Kranz *gen.* es, *pl.* (Kränze); der Blumenbund *gen.* es, *pl.* (Bünde); der Strauß *gen.* es, von Blumen *pl.* (Sträuße).

Ghiro (*animal noto*), eine Haselmaus, eine Ratte *gen.* [illegible], die Ratte, die Ratze *pl.* en; [illegible] dorme come un ghiro, er schläft wie eine Ratze.

Ghirnada, *term. Agronom.* [illegible] *di corde*, die Leyer *pl.* n.

G I

Già, *av.* schon, bereits, vormals, einmal; *it.* [illegible] gia, nicht etwa, nicht eben, nicht wohl, [illegible] gia, gia, *in* [illegible] ehemalig, weiland.

Giacchè, *conj.* weil, dieweil, sintemal.

Giacchio, ein rundes Fischnetz *gen.* es.

Giacente, *ag.* liegend, niederliegend; [illegible] piano giacente, die platte Ebene; eredità giacente, eine Erbschaft, worüber man streitet.

Giacere, liegen *v. ir.*, giacere a letto, zu Bette liegen *v. ir.*, [illegible] [illegible] [illegible]

Giacere, *sust.* *V.* Giacimento, das Liegen *gen.* [illegible] *pl.* [illegible]

Giacinto (fiore), die Hyacinthe *pl.* n; [illegible] *terra pietra preziosa*, der Hyacinth *gen.* es, *pl.* en.

Giacitura, die Lage eines Dinges; la giacitura delle parole, die Stellung der Worte in der Redekunst.

Giallastro, *ag.* gelblicht, blaßgelb.

Gialleggiante, *ag.* gelblicht, ins gelbliche fallend.

Gialleggiare, ins gelbliche fallen *v. ir.*, gelb aussehen *v. ir.*, [illegible] werden *v. ir.*

Giallelli, *ag.* etwas gelblicht, ins gelbliche fallend.

Giallezza, *f.* giallume, die Gelbheit, die gelbe Farbe *it.* der gelbe Schaum *gen.* s.

Giallicio, *ag.* gelblicht, *V.* Giallastro.

Giallo, *ag.* gelb; *it.* [illegible], blaß, zitronfarbig.

Giambo, eine Art Sylbenmaßes in der Prosodie; ein Jambus, aus einer kurzen und langen Sylbe bestehend.

Giammai, *av.* jemals; *it.* negativamente, non mai, niemals; keinesweges.

Giannetta, ein spanisches Roß *gen.* es, *pl.* (Rosse); *it.* eine Art Picken; *it.* der Spieß *gen.* es, *pl.* e, der Stab *gen.* s, *pl.* e.

[illegible], ein [illegible] *gen.* [illegible] *pl.* en.

Giardino, eine [illegible] der Pferde an den Beinen in der Kniekehle; *it.* die Pocken, das Kuhpockek.

Giardiniere, der Gärtner *gen.* s.

Giardino, der Garten *gen.* s, *pl.* (Gärten).

Giarrettiera, die Pockbaren *pl.* en, das Kniebaud *gen.* s.

Gigante, der Riese *gen.* n, *pl.* n.

Giganteggiare, ungeheuer groß wachsen *v. ir.*

Gigantescamente, *av.* ungeheuer, ungeheuer groß.

Gigantesco, *ag.* riesenförmig, riesenmäßig, ungeheuer groß.

Gigantessa, ein ungeheuer großes Weib *gen.* s, *pl.* er.

Gigliato, *sust.* eine Sorte eines florentinischen Ducatens; *ag.* mit Lilien bestreuet.

Giglio, *Linee.* eine Lilie; giglio bianco, weiße Lilie; olio di giglio das Lilienöl *gen.* s.

Ginepra, die Wachholdersträuche *pl.* n; der Wachholderstrauch *gen.* s, *pl.* (Sträuche); coccolo di ginepra, die Wachholderbeere.

Ginestra, der Ginst *gen.* es, der Ginster *gen.* s, die Pfingstblume *pl.* n.

Ginocchio, e ginocchio, das Knie

gen. [illegible] seinen Menschen, [illegible] in [illegible] das [illegible] in [illegible], auf den Knien liegend.

Ginocchione, av. auf den Knien, mit gebogenen Knien, oder gi[illegible]occhioni, auf die Knie fallen.

Giocare ec. [illegible] v. r. [illegible] giocare ec.

Giocherello, [illegible].

Giocherellamente, av. [illegible].

Giocolare, [illegible] ein Taschenspieler, [illegible], aus der Tasche spielen v. r.

Giocolarmente, av. [illegible].

Giocolatore, ein [illegible] gen. [illegible].

Giocondamente, av. fröhlich, lustig, [illegible].

Giocondare, fröhlich seyn, lustig seyn [illegible] giocondarsi, sich erfreuen, [illegible] v. r.

Giocondevole, ag. fröhlich, [illegible].

Giocondità, die Fröhlichkeit, die [illegible], die [illegible], die Lustigkeit, die [illegible], [illegible] des [illegible] gen. [illegible], die Wonne.

Giocondo, ag. fröhlich, lustig, [illegible].

Giocosamente, av. scherzhaft, auf eine kurzweilige Art.

Giocoso, ag. scherzhaft, kurzweilig, [illegible].

Giojello, [illegible] v. Lilio.

Gioja, das [illegible] gen. [illegible] eine [illegible], eine [illegible], eine Ergötzlichkeit, eine [illegible].

Gioja, die Freude, die [illegible], das Vergnügen gen. [illegible] ein Edelstein gen. [illegible], ein Kleinod gen. [illegible] [illegible] mein Schatz.

Giojalità, die Fröhlichkeit, [illegible] Vergnügen [illegible] gen. [illegible].

Giojellare, mit Juwelen, Edelsteinen besetzen v. r. [illegible].

Giojelliere, ein Juwelier gen. [illegible].

Giojello, ein Werk von Juwelen, [illegible] Halsschmuck der Weiber von Juwelen, [illegible], ein Kleinod von Edelgesteinen.

Giojosamente, av. mit Freuden, fröhlich, lustig, [illegible].

Giojoso, ag. fröhlich, freudig, lustig, [illegible].

Gioire, godere, [illegible] v. [illegible] provar gioja, fröhlich, freudig, lustig seyn v. [illegible], [illegible] v. r., [illegible].

Giornale, [illegible] das Tagebuch gen. [illegible] (Bücher), das Handbuch, des [illegible] gen. [illegible].

Giornata [illegible] alle Tage [illegible].

Giornalmente, av. täglich, alltäglich, alle Tage.

Giornata, [illegible] pl. [illegible] ein Tag.

Giorno, [illegible] von einem Tage, di giorno, bey Tage, giorno di [illegible], der Holzgeiltag [illegible], ein giorno, [illegible], Tagen, [illegible], dereinst; giorno di [illegible], der Festtag; giorno natalizio, das Geburtsfest; giorno di penitenza, der Bußtag; giorno di mercato, der Marktag; giorno di riposo, der Ruhetag; giorno di festa, der Feyertag; giorno di lavoro, der Werktag; giorno di posta, der Posttag; il [illegible] giorno, der übermorgende Tag; tre giorni fa, vor drey Tagen; ogni giorno, alle Tage; [illegible], [illegible] Tagen, ehegestern; [illegible] a [illegible] giorno, nicht lange hernach; [illegible] a giorno, am [illegible]; [illegible] il giornata, des Tages [illegible] giorno, [illegible] giorno, des Tages [illegible] il giorno, [illegible] giorno, [illegible] vor Tage.

Giostra, [illegible] Ritterspiele, oder Turniere.

Giostrante, [illegible], ein Turnierer gen. [illegible].

Giostrare, [illegible] v. r. Ritterspiele halten v. [illegible], einen Kampf mit dem andern halten.

Giovamento, der Nutzen, [illegible], behülflich seyn.

Giovane, e giovine, [illegible] der Jüngling [illegible] von [illegible], ein junges Mädchen, ein Mädchen gen. [illegible], pl. giovani, das junge Volk, un [illegible] di [illegible], ein [illegible] [illegible] gen. [illegible].

Giovare, av. [illegible].

Giovanetto, ein sehr junger Mensch gen. [illegible] jugendlich.

Giovanezza, e giovinezza, das jünge Alter gen. m. die Jugend.

Giovanile, ag. jugendlich; was zur Jugend gehört.

Giovanilmente, av. jugendlich, nach Art der Jugend.

Giovanotto, ein frischer Jüngling gen. [illegible] ein junger und lebhafter Mensch gen. [illegible] pl. [illegible]

Giovare, helfen v. ir., nützlich seyn v. aus. [illegible] v. ir. [illegible] mi [illegible] [illegible], sich etwas zu Nutze machen v. r.

Giovedì, der Donnerstag gen. [illegible] pl. [illegible] Giovedì santo, der grüne Donnerstag.

Giovenca, eine junge Kuh [illegible] [illegible]

Gioventù, die Jugend, das junge Volk gen. [illegible]

Gioviale, ag. fröhlich, [illegible] [illegible] [illegible]

[illegible]

Giramento, das Umdrehen gen. [illegible] der Umschweif gen. [illegible] der Umgang gen. [illegible] giramento di capo, der Schwindel gen. [illegible]

Girandola, [illegible] das im [illegible] herumläuft [illegible] der Umschweif gen. [illegible] das Herumdrehen [illegible]

Girandolare, umschweifen [illegible] [illegible]

Girare, herumdrehen, [illegible] v. [illegible] herumdrehen, [illegible] [illegible] im Kreise herum gehen; [illegible] herumdrehen [illegible] [illegible] [illegible] die Augen [illegible] [illegible] die Welt durchreisen [illegible] [illegible] [illegible] [illegible] [illegible] [illegible] [illegible] [illegible] [illegible] [illegible] von den Wellen [illegible]

Girasole, eine Sonnenblume.

Girata, der Umlauf, der Umlauf gen. [illegible] [illegible] [illegible]

Giravolta, [illegible] [illegible] gen. [illegible] pl. [illegible]

Girevole, ag. [illegible] [illegible] [illegible] [illegible] [illegible]

Giro, der Kreis gen. [illegible] pl. [illegible] der Umkreis, der Umschweif gen. [illegible] der Umlauf gen. [illegible] pl. Umläufe [illegible] [illegible] [illegible] eine Umdrehung des Wagens;

[illegible] [illegible] [illegible] [illegible] [illegible] [illegible] [illegible] [illegible] [illegible] [illegible] [illegible] [illegible] [illegible] [illegible]

Gito, [illegible] das Giessen gen. [illegible] [illegible] [illegible] [illegible] [illegible] [illegible]

Giù, av. hinunter, herunter, herab, unten, [illegible] [illegible] [illegible] [illegible] [illegible] [illegible] [illegible] [illegible] [illegible] [illegible] [illegible] [illegible] [illegible]

Giubba, der Wammes.

Giubilante, ag. jauchzend, frohlockend.

Giubilare, jauchzen v. [illegible] frohlocken v. [illegible] [illegible] v. [illegible]

Giubilazione, die Freudenbezeugung, das Jauchzen, das Frohlocken, das Freudengeschrey pl. [illegible]

Giubileo, das Jubeljahr, das heilige Jahr, das Jubiläum gen. [illegible]

Giubilo, das Freudengeschrey, v. Giubilazione.

Giucare, [illegible] spielen v. [illegible] v. Giuocare ec.

Giudaicamente, av. auf jüdisch, jüdischerweise.

Giudaico, ag. jüdisch.

Giudaismo, das Judenthum gen. [illegible]

Giudaizzare, jüdisch leben, glauben, [illegible] [illegible] [illegible] [illegible] [illegible] [illegible]

Giudeo, [illegible] der Jude gen. [illegible] pl. [illegible] Juden.

Giudicamento, das Urtheilen, das Richten gen. [illegible] das Urtheil gen. [illegible] das Gutachten gen. [illegible] die Überlegung pl. [illegible]

Giudicante, ag. urtheilend.

Giudicare, urtheilen v. [illegible] richten [illegible] [illegible] [illegible] [illegible] ein Urtheil sprechen [illegible] [illegible] [illegible] [illegible] [illegible] [illegible] [illegible] [illegible] [illegible] halten [illegible] [illegible] [illegible] [illegible] [illegible] [illegible] [illegible] [illegible] [illegible] [illegible] [illegible] [illegible]

Giudicato, [illegible] [illegible]

Giudicato, *sost.* das Richteramt *gen.* s, der Richterstuhl, der Spruch *gen.* s, *pl.* (Aussprüche), passare in giudicato, [illegible] [illegible] v. *ir.* [illegible] werden v. *ir.*

Giudicatore, der Richter, der Urtheilsprecher *gen.* s, eines der [illegible]

Giudicatorio, [illegible] gerichtlich, dem Richteramt [illegible]

Giudicatura, die Entscheidung, *pl.* en, [illegible]

Giudicazione, die Entscheidung, die Beurtheilung *pl.* en, das Richten [illegible]

Giudice, der Richter *gen.* s, *it.* ein Kenner, der von etwas urtheilen kann, giudice [illegible] Richter, und [illegible] giudice criminale, [illegible] giudice delle [illegible] [illegible] giudice del [illegible] [illegible]

Giudiciale, e giudiziale, gerichtlich, [illegible] rechtmäßig, nach der Gerichtsordnung.

Giudicialmente, *av.* gerichtlicherweise, gerichtlich.

Giudicioso, vernünftig *u.*, *s.* Giudizioso.

Giudicio, e giudizio, die Urtheilskraft, der Verstand etwas zu urtheilen, *it.* das Urtheil *gen.* s, *pl.* e, der gerichtliche Ausspruch *gen.* s, *pl.* (Aussprüche), *it.* das Gerichte *gen.* s, das Gericht *gen.* s, *pl.* e, *it.* die Rückerinnerung [illegible] der Recht sprechen, [illegible] giudizio finale, das jüngste Gericht, a mio giudizio, meiner Meynung nach, meines Erachtens.

Giudiziosamente, *av.* klüglich, mit Verstand, weislich, vernünftig.

Giudizioso, verständig, klug, [illegible]

Giuggiola, [illegible] die [illegible] [illegible] *gen.* s.

Giuggiolo (Albero), der [illegible] *gen.* s, *pl.* (Bäume.)

Giugnere, e giungere, ankommen, anlangen *v. ir. comp.*, hinzuthun *v. ir. comp.*, [illegible] [illegible] [illegible] [illegible] [illegible] [illegible] [illegible] [illegible] er hat [illegible] auf dem [illegible] [illegible] [illegible] [illegible] das [illegible]

ist angekommen, [illegible] [illegible] er ist so weit gekommen, er brachte es so weit daß, [illegible] giugnere le mani, die Hände falten [illegible]

Giugnimento, e giungimento, die Zusammenfügung, Zusammenfügung, Verbindung, Vereinigung *pl.* en.

Giugno, der Monat Junius.

Giulebbare, [illegible] *v.* [illegible] *comp.*, bis ein Julep wird, *it.* mit Julep [illegible]

Giulebbo, [illegible] mit Zucker gekocht.

Giulebbe, e giulebbo, der Julep *gen.* s, *it.* ein Kühltrank aus Kräutersäften durch Zucker ausgekocht.

Giulivamente, *av.* fröhlich, lustig, aufgeräumt.

Giulivo, [illegible] fröhlich, lustig, freudig.

Giumenta, die Stute *pl.* n, *it.* ein Lastthier, ein Lastpferd *gen.* s, *pl.* e.

Giumento, das Maulthier, ein lasttragendes Thier, ein Saumpferd *gen.* s, *pl.* e.

Giuncaja, ein Ort voll Binsen, oder wo Binsen wachsen.

Giuncare, mit Binsen, mit Kräutern bestreuen *v.* [illegible] *comp.*

Giuncata, ein frischer ungesalzener Käs, die zwischen Binsen [illegible] [illegible] Seide [illegible] wird.

Giunchiglia (Fiore), eine Jonquille, eine Art Narcissen, die Binsenblume.

Giunco, die Binse *pl.* n, giunco odorato, der Kalmus *gen.* [illegible]

Giungere, anlangen *v.* [illegible] *comp.*, *s.* Giugnere.

Giunta, Aggiunta, die Zugabe, [illegible] *gen.* [illegible] *pl.* [illegible] der Zusatz *gen.* es, *pl.* [illegible] die Zugabe *pl.* n, [illegible] [illegible] [illegible]

Giuntamente, *av.* zugleich, zusammen, [illegible] mit [illegible] [illegible]

Giunto, vereinigt, [illegible] das Gelenke *gen.* s, *pl.* [illegible] Argumento, [illegible] [illegible]

Giuocare, [illegible] [illegible] [illegible] [illegible] [illegible] [illegible] [illegible] [illegible] [illegible] [illegible] [illegible] [illegible] [illegible] was ist der Besten? giuocare agli [illegible], Dopvel spielen.

Giuocatore, der Spieler gen. s.

Giuoco, das Spiel gen. es; fig. der Spaß, der Scherz gen. es, un giuoco da [illegible], un giuoco di carte, ein Kartenspiel gen. s, ein Spiel Karten pl. e; vincere il giuoco, das Spiel gewinnen; un giuoco d'acqua, eine Wasserkunst; un giuoco di mano, ein Taschenspiel; parlar per giuoco, nicht im Ernste reden; pigliarsi giuoco di uno, einen zum Besten haben; [illegible] per giuoco, aus Scherz.

Giuramento, der Eid gen. es, der Schwur gen. s, pl. Schwüre; giuramento falso, der Meineid gen. es; un giuramento falso, ein falscher Eid.

Giurante, ag. schwörend; sos. ein Schwörender gen. s, ein Schwörender gen. s.

Giurare, schwören, einen Eid thun v. irr. i. er, verbeuern, mit einem Eide, Schwure versichern, behaupten v. r. comp., eidlich versprechen v. irr. comp., angeloben v. r. comp. [illegible] bestemmiare, fluchen, Gott lästern v. r.

Giurato, part. geschworen; un [illegible] giurato, ein [illegible], ein [illegible] giurato, ein Verschworener.

Giuratore, ein Schwörer, ein Schwörer gen. s.

Giuratorio, ag. eidlich.

Giureconsulto, ein Rechtsgelehrter gen. s.

Giuridicamente, av. nach den Rechten, in Form der Rechte.

Giuridico, ag. rechtmäßig, nach den Rechten.

Giurisdizionale, ag. was zur Gerichtsbarkeit gehöret.

Giurisdizione, die Gerichtsbarkeit, die Botmäßigkeit pl. en, die richterliche Macht, das Gericht; it. das Gebiet gen. es, der Gerichtszwang gen. s.

Giurisprudenza, die Rechtsgelehrsamkeit.

Giurista, ein Rechtsgelehrter gen. s, ein Doctor der Rechte.

Giusdicente, der das Recht spricht.

Giusquiamo (erba), das Bilsenkraut gen. s.

Giusta, secondo, a misura, conforme ec., prep. nach, laut, gemäß, vermöge; giusta il suo volere, nach seinem Willen.

Giustamente, av. billig, mit Rechte, [illegible], [illegible] [illegible], aufs genaueste.

Giustezza, der genaue Fleiß gen. es, die genaue Art, die Richtigkeit, die Richtigkeit, die Genauigkeit pl. en.

Giustificante, ag. rechtfertigend, beweisend.

Giustificare, rechtfertigen v. r. comp., gerecht machen v. r., darthun, beweisen v. irr. comp., die Unschuld darlegen, unschuldig erklären v. r. comp., Recht geben v. irr.

Giustificarsi, sich rechtfertigen, verantworten, verantworten v. r. comp.

Giustificatamente, av. mit Recht, gründlich bewiesen.

Giustificativo, ag. rechtfertigend, entschuldigend, zum Beweis, zur Rechtfertigung dienend.

Giustificatore, ein Rechtfertiger gen. s.

Giustificazione, die Rechtfertigung, die Verantwortung, die Entschuldigung pl. en, der Beweis gen. es, pl. e, der Rechtfertigung, die Entschuldigung pl. en.

Giustizia, die Gerechtigkeit, die Billigkeit, das Gericht, die Gerichtsbarkeit, das Recht gen. s, die Schärfe, die Obrigkeit, oder die Gerichtsperson; per via di giustizia, gerichtlich; il tribunale di giustizia, das peinliche Gericht gen. es; [illegible] delle 4 virtù teologali, Justitia.

Giustiziare, hinrichten, strafen v. r., [illegible] v. r. comp., [illegible] am Leben [illegible] v. r. comp.; far giustiziare a morte, zum Tode verurtheilen v. r. comp.

Giustiziato, sos. ein Missethäter, der hingerichtet worden ist.

Giustiziere, Gerichtsdiener, der Scharfrichter gen. s; [illegible] Giustiziere, der Richter gen. s.

Giusto, ag. gerecht, billig, recht, richtig, [illegible], fig. ein Gerechter; av. richtig.

Giusto prep. secondo, a misura ec., nach, vermöge, v. Giusta.

G L.

Glabe, der Stachel, der Schling gen. s, pl. e.

Glaciale, ag. eisig; il mare glaciale, das Eismeer gen. s.

Gladiatore, ein Fechter bey den Römern.
Glandula, die Drüse, pl. e.
Glandulosa, ag. voller Drüsen, drüsicht.
Glauco, ag. grünlicht, bläulicht, meergrün, lichtblau, seeblau; [illegible] ein Meerapfel.
Glave (pelar), der Schwerdtfisch gen. es, pl. e.
Gli, pron. pl. die, der, sing. ihm.
Gli [illegible] dat. dat. gli, ed [illegible] la, ihm, sie.
Glielo, comp. dal dat. gli, ed acc. lo, [illegible] ihm, ihr, ihnen, sie.
Glielo, comp. dal dat. gli, ed acc. lo, ihm, es.
Gliene, comp. dal dat. gli, e dalla part. ne, masc. ihm davon, fem. ihr davon.
Globo, ein runder, [illegible] Körper, eine Kugel; il globo celeste, die Himmelskugel, globo terrestre, die Erdkugel.
Globosità, die [illegible] Gestalt, pl. en.
Globoso, ag. kugelrund, kugelförmig.
Gloria (la Gloria), (della vita eterna), die Herrlichkeit Gottes, des ewigen Lebens; per l'onore, lode [illegible], der Ruhm gen. es, das Lob gen. es, die Ehre; [illegible] gloria, der Stolz gen. es; darsi gloria di alcuna cosa, sich einer Sache rühmen [illegible] riputarsi a gloria, sich eine Ehre daraus machen [illegible] a gloria, per gloria, zur Ehre, zum Ruhm.
Gloriante, ag. prahlend, lobend, der sich rühmet, lobt.
Gloriare, rühmen [illegible], preisen [illegible] loben [illegible]
Gloriarsi, sich rühmen [illegible], sich [illegible]
Glorificatore, die [illegible], der Ruhmsucht, das Rühmen, Loben, Preisen gen. [illegible]
Glorificazione, die Verherrlichung, [illegible] Glorificazione.
Glorificante, ag. rühmend, preisend, verklärend, verherrlichend [illegible]
Glorificare, verklären [illegible] comp. der ewigen Herrlichkeit theilhaftig machen [illegible] verherrlichen [illegible] loben [illegible] preisen [illegible], rühmen [illegible]
Glorificatore, einer der rühmet, lobet, preiset.

Glorificazione, die Verklärung, als der Auserwählten, die Verherrlichung.
Gloriosamente, av. herrlich, rühmlich, ruhmwürdigerweise.
Glorioso, ag. glorreich, berühmt, rühmlich, ruhmwürdig; per [illegible] glorioso, ruhmwürdig, stolz, hoffärtig, prahlerisch; [illegible] ein Prahler gen. s.
Glosa, eine Glose, eine Erklärung und Auslegung der Worte und auch der Sachen, Redensarten, und eines Buches.
Glosare, glosiren, Glossen, Erklärungen machen [illegible], erklären [illegible]
Glosatore, ein Glossirer, ein Ausleger gen. s, einer der Glossen macht; [illegible] glossatore, ein Tadler, der über alle Dinge was zu sagen hat.
Glutine, der Leim, der Kleister gen. s.
Glutinoso, ag. klebrig, (als Leim), klebricht, [illegible]

G N

Gnocco, der Kloß gen. es, vom Mehle pl. (Klöße); per [illegible] ein Tölpel gen. s, ein dummer Mensch gen. e pl. en.
Gnoccone, Gnoccone, ein Erztölpel gen. s, ein schwachsinniger Mensch gen. e pl. en.
Gnomone, der Zeiger, der Stift gen. s, an einem Sonnenzeiger oder Uhr, was den Schatten gibt, die Stunden zu weisen; [illegible] der Zeiger gen. s, auf dem kleinen Zirkel oben auf dem Erdballe; [illegible]
Gnomonica, sust. die Wissenschaft Sonnenuhren zu machen.
Gnomonico, ag. zur Sonnenuhr gehörig.

G O

Gobba, der Buckel, der Höcker gen. s, (auf dem Rücken).
Gobbo, ag. bucklicht, höckericht; sust. ein Bucklichter gen. s.
Gocciola, der Tropf gen. s, pl. [illegible] a goccia a goccia, tropfenweise.
Gocciolare, [illegible], abtröpfeln, [illegible], tropfenweise herabfallen [illegible]
Gocciola, das Tröpfchen gen. s [illegible] das Tropfen der Nase, wenn man den Schnupfen hat.
Godimento, das Genießen, das

[illegible]

[illegible]

Goitre, der Kropf [illegible].

Golfe, der Meerbusen gen. s.

[illegible]

[illegible]

Gonfiare, aufblasen v. [illegible], aufschwellen, aufwallen v. [illegible] comp.

Gonfiarsi, sich aufblähen [illegible] v. comp., per prosopopea, stolz werden, sich viel einbilden [illegible] v. comp.

Gonfiatura, das Aufblasen gen. s, V. Gonfiamento.

Gonfiezza, die Aufblähung pl. en; der Schwulst, V. Gonfiamento.

Gonfio, ae, [illegible] aufgeblasen, geschwollen; [illegible] hochmüthig, hochtrabend.

Gongolare, jubelnd seyn [illegible], fröhlich thun [illegible], lustig seyn [illegible], frohlocken [illegible] comp.

Gonna) ein Frauenrock, Weiberrock
Gonnella) gen. s, pl. [illegible].

Gonnone, der Schlafrock gen. es, der Stepprock gen. s.

Gonzo, ae, [illegible], ungeschickt, einfältig, albern.

Gora, der Mühlgang gen. [illegible] pl. (gänge), der Wassergraben pl. [illegible]; una gora di molino, ein Mühlgraben; una gora del mare, eine Seebucht.

Gorello, ein kleiner Wassergraben gen. s.

Gorga, la gorga, die Kehle am Halse, der Gurgel; per gorga [illegible], der Kropf der Vögel.

Gorgheggiare, einen Triller schlagen [illegible], [illegible] mit den Vögeln.

Gorgheggiatore, [illegible] einen Triller [illegible].

Gorgiera, das Halsband, oder [illegible] [illegible] der Frauenzimmer, das Halstuch der Frauen der Bauer und der Kinder, die Halskrause der Mannspersonen.

Gorgiuzzo, ein Säufer, ein Zollbruder gen. s, pl. (brüder).

Gorgo, der Wasserwirbel gen. s, der Wasserschlund gen. es, der Strudel gen. s, [illegible] die Tiefe, der Strudel des Wassers.

Gorgogliamento, das Gurgeln, das Brausen, das Brausen des siedenden Wassers, der [illegible] gen. es, [illegible] in den [illegible].

Gorgogliante, [illegible], brausend.

Gorgogliare, [illegible] brausen [illegible] v. [illegible] wallen [illegible], [illegible].

Gorgozzule, die Luftröhre, der Hals.

[illegible] la Gotica [illegible], [illegible] [illegible] [illegible] [illegible] [illegible] [illegible] [illegible] [illegible], so ist [illegible] [illegible] [illegible] [illegible] [illegible].

Gota, die Backe, V. Guancia.

Gotta, das Podagra, das Zipperlein [illegible], die fallende Sucht.

Gotticamente, av. auf gothische Art.

Gotico, ca, gothisch [illegible] [illegible] [illegible] [illegible] [illegible] alt.

Gotto, ein Trinkglas gen. es, pl. (gläser).

Gottoso, sa, einer, der mit dem Zipperlein behaftet [illegible], der vom Podagra [illegible] [illegible].

Governamento, die Regierung über ein Land [illegible], V. Governo.

Governatore, masc. der Regent gen. en, [illegible] ein Regent, der Hofmeister [illegible] Kinder, ein Statthalter.

Governare, regieren v. r., beherrschen [illegible], [illegible] [illegible] [illegible] [illegible] [illegible] [illegible] [illegible] [illegible] le vitalle, die [illegible] [illegible] [illegible] [illegible] [illegible] [illegible] [illegible] Hände [illegible] [illegible] v. r.

Governarsi, sich [illegible] [illegible] v. [illegible], regieren.

Governatore, der Regent, der Statthalter, der Hofmeister gen. s.

Governo, das Regiment gen. s, pl. [illegible] die Regierung pl. en, die Statthalterschaft; [illegible] die Verwaltung, die [illegible] [illegible] [illegible] [illegible]; [illegible] le [illegible] di [illegible], es wird [illegible] [illegible] [illegible].

Gozzo, der Kröpfkropf, pl. [illegible]; [illegible] der Magen der Vögel; [illegible] [illegible] [illegible].

Gozzoviglia, eine Schmauserey, Fresserey, Schwelgerey pl. en.

Gozzovigliare, schmausen v. r., fressen [illegible], prassen, schwelgen v. r.

Gozzuto, ta, kropfigt, was einen Kropf hat.

G R

Gracchia, cornacchia, eine Krähe pl. n, [illegible] ein Geplauder, ein Plauderer [illegible].

Gracchiamento, das Schreyen wie

Gentilesco, [illegible] heidnisch, [illegible]

Gentile, [illegible] höflich, [illegible]

Gentile, [illegible] der Heiden.

[illegible]

Gentilezza, [illegible] die Höflichkeit, [illegible]

Genuflessione, [illegible]

Genuino, [illegible] natürlich, [illegible]

Geografia, [illegible] die Geographie.

[illegible]

Geometria, die Erdmeßkunst, die Meßkunst.

Geometrico, [illegible]

Gerarchia, der geistliche Stand, [illegible] die geistliche Herrschaft.

Gerarchico, [illegible] zur Hierarchie gehörig.

Gergo, [illegible] die Rothwälsche, [illegible]

Gergone, die Rothwälsche, die rothwälsche Sprache.

[illegible]

Germania, Deutschland, s. Alemagna.

Germano, [illegible]

Germanico, [illegible]

Germano, [illegible] der Bruder [illegible]

Germe, [illegible] der Keim, [illegible]

Germinazione) das Keimen, das
Germogliamento) Sprossen, [illegible]

Germogliare, [illegible] treibend, [illegible]

[illegible]

Germoglio, die Sprosse [illegible]

[illegible] das Auf [illegible]
Gettagliare, [illegible] fehlen [illegible]

Gerogliffe, [illegible] die Kunzeiche [illegible] nachmachen [illegible] Franzosen [illegible]

Gesso, der Gyps [illegible]
[illegible] von Gyps, [illegible]

Getto, [illegible] die edle [illegible]

Gettare, [illegible]

Gesto, die Gebärde [illegible] die Bewegung der Hände im Reden.

Gesù, [illegible] della Compagnia di Gesù, die [illegible] Jesuiten.

Getto, [illegible] Guß [illegible]

Gettamento, [illegible] der Wurf [illegible]

Gettare, o gittare, werfen [illegible] von sich werfen [illegible] Thränen vergießen [illegible] gettar il [illegible] [illegible] [illegible] [illegible]

Gettata, [illegible]

[illegible] von Blumen [illegible]

[illegible] Ausschößling von Blumen, [illegible] Wuchs, das Aufwachsen [illegible] gettar [illegible] in Geist [illegible] Spritzwasser.

G H

Ghermire, mit den Klauen fassen [illegible] Gewalt [illegible]

Gheppio [illegible] Gryfe [illegible]

Gherone, der [illegible] eines Stück [illegible] Kleides, [illegible] Stück von etwas.

Ghetto, ein Judenplatz [illegible] Judengasse [illegible]

Ghezzo, [illegible] schwarz, uno schiavo ghezzo, ein Mohr [illegible] Weintraube [illegible]

Ghiacciata, eine Eisgrube [illegible]

Ghiacciare, gefrieren, [illegible]

Ghiacciato, [illegible] im Eis eingekühlt; vino ghiacciato, im Eis gekühlter Wein.

Ghiaccio, das Eis [illegible] rompere il ghiaccio, brechen die Bahn, oder einen Weg machen [illegible] [illegible] außer sich [illegible]

Ghiacciuolo [illegible] eine Schmerzdüte.

Ghiaia, der [illegible]

Ghianda, o [illegible] die Eichel [illegible]

Ghiera, das Beschlagen mit [illegible]

Ghiottone, [illegible] voll Kies.

Ghianda, die Eichel [illegible] die Eichel am männlichen Glied.

Ghiera, eine [illegible] an einem Stocke [illegible]

Ghignare, e sghignazzare, heimlich [illegible] lachen [illegible]

Ghignata, das Kichern, das Auslachen [illegible]

Ghiotto, eine [illegible] Brate[illegible] eine Bratpfanne, unter dem Braten zu legen.

[illegible] d. feiner Menschen, [illegible] in [illegible] del gin[illegible], das [illegible] [illegible]; in ginocchio, auf den Knien liegend.
Ginocchione, av. auf den Knien, mit gebogenen Knien; cadere gi-nocchione, auf die Knie fallen.
Giocare ec., spielen v. n., s. giuo-care ec.
Giocevole, av. kurzweilig.
Giochevolmente, av. zum Spaß.
Giocolare, [illegible] ein Taschenspieler [illegible] [illegible] gaukeln, aus der Tasche spielen [illegible].
Giocolarmente, av. gauklerisch.
Giocolatore, ein Gaukler ger. d.
Giocondamente, av. fröhlich, lustig, angenehm.
Giocondare, fröhlich seyn, lustig seyn v. an[illegible]; [illegible] gio[illegible]ondarsi, sich ergötzen, sich belustigen [illegible] [illegible].
Giocondevole, ag. fröhlich, anmuthig, [illegible].
Giocondità, die Fröhlichkeit, die Annehmlichkeit, die [illegible], die [illegible], die [illegible], die Lustigkeit [illegible]; das Vergnügen ger. [illegible], die Wonne.
Giocondo, ag. fröhlich, lustig, anmuthig, angenehm.
Giocosamente, av. scherzweise, auf eine kurzweilige Art.
Giocoso, ag. scherzhaft, kurzweilig, [illegible].
Giogo, das Joch, s. Lido.
Gioja, das Joch ger. [illegible] [illegible] eine [illegible] [illegible] eine Unterwürfigkeit, eine Dienstbarkeit, eine Knechtschaft, eine [illegible] [illegible].
Gioja, die Freude, die Lust, das Vergnügen ger. [illegible] [illegible], ein Edelgestein ger. [illegible], ein [illegible] ger. [illegible] [illegible] mein [illegible]!
Giojelle, die Freude [illegible] [illegible] [illegible] [illegible] ger. [illegible].
Giojellare, mit Juwelen, Edelsteinen besetzen v. [illegible], [illegible] [illegible] [illegible].
Giojelliere, ein Juwelier ger. d.
Giojello, ein Stein von Juwelen; [illegible] ein jeder Halsschmuck der Weiber von Juwelen; [illegible] ein Kleinod von Edelsteinen.

Giojosamente, av. mit Freuden, fröhlich, lustig, [illegible], [illegible].
Giojoso, ag. fröhlich, freudig, lustig, [illegible], [illegible].
Gioire, gudere, [illegible] v. [illegible]; [illegible] [illegible] [illegible], fröhlich, freudig, lustig seyn v. [illegible] [illegible] [illegible] v. [illegible] [illegible] [illegible] [illegible] [illegible].
Giornale, [illegible] das Tagebuch ger. [illegible], pl. [illegible], das Handbuch, das Tagregister ger. [illegible].
Giornaje } [illegible], was alle Tage
Giornaliero } geschieht.
Giornalmente, av. täglich, alltäglich, alle Tage.
Giornata } die Tag [illegible], pl. [illegible] die
Giorno, } [illegible] von einem Tage, [illegible] giorno, des Tages; giorno di [illegible], der [illegible]; av. un giorno, eines Tages, einmal, [illegible]; giorno di [illegible], der [illegible]; giorno natalizio, der Geburtstag; giorno di [illegible], der [illegible]; giorno di mercato, der Markttag; giorno di [illegible], der [illegible]; giorno di festa, der Festtag; giorno di lavoro, der Werktag; giorno di [illegible], der [illegible]; [illegible] del giorno, der anbrechende Tag; [illegible] [illegible], vor drey Tagen; ogni giorno, alle Tage; [illegible], vor einigen Tagen, [illegible]; [illegible] [illegible] [illegible], nicht lange hernach; lavorare a giornata, um Tagelohn arbeiten; av. alla giornata, des Tages; [illegible] [illegible] il giorno, des Tages [illegible]; [illegible] [illegible] giorno in giorno, Tag vor Tag.
Giostra, eine Art Ritterspiele, oder Turniers.
Giostrante, o giostratore, ein Turnierer ger. [illegible].
Giostrare, turnieren v. n. Ritterspiele halten v. [illegible], einem Kampf zu dem andern halten.
Giovamento, die Hülfe; essere di giovamento, behülflich seyn.
Giovane, o giovine, sost. der Jüngling ger. [illegible]; [illegible] giovane, ein junger Mensch, ein Mädchen ger. [illegible], pl. giovani, die junge Leute; un giovane di bottega, ein Handlungsdiener ger. [illegible].
Giovane, ag. jung.
Giovanetto, ein sehr junger Mensch ger. [illegible] pl. [illegible] [illegible] jugendlich.

Giovanezza, [illegible] die junge Welt gen. [illegible] die Jugend.

Giovanile, ag. jugendlich, [illegible] zur Jugend gehörig.

Giovanilmente, av. jugendlich, nach Art der Jugend.

Giovanotto, ein hübscher Jüngling gen. [illegible] ein junger [illegible] Mensch gen. [illegible] pl. [illegible]

Giovare, helfen v. [illegible], nützlich seyn v. [illegible] [illegible] v. [illegible] [illegible] [illegible] es hilft mir [illegible] [illegible] [illegible] sich etwas zu Nutze machen v. [illegible]

Giovedì, der Donnerstag gen. [illegible] pl. [illegible] [illegible] Giovedì Santo, der grüne Donnerstag.

[illegible] ein [illegible] (Stadt).

Gioventù, die Jugend, das junge Volk gen. [illegible]

Gioviale, ag. [illegible] [illegible] [illegible] was da hilft.

[illegible] v. [illegible]

Giovinetto, das Jünglein gen. [illegible] der [illegible] gen. [illegible] [illegible] [illegible] der Schimpf [illegible] gen. [illegible]

Giraffa, ein Thier, das in Mohrenland [illegible] [illegible] [illegible] gen. [illegible] [illegible] [illegible] das [illegible] gen. [illegible]

Girandolare, [illegible] v. [illegible] [illegible]

Girare, herumdrehen, umkehren, v. [illegible] [illegible] [illegible] [illegible] [illegible] v. [illegible] [illegible] [illegible] [illegible] [illegible] [illegible] [illegible] [illegible] [illegible] [illegible] v. [illegible] die Welt durchreisen v. [illegible] [illegible] [illegible] [illegible] [illegible] ein [illegible] [illegible] v. [illegible] [illegible] [illegible] [illegible] [illegible] [illegible] das [illegible] [illegible] [illegible]

Girata, eine [illegible]

Giro, der Umgang, der Umlauf, [illegible] [illegible] [illegible] [illegible]

Girovago, der [illegible], der [illegible] gen. [illegible] pl. [illegible]

Girevole, ag. [illegible] [illegible] oder [illegible] [illegible]

Giro, der Kreis gen. [illegible] der Umkreis, der [illegible] gen. [illegible] der [illegible] gen. [illegible] [illegible] [illegible] [illegible]

[illegible] ein [illegible], ein wenig [illegible] [illegible] [illegible] [illegible] [illegible] [illegible] [illegible] machen [illegible] [illegible] [illegible] [illegible] [illegible] [illegible]

Gita, der Gang, der Spaziergang gen. [illegible] [illegible] [illegible] [illegible] [illegible] [illegible] [illegible] auf einmal.

Gitto, [illegible] das Werfen gen. [illegible] [illegible] [illegible] [illegible] [illegible] [illegible]

Giù, av. hinunter, herunter, herab, unten [illegible] hier unten, [illegible] [illegible] [illegible] ablegen, nieder [illegible] [illegible] [illegible] [illegible] [illegible] [illegible] [illegible] [illegible] [illegible] [illegible] [illegible] [illegible] [illegible] auf und nieder.

Giubba, der Wammes.

Giubbilante, ag. jauchzend, frohlockend.

Giubbilare, jauchzen v. [illegible], frohlocken v. [illegible] [illegible] jubiliren v. [illegible]

Giubbilazione, die Freudenbezeugung, das Jauchzen, das Frohlocken, das Freudengeschrey pl. [illegible]

Giubbileo, das Jubeljahr, das heilige Jahr, das Jubiläum gen. [illegible]

Giubilo, das Freudengeschrey, V. Giubbilazione.

[illegible] ag. [illegible] v. [illegible] V. [illegible]

Giudaicamente, av. auf jüdisch, [illegible]

Giudaico, ag. jüdisch.

Giudaismo, das Judenthum gen. [illegible]

Giudaizzare, jüdisch leben, glauben, denken, [illegible] v. [illegible] [illegible] mit den Juden es halten v. [illegible]

Giudeo, [illegible] der Jude gen. [illegible] pl. [illegible] Juden.

Giudicamento, das Urtheilen, das [illegible] [illegible] das Urtheil [illegible] [illegible] [illegible] [illegible] die Ueberlegung [illegible]

Giudicante, ag. urtheilend.

Giudicare, urtheilen v. [illegible] richten [illegible] [illegible] ein Urtheil [illegible] [illegible] [illegible] ein Urtheil [illegible] v. [illegible] [illegible] [illegible] [illegible] [illegible] [illegible] [illegible] [illegible] [illegible] [illegible] [illegible] [illegible] [illegible] [illegible] [illegible] [illegible] [illegible] [illegible]

Giudicativo, [illegible] [illegible]

Giudicato, *sost.* das Richteramt *gen.* s, der richterliche Ausspruch *gen.* s, *pl.* (Aussprüche); passare in giudicato, gerichtlich entschieden u. s. w., rechtskräftig werden *v. aux.*

Giudicatore, der Richter, der Urtheilsprecher *gen.* s, [illegible]

Giudicatorio, *a*, *agg.* gerichtlich, dem Richter [illegible]

Giudicazione, die Entscheidung, *pl.* en, *v.* Giudicato.

Giudicamento, die Entscheidung, die Untersuchung *pl.* en, das Urtheil *gen.* s.

Giudice, der Richter *gen.* s; it. ein Lehrer, der vom Papst gestellten [illegible], giudice e parte, Richter und Ankläger; giudice criminale, Blutrichter; giudice della villa, Dorfrichter; giudice del paese, Landrichter.

Giudiziale, e giudiziale, *agg.* richterlich, gerichtlich; secondo l'ordine giudiziale, rechtsmäßig, nach der Gerichtsordnung.

Giudizialmente, *avv.* gerichtlicherweise, gerichtlich.

Giudiziario, richterlich u., *v.* Giudiziale.

Giudizio, e giudicio, die Urtheilskraft, der Verstand etwas zu urtheilen; it. das Urtheil *gen.* s, *pl.* e, der gerichtliche Ausspruch *gen.* s, *pl.* (Aussprüche); it. das Gutachten *gen.* s, das Gericht *gen.* s, *pl.* e; it. die Richterstube, oder der Ort, wo Recht gesprochen wird. Il giudizio finale, das jüngste Gericht; a mio giudizio, meiner Meinung nach, meiner Achtens.

Giudiziosamente, *avv.* klügerweise, mit Verstand, weislich, vernünftig.

Giudizioso, verständig, weise, klug.

Giuggiola (frutto noto), die rothe Brustbeere *gen.* [illegible]

Giuggiolo (albero), der Brustbeerbaum *gen.* s, *pl.* (bäume).

Giugnere, e giungere, antreffen, ereichen *v. a.* [illegible], anlangen *v.* [illegible] (*comp.*) [illegible] [illegible] zusammenfügen *v. a.* [illegible] [illegible] [illegible] [illegible] *v. a.* [illegible] [illegible], er hat mich auf dem Wege eingeholt; [illegible] [illegible], das [illegible]

ist angekommen; a giugnere [illegible] [illegible] [illegible] [illegible] weit gekommen, er treibt es so weit daß [illegible] giungere le mani, die Hände falten *v.* [illegible]

Giugnimento, e giungimento, die Zusammenfügung, Zusammenfüllung, Verbindung, Ankunft *pl.* en.

Giugno, der Monat Junius.

Giulebbare, [illegible] *v. a. comp.* [illegible] [illegible] [illegible] [illegible] mit Julep [illegible] [illegible]

Giulebbato, *part.* mit Julep gekocht.

Giulebbe, e giulebbo, der Julep *gen.* s; it. ein Kühltrank aus Apfelsaft durch Zucker abgekocht.

Giulivamente, *avv.* fröhlich, lustig, aufgeräumt.

Giulività, das fröhliche Wesen *gen.* s, die Fröhlichkeit, die Freudigkeit *pl.* en.

Giulivo, *a*, *agg.* lustig, fröhlich, freudig.

Giumenta, die Stute *pl.* n; it. ein Lastthier, ein Saumpferd *gen.* s, *pl.* e.

Giumento, das Lastthier, ein lasttragendes Thier, ein Saumpferd *gen.* s, *pl.* e.

Giuncaja, ein Ort, wo Binsen, oder Riedgras wachsen.

Giuncare, mit Binsen, mit Kräutern bestreuen *v. a. comp.*

Giuncata, ein frischer Schmierkäse, eine Art Käse, die zwischen grünen Binsen, oder Gras gemacht *v.* [illegible]

Giunchiglia (fiore), die Jonquille, eine Art Narzissen, die Binsenblume.

Giunco, die Binse *pl.* n; giunco odorato, der Kalmus *gen.* [illegible]

Giungere, anlangen *v. n. comp.*, *v.* Giugnere.

Giunta, l'arrivo, die Ankunft, der Zuwachs, der Zusatz *gen.* es, *pl.* (Zusätze); der Zugabe *gen.* s; die Zulage, die Zugabe *pl.* n; [illegible] a prima giunta, anfangs.

Giuntamente, *avv.* zusammen, [illegible] [illegible] [illegible] [illegible] [illegible] [illegible] zusammenkommen, [illegible] [illegible]

Giuntura, articolazione, das Gelenke *gen.* [illegible] *pl.* [illegible] congiungimento, die Zusammenfügung.

Giuocare, [illegible]

[illegible] das [illegible] giuoco [illegible] [illegible] Spiel [illegible].

Giuocatore, der Spieler gen. 5.

Giuoco, das Spiel gen. [illegible] der Spaß [illegible] Scherz gen. [illegible] un giuoco di carte, ein Kartenspiel gen. [illegible] ein Spiel Karten [illegible] vincere il giuoco, das Spiel gewinnen; un giuoco [illegible] eine [illegible] un giuoco di mano, ein Taschenspiel [illegible] per giuoco, nicht im Ernste [illegible] giuoco di [illegible] zum [illegible] per giuoco, aus Spaß, aus Scherz.

Giuramento, der Eid gen. [illegible] der Schwur gen. [illegible] [illegible] [illegible] der Fluch gen. [illegible] giuramento falso, ein falscher Eid.

Giurante, [illegible] schwörend [illegible] ein Schwörender gen. [illegible] ein Flucher gen. [illegible]

Giurare, schwören, einen Eid thun [illegible] betheuren, mit einem Eide, Schwure versichern, behaupten [illegible] comp., eidlich versprechen [illegible] comp. [illegible] [illegible] bestimmen [illegible] fluchen, Gott lästern [illegible]

Giurato, [illegible] geschworen; un [illegible] giurato, ein Freund; un nemico giurato, ein [illegible]

Giuratore, ein Flucher, ein Gotteslästerer gen. [illegible]

Giuratorio, ag. eidlich.

Giureconsulto, ein Rechtsgelehrter gen. [illegible]

Giuridicamente, av. nach den Rechten, im Wege der Rechte.

Giuridico, ag. rechtmäßig, nach dem Rechte.

Giurisdizionale, ag. was zur Gerichtsbarkeit gehört.

Giurisdizione, die Gerichtsbarkeit, die Gewalt [illegible] die [illegible] Macht, das Gericht [illegible] das Gebiet [illegible]

Giurisprudenza, die Rechtsgelehrtheit.

Giurista, ein Rechtsgelehrter gen. [illegible] ein Doctor der Rechte.

Giusdicente, der das Recht spricht.

Giusquiamo (erba), das Bilsenkraut gen. [illegible]

Giusta, secondo, a misura, conforme [illegible] prep. nach, laut, gemäß, [illegible] giusta il suo volere, nach seinem Willen.

Giustamente, av. [illegible] mit Recht [illegible] [illegible] a [illegible] genau [illegible]

Giustezza, die [illegible] [illegible] die [illegible] Art, die [illegible] [illegible]

Giustificante, ag. rechtfertigend, [illegible] [illegible]

Giustificare, rechtfertigen v. r. comp., gerecht machen v. r., [illegible] [illegible] [illegible] die Unschuld [illegible] [illegible] erklären [illegible] [illegible] Recht geben [illegible]

Giustificarsi, sich rechtfertigen, verantworten [illegible] comp.

Giustificatamente, av. mit [illegible] erhärtet, bewiesen.

Giustificativo, ag. rechtfertigend, [illegible] [illegible] zum Beweis, zur Rechtfertigung dienend.

Giustificatore, ein Rechtfertiger gen. [illegible]

Giustificazione, die Rechtfertigung, die Verantwortung, die [illegible] [illegible] [illegible] der [illegible] gen. [illegible] die Vertheidigung, die Entschuldigung [illegible]

Giustizia, die Gerechtigkeit, die Billigkeit, das Recht, die Gerichtsbarkeit, das Recht gen. [illegible] die Schärfe, die Obrigkeit, oder die Gerichtspersonen [illegible] [illegible] di giustizia, gerichtlich; il Tribunale di Giustizia, das peinliche Gericht gen. [illegible] [illegible] [illegible] Justiz.

Giustiziare, am Leben strafen v. r. [illegible] comp. [illegible] [illegible] Recht anthun [illegible] [illegible] giustiziare a morte, [illegible] [illegible] condannare, zum Tode verurtheilen [illegible] comp.

Giustiziato, [illegible] ein [illegible] [illegible] [illegible] [illegible]

Giustiziere, [illegible] der [illegible] [illegible] gen. [illegible] [illegible] Giustizio, der Henker gen. [illegible]

Giusto, ag. gerecht, billig, recht, richtig, [illegible] [illegible] [illegible] ein Gerechter; av. richtig.

Giusto prep. secondo, a misura ec., nach, vermöge, s. Giusta.

G L

Glaba, der Zweig, der Ableger gen. [illegible]

Glabro [illegible] [illegible] [illegible] das [illegible] gen. [illegible]

Gladiatore, ein Fechter bey den Römern.

Glandula, die Drüse, *pl.* e.

Glanduloso, *ag.* voller Drüsen, drüsicht.

Glauco, *ag.* grünlicht, bläulicht, meergrün, [illegible], *sust.* ein Meergott.

Glave (pelve), der Schwertschild *gen.* es, *pl.* e.

Gli, *pron. ed. art.* der, *fem.* ihr.

Glielo *compos.* [illegible] gli, ed [illegible] lo, ihm, ihr.

Gliele, *comp.* del *dat.* gli, ed *acc.* le, *fem. e pl. masc. e fem.* ihm, ihr, ihnen, sie.

Glielo, *comp.* del *dat.* gli, ed *acc.* lo, ihm, es.

Gliene, *comp.* del *dat.* gli, e della part. ne, *masc.* ihm davon, *fem.* ihr davon.

Globo, ein runder, kugelförmiger Körper, eine Kugel; il globo celeste, die Himmelskugel, globo terrestre, die Erdkugel.

Globosità, die kugelrunde Gestalt *pl.* en.

Globoso, *ag.* kugelrund, kugelförmig.

Gloria (di Dio), (della vita eterna), die Herrlichkeit Gottes, des ewigen Lebens, per gloria, [illegible], der Ruhm *gen.* s, das Lob *gen.* [illegible], die Ehre; la vana gloria, der Stolz *gen.* [illegible] darsi gloria di [illegible], sich über etwas rühmen *v. rec.* [illegible] riputarsi a gloria, sich eine Ehre daraus machen *v. [illegible]* a gloria, per gloria, zur Ehre, zum Ruhm.

Gloriante, *ag.* prahlend, lobend, der sich rühmt, lobt.

Gloriare, rühmen *v. r.*, preisen *v.* [illegible], loben *v. r.*

Gloriarsi, sich rühmen *v. rec.*, sich erheben *v. rec. irr. comp.*

Glorificazione, die Ruhmbegierde, die Ruhmsucht, das Rühmen, Loben, Preisen *gen.* [illegible]

Glorificamento, die Verherrlichung, *V.* Glorificazione.

Glorificante, *ag.* rühmend, preisend, verklärend, verherrlichend.

Glorificare, verklären *v. r. comp.*, der ewigen Herrlichkeit theilhaftig machen *v. r.*, verherrlichen *v. r. comp.*, loben *v. r.*, preisen *v. [illegible]*, rühmen *v. r.*

Glorificatore, einer der rühmet, lobet, preiset [illegible]

Glorificazione, die Verklärung, als der Auserwählten, die Verherrlichung.

Gloriosamente, *av.* herrlich, rühmlich, ruhmwürdigerweise.

Glorioso, *ag.* glorreich, berühmt, rühmlich, ruhmwürdig, [illegible] vanagloriosa, ruhmsüchtig, stolz, hochmüthig, prahlerisch, *sust.* ein Prahler *gen.* s.

Glosa, eine Glosse, eine Erklärung und Auslegung der Worte eines Buchs, der [illegible], Anmerkungen am Rande [illegible] Bücher.

Glosare, [illegible], Glosen, Erklärungen machen *v. r.*, auslegen *v. r. comp.*

Glosatore, ein Glossirer, ein Ausleger *gen.* s, einer der Glossen macht; *fig.* [illegible], ein Tadler, der über alle Dinge was zu sagen hat.

Glutine, der Leim, der Kleister *gen.* s.

Glutinoso, *ag.* klebend, (als Leim), klebricht, zähe [illegible].

G N

Gnocco, der Kloß *gen.* es, vom Mehle *pl.* Klöße, *fig.* [illegible], ein Tölpel *gen.* s, ein dummer Mensch *gen.* e *pl.* en.

Gnocchetto, [illegible], ein Einfaltspinsel *gen.* s, ein einfältiger Mensch *gen.* e *pl.* en.

Gnomone, der Zeiger, der Stift *gen.* s, an einem Sonnenzeiger, der die Stunden, und den Schatten [illegible], die Stunden zu weisen; in der Zeiger *gen.* s, auf dem kleinen Zirkel oder auf der Erdkugel, [illegible] Stunden.

Gnomonica, *sust.* die Wissenschaft Sonnenuhren zu machen.

Gnomonico, *ag.* zur Sonnenuhr gehörig.

G O

Gobba, der Buckel, der Höcker *gen.* s, (auf dem Rücken).

Gobbo, *ag.* bucklicht, höckericht, *sust.* ein Bucklichter *gen.* s.

Goccia, der Tropf *gen.* s *pl.* [illegible] a goccia a goccia, tropfenweise.

Gocciare, e gocciolare, abtraufen, abtröpfeln *v. r. comp.*, tropfenweise herabfallen *v. irr. comp.*

Gocciola, das Tröpfchen *gen.* s, [illegible] das Tropfen der Nase, wenn man den Schnupfen hat.

Gocciolamento, das Abtropfen, das

[illegible], der [illegible] [illegible] gen. s.

[illegible], [illegible], [illegible] das [illegible].

[illegible], [illegible] v. a. [illegible] [illegible] [illegible] [illegible].

[illegible], die [illegible], wodurch der [illegible] vom [illegible] [illegible], der [illegible] pl. n.

[illegible], der [illegible] gen. s, [illegible] von [illegible] [illegible].

[illegible], m. [illegible], [illegible] [illegible], ein [illegible] [illegible] IV. [illegible].

[illegible] [illegible] v. [illegible], [illegible] [illegible], sich lustig machen v. r. [illegible], ein [illegible], ein [illegible] [illegible] [illegible], sich [illegible] [illegible] [illegible] [illegible] [illegible], [illegible] [illegible]. [illegible].

[illegible] [illegible] m. [illegible] [illegible] [illegible] [illegible]
[illegible] [illegible] [illegible], ein lustiger Mensch, ein lustiger Bruder.

[illegible], der [illegible] gen. es, die Freude pl. n, das Vergnügen gen. s, pl. (die [illegible]).

[illegible], ein lustiger [illegible], der sich immer lustig macht, ein [illegible] gen. s.

[illegible], [illegible], die [illegible], die [illegible], die [illegible], die [illegible].

[illegible], [illegible], [illegible], auf eine [illegible] Art.

[illegible], [illegible] ein [illegible] gen. s, ein [illegible] Mensch gen. e pl. en, ein [illegible] gen. s.

[illegible], [illegible], [illegible], [illegible], [illegible].

[illegible], ein [illegible], ein [illegible] gen. s.

[illegible], der [illegible], das [illegible] gen. [illegible], die [illegible] [illegible] das [illegible], gen. es; [illegible] [illegible]; [illegible] [illegible], die [illegible] der Liebe [illegible], das [illegible], die [illegible].

[illegible], die Gurgel gen. [illegible] die [illegible] [illegible], der [illegible] gen. s, der [illegible] der [illegible] [illegible] [illegible], [illegible] [illegible] [illegible] [illegible] [illegible] [illegible] [illegible] [illegible] [illegible], [illegible]

bey dem Halse [illegible]; [illegible] [illegible] [illegible] [illegible], [illegible] [illegible] [illegible] [illegible] [illegible] [illegible] [illegible] [illegible] [illegible] [illegible] [illegible] [illegible] [illegible] [illegible] [illegible] [illegible] [illegible], [illegible] [illegible] [illegible] [illegible] das [illegible] gen. s; [illegible] [illegible] [illegible], die [illegible] der [illegible].

[illegible], der [illegible] [illegible] einem [illegible].

[illegible], der [illegible] gen. s.

[illegible], [illegible], [illegible], [illegible], [illegible], [illegible].

[illegible], der [illegible], der [illegible], die [illegible], das [illegible] [illegible] [illegible].

[illegible], [illegible], [illegible], [illegible], [illegible].

[illegible], [illegible], das [illegible] gen. s, pl. [illegible], das [illegible] gen. es, pl. [illegible].

[illegible], der [illegible] gen. es, pl. ([illegible]).

[illegible], der [illegible] gen. s.

[illegible], [illegible] [illegible] [illegible] [illegible].

[illegible], der [illegible] gen. s, pl. [illegible].

[illegible], der [illegible], [illegible] [illegible], [illegible] [illegible] [illegible], das [illegible] gen. es, [illegible] die [illegible].

[illegible], [illegible] [illegible].

[illegible], [illegible] das [illegible] [illegible].

[illegible], [illegible] [illegible], [illegible].

[illegible], der [illegible] pl. n, ein [illegible] [illegible] Schiff zu [illegible].

[illegible], der [illegible] gen. s, der [illegible] auf einer [illegible].

[illegible], der [illegible], oder die [illegible] [illegible], die [illegible] [illegible] [illegible], das [illegible] der [illegible].

[illegible], eine [illegible] [illegible], die [illegible] in den [illegible] [illegible] [illegible] gen. s.

[illegible], die [illegible] eines [illegible].

[illegible], der [illegible] gen. s, pl. en, der die [illegible] trägt, der [illegible] der [illegible] [illegible] [illegible] [illegible] der [illegible].

[illegible]
[illegible] die [illegible], die
[illegible] [illegible], die [illegible]
[illegible] [illegible] pl. en, die
[illegible] [illegible].

Gonfiare, aufblasen v. [illegible] comp., aufblähen v. r. comp., aufschwellen, [illegible] v. [illegible] comp.

Gonfiarsi, sich aufblähen v. rec. r. comp., großsprechen, [illegible] v. rec. [illegible]

Gonfiatura, das Aufblasen gen. s, V. Gonfiamento.

Gonfiezza, die Aufblähung pl. en; die Geschwulst, V. Gonfiamento.

Gonfio, der [illegible] superbo, hochmüthig, [illegible]

Gongolare, frölich seyn v. [illegible], frölich thun v. [illegible] comp., jauchzen v. r., frohlocken v. r. comp.

Gonna, Gonnella, ein Frauenrock, Weiberrock gen. s, pl. röcke.

Gonorrea, der Saamenfluß gen. es; der Tripper gen. s.

Gonzo, ein dummer, ungeschickter, einfältig, unerfahren.

Gora, der Wassergraben gen. s, pl. (gräben), die Wasserleitung pl. en; una gora da molino, ein Mühlgraben; una gora del mare, eine Seeenge.

Gorello, ein kleiner Wassergraben gen. s.

Gorga, Gorgia, die Kehle, die Gurgel; per gorgia degli uccelli, der Schlund der Vögel.

Gorgheggiare, einen Triller [illegible] machen, mit der Gurgel.

Gorgia, Gorgiera, [illegible]

Gorgiera, das Halsband, [illegible] Halskrause der Frauenzimmer, [illegible] der Weiber und der Männer, die Halskrause [illegible]

Gorgione, ein Säufer, der Schlemmer gen. s, pl. [illegible]

Gorgo, der Wasserwirbel gen. s, der Wasserstrudel gen. s; [illegible] Strudel [illegible], der Tiefe, der Schlund der Flüsse.

Gorgogliamento, das Murmeln, das Rauschen, das Brausen des siedenden Wassers, das Sprudeln gen. s; [illegible] des Wassers in der Kehle.

Gorgogliante, [illegible] brausend.

Gorgogliare, murmeln, brausen, [illegible] sprudeln v. r., [illegible] (im Kochen).

Gorgozzule, die Gurgel, [illegible]

[illegible] piacevole [illegible], es [illegible] der [illegible] [illegible] [illegible] etwas [illegible]

Gota, [illegible] V. Guancia.

Gotta, das Podagra, das [illegible], [illegible]

Gotico, [illegible], auf Gothische Art.

Gotico, [illegible]

Gotta, ein Tropfen gen. s, pl. [illegible]

Gotta, [illegible]

Governamento, die Regierung, [illegible] V. Governo.

Governante, m. f. der Regent, [illegible] eine Regentin, eine Hofmeisterin [illegible] Haushälterin.

Governare, regieren v. r., beherrschen v. [illegible] comp., [illegible] verwalten [illegible] governo [illegible] Hände [illegible]

Governarsi, sich betragen v. r. [illegible] regolarsi.

Governatore, der Regent, der Statthalter, der Gouverneur gen. s.

Governo, das Regiment gen. s, pl. [illegible] die Regierung pl. en, die Statthalterschaft, [illegible] die Regierung, [illegible] es wird [illegible] zur Regierung [illegible]

Gozzo, der Kropf gen. es, pl. Kröpfe [illegible] die Gurgel der Vögel [illegible] Geschwulst [illegible]

Gozzoviglia, die Schwelgerey, Fresserey, Schwelgerey pl. en.

Gozzovigliare, schwelgen v. r., fressen [illegible] schwärmen [illegible] v. r. [illegible]

Gozzuto, [illegible] kropfigt, was einen Kropf hat [illegible]

G R

Gracchia, cornacchia, eine Krähe pl. [illegible] ein Schwätzer, ein Plauderer [illegible]

Gracchiamento, das Schreyen [illegible]

die Meisen, [illegible] das [illegible] Ge[illegible] [illegible] der Plauderin [illegible] Geschwätz [illegible]

[illegible] der wie eine Krähe schreit, [illegible] ein Schwätzer, [illegible] Plauderer [illegible]

Gracchiare, schreien wie eine Krähe [illegible] schwatzen [illegible]

Gracchiatore, ein Plauderer, ein [illegible], ein Schwätzer, ein Schwätzmaul [illegible]

Gracidare, quaken [illegible] wie ein Frosch [illegible] gackern wie die Hüner, [illegible] wie die [illegible] wie die Elstern, [illegible]

Gracidatore, ein Waschmaul [illegible] Gracchiatore.

Gracidoso, [illegible] gackernd, quackend.

Gracile, [illegible] schmächtig, dünne, [illegible] zärtlich, [illegible]

Gracilità, die Schmächtigkeit, die [illegible] der Stimme der [illegible]

Gradatamente, [illegible] stufenweise.

Gradazione, [illegible] stufenweise Aufsteigen [illegible]

Gradevole, [illegible] annehmlich, angenehm [illegible] Aggradevole.

Gradimento, [illegible] Aggradimento.

[illegible], eine [illegible] Gradino, eine kleine Stufe [illegible] Stufe von der Treppe [illegible] nach [illegible]

Gradire, [illegible] gefallen [illegible] von [illegible] Gradire [illegible]

[illegible] Gradivamente [illegible] Gradivo [illegible] Grado, eine Stufe [illegible] Grade [illegible]

[illegible] Ehre [illegible] a grado [illegible] nach [illegible] Grade, [illegible] stufenweise, Schritt [illegible] Schritt.

Graduale, [illegible] stufenweise fortgehend, nach Graden eingerichtet.

Gradualmente, [illegible] graduatamente, [illegible] stufenweise.

Graduare, in Grade eintheilen [illegible] einem einen Gradum ertheilen [illegible] (zu einer Würde).

Graduato, [illegible] der einen Gradum hat, in die Grade eingetheilet [illegible] eine graduirte Person.

Graduazione, die Eintheilung in Grade [illegible] Graduatione.

Graffiante, [illegible] kratzend.

Graffiare, kratzen, [illegible] graffiare [illegible] das Gesicht zerkratzen [illegible]

Graffiatura, [illegible] das Kratzen, das Zerkratzen [illegible] die [illegible]

Graffio, [illegible] Haken [illegible]

[illegible] Grammatica, die Sprachlehre [illegible] grammaticalisch [illegible]

Grammatico, [illegible] der Sprachkunst [illegible]

Gramo [illegible] Gramaglia, die [illegible] die [illegible]

[illegible] gramo, [illegible] betrübt [illegible] heimlich [illegible] kümmerlich werden.

Gra[illegible], [illegible] (Schiff) [illegible] grembiar [illegible] den Leib stecken.

Grana, [illegible] Korn [illegible]

Granaglia, das [illegible] Getreide [illegible] Gold.

Granagliare, Silber oder Gold [illegible] v. a.

Granajo, der [illegible] der Kornboden [illegible] das Kornhaus [illegible]

Granaiuolo, ein Getreidehändler, ein Kornhändler [illegible]

Granare, [illegible] v. a. [illegible] Körner gewinnen [illegible] (als ein Kraut).

Granata, [illegible] der Besen [illegible] eine [illegible]

Granato, [illegible] eine Granate [illegible] ein Granatapfel [illegible] granire.

Granbestia, o gran bestia, das Elendthier [illegible]

Grancevola, eine große Meerkrabbe [illegible]

Granchio, der Krebs [illegible] prender un granchio [illegible] einen groben Fehler [illegible] [illegible] Werkzeug [illegible] Instrumento [illegible] die Nägel aus [illegible]

Granciro, [illegible] v. a. anfassen [illegible] ergreifen, mit Gewalt [illegible]

Grande, [illegible] ein großer Herr [illegible] grande, die Vornehmen im Staate; in grande, im großen Formate [illegible] il grande [illegible]

Grande, [illegible] groß, [illegible] herrlich, [illegible] ansehnlich [illegible] Gran [illegible] der [illegible] große [illegible] Messe [illegible] die hohe [illegible] etwas [illegible] ein [illegible]

Grandeggiare, [illegible] den großen Herrn spielen, v. a.

Grandemente, [illegible] sehr, prächtig, ansehnlich.

Grandezza, die Größe, die Höhe, die Tiefe, [illegible] die Würde, das Ansehen [illegible] Grandezza d'animo, die Großmuth.

Grandicello, [illegible] ziemlich groß, [illegible] erwachsen.

Grandinare, hageln v. n.

Grandine, der Hagel [illegible]

Grandinoso, [illegible] voll Hagel [illegible]

Grandissimamente, [illegible] [illegible]

Grandiloquenza, [illegible] die Pracht, der [illegible]

Grandioso, [illegible] prächtig [illegible]

Grandigia, der Hochmuth [illegible]

Granduca, [illegible] großherzoglich.

Granducato, das Großherzogthum [illegible]

Grandule, [illegible] [illegible] die [illegible]

Granelloso, [illegible] voll Körner.

Granfiere, [illegible] [illegible] lange [illegible]

Granigliare, [illegible] das [illegible] Körnern, das [illegible]

Granire, [illegible] in den Garten [illegible]

Granito, [illegible] eine Art von [illegible] Marmor, der [illegible] [illegible]

Granito, [illegible] aufgeschossen.

Granmaestro, [illegible] der Großmeister [illegible]

Granmercè, großen Dank!

Grano, das Korn [illegible] der [illegible] das Korn [illegible] Gewicht [illegible]

Gra[illegible], der [illegible]

Grappare, anhäkeln v. r. comp.; 4. dar di piglio, anfaßen v. r. comp., ergreifen v. ir. comp.; raffen, rappen v. r.

Grappo, e graspo, der Kamm, woran die Weinbeeren an einer Traube hängen; fr. das Ziroppen gen. s; dar di grappo a q. c., etwas wegraffen, angreifen v. r. comp.

Grappolo, der Traubenkamm gen. es, pl. (kämme); pl. i grappoli, die Träber.

Grascia, allerley Lebensmittel, Eßwaaren, alles, was zum menschlichen Unterhalte nöthig ist, n. r.; grassa, sust. die Fette, das Schmalz gen. es.

Grascino, der Marktmeister gen. s, der Bediente im Proviantamte.

Grassatore, der Straßenräuber gen. s.

Grassezza, die Fettigkeit, die Fette; met. der Ueberfluß gen. es, das Wohlthun gen. s.

Grasso, ag. fett, dick, feist, (eigentlich von belebten Körpern); il giovedi grasso, der Donnerstag, so vor der Fasten hergehet.

Grasso, sust. das Fett gen. s; mangiar di grasso, Fleisch essen v. ir.; cibi di grasso, die Fleischspeise; giorno di grasso, der Fleischtag gen. s.

Grassume, das Fett gen. es, die [illegible].

Grata, das Sprachgitter in Nonnenklöster.

Gratamente, av. dankbarlich, liebreich.

Gratella) der Rost zum Braten gen. es.

Graticola) das Gitter (von Holz, Eisen &c.)

Graticante, ag. begnädigend, Gnade ertheilend.

Gratificare, begnädigen, Gunst, Gewogenheit erzeigen, Gnade erweisen v. r. comp.; gratificare uno, sich angenehm gefällig seyn v. aus.; zu Gefallen thun v. ir. comp.

Gratificazione, das Geschenk gen. s, pl. e, eine Gabe, eine Wohlthat, eine Gnade, eine Gefälligkeit, eine beliebige Beschenkung.

Gratis, av. gratuitamente, umsonst, ohne Entgeld.

Gratitudine, die Dankbarkeit.

Grato, ag. dankbar, erkenntlich, lieb, angenehm, werth, [illegible], wohlgefällig; av. di grato, bereitwillig, gutwilligerweise.

Grato, sust. das Wohlgefallen gen. s; avere per grato, genehm halten v. ir.

Grattare, kratzen v. r., abkratzen, aufkratzen v. r. comp.; ir. scharren v. r., reiben v. ir., zerreiben, abreiben v. ir. comp.; fig. grattarsi il capo, es hinter den Ohren suchen v. r.

Grattaticcio, grattamento, das Kratzen gen. s.

Grattatura, der Riß, (vom Kratzen) die Schramme gen. en, die Kralle pl. n.

Grattugia, das Reibeisen gen. s.

Grattugiare, auf dem Reibeisen reiben v. ir.

Gratuirsi alcuno, farselo grato, jemanden sich verbindlich machen v. r., jemanden wohlwollen, gefällig seyn [illegible]. anf.

Gratuitamente, av. umsonst, ohne Verdienst, aus Gnaden, ohne Absehen auf Belohnung.

Gratuito, ag. unverdient, freywillig.

Gratulatorio, ag. glückwünschend.

Gravame) die Beschwerung pl. en

Gravamento) die Klage pl. n, die Bekümmerniß pl. e; fr. die Beschwerde pl. n, die schwere Last, das Schwere.

Gravante, ag. belästigend, beschwerend, beleidigend.

Gravare, beschweren, belasten, belästigen v. r. comp., drücken v. r.; fr. beleidigen v. r. comp.; gravare la coscienza, sich ein Gewissen draus machen v. r.; v. neut. beschwerlich seyn v. ir.

Gravativo, ag. beschwerend, belästigend.

Gravazione, e gravezza, die Beschwerung &c., V. Gravamento.

Grave, ag. schwer, lastend; met. bekümmernd, beschwerlich; fr. ernsthaft, ernstlich, empfindlich, bedachtsam, ansehnlich, wichtig, groß, majestätisch; un delitto grave, ein abscheuliches Verbrechen; un dolor grave, ein schmerzlicher Schmerz; malattia grave, eine gefährliche Krankheit; una età grave, ein hohes Alter.

Graveolenza, der Gestank gen. s.

Gravemente, av. mit Nachdruck, ernsthafterweise; parlar gravemente, nachdrücklich, bedächtig reden v. r.

Gravezza, der Verdruß gen. es, die Plage, die Beschwerlichkeit pl. en; pers.: peso, die Schwere, die Last; per: imposizione, die Auflage, die Steuer pl. n, die Zoll; per: gravità, die Gravität, das Ansehen gen. s.

[illegible]
Gradimento [illegible], die Willkür [illegible]
Gradire, [illegible]
gradirare [illegible]
[illegible]
Gravida [illegible]
[illegible]

[illegible]

[illegible]

G U

Gualdana, [illegible]

[illegible]

Guarnire, [illegible]

[illegible]

Guardaboschi, [illegible]

[illegible]

Guardiamandre, der Hirte *gen.* en, *pl.* en.

Guardainfante, e guardinfante, der Reifrock, der Fischbeinrock *gen.* s, *pl.* (röcke).

Guardaportone, der Thorwächter, der Thürhüter *gen.* s.

Guardare, osservare, etwas ansehen *v. ir. comp.*, auf etwas sehen *v. ir.*, betrachten, anschauen *v. r. comp.* (*per custodire*, *difendere*, hüten *v. r.*, bewahren, beschützen, vertheidigen, bewachen, behüten *v. r. comp.*, wohl Achtung geben *v. ir. r. it.* aufheben *v. ir. comp.*; Iddio vi guardi! Gott behüte euch! guardati bene! hüte dich! nimm dich wohl in Acht!

Guardaroba, die Kleiderkammer, die Vorrathskammer; *it.* der Aufseher darüber.

Guardasigilli, der Siegelverwahrer *gen.* s.

Guardatura, e guardamento, das Anschauen, der Anblick, der Blick *gen.* s; *it.* die Aufsicht, die Verwahrung; un uomo di cattiva guardatura, ein Mensch, der eine finstere Miene macht.

Guardia, e guarda, die Wache *pl.* n, die Wacht *pl.* en; *it.* die Huth, die Acht, die Aufsicht, il corpo di guardia, die Wachstube *pl.* en; essere in guardia, auf der Wache stehen *v. ir.*; montare la guardia, auf die Wache ziehen *v. ir.*; la granguardia, die Hauptwache; prender guardia di q. c., sich vor etwas in Acht nehmen *v. ir.*, la guardia della spada, der Griff des Degens; porsi in guardia, sich zur Wehre setzen *v. r.*; *per* custodia, die Beschützung, die Verwahrung, die Erhaltung.

Guardiano, ein Wächter, Verwahrer, Hüter; (del Convento), der Pater Gvardian; (di pecore), der Schäfer *gen.* s; (di boschi), der Förster *gen.* s.

Guardingamente, *av.* [illegible] behutsam, vorsichtiger weise.

Guardingo, e guardigno, *adj.* behutsam, vorsichtig, wachsam.

Guardo, der Anblick, *V.* Sguardo.

Guarentigia, die Schadloshaltung, *V.* Mallevería.

Guarentire, e guarentare, Bürge sein *v. auf.*, haften, Gewähr leisten *v. r.*, *V.* Mallevare.

Guari, *av.* weit, lange, (*sempre col neg.*), non ha guari, es ist nicht lange; ohnlängst; non istette guari, es währete nicht lange.

Guari, *av.* viel; senza far guari di cirimonie, ohne viele Umstände zu machen; in non guari tempo, in kurzer Zeit.

Guarigione, die Genesung, die Heilung *pl.* en, die Cur.

Guarire, e guerire, *v. att.* heilen, gesund machen *v. r.*, *neut.* gesund werden *v. aus.*, genesen *v. r.*, wieder aufkommen *v. ir. comp.*, (von einer Krankheit).

Guarnacca, e guarnaccia, ein langer Rock, ein Schlafrock *gen.* s, *pl.* (röcke), der Schlafpelz *gen.* es.

Guarnello, die Barchent; *it.* ein Unterrock der Frauenzimmer von Barchent.

Guarnigione, e guernigione, die Besatzung *pl.* en; (einer Festung *it.*)

Guarnimento, e guernimento, guarnitura, e guarnizione, die Aufrüstung *pl.* en, (eines Schiffes); *it.* Kriegsgeräthe oder die nöthigen Sachen, die man im Felde braucht, *parlando di abiti*, die Ausstaffirung, der Aufputz *gen.* es; una guarnitura di fibbie, ein Garnitur Schnallen.

Guarnire, e guernire, versehen mit etwas das nöthig ist, (als eine Stadt mit Lebensmitteln, ein Haus mit Hausrathe *it.*); *per* ornare, ausstaffiren, besetzen *v. r. comp.*, mit seinem Schmucke versehen *v. ir. comp.*

Guarnitura, e guernitura) *V.* Guar-
Guarnizione, e guernizione) nimento *it.*

Guastada, eine gläserne Flasche *pl.* n, mit einem Fusse, eine Caraffe.

Guastamento, e guastatura, die Verderbung, die Verwüstung, die Verderbung, die Zerstörung *pl.* en.

Guastamestieri, ein Pfuscher *gen.* s.

Guastare, verwüsten *v. r. comp.*, zerstören *v. ir. comp.*, zu Grunde richten *v. r.*; *it. neut.* lasciar guastare, zu Schanden werden *v. auf.* (*parlandosi di frutte*), faulen *v. r.*; [illegible], verpfuschen *v. r. comp.*, guastare un giovine, einen jungen Menschen verführen *v. r. comp.*; guastare un mestiere, pfuschen *v. r.*

Guastatore, ein Verderber, Zerstörer,

[illegible] gen. [illegible] Schwätzer [illegible] Schwager [illegible] gen. [illegible] pers. [illegible], ein [illegible] gen. [illegible]

Guaito *sub.* das [illegible] gen. [illegible] V. [illegible]

Gualto [illegible] vermindern [illegible] *pass.* da gualtare [illegible]

Guanto [illegible] V. [illegible] comp. [illegible]

Guatare [illegible]

Guattero, ein [illegible]

Guazza, der Thau, V. [illegible]

Guazzabuglio, ein Mischmasch gen. [illegible]

Guazzare, [illegible] Wasser [illegible] [illegible] [illegible] [illegible]

Guazzetto, eine Schwemme *pl.* [illegible]

Guazzo, [illegible] durch über einen Fluß, ein Ort, wo [illegible] die Pfütze, der [illegible] gen. [illegible] [illegible] comp. [illegible] [illegible] [illegible] [illegible] von [illegible]

Guazzoso [illegible] [illegible] [illegible] Erhoben gen. [illegible]

Guercio [illegible] eine Art [illegible] [illegible] gen. [illegible]

Guercio, *ag.* [illegible] [illegible] [illegible]

Guerigione [illegible] die Heilung, V. [illegible]

Guerra, der Krieg gen. [illegible] *pl.* [illegible] [illegible] [illegible] [illegible] [illegible] [illegible] [illegible] [illegible] [illegible]

Guerreggiatore [illegible] im Kriege [illegible] [illegible] [illegible]

Guerreggievolmente, *av.* kriegerisch, [illegible] nach kriegerischer Art.

Guerreggiamento, das Kriegen, das Kriegführen gen. [illegible] der [illegible] gen. [illegible] *pl.* [illegible]

Guerreggiante, *ag.* [illegible] kriegend, [illegible] der Krieg führt.

Guerreggiare, Krieg führen [illegible] bekriegen [illegible]

Guerreggiatore, der Kriegsmann gen. [illegible] einer der Krieg führt, oder der [illegible]

Guerriero, *ag.* [illegible] Kriege geschickt.

Guerriere *sub.* der Kriegsmann [illegible]

Guerriera [illegible] *pl.* (Kriegsleute) der Soldat, der Held gen. [illegible] *pl.* en.

Guerriere, *ag.* kriegerisch, streitbar, [illegible] la vita [illegible] das Soldatenleben gen. [illegible]

Gufo [illegible] die Eule [illegible]

Guida, die [illegible] V. Aquila.

Guida, der Wegweiser, der Führer gen. [illegible] [illegible] [illegible] [illegible] [illegible] [illegible]

Guidamento, das Führen, das Leiten [illegible] die Leitung [illegible] *pl.* en.

Guidare, *sub.* der Führer gen. [illegible] *ag.* [illegible] [illegible]

Guidare, führen [illegible] anführen [illegible] comp. [illegible] [illegible] [illegible] [illegible] [illegible] den Weg [illegible] [illegible] [illegible] eine Sache führen [illegible]

Guiderdone [illegible] der Schiffer gen. [illegible] der [illegible] *pl.* en.

Guidatore, ein Führer gen. [illegible] einer der [illegible] der den Weg [illegible]

Guiderdonare, vergelten [illegible] comp. [illegible] [illegible]

Guiderdone, die Vergeltung, die Belohnung *pl.* en, der Lohn gen. [illegible]

Guindolo, ein [illegible] V. [illegible]

Guinzaglio, die [illegible] V. [illegible]

Guisa [illegible] V. [illegible]

Guisa [illegible] [illegible] *pl.* [illegible]

Guisa, die Weise *pl.* n, die Art [illegible] [illegible] [illegible] nach Art [illegible]

Guizzante, *ag.* [illegible] [illegible]

[illegible]

I B

[illegible]

I C

[illegible]

I D

[illegible]

H

[illegible]

rec. v. comp., erdichten *v. r. comp.* *V.* Immaginario.

Identità, die Gleichheit, die Einerleyheit *pl.* en, von einerley Art.

Idi, im römischen Calender die 8 Tage eines Monats vom 7 [illegible], oder 15ten Tage desselben anzurechnen.

Idilio, eine Art angenehmer Feldgedichte *pl.* n.

Idioma, die Mundart *pl.* en, die eigene Sprache eines Landes.

Idiota, ein ungelehrter, unwissender, unverständiger Mensch *gen.* e *pl.* en.

Idiotaggine, die Unwissenheit in den Wissenschaften.

Idiotamente, *av.* unwissenderweise.

Idiotismo, die Eigenschaft eines Idioten, eine besondere Redensart in einer Sprache, ein unwissender Gebrauch der Wörter.

Idolatra, ein abgöttischer Mensch *gen.* e *pl.* en, ein Götzendiener *gen.* s, ein Heyde *gen.* n, *pl.* n.

Idolatrare, Abgötterey treiben *v. r.*; [illegible] etwas übermäßig verehren *v. r. comp.*

Idolatria, e idolatramento, die Abgötterey *pl.* en, der Götzendienst *gen.* es, *pl.* e.

Idolo, ein Götze *gen.* en, *pl.* en, ein Abgott *gen.* es, *pl.* (Abgötter) fig. eine Person, etwas, das man gar zu hoch schätzt, liebt, oder ehrt, Voi siete l'idolo mio, ihr seyd mein Abgott, mein Schatz.

Idoneamente, *av.* geschickt, bequemlich, tüchtig, schicklich.

Idoneità, die Tüchtigkeit, die Fähigkeit, die Geschicklichkeit *pl.* en.

Idoneo, *ag.* geschickt, bequemlich, füglich, tüchtig.

Idra, eine Schlange mit sieben Köpfen; *it.* eine Wasserschlange *pl.* n.

Idraulica, die Wasserkunst, oder die Wissenschaft, das Wasser durch Röhren zu leiten.

Idrografia, die Beschreibung der Wässer des Erdkreises.

Idrografo, ein Wasserbeschreiber, ein Seekartenmacher *gen.* s.

Idromante, ein Wahrsager aus dem Wasser.

Idromanzia, das Weissagen *gen.* s, (aus dem Wasser), die Wasserprophezeihung.

Idromele, der Meth der Meet *gen.* s.

Idropico, *ag.* wassersüchtig.

Idropisia, die Wassersucht.

Idrostatica, die Wasserwagekunst.

I E

Iemale, *ag.* winterlich, zum Winter gehörig.

Iena (animale), die Hyäne *pl.* n, der Vielfraß *gen.* es, die Zibetkatze *pl.* n.

Ieri, *av.* gestern; di jeri, von gestern; da jeri in quà, seit gestern; il giorno di jeri, der gestrige Tag.

Ierlaltro, *av.* vorgestern.

Iermattina, *av.* gestern früh.

Iernotte, *av.* gestern in der Nacht, bey der Nacht.

Ierolificamente, *av.* auf sinnbildlicheweise.

Ieroglifico, *sost.* das Sinnbild der Egyptier.

Ieroglifico, *ag.* sinnreich, nachdenklich, in Sinnbildern bestehend.

Iersera, *av.* gestern Abends.

I G

Ignaro, ignorante, *ag.* ungelehrt, unwissend.

Ignobile, *ag.* unedel; *it.* schlecht, gering.

Ignobilità, e ignobilità, der unedle Stand *gen.* es, die unedle Geburt, die unedle Eigenschaft.

Ignobilmente, *av.* auf eine unedle Art, auf eine geringschätzige Art.

Ignominia, der Schimpf *gen.* es, die Schmach.

Ignominiosamente, *av.* schimpflicherweise, mit großer Schmach, mit Schanden.

Ignominioso, *ag.* schimpflich, schmählich, schändlich.

Ignorante, *sost.* ein unwissender, ungelehrter Mensch *gen.* e *pl.* en.

Ignorante *ag.*, unwissend, ungelehrt, unerfahren, grob, dumm.

Ignorantemente, *av.* unwissenderweise, aus Unwissenheit.

Ignoranza, die Unwissenheit, die Dummheit, die Unerfahrenheit *pl.* en.

Ignorare, nicht wissen *v. r.*, unbewußt seyn *v. aus.*

Ignorato, *part. ed ag.* nicht gewußt, unbewußt, unbekannt.

Ignolamente, av. heimlich, unbekannterweise, unbekannt.

Ignoto, ag. unbekannt, verborgen, unerkannt.

Ignudare, entblößen v. a. comp., bloß, nackend machen v. a.

Ignudo, ag. bloß, nackend, entblößt.

IL

Il, art. der, das.

Ilare, ag. poet. frölich, muthig, freudig, V. Lieto.

Ilarità, die Frölichkeit, V. Allegria.

Illanguidire, flech, schwach, matt entkräftet werden v. aus.

Illanguidito, part. flech, schwach, matt, entkräftet geworden.

Illazione, der Schluß gen. es, pl. e, die Folgerung pl. en (eines Arguments)

Illecitamente, av. auf unerlaubte Art und Weise, unzulässigerweise.

Illecito, ag. unerlaubt, verboten, unziemlich.

Illegale, ag. ungesetzmäßig, unrechtmäßig, wider die Gesetze, wider das Recht.

Illegittimamente, av. unrechtmäßigerweise.

Illegittimo, ag. unrechtmäßig, unbillig; it. unehlich.

Illetterato, illiterato, sost. ein ungelehrter Mensch gen. e pl. en, der keine Wissenschaft besitzt; ag. ungelehrt.

Illeso, ag. unverletzt, unbeschädigt, unversehrt.

Illibatezza, die Redlichkeit, die Rechtschaffenheit; it. die Reinigkeit; it. die Keuschheit pl. en.

Illibato, ag. unbefleckt, rein, keusch, unversehrt, unbetastet, V. Illeso.

Illiberale, ag. filzig, karg, nicht freygebig.

Illiberalità, die Filzigkeit, die Kargheit pl. en.

Illimitatamente, av. unumschränkterweise.

Illimitato, ag. unumschränkt.

Illuminare, erleuchten v. a. comp.; it. hell machen v. a.; met. aufklären v. a. comp.

Illuminazione, e Illuminamento, die Erleuchtung, die Bestrahlung, die Beleuchtung pl. en; it. die Aufklärung des Verstandes; it. das Anzünden vieler Lampen.

Illusione, das Blendwerk gen. s, pl. e, die Verblendung, die eitle Einbildung, die Täuschung pl. en; it. das Gespenst gen. es, pl. er; it. falsche Bilder; it. der Betrug gen. s.

Illusorio, ag. betrüglich, täuschend.

Illustramento, V. Illustrazione.

Illustrare, berühmt machen v. a.; it. erklären, erläutern, erleuchten, aufklären v. a. comp.

Illustrazione, die Erläuterung, die Erleuchtung, die Erklärung pl. en.

Illustre, ag. berühmt, vortrefflich, herrlich; it. wohledl. Molto illustre Signore, Wohledler Herr.

Illuvione, eine Wasserfluth.

IM

Imbaldanzire, frech, stolz, muthig werden v. auf.

Imballare, in Ballen packen v. a., einpacken v. a. comp.

Imballatore, ein Ballenbinder gen. s.

Imbalsamare, einbalsamiren v. a. comp.

Imbalsamire, zu Balsam werden v. auf.

Imbandigione, **Imbandimento**) das Besetzen der Tafel mit Speisen; it. das Gericht gen. s, pl. e.

Imbandire, eine Tafel mit Speisen besetzen v. a. comp., Essen auftragen v. a. comp., anrichten v. a. comp.

Imbanditore, der Tafeldecker gen. s.

Imbarazzare, verhindern v. a. comp., Beschwerlichkeit machen v. a.; it. verwickeln, verwirren v. a. comp., in Verlegenheit setzen, zu schaffen machen v. a.

Imbarazzo, e Imbarazzamento, die Hinderniß pl. en, die Hindernisse pl.; it. die Schwierigkeit, die Verlegenheit, die Verwirrung, die Beschwerde pl. en.

Imbarcamento, die Einschiffung, V. Imbarco.

Imbarcare, einschiffen v. a. comp., die Waaren ins Schiff laden v. a.

Imbarcarsi, zu Schiffe gehen v. n.; sich zu Schiffe begeben v. r.

Imbarco, die Einschiffung pl. en, das Einschiffen gen. s.

Imbardare, ein Pferd ausrüsten v. a. comp.

Imbastare, etwas mit einem Geschirre.

[illegible] Schlagbäumen [illegible] vermachen, [illegible]

Imbalsamare, [illegible] einbalsamiren [illegible]

Imbandire, [illegible] das Gastmahl anrichten [illegible]

Imbarcare, [illegible] einschiffen [illegible]

Imbastire, [illegible] mit weiten Stichen heften [illegible]

Imbastitura, das Heften mit weiten Stichen.

Imbattersi, [illegible] ohngefähr sich begegnen [illegible] jemanden antreffen [illegible]

Imbavare, mit Rotz, Speichel, Geifer besudeln [illegible]

Imbeccare, einen jungen Vogel äzen, ihm das Futter in den Schnabel stecken [illegible]

Imbecille, [illegible] schwach am Verstande, blöde, blödsinnig.

Imbecillità, die [illegible] des Verstandes, die Blödigkeit, die Blödsinnigkeit [illegible]

Imbelle, [illegible] verzagt, furchtsam, feige, [illegible] zum Kriege nicht geschickt [illegible] das schwache Geschlecht, das Frauenzimmer [illegible]

[illegible] einwickeln [illegible]

[illegible]

[illegible]

Imbevere, [illegible] einsaugen, eintrinken, [illegible]

[illegible]

Imbiancare, [illegible]

[illegible]

Imboccare, [illegible] die Speise in den Mund stecken [illegible] ihm die Worte in den Mund legen [illegible]

[illegible]

Imbottare, in den Beutel stecken [illegible]

[illegible]

Imboscata, [illegible] Hinterhalt [illegible] im Walde [illegible]

[illegible]

[illegible]

Imbottire, [illegible] mit Baumwolle [illegible]

[illegible]

Imbrattare, [illegible]

[illegible]

[illegible]

Imbriacare, berauschen *v. r. comp.*, benebeln, betrinken *v. ir. comp.*

Imbriacarsi, sich berauschen *x.*

Imbriacatura } die Trunkenheit, *V.*
Imbriachezza } Imbriacamento.

Imbriaco, *sus.* ein betrunkener, versoffener Mensch *gen. e pl.* en, *ag.* besoffen, berauscht, betrunken.

Imbrigamento, das Verwickeln *gen. s*, (in Geschäfte).

Imbrigarsi, sich in Geschäfte mengen *v. r.*

Imbrigliare, aufzäumen, den Zaum anlegen *v. r. comp.*

Imbrigliatura, das Aufzäumen *gen. s.*

Imbroccare, das Ziel treffen *v. ir.*

Imbroccata, ein Hieb mit dem Degen von oben herunter, ein Stoß mit einer Lanze.

Imbrogliare, verwirren, verwickeln *v. r. comp.*, in Unordnung bringen *v. r.*

Imbrogliarsi, aus der Verfassung kommen *v. ir.*, sich verwirren *v. rec. r. comp.*

Imbrogliatore, imbroglione, der Verwirrer; ein Dreckwirrer, ein Stänker, ein unruhiger Kopf *gen. s.*

Imbroglio, die Verwirrung, die Verwickelung *pl.* en, der verwirrte Handel *gen. s, pl.* (Händel).

Imbrunare } bräunen: braun, dunkel,
Imbrunire } finster machen *v. r.*, oder werden *v. auf.*

Imbruschire, trotzig, unhöflich, ungestüm, hitzig, aufgebracht werden *v. auf.*

Imbrattare, beschmutzen, besudeln *v. r. comp.*, schmutzig machen *v. r.*

Imbrunire, ed imbruttire, häßlich, ungestalt werden; *it.* schmutzig werden *v. auf.*

Imbucare, in ein Loch stecken *v. r.*

Imbrunare, dämmern *v. r.*, *V.* Imbrunare.

Imbuto, ein blecherner Trichter *gen. s*, *V.* Imbottatojo.

Imeneo, der Ehestand *gen.* es, die Hochzeit *pl.* en; *it.* der Hochzeitgott bey den Heiden.

Imitabile, ed imitevole, *ag.* nachahmlich, was man nachahmen kann.

Imitante, *ag.* nachahmend, nachmachend.

Imitare, nachahmen, nachmachen, nachfolgen *v. r. comp.*

Imitatore, der Nachahmer, Nachfolger *gen. s*; der etwas nachthut.

Imitazione, die Nachahmung *pl.* en, die Nachfolge *pl.* n.

Immacchiarsi, nascondersi, sich in den Busch verkriechen *v. r. comp.*

Immacolato, *ag.* unbefleckt; la Vergine Immacolata, die unbefleckte Empfängniß Mariä.

Immaginabile, e immaginevole, *ag.* ersinnlich, erdenklich; was man sich einbilden kann.

Immaginare, im Gemüthe vorstellen, erdenken, aussinnen *v. r. comp.*

Immaginariamente, *av.* in der Einbildung.

Immaginario, *ag.* in der Einbildung bestehend, eingebildet.

Immaginarsi, sich einbilden *v. rec. r. comp.*, sich etwas in Gedanken vorstellen *v. r. comp.*; per credere, glauben *v. r.*, dafür halten *v. ir.*, achten, meynen *v. r.*, vermuthen *v. r. comp.*

Immaginativa, die Einbildungskraft.

Immaginazione, die Einbildung, die Vorstellung *pl.* en.

Immagine, eine Abbildung *pl.* en, das Ebenbild, das Bild *gen.* es, *pl.* er; per quadro, pittura, das Gemählde *gen. s*, *pl.* n; *it.* der Schein *gen. s*, *pl.* e, die Vorstellung *pl.* en.

Immagrire, mager werden *v. auf.*, *V.* Smagrire.

Immancabile, *ag.* untrüglich.

Immancabilmente, *av.* untrüglich.

Immanità, die Grausamkeit *pl.* en.

Immansueto, *ag.* unbändig.

Immantinente } *av.* alsbald, augen-
Immantinente } blicklich, von Stund an, den Augenblick, jetzt, gegenwärtig.

Immarcescibile, *ag.* unverweslich.

Immarcire, faulen *v. r. comp.*, *V.* Marcire.

Immarginare, Narben machen *v. r.*, zusammenfügen *v. r. comp.*, mit einem Rande versehen *v. ir. comp.*

Immarginato, *ag.* eingefügt, zusammengefügt, mit einem Rande versehen.

Immascheramento, die Verlarvung, die Verkleidung *pl.* en.

Immascherarsi, sich verlarven, sich verkleiden *v. rec. r. comp.*

Immastricciare, verkleistern, mit Kleister beschmieren *v. r. comp.*

Immaturamente, av. unzeitig, unreif.
Immaturità, die Unzeitigkeit pl. en, die Unreife pl. n.
Immaturo, ag. unzeitig, unreif.
Immediatamente, av. unmittelbarerweise, gleich den Augenblick.
Immediato, ag. unmittelbar, unvermuthet, unerwartet, unüberlegt, unbesonnen.
Immedicabile, ag. unheilbar.
Immemorabile, ag. undenklich.
Immemorabilmente, av. von undenklichen Zeiten her.
Immensamente, av. unendlich, unermeßlich.
Immensità, die Unermeßlichkeit, die Unendlichkeit, die Unbegreiflichkeit.
Immenso, ag. unermeßlich, unendlich.
Immergere, eintauchen, untertauchen, versenken v. r. comp.
Immergersi, sich ins Wasser stürzen v. rec. r., (nei pensieri), sich vertiefen in Gedanken v. rec. r.; immergersi nei diletti, sich den sündlichen Vergnügungen ergeben v. rec. ir. comp., (nei delizii), sich in Lastern herumwälzen v. rec. r. comp.
Immeritamente, av. unverdienterweise, unwürdigerweise.
Immeritevole, ag. unwürdig, unverdient.
Immeritevolmente, V. Immeritamente.
Immersione, die Eintauchung ins Wasser, die Untertauchung, die Versenkung pl. en.
Immerso, ag. e part. eingetaucht, (fig.) ersoffen, vertieft, versenkt; immerso nel sonno, in tiefem Schlafe liegend; (nei pensieri), in Gedanken vertieft.
Imminente, ag. bevorstehend, ganz nahe.
Imminenza, das Bevorstehen gen. s, die bevorstehende Zeit, die Herannahung pl. en.
Immensurabile, ag. unermeßlich.
Immobile, ag. unbeweglich, beständig.
Immobilità, die Unbeweglichkeit, die Beständigkeit pl. en.
Immobilmente, av. unbeweglich.
Immoderatamente, av. unmäßig, übermäßig.
Immoderanza, die Unmäßigkeit, das Uebermaaß pl. e; met. die Unzucht.
Immoderato, ag. unmäßig, unbescheiden; met. unzüchtig.
Immodestamente, av. unbescheidentlich, unehrbarerweise.
Immodestia, die Unbescheidenheit, die Unehrbarlichkeit, die Unmäßigkeit pl. en; met. die Unzucht.
Immodesto, ag. unbescheiden, unverschämt, unehrbarlich; met. unzüchtig.
Immolazione, die Aufopferung pl. en.
Immolare, opfern v. r., aufopfern v. r. comp.
Immollamento, das Einfeuchten, die Einweichung, die Benetzung pl. en.
Immollare, naß machen v. r., einfeuchten, einweichen, benetzen v. r. comp.
Immondezza } die Unreinigkeit pl. en;
Immondizia } der Unflat, der Koth, das Unreine [illegible] der Schandfleck gen. s, pl. en.
Immondo, ag. unrein, unflätig, unsauber.
Immortalare, unsterblich machen v. r. verewigen v. r. comp.
Immortale, ag. unsterblich, ewig.
Immortalità, die Unsterblichkeit, das ewige Leben gen. s.
Immortalmente, av. unsterblich, ewiglich.
Immune, ag. befreyet, (von den Lasten, die andere Unterthanen tragen).
Immunità, die Freyheit, die Befreyung pl. en, (von den Lasten, Abgaben, Steuern rc., die andern Unterthanen obliegen).
Immurare, einmauern, vermauern v. r. comp.
Immutabile, ag. unveränderlich, unwandelbar.
Immutabilità, die Unveränderlichkeit, die Unwandelbarkeit, die Beständigkeit pl. en.
Immutabilmente, av. unveränderlich, beständiglich.
Imo, ag. lat. ganz unten; sm. der Boden; ad imo ad imo, ganz zu Boden; da imo a sommo, von unten an bis oben aus, durch und durch.
Impacciare, hindern, stören v. r.; impacciarsi, cioè occupare, beschäftiget seyn; per imbrogliare, verwirren [illegible].
Impacciarsi, sich mengen v. rec. r., sich in etwas einlassen, sich um etwas annehmen v. rec. ir. comp.
Impaccio, die Hinderniß pl. e, die Verhinderung pl. en, die Last,

[illegible] die Beschwerlichkeit [illegible] ; essere d' impaccio ad alcuno, einem beschwerlich fallen [illegible] ; non si dare impaccio di ciò, bekümmert sich darum nicht ; [illegible] d' impacciarsi, einer mit der Sache [illegible] v. r.

Impadronirsi, sich bemächtigen, sich bemeistern [illegible] ; [illegible] ; [illegible].

Impagabile, ag. unschätzbar.

Impagliare, in [illegible] einpacken, mit Stroh einflechten v. r. comp.

Impalare, spießen v. a.

Impalato, part. angespießt.

Impalcatura, die [illegible] pl. [illegible], [illegible].

Impallinato, ag. mit [illegible] [illegible].

Impalliare, [illegible] v. r. comp., bleich werden v. ref.

Impalmare, die Hand [illegible] geben (wegen eines Versprechens), [illegible] die [illegible] gem. [illegible] (bey einer Verlobung).

Impalpabile [illegible]) ag. ed avverb. [illegible], unfühlbar.

Impaniare, mit Vogelleim bestreichen v. r. comp.

Impannata, [illegible] gem. [illegible], pl. [illegible] (von [illegible]).

Impareggiare, [illegible] gleich machen v. a.

Impareggiabile, ag., unvergleichlich. V. Incomparabile ag., Impareggiabile ec.

Imparare, lernen v. r., erlernen v. r. comp., imparare a mente, auswendig lernen v. a.

Imparaticcio, ag. [illegible] [illegible].

Impareggiabilmente, av. unvergleichlich, auf eine unvergleichliche Art [illegible].

Imparentarsi, sich [illegible] [illegible] durch Heyrath [illegible] werden v. ref.

Impari [illegible] [illegible] [illegible] [illegible].

Impari [illegible] [illegible] [illegible].

Imparità, [illegible] ag. [illegible].

Impartire, [illegible], mittheilen, [illegible] [illegible] comp., impartire favo- ri, grazie, Gnaden austheilen v. r. comp., impartitemi la [illegible] [illegible], [illegible] mir nur Ihre Gewogenheit.

Impassibile, ag. unempfindlich.

Impassibilità, die Unempfindlichkeit [illegible].

Impassibile, impossibile, ag. unmöglich, [illegible] [illegible].

Impassibilità, die [illegible] Gesinnung von [illegible] und Leiden, die [illegible] [illegible] [illegible].

Impassionarsi, Gemüthsbewegungen [illegible] v. r. comp., [illegible] v. r.

Impastare [illegible] [illegible], [illegible] [illegible] [illegible] [illegible] v. r. comp., [illegible].

Impastatura, ed impastamento, das [illegible], die [illegible].

Impazientarsi, [illegible], [illegible] [illegible] v. r. comp., [illegible], [illegible] [illegible] [illegible] fassen v. r. comp.

Impazienza) [illegible] [illegible]
Impaziente) [illegible] [illegible] v. r. V. Repetiare.

Impazzare, im [illegible] [illegible] [illegible] [illegible] v. ref. [illegible] [illegible] [illegible] v. ref.

Impavidamente, av. unerschrocken[illegible] weise.

Impavido, ag. unerschrocken.

Impaziente, ag. ungeduldig.

Impazzare) [illegible] [illegible] machen v. r.
Impazzire) [illegible] [illegible] v. ref. [illegible] v. r. comp.

Impeccabile, ag. unsündlich, [illegible] [illegible], [illegible].

Impeccabilmente, av. unschuldiger Weise [illegible].

Impedimento) [illegible] [illegible] [illegible]
Impedimenti) [illegible], [illegible] [illegible] [illegible] v. ref.

Impedimento, die [illegible], der [illegible] [illegible], [illegible] [illegible] [illegible].

Impazzamento, das [illegible] [illegible].

Impazzire) närrisch, zum Narren werden
Impazzare) v. ref., impazzire di [illegible], sich in einen ganz verliebten [illegible], [illegible] [illegible] eingenommen seyn v. ref.

Impeccabile, ag. unsündlich, [illegible] [illegible], der nicht sündigen kann.

Impeciare, verpichen v. r. comp., mit Pech, mit Theer bestreichen v. ir. comp., (in genere), verkleben v. r. comp.

Impedimento, die Hinderniß pl. e, die Hinderung, die Verhinderung pl. en; essere d' impedimento, verhinderlich seyn v. auf.

Impedire, verhindern v. r. comp., hindern v. r., abhalten v. ir. comp.

Impeditivo, ag. was hinderlich, verhinderlich seyn kann.

Impeditore, einer der verhindert; ein Verhinderer gen. s.

Impegnare, verpfänden, versetzen v. r. comp.; per obbligare, nöthigen v. r., verbinden v. ir. comp.; impegnar la parola, sein Wort von sich geben v. ir.

Impegnarsi, sich einlassen, sich verbinden v. rec. ir. comp., sich verpflichten v. rec. r. comp.; per [illegible], Bürge werden v. auf.; per [illegible], [illegible] sich anheischig machen v. r.

Impegno, die Verpfändung pl. en, das Versprechen gen. s; it. die Verbindlichkeit pl. en, das Einlassen in ein Bündniß; io non voglio impegni, ich lasse mich auf nichts ein, ich [illegible] haben; [illegible], v. [illegible], [illegible], Fermezza.

Impegolare, verpichen v. r. comp., v. Impeciare.

Impelliciare, [illegible] v. ir. comp., [illegible] v. r. comp., in den Pelz kriechen v. ir.

Impenetrabile, ag. undurchdringlich, unergründlich, was nicht kann durchdrungen werden.

Impenetrabilità, die Undurchdringlichkeit pl. en.

Impenitente, ag. unbußfertig, verstockt.

Impenitenza, die Unbußfertigkeit, die Härtigkeit, oder die Verstockung des Herzens.

Impennacchiare, mit Federn schmücken v. r.; [illegible] einen Busch.

Impennare, mit Federn, Flügeln versehen v. ir. comp.

Impennatura, eine Gefiederte, eine Besiederung pl. en.

Impensato (atto), ag. ungemuthet, [illegible] unvermuthet, [illegible]

[illegible] unverhoffterweise, wider Vermuthen.

Imperare, herrschen, mit Befehl [illegible] v. r.

Imperadore, ed Imperatore, der Kaiser gen. s.

Imperadrice, die Kaiserin.

Impercettibile, ag. unbegreiflich, unbemerklich, unvernehmlich, unempfindlich.

Impercettibilità, die Unbegreiflichkeit, [illegible], Unvernehmlichkeit pl. en.

Impercettibilmente, av. unbegreiflicherweise, v. Impercettibile.

Imperciocchè, av. dieweil, weil, daher.

Imperdonabile, ag. unvergeblich, unverzeihlich.

Imperfettamente, av. unvollkommen, unvollkommenerweise.

Imperfetto, ag. unvollkommen, fehlerhaft, gebrechlich.

Imperfetto, sost. das Unvollkommene gen. s pl. n; term. gram. die unvollkommene Zeit.

Imperfezione, die Unvollkommenheit, die Unvollständigkeit pl. en; it. der Mangel, der Fehler, das Gebrechen gen. s.

Imperiale, ag. kaiserlich, zum Reich gehörig; sost. gl' Imperiali, die Kaiserlichen; una Città imperiale, eine Reichsstadt; la dieta Imperiale, der Reichstag gen. s.

Imperio, ed Impero, das Kaiserthum, das Reich gen. s; it. die Regierung, die Herrschaft pl. en; l' Imperio Romano, das römische Reich.

Imperiosamente, av. herrischer-, herrschsüchtigerweise; herrischerweise, gebieterisch; parlare imperiosamente, gebieterisch reden.

Imperiosità, die Herrschsucht, das gebieterische Wesen gen. s, der gebieterische Stolz gen. es.

Imperioso, ag. herrschend, herrisch, gebieterisch; [illegible].

Imperitamente, av. unerfahrnerweise, unwissentlich.

Imperito, ag. unerfahren, ungeschickt, unwissend, ungelehrt, unerfahren.

Imperizia, die Unerfahrenheit, die Unwissenheit, die Ungeschicklichkeit pl. en, der Unverstand gen. es.

Imperlare, mit Perlen besetzen v. r. comp.

Impermeabile, ag. undurchdringlich, [illegible], unveränderlich.

Impermutabilità, die Unveränderlichkeit, die Unabänderlichkeit pl. en.

Impernare, [illegible] v. a. comp., auf die Wirbel, oder Angel hängen v. a.

Impero, V. Imperio.

Imperocchè, conj. sintemal, dieweil.

Imperscrutabile, ag. unerforschlich.

Imperseveranza, die Unbeständigkeit, die Unbeständigkeit pl. en.

Impertérrito, ag. unerschrocken.

Impertinente, ag. zur Sache nicht gehörig, ungereimt, unschicklich, grob, abgeschmackt, ungebührlich, unbescheiden.

Impertinentemente, av. ungereimter Weise, unschicklicherweise, V. Impertinenza.

Impertinenza, die Ungereimtheit, die Unbescheidenheit, die Grobheit pl. en, die abgeschmackte That pl. en.

Imperturbabile, ag. (erh.) unerschütterlich, was nicht beunruhiget werden kann.

Imperturbabilità, die Unerschrockenheit.

Imperversamento, das [illegible] gen. s, die [illegible], die [illegible] pl. en.

Imperversare, [illegible] v. n., [illegible] v. n., toben, wüthen v. n. [illegible] ärger, schlimmer werden v. auf.

Impervertire, verkehrt v. a. comp., [illegible] werden v. auf.

Impeto, der ungestüme Anlauf, der [illegible], der Anfall, ein [illegible] primo impeto, die erste [illegible].

Impetrare, erlangen v. a. comp., erhalten v. ir. comp.

Impetrazione, die Erlangung, die Erhaltung durch Bitten.

Impetrire, [illegible] werden v. auf.

Impetrito, part. [illegible].

Impetuosamente, av. mit Ungestüm, mit großer Gewalt, [illegible].

Impetuosità, das Ungestüm gen. s, die Heftigkeit pl. en, der [illegible] gen. s, pl. [illegible], der [illegible] gen. [illegible].

Impetuoso, ag. ungestüm, stürmend, mit Gewalt [illegible], ungestüm, heftig.

Impiagare, verwunden v. a. comp., V. Piagare ec.

Impiantare, in die Erde pflanzen v. a.; fr. im Stiche lassen; egli mi ha impiantato, er hat mich im Stiche gelassen.

Impiastramento, ed impiastrazione, das Bepflastern gen. s, die Beschmierung mit Pflaster.

Impiastrare, bepflastern, ein Pflaster auflegen v. a. comp., schmieren v. a.

Impiastro, das Pflaster gen. s.

Impiccare, an den Galgen hängen v. a., aufknüpfen v. a. comp., far impiccare, hängen lassen.

Impiccarsi, sich erhängen v. rec. comp.

Impiccolire, [illegible] unfruchtbar, [illegible]; impiccolirsi, sich verkleinern v. rec. comp., V. [illegible], V. [illegible].

Impiego, die Beschäftigung pl. en, V. [illegible].

Impietrire, stein werden v. auf.

Impiegare, [illegible], anwenden, [illegible] v. a. comp., impiegar danaro, Geld auf Zinsen [illegible], anlegen, unterbringen v. a. comp., [illegible] impiego [illegible], einen Befehl [illegible] jemanden verschaffen v. a.

Impiegarsi in q. c., sich legen auf etwas v. rec. c.

Impiego, der Gebrauch, das [illegible] gen. s, die Anwendung pl. en, [illegible] ein Amt gen. s, ein Dienst gen. es, eine Bedienung, eine Bestallung, eine Verrichtung pl. en.

Impigrire, [illegible] sein, [illegible] werden v. auf.

Impietrare, ed impietrirsi, versteinern v. a. comp., versteinert werden v. auf.

Impinguare, fett machen, [illegible] v. a., impinguarsi, fett werden v. auf., [illegible] v. rec. c.

Impiombare, in Bley einfassen, mit Bley ausgießen v. a. comp., [illegible] v. a., [illegible] v. ir. comp.

Implacabile, ag. unversöhnlich, unerbittlich.

Implacabilmente, av. unversöhnlicher Weise, unerbittlicherweise.

Implicare, verwickeln v. a. comp., in Verwirrung bringen v. a., verwickeln, verwirren, [illegible] v. a. comp., [illegible] sein v. aus. implicare contraddizioni, widersprechend seyn *v. aus.*, einen Widerspruch enthalten *v. ir. comp.*

Implicitamente, *av.* nicht klar; oder heimlicherweise.

Implicito, *ag.* was mit darunter begriffen ist, was darunter mit verstanden wird.

Implorare, anflehen *v. r. comp.* um Hülfe anrufen *v. ir. comp.*, Beystand begehren *v. r. comp.*

Impoltronire, faul, träge, feige seyn, oder werden *v. aus.*

Impolverare, bestäuben, mit Staub bestreuen *v. r. comp.* ; impolverare i capelli, die Haare pudern *v. r.*, einpudern *v. r. comp.*

Impomiciare, mit Bimsstein reiben *v. ir.*, glätten *v. r.*

Imponente, *ag.* auflegend, befehlend.

Impositore, der Auflager *gen.* s, der anbefiehlt; impositore di leggi, der Gesetzgeber *gen.* s.

Imporre, auflegen *v. r. comp.*, auftragen *v. ir. comp.*, anbefehlen *v. ir. comp.*, anbefehlen *v. r. comp.* ; imporre gabelle, Auflagen auflegen *v. r. comp.* ; imporre silenzio, Stillschweigen anbefehlen *v. ir. comp.*

Importabile, *ag.* wichtig, beträchtlich, an dem viel gelegen ist.

Importanza, die Wichtigkeit, das Ansehen *gen.* s.

Importare, daran gelegen seyn, zu bedeuten haben *v. aus.*, per: ammontare, betragen, ausmachen *v. r. comp.*, sich belaufen *v. ir. comp.* ; non importa, es schadet nichts, es thut nichts; che importa ciò? was schadet es? *sost.* l'importare, der Betrag *gen.* s, l'importare è di [illegible] fiorini, es beträgt hundert Gulden.

Importo, der Betrag *gen.* s.

Importunamente, *av.* unverschämt, beschwerlicherweise.

Importunare, unverschämterweise überlästig seyn *v. aus.*, Ungelegenheit verursachen *v. r. comp.*, um Ungelegenheit [illegible] *v. ir. comp.*

Importunità, die Ungelegenheit, die Beschwerlichkeit *pl.* en, das ungestüme Wesen *gen.* s.

Importuno, *ag.* ungelegen, beschwerlich, überlästig, ungestüm, zudringlich.

Impositore, der Auflager *gen.* s, *V.* Impositore.

Imposizione, das Auflegen *gen.* s, die Auflage, die Abgabe *pl.* n (einer Steuer &c.)

Impossessarsi, *v. pr.* impadronirsi, sich bemächtigen *v. rec. r. comp.* ; per: prendere possesso, in Besitz nehmen *v. ir.* ; impossessarsi d' una lingua, einer Sprache mächtig werden *v. aus.*

Impossibile, *ag.* unmöglich, sehr schwer.

Impossibilità, die Unmöglichkeit *pl.* en.

Impossibilitare, unmöglich machen *v. r.*

Imposta, die Auflage *pl.* n ; per: imposta di un uscio o di una finestra, der Thürflügel, Fensterladen, *V.* Imposizione.

Impostare, per: registrare un debito, eine Schuld ins Buch schreiben *v. ir.* ; per: termine d' archit., auflegen *v. r. comp.* ; *ir.* besetzen *v. r. comp.*

Impostore, ein Betrüger, ein Verleumder *gen.* s.

Impostura, der Betrug *gen.* s, die Verleumdung, die Erdichtung *pl.* en die Lüge *pl.* n.

Impotente, *ag.* unvermögend, ohnmächtig, schwach.

Impotenza, das Unvermögen *gen.* s, die Ohnmacht.

Impoverimento, die Verarmung *pl.* en.

Impoverire, verarmen *v. r. comp.*, arm machen *v. r.*, arm werden *v. aus.*

Impoverirsi, selbst an seiner Verarmung Ursache seyn *v. aus.*

Impraticabile, *ag.* unbrauchbar, nicht thunlich, was nicht angeht, was man nicht thun kann; una strada impraticabile, ein Weg, wo nicht fortzukommen ist; un uomo impraticabile, ein Mensch, mit dem nicht umzugehen, oder auszukommen ist.

Impraticarsi, sich geschickt machen *v. r.*

Impregnare, einen schwängern, alles Gold [illegible] *v. r. comp.*

Impregnazione, der [illegible], das [illegible] *gen.* s, die Schwängerung, die [illegible] (Schwängerung) *pl.* en, (unumgänglich &c.)

Imprendimento, die Unternehmung *gen.* s, die Unternehmung *pl.* impresa, die Erfüllung *pl.* en.

Imprecare, fluchen *v. r.* ; imprecare, [illegible] werden *v. aus.*

Imprendere, unternehmen, [illegible] ; *v.* ; impresa, imparare, lernen *v. r.*

Imprendimento, das Unternehmungen *gen.* s, die Unternehmung *pl.* en.

Imprenditore, der etwas unternimmt, der Unternehmer *gen.* s.

Impresa, imprendimento, die Unternehmung *pl.* en, das Vornehmen *gen.* s; è ardua impresa, es ist schwer zu unternehmen.

Impreso, *part.* da imprendere, unternommen; *it.* erlernet.

Impressione, das Gepräge *gen.* s *pl.* en, die Spur, das Zeichen *gen.* s; impressione di sigillo, die Abdrückung *pl.* en; per stampa, der Druck *gen.* s, die Auflage *pl.* n; per effetto, die Wirkung *pl.* en; impressione nell' animo, der Eindruck *gen.* s, die Einprägung im Gemüthe; per [illegible], die Einbildung.

Impressore, *sieh* stampatore, der Drucker *gen.* s.

Imprestanza, das Borgen, der Borg, das Darlehn *gen.* s, die Darleihung *pl.* en.

Imprestare, borgen *v. r.*, entlehnen, darleihen, darleihen *v. r. comp.*

Imprestito, das Borgen *gen.* s, it. *V.* Imprestanza.

Impreteribile, *ag.* unübergänglich, unvermeidlich.

Imprezzabile, *ag.* unschätzbar.

Imprigionamento, die Gefangennehmung *pl.* en.

Imprigionare, gefangen setzen *v. r.*, in Verhaft nehmen *v. irr.*, in das Gefängniß bringen *v. r.*

Imprimere, eindrücken, ausdrücken *v. r. comp.*; per l' impresso libro, ecc., drucken *v. r.*; imprimere nell' animo, eingraben *v. r. comp.* (im Gemüthe).

Improbabile, *ag.* unwahrscheinlich, unmöglich.

Improbabilità, die Unwahrscheinlichkeit *pl.* en.

Improbabilmente, *av.* unwahrscheinlich, unmöglich.

Improbità, die Gottlosigkeit, die Bosheit *pl.* en, das [illegible] Wesen *gen.* s.

Improbo, *sust.* ein ruchloser, boshaftiger, arger Mensch *gen.* en *pl.* en; *ag.* boshaftig, ruchlos, arg.

Impronta } das Gepräge *gen.* s,
Improntamento } *pl.* en, das Zeichen, das Aufdrucken *gen.* s; it. das geprägte Bild auf den Münzen.

Improntare, prägen *v. r.*, aufdrucken *v. r. comp.* (mit etwas); *it.* bilden *v. r.*, ausbilden *v. r. comp.*; per prepararsi, zubereiten *v. r. comp.*

Improntatore, der Präger *gen.* s, einer der prägt.

Impronto, *sust.* das Gepräge *gen.* s, das ausgeprägte Bild auf etwas; *V.* Impronta.

Improperio, die Beschimpfung, die Ausscheltung *pl.* en, der grobe Verweis *gen.* es; *pl.* e.

Impropriamente, *av.* ohne Proportion.

Impropriamente, *av.* uneigentlicherweise.

Improprietà, die uneigentliche Art *pl.* en.

Improprio, *ag.* uneigentlich.

Improsperare, glücklich seyn, empor kommen *v. auf.*

Improvvedutamente } *av.* unvorsichtig-
Improvvidamente } lich.

Improvvidenza, die Unvorsichtigkeit, die Unbedachtsamkeit *pl.* en.

Improvvido, *ag.* unvorsichtig, gewaltsam.

Improvvisamente, *av.* unversehens, unvermuthet.

Improvvisatore, einer, der aus dem Stegreif Verse macht.

Improvvisare, aus dem Stegreif Verse machen *v. r.*

Improvviso, *ag.* unversehen, unvermuthet, unerwartet; *av.* all' improvviso, unversehens; cantare, suonare, agire, cantare all' improvviso, aus dem Stegreif singen *v. irr.*, spielen, agiren *v. r.*, verfassen *v. r. comp.*

Imprudente, *ag.* unvorsichtig, unbesonnen, unbedacht, unklug, unverständig.

Imprudentemente, *av.* unbedachtsamerweise, unvorsichtiglich.

Imprudenza, die Unvorsichtigkeit, die Unbedachtsamkeit, die Unbesonnenheit, die Unbedachtsamkeit.

Impube, *sust. ing.*, *fem.* der, die Unmündige *gen.* s *pl.* n; *ag.* unmündig.

Impudente, *ag.* unverschämt, frech.

Impudentemente, *av.* unverschämterweise.

Impudenza, das unverschämte Wesen *gen.* s, die Unverschämtheit *pl.* en, die schamlose Art.

Impudicamente, *av.* unzüchtiglich.

Impudicizia, die Unzucht, die Geilheit.

Impudico, ag. unzüchtig, unkeusch.
Impugnare, dar di piglio, ergreifen v. a. anfassen v. a. comp.; impugnare la spada, nach den Degen greifen; impugnare il sentimento ec. di alcuno ec., anfechten, bestreiten v. a. comp., bestreiten v. a. comp., (die Meynung, die Lehre ec.)
Impugnatore, der Widersprecher gen. s, der die Meynung, Lehre ec. bestreitet.
Impugnazione (da impugnato ec.), die Bestreitung pl. en; it. der Widerstand gen. es, der Widerspruch gen. s, pl. (Widersprüche), die Anfechtung pl. en.
Impulso, sost. der Trieb, der Antrieb gen. s, pl. e, die Anreitzung pl. en.
Impulso, ag. angetrieben, angereizt, bewegt.
Impune, ag. straflos.
Impunemente, av. ungestraft.
Impunibile, ag. unstrafbar.
Impunità, die Straflosigkeit pl. en. (der Strafe), die Unstrafbarkeit pl. en; impigliare l'impunità, durch Anerbung der Straflosigkeit sich mit der Strafe loszumachen v. r. comp.
Impunito, ag. ungestraft, straflos.
Impuntare, stoßen, stolpern, stecken bleiben v. n. anstoßen v. n. comp.
Impuramente, av. unrein, unkeusch.
Impurità, die Unreinigkeit pl. en, die Unzucht.
Impuro, ag. unrein, unsauber, unkeusch, unzüchtig.
Imputabile, ag. zuschreiblich, was zuzurechnen, oder beyzumessen ist.
Imputare, beschuldigen, v. a. comp. it. zuschreiben, zumessen, beymessen v. a. comp. zurechnen v. a. comp.
Imputato, der Beschuldigte, Beschriebene ec.
Imputazione, od imputamento, die Beschuldigung, die Beymessung, die Zurechnung pl. en.
Imputridire, faulen, v. n. verfaulen v. n. comp.

IN

In, prep. in, an, auf, zu, wider; egli è in Chiesa, er ist in der Kirche; mettere in capo, einen Hut auf den Kopf setzen; toccare il cappello in testa, den Hut auf den Kopf setzen; [illegible] la Imperadore, zum Kaiser erwählen; in se rivolse la spada, er kehrte den Degen wider sich; NB. [illegible] prep. [illegible] ad consultare la Grammatica.
Inabile, ag. untüchtig, unfähig, unvermögend, ungeschickt.
Inabilità, die Untüchtigkeit, die Unfähigkeit, die Unvermögenheit, die Ungeschicklichkeit.
Inabilitare, unfähig, untüchtig machen v. r.
Inabilitato, ag. e part. untüchtig, unfähig gemacht, ec. gemachet.
Inabitabile, ag. unbewohnbar, unbewohnbar, wo man nicht zu bewohnen ist.
Inabitato, ag. unbewohnt, öde.
Inaccessibile, a. unzugänglich, wozu man nicht kommen kann.
Inacerbare, erbittern v. a. comp. V. Esacerbare.
Inadeguamento ec., die Ungleichheit, V. Ineguaglianza ec.
Inacetire, sauer werden v. [illegible]
Inacidare, [illegible]
Inagrare) sauer, herbe werden v. [illegible]
Inagrire) [illegible] zu Korn gerathen.
Inalberare, in die Höhe richten, aufrichten, aufstecken v. a. comp. [illegible] (als Fahnen, Flaggen, Wappen ec.)
Inalienabile, ag. unveräußerlich.
Inalterabile, ag. unveränderlich, unwandelbar, beständig, ungerührtlich.
Inalterabilità, die Unveränderlichkeit, die Unwandelbarkeit.
Inalterabilmente, av. unveränderlicher Weise.
Inammendabile, ag. unverbesserlich, was nicht mehr zu bessern ist.
Inanellare, die Haare in Locken drehen v. r.
Inanimare, animare, beseelen, beleben; aufmuntern v. a. comp. Muth machen v. r.
Inanimato, senza anima, ag. leblos, unbeseelt.
Inanimire, beseelen v. a. comp. V. Inanimare.
Inapprezzabile, ag. so man kein Recht nicht weiter schätzen kann.
Inappetenza, der Ekel gen. s, die Unlust der Eßbegierde gen. ec. [illegible] der Appetit gen. s, oder Appetits.

Inarcare, in die Höhe ziehen v. a. [illegible] le ciglia, die Augenbraunen von Erstaunung [illegible] ziehen, die Stirne runzeln v. r. 1 fr. eine [illegible] freundliche, mürrische Miene machen v. r. [illegible] la schiena, die [illegible] [illegible] v. r. comp.

Inargenta[illegible] stranden v. r., auf eine Sandbank zu sitzen kommen v. fr.

Inargentare, versilbern v. r.

Inargentato, part. versilbert.

Inaridire, [illegible] dürre werden v. auf., [illegible] v. r. comp.

Inarrivabile, ag. unzulangend, [illegible] man nicht gelangen kann.

Inasinire, zum Esel werden, dumm und albern werden v. auf.

Inaspito, part. [illegible] [illegible] [illegible] ungeschickt geworden.

Inaspettatamente, av. } unverhoft, unvermuthet.
Inaspettato, ag. }

Inasprare, inasprire, erbittern, [illegible] v. r. comp. ; il male inasprisce, die Krankheit nimmt überhand, v. [illegible].

Inaudito, ag. unerhört.

Inaugurale, ag. was zum [illegible] gehöret; was zur Einweihung [illegible] gehört.

Inavvedutamente, ed inavvertentemente, av. unvorsichtiglich, [illegible], unaufmerksam, unbedachtsamerweise.

Inavvedutezza, ed inavvertenza, das Versehen gen. f., die Unvorsichtigkeit, die Unbedachtsamkeit, die Unachtsamkeit, die Unachtsamkeit [illegible].

Inavveduto, ag. unvorsichtig, [illegible], unbedachtsam.

Inavvertitamente, av. unbedachtsamerweise, unbesonnenerweise.

Incalidità, die [illegible] pl. [illegible], das [illegible] Wesen gen. [illegible].

Incadaverire, [illegible] v. r. comp. einem todten Körper [illegible].

Incagliare, stecken bleiben, [illegible] v. [illegible] la nave [illegible], das Schiff [illegible] auf einer Sandbank [illegible].

Incalciare, in die Flucht jagen v. r., v. Incalzare ec.

Incalcinare, mit Kalk überziehen v. [illegible] [illegible] v. r. comp. [illegible] [illegible] Kalk [illegible] v. r.

Incalciare, [illegible] v. r. comp., v. [illegible].

Incallimento, die Verhärtung der Haut an Händen und Füßen.

Incallire, eine harte Haut bekommen v. fr. comp.

Incalvire, kahl werden v. auf.

Incalzare, nachjagen, in die Flucht jagen v. r. comp., verfolgen, nachsetzen v. r. comp.

Incamiciare, die Verfolgt gen. f.

Incalo, ed incalamento, das [illegible] [illegible], das [illegible] gen. f.

Incamerare beni ec., Güter einziehen v. fr. comp., [illegible] v. r. ; per [illegible] imprigionare, mit Hausarrest belegen, in das Gefängniß stecken v. r.

Incamminamento, [illegible] in [illegible], die [illegible] auf den Weg [illegible] [illegible], die Einrichtung, die Bestellung, der Anfang einer Sache.

Incamminare, in Gang bringen v. r.; [illegible] [illegible], jemanden verschicken v. r. comp. ; per [illegible] [illegible], [illegible], bestellen v. r. comp.

Incamuffato, ag. verhüllt, vermummt.

Incancherare, incancherire, krebs, oder den Brand bekommen v. r. comp.

Incanire, toll, wütend werden v. auf.

Incannare, auf die Spindel winden v. [illegible], Garn spulen v. r. ; per [illegible] [illegible] [illegible], durch die Gurgel ziehen v. [illegible], [illegible] v. r. comp.

Incannucciare, mit Schilf umbinden v. r. comp., überziehen v. r. comp.

Incantamento, incantesimo, incantazione, die Bezauberung, die Zauberey, die Verblendung pl. [illegible].

Incantare, bezaubern, beschwören v. r. comp.

Incantatore, der Zauberer, der Teufelsbanner gen. [illegible].

Incantevole, ag. bezaubernd, bezaubernd.

Incanto, part. incantesimo, die Bezauberung, v. Incantamento, per [illegible] vendita pubblica, die Auction, der [illegible] Verkauf an die Meistbiethenden.

Incanutire, grau werden v. auf.

Incanutito, part. grau geworden.

Incapace, ag. unfähig, untüchtig.

Incapacità, die Unfähigkeit, die Untüchtigkeit.

Incaparbire, [illegible], halsstarrig werden v. auf.

Incaparrare, [illegible], [illegible] geben v. fr.

Incappare, [illegible] v. r. comp., [illegible] (in die Falle); [illegible] egli [illegible], er ist übel ankommen.

Incappellare [illegible], [illegible] v. r. comp. [illegible] Kappe [illegible] v. comp.

Incappiare, mit einer Schleife [illegible] v. r. comp., [illegible] mit dem Stricke, [illegible] v. r. comp.

Incaponirsi, sich etwas in den Kopf setzen v. r., auf etwas beharren v. r. comp.

Incarcerare, ins Gefängniß stecken v. r., V. Carcerare etc.

Incarico, eine Ladung, eine Tracht pl. en, V. Incarico.

Incaricare, aufladen v. [illegible] comp., belasten, beschweren v. r. comp.; per [illegible], anbefehlen, auftragen v. ir. comp.; [illegible] q. c. ad alcuno, einem etwas anbefehlen v. r. comp.

Incarico, die Last, die Aufladung, die Beschwerung pl. en; per [illegible], der Auftrag, der Befehl [illegible] pl. [illegible]

Incarnare, die menschliche Natur annehmen v. ir. comp., Mensch werden v. aux. [illegible] [illegible] [illegible] [illegible] v. ir. comp., [illegible], der Nagel wächset mir ins Fleisch.

Incarnazione, [illegible] Menschwerdung.

Incarnato, [illegible], die Fleischfarbe, die [illegible] [illegible], eingefleischt.

Incarnazione, die Menschwerdung.

Incartocciare [illegible] werden v.

Incartocciarsi [illegible], wie ein [illegible] [illegible] v. [illegible]

Incartare, in Papier einwickeln, einwickeln, einpacken v. r. comp.

Incartocciare, in Papier [illegible] wickeln &c.

Incasare, in [illegible] [illegible]

Incassare (incastrare), in die Kiste, in die [illegible] [illegible] v. ir. comp.; incassare anelli, [illegible] [illegible], [illegible] v. r. comp.

Incastro, il [illegible] e [illegible], die Einfassung pl. en, [illegible] [illegible], die Einfaßung am [illegible] [illegible]

Incauto, adj. unvorsichtig.

Incautela, die Unvorsichtigkeit.

Incastrare, einfugen v. r. comp., [illegible] [illegible] v. ir. comp., einkerben, einfassen v. r. comp. V. Incassare.

Incastratura, das Einpassen in die Fuge, der Einschnitt, das Kerben gen. s. it. die Fuge pl. en.

Incastro, das Einfügen, das Einkerben gen. s. [illegible] [illegible], der Kerbschnitt [illegible], das Einpassen in die Fugen, das Einkerben gen. s.

Incatenare, mit einer Kette befestigen v. r. comp., an Ketten legen v. r., anschmieden v. r. comp.; [illegible] l'affetto di alcuno, eines Liebe gewinnen v. ir. comp.; incatenare il porto, den Hafen mit der Kette zuschließen v. r. comp.

Incatenarsi, [illegible], sich fest zusammen verbinden v. rec. ir. comp.

Incattivire, bös, [illegible] werden v. aux. ir., verschlimmern v. r. comp.

Incavalcare, aufsetzen v. r. comp., [illegible] legen v. r.; incavalcare un cannone, eine Kanone aufsetzen v. r. comp.

Incavare, aushöhlen v. r. comp., V. Cavare.

Incavatura, die Höhlung pl. en, die [illegible] [illegible] gen. [illegible] pl. [illegible]

Incavernarsi, [illegible] [illegible] [illegible]

Incauto, [illegible] unvorsichtig, unbehutsam.

Incendere, anstecken, anzünden, entzünden, Feuer anlegen v. r. comp., in Brand stecken v. r.; per incollerire, in Zorn entbrennen v. ir. comp.

Incendiario, ein Mordbrenner gen. s.

Incendimento, das Anstecken, das Anzünden, das Feueranlegen gen. s., die Entzündung pl. en; [illegible] die Hitze, das Brennen gen. s.

Incendio, die Feuersbrunst, der Brand gen. s., ein Feuer; [illegible] Brunst, die Glut, die Verzehrung, die Hitze, das Brennen gen. s.

Incensare, räuchern, einräuchern, zu Ehre [illegible] v. r. comp.

Incensamento, das Räuchern gen. s., die Räucherung mit Weihrauch.

Incensare, räuchern [illegible] [illegible] [illegible] [illegible], [illegible] [illegible] [illegible], loben mit [illegible] Worten [illegible] v. ir. comp., schmeicheln v. r.

Incondito, das Blanckscheit gen. es, pl. (Ständer).

Incenso, der Weihrauch gen. s, das Rauchwerk gen. es, pl. e. dar l' incenso al morti, Arbeit, die nichts zu bedeuten hat, vornehmen v. r. comp.

Incentivo, der Zunder gen. s, ec. der Anreiz gen. es, pl. e, die Anreizung pl. en, ec. die Ursache pl. n.

Incerare, mit Wachs bestreichen v. comp.

Incertamente, av. mit Ungewißheit, ungewisserweise.

Incertezza, die Ungewißheit pl. en, der Zweifel gen. s.

Incerto, ag. ungewiß, unbeständig, zweifelhaft.

Inceso, ag. angezündet, entzündet; sost. die Feuersbrunst, das Brandmal gen. s.

Incespare, o Incespicare, stolpern, straucheln v. r., anstoßen v. ir. comp., ec. Gewissen bekommen v. ir. comp.

Incessabile, ag. unablässig, unaufhörlich, immerwährend, fortdaurend.

Incessabilmente, av. incessantemente, av. unaufhörlich, unablässig, ohne Unterlaß.

Incessante, ag. unablässig, v. Incessabile.

Incesto, sost. die Blutschande, Blutschänderey.

Incestuosamente, av. blutschänderischer weise.

Incestuoso, v. Incesto.

Incetta, der Einkauf, der Aufkauf gen. s, pl. (käufe), im Ganzen den Waaren einzeln zu verkaufen.

Incettare, im Ganzen einkaufen, aufkaufen v. r. comp.

Incettatore, ein Kaufmann im Ganzen gen. s, pl. (leute), der Aufkäufer gen. s.

Inchiavare, [illegible], abschließen, verschließen v. ir. comp.

Inchiedere, [illegible] [illegible] v. r. comp. sich erkundigen v. r. comp., [illegible] v. r. comp.

Inchiesta, die Anfrage, pl. n, die Erkundigung, die Nachforschung pl. en, [illegible] die Suche, die Forderung pl. en.

Inchinamento, die Verbeugung, die Verneigung, die Herablassung, die Erniedrigung pl. en.

Inchinare, [illegible] v. r., [illegible] v. r.

inchinar il capo, la fronte, das Haupt neigen, das Gesicht niederschlagen v. ir. comp.

Inchinarsi, sich vor einem bücken v. r.

Inchinazione, eine Demüthigung, eine Erniedrigung, eine Neigung (zu etwas) pl. en.

Inchinevole, ag. biegsam, niederhängend.

Inchinevolmente, av. biegsam, mit einer tiefen Verbeugung.

Inchino, die Verbeugung, die Verneigung pl. en, ein Bückling gen. s, pl. e. das Nicken mit dem Kopfe.

Inchiodatura, inchiodatore, das Vernageln, das Annageln gen. s.

Inchiodare, annageln, vernageln v. r. comp.

Inchiostro, die Dinte.

Inchiudere, einschließen v. ir. comp.

Inciampare, stolpern, anstoßen, gleiten v. r., [illegible], fehltreten v. ir. (per) urtare in qualche cosa, über etwas stolpern v. r., an etwas stoßen v. ir., fig. incappare in un [illegible], [illegible] Handel gerathen v. ir. comp.

Inciampo, der Anstoß gen. es, pl. (Anstöße), das Straucheln gen. s, fehler [illegible], ec. die Schwierigkeit pl. en, das Hinderniß pl. sse, der verwirrte Handel gen. s, pl. (Händel).

Incidenza, sost. der Fall gen. s, pl. (Fälle), die Begebenheit, eine unvermuthete Gelegenheit pl. en.

Incidente, ag. [illegible], zufällig, [illegible].

Incidentemente, av. [illegible], [illegible], beyläufiger-zufälligerweise.

Incidenza, der Fall gen. s, pl. (Fälle), v. Incidente.

Incidere, tagliare, recidere, [illegible] [illegible], zerhauen v. ir. comp., [illegible], graben v. ir. scolpire in rame, in Kupfer stechen v. ir.

Incignere, ingravidare, schwängern v. r., [illegible] v. [illegible], v. Cingere, e cignere.

Incinta, incinte, schwanger, schwanger werden, v. Cinto.

Incipriare, einpudern, mit Puder bestreuen v. r. comp.

Incipriare, [illegible], [illegible], [illegible] werden v. [illegible], [illegible] [illegible] machen v. r.

Incircà, av. ungefähr.

Incisione, die Zerschneidung *pl.* en, der Schnitt, der Einschnitt *gen.* es, (eines Kupferstichs, oder eines Gartners, wenn er impfet).

Incisivo, *ag.* zertheilend, einschneidend, *it.* ätzend, (als Scheide=Wasser).

Inciso, *part.* da incidere, eingeschnitten, eingegraben, gestochen.

Incitamento, der Antrieb *gen.* s, die Anreizung *pl.* en; *it.* der Reiz *gen.* es, die Erregung *pl.* en.

Incitare, antreiben *v. ir. comp.* anhetzen *v. r. comp.*; *it.* anreitzen, treiben *v. r. comp.*

Incitativo, *ag.* antreibend, anreizend, erregend; *sust.* *V.* Incitamento.

Incitatore, der Anreizer, der Aufhetzer *gen.* s; der antreibt, anreizt.

Incitazione, der Antrieb *gen.* s, *V.* Incitamento.

Incivile, *ag.* unhöflich, grob, bäurisch.

Incivilire, höflich, artig, manierlich werden *v. auf.*

Incivilito, *part.* höflich, artig, manierlich geworden.

Incivilmente, *av.* unhöflich, grober weise.

Inciviltà, die Unhöflichkeit, die Grobheit *pl.* en, das bäurische Wesen *gen.* s.

Inclemente, *ag.* strenge, unbarmherzig, ungnädig, unfreundlich.

Inclemenza, die Ungnade, die Unbarmherzigkeit, die Unfreundlichkeit *pl.* en.

Inclinabile, *ag.* biegsam; was sich neigen oder beugen läßt.

Inclinamento, *av.* zu etwas geneigt, *it.* [illegible]; was sich zum Ende [illegible].

Inclinamento, die Niederbeugung, Niederlassung, Niedersetzung *pl.* en; [illegible] der Neigung zum Untergang.

Inclinare, neigen *v. r.*, geneigt seyn *v. auf.* [illegible] niederbeugen *v. ir. comp.*; [illegible] [illegible] *V.* cominciare, anfangen *v. ir. comp.*

Inclinazione, die Neigung *pl.* en, die Lust zu etwas, der natürliche Trieb *gen.* s; [illegible] Inclinamento, das Neigen, das Bücken *gen.* s; (des Leibes), der Hang *gen.* s; *it.* das Gefälle *gen.* s.

Inclito, *ag.* berühmt, löblich, erhaben.

Includere, einschließen *v. ir. comp.* (als einen Brief in den andern).

Inclusa, der Einschluß *gen.* es, der eingeschlossene Brief *gen.* s.

Inclusivamente, *av.* mit eingeschlossen.

Incluso, *part.* da includere, eingeschlossen.

Incoccare, einkerben *v. r. comp.*, einen Pfeil auf die Sehne legen *v. r.*

Incoare, [illegible] werden *v. auf.*, sich etwas in den Kopf setzen *v. r.*

Incodardire, feige, zaghaft werden *v. auf.*, oder machen *v. r.*

Incoerente, *ag.* unübereinstimmig.

Incoerenza, die Unübereinstimmung *pl.* en.

Incogitabile, *ag.* unbegreiflich.

Incogitatamente, *av.* unbedachtsamer weise.

Incognito, *sust.* ein Unbekannter *gen.* s.

Incognito, *ag.* unbekannt; *av.* all' incognito, unbekannter weise.

Incollare, zusammenleimen, ankleben *v. r. comp.*

Incolorare) eine Farbe geben *v. ir.*,
Incolorire) mit einer Farbe anstreichen *v. ir. comp.*

Incolpabile, *ag.* untadelhaft, unsträflich, unschuldig.

Incolpare, beschuldigen *v. r. comp.*, einem die Schuld beymessen *v. ir.*

Incolpatamente, *av.* ungetadelter weise.

Incolto, *ag.* ungebaut, wüste, öde, roh, grob, wild, ungezogen.

Incombenza, od Incumbenza, der Auftrag *gen.* s, *pl.* Aufträge, der Befehl *gen.* s, *pl.* e, die Obliegenheit *pl.* en, die Sorge *pl.* n.

Incombere, obliegen *v. ir. comp.*

Incombustibile, *ag.* unverbrennlich.

Incominciamento, der Anfang *gen.* s, *V.* Cominciamento.

Incominciare, anfangen *v. ir. comp.*, *V.* Cominciare.

Incomodamente, *av.* unbequemlich, unbequem, beschwerlicher weise.

Incomodare, beschwerlich seyn *v. auf.*, beschwerlich fallen *v. ir.*; *it.* einen plagen, quälen *v. r.*

Incomodità) die Unbequemlichkeit, die
Incomodo) Beschwerlichkeit, die Ungelegenheit *pl.* en, der Ueberlast *gen.* es, die Belästigung *pl.* en, das ungestümme Verhalten *gen.* s; *it.* der Verdruß *gen.* es; *per* indisposizione, die Unpäßlichkeit *pl.* en.

Incomodo, *ag.* unbequem, ungelegen, beschwerlich, lästig.

Incommutabile, *ag.* unveränderlich, unabänderlich, unwandelbar.

Incommutabilità, die Unveränderlichkeit.

Incommutabilmente, *av.* unveränderlich, *V.* immutabile.

Incomparabile, *ag.* unvergleichlich, ungemein.

Incomparabilmente, *av.* unvergleichlicherweise.

Incompatibile, *ag.* widerstreitend, was nicht beysammen bestehen kann, unverträglich.

Incompatibilità, die Unverträglichkeit *pl.* en, das widerwärtige Wesen *gen.* s, zwischen zweyen Dingen, die einander nicht leiden können, als kalt und warm; *it.* die Antipathie.

Incompatibilmente, *av.* widerwärtigerweise, unverträglicherweise.

Incompensabile, *ag.* unvergeltlich, was nicht kann vergolten werden.

Incompetente, *ag.* unrechtmäßig, unbefugt, nicht gehörig.

Incompetentemente, *av.* unrechtmäßiger, unbefugterweise, nicht zukommend.

Incompetenza, die Unrechtmäßigkeit, die Unzulässigkeit *pl.* en, (in einer Sache zu urtheilen, oder zu richten); *it.* die Unfähigkeit eines Richters in einer Sache zu sprechen.

Incompiuto, *ag.* unvollkommen, unvollständig, nicht vollendet.

Incomplesso, *ag.* unzusammengesetzt, *it.* nicht mit hinbegriffen; was nicht zusammen gesetzt ist, sondern blos und allein stehet.

Incomportabile, *ag.* unerträglich, unleidlich.

Incomportabilmente, *av.* unerträglicher, unleidlicherweise.

Incomposto, *ag.* unordentlich, ungeordnet, ohne Vorbereitung.

Incomprensibile, *ag.* unbegreiflich, unermeßlich, unmerklich.

Incomprensibilità, die Unbegreiflichkeit, die Unmerklichkeit.

Incomprensibilmente, *av.* unbegreiflicherweise.

Incomprensivamente, unmerklicherweise.

Inconciliabile, *ag.* widerwärtig; was sich nicht zusammen schickt, was nicht vereinbart werden kann.

Inconcludente, *ag.* was nicht schließt, nicht folgt, keine Folgerung macht.

Inconcluso, *ag.* unbeschlossen, ohne Schluß.

Inconcusso, *ag.* unbewegt, steif, unerschrocken, unerschüttert.

Incongiunto, *ag.* unvereint, nicht vereinigt.

Incongruamente, *av.* ungereimter, unschicklicherweise.

Incongruente, *ag.* ungereimt, unschicklich; was sich nicht zusammen schickt.

Incongruenza / **Incongruità** } die Ungereimtheit, die Unschicklichkeit *pl.* en, das ungereimte Wesen *gen.* s.

Incongruo, *ag.* ungereimt, unschicklich, wider die Regeln, falsch, wider den Wohlstand.

Inconocchiare, an den Spinnrocken anlegen *v. a. comp.*

Inconquassabile, *ag.* unverrückt, unzerbrechlich; was nicht kann erschüttert werden.

Inconseguenza, der Widerspruch *gen.* s, *pl.* (sprüche), der falsche Schluß *gen.* es, *pl.* (Schlüsse).

Inconsiderabile, *ag.* unerdenklich; was nicht kann überlegt werden.

Inconsideratamente, *av.* unachtsamerweise, dummerweise, unbedächtlicherweise.

Inconsiderato, *ag.* unbedacht, unüberlegt, unachtsam, unbedachtsam, unbesonnen.

Inconsiderazione, ed **inconsideratezza**, die Unachtsamkeit, Unbedachtsamkeit, Unbesonnenheit, Unüberlegtheit *pl.* en.

Inconsistente, *ag.* unbestehend; was nicht bestehet.

Inconsolabile, *ag.* trostlos, untröstbar; der nicht zu trösten ist.

Inconsolabilmente, *av.* trostloserweise, auf untröstbare weise.

Inconstante etc. unbeständig, *V.* Incostante etc.

Inconsumabile, *ag.* was nicht zu verzehren ist.

Incontaminabile, *ag.* unbeflecklich; was nicht beflecket werden kann.

Incontaminatamente, *av.* unbefleckterweise.

Incontaminato, *ag.* unbefleckt, *V.* illibato.

Incontanente, *av.* unverzüglich, sogleich, augenblicklich, stracks.

Incontentabile, *ag.* unvergnüglich, unersättlich; der nicht zufrieden gestellt werden kann.

Incontinente, av. alsobald, der nicht zu halten ist; per. subito, unverzüglich, v. Incontanente.

Incontinenza, die Unmäßigkeit, die Unkeuschheit, die Unenthaltsamkeit pl. en, die Geilheit pl. en.

Incontra, prep. wider, gegen, v. Incontro.

Incontramento, die Begegnung pl. en, das Begegnen gen. s.

Incontrare, begegnen v. r. comp., [illegible] zusammenkommen v. ir. r.

Incontrarsi, einander begegnen v. r. comp., von ohngefähr antreffen v. ir. comp. [illegible] incontrarsi coi medesimi lingue, unter die Zungen gerathen; per accidente, sich zutragen v. ir. comp.

Incontrastabile av. } unwidersprechlich, unwiderstreitbar, unstreitig, ohne Widerrede, unstreitig.
Incontrastabilmente av. }

Incontro, sost. die Begegnung pl. en; per accidente, der Zufall gen. s, pl. Zufälle, die Begebenheit pl. en, der Eintritt pl. e; [illegible] die Gelegenheit, perciò col primo incontro, mit der ersten Gelegenheit werde ich schreiben; [illegible] l'incontro, es ereignete sich [illegible].

Incontro, prep. gegen, wider; [illegible] incontro ad uno, einem entgegen kommen; [illegible] la Chiesa, der Kirche gegenüber wohnen; [illegible] all'incontro, entgegen, im Gegentheile, dagegen.

Incontrovertibile, av. unwidersprechlich, unwidersprechlich.

Inconturbabile, av. unerschrocken.

Inconveniente } av. unschicklich, ungeziemend, übel anstehend, unschicklich, ungeziemlich.
Inconvenevole }

Inconvenientemente, av. unschicklicher, unanständigerweise, unschicklich.

Inconvenienza, die Unschicklichkeit, die Unanständigkeit, die Ungebührlichkeit pl. en.

Inconvincibile, av. unüberwindlich, unüberwindlich.

Incoraggiamento, die Aufmunterung, die Ermunterung, die Erweckung pl. en, (des Muthes).

Incoraggiare, beherzt machen v. r. comp., Muth machen v. r., Muth einsprechen v. ir. comp., ermuthigen, Muth einflößen v. r. comp.

Incordare, mit Saiten beziehen v. ir. comp.; [illegible] spannen v. r.

Incordato, part. mit Saiten bezogen, gestimmt.

Incordatura, [illegible] das Beziehen, [illegible] die Spannung der Nerven; per [illegible] strumento, das Beziehen, das Stimmen gen. s, (eines Instrumentes).

Incoronare, mit einem Kranze [illegible] krönen v. r. comp., [illegible]

Incoronare, krönen v. r., bekränzen v. r. comp.

Incoronazione, die Krönung pl. en.

Incorporalità, die Leiblosigkeit, unkörperliche Wesen gen. s.

Incorporalmente, av. leiblos, ohne Leib, unkörperlich.

Incorporamento, die Einverleibung, v. Incorporazione.

Incorporare, einverleiben v. r. comp., [illegible] vermischen v. r. comp.

Incorporazione, die Einverleibung, die Vermischung pl. en.

Incorporeo, av. leiblos, ohne Leib, unkörperlich.

Incorreggibile av., unverbesserlich, v. Incorrigibile av.

Incorrere, gerathen, verfallen v. ir. comp., incorrere in disgrazia, in Ungnade fallen [illegible]; incorrere la pena, [illegible] in die Strafe verfallen v. ir. comp.; [illegible] Schulden machen v. r.

Incorrettibile, av. unverbesserlich, ruchlos, der keine Zucht mehr [illegible] durch die Strafe verbesserlich ist.

Incorrettibilità, die Unverbesserlichkeit, die Ruchlosigkeit pl. en; [illegible] Gemüth, das keine Zucht noch Strafe achtet.

Incorrotto, av. unverdorben, unverletzt, rein, gerecht; der Bestechung nicht unterworfen.

Incorruttibile, av. unverderblich, unverweslich, unbestechlich; [illegible] der Bestechung nicht unterworfen [illegible].

Incorruttibilità, die Unverderblichkeit, die Unverweslichkeit, die Unbestechlichkeit pl. en, [illegible]

einer, der sich nicht bestechen läßt.

Incontrastabilmente, av. unwiderleglich, unwidersprechlich, unvergleichlich; wer. gerechtermaßen.

Incostante, ag. unbeständig, wankelmüthig, flüchtig.

Incostanza, die Unbeständigkeit pl. en, der Unbestand der Wankelmuth gen. s.

Increanza, die Unhöflichkeit, die Grobheit, die Unartigkeit pl. en

Increato, ag. unerschaffen: l'increata Sapienza, die unerschaffene Weisheit.

Incredibile, ag. unglaublich, unglaubbar

Incredibilità, die Unglaublichkeit, der Unglaube gen. ns.

Incredibilmente, av. unglaublicher weise.

Incredulità, das Mißtrauen, der Unglaube gen. ns, die Unglaubigkeit

Incredulo, ag. mißtrauisch, ungläubig; der schwer glaubt.

Incremento, das Wachsthum gen. s, pl. (Wachsthümer), der Anwachs gen. es, die Zunehmung pl. en.

Incrèscere [illegible], verdrießlich fallen, V. Rincrescere ec.

Incrèspamento, ed increspatura, das Kräuseln, das Runzeln gen. s; [illegible] das [illegible], [illegible] gen. s; die [illegible] pl. n.

Incrèspare, kräuseln v. r.; [illegible] machen v. r.; [illegible] in [illegible], [illegible] v. tr. comp.; eine [illegible] machen v. r.

Incrocicchiamento, das Kreuzweisstellen gen. s; it. das Kreuzen gen. s, (der Schiffen auf der See).

Incrocicchiare, übers Kreuz legen v. r.; incrocicchiare la strada, den Weg [illegible] v. r.; le braccia, die Arme [illegible] v. r.

Incrostare, ein Gebäude mit glänzendem Steinwerk überziehen v. tr. comp.

Incrostatura, die Überziehung, die Ueberlegung, die Verkleidung eines Gebäudes mit [illegible] Marmorplatten, [illegible] mit [illegible].

Incrudelimento, das Grausamwerden gen. s.

Incrudelire, grausam, erbittert, grausam werden v. aus. r. it. verbittern v. r. comp., zum Zorne reizen v. r.

Incruento, ag. ohne Blutvergießen, unblutig.

Incrunare, mit Nieren bestreuen v. r. comp.

Incubo, der Alp gen. s, (ein Gespenst).

Incudere, einschlagen, einbläuen, einschärfen v. r. comp.

Inculcatamente, av. eingeprägterweise, eingeschärfterweise.

Incumbenza, der Auftrag gen. s; V. Incombenza.

Incurabile, ag. unheilbar heillos.

Incuria, die Nachläßigkeit, die Unachtsamkeit, V. Trascuraggine.

Incursione, der Einfall gen. s, pl. (Einfälle) (vom Kriegsvolke), die Streiferey pl. en.

Incurvare, krümmen v. r.; beugen v. tr. V. Curvare.

Incurvatura, die Krümmung, die

Incurvazione, Einkrümmung, die Beugung pl. en.

Incustodito, ag. unbewacht, unbewacht, verwahrloset.

Indaco, indico, indigo (colore); der Indig gen. s.

Indagare, ausspüren v. r. comp., der Spur nachgehen v. ir. comp., nachforschen v. r. comp., [illegible] v. r.; nachfragen v. r. comp.

Indagatore, der Nachforscher, der Kundschafter gen. s.

Indagazione } die Nachspürung, die

Indagine } Nachforschung, pl. en.

Indarno, av. umsonst, vergebens.

Indebitamente, av. unbebührlicherweise, [illegible]weise.

Indebitarsi, sich in Schulden stecken, Schulden machen v. r.

Indebitato, par. in Schulden gesteckt, ag. voller Schulden.

Indebito, ag. unbillig, unrecht.

Indebolire, schwächen v. r., entkräften v. r. comp.

Indebolirsi, sich entkräften [illegible] v. r. comp., von Kräften kommen v. ir., matt, schwach, kraftlos werden v. [illegible]

Indebolito, part. geschwächt, entkräftet matt, schwach, kraftlos geworden.

Indecente, ag. unanständig, ungeziemend, ungebührlich.

Indecentemente, av. unanständigerweise.

Indecenza, die Unanständigkeit, die Ungebührlichkeit pl. en.

Indeciso, ag. unerörtert, unentschieden.

Indeclinabile, ag. was man nicht decliniren kann; it. unveränderlich.
Indecorosamente, av. unanständiglich.
Indefessamente, av. unermüdet, unermüdlich.
Indefesso, ag. emsig, unermüdet, beständig, fleißig, unverdrossen.
Indeficiente, ag. immerwährend, unaufhörlich, unermeßlich.
Indeficienza, die beständige Dauer gen. &c., die Unaufhörlichkeit pl. en; it. der Ueberfluß gen. es.
Indefinito, ag. unbestimmt.
Indegnamente, av. unwürdiglich, übel, unanständiger weise.
Indegnazione, der Zorn gen. s, der Unwille, der Widerwille gen. ns, pl. n, der Verdruß gen. es.
Indegnità, o indignità, die Unwürdigkeit, die Unanständigkeit pl. en; it. der Schimpf gen. s, die Schande &c.
Indegno, ag. unwürdig; it. unanständig, schändlich.
Indelebile ag. } unauslöschlich.
Indelebilmente av. }
Indeliberato, ag. unüberlegt, unvorsichtig.
Indeliberazione, die Unvorsichtigkeit, die Unüberlegtheit pl. en.
Indemoniato, ag. vom Teufel besessen.
Indenne, ag. schadlos, unbeschädiget.
Indennità, die Schadloshaltung, die Schadloshaltung pl. en.
Indennizzare, schadlos halten &c.
Indentro, av. drinnen, inwendig, hineinwärts.
Independente, ag. frey, unabhängig, niemanden unterworfen, sein eigener Herr.
Independentemente, av. unabhänglicher weise, ohne Unterwerfung, V. Independente.
Independenza, die Unabhängigkeit, die Freyheit, [illegible] ohne einem andern unterworfen zu seyn.
Indeterminatamente, av. unbestimmter weise, ohne etwas gewisses zu sagen.
Indeterminato, ag. unentschlossen, unbestimmt, unausgemacht.
Indeterminazione, die Unentschlossenheit, die Unentschlüssigkeit pl. en.
Indettare, heimlich übereinkommen, verabreden &c. conj., einig seyn über etwas.
Indevotamente, av. andachtsloser weise, ohne alle Andacht, unandächtiger weise.
Indevoto, ag. andachtslos, unandächtig, ohne Andacht, der keine Andacht und Eifer zum Gottesdienste bezeiget.
Indevozione, die Unandächtigkeit, das unandächtige Wesen gen. s.
Indi, av. di quà, von dannen, daher, daheraus; venne da indi, er kam von dorther; da indi innanzi, von nun an; indi a pochi giorni, indi a poco, kurz darauf; da indi in quà, von der Zeit an, bis jetzt.
Indiavolare, imperversare, indiavolarsi, ein Teufel seyn oder werden &c. conj. fig. für Zorn rasend werden.
Indiavolatamente, av. teufelmäßig; it. erschrecklich.
Indiavolato, ag. e part. verteufelt, vom Teufel besessen fig. für Zorn rasend geworden.
Indicante, ag. anzeigend, gedenkend, meldend.
Indicare, anzeigen, andeuten &c. conj., zu wissen thun &c. conj., melden &c., zu erkennen geben.
Indicativo, ag. anzeigend, andeutend; in der Sprachlehre, eine Art der Zeitwörter.
Indicazione, die Anzeigung pl. en.
Indice, das Merkzeichen gen. s pl. id., das Register an einem Buche; it. der Zeigefinger gen. s pl. id., der Anzeiger, der Angeber gen. s.
Indicibile, ag. unaussprechlich.
Indicibilmente, av. unaussprechlicher weise.
Indico, das Indigo, V. Indaco.
Indico, per Indiano, ag. indianisch; sost. V. Indaco.
Indietro, zurück, V. Dietro.
Indifesa, ag. e part. unvertheidiget, ohne Vertheidigung.
Indifferente, ag. gleichgültig, was einem gleichviel gilt; daran nichts gelegen ist, unempfindlichen Gemüths, gegen [illegible] ungerührt, [illegible].
Indifferentemente, av. gleichgültiger weise, ohne Unterschied, auf keine besondere Art.
Indifferenza, die Gleichgültigkeit, die Unempfindlichkeit des Gemüths; it. die Unparteylichkeit pl. en.
Indiffinitamente, av. ohne eine gewisse Zeit, ohne Benennung, ohne Unterschied, ohne Bestimmung.

Indifinito, ag. unbestimmt, v. Indefinito.
Indigente, ag. arm, dürftig.
Indigenza, die Armuth, die Dürftigkeit.
Indigestione, die Unverdaulichkeit.
Indigesto, indigestibile, ag. unverdaulich, schwer zu verdauen; per: non digerito, unverdauet, das nicht wohl verdauet ist.
Indignazione, der Zorn gen. s, der Unwille gen. ns, pl. n, das Mißfallen gen. s; ss. der Verdruß gen. es.
Indiligente, ag. unfleißig, nachläßig.
Indiligenza, die Nachläßigkeit pl. en, der Unfleiß gen. es.
Indimostrabile, ag. unerweislich.
Indipendente ec., ag. frei, v. Independente ec.
Indirettamente, av. durch fremde Hände, mittelbarerweise, unrechtmäßigerweise.
Indiretto, ag. wider Gesetz und Recht, unbillig, nicht gerade.
Indirizzare, richten v. r., einrichten v. r. comp., lenken v. r.; indirizzare una lettera, einen Brief bestellen v. r. comp.; indirizzarsi verso un luogo, seinen Weg nach einem Orte zunehmen v. r. comp.
Indirizzo, das Richten, das Einrichten gen. s, die Anleitung, die Anweisung pl. en; l'indirizzo d'una lettera, die Aufschrift eines Briefs.
Indiscernibile, ag. unmerklich.
Indisciplinabile, ag. zuchtlos, ungezogen.
Indisciplinato, ag. zuchtlos, ungezogen, nicht abgerichtet.
Indiscretamente, av. unbescheidenerweise, unbesonnenerweise.
Indiscretezza, ed indiscrezione, die Unbesonnenheit, die Unbescheidenheit pl. en, der Unverstand gen. s.
Indiscreto, ag. unbesonnen, unverständig, unbescheiden.
Indiscusso, ag. unerörtert.
Indisparte, av. beiseite, besonders.
Indispensabile, ag. unumgänglich nöthig, unvermeidlich, unerläßlich.
Indispensabilmente, av. unumgänglicherweise, unvermeidlicherweise, nothwendigerweise.
Indisposizione, malattia, die Unpäßlichkeit pl. en; per: mala disposizione, die üble Einrichtung, die schlechte Beschaffenheit pl. en; indisposizione a far una cosa, einen Abscheu zeigen, etwas zu thun.
Indisposto, ag. malaticcio, unpäßlich, kränklich; ss. mal disposto, unordentlich, ungeneigt; egli è indisposto a farlo, er ist ungeneigt, es zu thun.
Indissolubile, ag. unauflöslich, unzertrennlich.
Indissolubilità, die Unauflöslichkeit, die Unzertrennlichkeit pl. en.
Indissolubilmente, av. unauflöslicherweise, unzertrennlicherweise.
Indistintamente, av. ohne Unterschied, ss. unterschiedlicherweise, dunklerweise.
Indistinto, ag. nicht unterschieden; ss. undeutlich, verwirrt.
Indivia, Endivi, die Endivien.
Indivisibile, ag. unzertrennlich, was nicht kann zertheilet werden; einem einzelnen Dinge eigen, oder zukommend.
Individualmente, av. unzertrennlicherweise, unzertrennlich.
Individuazione, das einzele Wesen, das zu einem einzigen Dinge Gehören, oder Gehörige gen. s.
Individuo, sost. ein Ding, das keine Eintheilung leidet, ein einzelnes Ding gen. s, ss. eine Person, eine Einzelheit pl. en; individuo, ag. unzertheilbar, untheilbar.
Indivinamento ec., die Wahrsagung, v. Indovinamento ec.
Indivisamente, av. unzertrennlicherweise, unzertheilterweise, gemeinsam.
Indivisibile, ag. untheilbar, unzertheilt.
Indivisibilità, das untheilbare Wesen gen. s, die Untheilbarkeit, die Unzertrennlichkeit pl. en.
Indivisibilmente, av. untheilbarerweise, unzertrennlich.
Indiviso, ag. ungetheilt, unzertrennlich, unzertheilet.
Indivino ec., wahrsagend, v. Indovino ec.
Indizio, der Anzeiger pl. n, das Anzeichen gen. s, das Merkmal gen. s, pl. en.
Indizione, die Römer Zinszahl pl. en.
Indocile, ag. ungelehrig, unlenksam.
Indocilità, die Ungelehrigkeit, die Unlenksamkeit pl. en.
Indolcire, süß machen, versüßen v. r.; met. lindern, mildern v. r., besänftigen v. r. comp.

Indalsira, pers. sich [illegible], sich [illegible] gemacht; met. [illegible], wild [illegible]; il tempo s' è indavolito, das Wetter ist wild geworden.
Indole, die Art und Neigung der Jugend zum Guten oder Bösen; die angebohrne Neigung, die Natur, die natürliche Gemüthsbeschaffenheit pl. en.
Indolente, ag. unempfindlich, ohne Mitleiden, ohne Schmerz, der Empfindung beraubet.
Indolenzire, ed indolenzirsi, die Empfindung verlieren v. ir. comp., erstarren v. r. comp., einschlafen v. ir. comp. (an Gliedern).
Indolenza, die Unempfindlichkeit, des Schmerzens, der Traurigkeit ec.
Indomabile, ag. unbändig; was nicht zu zähmen ist, sehr wild.
Indomito, ag. ungezähmt, wild, unbändig.
Indoramento, e indoratura, das Vergolden ger. s. die Vergoldung pl. en.
Indorare, vergolden v. r. comp.
Indoratore, der Vergolder gen. s.
Indormentare ec., einschläfern, V. Addormentare ec.
Indossare, anlegen v. r. comp., auf den Rücken nehmen v. ir. c., anziehen, auferlegen v. r. comp., beladen v. ir. comp.
Indosso, av. auf dem Leibe; io non ho vestiti indosso, ich habe kein Kleid am Leibe.
Indottamente, av. unwissend, ungelehrt.
Indotto, induzione, die Verleitung.
Indottamente, av. ungelehrt, auf eine ungelehrte Art.
Indotto, non dotto, ag. ungelehrt, unwissend; part. da indurre, verleitet, verführet, bewogen.
Indovina, die Wahrsagerin.
Indovinamento, indovinazione, das Wahrsagen, das Errathen ger. s., die [illegible] pl. en.
Indovinare, wahrsagen, errathen v. ir. comp., [illegible] v. r. comp.; [illegible] indovinello.
Indovinatore, der Wahrsager gen. s., der etwas erräth.
Indovinello, das Räthsel gen. s.
Indovino, der Wahrsager gen. s., V. Indovinatore.
Indubitabile, ag. unzweifelhaft, unfehlbar, gewiß.

Indubitabilmente) av. ganz gewiß,
Indubitamente) ohne Zweifel, gewißlich, unstreitig.
Indubitato, ag. unzweifelbar, gewiß, ohne Zweifel, ungezweifelt.
Inducente, ag. verleitend, verführend, bewegend, überredend.
Inducimento, die Verleitung, die Verführung, die Ueberredung pl. en.
Induttore, der Verführer gen. s, der verleitet, verführet.
Indugiamento, die Verweilung, V. Indugio.
Indugiare, verweilen v. r. comp., säumen v. r.; oder aufschieben, verschieben v. ir. comp., zaudern v. r.
Indugiatore, der Zauderer gen. s.
Indugio, die Verweilung, die Verzögerung, pl. en, das Zaudern, der Verzug, die [illegible] gen. s.
Indulgente, ag. gut, gütig, gelind, nachsichtig, nachgebend.
Indulgenza, die Gelindigkeit, die Nachsicht, das Uebersehen, das Nachgeben gen. s, die Nachlassung der Strafe; (term. Eccl.) der Ablaß gen. es, pl. Ablässe).
Indulto, der Gnadenbrief, der Verzeihungsbrief gen. s, es, eine päbstliche Erlaubniß.
Indutabile, che non muta, ag. unwandelbar.
Induramento, die Verhärtung, die Verstockung pl. en.
Indurare, verhärten v. r. comp., hart machen v. r., hart werden v. auf.; indurarsi, verstockt, hartnäckig, erhärtet werden v. auf.; indurarsi nella sua opinione, auf seiner Meynung verharren v. r. comp.
Indurre, überreden v. r. comp.; it. verleiten, verführen v. r. comp., bewegen v. ir. comp., dazu bringen v. r., einführen v. r. comp.; indurre a forza, erzwingen v. ir. comp.
Industra, fleißig, V. Industrioso.
Industria, der Fleiß gen. es, die Kunst, die Geschicklichkeit, die unverdrossene Mühe, die Emsigkeit.
Industriarsi, sich befleißigen, sich bemühen, sich bestreben v. rec. r. comp., allen Fleiß anwenden v. r. comp.
Industriosamente, av. künstlich, fleißig, geschicklich, mit Fleiß und Kunst.
Industrioso, ag. fleißig, emsig, geschickt, künstlich.

Inebriamento, m. die Trunkenheit, V. Ubriachezza ec.

Ine[illegible]bile, ag. unverwerflich, was nicht verworfen werden kann.

Inedia, der Hunger, das Fasten gen. s.

Ineffabile, ag. unaussprechlich.

Ineffabilità, die Unaussprechlichkeit.

Ineffabilmente, av. unaussprechlicher Weise.

Inefficace, ag. unwirksam, unkräftig, [illegible] ohne Nachdruck.

Inefficacemente, av. unkräftiglich, [illegible], ohne Nachdruck.

Inefficacia, die Kraftlosigkeit, das [illegible] Wesen gen. s.

Ineguaglianza, die Ungleichheit, f. en.

Ineguale, ag. ungleich.

Inemendabile, ag. unverbesserlich.

Inenarrabile, ag. unaussprechlich.

Inerente, av. [illegible], [illegible].

Inerente, ag. anhängend, anklebend.

Inerenza, das Anhängen, das Anklebigen, [illegible], die Verbindung des Beiwesens mit der Substanz.

Inerme, ag. wehrlos, unbewaffnet.

Inerpicare, [illegible] v. a.

Inerte, ag. träge, faul.

Inerudito, ag. ungelehrt.

Inerzia, die Trägheit, die Faulheit.

Inesausibile, ag. unerschöpflich.

Inesausto, ag. unerschöpflich, unermüdlich.

Inescamento, die Reizung, die Verlockung, die Ätzung pl. en.

Inescare, anreizen, anlocken, allettare v. a. comp., ec. mit Speise an sich ziehen ec.

Inescusabile, ag. nicht zu entschuldigen, unvergeblich, unverantwortlich.

Inescusabilmente, av. ohne Entschuldigung, unverantwortlich.

Inesorabile, ag. unerbittlich.

Inesorabilmente, av. unerbittlicherweise.

Inesperienza, die Unerfahrenheit.

Inesperto, ag. unerfahren.

Inesplicabile, inesplicabile, ag. [illegible].

Inesplicabilmente, av. [illegible] lich, unausdrücklich, [illegible].

Inespugnabile, ag. unüberwindlich, unüberwindlich und hart, unerobertlich.

Inestimabile, ag. unschätzbar.

Inestimabile, ag. [illegible].

Inestimabilmente, av. unschätzbarlich, unschätzbarerweise.

Inestinguibile, ag. [illegible].

Inestinguibilmente, av. [illegible] unauslöschlich.

Inettamente, av. unschicklich, ungeschicktermaßen.

Inettitudine, das albern Wesen gen. s., die Untauglichkeit, f. die Un[illegible] zu einem Dinge [illegible].

Inetto, ag. untauglich, albern, ungereimt, ungeschickt.

Inevitabile, ag. unvermeidlich.

Inevitabilmente, av. unvermeidlicher Weise.

Inezia, die albern Possen gen. f., V. Inettitudine.

Infaccendato, ag. beschäftiget, V. Affaccendato.

Infallibile, ag. unfehlbar, ohne Fehler, [illegible].

Infallibilità, die Unfehlbarkeit, die Untrüglichkeit, die Gewißheit.

Infallibilmente, ed infallantemente, av. sicherlich, unfehlbar, gewiß, unfehlbarerweise.

Infamamento, m. infamazione, die Verleumdung, die Schändung, die Beschimpfung pl. en.

Infamare, beschimpfen v. a. comp., Schande anthun [illegible], infamare v. a. comp., zum Schelm machen ec.

Infamatore, der Verleumder der Ehre, der Ehrabschneider gen. s.

Infamatorio, ag. schändlich, [illegible], schimpflich, verleumderisch.

Infamazione, die Beschimpfung pl. en, die böse Nachrede, der Schandfleck gen. s., V. Infamamento.

Infame, sust. ein Schelm gen. s. pl. en; ag. ehrlos, schimpflich, unehrlich, schändlich.

Infamemente, av. schimpflicherweise, [illegible].

Infamia, die Schande, die Ehrlosigkeit, [illegible].

Infangare, [illegible], der Schand gen. s., die Schmach, die Schande, die Ehrlosigkeit, [illegible].

Infangare, v. a. [illegible], besudeln v. a. comp., [illegible] v. a.

Infantare, [illegible] v. a. comp.

Infanticidio, [illegible], wunderlich [illegible].

Infante, ein Prinz vom königlichen spanischen Geblüte, der Infant gen. en, [illegible] gen. en, pl. en.

Infanteria, das Fußvolk gen. s., die Infanterie, die Infanterey.

Infanticida, der Kindermörder gen. s., [illegible].

Infanticida, der Kindermörder gen. s.
Infanzia, die Kindheit.
Infardare, mit Koth, mit ausgeworfenem Schleime besudeln v. a. comp.
Infarinare, mit Mehl bestreuen v. a. comp.
Infastidire, Ekel verursachen v. r. comp. überdrüßig seyn v. ass.
Infastidito, ag. überdrüßig; part. überdrüßig geworden.
Infatti, av. in der That.
Infaticabile, ag. unermüdet, unverdrossen.
Infaticabilmente, av. mit unermüdetem Fleiße, unermüdlich, unverdrossen.
Infausto, ag. unglücklich.
Infecondità, die Unfruchtbarkeit.
Infecondo, ag. unfruchtbar.
Infedele, sust. ein Ungläubiger gen. s.
Infedele, ag. untreu, treulos; it. ungläubig, [illegible]
Infedelmente, av. ungetreulich, [illegible]
Infedeltà, die Untreue, die Treulosigkeit, [illegible] gen. [illegible]
Infelice, ag. unglücklich, unglückselig.
Infelicemente, av. unglücklicherweise, unglückseligerweise.
Infelicità, das Unglück gen. s, die Unglückseligkeit pl. en.
Infeudare, zu seinem Herrn [illegible] v. a. ass. [illegible]
Infemminire, weibisch machen v. r. [illegible]
Inferigno, [illegible] gen. s.
Inferiore, sust. der Untere, der [illegible] pl. [illegible], ag. untere, geringer, [illegible]
Inferiorità, die [illegible] gen. [illegible], die niedere Beschaffenheit.
Inferiormente, av. [illegible]
Inferire, schließen v. a., folgern, einen Schluß aus etwas machen v. r.
Infermeria, das Krankenhaus gen. es, pl. [illegible] pl. [illegible]
Infermiccio, ag. kränklich, [illegible]
Infermiere, der Krankenwärter gen. s.
Infermità, die Krankheit, die Unpäßlichkeit pl. en.
Infermo, sust. der Kranke gen. [illegible]
Infermo, ag. krank, unpäßlich.

Infernale, ag. höllisch.
Inferno, die Hölle.
Inferocire, grausam, wild, grausam werden v. ass.
Inferocito, part. grausam, wild, grausam geworden.
Inferrare, ed inferrare, mit Eisen beschlagen v. a. comp.; it. in Eisen und Banden legen v. r.
Inferriata, ed inferriata, das eiserne Gitter gen. s.
Infervorare, Eifer erwecken v. a.
Infervorire, comp., Eifer erlangen v. r. comp., [illegible] v. r. [illegible], [illegible] v. ass. r. comp., [illegible] v. a. comp.
Infestamento, ed infestazione, die Beunruhigung, die Belästigung, die [illegible] pl. en, [illegible] gen. [illegible] pl. [illegible], die [illegible], die [illegible] pl. en.
Infestare, [illegible] v. r.; it. [illegible] v. r. comp., [illegible] v. r.
Infestatore, der [illegible], der Beunruhiger gen. s.
Infestazione, die Plage [illegible]. v. Infestamento.
Infetto, ag. e part. angesteckt, [illegible] geschlagen, feindselig angegriffen.
Infettare, anstecken v. a. comp., mit Krankheit [illegible]
Infettivo, ed infettatore, ag. e part. ansteckend.
Infezione, die ansteckende Krankheit, [illegible] gen. [illegible] (einer Krankheit).
Infiacchire, entkräften v. a. comp., müde machen v. r. neu., kraftlos werden v. ass.
Infiammabile, ag. entzündbar, entflammbar.
Infiammare, entzünden, anzünden, entflammen v. r. comp.
Infiammatorio, ag. hitzig, brennend, hitzig.
Infiammazione, die Entzündung pl. en.
Infiascare, in Flaschen füllen v. r.
Infidamente, av. untreuerweise, ungläubig.
Infido, ag. treulos, ungetreu.

Infievolire, schwächen v. r., entkräften v. r. comp.; v. r. schwach, unmächtig werden v. auf.

Infilzare, einfädeln, anreihen v. r. comp.

Infilzare, anstecken, anspiessen v. r. comp. (mit einer Nadel rc.), durchstechen v. ir. comp. (mit einem Degen rc.)

Infimo, sust. der Unterste, der Geringste gen. 8 pl. n., ag. unterst, geringst.

Infin che, infinattantochè rc., av. so lange bis, so sehr bis, bis daß.

Infine, av. endlich, zuletzt.

Infingardaggine, die Trägheit, die Faulheit pl. en.

Infingardamente, av. faulerweise, auf eine träge Art.

Infingardire, faul, träge werden v. auf.

Infingardo, sust. ein Faulenzer, ein Müßiggänger gen. 8, ag. faul, träge.

Infingere, sich verstellen v. rec. r. comp., sich fälschlich stellen v. rec. r., infingersi di non vedere, thun, als wenn man nicht sähe.

Infingimento, die Verstellung, die Falschheit pl. en.

Infinito, die Unendlichkeit; eine unermeßliche Größe, eine unzählige Zahl, eine große Menge.

Infinitamente, av. unendlich, sehr, ungemein.

Infinito, ag. unendlich, endlos.

Infino, prep. bis av. Infin.

Infinocchiare, hintertragen, berücken v. ir. comp. [illegible] dare ad intendere, weiß machen v. r.

Infiorare, mit Blumen bestreuen, schmücken v. r. comp.

Inflessibile, ag. unbiegsam, unerbittlich, hart.

Inflessibilità, die Unbiegsamkeit, die Unerbittlichkeit, die Unbeweglichkeit, die Härte.

Inflessibilmente, av. unerbittlicherweise, hart.

Inflesso, ag. e part. eingebogen.

Influenza, der Einfluß gen. es.

Influire, seinen Einfluß haben, seine gehörige Wirkung haben v. auf.

Influsso, sust. v. Influenza, ag. e part. da infondere, eingegossen.

Infocamento, infocazione, infocatura, infiammazione, die Entzündung pl. en.

Infocare, glühend machen v. r., entzünden v. r. comp.; v. n. entzünden v. r. comp., hitzig werden v. r.

Infondere, eingießen v. ir. comp.; einweichen v. r. comp.

Infondimento, die Eingießung, die Einflößung.

Informare, instruire, unterrichten v. r. comp., lehren v. r.; dare una forma a una cosa, eine Gestalt geben v. ir.

Informarsi, sich erkundigen v. rec. r. comp., nachfragen v. r. comp.

Informazione, die Nachricht, die Nachforschung pl. en; it. die Unterrichtung, die Unterweisung pl. en.

Informe, ag. ungestalt, unförmlich.

Informicolamento, das Jucken gen. 8, (im Geblüte).

Informicolare, jucken v. r. (vom Geblüte).

Infornare, in Ofen schieben v. ir. (als Brod rc.)

Infornata (una), ein Ofen voll.

Infortunio, das Unglück gen. 8, der widrige Zufall gen. es, pl. Zufälle.

Infra, prep. in, innerhalb, zwischen, unter.

Infracidamento, das Faulen, das Faulwerden gen. 8, die Fäulung, die Fäulniß.

Infracidare) faulen v. r., faul und Infracidire) stinkend werden v. auf, gern. verwesen v. r. comp.

Infrangere, ed infragnere, brechen v. ir. [illegible] zerbrechen v. ir. comp., (als einen Vertrag) it. [illegible] v. r. comp.

Infragnimento) das Brechen gen. 8, Infragnitura) das Umstoßen eines Vertrags, die Vertragsverletzung.

Infralimento, die Entkräftung, die Schwächung pl. en.

Infralire, schwach werden v. auf., entkräften v. r. comp.

Inframpettere, dazwischen legen, [illegible] v. ir.

Infranciolato, ag. venerisch.

Infrangere, brechen, v. Infragnere.

Infrangibile, ag. unzerbrechlich, unverletzlich.

Infranto, part. da infrangere, gebrochen, zerbrochen, zerstampft.

Infrascare, mit Laub oder Reisig bedecken v. r. comp.

Infrascritto, ag. e part. untengeschrieben, unterzeichnet.

Infreddamento, e infreddatura, das Erkälten gen. 8, die Erkältung.

Infracidare, den Schnupfen bekommen *v. n. comp.*, sich erkälten *v. rec. comp.*

Infrequente, *av.* selten.

Infrigno, die kleine Thal *pl.* [illegible] der Schlupfwinkel.

Infrondare, Laub bekommen *v. tr. comp.*, grün werden *v. auf.*, ausschlagen *v. tr. comp.* (als Bäume).

Infruttifero, *ag.* unfruchtbar, *V.* Infecondo.

Infruttuosamente, *av.* unnützlich, vergeblich, fruchtlos, ohne Vortheil zu bringen.

Infruttuoso, *ag.* unfruchtbar, vergeblich, unnützlich.

Infuocamento, infuocare *av.* die Anfeurung, anfeuern, *V.* Infocamento, Infocare.

Infuora) *avv.* ausgenommen, außer,
Infuori) da banda in fuori, ingen ausgenommen, außer diesen, bis auf [illegible], sporgere in fuori, hervorragen *v. tr. comp.*

Infurbire, tückisch, toben *v. tr.*, rasend werden *v. auf.*, in eine gewisse Wuth gerathen *v. tr. comp.*

Infuriato, *part.* gewütet, gerast, getobet.

Infusione, das Einweichen *gen.* s. die Eingießung *pl.* [illegible] Durchdringung.

Infuso, *part.* di infondere, eingegossen.

Ingabbiare, in einen Käsig stecken *v. r.*

Ingaggiare, *V.* Impegnare.

Ingagliardire, stark werden *v. auf.*, ein [illegible] annehmen *v. tr. comp.*

Ingalluzzarsi, sich erheben, sich aufblasen *v. rec. tr. comp.*, sich einbilden *v. rec. tr. comp.*, stolz werden *v. auf.*

Ingangherare, in die Angel einhängen *v. tr. comp.* (als eine Thüre).

Ingannare, betrügen, hintergehen *v. tr. comp.*, täuschen *v. r.*

Ingannarsi, sich irren *v. rec. r.*, sich täuschen *v. tr. comp.*

Ingannatore, der Betrüger *gen.* s.

Ingannevole, *ag.* betrüglich.

Ingannevolmente, *av.* betrüglicherweise.

Inganno, der Betrug *gen.* s. die Betrügerey *pl.* en, die List; trar d'inganno, den Irrthum benehmen *v. tr. comp.*

Ingegnarsi, sich befleißigen, sich bestreben *v. rec. r. comp.*

Ingegnere, ingegnero, der Schanzmeister *gen.* s. *pl.* id. ein Kriegsbaumeister, ein Ingenieur *gen.* s.

Ingegno, der natürliche Witz, der Verstand *gen.* es, die natürliche Fähigkeit des Verstandes; un Genie, un bell'ingegno, ein witziger Kopf *gen.* s. un grande ingegno, ein hochsinniger Mensch *gen.* en *pl.* en, ein großes Genie; destrezza, prontezza d'ingegno, die Fertigkeit, die Hurtigkeit des Verstandes; [illegible] ingegno, [illegible].

Ingegnosamente, *av.* künstlicherweise, künstlich, sinnreich.

Ingegnoso, *ag.* sinnreich, künstlich, nachsinnig, *sc.* witzig.

Ingelosire, Eifersucht erwecken *v. tr. comp.*, eifersüchtig werden *v. auf.* oder machen *v.*

Ingemmare, mit Edelgesteinen besetzen *v. tr. comp.*, schmücken, zieren *v. r.* [illegible] *v. r.*

Ingenerare, zeugen *v. r.*, *V.* Generare *ec.*

Ingenito, *ag.* angeboren.

Ingentilire, rendere gentile, in Adelstand erheben *v. tr. comp.*; per divenire gentile, adelich werden *v. auf.*; per divenir gentile, manierlich, artig [illegible] werden *v. auf.*

Ingenuamente, *av.* aufrichtig, offenherzig, frey heraus.

Ingenuità, die Redlichkeit, die Aufrichtigkeit, die Offenherzigkeit.

Ingenuo, *ag.* redlich, aufrichtig, offenherzig.

Ingerirsi, sich in etwas, so uns nicht angehet, einmischen *v. r. comp.*, mengen *v. r.*, vermengen *v. r. comp.*

Ingessare, mit Gyps überziehen *v. tr. comp.*, gypsen *v. r.*

Ingestatura, die Ueberziehung einer Decke mit Gyps, die Gypsüberstreichung *pl.* en.

Inghiestra, Gießkanne *gen.* es.

Inghiottimento, die Verschluckung, die Verschlingung *pl.* en.

Inghiottire, verschlucken *v. tr. comp.*, verschlingen *v. tr. comp.*; *fig.* einsperren *v. tr. comp.*

Inghiottitore, ein Schlucker, ein Fresser *gen.* s. *pl.* id. ein Vielfraß *gen.* es.

Inghirlandamento, die Bekränzung der Augen mit grünen Kränzen.

Inghirlandare, mit Blumenkränzen [illegible]

nieren *v. r.*, bekräftigen *v. a. comp.*
Ingiallare, gelb machen, gelb färben *v. a.*
Ingiallire, gelb werden *v. n. aus.*
Inginocchiarsi, knien *v. r.*, niederknien *v. n. comp.*, auf die Knie fallen *v. ir.*
Inginocchiatojo, eine Kniebank *pl.* (bänke), der Schemel *gen. s.*
Inginocchiazione, das Knien, das Niederknien *gen. s.*
Inginocchione, inginocchioni, *av.* (kniend, auf den Knien liegend); stare inginocchioni, auf den Knien liegen *v. ir.*
In[illegible]ocondo, *ag.* unangenehm, unlieblich.
Ing[illegible]rire, [illegible] *v. r. comp.*, [illegible] werden *v. aus.*
Ingiugnere, ingiungere, befehlen, anbefehlen *v. ir. comp.*, einem einen Auftrag geben *v. ir.*
Ingiu[illegible], *av.* hinab, hinunter.
Ingiuria, die Beleidigung *pl.* en, die [illegible]mach, der Schimpf *gen. s.*, das Schimpfwort *gen.* [illegible] *pl.* [illegible] [illegible]wörter; das Schimpfwort *gen.* [illegible] *pl.* Schimpfwörter, le [illegible] [illegible] [illegible], [illegible], die [illegible] [illegible] [illegible]
Ingiuriare, schänden, schmähen, mit Worten schimpfen *v. r.*, beleidigen *v. a. comp.*
Ingiuriatore, der Lästerer, der Schmäher, der Beleidiger *gen. s.*; der Schmäher, Lästerer, Beleidiger.
Ingiuriosamente, *av.* schimpflicher Weise, ungebührlicherweise.
Ingiurioso, *ag.* schmählich, schimpflich.
Ingiustamente, *av.* ungerechterweise, wider Recht und Billigkeit.
Ingiustizia, die Ungerechtigkeit, die Unbilligkeit.
Ingiusto, *ag.* ungerecht, unbillig.
Inglese, *sost.* der Engländer *gen. s.*, *ag.* englisch.
Inglobare, verschlucken, *v.* Inghiottire
Ingolfarsi (in mare), ins Meer hinaus laufen *v. r. comp.*, *met.* sich in etwas vertiefen *v. rec. r. comp.*, sich einem Dinge völlig ergeben *v. r. comp.*
Ingombramento, ed ingombramento, das Einnehmen *gen. s.*; das [illegible], der Schrecken *gen. s.*; in das im Menschen *gen. s.*, der Hinderniß *gen. es*, *pl.* e.

Ingombrare, ed ingomberare, einnehmen *v. ir. comp.*; ingombrare un luogo, einen Ort einnehmen; per impaccio, verhindern *v. a. comp.*
Ingombro, *part.* da ingombrare, eingenommen, verhindert.
Ingordamente, *av.* begierig, geizig, *fr.* unmäßig, gierig, gefräßig.
Ingordigia) der Heißhunger *gen. s.*, die
Ingordizia) Unmäßigkeit im Essen und Trinken, die Gefräßigkeit; *fr.* die Gierigkeit, die unmäßige Begierde.
Ingordo, *ag.* fressig, heißhungrig.
Ingorgamento, das Aufdämmen *gen. s.* (des Wassers); *fr.* die Überschwemmung, die Verstopfung, (einer Röhre, Ader rc.)
Ingorgare, sich stauen *v. rec. r.* (von Flüssen und Gewässern), *fr.* [illegible], verstopfen *v. r. comp.* (von Röhren, Adern rc.) [illegible] den Schlund verstopfen, *fr.* in der Kehle stecken bleiben *v. ir.*
Ingozzare, würgen, fressen *v. r.*, *met.* [illegible], hinunterschlucken, verschlucken *v. r. comp.*
Ingrandimento, das Vergrößern *gen. s.*, die Vergrößerung, die Vermehrung.
Ingrandire, groß machen *v. r.*, vergrößern, vermehren, erweitern, erhöhen *v. r. comp.*
Ingrassamento, die Mast, die Mästung, die Verdickung *pl.* en; *fr.* das Düngen *gen. s.*, (der Felder).
Ingrassare, mästen, fett machen *v. a.* (e comp.), die Felder düngen *v. r.*
Ingrassire, fett werden *v. aus.*
Ingratamente, *av.* undankbarerweise.
Ingratitudine, die Undankbarkeit, die Unerkenntlichkeit.
Ingrato, *sost.* ein Undankbarer *gen. s.*; *ag.* undankbar, unerkenntlich; *fr.* disgustevole, unangenehm.
Ingravidamento, die Schwängerung, die Schwangerschaft.
Ingravidare, schwängern *v. r.*
Ingrediente, ein Bestandtheil, ein Mengstück *gen. s.*, *pl.* e; *fr.* was zur Arzney, oder zur Zubereitung der Speisen gebraucht wird.
Ingresso, der Eingang *gen. s.*, *pl.* (Eingänge), der Eintritt *gen. es*, *pl.* e; *fr.* der Zugang, der Zutritt; *fr.* der Einzug einer hohen Person.
Ingrognare, e ingrugnare, murren,

[illegible]

Innamorato, sost. ein Verliebter, ein Liebhaber [illegible]

[illegible]

Innaspriss, rauh machen v. r., rauh werden v. n.

Innato, ag. angebohren, von Natur eingepflanzt, natürlich.

Innaturale, ag. unnatürlich.

Innavigabile, ag. unschiffbar.

Innegabile, ag. unwiderstreitlich, unleugbar.

Innestamento, das Pfropfen, das Impfen gen. s.

Innestare, pfropfen, impfen v. r. c. tr. einschatten v. r. comp., met. verbinden v. ir. comp., genau verknüpfen v. r. comp.

Innestatore, der Pfropfer, der Impfer gen. s.

Innesto, das Pfropfreis gen. es, pl. er.

Inno, der Lobgesang, (in Versen), der Kirchengesang gen. s, pl. (gesänge), der Hymnus.

Innocente, ag. unschuldig, unschädlich, einfältig.

Innocente, sust. der unschuldige Mensch gen. s pl. en; gli innocenti di Betlehem, die unschuldigen Kinder zu Bethlehem.

Innocentemente, av. unschuldiger weise.

Innocenza, die Unschuld.

Innoltrare, ed inoltrare, weiter versenden, befördern v. r. comp.

Innoltrarsi, ed inoltrarsi, sich weiter begeben v. ir. comp., weiter gehen v. ir. per continuare, fortfahren v. ir. comp.

Innominatamente, av. ungenannter weise, unbenannt, ohne Benennung.

Innominato, ag. unbenannt.

Innostrare, e inostrare, mit Purpur zieren v. r., bedecken v. r. comp.

Innovamento, ed innovazione, die Neuerung, die Erneuerung pl. en.

Innovare, Neuerung anfangen v. ir. comp., erneuern v. r. comp., neu machen v. r. [illegible]

Innovatore, einer der Neuerungen anfängt, der Erneuerer gen. s.

Innumerabile, ed innumerevole, unzählbar, unzählich, unendlich.

Innumerabilmente, av. unzählich, ohne Zahl.

Innuvolare, mit Wolken umziehen v. ir. comp., umnebeln v. r. comp.

Inobbediente, ag. ungehorsam.

Inobbedientemente, av. ungehorsamer weise, ungehorsamlich.

Inobbedienza, der Ungehorsam gen. s.

Inoffeso, ag. unbeschädigt, unbeleidigt, unverletzt.

Inoltre, av. weiter, ferner, überdieß.

Inombrare, beschatten v. r. comp. V. Adombrare.

Inondamento, die Ueberschwemmung, V. Inondazione.

Inondare, überschwemmen v. r. comp., inondarsi, sich ergießen v. ir. rec. comp., met. il cuore m'inonda di gioja, ich bin voller Freude; il cuore m'inonda di dolore, mein Herz ist vom Schmerze beklemmt.

Inondazione, die Ueberschwemmung pl. en.

Inonestà, die Unehrbarkeit, die Unanständigkeit pl. en, V. Disonestà.

Inonesto, ag. unehrbar, V. Disonesto.

Inonorato, ag. ungeehrt, V. Disonorato.

Inopia, der Mangel gen. s, die Armuth, die Dürftigkeit.

Inopinabile, ag. unvermuthlich, unglaublich, unbegreiflich.

Inopinatamente, av. unvermutheter weise, unvermuthlich.

Inopportunamente, av. ungelegener weise, zur Unzeit, zur unbequemen Zeit.

Inopportunità, die Unbequemlichkeit, die ungelegene Zeit.

Inopportuno, ag. ungelegen.

Inordinatamente, av. unordentlicher weise, verwirrt.

Inordinazione, die Unordentlichkeit, der Unordnung, die Verwirrung.

Inordinato, ag. unordentlich.

Inorgoglire,) stolzieren, hochmüthig
Inorgoglirsi,) werden, V. Insuperbire.

Inorpellamento, die Vergoldung mit Flittergold.

Inorpellare, mit falschem Golde vergolden v. r. comp., met. etwas mit List drucken v. r. comp., einen falschen Schein geben v. ir.

Inorridire, schaudern, Grauen verursachen, Entsetzen verursachen v. r. comp., ir. sich entsetzen v. rec. r. comp.

Inosservabile, ag. unmerklich, was man nicht wahrnehmen kann.

Inosservabilmente, av. unmerklicher weise.

Inosservanza, die Unachtsamkeit, die Fahrlässigkeit, die Uebertretung pl. en.

Inosservare, nicht bemerken v. r. comp.

ch überstreuen v. a. comp. (als einen Becher) ec.

Inavvertito, part. ed ag. unvermerkt, unbedacht.

Inpronto, av. eilich, ganz.

Improntu, av. in pronto, bereit, fertig.

Inquanto, prep. betreffend, anlangend.

Inquietamente, av. unruhig, unruhiger Weise, nicht stille.

Inquietare, beunruhigen v. r. comp., Sorge machen, stören, zu schaffen machen v. r.

Inquieto, av. unruhig, bekümmert.

Inquietudine, die Unruhe pl. n, die Bekümmerniß pl. e, ec. die Beunruhigung, die Sorge, der Kummer gen. s.

Inquisire, genau nachforschen, nachfragen, untersuchen v. r. comp. (term. crim.), peinlichen Proceß anstellen v. r. comp.

Inquisito, sost. ein Verbrecher, ein Inquisit gen. en, einer, der in der Inquisition ist.

Inquisito, part. da inquisire, nachgeforschet ec.

Inquisitore, ein heiliger Nachforscher gen. s, ein geistlicher Richter wider diejenigen, die anderer Religion sind; gli Inquisitori di Stato in Venezia, sind ansehnliche obrigkeitliche Personen in Venedig, welche über Staatsgeschäfte gesetzt sind.

Inquisizione, ein geistliches Gericht wider andere Religionen, ec. geistliche, auch weltliche Untersuchung ec. ein peinlicher Proceß gen. es, pl. e, ein Kriminalgericht gen. s.

Inragionevole ec., unvernünftig, v. Irragionevole ec.

Inragionabilità ec., die Unvernunft, v. Irragionabilità ec.

Inrefragabile, inrefragabile, inremeabile, inregolare, inreligioso, inremediabile, inremissibile, innumerabile, inreparabile, inreprensibile, inrequisibile, inresoluto, inrevocabile, inriverente, inrevocabile, inridere, inrugiadare, inrigare, inrigidire, inrisione, inrisore, inriverente, inrugginire ec., v. Irrecuperabile, Irrefragabile ec.

Insaccare, in den Sack stecken, in die Tasche stecken v. r., einsacken v. r. comp.

Insaccocciare, in die Tasche stecken v. a.

Insalata, der Salat gen. s.

Insalvatichire, wild werden v. aus., verwildern v. a. comp.

Insalubre, ag. ungesund, der Gesundheit schädlich.

Insalutato, ag. ungegrüßt.

Insanabile, ag. unheilbar, heillos.

Insanamente, av. unsinnig, unbesonnen, unsinnigerweise, unvernünftiger Weise.

Insanguinare, blutig machen v. r., mit Blute beschmutzen, beflecken v. r. comp. (prov. chi è uso di sangue s'insanguina, der, der die Ehrligen schändet, der schändet sich selbst.)

Insania, die Tollsinnigkeit, die Raserey pl. en.

Insanire, rasen v. r., unsinnig werden v. aus.

Insano, ag. unsinnig, rasend, närrisch, thöricht ec. non sano, ungesund.

Insaponare, die Ranzigkeit.

Insaponare, einseifen v. r. comp., mit der Seife schmieren v. r., Sp. Insegare, schmälzen v. r.

Insaporare, eine schmackhafte Speise (zum darbieten ec.).

Insaporare, einen Geschmack geben v. r., schmackhaft machen v. r.

Insaziabile, ag. unersättlich.

Insaziabilità, ed insazietà, die Unersättlichkeit, die unersättliche Begierde.

Insaziabilmente, av. unersättlicher Weise.

Insciente ec. unwissend ober nicht wissend.

Inscienza, die Unwissenheit.

Inscrivere, einschreiben, drauf schreiben, überschreiben v. r. comp., die Aufschrift machen v. r.

Inscrizione, eine Ueberschrift, auch eine Grabschrift pl. en.

Inscrutabile, ag. unerforschlich.

Inscrutabilità, die Unerforschlichkeit.

Insecabile, av. unzertrennlich, was nicht zu zerschneiden ist.

Insegna, Bandiera, eine Fahne pl. n, ein Zeichen der Freundschaft, das Wappen, Insegna d'un'osteria ec. das Zeichen gen. s, (einer Wirthschaft ec.); le Insegne Imperiali, die kaiserliche Reichskleinodien gen. s, (ein) das Bild ec.

Insegnamento, die Unterweisung pl. en, die Lehre pl. n, der Unterricht gen. s, pl. ec.

Insegnare, lehren v. r. ; unterrichten v. r. comp. unterweisen v. r. comp. ; insegnare la strada, den Weg weisen v. r. ; insegnare a leggere, a scrivere ec. lesen, schreiben lehren v. r.

Insegnatore, der Lehrer, der Lehrmeister, gen. s.

Inseguire, verfolgen, nachsetzen v. r. comp.

Inselvarsi, sich im Walde verstecken v. r. comp.

Inselvatichire } wild werden v. aus.
Inselvatichirsi } verwildern v. r. comp.

Insensataggine, ed insensatezza, die Dummheit, die Sinnlosigkeit, die Unempfindlichkeit pl. en, der Unverstand gen. es.

Insensatamente, av. unverständig, sinnlos, unverständigerweise.

Insensato, ag. unsinnig, sinnlos, unbesonnen, unverständig, [illegible] ; sf. ein Narr, ein Thor gen. en.

Insensibile, ag. unempfindlich, der nichts fühlet ; fr. unvermerkt, av. unvermerkt, ohne Gefühl.

Insensibilità, die Unempfindlichkeit, fr. die Dummheit, fr. die Unbarmherzigkeit.

Insensibilmente, av. ohne Empfindung, unempfindlich ; fr. unvermerkt, fr. nach und nach, unmerklich.

Inseparabile, ag. unzertrennlich, was nicht abzusondern ist.

Inseparabilmente, av. unzertrennlicher Weise.

Insepolto, ag. unbegraben.

Inserenarsi, sich aufheitern, aufklären v. r. comp. ; fr. klar, helle werden v. aus.

Inserire, mit einfügen, mit hineinsetzen v. r. comp. ; fr. etwas in eine Schrift [illegible] hineinsetzen v. r. comp. ; fr. einpfropfen, einschalten v. r. comp. ; fr. einpfropfen [illegible]

Insertione, inserto, [illegible], die Einschaltung [illegible]

Inserrare, einschließen v. r. comp. ; fr. contenere, in sich begreifen v. r. comp. ; in sich fassen v. r.

Inserto, V. Inserito.

Inservibile, ag. unnütz, zu etwas [illegible]

Insetto, das Insekt, das Ungeziefer, das Gewürm gen. s.

Insidia, die Hinterlist, die Nachstellung pl. en, der Hinterhalt gen. s.

Insidiante, ag. nachstellend, nachtrachtend, aufpassend.

Insidiare, nachstellen, nachtrachten v. r. comp. ; fr. lauern v. r. ; aufpassen v. r. comp.

Insidiatore, der Nachsteller, der Laurer, der Aufpasser gen. s.

Insidiosamente, av. hinterlistigerweise, betrüglicherweise ; fr. [illegible]

Insidioso, ag. hinterlistig, betrüglich, nachstellend.

Insieme, av. zugleich, mit einander, zusammen.

Insiepare, umzäunen v. r. comp. mit einem Zaune umgeben v. r. comp.

Insiepato, der Zaun gen. es, pl. [illegible] ; die Hecke.

Insigne, ag. vortrefflich, berühmt, berufen, merkwürdig, wunderbar, herrlich.

Insignemente, av. auf eine vortreffliche Weise, vortrefflich ec. V. Insigne.

Insignificante, ag. nichts bedeutend.

Insignire, auszeichnen v. r. comp. ; vortrefflich machen v. r. ; fr. begaben v. r. comp.

Insignito, part. ausgezeichnet, beschenket ; ag. vortrefflich, berühmt.

Insignorirsi, zum Herrn werden v. aus. ; sich [illegible] padrone, sich bemeistern v. rec. r. comp.

Insinattanto, av. solange bis.

Insinattantochè, ed insinoachè, congiunzione bis, bis daß.

Insino, prep. bis, biszur.

Insinquì, av. bisher, jemals.

Insinuante, ag. einnehmend, einschmeichelnd, eindringend.

Insinuare, einflößen, beibringen v. r. comp. ; [illegible] zu verstehen geben v. r. ; fr. einschmeicheln v. r. comp. ; sich [illegible] sich beliebt machen v. rec. r.

Insinuarsi, sich bei einem beliebt machen v. rec. r. ; fr. sein Herz gewinnen v. r. ; fr. sich einschleichen v. rec. fr. unvermerkt hinein dringen v. r.

Insinuazione, das Einschleichen in des andern Gunst, das Beliebtmachen gen. s.

Insipidamente, av. abgeschmackt, ohne Geschmack, geschmacklos ; fr. albern.

Insipidezza, insipidità, die Unschmackhaftigkeit, die Unempfindlichkeit, die Abgeschmacktheit pl. en, das unschmackhafte Wesen gen. s.

Insipidire, den Geschmack verlieren v. ir. comp., unschmackhaft, geschmacklos werden v. aux.

Insipido, ag. unschmackhaft, unschmackhaft, geschmacklos; met. abgeschmackt, abgeschmackt, thöricht.

Insipiente, ag. unverständig, unwissend, dumm.

Insipienza, die Thorheit, die Unwissenheit, die Unverstand.

Insistenza, das Anhalten, das Dringen, das Bestehen gen. s, [illegible]

Insistere, anhalten v. ir. comp., dringen v. ir., bestehen v. ir. comp., (auf etwas).

Insito, ag. [illegible], eingepflanzt, natürlich.

Insoavità, die Unlieblichkeit, die Unannehmlichkeit.

Insociabile, ag. unverträglich, unumgänglich, ungesellig, [illegible]

Insofferente, ag. ungeduldig, unleidlich.

Insofferenza, die Ungeduld.

Insoffribile, ag. unerträglich, unausstehlich, unleidlich.

Insognare, träumen v. r., S. Sognare.

Insolente, ag. grob, unverschämt, unhöflich, [illegible], ein unverschämter, unverschämter Mensch gen. e, pl. en.

Insolentemente, av. grob, unhöflich, [illegible]

Insolentire, grob, vermessen, stolz, unverschämt, übermüthig werden v. aux.

Insolenza, die Grobheit, die Vermessenheit, die Unverschämtheit pl. en, das unverschämte Wesen gen. s, der Frevel, der Hochmuth, der Stolz gen. es.

Insolito, ag. [illegible], ungewöhnlich.

Insolubile, ag. unauflöslich.

Insolubilmente, av. unauflöslicher weise.

Insomma, av. überhaupt, mit einem Worte.

Insopportabile, ag. unerträglich, unleidlich, unleidlich.

Insordire, taub werden v. aux.

Insorgente, ad insorgere, subst. ein Empörer gen. s.

Insorgere, aufstehen v. ir. comp., sich erheben v. ir. [illegible], sich empören v. [illegible], sich aufwerfen, sich aufwerfen v. ir. comp.

Insormontabile, ag. was nicht überstiegen werden kann.

Insorto, part. da insorgere, aufgestanden &c.

Insospettire, argwohnen v. r., Verdacht haben v. aux., argwöhnisch werden v. aux. [illegible], Argwohn haben v. aux.

Insospettito, part. argwöhnisch geworden, [illegible]

Insperabile, ag. nicht verhofft, das man nicht hoffen kann.

Insperato, ag. unverhofft.

Inspessimento, ag. das [illegible] hat, [illegible]

Inspiegabile, ag. unerklärlich, das man nicht erklären kann.

Inspirare, besudeln, beschmutzen, beflecken v. r. comp., unflätig, schmutzig, schmutzig machen v. r.

Inspirare, [illegible], schmutzig werden v. aux.

Insperatamente, av. unverhoffterweise.

Insperato, ag. unverhofft.

Inspergere, besprengen, einsprengen, einstreuen v. r. comp.

Inspezione, besehen v. ir. comp., [illegible]

Inspettore, der Aufseher, der Inspector gen. s.

Inspezione, die Aufsicht pl. en, das Aufsehen gen. s.

Inspirare, eingeben v. ir. comp., einhauchen, einblasen v. ir. comp., ins Herz bringen v. r.

Inspiratore, der Einhaucher gen. s, der [illegible] eingiebt, ins Herz bringt.

Inspirazione, das Eingeben gen. s, die Einflößung, die göttliche und menschliche Eingebung pl. en.

Inspiritato, ag. vom Teufel besessen; subst. ein Besessener gen. [illegible]

Instabile, ag. unbeständig, veränderlich.

Instabilità, die Unbeständigkeit, die Unbeständigkeit, die Veränderlichkeit.

Instabilmente, av. unbeständiger weise.

Installare, in den Stall führen v. r., in ein Amt setzen v. r. comp.

Installazione, die Einsetzung in ein Amt, oder Dienst.

gen. s, ein mit Verstande begabtes Wesen; *it.* der Verstand *gen.* s, die Wissenschaft, die Kenntniß von Sachen; *it.* das Einverständniß mit andern; *it.* das gute Vernehmen *gen.* s.

Intelligibile, *ag.* verständlich, begreiflich, deutlich.

Intelligibilmente, *av.* verständlicherweise, deutlicherweise.

Intemerata, eine verwirrte Weitläuftigkeit *pl.* en, eine verdrießliche lange weile Sache *pl.* n; *it.* der Umschweif *gen.* s, *pl.* e, die Ränke *pl.*; fare una intemerata ad uno, jemanden einen Verweis geben *v. ir.*

Intemperante, *ag.* unmäßig im Essen und Trinken.

Intemperatamente, *av.* unmäßiglich, übermäßig.

Intemperanza, die Unmäßigkeit im Essen und Trinken.

Intemperie, die Heftigkeit, das Ungestüm *gen.* es, gar zu große Hitze oder Kälte; la intemperie dell' aria, della stagione, die rauhe Witterung.

Intempestivamente, *av.* zur Unzeit, unzeitig, ungelegen.

Intempestivo, *ag.* ungelegen, unzeitig.

Intendente, *sost.* ein Oberaufseher *gen.* s, ein Commissarius.

Intendente, *ag.* klar, verständig, V. Intelligente.

Intendenza, das Oberaufsehergericht *gen.* s, das Amt des Oberaufsehers; la suprema Intendenza del commercio, das Oberaufsehergericht über die Handlung; *per* intendimento, der Verstand *gen.* es, V. Intendimento.

Intendere, *per* udire, hören *v. r.*; *per* capire, verstehen, begreifen *v. ir. comp.*; *per* avere intenzione, gesonnen seyn, im Sinne seyn *v. auf.*; *per* intendersene, oder cognizione, Kenntniß haben *v. auf.*; *per* intendersela insieme, mit einander einig seyn, per venire in cognizione, erfahren *v. ir. comp.*; questo s' intende, das verstehet sich.

Intendevole, *ag.* klar, deutlich, verständlich.

Intendevolmente, *av.* vernehmlich, V. Intendevole.

Intendimento, der Verstand *gen.* es, die Beurtheilungskraft; *it.* die Kenntniß.

Intenditore, ein Verständiger, ein Erfahrner *gen.* s, der sich auf etwas verstehet.

Intenebramento, die Dunkelheit, die Verfinsterung, die Verdunkelung *pl.* en.

Intenebrare, verdunkeln *v. r. comp.*, dunkel, finster machen *v. r.*; intenebrire, dunkel werden *v. auf.*

Intenerire, mild, weich, gelinde machen *v. r.*; *per* piegar l'animo, zum Mitleiden bewegen *v. ir. comp.*, rühren *v. r.*, erweichen *v. r. comp.*

Intenerirsi, mild werden; *met.* zum Mitleiden bewogen, ed anche, bewegt, gerühret werden *v. auf.*

Intenerito *part.* da intenerire, mild, weich, gelinde geworden; *fig.* zum Mitleiden bewegt, ed anche, bewogen.

Intensamente, *av.* heftig, lebhaft, kräftig.

Intensione, das Spannen der Nerven.

Intenso, *per* teso, gespannt; *per* vivo ec., heftig, lebhaft, brünstig, gewaltig, durchdringend.

Intentamente, *av.* aufmerksam, genau.

Intentare, versuchen *v. r. comp.*, sich bemühen *v. rec. e. comp.*; intentare una lite, einen Proceß anfangen *v. ir. comp.*

Intento, *ag.* aufmerksam, beflissen, bereit.

Intento, *sost.* das Vorhaben, die Absicht, das Absehen, das Verlangen *gen.* s.

Intenzionale, *ag.* was in der Absicht, der Gedanken bestehet.

Intenzionalmente, *av.* der innern Absicht nach.

Intenzionare, im Sinne haben *v. auf.*

Intenzione, das Vorhaben, der Anschlag *gen.* s, *pl.* (Anschläge), die Meynung; die Absicht *pl.* en.

Intepidire, ed intepidirsi, laulicht, träge, laulicht, nachläßig werden *v. auf.*

Interame, das ganze Eingeweide, Gehänge, Geschlinge eines Thieres.

Interamente, *av.* gänzlich, völlig, vollkommentlich, ganz und gar.

Interrato, *ag.* starr, steif.

Intercalare, (*one* *dar*) einschalten *v. r. comp.*; *ag.* l'anno intercalare, das Schaltjahr *gen.* es.

Intercedere, fürbitten *v. ir. comp.*, für einen bitten *v. ir.*, eine Fürbitte einlegen *v. r. comp.*

Intercessore, der Fürbitter, der Fürsprecher *gen.* s.

Intercessione, die Fürbitte.
Intercessore, der Fürbitter gen. s, pl. Intercessitore.
Intercettare, auffangen v. ir. comp., (als Briefe etc.)
Intercezione, das Auffangen gen. s, (als der Briefe, der Strahlen, der Lebensgeister etc., in ihrem ordentlichen Gange).
Interchiudere, versperren v. r. comp., verschließen v. ir. comp.; it. den Weg verlegen v. r. comp.
Intercidere, in Stücken schneiden v. ir., durchschneiden v. ir. comp., abtheilen v. r. comp.; it. verhindern v. r. comp.
Intercisamente, av. unterbrochener Weise; nicht in einem fort.
Intercolonnamente, av. zwischen den Säulen und andern Möbeln.
Interdetto, sust. das Verboth gen. s, die Untersagung (eines Richters, der geistlichen Amtsverrichtungen etc.); part. da interdire, verbothen, untersagt.
Interdire, verbieten v. ir. comp., untersagen v. r. comp.
Interdizione, das Verboth gen. s, die Untersagung.
Interessante, ag. wichtig, erheblich; woran etwas gelegen ist.
Interessamento, der Antheil gen. s.
Interessare, einen bewegen, einnehmen v. ir. comp., auf seine Seite bringen v. r.; it. einmengen v. r. comp.; in einen Handel ziehen v. ir.; Theil daran zu nehmen bewegen v. ir. comp.; starvi entro, angelegen seyn v. aus.
Interessarsi, Antheil haben v. aus., sich annehmen v. rec. ir. comp.; interessarsi per alcuno, sich eines annehmen v. rec. ir. comp.; it. sich bewegen v. rec. ir. comp., sich einnehmen lassen v. rec. ir.
Interessatamente, av. eigennütziger Weise, auf eine habsüchtige, eigennützige Weise.
Interessato, part. da interessare, eingemengt, angelegen; ag. eigennützig, gewinnsüchtig, geizig, gierig, theilhabend.
Interesse, der Nutzen gen. s, der Vortheil gen. s, pl. e; der Eigennutz gen. es; gli interessi di capitale, die Zinsen, per [illegible], die Gewinste.
Interiezione, das Zwischenwort gen. s,

pl. (Wörter), das eine Gemüthsbewegung anzeigt.
Interinale, av. zur Zeit.
Interinalmente, av. unterdessen.
Interiora (le), das Eingeweide, oder das Innerste.
Interiore, ag. innere, innerlich; sust. das Innere gen. s, pl. n, der innere Theil gen. s, pl. e.
Interiormente, av. innerlich, innerhalb.
Interlineare, v. a. Linien dazwischen ziehen v. a.
Interlocutore, der in einem Gespräche unterredend eingeführt wird; nelle Commedie e., ein Spieler.
Interlocutorio, ag. sentenza interlocutoria, der Nebenabschied gen. s, pl. e.
Interlocuzione, das Gespräch gen. s, pl. e, die Vorredung, ehe man zur Sache schreitet.
Intermedio, das Zwischenspiel in der Comödie.
Intermettere, aufhören v. r. comp., nachlassen, unterlassen, abstehen v. ir. comp.
Intermezzo, sust. die Zwischenzeit, pl. en, das Zwischenspiel gen. s, pl. e (in den Comödien), it. was in der Mitte zwischen zweyen Terminen geschiehet; ag. dazwischen gesetzt, gelegen.
Interminabile
Interminato) ag. unendlich, unendlich.
Intermissione, der Nachlaß gen. es, das Nachlassen gen. s, it. das Aufhören auf eine Zeitlang.
Intermittente, ag. abwechselnd, nachlässig; das absetzt, nicht immerfort währet; febbre intermittente, das Wechselfieber gen. s.
Internamente, av. innerlich, inwendig.
Internarsi, hineindringen v. ir. comp., tief hinein gehen v. ir. (mit den Gedanken), sich vertiefen v. rec. r. comp.
Interno, ag. innerlich, inwendig.
Interno, sust. das Innere, das Innerste gen. s, pl. n, der innere Zustand gen. es, pl. (Zustände), das innere Wesen gen. s; il mio interno, mein Gemüth gen. s.
Internunzio, ein außerordentlicher Abgesandter des Pabsts.
Intero, ag. ganz, vollkommen, völlig; per. leale, aufrichtig, redlich; cavallo intero, der Hengst gen. es, pl. e.

Infievolire, schwächen v. r., entkräften v. r. comp. 2. n. schwach, unmächtig werden v. aus.

Infilare, einfädeln, anreihen v. r. comp.

Infilzare, aufstecken, anspießen v. r. comp., (mit einer Nadel rc.), durchstechen v. ir. comp., (mit einem Degen rc.)

Infimo, sust. der Unterste, die Geringste gen. (pl. n. ag. unterst, geringst.

Infin che, infinattantochè av., solange als, so sehr als, bis daß.

Infine, av., endlich, zuletzt.

Infingardaggine, die Trägheit, die Faulheit pl. en.

Infingardamente, av. faulerweise, auf eine träge Art.

Infingardire, faul, träge werden v. aus.

Infingardo, sost. ein Faulenzer, ein Müßiggänger gen. s, ag. faul, träge.

Infingere, sich verstellen v. rec. r. comp., sich fälschlich stellen v. rec. r., infingersi di non vedere, thun, als wenn man nicht sähe.

Infingimento, die Verstellung, die Falschheit pl. en.

Infinità, die Unendlichkeit, eine unermeßliche Größe, eine unzählige Zahl, eine große Menge.

Infinitamente, av. unendlich, sehr, ungemein.

Infinito, ag. unendlich, [illegible].

Infino, prep. bis av. sogar.

Infinocchiare, beschwatzen, bethören v. ir. comp., prov. dare ad intendere, weiß machen v. r.

Infiorare, mit Blumen bestreuen, schmücken v. r. comp.

Inflessibile, ag. unbiegsam, unerbittlich, hart.

Inflessibilità, die Unbiegsamkeit, die Unerbittlichkeit, die Unbeweglichkeit, die Härte.

Inflessibilmente, av. unerbittlicherweise, hart.

Inflesso, ag. e part. eingebogen.

Influenza, der Einfluß gen. es.

Influire, einen Einfluß haben, seine gehörige Wirkung haben v. aus.

Influsso, sust. s. Influenza, ag. e part. da infondere, eingegossen.

Infocamento, infocamento, infocazione, infocazione, die Entzündung pl. en.

Infocare, glühend machen v. r., erhitzen v. r. comp., entzünden v. r. comp., hitzig machen v. r.

Infondere, eingießen v. ir. comp., einweichen, einflößen v. r. comp.

Infondimento, die Eingießung, die Einflößung.

Informare, istruire, unterrichten v. r. comp., lehren v. r.; per. dare una forma à cosa, eine Gestalt geben v. ir.

Informarsi, sich erkundigen v. rec. r. comp., nachfragen v. r. comp.

Informazione, die Nachricht, die Nachforschung pl. en., it. die Unterrichtung, die Unterweisung pl. en.

Informe, ag. ungestalt, unförmlich.

Informicolamento, das Jucken gen. s, (im Geblüte).

Informicolare, jucken v. r. (vom Geblüte).

Infornare, in Ofen schieben v. ir., (als Brod rc.)

Infornata (una), ein Ofen voll.

Infortunio, das Unglück gen. s, der widrige Zufall gen. es, pl. Zufälle.

Infra, prep. in, innerhalb, zwischen, unter.

Infracidamento, das Faulen, das Faulwerden gen. s, die Fäulung, die Fäulniß.

Infracidare) faulen v. r., faul und **Infracidire**) stinkend werden v. aus., comp. verfaulen v. r. comp.

Infrangere, od. infragnere, brechen v. ir. 2 n. umbrechen v. ir. comp., (als einen Vertrag) it. zerquetschen v. r. comp.

Infrangimento) das Brechen gen. s, **Infragnimento**) das Umbrechen eines Vertrags, die Zerquetschung pl. en.

Infralimento, die Entkräftung, die Schwächung pl. en.

Infralire, schwach werden v. aus., entkräften v. r. comp.

Inframmettere, dazwischen legen, legen v. r.

Infranciosato, ag. venerisch.

Infrangere, brechen, s. infragnere.

Infrangibile, ag. unzerbrechlich, unverbrüchlich.

Infranto, part. da infrangere, zerbrochen, zerquetscht, zerschlagen.

Infrascare, mit Laub oder Blumen bedecken v. r. comp.

Infrascritto, [illegible], ag. e part. unterschrieben, unterzeichnet.

Infreddamento, e infreddatura, das Erkalten gen. s, die Erkältung.

[illegible]

Infrescarsi, den Schnupfen bekommen *v. r. comp.*, sich erfrischen *v. rec. comp.*

Infrequente, *av.* selten.

Infrequenza, die seltene That *pl.* en, die Seltenheit.

Infrondare, Laub bekommen *v. ir. comp.*, grün werden *v. auf.*, ausschlagen *v. ir. comp.* (als Bäume).

Infruttifero, *ag.* unfruchtbar, *V.* Infruttuoso.

Infruttuosamente, *av.* unnützlich, vergeblich, fruchtlos, ohne Vortheil zu schaffen.

Infruttuoso, *ag.* unfruchtbar, vergeblich, unnützlich.

Infuocamento, infuocare &c. die Erhitzung, anfeuern, *V.* Infocamento, Infocare.

Infuora } *prep.* ausgenommen, außer; Infuori } da und in fuori, jenen ausgenommen, außer diesem, bis auf einen; ch, *av.* he quando ... [illegible] sporgere in fuori, hervortragen *v. ir. comp.*

Infuriare, wüthen, toben *v. r.*, rasend werden *v. auf.*, in die äußerste Wuth gerathen *v. ir. comp.*

Infuriato, *part.* gewüthet, gerast, erzürnt.

Infusione, das Einflößen *gen.* s, die Eingießung *pl.* en, die Einsenkung.

Infuso, *part. da* infondere, eingegossen.

Ingabbiare, in einen Käfig stecken *v. r.*

Ingaggiare, *V.* Impegnare.

Ingagliardire, stark werden *v. auf.*, an Kräften zunehmen *v. ir. comp.*

Ingalluzzare, sich erheben, sich aufblähen *v. rec. r. comp.*, sich aufrichten *v. rec. r. comp.*, stolz werden *v. auf.*

Ingangherare, in die Angeln einhängen *v. r. comp.* (als eine Thüre).

Ingannare, betrügen, hintergehen *v. ir. comp.*, täuschen *v. r.*

Ingannarsi, sich irren *v. rec. r.*, sich betrügen *v. ir. comp.*

Ingannatore, der Betrüger *gen.* s.

Ingannevole, *ag.* betrüglich.

Ingannevolmente, *av.* betrüglicherweise.

Inganno, der Betrug *gen.* s, die Betrügerey *pl.* en, die List; cavar d'inganno, den Irrthum benehmen *v. ir. comp.*

Ingegnarsi, sich befleißigen, sich bestreben *v. rec. r. comp.*

Ingegnere, ingegniero, der Schanzmeister *gen.* s, *pl.* ein Kriegsbaumeister, ein Ingenieur *gen.* s.

Ingegno, der natürliche Witz, der Verstand *gen.* es, die natürliche Fähigkeit des Verstandes, ein Genie; uomo d'ingegno, ein witziger Kopf *gen.* s; un grande ingegno, ein scharfsinniger Mensch *gen.* en, *pl.* en, ein großes Genie; acutezza, prontezza d'ingegno, die Fertigkeit, die Hurtigkeit des Verstandes; *av.* a ingegno, absichtlich.

Ingegnosamente, *av.* sinnreicherweise, künstlich, witzig.

Ingegnoso, *ag.* sinnreich, künstlich, scharfsinnig, witzig.

Ingelosire, Eifersucht erwecken *v. r. comp.*, eifersüchtig werden *v. auf.*, eifer machen *v. r.*

Ingemmare, mit Edelsteinen besetzen *v. r. comp.*, schmücken, zieren *v. r.*, ... glänzen *v. r.*

Ingenerare, zeugen *v. r.*, *V.* Generare &c.

Ingenito, *ag.* angeboren.

Ingentilire, rendere gentile, in Adelstand erheben *v. ir. comp.*, gentilezza ..., adelich werden *v. auf.*, farsi gentile, gentile, manierlich, artig, manierlich werden *v. auf.*

Ingenuamente, *av.* aufrichtig, offenherzig, frey heraus.

Ingenuità, die Redlichkeit, die Aufrichtigkeit, die Offenherzigkeit.

Ingenuo, *ag.* ehrlich, aufrichtig, offenherzig.

Ingerirsi, sich in etwas, das einen nicht angehet, einmischen *v. r. comp.*, menschen *v. r.*, beymengen *v. r. comp.*

Ingessare, mit Gyps überziehen *v. ir. comp.*, tünchen *v. r.*

Ingessatura, die Ueberziehung einer Decke mit Gyps, die Gypsüberziehung *pl.* en.

Inghilterra, England *gen.* s.

Inghiottimento, die Verschluckung, die Verschlingung *pl.* en.

Inghiottire, einschlucken *v. r. comp.*, verschlingen *v. ir. comp.*, in sich ziehen *v. ir. comp.*

Inghiottitore, ein Schlucker, ein Fresser *gen.* s, *pl.* ein Vielfraß *gen.* es.

Inghirlandamento, die Bekränzung des Hauptes mit grünen Kräutern.

Inghirlandare, mit Blumenkränzen [illegible]

[illegible] v. a. [illegible] [illegible] [illegible] das [illegible] v. [illegible]

Ingrassamento, das Dickwerden gen. s, das Gemästet[illegible]; ingrassamento dell' [illegible], das [illegible] gen. s. (der Aecker).

Ingrossare, [illegible] [illegible] [illegible] [illegible] v. a.

Ingresso, [illegible], groß, stark [illegible] [illegible] [illegible] [illegible] [illegible] v. tr. comp. [illegible] [illegible] [illegible] [illegible].

Inguaine, av. [illegible] [illegible] [illegible] [illegible] [illegible] [illegible] [illegible] [illegible] [illegible] [illegible] der [illegible] verkauft.

Inguinaglia, der Unterbauch, der Schmerbauch gen. s, pl. (Wänste).

Inibire, verbieten v. tr. comp. [illegible]

Inimicare uno, sich jemand zum Feinde machen v. rec. r. [illegible] sich verfeinden v. rec. r. comp.

Inimichevolmente, av. feindseliger Weise, auf eine feindliche Art.

Inimicizia, die Feindschaft pl. en, das Feindselige, das feindselige Wesen gen. s.

Inimico, sub. der Feind gen. s, pl. e; aj. feindlich.

Inimitabile, aj. unnachahmlich, was nicht nachgeahmet werden kann.

Inimmaginabile, aj. unbegreiflich, was man sich nicht einbilden kann.

Inintelligibile, aj. unverständlich.

Inintelligibilmente, av. unverständlicher Weise.

Iniquamente, av. ungerechterweise.

Iniquità, die Ungerechtigkeit, die Unbilligkeit, die Boshaftigkeit, die Ruchlosigkeit, die Bosheit pl. en; [illegible] die [illegible] pl. [illegible]

Iniquo, aj. ungerecht, unbillig, boshaft, ruchlos, [illegible].

Iniziare, [illegible], [illegible] [illegible] [illegible] [illegible] [illegible] [illegible] v. tr. comp. [illegible] [illegible] [illegible] [illegible] v. [illegible] comp. [illegible] [illegible] [illegible] v. tr. comp.

Inizio, der Anfang gen. s, der [illegible] gen. [illegible]

Innacquare, befeuchten, bewässern [illegible] v. tr. comp.

Innacquarsi, sich [illegible] v. rec. r. comp., [illegible] werden v. [illegible]

Innacquamento, das Verwässern, das Benetzen, das Begießen gen. s. (einer Wiese).

Innacquare, bewässern v. tr. comp., begießen v. tr. comp. (das Wasser) [illegible] [illegible] [illegible], Wein mit Wasser vermischen v. tr. comp.

Innaffiamento, die Bewässerung, die Besprengung, die Begießung, die Anfeuchtung pl. en.

Innaffiare, besprengen v. tr. comp., begießen v. tr. comp., netzen v. tr., benetzen v. tr. comp., anfeuchten v. tr. comp.

Innaffiatoio, die Gießkanne, die Sprengkanne pl. n.

Innalberare, [illegible] richten v. tr. [illegible] [illegible] [illegible], Fahnen aufstecken v. tr. comp.

Innalzamento, die Erhöhung, die Erhebung.

Innalzare, erhöhen v. tr. comp., erheben v. tr. comp., in die Höhe richten v. tr.

Innamidare, stärken v. tr. (als Wäsche rc.)

Innamoramento, das Verlieben gen. s, pl. die Liebschaft.

Innamorare, verliebt machen v. tr.

Innamorarsi, sich verlieben v. rec. r. comp.

Innamorata, die Liebste.

Innamoratamente, av. auf eine verliebte Art, verliebterweise.

Innamorato, sub. ein Verliebter, ein Liebhaber gen. s, [illegible] eine Verliebte, eine Liebhaberin; aj. verliebt.

Innanellare (i capelli), kräuseln v. tr. (als die Haare).

Innanzi, sub. die vordere Seite pl. n, der Vordertheil gen. s, pl. e.

Innanzi, prep. vor, ehe; venire innanzi ad uno, vor einem kommen; innanzi [illegible], ehe [illegible] [illegible]; innanzi tempo, vor der Zeit.

Innanzi, av. nachher, vorher, hervor; [illegible] [illegible], ich werde nächster [illegible] [illegible] [illegible], [illegible] [illegible] [illegible] [illegible] [illegible] [illegible] [illegible] [illegible] [illegible] [illegible] [illegible] [illegible] [illegible].

Innasprire, [illegible], [illegible] v. tr. comp.

Innamorare, [illegible] machen v. a., [illegible] werden v. ... [illegible]

Innato, ag. angeboren, von Natur eingepflanzet, natürlich.

Innaturale, ag. unnatürlich.

Innavigabile, ag. unschiffbar.

Innegabile, ag. unwidersprechlich, unläugbar.

Innestamento, das Pfropfen, das Impfen [illegible]

Innestare, pfropfen, impfen v. a., [illegible] einschieben [illegible] verbinden [illegible]

Innestatore, der Pfropfer, der Impfer [illegible]

Innesto, das Pfropfreis [illegible] der [illegible] der Kuchenpflanz [illegible] der Samen [illegible]

Innocente, ag. unschuldig, unschädlich, [illegible]

Innocenza, [illegible] gen. [illegible] innocenti, [illegible] die unschuldigen Kinder [illegible]

Innocentemente, av. unschuldiger Weise.

Innocenza, die Unschuld.

Innoltrare, [illegible] weiter [illegible] senden, [illegible] v. a. comp.

Innoltrarsi [illegible] sich weiter [illegible] continuare, fortfahren [illegible] comp.

Innominatamente, av. ungenannter Weise, [illegible]

Innominato, ag. ungenannt.

Innovare, [illegible] neuern v. a., [illegible]

Innovazione, [illegible] die Neuerung [illegible]

Inobbedire, [illegible] v. n. comp., [illegible] v. a. comp., [illegible]

Inocchiare, [illegible] der [illegible] der [illegible]

Innumerabile, ag. unzählbar, unzählich, [illegible]

Innumerabilmente, av. unzählbarer Weise, ohne Zahl.

Innuvolare, mit Wolken [illegible] v. a. comp., [illegible]

Inobbediente, ag. ungehorsam.

Inobbedientemente, av. ungehorsamer Weise, ungehorsamlich, [illegible]

Inobbedienza, der Ungehorsam [illegible]

Inoffeso, ag. unbeschädigt, unbeleidigt, unverletzt.

Inoltre, av. weiter, ferner, überdieß.

Inombrare, beschatten v. a. comp. V. Adombrare.

Inondamento, die Ueberschwemmung, V. Inondazione.

Inondare, überschwemmen v. a. comp., [illegible] inondarsi, sich ergießen [illegible] [illegible] [illegible] ist vom Schmerze [illegible]

Inondazione, die Ueberschwemmung [illegible]

Inonestà, die Unehrbarkeit, Unanständigkeit, V. Disonestà.

Inonesto, ag. unehrbar, V. Disonesto.

Inonorato, ag. ungeehrt, V. Disonorato.

Inopia, der Mangel [illegible] die Armuth, die Dürftigkeit.

Inopinabile, ag. unvermuthlich, unglaublich, [illegible]

Inopinatamente, av. unvermutheter Weise, unvermuthlich.

Inopportunamente, av. ungelegener Weise, zur Unzeit, zur unbequemen Zeit.

Inopportunità, die Ungelegenheit, die ungelegene Zeit.

Inopportuno, ag. ungelegen.

Inordinatamente, av. unordentlicher Weise, verwirrt.

Inordinazione, die Unordentlichkeit, die Unordnung, die Verwirrung.

Inordinato, ag. unordentlich.

Inorgoglire } stolz, hochmüthig
Inorgoglire } werden, V. Insuperbire.

Inorpellamento, die Uebergoldung mit Rauschgold.

Inorpellare, mit falschem Golde vergolden v. a. comp. [illegible] [illegible] v. n. [illegible] [illegible]

Inorridire, schaudern, Grauen [illegible] [illegible] v. n. comp. [illegible] v. a. comp.

Inosservabile, ag. [illegible] man nicht wahrnehmen kann.

Inosservantemente, av. unachtsamer Weise.

Inosservanza, die Unachtsamkeit, die [illegible] die Uebertretung [illegible]

Inosservato, nicht bemerkt [illegible]

[illegible] übertreten v. tr. comp., (ist einen Befehl ec.)
Inosservato, part. ed ag. unvermerkt, unbemerkt.
Inprima, av. erstlich, allererst.
Inpronto, av. in pronto, bereit, fertig.
Inquanto, prep. betreffend, anlangend.
Inquietamente, av. unruhig, unruhiger Weise, nicht stille.
Inquietare, beunruhigen v. a. comp., Unruhe machen, stören, zu schaffen machen v. a.
Inquieto, ag. unruhig, bekümmert.
Inquietudine, die Unruhe pl. ec. die Bekümmerniß pl. ea ec. die Beunruhigung, die Sorge, der Kummer gen. s.
Inquirire, genau nachforschen, nachfragen, untersuchen v. a. comp. (term. crim.), peinlichen Prozeß anstellen v. a. comp.
Inquisito, sust. ein Verbrecher, ein Inquisit gen. et einer, der in der Inquisition ist.
Inquisito, part. da inquirire, nachgeforscht ec.
Inquisitore, ein fleißiger Nachforscher gen. s; ein geistlicher Richter wider Irrgläubige, die anderer Religion sind; gli Inquisitori di Stato in Venezia, sind vornehme obrigkeitliche Personen zu Venedig, welche über Staatsgeschäfte gesetzt sind.
Inquisizione, ein geistliches Gericht wider andere Religionen; it. weltliche, auch peinliche Untersuchung für ein peinliches Verhör gen. es, it. das Ketzergericht gen. s.
Inreconciliabile ec., unversöhnlich, v. Irreconciliabile ec.
Inremissibilità ec., die Unvergeblichkeit, v. Irremissibilità ec.
Inrefragabile, Inrefragabile, [illegible], [illegible], [illegible], [illegible], [illegible], [illegible], [illegible], [illegible], [illegible], [illegible], [illegible], [illegible], v. Irrecuperabile, Irrefragabile ec.
Insaccare, in den Sack stecken, in die Säcke füllen v. a., einsacken v. a. comp.

Insaccocciare, in die Tasche stecken v. a.
Insalata, der Salat gen. s.
Insalvatichire, wild werden v. n. auf. verwildern v. n. comp.
Insalubre, ag. ungesund, der Gesundheit schädlich.
Insalutato, ag. ungegrüßt.
Insanabile, ag. unheilbar, heillos.
Insanamente, av. unsinnig, unsinniger Weise, wahnsinniger Weise, unbesonnener Weise.
Insanguinare, blutig machen v. a., mit Blute beflecken, bespritzen v. a. comp.; prov. chi la spada [illegible] s'insanguina la [illegible], wer den Degen schleifet, der schneidet sich selbst.
Insania, die Unsinnigkeit, die Raserey pl. en.
Insanire, rasen v. n., unsinnig werden v. n. auf.
Insano, ag. unsinnig, rasend, närrisch, thöricht; it. non sano, ungesund.
Insapienza, die Unwissenheit.
Insaponare, einseifen v. a. comp., mit der Seife schmieren v. a.; fig. lusingare, schmeicheln v. n.
Insaponata, eine schaumichte Seife (zum Barbiren ec.).
Insaporare, einen Geschmack geben v. irr., schmackhaft machen v. a.
Insaziabile, ag. unersättlich.
Insaziabilità, ed insazietà, die Unersättlichkeit, die unersättliche Begierde.
Insaziabilmente, av. unersättlicher Weise.
Insciente, ag. [illegible] weiß.
Inscienza, die Unwissenheit.
Inscrivere, einschreiben, darauf schreiben, überschreiben v. a. irr. comp., die Aufschrift machen v. a.
Inscrizione, eine Ueberschrift, auch eine Grabschrift pl. en.
Inscrutabile, ag. unerforschlich.
Inscrutabilità, die Unerforschlichkeit.
Insecabile, ag. [illegible], was nicht zu zerschneiden ist.
Insegna, Bandiera, eine Fahne pl. n. (dem Feind ein Kriegszeichen der Soldaten); l'insegna d'una Osteria ec., das Zeichen gen. s. (eines Wirthshauses ec.); [illegible] Imperiali, die kaiserliche [illegible] pl. [illegible], das Schild gen. es, pl. er.
Insegnamento, die Unterweisung pl. en, die Lehre, oder Unterricht gen. s, pl. ohne.

Insegnare, lehren v. a. unterrichten v. a. comp. unterweisen v. ir. comp.; insegnare la strada, den Weg weisen v. ir.; insegnare a leggere, a scrivere ec., lesen, schreiben lehren v. a.

Insegnatore, der Lehrer, der Lehrmeister gen. s.

Inseguire, verfolgen, nachsetzen v. a. comp.

Insellarsi, sich im Sattel [illegible] v. r. comp.

Inselvatichire) wild werden v. aux.
Insalvatichire) [illegible] v. r. comp.

Insensataggine, ed insensatezza, die Dummheit, die Unvernunft, die Unempfindlichkeit pl. en, der Unverstand gen. es.

Insensatamente, av. unverständlich, sinnlos, unverständigerweise.

Insensato, ad. unsinnig, sinnlos, unverständig, [illegible] der Narr, ein Thor gen. en.

Insensibile, ad. unempfindlich; der nichts fühlt; fr. unbemerkt, unmerklich, ohne Gefühl.

Insensibilità, die Unempfindlichkeit, die Dummheit; die Unbeweglichkeit.

Insensibilmente, av. ohne Empfindung, unempfindlich; [illegible] nach und nach, unvermerkt.

Inseparabile, ad. unzertrennlich, was nicht abzusondern ist.

Inseparabilmente, av. unzertrennlicherweise.

Insepolto, ad. unbegraben.

Inserenarsi, sich aufheitern, aufklären v. rec. [illegible] comp. [illegible] heiter werden v. aux.

Inserire, [illegible] [illegible] v. [illegible] comp. [illegible] etwas in eine Schrift [illegible]; fr. [illegible] hineinstecken v. a. comp.; fr. einpfropfen, einrichten v. r. comp.; fr. einpfropfen v. a. comp.

Inserito, inserto, part. da inserire, [illegible].

Inserrare, einschließen v. ir. comp. [illegible] sich [illegible] v. ir. comp. [illegible] sich [illegible].

Inserto, V. Inserito.

Inservire, [illegible] dienen, zu etwas [illegible].

Insetto, das Ungeziefer, das Gewürm gen. s.

Insidia, die Hinterlist, die Nachstellung pl. en, der Hinterhalt gen. s.

Insidiante, ad. nachstellend, nachtrachtend, auflauernd.

Insidiare, nachstellen, nachtrachten v. a. comp., [illegible] v. a. comp.

Insidiatore, der Nachsteller, der Laurer, der Aufpasser gen. s.

Insidiosamente, av. hinterlistigerweise, heimtückischerweise; [illegible] heimlich.

Insidioso, ad. hinterlistig, betrüglich, nachstellend.

Insieme, av. zugleich, mit einander, zusammen.

Insiepare, umzäunen v. r. comp. mit einem Zaune umgeben v. ir. comp.

Insegna, der Baum gen. es, pl. [illegible] eine Decke.

Insigne, ad. vorzüglich, berühmt, berühmt, merkwürdig, wunderbar, [illegible].

Insignemente, av. auf eine vortreffliche, merkwürdige Weise. Insigno.

Insignificante, ad. nichts bedeutend.

Insignire, auszeichnen v. r. comp., vortrefflich machen v. r.; fr. beehren v. r. comp.

Insignito, part. ausgezeichnet, beehrt, ad. vortrefflich, berühmt.

Insignorirsi, zum Herrn werden v. aux., [illegible] padrone, sich bemeistern v. rec. r. comp.

Insinattantoche, av. solange bis.

Insinoattantoche, ad. [illegible], [illegible] [illegible] bis.

Insino, prep. bis, [illegible].

Insipido, av. [illegible], [illegible].

Insinuante, ad. einschmeichelnd, einschleichend.

Insinuare, gemächlich einbringen v. [illegible] [illegible] v. [illegible]; fr. einschmeicheln v. r. comp.; farsi [illegible] sich beliebt machen v. rec. [illegible].

Insinuarsi, sich [illegible] [illegible] [illegible] v. rec. [illegible], sich [illegible] v. [illegible]; fr. sich einschleichen v. [illegible] [illegible] [illegible] v. [illegible].

Insinuazione, das Einschleichen in die [illegible] [illegible], das Einschmeicheln gen. s.

Insipidamente, av. unschmackhaft, [illegible], [illegible] [illegible].

Insipidezza, insipidità, die Geschmacklosigkeit, die Unempfindlichkeit, [illegible] die [illegible] [illegible], das [illegible] Wesen gen. f.

Insipidire, den Geschmack verlieren v. n. [illegible], ungeschmackt, geschmacklos werden v. auf.

Insipido, ag. unschmackt, unschmackhaft, geschmacklos; met. unartig; [illegible] Schüler.

Insipiente, ag. unverständig, [illegible], dumm.

Insipienza, die Thorheit, die Unvernunft, die Unverständigkeit.

Insistenza, das Anhalten, das Drängen [illegible] gen. f., [illegible].

Insistere, anhalten v. n. comp., dringen v. n., bestehen v. n. comp. (auf etwas).

Insoave, ag. [illegible], unangenehm, unlieblich.

Insoavità, die Unlieblichkeit, die Unannehmlichkeit.

Insociabile, ag. ungesellig, unvertragbar, ungesellschaftlich.

Insofferente, ag. unerträglich, unleidlich.

Insofferenza, die Unmuth.

Insoffribile, ag. unerträglich, unausstehlich, unleidlich.

Insognarsi, träumen v. r., s. Sognare.

Insolente, ag. stolz, [illegible], unerträglich, [illegible], [illegible], [illegible] ungeschliffener Mensch gen. e pl. en.

Insolentemente, av. grob, [illegible], [illegible].

Insolentire, grob, vermessen, stolz, unverschämt, unerträglich werden v. auf.

Insolenza, die Frechheit, die Vermessenheit, die Unverschämtheit pl. en, das [illegible] Wesen gen. s, [illegible] die Frechheit, der Hochmuth, der Trotz gen. es.

Insolito, ag. [illegible], ungewöhnlich.

Insolubile, ag. unauflöslich.

Insolubilmente, av. unauflöslicher Weise.

Insomma, av. kurzum, mit einem Worte.

Insopportabile, ag. unerträglich, schwer [illegible], unleidlich.

Insordire, taub werden v. aus.

Insorgere, ad insorgere, [illegible] Empörer gen. s.

Insospettire, [illegible] v. n. comp., [illegible], [illegible] v. r. comp., sich [illegible], sich aufhalten v. [illegible].

Insormontabile, ag. was nicht überstiegen werden kann.

Insorto, part. da insorgere, entstanden [illegible].

Insospettire, argwöhnen v. r. comp., Verdacht haben v. aux., argwöhnisch [illegible], argwöhnische Gedanken haben v. auf.

Insospettito, part. argwöhnisch gemacht, [illegible] [illegible].

Insospettoso, ag. nicht verdächtig; dem man keinen Argwohn hat.

Insostanziale, ag. unwesentlich.

Insostenibile, ag. das kein Wesen hat; ag. unbeständig.

Insostenibile, ag. unerträglich; was man nicht behaupten kann.

Insozzare, besudeln, beschmutzen, beflecken v. r. comp., unflätig, schmutzig, [illegible] machen v. r.

Insoavire, [illegible], [illegible], [illegible] werden v. auf.

Insperatamente, av. unverhoffterweise.

Insperato, ag. unverhofft.

Inspessire, [illegible], [illegible], [illegible], [illegible] v. r. comp.

Inspettore, [illegible] v. r. [illegible] natürlich v. r.

Inspettore, der Aufseher, der Inspector gen. s.

Inspezione, die Aufsicht pl. en, das Aufsehen gen. s.

Inspirare, einflößen v. r. comp., eingeben, einblasen v. n. comp., ins Herz bringen v. r.

Inspiratore, der Eingeber, der Lehrer, [illegible], einbläst, ins Herz bringt.

Inspirazione, das Eingeben gen. s, die Einflößung, die göttliche und menschliche Eingebung pl. en.

Inspiritato, ag. vom Teufel besessen; [illegible] ein Besessner gen. s pl. n.

Instabile, ag. unbeständig, veränderlich.

Instabilità, die Unbeständigkeit, die Unbeständigkeit der Gesinnung [illegible].

Instabilmente, av. unbeständiger, veränderlicherweise.

Installare, in den Stall führen v. r. [illegible], in ein Amt einsetzen v. r. comp.

Installazione, der [illegible] in ein Amt, eine [illegible] gen. [illegible].

Insaziabile, *ag.* unersättlich.
Insaziabilmente, *av.* unersättlicher Weise.
Insensatamente, *av.* } unsinnig, thörichter Weise.
Insensato, *ag.* } [illegible]
Inscanza, der Augenblick *gen.* [illegible] *pl.* [illegible], eine kurze Zeit; in quello instante, diesen Augenblick; alle volte alle parti [illegible] instante, [illegible] cosa [illegible], anhaltend, dringend.
Instantemente, *av.* inständig, eifrig, [illegible], mit vielem Anhalten.
Instanza, *sf.* Istanza, das Anhalten, das Ansuchen *gen.* [illegible] *pl.* [illegible] procedura, eine [illegible] Ansuchen zu [illegible], die Klage *pl.* *n.*
Instare, anhalten *v. n. comp.*, [illegible] *v. n. comp.*, instandig bitten *v. n.*
Instigare, antreiben *v. a. comp.*, anreizen, verhetzen, verführen *v. a.*
Instigatore, der Antreiber, der Verführer, der Aufwiegler *gen.* *s.*
Instigazione, *sf.* Instigamento, der Antrieb *gen.* *s.*, die Anreizung, die [illegible], die Aufwieglung *pl.* *en.*
Instillare, einflößen, eintröpfeln *v. a. comp.*; *fig.* allmählig beibringen *v. a. comp.*
Instinto, *sf.* Istinto, der natürliche Trieb, der Instinct *gen.* *s.*, die [illegible]
Instituire, aufrichten *v. a. comp.*, stiften *v. a.*, einsetzen, anordnen, verordnen *v. a. comp.*; *fig.* unterrichten, anführen *v. a. comp.*; instituire erede, zum Erben einsetzen *v. a. comp.*
Instituto, *sm.* eine angeordnete Lebensweise, *pl.* [illegible], die Stiftung *pl.* *en.*
Institutore, der Stifter, der Einsetzer, der Anordner *gen.* *s.*, der aufrichtet, stiftet [illegible]
Instituzione, die Stiftung, die Einsetzung, die Anordnung [illegible], die Unterrichtung *pl.* *en.*
Instolidire, dumm werden, einfältig werden *v. aus.*
Instruire, unterrichten *v. a. comp.*, lehren *v. a.*, [illegible] *v. a. comp.*, [illegible] *v. a.*, Nachricht geben *v. ir.*, berichten, [illegible] *v. a. comp.*, instruire un processo, einen Proceß einrichten, [illegible] *v. a. comp.*
Instrumentale, *ag.* zum Werkzeuge dienend; in der Philosophie: bewirkend, vermittelst [illegible] etwas geschieht oder wird.

Instrumento, per Istromento, das Werkzeug *gen.* *s.*, das Gezeug *gen.* *s.*, *pl.* [illegible] (musicale), das Instrument (legale), eine gerichtliche, eine schriftliche Urkunde [illegible], ein gerichtlicher Beweis *gen.* *es*, *pl.* *e*; per documento, die Urkunde *pl.* *n.*
Instruttivamente, *av.* auf eine lehrreiche Art.
Instruttivo, *ag.* lehrend, unterweisend, Nachricht gebend.
Instrutto, *part.* da instruire, unterrichtet *u.*
Instruttore, der Lehrer *gen.* *s.*
Instruzione, die Lehre *pl.* *n.*, die Unterweisung *pl.* *en*, die Regel *pl.* *n.*, die Abrichtung *pl.* *en*, der Bericht *gen.* *s.*, *pl.* *e*, der Unterricht *gen.* *s.* *u.* die Anweisung *pl.* *en.*
Instupidire, erdummen, *s.* Stupidire.
In su, *av.* aufwärts, hinauf.
In su, *prep.* auf, gegen; egli venne in sul desinare, er kam auf die Mahlzeit; in sul mezzo giorno, gegen Mittag.
Insubre, *sust. pers.* aus der Lombardey gebürtig, ein Lombarder *gen.* *s.*
Insubria, die Lombardey.
Insudiciare, Insudiciare, beschmutzen, besudeln *v. a. comp.*, schmutzig machen *v. a.*
Insufficiente, *ag.* unzulänglich, nicht hinreichend; *av.* unfähig, untüchtig.
Insufficientemente, *av.* unzulänglicher Weise, *s.* Insufficiente.
Insufficienza, die Unfähigkeit, die Untüchtigkeit, die Unzulänglichkeit, die Unzulänglichkeit.
Insulsamente, *av.* abgeschmackterweise, [illegible]
Insulso, *ag.* abgeschmackt, ungeschmackt, [illegible]
Insultare, einen gewaltthätig anfallen *v. ir. comp.*, schimpfen, höhnen, trotzen *v. a.*, mit Worten beleidigen, auch beschimpfen *v. a. comp.*
Insultatore, ein Spötter *gen.* *s.*, der einen gewaltthätig anfällt, schimpft, mit Worten beleidigt, auch beschimpft.
Insulto, die Schmach, der Anfall *gen.* *s.*, die [illegible], die Mißhandlung *pl.* *en*, ein unvermutheter Anfall *gen.* *s.*, *pl.* [illegible], ein gewaltthätiger Angriff *gen.* *s.*, *pl.* *e*, der Schimpf *gen.* *s.*

[illegible]

Insuperabile, ag. unüberwindlich, unübersteiglich, als Schwierigkeiten, etwas zu thun.

Insuperbire, hochmüthig, stolz machen v. r.

Insuperbirsi, sich brüsten v. rec. r., stolz, hochmüthig, hoffärtig werden v. rec.

Insuperbito, par. gebrüstet, stolz, hochmüthig, hoffärtig, geworden.

Insurrezione, die Empörung, die Widersetzlichkeit pl. en.

[illegible], s. [illegible].

Intatto, [illegible], ganz, unberührt.

[illegible], ag. was nicht befestigen kann, ohne Beständigkeit, [illegible].

[illegible], der Unverstand gen. s, die Unbeständigkeit.

Intaccare, einkerben v. r. comp. [illegible], verletzen, beschädigen v. r. comp. it. anfallen, angreifen v. ir. comp. [illegible] beflecken v. r. comp. Schaden v. r. [illegible] an einem kleinen Einschnitt wohin machen v. r.

Intaccatura, die Einkerbung, die Verstümmelung, die Verletzung pl. en. it. der Einschnitt gen. es.

Intacco, der Einschnitt gen. es, pl. e, it. das Hineinhauen gen. s, der Angriff gen. s, pl. e, der Abzug gen. s, pl. [illegible] der Schaden gen. s, pl. [illegible] per [illegible] certo debito, eine [illegible] gemachte Schuld pl. en.

Intagliamento, die Einschneidung pl. en, it. der Einschnitt gen. s, pl. e.

Intagliare, einschneiden v. ir. comp., eine Öffnung, eine Fuge, eine Kerbe in etwas machen v. r.

Intagliatore, der Bildhauer, der Schnitzler, der Formschneider gen. s.

Intagliatura, das Ausschneiden gen. s, die Schnitzarbeit.

Intaglio, die Schnitzarbeit, die Bildhauerarbeit, pl. en. eine Fuge, eine Kerbe, ein Einschnitt im Holzwerk, Stein etc.

Intanarsi, sich in die Lager oder Höhle verstecken v. rec. r. comp. (von den wilden Thieren) [illegible] sich verbergen v. rec. ir.

Intanto, av. unterdessen, inzwischen, in so lange, so sehr.

Intanto che, conj. unterdessen daß, bis daß.

Intanto, come, [illegible], conj. so viel, als.

Intarlamento, das Wurmstichigwerden gen. s.

Intarlare, wurmstichig werden v. aux.

Intarsiare, eingelegte Arbeit machen v. r. it. mit hölzernen [illegible] auslegen v. r. comp.

Intascare, in die Tasche stecken v. r.

Intatto, ag. unberührt, unverletzt, unversehrt, una vergine intatta, eine reine Jungfrau.

Intavolare (una lite), einen Proceß bey Gericht anhängig machen v. r. ([illegible]), einen Vergleich auf das Tapet bringen v. r. (un negozio), einen Handel in Richtigkeit bringen v. r., ein Geschäft betreiben v. ir. comp.

Intavolato, par. [illegible] anhängig gemacht, it.

Intavolatura, das Täfelwerk, das Dielwerk, das Tafelwerk gen. s, pl. e. it. das Vortragen einer Sache.

[illegible], in die Ziegel [illegible] v. r.

Integerrimo, sup. sehr gerecht, sehr rechtschaffen, aufrichtig, redlich.

Integrale, ag. was das Ganze ausmacht, le parti integrali, die zum Ganzen gehörigen Theile.

Integrità, die Redlichkeit, die Aufrichtigkeit, die Rechtschaffenheit, die Unschuld pl. en. it. die Vollkommenheit, die Ganzheit, die Richtigkeit pl. en.

Intelaiare, an die Rähmen [illegible], auf den Weberstuhl bringen v. r., s. Incorniciare.

[illegible], ag. verständig, vernünftig.

Intelletto, der Verstand gen. es, die Vernunft (nur bey den Philosophen gebräuchlich) it. der Begriff gen. s, die Kenntniß, das Begreifungsvermögen.

Intellettuale, ag. was zum Verstande gehört, verständig, [illegible], le potenze intellettuali, der natürliche Verstand gen. s.

Intellettualità, das Wissen, der Verstand gen. s, das Vermögen zu verstehen.

Intelligentemente, av. durch den Verstand, [illegible] verständigerweise.

Intelligenza, der Verstand, [illegible] Verstandes.

Intelligibilmente, av. verständlicherweise, begreiflich, s. [illegible].

Intelligenze, die verständigen Wesen.

gen. s, ein mit Verstande begabtes Wesen; *it.* der Verstand *gen.* s, die Wissenschaft, die Kenntniß von Sachen; *it.* das Einverständniß mit andern; *it.* das gute Vernehmen *gen.* s.

Intelligibile, *ag.* verständlich, begreiflich, deutlich.

Intelligibilmente, *av.* verständlicherweise, deutlicherweise.

Intemerata, eine verwirrte Weitläuftigkeit *pl.* en, eine verdrießliche langweilige Sache *pl.* n; *it.* der Umschweif *gen.* s, *pl.* e, die Ränke *pl.* fare una intemerata ad uno, jemanden einen Verweis geben *v. ir.*

Intemperante, *ag.* unmäßig im Essen und Trinken.

Intemperatamente, *av.* unmäßiglich, übermäßig.

Intemperanza, die Unmäßigkeit im Essen und Trinken.

Intemperie, die Heftigkeit, das Ungestüm *gen.* es, gar zu große Hitze oder Kälte; le intemperie dell'aria, della stagione, die rauhe Witterung.

Intempestivamente, *av.* zur Unzeit, unzeitig, ungelegen.

Intempestivo, *ag.* ungelegen, unzeitig.

Intendente, *sust.* ein Oberaufseher *gen.* s, ein Commissarius.

Intendente, *ag.* klug, verständig, *V.* Intelligente.

Intendenza, das Oberaufseheramt *gen.* s, das Amt des Oberaufsehers; la suprema Intendenza commerziale, das Oberaufseheramt über die Handlung; *per* intendimento, der Verstand *gen.* es, *V.* Intendimento.

Intendere, *per* udire, hören *v. r.*; *per* capire, verstehen, begreifen *v. ir. comp.*; *per* essere di sentimento, gesonnen seyn, der Meynung seyn *v. auf.*; *per* intendersene, aver cognizione, Kenntniß haben *v. auf.*; *per* intendersela insieme, mit einander einig seyn; *per* venire in cognizione, erfahren *v. ir. comp.*; questo s'intende, das versteht sich.

Intendevole, *ag.* klar, deutlich, verständlich.

Intendevolmente, *av.* verständlich, *V.* Intendevole.

Intendimento, der Verstand *gen.* es, die Beurtheilungskraft; *it.* die Kenntniß.

Intenditore, ein Verständiger, ein Erfahrner *gen.* s, der sich auf etwas versteht.

Intenebramento, die Dunkelheit, die Verfinsterung, die Verdunkelung *pl.* en.

Intenebrare, verdunkeln *v. r. comp.*, dunkel, finster machen *v. r.*; intenebrire, dunkel werden *v. auf.*

Intenerire, mild, weich, gelinde machen *v. r.*; *per* render sensibile l'animo, zum Mitleiden bewegen *v. ir. comp.*, rühren *v. r.*, erweichen *v. r. comp.*

Intenerirsi, mild werden; *met.* zum Mitleiden bewogen, *ed* anche, bewegt, gerührt werden *v. auf.*

Intenerito, *part.* da intenerire, mild, weich, gelinde geworden; *fig.* zum Mitleiden bewegt, *ed* anche, bewogen.

Intensamente, *av.* heftig, lebhaft, sehr.

Intensione, das Spannen der Nerven.

Intenso, *per* teso, gespannt; *per* vivo ec., heftig, lebhaft, kräftig, gewaltig, durchdringend.

Intentamente, *av.* aufmerksam, genau.

Intentare, versuchen *v. r. comp.*, sich bemühen *v. rec. r. comp.*; intentare una lite, einen Proceß anfangen *v. ir. comp.*

Intento, *ag.* aufmerksam, beflissen, bereit.

Intento, *sust.* das Vorhaben, die Absicht, das Absehen, das Verlangen *gen.* s.

Intenzionale, *ag.* was in der Absicht, oder Gedanken besteht.

Intenzionalmente, *av.* der innern Absicht nach.

Intenzionare, im Sinne haben *v. auf.*

Intenzione, das Vorhaben, der Anschlag *gen.* s, *pl.* (Anschläge), die Meynung, die Absicht *pl.* en.

Intepidire, *ed* intiepidire, faul, träge, laulicht, nachläßig werden *v. auf.*

Interame, das ganze Eingeweide, Gedärme, Geschlinge eines Thieres.

Interamente, *av.* gänzlich, völlig, vollkommentlich, ganz und gar.

Intero, *ag.* starr, steif.

Intercalare, (verbo) einschalten *v. r. comp.*; *ag.* l'anno intercalare, das Schaltjahr *gen.* es.

Intercedere, vorbitten *v. ir. comp.*, für einen bitten *v. ir.*, eine Fürbitte einlegen *v. r. comp.*

Intercessore, der Fürbitter, der Fürsprecher *gen.* s.

Interceptione, der Vorbitte.

Intercesseur, der Fürbitter *gen.* s, *pl.* Intercessore.

Intercepter, auffangen *v. tr. comp.* (als Briefe 2c.)

Interception, das Auffangen *gen.* s, (als der Briefe, der Strahlen, der Lebensgeister 2c., im Gebrauche der [illegible])

Interchangeable, [illegible] verschwenderisch [illegible]

Intercidence, [illegible] Stücken schmelzen [illegible] durchschneiden [illegible], abtheilen [illegible] verbieten [illegible]

Intercolumnium, das Säulenweite, zwischen Weite [illegible] an einem fest.

Intercommunication, zwischen [illegible] und andern [illegible]

Interdiction, *subst.* das Verbot [illegible] die Untersagung (eines [illegible] der geistlichen Verrichtungen 2c.) [illegible] verbieten, [illegible]

Interdire, verbieten *v. tr. comp.*, untersagen *v. a. comp.*

Interdiction, das Verbot *gen.* s, die Untersagung.

Intéressant, *adj.* wichtig, erheblich, daran etwas gelegen ist.

Intéressement, der Antheil *gen.* s.

Intéresser, einen [illegible] einnehmen *v. tr. comp.*, mit seinem Gelde [illegible] *v. r.*, [illegible] einen Handel geben *v. tr.*, Antheil haben [illegible]

Interessant, Antheil haben [illegible] [illegible] annehmen [illegible] sich [illegible] annehmen [illegible] sich [illegible]

Intérêt, [illegible] Antheil [illegible] auf eine [illegible]

Interfolier, *adv.* [illegible] [illegible] *pl.* [illegible] habend.

Intérieur, der Nutzen [illegible] *pl.* [illegible] die [illegible]

Interjection, das Zwischenwort *gen.* s,

pl. [illegible] das eine Gemüthsbewegung anzeigt.

Interim, *adv.* zur Zeit.

Interimistisch, *adv.* [illegible]

Interjectus (lat.), das Dazwischengeworfene, das Zwischen [illegible]

Intérieur, *adj.* innere, innerlich; *subst.* das Innere *gen.* [illegible] der innere Theil [illegible] *pl.* [illegible]

Interlocutoire, [illegible]

Interlocuteur, der in einem Gespräche [illegible] redend eingeführt wird [illegible] [illegible]

Interlocutoire [illegible] interlocutoire, der Nebenbescheid [illegible] *pl.* [illegible]

Interlocution, das Gespräch *gen.* s, *pl.* [illegible] die Unterredung [illegible]

Intermède, das Zwischenspiel in der Comödie [illegible]

Intermettre, aufhören [illegible] nachlassen, unterbrechen, [illegible]

Intermission, *subst.* die Zwischenzeit [illegible] das Unterbrechen [illegible] in der Comödie [illegible] was in der Zeit zwischen zween Aufzügen [illegible] vorgestellet wird, gespielet.

Intermittent [illegible] *adj.* unterbrechend, aussetzend.

Intermission, der Nachlaß *gen.* [illegible] das Nachlassen [illegible] das Aufhören auf eine Zeitlang.

Intermittente, *adj.* abwechselnd, nachlassend [illegible] fièvre intermittente, das Wechselfieber *gen.* s.

Internationale [illegible] unterrechtlich [illegible]

Interner, hineindringen [illegible] *comp.* [illegible] *v.* [illegible] (mit dem [illegible]) [illegible] *comp.*

Interne, *adj.* innerlich, inwendig.

Interne, *subst.* das Innere, das Inwendige *gen.* [illegible] *pl.* [illegible] der innere Zustand [illegible] (Zustand), das innere Wesen [illegible] mein Gewissen *gen.* [illegible]

Internonce, ein außerordentlicher Abgesandter des Pabsts.

Intero, *adj.* ganz [illegible], völlig [illegible] *subst.* [illegible] valla intero, der Hengst *gen.* es, *pl.* e.

Interpellare, gerichtlich belangen *v. r. comp.*

Interpellazione, der gerichtliche Befehl *gen.* s, *pl.* e, die gerichtliche Belangung *pl.* en (in gewissen Zeiten zu antworten).

Interpolatamente, *av.* absatzweise, zuweilen, von Zeit zu Zeit, unterbrochenerweise.

Interponimento, Interposizione, das Dazwischenkommen, das Dazwischenlegen *gen.* s; (in Streitsachen); *it.* die Vermittelung *pl.* en.

Interporre, dazwischensetzen, legen, stellen *v. r. comp.*; interporsi per alcuno, für jemanden sich ins Mittel schlagen *v. rec. ir.*

Interpositore, der Vermittler *gen.* s; einer der sich ins Mittel schlägt.

Interposto, *part.* da interporre, vermittelt, ins Mittel geschlagen *it.* per interposta persona, eine Mittelsperson *pl.* en.

Interpretamento, die Auslegung, die Erklärung *pl.* en.

Interpretare, auslegen, erklären *v. r. comp.*; *it.* dollmetschen *v. r. comp.*

Interpretativo, *ag.* was auszulegen ist, was zu erklären ist.

Interpretazione, die Auslegung, die Erklärung *pl.* en.

Interpretatore, **Interprete**, der Ausleger, der Erklärer; *it.* der Dollmetscher *gen.* s.

Interpunzione, die Abtheilung einer Schrift durch Punkte, die Interpunction.

Interrare, beerdigen *v. r. comp.*, begraben, in die Erde vergraben *v. ir. comp.*

Interregno, die Zwischenregierung, das Zwischenreich *gen.* s, (zwischen dem Tode des einen, und dem Eintritte des andern Regenten).

Interrogare, fragen *v. r.*, untersuchen *v. r. comp.*

Interrogativamente, *av.* frageweise.

Interrogativo, *ag.* zum Fragen gehörig; il punto interrogativo; das Fragezeichen *gen.* s.

Interrogatore, einer der fragt, untersucht.

Interrogatorio, *sost.* eine gerichtliche Frage *pl.* n, ein Fragepunkt *gen.* s, *ag.* V. Interrogativo.

Interrogazione, die Frage *pl.* n.

Interrompere, abbrechen *v. ir.*, (im Reden und andern Thun); *it.* etwas aussetzen *v. r. comp.*, auf eine Zeit lang unterlassen *v. ir. comp.*; *it.* einen hindern *v. r.*, von etwas abhalten *v. ir. comp.*, interrompere il discorso di alcuno, einem in die Rede fallen *v. ir.*

Interrompimento, die Unterbrechung *pl.* en.

Interrottamente, *av.* unterbrochenerweise.

Interruzione, das Abbrechen, das Unterbrechen *gen.* s, (im Reden und andern Thun).

Intersecare, durchschneiden *v. ir. comp.*

Intersecazione, der Durchschnitt *gen.* es, *pl.* e.

Interstizio, der Zwischenraum *gen.* s, die Zeit zwischen zwo andern bestimmten Zeiten; *pl.* gli interstizj, die Zwischenjahrszeit.

Intervallo, der Zwischenraum *gen.* s, die Frist, die Zwischenzeit *pl.* en; *it.* die Währung, die Dauer eines gewissen Zieles bis zu einem andern.

Intervenimento, der Zufall *gen.* s, *pl.* (Zufälle), die Begebenheit *pl.* en; *it.* die Dazwischenkunft.

Intervenire, darzwischen kommen *v. ir.*; *it.* mit beywohnen *v. r. comp.*; per: accadere, sich ereignen *v. rec. r. comp.*, sich zutragen *v. rec. ir. comp.*

Intervento, **Intervenzione**, die Darzwischenkunft, die Darzukunft, die Beywohnung *pl.* en.

Intesamente, *av.* verstandenermaßen, aufmerksam.

Intestiato, *ag.* halsstarrig, eigensinnig, dickköpfig; *it.* zornig.

Inteso, *part.* da intendere, verstanden; *ag.* per: intento, aufmerksam.

Intessere, untermachen, einweben, einwirken, einflechten *v. r. comp.*

Intestare, seinen Kopf aufsetzen *v. r. comp.*, intestar bene una lettera, den Eingang eines Briefes wohl einrichten *v. r. comp.*

Intestarsi, sich in den Kopf setzen *v. rec. r.*, ins Gedächtniß prägen *v. r.*

Intestato, *part.* da intestare, in den Kopf gesetzt, geprägt *ag.* dickköpfig, halsstarrig geworden *av.* ohne Testament, morire ab intestato, ohne Testament sterben *v. ir.*

Intestino, ed intestini, das Eingeweide

de; das Darangeben, pl. [illegible]
Intestino, ag. innerlich, [illegible] ein innerlicher Krieg gen. [illegible]
Intepidire) laulicht werden v. aus. [illegible]
Intepidire) re. tepor, laul seyn oder werden v. aus. [illegible] im Eifer nachlassen v. re. comp., essere intepidito in amore, in der Liebe erkaltet seyn v. aus.
Interamente av., V. Interamente.
Intignere, eintunken v. re. comp., V. Intingere.
Intimamente, av. auf das vertrauteste, auf das innigste, auf das herzinniglichste.
Intimare, gerichtlich andeuten, ankündigen v. re. comp., im Namen andeter zu wissen thun v. re.
Intimato, part. gerichtlich angedeutet, angekündiget, zu wissen gethan.
Intimazione, die gerichtliche Ankündigung, die Verkündigung pl. en.
Intimidire, ed Intimorire, furchtsam machen, einen Schrecken einjagen, einen erschrecken v. re. comp., furchtsam machen v. re. intimidirsi, intimorirsi, furchtsam werden v. aus.
Intimo, sm. der Vertraute gen. en pl. n.
Intimo, ag. intim, vertraut, innigst, besonders: intimo amore, die innigste Liebe; intime lagrime, die bittersten Thränen; intimi mali, die Hauptbeschwerde; dall' intimo del mio cuore, vom Grunde meines Herzens.
Intingere, eintunken, eintauchen v. re. comp.
Intingolo, eine Tunke oder Brühe zum eintunken, eine Tunke, eine wohlschmeckende Speise.
Intirizzamento, ed intirizzimento, die Erstarrung, die Erstarrung (von Kälte).
Intirizzire, ed intirizzire, erstarren v. re. comp., steif werden v. aus. (vor Kälte).
Intitolato, ag. betitelt, [illegible] der Titel [illegible].
Intitolare, [illegible] werden v. aus.
Intitolazione, die Betitelung pl. en, der Titel gen. s.
Intitolare, betiteln v. re. comp., einen Titel geben v. re. [illegible], benennen v. re. comp.
Intitolato, part. ed ag. betitelt, benennt.
Intolleranza, [illegible], die Un[illegible]
[illegible] die Unerträglichkeit pl. en.
Intollerabile, ag. unerträglich, unleidlich.
Intollerabilmente, av. unerträglicher Weise.
Intollerante, ag. ungeduldig, unerträglich, unleidlich, intolerant.
Intolleranza, die Unerträglichkeit, die Ungeduld, die Intoleranz.
Intonacare, übertünchen v. re. comp.
Intonacatura, die Uebertünchung pl. en.
Intonare, ed intuonare, anstimmen v. re. comp., ein Gesang oder anstimmen v. re. comp.
Intonatore, der Vorsänger gen. s, der anstimmt.
Intonazione) die Anstimmung pl. en,
Intuonazione) das Anstimmen, das Vorsingen gen. s.
Intoppamento, das Hinderniß pl. e, der Anstoß gen. es, pl. (Anstöße).
Intoppare, anstoßen v. re. comp., hineinstoßen, antreffen v. re. comp.
Intoppare in alcuno, einen von ungefähr antreffen v. re. comp., auf einen stoßen v. re.
Intoppo, der Anstoß gen. es, pl. (Anstöße), die Hinderniß pl. e.
Intorbidamento, das Trüben, das Trübmachen gen. s, pl. die Beunruhigung.
Intorbidare, trüben, trübe machen v. re. fig. beunruhigen, verwirren v. re. comp., Schwierigkeiten machen v. re. il tempo s'intorbida, es wird dunkel.
Intorbidazione, das Trüben gen. s, V. Intorbidamento.
Intorbidire, trübe werden; met. finster, dunkel werden v. aus.
Intormentimento, die Umgebung pl. en, das Umgeben, das Umzingeln gen. s.
Intorniare, umgeben v. re. comp., umzingeln v. re. comp., it. rund herum einschließen v. re. comp.
Intorno, prep. um, herum, bey.
Intorno, av. herum, rund herum; d'ogni intorno, rings herum, rund herum, von allen Seiten; intorno intorno, um und um; là intorno, da herum, in derselben Gegend.
Intorpidire, einschläfern v. re. comp., starr, faul, träge am Gemüthe und Leibe seyn v. aus.
Intozzare, klein, kurz und dick werden v. aus.

Intra, zwischen, *V.* Fra, Tra.

Intradue, stare intradue, *fig.* zweifelhaft seyn *v. auf.*

Intralasciare ec., unterlassen. *V.* Tralasciare ec.

Intralciamento, das Einflechten *gen.* s, die Einflechtung, die Verwickelung *pl.* en; *met.* die Verhinderung, die Verwirrung *pl.* en.

Intralciare, zusammenflechten, verflechten *v. ir. comp.*; *met.* verhindern, verwirren *v. r. comp.*

Intramessa, das Dazwischenlegen *gen.* s; *it.* die Vermittelung *pl.* en, der Verband *gen.* s.

Intramettere, dazwischensetzen *v. r. comp.*, mit einschieben *v. ir. comp.*, einmengen *v. r. comp.*, *V.* Frapporre.

Intramettersi in una cosa, sich mit einer Sache bemengen *v. rec. r. comp.*, sich drein mengen *v. r.*, damit abgeben *v. ir.*

Intrante, *ag.* eingehend, eintretend.

Intraporre, dazwischen legen, setzen *v. comp.*

Intraporsi, sich ins Mittel schlagen *v. rec. r.*, sich drein legen *v. rec. r.*

Intraprendente, *sust.* einer, der alles unternimmt; *ag.* unternehmend, beherzt im Unternehmen.

Intraprendere, unternehmen *v. ir. comp.*; *it.* sich unterfangen *v. rec. ir. comp.*

Intraprendimento, die Unternehmung; *it.* das Unterfangen *gen.* s.

Intrapren Ditore, ein Unternehmer *gen.*

Intraprensore } s; der unternimmt

Intrapresa, eine Unternehmung *pl.* en, das Unternehmen *gen.* s.

Intrare ec., hineingehen, *V.* Entrare.

Intrattabile, *ag.* hoffärtig, wild, unbändig, störrisch, mürrisch; *it.* mit dem man nicht umgehen kann.

Intrattenere, aufhalten *v. ir. comp.*, verzögern *v. r. comp.*, *V.* Trattenere.

Intrattenersi, sich aufhalten *v. rec. ir. comp.*, sich verweilen *v. rec. r. comp.*, *V.* Trattenersi.

Intrattenimento, der Aufenthalt *gen.* s, die Verzögerung *pl.* en, *V.* Trattenimento.

Intrecciamento, ed intrecciatura, das Flechten, das Einflechten, das Durchflechten, das Zusammenflechten *gen.* s; *it.* was zusammen geflochten ist.

Intrecciare, in einander flechten, durchflechten, einflechten *v. ir. comp.*; *it.* etwas mit einbringen, einmengen *v. r. comp.*

Intrepidamente, *av.* unerschrocken, kühnlich, unerschrockenerweise.

Intrepidezza } die Unerschrockenheit, die

Intrepidità } Herzhaftigkeit *pl.* en, das unerschrockene Wesen *gen.* s; *met.* die Standhaftigkeit, die Kühnheit *pl.* en.

Intrepido, *ag.* unerschrocken, beherzt; *met.* standhaft, kühn.

Intricare, verwirren *v. r. comp.*, (einen Handel), verwirrte Händel anfangen *v. ir. comp.*

Intrigamento, die Verwickelung, die Verwirrung *pl.* en, *met.* der verwirrte Handel *gen.* s, *pl.* (Händel).

Intrigante, *ag.* uomo intrigante, ein Mensch, der mit List, mit Arglist, mit heimlichen Händeln umgeht.

Intrigare, verwirren, verwickeln *v. r. comp.*; *met.* einflechten *v. ir. comp.*; *it.* in Verlegenheit setzen *v. r.*; *it.* verwirrt machen *v. r.*

Intrigarsi, sich in einen Handel einlassen *v. rec. ir. comp.*, sich in verwirrte Händel mengen *v. rec. r.*

Intrigatamente, *av.* intrigantemente; *it.* verwirrt, verworren.

Intrigatore, der Verwirrer *gen.* s, der verwirrte Händel anfängt.

Intrigo, ein verwirrter, seltsamer, heimlicher Handel, oder Anschlag *gen.* s, *pl.* (Händel), (Anschläge), ein listiger Streich *gen.* s, *pl.* e; *it.* intrigo amoroso, eine Liebesverständniß *pl.* e; gente che vive d' intrighi, Leute, die von List und Ränken leben.

Intrinsecamente, *av.* innerlich, innerst.

Intrinsecarsi, sich gemein machen *v. rec. r.*; *it.* Vertraulichkeit hegen *v. r.*

Intrinsechezza, ed intrinsichezza, die vertraute Freundschaft *pl.* en, die Vertraulichkeit.

Intrinseco, ed intrinsico, *sust.* das innere Wesen *gen.* s; *ag.* innigst, innerst, innerlich; *it.* vertraut; nell' intrinseco del cuore, im Grund des Herzens.

Intriso, *ag.* angefeuchtet, eingerührt, angemacht; *sust.* der angemachte Teig zum Backen, das Eingerührte *gen.* s *pl.* e.

Intristire, od intristire, lasterhaft, [illegible] werden, schlecht werden v. auf.

Introducimento, das Hineinführen, [illegible] die Aufführung, die Einleitung pl. en.

Introdurre, einführen, hineinführen, Zutritt verschaffen v. r. comp., [illegible] gebeh v. ir., im Gang bringen v. r.

Introdursi, sich Zutritt verschaffen v. r. comp.; introdursi [illegible], sich [illegible] v. rec. ir. comp.

Introduttore, der Vorgänger, der Einführer gen. s, der Hineinführer.

Introduzione di un discorso, der Eingang einer Rede, v. introducimento.

Introito della Messa, der Anfang, die Anfangsworte der Messe; [illegible] di un discorso, der Eingang einer Rede.

Intromissione, die Hineinlassung, die Hineinsetzung, die Einschiebung, die Zulassung pl. en.

Intromesso, subst. das Zwischengericht gen. s. part. da intromettere, eingeschoben rc.

Intromettere, einlassen, zulassen v. ir. comp., intromettersi, sich einlassen v. rec. r. comp.

Intronamento, die Betäubung pl. en; it. der Lärm gen. es, das heftige Getöse.

Intronare, durch ein heftiges Getöse die Ohren betäuben v. r. comp.; it. den Kopf [illegible] machen v. r. (wie Trompeten, Lärmen rc.)

Intronizzare, auf den Thron setzen, zum Könige machen v. r.

Intronizzazione, die Krönung eines Königs.

Intrudere, hineinstoßen v. ir. comp., mit Gewalt einführen v. r. comp., [illegible] v. ir. comp. (in einen Orden).

Intrudersi, sich eindringen v. rec. ir. comp.

Intrusione, das Eindringen in einen [illegible] ohne rechten Beruf; it. das Eindringen gen. s.

Intruso, ag. eingeschoben, eingedrungen.

Invadere, anfallen, anfassen, überfallen, einnehmen v. ir. comp.

Invaghimento, die Verliebung, die Neigung nach etwas.

Invaghire, verliebt, begierig machen v. r., einnehmen v. ir. comp.; Liebe, Lust, Begierde erwecken v. r. comp.

Invaghirsi, sich verlieben v. rec. r. comp., eingenommen seyn v. aux.; invaghirsi di una cosa, zu etwas Lust, Begierde haben v. aux.; [illegible] aspirare a q. c., sich nach etwas sehnen v. rec. r.

Invaghito, ag. verliebt, eingenommen, Liebe, Lust, Begierde erweckt.

Invalidamente, av. unkräftigerweise, ohne Nachdruck, ungültig, unkräftig.

Invalidare, entkräften, kraftlos, ungültig machen v. r.

Invalidità, die Nichtigkeit, die Ungültigkeit pl. en.

Invalido, subst. ein Invalid gen. s, ein abgelebter Soldat gen. en, plur. [illegible] Korpus, ein Krüppel gen. s.

Invalido, ag. ungültig, nichtig, unvermögend, kraftlos, [illegible], alt, verwundet, zum Krüppel gemacht.

Invanire, ein eitler Mensch werden, hochmüthig werden v. aux., verschwinden, vergehen v. ir. comp., zu nichte werden v. r.

Invano, av. vergebens.

Invariabile, ag. unveränderlich.

Invariabilità, die Unveränderlichkeit pl. en.

Invariabilmente, av. unveränderlicherweise.

Invasamento, der Besitz gen. es, v. invasione.

Invasare, etwas fest ins Gedächtniß einprägen v. r. comp.; invasarsi, von etwas eingenommen werden v. aux.; it. außer sich seyn, den Verstand verloren haben v. aux.

Invasato, ag. e part. dal Demonio, vom Teufel besessen; invasato nel sonno, im tiefen Schlafe liegend; invasato dell'amore, von Liebe eingenommen.

Invasazione, die leibliche Besitzung des Teufels.

Invasione, der feindliche Einfall in ein Land, der Anfall gen. s, pl. [illegible].

Invasore, der einen Anfall thut.

Invecchiare, ag., ungehorsam, v. disubbidiente rc.

Invecchiare, alt werden v. aux., veralten v. r. comp.

Invecchiato, part. alt geworden, veraltet.

Invece, av. anstatt.

Inveire, schelten v. ir., ausschelten v. ir. comp., schmähen v. r., wid-

Schmähworten angreifen v. ir. comp.

Invendicato, ag. ungerochen, ungestraft.

Inventare, erfinden v. ir. comp., erdichten, erdenken v. ir. comp.

Inventariare, ein Inventarium machen, inventiren v. r.

Inventario, das Inventarium, das Hausregister gen. s, das — die Verzeichniß gewisser Sachen.

Inventivamente, av. [illegible], erfindungsweise.

Inventore, der Erfinder, der Erdichter gen. s.

Invenzione, die Erfindung pl. en; in das Mittel gen. s., die List.

Inverdire, grün werden v. aus.

Inverecondia, die Schamlosigkeit, die Unverschämtheit pl. en.

Inverecondo, ag. schamlos, unverschämt, [illegible].

Inverisimiglianza, ed inverisimilitudine, die Unwahrscheinlichkeit pl. en.

Inverisimile, ag. unwahrscheinlich.

Invernare, divenir inverno, Winter werden v. aus.; per passare l'inverno in qualche luogo, den Winter über wo bleiben v. ir., überwintern v. r. comp.

Invernata, die Winterzeit pl. en.

Inverniciare, ed invernicare, mit Firniß bestreichen, überstreichen v. ir. comp., überfirnissen v. r. comp.

Inverniciatura, vernice, der Firniß; pel lavoro, die Firnißarbeit.

Inverno, der Winter gen. s.

Invero, av. wahrlich, in Wahrheit, wahrhaftig, in der That.

Inversione, die Umkehrung, die Umwendung pl. en.

Inverso, prep. gegen ag. verkehrt, umgekehrt, s. Verso.

Invescare) mit Vogelleim bestreichen
Invescarre) v. r. comp. Invescarsi [illegible], sich in der Liebe [illegible] v. ir. comp.

Investigabile, ag. unergründlich.

Investigare, nachspüren, ausforschen, erforschen, ergründen v. r. comp.

Investigatore, ein Erforscher, Nachforscher, Nachspürer gen. s.

Investigazione, investigamento, die Erforschung, die Nachforschung, die Nachspürung, die Untersuchung, die Ergründung pl. en.

Investire, [illegible] v. r. comp. [illegible]

eine Würde, Pfründe etc.); investire il nemico, una piazza, berennen v. r. comp., eine Belagerung anfangen, feindlich angreifen, angrenzen v. ir. comp.; danari, Geld auf Zinsen legen v. r., anwenden v. r. comp.

Investito, part. in eine Würde gesetzt; fig. feindlich angegriffen, angefallen.

Investitura, die Einsetzung in eine Würde etc., die Belehnung pl. en, die Investitur pl. en.

Invetrare, veralten v. r. comp., alt werden v. aus. irr., einwurzeln v. r. comp.

Invetriare, invetrare, glasieren, d. i. Glasscheiben einsetzen v. r. comp.

Invetriata, das Glasfenster gen. s, die Glasscheibe pl. n; it. der Glasschrank an gezogenem Geschirre.

Invettiva, eine scharfe Vermahnung pl. en, das Schelten gen. s, die Strafrede, die Verrufung mit Worten, das Ausschelten gen. s.

Inuguale, ag. ungleich, V. Disuguale.

Inviamento, die Wegbereitung, [illegible] das Anschicken, der Abzug gen. s, (zu etwas); per missione, die Absendung pl. en.

Inviare, spedire, schicken, senden v. r., abschicken v. r. comp.

Inviarsi, sich [illegible] v. rec. ir. comp., sich [illegible] v. rec. r. comp., sich auf den Weg machen v. rec. r. comp.

Inviato, part. ein Gesandter, ein Abgesandter gen. s, part. [illegible], geschickt, geschickt etc.

Invidia, der Neid gen. es, die Mißgunst; aver invidia, das Neid [illegible], beneiden v. r. comp.

Invidiabile, ag. beneidenswerth.

Invidioso, ag. neidisch, [illegible], mißgünstig.

Invigilare, bewachen, aufpassen v. r. comp.

Invigilatore, der Wächter gen. s.

Invincibile, ag. unüberwindlich.

Inviolabilmente, av. [illegible], [illegible].

Inviolato, part. der [illegible] gen. s.; ag. unverletzt, unverfälscht, [illegible].

Invischiare, [illegible], [illegible] [illegible] [illegible] [illegible] v. r.

Inviluppatore, der Bemacher gen. s.
Inviluppamento, das Einwickeln gen. s. V. Inviluppo.
Inviluppare, einwickeln v. r. comp., einschlagen, einwickeln v. ir. comp., einmachen v. r. comp. (in Papier, Leinwand etc.), met. verwickeln, verwirren v. r. comp.
Inviluppo, das Einwickeln, das Einhüllen gen. s, it. der Umschlag gen. s, (pl. Umschläge), die Hülle pl. n, per pacchetto, das Päckchen, das Bündel gen. s.
Invincibile, ag. unüberwindlich; it. unumstößlich, dem nicht abzuhelfen ist.
Invincibilmente, av. unüberwindlicherweise.
Inviolabile, ag. unumstößlich, unverbrüchlich, unverletzlich; woran man sich nicht vergreifen darf.
Inviolabilmente, av. unverbrüchlicherweise, unverletzt.
Inviolato, ag. unverletzt, unverbrüchlich.
Inviolento, ag. nicht gewaltthätig, ohne Gewalt.
Inviperire, ergrimmen v. r. comp., giftig, grimmig werden v. auf.
Invischiamento, die Bestreichung mit Vogelleim, met. die Verwickelung.
Invischiarsi, sich mit Vogelleime bestreichen v. ir. comp., V. Invischiare, ed Invescare.
Invisibile, ag. unsichtbar, verborgen, heimlich, der sich nicht sehen läßt.
Invisibilità, die Unsichtbarkeit.
Invisibilmente, av. unsichtbarerweise.
Invitare, einladen v. ir. comp.; per indurre, zu etwas bringen v. r.; invitare al ballo, zum Tanz auffordern v. r. comp.; al giuoco, zum Spiele aussetzen v. r. comp.; met. anreizen v. r. comp.
Invitato, part. da invitare, eingeladen etc.
Invitatore, der Einlader gen. s, der einladet, zu etwas bringt, reizt.
Invito, die Einladung.
Invitto, vier, invincibile, ag. unbesiegt, unüberwindlich.
Inviziare, sich in Laster stürzen, lasterhaft werden v. r.
Inumanamente, av. unmenschlich, unbarmherzig, grausamlich.

Inumanità, die Unmenschlichkeit, die Unbarmherzigkeit, die Grausamkeit pl. en.
Inumano, ag. unmenschlich, V. Inumanamente.
Inumidire, feucht, naß machen v. r., benetzen v. r. comp.
Inumidirsi, feucht, naß werden v. auf. sich befeuchten, sich benetzen v. rec. r. comp.
Invocare, anrufen v. r. comp., bitten v. ir., um Hülfe rufen v. r.
Invocazione, die Anrufung, die Anflehung pl. en.
Invoglia, ed invoglio, das Packtuch gen. s, die Packleinwand, (zum einwickeln) it. der Umschlag gen. s, pl. Umschläge.
Invogliare, Lust machen v. r., Begierde erwecken v. r. comp., einem zu etwas reizen v. r.; per involgere, einwickeln v. r. comp.
Invogliarsi, Lust nach etwas bekommen v. ir. comp.
Involamento, die Entwendung pl. en, das Entwenden gen. s.
Involare, entwenden v. r. comp., heimlich stehlen v. ir., rauben v. r., entziehen v. ir. comp.
Involatore, der Dieb, der Räuber gen. s, it. der entwendet.
Involgere, involtare, involvere, einwickeln, einwickeln v. r. comp., einwinden v. ir. comp.
Involgersi, sich einwickeln v. rec. r. comp.
Involgimento, das Einwickeln, das Einwickeln, das Einwinden gen. s.
Involontariamente, av. unfreiwillig, wider Willen, ungern, unvorsätzlicher weise.
Involontario, ag. unfreiwillig, gezwungen, ungern.
Involto, der Pack gen. s, pl. e, das Bündel gen. s; part. da involgere, eingewickelt etc.
Involtura [illegible]
Involuzione) met. die List, der Kunstgriff, der heimliche Betrug gen. s.
Inurbanità, die Unhöflichkeit, die Grobheit, die Unartigkeit pl. en.
Inurbano, ag. unhöflich, [illegible] [illegible]
Inusitamente, av. ungebräuchlicher, ungewöhnlicherweise.
Inusitato) ag. ungebräuchlich, ungewöhnlich.
Inusuale) ebenfalls.

Inutile, ag. unnütz, unnützlich, vergeblich.
Inutilità, die Unnützlichkeit, die Vergeblichkeit pl. en.
Inutilmente, av. unnützlicherweise.
Invulnerabile, ag. unverletzlich, unverwundlich, (sc.) was nicht verwundet werden kann.
Inzaccherare, mit Koth besudeln, bespritzen v. r. comp.
Inzeppamento, das Keilen, das Verkeilen, das Verstopfen gen. s.
Inzeppare, verkeilen v. r. comp., mit Gewalt einstoßen v. ir. comp., verstopfen v. r. comp.
Inzotichire, grob, hart, tölpisch werden v. an. [illegible] sich verschlimmern v. rec. r. comp.
Inzuccherare, zuckern v. r., verzuckern, überzuckern, mit Zucker bestreuen v. r. comp., met. versüßen v. r. comp.
Inzuppamento, das Eintunken, das Einweichen, das Einquellen ec. das Einsaugen gen. s.
Inzuppare, in die Suppe einschneiden v. ir. comp. it. eintunken, einquellen, einweichen v. r. comp.
Inzupparsi, einsaugen v. r. comp.

IO

Io, pron. pers. ich.
Iudice, ag. [illegible]

IP

[illegible]
Ipschole(?), eine Pflanze in der [illegible] man etwas zu sehr [illegible] [illegible] der [illegible]
Iperbolizzare, [illegible]weise eine Sache [illegible] machen, nach [illegible] [illegible] eine Sache übertrieben [illegible] [illegible]
Iperbolicamente, [illegible]
Iperbolico, ag. hyperbolisch, mit Worten übertrieben.
Ipericon (erba), das Wetterröschen, das Johanniskraut gen. s
Ipocondria, [illegible] Seiten des Unterleibes, [illegible] und Schmerzen [illegible], die Milzsucht.
Ipocondriaco, ag. milzsüchtig, einer der das [illegible] hat.

Ipocrisia, die Heucheley, die Verstellung, die Scheinheiligkeit pl. en.
Ipocrita, ed ipocrito, ein Heuchler, ein Scheinheiliger gen. s.
Ipocrito, ag. heuchlerisch.
Ipoteca, die Verpfändung unbeweglicher Güter.
Ipotecare, verpfänden v. r. comp.
Ipotesi, ein gewisser Lehrsatz, oder Grund, den einer für sich annimmt, der keine allgemeiner, wie ein Thesis ist gen. es, pl. (Lehrsätze, Gründe).
Ipotetico, ag. was zum Grunde gelegt wird, als wenn es so wäre: bedingterweise angenommen, oder gesetzt.
Ippomane, eine Art Gift bey den Alten; ein Stückchen Fleisch, so das Füllen auf der Stirne mit zur Welt bringt.
Ippopotamo, ippotamo, eine Art von Meerpferde.

IR

Ira, der Zorn gen. es
Iracondamente, av. jähzornig, erzürnterweise, mit Zorn
Iracondia, die Erzürnung, der Jähzorn gen. es
Iracondioso) ag. zornig, hitzig, jähzornig.
Iracondo)
Irascibile, ag. zornig.
Iratamente, av. zornigklich, im Zorne, erzürnterweise.
Irato, part. ed ag. erzürnet, entrüstet, ergrimmet.
Irlanda, das Irland gen. es.
Irlandese, ein Irländer.
Ironia, die Spötterung, die man in gute Worte versteckt; das Gegentheil von dem, was man saget, oder meinet.
Ironicamente, av. spöttischerweise, wortweise, ironisch.
Ironico, ag. spöttisch, höhnisch, ironisch.
Irradiare, bestrahlen v. r. comp., bescheinen v. ir. comp., Strahlen geben v. ir.
Irragionevole, irragionabile, irragionevole, ag. unvernünftig.
Irragionevolmente, av. unvernünftigerweise
Irrazionabilità, die Unvernunft, die Vernunftlosigkeit.
Irreconciliabile, irreconciliabile, ag. unversöhnlich

Irreconciliabilmente, irreconciliabilmente, av. unversöhnlicherweise.

Irrecuperabile, ag. unwiederbringlich, was nicht wieder erlanget werden kann.

Irrefragabile, ag. unwidersprechlich, unumstößlich, gewiß.

Irregolare, ag. unregelmäßig, ordnungswidrig, unbeständig.

Irregolare, sm. [illegible] zur Verwaltung eines geistlichen Amts.

Irregolarità, die Unregelmäßigkeit, die Unordnung pl. en. Das unordentliche Wesen gen. s. die Unordnung; it. die Untauglichkeit zum Priesteramte.

Irregolarmente, av. wider die Ordnung, unordentlich, verkehrterweise.

Irreligione, ag. gottlos, V. Irreligioso.

Irreligiosamente, av. ruchloserweise.

Irreligiosità, die Ruchlosigkeit, das ruchlose Wesen gen. s.

Irreligioso, ag. gottlos, ruchlos.

Irremediabile, ag. unheilbar, unheilsam, unabhelflich.

Irremediabilmente, av. unabhelflicherweise, unheilbarerweise.

Irremissibile, ag. unverzeihlich, unvergeblich, was nicht kann vergeben werden.

Irremissibilità, die Unvergeblichkeit, die Unverzeihlichkeit.

Irremissibilmente, av. unverzeihlicherweise, ohne Hoffnung der Vergebung.

Irremunerabile, ag. unvergeltlich, was nicht vergolten werden kann.

Irremunerato, ag. unbelohnt, unvergolten.

Irreparabile, ag. unersetzlich.

Irreparabilmente, av. unersetzlicherweise.

Irreprensibile, ag. untadelhaft, untadelich, unbescholten.

Irreprensibilità, die Untadelhaftigkeit, die Untadelichkeit.

Irreprensibilmente, av. untadelich, untadelhafterweise.

Irreprovabile, ag. untadelich, unsträflich, unverwerflich.

Irresistibile, ag. unwiderstehlich.

Irresolubile, ag. unauflöslich.

Irresolutamente, av. unentschlossenerweise.

Irresolubile, ag. unauflöslich.

Irresoluto, ag. unentschlossen, unschlüssig, zweifelhaft, unbeständig, wankelmüthig.

Irresolutezza, die Unentschlossenheit, die Unschlüssigkeit, die Wankelmüthigkeit pl. en, der Zweifel gen. s.

Irretrattabile, ag. unwiderruflich.

Irreverente, ag. unehrerbietig.

Irreverentemente, av. unehrerbietig, wider die Ehrerbietung und Ehrfurcht.

Irreverenza, die Unehrerbietigkeit, die Grobheit pl. en, der Mangel der Ehrerbietung, der Ehrfurcht.

Irrevocabile, ag. unwiderruflich.

Irrevocabilità, die Unwiderruflichkeit pl. en.

Irrevocabilmente, av. unwiderruflicherweise.

Irrimunerabile, ag. unvergolten, unerkenntlich.

Irrigare, befeuchten v. a. comp., bewässern v. a. comp.

Irrigidire, starr, steif werden v. auf.

Irrigazione, die Befeuchtung, die Bewässerung eines Gartens am Felde; it. die Wässerung, die Bewässerung pl. en, das Netzen gen. s.

Irritare, zum Zorne reizen v. a., anfeuern v. a. comp., zornig machen v. a., erzürnen v. a. comp., anreizen, erbittern v. a. comp., verursachen, daß eine Leidenschaft in Bewegung komme, verschlimmern v. a. comp., als eine Krankheit.

Irritatore, der reizt, zum Zorne macht, erbittert; ein Aufwiegler, ein Anhetzer gen. s.

Irritazione, die Reizung, die Erbitterung pl. en.

Irritrosire, widerspenstig seyn v. auf.

Irriverente, ag. unehrerbietig, ehrvergessen.

Irriverentemente, av. ohne Scheu, ohne Ehrerbietigkeit.

Irriverenza, die Unehrerbietigkeit, die Mangel gen. s. der Ehrfurcht.

Irrugginire, rostig werden v. auf., verrosten v. auf.

Irruzione, der Einbruch gen. s. der Feinde, V. Incursione.

Irsuto, ag. zottlicht, haaricht, borstig, rauch.

I S

Ischiamonzo, V. Scaramuccia.

Iscrizione, die Aufschrift, V. Inscrizione.

Isola, die Insel gen. w.

Isolano, ein Bewohner, einer Insel, ein Insulaner, gen. s.

Isolato, ag. was von allen Seiten frey stehet, abstehet von andern; sost. eine Zahl Häuser, welche von andern abgesondert sind, met. un uomo isolato, ein Einsiedler gen. s, ein einsamer Mensch gen. en pl. en.

Issopo (erba), der Isop.

Ispezione, die Aufsicht pl. en, V. Inspezione.

Ispido, ag. rauh von Haaren, borstig, stachlicht.

Isquisito, ag. auserlesen.

Istantaneo, av. auf der Stelle, den Augenblick.

Istantaneamente, av. augenblicklich.

Istantaneo, ag. augenblicklich, was in einem Augenblicke geschiehet.

Istante, der Augenblick gen. s.

Istantemente, av. inständig, NB. ein [illegible] in [illegible]

Istanza, das Ansuchen gen. s.

Istesso, V. Stesso.

Istoria, die Geschichte, die Historie pl. [illegible] eine lange Erzählung.

Istoriare, Historien schreiben, [illegible] Geschichte malen [illegible], mit Bildern [illegible] comp.

Istoriato, part. di Istoriare, gemalt mit Bildern, oder gewirkt mit Bildern (als Tapeten).

Istoricamente, av. historischerweise, historisch.

Istorico, sost. ein Historienschreiber, ein Geschichtschreiber gen. s; ag. historisch.

Istoriografo, sost. ein Geschichtschreiber gen. s; ag. was zum Geschichtschreiben gehört.

Istrice, der Stachelschwein gen. s [illegible]

Istrione, ein Possenreißer, ein Comödiant, ein Gaukler gen. s.

Istruire, unterrichten [illegible], unterweisen [illegible], V. Instruire.

Istrumento, das Werkzeug gen. s, pl. e, das Instrument, V. Instrumento.

Istrutto, belehrt, V. Instrutto.

Istruzione, die Belehrung pl. en, der Unterricht gen. s, V. Instruzione.

Istupidire, [illegible] V. Instupidire.

IT

[illegible]

Italia, das Welschland gen. [illegible], das Welschland gen. es.

Italiano, sost. ein Italiener, ein Welscher gen. s; ag. italienisch, welsch.

Iteratamente, av. zu wiederholtenmalen, vom neuen, wiederum.

Iterato, ag. wiederholt.

Itinerario, die Reisebeschreibung pl. en; ag. das Reisegebeth gen. s.

I V

Ivi, av. daselbst; da ivi, von dannen.

Jugulare, ag. zur Kehle gehörig; la vena jugulare, die Halsader, die Kehlader pl. n.

Jurisconsulto, ein Rechtsgelehrter, V. Giureconsulto.

Jurisdizione, Jurisperito, Juridico ec. V. Giurisdizione, Giurisperito, Giuridico ec.

Jus, das Recht gen. s, pl. e, das Geld [illegible] die Befugniß pl. e, die [illegible] il Jus canonico, das geistliche Recht; Jus naturale, das Naturrecht; Jus civile, das weltliche Recht; Jus patronato, das Recht Geistliche einzusetzen in gewisse Aemter oder Pfarren.

Juspatronato, V. Jus.

LA

LA, sopra nota fem. die.

La, pron. pers. invece di ella, Sie; la mi dica, sagen Sie mir.

La, av. dort, dorthin; in là, hinwärts; passare più in là, weiter gehen [illegible] chi è là? wer ist da? [illegible] di là, [illegible] la intorno, dortherum; là giù, dort unten; di là, dort oben; di là del Fiume, jenseit des Flusses.

Labarda, die Hellebarde pl. n.

Labbro, die Lefze, die Lippe pl. n. [illegible] orlo di un vaso e simile, der Rand gen. s, [illegible] Gefäße [illegible] aver il cuore su le labbra, das Herz auf der Zunge haben, aufrichtig seyn, ec.

Laberinto, e labirinto, der Irrgarten gen. s; met. ein verwirrter Handel gen. s; [illegible] die innere Höhle des Ohrs.

Labile, ag. schwach, hinfällig; memoria labile, ein kurzes Gedächtniß gen. es, pl. e, [illegible]

Laboratorio, sost. ein Ort wo Kunstsachen [illegible], das Laboratorium.

Labirintosamente, av.) mühsam, ver-
Labirintoso, ag.) worren.

Lacca, ein Art rothes, hartes Harz, per [illegible], der Kuchlack, lacca in pasta, der Kuchlack gen. s; con [illegible], das Grauslack gen. s.

Lacchè, der Laufer, der Schnaufer, der Wachtreiter, der Diener, der Aufwärter gen. s.

Lacchetta, eine Racket pl. n, (zum Ballschlagen) it. die Meise pl. n, (von [illegible] Thieren).

Lacciare, schnüren, fesseln v. r.

Laccio, die Schnur, die Schlinge pl. n; per corda, der Strick gen. s, pl. e; il laccio del carnefice, der Strang gen. s, (des Henkers); met. per astuzia, inganno ec., die List, die Hinterlist, die Falle, der Betrug gen. s, die Nachstellung; tender lacci ad uno, einem heimlich nachstellen v. r. comp., oder das Garn, sich eine der Schlinge legen v. r.; prender col laccio, in der Falle fangen v. irr.; cadere nel laccio, in die Falle gerathen v. irr. comp.

Lacciuolo, der Wadel gen. s, der Kleine gen. s, pl. n, das Schlingelchen gen. s, eine kleine Schlinge.

Laceramento, e lacerazione, die Zerreissung pl. en, sonderlich einer Schrift.

Lacerare, zerreissen v. irr. comp. [illegible] lacerare la riputazione ec., verleumden, misshandeln v. r. comp., übels von jemanden sprechen v. irr.

Lacero, ag. zerrissen.

Laconicamente, av. kurzgefasst, nachdrücklich; scrivere laconicamente, kurz und nachdrücklich schreiben v. irr.

Laconico, ag. kurz und nachdrücklich; stile laconico, kurzgefasste Schreibart.

Laconismo, sost. kurze und deutliche Schreibart.

Lacrima ec., die Thräne, v. Lagrima ec.

Lacuna, e laguna, die Tiefe, [illegible] der Abgrund gen. es, pl. (Abgründe), die Lache pl. n, der Teich gen. es, pl. e.

Lacunoso, e lacunoso, ag. [illegible] [illegible]

Laddove, e la dove, av. da wo, wo nur, statt dass, da hingegen, da [illegible] dagegen.

Ladro, sost. der Dieb gen. s, pl. e, der Spitzbube gen. n, pl. n, ein loser Schelm gen. s, pl. en.

Ladro, ag. diebisch, [illegible]; sguardi ladri, schalkhafte, schelmische Augen; viso ladro, hässliche, widrige Gestalt; ladra cosa, eine garstige, schändliche Sache.

Ladrone, ein Strassenräuber gen. s, pl. e, ein Strassenräuber gen. s; ladrone di mare, ein Seeräuber.

Ladroneccio, e ladroneria, sost. der Diebstahl gen. s, pl. (Diebstähle), das Gestohlene gen. n, pl. n, das gestohlene Gut gen. s, pl. (Güter).

Ladronesco, ag. diebisch, räuberisch.

Laentro, là dentro, av. dort drinnen.

Laggiù, av. dort unten, dort hinunter.

Lagnarsi, sich beklagen, sich beschweren v. r. comp.; lagnarsi di uno, über einen klagen v. r., wehklagen v. r. [illegible], sich grämen v. r.

Lago, der See gen. s, pl. n, der [illegible]; laguna, die Lache pl. n, der Weiher gen. s; [illegible] un lago di lagrime, ein Thränenstrom gen. s.

Lagrima, die Thräne, die Zähre pl. n; met. der Tropfen gen. s, der Saft gen. s, pl. (Säfte) [illegible] [illegible] lagrime, weinen v. r.

Lagrimabile, ag. beweinenswürdig, bejammernswürdig.

Lagrimante, ag. weinend.

Lagrimare, weinen v. r., Thränen vergiessen v. irr. comp., it. tröpfeln, [illegible] v. r.; le viti cominciano a lagrimare, der Weinstock fängt an zu tröpfeln, zu bluten.

Lagrimazione, das Weinen gen. s, die Bezeigung pl. en; der [illegible] imprecazione degli occhi, das Augenweinen gen. s, [illegible] der Augen.

Lagrimevole, ag. beweinenswürdig.

Lagrimosamente, av. mit Thränen weinend, [illegible], mit weinenden Augen.

Lagrimoso, ag. voll Thränen, thränend, weinend.

Laguna, ein stehendes Wasser gen. s.

Laguna, die Pfütze pl. n, v. Lacuna.

Lai, sost. die Wehklagen, [illegible] das Jammern gen. s, (im Dichten ec.)

Laico, der Laie gen. n, pl. n, der Layenbruder gen. s, pl. (Layenbrüder), der [illegible] [illegible]

X 2

Person, die nicht zum geistlichen Stande geweyhet ist: ag. weltlich.

Laidamente, av. häßlich, unflätig, auf eine garstige, ungestalte, häßliche Art; met. schändlich.

Laidezza, e laidità, die Häßlichkeit, die Ungestaltheit pl. en; met. die Schändlichkeit pl. en, die Schande.

Laido, ag. garstig, ungestalt, häßlich.

Lama, eine Klinge pl. n; una lama di spada, di coltello, eine Degenklinge, eine Messerklinge; una lama di rame, eine Kupferplatte; di ferro, ein Eisenblech; di latta, das Blech gen. s.

Lambente, ag. leckend; met. schmeichelnd.

Lambiccare, distilliren v. r. fig. genau untersuchen v. r. comp.; lambiccarsi il cervello, sich den Kopf zerbrechen v. ir. comp.

Lambicco, e limbicco, der Brennkolben, Distillirkolben gen. s, die Abziehblase pl. n.

Lambimento, das Lecken gen. s; met. das Schmeicheln gen. s.

Lambire, lecken v. r.; met. schmeicheln v. r.

Lamentante, ag. klagend, jammernd.

Lamentarsi, sich beklagen, sich beschweren v. r. comp., über etwas klagen v. r., kläglich thun v. ir.

Lamentazione, das Beklagen, das Klagen, das Jammern gen. s.

Lamentevole, ag. kläglich, jämmerlich, erbärmlich, wehklagend.

Lamentevolmente, av. kläglicherweise, bejammernswürdig, kläglich.

Lamento, das Wehklagen gen. s, V. Lamentazione.

Lamicare, tauen, dünn und schwer regnen v. r.

Lamiera, eine eiserne Platte pl. n.

Lamina, die dünne Platten von Blech, Metall rc.

Laminajo, ein Klempner gen. s.

Lampa } die Lampe pl. n, [illegible]
Lampada } Licht, ein Glanz, ein
Lampana } Schein gen. [illegible]

Lampanajo, ein Lampenmacher gen. s.

Lampante, ag. leuchtend, blinkend, schimmernd, [illegible]

Lampanti (danari), baares Geld.

Lampeggiamento, e lampeggio, das Glänzen, das Schimmern, das Funkeln, das Leuchten, das Blitzen gen. s.

Lampeggiare, leuchten, blitzen, schimmern, funkeln, glänzen v. r.

Lampo, der Blitz gen. es, pl. e, das Leuchten, der Schimmer gen. s.

Lampreda, eine Lamprete, eine Bricke, eine Neunauge pl. n.

Lana, die Wolle; tu sei una buona lana, du bist wie ein rechter Kerl, ein feiner Zeisig.

Lanajuolo (quello che vende lane), ein Wollhändler; per: quello che la lavora, ein Wollbereiter, ein Wollschneider gen. s.

Lanato, ag. wollicht, mit Wolle bewachsen.

Lance, eine Waage pl. n.

Lancetta, die Lanzette pl. n, (der Wundärzte), das Laßeisen gen. s; fr. der Weiser an der Uhr; fr. ein leichter Kahn gen. s.

Lancia, eine Lanze pl. n, der Spieß gen. es, pl. e, die Picke pl. n; fr. der Speer gen. s, pl. e; fr. die Stange, daran eine Fahne hängt, sowohl bey dem Fußvolke, als bey der Reuterey; una lancia spezzata, certa carica, ein Leibtrabant gen. s.

Lanciare, werfen, schmeißen, schießen v. ir.; lanciare un salto, einen Sprung thun v. ir.; lanciar sguardi, Blicke werfen v. ir.; lanciar sospiri al cielo, Seufzer gen Himmel schicken v. r.; lanciare una nave in acqua, ein neues Schiff ins Wasser bringen v. r.

Lanciarsi, sich stürzen v. rec. v., hinab oder hineinspringen v. ir. comp., auf etwas los schießen v. ir. comp.

Lanciata, der Stoß, der Wurf, der Schuß gen. es, (mit der Lanze).

Lancio, ein Wurf gen. s, (mit einem [illegible]) V. Lanciata; fr. ein gewaltiger Sprung gen. s; av. di primo lancio, alsogleich, alsobald, sogleich, auf den ersten Ritt, gleich Anfangs; in un lancio, auf einen Sprung.

Langraviato, die Landgrafschaft pl. en.

Langravio, der Landgraf gen. en, pl. en.

Languente, ag. schmachtend, matt, schwach, halb todt, schläfrig, welkend, verschmachtet, ersterbend, kraftlos, entkräftet; fr. [illegible]; fr. verzehrt.

Languidamente, av. auf eine schmachtende Art, schwächlicher, matter kraftloser Weise.

Languidetto, *ag.* etwas matt, schwach.

Languidezza, die Mattigkeit, die Schwachheit, die Kraftlosigkeit, die Ohnmacht.

Languido, *ag.* schwach, matt, kraftlos, schmachtend.

Languire, matt seyn, schmachten, verschmachten *v. n.* [illegible], [illegible] *v. r. comp.* seufzen *v. r.*, siech liegen *v. a.*, kraftlos seyn *v. ir.*, ohnmächtig werden *v. aux.*, *fr.* lange Weile haben *v. aux. ir.* verderbt seyn *v. aux.* [illegible] werden *v. aux.*, *fr.* [illegible] languire, [illegible] [illegible], languire nella miseria, kümmerlich leben *v. r.*

Languore, die Verschmachtung, die Verlust, die Abnahme der Kräfte, die [illegible], der Kummer *gen.* [illegible] *V.* Languidezza.

Lanifero, *ag.* wollicht, wolltragend, mit Wolle versehen.

Lanificio, das Wollwerk, das Tuchmacherhandwerk *gen.* [illegible], die [illegible] [illegible] Wollenarbeit, die Zubereitung der Wolle.

Lanoso, *ag.* was viel Wolle hat, *V.* Lanifero.

Lanterna, eine Laterne, eine Leuchte [illegible] der Leuchtthurm *gen.* [illegible] im Hafen, [illegible] *[illegible]*, eine Handlaterne.

Lanternajo, ein Laternmacher, ein Klempner *gen.* [illegible]

Lanugine, die Milchhaare, die ersten Barthaare, [illegible] die ersten Federn der Vögeln.

Lanuginoso, *ag.* milchhaaricht, wollicht, rauch.

Lanuto, *ag.* wollicht, *V.* Lanoso.

Laonde, *av.* daher, derowegen, dahero.

Lapida, e lapide, der Grabstein, der [illegible] *gen.* [illegible]

Lapidare, steinigen *v. r.*, mit Steinen, [illegible]

Lapidario, *sost.* der Steinschneider.

Lapidario, *ag.* [illegible] [illegible]

Lapidatore, *sost.* ein [illegible], ein [illegible] *gen.* [illegible]

Lapidazione, die Steinigung *gen.* [illegible] die Steinigung.

Lapidoso, *ag.* steinicht, voll Steine.

Lapis, das Bleyweiß, der [illegible] der Bleystein *gen.* [illegible], dessen man sich zum Zeichnen bedienet.

Lapislazzolo, der Lasurstein *gen.* [illegible]

Lappare, lecken *v. r.*, schlürfen *v. ir.* (*proprio dei cani etc.*)

Lappola, die Klette *pl.* [illegible] [illegible]

Lardare, spicken *v. r.*

Lardone, die Spicknadel *pl.* [illegible]

Lardo, der Speck *gen.* [illegible] lardo [illegible], [illegible], geräuchert, gesalzener Speck.

Largamente, *av.* reichlich, überflüssig, weitläufig, [illegible]

Largheggiare, mit etwas freygebig seyn *v. aux.* [illegible] *ir.* [illegible] *v. r. comp.*

Larghezza, e larguezza, die Breite, die Weite, der große Raum *gen.* [illegible] der Ueberfluß *gen.* [illegible], die Freygebigkeit.

Larghiccio, die [illegible], die [illegible], [illegible] *gen.* [illegible]

Largire, e largizione, geben *v. ir.*, [illegible] *v. ir. comp.*, beschenken *v. r. comp.*, [illegible] *v. r.*, [illegible] *poet.*

Largo, *sost. V.* Larghezza, *ag.* breit, weit, [illegible], [illegible], mild, freygebig; largo, largo! [illegible] [illegible] [illegible] breit, [illegible] in lungo ed in largo, der Länge und die Quere [illegible] *V.* Largamente.

Larice, (albero), der Lerchenbaum *gen.* [illegible] (*Baum*).

Larva, eine Larve, eine Maske [illegible], das Gespenst, der Poltergeist *gen.* [illegible]

Lasagna, eine Nudel [illegible] [illegible] lasagne [illegible] [illegible], Nudeln [illegible]

Lasciare, lassen *v. ir.*, überlassen, [illegible], verlassen, unterlassen, [illegible] [illegible] [illegible] [illegible] [illegible] [illegible] [illegible] [illegible] [illegible] [illegible], [illegible] [illegible] [illegible] [illegible], lass mich [illegible].

Lascito, [illegible] [illegible], [illegible] [illegible] [illegible] [illegible] [illegible], [illegible], die [illegible], die Unterlassung, die [illegible], die [illegible], die [illegible]

Lascivamente, *av.* unzüchtig, unkeuscherweise, weichlich, geil.

Lascivia, die Unkeuschheit, die Geilheit, die Unzucht, das unzüchtige Wesen *gen.* s.

Lascivo, *ag.* geil, unkeusch, unzüchtig, üppich, liederlich.

Lassare, ermüden *v. r. comp.*, matt, schlapp, schlaff machen *v. r.*

Lassarsi, sich abmatten *v. rec. r. compl.*, matt, schlaff, schlapp werden *v. ausf.*

Lassativo, *ag.* laxirend, den Leib öffnend.

Lassezza, die Müdigkeit, die Mattigkeit, die Schwachheit; die Faulheit *pl.* en.

Lasso, *ag.* müde, matt, schwach, faul, träge, schlaff, schlapp.

Lassù, *av.* droben, dort oben, dort hinauf.

Lastra, (di pietra), eine steinerne Platte *pl.* n, ein Pflasterstein *gen.* s, *pl.* e; (di vetro), eine Glasscheibe *pl.* n; (di latta), eine Blechplatte *pl.* n; (di ghiaccio) eine Eisscholle *pl.* n.

Lastricare, mit Steinen pflastern *v. r.*

Lastricato, *sust.* das Steinpflaster *gen.* s.

Lastricatore, ein Pflasterer, ein Steinsetzer *gen.* s.

Lastricatura, das Pflaster, das Pflastern *gen.* s.

Laterale, *ag.* was an der Seite ist; l'altare laterale, der Seitenaltar *gen.* s.

Lateralmente, *av.* auf der Seite, zur Seite.

Latinismo, *sust.* eine lateinische Redensart *pl.* en.

Latinista, *sust.* ein guter Lateiner *gen.* s.

Latinità, das Latein *gen.* s, die lateinische Sprache, Art zu reden, Mundart.

Latino, *sust.* V. Latinità; per nativo del Lazio, einer aus Latium gebürtig.

Latino, *ag.* lateinisch.

Latitudine, die Breite; latitudine di cuore, die Treuherzigkeit.

Lato, *ag.* breit, geräumig.

Lato, *sust.* die Seite *pl.* n, die Gegend *pl.* en; dal mio lato, cioè: dal canto mio, meines Orts; *prep.* a lato, neben, an.

Latore, der Ueberbringer *gen.* s.

Latramento, e latrato, das Bellen, das Anbellen *gen.* s.

Latrante, *ag.* bellend, anbellend.

Latrare, bellen *v. r.*

Latrina, e latrina, die Schwindgrube *pl.* n, V. Cesso.

Latrocinio, der Diebstahl *gen.* s, V. Furto.

Latta, die Platte *pl.* n, das weiße Blech *gen.* s.

Lattante, *sust.* ein Säugling *gen.* s, *pl.* en; *ag.* säugend; [illegible].

Lattare, säugen *v. r.* V. Allattare.

Lattata, die Mandelmilch; ein kühlendes Getränke von gestoßenen Mandeln ec.

Latteo, *ag.* weiß wie Milch, milchfarbicht.

Lattatrice, eine Säugamme *pl.* n.

Latte, die Milch; latte di mandorle, die Mandelmilch; latte virginale, die Jungfermilch; fior di latte, die Milchrahm; latte rappreso, der Quark *gen.* s; Vitello di latte, der Saugkalb *gen.* s, *pl.* (kälber).

Latteo, *ag.* milchfarbig; la via lattea, die Milchstraße am Himmel.

Latticinio, eine Milchspeise *pl.* en.

Lattovaro, lattuario, die Latwerge *pl.* n.

Lattuga, der Lattich *gen.* s; *it.* der Gartensalat *gen.* s.

Lavacciare, immer waschen *v. tr. comp.*

Lavacro, der Ort, wo man badet; das Bad *gen.* s; *met.* il sagro lavacro, die heilige Taufe.

Lavagna, der Schieferstein *gen.* s, *pl.* e.

Lavanda, e lavandola, der Lavendel *gen.* s.

Lavandaja, die Wäscherinn, die Waschfrau *pl.* en.

Lavare, waschen *v. tr.*; abwaschen *v. tr. comp.*; lavar la bocca, den Mund ausspülen *v. r. comp.*; lavar i piatti, aufwaschen *v. tr. comp.*; *fig.* lavar il capo ad uno, einem einen derben Verweis geben *v. tr.*; lavarsi le mani di q. c., sich von einer Sache lossagen *v. r. comp.*, nichts damit zu schaffen haben wollen; io me ne lavo le mani, ich will damit nichts zu thun haben.

Lavativo, *sust.* das Klistir, o Clystier *gen.* s.

Lavatura, e lavamento, das Waschen, das Waschwasser, das Spülicht, das Spülwasser *gen.* s.

Laudemio, der Kaufschilling *gen.* s; [illegible]

ec. ein gewisses Lehngebühr von einem erkauften Gute.

Laveggio, ein eherner **Kessel** *gen.* s, (zum kochen).

Lavello, eine Spulgelte *pl.* n.

Lavorante, *sust.* ein Arbeiter *gen.* s, ein Handwerksgesell *gen.* es, *pl.* en der arbeit

Lavorare, arbeiten *v. r.*, ausarbeiten *v. r. comp.*; lavorare la pelle ec., das Leder bereiten *v. r.*; lavorare il campo, das Feld bestellen *v. r.*

Lavoratojo, die Werkstatt *pl.* (Werkstätte).

Lavoratore, ein Arbeiter, *V.* **Lavorante**.

Lavoro, die Arbeit *pl.* en, die Mühe *pl.* n; *per:* un' opera, ein Werk *gen.* s, *pl.* e.

Laurea, der Lorbeerkranz *gen.* es, *pl.* (kränze); *it.* la laurea dottorale, die Doctorwürde *pl.* n, der Doctorhut *gen.* s, *pl.* (Doctorhüte).

Laureando, *ag.* einer, der zur Doctorwürde schreitet.

Laureato, *sust.* einer, der die Doctorwürde erlanget hat.

Lauro (albero), der Lorbeerbaum *gen.* es, *pl.* (bäume).

Lautamente, *av.* herrlich, köstlich, prächtig.

Lautezza, die Pracht, die Niedlichkeit, die Niedlichkeiten; *it.* ein kostbarer Aufwand *gen.* s

Lauto, *ag.* herrlich, stattlich, niedlich, köstlich, prächtig.

Lazzaretto, ein Krankenhaus, ein Siechhaus *gen.* es, *pl.* (häuser), das Spital, das Lazaret *gen.* s.

Lazzeruola (frutto), der Weinapfel *gen.* s, *pl.* (Weinäpfel).

Lazzeruolo (albero), der Weinapfelbaum *gen.* s, *pl.* (bäume).

Lazzo, *ag.* herb; *per:* lazzi, *pl.* allerhand lächerliche Possen, Einfälle, und Geberden.

L E

Le, *art. fem. pl.* die

Le, *art. pron. fem. pl.* Sie; *dat. sing. fem.* ihr.

Leale, *ag.* redlich, ehrlich, aufrichtig, getreu.

Lealmente, gesetzmäßigerweise, redlich, ehrlich, aufrichtig.

Lealtà, die Aufrichtigkeit, die Redlichkeit, die Gesetzmäßigkeit; die Treue.

Leardo, *ag.* schimmelfarbig; *sust. per:* cavallo, der Schimmel *gen.* s; leardo moscato, ein sprenglichter Schimmel *gen.* s; leardo pomato, ein Apfelschimmel *gen.* s.

Lebbra, e lepra, der Aussatz *gen.* es.

Lebbroso, *ag.* aussätzig.

Leccamento, e leccatura, das Lecken, das Naschen *gen.* s.

Leccarda, eine Bratpfanne *pl.* n.

Leccardo, ein Lecker, ein Näscher *gen.* s.

Leccare, lecken *v. r.*; *met.* schmeicheln, naschen *v. r.*

Leccato, *part.* da leccare, geleckt; *met.* geschmeichelt, genascht; parlar leccato, affektirt reden *v. r.*

Leccio, ein Steineiche *pl.* n.

Leccornia, die Näscherey, die Leckerey *pl.* en, das Leckerbißchen *gen.* s; *it.* allerhand Delicatessen; *it.* das Prassen *gen.* s.

Lecitamente, *av.* **mit Erlaubniß**, erlaubterweise.

Lecito, *ag.* zugelassen, erlaubt, anständig; farsi lecito, sich die Freyheit nehmen *v. ir.*

Lega, das Verbündniß *gen.* es, *pl.* e, die Verbindung *pl.* en, die Allianz; *it.* die Vereinigung; lega di monete, der Schrott *gen.* es; bassa lega, schlechter Schrott; lega, miglia, eine Meile *pl.* n.

Legaccia, legaccio, e legacciolo, das Knieband, das Strumpfband *gen.* s, *pl.* (bänder), der Nestel *gen.* s, der Riemen *gen.* s, *pl.* n; *generalmente*, ein Band, und alles womit man bindet.

Legale, *ag.* gesetzmäßig, den Gesetzen gemäß; scienza legale, die Rechtsgelehrsamkeit.

Legalità, das gesetzmäßige Recht *gen.* s, die Rechtmäßigkeit, die Gesetzmäßigkeit, die Richtigkeit, die gerichtliche Bestätigung *pl.* en.

Legalizzare, gerichtlich bestätigen, bekräftigen *v. r. comp.*; *term. cur.* vidimiren.

Legalizzato, *part.* gerichtlich bestätiget, bekräftiget, vidimirt.

Legalizzazione, die gerichtliche Bestätigung, die rechtmäßige Erklärung, die Vidimirung *pl.* en.

Legalmente, av. nach den Gesetzen, gesetzmäßig.

Legame, e legamento, das Band gen. es, pl. (Bänder), die Verbindung pl. en; it. das Binden, das Zubinden gen. s, die Vereinigung pl. en; il sagro legame, die Eheverbindung.

Legare, binden v. ir., schein [illegible], zusammenfügen v. r. comp., verbinden v. ir. comp.; it. in ein Verbündniß zusammenfügen v. r. comp.; far legare un libro, ein Buch binden lassen; legare pietre etc., Steine einfassen v. r. comp.; legare amicizia con alcuno, mit einem Freundschaft schließen v. ir.; legarsela al dito, sichs hinter die Ohren schreiben v. ir.; per [illegible] legati, Vermächtniß machen v. r.

Legarsi, sich vereinigen v. rec. r. comp., sich verbinden v. rec. ir. comp.; legarsi con uno, mit einem in Bündniß treten v. ir.; legarsi a una cosa, sich zu etwas anheischig, verbindlich machen v. r.

Legatario, einer dem etwas im Codicil oder Testamente vermacht worden ist.

Legato, part. da legare, gebunden rc.

Legato, sust. (ponsifizio), ein päbstlicher Abgesandter gen. s, [illegible] fürstlichen Gesandte [illegible], per [illegible], das Vermächtniß gen. es, pl. e, (durch Testament).

Legatore di libri, der Buchbinder gen. s, pl. [illegible] der binder.

Legatura, das Binden gen. s; legatura di libri, das Bücherbinden; legatura alla francese, der französische Einband, alla [illegible], der [illegible] gen. s, pl. (Bände).

Legazione, die Gesandtschaft des Pabstes.

Legge, das Gesetz gen. es, pl. e, die Satzung pl. en, der Gebrauch gen. s, pl. (Gebräuche) (durch Dieß) das Gesetz, der Befehl gen. s, pl. e; imparare [illegible] legge, die Rechte lernen v. r.; un Dottore di legge, ein Doctor Juris.

Leggenda, die Lebensbeschreibung der Heiligen; it. eine lange, verdrießliche Erzählung pl. en.

Leggendario, das Buch, in die Lebensbeschreibung der Heiligen enthalten ist.

Leggere, lesen v. ir. [illegible] [illegible]

Unterricht geben v. ir.; leggere in cattedra, lehren v. r.; leggere a compito, buchstabiren v. r. comp.

Leggero, leggiera, e leggiere, leicht, von geringer Wichtigkeit, schnell, geschwind; it. gering, leichtsinnig; uomo leggiero, ein leichtsinniger Mensch gen. en, pl. en.

Leggerezza, die Leichtigkeit; it. die Hurtigkeit, die Geschwindigkeit pl. en; [illegible] incostanza, die Unbeständigkeit des Herzens, die Leichtsinnigkeit, die Veränderlichkeit pl. en.

Leggeri, e leggieri, av. leicht; alla leggiera, auf eine leichte Art.

Leggermente, av. leichtlich, hurtig, flüchtig; it. unbedachtsam, liederlich, schlecht.

Leggiadramente, av. auf eine artige, angenehme Art, auf eine manierliche Weise.

Leggiadria, die Artigkeit, die Manierlichkeit pl. en, das angenehme Wesen gen. s, der gute Anstand gen. s.

Leggiadro, ag. artig, manierlich, anständig, angenehm.

Leggibile, ag. leserlich, was zu lesen ist.

Leggierezza, die Leichtigkeit rc. V. Leggerezza.

Leggiero, e leggiera, ag. leicht, V. Leggero.

Leggio, [illegible] V. Leggeri.

Leggio, ein Pult gen. s, oder der [illegible].

Legione, ein Regiment, oder gewisse Zahl Soldaten bey den Römern; it. eine große Zahl Kriegsleute. [illegible] ein ganzes [illegible] gen. s.

Legislativo, [illegible] legislativa, die [illegible] [illegible].

Legislatore, ein Gesetzgeber gen. s.

Legislatura, die Macht, Gesetze zu machen, oder [illegible].

Legislazione, die Gesetzgebung, die Gewalt Gesetze zu geben.

Legista, der Rechtsgelehrte [illegible].

Legittima, sust. das Pflichttheil, das Erbtheil gen. s, pl. e, das Erbrecht gen. s, pl. e.

Legittimamente, av. rechtmäßiger Weise.

Legittimare, rechtfertigen v. r. [illegible] machen v. r.; legittimare [illegible] [illegible] [illegible] [illegible] v. r. comp.

Legittimarsi, sich rechtfertigen v. rec. r. comp., sich legitimiren v. rec. r. [illegible] v. ir. comp.

Legittimato, part. da legittimare, gerechtfertiget, gültig gemacht, ehrlich gemacht.

Legittimazione, die Rechtfertigung, das Gültigmachen gen. s, [illegible] das Ehrlichmachen gen. s.

Legittimo, ag. rechtmäßig, gesetzmäßig, gerecht; [illegible] ehrlich gebohren.

Legna, e legne, das Brennholz gen. es.

Legnaggio, die Stamm, das Geschlecht gen. s, pl. Schlechte.

Legnaja, die Holzkammer, der Holzboden gen. s.

Legnajuolo, ein Zimmermann gen. s, pl. (Zimmerleute).

Legname, das Holzwerk gen. s, das Bauholz, das Zimmerholz gen. es.

Legnata, ein Schlag mit einem Holze oder [illegible] gen. s, pl. (Schläge).

Legno, das Holz gen. es; un pezzo di legno, ein Stück Holz; ein Schiff gen. s, pl. e; [illegible] naye, das Schiff [illegible]; [illegible] cocchio [illegible], die Kutsche, die Chaise pl. n.

Legnoso, [illegible] di legno, ag. hölzern, [illegible].

Legorizia, das Süßholz gen. es.

Legume, die Hülsenfrucht, pl. (früchte), das Hülsengemüse.

Lembo, der Saum am Kleide, der Rand gen. s, (eines andern Dinges).

Lena, der Athem gen. s; perder la lena, aus dem Athem kommen v. r. [illegible] pigliar lena, sich erholen v. rec. r. comp., zu Kräften kommen v. ir.; dar lena, Muth und Kraft geben v. ir.

Lenare, athmen v. r., verschnaufen v. r. comp., Athem holen v. r.

Lendine, eine Niß pl. (Nisse), so die Läuse legen.

Lendinoso, ag. voller Nisse.

Lenimento, die Linderung, die Erleichterung pl. en.

Lenire, lindern, mildern, [illegible] [illegible] erleichtern v. r. comp., [illegible] befänftigen v. r. comp.

Lenità, die Sanftmuth, die Gelindigkeit, die Milde, die Gelindigkeit pl. en.

Lenitivo, ag. was da lindert, mildert (als eine Arzney oder ein Pflaster).

Lentamente, av. langsam, allgemach, sachte.

Lente, [illegible] eine Linse pl. n, (in der Optik), ein Glas, das wie eine Linse geschliffen ist; le lenti [illegible], die Flecken im Gesichte, die Sommersprossen.

Lento, av. langsam, F. Lento; pigliarla lenta, die Sprühregen gen. s; [illegible] lento, geschmeidiges, schwaches Feuer gen. s.

Lentezza, e lentore, die Langsamkeit, das langsame Wesen gen. s.

Lentiggine, e lentiggini, die Sommersprossen.

Lentigginoso, ag. sommersprossig im Gesichte.

Lento, ag. langsam, sachte, gemach; it. pigro, faul, träger; it. nicht gespannt.

Lenzuolo, das Bettuch gen. s, pl. (Bettücher).

Leocorno, leocorno, e liocorno, das Einhorn gen. s, pl. (Einhörner).

Leone, e lione, der Löwe gen. e pl. n.

Leonessa, die Löwin pl. en.

Leopardo, der Leopard gen. s, pl. en.

Lepidamente, av. kurzweilig, auf eine lustige, kurzweilige Art.

Lepidezza, die Kurzweiligkeit pl. en.

Lepido, ag. kurzweilig, angenehm, artig, lustig, lieblich, fein.

Lepra, e lebbra, der Aussatz gen. es pl. (Aussätze).

Lepre, der Hase gen. e pl. n; pigliar la lepre col carro, mit einer Sache sachte gehen v. ir.

Leproso, ag. aussätzig.

Lerciare, besudeln v. r. comp., garstig, schmutzig machen v. r.

Lercio, ag. unflätig, garstig, schmutzig, beschmiert.

Lesina, die Ahle pl. en, die Schusterahle; [illegible] die Filzigkeit, die Knickerey, die Kargheit pl. en.

Lesione, die Verletzung, die Beleidigung, die Beschädigung pl. en.

Lesivo, ag. schädlich; contratto lesivo, ein nachtheiliger Contract [illegible] pl. e.

Lesa, [illegible] da ledere, verletzt, beleidiget, beschädiget; [illegible] nel [illegible] Maestà, das Verbrechen der beleidigten Majestät schuldig seyn v. aux.

Lessare, sieden v. ir. absieden v. ir. comp.

Lessico, das Wörterbuch gen. s, pl. (bücher).

Lezio, sub. das Gesottene gen. s pl. n; part. gesotten.

Lestamente, av. hurtig, flink, fix.
Lestezza, die Fertigkeit, die Hurtigkeit, die Behendigkeit, die Gewandigkeit pl. en.
Lesto, ag. hurtig, fix, flink, geschwind, behend.
Letale, ag. } tödtlich.
Letalmente, av. }
Letamajo, eine Mistgrube pl. n, ein Misthaufen gen. s.
Letamajuolo, ein Mistfink gen. s, pl. n; it. der den Mist auf den Straßen sammelt, um ihn zu verkaufen.
Letamare, misten, dungen v. r.
Letame, der Mist gen. es.
Letaminoso, ag. gedüngt, voller Mist, von Mist.
Letargo, e litargia, die Schlafsucht, der Todtenschlaf gen. s; met. allzugroße Trägheit.
Letargico, e litargico, ag. schlafsüchtig fust. ein Schlafsüchtiger gen. en; met. nachläßig, träge.
Letificante, ag. erfreuend, ergötzend.
Letificare, erfreuen, ergötzen v. r. comp., frölich machen v. r.
Letizia, die Freude, die Ergötzlichkeit, die Freudigkeit.
Lettera (d' alfabetto), der Buchstabe gen. e pl. n, lettere iniziali, Hauptbuchstaben, ag. Anfangsbuchstaben; lettera che si scrive altrui, der Brief gen. s, pl. e, das Schreiben gen. s; lettera di cambio, der Wechselbrief; lettera d' avviso, das Berichtschreiben; le belle lettere, die schöne Wissenschaften; un uomo di lettere, ein Gelehrter gen. s.
Letterale, ag. buchstäblich; il senso letterale, der Wortverstand gen. s.
Letteralmente, av. dem buchstäblichen Verstande nach.
Letterario, ag. zu gelehrten Sachen gehörig, ein Litterator, zu den schönen Wissenschaften gehörig.
Letterato, fust. ein Gelehrter [illegible]
Letteratura, die Gelahrtheit [illegible] Wissenschaften, die [illegible], die Wissenschaft in [illegible] gelehrten Sachen.
Lettica e lettiga, die Sänfte pl. n.
Lettiera, die Bettstatt, die Bettstelle, die Bettstätte pl. n.
Letto, das Bett gen. s, pl. er, eine Lagerstatt pl. [illegible]; andare a letto, zu Bette gehen, schlafen gehen v. ir., essere a letto, im Bette liegen v. ir., guardar il letto, krank seyn v. aus., alzarsi dal letto, aufstehen v. ir. comp., vom Bette; fare il letto, aufbetten v. r. comp.
Letto, part. da leggere, gelesen.
Lettore, der Leser, der Lector, der Lehrer gen. s.
Lettura, das Lesen, das Studieren gen. s; it. die Wissenschaft, die Gelehrtheit; per l' ufficio di lettore, eines Lesers Amt; conferire una lettura, eine Lectorstelle vergeben v. ir. comp.
Leva, per: certo strumento, das Hebeisen gen. s, der Hebebaum gen. s, pl. (bäume); it. eine Winde pl. n; it. il levare, das Erheben gen. s; la leva dei soldati, die Werbung der Soldaten; la leva di un assedio, die Aufhebung einer Belagerung.
Levamento, e levata, das Aufheben gen. s, die Erhebung pl. en, das Aufziehen gen. s; il togliere, das Wegnehmen gen. s; la levata del sole, der Aufgang der Sonne; la levata di un campo, das Aufbrechen einer Armee.
Levante, das Morgenland gen. s, der Ost gen. es; it. der Aufgang der Sonne; vento levante, der Ostwind gen. s.
Levare, alzare, aufheben, aufziehen v. ir. comp.; per: togliere, wegnehmen, abnehmen v. ir. comp.; levare una macchia, einen Fleck herausbringen v. r. comp.; levare la vita ad alcuno, einem ums Leben bringen v. r.; levar l' assedio, die Belagerung aufheben v. ir. comp.; levare un dubbio, einen Zweifel benehmen v. ir. comp.; levar le tende, [illegible] die Zelten abheben v. ir. comp.; levare il cappello, den Hut abnehmen v. ir. comp.; levar soldati, Soldaten werben v. ir.; levare la pianta d' una Città, den Plan von einer Stadt ziehen v. r.
Levarsi, aufstehen v. ir. comp.; il sole si leva, die Sonne gehet auf; il vento si leva, es erhebet sich der Wind; levati di qua! packe dich!
Levatrice, die Hebamme pl. n, die [illegible] die Wehmutter pl. (mütter).

Levante, (vento [illegible]), der [illegible] *gen.* [illegible]

Levita, ein Levit bey den Juden, ein Diaconus bey dem Altare.

Levitare, [illegible] *v. r. comp.*, [illegible] *v. r. comp.*, (als der Teig vom Hefen).

Levriere, der Windhund *gen.* [illegible]

Lezione, das Lesen *gen.* s (eines Lehrmeisters), die Lection *pl.* en, *it.* die Unterweisung, der Unterricht *pl.* en, die Lehre *pl.* n, das Aufgegebene *gen.* s *pl.* n.

Lezzo, der üble Geruch, der Gestank *gen.* s, *met.* der böse Ruf *gen.* s.

L I

Li, *art. pl. numero di*, i, die.

Lì, *av.* da, dort.

Libbia, der [illegible] *gen.* s.

Libbra, das Pfund *gen.* es, [illegible]

Libeccio, (vento [illegible]), der Südwestwind *gen.* es.

Libello, *diminut.* di libro, das Büchlein *gen.* s, [illegible], die [illegible]; [illegible], die Schmähschrift *pl.* en, *it.* ein Libell *gen.* s.

Liberale, *ag.* freygebig, *it.* [illegible], freyreich, mild, *it.* ausgebildet; le arte liberali, die freyen Künste.

Liberalità, die Freygebigkeit, die Wohlthätigkeit *pl.* en.

Liberalmente, *av.* freygebig, [illegible], reichlich, freygebigerweise.

Liberamente, *av.* frey, freymüthig, [illegible], [illegible], ungezwungen, ungescheut, ohne Umstände, *it.* [illegible]

Liberare, befreyen, losmachen *v. r. comp.*, loslassen, *it.* [illegible], erretten *v. r. comp.*, *it.* in der Nutzung den [illegible] einer Sache [illegible] *v. r. comp.*

Liberarsi, sich frey machen, losmachen [illegible] *comp.*, [illegible]

Liberatore, der Erlöser, der Retter, der Befreyer *gen.* s.

Liberazione, die Befreyung, die Erlösung *pl.* en, [illegible], die [illegible] oder [illegible] *it.* die Erlösung, die Erledigung.

Libero, *ag.* frey, ungebunden, freywillig, [illegible], [illegible], [illegible] per: nubile, ledig, unverheurathet; la via libera, der offene Weg *gen.* [illegible] *pl.* [illegible] *av.* alla libera, ungezwungen.

Libertà, die Freyheit; *nella Teolog.* der freye Willen *gen.* s.

Libertinaggio, die Ruchlosigkeit, die Ungebundenheit, der Ausgelassenheit, die Verachtung (der Religion); *it.* die Freygeisterey *pl.* en, *it.* das freye Leben *gen.* s; *it.* die ungezogene, [illegible] Freyheitsliebe.

Libertino, *sust.* ein Freygeist *gen.* es, *pl.* er, der an keine Religion will gebunden seyn, der sich gottlose Freyheiten nimmt, der die Freyheit liebt, der [illegible] will; *it.* ein muthwilliger, ausgelassener Mensch *gen.* en *pl.* en, ein liederlicher Bube *gen.* n, *pl.* n.

Libidine, die böse Begierde *pl.* n, die Geilheit, die Unzüchtigkeit *pl.* en.

Libidinosamente, *av.* } geil, unzüchtig, [illegible].

Libidinoso, *ag.* } [illegible]

Libito, *sust.* das eigene Wohlgefallen, das Belieben *gen.* s; a libito, nach eigenem Wohlgefallen.

Libra, (segno celeste), die Waage am Himmel, ein Zeichen des Thierkreises; *it.* das Gleichgewicht *gen.* s.

Librajo, der Buchhändler *gen.* s.

Libramento, e librazione, das Wägen, das Abwägen, das Schwingen, das Schweben *gen.* s.

Librare, wägen *v. r.*, abwägen *v. r. comp.*

Librarsi, sich schwingen, sich schweben *v. r.*, [illegible] im Gleichgewicht halten *v. r.*

Libro, das Buch *gen.* s, *pl.* (Bücher); *it.* die Abtheilung *pl.* en (eines Buches); il libro de' conti, das Schuldbuch; il libro maestro, das Hauptbuch; il libro de' ricordi, [illegible] die Schreibtafel *pl.* n.

Licenza, *per:* permissione, die Erlaubniß *pl.* e; *per:* congedo, der Abschied, der Urlaub *gen.* s; *per:* potere, die Macht, die Gewalt; *it.* libertà, die Freyheit *pl.* en; *it.* die Lizenz auf der Universität; *per:* petulanza, der Muthwillen *gen.* s, das Ungezogene.

Licenziamento, congedo, das Ur[illegible]

[illegible], der Abschied, der Urlaub gen. [illegible], die Bewilligung gen. [illegible] ... die Vergünstigung pl. [illegible].

Licenziosamente, av. gar zu frey, unbescheiden, [illegible]weise.

Licenzioso, ag. ausgelassen, frey, liederlich, zügellos.

Lido, das Ufer gen. [illegible]; il parlo lido, [illegible] part. die Meynet.

Liegele, sost. ein Inwohner aus Lüttich.

Liegi (città), Lüttich.

Lietamente, av. fröhlich, lustig, freudig.

Lieto, ag. fröhlich, lustig, freudig, froh, munter; [illegible] lieta, gute muntere [illegible].

Lieve, ag. leicht am Gewicht; fig. leicht, geschwind, artig, gering, schlecht, [illegible]; il tempo è lieve, die Zeit ist flüchtig.

Lievemente, av. leicht, [illegible], nicht schwer.

Lievezza, e lievità, die Leichtigkeit, die Geringachtung pl. [illegible].

Lievito, der Sauerteig gen. [illegible]; [illegible] des Aufgehen, das Gähren gen. [illegible] (des Sauerteigs).

Ligamento, V. Legame.

Lignaggio, das Geschlecht gen. [illegible] pl. [illegible]; die Abstammung pl. [illegible], V. Schiatta.

Ligneo, [illegible] di legno, ag. hölzern.

Lima, die Feile pl. [illegible]; lima grande, die Raspel [illegible]; lima dolce, eine [illegible]; lima [illegible], eine [illegible]; lima sorda, eine Feile [illegible], die man nicht [illegible].

Limaccio, der Koth gen. [illegible], der Schlamm gen. [illegible].

Limaccioso, ag. schlammicht, kothig.

Limare, feilen [illegible], [illegible] [illegible] comp.; per [illegible], [illegible]; per [illegible], poliren, [illegible].

Limatura, das Feilen gen. [illegible] pl. [illegible], die Feilspäne.

Limbicco, der Brennkolben, der [illegible] gen. [illegible] pl. [illegible]; [illegible] pl. [illegible]; [illegible] per [illegible], [illegible] werden [illegible].

Limbo, die Vorhölle; [illegible] der Ort, wo die Seelen der [illegible] [illegible] haben; [illegible] der Ort wo die Seelen der [illegible]

der [illegible] [illegible] haben ge[illegible] seyn.

Limitare, sost. die Thürschwelle; [illegible] il limitare della [illegible], des [illegible] [illegible].

Limitare, verb. [illegible], [illegible] comp.; limitare il tempo, [illegible] die Zeit, die Gränzen [illegible]; limitare il prezzo, den Preis bestimmen [illegible] comp.

Limitatamente, av. mit Einschränkung, eingeschränkterweise.

Limitato, part. da limitare, eingeschränkt [illegible]; prezzo limitato, [illegible], gesetzter Preis.

Limitazione, die Bestimmung einer gewissen Zeit; [illegible] eine Ausnahme, die Einschränkung.

Limite, die Gränze; [illegible] das Mand [illegible], der [illegible] gen. [illegible].

Limitrofo, ag. anstoßend.

Limo, der Schlamm, der Leim, der Koth gen. [illegible], der [illegible] gen. [illegible].

Limonata, ein Trank von Wasser, Citronensaft und Zucker, eine Limonade.

Limone, der Citronen, die Limone; [illegible] di limone, der Citronensaft; limoni [illegible], eingemachte Citronen [illegible].

Limosina, das Almosen gen. [illegible].

Limosinare, [illegible] [illegible] comp.

Limosiniere, ein Kirchenbeamter [illegible], der [illegible] [illegible] [illegible] an Hofe [illegible] die Almosen austheilt.

Limpidezza, die Klarheit, [illegible], [illegible] [illegible].

Limpido, ag. hell, klar, [illegible], [illegible].

Lingua, die Zunge, die Sprache; [illegible] [illegible], [illegible] [illegible] [illegible]; [illegible] [illegible] [illegible] [illegible].

Linguaggio, [illegible], hell, heiter, deutlich [illegible].

Lino, der Flachs gen. [illegible]; [illegible] il lino, [illegible] Gesicht haben.

Lintea, ag. [illegible].

Linteolo, e lintura, die [illegible], das [illegible] gen. [illegible]; fig. die [illegible], die [illegible] in [illegible].

Liolo, ag. [illegible], weich, [illegible],

[illegible] Linea, eine Linie, eine Zeile, eine Reihe [illegible] Linie; [illegible] väterliche Linie; [illegible] mütterliche Linie; [illegible] linea capitale, Hauptlinie; [illegible] nave di linea, ein großes Kriegsschiff [illegible]

Lineale, [illegible] das Lineal [illegible]

Linealmente, [illegible] gerade nach der Schnur oder Linie.

Lineamento, die Bildung des Gesichts, die Gestalt [illegible] lineamenti del volto, die Gesichtszüge [illegible] der Zug [illegible]

Lineare, [illegible]

Lineatura, die Zeichnung, die Abtheilung [illegible]

Linfa, [illegible]

Linfatico, [illegible]

Lingua, die Zunge [illegible] die Sprache [illegible]

Linguacciuto, [illegible]

Linguaggio, [illegible]

Lino, der Lein [illegible] der Flachs [illegible]

Liocorno, [illegible]

[illegible] in der Linie unter dem [illegible] Himmelszeichen.

Liquefare, [illegible] flüssig machen [illegible]

Liquefarsi, [illegible] zerschmelzen, zerfließen [illegible]

Liquefattivo, [illegible] zerschmelzend, zerfließend, auflösend.

Liquefazione, die Zerschmelzung, die Auflösung.

Liquidamente, [illegible] deutlich, klärlich.

Liquidare, [illegible] liquefare, zerschmelzen [illegible] liquidare i conti, richtig ausrechnen [illegible] die Rechnung in Richtigkeit bringen [illegible]

Liquidazione, [illegible] liquefazione, die Zerschmelzung [illegible] die richtige Rechnung [illegible] deutlicher Beweis [illegible]

Liquidezza, [illegible] liquidità, das flüssige, zerfließende Wesen [illegible] die Flüssigkeit [illegible]

Liquidire, flüssig, flüssig machen [illegible] zerschmelzen [illegible]

Liquido, [illegible] flüssig, zerfließend [illegible] deutlich, klar, richtig [illegible]

Liquirizia, das Süßholz [illegible]

Liquore, eine flüssige Materie, ein Saft, ein Getränke [illegible]

Lira, [illegible] die Leyer [illegible]

Lirico, [illegible] lyrisch [illegible] Poeta lirico, ein lyrischer Dichter [illegible]

Lisca, [illegible]

Lisciare, glätten, glänzend machen [illegible]

[illegible]

[illegible], geschickt, glatt, geschmückt.

Li[illegible], die Länge, V. [illegible].

Lista, ein schmaler, langer Streif mit Namen, ein Namenregister gen. [illegible], ein Verzeichnis pl. e. eine Rolle [illegible] ein [illegible] Streif gen. 4.

Li[illegible], die [illegible].

Li[illegible], die Glätte, die [illegible].

Lite, der Zank [illegible] der Streit [illegible] der Rechtshandel [illegible] einen Streit, einen Proceß [illegible] zu Ende bringen [illegible] einen Proceß [illegible]

Li[illegible], der Streiter [illegible].

Litigante, [illegible] streitend [illegible] die streitende Parthey.

Litigare, [illegible] führen [illegible] streiten [illegible].

Litigatore, ein Streiter [illegible] ein Zänker, ein Streitsüchtiger [illegible].

Litigio, der Streit [illegible] V. Lite.

Litigioso, [illegible] V. Litigante.

Li[illegible].

Li[illegible], ein [illegible] der eine [illegible].

Li[illegible], V. Li[illegible].

Li[illegible], ein [illegible].

Li[illegible], die [illegible].

Li[illegible] nach [illegible].

Li[illegible].

Li[illegible], der [illegible] pl. [illegible].

die Verleihung eines Guts [illegible] gen. [illegible] pl. e.

Li[illegible], [illegible].

Lividezza, der blaue Streif, Fleck gen. [illegible] pl. e. [illegible] der Neid [illegible] gen. [illegible].

Livido, adj. [illegible] blau [illegible].

Li[illegible], subst. ein [illegible] gen. [illegible].

Livonia, das Liefland gen. [illegible].

Livore, der Neid, die Mißgunst [illegible] V. Lividezza.

Livrea, die Livrey pl. en [illegible].

Li[illegible], die Laute pl. en.

Li[illegible], die Vereinigung pl. en [illegible].

L O

Lo, der [illegible].

Lo [illegible].

Locale, [illegible] dem Orte nach [illegible] locale, die [illegible] des Orts [illegible] locale [illegible] vom Orte.

Localmente, [illegible] dem Orte nach.

Locanda, die Herberge, ein Wirthshaus [illegible].

Locandiere, der Gastwirth gen. [illegible].

Locare, [illegible] setzen [illegible] an einen Ort [illegible].

Locazione, [illegible] die Verleihung, die Ver[illegible].

Stellung *pl.* en, das Stellen, das Legen *gen.* s, (an seinen Ort).

Locusta, die Heuschrecke *pl.* n; der Meerkrebs *gen.* es, *pl.* e.

Locuzione, die Rede, die Aussprache *pl.* n, die Redensart *pl.* en, das Gespräch *gen.* s, *pl.* e, der Sprachgebrauch *gen.* s.

Lodabile, *ag.* löblich, *V.* Lodevole.

Lodabilità, die Löblichkeit.

Lodante, *ag.* lobend, preisend.

Lodare, loben *v. a.*, anpreisen *v. ir. comp.*

Lodarsi, sich loben, sich rühmen *v. rec.*

Lodato, *part.* di lodare, gelobt; lodato sia Iddio! Gottlob!

Lode, das Lob *gen.* s, der Preis *gen.* es, die Ehre, der Ruhm *gen.* s; *pl.* le lodi, die Lobsprüche.

Lodevole, *ag.* löblich, lobenswerth.

Lodevolezza, das Lob *gen.* s, die Preiswürdigkeit, die Löblichkeit.

Lodevolmente, *av.* löblicherweise, löblich, rühmlich.

Lodola (allodola), die Lerche *pl.* n.

Loggia, der Altan *gen.* s, *pl.* en, ein offener Gang auf Säulen gebauet, um freye Luft zu schöpfen; *it.* ein Thürmchen bey einem Wohnhause, oder sonst ein Zimmer auf dem Dache; eine Laube *pl.* n.

Logica, die Logik, die Wissenschaft die Vernunft recht zu gebrauchen, die Vernunftlehre.

Logicamente, *av.* nach der Vernunftlehre, nach der Logik.

Logico, *sost.* ein Logicus.

Logistica, *voc.* aritmetica speciosa, die Algeber.

Loglioso, *ag.* voll Unkraut, lolchicht.

Logorante, *ag.* (parlandosi di vestiti), abnutzend, abtragend; *parlandosi d'altre cose*, verthuend, verzehrend.

Logorare, (vestiti), abnutzen *v. a. comp.*, abtragen *v. ir. comp.*; *parlandosi d'altre cose*, verthun *v. ir. comp.*, verzehren *v. a. comp.*

Logoratore, der abnutzt, abträgt, verthut, verzehrt.

Logorato, *part.* di logorare, abgenützt, abgetragen, verthan, verzehrt.

Logoro, *sost.* das Luder, womit man einen Habicht füttert; *it.* ein [illegible], um damit den Falken wieder herbey zu locken.

Lolla, eine Spreu, eine Hülse vom Getreide.

Lombo, eine Lende, oder die Seite *pl.* n (am Leibe); lombo di vitello, das Nierenstück, das Lendenstück *gen.* s, *pl.* e, (von einem Kalbe); lombo di bue, das Lendenbraten *gen.* s (von einem Ochsen); lombo di lepre, der Hasenrücken; di polmoni, der Rücken *gen.* s, die Leber (vom Federwilde).

Lombrico (verme), ein Erdwurm, ein Regenwurm; *it.* ein großer Spulwurm *gen.* s, *pl.* (würmer).

Londra (città), London, die Hauptstadt in Engelland.

Longanimità, die Langmuth; *perseveranza*, die Geduld.

Longitudine, die Länge; *nella Geografia*, der Raum von dem Meridiani eines Orts, bis zum ersten Meridian des Globi; *nella Astronomia*, der Raum vom ersten Grade des Widders, bis zu dem Sterne, dessen Longitudinem man wissen will.

Lontanamente, *av.* weit, fern, entlegen.

Lontananza, die Weite, die Entfernung, die Entlegenheit *pl.* en; die Ferne in der Perspektiv.

Lontanare etc. entfernen *v. a. comp.*, *V.* Allontanare etc.

Lontano, *ag.* weit, entlegen, entfernt; tenere uno lontano da q. c., einen von etwas abhalten *v. ir. comp.*; vista lontana, eine weite Aussicht; *av.* da lontano, von ferne, von weitem; in lontano, in der Ferne; *prep.* lontano dalla città, weit von der Stadt; lontano dagli occhi lontan dal cuore, weit aus den Augen, weit aus dem Sinne.

Lontra, eine Fischotter *pl.* n.

Lonza, Pantera, das Pantherthier *gen.* s; *per* certo pezzo di carne di vitello, das Nierenstück *gen.* s, (vom Kalbe).

Loppa, eine Spreu (vom Getreide), *V.* Lolla.

Loppoloso, *ag.* spreuicht, voll Spreu.

Loquace, *ag.* schwatzhaft, plauderhaft.

Loquacemente, *av.* plauderhaft, mit langen unnützen Reden.

Loquacità, die Schwatzhaftigkeit, die Plauderhaftigkeit.

Loquela, die Rede, die Sprache *pl.* n; aver buona loquela, ein gutes Mundwerk haben.

Lord, ein Ehrentitel, der man den vornehmsten Herren in Engelland giebt, Mylord.

Lordamente, *av.* auf eine schmutzige, unflätige Art, unflätig, säuisch.

Lordare, besudeln, beschmutzen, einschmieren, verunreinigen *v. r. comp.*

Lordezza, e **lordura**, die Unfläterei *pl.* en, der Schmutz *gen.* es, der Unflath *gen.* s, der Wust *gen.* es; *met.* die Schändlichkeit, die Lasterhaftigkeit *pl.* en.

Lordo, *ag.* unflätig, schmutzig, schmierig, unrein, häßlich; *met.* lasterhaft, schändlich.

Lorena, Lothringen.

Lorenese, ein Lothringer, aus Lothringen gebürtig.

Lorica, der Panzer *gen.* s, der Brustharnisch *gen.* es.

Loro, *pron.* das *pl.* ihnen *nom.* ed *acc.* ihr, ihre: la loro casa, ihr Haus; i loro beni, ihre Güter rc.

Losco, *sost.* ein Einäugiger *gen.* s; der blöde Augen hat.

Losco, *ag.* überschielig, schielend, einäugig; *met.* blöde, furchtsam, einfältig, albern; far losco uno, einen auf einem Auge blind machen *v. r.*

Loto, der Koth, der Schlamm *gen.* s; *it.* die Leimerde, *V.* Fango.

Lotoso, *ag.* kothig, morastig, schlammig.

Lotta, *sf.* das Ringen *gen.* s: fare alla lotta con uno, mit einem ringen *v. ir.*; *it.* das Rasen, das Wasen *gen.* s.

Lottare, ringen *v. ir.*, kämpfen *v. r.*; lottare colla morte, mit dem Tode ringen.

Lottatore, der Ringer, der Kämpfer *gen.* s.

Lotteria, die Lotterie *pl.* n, der Glückstopf *gen.* s, *pl.* (töpfe).

Lotto, der Loos *gen.* es, der Antheil *gen.* s; *it.* der Glückstopf *gen.* s, *pl.* (töpfe); das Lottospiel *gen.* s.

LU

Lubecca (città), Lübeck.

Lubricare, schlüpfrig machen *v. r.*; *it.* den Körper durch Laxiermittel reinigen *v. r.*

Lubricativo, *ag.* reinigend purgirend, was schlüpfrig macht, erweicht laxirt.

Lubrichezza ⎫ die Schlüpfrigkeit, die
Lubricità ⎭ Glätte, der offene Leib; *it.* die Unbeständigkeit, die Geilheit, die unrechtmäßige Liebe, die fleischliche Wollust, die Unzucht.

Lubrico, *ag.* schlüpfrig, glatt, da man leicht ausgleiten und fallen kann; *met.* betrüglich, unbeständig; unzüchtig, wollüstig; *sust.* ein schlüpfriger Ort.

Luccio (pesce), der Hecht *gen.* s *pl.* en.

Lucciola, cui Johanneswürmchen *gen.* s, das des Nachts glänzet.

Luce, das Licht *gen.* s, der Schein *gen.* es, der Schimmer *gen.* s; *poet.* le luci, cioè gli occhi, die Augen; dare alla luce q. c., etwas herausgeben, ans Licht bringen; dare in luce un libro, ein Buch drucken lassen.

Lucente, *ag.* leuchtend, hellglänzend.

Lucentemente, *av.* glänzender weise, auf eine hellglänzende Art.

Lucere, leuchten, scheinen, schimmern, glänzen *v. r.*, *poet.* prangen *v. r.*, in die Augen fallen *v. ir.*

Lucerna, die Lampe, die Leuchte *pl.* n; *in senso fig.*, der Schimmer, *gen.* s, der Glanz *gen.* es, der Schein *gen.* s.

Lucerta, e **lucertola**, die Eidexe *pl.* n.

Lucidamente, *av.* klärlich, deutlich, hell.

Lucidare, licht, helle machen *v. r.*, erleuchten *v. r. comp.*

Lucidezza, die Klarheit, die Deutlichkeit, der Glanz *gen.* es, der Schein *gen.* s.

Lucido, *ag.* hell, klar, leuchtend, glänzend, deutlich; lucidi intervalli, gewisse Stunden, da die Wahnsinnigen wieder zu verstanden kommen; da einer verständig denkt.

Lucifero, der Lucifer *gen.* s, der oberste Teufel *gen.* s; *it.* der Morgenstern, der Tagstern *gen.* s.

Lucignolo, der Docht an einer Lampe, das Licht *gen.* s.

Lucro, der Gewinn, der Nutzen, der Vortheil *gen.* s.

Lucrosamente, *av.* mit Gewinn, einträglicherweise, mit Vortheil.

Lucroso, *ag.* einträglich, was Gewinn, Nutzen bringt.

Ludibrio, der Hohn *gen.* s, der Spott, das Spottwort *gen.* s, *pl.* e, das Gespötte *gen.* s, *pl.* n.

Lue, die Seuche, das giftige Geschwür

[illegible] venezia, [illegible] Republik.

Luglio, der Heumonat [illegible]

Lugubre, [illegible] traurig, kläglich, [illegible] tempo lugubre, [illegible] Trauerkleid [illegible] Traurigkeit [illegible]

[illegible]

Lume, [illegible] Licht [illegible]

[illegible]

Lumiera, [illegible]

[illegible]

Lunare, [illegible] der monatliche Lauf des Mondes, der Mondenlauf [illegible] die Mondzeit.

Lunario, [illegible] Kalender [illegible]

Lunatico, [illegible]

[illegible] Einfluß des Mondes [illegible]

[illegible] Mondes, der Mondenlauf [illegible]

[illegible] die Mondenzeit [illegible]

Lunedì, der Montag [illegible]

Lungamente, [illegible] lange, langwierig, lange Zeit.

Lunghezza, [illegible] die Länge, die Langwierigkeit.

Lunghiera, eine weitläufige Rede, V. Lungheria.

Lungi, [illegible] lungi, weit [illegible]

Lungo, [illegible] lang, langweilig, langsam [illegible] lungo, längs [illegible]

Luogo, der Ort [illegible] der Platz [illegible] in primo luogo [illegible] luogo [illegible] in luogo [illegible]

Luogotenente, der Lieutenant [illegible] der Statthalter [illegible]

Luogotenenza, die Statthalterschaft [illegible]

Lupo, der Wolf [illegible]

[illegible]

Losanga, [illegible]

Lusingare, schmeicheln, liebkosen [illegible] anlocken, [illegible] [illegible] [illegible] [illegible] V. Adulare.

Lusingatore, ein Schmeichler gen. &.

Lusinghevole, [illegible] schmeichelhaft, schmeichlerisch, verführerisch, [illegible].

Lusinghevolmente, av. schmeichelhaft, verführerischer weise.

Lusinghiero, [illegible] [illegible] [illegible] [illegible] [illegible] [illegible] V. Lusinghevole.

Lusso, die Pracht, der Ueberfluß gen. [illegible], die Schwelgerey, der [illegible] [illegible] der Staat gen. [illegible]

Lussuria, die Wollust, die Unmäßigkeit, die Geilheit, die Ueppigkeit, die Schwelgerey, der [illegible] Gebrauch [illegible] Sachen.

Lussuriante, e lussureggiante, sost. ein Schwelger, ein Prasser gen. [illegible] [illegible] ein [illegible] [illegible] gen. [illegible] [illegible] unmäßig [illegible] im Ueberfluß [illegible] [illegible] [illegible] [illegible] [illegible] [illegible] [illegible] [illegible] [illegible]

Lussuriare, e lussureggiare, unmäßig [illegible] [illegible] [illegible] [illegible] [illegible] [illegible] [illegible]

Lussuriosamente, av. [illegible] verschwenderisch, [illegible] weise.

Lussurioso, sost. ein Schwelger, ein Wollüstiger gen. [illegible] V. Lussuriante.

Lustrale, [illegible] [illegible] V. Lustrale.

Lustrale, ag. [illegible] [illegible] [illegible] [illegible]

Lustrante, agg. glänzend, [illegible] [illegible]

Lustrare, einen Glanz geben [illegible] glänzend machen, [illegible] [illegible] [illegible] [illegible]

Lustrazione, die Glätte [illegible] das Glätten, das Glänzendmachen [illegible]

Lustrino, eine Art eines glänzenden Zeuges.

Lustro, sost. eine Zeit von fünf Jahren [illegible] der Glanz gen. [illegible] der Schein, das Licht gen. [illegible] [illegible] Il lustro ad un drappo, ein Tuch pressen [illegible]

Lustro, ag. glänzend [illegible] [illegible] [illegible] [illegible]

Luteranismo, das Lutherthum gen. [illegible]

Luterano, sost. ein Lutheraner gen. [illegible] ag. lutherisch.

Lutto, die Trauer gen. [illegible] portare il lutto, Trauer [illegible] [illegible] vestire di lutto, [illegible] Trauerkleidung [illegible] [illegible]

Luttuosamente, av. kläglich, wehmüthig, [illegible] [illegible]

Luttuoso, ag. kläglich, wehmüthig, zur Trauer gehörig.

M A

MA, cong. aber, allein [illegible] [illegible] [illegible] [illegible] [illegible]

Macca, [illegible] [illegible] [illegible] Ueberfluß [illegible] [illegible] [illegible] [illegible] [illegible]

Maccheroni, [illegible] [illegible] [illegible] [illegible] [illegible] [illegible]

Macchia, der Fleck gen. [illegible] der [illegible] der Schandfleck [illegible] [illegible] [illegible] [illegible] [illegible] [illegible] [illegible]

Macchiare, beflecken [illegible] [illegible] besudeln [illegible] [illegible] [illegible] [illegible] Punkte, [illegible] der Erde, des Vermögens [illegible] [illegible]

Macchina, ein künstliches Gebäude gen. [illegible] eine Maschine [illegible] [illegible] der [illegible] [illegible] [illegible] die [illegible] [illegible]

Macchinalmente, av. [illegible] [illegible] [illegible]

Macchinamento, e macchinazione, das heimliche Anschlagen gen. [illegible] der [illegible] [illegible] Anschlag gen. [illegible] die [illegible] [illegible] [illegible] der [illegible] [illegible] [illegible]

Macchinare, ein Mittel erdenken, etwas künstlich zu [illegible] [illegible] [illegible] [illegible] [illegible] [illegible] [illegible] [illegible] [illegible] Verfahren ersinnen [illegible] [illegible] ausfindig machen [illegible] auf etwas bedacht seyn [illegible]

Macchinatore, ein Anstifter [illegible] ein Verräther [illegible] [illegible] [illegible] [illegible] der [illegible] [illegible] [illegible] her, ein Erfinder, ein Urheber gen. m.

Macchinista, der allerhand Kunstwerke zu verfertigen weiß [illegible], ein Geräthkünstler gen. m.

Mace, die Muscatenblüthe, die Muscatenblume pl. n.

Macellajo, der Metzger, der Fleischer, der Fleischhacker gen. s [illegible] das Vieh abschlachtet.

Macellare, metzgen, würgen v. [illegible] verderben v. [illegible]

Macello, die Fleischbank, die Schlachtbank, pl. (bänke) das Schlachthaus gen. es, pl. (häuser), [illegible] das Blutbad, gen. [illegible] (Blutbäder)

Macerare, [illegible] [illegible] mürbe machen v. [illegible], [illegible] (die [illegible]) [illegible] einweichen [illegible] [illegible] v. [illegible], [illegible] etwas [illegible] [illegible] lassen v. [illegible] macerare la calcina, den Kalch löschen v. [illegible] [illegible], den Flachs rösten v. [illegible]

Macerazione, die Einweichung, die [illegible] pl. en, das Beizen, das Einweichen gen. s, (bey den [illegible]) [illegible] die Kasteyung, [illegible] Demüthigung des Fleisches [illegible] ein strenges Leben gen. s.

Macero, ae. mager, schlank, dünne [illegible] macerare, eingeweicht, [illegible] [illegible] [illegible] [illegible] [illegible] (vom Flachs, Hanf [illegible])

Macigno, der Bruchstein gen. s, pl. e, der Feuerstein gen. es, pl. [illegible] [illegible] [illegible], ein harter Stein; aver il cuore di macigno, ein steinhartes Herz haben.

Macilente, ae. mager, dürre, hager; [illegible] macilento, [illegible] [illegible]

Macilenza, die Dürre, die Magerkeit, die [illegible]

Macina, e macine, die Mühle, pl. [illegible] [illegible] [illegible], der [illegible] [illegible] der untere Mühlstein gen. s.

Ma[illegible] [illegible], das Mahlen gen. s, (in der Mühle).

Macinare, mahlen [illegible] (auf der Mühle), aber [illegible] [illegible] v. [illegible] [illegible] [illegible] [illegible]

Macine, s. Macina.

Maciulla, eine Hanf[illegible] Flachsbreche

Maciullare, brechen v. [illegible] (Hanf, Flachs).

Madama, meine Frau pl. en, meine Gebieterin pl. en.

Madamigella, [illegible] Jungfer.

Madonna, [illegible] [illegible] [illegible] [illegible] [illegible] [illegible] [illegible] Madonna, das [illegible] [illegible] [illegible] [illegible] eine Frau von [illegible] [illegible]

Madornale, ae. [illegible] [illegible] [illegible] [illegible] s. Madornale.

Madre, die Mutter pl. (Mütter) [illegible] ein Gebärmutter [illegible] [illegible] [illegible] [illegible] [illegible] [illegible] [illegible] [illegible] [illegible] [illegible] [illegible] [illegible] [illegible] mal di madre, die Mutterbeschwerung; la madre [illegible] [illegible] [illegible] [illegible] la madre del [illegible] [illegible] [illegible] [illegible] [illegible] [illegible] [illegible]

Madreperla, die Perlmutter.

Madrigale, der Madrigal gen. s, [illegible] Art kurzer Verse, bald kurz, bald länger, meistens von [illegible] [illegible]

Madrina, eine [illegible] [illegible] [illegible] [illegible] eine [illegible] eine [illegible] [illegible]

Madornale, ae. [illegible] [illegible] [illegible] [illegible] madornale, ein [illegible] [illegible] [illegible] [illegible] [illegible] [illegible] [illegible] madornali, die [illegible] [illegible] [illegible] madornale, das [illegible] [illegible] gen. s.

Maestà, die Majestät, die Hoheit, das [illegible] gen. [illegible] [illegible] [illegible] [illegible]

Maestosamente, ae. majestätischer weise, herrlich.

Maestoso, ae. majestätisch, [illegible] herrlich, ansehnlich.

Maestra, eine Meisterin, eine [illegible], eine Lehrmeisterin pl. [illegible] [illegible] die Hauptwurzel von einer Pflanze [illegible] die [illegible] [illegible] [illegible] [illegible] [illegible] maestra, die Hauptstraße pl. [illegible] mano maestra, [illegible] [illegible] Hand pl. (Hände) [illegible] maestra, die Landstraße pl. n.

Maestramento, die [illegible], die [illegible] [illegible] [illegible]

Maestranza, die Meisterschaft, die [illegible] Meister, die Zunft pl. (Zünfte) (bey den Handwerkern) [illegible] die [illegible], die [illegible]

Maestrare, zum Doctor, zum Meister machen v. [illegible], unterrichten v. [illegible] [illegible] unterrichten v. [illegible] lehren v. [illegible]

Maestrevole, ae. meisterlich, künstlich verfertiget

Maestrevolmente, av. meisterlich, künstlich, [illegible] [illegible] [illegible] [illegible]

Maestà, die Würde, die Geschicklichkeit, das Meisterstück gen. 4. der Meistergriffe, pl. n. [illegible] die Lira maestra di chiesa, die Kirchenl[illegible]

Maestro, sub. der Meister, der Lehrmeister gen. [illegible] der Hofmeister, Hauptmann gen. 3. pl. [illegible] der Schulmeister gen. [illegible] di lingue, der Sprachmeister; di lingua, der [illegible]meister; di ballo, der Tanzmeister; di scherma, der Fechtmeister; di giustizia, des Scharfrichters; di stalla, der Stallmeister; di casa, der Haushofmeister; il gran Maestro, der Großmeister gen. 4.

Maestro, ae. meisterlich, künstlich, vortrefflich; colpo maestro, das Meisterstück gen. 6. pl. e. (in Sachen) der Meisterstoß gen. [illegible] pl. [illegible]

Mago, der Zauberer pl. [illegible] V. Strega.

Magagna, difetto, der Mangel gen. 6. pl. Mängel, der Fehler gen. 6. der Schaden gen. 6. pl. Schäden.

Magazziniere, der Aufseher über das Magazin, der Verwalter gen. 4.

Magazzino, die Vorrathskammer pl. n. der Kaufmannsgewölbe gen. 6. pl. n. die Kaufmanns Niederlage pl. n. das Brod- oder Getreidehaus gen. [illegible] (Kasten); magazzino di fieno, der Heuvorrath [illegible]; (magazzino) magazzino di grani, der Kornboden gen. [illegible] das Magazin gen. 6.

Maggese, sub. maggiatico, das Brachfeld gen. [illegible] der Brachacker gen. 6.

Maggio, der Mayen [illegible]

Maggiolino, der Maikäfer.

Maggioranza, die Obermacht, die Oberherrschaft pl. en. der Vorzug gen. (Vorzüge) der Vorrang, der Vorstand gen. [illegible] das Alter und Vorzug; [illegible] das Majoratsrecht der Erstgeburt [illegible] die Majorität.

Maggiorasco, das Recht der Erstgeburt, den [illegible] Söhne in vornehmen Familien, der Erstgeburt, das Erbtheil gen. [illegible]

Maggiordomo, der Haushofmeister gen. [illegible] maggiordomo maggiore, der Oberhofmeister bey einem großen Herrn.

Maggiore, sub. [illegible] der Obristwachtmeister, der Major gen. [illegible] il General maggiore, der Generalwachtmeister gen. [illegible] figlio maggiore, der älteste Sohn gen. [illegible] il Cavallerizzo maggiore, der Oberstallmeister gen. [illegible] l'Altar maggiore, der hohe Altar gen. [illegible] la Maggiore della Logica, der Obersatz einer Schlußrede; i Maggiori, [illegible] i Superiori, die Vorgesetzten; [illegible] die Voreltern, die Vorfahren.

Maggiore, ae. größer, älter; [illegible] la maggior parte, größten Theils.

Maggioreggiare, den ersten Vorzug haben; [illegible] den Meister spielen, über andere herrschen.

Maggiormente, av. mehr, [illegible]

Magia, die Zauberey.

Magicamente, av. zauberischerweise, durch Zauberey.

Magico, ae. zauberisch; l'arte magica, die Zauberkunst.

Magione, poet. [illegible] abitazione, die Wohnung, die Behausung, der Aufenthalt gen. [illegible]

Magistero, die Meisterschaft, die Meisterkunst, die Magisterwürde bey einer Akademie.

Magistero, die Meisterkunst, die Lehre [illegible] Meister [illegible] die Lehre, das Lehramt gen. [illegible] die [illegible]

Magistrale, ae. vorschriftmäßig, gesetzmäßig; [illegible]

Magistralmente, av. meisterlich; V. Maestrevolmente.

Magistrato, der Stadtrath gen. [illegible] die Obrigkeit pl. en. [illegible] membro appartenente al Magistrato, der obrigkeitliche Person pl. en.

Magistratura, die obrigkeitliche Würde, der Rathsstuhl.

Maglia, ein Ringlein, ein Glied [illegible] an einer Panzerkette; [illegible] eine Masche von gestricktem, [illegible] ein Panzer gen. [illegible]

Magliato, ae. gebunden, geknüpft.

Maglio, der Mailschlägel gen. [illegible] ein Schlägel, Klöpfel von Holz zum Ballspiel der Schmiede, Seiler [illegible] und zum Maillspielen.

Magnanimamente, av. großmüthiger weise, edelmüthigerweise.

Magnanimità, die Großmuth, der Edelmuth, die Erhabenheit der Seele.

Magnanimo, ag. großmüthig, edelmüthig.

[illegible], der Schläfer, der Kesselflicker gen. s.

Magnate, ein großer Herr, ein vornehmer Herr gen. en, pl. en, (in einem Lande).

Magnesia, der Braunstein gen. s, pl. e, magnesia opalina, der Raben[illegible] von [illegible].

Magnetico, ag. magnetisch, was anziehend.

Magnetismo, die magnetische Kraft.

Magnificamente, av. [illegible]weise, herrlicherweise.

Magnificare, erheben, [illegible] groß achten, [illegible] preisen [illegible] die göttlichen Gnaden).

Magnificentemente, V. Magnificamente.

Magnificenza, die Herrlichkeit, die Pracht, die Kostbarkeit pl. en, der Staat gen. s, der Glanz gen. es, die Zierung, das Lob gen. s, ein [illegible] Namen).

Magnifico, ag. herrlich, prächtig, der [illegible] Staat führt, [illegible]

Magno, ag. groß, [illegible] Carlo Magno, Carl der Große.

Mago, der Zauberer gen. s.

Magona (ferra), [illegible].

Magramente, av. kärglich, sparsam, schlecht, mager, [illegible]weise.

Magretto, e magrino, ag. ziemlich mager, etwas mager, nicht gar zu fett.

Magrezza, die Magerkeit, die Dürre; magrezza di terra, die Unfruchtbarkeit der Erde.

Magrire, mager werden e. auf.

Magro, ag. mager, dürr, [illegible] schlecht, elend, [illegible] giorno di magro, ein Fasttag, [illegible] Tag, da das Fleischessen verboten ist; una magra ricolta, eine schlechte Ernte; [illegible] entrate magre, schlechte Einkünfte.

Mai, av. jemals, nie, niemals; più che mai, mehr als jemals; chi fu mai? wer ist doch jemals gewesen? mai sempre, alle-zeit; mai più, nimmermehr; [illegible] wol [illegible].

Majale, der Eber gen. s, ein geschnittenes Schwein gen. s, pl. e.

Majolica, eine Art irdener Gefäße, [illegible]

Majuscolo, ag. etwas groß, größer als gewöhnlich; lettera majuscola, ein großer Buchstabe, ein Anfangsbuchstabe gen. n, pl. n; [illegible] maiuscola, ein [illegible] großer [illegible] gen. s.

Malacconcio, ag. [illegible], ungeschickt.

Malaccolto, ag. übelaufgenommen, übelempfangen.

Malaccorto, ag. unvorsichtig, unbedachtsam, unachtsam.

Malacreanza, die Grobheit, die Unhöflichkeit, die Unartigkeit, das ungeschickte Wesen gen. s.

Malachite (pietra), der Schreckstein gen. s, pl. e.

Ma[illegible], ag. [illegible], abgezehrt, [illegible].

Malagevole, ag. schwer, unbequem, mühsam, hart, beschwerlich; un [illegible] malagevole, ein [illegible] schwierig.

Malagevolezza, die Schwierigkeit, die Unbequemlichkeit, die Mühseligkeit.

Malagevolmente, av. schwerlich, mit Mühe.

Malagiato, ag. unbequem, arm, dürftig.

Malagrazia, die Unhöflichkeit pl. en; fare una malagrazia ad alcuno, jemandem unhöflich begegnen; con mala grazia, mit ungeschickter Weise.

Malamente, av. übel, schlimm, schlecht, böslich, schändlich, grausamlich.

Malanconia, die Traurigkeit. V. Malinconia.

Malan[illegible], ag. verdorben, ins Verderben [illegible].

Malandr[illegible], ag. diebisch, straßenräuberisch, schelmisch.

Malandrino, der Räuber gen. s, pl. -, ein Straßenräuber gen. s, ein Schelm gen. s, pl. en.

Mal[illegible], ag. kränklich, [illegible].

Malanno, das große Unglück gen. s; che il fango il malanno, daß ihn [illegible] und [illegible]; il malanno ti colga! hole dich der Henker! daß der Henker auf deinem Kopf! daß dich der Henker hole! [illegible]

Malattia, die Krankheit, die Unpäßlichkeit pl. en.

Malaticcio, ag. kränklich, unpäßlich.

Malato, ag. krank, unpaß, V. Ammalato.

Malavvedutamente, av. unbedachtsamer, unbehutsamer, unvorsichtigerweise.

Malavveduto, ag. unbesonnen, unvorsichtig, unbehutsam.

Malavventura, e malaventura, das Unglück gen. s, der widrige Zufall gen. s, pl. (Zufälle).

Malavventurato, ag. unglücklich.

Malavventuratamente, av. unglücklicherweise.

Malaccorto, ag. verwöhnt, verzogen, [illegible].

Malavvoglia, e malavoglia, die Unlust, die Verdrüßlichkeit; essere di malavvoglia, [illegible], nicht aufgeräumt seyn u. s. w.; [illegible] di malavvoglia, etwas ungerne thun u. s. w.

Malcaduco, die fallende Sucht, die [illegible].

Malcapitato, ag. übel angekommen, in [illegible] in äußerste [illegible] [illegible] seyn.

Malcauto, ag. unvorsichtig.

Malcontento, ag. [illegible].

Malcomposto, ag. unordentlich, ungeschickt, [illegible] [illegible].

Malconcio, ag. [illegible], übel [illegible].

Malcontento, ag. unzufrieden.

Malconsigliato, ag. unbedachtsam, [illegible], schlecht berathen.

Malcreato, ag. [illegible], unerzogen.

Malcostumato, ag. ungesittet, ungezogen.

Malcreato, ag. unhöflich, grob, ungezogen, ungesittet, unartig.

Maldicente, sust. der Verläumder, der Lästerer gen. s.

Maldicenza, die Verläumdung, die Lästerung, die Schmähung.

Male, sust. das Uebel gen. s, pl. s, das Böse gen. e pl. n, die Uebelthat pl. en; per s. fare, der Schade gen. s, pl. (Schäden); [illegible] per [illegible], die Krankheit pl. en; per dolore, der Schmerz gen. e, pl. en, das Weh gen. es; per disgrazia, das Unglück gen. s; per miseria, das Elend gen. s; per pericolo, die Gefahr; andar il male in peggio, immer schlimmer werden; avere a male, übelnehmen u. s. w.; far male, Böses thun, übel handeln, [illegible] [illegible] il mal di testa, der Kopfschmerzen; il mal di [illegible], das [illegible]; il mal [illegible], die [illegible].

Male, av. [illegible] übel, schlimm, schlecht.

Maledetto, ag. verflucht, verwünscht.

Maledettamente, av. schändlich, lästerlich, auf eine verdammte Art.

Malefico, ag. [illegible], V. Malefico.

Maledire, fluchen u. s. w., verfluchen u. s. w., lästern u. s. w., verwünschen u. s. w.

Maledizione, der Fluch gen. s, die Verwünschung, die Lästerung pl. en.

Malefiziato, e malefiziato, ag. bezaubert.

Malefizio, e malefizio, das Verbrechen gen. s, die Uebelthat pl. en; [illegible] per malia, die Zauberey, die Bezauberung pl. en; giudice del malefizio, der Blutrichter gen. s.

Malefico, ag. boshaft, bezaubernd, [illegible].

Malefico, sust. der Zauberer gen. s; ag. [illegible] [illegible] [illegible].

Malestante, ag. [illegible], [illegible] in schlechten Umständen sich befindend.

[illegible] [illegible] [illegible] [illegible] [illegible].

Malevolo, ag. mißgünstig, [illegible], [illegible], abhold, [illegible].

Malfattore, sust. ein Uebelthäter gen. s; [illegible], [illegible].

Malfidenza, die Untreue pl. en, [illegible] gen. s.

Malfare, übel thun u. s. w., lästern, schaden u. s. w.

Malfatto, part. übel gethan, übel gemacht; per [illegible]; [illegible] ag. ungeschickt, unförmlich, häßlich, [illegible] übel gebaut, [illegible] übel [illegible].

Malfattore, der Uebelthäter, der [illegible]

Gelehrter, der lasterhafte Mensch *gen.* s *pl.* en.

Malfondato, *ag.* übelgegründet, wankend.

Malfrancese, o mal di Nico, die Venusseuche, die venerische Krankheit.

Malfranzesato, *ag.* mit der venerischen Krankheit behaftet.

Malgarbo, die üble Verdauung *pl.* en; far un mal garbo ad uno, einem übel begegnen, einem eine Grobheit erweisen *v. r. comp.*

Malgoverno, die üble Wirthschaft, die Vernachlässigung, *f.* Scempio, Strazio, Strage.

Malgradito, *ag.* übel aufgenommen, unangenehm.

Malgrado, *prep.* wider Willen, ungeachtet, ungesehen, obgleich; mio malgrado, wider meinen Willen; suo malgrado, du magst es gerne sehen oder nicht; der dem Trotze; malgrado le piogge, da es gleich regnet; malgrado che ec., ungeachtet daß ec.

Malgrazioso, *ag.* unanständig, ungefällig, unhöflich; *sub.* der Grobian *gen.* es, die Widrige *gen.* en.

Malia, die Hexerey, die Zauberey *pl.* en.

Maliziosamente, *av.* boshafterweise, tückischerweise.

Malignare, boshaft handeln *v. aus.*

Malignità, die Bosheit, die Boshaftigkeit *pl.* en, die Tücke; *it.* das Üble bey einer Krankheit.

Maligno, *ag.* boshaft, arg, bösartig, schalkhaft; la febbre maligna, das hitzige Fieber; aria maligna, die böse Luft; dello maligno, der Teufel, der Bösewicht *gen.* es; la bella maligna, das schädliche Wetter [illegible]; ne' nostri maligni tempi, in unsern [illegible] Zeiten; [illegible] maligno, [illegible] ein böser Mensch *gen.* en *pl.* en; il maligno, der böse Feind *gen.* es; it. der Teufel *gen.* s.

Malignosamente, *av.* boshafterweise.

Malimpiegato, *ag.* übel angewandt.

Malinconia, die Schwermuth, die traurige Manier, der Trübsinn, der Gram *gen.* es, die Betrübniß *pl.* e; darsi, avere malinconia di q. c., sich über etwas grämen.

Malinconicamente, *av.* schwermüthigerweise, traurigerweise, melancholischerweise.

Malinconico, *ag.* schwermüthig, melancholisch, betrübt, traurig.

Malintesi, *ag.* unrecht verstanden, [illegible].

Malinfranto (de' cavalli), der Hufschmied *gen.* es; [illegible] in senso di Maniscalco, die Hufschmiede, der Kräutermarschall *gen.* s; (di Corte), der Hofmarschall.

Malizia, die Bosheit, die Schalkheit, die Schelmerey *pl.* en, die [illegible] *pl.* n; der boshafte Streich *gen.* s, *pl.* e; it. der Betrug *gen.* s, die [illegible], der Kniff *gen.* s.

Maliziare, boshaft, schalkhaft werden *v. aus.*; it. tückisch handeln *v. r.*

Maliziosamente, *av.* boshafterweise, schalkhafterweise.

Maliziosetto, *ag.* etwas boshaft, schalkhaft.

Malizioso, *ag.* boshaft, schalkhaft, arg.

Malleva dore, der Bürge *gen.* n, der [illegible]; chi entra mallevadore, colui pagherà, der gut spricht muß auch bezahlen.

Mallevare, Bürge werden *v. aus.*, gut sprechen *v. r.*, Bürgschaft leisten *v. r.*, Bürge seyn *v. r.*

Malleveria, die Bürgschaft, der Bürgstand *gen.* s.

Malmenare, übel handhaben *v. r. comp.*, einem übel mitspielen *v. r. comp.*, mit einem übel umgehen *v. r. comp.*; it. verdrehen, verderben *v. r. comp.*

Malmenato, *part.* übel mit einem umgegangen *v. r.* [illegible]

Malmettere, verschwenden *v. r. comp.*, [illegible] *v. r. comp.*, übel anwenden *v. r. comp.*

Malnato, *ag.* unartig, unhöflich.

Malnoto, *ag.* unbekannt.

Malora, das Unglück *gen.* s; andar in malora, ins Verderben gerathen *v. r. comp.*, andar alla malora, zum Henker, zum Teufel gehen *v. r. comp.*

Malordinato, *ag.* übel angeordnet, in Unordnung, verwirrt.

Malore, eine Krankheit *pl.* en, ein übler Zustand *gen.* s, *pl.* Zustände.

Malpratico, *ag.* in die äußerlichen Umstände verletzt.

Malpratico, *ag.* unerfahren, ungeschickt.

Malpreparato, ag. übel zugerichtet, übel zubereitet.

Malprò, das Uebelbekommen [illegible].

Malprocedere, sust. die üble Begegnung, die Grobheit, die Unhöflichkeit.

Malpropio, ag. unschicklich, unanständig, unziemlich.

Malprovveduto, ag. übel versehen.

Malsano, ag. ungesund, kränklich.

Malservito, ag. übel bedient.

Malsicuro, ag. unsicher, gefährlich.

Malsoddisfatto, ag. [illegible].

Malta, fango, der Koth [illegible], der Estrich; per simil. der Mörtel [illegible].

Maltalento, die Abneigung [illegible], der böse Wille [illegible].

Maltermine, die üble Begegnung [illegible]; fare un maltermine ad uno, einem übel begegnen [illegible], einem eine Grobheit erzeigen [illegible].

Maltolto, sust. ein Raub [illegible]; ag. unrechtmäßig.

Maltrattamento, das schlimme Verfahren [illegible], eine schlechte Bewirthung, eine üble Begegnung, die Mißhandlung [illegible].

Maltrattare, mißhandeln, übel begegnen [illegible], übel umgehen mit einem, einen schlecht bewirthen.

Maltrattato, part. übel begegnet, schlecht bewirthet, gemißhandelt.

Malva (erba), das Käsepappelkraut [illegible], die Pappel.

Malvagia, o malvagìa (sorte vino), eine Art von süßem Wein; per malvagità, die Bosheit [illegible].

Malvagiamente, av. boshafter Weise, lasterhafterweise.

Malvagio, ag. böse, boshaft, lasterhaft.

Malvagità, die Bosheit, die Schalkheit, die Gottlosigkeit.

Malvedere, einen nicht gerne sehen [illegible], einen nicht leiden können.

Malveduto, part. ed ag. übel angesehen, ungelitten, verhaßt.

Malvestito, ag. [illegible], schlecht gekleidet.

Malvivente, ag. liederlich, ausschweifend lebend.

Malvolentieri, av. ungern, mit Widerwillen, [illegible] mit genauer Noth.

Malvolere, verbo, nicht wohl wollen v. a.

Malvolere, sust. die Ungewogenheit, die [illegible].

[illegible], ag. [illegible].

Mammalucco, ein Mameluck [illegible]; [illegible] der von einem Christen [illegible] erzogen worden [illegible]; ein Tölpel [illegible].

Mammana, die Hebamme [illegible].

Mammella, eine Brust (der Weiber), die Zitze [illegible], die Dutte, die [illegible], die Mutterbrust.

Mammolo, ein Kind so noch saugt.

Mammone, eine Meerkatze [illegible].

Mancamento, der Mangel [illegible], die Ermangelung [illegible]; fallo, das Verbrechen, der Fehler [illegible], das Vergehen, die Unvollkommenheit, die Schwäche, der Mangel [illegible].

Mancante, o manchevole, ag. fehlerhaft, mangelhaft, abnehmend, [illegible], nicht zureichend; mancante di forze, kraftlos.

Mancanza, der Mangel [illegible]; V. Mancamento; in mancanza d'occasione, aus Mangel der Gelegenheit.

Mancare, vermindern, verringern v. a. comp., schwächen [illegible], ermangeln, fehlen [illegible], abnehmen [illegible]; come mancare al suo dovere, seine Schuldigkeit nicht beobachten [illegible]; mancar di parola, sein Wort nicht halten [illegible]; [illegible]; mancar di vita, sterben [illegible]; [illegible]; mancar di forze, di speranza, die Kräften, die Hoffnung verlieren [illegible].

Mancatore di fede, der sein Wort bricht.

Mancipare, e mancipare, einen Sclaven, oder ein [illegible] Kind frey von der Vormundschaft [illegible], ihm seine Güter selbst anvertrauen v. a. comp.

Mancipazione, die Freyheit, mit der [illegible], die Lossprechung eines Kindes [illegible] von der väterlichen Gewalt.

Manchevolmente, av. mangelhaft.

Mancia, ein Trinkgeld *gen.* es, *pl.* er.

Mancina, *fuſt.* Linke; ollen mancino, links ſeyn *v. auſ.*

Manco, *fuſt.* der Mangel *gen.* s, die Ermangelung; manco, *perz.* mancante di una mano, Einhändiger *gen.* s.

Manco, *ac.* [illegible], links; la mano manca, die linke Hand; a mano manca, linke, *av.* weniger; al manco, wenigstens; manco che manco, viel weniger; non ci ho manco penſato, ich habe nicht einmal davon gedacht; manco male, es iſt eben ſo gut; nè manco, nicht einmal; venir manco, ohnmächtig werden *v. auſ.*

Mandare, ſchicken *v. r.*; mandar via, weſchicken, verſenden, fortjagen *v. r. comp.*; mandar per uno, per q. c., nach einem, nach etwas ſchicken; mandare ad effetto, bewerkſtelligen *v. r. comp.*; lascia ch'io la mandi buona, laſs mir es zum Beſten; mandar in aria, in die Luft ſprengen *v. r.*; mandare a fondo, una nave, ein Schiff zu Grunde bohren *v. r.*

Mandarino, ein königlicher Officier vom chineſiſchen Hofe.

Mandata, eine Verſchickung, eine Verſendung *pl.* en, *ec.* der Abſchied *gen.* s.

Mandatario, ein Commiſſarius, ein Bevollmächtigter, ein Abgeordneter *gen.* s, ein Anwalt *gen.* s, *pl.* en.

Mandato, *fuſt.* der Befehl *gen.* s, *pl.* e, der Auftrag *gen.* s, *pl.* (Aufträge), die Vollmacht *pl.* en, das Mandat *gen.* s, [illegible]; mandatario, der Abgeordnete *gen.* [illegible] *pl.* n; *part.* abgeſchickt.

Mandola (frutto), die Mandel *pl.* n, die Mandelkern.

Mandola, cioè ſtrumento muſico, eine kleine Art von Lauten, eine Pandurina.

Mandorlo (albero), der Mandelbaum *gen.* s, *pl.* (bäume).

Mandra, eine Heerde *pl.* n, der Pferch *gen.* s, *pl.* e; [illegible] der Viehſtall *gen.* s, *pl.* (Ställe); [illegible] eine Menge, ein Haufen *gen.* s.

Mandragola, die Alraunwurzel *pl.* n.

Mane, [illegible] morgen [illegible] mane, bei'm Morgen, *V.* Mattina.

Maneggevole, e maneggiabile, *ag.* was ſich behandeln, bearbeiten, handthieren läſst.

Maneggiamento, das Betaſten, das Herumwenden in Händen; *ec.* die Verrichtung, die Verwaltung einer Geſchäftes, die Behandlung, die Handthierung.

Maneggiare, berühren, betaſten *v. r. comp.*; [illegible] in Ordnung zu halten, walten mit etwas [illegible] nicht zu viel und nicht zu wenig gebrauchen *v. r. comp.*, etwas behutſam und ſparſam thun *v. r.*; maneggiar un cavallo, ein Pferd reiten *v. r.*; maneggiare un affare, eine Sache betreiben *v. ir. comp.*

Maneggiarſi, ſich ſtark bewegen *v. r. comp.*

Maneggio, die Geſchäfte *pl.* n, die Unterhandlung *pl.* en; *ec.* die Haushaltung *pl.* en, das Haushalten *gen.* s; [illegible] maneggio de' cavalli, die Reitbahne, die Reitſchule, die Reitkunſt; cavalli da maneggio, die Schulpferde; *fg.* die Art, die Manier, die Geſchicklichkeit in Geſchäften, und andern Sachen.

Maneſco, *ac.* zu den Händen gehörig; *fg.* der gerne zuſchlägt, handgemein wird.

Manetta, dim. di mano, das Händchen *gen.* s, *pl.* [illegible], Armband *ec.* ſetta [illegible] auf [illegible] legano i malfattori, die eiſerne Handſchellen der Gefangenen.

Manganare, walken *v. r.*, glätten, mangeln *v. r.*

Mangano, eine Tuchpreſſe, eine Rolle, eine Mange *pl.* n.

Mangiapane, *per* [illegible], *fuſt.* ein Tellerlecker, ein Müſſiggänger *gen.* s.

Mangiare, *ver.* [illegible] *v. ir.*, freſſen *v. ir. comp.*, verſchlucken *v. r. comp.*, beißen *v. ir.*; (als Würmer), ausfreſſen, abfreſſen *v. ir. comp.*; (a ſorta d'un cavallo) *v. r.*, abnagen *v. r. comp.*, [illegible], verderben *v. ir. comp.*, zernichten *v. r. comp.*; non aver da mangiare, kein [illegible], kein Auskommen haben, ehe es [illegible]; la ruggine mangia il ferro, der Roſt verzehret das Eiſen.

Mangiare, *fuſt.* das Eſſen *gen.* s, die Speiſen.

Mangiata (una), ein Bauch voll.
Mangiatoja, die Krippe der Pferde.
Mangiatore, ein Fresser gen. s, ein Esser gen. s.
Mangeria, die Fresserey, die Schinderey, die Schinderey.
Mangone, ein starker Esser gen. s.
Mania, die Raserey, die Tollheit, das wüthende Wesen gen. s.
Maniaco, a. rasend, wüthend, toll.
Manica, die Ermel pl. [illegible] manica [illegible], die Ermel an den Hemden.
Manicamento, das Essen gen. s [illegible] il manicamento [illegible], das Handschmeiß gen. s.
Manichetto) dim. v. manico, das
Manichino) Heftchen gen. s; it. das Ermelchen gen. s, die Manschette pl. n, der [illegible] di donna, das Müffchen gen. s.
Manico, der Handgriff an etwas, das Heft, der Stiel gen. s, pl. e, der Handgriff gen. s, [illegible] der Stiel an einem Instrumente.
Manicordo, der [illegible], der [illegible] gen. s [illegible] zu machen.
Maniera, die Art, die Weise, die Form, die Gestalt pl. en, it. die Gewohnheit, der Gebrauch, das Betragen, der Anstand gen. s, die [illegible] [illegible] ugomi di bella maniera, gesittete, artige Leute; in ogni maniera, auf alle Art und Weise; con bella maniera, artig, [illegible] auf schöne Art; [illegible] il maniere che, so daß; per maniera di dire, so zu sagen.
Manieroso, ag. artig, manierlich, höflich, wohl gesittet, höflich.
Manifattore, ein Handarbeiter, ein Künstler, ein Meister gen. s.
Manifattura, die Handarbeit, die Manufactur pl. en, ein Werkhaus, oder Ort wo viele Arbeiter von einerley Art sind; it. die Arbeit eines Künstlers; it. der Macherlohn gen. s; [illegible] di manifattura, [illegible] [illegible] [illegible]
Manifestazione, die Offenbarung, die Erklärung, die [illegible], die Entdeckung pl. en.
Manifestamente, av. offenbarlich, klar und deutlich.

Manifestante, ag. offenbarend, kundmachend.
Manifestare, kundmachen, bekannt machen, erklären, entdecken v. a. comp.
Manifesto, sost. das Manifest, ein öffentlicher Brief gen. s, eine öffentliche Schrift pl. en, ein Bericht gen. s, eine Publication.
Manifesto, ag. offenbar, kund, bekannt, entdeckt, augenscheinlich.
Maniglia) das Armband, das Hand-
Maniglio) band gen. s pl. (bänder) [illegible] des Frauenzimmers.
Manigoldo, der Henker, der Scharfrichter gen. s, [illegible] ein grausamer Mensch.
Manipolare, handthieren, Handarbeit machen, verfertigen, zusammen mengen v. a. comp., manipolar la pasta, den Teig machen v. a.
Manipolatore, der Verfertiger gen. s, der Handarbeit macht.
Manipolazione, die Handthierung, die Handarbeit, die Verfertigung pl. en.
Manipolo, eine Hand voll, eine Binde, so die Geistlichen bey der Meß [illegible] brauchen.
Maniscalco, der Hufschmidt gen. s, pl. e, der Pferdearzt gen. s, pl. (Aerzte).
Manna, eine Art süßes Gummi, la manna [illegible], das [illegible] Brod; la manna degli Angeli, die Engelsspeise, das Himmelbrod gen. s.
Mannaja, das Henkersschwerdt, das Beil gen. s.
Mano, die Hand pl. (Hände); [illegible] le mani, die Handschrift, [illegible] [illegible], die Vorhand [illegible], die Hülfe, der Beystand; dar mano, Hülfe leisten v. a.; un uomo alla mano, ein Mensch, den man brauchen kann; dar di mano a [illegible], nach etwas greifen v. a.; por mano a [illegible], etwas anfangen v. a. comp.; far [illegible] con mano, handgreiflich machen v. a.; a man salva, ohne Gefahr; [illegible] mano, unter der Hand, heimlich; [illegible] alle mani, handgemeine werden v. aux.; di mano in mano, nach und nach.
Manomettere, [illegible] [illegible]

mano; Hand anlegen, übel oder hart begegnen v. a. comp., s. an[illegible] v. a. comp., unter sich bringen v. a., fare gli fatti, maneggiare nach [illegible], ein Fass anzapfen, anstechen v. a. comp., wie [illegible] v. a.

Manoscritto, o manuscritto, ein geschriebenes Buch gen. s. (Bücher), das Geschriebene gen. s pl. n, was noch nicht gedruckt war, die Handschrift pl. en, das Manuscript gen. s, pl. e.

Mansuefare, zahm, sanftmüthig machen v. a., erzähmen, bändigen v. a. comp.

Mansuetamente, av. sanftmüthiglich, mit Gelindigkeit, zahm, [illegible].

Mansueto, ta, sanftmüthig, sanft, zahm; [illegible].

Mansuetudine, die Sanftmuth, die Gelindigkeit, die Zähmung; [illegible] die Demuth.

Mantaca, die Pomade, das wohlriechende Haarwachs.

Mantellare, mit dem Mantel bedecken, zudecken v. a. comp.; [illegible], bemänteln, vertuschen v. a. comp.

Mantelletta, o mantelletto, das Mäntelchen der Bischöfe ec. wie auch des Frauenzimmers.

Mantello, der Mantel gen. s, pl. (Mäntel); [illegible], der Deckmantel, der Schein, der Vorwand gen. s; mantello da viaggio, der Reisemantel; da donna, der Frauenmantel; per certo colore de' cavalli, eine gewisse Farbe der Haare an den Pferden.

Mantenere, halten v. a., erhalten v. a. comp., handhaben v. a. comp., behaupten v. a. comp., [illegible], beschützen, unterhalten v. a. comp., [illegible] la parola, das Versprechen, sein Wort halten.

Mantenersi, sich halten v. rec., sich [illegible] v. rec., sich ernähren v. rec., [illegible] di vitto, e di vestito, sich mit Kost und Kleidung selbst versehen v. a. comp.

Mantenimento, die Erhaltung, die Behauptung, die Vertheidigung, die Handhabung, die Beschützung, die Unterhaltung.

Mantenitore, der Erhalter, der Beschützer gen. s, der Behaupter, [illegible] gen. s.

Mantica, valigia, bolgia, das Felleisen gen. s.

Mantice, l. Gola, der Blasbalg gen. s, pl. (bälge).

Mantile, ein grobes Tischtuch gen. s, pl. (tücher).

Mantiglia, das Frauenzimmermäntelchen gen. s.

Manto, der Mantel gen. s, pl. (Mäntel), der Talar ec., [illegible], ein Oberkleid der Weiber, der [illegible], der Mantel des Corporale gen. s.

Manuale, sust. das Manual, das Handbuch gen. s, pl. (bücher) ec., ein kurzer Auszug, oder Begriff gen. s.

Manuale, ag. was mit der Hand [illegible], [illegible] arte manuale, das Handwerk [illegible], [illegible] manuale, der [illegible] gen. s, pl. (leute).

Manualmente, av. mit eigener Hand, mit Händen.

Manubrio, [illegible] Handhabe [illegible].

Manzo, der Ochs gen. en, pl. en, das Rind gen. s, carne di manzo, das Rindfleisch gen. es.

Mappamondo, die Weltcharte, die [illegible] Landcharte pl. n.

Marama, die [illegible] gen. es, das [illegible] von einer Sache, so [illegible].

Maranguo, ein Taucher gen. s, pl. [illegible].

Marasso, die [illegible] Pelche pl. n.

Marasmo (malattia), die Schwindsucht, die Verzehrung, die Auszehrung.

Maraviglia, o meraviglia, das Wunder, das Wunderwerk gen. s, pl. e, die Verwunderung, die Bewunderung, das Erstaunen; farsi maraviglia, erstaunen v. n. comp.; far meraviglie, große Wunder thun v. a.; a maraviglia, verwunderlich, fürtrefflich, allerliebst, wunderbarerweise.

Maravigliarsi, sich verwundern v. rec. comp., erstaunen, bewundern v. a. comp.

Maravigliosamente, av. wunderbarlich, [illegible], [illegible].

Maraviglioso, sa, wunderbar, wunderlich, [illegible], [illegible], wunderbarlich, [illegible].

Marco, das [illegible], das Kennzeichen, [illegible]; ein Maal, ein Flecken, die Mark; la Marca d'Ancona, die Mark Ancona; una marca d'oro, eine Mark Goldes, oder 36 Dukaten; una marca d'argento, eine Mark Silber, oder 12 Gulden; it. ein Gewicht von 16 Loth.

Marcare, zeichnen v. r., bemerken, anzeigen, anzeichnen, anmerken v. r. comp. it. brandmarken v. r. comp.

Marcasita, der Wismuth, der Markasit der [illegible] (ein Mineral).

Marchesato, e ol.; margraviato, die Markgrafschaft pl. en, das Markgrafthum gen. s, pl. (thümer).

Marchese, e ol. margravio, der Markgraf gen. en, pl. en, it. der Marquis; per i mestrui, die monatliche Reinigung der Weiber.

Marcia della Truppe, der Marsch der Soldaten, die Reise vieler Leute mit einander; per i putrefazione, die Fäulniß.

Marciapiede, ein erhabener Weg zur Bequemlichkeit der Fußgänger.

Marciare, marchiren, reisen v. r., fortgehen v. ir. comp.

Marcio, ag. eiterricht, faul, verfault, stinkend, verdorben; a tuo marcio dispetto, zu deinem größten Verdruße; dir recht zum Trotze.

Marcire, faulen v. r., verfaulen v. r. comp., stinkend werden v. auf. ir., verwelken v. r. comp., schimmeln v. r., vom Schimmel anlaufen v. ir. comp.

Marciume, das Faule, das Verfaulte gen. e, pl. n, das Eiter, der Unflat, der Schimmel, das Unsaubere gen. s.

Mare, das Meer gen. s, die See; l'alto mare, die offene See, das hohe Meer; la calma di mare, die Meeresstille. fig. un mare di ricchezze, große Reichthümer; un mare di lagrime, häufige Thränen.

Marea, die Ebbe und Fluth, das Aufschwellen des Meers; andar contra marea, der Fluth entgegen gehen v. ir.

Maremma, eine am Meer gelegene Landschaft.

Marescialle, der Marschall; Maresciallo di campo, der Feldmarschall; di corte, der Hofmarschall; di Stato, der Landmarschall gen. s; per Maniscalco, der Hufschmid gen. s.

Marelo, ein kleiner [illegible], ein [illegible] [illegible].

Margarita (nome), Margaretha; it. eine Perle pl. n; per [illegible] fiore, die Margaretenblume pl. n, das Gänseblümchen gen. s.

Margine, der Rand gen. s, draußen mit ein gedruckten oder geschriebenes Blatt; it. die Narbe einer Wunde.

Marina, die Wissenschaft zu schiffen, die Seefahrt, die Seeküste, das Seereisen, das Schiffreisen gen. s; it. die Seemacht.

Marinajo, e marinaro, der Schiffmann gen. es, pl. (leute), der Seemann, der Matrose pl. n.

Marinare, Fische in Essig und Pfeffer einmachen v. r. comp.

Marinerescamente, av. nach Art der Seeleute, [illegible].

Marinaresco, e marinesco, ag. zur See, zur Schiffart gehörig, schiffmäßig.

Marineria, die Seekunst, die Seefahrt; it. eine Seestadt pl. [illegible]; it. die sämmtlichen Schiffsknechte, Seeleute und Matrosen, das Schiffsvolk.

Marino, sust. der Westwind, der Abendwind gen. s.

Marino, ag. was zur See gehört, was aus der See kommt; acqua marina, das Seewasser gen. s; vento marino, der Seewind gen. s; tromba marina, das Seetrompete gen. s, pl. (röhre).

Mariolare, betrügen v. ir. comp., Spitzbüberey treiben v. ir.

Mariolería, die Spitzbüberey, die Betrügerey, der Schelmstreich gen. s.

Mariolo, e mariuolo, der Spitzbube gen. s, pl. n, der Schelm gen. s, pl. e, der Betrüger gen. s.

Maritaggio, die Heyrath, die Ehe, der Ehestand.

Maritale, ag. zur Ehe gehörig; letto maritale, das Ehebett gen. es.

Maritamento, die Heyrath, die Verheyrathung.

Maritare, heyrathen v. r., verheyrathen v. r. comp.; met. vereinigen, verbinden v. r. comp.

Maritarsi, sich verehelichen, sich verheyrathen v. rec. r. comp.

Marito, der Ehemann, der Ehegatte gen. s; andar a marito, einen Mann neh-

gelegen) v. [illegible], donna da marito, ein mannbares Frauenzimmer.

Marittimo, ag. am Meere, an der See gelegen, angränzend; pesce marittimo, ein Seefisch gen. es, pl. e; città marittima, eine Seestadt, eine Hafenstadt pl. Städte.

Marmaglia, der gemeine Pöbel, das Gesindel gen. s.

Marmo, der Marmel, der Marmor, der Marmorstein gen. es; met. [illegible] ein Felsenherz gen. ens, pl. en.

Marmoraria, die Bildhauerkunst, die Steinmetzkunst, die Marmorarbeit.

Marmorario, der Bildhauer gen. s, ein Arbeiter in der Marmorkunst.

Marmorato, ag. mit Marmor belegt, eingelegt, marmorirt, nach Marmorart.

Marmoreo, ag. von Marmor.

Marmotta, das Murmelthier gen. s; met. ein fauler, schläfriger Mensch gen. en, pl. en, ein Faullenzer gen. s.

Maro (erba), das Katzenkraut gen. es.

Marosi, [illegible], der Fluch des Meeres; met. die Bewegungen, die Schwankungen; it. der Verlust, der [illegible].

Marra, eine Weinhacke, eine Haue, eine Hacke pl. n; [illegible] a quattro [illegible], ein Anker von vier Haken.

Marrajuolo, ein Schnitzer, ein Schanzgräber gen. s.

Marrano, ein Ungläubiger, Meineidiger, Treuloser, Verräther gen. s.

Marrobbio, e Marrubio (erba), das Andornkraut, der Andorn gen. s.

Marrocchino, der Korduan gen. s.

Marrone, eine Art großer Kastanien, die größte und beste Art von Kastanien; per: fallo, der Fehler gen. s; fare un marrone, einen groben Fehler begehen v. ir.

Marsovino, der [illegible] gen. s, [illegible].

Marte, Mars, der Kriegsgott bey den Heiden; einer der sieben Planeten; presso li Chimici, das Eisen gen. s.

Martedì, Dienstag gen. s.

Martellare, hämmern, klopfen, mit dem Hammer schlagen v. r.; [illegible] unruhig machen, plagen v. r.; [illegible] lo martello, die Liebe plagt, quält [illegible] plagen v. r.

Martellata, ein Schlag mit dem Hammer.

Martello, der Hammer gen. s; it. ein Anklopfer, ein Thürklopfer; reggere a martello, standhaft seyn v. n. [illegible] die Probe aushalten v. irr. comp., Stich halten v. irr.; suonare campane a martello, mit der Glocke stürmen v. r.

Martire, ein Märtyrer gen. s.

Martirio, die Marter gen. n, die Pein pl. e; met. die Quaal, die Plage, die Folter.

Martirizzare, martern, zum Märtyrer machen v. r.; it. quälen, peinigen v. r.

Martirologio, das Märtyrerbuch gen. es, die Beschreibung, die Geschichte der Märtyrer.

Martora, der Marder gen. s; una pelle di Martora, ein Fell vom Marder.

[illegible], ein [illegible] gen. s.

Marzapane, der Marzipan gen. s.

Marzajuolo, ag. [illegible], [illegible].

Marzo, der Merzmonat gen. s.

Marzocco, ein dummer Kerl gen. s, ein ungeschickter Mensch gen. en, pl. en, [illegible] Löwe.

Mascalzone, ein Schelm, ein Schurke gen. en, pl. n.

Mascella, die Kinnlade pl. n, der Kinnbacken gen. s.

Mascellare, ag. was zu den Kinnbacken gehört, das Theil derselben; dente mascellare, ein Backzahn gen. s, pl. (Backzähne).

Maschera, die Larve, die Maske pl. n; met. die Decke, der Vorwand, der Schein gen. s; it. die Heucheley, die Verstellung; parlar colla maschera, sich verstellen v. r. comp.

Mascherare, verlarven, verkappen, verstellen, vermummen, maskiren v. r.

Mascherarsi, sich verlarven, sich verkleiden v. rec. r. comp.

Mascherata, ein Aufzug von verkleideten, maskirten Personen.

Maschiamente, e maschilmente, avv. nach männlicher Art und Weise, männlich, vom männlichen Geschlecht.

Maschiezza, die Männlichkeit, die Mannheit, die männliche Natur.

Maschio, sust. der Mann gen. es, das

[illegible] den Menschen, Thieren und Pflanzen).

Maschio, e maschio, [illegible] männlich, [illegible] stark, [illegible]

Mascolino, e mascolina, ag. männlichen Geschlechts.

Masnada, eine Rotte bewaffneter Leute, eine Parthey von [illegible] Strassenräubern [illegible]

Masnadiere, ein Strassenräuber, ein Streiter [illegible]

Massa, der Klumpen, der Haufen gen. s, die Masse pl. n, die Summe [illegible]

Massaio, [illegible] Haushälterin [illegible]

Massaro, die Niederlage, das [illegible] gen. s, [illegible]

Massaja, e massaja, eine gute Wirthschafterin, eine gute Hausfrau, eine gute Haushälterin [illegible]

Masse, [illegible] ein Gewächs oder [illegible]

Massiccio, der [illegible] gen. s, pl. [illegible] das Spiegel [illegible]

Massimo, [illegible] Hauptsumme [illegible]

Massima, die Grundregel, die Hauptregel pl. n, der Grundsatz, der Lehrsatz [illegible] eine Meinung pl. en.

Massimamente, e massima, av. sehr, am meisten, zum höchsten, besonders, fürnehmlich, [illegible]

Massimo, sup. der Größte, der Höchste [illegible]

Mastello, e mastello, der Bottich, der Zuber, der Kübel [illegible] ein Würzkübel [illegible]

Mastice, e mastice, der Mastix gen. es.

Masticamento, e masticazione, die Kauung, das Kauen gen. s, [illegible]

Mastinare, [illegible] wohl überlegen [illegible]

Mastino, (cane), ein großer Bauernhund gen. s, [illegible] ein Hausoder Kettenhund, ein [illegible] Metzgerhund.

Mastro, sost. der Meister gen. s, der Herr gen. [illegible] mastro di posta, der Postmeister gen. s, V. Maestro.

Mastra, [illegible] die Hauptschlüssel, V. Maestra.

Mastuzzo, der Strohhalm [illegible] Korn, Weizen, Gerste, wie sie vom Halme kommt).

[illegible] zu [illegible] werden [illegible]

Matematica, die Mathematik, die Wissenschaft die mit Zahl, Maaß, und Gewicht umgeht.

Matematicamente, av. auf mathematische Weise.

Matematico, ag. mathematisch [illegible] ein Mathematikus.

Materasso, materasso, die Matratze pl. n.

Materassajo, ein Matratzenmacher gen. s.

Materia, die Materie pl. n, (woraus etwas gemacht wird) [illegible] das Wesen der Innhalt [illegible] motive, die Ursache pl. n, [illegible] der Eiter gen. s, [illegible] das Eitern [illegible] was [illegible] betrifft.

Materiale, ag. [illegible] leiblich, [illegible] ungeschickt, plump, [illegible] die Materialien, die Baustoffe, der [illegible] Specereyen, Specereywaaren.

Materialismo, die Lehre, daß die Seele körperlich sey.

Materialista, der da glaubt, daß die Seele körperlich sey.

Materialità, das [illegible] Wesen gen. s.

Materialmente, av. der Materie nach, grob, einfältig, plump, ungeschickt.

Maternale, ag. mütterlich.

Maternamente, av. mütterlich, als Mutter.

Materno, ag. mütterlich; la lingua materna, die Muttersprache.

Matita, der [illegible] gen. s, die Röthe.

Matricale, ag. zur Mutter, zur Gebärmutter gehörig; *sust.* das Mutterkraut *gen. f.*; *it.* der Beifuß *gen. m.*

Matrice, der Ort des Leibesfrüchts im Mutterleibe; *it.* die Mutter, die Gebärmutter; *fig.* das [illegible] *gen. f.*

Matricida, der Muttermörder *gen. m.*

Matricidio, der Muttermord.

Matricola, die Matrikel *pl. n.*, die Verzeichnis, so für das Recht seine Studien zu treiben bezahlt werden muß; *it.* das Aufschreiben.

Matricolare, immatricolirtu *v. a.*, einen ins Register oder einer Zunft einschreiben *v. ir. comp.*

Matrigna, die Stiefmutter.

Matrimoniale, ag. ehelich, zur Ehe gehörig; cause matrimoniali, Ehesachen; perci matrimoniali, Eheprozesse; il letto matrimoniale, das Ehebett *gen. n.*

Matrimonio, die Ehe *pl. n.*, der Ehestand *gen. s.*, die Heurath; chiedere una figlia in matrimonio, um ein Mädchen zur Ehe anhalten *v. ir. comp.*, dare in matrimonio, zur Ehe geben *v. ir.*, figlio di legittimo matrimonio, ein eheliches Kind *gen. es.*

Matrina, comadre, eine Pathe *pl. n.*

Matrona, eine Matrone *pl. n.*, eine ehrbare, tugendhafte alte Frau.

Matronale, ag. was einer Matrone gemäß und anständig ist.

Mattamente, av. närrischerweise.

Matteggiare, närrisch thun *v. ir.*, sich närrisch anstellen *v. reg. comp.*, närrische Streiche machen *v. r.*

Mattezza, e mattezza, die Thorheit, die Narrheit *pl. en.*, das närrische Wesen *gen. s.*

Mattina, e mattino, *sust.* der Morgen *gen. s.*; oggi mattina, questa mattina, heute früh; domattina, morgen früh; jeri mattina, gestern früh; e anco mattino, der Morgen.

Matto, *sust.* ein Narr, ein Thor *gen. s.*, *pl. en*; chi nasce matto non guarisce mai, ein Narr wird nicht klug; andar matto di q. c., etwas sehnlich verlangen *v. r. comp.*

Matto, ag. närrisch, unsinnig, thöricht, unvernünftig; *it.* heftig, [illegible] *per* matti, der Milchquark.

Mattonare, Ziegelsteinen legen, mit Ziegeln pflastern *v. r.*, *V.* Ammattonat *v.*

Mattone, der Mauerstein, Backstein, Ziegelstein *gen. s.*, *pl. e*, der Ziegel *gen.* [illegible] il mattone, die Mauerziegel, [illegible], der Buchstaben *gen. s.*, *pl. e*.

Mattonaro, der Ziegler, der Ziegelbrenner *gen. s.*

Mattutino, *sust.* der Morgen *gen. s.*, die Morgenzeit; *it.* die Mette, so morgens früh in der Kirche abgesungen wird.

Maturando, ag. reif, [illegible], nur bis Tagesreise [illegible] geschehen.

Maturamente, av. reiflich, bedächtlich.

Maturamento, das Reifen, das Reifwerden *gen. s.*, [illegible] Maturazione.

Maturare, zeitigen, reifen *v. r.*, reif werden *v. ir.*; le frutta maturano, das Obst wird reif; *met.* maturar bene una cosa, reiflich überlegen *v. r. comp.*

Maturato, ag. *e part.* reifen, reif geworden, zur Reife gebracht; *met.* reiflich überlegt.

Maturazione, e maturità, die Zeitigung *pl. en*, das Zeitigwerden, das Reifen, das Reifwerden und Zeitighalten, die Reife; *per* maturazione, [illegible] *per* prudenza, die Klugheit.

Maturo, ag. zeit, vollkommen reif, verständig, bedachtsam, klug, angesehen; *it.* età matura, das reife Alter *gen. s.*; [illegible] maturo, ausgemachte Sachen; maturo consiglio, ein überlegter Rath *gen. s.*; un uomo maturo, ein bejahrter Mann *gen. es*; vino maturo, alter Wein *gen. s.*

Mausoleo, ein prächtiges Grabmal *gen. s.*

Mazza, eine Streitkolbe, eine Keule, das Scepter, so vorgetragen wird; eine [illegible] mit Eisen beschlagenen Stock *pl. n.*, ein Stecken, der Stab *gen. s.*; [illegible], ein dicker Prügel *gen. s.*, womit zur nach dicker [illegible], *it.* der Schlägel in der Druckerey.

Mazzafrusto, ein [illegible], ein Bruchschläger *gen. s.*

Mazzata, ein Schlag mit einem Kolben, mit einer Keule *u.*

Mazzo, ein Bund Buchen, ein Bund; un mazzo di fiori, ein Strauß von [illegible] ein [illegible], ein ganzes [illegible], ein Spiel Karten.

Mazzamoto, ein großer Stein, ein Pistill gen. s, Stück gen. es, von Haaren [illegible] ein Haarzopf, ein Haarbusch [illegible] eine Menge, ein Haufen gen. s.

ME

Me, pron. pers. acc. mich.

Meccanica, die Mechanik.

Meccanicamente, av. mechanisch; [illegible] schlecht, grob gemacht.

Meccanico, ag. mechanisch, [illegible] Handwerkern [illegible], gemein, [illegible].

Meccanico, sust. ein [illegible] [illegible] ein [illegible] ein [illegible] gen. s, pl. (leute).

Meccanismo, die [illegible] der Körper nach ihrer [illegible] nach den Gesetzen der Mechanik.

Mecenate, ein Beschützer und Gönner gen. s, der Wissenschaften und Gelehrten.

Meco, pron. bei mir, mit mir.

Medaglia, [illegible] Medaille pl. n, ein [illegible], ein Schaustück, ein [illegible] gen. s.

Medesimamente, av. eben so wie, [illegible].

Medesimezza) die [illegible]
Medesimità) heit, die Gleichförmigkeit, die Ähnlichkeit.

Medesimo, pron. eben der, eben das, eben ein solcher, ein gleicher, [illegible] der selbige, der nämliche gen. s pl. n.

Mediante, prep. mittelst, vermittelst, durch Hülfe.

Mediatamente, av. mittel[illegible] mittelbar.

Mediato, ag. [illegible] oder [illegible].

Mediatore, der Mittler gen. s, [illegible].

Mediazione, die Vermittelung.

Medicabile, ag. heilbar, das sich heilen läßt.

Medicamento, das Heilmittel gen. s, [illegible] Arzneiheit.

Medicare, heilen, curiren, [illegible] [illegible] v. r.

Medicato, part. [illegible] medicare, geheilet, geheilt gemacht. vino medicato, mit Kräutern angemachter Wein.

Medicazione, das Heilen gen. s.

Medicina, die Arznei, pl. die Arzneimittel, die Heilungsmittel, die Heilmittel; [illegible] l'arte medica, die Arzneykunst.

Medicinale, ag. zur Arznei gehörig; sust. s. Medicamento.

Medicinalmente, av. vermittelst der Arznei, nach den Regeln der Arzneykunst.

Medico, der Arzt [illegible], pl. (Aerzte).

Medietà, die Hälfte, der halbe Theil.

Medio, ag. halb, aus der Mitte.

Mediocre, ag. mittelmäßig.

Mediocremente, av. mittelmäßiger weise, so [illegible] mittelmäßig.

Mediocrità, die Mittelmaße, die Mittelmäßigkeit pl. en, das Mittel in etwas.

Meditante, ag. nachdenkend, betrachtend, nachsinnend.

Meditare, betrachten, nachdenken v. r. comp., nachsinnen v. irr. comp., Betrachtungen anstellen v. r. comp., [illegible] von [illegible].

Meditatamente, av. Betrachtungsweise, überlegter [illegible].

Meditato, part. betrachtet, nachgedacht, nachgesonnen, überlegt.

Meditazione, das Nachsinnen, das Nachdenken gen. s, die Betrachtung pl. en; [illegible] das Dichten [illegible].

Mediterraneo, ag. mittelländisch. [illegible] Mare mediterraneo, das Mittelländische Meer gen. s.

Meglio, av. besser, lieber, mehr. Io [illegible] meglio, ich will lieber.

Meglio, sust. das Beste gen. s pl. n. [illegible] meglio, aufs Beste; appigliarsi al meglio, das Beste wählen v. r. [illegible] meglio del bello ec., mitten im Tanzen [illegible] di bene in meglio, immer besser werden v. [illegible].

Miglioramento, [illegible] [illegible].

Mela, der [illegible] gen. s, pl. (Aepfel).

Melagrano (Granato), der Granatapfel gen. s, pl. (Aepfel).

Melagrano [illegible], der Granatenbaum gen. s, pl. (Bäume).

Melancolia, die Melancholey, die Schwermuth, die Traurigkeit.
Melancolico, ag. traurig, schwermüthig, melancholisch.
Melangola, (frutto), eine Pomeranze pl. n.
Melangolo (albore), der Pomeranzenbaum gen. s, pl. (bäume).
Melarancia, s. Melangola.
Melarancio, s. Melangolo.
Mele, der Honig.
Melensaggine, die [illegible], die Narrheit.
Melenso, ag. tölpisch, thöricht.
Meliaca (frutto), die Aprikose pl. en.
Meliaco (albore), der Aprikosenbaum gen. s, pl. (bäume).
Melica, o meliga, eine Art türkischen Weizens.
Melissa (erba), das Melissenkraut gen. s; per gruppa, der Zuckerleim gen. s.
Melifero, ag. was Honig trägt.
Mellifluo, ag. honigfließend, lieblich, anmuthig.
Mellonaggine, die Dummheit, die Albernheit.
Mellone, der Melone pl. nen; ein einfältiger, dummer Mensch gen. en pl. en.
Melma, der Koth, der Schlamm gen. s.
Melmoso, ag. schlammicht, morastig, kothig.
Melo (albore), der Apfelbaum gen. s, pl. (bäume).
Melocotogno (frutto), der Quittenapfel gen. s, pl. (äpfel); (albore), der Quittenapfelbaum gen. s, pl. (bäume).
Melodia, die Melodey, der Zusammenklang gen. s.
Melodiosamente, av. lieblicherweise, wohlklingenderweise, auf eine wohlzusammenstimmende Art.
Melodioso, ag. lieblich, zusammenklingend, zusammenstimmend, harmonisch.
Melogranato (frutto), der Granatapfel gen. s, pl. (äpfel); (albore), der Granatapfelbaum gen. s, pl. (bäume).
Melume, der Mehlthau im Getreide.
Membrana, eine Haut, ein Häutchen, ein Fell gen. s.
Membranoso, ag. häutig, fellicht.

Membro, das Glied gen. s, pl. er; ein Theil des Leibes; il membro virile, das männliche Glied gen. s, pl. er; un membro del Regno, ein Mitglied des Reichs.
Membruto, ag. stark von Gliedmaßen.
Memorabile, e memorando, ag. denkwürdig, merkwürdig, erzählungswürdig.
Memorare, erinnern, erwähnen v. r. comp., in Gemüthe führen v. r.; [illegible]
Memoria, die Erinnerungskraft der Seele, das Gedächtniß gen. es, das Andenken gen. s, die Erinnerung an das was bereits zuvor gesagt worden; per memoria, zum Andenken; a memoria d'uomini, bey Menschen Gedenken; di felice memoria, seligen Andenkens; memoria labile, ein kurzes Gedächtniß.
Memoriale, das Denkbuch gen. es, pl. e, das Zeichen, das Denkzeichen gen. s; die Denkschrift, das Denkmal pl. e, eine Erinnerungsschrift, eine Bittschrift pl. en.
Memorie, pl. die Denkwürdigkeiten, die Denkschriften; it. der Lebenslauf gen. s (einer Person).
Menamento, das Führen, das Bewegen gen. s, die Führung.
Menante, ag. führend, leitend.
Menare, führen v. r., anführen v. r. comp., leiten v. r., bewegen v. r. comp., zu etwas bringen v. r.; menare la greggia, das Vieh treiben v. ir.; menare per mano, bey der Hand führen v. r.; menar moglie, heyrathen v. r.; menare uno per il naso, einen bey der Nase führen; [illegible]; menare una vita scellerata, ein lasterhaftes Leben führen; menare i giorni, die Tage zubringen v. ir. comp.; menare via, entführen v. r. comp.; menar buono, bewilligen v. r. comp., durch die Finger sehen v. ir.; menare le gambe, hurtig laufen v. ir.; menar le mani, sich tapfer schlagen v. ir. r.
Menata, die Führung, die Leitung pl. en.
Mendace, ag. lügenhaft, lügnerisch, verlogen.
Mendacemente, av. lügenhaftig, verlogenerweise.

Mendicante, *sub.* ein Bettler *gen.* m. un frate mendicante, ein Bettelmönch *gen.* s, *pl.* e.

Mendicante, *ag.* bettelhaft, nachsinnend, bettelarm.

Mendicare, *ag.* betteln, Almosen suchen *v. r.* erbetteln *v. r. comp.*

Mendicatore, der Bettler *gen.* s,

Mendicazione } die Bettelei, der Bet-

Mendicità } telstab *gen.* s.

Mendico, V. Mendicante.

Menino, *sub. ist. ne* ein Bartschnitzer *gen.* s, einer, welcher der Geburtsglieder beraubt ist, [illegible] gezogen, welche den keinen Bart hat.

Meno (Kome), der Stamm, der Wagbaum *gen.* s.

Meno, *av.* weniger, minder, geringer; meno [illegible], nicht so oft; nè più nè meno, nicht mehr und nicht weniger, eben [illegible], [illegible] leiden [illegible]; [illegible] a meno, entbehren können, venir meno, ohnmächtig werden *v. r.*, [illegible] meno [illegible], eher ein Monat verwichen, binnen einem Monat; non è [illegible] a meno, man kann es nicht [illegible] gehen.

Menomanza, die Verringerung *gen.* [illegible]

Menomare, verringern, vermindern *v. r.*, [illegible] *v. r.*

Menomo, *ag.* geringst, V. Minimo.

Mensa, der gedeckte Tisch *gen.* es, *pl.* e, die Tafel *pl.* n, la mensa episcopale, die Einkünfte eines Bischofs.

Mensola, der Schlußstein *gen.* s, *pl.* e, mitten im Gewölbe, oder an [illegible] Bogen, über das Gestühle, wo ein Gebäude [illegible] [illegible].

Menstruale, *ag.* monatlich.

Menstruo, die weibliche Reinigung *pl.* en.

Mensuale, *ag.* monatlich.

Menta (erba), der Krausemünze.

Mentale, *ag.* innerlich; was im Gemüthe, im Geiste, im Herzen geschieht, orazione mentale, das Gebet, so im Herzen geschieht.

Mentalmente, *av.* im Herzen, mit Gedanken, innerlich, im Gemüthe.

Mente, der Sinn, das Gemüth, der Verstand, der Gedanken *gen.* s, das Gedächtniß *gen.* es, die Meinung, der Wille *gen.* ns, die Absicht, [illegible], [illegible]

[illegible] *v. r.*, Lèvare di mente, [illegible] *v. r.*, aver q. c. in mente, etwas im Sinne haben *v. ir.*, mi torna a mente, ich erinnere mich, mi è uscito di mente, es ist mir entfallen; por mente a q. c., auf etwas Acht haben, darauf bedacht seyn *v. irr.*, mi corre per la mente, es fällt mir ein; [illegible] a mente, auswendig [illegible]; [illegible] più in mente, mi [illegible], ich kann mich nicht mehr besinnen.

Mentagra, der [illegible] *gen.* es, die Kräzze, die Flechten, die Bewegung der [illegible].

Mentecatto, *ag.* [illegible], verrückt, verrückt im Kopfe.

Mentire, *neut.* *neut.* lügen *v. ir.*, mentire per la gola, in den Hals hinein lügen *v. ir. comp.*, [illegible] *v. r.*, *comp.* [illegible], [illegible] *v. r.*, [illegible] *comp.*, [illegible] *v. r.*, *comp.*

Mentita, eine Lüge *pl.* n, dare una mentita ad uno, einen der Lügen [illegible] *v. r.*

Mentitamente, *av.* [illegible], [illegible] eine [illegible] Art.

Mentito, *part.* da mentire, gelogen, [illegible].

Mentitore, ein Lügner *gen.* s.

Mento, das Kinn *gen.* s, (am Menschen), das Untermaul *gen.* s, (der Thiere).

Mentovare, erwähnen *v. r.* *comp.* V. Menzionare.

Mentovato, e menzionato, *ag.* erwähnt, gedacht.

Mentre, mentrechè, *av.* indem, dieweil, [illegible], nel mentre, *ch'*, [illegible], [illegible] in quello mentre, [illegible].

Menzionare, Meldung thun *v. ir.*, erwähnen *v. r. comp.*

Menzione, die Meldung, die Erwähnung; far menzione di q. c., Meldung thun *v. ir.*, eines Dinges erwähnen *v. r. comp.*

Menzogna, eine Lüge *pl.* n.

Menzognero, ein Lügner *gen.* s.

Meramente, *av.* blos, nur, lauter.

Meraviglia *ec.*, der Wunder *gen.* s. V. Maraviglia *ec.*

Mercadante, der Kaufmann *gen.* s,

v. Mercatante, [illegible] der Mercadante.

Mercatare, [illegible] mercatanteggiare, handeln [illegible] Kaufmannschaft treiben [illegible]

Mercante, der Kaufmann, der Handelsmann [illegible] v. [illegible] der [illegible] mercante [illegible] Kaufmann im Großen, [illegible] im Kleinen.

Mercantesco, [illegible] kaufmännisch, zum Handel gehörig, alla mercantesca, auf kaufmännische Art.

Mercantile, [illegible] zur Handlung gehörig [illegible] mercantile, eine Handelsstadt, [illegible] lettera mercantile, ein Kaufmannsbrief [illegible] la [illegible] mercantile, die kaufmännische Schreibart.

Mercantilmente, [illegible] auf kaufmännische Art.

Mercanzia, der Handel [illegible] die Kaufmannschaft, die Kaufmannswaare [illegible] far mercanzia di [illegible] mit etwas handeln [illegible]

Mercato, der Markt [illegible] der Ort, wo die Waaren feil stehen [illegible] der Preis, der Werth [illegible] der Preis, den man für etwas giebt; il giorno di mercato, der Markttag [illegible] a buon mercato, wohlfeil.

Mercatura, die Kaufmannschaft, der Handel [illegible]

Merce, die Kaufmannswaare [illegible]

Mercè, [illegible] la Dio mercè, Gott sey Dank.

Mercede, [illegible] Verdienst, [illegible]

Mercede, die Belohnung, der Lohn [illegible]

Mercenariamente, [illegible] nur ums Lohn willen, [illegible]

Mercenario, [illegible] der Tagelöhner [illegible] der Miethling [illegible] der Arbeitsmann [illegible] der um den Lohn dienet und arbeitet.

Merciaio, [illegible] Krämerin [illegible]

Merceria, die Krämerey, allerhand Kleinigkeitswaare [illegible] zur Kaufmannswaare.

[illegible] merciadante, der Krämer [illegible]

[illegible] der [illegible] der verbotenen Waare [illegible]

[illegible]

Mercuriale, [illegible] mercurialische [illegible] die Mercurialkräuter.

Mercurio, der Merkur [ein Gott der Heiden] [illegible] das Quecksilber [illegible] einer der sieben Planeten.

Merda, der Dreck, der Menschenkoth [illegible] auch ein Schimpfwort [illegible] ein Pfifferling! einen Dreck!

Merdoso, [illegible] dreckig, unflätig.

[illegible] die [illegible]

Merenda, [illegible] Vesperbrod [illegible]

Merendare, [illegible]

Meretrice, eine öffentliche Hure [illegible]

Meretricio, [illegible] unzüchtigen [illegible]

Meridiano, der Mittag [illegible] die Mittagslinie, die mittägliche [illegible] der Mittagskreis [illegible]

Meridionale, [illegible] mittägig.

Meriggiare, [illegible] Mittag [illegible] süd[illegible] v. Meriggiare.

Meriggio, [illegible] Mittags [illegible] v. Meridiano.

Meritamente, [illegible] verdienter Maßen, billig, recht, mit Recht, nach Verdienst.

Meritare, verdienen [illegible] werth seyn [illegible] non merita la pena, es ist der Mühe nicht werth; il Cielo ve lo meriti, der Himmel vergelte es euch.

Meritevole, [illegible] würdig, werth, [illegible]

Meritoriamente, [illegible] verdientermaßen, würdiglich, verdienter Weise, mit Recht.

Merito, [illegible] das Verdienst [illegible] das löbenswürdige und tugendhafte Wesen [illegible] der Vorzug [illegible] (Vorzüge) die Würdigkeit [illegible] meriti di Cristo, das Verdienst Christi; il merito della [illegible] die Wichtigkeit, die Gültigkeit [illegible] des Handels [illegible] in merito, [illegible]

Meritorio, [illegible] verdienstlich, mit Lohn [illegible] opere meritorie, die Verdienstwerke.

Merlare, Zinnen machen [illegible] mit Zinnen versehen [illegible] die Zinnen auf die Mauern machen [illegible]

Merletti, *pl.* die Spitzen allerhand Gattung, eine Spitzengarnitur.

Merlo, die Amsel *gen.* *pl.* *tr.* ein Flußfisch (als ein Barsch mit scharfen Zähnen); *tr.* die Zinne oben an einer Mauer, der Absatz von einer Mauer; *per.* merletto, die Spitzen.

Mero, *ag.* bloß, pur, lauter, rein, eitel, unverfälscht, unvermengt; il mero Impero, die uneingeschränkte Herrschaft.

Mesata, eine monatliche Zeit; *tr.* der monatliche Lohn *gen.* s

Mescere, untereinander mengen *v. a. comp.*, *V.* Mescolare.

Meschiamento, e meschianza, die Vermischung *pl.* en, *V.* Mescolamento.

Meschinamente, *av.* armseligerweise, unglücklich.

Meschinello, *sust.* ein armer Schelm *gen.* s, *dimin.* di meschino.

Meschinità, die Armseligkeit, der armselige Zustand *gen.* s.

Meschino, *sust.* ein armer Tropf *gen.* s, *ag.* arm, armselig, elend.

Mescolamento, Mescolanza, die Vermischung, die Einmischung, Vermischung *pl.* en, das Vermischen, das Mischen *gen.* s

Mescolare, mischen *v. a.*, unter einander mengen, durch einander mischen *v. a. comp.*

Mescolarsi in q. c., sich in etwas mischen *v. rec. r.*, sich mit einmengen *v. rec. r. comp.*

Mescolatamente, *av.* unter einander, durch einander gemengt.

Mescuglio, das Mischmasch, das Gemisch *gen.* es, das Gemenge *gen.* s, ein verwirrter Haufen *gen.* s.

Mese, der Monat *gen.* s, *pl.* e.

Mesenterio, das Gekröse, (in den Gedärmen).

Mesenterico, *ag.* zum Gekröse gehörig; la vena mesenterica, die Pfortader *pl.* n.

Messa, die Messe *pl.* n; dir la Messa, die Messe lesen *v. tr.*

Messaggere, der Bote, der Briefträger *gen.* s, der etwas ankündiget.

Messaggio, die Botschaft, der mündliche Befehl *gen.* s, (den einer ausrichten soll).

Messale, das Meßbuch *gen.* s, *pl.* (bücher).

Messe, *cioè* il raccolto, die Ernte.

Messia, der Messias.

Messione, die Sendung, die Versendung; missione di danaro, die Schickung, die Uebermachung des Geldes *pl.* en.

Messo, *sust.* ein Bothe *gen.* s, *pl.* n; *p. p.* da mettere gesetzt, gelegt, gesteckt.

Mestiere, Mestiero, das Handwerk *gen.* s, *pl.* e, eine Hantierung, eine Profession *pl.* en; *tr.* eine Kunst, eine Wissenschaft; gente di mestiere, die Handwerksleute; fa di mestiere a chi vol ec., es ist nöthig, daß ihr ec.; aver di mestieri, nöthig haben *v. aus.*

Mestizia, die Traurigkeit, die Betrübniß.

Mesto, *ag.* traurig, betrübt.

Mestola, der Kochlöffel, der Rührlöffel, der Anrichtlöffel *gen.* s; la mestola forata, der Schaumlöffel.

Mestruale, *ag.* monatlich.

Mestruo, *ag.* monatlich; il sangue mestruo, der Monatfluß *gen.* es; il periodo mestruo, der monatliche Umlauf *gen.* s.

Mestura, die Vermischung *pl.* en, *V.* Mescolanza.

Metà, die Helfte, der halbe Theil *gen.* s.

Meta, das Ziel *gen.* s; *tr.* das Menschenkoth, das Viehkoth, (so viel auf einmal von demselben gehet).

Metafisica, die Metaphysik.

Metafisicamente, *av.* auf metaphysische Art.

Metafisico, *ag.* metaphysisch; nach der Metaphysik; *sust.* ein Metaphysicus.

Metafora, eine verblümte Art zu reden, die Anwendung der Worte in uneigentlicher Bedeutung; parlare sotto metafora, verblümt reden *v. r.*

Metaforicamente, *av.* verblümterweise.

Metaforico, *ag.* verblümt, vergleichungsweise gesetzt.

Metaforizzare, verblümt reden, vergleichungsweise reden *v. r.*

Metallico, e metallino, *ag.* metallisch, aus Metall bestehend.

Metallo, das Metall *gen.* s.

Metallurgia, das Probier- und Scheidekunst, die Lehre von den Metallen.

Metallurgista, ein Bergbauverständiger *gen.* s.

Metamorfosi, die Verwandelung in andere Gestalten.

Metempsicosi, die Wanderung der Seele in einen andern Körper, die Seelenwanderung.

Meteora, das Luftzeichen gen. f.

Meteorologia, die Betrachtung und die Witterung.

Meteorologico, ae. [illegible] der die Lufterscheinungen betrachtet, [illegible] und [illegible] der [illegible] zu machen.

Metodicamente, av. ordentlicher Weise, nach einer gewissen Lehrart.

Metodico, ac. ordentlich, methodisch.

Metodo, eine besondere Art und Weise, eine [illegible], eine Ordnung.

Metricamente, av. nach der Meßkunst.

Metrico, ae. nach der Silbenmaß, aus kurzen und langen Sylben bestehend.

Metro, das Maaß der Sylben in der Poesie.

Metropoli, Città capitale, die Hauptstadt [illegible] Chiesa principale, die Hauptkirche gen. f.

Metropolitano, der Metropolitan, der Obervorsteher in der Hauptkirche, it. der Erzbischof gen. f.

Mettere, setzen, legen, stellen v. a. [illegible] an einen Ort [illegible] arbeiten [illegible] mettere [illegible] in grembo, [illegible] mettere a morte, umbringen v. a. [illegible] mettere in piano, anrichten [illegible] mettere in fuga, in die Flucht jagen v. a. [illegible] mettere in disordine, in Unordnung bringen v. a. [illegible] mettere [illegible] Hand anlegen v. a. [illegible] mettere paura, Furcht einjagen v. a. [illegible] mettere dentro, hineinthun v. a. [illegible] mettere [illegible] alla [illegible], [illegible] mettere in conto, berechnen v. a. [illegible] mettere al mondo, zur Welt bringen v. a. [illegible] mettere a [illegible], sich in Acht nehmen v. r. [illegible] mettere in carta, [illegible] aufsetzen v. a. [illegible] mettere [illegible] Achtung geben v. a. [illegible] mettere in [illegible], [illegible] in Ordnung bringen v. a. [illegible] mettere [illegible], sich erziehen [illegible] v. rec. [illegible] mettere a soqquadro, in die äußerste Verwirrung bringen

[illegible] mettere in opera, Gebrauch [illegible] v. a. [illegible] bemerken [illegible] mettere in musica, in Noten setzen v. a. [illegible] mettere in tavola, die Speise auftragen [illegible]

Mettersi, [illegible] sich legen v. rec. [illegible] sich [illegible] auf den Weg begeben v. rec. [illegible] mettersi a [illegible], sich aufs [illegible] legen [illegible] mettersi in [illegible], [illegible] v. rec. [illegible] mettersi [illegible] v. rec. [illegible] mettersi a [illegible] v. rec. [illegible] zu thun.

Mezzaluna, ein halb wollener und halbleinener Zeug gen. f.

Mezzana, eine Art Backsteine, eine mittlere Saite auf der Laute, Violin [illegible] am [illegible] des Schiffs [illegible], eine [illegible]

Mezzano, sust. ein Mittler, ein Vermittler, ein Unterhändler gen. f.; [illegible] ein Kuppler gen. f.; [illegible] il [illegible], der [illegible] Sohn gen. f.

Mezzanotte, die Mitternacht.

Mezzare, halbiren, in zween Theile theilen v. a.

Mezzo, e mezzo, sust. die Hälfte, der halbe Theil; il mezzo di una cosa, das Mittel; in [illegible] di mezzo, die Mittelsamte; per [illegible] mezzo, das Mittel gen. f.; [illegible] della strada, mitten auf der Straße, auf halbem Wege; per mezzo [illegible], durch mich; questo è il miglior mezzo, das ist das beste Mittel.

Mezzo, ae. halb, mitte; un mezzo mese, ein halber Monat; un [illegible] e mezzo, anderthalber Gulden; [illegible] e mezzo, dritthalbe Stunde; [illegible] ore e mezzo, [illegible] Uhr ist halb; [illegible] i mezzodì, [illegible] Mittag [illegible]

Mezzo, ae. halb; it. fust. [illegible] è [illegible] mezzo [illegible], er ist noch halb trunken; [illegible] mezzo [illegible], halb und halb verstanden oder [illegible]

Mezzoquarto, ein halb Viertel gen. f.

Mezzorilievo, eine halb erhabene Arbeit in der Bildhauerkunst.

Mi, *pron. perf. dat. e accus.* mir, mich.

Miagolamento, das Geheule der Katzen; *it.* das Miauken, das Miauen, das Miauzen *gen.* s.

Miagolare, miauen, schreyen als eine Katze; miauzen, miauken *v. n.*

Mica, (*riempitivo*) ja, etwans: non son mica un fanciullo, ich bin ja kein Kind.

Miccia, eine Lunte zum feuern.

Micidiale, *ag.* mörderisch.

Micidiale, *sust.* ein Mörder, ein Todschläger *gen.* s.

Micrania, das Kopfweh an einer Seite; *V.* Emicrania.

Micranico, *ag.* Kopfschmerzen verursachend.

Microscopio, das Vergrösserungsglas *gen.* s, *pl.* (gläser)

Midolla, die Grume, die Weiche des Brodes; *it.* das Mark *gen.* s; la midolla spinale, das Rückenmark im Rückgrade; *it.* das Weiße von Hollunder; *it.* der Kern, das Beste von einer Sache.

Midollo, das Mark, der Kern *gen.* s, das Beste *gen.* s *pl.* n, (von einer Sache).

Midolloso, *ag.* voll Mark, voll Kern.

Mietere, ernden, mähen *v. a.*

Mietitore, ein Schnitter, ein Mäher *gen.* s.

Mietitura, das Ernden, das Schneiden *gen.* s; *it.* die Erndtezeit.

Migliajo, eine Summe von tausend.

Migliarino o migliarola, der kleine Schrot zum Schießen, der Wachtelschrot, der Vogelschrot *gen.* s.

Miglio, (*certo grano di campagna in Italia*), eine italiänische Weitzenart: per; porta spesie di grano, der Hirsen *gen.* s.

Miglioramento, die Besserung, die Verbesserung *pl.* en; *it.* das Beste, das Vortheilhafte *gen.* s *pl.* n, (seiner Art).

Migliorare, *v. att.* bessern *v. a.*, verbessern *v. a. comp.*; *v. neutr.* zu Kräften kommen (nach einer Krankheit).

Migliore, *sust.* das Beste *gen.* s *pl.* n; *ag.* besser.

Mignolo, (*dito*), der kleine Finger *gen.* s; *it.* die Blüthe der Olivenbäume.

Mignone, das Schoßkind *gen.* es, *pl.* er, eine geliebte Person *pl.* en, ein Günstling *gen.* s, *pl.* e, ein Favorit, ein Schätzchen *gen.* s.

Mila, tausend.

Milanese, *sust.* ein Mailänder, von Mailand gebürtig.

Milanese, *ag.* mailändisch; il Territorio milanese, das mailändische Gebiet.

Milano, (*città*), die Stadt Mailand.

Milenso, *ag.* dumm, einfältig, tölpelhaft.

Milione, ein Million, zehnmal Hunderttausend.

Militante, *ag.* kriegend, streitend; la Chiesa militante, die streitende Kirche *pl.* n.

Militare, *verb.* Krieg führen *v. a.*, Kriegsdienste thun, streiten *v. ir.*, kämpfen *v. a.*; *fig.* questa ragione non milita, dieser Beweis dienet nicht zur Sache.

Militare, *ag.* zur Miliz, zum Kriegsdienst gehörig, militarisch.

Militarmente, *avv.* militärisch, kriegerisch, nach Soldaten Art.

Milizia, die Landmiliz, die Kriegsleute, das Kriegsvolk *gen.* s, die Soldaten; *it.* das Kriegswesen *gen.* s, die Kriegskunst.

Millantare, eine Sache ins tausende vergrößern *v. a. comp.*; *it.* prahlen *v. n.*, aufschneiden *v. ir. comp.*, groß thun *v. ir.*; sich übermäßig rühmen *v. r. comp.*

Millantarsi, sich rühmen *v. rec. r.*, groß thun *v. ir.*, prahlen *v. n.*

Millantatore, ein Prahler, ein Ruhmredner, ein Großsprecher, ein Aufschneider *gen.* s.

Millanteria, die Großsprecherey, die Prahlerey, die Aufschneiderey *pl.* en.

Mille, tausend; più di mille, über tausend; a mille, a mille, zu tausenden; mille volte, tausendmal.

Millefoglio, (*erba*), die Schafgarbe.

Millepiedi, (*verme*), der Kellerwurm *gen.* s, *pl.* (würmer).

Milza, die Milz.

Mina, (*certa misura*), ein halber Scheffel *gen.* s *pl.* —; *term. di guerra*, die Mine *pl.* n; caricar la mina, die Mine laden *v. ir.*; sventar la mina, die Mine aufdecken *v. a.*

Minaccevole, *ag.* drohend, bedrohlich, trotzig.

Minaccevolmente, *avv.* drohender Weise, bedrohlich, mit Drohworten; *it.* trotzig.

Minuetto) die Drehkugel, die
Minuetteggiamento) [illegible] pl. [illegible], die Drehwerk, das Drehen gen. s.
Minaccevole, a minacciante, ag. drohend, dräuend.
Minacciare, drohen v. r. [illegible] [illegible], [illegible] [illegible] [illegible] [illegible], dieses Haus ist baufällig.
Minatore, ein Betrüger, [illegible] [illegible] gen. s. [illegible] [illegible].
Minare, [illegible] v. r. [illegible] [illegible] [illegible], [illegible] [illegible] v. r. comp.
Minatore, ein Minirer gen. s. pl. [illegible], [illegible] [illegible] [illegible] [illegible] [illegible].
Minchionare v. [illegible], einen zum Besten haben, V. Corbellare [illegible].
Minchione, ein [illegible] [illegible] [illegible] pl. en, ein [illegible], ein [illegible] gen. s.
Minerale, das ungeformte Erz gen. es, [illegible] [illegible] [illegible], [illegible] [illegible] [illegible] [illegible].
Minerale, sost. das Mineral gen. s, ein [illegible] Erdgewächs, was aus dem Bergwerke [illegible], mineralisch, metallisch.
Mineralista, ein Bergwerkskundiger gen. s.
Mineralogia, die Wissenschaft der Mineralien, der Metallen.
Minestra, eine Suppe pl. [illegible] [illegible], [illegible] [illegible] [illegible], den Handel verderben v. r. comp.
Minestrare, die Suppe anrichten v. r. comp.
Mingherlino, ag. sehr schmächtig, sehr mager, sehr dünne.
Miniare, in Miniatur malen v. r. [illegible], mit Wasserfarbe [illegible] v. r.
Miniatura, die Miniatur, die kleine Malerey mit Wasserfarben.
Miniera, das Bergwerk gen. s, pl. e, die Fundgrube pl. n.
Minimo, sost. der Kleinste, der Geringste gen. n pl. n.
Minio, der Mennig gen. s (cermonale).
Ministeriale, ag. zur Staatsbedienung gehörig.
Ministerio) das Amt gen. s, pl. Ämter), der Dienst [illegible] [illegible]
Ministero) [illegible], eine Staatsbedienung, it. die Regierung eines Staatsministers, das Staatsministerium.
Ministrare ec., verwalten v. r. comp. V. Amministrare ec.

Ministro, der Minister; Ministro [illegible], [illegible] [illegible] gen. s. Ministro di Stato, ein geheimer Staatsrath gen. [illegible] pl. [illegible] (räthe) 1 Ministro di giustizia, der [illegible] gen. [illegible]. Ministro [illegible] [illegible] [illegible] [illegible] [illegible] [illegible] [illegible] [illegible] [illegible] [illegible] ein [illegible] gen. s.
Minorenne, [illegible] [illegible], [illegible] [illegible], die Minderjährigkeit, die Unmündigkeit, die unmündigen Jahre.
Minorare, verkleinern, vermindern v. r. comp., [illegible] [illegible] v. r.
Minorativo, ag. [illegible], [illegible] [illegible] [illegible], eine gelind abführende Arzney.
Minore, [illegible], sost. der Minderjährige gen. [illegible] [illegible] [illegible] der [illegible] eines [illegible] [illegible] [illegible] [illegible], die [illegible].
Minore, [illegible], kleiner, geringer.
Minotauro, ein erdichtetes Ungeheuer gen. s, (halb Ochs und halb Mensch).
Minugia, [illegible], das kleine Gedärme, die Darmsaiten.
Minuire ec., vermindern v. r. comp. V. Diminuire ec.
Minuolo, [illegible] (Tempel), der kleine [illegible] pl. [illegible] ec. [illegible].
Minuta, der [illegible] [illegible] gen. [illegible] [illegible], das Concept einer Schrift.
Minutaglia, allerley kleines Zeug.
Minutamente, ag. genau, aufs Haar [illegible].
Minutenza, die Kleinigkeit pl. en, die [illegible] pl. en.
Minuto, sost. eine Minute pl. n, ein Augenblick gen. s pl. [illegible], der sechzigste Theil einer Stunde, oder einem Grade in der Geometrie; voler le cose per minuto, die Sachen aufs Haar haben wollen; guardar per minuto, genau betrachten v. r. comp.
Minuto, ag. [illegible], klein, [illegible], von [illegible] [illegible].
Minuto, ag. a minuto, im Kleinen, stückenweise; vendere al minuto, im Kleinen, einzeln verkaufen v. r. [illegible] [illegible] per minuto, umständlich erzählen v. r. comp.
Minuzia, eine Kleinigkeit pl. en, der kleinste Theil gen. s.
Minuzzame, ein Haufen Kleinigkeiten, Schnipfeln, Brocken [illegible].

Minauder, [illegible] lecker machen [illegible] [illegible] Gesichter [illegible] trachten [illegible]

Minaudier, [illegible] ein Gesicht [illegible] [illegible] nichts, nach [illegible]

Mio, *pron. poss.* mein

Mio, *subst.* der, das Meinige [illegible]

Mira, die Absicht *pl.* [illegible] das Absehen [illegible] das Ziel [illegible] der Zweck, das Ziel [illegible] das Korn auf einem Feuerrohr [illegible] [illegible] mit etwas zielen [illegible] [illegible] [illegible] einen haben [illegible] sein Absehen auf einen richten [illegible]

Mirabile, *adj.* wunderbar, *V.* Admirabile.

Mirabilmente, wunderbarlich, wundersamer [illegible]

Miracolo, das Wunderwerk [illegible] *pl.* [illegible] das Wunder, das Wunderzeichen [illegible] etwas ungemeines, seltsames [illegible]

Miracolosamente, *av.* wunderbarer Weise, wunderbarlich, durch ein Wunderwerk.

Miracoloso, *ag.* wunderhaftig, wunderthätig, [illegible]

Mirare, [illegible] das Absehen auf etwas richten [illegible] [illegible] [illegible] auf etwas [illegible] [illegible] ansehen [illegible] [illegible] betrachten [illegible]

Miratore, der mit einem Gesicht [illegible] der Zuschauer [illegible]

Miriade, [illegible] mancherley, zehntausend, [illegible]

Mirra, die Myrrhe [illegible]

Mirtillo, die Heidelbeere, die Heidelbeere *pl.* [illegible] [illegible]

Mirto [illegible] der Myrtenbaum [illegible] [illegible] der Myrte [illegible]

Mischiare, einfalten [illegible] [illegible]

Misantropia, die Menschenfeindschaft, der Menschenhaß [illegible] die [illegible]

Misantropo, der Menschenfeind [illegible] *pl.* [illegible]

Miscellanea, allerley Sachen durch einander.

Mischia, das Handgemenge [illegible]

pl. [illegible] eine Schlägerey, eine Schlacht [illegible] [illegible] [illegible]

Mischiamento } das Mischen, die Einmischung, die Vermischung, die Vermengung [illegible] die Karten [illegible] [illegible] mischen [illegible]
Mischianza }
Mischiare }

Mischiare, mischen [illegible] vermischen [illegible] [illegible] vermengen [illegible] untereinander mischen [illegible]

Mischiarsi, sich in etwas mischen [illegible] [illegible] sich mit einem einlagen [illegible] [illegible] sich mit einem [illegible]

Mischiatamente, *av.* durch einander untereinander, [illegible] unordentlich.

Mischiatura, die Mischung, *V.* Mischiamento.

Miscredente, *sub.* ein Ungläubiger, ein [illegible] *ag.* ungläubig, [illegible]

Miscredenza, das Mißtrauen [illegible] der Unglaube [illegible] die Ketzerey.

Miserabile, *sub.* ein elender Mensch, ein [illegible] [illegible] ein Bettler [illegible]

Miserabile, *ag.* unglücklich, armselig, arm, elend, [illegible] [illegible] schlecht, verächtlich.

Miserabilmente } *av.* elendiglich, erbärmlicher [illegible] [illegible]
Miseramente }

Miseria } das Elend, der Jammer [illegible] die Dürftigkeit, die Armuth, ein elendes, erbärmliches Wesen [illegible] das Unglück [illegible] die [illegible]
Miserità }

Misericordia, die Barmherzigkeit, das Mitleiden [illegible] [illegible] [illegible] [illegible] die [illegible] der Baum [illegible]

Misericordiosamente, *av.* barmherziglich.

Misericordioso, *ag.* barmherzig, mitleidig.

Misero [illegible] *V.* Miserabile [illegible] [illegible] armselig, [illegible] [illegible]

Misfare, mißhandeln v. r. comp., V. Malfare.

Misfatto, sust. eine Mißethat, eine Uebelthat pl. en, das Verbrechen gen. s.

Misfatto, part. da misfare o mal fare, gemißhandelt.

Misleale, ag. gottlos, V. Disleale.

Misnia, (città), Meissen, (eine Stadt in Sachsen.

Missionario, einer der sich zur Bekehrung der Ungläubigen außer Landes begiebt.

Missione, die Schickung, die Sendung zu predigen, um die Ungläubigen zu bekehren.

Misterio, e mistero, das Geheimniß gen. es, pl. e.

Misteriosamente, av. geheimnißweise.

Misterioso, ag. geheim, geheimnißvoll, unbegreiflich, schwer zu verstehen.

Misterioso, sust. ein Heimlicher, der alle Dinge verschwiegen hält.

Mistica, die Gottesgelahrheit, welche die geheimnißvollen Dinge erkläret.

Misticamente, av. geheimerweise, auf eine mystische Art.

Mistico, sust. ein Mystiker, der sich auf die Erforschung der geheimen Gottesgelahrheit leget.

Misto, ag. gemengt, gemischt; il misto imperio, das vermengte Regiment, die vermengte Regierung.

Mistura, die Vermengung, die Vermischung, V. Mischiamento.

Misura, das Maaß gen. es; misura rasa, völlig, reichlich, gestrichenes Maaß; misura colma, gehäuftes Maaß; prender le sue misure, seine Maaßregeln nehmen v. ir.; fuori di misura, fuor di misura, über die Gränzen, außer der Maaßen, unmäßig; [illegible] a misura, sowie, nach dem Maaße, nach Maaßgebung.

Misuramento, das Messen gen. s, die Ausmessung pl. en.

Misurare, messen v. ir., abmessen, ausmessen v. ir. comp.; fig. ponderare, überlegen v. r. comp.; misurare una cosa con l'altra, eins gegen das andere halten v. ir.

Misurarsi, sich einem gleich stellen wollen, gleich seyn wollen v. aus.

Misuratamente, av. nach dem Maaße, mit Maaße, nach der Regel, wohl bedächtlich.

Misuratezza, das Maaß gen. es, die Mäßigung pl. en.

Misuratore, ein Messer, ein Abmesser gen. s.

Mite, ag. mild, gütig, gnädig, gelinde, [illegible].

Mitemente, av. mildiglich, gelind, freundlich.

Mitigamento, e mitigazione, die Milderung, die Linderung, die Nachlassung pl. en, das Mildern, das Nachlassen, das Besänftigen gen. s, die [illegible] pl. en.

Mitigare, mildern, lindern v. r., nachlassen v. ir. comp., besänftigen v. r. comp.

Mitologia, die heidnische Götterlehre.

Mitologicamente, av. [illegible]weise.

Mitologico, ag. die heidnische Götterlehre betreffend.

Mitologista, Mitologo } der Verfasser der Fabeln von der heidnischen Götterlehre.

Mitra, der Bischofshut gen. s, pl. (hüte), ein [illegible] gen. s.

Mitrare, einem den Bischofshut aufsetzen v. r. comp.; fig. zum Bischof machen v. r.

Mitrato, Prelato mitrato, ein infulirter Prälat; part. zum Bischof, zum Prälaten gemacht.

M O

Mobile, sust. ein bewegliches Gut gen. s, pl. (Güter); i mobili di casa, die Hausgeräthe.

Mobile, ag. beweglich, unbeständig, veränderlich.

Mobilità, die Beweglichkeit; met. die Unbeständigkeit pl. en.

Moccolo, ein Stümpfchen Licht, ein Wachsstock gen. s, pl. (stöcke), die Schnuppe an dem Lichte.

Moda, der Gebrauch gen. s, die Mode, die Kleidertracht; it. die Weise, die Art; it. die Gewohnheit.

Modellare, ein Muster, ein Modell machen v. r., wornach die andern müssen gemacht werden; vorzeichnen v. r. comp., einen Riß machen v. r.

Modello, das Muster, das Modell gen. s; it. ein Plan, ein Entwurf gen. s, ein Abriß gen. es; it. eine Vorschrift pl. en; it. eine Gießform pl. n.

Moderamento, e moderazione, die Mäßigung, die Enthaltsamkeit; it. die Verringerung; it. die Bescheidenheit pl. en, das Maaß gen. es

Moderare, mäßigen v. r., einschränken v. r. comp., enthalten v. ir. comp., lindern v. r., nachlassen v. ir. comp., Maaß halten in etwas

Moderarsi, sich mäßigen v. rec. r. comp., sich enthalten v. rec. ir. comp.

Moderatamente, av. mit Maaßen, mäßiglich, mäßig, bescheidentlich, gelindiglich

Moderato, ag. mäßig, enthaltsam, gelind, klug, verständig, bescheiden, glimpflich

Modernamente, av. nach jetzigem Gebrauch, nach der Mode, neu, heutig, jetzig.

Moderno, ag. neu, heutig, jetzig.

Modestamente, av. bescheidenerweise, ehrbarerweise, bescheidentlich, ehrbarlich

Modestia, die Bescheidenheit, die Ehrbarkeit, die Sittsamkeit, die Zucht, die Demuth.

Modesto, ag. bescheiden, ehrbar, klug, schamhaftig, züchtig, sittsam.

Modificante, ag. mäßigend, mildernd, einschränkend, vermindernd.

Modificare, modificiren, mäßigen, mildern v. r.; verringern, einschränken v. r. comp.; it. der Sache eine Art geben zum Unterschied der Andern.

Modificazione, die Einschränkung, die Mäßigung, die Milderung pl. en.

Modo, die Art, die Weise, die Manier; con acconcio modo, auf eine geschickte Art; a mio modo, nach meiner Weise, nach meinem Sinne, a modo, nach Art; trovar il modo, das Mittel finden v. ir.; por modo, Schranken setzen v. r.; in nessun modo, schlechterdings nicht; in modo, so, dergestalt; per modo di dire, so zu sagen; fare a modo suo, nach seinem Belieben machen v. r.; ad ogni modo, durchaus, schlechterdings; tenere il modo, ein gewisses Ziel halten v. ir.

Modulare, die Stimme einrichten v. r. comp., nach dem Takte singen v. ir., die Musikinstrumenten nach dem Tone stimmen.

Modulazione, e modulamento, die singende Art etwas auszusprechen; das Singen nach dem Takte; it. die Melodey, die Tonung

Moggio, (certo misura), das Maltes gen. s.

Moglie, das Eheweib gen. s, pl. er, die Ehefrau pl. en; prender moglie, heyrathen v. r. comp., zum Weibe nehmen v. ir.

Moine, pl. schmeichlerische Worte und Geberden, geschmeicheltes Wesen gen. s, die Zuckfonzerey.

Mola, eine Mühle pl. n; it. der obere Mühlstein gen. s, pl. e.

Molare coltelli ec., schleifen v. ir.

Mole, eine ungeheure Last, Bürde; mor ein großes Gebäude.

Molestamente, av. beschwerlicherweise.

Molestamento, das Beschweren gen. s, die Belästigung, der Ueberlast; it. die Plage.

Molestare, einem ungelegen, beschwerlich seyn v. auf., beschwerlich fallen v. ir., Ungelegenheit machen v. r., belästigen v. r. comp., plagen v. r., überlasten v. r. comp.

Molestato, part. beschwerlich gefallen, ungelegen geworden, belästiget.

Molestevole, ag. beschwerlich, ungelegen, verdrießlich, ärgerlich.

Molestia, die Beschwerlichkeit, die Ungelegenheit; dar molestia, beschwerlich fallen v. ir. Verdruß machen v. r., darsi molestia, sich betrüben v. rec. r. comp., unruhig werden v. auf.

Molesto, ag. beschwerlich, V. Molestevole.

Molinaro, der Müller gen. s.

Molino, die Mühle pl. n, molino a vento, eine Windmühle; tirar l'acqua al suo molino, seinen Nutzen suchen v. r., auf seinen Nutzen sehen v. ir.

Mola, das Triebrad gen. es, pl. (Triebräder), die Triebfeder pl. n, (in einer Uhr).

Mollare, cioè: cedere, nachlassen v. ir. comp., aufhören v. r. comp.

Molle, ag. biegsam, teigig (als Obst), schwach, zärtlich, weichlich (vom Gemüthe) per: pieghevole, gelinde, sanft, nachgiebig; per: tenero, weich; per: umido, feucht, naß; per: effeminato, wollüstig, weibisch.

Molle, sust. le molle da fuoco, die Feuerzange.

Mollemente, av. weichlich, zärtlich, sanft, wollüstig.

Molletta, die Winde pl. [illegible] das [illegible] gen. [illegible] die Geschwindigkeit, [illegible] die Weichlichkeit, [illegible] die Faulheit, die Zärtlichkeit.
Mollusco, die [illegible] pl. [illegible]
Mollificamento, das Erweichen, das [illegible] das [illegible] gen. [illegible]
Mollificare, erweichen [illegible] geschmeidig machen, lindern [illegible]
Mollificativo, [illegible] erweichend, lindernd.
Mollificazione, die Erweichung, die [illegible] pl. [illegible]
Molo, der steinerne Damm am Gestade des Meers, oder den man in die See hinein macht.
Momentaneo, [illegible] geschwinde.
Momentaneamente, [illegible] [illegible] gen. [illegible]
Mo[illegible], die Münze, [illegible]
Monaca, [illegible] die Nonne, die Klosterfrau.
Monaco, [illegible] [illegible] molto tempo che [illegible] es ist schon lange daß [illegible]
Momentaneamente, [illegible] augenblicklich
Momentaneo, [illegible] augenblicklich, [illegible] in einem Augenblick, ein [illegible] gen. [illegible]
Momento, der Augenblick gen. [illegible] pl. [illegible] eine sehr kurze Zeit, [illegible] sarrò a momenti, ich werde gleich kommen, in un momento [illegible] in einem Augenblick; [illegible] cosa di gran momento, di piccolo [illegible] eine wichtige Sache, eine Sache von wenig Wichtigkeit.
Monaca, eine Nonne pl. [illegible]
Monacale, [illegible] klösterlich, [illegible] [illegible] die [illegible] [illegible] [illegible] gen. [illegible]
Monacare, [illegible] Nonne werden [illegible]
Monachismo, [illegible] pl. [illegible]
Monaco, der Mönch gen. [illegible] pl. [illegible] farsi Monaco, ein Mönch werden [illegible]
Monarca, der Monarch gen. [illegible] ein großer König gen. [illegible]

Monarchia, die Monarchie pl. [illegible]
Monarchico, [illegible] monarchisch.
Monastero, [illegible] das Kloster gen. [illegible] pl. ([illegible])
Monastico, [illegible] mönchisch, [illegible]
Monco, [illegible] [illegible]
Mondanità, [illegible]
Mondano, [illegible] weltlich, [illegible]
Mondare, reinigen, [illegible] [illegible] [illegible] [illegible]
Mondezza, [illegible] die Reinigkeit, die Sauberkeit.
Mondificazione, die Reinigung, die Säuberung pl. [illegible]
Mondo, [illegible] die Welt [illegible] [illegible] [illegible] [illegible] una femmina di mondo, eine Hure [illegible] [illegible] [illegible] [illegible] [illegible] [illegible]
Mondo, [illegible] [illegible] [illegible]
Moneta, die Münze pl. [illegible] [illegible] [illegible] [illegible] [illegible]
Monetare, münzen [illegible]
Monetario, [illegible] der Münzmeister, ein falscher Münzer gen. [illegible]
Mongolfiere, eine [illegible] pl. [illegible]
Monistero, das Kloster gen. [illegible] Monastero.
Monitare, [illegible] Ammonire.
Monitorio, [illegible] [illegible]
Monizione, [illegible] Ammonizione.
Monocolo, [illegible] einäugig.
Monopolio, [illegible] [illegible] [illegible] [illegible] [illegible] hat, und [illegible] gen. [illegible]
Monopolista, der allein und [illegible]

[illegible] eine Waare [illegible] der etwas allein verkauft und [illegible] neben ihm.

Monadisch, ag. einzig [illegible]

Monotonie, die unveränderte Leb[illegible], die beständige Gleichheit des Tones in einem Reden, und Singen.

Monsignore, ein Titel, den man großen Herrn giebt, als Eure Gnaden [illegible]

Montagna, der Berg gen. [illegible], pl. [illegible] le montagne, das Gebürge [illegible].

Montagnoso, e montagnoso, ag. aus den Bergen, im Gebürge geboren.

Mon[illegible], betrügend, [illegible]

M[illegible], [illegible] [illegible] [illegible] v. [illegible] comp., montar la scala, die Treppen steigen, montare a cavallo, [illegible] v. [illegible] comp., [illegible] in [illegible], [illegible], montar la guardia, auf die Wache ziehen v. [illegible], montar il cannone, das Stück auf die Lavetten legen v. [illegible], montar la [illegible], die Brücke besteigen v. [illegible] comp., montar [illegible], der [illegible] v. [illegible] comp., far montare la cavalla, die Stuten [illegible] lassen v. [illegible], la somma monta a [illegible] Florini, die Summe beläuft sich auf [illegible] Gulden.

Monte, [illegible] der Berg gen. [illegible], das [illegible] gen. [illegible], pl. (Nachtheiner), die [illegible]

Monte, der Berg gen. [illegible], V. Montagna, Monte di pietà, das Leihhaus [illegible] (in Italien), [illegible], mandare a monte una cosa, eine Sache fahren lassen v. [illegible], [illegible] v. [illegible], [illegible] andere [illegible] v. [illegible], [illegible] [illegible], aus der Sache ist nichts geworden, [illegible], wie [illegible] v. [illegible], [illegible] [illegible], [illegible] a monte, [illegible].

Montone, der Widder gen. [illegible]

M[illegible], eine [illegible] [illegible], ein Gewächs das [illegible], das Gebürge gen. [illegible]

Mon[illegible], ag. [illegible]

Monumento, das Denkmal, das Denkmahl gen. [illegible], pl. (mäler).

Mo[illegible], eine Maulbeere pl. [illegible] [illegible], der Brunn, das [illegible] gen. [illegible], pl. (Brunnen) (Aufstand)

Morale, ag. sittlich, was zu den Sitten oder zur Sittenlehre gehört, moralisch.

Morale, sust. die Sittenlehre, die Lebensregeln, die [illegible], [illegible], der [illegible].

Moralista, ein Sittenlehrer gen. [illegible], einer der die Sittenlehre [illegible] oder lehret.

Moralità, die Sittenlehre, die Lebensregeln, die Moralität, V. Morale, sust.

Moralizzare, erbauliche, lehrreiche Reden führen, [illegible] v. [illegible], [illegible] man sich verhalten soll, Lebensregeln geben v. [illegible], oder [illegible] v. [illegible] comp., nach der Sittenlehre auslegen v. [illegible] comp., moralisiren v. [illegible]

Moralmente, av. sittlich, (Arbeit, [illegible] gemeinen Wahn nach, in [illegible] [illegible]), moralisch.

Morbidamente, av. zärtlich, weichlich, [illegible]

Morbidezza, die Weiche, die [illegible] [illegible], [illegible] die Weichlichkeit, die Zärtlichkeit.

Morbido, ag. weich, mürbe, zart, [illegible], [illegible], [illegible], [illegible] morbido, ein weiches Tuch; un letto morbido, ein weiches Bett.

Morbifico, e morbifero, ag. schädlich, ungesund.

Morbo, morbus, eine Krankheit; morbo regio, die gelbe Sucht; morbo [illegible], die schwere Noth; [illegible], das böse Wesen gen. [illegible]

Morchia, der Oelhefen, der Oelschaum gen. [illegible]

Mordace, ag. beißend, was um sich beißt, [illegible], parole mordaci, [illegible], empfindliche Reden, anzügliche Worte.

Mordacemente, av. auf beißende Art, [illegible]

Mordacità, die Beißigkeit, die schärfe, beißende Eigenschaft, die [illegible] Art eines Dinges, (als des Scheidewassers) [illegible], die Schärfe [illegible] die [illegible]

Mordente, beißend, V. Mordace, [illegible] sust. das Goldgrundment, das zum Vergolden gebraucht wird.

Mordere, beißen v. [illegible], (als Thiere),

stehen v. n., [illegible] überziehen, bedecken v. r., (als Vögel), strafen v. n.; fare [illegible] Gutes, [illegible] w. r. comp., [illegible] v. r.; [illegible] wenden se dire, [illegible] v. r. comp., sich [illegible] lassen v. rec. [illegible] begehrt v. rec. [illegible], (etwas) gethan zu haben.

Moretto, ag. schwarz wie ein Mohr; cavallo morello, der Rappe gen. n.

Morena (pesce), der Meeraal gen. s, pl. (die Meeraalfische).

Moresco, ag. auf mohrische Art gemacht, [illegible]; av. alla moresca, nach Mohren Art; danza moresca, der Mohrentanz gen. [illegible].

Moribondo, ag. sterbend, [illegible], in den letzten Zügen liegend.

Morigerare, zu guten Sitten erziehen v. ir. comp., bilden v. r.

Morigerarsi, sich sittsam aufführen v. rec. r. comp.

Morigeratamente, av. sittsam, wohlgezogen, ehrbar.

Morigeratezza, die Sittsamkeit, die Wohlerzogenheit.

Morigerato, ag. zu guten Sitten erzogen, gesittet.

Morire, sterben v. ir., absterben v. ir. comp.; morir di rabbia, vor Zorn bersten wollen; morire di fame, di sete, vor Durst, vor Hunger sterben; morir di sonno, vor Schlaf umfallen v. ir. comp.; morir di freddo, vor Kälte erstarren v. r. comp.; morir di caldo, vor Hitze umfallen v. ir. comp.; morir di voglia, vor Begierde brennen v. r.; eine große Lust haben v. anf.; morir dalle risa, sich zu todte lachen v. rec. r.; far morire, tödten v. r., oder tödten lassen v. ir.; possa morire se hai fatto questo, ich will des Todes seyn, oder ich will mein Leben zum Pfande, wenn ich dieses gethan habe; [illegible] di [illegible], verharren v. r. comp.; [illegible] di [illegible], malbilden v. r. comp.; egli more d' amore per quella [illegible], er ist in die Wittwe sterblich verliebt.

Mormorativo, ag. murrend, brummend, übel nachredend; [illegible].

Mormorare, murren, murmeln, brummen v. r.; [illegible], übel nachreden, verleumden v. r. comp.; [illegible] rauschen v. r., (als Wind und Wasser); [illegible], sich beschweren v. rec. r. comp.

Mormoratore, ein Murrer, ein Verleumder gen. s.

Mormorazione, e mormoramento, das Murren, das Brummen, das Murmeln gen. s; [illegible] das Rauschen gen. s, (als der Blätter und Wasser).

Mormoreggiare, rauschen, rieseln, sausen, murren v. r.

Mormorio, das Murmeln, das Murren, das heimliche Klagen gen. s; [illegible] das Geräusch, das Getöse gen. s, (der Leute), das Rieseln, das Geräusch gen. s, (des fließenden Wassers).

Moro (il nazione), der Mohr gen. s, pl. en; (albero), der Maulbeerbaum gen. s, pl. (bäume).

Morroidale, ag. zur güldenen Ader gehörig; dolori morroidali, güldene Aderschmerzen, die güldene Ader.

Morroidi, e morici (certa malattia), pl. die güldene Ader.

Morolo, sust. ein Liebhaber, ein Liebster gen. s; ag. [illegible], langweilend, launisch, [illegible], [illegible], verdrießlich.

Morsa, die Verzahnung an einem Gebäude; it. die beiden Theile am Schraubstocke, die etwas zusammenhalten; it. die Gewalt, (den Pferden das Maul einzuzwängen).

Morsicare, beissen v. ir. V. Mordere.

Morsicatura, der Biss gen. es, pl. e, das Beissen, der Hundebiss gen. es; it. das Mahl vom Bisse.

Morso, sust. der Biss gen. es, V. Morsicatura; il morso del cavallo, das Gebiss am Pferdezaume.

Morso, part. da mordere, gebissen.

Mortadella, eine Art von italienischen Leberwürsten oder Knackwürsten.

Mortajo, der Mörser gen. s; un mortajo da [illegible], ein [illegible]; pestar l'acqua nel mortajo, vergebliche Arbeit thun v. ir.

Mortale, ag. sterblich, tödtlich; il nemico mortale, der Todfeind gen. s, pl. e; il peccato mortale, die Todsünde pl. n; sust. un mortale, ein Sterblicher gen. n.

Mortalità, die Sterblichkeit; it. die Seuche unter Menschen und Vieh.

Mortalmente, av. auf den Tod, tödtlich.

Morte, der Tod *gen.* es, das Sterben *gen.* s; *fig.* eine heftige Angst, Quaal, Marter, ein grosser Verdruß *gen.* es; ferire uno a morte, einen tödtlich verwunden *v. r. comp.*; essere colla morte alla gola, mit dem Tode ringen *v. r.*; essere una morte, eine sehr verdrießliche Sache seyn *v. auf.*; sotto pena di morte, bey Todesstrafe; *av.* a morte, tödtlich.

Mortifero, *ag.* tödtlich, das den Tod verursachen kann, (als Gift ꝛc.)

Mortificare, svergognare, beschämen *v. r. comp.*; *it.* quälen, kränken *v. r.*; mortificar la carne, das Fleisch, den Leib casteyen *v. r.*; le passioni, den Leidenschaften Anhalt thun *v. ir.*; la gola, die Kehle züchtigen; il senso, la volontà, die Begierden dämpfen *v. r.*; nell' arte chirurgica, das Fleisch tödten *v. r.*; todmachen *v. r. comp.*

Mortificarsi, sich quälen, sich kränken *v. rec. r.*; *it.* durch ein strenges Leben sich casteyen, kreuzigen *v. rec. r.*; sich von etwas enthalten *v. rec. ir. c.*

Mortificazione, e mortificamento, das Tödten *gen.* s, (als des Quecksilbers), das Tödten des Fleisches bey den Wundärzten; *met.* das Betäuben oder Kreuzigen des Fleisches durch Fasten und strenges Leben; die Unterdrückung der sinnlichen Begierden; *it.* die Last, die Beschwerlichkeit, die Quaal, der Verdruß *gen.* es; *it.* die Züchtigung, die Demüthigung, das Kreuz von Gott; dare una mortificazione ad alcuno, jemanden einen derben Verweis geben *v. ir.*

Morto, *part.* da morire, gestorben; *ag.* erstorben, todt, erblichen; morto di fame, di fatica, für Durst, für Müdigkeit halb todt; una candela morta, ein ausgelöschtes Licht *gen.* es; acqua morta, faules, stinkendes Wasser *gen.* s; foglia morta, ein welkes, dürres Blatt von Bäumen; esser stracco morto dal viaggio, von der Reise zum sterben müde seyn *v. auf.*

Morto, *sust.* ein todter Körper, ein Verstorbener, ein Todter *gen.* n; *it.* eine Leiche *pl.* n.

Mortorio, das Leichenbegängniß *pl.* e; *it.* der Grabstein *gen.* s.

Mosa (fiume), die Mosel.

Mosaico, *ag.* von musaischer Arbeit, mit bunten Steinen, Figuren ꝛc., zusammengesetzt, ausgearbeitet.

Mosca, die Fliege *pl.* n; *prov.* la mosca gli salta al naso, er wird unwillig, es fährt ihm in die Nase, es verschnupft ihm; le mosche bianche, die Schneeflocken; aver delle mosche in testa, Grillen im Kopfe haben *v. auf.*; fare d' una mosca un elefante, aus einer kleinen Sache ein großes Wesen machen *v. r.*; in bocca chiusa non entran mosche, wer was haben will, muß es verlangen.

Moscaiuola, e muscaruola, der Fliegenschrank *gen.* s, *pl.* (schränke); *it.* ein Behältniß wider die Fliegen.

Moscato, *ag.* fleckicht; un cavallo moscato, ein Fliegenschimmel *gen.* s; vino moscato, Muskatellerwein *gen.* s.

Moschettare, musketiren *v. r.*, mit einem Musketenschuß verwunden *v. r. comp.*, oder todt schiessen *v. ir. c.*

Moschettata, ein Musketenschuß *gen.* es, *pl.* (schüsse).

Moschetto, eine Muskete *pl.* n.

Moscovia, Moskau.

Moscovita, ein Moskowitter *gen.* s, ein Russe *gen.* e *pl.* n.

Mosella (fiume), die Mosel.

Mossa, die Bewegung *pl.* en, das Bewegen *gen.* s; la mossa delle truppe, der Marsch, der Aufbruch *gen.* s; la mossa di corpo, der Durchfall *gen.* s.

Mosse, *pl.* die Schranken, von welchen die Rennpferde nach dem Ziele auslaufen *v. ir. comp.*; dar le mosse, das Zeichen zum Rennen geben *v. ir.*; star sulle mosse, bereit, fertig seyn *v. auf.*; pigliar le mosse, den Marsch antreten *v. ir. comp.*; in Gang kommen *v. ir.*; dar le mosse ad un affare, eine Sache in Gang bringen *v. r.*

Mosso, *part.* da movere, bewegt ꝛc.

Mossolina, e mussolina, das Nesseltuch *gen.* s.

Mostaccino, der Knebelbart *gen.* s.

Mostaccinolo, eine Art Zuckergebackenes.

Mostarda, der Senf *gen.* s.

Mosto, der Most *gen.* es.

Mostra, das Zeigen, das Weisen *gen.* s; far mostra di se, prangen *v. r.*, sich sehen lassen *v. rec. ir.*, Parade machen *v. r.*; *it.* das Muster *gen.* s, daran man das übrige erkennen kann; *it.* das Auslegen, oder das Sehenlassen der Waaren; *it.* der Zeiger, oder das Zifferblatt *gen.* s; (auf einer Uhr); *it.* eine Taschenuhr; *it.* die Farbe und Aufschläge einer Soldatenmuntur; *it.* die Musterung der Soldaten; *it.* der Schein, das äusserliche Ansehen *gen.* s.

Mostramento, e mostrazione, das Zeigen, das Weisen, das Sehenlassen *gen.* s, die Vorzeigung, die Anzeigung *pl.* en.

Mostrare, zeigen *v. r.*, sehen lassen *v. ir.*, anzeigen *v. r. comp.*; *it.* weisen *v. ir.*, beweisen *v. ir. comp.*, lehren *v. r.*; mostrare a dito, mit Fingern zeigen; mostrare i denti, die Zähne blecken *v. r.*; mostrare la fronte, die Spitze bieten *v. ir.*; egli mostra di aver molto da fare, er stellet sich, als wenn er viel zu thun hätte; ciò mostra, che ec., das ist ein Zeichen daß . . .

Mostrarsi, sich sehen lassen *v. rec. ir.*, sich zeigen *v. rec. r.*

Mostro, eine Mißgeburt; etwas unnatürliches, ein Ungeheuer *gen.* s; *fig.* un mostro di scienza, ein Ausbund von Gelehrsamkeit.

Mostruosamente, *av.* ungeheuer, erschrecklich, unförmlicher Weise, auf eine ungestalte Art.

Mostruosità, eine unnatürliche, ungewöhnliche, ungeheure Gestalt, eine Wundergestalt, eine Ungestaltheit.

Mostruoso, *ag.* unnatürlich, ungeheuer, entsetzlich, ungestalt.

Motivare, angeben *v. ir. comp.*, anführen *v. r. comp.*, (als eine Ursache); *it.* gedenken, erwähnen, berühren *v. r. comp.*

Motivo, *sust.* die bewegende Ursache *pl.* n, der Bewegrund *gen.* s, *pl.* (gründe), der Antrieb *gen.* s, *pl.* e, der Anlaß *gen.* es, *pl.* (Anläße), die Anleitung *pl.* en; *av.* a motivo, wegen; *ag.* bewegend, verursachend.

Moto, *sust.* die Bewegung *pl.* en; il moto convulsivo, die Verzuckung *pl.* en, das Gliederreißen *gen.* s; *met.* die Regung, die Neigung *pl.* en, der Antrieb; di proprio moto, aus eigenem Triebe, aus eigener Bewegung.

Motore, der Beweger, der Anstifter, der Anfänger *gen.* s; l'eterno motore, Gott, *gen.* es; il saggio motore dell' universo, der weise Regierer der Welt.

Motteggiamento, das Spotten, das Höhnen, das Sticheln, das Vexiren, das Durchhecheln *gen.* s.

Motteggiare, höhnen, spotten *v. r.*; *it.* scherzen, spaßen, sticheln, schrauben *v. r.*, einen zum Besten haben *v. aus.*

Motteggiatore, ein Spötter, ein Spaßvogel *gen.* s; einer, der gerne spaßt.

Motteggevole, *ag.* spaßhaft, spöttisch; lustig in der Gesellschaft.

Motteggio, der Spott *gen.* es, der Hohn *gen.* s; *it.* der Scherz *gen.* es, *pl.* e; *it.* ein lustiger Spaß *gen.* es, die Possen.

Mottetto, eine Motette *pl.* n.

Motto, das Wort *gen.* s, *pl.* (Wörter e Worte), der Sinnspruch, Wahlspruch, Denkspruch *gen.* s, *pl.* (sprüche); *it.* das Sprichwort, der scherzhafte Einfall *gen.* s, *pl.* (Einfälle), die Stichelrede *pl.* n; per burla, der Scherz *gen.* es, *pl.* e, der Spaß *gen.* es; *it.* eine sinnreiche, merkwürdige Rede; far motto ad uno, einem winken *v. r.*, anreden, begrüßen *v. r. comp.*, far motto di q. c., etwas erwähnen *v. r. comp.*, non far motto, kein Wort sagen *v. r.*

Movente, *ag.* bewegend, rührend, anreizend, antreibend.

Movere, bewegen *v. r. comp.*, rühren *v. r.*, treiben *v. ir.*; *it.* reizen *v. r.*, movere una quistione, eine Frage aufwerfen *v. ir. comp.*, movere il campo in guerra, aufbrechen *v. ir. comp.*, movere il corpo, Stuhle machen *v. r.*, den Leib öffnen *v. r.*, (als eine Arzney).

Moversi, sich bewegen *v. rec. ir. comp.*, sich rühren, sich regen *v. rec. r.*

Movibile, *ag.* beweglich; was sich bewegen läßt; *it.* unbeständig, veränderlich, leicht zu bereden, zu überreden.

Movimento
Mozione } die Bewegung *pl.* en; *met.* der Antrieb *gen.* s; *it.* die Regung, die Neigung *pl.* en; *it.* der Aufstand *gen.* s.

Mozzamento, das Verstümmeln *gen.* s, die Verstümmelung, die Abhauung, die Abschneidung eines Theils vom Ganzen; das Lähmen *gen.* s.

Mozzare, verstümmeln *v. r. comp.*, lähmen *v. r.*; *met.* abkürzen *v. r. comp.*, abhauen, abschneiden *v. ir. comp.* (einen Theil vom Ganzen).

Mozzo, *part.* da mozzare, verstümmelt u.

Mozzo, *sust.* ein Stumpf *gen.* s, ein Mut *gen.* es, ein Stumpf *gen.* s, ein abgehauenes Stück *gen.* s, *pl.* e; *pers.* garzone, ein Knecht *gen.* s; il mozzo di stalla, der Stallknecht; il mozzo di cucina, der Küchenjunge *gen.* e *pl.* n.

MU

Mucchio, ein Haufen, der Schober *gen.* s; far mucchio, sammeln *v. r.*

Mucido, *ag.* weich, welk, lappicht, faulend; *it.* abschmeckend; *it.* schimmlicht; saper di mucido, altschmeckend, riechend seyn *v. aus.* (als vom Fleische).

Mucilagine, ein dicker, zäher, klebrichter Saft in der Arzney; *it.* alles Dicke und Schleimichte (als im Urine), der Schleim *gen.* s, (von ausgepreßten Körnern, Kräutern &c.)

Mucilaginoso, *ag.* dick, zäh, schleimicht, klebricht.

Mucosità, die Schleimichkeit *pl.* en, das schleimige Wesen *gen.* s.

Mucoso, *ag.* schleimicht, *V.* Mucilaginoso.

Muda, das Mausen bey dem Geflügel, das Ausfallen der Federn; *it.* der Ort, wo die Falken u. d. gl. in der Mausezeit aufbehalten werden; *it.* die Veränderung, die Abwechselung *pl.* en; aver molte mude d'abiti, viele Kleider zur Abwechselung haben *v. aus.*

Muffa, der Schimmel *gen.* s; venire la muffa al naso, bös, ungehalten, unwillig werden *v. aus.*; questo vino sa di muffa, der Wein schmeckt dumpficht.

Muffare, schimmlicht, moderig, dumpficht riechen, nach Schimmel riechen *v. ir.*

Muffaticcio, *ag.* moderlicht, schimmlicht, dumpfigt, angelaufen.

Muffato, *part.* verschimmelt.

Muffo, *ag.* moderlicht, dumpficht, schimmlicht, angelaufen.

Mufti, das Haupt der türkischen Religion, der türkische Oberpriester, der Türkenpatriarch *gen.* en.

Mugghiamento, das Brüllen *gen.* s, (des Rindviehes, und der Löwen).

Mugghiante, *ag.* brüllend.

Mugghiare, muggire, brüllen *v. r.*, (eigentlich von Ochsen und Löwen); *met.* brausen *v. r.* (vom Meere); il mare mugghia, das Meer braust.

Muggito, das Brüllen *gen.* s, (der Ochsen und Löwen).

Mugnaio, der Müller *gen.* s, *ag.* nach Müllerart.

Mugnere, melken *v. r.*, ausmelken *v. r. comp.*; *met.* mugnere infino al sangue, bis aufs Blut aussaugen *v. r. comp.*, mugnere le lagrime, die Thränen auspressen *v. r. comp.*, mugnere il danaro, la borsa; ums Geld schneiden *v. ir.*

Mugnitore, der Melker *gen.* s; *met.* der Aussauger, der Erpresser *gen.* s.

Mugolamento, das Wimmern, das Winseln *gen.* s, (der Hunde), das Katzengeschrey *pl.* e.

Mugolare, wimmern, winseln *v. r.* (wie die Hunde vor Freuden, oder Schmerzen); *it.* mauhen *v. r.*, (wie die Katzen).

Mulacchia, eine Krähe *pl.* n.

Mulattiere, ein Mauleseltreiber *gen.* s.

Mulinaro, der Müller *gen.* s.

Mulinello, eine kleine Handmühle *pl.* n; un mulinello da caffè, eine Caffeemühle; *it.* ein Werkzeug mit Rädern und Schrauben.

Mulino, eine Mühle *pl.* n.

Mulo, der Maulesel *gen.* s; *pers.* Figlio bastardo, ein Hurenkind, ein uneheliches Kind *gen.* es, *pl.* er, ein Bastard *gen.* s.

Multiplicamento, die Vermehrung, die Vervielfältigung *pl.* en.

Multiplicante, *ag.* vermehrend, vervielfältigend.

Multiplicare, vermehren, vervielfältigen *v. r. comp.*; *it.* multipliciren *v. r.*, (in der Rechenkunst).

Multiplicatamente, *av.* vielfach, vielfältig, auf vielerley Art.

Multiplicazione, die Vermehrung, die Vervielfältigung *pl.* en; *it.* das Multipliciren *gen.* s.

Multiplice, *ag.* vielfach, vielfältig.

Multiplicità, die Vielfältigkeit.

Multitudine, die Menge, die Vielheit, der Haufen *gen.* s.

Mummia, eine Mumie *pl.* n, ein balsamirter Körper der alten Aegyptier, in lybischem Sande vertrockneter Körper

Mungere, melken *v. r.*, *V.* Mugnere.

Municipale, *sust.* das Recht oder die Satzungen gewisser einzelner Länder oder Städte, das Landrecht, das Stadtrecht *gen* s; città municipale, eine Stadt, die bey den Römern bey ihren eigenen Gesetzen gelassen wurde, *ag.* der das römische Bürgerrecht und Freyheiten mit genießt.

Munificenza, die Freygebigkeit grosser Fürsten und Herren.

Munifico, *ag.* freygebig.

Munire, versorgen *v. r. comp.*, versehen *v. ir. comp.*; *it.* befestigen *v. r. comp.*

Munirsi, sich versorgen, sich versehen *v. rec.*; *it.* sich befestigen *v. rec.*, munirsi contro il freddo, sich vor der Kälte verwahren *v. rec. r. comp.* munirsi di pazienza, Geduld fassen *v. r.*

Munizione, der Vorrath *gen.* s; munizioni da bocca, die Lebensmittel, der Proviant; munizioni da guerra, der Kriegsvorrath; *per:* ammonizione, *V.* Ammonizione.

Munto, *part.* da mungere, ausgemelkt.

Muovere, bewegen *v. ir. comp.*, *V.* Movere.

Muraglia, die Mauer *pl.* n.

Muramento, das Mauern *gen.* s.

Murare, mauern *v. r.*, vermauern, zumauern *v. r. comp.*, mit Mauern umgeben *v. ir. comp.*

Muratore, ein Maurer *gen.* s.

Muro, eine Mauer *pl.* n; un muro divisorio, eine Scheidemauer; un muro di facciata, eine Vordermauer; un muro di recinto, eine Ringmauer; un muro a secco, eine Mauer ohne Kalk; le mura della città, die Stadtmauern.

Musa, eine Muse *pl.* n; die Kunstgöttin der Poeten.

Muschio, der Bisam *gen.* s, das Moos *gen.* es.

Muschioso, *ag.* mosicht, mit Moos überzogen.

Muscolo, die Muskel *pl.* n.

Muscoloso, e muscolare, *ag.* zu den Muskeln gehörig, von Muskeln, voller Muskeln, stark; arteria muscolare, die Muskelpulsader *pl.* n.

Museo, eine Gallerie oder Kammer, wo allerhand kostbare Seltenheiten aufbewahret werden.

Musica, die Musik; *it.* die Sing- und Spielkunst auf Instrumenten; mettere in musica un'aria, eine Arie auf Noten, in Musik setzen *v. r.*

Musicale, *ag.* musikalisch, nach der Musik; zur Tonkunst gehörig.

Musicalmente, *av.* nach der Musik.

Musico, ein Musikus, ein Musikverständiger *gen.* n; *it.* ein Castrat *gen.* s.

Muso (degli animali), das Maul *gen.* s, (der Thiere); die Schnautze *pl.* n; torcere il muso, das Maul rümpfen *v. r.*

Mussolina, das Nesseltuch *gen.* s.

Mustacchi, der Schnurrbart.

Musulmano, der Muselmann *gen.* es, *pl.* (Muselmänner), der Mahometaner *gen.* s

Muta, die Veränderung, die Abwechselung *pl.* en, der Wechsel *gen.* s; una muta a quattro, a sei cavalli, ein vierspänniger, sechsspänniger Zug *gen.* s.

Mutabile, *ag.* veränderlich, abwechselnd, unbeständig, leichtsinnig.

Mutabilità, e mutamento, die Veränderung, die Unbeständigkeit, die Leichtsinnigkeit *pl.* en.

Mutabilmente, *av.* veränderlicherweise, unbeständigerweise.

Mutande, [illegible] Nachthosen, die Unterhosen.

Mutare, ändern *v. r.*, verändern *v. r. comp.*; mutare di abiti, sich anders anziehen *v. ir. comp.*; mutar di colore in viso, sich im Gesichte verwandeln *v. r. comp.*; mutar religione, die Religion ändern *v. r.*; le cose mutano faccia, die Sachen bekommen eine andere Gestalt.

Mutarsi, sich ändern *v. rec. r.*; mutarsi di camicia, ein anders Hemd anziehen *v. ir. comp.*

Mutazione, die Veränderung, die Abwechselung *pl.* en.

Mutilamento, e mutilazione, die Verstümmelung, die Abschneidung eines Glieds.

Mutilare, verstümmeln *v. r. comp.*

ausschneiden, abnehmen, verschneiden, Stücke abbrechen *v. ir. comp.*

Muto, e mutolo, *sust.* ein Stummer, ein Sprachloser *gen.* n.

Muto, *ag.* stumm, sprachlos.

Mutolezza, die Sprachlosigkeit, die Stummheit, das stumme Wesen *gen.* s.

Mutuamente, *av.* wechselseitig, wechselsweise.

Mutuazione, die Wirkung des einen in das andere.

Mutuo, *ag.* gegenseitig, beyderseitig.

NA

NAcchera, *pl.* die Pauken; *ir.* ein Klappenwerk *gen.* s.

Nano, *sust. ed ag.* zwerg

Napea, eine Feldgöttin.

Napo, navone, gelbe Rübe *pl.* n.

Nappa, das Altartuch, ein Tischtuch *gen.* es, *pl.* (tücher; *it.* eine Quaste.

Nappo, das Trinkgeschirr *gen.* s; *it.* eine tiefe Schaale *pl.* n.

Narcotico, *ag.* das da einschläfert, schlafend macht.

Narici, die Nasenlöcher.

Narrare, erzählen *v. r. comp.*, beschreiben *v. ir. comp.*

Narrativa, e narrazione, die Erzählung, die Beschreibung *pl.* en.

Nasale, *ag.* zur Nase gehörig, das über sich geschobene am Munde eines Helms, das über die Nase herabfällt; (bey den Anatomicis), die Nasenmuskel; sillabe nasali, Sylben, die durch die Nase ausgesprochen werden.

Nasare, beriechen, anriechen *v. r. comp.* *V.* Annasare.

Nascente, *ag.* aufgehend (als die Sonne), von etwas herrührend, was erst gebohren wird, was erst entstehet; *it. sust.* das Gewächse *gen.* s.

Nascere, gebohren werden *v. aus.*; *fig.* entstehen *v. ir. comp.*, sich ereignen *v. rec. r. comp.*; è nato un contrasto, es ist ein Streit entstanden; è nata l'occasione, es hat sich die Gelegenheit ereignet; il Sole nasce, die Sonne gehet auf; il giorno nasce, der Tag bricht an; nascer fortunato, in allen Verrichtungen glücklich seyn *v. aus.*; per crescere dei frutti, wachsen *v. ir.*, erwachsen *v. ir. comp.*; dal delitto nasce la pena, das Verbrechen ziehet Strafe nach sich; chi nasce matto non guarisce mai, ein Narr von Geburt bleibt ewig ein Narr; nascere dei fiumi, entspringen *v. ir. comp.*

Nascimento / **Nascita**, die Geburt; *ir.* die Herkunft, die Abkunft; *per:* origine, der Ursprung *gen.* s; il giorno della nascita, der Geburtstag *gen.* s; la nascita di Maria Vergine, das Mariägeburtsfest *gen.* es.

Nascondere, verbergen *v. ir. comp.*, verstecken *v. r. comp.*; *met.* verhehlen, bedecken, verstellen *v. r. comp.*, heimlich halten *v. ir.*, verschweigen *v. ir. comp.*, nicht zu erkennen geben *v. ir.*

Nascondersi, sich verstecken *v. rec. r. comp.*, sich verbergen *v. ir. comp.*; *it.* sich bedecken, sich verstellen *v. rec. r. comp.*, sich nicht sehen lassen, sich nicht zu erkennen geben *v. rec. ir.*

Nascondiglio, der Schlupfwinkel *gen.* s.

Nascondimento, das Verbergen, das Verstecken, das Verhelen *gen.* s, die Verbergung, die Versteckung, die Verhelung; *it.* die Verschweigung, die Heimlichhaltung *pl.* en.

Nasconditore, der Verheler, Verberger, Vertuscher *gen.* s; der verbirgt, versteckt rc.

Nascostamente, e nascostamente, *av.* heimlicher Weise.

Nascoso, e nascosto, *ag.* heimlich, verborgen; *av.* di nascosto, heimlicher Weise.

Naso, die Nase *pl.* n; naso aquilino, eine Habichtsnase; menar per il naso, bey der Nase führen *v. r.*; soffiarsi il naso, sich schneuzen *v. rec. r.*; aver buon naso, von gutem Geschmacke seyn *v. aus.*; dar del naso in ogni cosa, die Nase in alles stecken *v. r.*; restare con un palmo di naso, mit einer langen Nase abziehen *v. ir. comp.*

Naspo, der Haspel *gen.* s

Nasso, ein Taxbaum *gen.* es, *pl.* (bäume); *it.* ein Sueif *gen.* s.

Nastro, das Band *gen.* es, *pl.* (Bänder).

Nasuto, *ag.* großnasigt; der eine große Nase hat.

Natale, *sust.* die Geburt; il Santissimo Natale, die Weihnachten.

Natale, ag. zur Geburt gehörig, wo oder worinnen man geboren ist.
Natalizio, ag. zur Geburt gehörig; il giorno natalizio, der Geburtstag gen. s, pl. e.
Natante, ag. schwimmend.
Natare, schwimmen v. ir.
Natica, pl. natiche, die Arschbacken.
Natività, die Geburt, V. Nascimento.
Nativo, ag. gebürtig; it. angeboren, natürlich.
Nato, part. ed ag. geboren, gebürtig, entstanden; aufgegangen, (als die Sonne); nato di recente, neugeboren; bennato, wohlgezogen; malnato, ungezogen, bauerhaft, ungeschickt, grob
Natta, eine Beule pl. n, das Geschwür gen. s, pl. e, (im Munde).
Natura, die Natur, die wesentliche, die anerschaffene Eigenschaft eines Dinges; die Art derselben, eine Art, eine Gattung; it. die Schaam der Weiber; it. die Geburtsglieder; it. die angeborne Neigung; i doni della natura, die angebornen Gaben.
Naturale, ag. natürlich, der Natur gemäß; it. angeboren, aufrichtig, ungezwungen, unverfälscht; un figlio naturale, ein unächter, unehelicher Sohn gen. s, pl. Söhne; cibi naturali, unschuldige Speisen; un discorso naturale, eine ungezwungene Rede; aver un buon naturale, eine gute Natur haben v. auf.; egli è di un ottimo naturale, die Gütigkeit ist ihm angeboren; questo è il mio naturale, das ist mir angeboren; dipingere al naturale, nach dem Leben mahlen; rassomigliar al naturale, natürlich, ähnlich seyn v. auf.; sust. il naturale, die angeborne Art, oder Neigung eines Menschen, die natürliche Eigenschaften eines Thiers.
Naturalezza, die Natürlichkeit, die natürliche, die angeborne Eigenschaften.
Naturalista, ein Naturkündiger gen. s; it. der die Offenbarung leugnet.
Naturalizzare, in die Zahl der Landeskinder annehmen v. ir. comp., naturalisiren v. r.; met. ein Wort oder eine Gewohnheit in Gang bringen v. r., einführen v. r. comp.
Naturalmente, av. natürlich, ungezwungener Weise, der Natur nach, von Natur, gewöhnlich, aufrichtig.
Naturato, ag. natürlich, V. Naturale.
Navale, ag. was zu Schiffen oder zur See geschickt, darzu gehört etc.; la battaglia navale, das Seetreffen gen. s.
Nave, das Schiff gen. es, pl. e; it. der mittelste Theil einer Kirche, oder eines andern Gebäudes zwischen den Pfeilern, bis an die Mauern.
Naufragante, ag. schiffbruchleidend; sust. der Schiffbruch gelitten hat, ein Schiffbrüchiger gen. n.
Naufragio, der Schiffbruch, das Scheitern gen. s; it. der Untergang gen. s, der Verlust gen. es.
Naufrago, ag. Schiffbruch erlitten; it. gefährlich; sust. ein Schiffbrüchiger gen. n.
Navigabile, ag. schiffbar, schiffreich.
Navigamento, e navigazione, die Schiffahrt, die Seefahrt, die Fahrt des Schiffes, das Schiffen gen. s.
Navigante, ag. e sust. einer der zu Schiffe, oder auf der See, auf dem Wasser ist; ag. schiffend.
Navigare; über die See fahren v. ir.; schiffen v. r., mit Schiffen fahren v. ir.; navigar il mare, das Meer beschiffen v. r. comp.; navigar sul mare, auf dem Meere schiffen v. r.; navigare a seconda, nach dem Ablauf des Wassers fahren v. ir.; met. navigare secondo i venti, sich in die Zeit zu schicken wissen v. rec. r., sich einrichten v. rec. r. comp.; navigare a secco, ohne Ruder und Segel schiffen v. r.
Navigatore, der Schiffmann gen. es, pl. (leute), der das Schiffahren wohl versteht.
Naviglio, e navilio, sing. e pl. das Fahrzeug gen. s; it. eine Menge Schiffe von allerhand Arten, eine Flotte.
Navone, die gelbe Rübe pl. n.
Nausea, Nauseamento, der Ekel, das Ekeln, der Abscheu, der Trieb zum Erbrechen gen. s; it. der Verdruß gen. es.
Nauseamente, ag. ekelhaft, ekelnd.
Nauseare, ekeln v. r., Ekel haben, überdrüßig seyn v. auf., Abscheu, Ekel verursachen v. r. comp.
Nauseato, part. geekelt, ekelnd,

überdrüßig geworden, verabscheuet.
Naufeolo, ag. ekelhaft.
Nautica, die Schiffkunst.
Nautico, ag. zur Seefahrt, zur Schiffkunst gehörig.
Nazionale, ag. der Nation eigen, national; it. partheyisch, patriotisch.
Nazione, die Nation; l. en, ein Volk gen. s, eine Art Leute, die aus einem gewissen Lande sind; it. der Ursprung, das Geschlecht gen. s, der Stamm gen. es.

N E

Ne, part. rel. daraus, davon, von dannen, daher, dafür, darüber, damit, darunter, deren, dessen, welche, etliche, ihrer (secondo i diversi significati).
Nè, part. neg. weder, noch; nè l'uno, nè l'altro, weder der eine, noch der andere; nemmeno, nè meno, nè pure, auch nicht einmal.
Nebbia, der Nebel gen. s; met. die Dunkelheit, die Unwissenheit, die Blindheit.
Nebbioso, ag. nebelicht, trübe.
Necessariamente, ag. nothwendigerweise.
Necessario, ag. nöthig, nothwendig, vonnöthen.
Necessario, sust. die Nothdurft; per latrina, das heimliche Gemach, der Abtritt gen. s.
Necessità, die Noth, die Nothdurft, die Nothwendigkeit; it. der Mangel, das Elend gen. s; it. der Zwang gen. s; prov. la necessità non ha legge, Noth bricht Eisen; far di necessità virtù, aus der Noth eine Tugend machen.
Necessitoso, ag. nothdürftig, arm.
Nefandezza, e nefandità, die Schandthat, die Gottlosigkeit pl. en.
Nefando, ag. schändlich, boshaft, gottlos.
Negabile, ag. leugbar; was zu leugnen ist.
Negante, ag. leugnend, verneinend, abschlagend, versagend.
Negare, leugnen v. r., verneinen, versagen, verleugnen v. r. comp., abschlagen v. ir. comp.
Negativa, die abschlägige Antwort, per: esclusione, die Ausschließung pl. en; it. die Parthey oder die Meynung, die nein sagt.
Negativamente, av. verneinungsweise.
Negativo, ag. was verneint.
Negatore, der Leugner gen. s.
Negazione, die Verneinung pl. en, das Leugnen gen. s.
Neghittosamente, av. nachläßigerweise.
Neghittoso, ag. faul, träge, nachläßig.
Negletamente, av. nachläßigerweise.
Negletto, part. ed ag. vernachläßiget, verabsäumet; it. verachtet, verwahrloset.
Negligentare, vernachläßigen, versäumen, verwahrlosen v. r. comp.
Negligente, ag. nachläßig, sorglos, faul, liederlich, fahrläßig.
Negligentemente, av. nachläßigerweise, unachtsamerweise, liederlich, obenhin.
Negligenza, die Nachläßigkeit, die Saumseligkeit, die Unachtsamkeit, die Fahrläßigkeit, die Versäumung pl. en, das liederliche, hinläßige Wesen gen. s; per: pigrizia, die Trägheit, die Faulheit pl. en; av. per negligenza, aus Nachläßigkeit.
Negoziante, sust. ein Handelsmann, ein Kaufmann gen. es, pl. (leute).
Negoziare, handeln v. r., Handlung, Gewerbe treiben v. ir.; negoziare un affare di Stato, Staatsgeschäfte behandeln v. r. comp.; betreiben v. ir. comp.
Negoziato, sust. das Abgehandelte gen. s pl. n, die Unterhandlung pl. en, die Geschäfte die Traktaten; ag. was ausgerichtet, behandelt worden ist.
Negoziazione, eine Unterhandlung in Staats-Sachen, die Verrichtung nöthiger Dinge, (als ein Gesandter zu thun pflegt).
Negozio, der Handel gen. s, eine Handlung pl. en; it. das Gewerbe gen. s, pl. e; it. pl. die Geschäfte, die Angelegenheiten; i negozj di Stato, die Staatsgeschäfte, die Staatsangelegenheiten; come va il negozio, wie gehet die Sache; fare buoni negozj, gute Verrichtungen haben v. aus.
Negrezza, e nerezza, die Schwärze.
Negro, ag. schwarz, V. Nero.
Negro, sust. ein Mohr gen. s, pl. en.
Negrofumo, der Kühnruß gen. es.
Negromante, ein Schwarzkünstler, ein Zauberer, ein Hexenmeister gen. s.

Negromanzia, die Schwarzkunst, die Hexerey, die Zauberey.

Nel, *prep. coll' art. acc. di mascol. sing.* in den, in die, in das, *ev. di stato*, in dem, in der *pl.* in den.

Nembo, der Sturm, mit Regen und Wind vermischt *gen.* s, *pl.* (Stürme).

Nembosa, *ag.* stürmisch.

Nemica, eine Feindin.

Nemicare, anfeinden, feindselig begegnen *v. r. comp.*

Nemichevole, *ag.* feindlich, feindselig.

Nemichevolmente *av.* feindseligerweise.

Nemico, e nimico, *sust.* der Feind *gen.* s, *pl.* e.

Nemico, e nimico, *ag.* feindlich, feindselig; fortuna nemica, widerwärtiges Glück, feindliches Schicksal *gen.* s.

Nemmeno, *av.* nicht einmal, auch nicht.

Neo, ein Mal, ein Muttermal, der Leberfleck *gen.* s, *pl.* e; *pl.* i nei, das Schminkpflästerchen *gen.* s; *met.* ein kleiner Fehler *gen.* s.

Neonato, *ag.* neugeboren.

Nequissimo, *ag.* sehr gottlos, sehr boshaft, sehr üppig.

Nequitoso, *ag.* schalkhaftig, üppich, boshaft, lasterhaft.

Nequizia, die Schalkheit, die Ueppigkeit, die Büberey *pl.* en.

Nerbo, die Nerve *pl.* n; *it.* die Sennader, die Spannader; *per*: membro del bue, das Glied *gen.* s, (vom Brummochsen); il nerbo dell' armata, der Kern der Armee; *per*: forza, die Kraft, die Stärke; *it.* das Beste einer Sache.

Nerbosità, die Kraft, die Stärke.

Nerboruto, Nerboso, *ag.* stark an Gliedern, nervicht, sennicht, stark.

Nereggiamento, das Schwarze *gen.* e *pl.* n; die schwarze Farbe *pl.* n.

Nereggiante, *ag.* schwärzlicht; das ins Schwarze fällt.

Nereggiare, ins Schwarze fallen *v. ir.*, schwarz werden *v. aus.* schwarz aussehen *v. ir. comp.*

Nerezza, das Schwarze *gen.* e *pl.* n; die schwarze Farbe *pl.* n.

Nericcio, *ag.* schwärzlich, schwarzbraun.

Nero, *ag.* schwarz, dunkel.

Nervo ec., die Nerve, *V.* Nerbo.

Nespola, (frutto), die Mispel; col tempo e colla paglia maturano le nespole, alles hat seine Zeit, alles braucht seine gehörige Zeit.

Nespolo, (albore), der Mispelbaum *gen.* s, *pl.* (bäume).

Nessuno, e niuno, *pron.* niemand, keiner, keine, keines.

Nettamente, *av.* nett, rein, sauber, reinlich.

Nettamento, das Reinigen, das Säubern *gen.* s.

Nettare, reinigen, säubern, putzen, wischen, fegen, rein machen *v. r.*

Nettare, *sust.* der Göttertrank *gen.* s, der Nektar.

Nettarsi, sich putzen, sich reinigen *v. rec. r.*, nettarsi il naso, sich ausschnauben *v. rec. r. comp.*

Nettezza, die Reinlichkeit, die Sauberkeit; *it. per*: chiarezza, die Deutlichkeit, die Klarheit.

Netto, *ag.* sauber, rein, nett, unbesudelt, unbefleckt; *per*: chiaro, klar, hell, deutlich, vino netto, aufrichtiger Wein *gen.* s; conto netto, richtige Rechnung; un colpo netto, ein gelungener Streich *gen.* s; dirla netta, frey heraus sagen *v. r.*, tu non ne uscirai netto, du sollst der Strafe nicht entlaufen *v. ir. comp.*, tagliar netto, rein, glatt abschneiden *v. ir. comp.*

Neve, der Schnee.

Nevicare, e nevigare, schneyen *v. r.*

Nevicato, *part.* geschneyet; è nevicato tutta la notte, es hat die ganze Nacht geschneyet.

Nevoso, *ag.* voll Schnee; tempo nevoso, das Schneewetter *gen.* s.

Neutrale, *ag.* unpartheyisch; der es mit keinem Theile allein hält.

Neutralità, die Neutralität.

Neutralmente, *av.* neutral.

Neutro, *ag.* e *sust.* weder der eine noch der andere, das Neutrum; verbi neutri, Zeitwörter, die kein Thun, sondern ein Seyn bedeuten.

N I

Nibbio, der Weihe *gen.* s, *pl.* n, ein Stoßvogel *gen.* s, *pl.* (vögel).

Nicchia, eine tiefe oder muschelhafte Höhle einer Wand, worein man ein Bild zu stellen pflegt, eine Nische, ein Bildgewölbchen *gen.* s.

Nicchiamento, das Aechzen, das Klagen, das Wimmern *gen.* s.

Nicchiare, ächzen, klagen, wimmern *v. r.*, (wie die schwangern Weiber vor der Niederkunft).

Nicchiarsi, sich beklagen *v. rec. r.*

Nicchio, eine Muschelschaale *pl.* n, *V.* Nicchia.

Nidata, ein Nest voll.

Nido, e nidio, das Nest *gen.* es, *pl.* er; *it.* ein Lager, oder eine Wohnung; *metaf.* ein Ort wo man sich einrichtet zu bleiben; der Aufenthalt *gen.* s, *pl.* e; far nido, nisten *v. r.*; il patrio nido, *poet.* das Vaterland *gen.* s.

Niente, *av.* nichts; non ne avete inteso niente? habt ihr etwas davon gehört? senza dir niente, ohne etwas zu sagen; volete niente? wollet ihr etwas? per niente, umsonst, ohne Entgeld, ohne Ursache.

Niente di meno, *av.* nichts destoweniger, demohngeachtet, dennoch.

Nimicare, feindselig begegnen, anfeinden *v. r. comp.*

Nimicarsi, sich verfeinden *v. rec. r. comp.*, böse, gernig, feind werden *v. anf.*

Nimico, der Feind *gen.* s, *V.* Nemico.

Ninfa, eine Nymphe.

Ninfea (fiore), die Seeblume, die Wasserlilie *pl.* n.

Ninnare, e ninnerellare, einwiegen *v. r. comp.*, einsingen *v. ir. comp.*, zum Schlaf singen *v. ir.*

Nipote, *masc.* der Enkel, der Neffe *gen. e pl.* n, der Bruder- oder Schwestersohn *gen.* s, *pl.* (söhne); *fem.* die Nichte, die Neffin, die Bruder- oder Schwestertochter.

Nitidezza, die Reinlichkeit, die Sauberkeit, die Zierlichkeit *pl.* en.

Nitido, *ag.* sauber, rein, zierlich.

Nitrire, wiehern *v. r.*

Nitrito, *sust.* das Wiehern der Pferde; *part. da:* nitrire, gewiehert

Nitro, der Salpeter *gen.* s.

Nitrosità, das salpetrische Wesen *gen.* s, die salpetrische Eigenschaft *pl.* en.

Nitroso, *ag.* salpetrich.

Niuno, *prom.* nicht einer, *V.* Nessuno.

N O

No, nein; dir di no, nein sagen *v. r.*; il sì ed il no, das Ja und Nein; un giorno sì un giorno no, einen Tag um den andern

Nobile, *sust.* ein Edelmann *gen.* es, *pl.* (leute); einer vom Adel.

Nobile, *ag.* edel, edelich, *it.* vortreflich, ansehnlich, hoch, erhaben, vornehm; *it.* heldenmüthig.

Nobilitare, adeln *v. r.*, in den Adelstand erheben *v. ir. comp.*, zum Edelmanne machen *v. r.*; *met.* berühmt, ansehnlich machen, Ehre bringen *v. r.*

Nobilitarsi, sich adeln lassen *v. rec. ir.*

Nobilitato, *part.* geadelt, in den Adelstand erhoben, adelich gemacht.

Nobilmente, *av.* adelicherweise, auf eine edle Art, herrlich, als Edelleute.

Nobiltà, der Adel *gen.* s, der Adelstand *gen.* es, die Edelleute; *fig.* die Vortreflichkeit, die Herrlichkeit, die Erhabenheit, die Hoheit.

Nocca, das Gelenke an Händen und Füßen.

Nocchiere, der Steuermann *gen.* es, *pl.* (männer).

Nocciolo, der Kern *gen.* s, *pl.* e, die Nüsse *pl.* n, (als in Kirschen, Pflaumen rc.); *it.* eine Beule im Halse.

Nocciuola (frutto), die Haselnuß *pl.* (nüsse).

Nocciuolo (pianticella), die Haselnußstaude *pl.* n.

Noce (frutto), die Nuß *pl.* (Nüsse); (albero), der Nußbaum *gen.* s, *pl.* (bäume); noce moscata, die Muskatennuß; la noce del collo, der Adamsbissen *gen.* s, der Knorrel vornen an der Kehle; la noce del piede, der Knöchel am Fuße; noce del ginocchio, die Kniescheibe; le noci candite, die eingemachte Nüsse.

Nocente, *ag.* schädlich; *it.* strafbar, schuldig eines Verbrechens.

Nocevole, e nocivo, *ag.* schädlich, nachtheilig.

Nocevolmente, *av.* schädlich, zum Schaden.

Nocimento, e nocumento, der Schaden, das Schadenzufügen *gen.* s; *it.* der Verlust, der Nachtheil *gen.* s.

Nocere, schaden *v. r.*, beschädigen, Schaden zufügen *v. r. comp.*

Nocivamente, *av.* schädlicherweise.

Nocivo, *ag.* schädlich, *V.* Nocevole.

Nocumento, der Schaden *gen.* s, *V.* Nocimento.

Nodare, knüpfen *v. r.*, zuknüpfen *v. r. comp.*

Nodello, der Knöchel, das Gelenke, welches den Arm mit der Hand, und das Bein mit dem Fuße verbindet; der Knoten *gen.* s, (am Rohre und andern Pflanzen).

Noderoso, e nodernto, *ag.* ästig, knorzicht, voller Knoten.

Nodo, der Knorzel *gen.* s, die Knospe, die Knübel *pl.* n, oder das Dicke an den Gelenkbeinen, das Gelenke *gen.* s, (an Fingern und Fußzehen); *it.* der Ast *gen.* es, *pl.* (Aeste), der Knorzel (am Holze), der Knoten *gen.* s, (am Rohre, Stroh rc.), der Knoten an einem Bande, Strick rc.; *met.* eine Verknüpfung, eine Verbindung *pl.* en; nodo di Salomone, das Liebesband *gen.* s; un nodo scorrente, ein Knoten, der sich leicht auflösen läßt; il nodo del collo, das Genicke *gen.* s.

Nodosità, das Knorzlichte an etwas.

Nodoso, *ag.* knoticht, ästig.

Nodrimento, die Nahrung, die Ernährung, der Unterhalt *gen.* s; *per:* educazione, die Auferziehung, die Erziehung, der Unterricht *gen.* s.

Nodrire, e nudrire, ernähren *v. r. comp.*; *it.* erziehen *v. ir. comp.*, (als ein Kind).

Nodritura, die Nahrung, *V.* Nodrimento.

Noi, *pron.* wir.

Noja, der Verdruß *gen.* es, der Ekel *gen.* s; *fig.* die Unlust, die Beschwerlichkeit; avere a noja, recarsi a noja una cosa, eines Dinges überdrüßig werden, über etwas verdrießlich seyn *v. auf.*; venire a noja ad alcuno, einem verdrießlich fallen *v. ir.*, Verdruß verursachen *v. r. comp.*

Nojare, Ekel, Verdruß machen *v. r.*, belästigen *v. r. comp.*, beschwerlich fallen *v. ir.*

Nojarsi, Ekel haben, überdrüßig seyn oder werden *v. auf.*

Nojato, *part.* überdrüßig, beschwerlich, ekelhaft gemacht • gefallen • geworden.

Nojevolmente } *av.* verdrießlicherweise
Nojosamente } beschwerlicherweise, ekelhafterweise.

Nojoso, *ag.* verdrießlich, ekelhaft, beschwerlich.

Noleggiare, um den Lohn führen *v. r.* den Fuhrlohn bedingen *v. r. c.*

Noleggiatore, ein Rheber *gen.* s, der den Fuhrlohn, oder Schifflohn bedinget; *it.* ein Schiffbefrachter, ein Lohnbefrachter *gen.* s.

Noleggio } der Fuhrlohn *gen.* s, die
Nolo } Fracht; un cavallo di nolo, ein Miethpferd *gen.* es, *pl.* e; prendere a nolo, miethen *v. r.*, (als Pferde, Kutschen, Schiffe rc.); dare a nolo, vermiethen *v. r. c.*

Nomare, nennen *v. r.*, *V.* Nominare.

Nomatamente, *av.* benanntlich, *V.* Nominatamente.

Nome, der Name *gen.* ns, *pl.* n; *per:* gloria, der Ruhm *gen.* s; egli ha nome Pietro, er heißt Peter; farsi nome, sich berühmt machen *v. r.*; aver cattivo nome, in keinem guten Rufe seyn *v. auf.*

Nomenclatore, ein Nenner *gen.* s, der einer Sache den Namen giebt; *it.* dizionario, das Wörterbuch einer Sprache *gen.* s, *pl.* (bücher).

Nomenclatura, das Namenverzeichniß *pl.* e, das Register *gen.* s.

Nomina, die Ernennung *pl.* en, (zu einer Würde oder Amte).

Nominare, nennen *v. r.*, benennen *v. r. comp.*, einen Namen geben *v. ir.*; *it.* bey Namen nennen, oder rufen *v. r.*; *per:* eleggere a qualche carica, zu einem Amte oder Würde ernennen *v. r. comp.*

Nominatamente, *av.* bekanntlich, namentlich; *fig.* besonders, ausdrücklich.

Nominativo, das Nennwort *gen.* s, *pl.* (wörter), (in der Grammatik), der Nominativus.

Nominato, *part.* benannt, ernannt.

Non, *av.* nicht; non che, geschweige, geschweige daß; non forse, daß nicht etwa, damit nicht etwa; non pertanto, dennoch; non di meno, non ostante, nichtsdestoweniger.

Nona (preghiera), die Nonenzeit.

Nonagenario, *ag.* achtzigjährig.

Noncurante, *ag.* sorglos, nachläßig, unachtsam.

Noncuranza, die Sorglosigkeit, die Unachtsamkeit.

Nondimeno, *av.* nichtsdestoweniger, dennoch.

Nongià, zwar nicht.

Nonna, die Großmutter pl. (Großmütter).

Nonno, der **Großvater** *gen.* s, *pl.* (Großväter).

Nono, *ag.* der neunte *gen.* n *pl.* n.

Nonostante, nonpertanto } *av.* nichtsdestoweniger, demohngeachtet.
Nonperò, nonpertanto }

Nord, Norden *gen.* s, die nördliche Gegend.

Norimberga (città), Nürnberg.

Norimberghese, ein Nürnberger *gen.* s, aus Nürnberg gebürtig.

Norma, die Regel *pl.* n, die Richtschnur, *pl.* en, die Weise *pl.* n; *it.* die Form, das Muster, das Model *gen.* s.

Nostrale } *ag.* hiesig.
Nostrano }

Nostro, *pron.* unser.

Nota, eine Note *pl.* n, eine Anmerkung *pl.* en, das Merkzeichen *gen.* s; mettere in nota, aufzeichnen *v. ir. comp.*, aufschreiben *v. ir. comp.*; a chiare note, deutlich.

Notabile, *sust.* die Merkwürdigkeit; *per:* decisione, sentenza, der Denkspruch *gen.* s, *pl.* (Sprüche).

Notabile, *ag.* sonderbar, vornehm, merkwürdig.

Notabilmente, *av.* merklich, sonderlich, merkwürdigerweise, offenbarlich.

Notajo, e notaro, der Notarius, ein Actuarius, ein Registrator.

Notare, merken *v. r.*, anmerken, bemerken, aufzeichnen, bezeichnen *v. r. comp.*; *per:* osservare, bemerken *v. r. comp.*; *per:* nuotare, schwimmen *v. ir.*

Notariato, das Amt eines Notarii, die Notariatkunst.

Notarile, *ag.* notarisch, notarienmäßig.

Notatore, der Aufmerker, der Aufzeichner *gen.* s; der Anmerker, Bemerker etc.; *per:* nuotatore, der Schwimmer *gen.* s.

Notificante, *ag.* kundmachend, andeutend, benachrichtigend, berichtend, hinterbringend.

Notificare, kundthun *v. ir.*, zu wissen thun, andeuten, benachrichtigen *v. r. comp.*

Notificatore, der Benachrichtiger, der Hinterbringer *gen.* s.

Notificazione, das Kundmachen *gen.* s, die Andeutung *pl.* en, der Bericht *gen.* s, *pl.* e, die Hinterbringung, die Benachrichtigung *pl.* en.

Notizia, die Nachricht *pl.* en; *it.* die Kenntniß, die Wissenschaft *pl.* en.

Noto, *ag.* bekannt, bewußt.

Noto, *sust.* (vento), der Mittagswind, der Südwind *gen.* es.

Notomia ec., die Zergliederungskunst, *V.* Anatomia ec.

Notoriamente, *av.* offenbarlich, klar, deutlich, kundbarlich.

Notorio, *ag.* bekannt, klar, allen kund und offenbar, weltkündig.

Nottambulo, ein Nachtwanderer, ein Nachtläufer *gen.* s, ein Mensch der schlafend aufstehet und herumgehet.

Notte, die Nacht *pl.* (Nächte); mezza notte, die Mitternacht; di notte, bey Nachtzeit.

Notteggiare, Nacht werden; *it.* bey der Nacht herumschwärmen, die Nacht zubringen. *v. ir. comp.*

Nottetempo, *sust.* die Nachtzeit, *av.* die Nacht über.

Nottola, die Fledermaus *pl.* (mäuse).

Notturno, *av.* nächtlich.

Notturno, *sust.* die Stücke im römischen und andern Brevieren, die zur Nachtandacht gehören.

Novamente, *av.* von neuem, neuerdings.

Novanta ec., neunzig.

Novantesimo, *ag.* der neunzigste *gen.* n *pl.* n.

Novatore, der Neuerung anfängt, aufbringt, der Neuerer *gen.* s.

Nove, neune.

Novecento, neunhundert.

Novella, die Erzählung, die Nachricht; *it.* die Beschreibung, die Zeitung, die Neuigkeit; *it.* die Botschaft *pl.* en; *per:* favola, eine Fabel *pl.* n, das Mährchen *gen.* s; portare, recare novelle, eine Botschaft, eine Nachricht bringen *v. r.*

Novellamente, *av.* neuerdings, neuerlich, von neuem, ganz neulich.

Novelliere, ein Zeitungsschreiber; *it.* ein Plauderer, ein Zeitungsträger *gen.* s.

Novellista, ein Liebhaber neuer Zeitungen.

Novembre, der Wintermonat *gen.* s, der November *gen.* s.

Novena, die neuntägige Andacht.

Noverare, zählen *v. r.*, *V.* Numerare.

Novilunio, der Neumond *gen.* s.

Novità, die Neuigkeit pl. en, ein neues Ding gen. s, das Neue gen. e pl. n, was neu ist; it. die Neuerung pl. en.

Novizia, e novizza, eine die im Nonnenkloster das Probejahr aushält.

Noviziato, das Probejahr eines, der in einen Mönchsorden gehen will; it. der Ort selbst, wo diese Lehrlinge unterrichtet werden.

Novizio, e novizzo, ein Lehrschüler gen. s, ein Lehrjunge gen. e pl. n, ein angehender Mönch, oder eine Ordensperson; ag. neu, unerfahren.

Nozione, der Begriff gen. es, pl. e, die besondere Kenntniß von einer Sache, die Gedanken, so man sich von etwas macht.

Nozze, die Hochzeit, die Vermählung, die Verehlichung, die Heirath; far nozze, Hochzeit halten v. ir.

NU

Nube, die Wolke pl. n, V. Nuvola.

Nubile, ag. mannbar, als eine Weibsperson; it. unverheirathet, ledig, ledigen Standes.

Nuca, der Nacken gen. s, das Genicke.

Nudamente, av. bloß, nackend; fig. aufrichtig, unverholen, ungeheuchelt; it. deutlich.

Nudamento, das Entblößen gen. s.

Nudare, entblößen, entkleiden v. r. comp., nackend ausziehen v. ir. comp.

Nudità, die Blöße.

Nudo, ag. nackend, bloß, unbedeckt, entblößt; spada nuda, der blanke Degen gen. s; nudo e crudo, splitternackend.

Nugacità, der Scherz, der Spaß gen. es; it. die Alfanzerey.

Nulla, nichts; il mondo fu creato dal nulla, die Welt ist aus nichts erschaffen; recare a nulla, vernichten v. r. comp.; volere nulla, nichts was; per nulla, auf keine Art, schlechterdings nicht; it. umsonst, ohne Entgeld, V. Niente.

Nulladimeno, av. nichtsdestoweniger, dem ungeachtet.

Nulla più, av. nichts mehr, nichts darüber.

Nullamente, av. auf keine Art und Weise, keineswegs.

Nullità, die Ungültigkeit, die Nichtigkeit.

Nullo, ag. nichtig, ungültig; pron. keiner, Niemand.

Nume, poet. die Gottheit, Gott; il Sovrano Nume, der Allerhöchste gen. n; il nume tutelare, der Schutzgott gen. es.

Numerabile, ag. zählbar; was zu zählen ist, was sich zählen läßt.

Numerale, ag. zur Zahl gehörig.

Numerare, zählen, rechnen v. r.

Numeratore, der Zähler gen. s, (ein Rechner).

Numerazione, das Zählen gen. s.

Numericamente, av. zahlenweise.

Numerico, ag. zur Zahl gehörig.

Numero, die Zahl pl. en; it. die Anzahl; it. die Ziffer pl. n.

Numerosamente, av. häufig, in großer Anzahl, zahlreich.

Numerosità, die Menge, die große Anzahl.

Numeroso, ag. häufig, zahlreich.

Numismatica, die Münzwissenschaft.

Numismatico, ag. zur Münzwissenschaft gehörig.

Nuncupativo, ag. von einem Testamente, das man mündlich macht; it. (in der Theologie), nur dem Namen nach.

Nunziata (la SS.), das Fest Mariä Verkündigung.

Nunziatore, der Bote gen. e pl. n; einer der etwas ankündiget, meldet.

Nunziatura, die Nunciatur, das Amt eines päbstlichen Gesandten.

Nunzio, ein Gesandter gen. n; il Nunzio Apostolico, der päbstliche Abgesandte gen. e pl. n.

Nuocere, schaden v. r. V. Nocere.

Nuora, die Schwiegertochter pl. (töchter).

Nuotare ec. schwimmen v. ir. V. Notare ec.

Nuoto, das Schwimmen gen. s; a nuoto, schwimmend.

Nuova, die Neuigkeit, die neue Zeitung pl. en; it. die Nachricht, die Botschaft pl. en; aver nuova di uno, von einem Nachricht haben v. aux.

Nuovamente, av. kürzlich, vor kurzem, erst neulich, unlängst, nicht lange.

Nuovo, ag. neu, frisch, erst verfertiget, noch nicht gebraucht; il nuovo giorno, der folgende Tag gen. s;

esser nuovo in q. c., in etwas unerfahren seyn v. aus.; questo mi giunge nuovo, das kommt mir seltsam vor; che abbiamo di nuovo? Was haben wir Neues? was spricht man Gutes?
Nutribile, nutrimentoso, nutritivo, ae. nahrhaft, nährend.
Nutrice, die Säugamme pl. n.
Nutrimento, die Nahrung, V. Nodrimento.
Nutrire, nähren, V. Nodrire.
Nutrito, part. ernährt, erzogen.
Nutritore; der Ernährer, Erzieher gen. s.
Nutrizione, die Nahrung, V. Nudrimento.
Nuvola) die Wolke pl. n; it. un nu-
Nuvolo) volo di pecchie, ein Schwarm Bienen; un nuvolo di stornelli, ein Flug Staaren.
Nuvolone, eine große, dicke Wolke, die Regen drohet.
Nuvolosità, das dicke Gewölke.
Nuvoloso, ag. wolkicht, trübe, dunkel.
Nuziale ag.) hochzeitlich.
Nuzialmente av.)

O

O, segnacaso del vocativo; o. O; cong. oder; o, o, entweder, oder.

OB

Obbediente, ed obbidiente, ag. gehorsam, folgsam.
Obbedientemente, av. gehorsamlich.
Obbedienza, der Gehorsam gen. s, die Folgsamkeit.
Obbedire, gehorchen v. r. comp., folgen v. r., gehorsam seyn.
Obbiettare, einwenden v. r. comp., Einwurf machen v. r.
Obbiettivo; ag. entgegenstehend; vetro obbiettivo, das vorderste Glas in einem Fernglase.
Obbietto, der Gegenstand gen. s, pl. (Gegenstände); it. der Einwurf gen. s.
Obbiezione, die Einwendung pl. en, der Einwurf gen. s, pl. (Einwürfe), was man einwendet wider etwas.
Obblazione, die Anerbietung, die Anbietung pl. en; per sagrifizio, die Aufopferung pl. en, das Opfer gen. s; was geopfert wird.
Obbliamento, die Vergessenheit, V. Dimenticanza.
Obbliare, vergessen v. ir. comp., V. Dimenticare.
Obbligare, nöthigen v. r., zwingen v. ir.; it. verbinden v. ir. comp., verpflichten v. r. comp., verbindlich machen v. r.
Obbligato, ag. verbunden, verpflichtet, ergeben; servitor obbligato, schuldiger Diener gen. s.
Obbligatorio, ag. verbindlich, verpflichtend; was verbindet.
Obbligazione) die Pflicht, die Schul-
Obbligo) digkeit; it. die Verbindung, die Verbindlichkeit pl. en, per scrittura d'obbligazione, die schriftliche Versicherung, die Verschreibung, die Handschrift pl. en.
Obblio, oblivione, die Vergessenheit, V. Dimenticanza.
Obbliquamente, av. nach der Quere, nicht gerade, überzwerch, schief, schräg.
Obbliquare, nach der Quere gehen v. ir. schief, schräg gehen.
Obbliquità, der ungleiche, oder nicht gerade Quergang einer Linie gen. s, pl. (Quergänge), die Schiefe, die Krümme, die Schräge pl. n.
Obbliquo, ag. nicht gerade über sich, schief; fig. per obbliquo, gewandweise, durch Nebenwege.
Obbrobrio, die Schande, die Schmach.
Obbrobriosamente, av. schimpflicherweise.
Obbrobrioso, ag. schimpflich, schmählich.
Obelisco, aguglia, eine viereckigte und spitzigdünne Gedächtnißsäule pl. n, eine schmale Pyramide, ein Prachtkegel gen. s.
Oblato, e obblato, ein Verlobter gen. e pl. n.
Oblatore, ein Anbieter, Anerbieter gen. s; it. ein Opferer gen. s.
Oblazione, die Anbietung, die Anerbietung; it. die Opferung pl. en.
Oboe, obboe, die Hoboy.
Oboista, der Hoboiste gen. e pl. n.
Obolo, ein Heller gen. s.

OC

Oca, eine Gans pl. (Gänse); fare il verso dell' oca, schnattern v. r., wie die Gänse; non esser un' oca, nicht einfältig seyn v. aus.; fare il becco all' oca, eine Sache zu Stande bringen v. r.; è fatto il becco all' oca, es ist schon geschehen.

Occasionalmente, av. zufälligerweise, bey Gelegenheit.

Occasionare, Gelegenheit geben v. ir., verursachen, veranlassen v. r. comp.

Occasione, die Gelegenheit pl. en; per accidente, der Zufall, der Vorfall gen. s, pl. (Zufälle, Vorfälle); per motivo, die Ursache pl. n, der Anlaß gen. es; per pericolo, die Gefahr; alle occasioni, zuweilen, bey Gelegenheit; l'occasione fa l'uomo ladro, Gelegenheit macht Diebe.

Occaso, der Untergang der Sonne, der Abendgegend; met. der Tod gen. es, das Ende pl. n.

Occhiale, die Brille pl. n, das Augenglas gen. es, pl. (Augengläser).

Occhiale di Galileo, das Fernglas gen. es, pl. (Ferngläser); ad. zum Auge gehörig; dente occhiale, der Augenzahn gen. s, pl. (Augenzähne).

Occhiata, der Blick gen. es, pl. e, (mit den Augen), das Anblicken gen. s.

Occhietto, das Knopfloch, das Schnürloch gen. s, pl. (Löcher).

Occhio, das Auge gen. s, pl. n; per buco, apertura, das Loch gen. s, pl. (Löcher), die Oeffnung pl. en, (in etwas); il bianco dell' occhio, das Weiße im Auge; la pupilla dell' occhio, der Augapfel gen. s; in un batter d' occhio, in einem Augenblicke; aver occhio a q. c., auf etwas Achtung geben v. ir.; a occhi chiusi, blindlings, ohne Bedenken; guardare alcuno di buon occhio, di cattivo occhio, einen gern, ungern sehen v. ir.

Occhiuto, ag. voller Augen, das Augen hat; andar occhiuto in q. c., behutsam gehen v. ir.

Occidentale, ag. gegen Abend liegend, gegen der Sonnen Niedergang, westlich; le Indie occidentali, Westindien.

Occidente, der Untergang gen. s, (als der Gestirne), der Westen gen. s, der Abend; dall' oriente all' occidente, von Morgen gegen Abend; l' Impero d' occidente, das deutsche Reich gen. s; l' Impero d'oriente, das türkische Reich.

Occidere ec., tödten, V. Uccidere ec.

Occorrente, ag. vorkommend, vorfallend, begegnend; le cose occorrenti, die Vorfälle.

Occorrente, sust. der Vorfall gen. s, pl. (Vorfälle), das Nöthige.

Occorrenza, der Zufall gen. s, pl. (Zufälle), die Gelegenheit, die Vorfallenheit, die Gelegenheit pl. en, der Nothfall gen. s, pl. (Nothfälle); in ogni occorrenza, bey aller Gelegenheit, in allem Nothfall.

Occorrere, begegnen v. r. comp., vorfallen v. ir. comp., sich zutragen v. rec. r. comp., nöthig seyn v. aus.; non occorre, es hat nichts zu bedeuten; non occorre altro, ich brauche nichts weiter, es ist weiter nichts nöthig, es ist schon gut; che le occorre? was belieben Sie?

Occultamente, av. heimlicher Weise.

Occultamento, die Verhelung, die Verbergung pl. en, das Verbergen, das Verhehlen gen. s.

Occultare, verbergen v. ir. comp., verhelen v. r. comp., heimlich halten v. ir.

Occultarsi, sich verbergen v. rec. ir. comp., sich verhehlen v. rec. r. comp.

Occultatore, der Verhehler gen. s; der [illegible]

Occultazione, das Verbergen gen. s, V. Occultamento.

Occulto, ag. verborgen, heimlich; tener occulto, verschweigen, verbergen, heimlich halten v. ir.

Occupamento, die Einnehmung, die Besitznehmung; fo. die Beschäftigung pl. en.

Occupare, einnehmen v. ir. comp., in Besitz nehmen v. ir.; fo. occupare alcuno, einen beschäftigen, beschäftiget halten v. ir.

Occuparsi, sich beschäftigen v. rec. r. comp., beschäftiget seyn v. aus.

Occupazione, die Verrichtung pl. en, das Geschäft gen. es, pl. (Geschäfte), die Arbeit pl. en, V. Occupamento.

Oceano, die offenbare See, das große Weltmeer gen. s.

Oculare, ag. sichtlich, sichtbar, augenscheinlich; testimonio oculare, der Augenzeuge pl. n.

Ocularmente } av. sichtbar, deutlich;
Oculatamente } fo. vorsichtig.

Oculatezza, die genaue Vorsicht, die Wachsamkeit *pl.* en.

Oculista, der Augenarzt *gen.* es, *pl.* (Augenärzte).

O D

Od, o, oder, entweder; o tu, od io, entweder du oder ich.

Oda, e ode, eine Ode, *pl.* n, der Gesang in Versen *gen.* s, *pl.* (Gesänge).

Odiabile, *ag.* verhaßt, hassenswürdig.

Odiare, hassen *v. r.*

Odiernamente, *av.* heut zu Tage, heutiges Tages, jetziger Zeit.

Odierno, *ag.* heutig, jetzig.

Odio, der Haß *gen.* es; portar odio, hassen *v. r. comp.*

Odiosamente, *av.* verhaßter Weise, mit Haß, gehäßig.

Odiosità, die Feindseligkeit *pl.* en, *V.* Odio.

Odioso, *ag.* verhaßt, hassenswerth; *it.* verdrüßlich, feindselig.

Odorabile, *ag.* was Geruch hat.

Odoramento, odorazione, das Riechen *gen.* s, das der Mensch mit der Nase thut; der Geruch *gen.* s.

Odorante, *ag.* riechend, anriechend.

Odorare, riechen *v. ir.*, [illegible] *v. ir. comp.*; [illegible] odore, Geruch geben *v. ir.*

Odorato, *part.* da odorare, gerochen.

Odorato, *sust.* das Riechen, der Geruch *gen.* s, (als einer von den fünf Sinnen).

Odore, der Geruch *gen.* s, den etwas von sich giebt.

Odorifero, e odorifico) *ag.* wohlriechend, duftend, riechend; was einen Geruch von sich giebt.
Odoroso

Odorosamente, *av.* auf wohlriechende Art.

O F

Offa, eine Art von [illegible].

Offendente, *ag.* beleidigend.

Offendere, beleidigen, [illegible] *v. r. comp.*, [illegible] *v. ir.*, ein Leid thun [illegible], [illegible] *v. r. comp.*

Offendersi, sich ärgern über etwas *v. rec. r. comp.*, sich beleidiget finden *v. rec. ir.*, etwas übel aufnehmen *v. ir. comp.*

Offendevole) *ag.* beleidigend; schädlich;
Offendibile) was beleidiget werden kann.

Offendimento, die Beleidigung *pl.* en, *V.* Offesa.

Offenditore, ed offensore, der Beleidiger *gen.* s.

Offensione, die Beleidigung *pl.* en, *V.* Offesa.

Offensivamente, angreifender Weise.

Offensivo, *ag.* beleidigend; arme offensive, das [illegible] *gen.* s.

Offerente, *ag.* anbietend, darbietend, *it.* opfernd.

Offerire, ed offrire, anbiethen, darbieten *v. ir. comp.*; *it.* opfern *v. r.*

Offerirsi, sich erbiethen, darbiethen *v. rec. ir. comp.*

Offerta, die Anerbiethung *pl.* en, das Erbiethen, das Anbiethen *gen.* s; *it.* per sacrifizio, das Opfer *gen.* s, die Opferung *pl.* en.

Offesa, die Beleidigung, die Beschimpfung *pl.* en, die Schmach; per peccato, die Sünde *pl.* n; per colpa, die Schuld *pl.* en.

Offiziale *ec.*, ein Beamter, *V.* Ufficiale *ec.*

Officina, die Werkstatt, *pl.* (Werkstätte).

Officio, uffizio, ufizio, das Amt *gen.* s, *pl.* (Aemter), der Dienst *pl.* e; per obbligo, die Pflicht, die Schuldigkeit *pl.* en.

Officiosamente, *av.* höflicher, dienstfertiger Weise, [illegible].

Officiosità, die Höflichkeit, die Dienstfertigkeit, die [illegible].

Officioso, *ag.* höflich, dienstfertig, dienstfertig.

Offuscamento, die Verblendung, die Dunkelheit, die Verfinsterung *pl.* en.

Offuscare, verdunkeln *v. r. comp.*, (als den Gebrauch des Gesichts), blenden *v. r.*, verblenden, verdunkeln *v. r. comp.*, (als den Verstand) verdunkeln *v. r. comp.*, (als den Ruhm).

Offuscazione, das Blenden, das Verblenden, das Dunkeln *gen.* s, (des Verstandes), die Verdunkelung *pl.* en, (des Ruhms), *V.* Offuscamento.

O G

Oggetto, der Gegenstand *gen.* s, *pl.* (Gegenstände), *V.* Obbietto.

Oggi, av. heute, [illegible], oggi giorno, [illegible], heut zu Tage, heutiges Tages, oggi [illegible], heut über acht Tage [illegible] oggi, heut vor [illegible], oggi mattina, [illegible] Morgens, da oggi [illegible], [illegible] [illegible] oggi [illegible], immer, [illegible] d'oggi in domani, von einem Tage zum andern.

Ogni, pron. ein jeder, [illegible] [illegible] [illegible] ogni maniera, alle [illegible] [illegible] [illegible], ognuno, ognuna, ein jeder, eine jede, ein jedes; ognora, jederzeit, allemal; [illegible] [illegible], so viel als.

O I

Oibò, interj. bewahre! bewahre Gott! behüte der Himmel! [illegible] doch! [illegible] [illegible]!

Oimè, oi, ohi, interj. o weh! ach weh mir! ach! ich Elender!

O L

Olà! Holla!

Oleastro, [illegible] der wilde Oelbaum [illegible] [illegible] (Olivo).

[illegible], [illegible] [illegible].

[illegible], [illegible] [illegible], [illegible].

Olimpo, eine Art grober Weintrauben[illegible].

Olio, das Oel [illegible] [illegible] l'olio santo, die heilige Oelung, [illegible], das [illegible]; [illegible], das [illegible]; di lino, das Leinöl; d'olivo, das Baumöl; il bidone, der [illegible]; [illegible] colori a olio, die Oelfarben.

Olioso, ag. [illegible] voller Oel.

Olire, odorare, riechen v. n.

Oliva, die Olive [illegible], die Frucht, woraus man Oel macht.

Olivastro, ag. olivenfarbig, [illegible].

Olivo, (ulivo), der Oelbaum [illegible] (ulivo).

Olmeto, der Ulmenwald [illegible], das Rüsterwald [illegible] [illegible].

Olmo, (olmaro), der Ulmenbaum [illegible] (Ulme).

Olocausto, das Brandopfer [illegible].

Oltra, prep. über, außer, V. Oltre.

Oltra di ciò, oltre che, prep. über das, überdieß, V. Oltre di ciò, oltre che.

Oltraggiare, beschimpfen, beleidigen v. a. comp. schänden v. a.

Oltraggio, die Schmach, der Schimpf [illegible] der Spott [illegible], der Hohn [illegible], die [illegible].

Oltraggiosamente, av. schimpflicher, [illegible], [illegible].

Oltraggioso, ag. schimpflich, schändlich, [illegible].

Oltramare, av. über das Meer, V. Oltremare.

Oltramarino, ag. was über dem Meere ist, wobei über [illegible].

Oltramontano, sust. ein Ausländer [illegible] jenseits der Gebirge wohnt.

Oltre, prep. über, außer, wider; oltre ogni speranza, wider alles Vermuthen; oltre la sua speranza, über sein Vermuthen; oltre di ciò, überdieß, [illegible]; oltre mare, jenseit des Meeres, av. [illegible], [illegible], [illegible] [illegible], [illegible], [illegible] [illegible] più oltre, nicht weiter [illegible]; oltreché, [illegible], außerdem, [illegible] dem, überdem; überdieß, über [illegible].

Oltremare, av. über das Meer.

Oltremisura, Oltremodo, av. über die Maße.

Oltremonti, av. jenseit des Gebirges.

O M

Omaggio, die Pflicht der Lehnsleute, die Huldigung, die Lehnspflicht [illegible], der Eid [illegible], [illegible] giurare omaggio, die Treue schwören v. n.

Omai, av. nun, nunmehr, bereits, schon.

Ombelico, der Nabel [illegible].

Ombra, der Schatten [illegible], [illegible], die Dunkelheit [illegible], die Finsterniß [illegible] [illegible] [illegible], der Schattenriß [illegible], [illegible], der Vorwand [illegible] [illegible], der Schutz, die [illegible], [illegible], der Argwohn, der Verdacht [illegible] [illegible], [illegible] [illegible].

Ombreggiare, v. [illegible], die [illegible] der Schatten, [illegible] [illegible] [illegible].

Ombreggiamento, die Schattirung [illegible].

Ombreggiare, schattiren, Schatten machen *v. r.*

Ombrella, ed ombrella, *per:* parasole, der Sonnenschirm *gen.* s, *pl.* e; *per:* para acqua, der Regenschirm.

Ombrellajo, einer der Sonnenschirme, Regenschirme macht.

Ombrifero, *ag.* schatticht.

Ombrosità, die Schattigkeit *pl.* en, die große Dunkelheit vom Schatten; ombrosità dei cavalli, das Scheuseyn der Pferde; *met.* die Finsterniß *pl.* e.

Ombroso, *ag.* schatticht; *it.* scheu; cavallo ombroso, ein scheues Pferd; *met.* argwohnisch.

Omerino, eine gewisse Nachtigallen in [illegible].

Omero, die Achsel, die Schulter *pl.* n.

Omettere, o ommettere, unterlassen, auslassen *v. ir. comp.*

Omicida, der Mörder, der Todschläger *gen.* s; *fem.* die Mörderin.

Omicidiale, *ag.* mörderisch.

Omicidio, die Mordthat *pl.* en, der Mord *gen.* s, der Todschlag *gen.* s, *pl.* (schläge).

Omissione, ed ommissione, das Auslassen, das Unterlassen *gen.* s, die Auslassung, die Unterlassung *pl.* en.

Omogeneità, die Gleichartigkeit *pl.* en, die Aehnlichkeit mit einer andern Sache.

Omogeneo, *ag.* von gleichgearteten Dingen zusammengesetzt, gleichgeartet.

O N

Onagro, asino salvatico, ein wilder Esel *gen.* s.

Oncia, eine Unze, ein Gewicht von [illegible] Loth.

Oncino, der Hacken *gen.* s, [illegible] *per:* uncino, das [illegible] *gen.* es, der Widerhaken *gen.* s.

Onda, die Welle, die Wasserwoge *pl.* n; *poet.* das Wasser, der [illegible] *gen.* s; a onde, ondeggiamente, wellenweis, wellenartig; *fig.* wallend, [illegible]; [illegible] a onde, [illegible] a onde, [illegible] *gen.* s.

Ondata, der Wellenstoß *gen.* es, *pl.* (stöße).

Ondato, *ag.* gewässert.

Onde, *conj.* daher, dahero; laonde, folglich, eben darum, eben deswegen; onde? woher? d'onde? von wannen? *it.* von dannen; *it.* damit.

Ondechè, *conj.* daher.

Ondeggiamento, das Schweben, das Wellenschlagen, das Schwanken *gen.* s; *met.* die Wankelmüthigkeit, die Zweifelhaftigkeit *pl.* en.

Ondeggiante, *ag.* Wellen werfend, wallend, schwebend; *fig.* zögernd, wankend, zweifelhaftig.

Ondeggiare, wallen *v. r.*, Wellen schlagen *v. ir.*, hin und her wanken *v. r.*; *met.* essere in dubbio, in Zweifel seyn, wankend seyn *v. aus.*; ondeggiare in un mare di pensieri, von unruhigen Gedanken gepeiniget werden *v. aus.*

Ondoso, *ag.* voller Wellen; *it.* schwankend, rauschend, brausend.

Ondulazione, die wellenmäßige Bewegung der Luft oder flüßiger Materie.

Oneroso, *ag.* beschwerlich, lästig.

Onestà, die Ehrbarkeit, der Wohlstand *gen.* es; *it.* die Zucht, die Keuschheit, die Wohlanständigkeit, die Bescheidenheit.

Onestamente, *av.* ehrlich, löblich, wohlanständigerweise.

Onestare, schmücken, zieren *v. r.*; *met.* beschönigen, beschöntigen *v. r.*

Onesto, *ag.* ehrlich, ehrbar, ehrliebend, löblich, züchtig; *it.* [illegible] [illegible], billig, schicklich; non è onesta cosa, non conviene, es schickt sich nicht, es steht nicht wohl an.

Ognimamente, *av.* allerdings, freylich, gänzlich, ganz und gar, im allerweise.

Onnipotente ⎫ *sust.* der Allmächtige
Onnipotenza ⎭ *gen.* n; *ag.* allmächtig.
Onnipotenza, die Allmacht.

Onnisciente, *sust.* der Allwissende *gen.* n; *ag.* allwissend.

Onniscienza, die Allwissenheit.

Onorabile ⎫ *ag.* ehrenvoll, ehrwürdig, ehrlich, schätzbar,
Onorando ⎭ ansehnlich.

Onorare, ehren *v. r.*, in Ehren halten *v. ir.*, verehren *v. r. comp.*

Onoranza, die Verehrung *pl.* en, der Ruhm, das Ehrengedächtniß *gen.* s, das Jubelfest.

Onoratamente, av. auf eine ehrliche, anständige Art, ehrlich, mit Ehren.

Onorato, ag. berühmt, ehrbar, ehrlich.

Onore, die Ehre *pl.* en, die Ehrerbietung, die Ehrenbezeugung *pl.* en; *it.* la gloria, der Ruhm *gen.* es; la lode, l'elogio, das Lob *gen.* es; il buon nome, der ehrliche und gute Name; l'onore delle donne, die Keuschheit der Weibspersonen; per onore, Ehrenhalben; io ne ho dell'onore, es liegt meine Ehre daran; fare onore ad uno, einem Ehre anthun *v. ir. comp.*; farsi onore d'una cosa, sich mit etwas groß wissen *v. irr. r.*

Onorevole, ag. ehrwürdig, *V.* Onorabile.

Onorevolezza, die Ehrwürdigkeit, die Ehrlichkeit.

Onorevolmente, av. gebührenderweise, *V.* Onoratamente.

Onorifico, ag. ehrlich, ehrwürdig, rühmlich, löblich.

Onta, die Schande, die Scham, der Schimpf *gen.* s, die Schmach, die Unbeschädigkeit [illegible], der Trotz; wider seinen Willen; ad onta, zum Trotz, ungeachtet.

Ontare, beschimpfen *v. r. comp.*, schänden, schaden *v. r.*, [illegible] *v. r.*, verunehren *v. r. comp.*

Onusto, ag. beschwert, beladen, belastiget.

O P

Opacità, die Dunkelheit, der dichte Schatten *gen.* s, *it.* etwas trübes, so noch in etwas durchsichtig.

Opaco, ag. nicht durchsichtig, schattig, dunkel, düster.

Opera, das Werk *gen.* es, *pl.* e, *it.* eine Arbeit, eine Verrichtung, eine Schrift; *it.* das Handwerk selbst; mettere in opera, bewerkstelligen *v. r. comp.*; *it.* opera in musica, ein Singspiel *gen.* s, eine musikalische Comödie, eine Opera; opere pie, milde Stiftung.

Operajo, der Arbeiter, der Tagelöhner, der Handlanger *gen.* s.

Operante, ag. wirkend; *sust.* der Arbeiter *gen.* s.

Operare, handeln *v. r.*, arbeiten, ausrichten *v. r. comp.*; far l'effetto che fanno le medicine, wirken *v. r.*; operar bene, klug handeln *v. r.*

Operato, part. da operare, gehandelt *it.* pag. das verrichtet, ausgewählt worden ist.

Operato, *sust.* die Verrichtung; render conto dell'operato, lege hier von der Verrichtung die Rechnung ab.

Operatore, ein Arbeiter *gen.* s; *it.* ein Oculist, ein Zahnarzt, Bruchschneider *gen.* s.

Operazione, eine Arbeit *pl.* en; ein Werk *gen.* s, *pl.* e, eine Verrichtung *pl.* en; *it.* eine Handlung, eine That *pl.* en; *it.* eine Wirkung der Arzney.

Operoso, ag. geschäftig, arbeitsam, fleißig.

Opimo, ag. überflüssig, reichlich, köstlich, herrlich; *it.* fett, auserlesen.

Opinabilmente, av. wahrscheinlich, vermuthlich.

Opinante, ag. vermuthend, denkend, sich einbildend.

Opinare, vermuthen *v. r. comp.*, denken *v. r.*, sich einbilden *v. rec. r. comp.*, in der Meynung stehen *v. ir.*

Opinione, die Meynung *pl.* en, der Gedanke *gen.* s, *pl.* n, die Einbildung, die Vermuthung, die Achtung *pl.* en, das Ansehen *gen.* s.

Oppilare, verstopfen *v. r. comp.*, (absonderlich die Eingeweide).

Oppilativo, ag. verstopfend.

Oppilazione, die Verstopfung.

Oppio, ein trockener Mohnsaft *gen.* es, eine Arzney, die Schlaf erweckt.

Opponente, ag. widerlegend, widersprechend; *sust.* der Opponent, einer der eine Sache ordentlich widerlegt.

Opponimento, das Widerlegen, das Entgegensetzen, das Einwerfen *gen.* s; die Entgegensetzung *pl.* en.

Opporre, widerlegen, entgegensetzen, einwenden *v. r. comp.*, widersprechen *v. ir. comp.*; *it.* Hindernis in den Weg legen *v. r.*

Opporsi, sich widersetzen *v. rec. r. comp.*; *it.* das Gegentheil behaupten, vertheidigen *v. r. comp.*

Opportunamente, av. bequemlich, gelegentlich, füglich, wohl gelegen, zu rechter Zeit.

Opportunità, die gelegene Zeit *pl.* en, die Bequemlichkeit, die Gelegenheit *pl.* en; *it.* die Nothdurft, die Bedürfniß.

Opportuno, *sust.* das Benöthigte, das Nöthige *gen.* *s pl.* n.

Opportuno, *ag.* bequem, gelegen, gut, [illegible]; *fig.* nöthig, nothwendig.

Oppositamente, *av.* widersetzlicherweise, mit Widerspruch, mit Widersetzlichkeit.

Opposizione, die Hinderung *pl.* en, der Widerstand *gen.* s, die Widersetzung *pl.* en, der Widerspruch *gen.* s, *pl.* (Widersprüche) der Gegensatz oder der Gegenstand *gen.* s.

Opposto, opposito, *sust.* der Gegensatz *gen.* es, das Gegenspiel, das Gegentheil *gen.* s. *part.* da opposte, [illegible] gegen über; voi fate tutt' all' opposto, ihr macht alles verkehrt.

Oppressione, die Unterdrückung, die [illegible], die Gewaltthätigkeit *pl.* en, [illegible], das Drücken *gen.* s, [illegible] die Beschwerung *pl.* en.

Oppressore, der Unterdrücker *gen.* s, der gewaltthätiger Tyrann *gen.* s, *pl.* en.

Opprimere, unterdrücken *v. r. comp.*

Oppugnamento, die Bestreitung, die Bestürmung, die Ueberwindung *pl.* en.

Oppugnare, bestreiten *v. ir. comp.*, bekriegen, bestürmen *v. r. comp.*, überwinden *v. ir. comp.*

Oppugnazione, der Angriff *gen.* es, *pl.* e, die Eroberung *pl.* en, *V.* Oppugnamento.

Opulente, e opulento, *ag.* reich, vermögend.

Opulenza, das Reichthum, das Vermögen *gen.* s, der Ueberfluß *gen.* es.

Opuscolo, ein kleines Werk *gen.* s, *pl.* e; [illegible] kleine Schrift *pl.* en.

O R

Ora, *sust.* (di tempo), die Stunde *pl.* n; l'ora che segna l'oriuolo, die Uhr; l'ultim' ora della vita, die Sterbstunde; che ora è? wie viel Uhr ist? a che ora s' è alzato? um wie viel Uhr sind Sie aufgestanden? *it.* die Zeit; a ora [illegible], zur [illegible].

Ora, *cong.* nun, wohlan; or bene, nun gut, wohlan.

Ora, *av.* adesso, itzt, jetzt, bald; or questo, or quello, bald dieser, bald jener; a buon' ora, bey Zeiten; all' ora, alsdann; orora, alsobald, den Augenblick; da ora in avanti, von nun an; va in mal' ora, gehe zum Henker; va in buon' ora, gehe in Gottes Namen.

Oracolo, der Ausspruch einer heidnischen Gottheit, eine Weissagung, göttliche Wörter; *it.* der Abgott, der solche Antwort ertheilet *gen.* s, *pl.* (Abgötter); *it.* die Sprüche weiser Leute; *it.* ein weiser Mann, der die Leute zu überreden geschickt ist; *it.* das Wort Gottes.

Oramai, ormai, omai, *av.* nunmehro, bereits, schon, forthin.

Orare, beten *v. r.*, sein Gebet verrichten *v. r. comp.*; *it.* eine Rede halten *v. ir.*

Orario, *ag.* stündlich, der die Stunde beobachtet; il circolo orario, der Stundenzirkel *gen.* es.

Oratore, ein Redner *gen.* s; *it.* ein Abgesandter *gen.* s; *it.* ein Beter *gen.* s.

Oratoriamente, *av.* rednerisch, auf eine rednerische Art; als ein Redner, mit Beredsamkeit.

Oratorio, *sust.* das Bethaus *gen.* es, *pl.* Bethäuser), eine Kapelle, eine Hauskapelle *pl.* n.

Oratorio, *ag.* rednerisch; *it.* zum Beten gehörig.

Orazione, das Gebet *gen.* s, *pl.* ete; far orazione, beten *v. r.*; *it.* eine Rede, die man hält; orazione funebre, eine Leichenpredigt; orazione dominicale, das Vater unser; le parti dell' orazione, die Theile der Rede; il libro delle orazioni, das Gebetbuch *gen.* s.

Orbene, *av.* nun gut, nun recht; or bene sta, nun ist es recht, nun ist es gut.

Orbezza, die Blindheit, *V.* Cecità.

Orbo, *sust.* ein Blinder; *ag.* blind; *fig.* verblendet.

Orca (pesce), die Meerwunder, der Meerschwein *gen.* s, *pl.* e, (eine Art Wallfisch).

Orchestra, der Platz, wo die Musick in der Schaubühne spielen; ein Concertsaal; *it.* die Musici insgesammt.

Orcio, der Krug *gen.* s, *pl.* (Krüge).

Orco, ein Meerdrache *gen.* n, *pl.* n, ein geistiges Wunderthier *gen.* s, *pl.* e.

Orda, eine Herde pl. [illegible] eine herumstreifende Parthey Soldaten.

Ordegno, das Zeugmesser gen. [illegible], das Werkzeug gen. [illegible], ein Webstuhl gen. [illegible] eine künstliche Machine pl. n.

Ordimento, [illegible] bey den Webern, das Einschlag bey den Posamentierern [illegible] die Verstellung pl. en, der Entwurf gen. [illegible] pl. (Entwürfe), der Plan gen. [illegible] die Einrichtung pl. en.

Ordinanza, die Verordnung, die Ordnung pl. en, der Befehl gen. [illegible] pl. e, das Gebot gen. [illegible] die Einrichtung, die Ordnung [illegible] in ordinanza, die Soldaten in Schlacht Ordnung [illegible]

Ordinare, bestellen v. a. comp. [illegible] etwas bestellen, anstellen v. a. comp., verordnen [illegible] in Ordnung stellen [illegible] die Kirchendienste [illegible] v. a. comp.

Ordinariamente, av. insgemein, gemeiniglich, gewöhnlicherweise.

Ordinario, sost. der rechte Bischof [illegible] costume, die Gewohnheit; il giorno di posta, der Posttag gen. s.

Ordinario, adj. gemein, gewöhnlich, ordentlich av. d'ordinario, gewöhnlicher all' ordinario, [illegible] gewöhnlich; uomo ordinario, ein schlechter Mann; panno ordinario, ein grobes Tuch.

Ordinatamente, av. ordentlich, ordentlicherweise, nach der Ordnung.

Ordinato, part. da ordinare, befohlen.

Ordinazione, die Verordnung pl. en, V. Ordinanza; [illegible] Kirchenweihen, die Weihe gen. pl. en.

Ordine, die Ordnung [illegible] die Verordnung pl. en; V. Ordinanza per ordine [illegible], der Orden gen. [illegible] der Auftrag gen. [illegible] (Aufträge), die Commission pl. en; ad ordine di [illegible] eine Reihe Stuffen [illegible] mettere in ordine, in Ordnung bringen [illegible] essere in ordine [illegible] gli Ordini della Chiesa, die [illegible] geistlichen Orden; [illegible]

Ordire, anzetteln [illegible] anfangen, anlegen [illegible] [illegible] ein heimliches Vorhaben schmieden, [illegible] spinnen [illegible] ordire [illegible] eine Verrätherey anspinnen etc.

Ordito, part. da ordire, angezettelt.

Ordittore, ein der anzettelt, anfängt, [illegible] der ein heimliches Vorhaben schmiedet, Verrätherey anspinnt.

Ordura, die Anzettelung pl. en, das Angezettelte, das Anspinnen gen. [illegible] ein heimliches Anschlag gen. [illegible] (Anschläge).

Orecchia, das Ohr, V. Orecchio.

Orecchiare, horchen v. n., behorchen v. a. comp.

Orecchino, [illegible] eine Ohrenklappe pl. n, ein [illegible] Ohr, gen. [illegible] pl. [illegible]

Orecchino, das Ohrengehänge gen. [illegible] pl. e, der Ohrenring gen. [illegible] pl. e.

Orecchio, ed orecchia, das Ohr gen. [illegible] pl. [illegible] [illegible] Ohr [illegible] [illegible] Ohren [illegible] purgare [illegible] orecchio [illegible] [illegible] nach der Menge [illegible] le orecchie [illegible] die Ecken [illegible] der Blätter am Buche.

Orefice, der Goldschmied gen. [illegible] pl. e.

Orfano, der Waise gen. [illegible] pl. n.

Organico, ag. was viele Hülfsglieder und Werkzeuge hat.

Organista, der Organist, der Orgelspieler gen. [illegible]

Organizzato, mit Hülfsgliedern versehen [illegible] künstlich [illegible]

Organo, die Orgel pl. n, [illegible] ein Werkzeug gen. [illegible] pl. e, ein Werkzeug gen. [illegible] pl. [illegible]

Orgasmo, das jähe Aufwallen des Geblüts [illegible] der Stolz gen. [illegible]

Orgoglio, der Hochmuth gen. [illegible] der Stolz gen. [illegible] die Hoffarth.

Orgogliosamente, av. stolz, auf eine stolze Art, hochmüthigerweise.

Orgoglioso, ag. hochmüthig, stolz, aufgeblasen, hoffärtig.

Orientale, was morgenländisch, was gegen Morgen liegt.

Oriente, der Morgen, der Osten, der Aufgang gen. [illegible] das Morgenland gen. [illegible] pl. (Morgenländer).

Orificio, die Oeffnung, die Mündung, pl. en (eigentl. Oeffnungen (Löcher)); [illegible]

Originale, subst. das Muster gen. s, wornach man sich [illegible], das Urbild gen. es, pl. (Urbilder); per originale [illegible] originale, die Urschrift pl. en.

Originale, ad. ursprünglich; pensiero originale, ein ganz neuer Gedanke; [illegible] originali, [illegible]

Originalmente, e originariamente, av. ursprünglich, vom Anfang her, von der Geburt, aus dem Ursprung [illegible]

Originare, [illegible] Ursprung geben v. tr., die Entstehung der Wörter [illegible] v. r. comp.

Originario, ad. entsprungen, hergekommen, abstammend.

Origine, der Anfang, der Ursprung, das Herkommen gen. s; [illegible] Abstammung, die Herkunft, die Quelle.

Origliere, das Kopfkissen gen. s, V. Guanciale.

Orina, der Harn, der Urin gen. s; [illegible] l'orina, das Wasser lassen v. tr.

Orinale, das Nachtgeschirr gen. es, pl. e, der Nachttopf, der Kammertopf gen. s, pl. [illegible], das Uringlas gen. es, pl. (Uringläser).

Orinare, das Urin lassen v. tr., [illegible] v. r., sein Wasser abschlagen v. tr. comp.

Oriuolo, ed oriuolo, der [illegible] gen. s.

Orlo, der Ufer pl. [illegible] orlatura.

Orluolo, [illegible] [illegible] [illegible], ein [illegible] [illegible], eine [illegible] [illegible], [illegible]

Ortobiale, av. was der [illegible] [illegible] ist, [illegible] [illegible]

Orizzontalmente, av. waagrecht, [illegible] [illegible] [illegible]

Orizzonte, der Gesichtskreis gen. es, der Horizont gen. s.

Orlare, säumen v. tr., einsäumen v. tr. comp., [illegible] v. tr., einfassen v. tr. comp.

Orlatura, der Saum, der Rand gen. es, [illegible] (Ränder), die Einfassung pl. en.

Orlo, der Rand, der Saum gen. s, [illegible], das Äußerste von [illegible] Dinge.

Orma, der Saum, der Rand gen. s, [illegible] etwas).

Ormai, die Spur pl. en, der Fußstapfe gen. s, pl. n; per esempio, der Beispiel gen. s, pl. e, V. Traccia.

Ormesino, der Taffent gen. s.

Ornamento, ed ornatura, die Zierde, die Putz gen. es, der Schmuck gen. s, der Zierath gen. s, pl. en, die Zierlichkeit im Reden.

Ornare, zieren v. tr., ausschmücken v. tr. comp., [illegible] v. tr.

Ornato, [illegible], [illegible] schmücken v. tr.

Oro, das Gold gen. es; per, dorare, das Gold gen. es; [illegible], das [illegible] gen. s; oro di cimento, [illegible] Gold; oro [illegible], [illegible] Gold; oro di coppella, feines Gold; oro vergine, gediegen Gold; oro [illegible], [illegible]; [illegible] [illegible], [illegible] [illegible] v. a.

Orpellamento, die Verbrämung pl. en, der künstliche Betrug, der Deckmantel gen. s, V. Inorpellamento.

Orpellare, mit Flittergold vergolden v. tr. comp.; met. beschönigen v. tr. comp., einen falschen Schein geben v. tr.

Orpello, das Flittergold, das Flittergold gen. es; met. ein falscher Anschein gen. s.

Orpimento, der Operment gen. s.

Orrendamente, av. entsetzlich, erschrecklich, grausam, abscheulicherweise.

Orrendo, ad. entsetzlich, erschrecklich, gräulich, grausam.

Orrettizio, ad. erschlichen: es wird bey den Juristen von einer [illegible] Schrift gebraucht, [illegible] [illegible] [illegible] wird, [illegible] [illegible] [illegible], wenn man [illegible] [illegible] [illegible] [illegible] [illegible] [illegible] will.

Orribile, ad. [illegible], V. Orrendo.

Orribilmente, av. grausam, schrecklich, [illegible].

Orridezza, die Rauhigkeit, die Häßlichkeit, V. Orrore.

Orrido, ad. schrecklich, [illegible], [illegible].

Orrore, das Schaudern, das Entsetzen, das Grauen, der Abscheu, die Abscheulichkeit, der Schauer gen. s.

vedi oscurità, die Finsterniß, die Dunkelheit.

Orsa, die Bär *gen.* s, *pl.* en; *it.* ein Gestirn am Himmel.

Orsù, *av.* wohlan, frisch, nun denn, herbey.

Ortica, die Nessel *pl.* n.

Orto, der Garten, der Küchengarten *gen.* s.

Ortodosso, *sust.* der Rechtgläubige *gen.* n *pl.* n; der die wahre Lehre hat; *ag.* rechtgläubig, recht in der Glaube.

Ortografia, das Rechtschreiben *gen.* s, der Rechtschreibung, die Schreibrichtigkeit.

Ortograficamente, *av.* orthographisch, richtig in der Schrift.

Ortografico, *ag.* orthographisch; was recht geschrieben ist.

Ortolano, der Gärtner *gen.* s; *per* Ortolano uccello, der Ortolan *gen.* s, eine Art Emmerlinge, auch Hirschvogel genannt; *ag.* zu Gartengewächsen gehörig.

Orvia, *av.* [illegible] nun wohl!

Orvietano, eine Giftlatwerge, das Gegengift, der Giftlatwerge, der Theriak *gen.* s.

Orzata, ein Gerstentrank *gen.* s.

Orzo, die Gerste.

O S

Osare, sich unterstehen *v. rec. ir. comp.*, sich erkühnen *v. rec. r. comp.*, sich unterfangen *v. rec. ir. comp.*

Oscenamente, *av.* auf eine garstige, unflätige Art; *it.* unzüchtig in Worten.

Oscenità, eine unzüchtige Sache *pl.* n, eine Unflätereý *pl.* en (in Reden).

Osceno, *ag.* garstig, unflätig, unzüchtig, (von Ausdrücken).

Oscuramente, *av.* dunkel, im Dunkel, undeutlich.

Oscuramento, ed oscurazione, das Verdunkeln *gen.* s, die Verdunkelung, die Verfinsterung.

Oscurare, verdunkeln, verfinstern *v. r. comp.*, undeutlich machen *v. r.*

Oscurarsi, dunkel, finster werden *v. ausl.*

Oscurità, die Dunkelheit, die Finsterniß.

Oscuro, *ag.* dunkel, finster, trübe; *met.* gering, unbekannt.

Ospedale, ed Ospitale, das Spital *gen.* s, *pl.* (Hospitäler) das Krankenhaus, das Siechenhaus *gen.* es, *pl.* (häuser), das Lazaret *gen.* s; *ag.* gastfrey.

Ospitalità, die Gastfreyheit.

Ospite, der Gast *gen.* es, *pl.* (Gäste); *it.* der Gastwirth *gen.* s, *pl.* e; *it.* ein Fremder *gen.* n.

Ospizio, die Herberge *pl.* n, das Gasthaus *gen.* es, *pl.* (Gasthäuser), der Gasthof *gen.* s, *pl.* (Gasthöfe).

Ossatura, die ordentliche Zusammenfügung der Beine; *it.* das innerliche Getriebe einer Maschine.

Ossequiare, verehren *v. r. comp.*, Ehrerbietigkeit erweisen *v. ir. comp.*, seine Dienste bezeigen *v. r. comp.*

Ossequio, die Dienstbezeigung *pl.* en, der Dienst *pl.* e, die Ehrerbietigkeit, die Unterthänigkeit.

Ossequiosamente, *av.* dienstwilligst.

Ossequioso, *ag.* dienstwillig, dienstfertig.

Osservabile, *ag.* merklich, worauf wohl Acht zu haben ist; was man beobachten kann.

Osservagione, ed osservazione) die Osservamento) Haltung, die Beobachtung, die genaue Bemerkung, die Anmerkung, die Beobachtung.

Osservante, *sust.* ein Franciskaner, der da merket, Achtung hat.

Osservanza, die Beobachtung der Ordensregeln bey den Mönchen; *it.* die Ehrerbietung.

Osservare, beobachten, anmerken *v. r. comp.*, in Acht nehmen, Achtung worauf geben *v. ir.*; *it.* wahrnehmen *v. ir. comp.*; *it.* halten *v. ir.*, erfüllen *v. r. comp.*; *it.* nachkommen *v. ir. comp.*, (als einer Regel).

Osservatore, ein Beobachter *gen.* s.

Osservazione, die Beobachtung *pl.* en; *v.* Osservagione.

Ossesso, *ag.* besessen; *it.* geplagt, geängstiget.

Ossimele, *sust.* ein Trank von Honig und Essig gemacht.

Osso, das Bein *gen.* es, *pl.* e, der Knochen *gen.* s; *it.* der Stein in einer Frucht; osso corando, das Steinbeinlein; osso grande, das Schienbein; esso secco, das Brustbein, der Lendenknochen; egli è ossa e pelle, er ist nichts als Haut und Knochen.

Ossoso) *ag.* beinicht, voll großer Beine Ossuto) *met.* oder Knochen.

Ostaggio, der Geisel gen. s, it. der Pfandsmann gen. es, pl. (Pfandsmänner).
Ostare, entgegenstehen v. n. comp., verhindern v. a. comp., im Wege stehen v. n., oder liegen v. irr.
Ostatico, ein Geisel gen. s, der einen ... der versichert, der im Pfande ist.
Oste, der Wirth, der Gastwirth gen. s, pl. e; it. ein Heer, der feindliche Haufe; per ..., ein ... gen. es.
Ostensibile, adj. was man zeigen, aufweisen kann.
Ostentamento, das Prahlen gen. s, die Prahlerey, die Ruhmredigkeit; it. der Hochmuth gen. s, die ..., die Aufgeblasenheit.
Ostentare, prahlen, zeigen v. a.
Ostentatore, der Prahler, Großsprecher, Ruhmrediger gen. s.
Ostentazione, die Prahlerey, V. Ostentamento.
Osteria, das Wirthshaus gen. es, pl. (Wirthshäuser), der Gasthof gen. s, pl. (Gasthöfe), die Herberge pl. n.
Ostetrice, fem. die Kindermutter, V. Levatrice.
Ostia, die Hostie pl. n; it. eine Oblate zum Siegeln.
Ostico, adj. ... widrig, unleidlich, widerwärtig ...; culpo ostico, ein ... Schlag, pl. (Schläge).
Ostile, adj. feindselig, feindlich, widerwärtig, ...
Ostilità, die Feindseligkeit; ... die Verheerung, die Verwüstung pl. en.
Ostilmente, adv. feindseligerweise, als ein Feind, ...
Ostinarsi, bey seiner Meinung hartnäckig bleiben v. irr., halsstarrig, hartnäckig seyn, ... v. irr.
Ostinatamente, adv. hartnäckigerweise, hartnäckig, halsstarrig.
Ostinato, adj. hartnäckig, eigensinnig, halsstarrig, ...
Ostinazione, die Hartnäckigkeit pl. en; der Eigensinn gen. es.
Ostrica, die Auster pl. n.
Ostro, der Purpur, der Südwind, der Mittagwind gen. es.
Ostruire, verstopfen, eine Verstopfung verursachen v. a. comp.
Ostrutto, adj. verstopfet.

Ostruito, part. ed adj. verstopft.
Ostruzione, die Verstopfung pl. en, (am Leibe).

O T

Otre, ed otro, ... der Schlauch gen. s, pl. (Schläuche).
Ottangolare, adj. achteckig.
Ottano, achte.
Ottantesimo, der achtzigste gen. n, pl. n.
Ottava, der achte Tag, der achte Tag nach einem Festtage; it. eine Octave in der Musik, it. eine Strophe von acht gereimten Versen.
Ottavo, der Achte gen. n, pl. n; it. ein Format in Octav.
Ottenebramento, ed ottenebrazione, die Verfinsterung, die Verdunkelung pl. en.
Ottenebrare, verfinstern, verdunkeln v. a. comp.
Ottenere, erlangen v. a. comp., erhalten, bekommen v. a. comp.
Ottenimento, die Erhaltung, die Erlangung pl. en.
Ottica, die Optik, die Sehkunst.
Ottimamente, adv. sehr wohl, vortrefflich, aufs beste.
Ottimo, der Beste, der Vortrefflichste gen. n, pl. n.
Otto, acht.
Ottobre, der Weinmonat, der October gen. s.
Ottocentesimo, der achthundertste gen. n, pl. n.
Ottomano, osmanisch.
Ottonajo, ed ottonaruolo, ein Messingarbeiter gen. s.
Ottonajo, ... gen. s, pl. e.
Ottonaio, der Messingarbeiter gen. s.
Ottone, das Messing gen. s.
Otturare, verstopfen v. a. comp., V. Turare.
Ottusità, ein stumpfes Wesen gen. s; it. die Dummheit, der Unverstand gen. es.
Ottuso, adj. stumpf, dumm.

O V

Ovaja, der Eyerstock der weiblichen ... gen. s.
Ovale, ed ovato, adj. eyförmig, oval.
Ove, adv. wo, wohin; ove che sia,

[illegible] das.
Ovile, der Schafstall [illegible] der Maaßstab der [illegible] Regeln [illegible].
Ovipara, *subst.* ein Federvieh, oder das Eyer legt um sie auszubrüten.
Ovo, das Ey *gen.* es, *pl.* er.
Ovvero, *av.* oder.
Ovviare, einer bösen Sache vorkommen *v. n. comp.* ein Übel verhindern, vorbauen *v. n. comp.*
Ovunque, *av.* wo immer nur, wo man.

O Z

Ozio, der Müßiggang, das müßige Leben *gen.* [illegible], die Muße, die Ruhe, der Friede, die Gemächlichkeit.
Oziosamente, *av.* müßig, im Müßiggange.
Oziosità, das müßige Leben, das faule, träge Wesen, der Müßiggang *gen.* s.
Ozioso, *ag.* müßig, faul, träge. Star ozioso, lange Weile haben *v. auf.*

P A

PAce, der Friede *gen.* ens, die Ruhe, die Stille [illegible] in Ruhe [illegible] in pace, geduldig ertragen *v. irr. comp.* [illegible] sich beruhigen *v. rec.* [illegible] in pace, mit Frieden, ungehindert [illegible] in pace, in Gottes Namen gehen *v. irr.*, con buona pace, mit Erlaubniß.
Pacchetto, der [illegible], das Bündel *gen.* s.
Pacificabile, *ag.* was befriedigt werden kann, was sich befriedigen läßt.
Pacificamente, *av.* mit Ruhe und friedlich.
Pacificamento, die Befriedigung, die Versöhnung *pl.* en, das Friedensmachen *gen.* s.
Pacificare, Friede machen *v. a.*, befriedigen, versöhnen *v. a. comp.*, stillen *v. a.*, beilegen *v. a. comp.*
Pacificarsi, sich versöhnen *v. rec.* [illegible]
Pacificatore, der Versöhner *gen.* s.
Pacifico, *ag.* friedfertig, still, ruhig, friedlich.
Padella, die Pfanne, die Bratpfanne *pl.* n, der Tiegel *gen.* s.
Padiglione, das Zelt *gen.* es, *pl.* e, [illegible] im Felde aufschlagen [illegible]
ein rundes Umhängsel *gen.* s, um das Bette *rc.*
Padre, der Vater *gen.* s, *pl.* (Väter); il Padre di famiglia, der Hausvater; i Santi Padri, die heiligen Kirchenlehrer; Padre per Religioso, ein Pater *gen.* s, *pl.* (Väter).
Padrigno, der Stiefvater *gen.* s, *pl.* (Stiefväter).
Padrino, der Pathe *gen.* n, *pl.* n.
Padrona, die gebietende Frau, die Hausfrau *pl.* en, eine Besitzerin, eine Eigenthümerin, V. Padrone.
Padronanza, die Herrschaft, die Oberherrschaft.
Padronato, *subst.* patronato, das Patronatrecht über eine Kirche, das Recht einen zum geistlichen Amte zu berufen.
Padrone, der Herr über etwas, der Hausherr *gen.* n, *pl.* en, ein Eigenthümer *gen.* s, ein gebietender Herr, ein Schutzherr [illegible], ein Beschützer *gen.* s, ein Schutzheiliger *gen.* n.
Padroneggiare, den Herrn spielen, herrschen [illegible] *v. auf.*
Paesano, *subst.* del paese, der Landsmann *gen.* es, *pl.* Landsleute, der Bauer [illegible], der Bauersmann *gen.* s, [illegible] dem Lande eigen.
Paese, das Land *gen.* es, *pl.* (Länder), der Ort [illegible] das Vaterland *gen.* es [illegible] Landschaft [illegible].
Paffuto, *ag.* dick, fett; star paffuto, wollüstig leben *v. r.*
Paga, der Sold, die Besoldung, der Lohn *gen.* s, die Löhnung, die Gebühr, der Verdienst.
Pagabile, *ag.* zahlbar.
Pagamento, die Bezahlung *pl.* en [illegible], der Sold, der Lohn, der Zahltermin *gen.* s.
Paganamente, *av.* heidnischerweise.
Paganesimo, o paganismo, das Heidenthum *gen.* s, die heidnische Religion.
Pagano, *subst.* der Heide *gen.* n, *pl.* n; ein Unchrist [illegible], heidnisch.
Pagare, zahlen *v. a.*, bezahlen *v. r. comp.*, entgelten *v. a. comp.*; pagare il fio di qualche c. [illegible] für etwas büßen müßen, [illegible] Strafe für etwas leiden müßen *v. a.*

Pagatore, der Zahler, der Bezahler gen. s, der [illegible].

Paggio, ein Page, der Edelknabe gen. n, pl. n, (den Hof); it. ein junger Diener gen. s.

Pagina, eine Seite pl. n, (in einem Buche, in einer Schrift ꝛc.); das Blatt gen. es, pl. (Blätter).

Paglia, das Stroh gen. es; gambo di paglia, der Strohhalm gen. s, pl. e.

Pagliaccio, e pagliariccio, der Strohsack gen. s, pl. (Strohsäcke).

Pagliajo, luogo dove si ripone la paglia, die Strohkammer pl. n, der Strohboden gen. s, pl. (Strohböden).

Pagnotta (vm), ein Brod gen. s.

Paga, sust. die Bezahlung pl. en, V. Pagamento.

Pago, ag. e part. da pagare, bezahlt, [illegible]; per contento, [illegible].

Pajo, ein Paar gen. s; [illegible] in [illegible] di due [illegible] una sola cosa, [illegible] un pajo di [illegible], eine [illegible] un pajo di forbici, eine Schere.

Pajuolo, der Kessel gen. s, (von Kupfer).

Pala, die Schaufel, die Schippe pl. n; pala da forno, der Ofenschieber gen. s; pala da grano, die Getreideschaufel; pala da carbone, die Kohlenschaufel; pala da orto, das [illegible] gen. s, pl. en.

Paladino, einer der [illegible] Herrn [illegible], ein [illegible] V. Paladino.

Palafreniere, der Reitknecht, der Stallknecht gen. s, pl. e.

Palafreno, chinea, der Zelter gen. s; it. ein Pferd, das beym Gepränge geführet wird.

Palagio, e palazzo, der Pallast gen. s, pl. (Palläste).

Palanca, eine Verschanzung mit Pfählen, oder Palisaden.

Palare, Pfähle einschlagen v. tr. comp., pfählen v. r.

Palata, eine Schaufel voll; per [illegible] lizzata, ein Ruderstreich gen. s, pl. e.

Palatinato (paese), die Pfalz.

Palatino (di nazione), ein Pfälzer gen. s; per [illegible] conte, eine der vornehmsten Herrn am Hofe; un Conte palatino, ein Pfalzgraf, ein Graf in Polen und Ungarn; ag. pfälzisch, aus der Pfalz; l'Elettore Palatino, der Churfürst von der Pfalz.

Palato, sust. der Gaumen gen. s; aver il palato guasto, den schlechten Geschmack haben; di buon palato, von gutem Geschmacke.

Palazzo, der Pallast gen. es, pl. (Paläste); il Palazzo di Città, das Rathhaus, oder das Gerichtshaus in einer Stadt gen. es, pl. (häuser); le [illegible] di Palazzo, die Canzleyschreiberey; giudice di Palazzo, ein Gerichtsmann gen. s, pl. er; gente di Palazzo, die Gerichtsbedienten.

Palchetto, eine Loge in den Comödienhäusern; it. eine Gallerie pl. n.

Palco, eine Bühne pl. n; it. ein Gerüste von Holz gen. s, pl. n; it. eine Scheidewand.

Palesamento, das Offenbaren gen. s.

Palesare, offenbaren v. r. comp., kund machen v. r., entdecken v. r. comp.; it. verrathen v. r. comp.

Palese, ag., offenbar, kund.

Palesemente, av. offenbarlich, kundlich, öffentlich.

Palestra, der Ringplatz gen. es, pl. (plätze); it. ein Ort, wo man sich vor Zeiten im Laufen, Ringen und Pferderennen übte; it. das Ringen und Rennen selbst.

Paletta, eine kleine Schaufel.

Palettone, (uccello), die Löffelgans pl. (gänse), (ein gewisser Wasservogel).

Palificare, mit Pallisaden versehen v. tr. comp., verpallisadiren v. r. comp.

Palio, ein Kleinod, so bey den Rennen im Ringen, und Pferderennen aufgesetzt wurde; das Pallium, ein [illegible], oder ein wollenes Kleid, welches den Bischöfen vom Pabste zugeschickt wird, wenn sie Erzbischöfe werden.

Palischermo, e palischermo, der Nachen gen. s, das Boot von einem großen Schiffe.

Palizzata, e palizzata, das Pfahlwerk gen. es, pl. e, die Pallisade pl. n.

Palla, eine Kugel pl. n; da giuoco, der Ball gen. s, (zum Spielen); pl. [illegible] [illegible] alla palla, Ballen [illegible], oder schlagen v. tr.

Pallamaglio, das Maillespiel gen. s.

Palliamento, die Bemäntelung pl. en.

Palliare, bemänteln *v. r. comp.*
Palliativo, *sust.* das Scheinmittel *gen.* s, *ag.* cura palliativa die Scheinkur.
Palliato, *ag.* bemäntelt; pretesti palliati, kahle Entschuldigungen.
Pallidezza, *e* pallidità, die Bleichheit, die Blässe, die bleiche blasse Farbe.
Pallido, *ag.* blaß, bleich.
Pallini (*da schioppo*), der Schrott zum Schießen.
Pallio, das Pallium, *V.* Palio.
Pallone, *V.* Ballone.
Pallore, die Blässe, *V.* Pallidezza.
Palma (albero), der Palmenbaum *gen.* es, *pl.* (bäume); per: branca, der Palmenzweig *gen.* s, *pl.* e; *pers.* der Sieg, der Preis, der Ruhm *gen.* s; la palma della mano, die flache Hand *pl.* (Hände); la palma del [illegible], die [illegible] *pl.* n; la Domenica delle palme, der Palmensonntag *gen.* s, *pl.* e.
Palmata, schiaffo, eine Ohrfeige *pl.* n, (mit der flachen Hand).
Palmento, eine Weinpresse, die Kelter *pl.* n; *it.* der Boden [illegible] in einer Mühle; *it.* das ganze Mühlwerk.
Palmo, die flache Hand *pl.* (Hände); *per* misura, die Spanne *pl.* n.
Palo, der Pfahl *gen.* s, *pl.* (Pfähle); palo di ferro, eine Brechstange *pl.* n.
Palpabile, *ag.* fühlbar, handgreiflich; *per* chiaro, deutlich.
Palpabilmente, *av.* deutlich, daß man es fühlen, begreifen kann.
Palpante, *ag.* tastend, befühlend, begreifend.
Palpare, befühlen *v. r. comp.*, greifen *v. ir.*, betasten *v. r. comp.*, begreifen *v. ir. comp.*
Palpebra, der Augenbraune *gen.* s, der Augenlied *gen.* s, *pl.* er.
Palpeggiare, betasten *v. r. comp.*, [illegible] *v. r.*, befühlen, mit den Händen herumwühlen, bewältigen *v. r. comp.*
Palpitamento, das Herzklopfen, das Pulsaderschlagen *gen.* s, *V.* Palpitazione.
Palpitare, heftig schlagen *v. ir.*, oder klopfen *v. r.*, (als das Herz und die Pulsadern).
Palpitazione, das unordentliche Schlagen des Herzens und der Pulsadern, *V.* Palpitamento.

Paludale, paludoso, e palustre, *ag.* sumpfigt, morastig.
Palude, der Sumpf *gen.* s, *pl.* (Sümpfe), der Morast *gen.* s, *pl.* (Moräste).
Panacea, ein Name vieler heilsamer Kräuter.
Panattiera, der Brodschrank *gen.* s, *pl.* (schränke); *it.* eine Brodtasche *pl.* n; *it.* der Brodkorb *gen.* s, *pl.* (Brodkörbe).
Panattiere, der Brodbecker *gen.* s; *it.* der das Brod in Verwahrung hat.
Panca, die Bank *pl.* (Bänke), der Stuhl *gen.* s, *pl.* (Stühle) (vom Holze).
Pancia, der Wanst *gen.* es, der Unterleib, der Bauch *gen.* s; grattarsi la pancia, müßig seyn *v. asf.*, die Hände in den Schooß legen *v. r.*; mangiare a crepa pancia, sich voll fressen *v. res. ir.*; pancie di animali, die Bauchfelle.
Panciata, ein Bauch voll; fare una panciata di q. c., sich mit etwas dick und voll fressen *v. ir.*
Panciuto, *ag.* wanstig, dickbauchig.
Pane, das Brod *gen.* s; *it.* der Nahrung; pan bianco, weißes gebeutelt Brod; pan nero, schwarz Brod; pan integro, Brod von Mehl und Kleyen; *ag.* pane [illegible] pan bollito, detto volgarmente pancotto, eine Wassersuppe; pane di munizione, (da soldato), das Commißbrod; pan pepato, der Honigkuchen, der Pfefferkuchen *gen.* s; pane casareccio, das Hausbrod, hausbackenes Brod; la crosta del pane, die Brodrinde *pl.* n; la mollica del pane, die Brodkrume; un tozzo di pane, ein Stück Brod; pan di zucchero, ein Hut Zucker, ein Brod Zucker.
Panegirico, eine Lobrede *pl.* n, das Lob *gen.* s.
Panegirista, ein Lobredner *gen.* s, einer, der Lobreden hält.
Pania, vischio, der Vogelleim *gen.* s; paniccia, der Mehlbrey, der Kinderbrey *gen.* es.
Panico, *sust.* eine Art Hirsche.
Panico, *ag.* timor panico, ein plötzlicher Schrecken *gen.* s.
Paniera, o paniere, der Brodkorb *gen.* s, *pl.* (Brodkörbe), der Tragkorb *gen.* s, *pl.* (Körbe); *per* panattiere [illegible]

ro, der Brodbecker gen. [illegible] far la groppa nel paniere, sich umsonst bemühen, die Zeit verschwenden v. r. e.

Panneggiamento, das Ankleiden gen. [illegible] die Kleiderfalten in der Zeichnungskunst.

Panneggiare, mit Tuche überziehen v. [illegible] comp. [illegible] das Gewand malen v. a.

Pannicolo, e pannolino, sf. die Wäsche.

Pannina, allerhand Tuch im Stücke.

Panno, das Tuch gen. s, pl. Tücher; panno fino, feines Tuch; panno grosso, grobes Tuch; panno lino, die Leinwand; panno d'arazzo, die Tapete, der Tapetenzeug gen. [illegible]; il panno dell' occhio, das Fell im Auge; il panno del vino, die Haut, die der Wein am Fasse macht.

Pannocchia, die Kolben von Hirse, von türkischen Weizen, und dergleichen Früchten; it. die Flachsdocke, so an den Rocken gesteckt wird; it. die Weintraube pl. n.

Pannone, die Plahe pl. n, der Wolltuch gen. [illegible].

Pantanoso, ae. sumpficht, morastig, kothicht.

Pantera, das Pantherthier gen. [illegible] pl. e.

Pantofola, e pantufola, der Pantoffel gen. s.

Panzana, sf. Marktgeschrey, allerhand verächtliche Worte; dir panzane ad uno, einem etwas weis machen u. r. [illegible], große Worte machen v. r.

Paone, ec. der Pfau, f. Pavone ec.

Papa, der Pabst gen. es, pl. Päbste, der heilige Vater gen. s.

Papale, [illegible], päbstlich.

Papalino, [illegible] päbstlich gesinnt [illegible] gen. s, pl. [illegible].

Papato, die päbstliche Würde, das Pabstthum gen. s.

Papavero, [illegible] die Mohnrosen.

Papera, e papero, eine junge Gans pl. Gänse.

Pappa, die Kinderbrey, der Kinderpappe.

Pappafico, die Feigdrossel pl. n, eine Art englische Mützen, eine Art Segels, it. eine Kehlhaube.

Pappagallo, der Papagey gen. en, pl. en.

Paracqua, der Regenschirm gen. s, pl. e.

Parabola, eine Parabel pl. n, das Gleichniß gen. es, pl. e; met. die Erzählung, das Mährchen gen. s.

Parabolano, ein Schwätzer, ein Plauderer, ein Marktschreyer gen. s, ein [illegible] erdichtet.

Paradigmatico, ae. Gleichnißweise.

Paradigma, ae. [illegible].

Paradiso, das Paradies gen. [illegible], der Himmel gen. s, die Glückseligkeit, ein lustiger Ort gen. s, die Vorkammer.

Paradosso, sm. [illegible] etwas fremdes und ungemeines, was wider die gemeine Meynung und Lehre ist, gegen der gemeinen Meynung läuft.

Parafrasi, e parafrasi, eine Erklärung eines Textes mit mehrern und deutlichen Worten.

Parafuoco, der Feuerschirm gen. s, pl. e.

Paragonabile, ae. das sich mit einander vergleichen läßt.

Paragonare, mit einander vergleichen v. r. etwas, gegen einander halten v. [illegible] in Vergleich legen v. r.

Paragonarsi, sich vergleichen mit etwas v. rec. [illegible] comp.

Paragone, die Vergleichung mit einander, die Gegeneinanderhaltung pl. en, it. eine Probe von Gold und Silber auf dem Probiersteine; pietra di paragone, der Probierstein gen. [illegible]; a paragone, [illegible] gen. [illegible]; a paragone, in Vergleich.

Paragrafo, eine Abtheilung pl. en, ein Artikel, ein Punkt eines Kapitels, Tractats [illegible].

Parallelo, sm. die Vergleichung, die Gegeneinanderhaltung pl. en; ae. gleichweit von einander stehend, in gleicher Weite fortlaufend; linea parallela, eine gleichweit von einander stehende Linie.

Paralisi, e paralisia, der Schlag gen. [illegible], die Lähmung der Gliederung, die lähmende Gicht.

Paralitico, sm. [illegible] ein Gichtbrüchiger, [illegible] einer der den Schlag gehabt oder gelähmt hat.

Paralogismo, ein falscher Schluß gen. es, pl. (Schlüsse), ein falscher Schluß, der einen Schein der Wahrheit hat.

Paramento, der Putz gen. es, der Zierrath, der Schmuck gen. s, der

Anzug *gen.* es; *it.* allerhand Kleidungen überhaupt, Kirchengewand, Mühzeug für Menschen und Pferde.

Parapetto, die Brustwehr.

Parapiglia, ein plötzliches, häufiges Zusammenlaufen, Durcheinanderlaufen der Leute, so in der größten Unordnung geschieht.

Parare, schmücken, zieren *v. r.*, auszieren, aufputzen, zurüsten, bereiten *v. r. comp.*; parare un colpo, einen Hieb oder Stoß abwenden *v. r. comp.*, ausweichen *v. ir. comp.*; parare la palla, einen Ball zurücktreiben *v. ir. comp.*; parare danaro in giuoco, zusetzen *v. r. comp.*

Pararsi, per ornarsi, sich putzen, sich schmücken *v. rec. r.*; per prepararsi, sich vorbereiten *v. rec. r. comp.*

Parasole, der Sonnenschirm *gen.* s, *pl.* e.

Parasito, ein Schmarotzer, ein Tellerlecker *gen.* s.

Parata, das Gepränge *gen.* s; (im Fechten) das Ablehnen eines Stoßes; un cavallo di parata, ein Paradepferd *gen.* s; metter in parata, zur Schau ausstellen *v. r. comp.*; restar in parata giuocando di scherma, in Positur bleiben *v. ir.*; u dare la mal parata, die Schlappe einstecken *v. ir. comp.*; per restare in ordine, in Parade, in Ordnung bleiben.

Paravento, der Windschirm *gen.* s, *pl.* e.

Parcamente, *av.* sparsamlich, mäßig, enthaltsamlich.

Parco, *sust.* der Thiergarten *gen.* s.

Parco, *ag.* sparsam, mäßig, enthaltsam; andar parco, behutsam gehen *v. ir. comp.*

Pardo, *sust.* ein Leopard *gen.* s; *ag.* grau, (vom Schimmel).

Parecchi, e parecchie, *ag.* verschiedene, manche, nicht wenige, viele.

Pareggiabile, *ag.* was einer Sache zu vergleichen ist.

Pareggiamento, die Vergleichung mit einer Sache, die Gleichheit, die Gleichmachung *pl.* en.

Pareggiare, vergleichen, eines mit dem andern ausgleichen *v. ir. comp.*; vergleich seyn *v. aus.*; gleich kommen *v. ir.*; pareggiarsi, sich mit einem vergleichen *v. ir. comp.*

Parentado, e parentaggio, die Blutsfreundschaft, die Verwandtschaft, die nahen Freunde und Verwandten; *it.* das Herkommen, das Geschlecht *gen.* s.

Parente, ein Blutsfreund *gen.* s, *pl.* e, ein Verwandter *gen.* s; parenti, *pl.* die Aeltern, die Großältern, die Vorfahren; *it.* Vater, Mutter.

Parentela, die Verwandtschaft, die Blutsfreundschaft, die Freundschaft.

Parentesi, der Zwischensatz *gen.* es, *pl.* sätze; *it.* ein Stück der Rede, so man zwischen eine andere Rede einschiebt; far parentesi, die Rede unterbrechen *v. ir. comp.*

Parere, *sust.* die Meinung *pl.* en, der Wahn *gen.* es; esser di parere, dafür halten *v. r.*, von der Meinung seyn *v. aus.*

Parere, sembrare, scheinen *v. ir.*, das Ansehen haben *v. aus.*, dünken *v. r.* *V.* Sembrare, Apparire.

Parete, die Wand *pl.* (Wände).

Pargoleggiare, kindisch thun *v. ir.*, kindern *v. r.*

Pargoletto, *sust.* ein kleines Kind *gen.* es, *pl.* er; *ag.* klein, zart, kindisch.

Pargolezza, die Jugend, die Kindheit.

Pari, e pare, *ag.* gleich, gerade, (als die Zahl); un mio pari, einer meines gleichen; non aver pari, seines gleichen nicht haben; da pari, nach meiner Art; sono miei pari, sie sind meines gleichen; siamo del pari, wir sind einander gleich; al pari di me, so gut wie ich; del pari, eben so, gleichfalls; un numero pari, eine gerade Zahl *pl.* en.

Parigi (città), Paris.

Parigino, aus Paris, ein Pariser *gen.* s.

Pariglia, ein gleiches Paar; render la pariglia ad uno, Gleiches mit Gleichem vergelten *v. ir. comp.*

Parimente, *av.* imgleichen, oder auch, gleicherweise, ebenermaßen, gleichergestalt.

Parità, die Gleichheit *pl.* en, die richtige Vergleichung mit einer Sache.

Parlamentare, vom Vertrage reden, über Staatssache deliberiren *v. r.*, Congreß halten *v. ir.*

Parlamento, das Obergericht, das Parlement *gen.* es; *it.* eine öffentliche Rede *pl.* n, das Reden *gen.* s.

Parlante, *sust.* ed *ag.* der redet, spricht.

Parlare, reden, sagen *v. r.*, sprechen *v. ir.*; parlar risentito, empfindlich reden; parlar a mezza bocca, gebrochen, undeutlich, leise reden; parlar a quattro occhi, unter vier Augen reden; parlare con uno, mit einem reden, parlare ad uno, einen sprechen; parlar fra i denti, durch die Zähne reden; *it.* [illegible] *v. r.*

Parlare, eine Rede, eine Unterredung *pl.* en.

Parlatore, ein Schwätzer, ein Plauderer *gen.* s; *it.* ein Redner, ein Sprecher *gen.* s.

Parlatorio, das Sprechzimmer *gen.* s, *it.* der Ort wo die Nonnen mit den Gästen zu sprechen pflegen.

Paro *(ant.)*, ein Paar, *V.* Paio.

Parocco, e Parroco, der Pfarrer *gen.* s.

Parocchia, e Parrocchia, die Pfarrkirche, die Pfarre *pl.* n.

Parocchiale, e Parrocchiale, *ag.* zur Pfarre gehörig.

Parocchiano, e Parrocchiano, *sost.* das Pfarrkind *gen.* s, *pl.* er.

Parola, das Wort *gen.* s, *pl.* e; *it.* die Rede *pl.* n, das Sprechen *gen.* s; di parola in parola, von Wort zu Wort; entrare in parole con alcuno, sich mit einem in Gespräch einlassen *v. r. comp.*; venire a parlare con alcuno, mit jemanden streiten *v. n.*, [illegible] *v. r.*; passare parole, sich mit jemanden besprechen *v. r. comp.*; parole pungenti, Schimpfworte, Schimpfworte, Stichelreden; dar parola ad uno, sein Wort geben *v. ir.* einem versprechen *v. ir.*; mancare di parola, das Wort nicht halten *v. ir.*

Parolacce, [illegible] unziemliche Worte, [illegible]

Parolaio, ein [illegible] von einer Sprache, die er [illegible] Art [illegible] [illegible] *pl.* [illegible]

Parolide, die Ohrendrüse *pl.* n.

Parpaglione, e parpaglione, der Schmetterling, die Motte *pl.* n, *V.* Farfalla.

Parricida, der Vatermörder *gen.* s, *it.* *fem.* die Vatermörderinn.

Parricidio, der Vatermord *gen.* s.

Parrucca, die Perücke *pl.* n, *V.* Zazzera.

Parrucchiere, der Perückenmacher *g.* s.

Partimonde, der Sperlingsthurm [illegible].

Parto, *sost.* da parere, *V.* Parere.

Parte, der Theil, der Antheil *gen.* s, *pl.* e; *it.* das Stück *gen.* es, *pl.* e; das Glied *gen.* s, *pl.* er; le parti vergognose, die Schamglieder; *it.* ein Ort, eine Seite, eine Gegend; aver parte in q. c., an etwas Theil nehmen; in buona parte, in quantità, in der Menge, aver parte, Nachricht geben *v. ir.*; prendere in buona, o mala parte, wohl, oder übel aufnehmen *v. ir.*; la maggior parte, größtentheils, meistentheils; da parte mia, meines Orts, meiner Seits; *it.* in meinem Namen; far bene la sua parte, seine Rolle gut machen, spielen *v. r.*; a parte, beiseits; lasciar da parte, vorbey gehen mit Stillschweigen; da ogni parte, allenthalben, allerorten; abbracciar le parti, die Parthey annehmen *v. ir. comp.*; dall' altra parte, im Gegentheil; uno parte Italiani, parte Francesi, es sind halb Italiäner, halb Franzosen.

Participare, e partecipare, Theil haben *v. aus.*, Theil nehmen *v. ir.*, mittheilen *v. r. comp.*, theilhaftig machen *v. r.*, oder werden *v. aus.*

Partecipazione, e partecipazione, die Theilnehmung, die Gemeinschaft *pl.* en, der Mitgenuss *gen.* es.

Partecipe, *ag.* theilhaftig, theilhaftig, der Antheil hat; far partecipe, zu wissen thun *v. ir.*, theilhaftig machen *v. r.*

Parteggiamento, e parteggio, die Theilung der Absonderung in Theile.

Parteggiare, theilen *v. r.*, austheilen, [illegible] *v. r. comp.*; *it.* Theil nehmen *v. ir.*, parteyisch seyn *v. aus.*

Partenza, die Abreise, die Trennung, der Abschied *gen.* s; esser di partenza, reisefertig seyn *v. aus.*

Partecipamento, die Theilnehmung *pl.* en, der Antheil *gen.* s, *pl.* e.

Particola, ein klein Stück, ein kleiner Theil; *it.* nella Comunione, die Hostie.

Particolare, e particulare, *ag.* sonderbar, besonder, vom allgemeinen entfernt [illegible].

Particolare, *sost.* eine Privatperson *pl.* en; *it.* eine Besonderheit; in quanto al mio particolare, was mich anlanget, in particolare, besonders.

Particolarità, die Sonderheit *pl.* en, der besondere Umstand *gen.* s, *pl.* (Umstände).

Particolarmente, mit allen Umständen

erklären, erzählen, vorstellen v. r. comp., beschreiben v. ir. comp.

Particolarmente, av. insonderheit, vornehmlich, umständlich, ausführlich, besonders.

Partigiano, ein Anhänger, ein Parteygänger gen. s; it. der es mit einem hält.

Partigione, die Theilung, V. Partizione.

Partire, dividere, theilen v. r., abtheilen, eintheilen v. r. comp.; [illegible] vleggiare, abreisen v. r. comp., weggehen v. ir. comp. [illegible]; separare [illegible] [illegible], scheiden v. ir., trennen v. r.; [illegible] binden.

Partirsi, sich weg begeben v. rec. ir. comp. fortgehen v. ir. comp.; it. abscheiden v. ir. comp.

Partita, die Abreise, V. Partenza; it. die Partey, it. die Rechnung pl. en, oder eine andere Summe in Rechnungen; una partita di giuoco, eine Partie im Spielen.

Partitamente, av. stückweise, einzeln, Stück vor Stück.

Partito, die Partey pl. en, der Stand gen. s, it. (Stande), die Gelegenheit zur Heyrath der; risoluzione, der Entschluß gen. es, pl. (Entschlüsse); per; [illegible], die [illegible]; per; progetto, der Vortrag gen. s, pl. (Vorträge); per; condizione, der Beding gen. s, die Bedingung pl. en; prender un partito, einen Schluß fassen v. r., sich entschließen v. rec. ir. comp.; prendere il miglior partito, das beste Mittel ergreifen v. ir. comp.; trovarsi a pessimo partito, sehr übel dran seyn v. aux., sich in sehr elenden Umständen befinden v. rec. ir. comp.

Partitore, der Theiler, der Austheiler gen. s, it. ein Austheiler gen. s.

Partizione, e partimento, die Theilung, die Abtheilung pl. en.

Parto, die Geburt gen. s, das Gebähren gen. s; das neugebohrne Kind gen. es; una donna di parto, eine Kindbetterin, eine Wöchnerin pl. en; essere in parto, in den Wochen liegen v. ir.; morir di parto, im Kindbette sterben v. ir.; it. per; frutto, die Frucht.

Partoriente, sub. eine Gebärerin, eine Wöchnerin pl. en. [illegible]

Partorire, gebähren v. ir. comp., zur Welt bringen v. ir., hinterlassen v. ir. comp.; met. hervorbringen, verursachen v. r. comp.

Partorito, part. da partorire, gebohren, zur Welt gebracht, hervorgebracht, it. hervorgebracht, verursachet.

Paruto, part. di parere, geschienen, geduhnt.

Parvente, av. [illegible]; met. [illegible].

Parvolità, die Kleinigkeit pl. en.

Parzialmente, av. parteyisch.

Pascere, e pasturare, weiden v. r., abweiden v. r. comp., [illegible] v. ir. comp.; met. nähren v. r., [illegible], belustigen v. r. comp., [illegible] v. r.; pascere uno di ciance, einen mit leeren Worten abspeisen v. r. c.

Pascersi, sich weiden v. rec. r.; di [illegible], sich satt machen v. rec. r.; di fumo, sich mit dem blossen Scheine begnügen v. r. comp.; di vento, Schlösser in die Luft bauen v. r.; di speranza, sich mit Hoffnung speisen v. rec. r.

Pascimento, das Weiden, das Futtern gen. s, die Fütterung pl. en, das Futter gen. s, auch die Weide; pascimento dell' anima, die Nahrung der Seele.

Pasciuto, part. da pascere, geweidet, ernähret rc.

Pascolo, die Weide pl. n, das Weiden gen. s, V. Pascimento.

Pasqua, die Ostern; pasqua di Natale, das Weihnachtsfest; la pasqua del Corpo di Cristo, das Frohnleichnamsfest; dar la mala pasqua, übel wünschen v. r.

Pasquale, av. österlich, was zu Ostern gehört; l'agnello pasquale, das Osterlamm gen. s.

Pasquinata, ein Pasquill gen. s, eine Schmähschrift, Lästerschrift pl. en.

Passabile, av. mittelmäßig, leidlich, was noch so hingehet.

Passabilmente, av. so hin, noch leidlich.

Passaggio, der Gang zu etwas, der Durchgang gen. s, pl. (Durchgänge), der Durchzug gen. s, pl. (Durchzüge); it. die Fahrt, die Ueberfahrt, der Paß gen. es, pl. (Päße); un passaggio di un libro e simili, eine Stelle in einem Buche rc.; di pasfaggio, im Vorbeygehen; *it.* alle-fin; ad ogni passaggio, alle Tritte; l'ultimo passaggio, der letzte Ohn-[illegible] *gen.* s, der Tod *gen.* es.

Passaporto, der Paßbrief, der Pilger-brudbrief *gen.* s, *pl.* e, der Paß *gen.* es, *pl.* (Päße); *it.* der Geleits-brief *gen.* s, *pl.* e.

Passare per un luogo, durch einen Ort gehen *v. ir.*, durchziehen *v. ir. comp.*, durchreisen *v. r. comp.*, durch-fahren; vorbeygehen *v. ir. comp.*; *it.* durchschiessen, vergehen, verstreichen *v. ir. comp.*, [illegible], die Zeit; passare [illegible], in etwas [illegible] *v. ir.*; passar oltre, vorbeygehen *v. ir. comp.*; passare per le bacchette, die Spießruthen laufen *v. ir.*; passare sopra [illegible], [illegible] gen [illegible] *v. ir. comp.*; passare in Italia, nach Italien reisen; passare il tempo, die Zeit zubringen *v. ir. comp.*; passare da questa all' altra vita, von diesem Leben schei-den *v. ir.*; gli [illegible] gli è passata, der Zorn ist ihm vergangen; passare a fil di spada, über die Klinge springen lassen.

Passata, die Durchreise, der Durchzug, der Übergang *gen.* s, der Durch-marsch *gen.* es.

Passatempo, die Kurzweile, der Zeit-vertreib *gen.* s.

Passato, *part.* di passare, durchge-gangen *it. ag.* vergangen; l'anno passato, das vergangene Jahr.

Passeggiare, spazieren gehen *v. ir.*; passeggiare in e giù, auf und nieder gehen.

Passeggiata, e passeggio, ein Spa-ziergang *gen.* s, *pl.* (gänge); das Spazierengehen *gen.* s.

Passeggiere, *sub.* ein Reisender *gen.* s, ein Wandersmann *gen.* es, *pl.* (leute).

Passeggiero, *ag.* eitel, flüchtig, ver-gänglich.

Passera, e passero, der Sperling *gen.* s, *pl.* e; passera solitaria, ein Stein-[illegible].

P[illegible], die [illegible] *pl.* [illegible] di [illegible] [illegible].

Passionare, [illegible], V. Appassionare *et.*

Passione, das Leiden *gen.* s, die Lei-denschaft *pl.* en; la passione di G.C., das Leiden Christi; la passione pre-dominante, eine herrschende Leiden-schaft.

Passivamente, *av.* leidenderweise.

Passo, der Schritt *gen.* es, *pl.* e, der Gang *gen.* s, *pl.* (Gänge), der Paß *gen.* es, *pl.* (Päße); *it.* un passo di legna, ein Klafter Holz; a passo a passo, Schritt vor Schritt; non un passo [illegible], keinen [illegible] nicht [illegible] *v. ir.*; a gran pas-so, eilends.

Passo, *ag.* [illegible] di frutti *et.*, welk, [illegible].

Pasta, der Teig, der [illegible] *gen.* s, *pl.* e; eine Nudel; la pasta di [illegible], die Nudelmacher; esser di buona pasta, von guter Gemüthsart seyn.

Pasteggiare, gastieren *v. r.*, ein Gast-mahl, einen Schmaus geben, Mahl-zeit halten *v. ir.*

Pasticciere, ein Pastetenbecker *gen.* s.

Pasticcio, eine Pastete *pl.* n.

Pasto, der Fraß *pl.* e, der [illegible] (Bisse), eine Mahlzeit, eine Mahl-zeit, das Gastmahl *gen.* s, *pl.* [illegible], das Futter der Thiere; a tutto pa-sto, ohne Unterlaß, bey aller Ge-legenheit; esser di poco pasto, mit welchem zufrieden seyn; [illegible] pasto, [illegible] was [illegible] *v. ir.*

Pastorale, *sub.* der Hirtenstab *gen.* s, *ag.* hirtenmäßig; lettera pastorale, ein Hirtenbrief *gen.* s, *pl.* e.

Pastoralmente, *av.* hirtenmäßig, nach Hirtenweise.

Pastore, der Hirt *gen.* s, *pl.* en; pastore delle anime, der Seelenhirt; *it.* der Bischof, der Pfarrer, der Pastor *gen.* s.

Pastura, die Schmackhaftigkeit, die Weidlichkeit.

Pastoso, teigicht, weich, zart.

Pastura, die Weide für das Vieh, die Trift, die Nahrung.

Pasturare, weiden, hüten *v. r.*; auf der Weide gehen *v. ir.*

Patena, das Kelchtellerchen *gen.* s.

Patente, *sub.* ein offener Ordensbrief *gen.* s, *pl.* e, das Patent *gen.* s, *pl.* en, *ag.* klar, deutlich.

Patentemente, *av.* klar, deutlich, offenbarlich.

Paternale, paterno, paternalmente, *ag.* ed *av.* auf väterliche Art.

Paternità, die Vaterschaft, die

trefflich, das Vaterunser gen. [illegible] Voler [illegible], Eure Ehrwürden,
Paternoster, das Vaterunser gen. s.
Pateticamente, av. beweglicherweise, auf eine nachdrückliche, eindringende Art.
Patetico, ag. bewegend, [illegible], beweglich, pathetisch.
Patibolo, der Galgen gen. s.
Patimento, das Leiden gen. s.
Patire, leiden, [illegible] v. a. comp., [illegible] v. a. comp., ausstehen v. n. comp.; il muro ha patito, die Mauer hat Schaden gelitten; patir [illegible] pietra, den [illegible] leiden v. n. [illegible], am Stein leiden v. n.
Patologia, die Lehre von [illegible] der Krankheiten.
Patria, das Vaterland, der Geburtsort gen. s.
Patriarca, der Erzvater gen. s, pl. (väter), ein Patriarch gen. s, pl. en.
Patriarcale, ag. patriarchalisch, dem Erzvätern eigen.
Patriarcalmente, av. als ein Patriarch.
Patriarcato, die Patriarchenwürde pl. [illegible], dessen Wohnung, Bezirk.
Patricida ec., der Vatermörder, V. Parricida ec.
Patrigno, der Stiefvater gen. s, pl. (väter).
Patrimoniale, ag. väterlichen Erbtheile.
Patrimonio, das väterliche Erbtheil oder Gut, das Erbgut gen. s, pl. [illegible] das Vermögen gen. s, der Reichthum gen. s, pl. (thümer); il patrimonio de' poveri, die Armenkasse.
Patrino, der Gevatter, der Pathe gen. s, pl. n.
Patrio, ag. väterlich, vaterländisch.
Patriotto, der Landsmann gen. s, pl. (leute); der Patriot gen. s, pl. en.
Patrimonio, ag. landsmannlich, patriotisch.
Patrizio, der Patrizier, der Rathsherr gen. [illegible], einer der Vornehmsten in der Stadt.
Patrocinare alcuno, einen [illegible], eines Sache [illegible] v. a.; [illegible] vertheidigen v. a. comp.
Patrocinatore, der Sachwalter, der Vertheidiger, der [illegible] gen. s.
Patrocinio, der Schutz, [illegible].
Patteggiamento, die Vergleichung pl. en, der Vertrag gen. s, pl. (Verträge).

Patteggiare, sich vergleichen, v. rec. [illegible] comp., verabreden v. rec. v. comp., einen Vertrag machen v. a.
Patto, die Bedingung pl. en, der Vergleich, der Vertrag gen. s, pl. (Verträge); rendersi a patti, sich mit Accord ergeben; a niun patto, auf keinerlei Weise; a tutti i patti, auf jede Weise, es koste was es wolle; con patto che ..., mit dem Bedinge daß ...
Pattuglia, die Runde, die Nachtwache, die Patrouille pl. n.
Pattuire, bedingen v. a. comp., Accord, einen Bund machen v. a.
Pattume, das Kehricht gen. s, [illegible] der Auskehricht gen. s, [illegible] eine zubereitete Materie aus Pech, Schwefel und Schmalz, um die Schiffe zu überstreichen.
Paventare ec., erschrecken, V. Spaventare ec.
Pavido, ag. erschrocken, furchtsam, [illegible].
Pavimento, der Boden, der Fußboden gen. s, pl. (böden).
Paonazzo, e paonazzo, ag. violetfarbig.
Pavone, e paone, der Pfau gen. s.
Pavoneggiarsi, sich blähen v. r. comp., blau malen v. a.
Paura, die Furcht, der Schrecken gen. s; aver paura, sich fürchten v. rec. v.; far paura, Furcht einjagen v. a. c.
Paurosamente, av. mit Furcht, auf eine furchtsame Art, voller Furcht.
Pauroso, ag. furchtsam, zaghaft, voller Furcht; [illegible] fürchterlich.
Pausa, die Pause (in der Musik), das [illegible] im Reden, Schreiben, Thun [illegible]; far pausa, inne halten v. n. [illegible], aufhören v. n. comp.
Pausare, eine Pause, in der Musik machen v. a.; im Aussprechen inne halten v. n., ruhen v. n., inne halten v. n.
Pazientare, sich gedulden v. rec. v. comp., Geduld haben v. aux.
Paziente, sost. ein Kranker, ein Patient gen. en; ag. geduldig, leidend.
Pazientemente, av. geduldiglich, mit Geduld.

Pazienza, die Geduld, die Standhaftigkeit, das Warten *gen.* s; pazienza! Geduld! perder la pazienze, ungeduldig werden *v. anf.*, die Geduld verlieren *v. ir. comp.*; *it.* der Scapular der Mönche.

Pazzamente, *av.* thörichterweise, närrisch.

Pazzeggiare, närrisch thun, Narrenspossen treiben *v. ir.*

Pazzia, die Narrheit, die Thorheit *pl.* en, eine närrische Sache, That *pl.* en; dar nelle pazzie, Thorheiten vornehmen *v. ir. comp.*

Pazzo, *sust.* ein Narr, ein Thor *gen.* es, *pl.* en, ein Phantast, ein Rasender, ein Schwärmer, ein Geck *gen.* s; un pazzo da catena, ein Erznarr.

Pazzo, *ag.* närrisch, thöricht.

P E

Pecca, die üble Angewohnheit *pl.* en, der Fehler, das Gebrechen *gen.* s.

Peccaminosamente, peccaminoso, *av.* ed *ag.* sündlich, lasterhaft.

Peccare, sündigen *v. r.*, Fehler begehen *v. ir. comp.*

Peccato, die Sünde *pl.* n; è peccato che … es ist Schade daß …

Peccatore, ein Sünder *gen.* s.

Pecchero, ein großes Trinkgeschirr *gen.* es, *pl.* e, der Becher *gen.* s.

Pecchia, eine Biene *pl.* n.

Pece, das Pech *gen.* s, das Harz *gen.* es; pece greca, eine Art feines Pech.

Pecora, das Schaaf *gen.* es, *pl.* e; carta pecora, das Pergament *gen.* s.

Pecorajo, der Schäfer, der Schaafhirte *gen.* s, *pl.* n.

Pecoreccio, *sust.* die Pferche, die Schaafhürde *gen.* es, *ec.* vom Schaafe; latte pecoreccio, die Schaafmilch.

Pecorile, der Schaafstall *g.* s *pl.* (ställe).

Peculio castrense, das erworbene Gut im Kriege; aver fatto un po' di peculio, sich etwas gesammelt haben, erworben haben, vor sich gebracht haben *v. auf.*

Pedaggio, das Geleite, das Weggeld, der Zoll *gen.* s.

Pedagogo, ein Anführer der Jugend, ein Lehrmeister *gen.* s.

Pedaneo, *ag.* un Giudice pedaneo, ein Dorfrichter, ein Dorfschulze *gen.* s.

Pedante, der Schulfuchs *gen.* es; *it.* ein pedantischer Lehrer *gen.* s.

Pedanteria, die Schulfüchserey, die Pedanterey.

Pedantescamente, *av.* als ein Schulfuchs; die Art eines Pedanten.

Pedantesco, *ag.* schulfüchsisch, pedantisch.

Pedantismo, das schulfüchsische Wesen *gen.* s.

Pedata, der Fußtritt, der Tritt mit dem Fuße, der Fußstapfen *gen.* s.

Pedestre, *ag.* zu Fuße; gente pedestre, das Fußvolk *gen.* s; una statua pedestre, eine Bildsäule zu Fuße.

Pedule, die Fußsocke *pl.* n, der Fuß am Strumpfe.

Peggio, *compar.* da male, übler, ärger, schlimmer; far di peggio, es schlimmer machen *v. r.*; fare alla peggio, es so schlimm machen, als möglich ist; andare di male in peggio, den Kürzern ziehen *v. ir.*; peggio che peggio, desto schlimmer, desto ärger; il peggio si è, das ärgste, das schlimmste ist; al peggio de' peggi, im Fall der Noth, auf den äußersten Nothfall.

Peggioramento, die Verschlimmerung *pl.* en, das Schlimmerwerden *gen.* s.

Peggiorare, verschlimmern *v. r. comp.*, ärger machen *v. r.*, *neut.* sich verschlimmern *v. rec. r. comp.*, ärger werden *v. anf.*; peggiorare di salute, kränker werden.

Peggiore, *ag.* schlimmer, ärger, *sust.* il, la peggiore, der, die, das Schlimmste, Aergste *g.* n, *e pl.* n.

Pegno, das Pfand, das Unterpfand *gen.* s, *pl.* (pfände); mettere in pegno q. c., etwas verpfänden *v. r. comp.*; dar la fede in pegno, seine Redlichkeit zum Unterpfande setzen *v. r.*

Pegola da nave, das Schiffpech *gen.* s, das Harz *gen.* es, *per* pece, das Pech *gen.* s.

Pelame, die Beschaffenheit, die Farbe der Haare der Thiere; *it.* eine Menge Haare vom Kopfe.

Pelare, ausraufen *v. r. comp.*, (vom Haaren), kahl machen, rupfen *v. r.*, (als Vögel), brühen *v. r.*, (als in

Schweiß) ; [illegible] einen Weg von Blättern entblößen [illegible] ; [illegible] der Baum verliert die Blätter [illegible] lichten [illegible]

Pellame, allerhand Rauchwerk, Pelzwerk gen. s.

Pelle, die Haut pl. (Häute), das Fell gen. s, pl. e, der Balg gen. s, pl. (Bälge) [illegible] pelle [illegible] ; [illegible] seine Haut [illegible] die Schaale von Früchten.

Pellegrinaggio, die Pilgrimschaft pl. en, die Wallfahrt pl. en.

Pellegrinante, [illegible] der [illegible] gen. s, pl. [illegible] der die heiligen Oerter besucht.

Pellegrinare, wandern, reisen v. r., auf die Pilgrimschaft gehen v. ir., wallfahrten v. r. avere.

Pellegrinazione, die Wallfahrt, die Pilgrimschaft pl. en, [illegible] die Reise an fremde Oerter.

Pellegrino, der Pilgrim gen. s, pl. e, [illegible] ein Wanderer, ein Fremdling, ein Reisender gen. s.

Pellegrino, e peregrino, [illegible] fremd.

Pellicano (uccello), der Pelican gen. s.

Pellicceria, der Pelzhandel gen. s, der Handel mit Pelzwerk, das Kürschnerhandwerk.

Pelliccia, der Pelz gen. es, pl. e, das Pelzwerk gen. s, pl. e.

Pellicciajo, e pellicciere, der Kürschner, der Pelzhändler gen. s.

Pelo, das Haar gen. es, pl. e, [illegible] die Thiere, [illegible] il primo pelo, [illegible] i peli, die Haare stehen mir zu Berge ; [illegible] pelo, [illegible] Haar, [illegible]

Peloso, ag. haaricht, rauch, zottig.

Peltrajo, e peltraro, der Zinngießer gen. s.

Peltro, das Zinn gen. es, das Zinngeräthe gen. s, [illegible] il peltro, [illegible] wo das Zinn [illegible]

Pelvo, das feine [illegible]

Pena, castigo, die Strafe pl. en, [illegible] ; fatica, affanno, [illegible] die Mühe, der Verdruß, die Leid-

[illegible] e fare pena della vita, bey Lebensstrafe [illegible] la pena, [illegible] pena, kaum ; a gran pena, mit genauer Noth, mit schwerer Noth.

Penale, ag. peinlich ; legge penale, ein Gesetz bey Strafe.

Penalità, die Strafe pl. n.

Penalmente, av. peinlicherweise, bey Strafe, zur Strafe.

Penare, [illegible] Strafe [illegible] dir la pena, [illegible] viel Mühe haben v. aus.

Penati, die Hausgötter bey den Heiden, die Hausgötter.

Pendaglio, e pendaglie, das Gehenke, an welchem etwas gehänget werden kann.

Pendente, fost. eine hängende Sache, ein abhängiger Ort ; pl. die Ohrengehänge.

Pendente, ag. hangend, herabhängend ; [illegible] unentschieden, una lite pendente, ein Rechtshandel, der noch nicht entschieden ist.

Pendentemente, abhängend, [illegible] V. Dependentemente.

Pendenza, die Abhängigkeit pl. en, das Hangen [illegible] einer andern abhängigen Sache.

Pendere, hängen v. ir., abhängen, herabhangen v. ir. [illegible] pende [illegible] der Proceß ist noch unentschieden vor dem Gerichte.

Pendevole, ag. hangend, schwebend, V. Pendente.

Pendice, der Fels gen. en, pl. en, der Abhang, ein abhängiger Ort gen. s, pl. (Oerter) ; la pendice [illegible] das Gehänge [illegible] eines Berges [illegible]

Pendio, [illegible] die Abhängigkeit eines Orts, der Abhang gen. s, die abhängige Seite eines Berges.

Pendolo, der Perpendikel, [illegible]

Pendulo, ag. hangend, [illegible]

Penetrabile, ag. durchdringlich, [illegible]

Penetrabilità / **Penetrazione** / **Penetramento** } die Eindringung, die Durchdringung.

Penetrante, e penetrativo, durchdringend, eindringend; *parl. ad. fi di uomini*, einsichtsvoll, von scharfem Verstande.

Penetrare, eindringen, durchdringen *v. ir. comp.*; *it.* entdecken *v. r. comp.*, einsehen *v. ir. comp.*; penetrare i disegni di uno, eines seine Heimlichkeit errathen *v. ir. comp.*

Penisola, eine Halbinsel *pl.* n.

Penitente, *sust.* ein bußfertiger Sünder, ein Büßender *gen.* s, ein Beichtkind *gen.* es, *pl.* er.

Penitente, *ag.* bußfertig, reuig.

Penitenza, die Buße, die Reue *pl.* n, die Bußübung *pl.* en; *it.* die Strafe, die Züchtigung *pl.* en; far penitenza, Buße thun *v. ir.*, die Penitenz.

Penitenziale, *ag.* zur Buße, zur Penitenz gehörig; i Salmi penitenziali, die Bußpsalmen.

Penitenziere, der Bußpriester: il Penitenziere maggiore, der Oberbeichtvater *gen.* s.

Penitenzieria, das Amt eines Oberbeichtvaters, eine Rathsversammlung zu Rom in Gewissensachen.

Penna, der Kiel *gen.* s, *pl.* e, die Feder: die Schreibfeder *pl.* n; le penne maestre, die Schwungfedern an den Flügeln; dar di penna, auslöschen *v. r. comp.*, ausstreichen *v. ir. comp.*

Pennacchio, der Federbusch *gen.* es, *pl.* (Federbüsche).

Pennellata, ein Strich mit dem Pinsel, der Pinselstrich *gen.* s, *pl.* e.

Pennelleggiare, malen, schildern, mit dem Pinsel arbeiten *v. r. comp.*

Pennello, der Pinsel *gen.* s; fare una cosa a pennello, eine Sache vortreflich, vollkommen machen *v. r.*; fatto a pennello, zum Malen schön.

Penosamente, *av.* mit Mühe, mit Beschwerlichkeit, mühselig, beschwerlich, schmerzlich.

Penoso, *ag.* mühselig, beschwerlich, schmerzlich.

Pensante, *ag.* denkend, nachdenkend.

Pensare, denken *v. r.*, gedenken *v. r. comp.*; *it.* nachdenken, bedenken, nachsinnen, überlegen *v. r. comp.*; *it.* meynen, achten, schätzen *v. r.*; *per:* essere di sentimento, der Meynung seyn *v. aus.*, dafür halten *v. ir.*; dar da pensare, Verdacht erwecken *v. r. comp.*; aver molto a pensare, viele Sorgen haben; io penso di partire, ich gedenke, ich bin entschlossen zu verreisen; senza pensarci, unverhofft, unversehens, ohne Vorsatz; pensarci bene, es wohl überlegen *v. r. comp.*

Pensatamente, *av.* mit Ueberlegung, mit Vorsatz, vorsätzlich.

Pensatore, ein Denker, ein Nachdenker *gen.* s, einer der denket, nachdenket.

Pensiere, e pensiero, der Gedanke *gen.* s, *pl.* n, der Einfall *gen.* s, *pl.* (Einfälle), das Nachdenken *gen.* s, die Meynung *pl.* en; abbandonar il pensiero, nicht mehr daran gedenken *v. r. comp.*; esser pieno di pensieri, voller Kummer seyn *v. aus.*; aver il capo pieno di pensieri, den Kopf voll Grillen haben *v. aus.*; prendersi pensiero di q. c., sich um etwas bekümmern *v. rec. r. comp.*

Pensieroso, *ag.* voller Gedanken, im Gedanken vertieft, nachsinnend, tiefsinnig.

Pensionario, der Kostgänger *gen.* s.

Pensione, das Kostgeld *gen.* es, *pl.* er, der Lebensunterhalt *gen.* s; *it.* die Ehrenbesoldung, das Ehrengehalt *gen.* s.

Pensoso, *ag.* nachsinnend, in tiefen Gedanken, tiefsinnig, voll trauriger Gedanken, Grillen.

Pentagono, das Fünfeck *gen.* s, *pl.* e.

Pentecoste, die Pfingsten.

Pentimento, die Reue *pl.* n, die Bereuung *pl.* en.

Pentirsi, bereuen *v. r.*, sich etwas gereuen lassen *v. rec. ir.*, Reue über etwas haben *v. aus.*, Reue empfinden, sich anders besinnen *v. ir.*

Pentola, der Topf, der Kochtopf *gen.* s, *pl.* (Töpfe).

Pentolajo, der Töpfer *gen.* s.

Penultimo, *ag.* e *sust.* der Letzte ohne einen.

Penuria, der Mangel, der Abgang *gen.* s, die Dürftigkeit.

Penuriare, Mangel leiden *v. ir.*, darben *v. r.*

Penurioso, *ag.* dürftig, armselig, nothdürftig, arm.

Penzolare, baumeln, schwanken v. r., in der Schwebe hängen v. ir.
Pepe, der Pfeffer gen. s.
Per, prep. avv.: per mezzo, per via, durch; per causa, wegen, um willen; grazie equivale al per dei Latini, für; alle volte significa anche, auf, in, bey, zu, über u. s. w. e. g. andare per la città, durch die Stadt gehen; per i di lui preghi, durch dessen Bitten; per quello mio, wegen meiner; per l'amor di Dio, um Gottes willen; aver per certo, für gewiß halten v. ir.; per un giorno, nur auf einen Tag; il sangue mi si agghiaccia per le vene, das Blut erstarret in den Adern; menar per il naso, bey der Nase herumführen v. r. comp.; andar per acqua, zu Wasser gehen v. ir.; andar per monti, über die Berge gehen v. ir.; sospirare per una donna, nach einem Frauenzimmer seufzen v. r.; per di qua, hieher; per di sotto, von unten; per dove? wo aus? per esempio, zum Beyspiele; per lo più, größtentheils; per altro, sonst, im übrigen; per l'addietro, vor diesem; per l'avvenire, in Zukunft; per tempo, bey Zeiten.
Pera, die Birne.
Percettibile, ag. klar, sichtbarlich, merklich, verständlich, vernehmlich.
Percezione, das Begreifen gen. s, die Empfindung; it. der Begrif, der Verstand gen. s.
Perchè? av. warum? aus was für Ursache? aus welchem Grunde?
Perchè, sust. die Ursache pl. n, das Warum, der Bewegungsgrund gen. s, pl. (gründe).
Perchè, cong. weil, dieweil, aufdaß, damit, und darum, und deswegen.
Perciò, cong. daher, deswegen, darum, demnach, gleichwohl, nichts desto weniger.
Perciocchè, cong. dieweil, denn.
Percossa, der Schlag gen. s, pl. (Schläge), der Stoß gen. es, pl. (Stöße).
Percotimento, percotitura, e percussione, das Schlagen, das Stoßen gen. s, V. Percossa.
Percuotere, schlagen v. ir., aufschlagen v. ir. comp., stoßen v. ir.; anstoßen v. ir. comp.

Perdente, ag. verlierend, der verliert, verlustig.
Perdere, verlieren v. ir.; it. um etwas kommen, Schaden leiden v. ir.; perdere il tempo, die Zeit unnütz zubringen v. r. comp.
Perdersi, sich verlieren, sich verderben v. rec. ir. comp.; perdersi d'animo, den Muth sinken lassen v. ir.
Perdita, der Verlust, der Schaden gen. s.
Perdizione, das Verderben, die Verdammniß, der Untergang gen. s, V. Perdita.
Perdonabile, ag. verzeihlich; was da kann oder muß vergeben werden.
Perdonare, verzeihen, vergeben v. ir. comp.; it. schonen v. r., verschonen v. r. comp.; la morte non la perdona a chicchessia, der Tod verschonet niemanden; Dio mi perdoni, Gott sey mir gnädig.
Perdono, die Vergebung, die Verzeihung; it. die Gnade, die Begnadigung.
Perdurabile, e perdurevole, ag. dauerhaft, immer anhaltend.
Perdurabilità, die Dauerhaftigkeit.
Perdurabilmente, av. auf eine dauerhafte Art, immer fort.
Perdurare, dauern v. r., dauerhaft seyn oder werden v. aus.
Perdutamente, av. aufs äußerste; it. sterblich; innamorato perdutamente, sterblich verliebt.
Peregrinaggio ec., die Pilgrimschaft, V. Pellegrinaggio ec.
Peregrino, raro, ag. fremd, selten, ungemein.
Perenne, ag. stetig, immerwährend, langwierig, unvergänglich.
Perentoriamente, av. entscheidend, peremtorisch.
Perentorio, ag. peremtorisch; was die Sache völlig entscheidet und aufhebt; termine perentorio, ein peremtorischer Termin.
Perfettamente, av. vollkommen, vollkommentlich, gänzlich, völlig.
Perfetto, ag. vollkommen.
Perfezionare, vollkommen machen v. r., [illegible] v. ir. comp., zur Vollkommenheit bringen v. r., vollenden v. r. comp.
Perfezione, die Vollkommenheit, die Vortrefflichkeit, die Vollendung.

Perficiente, *ag.* was vollkommen macht.

Perfidamente, *av.* verrätherisch, treuloserweise.

Perfidia, die Treulosigkeit, die Untreue.

Perfido, *ag.* treulos, untreu, falsch.

Perfino, *av.* bis, sogar.

Perforamento, perforazione, die Durchbohrung, die Durchlöcherung.

Perforare, durchbohren, durchlöchern *v. r. comp.*, durchstechen *v. ir. comp.*

Pergamena, das Pergament *gen.* s.

Pergamo, der Predigtstuhl *gen.* s, *pl.* (stühle), die Kanzel *pl.* n, der Katheder *gen.* s.

Pergola, eine Sommerlaube *pl.* n, das Spalier *gen.* s, eine verdeckte Allee *pl.* n, der Weinstock *gen.* s, *pl.* (Weinstöcke).

Pergolato, o pergolato, die Sommerlaube *pl.*, *V.* Pergola.

Pericardio, das Herzfell *gen.* s, das Herzsäcklein *gen.* s.

Pericolante, *ag.* in Gefahr stehend, dem Untergange nahe.

Pericolare, in Gefahr seyn *v. anf.*, Gefahr laufen *v. ir.*, zu Grunde gehen *v. ir.*; *it. v. att.* verheeren *v. r. comp.*, verderben *v. r. comp.*, zu Grunde richten *v. r.*

Pericolo, o periglio, die Gefahr *pl.* en; esporsi al pericolo, sich der Gefahr aussetzen *v. r. comp.*; non c'è pericolo, es hat keine Gefahr.

Pericolosamente, *av.* gefährlich, mit Gefahr.

Pericoloso, *ag.* gefährlich.

Perifrasi, o parafrasi, die Umschreibung mit Worten.

Periodicamente, *av.* auf eine Zeit- oder Redesatz in sich schliessende Art, Absatzweise.

Periodico, *ag.* was einen Perioden, einen Zeitraum oder Redesatz in sich schließt, oder endet.

Periodo, der Zeitraum *gen.* s; *it.* der Umlauf gewisser Jahre, die Jahrrechnung; *it.* der Absatz *gen.* es, *pl.* (Absätze).

Peripezia, die Glücksänderung *pl.* en.

Perire, umkommen, umkommen *v. ir. comp.*; *it.* vergehen *v. ir. comp.*, zu Grunde gehen *v. ir.*

Perito, *part.* da perire, verdorben, umgekommen, zu Grunde gegangen.

Perito, dotto, *sost.* ein Erfahrener, ein Kunstmeister *gen.* s; *ag.* erfahren, verständig, gelehrt.

Perizia, die Erfahrung, die Erfahrenheit, die Gelahrheit, die Geschicklichkeit.

Perla, eine Perle *pl.* n.

Permanente, *ag.*) immer daurend, dauerhaft, beständig.
Permanentemente, *av.*)

Permanenza, die Beharrlichkeit, die Beständigkeit, das Bestehen auf etwas, das Ausharren, das Aushalten *gen.* s; essere di permanenza in un luogo, an einem Orte bleiben *v. ir.*

Permanere, verbleiben *v. ir. comp.*, beharren *v. r. comp.*, auf etwas bestehen *v. ir. comp.*

Permessivamente, *av.* auf eine erlaubte Art, mit Erlaubniß.

Permettere, erlauben *v. r. comp.*, zulassen, zugeben *v. ir. comp.*

Permischiamento, die Vermischung, die Vermengung *pl.* en.

Permischiare, vermischen, vermengen *v. r. comp.*

Permissione, die Erlaubniß, die Zulassung, die Gestattung *pl.* en.

Permuta, permutamento, e permutazione, der Tausch *gen.* es, die Vertauschung, die Verwechslung, die Veränderung *pl.* en.

Permutare, tauschen *v. r.*, vertauschen, verwandeln *v. r. comp.*

Pernice, das Rebhuhn *gen.* s, *pl.* (Rebhühner).

Perniciosamente, o perniziosamente, *av.* schädlicherweise, mit Schaden, mit Nachtheil.

Pernicioso, o pernizioso, *ag.* schädlich, verderblich.

Perno, der Angel an Thüren, die Achse, worauf sich etwas umdrehet; *met.* die Stütze *pl.* n.

Pernottare, übernachten *v. r. comp.*, über nacht bleiben *v. ir.*

Pero (albero), der Birnbaum *gen.* s, *pl.* (bäume).

Però, *av.* daher, deswegen, dennoch, doch; *it.* weil, dieweil, jedoch.

Perocchè, *av.* weil, dieweil, denn; *it.* damit, auf daß; *it.* obgleich, obschon.

Perorare, eine Rede halten *v. ir.*

Perorazione, eine öffentliche Rede *pl.* en

Perpendicolare, ag. gerade von oben herab; linea perpendicolare, eine senkrechte Linie pl. n.

Perpendicolarmente, av. senkrecht; nach der geraden Linie herunter.

Perpendicolo, das Gewicht, das unten an der Uhr hängt und sich beweget; ein Bley an einem Faden, das unter sich hängt; ein Senkbley, eine Bleywage.

Perpetuagione, die beständige Fortdauer; V. Perpetuazione.

Perpetuità, die stete Dauerhaftigkeit, V. Perpetuazione.

Perpetualmente, o perpetuamente, av. stets, immerfort, ohne Aufhören, ewiglich.

Perpetuare, verewigen v. reg. comp., immerwährend erhalten v. ir. comp., fortsetzen v. r. comp.

Perpetuarsi, immer währen, immer dauern v. r., sich verewigen v. rec. r. comp.

Perpetuazione, o perpetuità, die immerwährende Dauer, die Dauer, die Fortdauer, die Verewigung, die stete Dauerhaftigkeit, die beständige Fortdauer.

Perpetuo, ag. stets, stets während, ewig, unaufhörlich; av. in perpetuo, ohne Aufhören, ewiglich.

Perplessità, die Verwirrung, die Verwickelung, die Bestürzung pl. en; die Unruhe, die Bekümmerniß ...

Perplesso, ag. bestürzt, bekümmert, unschlüßig, verwirrt.

Perquisizione, die Erforschung, die Nachforschung, die Durchsuchung pl. en.

Persecutore, der Verfolger g. s. pl. —.

Persecuzione, die Verfolgung pl. en, die Plage pl. n.

Perseguire } verfolgen v. r. comp.,
Perseguitare } plagen v. r.; fr. nachsetzen v. r. comp.; fr. beschwerlich fallen v. ir.

Persemolo (erba), die Petersilien.

Perseverante, ag. verharrend, beharrend, beständig.

Perseverantemente, av. beharrlich.

Perseveranza, die Beharrlichkeit, die Beständigkeit, die Verharrung pl. en.

Perseverare, verharren, beharren v. r. comp., beständig seyn v. aus., fortfahren v. ir. comp., fortsetzen v. r. comp.

Persica (frutto), die Pfirsche pl. n.

Persico (albero), der Pfirschenbaum g. s. pl. (bäume).

Persistenza, die Beharrung pl. en, das Bestehen auf etwas.

Persistere, bestehen auf etwas v. ir. comp., darauf bleiben v. ir.

Persona, eine Person pl. en; ogni persona, jedermann; non c'è persona, es ist niemand da; in persona, persönlich; per la persona, über und über, durch die ganze Person; andar dritto la sua persona, aufrecht, gerade gehen v. ir.; in persona d'uno, an jemandes Stelle.

Personaggio, eine Person; fr. eine Person in der Comödie; un gran Personaggio, ein angesehener, vornehmer Mann, gen. es, pl. (Männer, Leute).

Personale, ag. persönlich, was die Person angehet.

Personalità, die Persönlichkeit, die persönliche Gegenwarth pl. en.

Personalmente, av. persönlich, selbst, in eigener Person.

Perspicace, ag. scharfsichtig, scharfsinnig; fr. einsichtsvoll; met. listig, verschlagen.

Perspicacemente, av. scharfsinnig, scharfsichtig.

Perspicacia, o perspicacità, die Scharfsinnigkeit, die kluge Einsicht pl. en, der Scharfsinn g. s.

Persuadente, ag. beredend, überzeugend.

Persuadere, bereden, überreden, überzeugen v. r. comp., einem rathen etwas zu thun.

Persuadersi, sich einbilden, sich bereden v. rec. r. comp., glauben v. r.

Persuasione, die Beredung, die Ueberredung, die Unterredung pl. en, das Zureden, das Ansuchen gen. s; fr. die Meinung pl. en.

Persuasivo, ag. beredend, überzeugend; eloquenza persuasiva, die eindringende, überzeugende Beredsamkeit.

Per tempo, av. zeitig, früh, zu rechter Zeit.

Pertica, eine Stange pl. n; fr. pertica di misurare la terra, eine Meßstange.

Perticare, mit der Meßruthe das Feld abmessen; fr. mit der Ruthe schlagen v. r.

Perticata, ein Schlag mit einer Stange

Pertinace, ag. hartnäckig, halsstarrig, eigensinnig, standhaft, unbeweglich.
Pertinacemente, av. [illegible] hartnäckiglich, unbeweglich.
Pertinacia, die Hartnäckigkeit, die Halsstarrigkeit.
Pertinente, ag. gehörig, anständig, schicklich, was sich zu etwas schickt, (als Gründe, Ursachen u. d. g.)
Pertugio, das nothwendige Zugehör gen. s. pl. Anhänge.
Pertugiare, [illegible], durchlöchern, durchbohren v. r. comp.
Pertugio, das Loch gen. s. pl. Löcher; it. der Riß gen. [illegible] pl. [illegible] (durch einen Mauer).
Perturbabile, ag. was gestört, unruhig werden kann.
Perturbamento, die Störung, die Verwirrung pl. en.
Perturbare, stören, v. r. unruhig machen, bestürzen, verwirren v. r. comp.; it. beunruhigen v. r. comp.
Perturbato, bestürzt, verwirret worden v. aus.
Perturbatore, der Störer, der Verwirrer gen. s.
Perturbazione, die Störung, die Verwirrung, die Gemüthsunruhe.
Pervegnente, ag. kommend, ankommend, gelangend; it. gehörig, ein gebühren it. dem Zweck erreichend.
Pervenimento, das Gelangen zu etwas, die Ankunft, die Gelangung, die Erreichung.
Pervenire, kommen v. r., anlangen, gelangen v. r. comp.; pervenire a [illegible], zu Ehrenstellen, zu Aemtern gelangen; pervenire a [illegible], zu Ohren kommen v. r.; [illegible] in die Hände, [illegible] v. r. comp.
Pervertimento, sù. das Verkehrt, [illegible], Verkehrtheit, verkehrterweise, boshafterweise.
Pervertere, umkehren v. r. comp., verkehren v. r. comp.; v. [illegible] v. a. comp.; [illegible] verführen, [illegible].
Perversione) die Verderbung, die Verkehrung
Perversità) [illegible] gen. [illegible] die Verkehrtheit, die Bosheit, die Ruchlosigkeit, [illegible] [illegible].
Perverso, ag. böse, verkehrt, [illegible], ruchlos.

Pervertire, [illegible] [illegible] [illegible] verkehren v. r. comp.; [illegible] [illegible] v. r. comp.; in [illegible] [illegible] [illegible].
Pesante, ag. schwer, wichtig.
Pesantemente, av. schwer, [illegible], nachdrücklich; met. mit Überlegung.
Pesare, auf der Wage wiegen v. r., abwägen v. r. comp.; [illegible] ponderare, wichtig, schwer seyn [illegible] [illegible] gewogen [illegible].
Pesatamente, av. deutlich, ernst, mit Überlegung; [illegible] bedächtig, vorsichtig.
Pesato, part. gewogen, [illegible] überlegt; erwogen; ag. [illegible] [illegible] un uomo pesato, ein [illegible], bedächtiger Mann gen. [illegible] (Männer), einer der alles wohl überlegt.
Pesatore, der Wäger, (der [illegible] Wage) [illegible] [illegible].
Pesca, pl. pesche, die Pfirsche [illegible] [illegible], Pfirsichbaum.
Pesca) der Fischfang pl. [illegible]
Pescagione) Fischerei gen. [illegible]
Pescare, fischen v. r.
Pescatore, der Fischer gen. s.
Pesce, der Fisch gen. es, [illegible] [illegible] [illegible] [illegible], [illegible] [illegible] [illegible] [illegible] [illegible] [illegible] [illegible] [illegible], ein [illegible] [illegible].
Pescheria, der Fischmarkt gen. s. pl. [illegible] (Fischbänke).
Peschiera, der Fischhälter, der Fischweiher, [illegible] gen. s. pl. [illegible]
Pescina, der Fischteich gen. s. pl. [illegible] (ein kleiner Teich).
Pescivendolo, der Fischhändler gen. s.
Peso, die Schwere gen. e. pl. n., das Gewicht gen. s. pl. e; die Last pl. en, die Bürde pl. n; die Wichtigkeit; un uomo di peso, ein wichtiger [illegible]; vendere a peso, nach dem Gewichte verkaufen v. a. comp.; [illegible] di peso, [illegible] [illegible] v. aus.
Pessimamente, av. auf schlimmste, allerschlechteste, sehr schlimm.
Pessimo, ag. sehr böse, sehr schlecht.
Pestamento, das Stoßen gen. s, die Zerstoßung pl. en.
Pestare, im Mörser zerstoßen v. r. comp.; [illegible] v. [illegible], [illegible] v. a. comp.; in Pulver stoßen v. r.; [illegible] col piede, mit Füßen tre-

[illegible] pestar l'acqua nel mortajo, sich vergebens bemühen v. r. c. r. comp.

Pestatojo, e pestello, der Stößel, der Stampfel gen. s, die Stampfe pl. n.

Peste, die Pestilenz, die Pest, eine giftige Seuche, eine ansteckende Krankheit; it. ein schädliches Ding gen. s; it. ein erschrecklicher Gestank g. s, d.

Pestifero) ag. ansteckend, giftig, die

Pestilente) Pest bringend, verderblich, gefährlich; una lingua pestilente, eine Lästerzunge pl. n; pestilenziato, vergiftet.

Pestilenza, die Pestilenz, die Pest, l' peste.

Pestilenziale, ag. ansteckend, giftig, schädlich, gefährlich.

Petecchiale, ag. zum rothfleckichen Fieber gehörig.

Petecchie, pl. die Petetschen, die rothe Flecken in hitzigen Fiebern auf der Haut pl. n; das Rothfleckfieber gen. s.

Petecchia, eine Kläffern, ein schlechtes Weibsbild gen. s, pl. er, eine Betzel pl. n.

Petegoleccio, die Kläfferey pl. en.

Petizione, die Forderung pl. en, (vor Gericht) das Begehren g. s, das Ansuchen gen. s, der Anspruch gen. s, pl. (Ansprüche).

Peto, der Furz gen. es, pl. (Fürze), ein Wind, den man hinten streichen läßt; tirar de' peti, einen Wind streichen lassen v. ir.

Petrajo, der Steinhaufen gen. s.

Petrificare, in Stein verwandeln, verschwören v. r. comp., zu Stein machen v. a.

Petrificarsi, zu Stein werden v. auss.

Petrificazione, die Versteinerung pl. en, die Steinwerdung in Stein.

Petrino, ag. di pietra, steinern, steinhart, aus Steinen, felsigt.

Petrosellino, prezzemolo) die Petersilie.

Petrosemolo, petrosillo) lien.

Petroso, ag. steinig.

Pettinare, kämmen v. r. v. fe. hecheln, v. [illegible] Haar gen. s, [illegible]

Pettinatura, das Kämmen gen. s, (der Wolle, Hanf u.), die Hechel, die Verfertigung der Haare.

Pettine, der Kämmerer [illegible] Kämmer.

Petto, die Brust pl. (Brüste); it. das Herz gen. ens, pl. en; avere petto

a q. c., sich etwas angelegen seyn lassen; un uomo di petto, ein beherzter Mann gen. es; a petto, appetto, al rimpetto, gegenüber.

Pettorale, sust. das Brustbild, das Brustblatt gen. s, pl. er, der Brustriemen; das Pferdegeschirr gen. s; it. eine Brustbeklei[illegible]; ag. zur Brust gehörig, äußerlich.

Pettoruto, ag. breitbrüstig, der eine breite, hohe Brust hat.

Petulante, ag. muthwillig, frech, unverschämt.

Petulanza, die Frechheit, der Muthwille gen. e pl. n, das Ungestümm gen. es.

Peverada, die Fleischbrühe.

Pevero, eine Art Stahr, Tütsche, Dutte.

Pezza, der Lappen gen. s; it. ein Stück von allerley Elen Leinewand, Tuch u.; una pezza di tela, ein Stück Leinewand; ag. gran pezza, buona pezza, schon lange, lange Zeit.

Pezzente, sust. ein Bettler gen. s; ag. bettelarm, bettelarmisch.

Pezzo, ein Stück von einem Ganzen, ein Theil davon; pezzo d'uomo, ein stämmiger Kerl; ein Schiffsvolk; pezzo di birbo! du Erzschelm!

PI

Piacente, ag. gefällig, angenehm.

Piacentemente, av. auf eine gefällige Art, gefälligerweise, gern, willig, ohne Widerspruch.

Piacere, verb. gefallen v. ir. comp., belieben v. r. comp., angenehm seyn v. aus., behagen v. r. comp.; (vom Geiste), anstehen, wohlanstehen v. ir. comp.; piacesse a Dio! wollte Gott!

Piacere, sust. die Lust, die Wollust pl. (Wollüste), die Ergötzlichkeit pl. en, das Belieben, das Wohlgefallen, das Vergnügen, die Gunst, das Gefallen gen. s; mi faccia il piacere, thun Sie mir den Gefallen; a vostro piacere, nach Ihrem Gefallen [illegible] v. r.

Piacevole, ag. gefällig, freundlich, angenehm, lieblich, lustig.

Piacevolezza, die Freundlichkeit, die Gefälligkeit, der Holdseligkeit, die Lieblichkeit, die Annehmlichkeit.

Piacevolmente, av. [illegible], artig [illegible] lich, angenehmerweise.

Piacimento, das Belieben, der Wohlgefallen, das Vergnügen [illegible] Gefallen gen. [illegible] a piacimento, nach Belieben.

Piaga, eine Wunde pl. [illegible]; saldar la piaga, den Schaden heilen, wieder gut machen [illegible] metter le piaghe, die Wunde verbinden [illegible] pl. [illegible] eine Plage.

Piagare, verwunden v. [illegible] comp.

Piagato, part. verwundet ag. voller Wunden.

Piaggia, eine Gegend am Meere, eine Küste, der Grund am Meere; [illegible] eine Anhöhe eines Berges oder Hügels.

Piagnente, ag. weinend, v. Piangente.

Pialla, der Hobel gen. [illegible], pl. [illegible].

Piallare, hobeln v. [illegible], [illegible], [illegible].

Piallatura, die Arbeit mit dem Hobel, ein Hobelstrich gen. [illegible], pl. [illegible].

Piamente, av. [illegible] eine andächtige, [illegible].

Pianca, [illegible] Balken, [illegible] gen. [illegible].

Pianamente, av. eben, platt; [illegible] sachte, leise, ruhig.

Pianeggiare, eben, glatt machen [illegible].

Pianella, der Pantoffel gen. [illegible], der [illegible] gen. [illegible], pl. [illegible], der Dachziegel gen. [illegible].

Pian [illegible], [illegible].

Pianeta, der Planet gen. [illegible], pl. [illegible], die Zierde gen. [illegible], pl. [illegible], das Meßgewand in der Kirche.

Pianezza, die Ebene, die Fläche, [illegible] die [illegible] der Waltur einer Sache.

Piangente, ag. weinend.

Piangere, weinen v. [illegible], beweinen v. [illegible].

Piangevole, ag. kläglich, [illegible] weinerlich.

Piano, ag. eben, flach [illegible], still, [illegible], sanft, [illegible] commodamente, gemächlich, adagio, langsam, sachte, leise, pian piano, ganz langsam.

Piano, sost. il primo, il secondo piano, das erste, das zweite Geschoß gen. [illegible], pl. [illegible].

Pianta, die Pflanze pl. [illegible], das Gewächs gen. [illegible], pl. [illegible] la pianta del piede, die Fußsohle pl. [illegible], pl. [illegible] Abrisse eines Gebäudes gen. [illegible], pl. [illegible], die Grundlage pl. [illegible], eines Gebäudes.

Piantabile, ag. was man pflanzen kann.

Piantagione, piantamento, das Pflanzen gen. [illegible], die Pflanzung, die Pflanzstadt.

Piantare, pflanzen, in die Erde setzen [illegible], [illegible], [illegible] aufstellen, errichten, anlegen [illegible] piantare [illegible] gliele, das Gewehr stellen [illegible] [illegible] calare [illegible] [illegible], [illegible] verlassen [illegible] [illegible], [illegible] la [illegible], [illegible] [illegible].

Pianto, sost. das Weinen gen. [illegible], die Thränen.

Pianto, part. de piangere, geweint.

Pianura, die Ebene, die Fläche pl. [illegible], das flache Feld gen. [illegible], pl. [illegible], das platte Land gen. [illegible], pl. (Länder).

Piastra, eine eiserne Platte pl. [illegible], oder ein Stück von anderm Metalle, [illegible] eine Art [illegible] Münze, [illegible] Groschen und [illegible] Viertel.

Piatire, contendere, streiten v. [illegible], [illegible], [illegible].

Piattola, [illegible], [illegible].

Piato, der [illegible] Streit gen. [illegible], pl. [illegible].

Piatta, eine Fähre pl. [illegible], ein Fahrzeug, welches [illegible].

Piattaforma, eine Plattforme, [illegible] eine [illegible] Anhöhe auf eine Festung, Kanonen aufzupflanzen.

Piatto, sost. die Schüssel, pl. [illegible] eine [illegible], der [illegible], [illegible] piatto, [illegible], die [illegible] [illegible].

Piatto, ag. platt, flach; al piatto, [illegible] di soppiatto, heimlich, verborgenerweise.

Piattola, die Filzlaus pl. (Filzläuse).

Piattonare, [illegible], [illegible] [illegible] [illegible].

Piattone, der [illegible] gen. [illegible], pl. [illegible] [illegible] des Degens.

Piazza, der Platz gen. [illegible], pl. (Plätze), una piazza d'armi, eine feste Stadt, eine Festung pl. [illegible].

der Raum *gen.* s, *pl.* (Räume); [illegible] *pl.* [illegible], ufficio, servigio, der Dienst *gen.* es, *pl.* e.

Pica (uccello), die Aelster *gen.* [illegible].

Picca, eine Picke *pl.* n, der Spieß *gen.* es, *pl.* e, (der [illegible]) [illegible], [illegible], die Unwilligkeit, die Zwistigkeit, die Zänkerey *pl.* en.

Piccante, *ag.* scharf, stechend, beißend, [illegible]; una salsa piccante, [illegible] und zugleich reizender Brühe *gen.* [illegible].

Piccare, stechen *v. ir.* [illegible], anstechen *v. ir. comp.*, beleidigen *v. r. comp.*, sticheln *v. r.*; [illegible] [illegible], anstechen an die [illegible]; [illegible] [illegible], beißen *v. ir.*, einen scharfen Geschmack haben; [illegible] [illegible], anspornen *v. r. comp.*

Piccarsi, sich erzürnen *v. rec. r. comp.*, [illegible] werden *v. aus.*, sich [illegible] *v. rec. r. comp.*, [illegible]; [illegible] piccarsi di una cosa, sich [illegible] etwas unverständlich [illegible].

Piccato, der Stoß, auch der Stiche *gen.* es, *pl.* (Stöße).

Picchetto (giuoco), das Piquetspiel *gen.* s, das Pikiren im Kartenspiele; [illegible] das Piquet *gen.* s.

Picchiamento, das Pochen, das [illegible], das Klopfen, das Anklopfen *gen.* s.

Picchiante, *[illegible]* ein [illegible] geschicktes [illegible] in seiner eigenen Grube [illegible].

Picchiante, *ag.* anklopfend.

Picchiapetto, ein Heuchler *gen.* s.

Picchiare, klopfen, pochen *v. r.*, anklopfen, anpochen *v. r. comp.*

Picchio, ein Schlag *gen.* s, *pl.* (Schläge), *V.* Picchiamento.

Picchio (uccello), der Grünspecht *gen.* s, *pl.* e.

Piccolezza, e piccolezza, die Kleinheit, die Kleinigkeit [illegible] [illegible] die Wenigkeit.

Piccolo, piccino, e piccolo, *ag.* klein, gering, niedrig, wenig; *av.* in piccolo, im Kleinen; dal piccolo al grande, vom Kleinen bis zum Großen; *s.* un piccolo, ein Männchen *gen.* s, ein kleiner Mensch *gen.* en, *pl.* en.

Piccione, eine junge Taube *pl.* n; piccioni di ghianda, wilde Tauben.

Picciuolo, der Stiel an Früchten.

Piccone (uccello), der Specht *gen.* s, *pl.* e; per [illegible] scalpello, der Meißel *gen.* s; per [illegible] picca grande, eine große Picke *pl.* n.

Picardo, *ag.* [illegible], [illegible].

Pidocchieria, die Lauserey, die Lumperey, die Bettelei, die Filzerey *pl.* en.

Pidocchio, die Laus *pl.* (Läuse); [illegible] ein Bettler *gen.* s, ein Geizhals *gen.* es.

Pidocchioso, *ag.* lausicht, voller Läuse; *met.* [illegible], geizig.

Piede, der Fuß *gen.* es, *pl.* (Füße); a piedi, zu Fuße; a piedi giunti, mit gleichen Füßen; dar de' piedi, mit Füßen stoßen *v. ir.*; stare in piedi, stehen *v. ir.*; pigliar piede, [illegible] fassen *v. r.*; mettere in piedi, [illegible] *v. r. comp.*; mantenere in piedi, aufrecht erhalten *v. ir. comp.*; a piè del monte, am Fuße des Berges; a piè della lettera, unten am Briefe.

Piedistallo, das Fußgestelle *gen.* s, *pl.* n, das Fußgesims *gen.* es, (Säule).

Piega, die Falte, die Krümme *pl.* n, der Bug, der Bruch *gen.* s, [illegible] [illegible] [illegible] Falten entdecken [illegible]; la cosa prende una buona piega, die Sache läßt sich gut an.

Piegamento, das Biegen, das Zusammenbiegen, das in Falten Legen *gen.* s; [illegible] das Buchbinden *gen.* s.

Piegare, biegen *v. ir.*, krümmen, falten *v. r.*, zusammenlegen *v. r. comp.*, (als Briefe, Kleider u.); piegar le mani, die Hände falten *v. r.*; piegare le ginocchia, die Knie beugen *v. r.*; *met.* von seinem Sinne abbringen *v. ir. comp.*

Piegarsi, sich biegen *v. rec. ir.*, sich beugen, sich neigen *v. rec. r.*; [illegible] sich bewegen lassen *v. rec. ir.*; per [illegible] credere, nachgeben *v. ir. comp.*, weichen *v. ir.*

Piegatura, die Falte, die Krümme *pl.* n.

Pieghevole, *ag.* biegsam, geschmeidig, was sich biegen oder zusammenlegen läßt; *met.* leicht zu bewegen.

Pieghevolmente, *av.* auf eine biegsame Art, biegsam, bequemlich.

Piego, der Umschlag *gen.* s, *pl.* (Um-

Pila, der Pfeiler gen. s, (eines Schwibbogens an einer Brücke); it. ein steinerner Wassertrog gen. s, pl. (tröge); it. eine Oelkanne pl. n; it. der Taufstein gen. s.

Pilastro, eine viereckigte Säule pl. n, ein Pfeiler gen. s.

Pillare, zerstampfen, einschlagen v. a. comp., sale [illegible] etc.

Pillo, der Stempel gen. s, zum Stampfen; eine Stampfe, eine Keule pl. n.

Pillola, eine Pille pl. n.

Pillottare, den Braten am Feuer mit zerlassenem Speck begießen v. a. comp.

Pilo, ein Wurfpfeil gen. s, pl. e; ein Wurfspieß gen. es, pl. e; it. ein steinernes Gefäß gen. es, pl. e.

Piloto, e piloto, der Steuermann gen. es, pl. (Steuerleute).

Piluccare, abbeeren v. a. comp., nach die Beere einzeln abnehmen v. a. comp., (als von einer Traube); it. [illegible] v. a. comp.

Pimaccio, ein Polster gen. s, ein [illegible] gen. s, pl. en; it. [illegible] von andern [illegible].

Pimaccio, e piumaccio, das Kopfkissen gen. s.

Pimacciuolo, e piumacciuolo, ein kleines Polsterchen gen. s.

Pimpinella (erba), die Pimpernelle.

Pina, e pignuolo, das Pinienkern, der Tannenzapfen gen. s; it. der Saame, so in den Fichten und Tannzapfen ist.

Pingere, malen v. a. S. [illegible].

Pingue, ag. fett, dick.

Pino (arbore), die Fichte pl. n; (albero), der Fichtenbaum gen. s, pl. (bäume); legno di pino, das Fichtenholz gen. es.

Pinocchio, das Nüßchen gen. s, der Saame gen. s, pl. n, (in Fichten), der Tannenzapfen gen. s, die Zirbelnüsse.

Pinta, ein gewisses Maaß; una pinta di vino, ein Maaß Wein.

Pinto, dipinto, ag. gefärbt, gemahlen, [illegible], pref. pinto, gemalt, bunt.

Pinzacchera, eine Schneibeschnepfe, eine Heidelerche, eine Bachstelze pl. n.

Pinzochero, ein Scheinheiliger, ein Heuchler gen. s; it. ein Betbruder gen. s.

Pio, ag. fromm, andächtig, gottesfürchtig; it. barmherzig, mitleidig.

Pioggia, der Regen gen. s.

Piombaggine, das Bleyweiß, das Bleyerz gen. es, per terra erba, das Bleykraut, die Bleywurz gen. es.

Piombare, mit der Bleywage zuwägen, ob etwas gerade gebauet sey; mit Bley ausgießen v. a. comp.; it. herunter [illegible] Bley [illegible].

Piombato, ag. mit Bley versehen, [illegible]; it. colpo di piombo, Bleykugeln.

Piombinare, mit dem Senkbley die Tiefe suchen v. a., ausmessen v. a. comp.

Piombino, der Bleywurf, das Senkbley gen. s, (die Tiefe zu ergründen); it. ein Instrument, die Gewichte auszumessen, der Setzeisen gen. s, der Klöppel zum Spitzen.

Piombo, das Bley gen. s; a piombo, senkrecht; andar col piede di piombo, sehr behutsam, bedächtlich gehen v. n., in einer Sache.

Pioppo, e piopponi, der Pappelbaum, der Espenbaum gen. s, pl. (bäume).

Piovano, der Landpfarrer gen. s; ag. acqua piovana, das Regenwasser gen. s.

Piovere, regnen v. n.; piovere a bigonce, regnen als wenn mit Kübeln gösse.

Piovoso, ag. regenhaft, regnerisch, trübe.

Pipa, e pippa, eine Tabackspfeife pl. n.

Pipistrello, die Fledermaus gen. es, pl. (Fledermäuse).

Pippione, piccione, eine junge Taube pl. n.

Pira, [illegible], ein Scheiterhaufen, auf welchem die Leichen verbrannt wurden.

Piramidale, ag. als eine Pyramide, pyramidenförmig.

Piramide, eine Pyramide, eine Spitzsäule pl. n.

Pirata, der Seeräuber, die Seeräuberey pl. en.

Pirato, ein Seeräuber gen. s.

Piromante, ein Wahrsager gen. s, (aus dem Feuer).

Piromanzia, das Wahrsagen gen. s, (aus dem Feuer).

Pirometro, ein Instrument, die Grade und Wirkungen des Feuers zu messen.

Piscia, der Hochpiss gen. s, pl.

[illegible], ein Zweckel pl. n; [illegible] eine Lichtnadel gen. n.

Piscia, e piscio, der Urin, der Harn gen. s, die Seiche.

Pisciare, harnen v. n., den Harn, das Wasser lassen v. a. irr., sein Wasser abschlagen v. a. comp., [illegible] brunzen v. n.

Piscinella, die beste Pisse.

Pisciatojo, der Pißtopf gen. s, pl. e, (Nachttopf); it. der Seichwinkel, der Pißwinkel gen. s.

Pisello, der [illegible] gen. s, pl. e, ein [illegible] gen. s.

Pisolino, av. bequem, behutsam.

Pispola, der [illegible] pl. n; [illegible] Schwätzerchen.

Pisside, eine Büchse pl. n; it. das [illegible] bey den Katholiken, worinnen die consecrirten Hostien aufbehalten werden.

Pistacchio, eine welsche Pimpernuß pl. (üsse); eine Pistazie pl. n.

Pistola, [illegible], ein [illegible] pl. n; [illegible], der [illegible] gen. s; [illegible].

Pistolese, [illegible], eine Pistole pl. [illegible], [illegible], eine [illegible] pl. n.

Pistolettata, ein Schuß aus der Pistole.

Pistore, [illegible], der Becker gen. s.

Pitoccare, betteln v. n., betteln gehen v. n.

Pitocco, ein Bettler gen. s; it. ein Geizhals gen. es.

Pittima, ein gewürztes Magenpflaster gen. s; it. eine aus dem stärksten Weine und Gewürze bereitete Herzstärkung, so man warm überschlägt.

Pittore, der Maler gen. s.

Pittorescamente, av. malerisch.

Pittoresco, ag. malerisch; nach der Malerweise.

Pittura, die Malerey pl. en; it. das Gemälde.

Pituita, der Schleim gen. s, oder die zähe Feuchtigkeit im Geblüte.

Più, av. mehr; ag. mehrere; il numero del più, die vielfache Zahl; [illegible], viel, [illegible]; [illegible] più, der [illegible]; più [illegible], [illegible] più volte, mehrentheils; [illegible] più nè meno, nicht mehr und nicht weniger; per lo più, [illegible]; più che più, weit mehr; di più, [illegible], ferner, noch dazu; il più, das Meiste; i più, die Meisten.

Piva, cornamusa, die Sackpfeife pl. n.

Piviale, der Chormantel gen. s, (bey den Katholiken).

Piuma, die Feder pl. n.

Piumaccio, das Federküssen gen. s; it. der Compreß beym Verbinden, die Charpie.

Piuolo, der Pflock gen. s, pl. Pflöcke, ein kleiner Pfahl, ein hölzerner Nagel gen. s, die Sprosse an einer hölzernen Leiter; una scala a piuoli, eine hölzerne Leiter u. s. w.

Piuttosto, av. eher, lieber, vielmehr.

Pizzicagnolo, ein Fettkrämer, [illegible] der Fett, Speck, Käse und d. g. verkauft; it. ein Garkoch gen. s, pl. (Garköche).

Pizzicante, ag. beißend, juckend, stechend, [illegible], was beißt, juckt, sticht, kneipt.

Pizzicare, [illegible] kneipen v. a., (oder Wanzen) [illegible], zwicken v. a., [illegible] jucken v. n. (wie Krätze und d. g.); tabacco che pizzica, ein Taback, der beißt.

Pizzico, der Kniff, das Zucken, das Beißen gen. s, (in der Haut); it. pizzicotto, pizzicore, das Kneipen, das Zwicken, der Kniff gen. s; per farla breve, [illegible] una presa, so viel man mit drey Fingern halten kann, der [illegible] gen. s.

Pizzicore, der Kitzel, das Jucken, das Beißen gen. s, (in der Haut), das Jucken gen. s, (von der Krätze); it. die [illegible], das Verlangen nach etwas.

PL

Placca, der Wandleuchter gen. s.

Placabile, ag. versöhnlich, besänftigbar.

Placabilmente, av. [illegible], besänftigenderweise.

Placamento, die Versöhnung, die Besänftigung pl. en.

Placare, besänftigen, versöhnen, beruhigen v. a. comp., stillen v. a.

Placazione, s. Placamento.

Placidamente, av. still, geduldig, sanft, freundlich, gelassen.

Placidezza, die Sanftmuth, die Geheit, die Freundlichkeit, die Holdseligkeit.

Placido, ag. still, sanft, ruhig, freundlich, sanftmüthig, holdselig.

Platano, der Ahorn gen. s, der Maßholderbaum pl. (bäume).

Platea, das Parterre im Schauspielhause.

Platonicamente, av. platonico, ag. nach platonischer Art, platonisch.

Plaudente, ag. frohlockend, Beifall gebend.

Plausibile, ag. was des Beifalls werth ist.

Plausibilità, die Wahrscheinlichkeit, welche ein Ding hat.

Plausibilmente, av. wahrscheinlicherweise.

Plauso, der Beyfall gen. s, pl. (Beyfälle), das Frohlocken gen. s, s. Applauso.

Plebaglia, der Pöbel, das schlechte, gemeine Volk, das Lumpengesindel gen. s.

Plebe, der Pöbel gen. s, die Leute vom gemeinen Herkommen gen. s.

Plebeo, ag. pöbelhaft, schlecht, gemein; sust. einer von dem gemeinen Volke.

Plenario, ag. völlig, vollkommen; l'indulgenza plenaria, der vollkommene Ablaß gen. es, pl. (Ablässe).

Plenilunio, der Vollmond gen. s.

Plenipotenza, die Vollmacht, die Machtgewalt.

Plenipotenziario, sust. ein Bevollmächtigter gen. s, ag. bevollmächtigt.

Plettro, der Fiedelbogen, der Geigenbogen gen. s.

Pleurisia, das Seitenstechen gen. s.

Pleuritico, ag. krank am Seitenstechen.

Plinto, der [illegible].

Plico, das Packet gen. s, (Gericht), das Päckchen gen. s, [illegible], der Umschlag gen. s, (um einen Brief).

Plurale, die Mehrzahl, die [illegible] (in der Grammatik).

Pluralità, die Vielheit, die Mehrheit, die Menge.

PO

Po', wenig, s. Poco.

Pochettino, pochetto, e pochino, sehr wenig, sehr wenig.

Poco, ag. wenig; sust. etwas wenig[illegible], die Wenigkeit; un poco, ein wenig, quello poco, dieses Wenige; av. [illegible] uomo da poco, ein Taugenichts; av. a poco a poco, nach und nach; poco fa, vor kurzem, es ist nicht lange, unlängst; poco men che, beinahe, fast gar; poco dopo, bald darauf, [illegible] kurz hernach; essere da poco, zu nichts nütze seyn v. aus.

P[illegible], av. kurz darauf, kurz hernach.

Podagra, das Zipperlein gen. s.

Podagroso, ag. der das Zipperlein hat, mit dem Podagra behaftet.

Podere, das Landgut, das Vermögen gen. s, pl. (Güter); per podestà, die Macht, die Kraft, die Gewalt; per l'autorità, das Ansehen gen. s.

Poderosamente, av. mächtiglich, gewaltiglich.

Poderoso, ag. mächtig, stark.

Podestà, der Richter gen. s, (in einem Dorf), der Amtmann, der [illegible]; per potenza etc., die Macht, s. Potere.

Podestaria, die Amt und Wohnung eines Richters, Amtmanns, Schultheißen in einem Dorf, die Vogtey, das Amthaus gen. es.

Podice, der Hintere gen. n, der Steiß.

Poema, ein poetisches Gedicht gen. es.

Poesia, die Dichtkunst.

Poeta, ein Dichter gen. s.

Poetare, e poetizzare, dichten, Verse machen v. a.

Poeticamente, av. dichterischerweise.

Poetico, ag. poetisch, dichterisch.

Poffare il cielo! / Poffare il mondo! } Potztausend! Potz Welt!

Poggiare, in die Höhe steigen, empor steigen, auf einen Berg steigen etc.; per appoggiare, stützen v. a. s. Appoggiare.

Poggio, collina, der Hügel gen. s.

Poi, av. di poi, da poi, hernach, nachher, alsdann; da quel di poi, von dieser an; da me in poi, mich ausgenommen.

Poichè, cong. weil, nachdem, [illegible].

Polo, [illegible] s. Malinconia.

Polca, av. [illegible].

Poledro, das Füllen, das Fohlen gen. s.

Polenta, eine Art Brey über Kuchen aus Mehl von türkischem Weizen, oder Kastanienmehl, so in Italien gegessen wird.

Poligrafia, die [illegible].
Poligamo, der viel Weiber zugleich hat.
Polipo, das Gewächs in der Nase oder am Herzen.
Politezza, die Höflichkeit, die Artigkeit, die Geschliffenheit.
Politica, die Staatskunst, die Staatsklugheit, die Staatswissenschaft, das Regierungswesen gen. s.
Politicamente, av. klug, politischerweise.
Politico, sust. ein Staatsmann, ein weltkluger Mann gen. es, pl. (Männer), ein Politikus gen. s; ag. was dem Staate angehöret, zur Staatskunst gehörig.
Polizza, der Zettel gen. s.
Polla, eine Quelle, eine Wasserquelle, pl. n.
Pollajo, das Hünerhaus gen. es, pl. (Häuser).
Pollajolo, e pollaruolo, der Hünerhändler gen. s.
Pollame, allerley Geflügel, das Hünerwerk gen. s.
Pollanca, eine junge Truthenne, pl. (Hüner).
Pollastra, e pollastro, eine junge Henne pl. (Hüner).
Pollice, der Daumen gen. s.
Pollino, ag. von Hünern; pidocchi pollini, die Hünerläuse.
Pollo, ein junges Huhn gen. s, auch sonst eine junge [illegible], eine junge Henne.
Polluzione, die nächtliche Befleckung, die [illegible] pl. en; it. eine jede Befleckung.
Polmonare, ag. zur Lunge gehörig.
Polmonaria (erba), das Lungenkraut.
Polmone, die Lunge.
Polo, der Pol, der Polstern gen. s, (am Himmel).
Polpa, das dichte Fleisch an den Gliedern; it. le polpe delle gambe, die Waden an den Beinen; it. das Fleischichte an der Frucht [illegible].
Polpetta, das Fleischkloß gen. es, pl. (Klöße).
Polposo) ag. fleischicht, [illegible].
Polputo)
Polso, der Puls gen. es, der Pulsschlag gen. [illegible]; [illegible] polso a. q. c., [illegible]; un Mercante di polso, ein reicher Kaufmann gen. es, pl. (leute).

Polta, der Brey gen. es. S. Polenta.
Poltiglia, dim. di polta, ein dünner Brey, Teig von zerriebenen Dingen.
Poltracchino, puledro, das Füllen gen. s. S. Puledro.
Poltrire, faullenzen v. r., S. Poltroneggiare.
Poltrona, ein großer Lehnstuhl gen. es, pl. (Stühle); sedia pigra, ein fauler [illegible] gen. es, [illegible].
Poltrone, pigro, sust. ein Faullenzer gen. s, ein verzagter Mensch gen. en, pl. en; ein fauler Kerl gen. s.
Poltroneggiare, faullenzen v. r., müßig gehen v. irr.
Poltroneria, die Faullenzerey, die Verzagtheit, die Faulheit, die Feigheit, die Furchtsamkeit, die Nichtswürdigkeit.
Poltronescamente, av. faullenzerisch, verzagterweise.
Poltronesco, ag. faul, faullenzerisch, verzagt, furchtsam, einem Faullenzer [illegible].
Polve) der Staub gen. s; it. das
Polvere) Pulver, von allen was klein und trocken ist; polvere da schioppo, das Schießpulver; polvere di cipri, das Haarpuder gen. s; un oriuolo a polvere, eine Sanduhr; convertire in polvere, zu Stücke, zu Staube [illegible] werden [illegible].
Polverara, eine Pulvermühle pl. n.
Polverino, ein Streusand gen. s; it. die Sanduhr pl. en.
Polverio, der Staub, welcher vom Winde in die Höhe getrieben wird, eine Staubwolke pl. n.
Polverista, der Pulvermacher gen. s.
Polverizzabile, ag. was sich pulvern läßt.
Polverizzamento, e polverizzazione, das Pulvern, das zu Staub Machen gen. s.
Polverizzare, pulvern v. r., zu Pulver, zu Staub stoßen v. irr., [illegible] machen v. r.
Polveroso, ag. staubicht, voll Staub; tempo polveroso, staubichtes Wetter, luogo polveroso, ein staubichter Ort gen. s.
Polviglio, das Riechbeutelchen gen. s, (worinnen riechende Sachen sind); it. das dünne Pulver gen. s.
Pomata, die Pommade.

Pomellato, ag. [illegible]
Pomerio, der [illegible] gen. [illegible] ein [illegible] gen. s.
Pomice, der Bimsstein, der [illegible] gen. s.
Pomo (frutto), der Apfel gen. s pl. [illegible] der [illegible] gen. s [illegible] pomo della spada, der Degenknopf gen. s.
Pompa, die Pracht, die Herrlichkeit, das Gepränge gen. s; per orgoglio, der Stolz gen. es.
Pompeggiare, prangen, stolziren v. n.; [illegible] v. n. comp.
Pomposamente, av. prächtigerweise.
Pomposo, ag. prächtig, herrlich, glänzend.
Ponderare, wägen v. a., [illegible] nachdenken, überlegen v. a. comp.
Ponderatamente, av. mit Ueberlegung.
Ponderazione, das Abwägen gen. s; [illegible] die Erwägung, die Betrachtung, die Ueberlegung.
Ponderoso, ag. wichtig, schwer.
Pondo, das Gewicht gen. s, die Schwere, die Last.
Ponente, [illegible] der Niedergang gen. s, der Westen, der Abend gen. s; vento ponente, der Westwind gen. es.
Ponente, ag. der etwas legt [illegible]
Ponere, legen v. a. V. Porre.
Ponimento, das Legen, das Setzen, das Stellen gen. s.
Pontare, stützen, stemmen, [illegible] v. a. comp. [illegible] drücken v. a.
Ponte, die Brücke pl. n; un ponte levatojo, eine Zugbrücke, eine Fallbrücke.
Pontefice, der Hohepriester gen. s, der Pabst gen. es, pl. (Päbste).
Ponticità, der herbe Geschmack gen. s
Pontico, ag. herb, bitter, rauh, unangenehm von Geschmacke.
Pontificale, ag. hohepriesterlich, päbstlich; avv. mettersi in pontificale, sich prächtig anputzen v. r. comp.
Pontificalmente, av. auf hohepriesterliche Weise.
Pontificato, die Hohepriesterwürde, die päbstliche Würde, die päbstliche Regierung.
Pontificio, ag. päbstlich, was dem Pabste zukommt.
Popolaccio, der Pöbel gen. s.
Popolare, v. a. bevölkern v. a. comp.
Popolare, ag. vom Volke, aus dem gemeinen Volke, dem Volke angenehm.
Popolarmente, e popolarmente, [illegible] nach Gewohnheit, nach Art des gemeinen Volkes.
Popolazzo, das gemeine [illegible] gen. [illegible]
Popolare, ag. volkreich, [illegible]
Popolazione, die Bevölkerung.
Popolo, das Volk gen. s, pl. (Völker), die Nation pl. en, der Pöbel, und gemeine Volk gen. s.
Popoloso, ag. volkreich, bevölkert.
Popone, V. Mellone.
Poppa, das Hintertheil gen. s des Schiffes; [illegible] die weibliche Brust pl. (Brüste), der Busen gen. s, (der Thiere) [illegible]
Poppante, e poppante, der Säugling gen. [illegible] an der Brust liegend.
Poppare, säugen v. a., an der Brust [illegible] v. n.
Porca, die Sau pl. (Säue); [illegible] Weibsbild [illegible]
Porcajo, der [illegible] eines [illegible]
Porcelletto, ein kleiner [illegible] der Schweinchen, [illegible]
Porcheria, die Sauerey, die Unfläterey, [illegible]
Porcile, [illegible] der Saustall gen. [illegible] ag. [illegible]
Porco, das Schwein gen. es, pl. [illegible]
Porcospino, der Stachelschwein [illegible] gen. s
Porfido, der Porphyr, [illegible] Marmor.
Porgere, reichen, langen v. a., darreichen, [illegible] v. a. comp., [illegible]

pinsen v. r.; porger orecchie, Geneigtheit geben; porger preghi a Dio, zu Gott beten, [illegible] zu Gott beten v. r.; porger soll[illegible], Linderung verschaffen v. r. comp.; porger aiuto, [illegible]; porger [illegible] v. r.; porger credenza, Glauben beymessen v. tr. comp.

Porgimento, das Langen, das Reichen, das Geben gen. s. die Darreichung, die Verschaffung, gen. en.

Poro, das Schweißloch (in der Haut) gen. s. pl. löcher)

Porosità, die Menge von Schweißlöchern, die daraus entstehende Löcherey, Schwammigkeit.

Poroso, ag. voll Schweißlöcher.

Porpora, die Purpurfarbe, das purpurfarbene Tuch gen. es, it. die kardinalische Würde, die Kardinalswürde.

Porporato, sost. ein Kardinal gen. s. pl. Kardinäle; i ag. purpurfarbig, in Purpur gekleidet.

Porporeggiante, ag. purpurfärbig, ins Purpurfärbige laufend.

Porporeggiare, ins das Purpurfarbige fallen v. r.

Porporino, ag. purpurfarbicht, purpurn.

Porraceo, ag. lauchgrün, grasgrün.

Porre, o ponere, [illegible], stellen, setzen, legen v. r. comp.; [illegible] v. r. comp.; porsi a sedere, sich niedersetzen v. rec. v. comp.; porre le [illegible], die Laster ablegen v. r. comp.; por mente a [illegible], auf etwas Acht geben v. r.; por il [illegible], einen Namen geben v. r.; porre [illegible], [illegible] v. r. comp.; [illegible] v. r. comp.; porre in esecuzione, vollstrecken v. r. comp.; por fine, ein Ende machen v. r.; porre a [illegible], die Sonne in Zimmer fallen [illegible]; porre [illegible], [illegible]; posto che, posto il caso, gesetzt diesen Falle.

Porro, der Lauch gen. es, pl. [illegible]; it. ein Wärzgen gen. s. [illegible] (am Leibe).

Porta, das Thor gen. es, pl. Thore; it. die Pforte pl. n. die Thüre; der Eingang gen. s. [illegible] (der Weg zu etwas). la Porta Ottomana, der Hof des türkischen Kaisers, der türkische Hof gen. es.

Portabile, ag. tragbar, was man tragen kann, per sopportabile, erträglich.

Portabraccio, das Flaschenfutter gen. s.

Portalettere, eine Briefträger gen. s.

Portalettere, der Briefträger gen. s.

Portamento, das Tragen gen. s. die Art sich zu tragen, die Kleidertracht, it. die Stellung, die Neigung des Leibes, das Verhalten, per Comportamento, das Betragen, das Verhalten gen. s. die Aufführung.

Portamorso, der Beißhagen am Zaume.

Portantina, die Sänfte, die Portechaise pl. n.

Portare, tragen v. irr. bringen, führen v. r.; portar le parole, das Wort führen; per sopportare, erdulden, ertragen v. r. comp.; portar amore, odio ad alcuno, gegen jemanden Liebe, Haß tragen v. r.; portar spesa, Unkosten machen v. r.; portar [illegible], Gewehr bey sich führen; portar la palma di [illegible], den Sieg davon tragen v. irr.; come si porta egli? wie befindet Er sich?

Portarsi, per vedersi [illegible], sich begeben v. rec. irr. comp., sich verfügen v. rec. v. comp. (an einen Ort); per comportarsi, sich aufführen v. rec. comp., sich verhalten v. rec. irr. comp.; portarsi da [illegible] [illegible], sich tapfer verhalten v. [illegible] comp.

Portata (una) di [illegible], [illegible] gen. s. [illegible] (Gänge), [illegible]; [illegible] Vermögen gen. s. die Fähigkeit, die Tragweite, der Schuß gen. es, das Vermögen eines Menschen.

Portatile, ag. [illegible], V. Portabile.

Portato, part. da portare, getragen &c. [illegible]; per: parto, die Leibesfrucht.

Portatore, der Träger gen. s. V. Portamento.

Portento, das Wunderzeichen gen. s. V. Prodigio, Mostro.

Portentoso, ag. [illegible], V. Prodigioso.

Portico, ein gewölbter über anders bedeckter Gang gen. s. pl. (Gänge), ein gewölbter Vorgang vor einem Hause.

Portiera, der Vorhang gen. s. (die Vorhänge), (vor der Thüre).

Portamento) der Charakter, der Chara-
Portatura) [illegible], der [illegible] gen. [illegible], die [illegible] gen. s.

Porto, der Seehafen gen. s, pl. (Seehäfen), uscir del porto, [illegible] porto di lettere, das Briefgeld gen. [illegible] [illegible] porto, einen [illegible], unbekannten Eingang [illegible].

Porto, part. da porgere, dargereicht.

Porzione, eine Portion pl. en, der Antheil [illegible].

Posa, die Ruhe, eine Pause in der Musik [illegible], das Innehalten gen. s; far posa, Athem holen [illegible] hören [illegible].

Posamento, das [illegible] gen. s, die Ruhe [illegible].

Posare, legen, setzen, stellen [illegible], niederlegen [illegible] ruhen [illegible] etwas).

Posata, die Ruhe der [illegible], ein Quartier [illegible], das Besteck gen. s, oder der [illegible], das Messer, die Gabel, der Löffel.

Posatamente, av. gemach, langsam, ruhig.

Posatezza, das gesetzte Wesen gen. s, an einem Menschen, die Gelassenheit, die Ruhe.

Posato, ag. ruhig, still, gelassen, gesetzt; un uomo posato, ein [illegible] gesetzter Mensch [illegible].

Posatura, der Satz, der Bodensatz gen. es, pl. (Sätze).

Poscia, av. hernach, s. Poi.

Posciachè, c. av. nachdem, hernach, [illegible], s. Poiche.

Poscritta, die Nachschrift pl. en, (in Briefen), das Postscriptum.

Posdomani, [illegible], [illegible].

Positivamente, av. wirklich, in der That, ausdrücklich.

Positivo, ag. gewiß, bejahend, wirklich.

Positura, sust. die Stellung in der [illegible] der erste Satz zur Erbauung eines Bauwerkes.

Positura, die Stellung, die Postur pl. en; it. die Gebärde pl. n, (des Leibes).

Posizione, die Lage pl. n, die Stelle pl. en.

Posolino, der [illegible] gen. s, pl. [illegible].

Posporre, nachsetzen, hintansetzen [illegible], geringer als andere achten.

Possedimento) das Besitzthum gen. s,
Possessione) [illegible] pl. en.

Possedere, [illegible] besitzen, innehaben, [illegible].

Possa, e possanza, die Macht, die Kraft, die Stärke, die Gewalt; a tutta possa, mit aller Macht, Gewalt.

Possedere, ar. besitzen, innehaben, [illegible].

Possedimento, [illegible].

Possessore, [illegible] possessora, [illegible] pl. en, der [illegible] gen. s.

Possessore, e possessora, der Besitzer, der Innhaber gen. s.

Possente, ag. viel vermögend, mächtig, stark.

Possentemente, av. mächtiglich, stark, mit großer Kraft.

Possessione, die Besitzung pl. en; possessioni di campagna, das Landgut, das Rittergut gen. s, pl. (güter).

Possesso, sust. der Besitz gen. es, das Besitzen, das Innehaben gen. s; prender possesso, Besitz nehmen; mettere in possesso, in den Besitz setzen, in den Besitz treten [illegible], possessivo, ag. [illegible].

Possessore, der Besitzer gen. s, pl. [illegible] Possessora.

Possessorio, ag. was zur Besitzung eines Dinges gehört; giudizio possessorio, der gerichtliche Spruch, den Besitz betreffend.

Possibile, ag. möglich; fare il possibile, [illegible] sein Möglichstes verrichten.

Possibilità, die Möglichkeit, [illegible] possanza, das Vermögen gen. s, die Macht, die Gewalt.

Posta, die Post, das Posthaus gen. es, pl. (Posthäuser), die Station [illegible]; andare per la posta, mit der Post fahren [illegible]; it. ein [illegible] [illegible]; [illegible] grosse poste, [illegible] [illegible].

Posta, av. a bella posta, mit Fleiß, vorsätzlich, mit Willen; ognuno da sua posta, ein jeder vor sich; a mia posta, nach meinem Gefallen.

Pastema, das Geschwür [illegible]

Pollice, [illegible] die [illegible] die [illegible]

Polleroso, [illegible] der Daumen, der [illegible] der Zehe [illegible]

[illegible] nachmals, [illegible] heilsamer [illegible]

Posteriore, [illegible] Nachkommenschaft, die Nachkommende [illegible] die Nachwelt, [illegible]

Pompeia, [illegible] falsch [illegible] falsche [illegible]

[illegible] der [illegible] der [illegible]

Posata, die [illegible] die [illegible] (über einen [illegible]), [illegible]

Posta, [illegible] über einen Ort [illegible], durch Reisepost [illegible]

Posto, der [illegible] der Ort, [illegible] ein [illegible] eine Bedienung, ein Amt [illegible]

[illegible]

Potabile, [illegible] trinkbar, [illegible] das sich trinken läßt.

Potare, beschneiden [illegible]

Potenza, das [illegible] das Vermögen [illegible]

Potente, [illegible] mächtig, vermögend, stark, gewaltig.

Potentemente, [illegible] mächtiglich, mit Gewalt.

Potestà, die Macht, die Kraft, das Vermögen, die Gewalt, das Ansehen [illegible] ein Potentat [illegible]

Potere, können [illegible] vermögen [illegible] [illegible] möglich [illegible] mit aller Macht, aus allen Kräften, so viel möglich.

Potestà, die Macht [illegible] der [illegible]

Poveretto, [illegible] ein [illegible]

Poveraglia, das arme Volk, das Bettelgesindel [illegible]

Poveramente, [illegible] ärmlich, elendiglich, armseliglich [illegible]

Povero, [illegible] der Bettler, ein Armer [illegible] ein [illegible]

Povero, [illegible] dürftig, elend, armselig [illegible] schlecht [illegible] eine schlechte Hütte.

Povertà, die Armuth, die Dürftigkeit, das Elend [illegible]

Pozione, der Trank [illegible]

Pozzanghera, der [illegible] der Pfütze [illegible]

Pozzo, der Brunn [illegible] der Graben [illegible]

PR

Prammatica, eine beständige Gesetz, oder eine Verordnung [illegible] Weltlichen und Geistlichen [illegible]

Pranzare, zu Mittage essen [illegible]

Pranzo, das Mittagessen [illegible] die Mittagsmahl [illegible] vor [illegible] Mittag [illegible] Tafel, Küche [illegible]

Prateria, eine Menge Wiesen, eine Au [illegible]

Pratica, die Weise, die Art, die Gewohnheit, der Gebrauch [illegible] die Uebung, die Anwendung, [illegible] in Ausübung bringen [illegible] der Umgang [illegible] die Gesellschaft [illegible] Praktiken, Umgang mit jedermann [illegible]

Praticabile, [illegible] wegsam, zugänglich, tauglich.

Praticamente, [illegible] durch Erfahrung, durch Uebung, praktisch.

Praticare, das Werk [illegible], verrichten, treiben [illegible], ausüben [illegible] eine [illegible] praticare una casa, ein Haus oft besuchen [illegible] Handel [illegible]

Pratico, [illegible] erfahren, geübt, [illegible] [illegible]

Prato, die Wiese pl. [illegible]

Pravamente, [illegible] übel, [illegible]

Pravità, die Bosheit, [illegible] verkehrte [illegible]

Pravo, [illegible] böse, [illegible]

Preaccennare, vorher erwähnen [illegible]

Preaccennato, [illegible] vorher erwähnt.

Preambolo, der Eingang [illegible] pl. [illegible] Vorrede [illegible]

Prebenda, [illegible] Pfründe, eine Pfarre [illegible]

Prebendato, [illegible] der eine Pfründe hat.

Precariamente, [illegible] Gnaden, [illegible] bittweise [illegible]

Precario, [illegible] bittweise, [illegible] erbeten.

Precauzione, die Behutsamkeit, die [illegible] Vorsicht pl. [illegible]

Precedente, [illegible] vorhergehend, vorig [illegible]

Precedentemente, [illegible] vorher [illegible]

Precedenza, der Vorzug, der Vorrang [illegible] den Vorzug haben [illegible]

Precedere, vorhergehen [illegible] vorgehen, den Vorzug haben [illegible]

Precessore, der Vorgänger [illegible] Predecessore.

Precettare, [illegible] Befehl [illegible] gebieten [illegible] befehlen [illegible]

Precetto, die Regel pl. [illegible] das Gebot [illegible] der Befehl [illegible]

Precettore, der Lehrer, der Lehrmeister [illegible]

Precingere, [illegible] umgürten, [illegible]

Precipitamento, der Absturz [illegible] das Herunterstürzen [illegible] Precipitamente [illegible] Übereilung [illegible]

Precipitanza, [illegible] Übereilung [illegible]

Precipitare, [illegible] hinabstürzen [illegible] herunterwerfen [illegible] übereilen [illegible] [illegible] ohne Überlegung [illegible]

Precipitazione, die Übereilung, die [illegible] die Stürzung [illegible]

Precipitosamente, [illegible] mit Übereilung [illegible]

Precipitoso, [illegible] jäh, steil, [illegible] ein Thal [illegible] gefährlich, [illegible]

Precipizio, [illegible] jäher, steiler Ort [illegible] pl. [illegible] eine Tiefe, [illegible] das Verderben [illegible]

Precipuamente, [illegible] vornehmlich, [illegible] vor allen.

Precisamente, [illegible] genau, [illegible]

Precisione, die Genauigkeit, die genaue Bestimmung, die Richtigkeit, [illegible] die Abtheilung, [illegible] Betrachtung [illegible] die Abkürzung, die Kürze.

Preciso, [illegible] bestimmt, pünktlich, genau, [illegible]

Precito, [illegible] der Verdammte [illegible]

Preclaramente, [illegible] vortrefflich, herrlich.

Preclaro, [illegible] herrlich, vortrefflich, berühmt.

Precludere, verhindern, verwehren [illegible] versperren [illegible]

Preconizzare, [illegible] loben [illegible] [illegible] ausrufen [illegible] [illegible] überhäufen [illegible] erheben [illegible]

Preconizzazione, eine gewiße Erklärung; *it.* (im Scherz), ein übertriebener Lobspruch *gen.* s, *pl.* (sprüche).
Preconoscenza, das Vorherkennen, das Vorherwißen, das Vorhersehen *gen* s.
Preconoscere, vorher erkennen, vorher wißen *v. r. comp.*, vorher sehen *v. ir. comp.*
Precorrente, *ag.* zuvorkommend, vorweglaufend.
Precorrere, vorlaufen, zuvorkommen *v. ir. comp.*; era già precorsa la voce che ..., es gieng schon vorhero die Rede, daß ...
Precorso, *part.* vorgelaufen.
Precursore, ein Vorläufer *gen.* s.
Preda) der Raub *gen.* s, die **Predamento**) Beute *pl.* n, das Rauben, das Plündern, das Beutemachen *gen.* s; dare in preda, Preis geben *v. ir. comp.*; far preda, erbeuten *v. r. comp.*; darsi in preda, sich überlassen, *v. rec. ir. comp.*, reißen laßen *v. rec. ir.*, (von Zorne oder einer andern Leidenschaft).
Predare, rauben, plündern, Beute machen *v. r.*
Predatore, ein Beutemacher, ein Plünderer, ein Räuber *gen.* s.
Predecessore, der Vorfahrer, der Vorgänger *gen.* s, einer der vor uns gewesen ist.
Predestinare, von Ewigkeit her zu etwas bestimmen, verordnen, erwählen *v. r. comp.*, vorher ersehen *v. ir.*
Predestinazione, die Vorherbestimmung, die Vorherersehung, die unvermeidliche Ordnung in etwas.
Predetto, *ag.* e *sust.* obgemeldet, obermähnt, der Obgedachte, Vorgedachte *gen.* n *pl.* n.
Predica, die Predigt *pl.* en.
Predicamento, das Predigen *gen.* s, die Predigt selbst; das Prädicament in der Logik; essere in predicamento, wohl angeschrieben seyn, im Rufe seyn *v. aus.*
Predicante, *sust.* ein Predicant *gen.* s.
Predicare, predigen *v. r.*; *it.* verkündigen *v. r. comp.*, Kund machen *v. r.*; *it.* rühmen, erheben, loben *v. r.*; per insinuare, einreden, einprägen *v. r. comp.*
Predicatore, der Prediger *gen.* s.
Predicazione, das Predigen *gen.* s; *it.* die Verkündigung.
Predicimento, die Vorhersagung, die Weißagung.
Prediletto, *ag.* vielgeliebt; *sust.* ein Vielgeliebter *gen.* s.
Predilezione, eine außerordentliche, sonderbare Liebe zu einem, oder zu etwas.
Prediligere, außerordentlich, sonderbar lieben *v. r.*
Predire, voraussagen, wahrsagen, vorverkündigen, zuvorerinnern *v. r. comp.*
Predizione, die Weißagung, die Vorhersagung, die Verkündigung *pl.* en, (künftiger Dinge).
Predominante, *ag.* herrschend, was andere übertrifft; una passione predominante, eine herrschende Leidenschaft *pl.* en.
Predominare, über alle herrschen *v. r.*, vorzügliche Macht und Gewalt haben, den Vorzug haben, die Oberhand haben *v. aus.*, andere übertreffen *v. ir. comp.*
Predominio, der Vorzug *gen.* s, die Oberhand, die Oberherrschaft.
Preeleggere, vorher, vorzüglich erwählen *v. r. comp.*, vor andern wählen *v. r.*
Preeminenza, der Vorzug *gen.* s, die Vortrefflichkeit.
Prefato, *ag.* zuvorgesagt, vorher gedacht; *V.* Predetto.
Prefazione, die Vorrede *pl.* n, der Eingang *gen.* s, *pl.* (Eingänge), der Vorbericht *gen.* s, *pl.* en.
Preferenza, e preferimento, der Vorzug *gen.* s; *av.* per preferenza, vorzüglicherweise.
Preferibile, *ag.* vorzüglich, beßer; was den Vorzug verdient.
Preferire, vorziehen *v. ir. comp.*, den Vorzug geben *v. ir.*, höher schätzen *v. r.*
Prefetto, *sust.* ein Vorgesetzter, ein Vorsteher *gen* s; *it.* ein Stadthalter, ein Stadthauptmann *gen* s; *it.* der Vogt *gen.* s.
Prefettura, eine Vogtey *pl.* en; *it.* eine Befehlshaberstelle *pl.* n.
Prefiggere, bestimmen, festsetzen *v. r. comp.*
Prefiggersi, sich vornehmen *v. rec. ir. comp.*, sich vorsetzen *v. rec. r. comp.*
Prefiggimento, das Festsetzen *gen.* s; der Vorsatz *gen.* es, *pl.* (Vorsätze),

der Zweck *gen.* s, die Gesinnung *pl.* en.
Prefisso, *ag.* bestimmt, festgesetzt.
Pregante, *ag.* bittend, anflehend, betend, ermahnend.
Pregare, bitten *v. ir.*, flehen, beten *v. r.*; *fr.* anwünschen *v. ir. comp.*
Pregevole, e pregiabile, *ag.* achtbar, schätzbar.
Pregevolmente, *av.* achtbarlich, schätzbarlich.
Preghiera, eine Bitte *pl.* n, das Gebeth *gen.* s, *pl.* e.
Pregiare, achten schätzen *v. r.*; per lodare, loben, preisen *v. ir.*
Pregio, die Achtung, die Schätzung *pl.* en, das Ansehen *gen.* s; *fr.* der Preis *gen.* es, der Werth *gen.* s; essere in pregio, werth, beliebt seyn *v. auf.*
Pregiudicante, *ag.* nachtheilig schädlich.
Pregiudicare, schaden *v. r.*, schädlich, nachtheilig seyn *v. auf.*
Pregiudicativo, *ag.* schädlich, nachtheilig.
Pregiudicevole, pregiudiziale, pregiudizioso, *ag.* schädlich, nachtheilig; *fr.* schimpflich.
Pregiudicio, e pregiudizio, die Schade *gen.* ens, das Nachtheil *gen.* s, *pl.* e, das Unrecht, das man einem anthut.
Pregnante, *ag.* voll, erfüllt; *fr.* schwanger, trächtig; *fr.* schwülstig.
Pregustare, vorher kosten *v. r.*, einen Vorschmack haben *v. auf.*
Prelatizio, *ag.* prälatenmäßig, dem Prälate gehörig.
Prelato, ein Prälat *gen.* s; *fr.* ein vornehmer Geistlicher.
Prelatura, die Prälatenwürde; *fr.* die Wohnung des Prälats.
Prelazione, der Vorzug *gen.* s; V. Proferimento, Preferenza.
Preleggere, vorlesen *v. ir. comp.*
Prelibare, vorher kosten *v. r.*, erwähnen, vorher berühren *v. r. comp.*
Prelibato, *ag.* erlesen; *fr.* vortrefflich, herrlich, köstlich; vino prelibato, köstlicher Wein *gen.* s.
Preliminare, *sust.* das vorhergehende Gespräch *gen.* s, *pl.* e; i preliminari di pace, die Vorbereitung zur Friedenshandlung; *ag.* vorläufig.
Prelodato, *ag.* vorerwähnt, vorher gelobet.

Preludio, der Anfang, der Eingang, das Vorspiel *gen.* s, eine Vorbereitung zu etwas.
Prematuramente, *av.* } vor der Zeit,
Prematuro, *ag.* } voreilig, frühzeitig, übereilig.
Premeditare, zuvor bedenken *v. ir. comp.*, vorhererwägen *v. ir. comp.*, überlegen *v. r. comp.*
Premeditatamente, *av.* vorsätzlicherweise.
Premeditato, *ag.* vorsätzlich, bedächtlich.
Premeditazione, die vorhergehende Ueberlegung, die Vorherbetrachtung, die reifliche Ueberlegung *pl.* en.
Premente, *ag.* drückend, dringend, antreibend.
Premenzionato, *ag.* vorhererwähnt, vorgedacht.
Premere, pressen *v. r.*, ausdrücken *v. r. comp.*, drängen *v. r.*; *fig.* in die Enge treiben *v. ir.*, auf den Leib gehen *v. ir.*; premere le orme altrui, in eines Fußstapfen treten *v. ir.*; questo mi preme, daran ist mir sehr gelegen, das thut mir Noth; mi preme di (ec.) du gehest mir nahe.
Premettere, voraussetzen, vorausschicken, vorne hinsetzen, vor setzen *v. r. comp.*, vorziehen *v. ir. comp.*
Premiare, belohnen *v. r. comp.*, vergelten *v. r. comp.*, beschenken *v. r. comp.*
Premineute, *ag.* vorzüglich.
Preminenza, der Vorzug, der Vorrang *gen.* s.
Premio, der Lohn *gen.* s, die Belohnung, die Vergeltung *pl.* en; *fr.* der Preis *gen.* es, die Verehrung *pl.* en.
Premitio } das Pressen *gen.* s, das
Premitura } Ausdrücken *gen.* s; *pl.* n; der Saft *gen.* s.
Premonizione, die vorhergehende Vermahnung, Warnung *pl.* en.
Premorire, vorher sterben, vor dem Tode sterben *v. ir.*
Premunire, verwahren *v. r. comp.*, versehen *v. ir. comp.*
Premunirsi, sich versehen *v. rec. ir.*
Premura, die Sorge *pl.* n, die Sorgfältigkeit *pl.* en, das Anliegen, das Verlangen *gen.* s, die Inbrunst, die Eilfertigkeit *pl.* en.
Premurosamente, *av.* in Eil, sorgfältig, inständig.

[illegible]

Premunire, [illegible]

[illegible]

Premura, [illegible]

[illegible]

Preoccupare, [illegible]

Preordinare, vorher [illegible]

Preparamento, die [illegible] V. Preparazione.

Preparare, bereiten, zubereiten, [illegible] fertig machen [illegible]

Prepararsi, sich fertig machen [illegible]

Preparatorio, [illegible] vorbereitend, [illegible]

Preparazione, [illegible] die Vorbereitung, die Zubereitung, die [illegible]

Preponderare, [illegible]

Preponderanza, [illegible] das Übergewicht [illegible]

Preporre, [illegible]

Preposito, [illegible]

Prepositura, [illegible]

Preposizione, [illegible] das Vorwort [illegible]

Prepotente, [illegible] gewaltsam.

Prepotentemente, [illegible] gewaltsam.

Prepotenza, die [illegible] Gewaltsamkeit [illegible]

Prepuzio, die Vorhaut an männlichen Gliede.

Prerogativa, der Vorzug [illegible] das Vorrecht [illegible]

Preda, die Eroberung [illegible] die Beute [illegible]

den Kopf; venire alle prese, einander beym Leibe nehmen, bey den Haaren kriegen v. r.; la calcina fa presa, der Kalk greift, bindet; gli alberi hanno fatto presa, die Bäume haben Wurzel gefaßt.

Presagio, die Vorbedeutung, die Vorhersagung, die Weissagung, die Prophezeyung pl. en.

Presagire, weissagen, prophezeyen, vorbedeuten v. r. comp.; me lo presagisce il cuore, das Herz sagt mir es vor.

Presago, av. weissagerisch; sust. ein Weissager, ein Prophet gen. s.

Presame, caci; quaglio, das Kaselab gen. s, (um die Milch zu scheiden, zu laben).

Presbiterato, das Priesterthum gen. s, pl. (thümer), die Priesterwürde pl. n.

Presbitero, ein Priester gen. s.

Presciente, av. zuvor wissend, vorherwissend, vorher sehend.

Prescienza, die Vorwissenschaft, das Vorherwissen gen. s, (Gottes).

Prescindare, absondern, abstrahiren v. r. comp.; prescindiamo da questo, wir wollen dieses bey Seite gesetzt seyn lassen, wie wollen davon abbrechen.

Prescito, av. vorher gewußt; it. verdammt.

Presciutto, der Schinken gen. s, V. Prosciutto.

Prescritto, part. e av. vorgeschrieben, verordnet, bestimmt; it. verjährt, erlöschen durch Verjährung erlangt.

Prescrivere, vorschreiben, befehlen v. ir. comp., verordnen v. r. comp.; it. ein Recht erlangen v. ir comp., durch Verjährung erlangen v. r. comp.

Prescrizione, die Vorschrift, die Verordnung pl. en; it. die Verjährung, die Ersitzung pl. en.

Presedere, vorsitzen v. ir. comp., Vorrecht, Ansehen, Rang, Regierung haben.

Presentaneo, av. gegenwärtig; it. augenscheinlich; essere in presentaneo pericolo, in augenscheinlicher Gefahr seyn.

Presentare, darreichen v. r. comp., anbieten v. ir. comp., darstellen, überreichen v. r. comp., übergeben v. ir. comp.; it. vorzeigen v. r. c.

Presentarsi, sich stellen v. rec. r., sich einfinden v. rec. ir. comp., erscheinen v. ir. comp.

Presentatore, ein Vorzeiger gen. s.

Presentazione, die Vorstellung, die Darstellung, die Ueberreichung pl. en, das Darstellen gen. s; la Presentazione di Maria al Tempio, die Mariä Opferung.

Presente, av. gegenwärtig, anwesend, zugegen, jetzig.

Presente, sust. das Gegenwärtige gen. s; pl. n, die gegenwärtige Zeit, der gegenwärtige Zustand gen. s; per regalo, dono, das Geschenk gen. s.

Presentemente, av. jetzt, anjetzt, vor jetzo, zu dieser Zeit, gegenwärtig, in Person, auf der Stelle.

Presentimento, der Vorschmack, das Ahnden, das Vorfühlen gen. s, die Vorherempfindung, die Vorausempfindung pl. en.

Presentire, etwas vorher merken, ahnden v. r., vorher empfinden v. ir. comp., fühlen v. r.

Presenza, die Gegenwart, die Anwesenheit, das Beyseyn, das Daseyn gen. s; un uomo di bella presenza, ein wohlgebildeter Mensch gen. e pl. en.

Presepio, die Krippe pl. n.

Preservamento, preservazione, die Verwahrung vor etwas.

Preservare, verwahren, beschützen, behüten v. r. comp.; it. vorbeugen v. r. comp. (als einem Uebel).

Preservativo, sust. das Verwahrungsmittel gen. s; av. verwahrend, einem Uebel zuvorkommend.

Presidente, der Vorsitzer, der Vorsteher gen. s, ein Präsident, der Präses.

Presidenza, der Vorsitz gen. es, der Vorsitz gen. s, der erste Rang in einer Versammlung, die Präsidentenstelle.

Presidiare, eine Stadt, eine Festung mit Besatzung versehen v. ir. comp.

Presidio, die Besatzung pl. en, V. Guarnigione.

Presiedere, vorsitzen v. ir. comp., V. Presedere.

Presuntuosamente, presuntuosamente, e presontuosamente ec., av. vermessentlich, aus Vermessenheit, eingebildeterweise, hochmüthigerweise.

Presontuoso, e presuntuoso, av. vermessen, hoffärtig, einbildisch, eitel; sust. ein stolzer Mensch gen. e pl. en.

Pressa, das Gedränge, der Zulauf

gen. s; *it.* fretta, die Uebereilung, die Eile.

Pressare, pressen, drängen, drücken *v. r.*; *it.* sehr nöthig seyn *v. auf.*; *it.* mit Bitten oder Antreiben plagen *v. r.*

Pressione, die Drückung der Luft, das Drücken *gen.* s, die Pressung, die Drängung.

Presso, *ae.* nahe, anstrengend, anliegend, anstoßend; *av.* da presso, in der Nähe.

Presso, *prep.* bey, an, nahe bey, nahe an; *it.* quasi, fast; presso a poco, beynahe; ad un di presso, nicht mehr und nicht weniger.

Pressochè, *av.* schier, ohngefähr, beynahe.

Pressura, die Bedrängung, die Pressung, die Angst, *it. e* das Drangsal.

Prestamente, *av.* geschwind, hurtig, schleunig.

Prestante, *ae.* vortrefflich, *V.* Eccellente.

Prestanza, die Vortrefflichkeit, die vortreffliche Gestalt, *per* *e* imprestito, das Leihen *gen.* s, das Geliehene *gen.* s, *pl.* n, das Darlehn *gen.* s; dare in prestanza, leihen *v. ir.*; prendere in prestanza, borgen *v. r.*

Prestare, imprestare, leihen *v. ir.*, verleihen *v. ir. comp.*; per prestare, leisten *v. r.*, geben *v. ir.*; prestare ajuto, ubbedienza, Hülfe, Gehorsam leisten; prestare fede, Glauben beymessen *v. ir. comp.*; prestare orecchio, Gehör geben, anhören *v. r. comp.*; prestare sicurtà, Versicherung ausstellen *v. r. comp.*

Prestazione, das Leihen *gen.* s, das Geliehene *gen.* e *pl.* n, das Darlehn *gen.* s.

Prestezza, die Geschwindigkeit, die Hurtigkeit.

Prestigiare, bezaubern, bezaubern, Blendwerke vormachen *v. r. comp.*, durch Blendwerk betrügen *v. ir. v.*

Prestigio, die Gaukeley, die Gaukeley *pl.* en, das Blendwerk *gen.* s.

Presto, *ae.* geschwind, schnell, jähling; *per* preparato, bereit, parat, fertig; *av.* geschwind, bald.

Presumere, die Meynung haben *v. aus.*, sich etwas einbilden *v. rec. v. comp.*, sich unterstehen *v. rec. ir. comp.*, muthmaßen, vermuthen *v. r. comp.*, sich vermessen, sich selbst viel zutrauen *v. rec. r. comp.*

Presuntuoso, ein eingebildeter, vermessener Mensch *gen.* e *pl.* en, der sich etwas einbildet, der zu gute Meynung von sich hat.

Presumibile, *ae.* vermuthlich, was sich vermuthen läßt.

Presunzione, die stolze Einbildung; *per* superbia, die Hoffart; *it.* eine Muthmaßung, eine Vermuthung; *it.* die Vermessenheit, die Verwegenheit, die große Meynung von sich selbst.

Presupporre, zum Voraus setzen *v. r.*, im Voraus annehmen *v. ir. comp.*, *V.* Supporre.

Presupposizione, die Voraussetzung *pl.* en.

Presupposto, *sust.* die Voraussetzung; *av.* presupposto che... vorausgesetzt, daß...

Prete, der Priester, ein Geistlicher *g. n.* s.

Pretendente, e pretensore, *ae. e sust.* der etwas mit Recht haben will, der auf etwas Anspruch macht, der Anforderer, der Anwerber, der Prätendent *gen.* s.

Pretendere, begehren *v. r. comp.*, fodern, Anspruch an etwas machen *v. r.*; *it.* streben *v. r.*, sich bewerben um etwas *v. rec. ir. comp.*; *it.* behaupten wollen.

Pretensione, das Recht *gen.* s, *pl.* en, der Anspruch *gen.* s, *pl.* (Ansprüche), die Anforderung, die Anmaßung, (die man auf etwas hat); *it.* die Meynung *pl.* en, das Verhalten *gen.* s.

Preterire, vorbeygehen, übergehen, gleichsam vergehen, ohne Erfolg vorübergehen *v. ir. comp.*

Preterito, *ae.* vorbeygegangen, vergangen, verflossen; gleichsam vergessen, ohne Erfolg vorübergegangen; *sust.* nella grammatica, das Präteritum.

Pretermettere, vorbeylassen, unterlassen *v. ir. comp.*, fahren lassen *v. ir.*, übergehen *v. ir. comp.*

Pretermissione, das Vorbeygehen *gen.* s, (einer Sache), die Uebergehung, die Vorbeylassung, die Ueberlassung *pl.* en.

Pretesto, der Vorwand *gen.* s, *pl.* (Vorwände), der Schein *gen.* s, *pl.* e, der Deckmantel *gen.* s, eine vorgebliche Ursache *pl.* n.

Pretore, der Stadtvoigt, der Stadt-

[illegible]ichter, auch sonst die Dolal gen. s,
Prezafla, die Würde eines Prat, die Würden pl. en; it. das [illegible]amt gen. s, die Präbende pl. en.
Pretorio, der Richterstuhl gen. s, das Richthaus gen. es.
Prezzemolo, prezzello, e prezzemolo, die Petersilien.
Prezzabile, ad. [illegible], gültig.
Prezzo, ad. [illegible], nur, lauter, ohne [illegible] prezzo, unverfälschter Wein, prezzo [illegible], eine [illegible] prezzo, eine [illegible] [illegible] pura e prezzo, ganz [illegible] gleich, rein und lauter.
Pravità, die Bosheit. V. Pravità.
Prevalenza, die Wahrscheinlichkeit, das Übertreffen gen. s; it. der Gebrauch des [illegible].
Prevalere, übergelten, mehr vermögen, [illegible], überwiegen v. n. comp. überlegen seyn v. n.
Prevalersi, sich eines Dinges bedienen v. rec. & comp., sich eines Dinges [illegible] v. rec. v.
Prevaricamento, die Uebertretung eines [illegible] wider Treu und Pflicht; it. die [illegible], die Treulosigkeit, das [illegible] gen. s.
Prevaricare, wider Treu und Pflicht handeln v. n., Untreue begehen, verrätherisch verlassen v. a. comp., das Vertrauen mißbrauchen v. a. r.
Prevaricatore, ein Treuloser, ein Uebertreter gen. s, ein [illegible], ein Verräther gen. s, einer der wider seine Pflicht handelt, einer der [illegible] Vertrauen mißbraucht.
Prevaricazione, eine That wider Treu und Pflicht. V. Prevaricamento.
Prevedimento, e prevedimento, das Vorhersehen, das Vorhersehen gen. s; it. die Vorsichtigkeit, die Vorsehung.
Prevedere, vorhersehen, zuvor sehen, einsehen v. a. comp.
Preveniente, ad. [illegible] kommend.
Prevenimento, e prevenzione, das Zuvorkommen, das Vorherkommen gen. s, eine vorgefaßte Meynung; it. die Einbildung, das Vorurtheil gen. s.
Prevenire, zuvorkommen, einnehmen mit einer Meynung v. n. comp.; prevenire un male, einem Uebel vorbauen v. n. comp.
Preventivamente, e preventivamente, avv. zum voraus, vorher, vorläufig, vorläufig.
Prevenzione, das Zuvorkommen gen. s, V. Prevenimento.
Previdenza, die Vorhersehung, V. Provvidenza.
Previo, ad. vorgängig, vorläufig.
Prevosto, ein Vorsteher gen. s, ein Probst gen. es.
Previsione, die Vorsehung pl. en, die Vorhersehung.
Preziosamente, avv. theuer, kostbar, vortrefflicher - vortrefflicherweise.
Preziosità, die Kostbarkeit, die Vortrefflichkeit.
Prezioso, ad. theuer, kostbar, schätzbar, vortrefflich, viel werth; vini preziosi, die edlen Weine; abito prezioso, ein sehr prächtiger Anzug gen. es.
Prezzabile, ad. schätzbar, achtbar.
Prezzare, v. a. [illegible] v. a., hochschätzen, den Werth bestimmen v. a. comp.
Prezzatore, der Schätzer, Achter, der Schätzer, der [illegible] gen. s.
Prezzo, der Preis gen. es, pl. e, der Werth gen. s, die Kosten; it. der Lohn, der Gewinn gen. s; fuori di prezzo, theuer, kostbar.
Prezzolare, [illegible], bieten v. a.
Prigionare, gefangen nehmen, V. Imprigionare.
Prigione, das Gefängniß gen. es, pl. e, das Gefängniß gen. es, pl. [illegible], der Kerker gen. s, die Gefangenschaft; it. fem. ein Gefangener gen. s.
Prigionia, die Gefangenschaft, der Arrest gen. s, die Knechtschaft, die Sklaverey.
Prigioniere, der Gefangene, der Gefangene gen. n. pl. n; un prigioniere di guerra, ein Kriegsgefangener gen. [illegible] guardiano delle prigioni, carceriere, der Kerkermeister, der Gefangenwärter gen. s.
Primo, ad. erst, eh, eher, zuerst, anfangs; ancora prima, je bald als möglich; da prima, alla prima, al allererst, im Anfange, gleich anfänglich; avanti, prima di tutto, zur Nachricht; fem. la prima della mattina, die erste Morgenstunde pl. n.
Primachè, conj. eher als, bevor als,

Primariamente, av. hauptsächlich, vornehmlich, sonderlich.
Primario, ag. hauptsächlich, vornehmst, erste, vornehmste [illegible]
Primate, der Primat gen. 6, [illegible] Reichsverweser in Polen, [illegible]
Primaticcio, ag. frühzeitig, vor der gewöhnlicher Zeit.
Primato, die Oberhand, die oberste [illegible] gewalt, die Vorzüglichkeit im Staate.
Primavera, der Frühling, das Frühjahr [illegible]; met. das blühende Alter gen. 6.
Primieramente, av. erstlich, zum ersten, zuerst, erst.
Primiero, der Erste, der Vorste [illegible] gen. 2 pl. u. [illegible]
Primigenio, ag. ursprünglich.
Primitivo, ag. ursprünglich, [illegible] ein Stammwort in der Sprachkunst.
Primizia, die erste [illegible] gewachsenen Früchte, pl. le primizie, die Erstlinge [illegible]
Primo, sust. der Erste, der Vorzüge, der Vornehmste gen. 2 pl. [illegible], erster [illegible], zuerst, zuvor.
Primogenito, sust. der Erstgeborne, [illegible] erstgebohren.
Primogenitura, die Erstgeburt, das Erstgeburtsrecht gen. 4 [illegible] der Erstgeburt [illegible]
Principale, sust. m. der Vornehmste, der Hauptmann [illegible], der Obere [illegible]
Principalmente, av. vornehmlich, hauptsächlich.
Principato, das Fürstenthum gen. 3, pl. [illegible]
Principe, der Fürst, der Prinz gen. [illegible] pl. [illegible], der Landesherr [illegible] il Principe ereditario, der Erbprinz, un Principato [illegible] [illegible]; ag. principale, [illegible]
Principiante, ein Anfänger, ein Lehrling gen. 5; ag. anfangend.
Principiare, anfangen [illegible]
Principio, der Anfang, das Beginnen gen. 6, [illegible] der Ursprung gen. 5, pl. Gründe, der Grundsatz [illegible] die Gründe der Lehre eines Dinges; da principio, am

[illegible] fra [illegible]
Priore, der Prior, der Obere, der Vorsteher [illegible]
Priora, [illegible] der Oberste über [illegible] [illegible]
Prisco, [illegible]
[illegible]
Prisma, [illegible]
[illegible]
Priorità, [illegible] der Vorzug [illegible]
Prioramente, av. [illegible]
Priva [illegible]
Privazione, die Beraubung, die Entbehrung.
Privare, berauben, [illegible], entziehen [illegible]
Privatamente, av. mit Ausschließung anderer, insbesondere.
Privato, [illegible] das heimliche Gemach, der Abtritt [illegible]
Privato, ag. geheim, verborgen, [illegible] eine Privatperson; in privato, [illegible]
Privilegiare, einem eine Freyheit geben [illegible], ertheilen, begnadigen.
Privilegiato, ag. [illegible] privilegiret, ein Privilegirter [illegible], der ein Recht oder eine Freyheit hat, [illegible]
Privilegio, die Freyheit pl. [illegible] das Recht gen. 6, das Vorrecht gen. 5, pl. [illegible], eine Gnade [illegible]
[illegible] der Natur.
Privo, ag. beraubt, [illegible]
Prò, sust. der Nutzen, der Vortheil [illegible]
[illegible]
[illegible]
[illegible]
[illegible] zum Besten und Schaden.
Proava, [illegible] die Ältermutter, [illegible]
Proavo, [illegible] der Ältervater [illegible]
Probabile, ag. wahrscheinlich, [illegible], glaublich, vermuthlich, glaublich.

Probabilismo, die Lehre der [illegible] Meynungen.
Probabilità, die Wahrscheinlichkeit, die Glaubwürdigkeit, die [illegible].
Probabilmente, av. [illegible] wahrscheinlich, vermuthlich, glaublich.
Probità, die Frömmigkeit, die Redlichkeit, die [illegible].
Problema, der Satz, welcher [illegible] erwiesen [illegible] oder [illegible].
Problematicamente, av. [illegible].
Problematico, ag. [illegible], [illegible].
Probo, ag. fromm, redlich [illegible], [illegible].
Proboscide, der Elephantenrüssel, [illegible] der Rüssel gen. s.
Procacciamento, die [illegible], die [illegible], die Erwerbung, pl. en, das [illegible].
Procacciare, [illegible] v. r. comp., erwerben, [illegible] v. [illegible], sich [illegible] v. r. comp., procacciarsi del pane, sich [illegible] v. r. comp., procacciarsi l'amore, sich die Liebe [illegible] v. r. comp.
Procaccio, [illegible] Bote gen. en, pl. n.
Procura, f. procura, die Vollmacht, der Vollmachtbrief gen. s.
Procurare, v. procurare, trachten, sorgen v. r., sich bemühen v. r. comp., [illegible] sorgen v. r., procurarsi la propria morte, sich selbst den Tod zuziehen v. r. comp., far la funzione di Procuratore, einen Sachwalter abgeben v. ir. c.
Procedente, ag. herrührend, entstehend.
Procedere, [illegible], herkommen, [illegible] v. ir. comp., [illegible] onde procede, [illegible] woher kommt es? [illegible] procedere [illegible], gerichtlich verfahren, [illegible] v. r. comp., [illegible], fortgehen v. ir. comp.
Procedimento, procedura, ein gerichtliches Verfahren gen. s, [illegible] Verfahren gen. s.
Procella, der Sturm gen. s, pl. (Stürme).
Procelloso, ag. stürmisch.
Processare, einen Rechtshandel, einen [illegible] führen v. r., processare [illegible], [illegible] Proceß machen v. r.

Processionalmente, av. in der Procession, in ordentlicher Begleitung.
Processione, eine feyerliche Gesellschaft, pl. en, der Umgang gen. s, pl. (Umgänge), ein Aufzug [illegible] Strasse gen. s, pl. (Aufzüge), [illegible] eine lange Reihe Leute, [illegible] ordentlich hintereinander her [illegible] der Procession.
Processo, der Rechtshandel gen. s, [illegible] Verfahren [illegible], [illegible] Verhandlung [illegible], der Proceß gen. [illegible], pl. [illegible].
Procinto, der Bereitschaft, essere in procinto, im Begriffe seyn v. auf.
Proclama, die Verkündigung pl. [illegible], [illegible].
Proclamare, öffentlich ausrufen v. r. comp., f. Promulgare, Divulgare, Bandire.
Proclive, [illegible].
Procrastinare, aufschieben v. ir. comp., von einem Tage zum andern.
Procrastinazione, die Verzögerung, der Aufschub gen. s, [illegible] von einem Tage zum andern.
Procreazione, die Zeugung, die Erzeugung, die Schöpfung.
Procreare, Kinder zeugen v. r., erzeugen v. r. comp.
Procreatore, der Kinderzeuger gen. s, die [illegible].
Procura, die Vollmacht, v. Procura.
Procurare, trachten v. r., verschaffen v. ir. comp., [illegible] v. r., verschaffen, v. Procurare.
Procuratore, der Anwalt, der Sachwalter gen. s, ir. einer der zu [illegible] [illegible], [illegible], [illegible].
Procurazia, die Anwaltschaft.
Prode, [illegible], [illegible], tapfer.
Prodemente, av. tapfererweise, tapfer.
Prodezza, die Tapferkeit, die Stärke, die Heldenthat pl. en.
Prodigalità, die Verschwendung, die Vergeudung, die Verschwenderung.
Prodigalmente, verschwenden, verprassen v. r. comp., [illegible].
Prodigamente, e prodigalmente, av. verschwenderisch.
Prodigio, das Wunderwerk gen. s, pl. e, das Wunderzeichen gen. s, [illegible] etwas grosses, ungeheures, un-

gewöhnlichen, außerordentlichen, (im guten und bösen Verstande).

Prodigiosamente, av. wunderlich, ungemein, entsetzlich viel oder groß.

Prodigioso, ag. wunderlich, ungemein, außerordentlich, entsetzlich viel oder groß.

Prodigo, sust. ein Verschwender, ein Prasser gen. s; ag. verschwenderisch; essere prodigo di parole, [illegible], [illegible] [illegible] v. rec.

Prodotivamente, av. verschwenderischer Weise.

Prodotto, sust. das Produkt gen. s, pl. en, die Summe pl. n; m. das Hervorgebrachte gen. s pl. n; part. da produrre, erzeugt rc.

Producente, ag. hervorbringend, erzeugend.

Producibile, ag. was kann hervorgebracht, erzeugt werden.

Producimento, das Hervorbringen gen. s.

Produrre, verwilligen, vorlegen v. r. comp., aufweisen, unterziehen v. ir. comp., darstellen, vorstellen v. r. comp., bekannt machen, zum Vorschein bringen v. r., hervorführen, [illegible] v. r. comp., (ein Werk).

Produzione, die Hervorbringung, die Darstellung, die Erzeugung pl. en, das Zeugen, das Hervorbringen gen. s.

Proemiale, ag. was zur Vorrede gehört.

Proemialmente, av. nach Art einer Vorrede, zum Eingange.

Profanamente, av. auf eine weltliche, nicht geistliche Art, unehrerbietiger Weise, unehrerbietig.

Profanamento, e profanazione, die Entheiligung pl. en, (geistlicher Dinge), m. der Mißbrauch gen. s, pl. (Mißbräuche).

Profanare, entheiligen, entweihen v. r. comp., sie mißbrauchen, verunehren v. r. comp., schänden v. r.

Profanatore, ein Entheiliger gen. s; der entheiliget, entweihet.

Profanità, die Weltlichkeit, die Religionsspötterey pl. en, das eitle Leben oder Wesen gen. s.

Profano, ag. unheilig, ruchlos, unweltlich, weltgesinnt, eitel; una storia profana, eine weltliche Geschichte pl. n; un Autor profano, ein weltlicher Schriftsteller gen. s; un luogo profano, ein unheiliger Ort gen. s, pl. Oerter; un divertimento profano, eine eitle Ergötzlichkeit pl. en.

Profeta, sust. ein Gottesgelehrter gen. s.

Proferire v. a., V. Proferire.

Professare, sich zu etwas bekennen v. r. comp., öffentlich eine Wissenschaft lehren v. r., eine Kunst oder Profession treiben v. ir., sich auf etwas legen v. r.

Professione, eine Profession pl. en, eine Kunst pl. (Künste); m. ein öffentliches Lehramt gen. s, pl. (ämter); m. eine feyerliche Ablegung eines geistlichen Ordens, m. eine Handthierung pl. en, das Handwerk gen. s, pl. e; das Gewerbe gen. s.

Professo, sust. eine Ordensperson, die ein Klostergelübde gethan hat.

Professore, ein Lehrer, ein Professor gen. s, (auf hohen Schulen); ein Kunstverständiger gen. s, einer der sich auf eine Handthierung absonderlich legt, und in derselben excellirt.

Profeta, ein Prophet gen. s.

Profetale, ag. prophetisch, weissagend, V. Profetico.

Profetante, ag. prophezeyend, weissagend.

Profetare, prophezeyen v. r., weissagen v. r. comp., V. Profetizzare.

Profeticamente, av. prophetischerweise.

Profetico, ag. prophetisch, weissagerisch.

Profetizzare, prophezeyen v. r., weissagen v. r. comp.

Profezia, die Prophezeyung, die Weissagung pl. en.

Profferenza, das Aussprechen, der Ausdruck gen. s, das Hervorbringen der Worte.

Profferibile, ag. aussprechlich.

Profferire, aussprechen v. ir. comp., sagen, hervorbringen v. r. comp., (als Worte).

Profilare, etwas unten oder oben herum aussäumen v. r. comp.

Profilato, ag. wohlgebildet; un naso profilato, eine wohlgebildete Nase, eine Habichtsnase.

Profilo, der Aufriß, wie sich etwas nach seiner Dicke oder Höhe im Durchschnitte vorstellt; il profilo di una Fortezza, der Durchschnitt einer Festungswerks; m. di profilo, von der Seite; ella è [illegible] della di profilo, che di facia, Sie ist von der Seite schöner, als vom vorne.

Proficuo, *ag.* nützlich; *V.* Profittevole.

Profittare, gewinnen, Nutzen ziehen *v. ir.*, Nutzen haben *v. auf.*, sich zu Nutze machen *v. rec. r.*; *it.* zunehmen *v. ir. comp.*, (im Studieren); *per*: essere di profitto, Nützlich seyn *v. auf.*, Nutzen schaffen *v. r.*

Profittevole, *ag.* nützlich, vortheilhaft, ersprießlich.

Profittevolmente, *av.* mit Nutzen, nützlich, ersprießlich.

Profitto, der Nutzen, der Vortheil *gen.* s; *it.* das Zunehmen im Studieren.

Profluvio, der Ueberfluß, der Ausfluß *gen.* es, das Ueberfließen *gen.* s; un profluvio di sangue, ein Blutfluß ein Blutsturz *gen.* es.

Profondamente, *av.* tief; dormire profondamente, im tiefen Schlafe liegen *v. ir.*; *met.* genau, gründlich, sehr; esaminare profondamente, gründlich, genau untersuchen *v. r. c.*

Profondamento, die Vertiefung; *it.* der Umsturz *gen.* es, das Untersinken *gen.* s.

Profondare, versenken *v. r. comp.*; *neutr.* versinken, untersinken, untergehen *v. ir. comp.*; (im Wasser).

Profondarsi, versinken *v. ir. comp.*; *met.* sich vertiefen *v. rec. r. comp.*

Profondazione, das Untersinken, das Untergehen *gen.* s; (vom Wasser); *it.* das Vertiefen, das Tiefgraben *gen.* s.

Profondità, die Tiefe *pl.* n, das Maas von der Höhe auf den Grund; *it.* die Dicke im Messen; *it.* die Erstreckung, die Länge eines Dinges; la profondità del cuore, das Innerste des Herzens, die heimliche Gedanken.

Profondo, *ag.* Tief; *sust.* die Tiefe, *V.* Profondità; nella più profonda notte, in der finstersten Nacht; profondo sonno, der feste, tiefe Schlaf *gen.* es; un uomo di profonda erudizione, ein grundgelehrter Mann *gen.* es; *pl.* (Männer); cose profonde, tiefsinnige Sachen.

Profugo, *sust.* ein Flüchtiger *gen.* s; *ag.* flüchtig, verjagt.

Profumare, räuchern, wohlriechend machen, parfumiren *v. r.*, mit lieblichen Gerüche erfüllen *v. r. comp.*; *fi.* profumare alcuno, einen mit Lobsprüchen erheben *v. ir. comp.*

Profumatamente, *av.* auf eine wohlanständige Art; *it.* köstlich; *it.* schmeichelhaft.

Profumiera, das Rauchfaß *gen.* es, *pl.* (Rauchfässer).

Profumiero, der Parfumeur *gen.* s, ein Krämer, der wohlriechende Sachen macht und verkauft.

Profumo, der liebliche Geruch *gen.* s, allerhand wohlriechende Sachen.

Profusamente, *av.* reichlich, übermäßig, verschwenderisch, da man nichts spart.

Profusione, die gar große Freygebigkeit, die Verschwendung *pl.* en; der Ueberfluß *gen.* es.

Profuso, *ag.* reichlich, verschwenderisch, überflüßig, da nichts gespart wird.

Progenie, e progenia, stirpe, das Geschlecht *gen.* s, *pl.* er, der Stamm *gen.* s, die Familie *pl.* n.

Progenitore, der Vorfahrer, der Großvater *gen.* s.

Progettare, entwerfen *v. ir. comp.*, vorhaben *v. auf. comp.*, im Sinne haben *v. auf.*, einen Entwurf oder Ueberschlag machen *v. r.*

Progetto, der Anschlag *gen.* s, *pl.* (Anschläge), das Vorhaben, das Unternehmen *gen.* s; *it.* ein Entwurf *gen.* s, *pl.* (Entwürfe), ein Aufsatz von etwas *gen.* s, *pl.* (Aufsätze).

Programma, eine akademische Anlündungsschrift *pl.* en.

Progredire, fortgehen, fortfahren *v. ir. comp.*, *V.* Avanzare.

Progressione, der Fortgang *gen.* s, *pl.* (Fortgänge), das Fortgehen, das Fortrücken *gen.* s.

Progressivamente, *av.* fortgehend, mit Fortgang.

Progressivo, *ag.* fortgehend, fortdauernd, fortrückend; was einen Fortgang hat; movimento progressivo, die Fortgangsbewegung *pl.* en.

Progresso, der Fortgang *gen.* s, *pl.* (Fortgänge), das Fortrücken, das Fortschreiten *gen.* s; *it.* der Erfolg *gen.* s, die Zunahme; *it.* der Lauf der Planeten; fare dei gran progressi in checchessia, in etwas sehr zunehmen *v. ir. comp.*, weit kommen *v. ir.*, la progresso di tempo, mit der Zeit.

Proibire, verbieten *v. ir. comp.*, verwehren, untersagen *v. r. comp.*; per impedire, verhindern *v. r. comp.*

Proibizione, die Verbietung *pl.* en, das Verbot *gen.* es, *pl.* e, die Untersagung *pl.* en.

Prolazione, das Hervorbringen der Worte *gen.* s, die Aussprache.

Prole, die Kinder.

Prolifico, *ag.* fruchtbar, zum Kinderzeugen tüchtig; was Kraft hat zu zeugen.

Prolissamente, *av.* weitläuftig, ausführlich, nach der Länge.

Prolissità, die Länge, die Weitläuftigkeit, die Ausführlichkeit.

Prolisso, *ag.* lang, weitläuftig, ausführlich (als eine Rede).

Prologo, die Vorrede *pl.* n, der Vorbericht *gen.* s, *pl.* e; *it.* der Eingang einer Rede *gen.* s, *pl.* (Eingänge); ein weitläuftiges Geschwätz *gen.* es, *pl.* e, (ehe man zur Hauptsache kommt).

Prolungamento, e prolungazione, die Verlängerung, die Erstreckung, die Verzögerung *pl.* en, der Aufschub *gen.* s; *it.* die Frist, die Fristung.

Prolungare, verlängern, erstrecken *v. r. comp.*, aufschieben *v. ir. comp.*, fristen *v. r.*

Prolungatamente, *av.* weitläuftig.

Promessa } das Versprechen *gen.* s,
Promissione } die Verheißung, die Zusage, die Angelobung *pl.* en; far promessa, verheißen *v. ir. comp.*

Promesso, *ag.* versprochen, verheißen.

Promettere, versprechen, verheißen *v. ir. comp.*, zusagen *v. r. comp.*; *it.* geloben, angeloben *v. r. comp.*, promettere per alcuno, für jemanden gut sagen *v. r.*, Bürge seyn *v. anf.*

Promettersi, sich versprechen *v. rec. ir. comp.*, sich einbilden *v. rec. r. comp.*

Prominente, *ag.* hervorragend, hervorstehend.

Prominenza, das Hervorragen *gen.* s, die Hervorragung.

Promiscuamente, *av.* ohne Unterschied, vermischt, gegenseitig, wechselsweise.

Promiscuo, *ag.* gegenseitig, wechselnd; was wechselsweis aufeinander folget.

Promontorio, das Vorgebürge *gen.* s, *pl.* n, eine Landspitze bey den Seefahrenden.

Promosso, *ag.* befördert, erhoben.

Promotore, der Beförderer *gen.* s; *it.* ein Anstifter einer bösen Sache.

Promovente, *ag.* beförderend.

Promovere, e promuovere, befördern *v. r. comp.*, erheben *v. ir. comp.*, (zu einem Amte) aufhelfen *v. ir. comp.*, promuovere le arti, le scienze, die Künste, die Wissenschaften in den Gang bringen *v. r.*, promovere discordie, Uneinigkeiten anstiften *v. r. comp.*

Promozione, die Beförderung, die Erhebung *pl.* en, (zu Aemtern, Bedienungen &c.)

Promulgare, ankündigen, verkündigen *v. r. comp.*, bekannt machen *v. r.*

Promulgatore, der Verkündiger, der Ausrufer *gen.* s.

Promulgazione, die Verkündigung, die Bekanntmachung, die Ausrufung *pl.* en.

Pronipote, der Urenkel *gen.* s.

Pronome, das Fürwort *gen.* s, *pl.* Fürwörter, e (Wörter).

Pronosticare, prophezeihen *v. r.*, künftige Dinge zum Voraus sagen *v. r.*; *it.* vorbedeuten *v. r. comp.*

Pronosticazione } die Prophezeihung *pl.*
Pronostico } en, das Vorhersagen, das Vorherverkündigen, das Anzeigen *gen.* s, (aufs künftige), die Vorbedeutung *pl.* en.

Prontamente, *av.* eilends, geschwind, bald, hurtig.

Prontezza, die Hurtigkeit, die Geschwindigkeit, die Fertigkeit, die Bereitwilligkeit.

Pronto, *ag.* fertig, bereit, willig, geschwind, schnell, hurtig; star pronto, bereit seyn *v. anf.*, mettere in pronto, zubereiten *v. r. comp.*, tenere in pronto, bereit halten *v. ir.*

Pronunzia, die Aussprache *gen.* n, das Aussprechen *gen.* s, (der Worte im Reden).

Pronunziare, aussprechen *v. ir. comp.*, pronunziar sentenza, Urtheil sprechen *v. ir.*, zu Recht erkennen *v. r. comp.*, entscheiden *v. ir. comp.*

Pronunziazione di sentenza, das Sprechen *gen.* s, (des Urtheils), der Ausspruch *gen.* s, *pl.* (sprüche), *V.* Pronunzia.

Pro-

Propagabile, ag. was sich fortpflanzen läßt.

Propagare, [illegible] fortpflanzen v. r. comp.

Propagatore, der [illegible] Propagator gen. s.

Propagazione, die Fortpflanzung, die [illegible] die Ausbreitung pl. en, die [illegible].

Propalare, [illegible] machen, bekannt machen v.

Propensione, die [illegible] gen. s.

Propensione, die Neigung, der Hang [illegible] gen. s.

Propinquità, die nahe Verwandtschaft, die Blutsfreundschaft pl. en [illegible] die Nähe [illegible], die Nachbarschaft.

Propinquo, [illegible] ein naher Blutsfreund gen. s, pl. (e) ein Verwandter [illegible].

[illegible]

Proporzionale, ag. [illegible]

Proporzione, die Gleichmäßigkeit pl. en, das [illegible] gen. s, [illegible]

Proposito, das Vorhaben gen. s, die Absicht pl. en, der Vorsatz gen. es, der Zweck gen. s, der Entschluß gen. es, der Inhalt gen. s, die Materie, (wovon gehandelt wird) [illegible]

[illegible] a proposito, [illegible] zu rechter Zeit [illegible] fuor di proposito, [illegible] [illegible] a proposito [illegible] zum Zwecke kommen v. fr. [illegible] [illegible] proposito, [illegible] [illegible] a proposito, [illegible] [illegible] bei [illegible] a proposito, [illegible] [illegible] v. fr. comp.

Propositura, [illegible] pl. en, [illegible]

Proposizione, der Antrag, der Vor[illegible]

Proposta, [illegible] der Vorschlag gen. s, pl. [illegible] [illegible] das Erbieten, das [illegible] gen. s, [illegible] der Zweck gen. s.

Propósto, [illegible] gen. s, pl. [illegible]

Propriamente, ad. eigentlich, [illegible]

Proprietà, die Eigenschaft, die Natur [illegible] das Eigenthum gen. s, pl. (Eigenthümer) [illegible]

Proprietario, der Eigenthümer gen. s, [illegible] gen. s pl. [illegible]

Proprio, ag. eigen, eigentlich, schicklich, [illegible] in proprio [illegible] in propria persona, in eigener Person, di proprio moto, eigenhändig [illegible]

Prora, das Vordertheil gen. s, [illegible]

Prorogare, [illegible] gen. s, die Verlängerung, die [illegible]

Prorogare, die Zeit verlängern v. r. comp., v. Prolungare.

Prorompere, mit Gewalt herausbrechen, hervorbrechen v. ir. comp., prorompere in [illegible] in Klagen ausbrechen v. fr. comp.

Prosa, die ungebundene, freye Rede.
Prosaico, ag. [illegible] ungebundenen Rede [illegible].
Prosapia, das Geschlecht gen. s. pl. [illegible] ge. i. pl. (Stammes).
Proscenio, der Theil der Schaubühne, wo die [illegible] auftreten.
Prosciutto, der Schinken gen. s.
Prosciogliere, [illegible] v. r. aus dem Lande verbannen v. r. comp.
Proscrizione, die Verbannung, die Verweisung pl. en.
Proseguente, ag. [illegible] fortfahrend.
Proseguimento, das Fortfahren, das Fortsetzen gen. s. die Fortsetzung.
Proseguire, fortfahren v. r. comp.
Proselito, ein neugetaufter Glaubensgenoß gen. en, pl. en.
Prosodia, das Sylbenmaaß gen. es.
Prosontuoso, ag. vermessen.
Prosopopea, prosopopeja, die [illegible] [illegible] von prosopopea, [illegible] [illegible] einen hochtrabenden Stolz [illegible].
Prosperamente, e prosperosamente, av. glücklich, nach Wunsch.
Prosperare, beglücken v. r. comp. segnen, gedeihen [illegible] glücklich seyn.
Prosperazione) gen. des Gedeihen, das Gedeihen,
Prosperità) gen. das Glück, das Wohlseyn, das Wohlergehen, der Wohlstand gen. s. die Wohlfahrt pl. en.
Prospero, ag. glücklich, gedeihlich, günstig, [illegible] vento prospero, günstiger Wind gen. es. il Cielo ad [illegible] prospero, der Himmel [illegible].
Prosperoso, ag. gesund und stark, [illegible] [illegible], ein [illegible] starker Greis.
Prospettiva, die Aussicht pl. en. [illegible] die Ansicht [illegible] in der Ferne [illegible] in prospettiva [illegible] machen, von ferne sehen [illegible] [illegible], einen schönen [illegible].
Prospetto (d'un libro), ein kurzer Inhalt eines Buches, [illegible] die Aussicht pl. en.
Prossimamente, av. [illegible], nächstens.
Prossimità, die Nähe, [illegible] eines Orts, die Nachbarschaft, [illegible] die Verwandtschaft.
[illegible] gen. [illegible] pl. [illegible].

Prossimo, ag. nächst angehörend; [illegible] parente, verwandt; la settimana prossima, die kommende Woche; il mio prossimo, der [illegible] Mensch.
Prostendere, prostendersi, sich ausstrecken, ausdehnen v. rec. i. comp.
Prosternarsi, mit dem Gesichte auf die Erde niederfallen v. ir. comp. zu Fuße fallen v. ir.
Prostituire, [illegible] v. r. comp. schänden v. r., [illegible] [illegible] schändlich mißbrauchen, zur Unzucht verleiten v. r. comp.
Prostituirsi, sich schändlich, [illegible] aufführen v. rec. r. comp. sich zur Unzucht brauchen lassen.
Prostituto, part. ed ag. geschändet, entehrt, ehrlos, [illegible], schändlich, aller Schande voll.
Prostituzione, die verächtliche Unterwerfung, die [illegible] Darstellung zur Schande, die Schändung, das [illegible] pl. en, die schändliche [illegible].
Prostrare, niederwerfen v. ir. comp. zu Boden schlagen v. ir.
Prostrarsi, niederfallen v. ir. comp. zu Füße fallen v. ir.
Prostrato, part. zu Boden, zu Füßen geworfen, auf der Erde liegend.
Prostrazione, die Niederwerfung, die Niederreißung pl. en.
Protervamente, av. muthwilligerweise, widerspenstig, ohne Scham.
Protervia, der Muthwille gen. ns, die [illegible], die Widerspenstigkeit, die [illegible], die Frechheit pl. en, der Trotz gen. es.
Protervo, ag. muthwillig, frech, [illegible] verwegen, [illegible], [illegible].
Protesta, o protestazione, der [illegible] Widerspruch, der [illegible] gen. s. die [illegible], die Widerlegung, die [illegible] pl. en.
Protestante, sost. ein Protestant gen. en, pl. en. [illegible], [illegible] der protestirt, der etwas [illegible] verficht.
Protestare, feyerlich widersprechen v. ir. comp. wider etwas einwenden, [illegible] bezeugen v. r. comp. protestiren v. r., e confessare, bekennen v. r. comp. [illegible] v. r. comp.
Protettore, der Beschützer, der Beschirmer, der Vertheidiger, der [illegible]

schirmer, der Beschützer *gen. s*, die Schutzwehr *gen. f. pl.* en.

Protezione, der Schutz, der Schirm, der Beystand *gen. s*, die Beschirmung, die Vertheidigung.

Protocollo, das Protokoll, das Register *gen. s*.

Protomedico, ein Erzmedicus *gen. s*.

Protonotario, ein päbstlicher geheimer Schreiber *gen. s*, ein Protonotarius.

Prototipo, das Muster, das Vorbild, das Original, das Modell *gen. s*.

Protrarre, allungare, verlängern, verzögern *v. r. comp.*, verschieben *v. ir. comp.*, [illegible] *v. ir.*, hinausziehen *v. ir. comp.*

Protrazione, der Verschub, das Aufschieben *gen. s*, die Verzögerung, die Verlängerung *pl.* en, it. das Ziehen, das Zeichnen *gen. s* (der Linien).

Prova, e pruova, die Probe *pl.* en, der Versuch *gen. s*, it. der Beweis *gen. s*, *pl.* e, der Beweis *gen. es*, *pl.* e: venire alle pruove, Beweis ausführen *v. r. comp.*, far prova di q. c., etwas probiren, versuchen *v. r. comp.*, a tutta prova, vollkommen [illegible]; a prove, um die Wette; in prova, mit Fleiß.

Provante, *ag.* beweisend, [illegible], it. versuchend, probirend.

Provare, versuchen *v. r. comp.*, probiren, auf die Probe stellen, prüfen *v. r.*, it. empfinden *v. ir. comp.*, (als Schmerz *rc.*)

Provedere *rc.*, verschaffen, V. Provvedere *rc.*

Provegnente, *ag.* herrührend, herkommend, entspringend.

Provenimento, der Ursprung, der Fortgang, der Erfolg *gen. s*.

Provenire, hervorkommen, entstehen, entspringen *v. ir. comp.*, [illegible] *v. ir.*, (aus etwas); queste frutta provengono da un sol albero, diese Früchte sind auf einem Baume gewachsen; vedrò qual vantaggio me ne proverrà, ich will doch sehen, was mir für Nutzen daraus erwachsen wird.

Provento, die Einkünfte, der Ertrag *gen. s*, V. Entrata.

Provenuto, *part.* hergekommen, entstanden, gewachsen, entsprungen.

Proverbiale, *ag.* sprichwörtlich, als ein Sprichwort.

Proverbialmente, *av.* sprichwortsweise, sprichwörtlich, als ein Sprichwort.

Proverbio, das Sprichwort *gen. s*, *pl.* (Sprichwörter).

Provetto, *ag.* [illegible], bey Jahren.

Provianda, [illegible], ein [illegible], ein Vorrath.

Providenza, die Vorsehung, die göttliche Fürsorge, die Regierung, die Schickung Gottes, Gott selbst, die Vorsichtigkeit, die Vorsorge; [illegible] [illegible] provvidenza, eine Schickung der Vorsehung.

Provido, *ag.* vorsichtig, sorgfältig besorgt.

Provincia, eine Landschaft, eine Provinz *pl.* en.

Provinciale, *sust.* ein Ordens-Geistlicher, der über den ganzen Orden in einer Provinz gesetzt ist; ein Provinzial *gen. s*, *ag.* aus der Provinz, zur Landschaft gehörig.

Provocamento, die Herausforderung, die Anreizung, die Verleitung *pl.* en.

Provocativo, *ag.* aufreizend, anreizend.

Provocare, aufreizen *v. r. comp.*, (zum Zorn [illegible]), reizen *v. r.*, verleiten *v. r. comp.*

Provocatore, der Herausforderer *gen. s*.

Provocazione, die Ausforderung *pl.* en, V. Provocamento.

Provvedere, versorgen *v. r. comp.*, versehen *v. ir. comp.*, verschaffen *v. r. comp.*

Provvedimento, die Versorgung *pl.* en, das Versehen *gen. s*.

Provveditore, der Versorger *gen. s*.

Provvidamente, *av.* vorsichtig, vorsichtiglich, mit Vorsicht.

Provvidenza, die Vorsehung, V. Providenza.

Provvido, *ag.* vorsichtig, V. Provido.

Provvisionale, e provisionale, *ag.* vorläufig, vorgängig.

Provvisionalmente, e provisionalmente, *av.* mittlerweile, [illegible].

Provvisione, e provisione, der Vorrath *gen. s*, *pl.* (Vorräthe), die Versorgung *pl.* en.

Provvisto, *part.* und *ag.* versorgt, wohl versehen.

Prudente, *ag.* klug, verständig.

Prudentemente, *av.* vernünftig, klüglich, verständig, mit Verstand.

Prudenza, die Klugheit, die Verständ-

[illegible]

… das Zacken gem. …

[illegible]

PU

[illegible]

Pulimento, die Glätte, die Politur, der Glanz vom Glätten.

Pulire, nettare, glatt machen, polieren v. a., ausputzen v. r. comp., zierlich machen, säubern, reinigen v. r.

Pulitamente, av. nett, sauber, [illegible] accurat.

Pulitezza, die Reinlichkeit, die Sauberkeit, die Zierlichkeit; fig. die Artigkeit, die Höflichkeit, die Schönheit pl. en.

Pulito, ag. nett, sauber, ausgeputzt, polirt, [illegible], artig.

Pullulare, sich vermehren v. rec. r. comp., sich [illegible], hervorwachsen v. [illegible] comp., hervorkeimen, (aus dem Saamen oder Wurzel) hervorgeschossen v. r. comp. (vom Wasser).

Pullulamento, e pullulazione, das Hervorkeimen, das Hervorquellen, das Hervorwachsen gen. s.

Pulpito, eine Kanzel pl. n, eine Pult pl. e.

Pulsazione, das Schlagen gen. s, (des Pulses).

Pungente, pungere ec., v. Pugnente, Pugnere ec.

Punzone, der Stempel gen. s, (um der Presse, worin Münzen eingeprägt).

Punibile, e punitivo, ag. strafbar, [illegible].

Punire, strafen v. a., bestrafen v. a. comp., punire di morte, am Leben strafen v. a.

Punizione, die Strafe pl. n, die Bestrafung pl. en.

Punta, die Spitze pl. n, d. i. das äußerste, schärfste oder dünneste Theil an etwas, der Winkel gen. s, (essere arrivato in punta del [illegible], die [illegible]; [illegible] di punta, ein [illegible] gen. es, il mal di punta, das Seitenstechen (die Pleuresie); fig. [illegible].

Puntale, das [illegible] der [illegible] [illegible], als ein [illegible], [illegible] gen. s, (am Schnürsenkel) [illegible] gen. s, (die [illegible]).

Puntare, mit Punkten bezeichnen v. r. comp., mit etwas [illegible] [illegible] richten v. a., als ein Stück [illegible] [illegible].

Puntata, das Punktiren gen. s.

Punteggiato, ag. e part. mit Punkten abgetheilt, parlar puntato, deutlich reden v. n.

Punteggiatura, die Punktirung pl. en, das Interpunktiren gen. s.

Punteggiamento, e punteggiatura, die Unterscheidung pl. en, das Punktiren gen. s, (in der [illegible]), das Sticken und [illegible] gen. s, mit [illegible] Punkten oder Tupfen.

Punteggiare, Punkte [illegible] machen v. a., [illegible], mit Punkten bezeichnen v. r. comp., punteggiare v. a.; fig. die [illegible] im [illegible] [illegible] v. a.

Puntellare, stützen v. a., unterstützen v. r. comp.; fig. [illegible] v. a., puntellare il [illegible], den [illegible] [illegible] v. r. [illegible].

Puntello, die Stütze pl. n; pro. [illegible] di punto, ein kleiner Punkt gen. [illegible].

Puntiglio, die Spitzfindigkeit pl. en; [illegible], [illegible] Ursache, oder ein [illegible] [illegible] gen. s, pl. (Ehrenpunkt); die [illegible], [illegible] puntiglio [illegible] [illegible] auf [illegible] [illegible] v. r. [illegible] seyn wollen.

Puntiglioso, ag. [illegible], [illegible], sehr [illegible], [illegible] der [illegible].

Puntuale, ag. e puntualmente, [illegible], auf das genaueste.

Punto, der Punkt gen. s, pl. e, der [illegible] gen. es; il punto di [illegible], der [illegible] gen. s, die [illegible] einer Rede [illegible], das [illegible], wovon man handelt, [illegible] [illegible] (mit einer [illegible]); [illegible] punto, [illegible] v. [illegible] comp., venire al punto, auf die Hauptsache kommen v. [illegible], già [illegible] il punto, [illegible] [illegible] [illegible] ein [illegible] punto di tempo, [illegible] [illegible] [illegible] v. [illegible], in questo punto, den [illegible] [illegible], punto per punto, [illegible] [illegible], a [illegible] punto [illegible], [illegible] um die [illegible] [illegible] punto; [illegible] [illegible] [illegible] in [illegible], [illegible] punto, [illegible], [illegible] v. [illegible]; il mal punto, der [illegible] gen. s, av. [illegible], [illegible].

Puntuale, ag. pünktlich, [illegible], [illegible], [illegible] zu rechter Zeit [illegible].

Puntualità, die Pünktlichkeit, der sorgfältige Fleiß *gen.* es, die Richtigkeit.
Puntualmente, *av.* genau, pünktlich, sorgfältigerweise, richtig, zu rechter Zeit.
Puntura, der Stich *gen.* s, (von Bienen, von einer Nadel *&c.*); *it.* das Stechen *gen.* s, (im Leibe).
Pupilla degli occhi, der Augapfel *gen.* s, das Auge selbst *gen.* s, *pl.* n.
Pupilla (figlia), eine Waise.
Pupillo, *ag.* unmündig.
Pupillo, *sust.* ein unmündiges Kind *gen.* es, *pl.* er, ein Fündel, ein Waise *gen.* n, ein Kind das unter dem Vormunde ist.
Puramente, *av.* nur, allein, ganz und gar; *it.* keusch, rein, lauter, aufrichtig, unverfälscht.
Purchè, *cong.* wenn nur, daß nur, damit nur.
Pure, *av.* nur, doch, dennoch, gleichwohl, ja, auch, selbst, ebenfalls; *it.* jedennoch, nichts destoweniger, dessenungeachtet; *it.* nur allein, endlich; se pure, wenn gleich; nè pure, auch nicht einmal; oppure, oder auch; pur pure, immerhin.
Purga, e purgamento ⎫ die Reini-
Purgazione, e purgaziona ⎭ gung, die Säuberung; *it.* die Purganz in der Arzney.
Purgante, purgativo, *ag.* reinigend, abführend, (als eine Arzney die purgirt).
Purgare, reinigen, purgiren, säubern, fegen *v. r.*, ausfegen *v. r. comp.*
Purgarsi, giustificarsi, sich entschuldigen, sich rechtfertigen *v. rec. r. c.*
Purgatamente, *av.* reinlich, säuberlich.
Purgato, *ag.* gereinigt, gesäubert, rein, ächt; scriver purgato, ächt schreiben *v. ir.*
Purgatorio, das Fegfeuer.
Purghe, *pl.* die monatliche Veränderung der Weiber.
Purificante, *ag.* reinigend, säubernd.
Purificare, reinigen, säubern *v. r.*
Purificazione, die Reinigung, die Säuberung; la festa della Purificazione, das Fest der Reinigung Mariä.
Purità, die Reinigkeit, die Sauberkeit, die Lauterkeit; la purità verginale, die jungfräuliche Keuschheit.
Puro, *ag.* rein, unbefleckt, keusch, lauter; *it.* unvermischt, unverfälscht; oro puro, feines Gold *gen.* es; cuor puro, unschuldiges Gemüth *gen.* s; a pura forza, blos mit Gewalt.
Purpureo, *ag.* purpurfärbig.
Pusillanimamente, *av.* kleinmüthig, furchtsam, auf eine kleinmüthige Art.
Pusillanime, e pusillanimo, *ag.* kleinmüthig, zaghaft, verzagt, muthlos, niederträchtig.
Pusillanimità, der Kleinmuth *gen.* s, die Muthlosigkeit, die Zagheit, die Niederträchtigkeit.
Putativo, *ag.* vermeint, vermeintlich, eingebildet; un Padre putativo, ein vermeinter Vater *gen.* s.
Putente, putido, *ag.* stinkend.
Putire, stinken, übel riechen *v. ir.*; putire di vino, nach Wein stinken.
Putredine, die Fäule, die Fäulung, die Fäulniß.
Putredinoso, *ag.* angefault.
Putrefare, verfaulend machen *v. r.*, verfaulen lassen *v. ir.*
Putrefarsi, verfaulen *v. r. comp.*, faul werden *v. auf.*
Putrefazione, die Fäulung, *V.* Putredine.
Putridire, verfaulen *v. r. comp.*, *V.* Putrefare.
Putrido, *ag.* faul, verfault, angefault, stinkicht; was faul ist oder macht, was verfault ist.
Putta, das Mädchen *gen.* s.
Puttana, eine öffentliche Hure *pl.* n.
Puttanaccia, eine Jedermannshure *pl.* n.
Puttaneggiare, Hurerey treiben *v. ir.*; den Huren nachlaufen *v. ir. comp.*
Puttanesimo, die Hurerey, das Hurenleben, das Hurenhandwerk *gen.* s.
Puttaniere, ein Hurer, ein Hurenjäger *gen.* s.
Putto, der Knabe *gen.* ns, *pl.* n.
Puzza, der Gestank *gen.* s.
Puzzare, stinken *v. ir.*, eitern, übel riechen *v. r.*, üblen Geruch von sich geben *v. ir.*
Puzzolente, o puzzoso, *ag.* stinkend; *it.* unflätig.
Puzzore, der Gestank *gen.* s.

Qua, *av.* hie, an diesem Orte; qua e là, hier und da, da und dort; nè quà nè là, weder hieher noch dorthin; di quà, diesseits; di quà e di là, auf beyden Seiten; welche ne di quà, [illegible] von hier, in quà, hieher; da gran tempo in quà, von langer Zeit her; da indi in quà, von der Zeit an; per di quà, hier vorbey; chi di quà chi di là, einer hie, der andere dort.

Quadernario, eine Strophe von vier Versen.

Quaderno, ein gewisses Buch, wo Rechnungen u. d. g. eingetragen werden; un quaderno di carta, ein Heft Papier, oder einige in einander gesteckte Bogen Papier.

Quadragesima, die Fasten, die Fastenzeit.

Quadragesimo, *ag.* vierzigste.

Quadragesimale, *ag.* vierzigtägig; d. i. was zur Fastenzeit gehöret.

Quadrangolare, *ag.* viereckigt.

Quadrangolo, das Viereck *gen. d. pl. e.*

Quadrante, der Quadrant *gen. e.* (ein astronomisches Instrument) it. das Zifferblatt *gen. es*, (auf der Uhr).

Quadrare, ins Viereck bringen *v. a.* it. [illegible] schicken, [illegible] la tal cosa non mi quadra, es stehet mir nicht an, das gefällt mir nicht.

Quadrato, *sust.* das Viereck *gen. s, pl. e.*

Quadrato, *ag.* viereckigt; numero quadrato, die Quadratzahl *pl.* en; it. stark.

Quadratura, eine Gevierung Vierecke.

Quadrello, [illegible] Pfeil *gen. s, pl. e.*

Quadretto, *dim. di* quadro, das Gemählde *gen. s.*

Quadriennio, eine Zeit von vier Jahren.

Quadriforme, *ag.* vierfältig.

Quadriga, ein Wagen mit vier Pferden bespannt.

Quadrilatero, *sust.* ein Viereck *gen. s, pl. e.* [illegible]

Quadrilungo, *sust.* ein längliches Viereck *gen. s, pl. e.*

Quadrimestre, eine Zeit von vier Monaten.

Quadripartire, in vier gleiche Theile theilen *v. a.*

Quadrivio, der Kreuzweg *gen. s.*

Quadro, *sust.* das Gemählde *gen. s,* [illegible] ein Viereck *gen. s, pl. e.*

Quadro, *ag.* viereckigt.

Quadrupede, e quadrupedo, *sust.* ein vierfüßiges Thier *gen. s, pl. e*; [illegible]

Quadruplicare, vier Mal soviel draus machen *v. a.* it. mit Vieren multipliciren *v. a.*

Quadruplicato, e quadruplo, *ag.* vierfach.

Quaentro, e quaddentro, *av.* herinnen, hier drinnen, dahinein.

Quaggiù, *av.* hierunten.

Quaglia, die Wachtel *pl. n.*

Quagliamento, e quagliatura, das Gerinnen *gen. s.* (der Milch), das Zusammenlaufen, das Einlaufen *gen. s.*

Quagliare, gerinnen *v. n.* (als Milch, Blut &c.)

Qualche, *pron.* [illegible] einer, einige; qualche cosa, etwas; qualche motivo, irgend eine Ursache; qualche volta, zuweilen, manchmal.

Qualchedeuno, qualcuno, *pron.* jemand.

Quale, *pron.* welcher, welche, welches; [illegible] qual se ne sia, [illegible] wie er heißt, [illegible]

Qualificare, mit einer Eigenschaft, mit einer [illegible] begaben *v. a.* [illegible] zu machen *v. a.*

Qualificarsi, sich für etwas ausgeben [illegible] sich zu etwas geschickt machen *v. rec.*

Qualificato, *ag.* [illegible] mit Geschicklichkeit begabt; uno persona qualificata, ein Mann von hohen Eigenschaften.

Qualificazione, die Beschreibung, die Benennung der Eigenschaften eines Dinges.

Qualità, die Eigenschaft, die Beschaffenheit, die Art *pl. en*, it. die Gabe *pl. n*, das Talent *pl. e*, it. der Stand, der Rang *gen. s*, die Würde; in qualità d'inviato, als ein Gesandter.

Qualmente, *av.* wie maßen, welchergestalt.

Qualora, *av.* so oft als, wenn.

Qualsiasi, qualsivoglia, [illegible] wer es auch, es sey was es wolle.

Qualunque, *pron.* ein jeder, wer es auch sey; [illegible]

[illegible] qualunque [illegible], es mag seyn wer es will.

Qualvolta, *av.* so oft als, allemal, [illegible] qualche volta, dann und wann.

Quando? *av.* wenn? zu welcher Zeit? di quando in quando, zuweilen, bisweilen, manchmal; *cong.* als, da, wenn gleich.

Quando, *sust.* die Zeit, die Stunde, [illegible] die Zeit wissen [illegible].

Quantità, die Zahl, die Menge, die Grösse, die Vielheit, der Ueberfluß [illegible], die Quantität.

Quantitativo, *sust.* [illegible], nach der Grösse, in der Grösse bestehend.

Quanto, *av.* wie groß, wie viel, wie lange; tanto quanto, so viel als, so lang als [illegible], in der [illegible], so viel [illegible] so viel als, wie sehr, [illegible] so lieb [illegible] [illegible] so viel ich [illegible] [illegible] quanto [illegible] [illegible].

Quantunque, *av.* [illegible] so [illegible] ob, obschon, obgleich, wenn auch.

Quaranta, vierzig.

Quarantesimo, der vierzigste.

Quarantina, die Vierzigzahl [illegible].

Quarantena, eine Zahl von Vierzigen, vierzig Stück [illegible] der Zeit von vierzig Tagen.

Quaresima, die Fasten, vierzig Tage der Fasten [illegible].

Quaresimale, *sust.* ein Buch, welches die Fastenpredigten enthält [illegible] die Fastenpredigten [illegible]; [illegible] quaresimale, die Fastenspeise.

Quartana (febbre), das viertägige Fieber [illegible].

Quartiere, [illegible] der Vierthel [illegible].

Quartiere, *sust.* la quarta parte, der vierte Theil von [illegible], ein Viertel [illegible] il quartiere dei soldati, das Quartier der Soldaten [illegible]

[illegible], chiedere quartiere, um das Leben bitten [illegible] dar quartiere, das Leben schenken [illegible].

Quartiermastro, der Quartiermeister [illegible], der Quartiermeister [illegible].

Quarto, *sust.* der vierte Theil, das Viertel [illegible], eine Viertelstunde [illegible] quarto d'[illegible], ein Vierteljahr [illegible] quarto di [illegible], die Stufen von dem [illegible].

Quartodecimo, der Vierzehnte [illegible].

Quartogenito, der vierte Sohn [illegible].

Quasi, *av.* fast, beynahe, als wenn, gleichsam, als.

Quassù, *av.* hier oben, hieroben [illegible], da oben, dahin auf.

Quatamente, *av.* heimlich, in der Stille, versteckt.

Quatto, *agg.* heimlich, in der Stille; [illegible] quatto [illegible], versteckt, heimlich [illegible].

Quattordecimo, der Vierzehnte [illegible] *pl.* [illegible].

Quattordici, vierzehn.

Quattrino, der Pfennig [illegible] quattrini, das Geld.

Quattro, vier.

Quattrocento, vierhundert.

Quattromila, viertausend.

Q U E

Quegli, quelli, quei, [illegible], diese, dieselben, dieselbe.

Quella, [illegible] die, jene, derjenige, dieselbe.

Quello, [illegible] der, derselbe, derjenige, jener [illegible] quello, [illegible] in der Zeit [illegible] quel [illegible] so viel ich [illegible] per quel che [illegible], so viel ich sehe.

Quercia, eine Eiche, der Eichbaum [illegible].

Querela, die Klage, die Anklage [illegible] porre, dare [illegible] querela ad uno, einen verklagen [illegible], eine Klage eingeben [illegible].

Querelante, der Kläger, der Anklager, der Kläger [illegible], *agg.* klagend.

Querelare, klagen v. a. [illegible] verklagen, anklagen v. a. comp.

Querelarsi, sich beklagen, sich wider einander klagen v. rec. [illegible]

Querelatore, der Kläger, der Ankläger gen. s. [illegible] der Verklagte.

Querelosa, ag. kläglich, der sich beklaget.

Querimonia, [illegible] eine weitläufige Klage [illegible] [illegible], sehr [illegible]

Querulo, ag. der sich beklagt, immer klagt.

Quesito, eine aufgeworfene Frage pl. en. [illegible] gen. s.

Questi, pron. pl. die, diese; questi [illegible] derselbigen Leute.

Questionare, streiten, viel fragen v. n. [illegible] zanken, hadern v. r.

Questione, eine Frage, ein Zwist, ein Streit gen. es, pl. (Sachen); [illegible] [illegible] nicht [illegible] der Sache [illegible] [illegible] der Streit gen. s, die Zwisten pl. en, der Streit gen. s, pl. e.

Questo, questa, dieser, diese, dieses, der, die, das; [illegible] per questo, darum, [illegible] von questo [illegible], doch mit dem [illegible] [illegible] in questa maniera, auf diese Art; in questo mentre, indeß, in der Zeit, während der Zeit.

Questore, ein Rentmeister bey den alten Römern, ein Pächter gen. s.

Quetamente, av. still, ruhig, in der Stille.

Quetare, e quietare, besänftigen v. r. comp., stillen v. r., befriedigen v. r. comp., [illegible] v. r.

Quetarsi, e quietarsi, sich beruhigen, sich befriedigen v. rec. r. comp., [illegible] [illegible]

Queto, e chieto, ag. still, ruhig, [illegible] [illegible] [illegible] questo [illegible] [illegible] [illegible] [illegible] [illegible] [illegible]

QUI

Qui, av. hier, an diesem Orte, hieher; [illegible] hierher [illegible] [illegible] qui venni, als ich hieher kam; da qui a otto giorni, binnen acht Tagen.

Quidenci, av. [illegible] [illegible], hierinnen.

Quiescente, ag. ruhend, sich beruhigend, befriedigend, [illegible] [illegible]

Quietamente, av. still, ruhig.

Quietanza, e quitanza, die Quittung pl. en.

Quietare, beruhigen v. r. comp., v. Quetare.

Quietarsi, sich beruhigen v. rec. r. comp., v. Quetarsi.

Quietativo, ag. [illegible], [illegible] [illegible], was beruhiget, [illegible]

Quiete, die Ruhe, die Stille, die [illegible] die [illegible], der Friede, die Zufriedenheit.

Quieto, ag. ruhig, v. Queto.

Quinci, av. daher, daraus, [illegible], davon, darum, darauf, [illegible] [illegible], e quindi, hier und dahin; [illegible] hier [illegible]

Quindecimo, funfzehnte [illegible] Theil [illegible] der funfzehnte [illegible]

Quindi, av. von hier, von da, [illegible] von dem Orte; per [illegible], [illegible], darauf, hernach, [illegible] [illegible] [illegible] [illegible] [illegible] [illegible] [illegible] darnach; da quindi [illegible] [illegible], von derselben Zeit an.

Quindicesimo, ag. der funfzehnte [illegible]

Quindici, funfzehn.

Quinquagenario, [illegible] ein [illegible] [illegible] [illegible]

Quinquagesima, der funfzigste Tag vor Ostern, der Sonntag Quinquagesima.

Quinquagesimo, ag. der funfzigste gen. s, pl. [illegible]

Quinquangolo, pentagono, das Fünfeck gen. s, pl. e.

Quinquennio, sost. eine Zeit von fünf Jahren.

Quinquadecimo, [illegible] [illegible] in quindecimo, der [illegible] ist [illegible]

Quintale, der Centner gen. s, (ein Gewicht von hundert Pfunden).

Quintavolo, der Ururältervater gen. [illegible] [illegible], der Urgroßvaters Großvater [illegible] [illegible]

Quinternetto, das Heft gen. es, pl. e, von fünf oder sechs zusammengehefteten Bogen Papier.

Quinterno di carte, das Buch Papier gen. s, pl. (Bücher).

Quintessenza, das beste, das [illegible], das vollkommenste aus einem Dinge, [illegible] [illegible] gen. [illegible] dieselbe [illegible], so auf welcher Sache gesagt wird.

Quinto, ag. der Fünfte gen. e pl. n.

Quintodecimo, ag. der Fünfzehntegen. e pl. n.

Quintuplo, ag. fünffach.

Quistionante, e quistionabile, ag. was über sich streiten läßt.

Quistionare, streiten v. ir., zanken, disputiren v. r.

Quistionatore, der Streiter, der Zänker, der Widersprecher gen. s.

Quistione, die Streitsache pl. n; venire a quistione, in Streite gerathen v. ir. comp.; [illegible] quistione, einen Streit [illegible] v. r. comp.

Quitanza, eine Quittung pl. en, die Quitt gen. s, pl. e.

Quitare, quittiren v. r., Quittung ausstellen v. r. comp.; quitare il servizio, den Dienst quittiren v. r.

Quivi, av. dorten, an jenem Orte, daselbst, daher; quivi dentro, dort drinnen; insino quivi, bis [illegible]; per quindi, heraus, daher, V. Quindi.

QUO

Quota, der gebührende Theil, Antheil gen. s (an einem Dinge, den jemand zu fordern hat).

Quotidianamente, av. täglich, alle Tage.

Quotidiano, ag. täglich, V. Cotidiano.

RA

RAbarbaro, e reobarbaro, die Rhabarber, [illegible].

Rabbaruffare, in Unordnung bringen v. ir. [illegible].

Rabbaruffarsi, sich [illegible], sich bey den Haaren kriegen v. rec. r.

Rabbassare, nachlassen v. ir. comp., [illegible] v. r. comp., abschlagen v. ir. comp., (im Preise) [illegible] v. r. comp., niedriger machen v. r.

Rabbattere, von der Rechnung abziehen v. ir. comp., abrechnen v. r. [illegible]

Rabbattersi, sich wieder begegnen v. rec. r. comp.

Rabbellire, verschönern, wieder ausputzen v. r. comp.

Rabbia, die Wuth, (der tollen Hunde) der heftige Zorn, die Raserey, der Grimm gen. s (der Menschen); andar in rabbia, in Wuth gerathen v. ir. comp.; sfogare la rabbia, den Zorn auslassen v. ir. comp.; che il venga la rabbia, daß du toll werdest; [illegible] la rabbia, das [illegible] mich.

Rabbino, ein jüdischer Rabbi, ein Rabbiner gen. s.

Rabbiosamente, av. [illegible]weise, rasend, wüthend, [illegible].

Rabbioso, ag. rasend, wüthend, [illegible], grimmig; [illegible] rabbioso, ein [illegible] Wind.

Rabboccare, wieder [illegible] v. r. comp., (als ein Gefäß) [illegible] wieder mit dem Maule [illegible] v. r.

Rabbonacciare, beruhigen, besänftigen v. r. comp., wieder gut machen v. r.

Rabbonire, besänftigen, beruhigen v. r. comp.; [illegible] sich beruhigen v. rec. r. comp.

Rabbreviare, von neuem abkürzen, wieder verkürzen v. r. comp.

Rabbuffare, verwirren, zerzausen v. r. comp., (eigentlich von Haaren und Federn der Vögel); [illegible] v. r.

Rabbuffarsi, sich zerzausen, sich untereinander raufen v. rec. r.

Rabescare, mit Laubwerk ausstechen v. r. comp., auf arabische Art zieren v. r.

Rabesco, subst. das Laubwerk gen. s, pl. e, die arabische Verzierung pl. en.

Rabido, ag. wüthend.

Raccapezzare, aufheben v. ir. comp., finden v. ir., ersinnen v. ir. comp., [illegible] v. r. comp.

Raccapitolare, von vorne wieder anfangen v. ir. comp., kürzlich wiederholen v. r. comp.

Raccapricciamento, der Schauer, der Schauder, das Entsetzen gen. s.

Raccapricciare, entsetzen v. r. comp.; raccapricciare uno, jemanden einen Schauer, ein Entsetzen verursachen v. r. comp., schaudern v. r.

Raccapricciarsi, sich entsetzen v. rec. r., einen Schauder empfinden v. ir. comp., die Haare zu Berge stehen haben v. aus.; mi si raccapricciano le membra, die Haut schaudert mich; i capelli, die Haare stehen mir zu Berge.

Raccapriccio, ein kalter Schauer, das Schaudern gen. 8, der Haut.
Raccattare, wieder erlangen v. r. c., wieder finden v. ir.
Raccendere, wieder anzünden, wieder anfeuern v. r. comp.; rac. ender un desio, ein Verlangen erwecken v. r. comp.
Raccendersi, entbrennen v. r. comp., hitzig werden v. aus.; raccendersi d' ira, d' amore, wieder zornig, wieder verliebt werden v. aus.
Raccendimento, das Wiederentbrennen, das von neuen Anzünden gen. 8, die Wiederentzündung.
Raccerchiare, von neuem umreifen, beschlagen v. r. comp.
Raccertarsi, zu einer Gewißheit kommen v. ir.
Raccettare, aufnehmen v. ir. comp., beherbergen v. r. comp.
Racchetare, besänftigen, beruhigen v. r. comp., zufrieden stellen v. r.
Racchetarsi, sich besänftigen, sich beruhigen v. rec. r. comp., sich zufrieden geben v. rec. ir.
Racchiudere, einschließen v. ir. comp., einsperren v. r. comp.
Raccogliere, sammeln, ernten v. r.; raccogliere da terra, von der Erde aufheben v. ir. comp.; in zusammen lesen, lesen v. ir.; raccogliere le biade, Getreide einsammeln v. r. comp., ernten v. r.; per raccoglierlo, aufnehmen v. ir. comp.; raccogliere le mente in Dio, seine Gedanken auf Gott richten v. r.; raccogliere lo spirito, l' alito, wieder zu Athem kommen v. ir.
Raccogliersi, sich versammeln v. rec. r. comp., sich setzen v. rec. r., sich in eine Vertiefung oder Betrachtung erheben v. rec. r. comp.
Raccoglimento, die Sammlung pl. en, das Sammeln seiner Gedanken.
Raccoglitore, der Sammler gen. 8, der da sammelt.
Raccolta, per, ristretto; ein kurzer Begriff, Auszug gen. 8; per, raccoglimento, der Sammlung, die Einsammlung; suonare a raccolta, zum Rückzug blasen v. r.
Raccomandabile, e raccomandativo, ag. empfehlungswürdig, lobenswürdig.
Raccomandare, empfehlen, anbefehlen v. ir. comp., eine Fürbitte bey einem einlegen v. r. comp.; raccomandare q. c., anvertrauen v. r. comp.; in Verwahrung geben v. ir.; raccomandar l' anima, für einen Sterbenden beten v. r.
Raccomandarsi, sich einem empfehlen v. rec. ir. comp.
Raccomandazione, e raccomandamento, die Empfehlung pl. en, das Anbefehlen gen. 8, das Bitten, das Befehlen durch einen andern, den man gerne geholfen wissen will; lettere di raccomandazione, Empfehlungsschreiben gen. 8; la raccomandazione dell' anima, das Gebet für die Sterbenden, die Bereitung zum Tode.
Raccomodamento, die Ausbesserung pl. en.
Raccomodare, ausbessern v. r. comp.; V. Racconciare.
Raccompagnare, wieder begleiten v. r. comp., wieder Gesellschaft leisten v. r.
Racconciamento, das Wiederherstellen gen. 8, die Wiederherstellung pl. en, seiner beschädigten Sache, die Ausbesserung, die Wiederzurechtmachung, die Wiederzurechtbringung pl. en.
Racconciare, ausbessern, wieder herstellen v. r. comp., etwas vollständig machen v. r.; ir., wieder flicken v. r.; il tempo si racconcia, das Wetter heitert sich auf.
Racconciatore, der Ausflicker, der Flicker, der Flickschneider gen. 8, der wieder ausbessert, flicket.
Racconciatura } die Ausbesserung, die
Racconcio } Zurechtbringung pl. en.
Raccontabile, ag. merkwürdig, was man erzählen kann.
Raccontamento, die Erzählung pl. en.
Raccontare, erzählen, berichten v. r. c.
Raccontatore, der Erzähler gen. 8, einer der erzählet.
Racconto, die Erzählung pl. en, der Bericht gen. 8, pl. e.
Raccoppiare, wieder zusammen koppeln v. r. (alle Hunde).
Raccorciamento, die Verkürzung, die Abkürzung pl. en.
Raccorciare, abkürzen, verkürzen v. r. comp., kürzer machen v. r., ins Kurze ziehen v. ir.
Raccordare, einem wieder erinnern v. r. comp., V. Ricordare.

Raccorgersi, avvedersi, inne werden *v. aus*/ in sich kehren *v. r.*
Raccorre, *V.* Raccogliere.
Raccostare, nähern *v. r.*, *V.* Accostare.
Raccozzamento, die Vereinigung, die Wiederzusammenbringung *pl.* en.
Raccozzare, porre insieme, vereinigen *v. r. comp.*, *V.* Accozzare.
Raccrescere, vermehren *v. r. comp.*, *V.* Accrescere.
Raccrescimento, die Vermehrung, *V.* Accrescimento.
Raccusare, von neuem verklagen *v. r. comp.*
Racimolare, die kleinen Weintrauben nachlesen *v. r. comp*; *vulgo*: spigolare.
Racquistamento *ec.*, die Wiedererlangung, *V.* Riacquistamento.
Raddensare, render denso, wieder dicke machen, wieder dick machen; raddensare dimande, wieder begehren *v. r. comp.* wieder fragen, von neuem fragen *v.*
Raddirizzamento, die Wiederrichtung, das Wiedergeradebringen, das Wiedergerademachen *gen.* s.
Raddirizzare, wieder gerade machen *v. r.* wieder herstellen, wieder einrichten *v. r. comp.*
Raddolcimento, die Versüßung; *it.* die Besänftigung; *it.* die Benehmung der Schärfe, (von Blute, Säfte *rc*).
Raddolcire, versüßen *v. r. comp.*; *fig.* lindern *v. r.* erweichen *v. r. comp.*
Raddoppiamento, die Verdoppelung, die Vermehrung *pl.* en.
Raddoppiante, *ag.* verdoppelnd.
Raddoppiare, verdoppeln, vermehren, vervielfältigen *v. r. comp.*
Raddoppiatamente, *av.* doppelt, auf doppelte Art.
Raddormentarsi, wieder einschlafen *v. ir. comp.*, *V.* Addormentarsi.
Raddossare, wieder aufladen *v. ir. comp.*, wieder aufbürden *v. r. comp.*, wieder auf den Rücken nehmen *v. ir.*
Raddrizzamento, die Wiederaufrichtung *pl.* en, das Wiedergeradebringen, das Wiedergerademachen *gen.* s.
Raddrizzare, wieder aufrichten *v. r. comp.*, wieder zurecht bringen *v. r.*, wieder einrichten *v. r. comp.*
Radente, *ag.* streifend; onde radenti, streifende Wellen.

Radere, schaben, schleifen *v. ir.*; *it.* ein Gebäude der Erde gleich machen, streifen *v. r.*; nahe an etwas hingehen *v. ir. comp.*; *it.* abscheeren *v. r. comp.*; (als die Haare).
Rade volte, *av.* selten.
Radezza, die Dünne; *per*: rarità, die Seltenheit, die Ungewöhnlichkeit *pl.* en.
Radiale, *sust.* eine Muskel an die Hand.
Radiante, *ag.* strahlend; *it.* glänzend.
Radiare, bestrahlen *v. r. comp.*, Strahlen von sich geben oder werfen *v. ir.*; *it.* scheinen *v. ir.*; *it.* glänzen *v. r.*
Radiazione, die Durchstrahlung *pl.* en, das Strahlenwerfen *gen.* s; *it.* das Strahlen, das Ausstrahlen *gen.* s.
Radice, eine kleine Wurzel *pl.* n.
Radicale, *ag.* ursprünglich; l'umido radicale, die natürliche Feuchtigkeit; *it.* von der Wurzel, was von der Wurzel herrühret, eingewurzelt.
Radicalmente, *av.* ursprünglich, eingebohrnerweise, von seiner Natur, von der Wurzel aus, mit der Wurzel.
Radicare, wurzeln *v. r.*, einwurzeln *v. r. comp.*, Wurzel fassen *v. r.*; Wurzel bekommen *v. ir. comp.*
Radicazione, das Wurzeln, das Einwurzeln, der Gewächs *gen.* s.
Radice, die Wurzel, (der Bäume, Pflanzen, Zähne *rc*); *met.* der Ursprung *gen.* s, die Grundquelle *pl.* n; prendere radice, wurzeln *v. r.*; überhand nehmen *v. r.*
Rado, *ag.* selten; rade volte, sehr selten; *av.* di rado, selten.
Radunamento ⎫ die Versammlung *pl.* en,
Radunanza ⎭ die Zusammenkunft *pl.* (Zusammenkünfte).
Radunare, sammeln *v. r.*, versammeln *v. r. comp.*
Radunarsi, sich versammeln *v. rec. r. comp.*, zusammenkommen *v. ir. comp.*
Rafano, der Rettig *gen.* s, *pl.* e.
Raffazzonare, ausbessern, ausflicken *v. r. comp.*
Rafferma, raffermamento, e raffermazione, die Bestätigung zu einem Amte; *it.* die Beziehung auf etwas.
Raffermare, versichern, bestätigen, bekräftigen, befestigen *v. r. comp.*
Raffigurare, einen an seiner Gestalt, an der Kleidung, und an seinem übrigen Wesen erkennen *v. r. comp.*, kennen *v. r.* *it.* ähnlich, gleich sehen *v. aus.*

Raffilare, den Mund gleich schneiden v. tr., (wie die Schneider, Weber ꝛc.)

Raffilatura, der Abschnitt gen. es, pl. e, (vom Gleichschneiden).

Raffinamento, raffinatezza, e raffinazione, die Läuterung der Metalle, die Vollkommenheit, die Verfeinerung, die Ausschmückung einer Sache.

Raffinare, läutern (von Metallen), reinigen v. r.; ver verfeinern v. r. comp. [illegible]

Raffinatore, ein Läuterer gen. s, ꝛc. ein Läuterer, ein Schmelzer (in Metallen) oder ein Beutler gen. s.

Raffondare, noch tiefer senken v. r., von neuem untertauchen v. r. comp.

Raffreddamento, die Erkältung, das Abkühlen gen. s; met. die Kaltsinnigkeit.

Raffreddare, kühlen v. r., erkälten, abkühlen v. r. comp., [illegible] kalt werden v. auf., [illegible] träge werden v. auf.

Raffreddarsi, sich erkälten v. rec. r. comp., einen Schnupfen bekommen v. ir. comp.; met. [illegible] nachlässig werden v. auf.

Raffrenamento, das Zähmen, das im Zaume Halten gen. s, die Zähmung, die Bändigung.

Raffrenare, im Zaume halten v. ir., bändigen v. r. comp., [illegible] Lampo, Lampeo, den Muth, die Begierde [illegible] r. comp., [illegible] v. r.

Raffrenarsi, sich zähmen v. rec. r., sich enthalten v. rec. ir. comp.

Raffrontare, wieder anmachen, [illegible] v. ir. comp., durch neue [illegible] einander halten v. ir.

Ragazza, das Mädchen, v. Fanciulla.

Ragazzata, die Jugendwerk gen. s, pl. e, die Knabenpossen pl. n.

Ragazzo, ein Bube, ein Knabe, ein Junge gen. en, pl. n, v. Fanciullo.

Ragghiare, [illegible] v. r.

Ragghio, das Eselsschreyen gen. es, pl. en.

Raggiare, Illuminare, leuchten v. r., bestrahlen v. r. comp.

Raggio, der Strahl gen. s, pl. en, (vom Lichte der Sonne); it. der Schein gen. s, der Glanz; un raggio di una ruota, eine Speiche am Rade

Raggiornare, wieder Tag werden v. auf.

Raggiante, [illegible] strahlend, hell leuchtend, [illegible] v. Raggiamento ꝛc.

Raggiatore, ein Strahler gen. s, [illegible] aus Erbarmen[illegible] gesucht.

Raggiro, der Umschweif gen. s, [illegible] die Umschweife [illegible], e raggirare, ohne [illegible] entwerfen v. r. comp.

Raggiungere, einholen, [illegible] v. r. comp., erlaufen v. ir. comp., erlangen, erreichen v. r. comp.; per raggiungere, [illegible], hinzufügen v. r. comp.

Raggiugnimento, das Einholen gen. s, ꝛc. die Vereinigung, die Verbindung.

Raggomitolare, wieder auf Knäule wickeln v. r.

Raggravare, von neuem belästigen, beschweren v. r. comp.

Raggrinzamento, das Zusammenrunzeln gen. s.

Raggrinzare, zusammenrunzeln v. r. comp., runzlich, zusammen machen v. r.

Raggrinzarsi, runzlich, schrumpfich werden v. auf.

Raggrinzato, e raggrinzito, ag. e pp. [illegible] runzlich, schrumpfich, erfaltet.

Raggruppare, verwickeln, zusammenpacken v. r. comp., in ein Bündel wickeln v. r.; [illegible] binden v. r., [illegible] v. r. comp.

Ragguagliamento ⎫ die Nachricht pl. en, das Berichten
Ragguaglianza ⎭ gen. s, der Bericht gen. s, pl. e; per ragguagliamento, die Vergleichung pl. en.

Ragguagliare, [illegible] berichten, Bericht abstatten, benachrichtigen v. r. comp., Nachricht geben v. ir.; per ragguagliare, vergleichen v. ir. comp.

Ragguagliatamente, nach Proportion, eins in das andere gerechnet.

Ragguagliatore, einer der Nachricht giebt, Bericht abstattet.

Ragguaglio, die Nachricht pl. en, v. Ragguagliamento.

Ragguardare, genau ansehen v. ir. comp., v. Riguardare.

Ragazzo[illegible], ag. [illegible], [illegible].

Ragia, [illegible], die List, der Betrug gen. [illegible], die Betrügereyen pl. [illegible] ragia, das Harz gen. es.

Ragionamento, die Unterredung pl. en, das Gespräch gen. s, pl. e; entrare in ragionamento, sich in ein Gespräch einlassen v. rec. ir. comp.; it. ein Vernunftschluß, ein vernünftiges Vermögen, Ursachen gen. [illegible].

Ragionare, vernünftig reden v. r., schliessen v. ir., urtheilen v. r. comp.; ragionare di qualche cosa, von etwas reden v. r.; ragionare di qualche altra cosa, lasst uns von was anders reden.

Ragionatamente, av. vernünftigerweise, mit Recht.

Ragionato, ag. geredet, gesagt, gethan; it. vernünftig, vernunftmäßig.

Ragionato, [illegible] ein Rechnungsführer, ein Rechnungsbeamter gen. [illegible].

Ragionatore, der redet, der viel unverständiges Geschwätz macht, ein Plauderer gen. s.

Ragione, die Vernunft, der Verstand gen. es; per [illegible], die Ursache; per prova, der Beweis gen. es; per diritto, das Recht gen. es; per conto, die Rechenschaft; per [illegible], das Motiv, das Warum der Ursache; [illegible] rendere la sua ragione, sich rechtfertigen v. rec. r. comp.; per che ragione? [illegible] con ragione, billig; con più ragione, mit mehrerem Rechte; aver ragione, Recht haben v. an.; chieder ragione, Rechenschaft fordern v. r.; render ragione, Rechenschaft geben v. ir.; la ragione [illegible], [illegible], das Bürgerliche, [illegible] Recht.

Ragionevole, ag. vernünftig, billig, [illegible], bescheiden, unvernünftig.

Ragionevolezza, die Billigkeit, die Vernunft.

Ragionevolmente, av. vernünftiglich, wie sichs gebühret, mit Recht, billigerweise, gerechterweise, ziemlich, billig.

Ragliato, ag. [illegible].

Ragliare, wie ein Esel schreyen v. ir.

Raglio, das Eselsgeschrey gen. s, pl. en.

Ragno, das Spinnengewebe gen. s, pl. [illegible]; [illegible] die List, die Hinterlist.

Ragnato, [illegible] cosa [illegible], einen Vogel [illegible] v. r. [illegible], auf einen Vogelheerde fangen v. ir.

Ragna, die Spinne pl. n.

Ragunamento, [illegible] die Versammlung pl. en, die Zusammenkunft pl. [illegible], ein großer Haufe, das Einsammeln.

Ragunare, [illegible], versammeln v. r. comp., [illegible], zusammen kommen lassen v. ir., zusammenrufen v. r. [illegible].

Ragunata, die Gesellschaft, die Versammlung pl. en; una ragunata di gente, eine Menge Leute.

Ragunatore, ein Sammler gen. s, einer der versammlet.

Rai, poet. [illegible], die Strahlen.

Rallargamento, die Erweiterung pl. en, das Erweitern gen. s.

Rallargare, erweitern v. r. comp., s. Allargare.

Rallegramento, die Freude, die Fröhlichkeit, die Ergetzung, die Erfreulichkeit pl. en.

Rallegrare, erfreuen, ergetzen v. r. comp., [illegible] machen v. r.

Rallegrarsi, sich erfreuen v. rec. r.; rallegrarsi con uno di qualche felice avvenimento, [illegible] jemanden Glück wünschen [illegible] v. r.

Rallentamento, das Nachlassen gen. s.

Rallentare, das Getümmel nachlassen v. ir. comp.; rallentare la briglia, den Zügel schiessen lassen, it. losmachen, nachgeben, ablassen, nachlassen v. ir. comp. (als Hitze, Kälte, Zorn, Liebe etc.)

Rallentarsi, schlaf werden v. aus. [illegible], [illegible] v. ir. comp., [illegible] werden v. aus.

Ralluciare, [illegible] v. r.

Rallumare, wieder anzünden v. r. c.

Rallumare, wieder erleuchten v. r. comp., licht machen, wieder sehend machen v. r.

Rallungare, verlängern v. r. comp., länger machen v. r.; rallungare la via, den längsten Weg nehmen v. ir.

Rame, das Kupfer gen. s; intagliare in rame, in Kupfer stechen v. ir.; un intaglio in rame, figura in rame, der Kupferstich gen. s, pl. e.

Ramerino, der Rosmarin gen. s.

Ramificare, Zweige treiben v. ir., sich

in Aeste ausbreiten *v. rec. r. comp.*

Ramificazione, die Ausbreitung in Aeste.

Ramingo, *sust.* ein irrender Mensch *gen. en pl. en*; *it.* ein junger Raubvogel *gen. s*.

Ramingo, *ag.* irrend, flüchtig, unstet, der keine bleibende Stätte hat.

Ramina, ein kupfernes Castrol *gen. s*.

Rammarginare, zuheilen, zusammenheilen *v. r. comp.*, eine Narbe bekommen *v. ir. comp.*

Rammarginarsi, zuheilen *v. r. comp.*, sich zuschließen *v. rec. ir. comp.*, (von Wunden).

Rammaricamento, e rammaricazione, die Betrübniß. *V.* Rammarico.

Rammaricarsi, sich grämen *v. rec. r.*, Verdruß haben *v. aus.*

Rammarico, die Betrübniß *pl. e*, der Verdruß *gen. es*, die Wehmuth, der Gram, das Wehklagen, das Jammern *gen. s*.

Rammassare, wieder zusammenbringen, wieder versammeln *v. r. comp.* *V.* Ammassare.

Rammemoranza, e rammemorazione, das Andenken *gen. s*, die Erinnerung *pl. en*.

Rammemorare, vorstellen *v. r. comp.*, in die Gedanken bringen *v. r.*, wieder erinnern *v. r. comp.*

Rammemorarsi, sich erinnern *v. rec. r. comp.*, daran gedenken *v. r. comp.*, eingedenk seyn *v. aus.*

Rammendare, ausbessern *v. r. comp.*

Rammentamento, e rammentanza, die Erinnerung *pl. en*, das Andenken *gen. s*.

Rammentare) sich erinnern *v. rec. r.*

Rammentarsi) *comp.*, sich besinnen *v. ir. comp.*, daran gedenken *v. r. comp.*, eingedenk seyn *v. aus.*

Rammezzare, halbiren, in zween Theile theilen *v. r.*

Rammollare, e rammollire, erweichen *v. r. comp.*; *it.* lindern *v. r.*; *met.* besänftigen *v. r. comp.*

Rammontare, wieder zusammen machen *v. r.*, (als einzelne Stücke), auf einen Haufen legen *v. r.*

Rammorbidamento, die Einweichung, die Erweichung, *met.* die Linderung, die Besänftigung *pl. en*.

Rammorbidare, e rammorbidire, wieder weich machen *v. r.*, wieder erweichen *v. r. comp.*, gelinder machen *v. r.*; *met.* lindern *v. r.*, besänftigen *v. r. comp.*

Rammucchiare, aufhäufen *v. r. comp.*, auf einen Haufen schütten *v. r.*

Ramo, der Ast *gen. es*, *pl.* Aeste, der Zweig *gen. s*, *pl. e*; il ramo di un fiume, der Arm von einem Flusse; il ramo di una famiglia, die Linie von einem Geschlechte.

Ramolaccio, der Rettig *gen. s*.

Ramoso, *ag.* ästig, zweigicht, voller Aeste.

Rampante, *ag.* kletternd, aufsteigend.

Rampare, klettern *v. r.*

Rampare, die Bastey *pl. en*, *V.* Bastione.

Rampicare, klettern *v. r.*

Rampicone, *sust.* der Hacken *gen. s*; *av.* kletternderweise.

Rampino, rampo, uncino, der Hacken *gen. s*, eine Klammer *pl. n*.

Rampogna) der Verweis *gen. es*,

Rampognamento) eine derbe Vermahnung; *it.* die Schmähung *pl. en*, das Schmähwort, das Schimpfwort *gen. s*, *pl. e*.

Rampognare, nachdrücklich vermahnen *v. r. comp.*; *it.* schmähen, schimpfen, keifen *v. r.*, ausschelten *v. ir. c.*

Rampognoso, *ag.* schmählichtig, zänkisch.

Rampollamento, das Hervorquellen, das Hervorsprudeln *gen. s*.

Rampollante, *ag.* quellend, hervorspringend.

Rampollare, hervorquellen *v. r. comp.*, hervorsprossen *v. ir. comp.*; *met.* entstehen, entspringen *v. ir. comp.*; *it.* aufschießen *v. ir.*, (als das Getreide).

Rampollo, eine Wasserquelle *pl. n*, der Schößling *gen. s*, *pl. e*, das Pfropfreiß *gen. es*, das Zweigelchen *gen. s*; *met.* il rampollo di famiglia, der Zweig *gen. s*, (einer Familie).

Ramuscello, das Zweigelchen *gen. s*, der junge Zweig *gen. s*, *pl. e*.

Rana, der Frosch *gen. es*, *pl.* (Frösche).

Rancidezza, e rancidume, das Altschmeckende *gen. s pl. n*, der garstige Geruch, oder Geschmack *gen. s*, (von alten halbfaulenden Sachen, Schwarten rc.)

Rancido, *ag.* altschmeckend, verdorben, stinkend, übelriechend.

[illegible], die Nuß, der [illegible] gen. f. [illegible], verschwiegene [illegible].
Rang, der Rang, die [illegible], die Ehre, der Vorzug gen. f.
Rangiren, einrangiren [illegible]
[illegible]
Ramo, der Zweig [illegible]
[illegible]
Ranunculo, r. ranunculo [illegible], die Ranunkel pl. [illegible]
Rapa, eine Rübe pl. e.
Rapace, [illegible], räuberisch, raubend.
[illegible]
Rapina, der [illegible], [illegible]
[illegible]
Rapido, [illegible], schnell, [illegible]
[illegible]

[illegible]
Rappresentare, [illegible]
[illegible]
Rapportare, [illegible]
[illegible]

wischen bringen v. r. ; rec. riferire in seguito, angeben v. tr. comp. (bezüglich)

Rapportarsi, sich beziehen, sich berufen v. rec. ex comp. (auf etwas).

Rapportamento } das Erzählen gen. s.
Rapporto } die Nachricht pl. en, das Anbringen gen. s, (etwas anderes), der Bericht gen. s, pl. e, r. das Bezeuchen gen. s. (auf ein anderes Ding); das Gegeneinanderhalten gen. s, die Proportion im Messen, im Zahlen, das Verhältniß ... (der großen Zahlen gegen die kleinern) per rapporto, in Absicht, in Rücksicht.

Rappresaglia, der Gegenraub gen. s. Gleichwiedervergeltung im Wegnehmen fremden Gutes oder Personen, um sich zu erholen; fr. die Rache, die Vergeltung.

Rappresagliare, Wiedervergeltung brauchen v. r., ein fremdes Gut zurückbehalten, um sich zu rächen; fr. wieder vergelten v. tr. comp.

Rappresentamento, rappresentanza, e rappresentazione, die Vorstellung, die Darstellung, die Abbildung etc. ... rappresentazione teatrale, die Aufführung auf der Schaubühne.

Rappresentante, subst. ein Abgeordneter gen. s, der in Namen eines andern da ist.

Rappresentativo, ag. vorstellend, vorbildend.

Rappresentare, abbilden, vorstellen, darstellen v. r. comp.; rappresentare aufführen v. tr. comp.; egli rappresenta un ..., er stellet den vor, er vertritt seine Stelle.

Rappresentatore, einer der vorstellet, der die Vorstellung macht.

Rappreso, ag. geronnen, (als Milch, Blut etc.)

Rappressare, näher bringen v. r., näher rücken v. tr.

Rappressarsi, e rapprossimarsi, sich nähern v. rec., näher kommen v. tr.

Rapprossimamento, die Annäherung.

Raramente, zu selten, nicht allezeit, selten.

Rarefare, dünne machen v. r., verdünnen v. r. comp.

Rarefazione, die Verdünnung, die Ausbreitung einer Sache, so wieder in einem so großen Raume steht.

Rarefarre, dünne machen, [illegible] v. r. comp.

Raretà, [illegible]

Rarità, die Seltenheit pl. en, ... das vor seltenen ... die Kostbarkeit, die Vortrefflichkeit, die gute Vorteil ... per rarità, [illegible] die Seltenheit.

Raro, und denso, ag. dünne, einzeln, ... selten, ... [illegible]

Raschiare, e rastiare, abschaben, abkratzen, abraspeln v. r. comp.

Raschiatoja, das Schabeisen gen. s, die Raspel pl. en.

Raschiatura, das Schaben, die Abschabung; fr. das Abgeschabte gen. s pl. n, die abgeschabte Späne.

Rasciugare, abtrocknen, austrocknen v. r. comp., trocknen v. r.

Rasa (terra rasa), subst. der Masse gen. es ... das Ausstreichens, das Abgestrichte gen. s pl. n.

Raso, ag. rasiert, geschoren, eigentlich vom Barte oder andern Haaren, abgeschoren, [illegible] fr. Atlas, glatt, abgestreicht, wenn rasa, gestrichene Mannen, misura rasa, gestrichenes Maaß.

Rasojo, das Rasiermesser gen. s.

Raspa, die Raspel pl. n.

Raspare, raspeln v. r.; fr. scharren v. r. (wie die Pferde thun mit den Füßen).

Raspatura, die Abgeschabte.

Raspo, graspo, der Kamm von der Weintraube.

Rassettare, auflesen v. r. comp., Ordnung halten v. tr., (was dies und da zu schaffen ist).

Raspollo, die Weintraube, welche beym ... der Weinlese übergeben wird. n.

Rassicurare, wieder setzen v. r.

Rassodare, wieder anfallen v. tr. comp., v. Rinsaldare.

Rassegna } die Musterung pl. en
Rassegnamento } die Revue gen. s (Fr. Revue); passar in rassegna, mustern v. r.; fare rassegna, die Heerschau, die Musterung.

Rassegnare, consegnare, gewähren, zurückgeben, überreichen v. r. comp., übergeben v. tr. comp.

Rassegnarsi, sich ergeben, sich gefallen

zu überlassen v. rec. ir. comp. ; me le rassegno suo servitore, ich bleibe Dir ergebener Diener ; io le rassegno il mio ossequio, ich bezeige Dir mich meine Ergebenheit.

Rassegnazione, die Ergebenheit, die Demüthigkeit, die Gelassenheit; per la consegna, die Uebergabe, die Ueberlieferung.

Rassomigliamento
Rassomiglianza) die Aehnlichkeit.

Rassembrare, ähnlich, gleich sehen v. ir. ähnlichen v. r. comp.

Rasserenare, heiter machen v. r., aufklären, aufheitern v. r. comp., (sonderlich vom Wetter)

Rasserenarsi, heiter, klar werden v. aus., sich wieder aufheitern v. rec. r. comp. ; met. wieder froh werden v. aus.

Rassettamento, e rassettatura, das Wiedereinrichten, das wieder in Ordnung bringen gen. s.

Rassettare, in die vorige Ordnung wieder bringen v. r., einer Sache den vorigen Zustand wieder geben v. ir., in vorigen Stand setzen v. r., wieder herstellen v. r. comp.

Rassicurare, wieder versichern v. r. comp., trösten v. r., aufrichten v. r. comp.

Rassicurarsi, wieder Muth fassen v. r.

Rassodare, wieder still stellen v. r., befestigen v. r. comp. ; met. stärken, standhaft machen v. r.

Rassodarsi, verhärten v. r. comp., hart werden v. aus.

Rassomigliamento, e rassomiglianza, die Aehnlichkeit, die Gleichheit.

Rassomigliante, ag. gleich, ähnlich.

Rassomigliare, ähnlich sehen v. ir., ähnlichen v. r.

Rassottigliare, noch feiner, subtiler machen v. r. ; it. verwundern v. r. comp.

Rastiare, abschaben v. r. comp., V. Raschiare.

Rastrellare, rechen, harken, mit dem Rechen zusammen bringen v. r.

Rastrelliera, die Raufe, oder die Leiter, worinnen man dem Viehe das Heu vorlegt; it. die Harke, der Rechen an der Wand 2c.

Rastrello, die Harke pl. n, der Rechen gen. s, (worüber die Seiler winden); it. das Fallgitter gen. s, (in den Thoren) ; it. ein langes Holz mit hölzernen Nägeln versehen, woran man allerley Sachen aufhängt.

Rastrellata, ein Rechenvoll, eine Raufevoll.

Ratura, das Abgeschabte, das Abgeschabte, das Abgekratzte gen. s pl. n, (von etwas); it. das Abschaben, das Abkratzen gen. s.

Rata, ein gewisser Theil, der auf eine jede Person zu stehen kommt, die Portion pl. en, der Antheil gen. s, pl. e, (so jemandem an einer Sache zukommt).

Ratificamento, e ratificazione, die Genehmhaltung, die Bestätigung, die Bekräftigung pl. en, das Gutheißen gen. s.

Ratificare, billigen v. r., gut heißen v. ir., bestätigen, bekräftigen v. r. comp.

Rato, ag. com. g. ud. g. bestätiget, genehmiget ; lo avrò per rato e grato, ich werde es für lieb und genehm halten

Rattacconamento, das Flicken gen. s. (von Kleidern).

Rattacconare, flicken v. r.

Rattamente, av. schnell, eilends, in aller Eile, V. Ratto.

Rattemperare, mäßigen v. r., einschränken v. r. comp.

Rattenere, zurückhalten, anhalten v. ir. comp.

Rattenimento, die Zurückhaltung pl. en, das Aufhalten gen. s.

Rattenuto, ag. zurückgehalten ; it. behutsam, bedachtsam av. umsichtig.

Rattiepidare
Rattiepidire) lauliche machen v. r., verkühlen v. r. comp. ; met. wieder träge, kaltsinnig werden v. aus.

Rattizzare, wieder schüren v. r., als (das Feuer) ; met. aufs neue rege machen v. r., (als einen Affekt, Aufruhr 2c.) ; rattizzare le inimicizie, die Feindschaft wieder erregen v. r. comp.

Ratto, sust. der Raub gen. s ; egli vivea di ratto, er lebte vom Raube ; il ratto di una Vergine, der Jungfernraub ; it. die Entführung ; per sorcio, topo, die Ratze, die Ratte pl. en.

Ratto, ag. schnell, behend, flüchtig ; it. steil, jähe ; it. partic. geraubt, entführt av. geschwind, schnell.

Rattoppare, ausflicken *v. r. comp.*, flicken *v. r.*, ausbessern *v. r. comp.*
Rattorcere, zusammendrehen *v. r. comp.*
Rattornare, umgeben *v. ir. comp.*, umringen, umzingeln, umfassen *v. r. comp.*
Rattrappare, o rattrarre) zusammen-
Rattrapparsi, rattrarsi) schrumpeln, zusammenschrumpfen *v. r. comp.*, sich zusammenziehen *v. rec. ir. comp.*; *it.* krüppelhaft werden *v. auf.*, (eigentlich von Gliedern, Nerven ic.)
Rattrattura, die Zusammenziehung, die Lähmung der Glieder und Nerven, *V.* Contrattura.
Rattristare, wieder betrüben, kränken *v. r.*
Rattristarsi, wieder betrübt werden *v. auf.*, sich wieder kränken *v. r. rec. comp.*
Ravanello, e ravano, der Rettig *gen.* s.
Raucedine, die Heischerkeit.
Rauco, *ag.* heischer: un suono rauco di trombe, ein rauher Schall der Trompeten; di violino, ein rauher Klang einer Violine.
Raviuoli, *umgz.* ravioli, Speise von Eyern, Käse, Teig ic.
Ravunamento *ec.*, die Versammlung, *V.* Ragunamento *ec.*
Ravvedersi, klug werden *v. auf.*, in sich gehen *v. ir.*, seine Fehler einsehen *v. ir. comp.*, bereuen *v. r.*, sich bessern *v. rec. r. comp.*
Ravvedimento, das Insichgehen *gen.* s, die Besserung.
Ravvisare, belehren *v. r. comp.*, esser ravvisato, inne werden *v. auf.*, einsehen *v. ir. comp.*; *it.* am Gesichte erkennen *v. r. comp.*, *V.* Raffigurare.
Ravvivare, wieder lebendig machen *v. r.*, erwecken, ermuntern *v. r. comp.*
Ravvivarsi, wieder aufleben *v. r. comp.*, wieder zu Kräften kommen *v. ir.*
Ravvolgere, einwickeln *v. r. comp.*, (in Papier, Tuch ic.) einhüllen *v. r. comp.*, einschlagen *v. ir. comp.*, umwickeln *v. r. comp.*
Ravvolgimento, die Einwickelung, die Einhüllung.
Ravvolto, *ag.* verwickelt, eingewickelt, eingehüllet, zusammengerollt.
Raziocinare, vernünftig reden, Schlüsse machen *v. r.*, Beweise anführen *v. r. comp.*, vernunftmäßig schließen *v. ir.*, Vernunftschlüsse machen *v. r.*

Raziocinio, die Schlußrede *pl.* n, der Vernunftschluß *gen.* es, *pl.* -schlüsse.
Razionale, *ag.* vernünftig, vernunftmäßig.
Razza, das Geschlecht, der Stamm *gen.* es, die Art; una razza di cavalli, eine Stuterey *pl.* en; una razza di furfanti, ein Diebsgesindel *gen.* s; razza de boja! (ein Scheltwort, razza buggerona! [illegible])
Razzare, raggiare, strahlen *v. r.*, bestrahlen *v. r. comp.*

R E

Re, der König *gen.* s, *pl.* e; il Re d'armi, der Wappenkönig.
Reale, regale, *ag.* königlich; *av.* alla Reale, königlich; un trattamento reale, eine prächtige Mahlzeit *pl.* en.
Reale, vero, effettivo, *ag.* wahr, wirklich, wahrhaftig, wesentlich; carta reale, das Regalpapier. *it.* sincero, treuherzig, aufrichtig, redlich.
Realizzare, wirklich machen, ins Werk setzen *v. r.*, für gültig erkennen, bewerkstelligen *v. r. comp.*
Realmente, *av.* wirklich, in der That, wahrhaftig, aufrichtig, redlich; per regalmente, königlich, prächtig.
Realtà, die Wirklichkeit, etwas Wirkliches, etwas Wahrhaftes, etwas Wesentliches; *it.* per lealtà, die Rechtschaffenheit, die Redlichkeit, die Aufrichtigkeit.
Reame, das Königreich *gen.* s, *pl.* e.
Reamente, *av.* strafbarerweise, böslich, boshaftiglich, *V.* Colpevolmente.
Reassunzione, die Wiederaufnehmung, die Wiedervornehmung.
Reato, das Verbrechen *gen.* s, die Schuld, *V.* Colpa.
Rebbio, die Zinken an einer Gabel.
Recamento, das Bringen, das Herbringen, das Herbeyschaffen, das Darreichen *gen.* s.
Recare, reichen, bringen *v. r.*, herbeybringen *v. r. comp.*, herbeyschaffen *v. ir. comp.*, geben *v. ir.*
Recarsi, sich etwas bey sich machen *v. r.*, io mi reco ad onore, ich mache mir eine Ehre daraus; recarsi a noja una cosa, eines Dinges überdrüssig werden *v. auf.*, recarsi in collo,

[illegible] auf die Achseln, in der Mitte [illegible]

Recidiviren, [illegible] zurückfallen [illegible] E. R. [illegible]

[illegible] die Zurückweisung, die [illegible] Zurückforderung

[illegible]

[illegible] verwendet, [illegible]

Recipisse, [illegible] der Verlag [illegible] des Waarenschein [illegible]

Reception, die Aufnahme [illegible]

Recidiren, abschneiden, abnehmen [illegible] vom Ganzen).

Recidiv, ein ehemaliger Anfall von einer Krankheit, das Wiederkommen derselben.

Recidivo, er war wieder in den vorigen Stand gestellt (wird immer [illegible] gebraucht).

Recipe, [illegible] der Recipe [illegible] die Einnahme [illegible]

[illegible]

[illegible] ein Wiederkehren [illegible]

[illegible]

[illegible] die Erzählung [illegible]

[illegible] wieder [illegible] recommandiren [illegible] wiedergeben [illegible] empfehlen [illegible]

Recipiarium, ein neugeworbener Soldat, ein Rekrut [illegible]

Recrutiren, rekrutiren [illegible] comp., ein [illegible] die [illegible] Soldaten werden [illegible] werden [illegible]

Recondire, ag. verbergen, geheim, heimlich [illegible]

Recreation, [illegible] erlöst, schaut, lohnen [illegible]

[illegible] der Erlöser [illegible]

Redemtion, die Erlösung, die Befreiung der Gefangenen von den Ungläubigen [illegible] ohne Geld.

Rediscontiren, [illegible] wieder [illegible]

Redintegration, der Wiederherstellung [illegible]

Redificiren, [illegible]

Redimiren, loskaufen, [illegible] [illegible] das [illegible] geld bezahlen [illegible] comp., V. Recompense, [illegible]

[illegible], was [illegible] zu taufen [illegible]

Redine, [illegible] der Zügel [illegible] die Gewalt, der [illegible]

[illegible]

Rede, ag. [illegible]

Referendaris, ein Referent, einer der vorträgt, erzählt, der über die Berichte der Relation [illegible] einem Andern den Inhalt gewisser Schriften [illegible]

Referenz, eine Relation.

Referiren, berichten [illegible] comp., V. [illegible]

Reflexion, der Ueberlegung, der [illegible]

Reforme, das Verbesserung [illegible] die Umänderung [illegible]

[illegible], [illegible] comp., (die Spei[illegible] und Trank).

Refraction, [illegible] die Abbrechung der [illegible]

[illegible] V. [illegible]

Refugio, [illegible] die Zuflucht, das Hülfsmittel des [illegible]

[illegible] Luft, [illegible], Erde und Platz.

Refrattario, ae. widerspenstig; *subst.* ein Ungehorsamer *gen.* e.

Refrigerante, ae kühlend, abkühlend, erfrischend.

Refrigerare, erfrischen, abkühlen, erquicken *v. tr. comp.*

Refrigerativo, ae abkühlend, erfrischend.

Refrigerazione, die Abkühlung, die Erfrischung.

Refrigerio, das Kühlmittel *gen.* s, die Erfrischung, die Labung, die Erquickung, it. die Ruhe, der Trost *gen.* s.

Regalare, beschenken, verehren *v. tr. c.*

Regale, ae. königlich.

Regalo, das Geschenk *gen.* s, *pl.* e.

Regenerare, wiedergebären *v. tr.* [illegible] (in der Taufe).

Regenerazione, die Wiedergeburt, (geistlich).

Reggente, *subst.* ein Regent, der, welcher regieret, ein Oberaufseher *gen.* s.

Reggente, ae. regierend.

Reggenza, die Regierung.

Reggere, regieren *v. tr.* verwalten *v. tr.* [illegible] dauern [illegible] aushalten, ertragen, ausstehen *v. tr.* [illegible]

Reggersi, sich regieren können *v.* [illegible] sich erhalten *v. rec. tr. comp.* [illegible] reggersi in piedi, sich aufrichten [illegible] non [illegible] reggersi in piedi, nicht auf den Füßen stehen können; it. nicht ausdauern können.

Reggia, e reggie, die königliche Burg, der königliche Residenz, das königliche Palais, der königliche Palast *gen.* es.

Reggimento, die Regierung, das Regiment *gen.* s, [illegible]

Reggitore, der Regierer, der Regent [illegible] ein Verwalter.

Regicida, der Königsmörder *gen.* s.

Regicidio, der Königsmord *gen.* s.

Regina, die Königinn.

Regio, ae. königlich, [illegible] [illegible] regio, die [illegible]

Regione, das Land *gen.* s, *pl.* (Länder), die Landschaft *pl.* en, [illegible] die Provinz, der Bezirk *pl.* e.

Registrare, in ein Register aufschreiben *v. tr. comp.* in einem Buche eintragen [illegible] einragen *v. tr. comp.* protokolliren *v.* [illegible]

Registratore, der Registrator, der Buchhalter *gen.* s.

Registratura, die Registratur, die Buchhalterey, das Aufschreiben in das Register, das Einschreiben in ein Buch.

Registro, das Register *gen.* s, das Verzeichnißbuch *gen.* s *pl.* (bücher), das Protokol [illegible] die [illegible]

Regnante, *subst.* der Landesherr [illegible] der Regent [illegible] der regierende Herr [illegible]

Regnare, [illegible]

Regno, das Reich, das Königreich *gen.* es.

Regola, eine Regel, eine Ordnung, [illegible]

Regolamento, die Verordnung, die Einrichtung, die vorgeschriebene Ordnung [illegible] eine Ordnung einführen [illegible]

Regolare, *verb.* ordnen, in Ordnung bringen, [illegible] einrichten [illegible]

Regolare, ae. richtig, ordentlich, förmlich.

Regolare, *sost.* ein Ordensgeistlicher, ein Ordensmann [illegible] *pl.* (Mönche).

Regolarità, die Ordnung, die Richtigkeit, die Regelmäßigkeit [illegible]

Regolarmente, ordentlich, regelmäßig, nach der Ordnung, recht.

Regolato, [illegible]

Regolatore, der [illegible] Ordnung [illegible]

Regolo, ein König von kleiner Macht; *it.* ein Antermi, *it.* ein Zeichen des Lottems; *it.* ein Lineal, eine Leiste, ein Reif zur Zierrath um etwas.

Regresso, das Erholen *gen.* s, (an etwas)

Regurgitare, überfliessen *v. ir. comp.*, sich ergiessen *v. rec. ir. comp.*

Reintegrare, herstellen *v. r. comp.*, wieder in Besitz desjenigen setzen, woraus man vertrieben worden; eine Sache wieder in vorigen Stand setzen *v. r.*

Reintegrazione, die Wiederherstellung in vorigen Stande, die Wiedereinsetzung in den Genuß der Güter, daraus man gesetzt worden ist.

Reità, das strafbare Wesen *gen.* s, die Bosheit, die Schuld, die Gottlosigkeit.

Reiterare, wiederholen *v. r. comp.*, noch öfter thun *v. ir.*

Reiteratamente, *av.* wiederholterweise, zu wiederholten mahlen.

Reiterazione, die Wiederholung *pl.* en.

Relassamento, e relassazione, die Erweiterung; *it.* das Nachlassen, das Auslösen, das Erholen *gen.* s; relassazione di corpo, der Durchfall *gen.* s

Relassare, nachlassen *v. ir. comp.*, (das gespannte) *it.* einen Gefangenen loslassen *v. ir. comp.*, in Freyheit setzen *v. r.*

Relativamente, *av.* in Absicht auf das andere, beziehendermaßen beziehungsweise auf etwas anders.

Relativo, *ag.* sich beziehend.

Relatore, der Zubringer, der Berichter, der Erzähler *gen.* s; der Bericht erstattet.

Relazione, der Bericht *gen.* s, *pl.* e, die Erzählung *pl.* en; fare la sua relazione, seinen Bericht abstatten *v. r. comp*; *it.* die Beziehung auf etwas.

Relegare, aus einer Stadt oder Lande verweisen *v. ir. comp.*, verbannen *v. r. comp.*

Relegato, ein Verwiesener aus einer Stadt oder Lande, ein Verbannter *gen.* s.

Relegazione, die Landesverweisung, die Verbannung

Religione, die Religion, der Glaube, der Gottesdienst; das Glaubensbekänntniß *gen.* es; *it.* die Frömmigkeit; *it.* ein geistlicher oder Mönchsorden *gen.* s.

Religiosa, eine Klosterfrau *pl.* en, eine Nonne *pl.* n.

Religiosamente, *av.* andächtigerweise, eifrig fromm, redlich, heilig, gottesfürchtig.

Religioso, *sust.* ein Mönch *gen.* s, *pl.* (Mönche), eine Ordensperson *pl.* en.

Religioso, *ag.* fromm, gottesfürchtig, tugendhaft, andächtig, gewissenhaft; einem Geistlichen gehörig.

Religiosità, das andächtige Wesen, das fromme Leben *gen.* s; die Andacht, die Frömmigkeit.

Reliquia, das Heiligthum *gen.* s, *pl.* (thümer); *it.* per rimasuglio, das Ueberbleibsel von etwas verlassenem.

Reliquiario, ein Kästchen zur Verwahrung der Heiligthümer.

Rema, e reuma, der Schnupfen *gen.* s, *V.* Catarro:

Remare, e remigare, rudern *v. r.*

Rematico, e reumatico, *ag.* mit dem Schnupfen beladen; einer, der den Schnupfen hat.

Rematore, ein Ruderknecht *gen.* s, *pl.* e; einer, der rudert.

Remedio, ein Arzneymittel *gen.* s, *V.* Rimedio ec.

Reminiscenza, die Erinnerung des Vergangenen oder Vergessenen; das Gedächtniß *gen.* es, *pl.* e.

Remissibile, *ag.* erläßlich, vergeblich, was vergeben werden kann.

Remissione, die Vergebung der Sünden, der Nachlaß einer Schuld, die Erlassung.

Remo, das Ruder *gen.* s.

Remora, ein kleiner Fisch dieses Namens, der die Schiffe aufhalten soll.

Remoto, *ag.* e *part.* entfernet, entlegen.

Remozione, das Hinwegthun *gen.* s, die Entfernung, die Absetzung von einem Amte ec.

Remuneramento, e remunerazione, die Vergeltung, die Belohnung *pl.* en.

Remunerare, vergelten *v. ir. comp.*, belohnen *v. r. comp.*

Rena, der Sand *gen.* s, *V.* Arena.

Renaccio, ein sehr sandichter Boden *gen.* s; *it.* ein Haufen Sand.

Renajo, die Sandbank.

Renitente, ag. widerstehend.
Rendere, [illegible] [illegible], wiedergeben v. tr. comp. [illegible] [illegible] v. tr. [illegible], render conto, [illegible] v. r. comp., render [illegible] [illegible], [illegible] v. r. comp.

Rend[illegible], [illegible] [illegible] v. rec. [illegible] [illegible] [illegible] [illegible], [illegible] [illegible] [illegible].

Re[illegible]o, das Wiedersehen gen. [illegible] [illegible] [illegible] [illegible] [illegible], die Danksagung, die Dank[illegible] pl. [illegible].

Re[illegible], die [illegible] [illegible] [illegible], das Einkommen, gen. [illegible], die Rente pl. [illegible].

Ren[illegible], [illegible], der [illegible], der [illegible] gen. [illegible].

Re[illegible], [illegible] [illegible], die [illegible], die [illegible] [illegible], die [illegible].

Renitente, ag. widerspenstig.

Re[illegible], die Widerspenstigkeit, das Widerstreben, [illegible] [illegible] [illegible], widerstreben v. r. comp.

Reno (Rum), der Rhein gen. [illegible], der [illegible] gen. [illegible] [illegible] [illegible] [illegible], der [illegible] gen. [illegible].

Re[illegible], das [illegible] [illegible] gen. [illegible].

Re[illegible], [illegible] [illegible].

Re[illegible], [illegible] [illegible] ([illegible]), das [illegible] gen. [illegible] ([illegible] [illegible] [illegible]).

Re[illegible], [illegible] [illegible], der [illegible], die [illegible] gen. [illegible].

Re[illegible], [illegible].

Re[illegible], die [illegible], die [illegible] [illegible].

Reparabile, ag. ersetzlich, was wieder hergestellet werden kann.

Reparire, [illegible] [illegible] [illegible] v. r. comp., V. Riparare.

Reparazione, die Wiederherstellung, [illegible] [illegible] [illegible] [illegible] [illegible], eine Ausbesserung pl. [illegible], V. Riparazione.

Repartire, [illegible] [illegible] [illegible] [illegible] [illegible] [illegible].

Repentaglio, die [illegible], die [illegible] [illegible] [illegible] [illegible].

Repentinità, die [illegible], das [illegible] gen. [illegible], [illegible] [illegible] [illegible] repentinità, [illegible] [illegible] [illegible] [illegible] [illegible], [illegible] [illegible] [illegible], [illegible] [illegible] [illegible] [illegible].

Repente, ag. [illegible], [illegible] [illegible], [illegible], [illegible], [illegible].

Repente [illegible] [illegible] [illegible] [illegible].

Repentinamente, [illegible], [illegible] mit schneller Geschwindigkeit, [illegible] [illegible].

Repentino, ag. plötzlich, [illegible] [illegible] [illegible] [illegible] [illegible], [illegible] [illegible] [illegible].

Repertorio, das Register gen. [illegible], [illegible] [illegible] [illegible], das Repertorium.

Repetere ec., wiederholen v. r. comp., V. Ripetere ec.

Repetizione, das Wiederholen gen. [illegible], die Wiederholung, die [illegible] [illegible] [illegible].

Replica, die Widerrede, die [illegible] [illegible] pl. [illegible], der [illegible] gen. [illegible], [illegible] [illegible], die [illegible], [illegible] [illegible] [illegible] [illegible], [illegible] [illegible], ohne Widerrede.

Replicare, wiederholen, [illegible] [illegible], erwiedern v. r. comp., [illegible] [illegible], widersprechen v. [illegible] comp., [illegible] [illegible] [illegible] [illegible] [illegible] [illegible] [illegible]!

Replicatamente, av. zu wiederholten Malen, zu öftern.

Reprensibile, ag. tadelhaft, [illegible] [illegible] [illegible] [illegible] [illegible] [illegible] [illegible].

Reprensione, die [illegible], [illegible] [illegible] gen. [illegible], die [illegible], der [illegible] [illegible] pl. [illegible], die [illegible] [illegible] [illegible].

Reprensore, der [illegible], [illegible] [illegible], [illegible].

Reprimere, [illegible] [illegible] [illegible] [illegible] [illegible] [illegible] [illegible] [illegible].

[illegible] im Traume [illegible]

Reprimere, [illegible]

Reprobare, mißbilligen, v. 1. comp., verwerfen [illegible] verdammen [illegible]

Repubblica, ein freyer Staat, da das Volk selbst regieret; die Republick, das gemeine Wesen gen. 6.

Repubblicano, s. 8. ein Republikaner [illegible] in einem freyen Staate [illegible]

Repudiare, verwerfen, ausschlagen [illegible]

Repudio, der Verstoßung [illegible]

Repugnare, [illegible] widerstehen [illegible]

Repugnanza, [illegible] Widerspruch [illegible]

Reputazione, [illegible]

[illegible]

die Ehre, der Ruhm gen. [illegible], essere in reputazione, di bella fama, [illegible]

Requisito, sost. die nothwendige Eigenschaft [illegible] (welche bey einer Sache erfordert wird) das Zubehör gen. 6. pl. [illegible] nothwendig, erfodert, verlangt.

Requisitoria (lettera), das Ersuchungsschreiben gen. 6, der Ersuchungsbrief gen. 6. pl. 1

Requisizione, die Erforderung pl. en, das Begehren, das Ersuchen, [illegible] a vostra requisizione, [illegible]

Resa di una Fortezza, die Uebergabe einer Festung, [illegible]

Rescindere, abschneiden v. ir. comp. [illegible] einen Kontrakt aufheben [illegible]

Rescissione, das Aufheben, [illegible]

Rescritto, ein Bescheid gen. 6. pl. e, (eines regierenden Herrn) ein schriftlicher Bescheid gen. 6.

Rescrivere, zurück schreiben v. ir. comp. wieder antworten [illegible] abschreiben v. ir. comp.

Resecare, abschneiden v. ir. comp. [illegible]

Reservare ec. vorbehalten v. ir. comp. [illegible] Riservare ec.

Residente, sost. ein Resident, ein Abgesandter gen. [illegible] (eines Fürsten).

Residere, [illegible] wohnhaft seyn, sich aufhalten [illegible]

Residenza, der Sitz, die Wohnung [illegible], die Residenz [illegible]

Residuo, sost. das Ueberbleibsel [illegible] der Ueberrest gen. 6.

[illegible]

Resina, der Harz [illegible]

[illegible]

Resistenza, [illegible] Widerstand [illegible]

[illegible], *ad.* anshaltend, aushaltend, [illegible].

Resistenza, der Widerstand *gen.* [illegible], [illegible] rigorosa [illegible], einen harten Widerstand, eine [illegible] Gegenwehr [illegible] [illegible].

Resistere, widerstehen *v. ir. comp.*, [illegible] *v. r. comp.*, sich widersetzen [illegible] aushalten *v. ir. comp.*, [illegible] *v. r. comp.*; [illegible].

Respettivamente, e rispettivamente, *av.* [illegible] den Umständen gemäß, gegen einander [illegible] dem andern, beziehungsweise.

Respettivo, e rispettivo, *ad.* dem Stande, den Umständen gemäß, [illegible], sich auf einander beziehend.

Respingere, e rispingere, zurückstoßen, [illegible] *v. ir. comp.*, respingere il nemico, den Feind [illegible] *v. r.*

Respirare, Athem holen, athmen [illegible] [illegible], [illegible] *v. r. comp.*, [illegible] *v. r. comp.*

Respirazione, das Athemholen, des
Respiro, Athems [illegible]
[illegible] egli non ha la libera respirazione, [illegible] das Athmen *gen.* [illegible], eine Zeit [illegible], eine Nachsicht bey den Kaufleuten.

Resta, da restare, *fem.* der Verbleib, das [illegible] *gen.* [illegible], senza resta, ohne [illegible], die Spitze an den Kornähren, [illegible].

Restante, der Ueberrest, [illegible] [illegible] *gen.* [illegible], (Rest).

Restante, *fem.* der Rest, der Ueberrest *gen.* [illegible], das Ueberbleibsel [illegible], [illegible].

Restare, [illegible] *v. aux.*, [illegible], [illegible], restar d' [illegible], [illegible] questo ci resta, das [illegible], bestehen [illegible], [illegible] [illegible] [illegible] [illegible], ich werde nicht [illegible], [illegible] [illegible] [illegible] [illegible], ich [illegible] zu [illegible]; [illegible] [illegible], [illegible] *v. ir. comp.*, [illegible] [illegible], sich aufrecht erhalten *v. ir.*, restare [illegible], [illegible] *v. r. comp.*, restar [illegible], der Schuldige [illegible] *v. r. comp.*

Restauramento, die Wiederaufrichtung, der Wiederherstellung, die Wiederherstellung eines Gebäudes.

Restaurare, e ristaurare, wieder aufrichten, wieder herstellen, [illegible] *v. r. comp.*, ausbessern, in [illegible] Stand setzen [illegible], [illegible] *v. r. comp.*

Restauratore, ein Wiederhersteller, Wiederaufrichter, Ausbesserer, Wiederaufbauer *gen.* [illegible].

Restaurazione, die Wiederherstellung, die Wiederaufrichtung, die Ausbesserung eines Gebäudes, [illegible] [illegible], die [illegible] des [illegible].

Restio, stätig (von Pferden), [illegible], [illegible] (von [illegible]), [illegible] das [illegible] *gen.* [illegible].

Restituire, wiedergeben *v. ir. comp.*, wiedererstatten, wiedergeben *v. r. comp.*, [illegible] in vorigen Stand setzen *v. r.*, wiederherstellen *v. r. comp.*

Restituirsi, sich wieder [illegible] *v. reg.* [illegible], sich verfügen *v. reg.* [illegible], sich zurück begeben *v. [illegible] comp.*

Restituzione, die Wiedererstattung, die Wiedergebung, die Wiederherstellung, die Wiedereinsetzung, *ir.* die Wiederherstellung.

Resto, das Ueberbleibsel *gen.* [illegible], der Ueberrest, der Rest *gen.* [illegible], der Rückstand *gen.* [illegible], der Rückstand von einer Rechnung; [illegible], [illegible], übrigens, [illegible], über das.

Restringente, *ad.* zusammenziehend, [illegible], [illegible].

Restringere, e ristringere, wieder [illegible] *v. r.*, [illegible] zusammenziehen, [illegible] binden [illegible], einschränken [illegible], [illegible] kleiner machen [illegible], [illegible] [illegible] *v. r. comp.*, [illegible] (als Kirche).

Retentivo, ag. zurückhaltend, [illegible] [illegible].

Retrizione, die Einschränkung, die Beschränkung einer Sache, eine Ausnahme, senza restrizione, ohne Einschränkung, ohne Ausnahme.

Retribuire, [illegible] v. tr. comp. [illegible] Rilebuire.

Resurrezione, die Auferstehung, das Fest der Auferstehung des Heilandes, Pasqua di risurrezione, Ostern.

Resuscitare, wieder auferwecken, [illegible] (als einen Todten), wieder auferstehen v. tr. comp.

Retaggio, die Erbschaft pl. [illegible], der [illegible] gen. [illegible]

Rete, e. reti, das Netz gen. [illegible], das Netz gen. [illegible], la rete da [illegible], das [illegible], da [illegible], das [illegible] da [illegible], das [illegible], [illegible] di [illegible], ein [illegible]

Retepalme, [illegible] [illegible], [illegible] [illegible] [illegible] [illegible] [illegible] [illegible], ein Mann, der sich [illegible] [illegible] [illegible] [illegible].

Retentivo, ag. zurückhaltend, was [illegible].

Ret c nax, das [illegible] [illegible] [illegible] [illegible] [illegible].

Retorica, [illegible] Rettorica.

Retribuzione, e retribuzione, die Vergeltung, die [illegible] [illegible].

Retrobattere, den [illegible] [illegible] [illegible] [illegible] [illegible] [illegible].

Retrocedere, zurücktreten, [illegible] [illegible] [illegible] v. tr. comp.

Retrocessione, der Zurücktritt, die [illegible], die [illegible], das [illegible], das [illegible], das [illegible] [illegible].

Retrogradare, hinter sich gehen [illegible] [illegible].

Retrogradazione, der Rückgang [illegible] [illegible] [illegible].

Retrogrado, ag. rückwärts, [illegible] [illegible].

Retroguardia, die [illegible], der [illegible] der [illegible] gen. [illegible].

Retta, [illegible] [illegible] [illegible], richtig, [illegible], [illegible].

Rettangolare, [illegible] [illegible] [illegible] [illegible], eine Figur, die [illegible] [illegible] [illegible] [illegible].

Rettangolo, sust. eine Figur, die lau- der rechte Winkel hat; ag. rechtwinklicht.

Rettificare, recht machen, [illegible] [illegible] (in der Chemie) [illegible] [illegible] [illegible] [illegible].

Rettificazione, [illegible], das [illegible] [illegible] [illegible], die [illegible], der [illegible].

Rettile, sust. ein kriechendes Thier [illegible] [illegible].

Rettilineo, ag. geradlinicht, in gerade Linien eingeschlossen.

Rettitudine, die [illegible], die [illegible], die Billigkeit, die [illegible].

Retto, ag. recht, gerade, richtig, [illegible], [illegible].

Rettorica, e rettorica, das Amt eines Rectors [illegible] [illegible], [illegible] [illegible], das [illegible] [illegible] [illegible] die Redekunst.

Rettore, der Rector gen. [illegible], [illegible] des [illegible] in den [illegible] im [illegible].

Rettorica, die Redekunst, die Beredsamkeit.

Rettoricizza, die [illegible] [illegible] [illegible] [illegible] [illegible] [illegible] [illegible] [illegible] [illegible].

Retrarterimente, [illegible], [illegible] [illegible], nach der [illegible].

Reumatismo, [illegible] [illegible], [illegible] [illegible] [illegible] [illegible] [illegible] [illegible] [illegible] [illegible].

Revelabile ec., offenbarlich, V. Rivelabile ec.

Reverendo, ag. ehrwürdig.

Reverire ec., [illegible] [illegible], V. Riverire, [illegible] ec.

Revisione, die [illegible], die [illegible] [illegible] einer Sache [illegible] [illegible], [illegible].

Revisore, [illegible] [illegible] [illegible] [illegible], der [illegible] [illegible] [illegible] [illegible] [illegible].

R[illegible], der [illegible] gen. [illegible].

Revocato, ag. [illegible] [illegible] [illegible].

Reverenza, die Ehrfurcht gen. [illegible], die Ehrerbietigkeit, die [illegible] [illegible].

Revocabile ec., ag. widerruflich, V. Rivocabile ec.

Revoluzione, die Veränderung, V. Rivoluzione.

Riabbassare, wieder erniedrigen v. r. c.
Riabbellire, wieder verschönern v. r. c.
Riabilitare, wieder in vorigen Stand setzen, wieder fähig machen v. r.
Riabilitazione, das Fähigmachen gen. s, das Wiedereinsetzen in den vorigen Stand
Riabitare, wieder an einem Orte wohnen v. r.
Riaccendere, wieder anzünden v. r. c.
Riaccomodare, e riammisiare, wieder zurechte machen v. r.
Riacquistare, wieder erobern, von neuem erlangen v. r. c. NB. Der succennati esempj si rileva, che la particola ri dinota una rinnovazione, la quale in tedesco si traduce col: wieder, o col: von neuem.
Rialto, *sust.* ein erhabener Ort *gen.* s, die Erhabenheit
Rialto, *ag.* hoch, erhaben.
Rialzamento, die Erhöhung, die Erhebung.
Rianlamento, die Durchsehung, die Uebersehung.
Riandare, zurück gehen, wieder gehen v. *ir.*, [illegible] durchgehen, nachmals [illegible] v. *ir. comp.*
Riassumere, wieder annehmen, auf sich nehmen, vornehmen v. *ir. comp.*, [illegible] Epilogare.
Riavere, wieder bekommen v. *ir. comp.*, wieder erlangen v. *r. comp.*, wieder haben v. *aus.* riavere il fiato, wieder zu Athem kommen v. *ir.*, ausruhen v. *r. comp.*
Riaversi, sich erholen v. *ir. comp.*, neue Kräften nach einer Krankheit bekommen v. *ir. comp.*
Riavuto, *part.* wieder bekommen, erlangt, wieder von der Krankheit erholt, gebessert.
Ribalderia, die Schelmereyen *pl.* en, das Bubenstück *gen.* s, *pl.* e, die Bosheit.
Ribaldo, *sust.* der Bösewicht *gen.* s, *pl.* er, ein böser Bube *gen.* e *pl.* n.
Ribaldo, *ag.* boshaft, gottlos, liederlich.
Ribalta, ein Damm *gen.* s *pl.* (Dämme), *it.* ein Sprenkel *gen.* s, eine Falle, die umfällt.
Ribaltare, umstoßen v. *ir. comp.*, umschlagen v. *ir. comp.*
Ribalzamento, e ribalzo, das Zurückprallen, das Zurückschlagen, das Wiederaufspringen *gen.* s.
Ribalzare, zurückprallen v. r. *comp.*, zurückschlagen, wieder aufspringen v. *ir. comp.*
Ribasso, der Abzug an einer Rechnung, das Abbrechen, das Abziehen, das Abgezählte *gen.* s, *v. pur* ribassamento, die Erniedrigung.
Ribattere, von neuem schlagen, oft schlagen v. *ir.*, wieder abmachen v. *r.*, ribattere le ragioni, die Beweisgründe widerlegen v. *r. comp.*
Ribattimento, das Wiederschlagen, *it.* das Zurückprallen *gen.* s.
Ribeba, o ribeca, eine Geige.
Ribellante, *ag.* empörend, aufrührerisch, rebellisch, *it.* einer, der einen Aufruhr verursachet
Ribellare, aufrührisch machen v. r., einen Aufruhr anheben v. *ir. comp.*, zur Rebellion verleiten v. r. *comp.*
Ribellarsi, sich empören v. *rec. r.*, aufrührisch werden v. *aus.*, rebelliren v. r.
Ribelle, e ribello, ein Aufrührer, ein Empörer, ein Rebell *gen.* s, *pl.* en, *ag.* empörerisch, aufrührerisch.
Ribellione, die Empörung, die Meuterey, die Rebellion, der Aufruhr *gen.* s.
Ribes, die Johannisbeere.
Ribboccare, überlaufen, überfließen v. *ir. comp.*, sich ergießen v. *rec. ir. c.*
Ribocco, das Ueberlaufen, das Ueberfließen *gen.* s, die Ergießung; *it.* der Ueberfluß *gen.* es.
Ribollimento, das Aufkochen, das Aufwallen *gen.* s.
Ribollire, aufwallen, aufkochen v. *r. comp.*, aufsieden v. *ir. comp.*, il sangue ribolle, das Geblüte ist in Wallung.
Ribrezzo, der Schauer *gen.* s, die Frost, (eigentlich vom Fieber) aver ribrezzo di q. c., für etwas Abscheu haben.
Ributtamento, e ributto, die Verwerfung, die Verstoßung, die Zurücktreibung; *met.* das Erbrechen, das Brechen *gen.* s.
Ributtare, zurückstoßen, zurücktreiben, verstoßen v. *ir. comp.*, ributtare uno, einen abweisen v. *ir. comp.*, nicht anhören v. *r. comp.*
Ricadere, wieder fallen v. *ir.*, einen Fehler machen v. *ir. comp.*, ricadere malato, aufs neue krank werden v. *aus.*

Ricaduta } der Rückfall, der Wiederfall *gen.* s, ein neuer Anstoß von der Krankheit, das Verfallen in vorige Fehler, Sünden *etc.*

Ricalcitramento, das Hintenausschlagen *gen.* s; *it.* die Widerspenstigkeit.

Ricalcitrante, *ag.* hintenausschlagend, widerspenstig sich bezeigend.

Ricalcitrare, hintenausschlagen *v. n. comp.* (wie die Pferde); *met.* widerstreben *v. n. comp.*, widerspenstig seyn *v. aux.*

Ricamare, sticken, gestickte Arbeit machen *v. a.*

Ricamatore, ein Sticker *gen.* s.

Ricamatura, *e* ricamo, die Stickerey *pl.* en, die gestickte Arbeit.

Ricambiare, verwechseln, vertauschen *v. a. comp.*; *it.* wiedervergelten *v. ir. comp.*

Ricapitare, einhändigen *v. a. comp.*, an Mann bringen *v. a.*; ricapitare una lettera, einen Brief bestellen *v. a. comp.*; ricapitare le merci, die Waaren überliefern *v. a. comp.*

Ricapito, die Einhändigung, die Ueberlieferung eines Briefs, oder sonst einer Sache.

Ricapitolare, die vornehmsten Stücke kürzlich wiederholen, kurz wiederholen, wieder beybringen *v. a. comp.*

Ricapitolazione, die kurze Wiederholung.

Ricattare, loskaufen *v. a. comp.*; *V.* Riscattare.

Ricavare, herausnehmen, heraus ersehen *v. ir. comp.*; *it.* herausziehen *v. ir. comp.*, einbringen *v. a. comp.*; dalle mie terre ricavo annualmente tanto, meine Güter bringen mir jährlich so viel ein.

Riccamente, *av.* reichlich; *it.* köstlich, prächtig.

Ricchezza, der Reichthum *gen.* s, *pl.* (Reichthümer); *it.* die Pracht, die Kostbarkeit; ricchezza d'abiti, die Kostbarkeit in Kleidern.

Ricciatura, die Frisur.

Riccio, *sust.* (cito ostaggno), die stachlichte Schale der Kastanien; di capelli, die Haarlocke *pl.* n.

Riccio, *ag.* kraus, krauselicht, lockicht (von Haaren).

Riccio marino, eine Art Seepflanze, der Meerigel *gen.* s.

Ricciuto, *ag.* kraus, lockigt, (eigentlich von Haaren).

Ricco, *ag.* reich; *it.* kostbar, prächtig; ricchi arnesi, köstlicher Hausrath.

Ricerca } die Nachsuchung, die Untersuchung, die Nachforschung *pl.* en; *it.* das Ersuchen, das Zusuchen, das Begehren *gen.* s; *it.* eine Nachfrage.

Ricercare, wieder suchen, noch einmal suchen *v. a.*, untersuchen *v. a. comp.*; *it.* aufs schon aussetzen, aufsuchen *v. a. comp.*; *it.* bitten *v. ir.*, ersuchen *v. a. comp.*; sono stato ricercato di ciò, ich bin gebeten, ersuchet worden, um etc.; *it.* erfordern, verlangen *v. a. comp.*; questo si ricerca da voi, das wird von euch erfordert, verlanget.

Ricercatamente, *av.* mit Fleiß, mit Vorsatz, vorsetzlich.

Ricercatore, ein Nachforscher *gen.* s; der verlanget, fordert, untersucht, forschet, sucht.

Ricessare, Halt machen *v. a.*, nicht weiter kommen *v. ir.*

Ricetta, das Recept zu einer Arzney.

Ricettacolo, der Aufenthalt *gen.* s, das Behältniß *gen.* es; *it.* ricettacolo d'acqua, der Wasserfang *gen.* s, *pl.* (fänge), die Wasserfurche *pl.* n; ricettacolo di malvagi, die Herberge für liederliches Gesindel.

Ricettare, *cat.* ricetto, aufnehmen *v. ir. comp.*, beherbergen *v. a. comp.*; *per* scrivere ricette, Recepte verschreiben *v. ir. comp.*

Ricetto, die Zuflucht; *it.* der Schlupfwinkel *gen.* s; *it.* der Aufenthalt, *V.* Ricettacolo.

Ricevere, empfangen, annehmen, erhalten, bekommen *v. ir. comp.*; *it.* aufnehmen in Dienst; ricevere una scusa, eine Entschuldigung gelten lassen *v. ir.*; ricevere danno, Schaden leiden *v. ir.*

Ricevimento, das Aufnehmen, das Empfangen *gen.* s; die Aufnahme, die Annehmung, die Empfangung eines Ankommenden.

Ricevitore, *e* ricevitora, der Einnehmer *gen.* s; der nimmt, annimmt, aufnimmt.

Ricevuta, der Empfang eines Dinges; per quietanza, die Quittung *pl.* en; der Empfangschein *gen.* s, *pl.* e; far la ricevuta, den Empfang bescheinigen *v. a. comp.*

Richiamare, zurückrufen, wiederrufen v. a. comp., richiamare alla memoria, zurück rufen v. a. comp.

Richiamarsi, sich beklagen, [illegible] v. r. comp. [illegible] sich über etwas beschweren v. r. a. r. comp.

Richiamo, das Zurückrufen gen. [illegible] die Einrede pl. [illegible] der Widerspruch [illegible] (sprichw.) [illegible] [illegible] die Klage pl. n.

Richiedere, begehren v. a. comp., bitten v. ir., ersuchen v. a. comp. [illegible] fordern, verlangen v. a. comp., non si richiede, das wird nicht verlangt.

Richiesta, das Verlangen, das Begehren, das Ansuchen [illegible] die Bitte, das Anhalten um etwas; a sua richiesta, auf sein Ansuchen, Anhalten.

Richiesto, part. da richiedere, gesucht, verlangt, begehrt, nachgetragt, ersucht, gebeten.

Ricidere, abschneiden v. a. ir. comp., abkürzen v. a. comp., V. Recidere.

Ricignere, umgürten v. a., umgürten v. a. comp.

Ricinto, subst. der Umkreis gen. es, die Ringmauer pl. [illegible] der Zwinger [illegible] da ricignere, umgeben, umkreist.

Ricipiente, subst. ein Destillirkolben gen. [illegible] [illegible] ein Wasserfang gen. s.

Ricisa, subst. die Abschneidung, die Abkürzung pl. en, pl. ricise, die [illegible].

Ricisamente, adv. auf der Stelle, [illegible] gänzlich, ganz und gar.

Riciso, part. da ricidere, e ricidere, abgeschnitten.

Ricognizione, die Wiedererkennung gen. [illegible] die Erkenntlichkeit, die Belohnung, die Dankbarkeit.

Ricognoscere, erkennen v. a. comp. V. Riconoscere ec.

Ricolmare, häufen v. a., überschütten v. a. comp.

Ricolta, die Sammlung pl. en, das Sammeln gen. des [illegible] das Einsammeln [illegible] die Ernte [illegible] [illegible] die Weinlese [illegible] Auszüge machen oder [illegible] v. a.

Ricolto, part. [illegible] gesammelt, eingesammelt.

Ricominciare, von neuem anfangen v. ir. comp.

Ricompensa / **Ricompensamento**) die Belohnung, die Vergeltung, der Lohn gen. [illegible] in ricompensa, dagegen, [illegible] zur Vergeltung.

Ricompensare, belohnen v. a. comp., vergelten v. ir. comp., ersetzen v. a. comp., [illegible] ricompensare la perdita, den Verlust [illegible] ersetzen.

Riconciliamento, e riconciliazione, die Versöhnung, die Aussöhnung.

Riconciliare, versöhnen, aussöhnen v. a. comp., vergleichen v. ir. comp.

Riconciliarsi, sich aussöhnen v. r. c.

Riconciliatore, der Versöhner, der Aussöhner gen. s.

Ricondensare, dichter, dicker machen v. a.

Ricondotta, die Zurückfuhr, die Zurückführung, die Wiederzuführung pl. en.

Ricondurre, wieder zurückführen, wieder zurück geleiten v. a. comp.

Riconfermazione, e riconfermazione, die nochmalige, die neue Bestätigung, Bekräftigung pl. en.

Riconfermare, von neuem bestätigen, bekräftigen v. a. comp.

Riconfermarsi, sich von neuem bestätigen v. r. c. comp., sich nochmals [illegible] v. r. c.

Riconfortare, wieder stärken, [illegible] v. a., riconfortare la memoria, das Gedächtniß wieder [illegible] v. a. comp.

Riconoscente, adj. dankbar, erkenntlich.

Riconoscenza, die Dankbarkeit, die Erkenntlichkeit, die Belohnung.

Riconoscere, kennen v. a., erkennen v. a. comp.; per [illegible] erkenntlich, dankbar seyn, [illegible] belohnen, [illegible] v. a.; voglio io riconoscere da voi, quel bene ch'io [illegible] riconoscere un paese, ein Land [illegible] v. a. comp.

Riconoscimento, die Erkenntniß des [illegible] V. Riconoscenza.

Riconvenire, eine Gegenklage anstellen, [illegible] vor Gericht belangen v. a.

Riconvenzione, die Gegenklage pl. n.

Ricoperta, die Bedeckung, die Verbergung, die Verdeckung *pl.* en; *met.* der Entschuldigung.

Ricopiare, abschreiben *v. ir. comp.*, copiren *v. r.* (von neuem); *per* imitare, nachahmen *v. r. comp.*

Ricoprimento, die Bedeckung, die Zudeckung, die Verbergung, die Verbergung; *met.* die Bemäntelung.

Ricordanza, die Erinnerung; *it.* das Andenken *gen.* s, das Gedächtniß *gen.* es.

Ricordare, erinnern *v. r. comp.*, ins Gedächtniß bringen *v. r.*; *it.* erwähnen *v. r. comp.*

Ricordarsi, sich erinnern *v. rec. r. c.* sich besinnen; sich entsinnen *v. rec. ir. comp.*

Ricordevole, *ag.* merkwürdig, denkwürdig.

Ricordo, das Andenken *gen.* s; *it.* die Erinnerung, die Entsinnung; *it.* die Warnung; *it.* das Merkzeichen *gen.* s.

Ricorrente, *sust.* einer, der um etwas anhält, zu jemanden Zuflucht sucht.

Ricorrente, *ag.* wieder laufend, wieder zurückfließend.

Ricorrere, *ird.*; correre di nuovo, laufen, zurück laufen *v. ir.*; *per* far ricorso, Zuflucht nehmen *v. ir.*, suchen *v. r.*, bey einem um etwas anhalten *v. ir. comp.*; ricorrere a Dio, zu Gott seine Zuflucht nehmen *v. ir.*; ricorrere ad uno, sich an jemanden wenden *v. rec. r.*

Ricorso, das Ansuchen, das Anhalten *gen.* s, die Zuflucht, die Bittschrift *pl.* en.

Ricorso, *part.* da ricorrere, wieder gelaufen *etc.*; *it.* angesucht *etc.*

Ricotta, der Quarkkäse *gen.* s.

Ricovramento, das Wiedererlangen *gen.* s, die Wiedererlangung; *it.* die Zuflucht.

Ricovrare, wieder erlangen *v. r. c.*, *V.* Ricuperare; *v. neutr.* ricovrare in casa, ins Haus fliehen, seine Zuflucht nehmen *v. ir.*

Ricovrarsi, sich retten *v. rec. r. comp.*, seine Zuflucht nehmen *v. ir.*

Ricovero, *per* ricuperamento, die Wiedererlangung; *per* rifugio, die Zuflucht, der Zufluchtsort *gen.* s, *pl.* (Oerter); *it.* die Rettung.

Ricreamento, die Belustigung, die Ergötzung, die Erquickung, das Labsal *gen.* s.

Ricreare, belustigen, ergötzen *v. r.*; *it.* erquicken *v. r. comp.*, laben *v. r.*; *per* creare di nuovo, von neuem schaffen *v. r.*

Ricrearsi, sich belustigen, sich ergötzen, sich erquicken *v. rec. r. comp.*, sich laben *v. rec. r.*

Ricreazione, die Ergötzlichkeit, die Ergötzung, die Belustigung; die Erholungsstunde in den Schulen, der Tag da keine Schule gehalten wird.

Ricuperabile, *ag.* was wieder zu erlangen, zu erobern, zu bekommen ist.

Ricuperamento, e ricuperazione, die Wiedererlangung, die Wiedereroberung.

Ricuperare, wieder erlangen, wieder erobern *v. r. comp.*, wieder bekommen *v. ir. comp.*

Ricusa, die Verweigerung, die Abschlagung *pl.* en; *it.* die abschlägige Antwort; *it.* das Verwerfen eines Richters, der gewisser Ursachen halber verdächtig ist.

Ricusante, *ag.* verweigernd, abschlagend, verwerfend, ausschlagend.

Ricusare, verweigern *v. r. comp.*, abschlagen, ausschlagen *v. ir. comp.*; *it.* verwerfen *v. ir. comp.*, einwenden *v. r. comp.*, (als wider einen Richter).

Ridente, *ag.* lachend, fröhlich, glückselig; bocca ridente, lachender Mund; viso ridente, fröhliches Gesicht; fortuna ridente, günstiges Glück.

Ridere, lachen, über etwas lachen *v. r.*; etwas belachen *v. r. comp.*; ridersi di q. c., etwas verlachen *v. r. comp.*; egli si ride di me, er spottet meiner; ridere a uno in faccia, einen auslachen *v. r. comp.*; *met.* la fortuna gli ride, das Glück ist ihm günstig; vista da farmi ridere! die Fratzengesicht!

Ridevolmente, *av.* lächerlich, *V.* Ridicolosamente.

Ridicolo, *sust.* das Lächerliche *gen.* s, *pl.* n; *ag.* lächerlich, närrisch, abgeschmackt, läppisch, wunderlich.

Ridicolosamente, *av.* lächerlicherweise, auf eine lächerliche Art.

Ridicoloso, *ag.* lächerlich, *V.* Ridicolo.

Ridir; wieder sagen *v. r.*

Ridondante, *ag.* gereichend.

Riandare, zergehen v. r. comp., [illegible] v. n. comp., [illegible] [illegible] Baum, [illegible], das ist zu rechter Zeit; [illegible] dare, eilige [illegible], [illegible] sehn v. aus.

Ricomincio, [illegible], die Ab[illegible] gen. f.

Ricuan [illegible], [illegible] riduosto, [illegible] [illegible].

Ridotto, [illegible] ridutto, subst. ein versammelter Ort, wo man sich hinbegeben kann zu einer Zusammenkunft; der [illegible], [illegible], eine Schanze [illegible] Bauers.

Ridur[illegible], ag. e part. da ridurre, [illegible] [illegible], [illegible], ridotto [illegible], zu nichte [illegible].

Ri[illegible], das [illegible], das [illegible], das [illegible] ins [illegible], das [illegible] gen. f., V. Riduzione.

Ridurre, [illegible] v. r. comp., [illegible] v. r., [illegible] v. r. comp. [illegible] v. r. comp., ridurre al [illegible], in den [illegible] Stand [illegible] v. r., ridurre all' [illegible], zum Gehorsam bringen v. r.

Ridursi, sich [illegible] wohin wenden v. r. comp., [illegible] v. r. [illegible], gezwungen werden, ecc. [illegible] [illegible], er wurde gezwungen Soldat zu werden; ridursi [illegible], sich wieder erinnern v. rec. r. comp., [illegible] ridursi al verde, aufs äußerste gebracht werden.

Riduzione, die Zurückbringung in vorigen Zustand, das Einrichten [illegible] [illegible], die Verminderung, das Bringen eines Großen zu einem Kleinern, la riduzione delle monete, die Abkühlung des Geldes.

Riempiere, riempire, wieder füllen, anfüllen, ausfüllen v. r. comp.

Riempimento, das Wiederausfüllen gen. f., die Erfüllung, die [illegible].

Riempitura, [illegible] zum Ausfüllung [illegible] [illegible] machen.

Riempitivo, [illegible] zur Ausfüllung des [illegible] gehört, una particola riempitiva, ein Flickwörtchen gen. f.

Rientrare, wieder hineingehen, [illegible] v. r. comp., [illegible] [illegible], in sich selbst gehen, in sich [illegible], sich eines Bessern [illegible] v. r.

Ri[illegible], das Gelächter [illegible] [illegible] v. r. comp.

Rifatto, [illegible] v. r., V. Rifatore.

Rifare, wieder machen, von neuem machen v. r., wieder herstellen, wieder [illegible] machen, [illegible] v. r., rifar le carte, die Karten im Spiele [illegible] v. r. comp., lo [illegible], ich will es von dem [illegible].

Rifersi, sich erholen v. rec. r. comp., [illegible] zu Kräften kommen v. r., [illegible], sich [illegible].

Riferire, berichten, erzählen v. r. [illegible], [illegible] v. r. comp., riferire al tempo [illegible], die [illegible] [illegible] der Erzählung [illegible], riferirsi a [illegible], [illegible] v. r. comp., sich auf einen [illegible] v. r., riferirsi a una cosa, sich auf etwas beziehen v. rec. comp.

Riferma, die Bestätigung, die Bekräftigung.

Rifermare, bestätigen, bekräftigen, bestätigen v. r. comp.

Rifiatare, Athem holen v. r., V. Respirare.

Rifiutare, [illegible] v. r. comp., [illegible] v. r., abschlagen, verwerfen v. r., nicht annehmen wollen.

Rifiuto, das Abschlagen, das [illegible], das Weigern gen. f., die [illegible], die Verweigerung, un [illegible] [illegible], das niemand [illegible] will.

Riflessione, das Nachdenken, das Nachsinnen gen. f., die Betrachtung; [illegible] [illegible], das Zurückprallen, das Zurückwerfen gen. f., die Zurückprallung der Strahlen.

Riflettere, [illegible], nachsinnen, [illegible], [illegible], zurückwerfen.

Riflesso, subst. [illegible], [illegible] [illegible], il [illegible] [illegible], das Zurückprallen, das Zurückbeugen gen. f., die Strahlung [illegible], das Nachdenken gen. f., V. Riflessione.

Riflesso, *part.* da riflettere, zurückgeworfen, zurückprallet (von Strahlen); *it.* überlegt, nachgedacht, nachgesonnen.

Riflettere, überlesen, überdenken, nachdenken, nachsinnen *v. r. comp.*; *it.* zurückwerfen *v. r. comp.*, zurückprallen *v. r. comp.*, (von Strahlen).

Riflusso, die Ebbe, das Fallen, das Abnehmen, das Abfließen, der Abfluß *gen.* es, (des Meers nach der Fluth); il flusso, e riflusso, die Ebbe und Fluth; *av.* a riflusso, in schwerer Menge.

Rifocillamento, die Erquickung, die Labung, das Labsal *gen.* s.

Rifocillare, erquicken, laben *v. r.*

Rifondere, wieder schmelzen, wieder gießen, umgießen *v. ir. comp.*, (als eine Glocke) *it.* ersetzen *v. r. comp.*, (als Schaden).

Riforma, die Verbesserung eines Irrthums oder Mißbrauchs, die Aufrichtung der Zucht, die Gebung einer neuen Gestalt; *it.* die Abdankung der Soldaten.

Riformare, verbessern *v. r. comp.*, eine neue und bessere Gestalt geben *v. ir.*, die Mißbräuche ändern *v. r.*, abdanken *v. r. comp.*, (von der Miliz).

Riformato, *sub.* ein Reformierter *gen.* s, einer der sich zu der calvinischen Religion bekennt; *ag.* e *part.* la Religione riformata, die calvinische Religion; un Ufficiale riformato, ein abgedankter Officier.

Riformatore, ein Verbesserer, ein Erneuerer *gen.* s.

Rifriggerare ec., erfrischen *v. r. comp.* *V.* Refrigerare ec.

Rifuggire, o rifuggirsi, *volg.* rifugirsi, flüchten, Zuflucht suchen *v. r.*, Zuflucht nehmen *v. ir.*

Rifugio, die Zuflucht, die Freystätte (von Personen und Oertern), Ein Ort der Zuflucht.

Rifiutare, ausschlagen *v. ir. comp.*, *V.* Recusare.

Riga, die Zeile, die Linie, die Reihe *pl.* en; *it.* ein Strich mit der Feder u. d. g.; *it.* das Lineal *gen.* s.

Rigare, *per* [illegible], betrachten, benetzen *v. r. comp.*; begießen *v. ir. comp.*, wässern *v. r.*; *per* [illegible], liniren *v. r.*, Linien ziehen *v. ir.*

Rigato, *part.* da rigare, befeuchtet &c., benetzt &c.; *ag.* gestreift, streifig (von Zeugen); gezogen; una canna rigata, ein gezogenes Rohr.

Rigattiere, der Trödler *gen.* s, der mit allerhand alten Kleidern und Hausrath handelt.

Rigettamento, das Werfen *gen.* s, die Verwerfung, die Verstoßung *pl.* en.

Rigettare, zurückwerfen, verwerfen, wegwerfen, verstoßen *v. ir. comp.*; *it.* nicht annehmen wollen; *it.* vomitare, von sich brechen *v. ir.*, auswerfen *v. ir. comp.*

Rigidamente, *av.* scharf, mit Strenge, mit Härtigkeit.

Rigidezza, e rigidità, die Härte, die Strenge, die Schärfe.

Rigido, *ag.* streng, scharf, unerbittlich; *it.* rauh.

Rigirare, *v. att.* umgeben *v. ir. c.*, *v. neutr.* um etwas herumgehen *v. ir. comp.*, *V.* Raggirare.

Rigiro, der Umweg *gen.* s, *pl.* e, der Umschweif *gen.* s, *pl.* raggiri, die Ränke, die Verdrehung der Worte, die nicht zur Sache gehören.

Rigodimento, das Wiedergenießen, das Anmaßen, das Gießen *gen.* s, (des Wassers).

Rigonfiare, aufschwellen, anlaufen, aufsteigen *v. ir. comp.*, (wie das Wasser).

Rigore, die Härte, *V.* Rigidezza; il rigore della stagione, die rauhe Jahrszeit.

Rigorismo, die Anwendung der strengsten Sittenlehre bey den Gottesgelehrten.

Rigorista, ein Anhänger der strengsten Sittenlehre in der Theologie.

Rigorosamente, *av.* hart, streng, scharf, mit vielem Ernste.

Rigorosità, die Strengigkeit, die Härte, das ungestümme Wesen *gen.* s, *V.* Rigidezza.

Rigoroso, scharf, streng, hart, unbarmherzig; *it.* hart, steif, unbiegsam; conti rigorosi, genaue Rechnungen.

Riguadagnare, ricuperare, wieder gewinnen *v. ir. comp.*, wieder erlangen *v. r. comp.*

Riguardamento, das Anblicken, das Anschauen *gen.* s, die Erblickung, die Anschauung.

Riguardante, *sust.* der Zuschauer, der Anschauer *gen.* s, der Zuschauer *gen.* s *pl.* [illegible] il sole percuote gli occhi del riguardante, die Sonne verblendet die Anschauenden *ec.* anschauend, zuschauend, betrachtend, bemerkend.

Riguardare, sehen *v. anf.* ansehen *v. ir. comp.*, betrachten *v. r. comp.*; *ir.* betreten *v. ir. comp.*, gehören *v. r. comp.*; *neu.* liegen *v. ir.*, gelegen seyn *v. anf.*, (wie ein Ort nach einer Gegend zu) *ir.* anbefehlen *v. r. comp.*, zur Absicht, zum Endzwecke haben.

Riguardarsi, sich enthalten *v. ir. comp.*, sich hüten *v. r.*, sich in Acht nehmen *v. ir.*

Riguardato, guardo, *ag.* betrachtet, behutsam; *per* stimato, geachtet, geschätzt.

Riguardevole, *ag.* ansehnlich, vortrefflich, sichtbar, in die Augen fallend.

Riguardevolmente, *av.* auf eine ansehnliche Weise, vortrefflich, anschauend.

Riguardo, der Anblick, der Absicht, der Vorzug [illegible] die Rücksicht, die Achtung, die Betrachtung, die Aufmerksamkeit, das Ansehen *gen.* s; riguardo [illegible] in Ansehen, was anbetrifft.

Rilasciare, nachlassen, erlassen, entlassen *v. ir. comp.*, befreyen, losmachen *v. r. comp.*; rilasciare i prigioni, die Gefangenen loslassen *v. ir. comp.*

Rilascio, e rilasciamento, die Entlassung, die Loslassung, die Befreyung, (von der Strafe), die Nachlassung, (am Preise); *it.* die Linderung.

Rilassamento, das Nachlassen *gen.* s; *per* rilassatezza, die Verderbung, die Verderbniß.

Rilassare, loslassen *v. ir. comp.*, *V.* Rilasciare.

Rilasso, *av.* matt, schwach, entkräftet.

Rilegare, bandire, landes verweisen *v. ir. comp.*, ins Elend schicken; relegiren *v. r.*

Rilegato, *pa. r.* da rilegare, verbannet, verwiesen; Carlo rilegato in un' isola, auf eine Insel verbannet, verwiesen seyn *v. r.*

Rilentamento, *av.* [illegible] langsam,

Rilentamento, das Nachlassen *gen.* s, die Langsamkeit.

Rilento (a), rilento, *av.* langsam, gemach, bedächtlich.

Rilevamento, die Erhebung *pl.* en.

Rilevante, *ag.* erheblich, wichtig.

Rilevare, von neuem aufheben *v. ir. comp.*; guardate non vi rilevare nulla, es verdrießt mir nichts: [illegible] rilevare, es ist mir nichts daran gelegen [illegible] rilevato della di lei lettera, so viel ich aus Dero Schreiben habe ersehen können.

Rilevatamente, *av.* prächtig, herrlich; auf eine in die Augen fallende Weise.

Rilevato, *sust.* un luogo elevato, eine Anhöhe, eine hervorragende Höhe, ein erhabener Ort *gen.* s, die aufgeworfene Erde.

Rilevato, *ag.* erhaben, aufgeschwollen, erhöhet.

Rilievo, die Wachsamkeit, die Erhebung.

Rilievo, *sost.*, die Beträchtlichkeit, una cosa di rilievo, d'importanza, eine wichtige Sache; alzare un cosa di mezzo rilievo, [illegible] Halberhaben [illegible] arbeiten, schneiden, gießen *v. ir.*

Rilucente, *ag.* leuchtend, glänzend, schimmernd.

Rilucere, glänzen, schimmern *v. r.*, hervorleuchten *v. r. comp.*, einen Widerschein geben *v. ir.*

Rima, der Reim *gen.* s, *pl.* e, der Vers *gen.* es, *pl.* e, das Gedicht *gen.* s, *pl.* e; die eine gereimte, künstliche Dichtung *gen.* [illegible]; rispondere per le rime, [illegible] gehörig antworten *v. r.*

Rimandare, wiederschicken, wieder zustellen, zurückschicken *v. r. comp.*, zurücksenden *v. ir. comp.*; *it.* rimandare il cibo, die Speise wieder von sich geben *v. ir.*

Rimanente (il), *sust.* das Uebrige, der Rest, das Ueberbleibsel *gen.* s, das Ueberbleibsel *gen.* s, der Rest *gen.* s; *ag.* übrig, übrigbleibend.

Rimanere, bleiben *v. ir.*, verbleiben, übrigbleiben *v. ir. comp.*, verharren, beharren *v. r. comp.*; rimaner al di sopra, die Oberhand behalten *v. ir. comp.*; rimanere al di sotto, unterliegen *v. ir. comp.*,

Rimarchévole, e rimarchevole, *ag.* merkwürdig, wichtig, sonderbar.

Rimarco, eine Anmerkung über etwas; una cosa di rimarco, eine merkwürdige Sache *pl.* n; per rilevanza, die Wichtigkeit.

Rimare, reimen, dichten, Verse machen *v. r.*

Rimarginare, wieder zusammenziehen *v. tr. comp.*, (als eine Wunde), heilen *v. r.*

Rimario, das Reimbuch *gen.* s, *pl.* (Reimbücher).

Rimaritarsi, sich wieder verehlichen, verheyrathen *v. rec. r. comp.*

Rimaso
Rimasuglio) *sust.* avanzo, das Ueberbleibsel *gen.* s, der Ueberschuß *gen.* es, das Ueberbleibende *gen.* n *pl.* n, der Rest *gen.* s.

Rimatore, ein Reimer, ein Dichter, ein Versmacher *gen.* s.

Rimbalzare, in die Höhe springen *v. ir.*, *V.* Balzare.

Rimbalzo, das Aufspringen, das Aufprallen, das Zurückprallen *gen.* s; avv. di rimbalzo, schräg, von der Seite, seitwärts abgeprallt.

Rimbambire, wieder zum Kinde werden *v. aus.*; ir. den Verstand verlieren *v. ir. comp.*

Rimbambito, *ag.* e *pa. t.* wieder zum Kinde geworden, schwach im Kopfe geworden.

Rimbellire, *neutr.* schöner werden *v. aus. ir. att.* schöner machen *v. r.*, verschönern *v. r. comp.*

Rimbombare, wieder ertönen, wiederschallen *v. r. comp.*, einen Wiederschall von sich geben *v. ir.*

Rimbombo, e rimbombamento, der Wiederschall, der zurückfallende Schall, der Wiederklang, das Brausen, das Sausen *gen.* s.

Rimborsare, wieder bezahlen, wieder auszahlen, das Ausgelegte wieder erstatten, die Auslage wieder bezahlen *v. r. comp.*, vi prego di rimborsarmene quanto prima, ich bitte euch, mir meine Auslage nächstens wieder zu erstatten.

Rimborso, e rimborsazione, die Erstattung der Auslage, die Bezahlung des vorgeschossenen oder ausgelegten Geldes, die Wiedererstattung desselben.

Rimbrottare, ausfilzen *v. r. comp.*, ausschelten, verweisen, vorwerfen *v. ir. comp.*, tadeln *v. r.*, wiederholtes Vorwerfen *v. r. comp.*

Rimbrotto, der Verweis, der Vorwurf, der Tadel *gen.* s, *pl.* (Vorwürfe), die Vorrückung *pl.* en, *V.* Rimprovero.

Rimediabile, *ag.* abhelflich, dem [illegible] was noch zu helfen, zu verbessern ist.

Rimediare, Mittel schaffen *v. r.*, abhelfen *v. ir. comp.*, retten *v. r.*, vorbeugen *v. r. comp.*, steuern *v. r.*

Rimedio, das Mittel *gen.* s, das Hülfsmittel, die Hülfe, die Rettung *pl.* en, die Abhelfung *pl.* en; rimedio medico, das Arzneymittel *gen.* s.

Rimeggiare, reimen *v. r.*

Rimembranza, das Andenken *gen.* s, die Erinnerung *pl.* en, das Eingedenkseyn *gen.* s.

Rimembrare, rimembrarsi, sich erinnern *v. rec. r. comp.*, eingedenk seyn *v. aus.*, an etwas wieder gedenken *v. r. comp.*, [illegible] erinnerlich machen *v. r.*

Rimenare, rimandare, wieder hinführen, zurückführen *v. r. comp.*; pr. e menare intorno la pasta, den Teig kneten *v. r.*; *tr.* hin und her werfen *v. ir.*

Rimendare, ausflicken, ausbessern *v. r. comp.*, (was stricken [illegible]).

Rimendatore, ein Flickmacher, ein Flicker *gen.* s.

Rimeritamento, die Vergeltung, die Belohnung *pl.* en.

Rimeritare, belohnen *v. r. comp.*, vergelten *v. ir. comp.*; Dio ve la rimeriti, Gott vergelte es euch.

Rimescolare, wieder untereinander mengen, zusammen rühren, mischen *v. r.*, vermengen *v. r. comp.*, durcheinander werfen *v. ir.*

Rimescolanza, e rimescolamento, das Untereinandermengen *gen.* s, die Vermischung, die Verwirrung, die Vermengung *pl.* en.

Rimessa, die Erlassung einer Schuld; die Aufhebung des Bannes, die Befreyung von der Landesverweisung; die Uebermachung der Gelder durch Wechselbriefe; das Verschicken auf andere Orte; die Remise, [illegible] Wagen und Kutschen [illegible] darinnen zu erhalten.

Rimessamente, *av.* demüthiglich, mit Bescheidenheit.

Rimessibile, ag. erläßlich, verzeihlich; was zu verzeihen ist.

Rimessione, [illegible] e remissione, die Uebergebung einer Sache [illegible], die Erlassung der Schuld, [illegible] perdono, die Verzeihung, die Vergebung.

Rimesso, der, [illegible] rimettere, hingesetzt, nachgelassen [illegible].

Rimesso, ag. [illegible], [illegible], verzagt; [illegible], [illegible], nicht [illegible]; [illegible], mit leiser Stimme.

Rimettere, wieder an seinen Ort thun, wieder hinthun v. tr. comp., wieder hinstellen, einsetzen, hinsetzen v. tr. comp.; [illegible], überlassen, heimstellen v. tr. comp.; [illegible] i peccati, die Sünden vergeben v. tr. comp.; [illegible] i debiti, die Schulden erlassen v. tr. comp.; rimettere le penne, [illegible] capelli, neue Federn, neue Haar bekommen v. tr. comp.; rimettere, rimandare la palla, den Ball zurückschlagen v. tr. [illegible].

Rimettersi, sich wieder setzen v. r. [illegible]; rimettersi in forze, sich erholen v. rec. r. comp., zu Kräften kommen v. tr. [illegible]; abbandonarsi all' arbitrio, all' [illegible] altrui, sich überlassen, [illegible] v. rec. tr. comp., [illegible] fremden Willen, Gutdünkel.

Rimicare, betrachten, beschauen v. r. comp., aufmerksam [illegible], ansehen v. tr. [illegible], [illegible] v. tr. comp.

Rimodernare, nach der neuen Mode [illegible] v. r. [illegible].

Rimondare, wieder rein machen, putzen, säubern v. r. comp.

Rimontare, wieder [illegible] v. [illegible] comp. [illegible], wieder zu Pferde setzen v. r.

Rimordere, beißen v. tr. [illegible]; [illegible] das Gewissen [illegible] mi rimorde la coscienza, das Gewissen wirft mir die Sache vor.

Rimordimento, Rimorso } das Beißen, das Nagen [illegible], (des Gewissens), die Gewissensangst, die [illegible] Gewissensbisse der Sünden.

Rimoso, [illegible], verdrießlich, [illegible], [illegible].

Rimostranza, die Vorstellung, die [illegible] einem Obern thut, [illegible] der Erinnerung, die Warnung, die Erinnerung pl. en.

Rimostrare, vorstellen v. r. comp., [illegible] v. tr. comp., zu erkennen geben v. [illegible].

Rimotamente, [illegible], von weiten, bey Seite.

Rimoto, ag. entfernt, entlegen, abgelegen.

Rimovimento, Rimozione } das Wegschaffen, das Wegthun ger. [illegible], die Wegschaffung, die Abschaffung, die Entfernung, die Losmachung pl. en.

Rimovere, bey Seite schaffen v. [illegible], V. Rimuovere.

Rimpatriare, wieder in sein Vaterland zurückkommen v. in. comp.

Rimpennare, wieder befiedern, wieder befiedert [illegible], [illegible] ein Sprüchwort.

Rimpiattarsi, sich verstecken, sich verkriechen v. rec. r. comp., sich verbergen v. rec. tr. comp.

Rimpiazzare, an die Stelle setzen v. r. comp., die Stelle vertreten v. tr. c.

Rimproveramento, das Aufrücken, der Verweis, der Vorwurf ger. [illegible], V. Rimprovero.

Rimproverabile, ag. tadelnswürdig, tadelhaft.

Rimproverare, vorwerfen, aufrücken, verweisen v. tr. comp., tadeln v. r.

Rimprovero, die Vorrückung, die Ausscheltung pl. en, V. Rimproveramento.

Rimproverabile, ag. tadelnswerth, V. Rimproverevole.

Rimproveratore, e rimproveratrice, der Tadler ger. [illegible], einer der [illegible], [illegible], tadelt, [illegible].

Rimproverare, tadeln v. r., vorrücken v. r. comp., verweisen v. tr. comp.

Rimprovero, der Verweis, der Vorwurf, der Tadel ger. [illegible], die Vorrückung, die Schmähung pl. en.

Rimunerare, vergelten v. tr. comp., belohnen, verdanken, beschenken v. r. comp.

Rimuneratore, ein Vergelter, ein Belohner ger. [illegible].

Rimunerazione, e rimuneramento, die Vergeltung, die Belohnung pl. en., der Lohn ger. [illegible].

Rimuovere, von dannen bewegen v. r. comp., wieder in Bewegung setzen, bey Seite schaffen v. r., wegrücken v. tr. comp.; [illegible], [illegible] v. tr. [illegible], abbringen v. r. comp., (oder [illegible] Vorhaben).

Rimuoversi da [illegible], von einer Sache abgehen, abstehen v. tr. comp., [illegible] was stillen lassen v. a., sich entsetzen v. rec. ir. comp.

Rinascente, ag. wieder entstehend.

Rinascere, wieder gebohren werden v. aus., (geistlich), wieder entstehen v. ir. comp.

Rinascimento, die Wiedergeburt im Geistlichen, das Wiederentstehen gen. 5. er. die Erneuerung.

Rincalzamento, die Einfassung, die Befestigung mit Steinen und Erde, oder andern Sachen, (besonders von Bäumen).

Rincalzare, mit Erde, oder andern Sachen ringsherum befestigen, verwahren v. a. comp., fest machen v. a., (insonders von Bäumen).

Rincalzata, die Einfassung, die Befestigung, der Erdwall mit

Rincalzo, Steinen &c. V. Rincalzamento.

Rincantucciarsi, sich in die Winkel verkriechen, verstecken v. rec. comp.

Rincarare, e rincarir, im Preise steigen v. ir., aufschlagen v. ir., theurer werden v. aus.

Rinchiudere, einschließen, verschließen v. ir. comp., einsperren v. a. comp.; rinchiudere il [illegible] [illegible], [illegible] [illegible] v. a. comp.

Rinchiudersi, sich einschließen v. rec. ir. comp., sich verstecken v. rec. [illegible]

Rinchiudimento, die Einschließung, die Versperrung.

Rincominciamento, das Wiederanfangen, ein neuer Anfang gen. 8.

Rincominciare, wieder anfangen, von neuem anfangen v. ir. comp.

Rincontrare, antreffen v. ir. comp., begegnen v. a. comp., entgegen gehen v. ir.

Rincontro, die Begegnung pl. en, das Antreffen gen. 5; per rincontro, der Vorfall gen. 8. die Gelegenheit pl. en, die Erinnerung pl. en.

Rincoramento, die Ermunterung, die Ermuthigung des Muthes, der neue Muth gen. 8.

Rincorare, wieder Muth machen v. a., aufmuntern v. a. comp.

Rincorarsi, wieder Muth fassen v. a., beherzt werden v. aus., sich wohl [illegible] v. rec. comp.

Rincorrere, nachlaufen v. ir. comp., nachjagen, verfolgen v. a. comp.

Rincrescere, leid seyn v. ir., [illegible]

drüßig werden, zuwider seyn v. aus.; questo mi rincresce, das thut mir leid; l'aspettare mi rincresce, das Warten ist mir verdrüßig, verdrüßig.

Rincrescevole, ag. überdrüßig, ekelhaft, langweilig, [illegible], unangenehm.

Rincrescevolmente, av. unangenehm, auf eine verdrüßliche Art, verdrüßlicherweise.

Rincrescimento, der Verdruß, der Ueberdruß gen. 88, das Mißvergnügen gen. 8, die lange Weile pl. n, der Eckel gen. 8. er. die Unannehmlichkeit.

Rinculare, zurückweichen, rückwärts treten, zurückgehen v. ir. comp.; fu si forte l'assalto, che dovetti rinculare, der Anfall war so heftig, daß ich zurückweichen mußte.

Rinculone, av. rücklings, rückwärts.

Rinegare, verläugnen v. a. comp., den der christlichen Religion absagen v. a. comp.

Rinegato, [illegible] ein Abtrünniger gen. 8, der den christlichen Glauben verlassen hat, und ein Mahometaner wird, [illegible] einer der aus einem Christen ein Türke geworden ist.

Rinfacciamento, das Vorwerfen, das Vorrücken, das Verweisen gen. 5.

Rinfacciare, vorrücken v. a. comp., vorwerfen v. ir. comp., unter die Nase [illegible] v. a., verweisen v. ir. [illegible]

Rinfancichire, kindisch werden, zum Kinde werden v. aus.

Rinfiammare, wieder entzünden, entflammen v. a. comp.

Rinforzare, verstärken v. a. comp., stärker machen v. a., befestigen v. a. c.

Rinforzarsi, wieder zu Kräften kommen v. ir., sich wieder erholen v. rec. comp.

Rinforzo, e rinforzamento, die Verstärkung, die Hülfe, der Succurs gen. 8.

Rinfrancare, stärken v. a., ermuthigen v. a. comp. V. Rincorare.

Rinfrancarsi, sich erholen v. rec. comp. V. Rincorarsi.

Rinfrescamento, die Abkühlung, die Erfrischung, die Erquickung, die Erholung pl. en. [illegible], die [illegible] [illegible]

Rinfrescante, ag. erfrischend.

Rinfrescare, abkühlen, erfrischen, erquicken v. a. comp., [illegible] wieder erwecken v. r. comp., rin- frescare la memoria, in frischem An- denken erhalten v. tr. comp.

Rinfrescarsi, sich abkühlen ic. v. rec. r. comp.

Rinfresco, die Erfrischung, V. Rin- freschamento; ic. allerlei Obst oder Getränke zum Erfrischen.

Rinfusione, die Wiedereingießung pl. en.

Rinfuso, part. angefüllt; per d confu- so, alla, verworren, vermengt, vermischt; alla rinfusa, durchein- ander, verworren, untereinander.

Ringalluzzarsi, sich fröhlich, lustig anstellen, sich froh geberden v. rec. r. comp. (wie die Hähne).

Ringentilire, artig, gesitteter machen v. r., verfeinern v. r. comp.

Ringhiare, die Zähne vor Zorn weisen v. tr., mit den Zähnen blecken v. r.

Ringhiera, der Rednerplatz gen. es, pl. (plätze), der Ort, wo öffentliche Reden gehalten werden.

Ringhiottire, wieder verschlucken v. r. comp.

Ringiovanire, verjüngen v. r. comp., wieder jung werden v. aux.

Ringorgamento, ringorgo, das Auf- schwellen, das Anlaufen, das Ueber- treten gen. s des Wassers.

Ringorgare, anlaufen, aufschwellen, übertreten v. tr. comp. (eigentlich vom Wasser).

Ringrandire, vergrößern, erweitern v. r. comp., größer machen v. r.

Ringrandirsi, vergrößert werden v. aux.

Ringraziamento, die Danksagung pl. en, die Erkenntlichkeit des Dankes.

Ringraziare, danken v. r., danksagen v. r. comp.

Ringrossare, dicker, stärker machen v. r., verdicken v. r. comp.

Rinnegamento, rinnegazione, die Verläugnung, die Absagung (der Sünde, der Welt ic.), die Abtrün- nigkeit, der Abfall gen. es (von der Religion), die Verläugnung des christlichen Glaubens.

Rinnegare, rinnegato, verläugnen v. r. comp., abtrünnig werden v. aux., V. Rinegare.

Rinnegato, e rinnegata, subst. ein Ab- trünniger, ein Verläugner gen. s, Ein abtrünniger Mensch part. ab- trünnig, abgefallen, verläugnet; ... der abtrünnige ...

Rinnovare, rinovare, e rinnovellare, wieder thun v. tr., von neuem ma- chen, neu machen v. r., wieder an- fangen v. tr. comp., erneuern v. r. c.

Rinnovazione, e rinnovamento, die Erneuerung, die Wiederherstellung pl. en, das Neumachen gen. s.

Rinoceronte, der Einhorn gen. s, der Rhinoceros.

Rinomanza, der Ruf, das Gerücht, das Bekanntsehn, der Ruhm gen. s.

Rinomare, in Ehren erwähnen v. r. comp., bekannt machen v. r., ein Gerücht ausbreiten v. r. comp.

Rinomato, ag. berühmt, bekannt, be- rufen.

Rintegrare, wieder ergänzen v. r. comp.

Rintegrazione, die Ergänzung, die Wiederherstellung in den vorigen Stand.

Rintoppamento, das ohngefähre Auf- stoßen, Vorkommen, Antreffen gen. s, die Hinderniß pl. e, der Wider- stand gen. s, V. Rintoppo.

Rintoppare, antreffen v. tr. comp., treffen auf jemand von ohngefähr v. tr., vorkommen v. tr. comp.

Rintoppo, die Hinderniß pl. e, die Entgegenstellung pl. en, der Anstoß gen. es, V. Rintoppamento.

Rintuzzamento, das Stumpfmachen gen. s.

Rintuzzare, stumpf machen v. r., rin- tuzzare l'orgoglio di uno, einem den Stolz benehmen v. tr. comp., einen demüthigen v. r. comp.; per indebolire, diminuire, schwächen v. r., entkräften, vermindern v. r. c.

Rinvenire, (da un deliquio), wieder zu sich kommen v. tr., sich wieder erholen v. rec. r. comp.; per ri- trovare, ausfindig machen v. r., wie- derfinden v. tr. comp., V. Ritrovare.

Rinvenuto, part. wieder zu sich gekom- men ic. ausfindig gemacht, erfunden.

Rinverdire, wieder grün werden, grünen v. r., über den Haufen werfen v. tr.

Rinvigorimento, die neue Ermunte- rung, die Verstärkung der Kräfte, die neue Lebhaftigkeit, die neue Ver- stärkung pl. en.

Rinvigorire, andare, neue Kräfte, neue Stärke bekommen v. tr. comp., munter werden v. tr., das neue Kräfte geben v. tr., stärken v. r., ermuntern v. r. comp.

Rinunzia, rinunzia, rinunziagione, e rinunziamento, die Entsagung, die Lossagung, die Aufgebung pl. en, [illegible], die Hintertreibung, die Verläugnung pl. en, das Aufkündigen, das Abdanken gen. s.

Rinunziare, entsagen, lossagen v. r. comp., rinunziare ad ogni speranza, alle Hoffnung aufgeben v. ir. comp., [illegible] hintertreiben, verläugnen v. r. comp., rinunziare alla eredità, die Erbschaft verlassen v. ir. comp., fahren lassen v. ir.

Rinvolgere ⎫ wieder einwickeln v. r.
Rinvoltare ⎭ comp., einschlagen v. ir. comp., V. Involgere.

Rio, rivo, fall. der Bach gen. s. pl. (Bäche), das Bächlein gen. s. [illegible], per [illegible], ein Missethäter, ein Verbrecher, ein Schuldiger gen. s.

Rio, ag. schuldig, gottlos, [illegible] verbrecherisch.

Riordinare, mettere in ordine, wieder in Ordnung bringen v. r.

Ripa, das Ufer gen. s, das Gestade gen. s, pl. [illegible], V. Riva.

Riparabile, ag. verbesserlich, ersetzlich, [illegible], das wieder zu bessern ist.

Riparamento, riparo, difesa, die Verwahrung, die Beschützung, die Beschirmung pl. en, das Beschützen gen. s, [illegible], ein Schutz, ein Schirm, ein Damm, ein Wall gen. s.

Riparare, abwehren v. r. comp., [illegible] v. r., vertheidigen v. r. comp., [illegible], [illegible] v. r. comp., [illegible] il [illegible] di danno, für einen Schaden sorgen v. r., riparare il danno, den Schaden wieder gut machen v. r., ersetzen v. r. comp.

Riparazione, die Ausbesserung, die Wiederherstellung, die Wiedererstattung, die Ersetzung pl. en.

Riparo, das Rettungsmittel, die Schutzwehr gen. s, V. Riparamento, e riparazione.

Ripartire, in gewisse Theile absondern, abtheilen, austheilen, unter andere vertheilen v. r. comp.

Ripartitamente, av. abtheilungsweise, theilweise, mit richtiger Vertheilung.

Ripartizione ⎫ die Vertheilung, die
Riparto ⎭ Austheilung pl. en, das Theilen, das Absondern gen. s, die Eintheilung unter Mehre.

Ripassare, wieder vorbeygehen, nochmals hinübergehen v. ir. comp., ripassare v. a., etwas durchsehen, nachsehen v. ir. comp., (ob alles richtig ist).

Ripassata, der Rückweg, das Vorbeygehen gen. s, [illegible] von ripassare, [illegible], eine Sache nochmals untersuchen v. r. c., nachsehen v. ir. comp.

Ripatriare, wieder in sein Vaterland zurück kehren v. r.

Ripensare, wohl überlegen, nachdenken v. r. comp.

Ripentaglio, rischio, die Gefahr, mettere a ripentaglio la propria riputazione, seine Ehre in Gefahr setzen v. r.

Ripercotimento, e ripercussione (del raggi), das Wiederprallen, das Zurückprallen, das Zurückwerfen gen. s, (der Strahlen), das Wiederschallen gen. s.

Ripercuotere (dei raggi), zurückschlagen v. ir. comp., zurückprallen, zurückstrahlen v. r. comp., per [illegible], tore di [illegible], von neuem schlagen v. ir.

Ripercosso, das Wiederschlagen gen. s, V. Ripercotimento.

Ripetere, e ripetere, wieder holen v. r. comp., zu verschiedenen Malen sagen v. r., [illegible] v. ir.

Ripetimento, e ripetizione, die Wiederholung pl. en.

Ripetitore, ein Wiederholer, der die [illegible] mit [illegible], ein Repetent.

Ripiantare, wieder pflanzen v. r., ripiantare il campo, das Lager wieder aufschlagen v. ir. comp.

Ripienezza, die Völligkeit pl. en, die Fülle, volle Bäuche.

Ripido, ag. jäh, steil, schwer hinanzusteigen.

Ripiegare, zusammenlegen v. r. comp., [illegible] v. ir.

Ripiego, eine Hülfe pl. n, der Einschlag gen. s, pl. (Einschläge), der [illegible], [illegible], das Rettungsmittel, der Rath gen. s, pl. die [illegible], [illegible] ripiego, [illegible] zu [illegible], [illegible] ripiego, es ist nicht zu helfen.

Ripienezza, die Ausfüllung, die Überschüttung des Magens.

Ripiena, [illegible] voll, [illegible] etwas zur Ausfüllung dienet, wodurch man etwas ergänzen kann.

Ripigliamento, das Wiedernehmen, das Wiederanfangen *gen. n.*

Ripigliare, wiedernehmen *v. a. comp.*, wieder vornehmen, wieder anfangen *v. a. comp.*; ripigliare le forze, wieder zu Kräften kommen *v. n.*; ripigliar lena, vigore, wieder munter, lebhaft werden *v. aux.*; per [illegible] correggere, ammonire, wiederum tadeln, vermahnen *v. a. comp.*, verweisen *v. ir. comp.*

Ripolire, wieder [illegible], [illegible], [illegible] *v. a. comp.*

Riportare, wieder bringen *v. [illegible]*, zurücktragen *v. ir. comp.*; riportare onore, Ehre davon tragen *v. ir.*; riportar la vittoria, den Sieg erfechten *v. ir. comp.*, davon tragen *v. ir.*; riportar grazie, Dank abstatten *v. a. comp.*

Riposarsi, sich bestehen *v. ir. comp.*

Riposare, ruhen *v. n.*, ausruhen *v. n.*

Riposarsi, *comp.*, schlafen *v. ir.*; [illegible] a riposare, sich zu Ruhe begeben, sich schlafen legen *v. rec. ir. comp.*; riposarsi sopra alcuno, sich auf jemand gänzlich verlassen *v. ir. r.*

Riposatamente, *avv.*, riposatevole, [illegible], ruhig, gelassen.

Riposo, die Ruhe, das Ausruhen *gen. [illegible]*; il giorno di riposo, der Ruhetag *gen. [illegible]*; pl. [illegible] prendere riposo, ausruhen *v. n. comp.*

Ripostiglio, das Behältniß *gen. [illegible]* pl. [illegible], ein Ort, eine Stelle, worein man etwas ab- oder hinein legt.

Riprendere, prendere di nuovo, wieder nehmen *v. ir. comp.*; riprendere il [illegible], den [illegible] wieder [illegible] *v. r. comp.*; per correggere, ermahnen *v. a.*, schelten *v. ir.*, *s.* Ripigliare.

Riprensibile, e riprensibile, [illegible] tadelhaft, [illegible] tadelnswürdig, verwerflich.

Riprensione, der Tadel *gen. [illegible]*, die Verweisung, der Verweis, die [illegible] Vermahnung, Bestrafung.

Ripresaglia, ein Tadler *gen. [illegible]*.

Ripresa, das Wiedergeschehen einer Sache, das nochmalige Thun *gen. [illegible]*; a più riprese, zu verschiedenen Malen, zu wiederholten Malen.

Riprodurre, die Wiederherstellung *pl. en*, das Wiedervorhandenseyn, Hervorbringen einer Sache, *sc.* die Wiederhersteller der Gegenwärtigen, *s.* eine [illegible] des ergänzten Schadens, *s.* Riproduzione.

Ripromettersi, hoffen *v. a.*

Riprova, der Beweis *gen. es*, die Probe *pl. n*, die Erprobung *pl. en*, der Versuch *gen. es*; fare la prova, alle Proben ausgehalten *v. ir. comp.*

Riprovare, nochmals versuchen *v. a. comp.*, wieder probiren *v. a.*; per disapprovare, mißbilligen *v. a. comp.*, tadeln *v. a.*, mißbilligen *v. a. comp.*, verwerfen *v. ir. comp.*

Riprovazione, die Verwerfung *pl. en*.

Ripudiare, sich scheiden von seiner Frau *v. ir.*, seine Frau von sich jagen *v. a.*; ripudiare una eredità, eine Erbschaft ausschlagen *v. ir. comp.*

Ripudio, die Verstoßung einer Ehefrau.

Ripugnante, *av.* [illegible], widersprechend, widrig, unverträglich, was zuwider ist.

Ripugnanza, der Widerstand *gen. es*, der Widerwille *gen. ens*, *pl.* [illegible] der Ekel *gen. s*.

Ripugnare, widerstehen *v. ir. comp.*, entgegen seyn *v. aux.*, sich widersetzen *v. rec. r. comp.*

Ripulimento, das Ausputzen *gen. s*, der Glanz, die [illegible] *gen. es*, das Wiederreinigen *gen. s*.

Ripulire, abputzen, wiederpoliren, wieder reinigen *v. a. comp.*

Ripullulare, wieder ausschlagen, wieder hervorwachsen *v. ir. comp.*

Ripulsa, die Verweigerung, die abschlägige Antwort *pl. en*, *s.* Repulsa.

Riputazione, die Achtung, der Schätzung *pl. en*; per riputazione, der gute Name *gen. ns*, das gute Gerücht *gen. s*.

Riputare, dafür halten *v. ir.*, erachten, schätzen *v. a.*, zu [illegible] rechnen, zuschreiben *v. ir. comp.*; riputare a [illegible], zur [illegible] anrechnen *v. a. comp.*

Riputazione, der ehrliche Name *gen. ns*, das gute Gerücht *gen. s*, das Ansehen *gen. s* (bey jemand und Andern), die Ehre.

Riquadrare, vierecfigt machen, ins Quadrat bringen v. r.

Risalimento, das nochmalige Hinaufsteigen gen. s.

Risalire, wieder hinaufsteigen v. ir. comp.

Risaltare, n'ass: saltare di nuovo, wieder springen v. ir.; per. dare nell' occhio, in die Augen fallen v. ir., sich ausnehmen v. rec. r. comp., questo non risalta, es nimmt sich nicht aus.

Risalto, der Ausschnitt, was in die Augen fällt, was sich vorthut, was sich ausnimmt.

Risanabile, ag. heilbar, was sich heilen läßt.

Risanamento, die Genesung.

Risanare, wieder gesund werden v. aus., wieder genesen v. r. comp.

Risapere, erfahren v. ir. comp., durch Nachricht, sapere di nuovo, wieder erfahren.

Risarcimento, die Wiederersetzung, die Vergütung, die Entschädigung.

Risarcire, das Beschädigte ausbessern, den Schaden ersetzen, erstatten v. r. comp., vergüten, wiedergutmachen v. r., entschädigen v. r. comp.

Risata, ein lautes unmäßiges Gelächter, ein spöttisches, höhnisches Lachen gen. s.

Riscaldamento, die Hitzung pl. en, das Heizen, das Erwärmen gen. s; il calore, sangue, amore ec., die Erhitzung vom Zorne, vom Blute, von der Liebe ec.

Riscaldare, heizen, warm machen v. r., erwärmen v. r. comp., fr. erhitzen, erhitzen v. r. comp.

Riscaldarsi, sich erwärmen, sich wärmen v. rec. r.; fr. sich erhitzen v. rec. r. comp.

Riscattare, auslösen, wieder mit Geld einlösen v. r. comp., (als Gefangene, die Sklaven).

Riscattarsi nel giuoco, das Verlorne im Spiele wieder gewinnen v. ir. r.

Riscatto, die Loslösung, das Loskaufen gen. s, (mit Gelde aus der Sklaverey ec.)

Rischiaramento, die Aufklärung, die Aufheiterung des Himmels ec. das Aufhellen, das Klarwerden gen. s, (vom Wetter); dell' animo, die Heiterkeit des Gemüths.

Rischiarare, hell, klar, glänzend machen v. r.; fr. erklären v. r. comp.; fr. deutlich, verständlich machen v. r.

Rischiararsi, sich aufheitern, aufklären, aufhellen v. rec. r. comp., (wie der Himmel).

Rischio, die Gefahr.

Rischioso, ag. gefährlich, mit Gefahr verbunden, gewagt.

Risciacquare ec., ausschwenken v. r., V. Sciacquare ec.

Riscontrare, antreffen v. ir. comp., begegnen v. r. comp. oder confrontare, vergleichen v. ir. comp., gegen einander halten v. ir.

Riscontrarsi, sich antreffen v. rec. ir. comp., sich begegnen v. rec. r. comp.

Riscontro, das Antreffen gen. s, die Begegnung; per confronto, die Gegeneinanderhaltung, die Vergleichung pl. en; per risposta, die Antwort.

Riscossa } die Einnahme, der Empfang gen. s, (eines Geldes), die Eintreibung der Gelder, Schulden ec., die Wiedereinlösung.
Riscossione }

Riscotitore, o riscuotitore, der Einnehmer, der Zöllner, der Schösser gen. s.

Riscritto, sust. der Befehl gen. s, (eines großen Herrn), das Rescript.

Riscrivere, wieder schreiben, von neuem schreiben v. ir., Briefe beantworten v. r. comp.

Riscuotere, eintreiben, einziehen v. ir. comp. (die ausstehenden Gelder), Geld lösen v. r., Geld einnehmen v. ir. comp.

Risecare, e risegare, absägen v. r. comp., mit der Säge entzwey schneiden v. ir., abschneiden v. ir. comp.

Risecare, beschränken v. r. comp., kleiner machen v. r.

Risedere, abitare, wohnen v. r., sich aufhalten v. rec. ir. comp., seinen Sitz haben v. aus.

Risegatura, die Kerbe, der Einschnitt gen. s.

Risegna, die Aufhebung, die Abtretung, die Losfagung von seinem Amte ec.

Risegnare, abtreten v. ir. comp., absagen, lossagen v. r. comp., aufgeben v. ir. comp.

Risentimento, eine innere Empfindung, das innere Gefühl gen. s, die Rührung des Herzens über etwas Gutes, oder Böses; [illegible] die Rache.

Risentirsi, wieder empfinden v. r. d. [illegible] gerühret werden im Herzen.

Risentirsi, etwas empfinden v. [illegible] etwas übel aufnehmen [illegible] ein zu ahnden suchen v. r.

Risentitamente, av. empfindlicherweise, nachdrücklich, auf eine nachdrückliche Art, mit Empfindung.

Riserva, s. f. riserbo, der Vorbehalt [illegible] die Vorbehaltung; ab. die Ausnahme; senza riserva, ohne Unterschied; con la riserva, mit dem Bedinge; a riserva, ausgenommen.

Riservare, conservare, erhalten, aufbehalten v. r. comp., Aufbewahren v. [illegible]; riservare la vita, das Leben erhalten.

Riservarsi, sich erhalten v. rec. [illegible] sich bewahren v. rec. [illegible] für sich behalten [illegible] per se.

Riservato, part. da riservare, vorbehalten, ausgenommen, für sich behalten; av. vorsichtig, behutsam; andar riservato, behutsam gehen.

Risicare ec., wagen v. r., V. Arischiare ec.

Risipola, der Rothlauf [illegible]

Risma di carta, das Ries Papier.

Riso, sust. il ridere, das Lachen, das Gelächter [illegible]; crepar dalle risa, sich fast zu Tode lachen, vor Lachen platzen; part. riso, da ridere, gelacht.

Riso, sust. (certo grano), der Reiß [illegible]

Risolvere, part. sciogliere, auflösen, schmelzen, zerrschmelzen v. r. comp. [illegible] [illegible]; part. [illegible] dare risoluzione, beschließen v. ir. comp., den Entschluß fassen v. r.

Risolversi, sich auflösen v. rec. r. comp.; [illegible] sich entschließen v. rec. ir. comp., schlüßig werden v. aus., den Vorsatz fassen v. r.

Risolvimento, scioglimento, die Auflösung, die Zerschmelzung [illegible] per risoluzione, die Entschließung, der Entschluß des Vorsatzes.

Risolutamente, av. entschlossenerweise, ohne Bedenken, zuverlässig, gewissermaßen.

Risolutezza, die Entschlossenheit, die Unerschrockenheit.

Risolutivo, ag. auflösend, erweichend, zertheilend, (als Arzney).

Risoluto, part. aufgelöset, festgenommen [illegible] ec. entschlossen.

Risoluzione, die Auflösung ec., die Entschließung ec., V. Risolvimento.

Risonante, ag. erklingend, wiederschallend, nachschallend.

Risonanza, der Klang, der Schall, der Wiederschall ec.

Risonare, schallen, klingen v. r., wiederschallen v. r. comp. V. Risonanza.

Risorgere, wieder aufstehen v. ir. [illegible] ec. daraus entstehen, hervorkommen v. ir. comp.

Risorgimento, die Auferstehung.

Risovvenire, o risovvenirsi, eingedenk seyn v. aus., sich wieder erinnern v. rec. r. comp.

Risparmiare, sparen v. r., ersparen v. r. comp.; ec. haushalten v. ir. comp., verschonen v. r. comp.; schonen v. r.; risparmiarla ad alcuno, einem verschonen, vergeben v. ir. [illegible]

Risparmio, die Ersparung, die Sparsamkeit; ec. das Ersparte [illegible]

Rispettabile, ag. ehrwürdig, schätzbar, achtbar.

Rispettare, verehren, [illegible] v. r. comp., in Ehren halten v. ir. [illegible]

Rispettivamente, av. in Rücksicht, in Betracht (einer Sache auf die andere), in Vergleichung, beziehlich.

Rispettivo, ag. beziehend, beziehlich.

Rispetto, per venerazione, die Ehrerbietung, die Ehrfurcht; ec. das Absehen [illegible] per riguardo, die Rücksicht; rispetto, a rispetto, per rispetto, circa, in Rücksicht, in Betrachtung, in Ansehung; ec. a motivo, wegen, um willen; senza rispetto di persona, ohne Unterschied einer Person; un uomo di rispetto, ein ansehnlicher Mann [illegible] pl. (Männer); per rispetto a me, um meines Orts.

Rispettoso, ag. ehrerbietig, ehrfurchtsvoll.

Rispingere, zurückstoßen, zurückschlagen v. ir. comp.

Rispitto, der Rückstoß, der Stoß [illegible]

Risplendentemente, av. auf eine glänzende Art, mit großem Glanze.

Risplendente, ag. leuchtend, glänzend, schimmernd.

Risplendenza, der Wiederschein *gen.* s, der Glanz *gen.* es, der Schimmer *gen.* s.

Risplendere, Strahlen von sich werfen *v. ir.*, leuchten, glänzen *v. r.*, wieder oder gegen etwas scheinen *v. ir.*

Rispondente, *ag.* antwortend, erwiedernd; *per*: corrispondente, übereinstimmend.

Rispondere, antworten, beantworten *v. r. comp.*, erwiedern; *it.* übereinstimmen *v. r. comp.*; *per*: essere garante, Bürge seyn *v. aus.*, gut sprechen *v. ir.*

Risponsabile, der welcher Verantwortung oder Rechenschaft von etwas geben muß.

Risponsabilità, die Gewährleistung, das Gutsagen *gen.* s.

Risposta ⎫ die Antwort, die Beant-
Risposta ⎭ wortung.

Riscuotibile, *ag.* eintreiblich.

Rissa, der Zank, der Streit *gen.* s, die Streitigkeit, die Zankerey *pl.* en.

Rissante, o rissoso, *sust.* ein Zänker *gen.* s; *ag.* zänkisch.

Rissare, zanken *v. r.*, streiten *v. ir.*, sich herum balgen *v. rec. r.*

Ristabilimento, die Wiederherstellung, die Wiedererrichtung *pl.* en.

Ristabilire, wieder herstellen, errichten, einführen *v. r. comp.*, wieder in Ordnung und Stand bringen *v. ir.*

Ristagnare, überzinnen *v. r. comp.*, mit Zinn überziehen *v. ir. comp.*; *it.* stillen, stehend machen *v. r.* (als Blut).

Ristagno, das Stillstehen *gen.* s; *it.* das Stocken *gen.* s, (des Bluts in den Adern).

Ristampa, eine neue Auflage *pl.* n, ein neuer Abdruck *gen.* s.

Ristampare, wieder drucken, einen neuen Abdruck machen *v. r.*, neu auflegen *v. r. comp.* (als ein Buch).

Ristare, o ristarsi, stehen, bleiben, verbleiben *v. ir.*, sich aufhalten *v. ir. comp.*

Ristaurare, wieder herstellen, aufrichten *v. r. comp.*

Ristauratore, ein Wiederaufrichter *gen.* s.

Ristauro, die Aufrichtung, die Erhaltung *pl.* en; *ss.* Ristoro.

Ristituire, wieder zustellen, ersetzen *v. r. comp.*, wieder geben *v. ir.*

Ristoramento, die Ersetzung, die Erquickung; die Erholung, die Erneuerung der Kräfte.

Ristorare, ersetzen *v. r. comp.*, wieder in vorigen Stand setzen *v. r.*, wieder aufrichten, erquicken *v. r. comp.*; ristorarsi, sich wieder erholen *v. rec. r. comp.*

Ristoratore, ein Wiederhersteller *gen.* s; der etwas in vorigen Stand setzt.

Ristorazione ⎫ die Wiederherstellung,
Ristoro ⎭ die Erquickung, die Ersetzung, die Vergütung, die Linderung.

Ristrettamente, *av.* kurz gefaßt, mit wenig Worten.

Ristretto, *part.* da ristringere, eingeschlossen *ag.* aüßerste prezzi ristretti, äußerste Preise; ristretto nelle spalle, mit eingezogenen Achseln; *av.* in ristretto, kurz gefaßt.

Ristretto, *sust.* ein kurzer Begriff *gen.* s, *pl.* e, ein Auszug *gen.* s, *pl.* (Auszüge).

Ristringente, *ag.* zusammenziehend (als eine Arzney).

Ristrignere, o ristringere, stärker befestigen *v. r. comp.*, fest zusammenziehen *v. ir. comp.*, ins Enge bringen *v. r.*, einziehen *v. ir. comp.*, verstopfen *v. r. comp.* (als Arzney); *it.* einschränken *v. r. comp.*

Ristrignimento, o ristringimento, die Einschränkung, die Einziehung, die Zusammenziehung; *it.* die Enthaltung *pl.* en.

Ristuccare, wieder übergypsen *v. r. comp.*; *vert. neut.*, überdrüßig werden *v. aus.*

Ristucco, *ag.* überdrüßig, satt, bis zum Ekel gesättiget.

Risvegliamento, die Erweckung, die Erwachung, die Ermunterung *pl.* en.

Risvegliare, erwecken, aufwecken, ermuntern, erregen *v. r. comp.*, lebhaft machen *v. r.*

Risvegliarsi, aufwachen, erwachen *v. r. comp.*, sich ermuntern *v. rec. r. comp.*

Risultamento, das Entstehen, der Austrag *gen.* s; *it.* die Folge aus einer That.

Risultante, *ag.* entspringend, daher kommend.

Risultare, daher kommen *v. ir.*, heraus folgen *v. r.*, entstehen *v. ir. comp.*

Risultato, *sust.* der Schluß, der Austrag, der Erfolg, der Ausschlag *gen.* s.

[illegible], part. da risuscitare, entstanden u.

Risurrezione, die Auferstehung der Todten.

Risuscitare, von Todten erwecken v. r. comp., wieder lebendig machen v. r.

Ritagliare, wieder abschneiden, beschneiden, zerschneiden v. ir. comp., schneiden v. ir.

Ritaglio, ein Abschnitzel gen. s, ein Abschnitt gen. s, pl. e; it. kleine Stücke von etwas; vendere a ritaglio, Ellenweise, einzeln verkaufen v. r. comp.

Ritardamento, die Verzögerung pl. en, der Verzug, der Aufschub gen. s.

Ritardanza, die Verweilung pl. en, V. Ritardamento.

Ritardare, aufschieben v. ir. comp., verzögern, verlängern v. r. comp., aufhalten, verschieben v. ir. comp.; it. hemmen, säumen v. r.

Ritardo, der Aufschub, der Verzug gen. s, V. Ritardamento, senza ritardo, unverzüglich.

Ritegno, die Zurückhaltung, die Verhinderung, die Aufhaltung, die Enthaltung pl. en; it. die Bescheidenheit; senza ritegno, ohne Maas und Ziel.

Ritenenza, die Zurückhaltung, V. Ritegno.

Ritenere, halten v. ir., behalten, abhalten, zurückhalten, aufhalten, anhalten v. ir. comp.; ritener l'orina, das Wasser verhalten; ritener le lagrime, sich des Weinens enthalten; ritenere a memoria, im Gedächtniß behalten.

Ritenersi, sich enthalten v. rec. ir. comp., sich mäßigen v. rec. r., an sich halten.

Ritenimento, die Zurückhaltung, der Vorbehalt, das Behalten, das Verbehalten gen. s, die Verhaltung (als des Urins).

Ritentiva, die Fähigkeit leicht zu behalten, und sich zu erinnern.

Ritenutamente, av. mit Zurückhaltung, vorbehaltungsweise; it. mäßig.

Ritenutezza, die Zurückhaltung; it. die Mäßigung, die Vorsichtigkeit.

Ritenzione, die Zurückhaltung, V. Ritenimento.

Ritingere, wieder färben v. r.

Ritiramento, das Zurückziehen, das Zusammenziehen, das Einschrumpfen, das Einlaufen gen. s, (als des Tuchs); it. die Eingezogenheit, V. Solitudine.

Ritirare, zurückziehen, zusammenziehen, einziehen v. ir. comp.

Ritirarsi, sich wegbegeben v. rec. ir. comp., weggehen, zurückgehen, abziehen, eingehen v. ir. comp., (als Tuch).

Ritirata, der Rückzug, das Zurückziehen der Armee, das Zurückweichen gen. s; battere la ritirata, das Zeichen zum Abzug geben v. ir.

Ritiratezza, die Eingezogenheit, V. Solitudine.

Ritiro, ein stiller, einsamer Ort gen. s, die Einsamkeit, V. Solitudine.

Rito, der Kirchengebrauch gen. s.

Ritoccare, wieder anrühren v. r. comp., ritoccare un discorso, das Gesagte wiederholen v. r. comp.; ritoccare una pittura, ein Gemälde wieder überstreichen v. ir. comp.

Ritogliere, wiedernehmen v. ir. comp.

Ritondare, rund machen v. r.

Ritondezza } die Runde, die runde
Ritondità } Gestalt, die Rundung pl. en.

Ritondo, ag. rund, rundlicht.

Ritorcere, wieder drehen, zwirnen v. r., ritorcere gli occhi, die Augen verdrehen.

Ritorcersi, sich umwenden, sich anderswohin wenden v. rec. r. comp.

Ritorcimento, [illegible] gen. s.

Ritorcitura, die Verdrehung pl. en, das Verdrehte gen. s pl. n.

Ritornare, wiederkommen, zurückkommen v. ir. comp.; ritornar sano, wieder gesund werden v. pass. ir.; ritornare in se, wieder zu sich kommen v. ir.; gli ritornano gli spiriti, er bekommt wieder Kräfte; ritornare uno in vita, einen wieder lebendig machen v. r. comp.; ritornare, umwenden v. ir. comp.

Ritorno, die Wiederkehr, die Zurückkunft, die Wiederkunft, die Rückkunft, der Rückweg gen. s; esser di ritorno, auf der Rückreise seyn v. aux.

Ritorta, eine Bandweide, die Flechte, das Band selbst, der Strick gen. s.

Ritortezza, die Krümme, die Beuge, das Gekrümmte, das Eingebogene gen. s pl. n.

Ritraere, ziehen v. [illegible] zurückziehen v. r. comp. ; per : fare un ritratto, abmalen v. a. comp.

Ritrattare, widerrufen v. ir. comp. ; ritrattare la vendita, den Kauf umstoßen v. ir. comp. ; per : trattare di nuovo, wieder behandeln v. r. c.

Ritrattarsi, sich widerrufen v. rec. ir. comp., sein Wort zurücknehmen v. ir. comp., sich lossagen v. rec. r. c., [illegible] v. ir. comp.

Ritrattazione, die Widerrufung dessen, was man geredet oder geschrieben hat.

Ritrattista, ein Portraitmaler gen. s.

Ritratto, das Bildniß einer Person, ein Portrait, ein Bild, ein Nachbild gen. s, eine Abbildung, eine Beschreibung ; part. da ritrarre, [illegible] rc.

Ritrosamente, av. widerspenstigerweise, [illegible].

Ritrosia, die Sprödigkeit, die Unfreundlichkeit, das [illegible] Wesen gen. s.

Ritrosire, spröde, hartnäckig, widerspenstig werden v. anl.

Ritrosità, die Widerspenstigkeit, die Sprödigkeit, die [illegible], V. Ritrosia.

Ritroso, sust. das enge Loch einer Fisch- oder Vogelreuse; ritroso dell' acqua, ein Wirbel im Wasser ; prender a ritroso una parola, ein Wort übel aufnehmen v. ir. comp.

Ritroso, ad. widrig, entgegen gesetzt, widerspenstig, widersprecherisch, eigensinnig, spröde, mürrisch, [illegible]; met. acqua ritrosa, ein wirbelndes und zurückfließendes Wasser; av. a ritroso, verkehrt, V. Ritrosamente.

Ritrovamento, das Wiederfinden gen. s, die Erfindung, [illegible] rc.

Ritrovare, finden, wiederkriegen v. ir. c.

Ritrovarsi, sich einfinden v. rec. ir. c., da sein, gegenwärtig sein v. anl.; ritrovarsi con uno, bei einem sein, sich bei einem befinden v. rec. ir. c.

Ritrovato, sust. eine Erfindung, eine Entdeckung pl. en.

Ritrovato, part. da ritrovare, gefunden rc.

Ritrovatore, ein Erfinder gen. s, einer der etwas erfindet.

Rittamente, av. gerade, [illegible] Weges, V. [illegible].

Ritta, sust. die rechte Seite, die [illegible].

Ritto, ad. gerade, aufrecht; ritto ritto, schnur gerade; da ritto e da rovescio, rechts und links; la mano ritta, die rechte Hand; ire andar ritto a casa, geraden Weges nach Hause gehen, V. Rittamente.

Rituale, das Kirchenbuch gen. s, pl. (Bücher), das Buch, worinne alle gottesdienstliche Handlungen der Priester enthalten sind.

Riva, Rivaggio) das Ufer gen. s, das Gestade gen. s, pl. (Gestade) V. Ripa.

Rivale, der Nebenbuhler, der Mitbuhler gen. s; sf. ein Weibesbild, ein [illegible] Frauenzimmer.

Rivalità, die Nebenbuhlschaft, die Nebenbuhlerey, die [illegible].

Rivangare, wieder umgraben v. ir. c.; per : esaminare di nuovo, wieder untersuchen v. r. comp., suchen v. r., erforschen v. r. comp.

Rivedere i conti rc., die Rechnungen ansehen, durchsehen v. ir. c. (ob sie richtig sind); rivedere una scrittura, un libro, eine Schrift, ein Buch untersuchen, um es zu verbessern; a rivederci! auf Wiedersehen! Gott befohlen!

Rivedimento, die Uebersehung, das Durchsehen, die Untersuchung einer Sache, die Verbesserung einer Schrift, eines Buches rc.

Rivelamento, die Entdeckung, die göttliche Offenbarung.

Rivelare, entdecken, offenbaren v. r. comp., kund machen v. r.

Rivelazione, die göttliche Offenbarung.

Rivellino, ein kleines [illegible] Außenwerk [illegible] das Ravelin gen. s.

Rivendere, wieder verkaufen v. r. c.

Rivendicare, sich wieder anmaßen v. rec. r. comp., (als das Seinige), wieder rächen v. r., Rache ausüben v. r. comp.

Rivenditore, ein Trödler, ein Höcker gen. s, ein Trödelmann gen. s, pl. (leute), ein Wiederverkäufer gen. s.

Rivendugliolo, eine Trödlerin rc.

Rivenire, ritornare, wieder kommen, zurückkommen v. ir. comp.; per : rinvenire, [illegible]; tornare in se stesso, wieder zu sich kommen.

Riverberamento, das Zurückprallen, das Zurückschlagen gen. s, (der Sonnenstrahlen).

Riverberare, zurückprallen v. r. comp., zurückstrahlen v. ir. comp.

Riverberazione, das Zurückprallen gen. s, V. Riverberamento.

Riverbero, das Zurückprallen, das Zurückschlagen gen. s, der Strahlen.

Riverente, ag. ehrerbietig, ehrfurchtsvoll, demüthig, bescheiden.

Riverentemente, av. ehrerbietiglich, ehrerbietiger Weise.

Riverenza, die Ehrerbietung, die Ehrerbietigkeit; fare una riverenza, [illegible], eine Verneigung machen v. r.; Vostra Riverenza, Euer Ehrwürden; con riverenza parlando, mit Respect zu sagen.

Riverenziale, ag. aus Ehrfurcht entstehend; un timore riverenziale, eine Furcht, die aus Ehrerbietigkeit entstehet, V. Riverente.

Riverire, verehren v. r. comp., werthschätzen v. r., seine Hochachtung versichern v. r. comp.; la riverisco, ich empfehle mich Ihnen.

Riverito, a riveritissimo, ag. hochgeehrt, werthgeschätzt.

Riversare, versar di nuovo, wieder einschenken v. r. comp., wieder eingießen v. ir. comp.; riversarsi de' fiumi, überlaufen, [illegible] v. ir. comp.; per rovesciare, umstürzen, umkehren v. r. comp., das Oberste zu unterst kehren.

Rivescio, rovescio, la parte opposta di una cosa, die umgewandte Seite, die andere Seite eines Dinges; ra. das Verdrehte, das Verkehrte gen. s; [illegible] umgekehrt, verkehrt.

Riviera, das Ufer gen. s, das Gestade gen. s, pl. (Gestade), der Rand gen. s, (eines Gewässers); it. ein Fluß gen. es, pl. (Flüsse), ein Bach gen. s, pl. (Bäche), V. Rivo.

Rivista, e revista, das Durchsehen gen. s, (als der Bücher, Waaren etc.), die Untersuchung pl. en.

Riunire, wieder vereinigen v. r. comp.

Riunione, die Wiedervereinigung pl. en.

Rivo, der Bach gen. s, pl. (Bäche), der Fluß gen. es, pl. (Flüsse).

Rivocabile, ag. widerruflich.

Rivocamento, der Widerruf gen. s, die Widerrufung, die Abschaffung, die Aufhebung.

Rivocare, widerrufen v. ir. comp.; it. abschaffen v. r. comp., aufheben, umstoßen v. ir. comp., (was man verordnet hat).

Rivocazione, die Widerrufung, V. Rivocamento.

Rivolgere, wieder umdrehen, umwenden v. ir. comp., auf eine andere Seite bringen v. r.; rivolgere tutto l'animo ad alcuno, seine ganzen Gedanken auf einen richten v. r.

Rivolgersi, sich umwenden v. rec. r. comp.; mi si rivolge lo stomaco, es ekelt mich, mein Magen wendet sich um; rivolgersi a Dio, seine Zuflucht zu Gott nehmen v. ir., sich zu Gott wenden v. rec. r.

Rivolgimento, das Umwenden, das Umkehren, das Umdrehen gen. s.

Rivolo, das Bächlein gen. s.

Rivolta, Rivoltamento, die Umwendung, die Umdrehung, die Wendung pl. en, der Umlauf gen. s, das Umdrehen, die Veränderung pl. en; per rivoltazione, die Empörung, der Aufruhr gen. s.

Rivoltare, rivolgere, umwenden, umdrehen, umkehren v. r. comp.

Rivoltarsi, sich umwenden, umdrehen, umkehren v. rec. r. comp.; per ribellarsi, sich empören, sich aufrühren v. rec. r. comp., aufrührisch werden v. aus.

Rivoltazione, die Empörung, der Aufruhr, der Aufstand gen. s.

Riuscimento, das Gelingen, ein Wohlausschlagen, der glückliche Ausschlag, der Fortgang gen. s.

Riuscire, gelingen v. ir., gut ausschlagen v. ir. comp., glücklichen Fortgang haben v. aus., gut ausfallen, gerathen, von statten gehen v. ir. comp.; riuscire a [illegible], einen fröhlichen Ausgang gewinnen v. ir.; ciò mi riesce difficile, es wird mir schwer.

Riuscita, der Fortgang, der Ausgang, der Ausschlag gen. s; far buona riuscita, gut von statten gehen v. ir.

Rizzamento, das Aufrichten, das Aufrechtstehen gen. s; die Aufrichtung.

Rizzare, aufrichten v. r. comp., aufrecht stellen v. r., gerade machen (was krumm ist); rizzare la cresta, stolz, hochmüthig werden v. aus.

Rizzarsi, sich aufrichten, sich in die Höhe richten v. rec. r. comp.; mi si rizzano i capelli, die Haare stehen mir zu Berge.

R O

Roba, allerley bewegliche oder unbewegliche Güter, Waaren, Lebensmittel u. s. f. it. ein Rock, eine Kleidung; la mia roba da camera, mein Schlafrock.

Robaccia, das garstige, unflätige Zeug gen. s.

Robbia, die Färberröthe, das Rothkraut [illegible] (eine gewisse Farbe).

Ro[illegible], adv. stark, munter, [illegible].

Ro[illegible], die Stärke des Leibes, [illegible] Stärkmachen, die Leibesstärke.

Robusto, ag. [illegible], lebhaft, munter, [illegible].

Rocca, [illegible] largo, eine Citadell, [illegible], ein Geschloß gen. es, eine [illegible] pl. en.

Rocco, [illegible] stretto, der [illegible] gen. s.

Rocchetto, o rocchetto, das Chorhemd [illegible] eines Priesters.

Roco, ag. heiser, v. Rauco.

Rodente, ag. nagend, benagend, [illegible], beissend, anzüglich.

Rodere, nagen v. r., benagen, abnagen v. r. comp.; it. abfressen, verfressen v. ir. comp.; rodersi il cuore, sich das Herz abfressen v. rec. ir. comp.

Rodimento, das Nagen, das Abnagen, das Beissen, das Fressen, it. das Jucken, das Kränken, der heimliche Kummer gen. s, die [illegible] Traurigkeit.

Roditore, ein Benager, ein Abnager.

Roditura, das Nagen, v. Rodimento.

Rogare, [illegible] ein Instrument verfertigen, machen v. r. comp., und unterschreiben v. ir. comp.

Rogazioni, die Bettwoche bey den Katholiken, welche vor dem Feste der Christi Himmelfahrt [illegible] angestellt werden, um von Gott eine gute Erndte zu erbeten.

Rogito, die Unterschrift eines Instruments von dem Notario.

Rogna, die Krätze, die Räude.

Rognoso, ag. krätzig, räudig.

Rogo, coll' o largo, der Scheiterhaufe, worauf die Todten vor diesem verbrennet wurden; coll' o stretto, eine Brombeerstaude, womit die Landleute die Zäune bestecken.

Roma, Rom, (eine Stadt in Italien).

Romano, sust. ein Römer gen. s, ag. römisch.

Romanzesco, ag. romanmäßig, romanisch.

Romanziere, ein Romanschreiber gen. s, einer der erdichtete Begebenheiten schreibt.

Romanzo, ein Roman gen. s; it. eine fabelhafte Geschichte pl. n.

Rombare, summen, rauschen v. r.; mi rombano gli orecchi, die Ohren gellen, klingen mir.

Rombo, das Sausen, das Summen gen. s, (von verschiedenen Thieren) [illegible] ein leises Geräusche.

Romice, o romice, eine Art Sauerampfer.

Romita, e romito, sust. ein Einsiedler gen. s, ag. einsam, wüst.

Romitaggio, eine Einsiedeley pl. en; it. das Einsiedlerleben gen. s.

Romore [illegible] Romoreggiamento) der Lärmen, das großes Getöse, das Geräusche, das Getümmel, der Tumult gen. s; it. die Unruhe; far romore, Lärm machen v. r.

Romoreggiante, ag. lärmend, betäubend was viel Lärm macht.

Romoreggiare, lärmen, toben, ein Getöse machen v. r.

Rompere, brechen v. ir., zerbrechen v. ir. comp., in Stücken brechen, reissen v. ir., zerreissen v. ir. comp.; rompere i [illegible] in die Flucht schlagen v. ir.; rompere il [illegible], [illegible] rompere il proponimento, anders Sinnes werden v. [illegible]; rompere il bando, im Spielen [illegible] v. r.

Rompersi, in Stücken gehen v. ir., einen Bruch oder Riß bekommen v. ir. comp.

Rompevole, ag. zerbrechlich.

Rompicollo, sust. ein Schadenfroh, ag. [illegible]; a rompicollo, über Hals und Kopf, zum Halsbrechen.

Rompimento, der Bruch, das Brechen gen. s.

Romor, e romore, das Geräusche *gen.* s, die Stille, die Sage *pl.* n.

Roncare, jäten *v. tr.*, ausjäten, das Unkraut ausraußen *v. r. comp.*

Ronchioso, *ag.* knorricht, holpricht, ungleich, uneben.

Ronzino, e ronzone, ein Hengst *gen.* es, *pl.* ste, ein Roß *gen.* es, *pl.* e.

Ronda, die Runde *pl.* n, eine gewisse Wache, so herum gehet.

Rondone, der Schwalbe *pl.* n.

Ronfare, schnarchen *v. r.*

Ronzamento, das Gesumse, das Sausen *gen.* s

Ronzare, summen, sausen, rauschen *v. r.*

Ronzina, eine kleine Stute *pl.* n.

Ronzino, der Klepper *gen.* s.

Rorastro (erba), das Jaupredenkraut *gen.* s.

Rosa, die Rose *pl.* n; *met.* cogliere la rosa, die Gelegenheit mitnehmen *v. tr. comp.*, coglier le rose, e lasciar le spine, nur nach dem Guten greifen *v. tr.*; acqua rosa, das Rosenwasser *gen.* s.

Rosa, *sost. e Avverb.*, ein Ort, der vom Ablauf des Wassers ausgewaschen und verbrochen ist.

Rosaceo, *ag.* rosenfarbig.

Rosaio, der Rosenstock *gen.* s, *pl.* (Stöcke).

Rosario, der Rosenkranz *gen.* es, *pl.* (Kränze).

Rosato, *ag.* rosenfarbig; color rosato, die Rosenfarbe; aceto rosato, der Rosenessig *gen.* s; [illegible] rosato, die [illegible] Lippen, Labbra rosate, die Wangen.

Roseo, *ag.* rosenfarbig.

Rosicare) nagen *v. r.*, benagen, Rosicchiare) abnagen *v. r. comp.*, *prov.* chi non risica, non rosica, wer nichts wagt, der hat auch nichts.

Rosolaccio, *V.* Rosolaccio.

Rosmarino, der Rosmarin *gen.* s.

Roso, *part.* da rodere, benagt.

Rosolio, der Rosoli.

Rospo, eine Kröte *pl.* n.

Rossastro, rosseggiante, e rossiccio, rossignuolo, *ag.* röthlich, das Rothe fallend, was in Rothe fällt.

Rosseggiare, ins Rothe fallen *v. tr.*, röthlich seyn *v. aus.*

Rossezza, die Röthe, die rothe Farbe.

Rossignuolo, der Nachtigal *gen.* s.

Rosso, *ag.* roth; divenir rosso, erröthen *v. r. comp.*, schamroth werden *v. aus.*

Rosso, *sost.* das Rothe, die rothe Farbe; *it.* die Röthe; il rosso dell' uovo, das Eydotter *gen.* s.

Rossore, die Röthe, die Erröthung, die Schamröthe.

Rostro, der Schnabel *gen.* s, (der Vögel).

Rotare) wie ein Rad herumdrehen Roteggiare) *v. r. comp.*

Rotella, rotellina, rotellino, *dim.* da ruota, das Rädchen *gen.* s; *it.* alles was wie ein Rädchen gestaltet ist; eine kleine radförmig-gestaltete Sache.

Rotolare, rollen, wälzen *v. r.*; rotolarsi, sich herumwälzen *v. rec. r. ch.*

Rotolo, eine Rolle *pl.* n; *it.* ein rund zusammen gebundener Pack.

Rotolone, *av.* rollend, wälzend; *it.* im Kreise herum.

Rotondare, runden, rund machen *v. r.*

Rotondezza) die Runde, die Rundung, Rotondità) eine rundliche Gestalt.

Rotondo, *ag.* rund.

Rotta, der Bruch *gen.* s, die Niederlage des Feindes; mettere in rotta, in die Flucht schlagen *v. tr.*

Rottame, allerley Stücke von zerbrochenen Sachen, der Schutt *gen.* s.

Rotto, *part.* da rompere, zerbrochen *it.* *ag.* parole rotte, gebrochene, abgebrochene Worte.

Rotto, *sost.* der Bruch *gen.* s, der Riß *gen.* es; aver rotto, einen Bruch oder einen Leibesschaden haben *v. aus.*

Rottura, ein Riß *gen.* es, ein Bruch, eine Spalte, ein Bersten *gen.* s; *it.* ein Leibesschaden *gen.* s; una rottura di pace, ein Friedensbruch *gen.* s.

Rovajo, der Nordwind *gen.* s.

Rovenare, elend machen *v. r.*

Rovente, glühend, feurig.

Rovere, e rovero (albero), eine Steineiche *pl.* n.

Rovesciamento, das Umstoßen *gen.* s, die Umkehrung *gen.* [illegible].

Rovesciare, umstoßen *v. tr. comp.*, umstürzen *v. r. comp.*, umkehren, umschmeißen *v. n. comp.*, das Oberste zu unterst kehren *v. r.*

Rovescio, *sost.* die Kehrseite, die [illegible]

schrte, verwendete, unrechte Seite pl. n. (einer Sache); av. a rovescio, verkehrt; auf der verkehrten Seite.

Rovescio) av. verkehrt, rücklings,
Rovescione) umgewandt.

Rovina, e ruina) das Einfallen gen. s,
Rovinamento) das Einfallen gen. s pl. n; ec. das Verderben, der Untergang gen. s, der Umsturz gen. s, die Zerstörung, der Umsatz gen. s, die Verwüstung.

Rovinare, verderben v. ir. comp., verwüsten, verheeren, zerstören v. r. comp., niederreissen v. ir. comp., (als eine Mauer).

Rovinarsi, sich ins Unglück, ins Verderben stürzen v. rec. r., zu Grunde gehen v. ir.

Rovinatore, ein Verheerer, ein Verwüster, ein Zerstörer gen. s.

Rovinosamente) av. [illegible],
Rovinosamente) [illegible], auf eine verderbliche Art, [illegible], mit Ungestüm, gewaltsam.

Rovinoso, ag. [illegible], baufällig, stürmisch, ungestüm, verderblich, schädlich.

Rozza, eine Schindmähre, ein [illegible] Luder gen. s.

Rozzamente, av. plump; auf eine plumpe, grobe, bäurische Art.

Rozzezza, die Plumpheit, die Ungeschicklichkeit, die Tölpeley, die Grobheit, das bäurische, tölpische, rauhe Wesen gen. s; ec. die Dummheit.

Rozzo, ag. ungeschliffen, unbearbeitet, roh, (von einem Holze, Steine etc.); ec. rauh, grob, dumm, albern, bäurisch, ungesittet, ungeschickt, (von Personen).

RU

Ruba, das Rauben, das Stehlen, der Diebstahl gen. s, die Dieberey; andare a ruba, ausgeplündert werden v. auf., mettere a ruba, preis geben v. ir.

Rubacchiare, mausen v. r., heimlich entwenden v. r. comp., hier und da etwas heimlich wegnehmen v. ir. comp.

Rubaldo, der Schurke gen. n. pl. n, der Lumpenhund gen. s, V. Ribaldo.

Rubamento, die Dieberey pl. en; der Diebstahl gen. s, pl. (Diebstähle).

Rubare, stehlen v. ir., bestehlen v. ir. comp., rauben v. r.

Rubatore, ein Räuber, ein Dieb gen. s, pl. e; ec. ein Schelm gen. s, pl. en.

Rubbio, (certa misura), eine Art Getreidemaß.

Rubecchio ec., V. Ribeslo ec.

Ruberia, die Dieberey pl. en; ec. die Plünderung, V. Rubamento.

Rubicondo, ag. roth vom Gesichte.

Rubino, der Rubin gen. s.

Rubinetto, ag. rubinfarbig.

Rubrica, fust. eine Art rothe Kreide zum Zeichnen.

Rubrica, argomento di libro, o quadro [illegible], die Rubrik, der Inhalt eines Kapitels, einer Urkunde u.

Ruffianesimo, die Kuppeley.

Ruffianescamente, av. nach Kupplerart, durch Kuppeley.

Ruffianesco, ag. kupplerisch.

Ruffiano, ein Kuppler gen. s.

Ruga, eine Runzel, eine Falte pl. n, (im Gesichte, auf der Stirne); ec. die [illegible].

Rugghiamento, e ruggito, das Gebrüllen gen. s, (der Löwen).

Rugghiare, brüllen v. r., (als ein Löwe).

Rugghio) das Gebrüllen gen. s, V.
Ruggito) Ruggito.

Ruggine, der Rost gen. es.

Rugginoso, e rugginoso, ag. rostig, vom Roste verderbt.

Rugginire, rosten v. r., rostig werden v. auf.

Ruggire, brüllen v. r., (als ein Löwe etc.)

Ruggito, das Brüllen gen. s; etc. das Gebrülle, das Brüllen gen. s, welches die Löwen verursachen, V. Rugghiamento.

Rugiada, der Thau gen. s.

Rugiadoso, ag. bethauet; met. naß, frisch, grünend.

Rugoso, ag. runzlicht.

Ruina ec., das Verderben gen. s, V. Rovina ec.

Rullare, mit dem Kreisel spielen v. r., V. Ruzzolare.

Rullo, e rullo, eine Art Kreiselspiel, das Kreisel gen. s; ec. eine Walze, um die Schollen im Felde zu zerstossen; eine große Kugel zu kegeln.

Rumor

Rumore ec., das Lärmen, *V.* Romore ec.

Ruolo, das Register *gen.* s, das Verzeichniß *gen.* es, *pl.* e, die Rolle, die Liste *pl.* n.

Ruota, das Rad *gen.* es, *it.* eine Drehwinde in den Klöstern.

Rupe, der Fels *gen.* es, *pl.* en.

Rurale, *ag.* ländlich, zum Lande gehörig.

Ruscello, ein kleiner Bach *gen.* s, *pl.* (Bäche), ein Bächelchen *gen.* s.

Rusignuolo, e rosignuolo, die Nachtigal *pl.* en

Ruspare, scharren *v. r.*, (wie die Hühner).

Russare, schnarchen *v. r.*

Rusticaggine, das bäurische Wesen *gen.* s, die Ungeschliffenheit, *V.* Rustichezza.

Rusticale, *ag.* bäurisch, grob, ungesittet.

Rusticalmente, e rusticamente, *av.* grob, unartig, bäurisch.

Rustichezza) das bäurische, ungesittete, grobe, ungeschliffene
Rusticità) Wesen *gen.* s, die Grobheit, die Ungeschliffenheit, die ungesittete Aufführung *pl.* en.

Rustico, *sust.* ein Bauer *gen.* s, ein Ackersmann *gen.* s, *pl.* (leute).

Rustico, *ag.* bäurisch, grob, unhöflich.

Ruta, die Raute, ruta capraria, die Geißraute, ruta salvatica, die Bergraute, die wilde Raute.

Rutare, rülpsen *v. r.*

Ruto, ein Rülps *gen.* es, *it.* das Aufstoßen des Windes aus dem Magen.

Ruvidamente, *av.* auf eine grobe, rauhe, harte, unfreundliche Art.

Ruvidezza, e ruvidità, die Rauhigkeit, die Grobheit, die Ungeschliffenheit.

Ruvidire, e rudire, rauh, grob seyn, oder werden *v. aus.*, verwildern *v. r. comp.*

Ruvido, e ruido, grob, rauh, uneben, höckericht, *it.* unhöflich, ungesittet; un uomo ruido, ein ungesitteter, harter Mann *gen.* es, *pl.* (Leute).

Ruzzare, scherzare, scherzen, spaßen, närrisch Zeug machen, schäkern *v. r.*

Ruzzo, die Schäkerey *pl.* en, der Muthwille *gen.* ns, *pl.* n.

Ruzzola, der Kreisel *gen.* s, eine Walze *pl.* n, *it.* ein Pastetenrädchen *gen.* s.

Ruzzolare, das Kreiseltreiben *v. r. comp.* wälzen *v. r.*

Ruzzolarsi, sich herumwälzen, drehen, wenden *v. rec. r. comp.*

S A

Sabato, e sabbato, der Sonnabend, der Samstag, der Sabath *gen.* s.

Sabbia, der Sand, die sandigte Erde.

Sabbioncella, die Sandgrube *pl.* n, *it.* eine Sandbank *pl.* (Sandbänke).

Sabbioso, *ag.* sandigt, mit Sand reichlich versehen.

Sabina, (erba), der Sevenbaum *gen.* s, *pl.* (bäume).

Sacca, die Tasche *pl.* n, eine Art Sack oder Schnappsack *pl.* (Säcke).

Saccardo, ein Troßbube *gen.* n, *pl.* n, ein Sackträger *gen.* s, *it.* ein Lumpenkerl *gen.* s, *it.* ein Soldatenknecht, ein Stückknecht bey der Armee.

Saccente, *ag.* klug, belehrt, geschickt, weise.

Saccentemente, *av.* weislich, bedachtsam, klüglich.

Saccheggiamento, das Ausplündern *gen.* s, die Verwüstung.

Saccheggiare, plündern *v. r.*, ausplündern *v. r. comp.*, Beute machen *v. r.*, verwüsten *v. r. comp.*

Saccheggiatore, ein Plünderer, ein Verwüster *gen.* s.

Saccheggio, die Ausplünderung *pl.* en, das Plündern, das Ausplündern *g.* s.

Sacco, der Sack *gen.* s, *pl.* (Säcke); mettere a sacco una città, eine Stadt ausplündern *v. r. comp.*

Saccoccia, die Tasche *pl.* n, der Schubsack *gen.* s, *pl.* (säcke).

Sacerdotale, e sacerdotalmente, *ag.* ed *av.* priesterlich.

Sacerdote, der Priester *gen.* s.

Sacerdozio, das Priesterthum *gen.* s.

Sacramentale, *ag.* sakramentlich, zum Sakramente gehörig.

Sacramentalmente, *av.* sakramentalisch, nach Weise der Sakramente.

Sacramentare, die Sakramente ausspenden, austheilen *v. r. comp.*; per bestemmiare, fluchen *v. r.*, sakramentiren.

Sacramento, das Sakrament *gen.* s.

Sacrato, *sust.* ein heiliger Ort *gen.* es; *fig.* eine Freystatt *ag.* e *part.*

geheiliget; ostia sacrata, eine geweihte Hostie.

Saccestia, die Sakristey *pl.* en.

Sacrificare, opfern *v. r.*, aufopfern, zum Opfer darbringen *v. r. comp.*, widmen *v. r.* sacrificar la vita, sein Leben hingeben *v. ir. comp.*

Sacrificatore, ein Opferer *gen.* s.

Sacrificazione } das Opfer *gen.*
Sacrificio, e sacrifizio } s, die Aufopferung *pl.* en.

Sacrilegamente, *av.* auf eine kirchenräuberische, gottesvergessene Art.

Sacrilegio, der Kirchenraub *gen.* s, die Entheiligung; *it.* die Gottesvergessenheit.

Sacrilego, *sust.* ein Kirchenräuber, Unheiliger, ein Gottloser *gen.* n, *ag.* kirchenräuberisch, entheiligend, unheilig, gottlos.

Sacristia, die Sakristey *pl.* en.

Sacro, *ag.* geheiliget, geweihet, heilig: sacra Scrittura, die heilige Schrift, l' osso sacro, das Kreuzbein *gen.* s: il morbo sacro, die hinfallende Sucht, die schwere Noth.

Sacrosanto, *ag.* allerheiligst, hochheilig.

Saetta, der Donnerstrahl, der Wetterstrahl *gen.* s, *pl.* en, der Blitz *gen.* es; *it.* der Pfeil *gen.* s, *pl.* e.

Saettare, mit Pfeilen schießen *v. ir.*

Saettata, der Pfeilschuß *gen.* es, *pl.* (schüsse).

Saettatore } der Bogenschütze *gen.* n,
Saettiere } *pl.* n.

Saffiro, der Saphir *gen.* s (ein Edelgestein).

Sagace, *ag.* listig, verschlagen, vorsichtig, geschickt, sinnreich, fein, klug, spitzfindig.

Sagacemente, *av.* sinnreich, auf eine verschlagene, listige, feine Art.

Sagacità, die Verschlagenheit, der eindringende Verstand *gen.* es; *it.* die Spitzfindigkeit, der Witz *gen.* es, die Einsicht.

Saggezza, die Weisheit, *V.* Savienza.

Saggiamente, *av.* klüglich, weislich, überlegter Weise.

Saggiare, versuchen *v. r. comp.*, kosten *v. r.*, *V.* Assaggiare.

Saggina, der türkische Waitzen.

Saggio, modello, *sust.* eine Probe, das Muster, der Versuch *gen.* s; *per:* prudente, ein weiser, ein kluger Mann *gen.* es, *pl.* (Männer), ein Weiser *gen.* n.

Saggio, *ag.* klug, weise, vorsichtig, verständig, erfahren, geschickt.

Sagittario, der Bogenschütze *gen.* n, *pl.* n; *it.* der Schütze, eines der 12. Himmelszeichen des Zodiakus.

Sagliente, e saliente, *ag.* steigend.

Sagola, *termine di marina*, die Senkschnur, um die Tiefe des Wassers zu ersehen.

Sagoma, die Zunge an der Waage; *it.* der Richtscheid, der Anleger *g.* s.

Sagro, e sacro, die Kirchenweihe, das Kirchweihfest *gen.* es; *it.* die Einweihung; sagro, *ag.* *V.* Sacro.

Sagramentale ec. *V.* Sacramentale ec.

Sagrestia, die Sakristey *p.* en.

Sagrificare ec. *V.* Sacrificare ec.

Sagrista, der Kirchendiener *gen.* s.

Saja, (certa stoffa), ein wollener, leichter Zeug *gen.* s, eine Art Serge.

Sala, der Saal *gen.* s, *pl.* (Säle); la sala di scherma, der Fechtboden *gen.* s.

Salamandra, der Salamander *gen.* s, eine Art Eydexe.

Salame, eine italiänische Knackwurst *pl.* (würste).

Salamoja, die Lacke, die Salzbrühe von eingesalzenem Fleische.

Salare, salzen *v. ir.*, einsalzen *v. ir. c.*

Salariare, besolden *v. r. comp.*

Salariato, *sust.* Gedingter *gen.* n; der um Lohn dienet; *part.* da salariare, besoldet.

Salario, die Besoldung *pl.* en, der Sold, der Lohn.

Salasso, das Aderlassen *gen.* s.

Salato, *sust.* allerhand eingesalzenes, (als Fleisch), das Pöckelfleisch *gen.* es; *part.* da salare, gesalzen.

Salce } eine Weide *pl.* n, der Wal-
Salcio } denbaum *gen.* s, *pl.* (Waldenbäume).

Salda, der Leim, das Leimwasser, das Gummiwasser *gen.* s, womit die Zeuge gestärkt werden; dar la salda alla carta, das Papier planiren *v. r.*

Saldamente, *av.* fest, steif, dicht.

Saldamento, das Löthen, das Befestigen, das Schließen *gen.* s.

Saldare, löthen *v. r.*, zusammenleimen, befestigen *v. r. comp.*, fest machen *v. r.*, saldare i conti, die Rechnungen schließen *v. ir.*

Saldatura, die Verlöthung, das Verlöthete *gen.* e *pl.* n, *V.* Saldamento.

Saldezza, die Festigkeit, die Standhaftigkeit.

Saldo, de' conti, *sost.* der Schluß, der Abschluß *gen.* es, (der Rechnungen).

Saldo, *ag.* fest, dicht, standhaft.

Sale, das Salz *gen.* es; sale nitro, der Salpeter *gen.* s, sale ammoniaco, der Salmiak *gen.* s; aver sale in zucca, Verstand haben *v. aus.*

Salgemma, das Steinsalz *gen.* es.

Salice, e salcio, die Weide *pl.* n, V. Salcio.

Saliera, das Salzfäßchen *gen.* s, das Salzfaß *gen.* es, *pl.* (fässer).

Salimento, das Steigen, das Aufsteigen *gen.* s.

Salina, das Salzwerk *gen.* s, *pl.* e.

Salire, steigen *v. ir.*, aufsteigen, hinaufsteigen *v. ir. comp.*

Saliscendi, die Klinke *pl.* n, der Drücker *gen.* s, (an einer Thüre), der Wirbel *gen.* s, (an Fenstern).

Salita, die Anhöhe *pl.* n, ein Weg, der bergauf gehet; *it.* das Aufsteigen *gen.* s.

Saliva, der Speichel *gen.* s.

Salivare, viel Speichel von sich geben *v. ir.*

Salivazione, die Speichelkur (bey venerischen Krankheiten).

Salma, eine Last, eine Bürde; eine Ladung, das Schiffpfund.

Salmeggiamento, der Psalmengesang *gen.* s, *pl.* (gesänge).

Salmeggiare, Psalmen singen *v. ir.*

Salmista, ein Psalmendichter *gen.* s.

Salmo, der Psalm *gen.* s, *pl.* en, das geistliche Loblied *gen.* s, *pl.* er.

Salmodia, das Singen der Psalmen.

Salnitro, der Salpeter *gen.* s.

Salpare, die Anker lichten *v. r.*

Salsa, eine Tunke, eine Titsche, eine Brühe (der Speisen).

Salsapariglia, die Sassaparill.

Salsiccia, die Salzwurst *pl.* (würste), der Salzeingeweid *gen.* s.

Salsiccia, eine Bratwurst *pl.* (würste).

Salsiccione, eine große Bratwurst *pl.* (würste).

Salsicciotto, eine Art Knackwurst *pl.* (würste).

Salso)
Salsuginoso) *ag.* salzicht, gesalzen.

Saltante, *ag.* springend.

Saltare, springen, einen Sprung thun *v. ir.*, hüpfen *v. r.*, *fig.* saltare in collera, sich erzürnen *v. rec. r. comp.*, böse werden *v. aus.*

Saltatore, der Springer, der Tänzer *gen.* s; einer, der hüpft und springt.

Saltellante, *ag.* hüpfend.

Saltellare, hüpfen *v. r.*

Salterio, e salterio, der Psalter *gen.* s; *it.* das Psalmenbuch Davids.

Saltimbanco, ein Bänkelsänger, ein Marktschreyer *gen.* s.

Salto, das Hüpfen, der Sprung *gen.* s.

Salva, eine Salve *pl.* n; *it.* ein Schuß, den die Soldaten mit dem Geschütz einander geben.

Salvadanajo, eine Sparbüchse *pl.* n.

Salvaggina, das Wildpret *gen.* s, alle Thiere, welche auf der Jagd gefangen, oder geschossen werden; auch das Fleisch derselben.

Salvaguardia, das Sicherheit *gen.* es, *pl.* n; *it.* ein Schutzbrief *gen.* s, (von großen Herren).

Salvamente, *av.* unverletzt, glücklich, ohne Schaden, in Sicherheit.

Salvamento, die Rettung, die Erhaltung, die Unverletztheit; *av.* a salvamento, unverletzt, unbeschädigt, wohl.

Salvare, retten *v. r.*, erretten, beschützen, befreyen *v. r. comp.*, (aus der Gefahr); Dio vi salvi! Gott grüße euch! helfe euch Gott.

Salvarsi, entgehen, entfliehen *v. ir. comp.*, sich mit der Flucht retten *v. rec. r.*; *it.* per: divenir benig-felig werden *v. aus.*

Salvaticamente, *av.* auf eine rohe, ungeschliffene Art.

Salvatichezza, die Wildheit, die Grobheit, die Ungezogenheit; das rohe, bäurische Wesen *gen.* s.

Salvatico, *ag.* wild, was nicht zahm ist; und besser salvatico, ein wildes Thier *gen.* s, *pl.* e; *it.* ungesittet, roh; un uomo salvatico, ein roher Mensch *gen.* e *pl.* en.

Salvatore, der Heiland, der Erretter, der Erlöser *gen.* s, (als Jesus Christus).

Salvazione, die Rettung, V. Salvamento.

Salubre, *ag.* gesund, heilsam; was zur Gesundheit beyträgt, zur Gesundheit dienlich.

Salubremente, *av.* gesund, heilsamerweise.

Salubrità, die gesunde Eigenschaft, die der Gesundheit zuträgliche Beschaffenheit.

Salvezza, die Sicherheit, die Errettung, die Befreyung; it. die Seligkeit.

Salvia, die Salbey.

Salvietta, eine Serviette pl. n, das Tellertuch gen. s, pl. (tücher).

Salume, allerhand gesalzene Waare, (als Fleisch, Fisch etc.)

Salvo, *sust.* convenzione, der Vergleich, der Vertrag gen. s; mettere in salvo, in Sicherheit bringen v. ir., essere in salvo, sicher seyn v. *aus.*, sich aus aller Gefahr befinden v. ir. *comp.*

Salvo, *ag.* sicher, unverletzt, außer Gefahr; sano e salvo, frisch und gesund; salvo il vero, der Wahrheit unbeschädiget; ohne der Wahrheit nahe zu treten.

Salvochè, *av.* außer daß, ausgenommen daß; *per*: purchè, wenn nur.

Salvocondotto, das Sichergeleit, der Geleitsbrief *gen.* s, eine Sicherheit von Regenten, oder Magistraten.

Salutare, grüßen *v. r.*, begrüßen *v. r. c.*

Salutare, *sust.* das Begrüßen *gen.* s, die Begrüßung.

Salutare, e salutevole, *ag.* heilsam, gesund, zur Gesundheit zuträglich.

Salutazione, die Begrüßung, der Gruß *gen.* es, die Bewillkommung; la salutazione angelica der englische Gruß.

Salute, die Gesundheit, die Wohlfahrt, das Heil *gen.* s; *it.* die Seligkeit; *it.* die Sicherheit, die Befreyung von allem Schaden.

Salutevolmente, *av.* auf eine gesunde Art.

Saluto, der Gruß *gen.* es, die Begrüßung *pl.* en, die Bewillkommung.

Sambuca, e sampogna, eine Art Schalmey.

Sambuco albore, der Hollunderbaum *gen.* s, *pl.* (bäume).

San, *V.* Santo.

Sanabile, *ag.* heilbar, was sich heilen läßt.

Sanamente, *av.* gesund, auf eine gesunde Art; *met.* klug, verständig, vernünftig; giudicare sanamente, nach der gesunden Vernunft urtheilen *v. r. comp.*

Sanare, heilen, curiren, gesund machen *v. r.*, *verb. neut.*, wieder gesund werden *v. aus.*

Sandalo, das Sandelholz, das Pantoffelholz *gen.* es.

Sandracca, o sandraca, ein rothes Operment *gen.* s, ein arabischer Gummi.

Sangue, das Blut, das Geblüte *gen.* s; *per*: schiatta, parentela, die Abkunft, die Abstammung, die Verwandtschaft; la nobiltà del sangue, die adeliche Geburt; a sangue freddo, mit kaltem Blut, mit gutem Bedacht, ganz gelassen; a sangue caldo, in der ersten Hitze.

Sanguigno, *ag.* vom Blute; *it.* vollblütig; color sanguigno, blutfarbig.

Sanguinaccio, eine Blutwurst *pl.* (würste).

Sanguinante, *ag.* blutend.

Sanguinare, bluten *v. r.*

Sanguinaria, e sanguinella, das Blutkraut *gen.* s.

Sanguinario, *ag.* blutbegierig, mörderisch, grausam.

Sanguinolente, *ag.* blutbegierig blutdürstig; *it.* blutig.

Sanguinoso, *ag.* blutig, blutend.

Sanguisuga, der Blutegel *gen.* s.

Sanità, die Gesundheit, das Wohlbefinden *gen.* s.

Sano, *ag.* gesund; malsano, ungesund, sano, e salvo, frisch und gesund; sano di mente, klug, weise, verständig; un sano consiglio, ein guter Rath; stare sano, lebe wohl.

Santamente, *av.* heilig, auf eine heilige, göttliche Art.

Santificante, *ag.* heiligend, heilig machend; la grazia santificante, die heiligmachende Gnade Gottes.

Santificare, heiligen, heilig machen *v. r.*, heilig sprechen *v. ir.*; *it.* feyern *v. r.*

Santificatore, der Heiligmacher *gen.* s.

Santificazione, die Heiligung, die Heiligsprechung.

Santità, die Heiligkeit.

Santo, *sust.* ein Heiliger *gen.* s.

Santo, *ag.* heilig; Dio santo! gerechter Gott! menare una vita santa, ein gottseliges Leben führen *v. r.*, l'anno santo, das päbstliche Jubeljahr.

Santuario, das Heiligthum *gen.* s.

Sanzione, die juristische Bestätigung.

Sapere, wissen v. r., sapere a mente, auswendig wissen, *sapere fare*, können v. r., verstehen v. ir. comp., *saper d'odore*, riechen v. r.

Sapere, *sost.* das Wissen, das Können *gen.* s, die Kenntniß *pl.* e, die Gelehrsamkeit.

Sapiente, *sost.* ein Weiser, ein Gelehrter *gen.* n, *ag.* gelehrt, geschickt, weise.

Sapientemente, *av.* weislich, gelehrt.

Sapienza, die Weisheit, die Gelehrtheit, die Wissenschaft; la divina sapienza, Gott, die ewige Weisheit.

Saponajo, der Seifensieder, der Seifenhändler *gen.* s.

Saponata, das Seifenwasser *gen.* s.

Sapone, die Seife.

Saporare, schmecken, kosten v. r., versuchen v. r. comp., V. Assaggiare.

Sapore, der Geschmack *gen.* s.

Saporitamente, *av.* schmackhaft, sehr gut schmeckend, mit Geschmack.

Saporito, *ag.* schmackhaft.

Saputa, das Wissen *gen.* s, die Kenntniß.

Sarcasmo, eine höhnische, schimpfliche Rede *pl.* n, eine beißende Spottrede.

Sarchiare, jäten v. r., ausjäten, das Unkraut ausrotten v. r. comp., harken v. r.

Sarchiatore, ein Jäter *gen.* s, einer, der mit der Harke arbeitet.

Sarchiatura, das Jäten, das Ausjäten, das Harken *gen.* s.

Sarchio, eine Jäthaue, das Jäteisen *gen.* s, eine Harke.

Sardella, eine Sardelle *pl.* n, eine Art kleiner Häringe.

Sardonico, *ag.* riso sardonico, eine Verzuckung der beyderseitigen Lippenmuskeln.

Sarto, sartore, der Schneider *gen.* s.

Sassata, ein Steinwurf *gen.* s, *pl.* (würfe), ein Wurf mit einem Steine.

Sassoso, di sasso, *ag.* steinern.

Sasso, der Stein *gen.* s, *pl.* e, it. ein Fels *gen.* en, *pl.* en. io son di sasso, ich bin außer mir.

Sassoso, *ag.* steinicht.

Satan, satanasso, der Satan, der Teufel *gen.* s, der Oberste der bösen Geister.

Satellite, ein Trabant *gen.* en, it. ein kleiner Planet, der um einen größern herumgehet.

Satira, eine Stachelschrift, eine Schmähschrift *pl.* en, eine Satire *pl.* n.

Satireggiare, Schmähschriften machen, satyrisiren v. r.

Satiricamente, *av.* satyrisch, satyrischer Weise, spottender Weise.

Satirico, *sost.* ein Satyrenschreiber, ein satyrischer Dichter, ein Satyriker *gen.* s.

Satirico, *ag.* satyrisch, beißend, beleidigend (mit Worten und Schriften) it. verläumderisch, schmähsüchtig.

Satiro, ein Waldgott *gen.* es, *pl.* (götter), *met.* ein roher, wilder Mensch *gen.* en *pl.* en.

Satisfazione, die Versicherung.

Satisfare ec., Genugthun v. r. comp., V. Soddisfare ec.

Satollamento, die Sättigung.

Satollare, sättigen, satt machen v. r.

Satollo, *ag.* satt, gesättiget.

Satrapo, *sost.* ein persischer Landpfleger *gen.* s, *met.* ein eingebildeter Mann.

Saviamente, *av.* weislich, klüglich, vernünftig.

Savienza, die Weisheit, die Klugheit, die Vorsichtigkeit.

Savio, *ag.* klug, weise, verständig; it. erfahren, geschickt, gelehrt.

Savio, *sost.* ein weiser, gelehrter Mann *gen.* s, (Männer).

Sauro, (cavallo), ein dunkelbraunes Pferd *gen.* s, *pl.* e.

Saziabile, *ag.* ersättlich; was sich sättigen läßt.

Saziabilmente, *av.* zur Sättigung.

Saziare, sättigen v. r., ersättigen v. r. comp., stillen v. r., (als den Hunger).

Sazietà, die Sättigung.

Sazio, *av.* satt, gesättiget, *met.* überdrüßig.

S B

Sbaccanegiare, großen Lärmen machen v. r.

Sbadigliamento, sbadiglio, das Gähnen *gen.* s.

Sbadigliare, gähnen v. r.

Sbagliare, fehlen v. r., einen Fehler begehen v. ir. comp., sich irren v. rec. r., sich versehen v. rec. ir. comp.

Sbaglio, der Fehler, der Irrthum *gen.* s, *pl.* (Irrthümer), das Versehen *gen.* s.

Sbalordimento, die Betäubung, die Verworrenheit, die Verwirrung.

Sbalordire, *verb neut.*, von Sinnen kommen *v. ir.*, verwirrt werden *v. auf.*, *verb. act.* verwirren, überläuben *v. r. comp.*, verwirrt machen *v. r.*

Sbalzare, *verb. act.* werfen, einen Stoß geben *v. ir.*, umstoßen *v. ir. comp.*, *verb. neut.* sich schwingen *v. rec. ir.*

Sbalzo, ein Sturz, ein Stoß *gen.* es, ein Sprung *gen.* s.

Sbandare, zerstreuen *v. r. comp.*, auseinander reissen *v. ir.*, (was beysammen war).

Sbaragliare, in Unordnung bringen *v. r.*, zerstreuen *v. r. comp.*

Sbaraglio, die Unordnung, die Zerstreuung.

Sbarazzare, die Hindernisse wegräumen *v. r. comp.*

Sbarbare, die Wurzel von etwas ausreissen *v. ir. comp.*

Sbarbato, *part.* von der Wurzel abgerissen; *ag.* senza barba, unbärtig, der keinen Bart hat.

Sbarbicare, sradicare, ausrotten *v. r. comp.*, die Wurzel von etwas ausreissen *v. ir. comp.*

Sbarcare, *verb. act.* ausschiffen *v. r. comp.*, (Waaren, Truppen *rc.*), ans Land setzen *v. r.*, aus dem Schiffe ausladen *v. ir. comp.*, *verb. neut.* anlanden *v. r. comp.*, ans Land steigen *v. ir.*

Sbarco, das Ausschiffen, das Anlanden *gen.* s, die Landung.

Sbarra, der Schlagbaum, der Riegelbaum, der Querbaum, der Fallbaum *gen.* s, *pl.* (bäume).

Sbarrare, mit einem Schlagbaum vermachen *v. r. comp.*

Sbattere, zerklopfen *v. r. comp.*, schütteln *v. r.*

Sbendare, aufbinden, losbinden *v. ir. comp.*, (als eine Wunde).

Sbevazzamento, e sbevacchiamento, die Sauferey, das übermäßige Saufen *gen.* s.

Sbevazzare, e sbevacchiare, übermäßig saufen *v. ir.*

Sbiancare, *v. neut.* weiß, weißlich werden *v. auf.*

Sbigottimento, der Schrecken, das Entsetzen *gen.* s, die Furcht, die Bestürzung, *V.* Spavento.

Sbigottirsi, sich entsetzen *v. rec. r. comp.*, erschrecken *v. ir. comp.*, bange werden *v. auf.*

Sbilanciamento, e sbilancio, die Benehmung des Gleichgewichtes.

Sbilanciare, das Gleichgewicht benehmen *v. ir. comp.*, aus dem Gleichgewichte bringen *v. r.*

Sbilenco, *ag.* krummbeinigt.

Sbirraglia, e sbirreria, die ganze Schaarwache, die sämmtliche Häscherschaar.

Sbirro, ein Häscher, ein Gerichtsdiener, ein Stadtknecht *gen.* s, *pl.* e.

Sboccamento, die Ergießung, der Auslauf, der Ausfluß *gen.* es, die Mündung eines Flusses, der Ausgang eines engen Passes.

Sboccare, einfließen *v. ir. comp.*, sich ergießen *v. rec. ir. comp.*, (wie die Flüsse ins Meer).

Sboccatamente, *av.* ohne Maaß, unüberlegter Weise; parlare sboccatamente, schmutzig und unflätig reden.

Sboccato, *part.* da sboccare, ins Meer ergossen *rc.*; *met. ag.* unehrbar, unzüchtig, ausgelassen im Reden; hartmäulig (von Pferden).

Sboccatura
Sbocco } das Uebergeben, das Ueberfließen, das Ueberlaufen *gen.* s, (des Wassers), *V.* Sboccamento.

Sborsare, Geld auszahlen *v. r. comp.*, ausgeben, vorschießen *v. ir. comp.*, baar bezahlen *v. r. comp.*

Sborso, die Ausgabe, die Auslage, die Zahlung, der Vorschuß *gen.* es.

Sbottonare, aufknöpfen *v. r. comp.*

Sbozzo *V.* Abozzo.

Sbranare, in Stücken reissen *v. ir.*

Sbranato, *part.* in Stücken zerrissen.

Sbrattare, reinigen, rein machen *v. r.*, *ir.* putzen, scheuern *v. r.*, abfegen *v. r. comp.*

Sbricciolare, zergrümeln *v. r. comp.*, in Stücken zerbrechen *v. ir. comp.*, (als Brod).

Sbrigamento, die Eilfertigkeit, die Geschwindigkeit, die Behendigkeit, die schleunige Abfertigung.

Sbrigare, geschwind machen *v. r.*, eilfertig verrichten *v. r. comp.*

Sbrigarsi, eilen *v. r.*, sbrigati! mache geschwind!

Sbrigatamente, *av.* eilfertig, hurtig, geschwind, ohne Aufschub.

Sbrigliare, abzäumen, den Zaum vom Pferde abmachen v. r. comp.
Sbrigliatamente, av. zügelloserweise, ohne Zaum, frech.
Sbrigliato, av. zaumlos, zügellos, unbändig.
Sbrogliare, entwickeln v. r. comp., (was verwirrt ist), losmachen v. r. comp.
Sbruccare, abblatten v. r. comp.
Sbruffare, besprudeln, mit dem Munde bespritzen v. r. comp.
Sbucare, aus einem Loche hervorkriechen v. ir. comp.
Sbudellare, ausweiden v. r. comp., das Eingeweide aus dem Bauche herausnehmen v. ir. comp.
Sbuffare, sbuffo, sust. das Schnauben, das Kreischen gen. s, (von Wuth und Zorn).
Sbuffare, verb. schnauben, brausen, kreischen v. r., (von Zorn und Wuth).

S C

Scabbia, die Krätze, der Grind, der Ausschlag gen. s, (auf der Haut), V. Rogna.
Scabbioso, ae. krätzig, grindig, räudig.
Scabello, das Stühlchen gen. s.
Scabino, ein Rathsverwandter gen. s.
Scabro) ae. schroff, rauh, gefähr-
Scabroso) lich.
Scacazzamento, o scacazzio, die Scheiße, das Scheißen, der Durchlauf gen. s.
Scacchiere, das Schachspiel, das Bretspiel, das Schachbret gen. s.
Scacciamento, die Vertreibung, die Ausstoßung, das Verjagen gen. s.
Scacciare, verjagen, fortjagen v. r. comp., wegtreiben v. ir. comp.
Scacco, der Schach gen. s; giuocare agli scacchi, Schach spielen v. r.; scacco matto, Schachmatt; av. a scacchi, gewürfelt, würflicht.
Scadente, ae. verfallend, abnehmend.
Scadenza, der Verfall, das Abnehmen gen. s, die Abnahme; it. la scadenza del termine, die Verfallzeit.
Scadere, verfallen, abnehmen, in Verfall, in Abnahme gerathen v. ir. c.
Scadimento, das Abfallen, das Abnehmen gen. s.
Scaglia, eine Schuppe, eine Fischschuppe pl. n; it. die Schiefern an Steinen, die Schaale an den Schildkröten.
Scagliamento, das Werfen, der Wurf gen. s.
Scagliare, levare le scaglie, schuppen v. r., abschuppen v. r. comp.; per gettare lungi ec., werfen v. ir.
Scagliarsi addosso ad alcuno, über einen herfallen, auf einen losgehen v. ir. comp.
Scaglio, der Splitter, der Span gen. s, pl. (Spähne) (vom Holze).
Scagliuolo, ae. schuppicht, schiefericht; pietra scagliuola, der Schieferstein gen. s, pl. e.
Scala, die Treppe, die Stiege pl. n; scala portatile, eine Leiter; scala a lumaca, eine Wendeltreppe, eine Schneckentreppe; scala di corda, eine Strickleiter.
Scalare, mit Leitern besteigen v. ir. comp.
Scalata, die Ersteigung der Mauern mit Leitern; dar la scalata, Sturm laufen v. ir.
Scalcheggiare, term. caval., ausschlagen v. ir. comp., (von hinten wie die Pferde).
Scalcinare, den Kalk von der Wand abkratzen v. r. comp.
Scalco, der Speisemeister, der Küchenmeister, der Tafeldecker gen. s.
Scaldaletto, ein Bettwärmer gen. s.
Scaldamento, das Wärmen, das Heizen gen. s.
Scaldare, wärmen v. r., erwärmen v. r. comp., warm machen, heitzen v. r.
Scaldatojo, die Wärmstube pl. n.
Scaldatore, ein Einheitzer gen. s.
Scaldavivande, das Rechaud gen. s, (um die Speisen warm zu halten).
Scalèa, eine Reihe Stufen, eine Treppe.
Scalino, eine Stufe, die Staffel pl. n, (einer Treppe).
Scalmana, V. Scarmana.
Scalpello, der Meißel, das Stemmeisen gen. s.
Scalpicciare, mit den Füßen stampfen v. r., V. Calpestare.
Scalpiccio, o scalpicciamento, das Stampfen gen. s.
Scalpitare, mit Füßen treten v. ir.
Scaltramente, av. verschlagener Weise, V. Astutamente.

Scaltrezza, die Verschlagenheit; *V.* Astuzia, Sagacità.

Scaltrire, abrichten *v. r. comp*, witzig, klug machen *v. r.*

Scaltro, *ag.* verschlagen, witzig, schlau, schalkhaft, argliſtig.

Scalzare alcuno, einem die Schuhe und Strümpfe ausziehen *v. ir. comp*, scalzar le viti, den Weinstock umgraben *v. ir. comp.*

Scalzarsi, die Schuhe und Strümpfe ausziehen *v. ir. comp.*

Scalzo, *ag.* barfuß, der keine Strümpfe und Schuhe an hat; der barfuß gehet; i Frati scalzi, die Barfüßermönche.

Scambiamento ec., die Veränderung ic., *V.* Cambiamento ec.

Scambiettare, kleine Sprünge machen *v. r.*

Scambietto, ein Luftsprung *gen.* s, *pl.* (Sprünge).

Scambievole, *ag.* gegenseitig, wechselseitig, abwechselnd; eins gegen das andere.

Scambievolezza, die Gegenseitigkeit.

Scambievolmente, *av.* wechselsweise, *V.* Scambievole.

Scambio, der Wechsel *gen.* s, die Auswechselung *pl.* en, der Gegentausch *gen.* es; *av.* in iscambio, anstatt, *V.* Cambio.

Scampamento, die Vermeidung der Gefahr.

Scampare, difendere, vertheidigen *v. r. comp.*, retten, befreyen *v. r. comp.*, (aus der Gefahr); per fuggire, fliehen *v. ir.*, entfliehen, die Flucht ergreifen *v. ir. comp.*

Scampo, die Rettung, die Entkommung aus einer Gefahr; *it.* die Ausflucht.

Scanalare, aushöhlen *v. r. comp.*, Aushöhlungen, Vertiefungen machen *v. r.*

Scanalatura, die Aushöhlung *pl.* en, die ausgehölte Streifen oder Kehlen an den Säulen ec.

Scancellamento, e scancellatura, das Ausstreichen, das Auslöschen *gen.* s, das Durchstreichen des Geschriebenen.

Scancellare, auslöschen *v. r. comp.*, ausstreichen, durchstreichen *v. ir. comp.*, scancellare della memoria, aus dem Andenken verlöschen *v. ir. comp.*

Scandagliare, erforschen *v. r. comp*, das Senkbley auswerfen *v. ir. comp.*, den Grund suchen *v. r.*; *met.* prüfen, untersuchen *v. r. comp.*

Scandaglio, das Senkbley *gen.* s, um die Tiefe zu erforschen; *met.* die Prüfung, die Untersuchung, die Erforschung.

Scandalizzare, ärgern *v. r.*, Aergerniß, Anstoß geben *v. ir.*

Scandalizzarsi, sich ärgern *v. rec. r.*, ein Aergerniß nehmen *v. ir.*, sich ergürnen *v. rec r. comp.*

Scandalo, e scandolo, der Anstoß, das Aergerniß *gen.* es; dare scandalo, Aergerniß geben *v. ir.*

Scandalosamente, *av.* ärgerlich; auf eine ärgerliche, anstößige Art.

Scandaloso, *ag.* ärgerlich, anstößig; was Anstoß, Aergerniß giebt.

Scandere, scandiren *v. r.*, einen Vers nach seinen Sylben ausmessen *v. ir. comp.*

Scannare, die Kehle abschneiden *v. ir. comp.*, erwürgen, abschlachten *v. r. comp.*

Scannatore, ein Schlächter.

Scannellamento, die Aushöhlung *pl.* en.

Scannellare, abspulen *v. r. comp.*, die Spulen leer machen *v. r.*

Scanno, eine Bank *pl* (Bänke), der Sitz *gen.* es, *pl.* e, der Sessel *gen.* s.

Scansamento, die Vermeidung *pl.* en, (einer Sache).

Scansare, vermeiden, entgehen, ausweichen *v. ir. comp.*

Scansia, das Büchergestelle *gen.* s, *pl.* n.

Scantonare, die Spitzen, die Ecken abstoßen *v. ir. comp.*, abstutzen *v. r. comp.*

Scapecchiare, den Flachs brechen *v. ir.*

Scapestrarsi, sich von der Halfter losmachen *v. r. comp.*, unbändig werden *v. aus.*, ein ausgelassenes Leben führen *v. r.*

Scapestratamente, *av.* liederlich, ausgelassen; auf eine unbändige Art.

Scapestrato, *ag* liederlich, wollüstig, unbändig, ausgelassen; un uomo scapestrato, ein ausgelassener Mensch *gen.* e *pl.* n.

Scapezzare, die Bäume ablöpfen *v. r. comp.*

Scapigliare, die Haare zerzausen, verwirren *v. r. comp.*

Scapitare, einbüßen v. tr. comp., Schaden, Einbuße, Verlust leiden v. ir.

Scapito, e scapitamento, die Einbuße, der Schaden, der Verlust gen. s.

Scappellare, verb. neutr. fuggire, fliehen v. ir., entwischen v. r. comp., davon laufen v. ir., V. Scampare.

Scapolare, sost. eine Art Mönchskappe.

Scapolo, ag. ledig, unverheurathet; ag. frey, los.

Scappare, entwischen, entkommen v. ir. comp., V. Scampare.

Scappellare, alcuno, einem den Hut abnehmen, abziehen v. ir. comp.

Scappellotto, ein derber Schlag auf den Kopf.

Scappinare, besohlen v. r. comp., (als Schuhe, Strümpfe).

Scappino, eine Sohle pl. n, ein Fußsocken, ein Strumpfsocken gen. s.

Scappricciarsi, seinen Grillen, seinem Eigensinn, seinen Zaum fahren lassen.

Scapricciare, einem die Grillen vertreiben v. ir. comp.

Scarabocchiare, schlecht schreiben v. r., Papier beschmieren v. tr. comp., beklecksen v. r. comp.

Scarabocchio, ein Klecks im Schreiben.

Scarafaggio, ein Mistkäfer, ein Dreckkäfer, ein Roßkäfer, gen. s.

Scaramuccia, der Scharmützel, das Gefecht gen. s, pl. e.

Scaramucciare, scharmützeln v. r.

Scarcerare, aus dem Gefängnisse befreyen v. r. comp., loslassen v. ir. comp.

Scardassare, krempeln, die Wolle kämmen v. r.

Scardassiere, ein Krempler, ein Wollkämmer gen. s.

Scardasso, eine Kartätsche, eine Wollkratze pl. n.

Scaricare, abladen, ausladen, entladen, v. ir. comp., entlassen v. r. comp., die Last abnehmen v. ir. comp., scaricare lo schioppo, l'arco, die Flinte, den Bogen losschießen v. ir. comp.

Scaricarsi, die Last ablegen v. r. comp., sich entledigen v. rec. r. comp.

Scaricatojo, ein Port, der Stapel, der Abtritt gen. s, pl. e.

Scarico, sost. die Entladung, die Entlassung, das Abladen gen. s, it. das Losschießen eines Geschützes.

Scarico, ag. entledigt, entladen.

Scarificare, schröpfen v. r.

Scarificazione, die Schröpfung pl. en.

Scarlatto (panno), das Scharlachtuch gen. s; colore scarlatto, die Scharlachfarbe.

Scarmana, e scalmana, das Seitenstechen gen. s, (eine Krankheit).

Scarmigliare, zerraufen, V. Scapigliare.

Scarnare, e scarnificare, schröpfen v. r., das Fleisch ausschneiden, abschaben v. r. comp., schinden v. r., zerfleischen v. r. comp.

Scarno, ag. mager, dürre.

Scarpa, der Schuh gen. s, pl. e.

Scarpellare, Steine graben v. ir., ausarbeiten v. r. comp., (wie die Bildhauer).

Scarpellino, der Steinmetz gen. es, pl. e, der Steinschneider gen. s.

Scarpello, der Meißel, das Grabeisen gen. s.

Scarpione, V. Scorpione.

Scarriera, gente di scarriera, die Landstreicher, das liederliche Gesindel gen. s.

Scarsamente, av. nicht viel, kärglich, liederlich.

Scarseggiare, v. neutr. mangeln, fehlen v. r., Noth leiden v. ir., Mangel haben v. auf., sparsam umgehen v. ir. comp.

Scarsella, eine Geldtasche pl. n, das Täschchen gen. s.

Scarsezza) der Mangel, der Abgang
Scarsità) gen. s; scarsezza di danaro, die Geldnoth; it. die Knauserey, die Kargheit.

Scarso, ag. klamm, mangelnd, fehlend; scarso di danaro, schlecht mit Gelde versehen; it. karg, filzig.

Scartabellare, ein Buch durchblättern v. r. comp.

Scartabello) ein Buch, das unnützes
Scartafaccio) Zeug in sich hält.

Scartare, verwerfen, wegwerfen v. ir. comp.

Scarzo, ag. schlank, flink, von zarten Gliedmaßen.

Scassare, Waare aus der Kiste packen v. r. it. die Geldkasse ausleeren v. r. comp.

Scatenare, von Ketten und Banden losmachen, entledigen v. r. comp.; neutr. wüten, toben v. r., losbrechen v. ir. comp., (von Winden und Stürmen).

kehrte, verwendete, unrechte Seite *pl.* n. (einer Sache); *av.* a rovescio, verkehrt; auf der verkehrten Seite.

Rovescio) *av.* verkehrt, rücklings,
Rovescione) umgewendt.

Rovina, e ruina) das Einfallen *gen.*
Rovinamento) s, das Eingefallene *gen.* e *pl.* n; *it.* das Verderben, der Untergang *gen.* s, der Umsturz *gen.* es, die Zerstöhrung, der Unfall *gen.* s, die Verwüstung.

Rovinare, verderben *v. ir. comp.*, verwüsten, verheeren, zerstöhren *v. r. comp.*, niederreissen *v. ir. comp.*, (als eine Mauer).

Rovinarsi, sich ins Unglück, ins Verderben, stürzen *v. rec. r.*, zu Grunde gehen *v. ir.*

Rovinatore, ein Verheerer, ein Verwüster, ein Zerstöhrer *gen* s.

Rovinevolmente) *av.*, verderblich,
Rovinosamente) schädlich; auf eine verderbliche Art, stürmisch, mit Ungestüm, gewaltig.

Rovinoso, *ag.* schadhaft, baufällig, stürmisch, ungestüm, verderblich, schädlich.

Rozza, eine Schindmähre, ein garstiges Luder *gen.* s.

Rozzamente, *av.* plump; auf eine plumpe, grobe, tölpische Art.

Rozzezza, die Plumpheit, die Ungeschliffenheit, die Tölpeley, die Grobheit, das bäurische, tölpische, rauhe Wesen *gen.* s; *it.* die Dummheit.

Rozzo, *ag.* ungeschliffen, unbearbeitet, roh, grau (vom Holze, Steinen *rc.*); *it.* rauch, grob, dumm, albern, bäurisch, ungesittet, ungeschickt, (von Menschen).

R U

Ruba, das Rauben, das Stehlen, der Diebstahl *gen.* s, die Dieberey; andare a ruba, ausgeplündert werden *v. auf.*, mettere a ruba, Preis geben *v. ir.*

Rubacchiare, mausen *v. r.*, schelmisch entwenden *v. r. comp.*, hier und da etwas heimlich wegnehmen *v. ir. comp.*

Rubaldo, der Schurke *gen.* s, *pl.* n, der Lumpenhund *gen.* s, *V.* Ribaldo.

Rubamento, die Dieberey *pl.* en; der Diebstahl *gen.* s, *pl.* (Diebstähle).

Rubare, stehlen *v. ir.*, bestehlen *v. ir. comp.*, rauben *v. r.*

Rubatore, ein Räuber, ein Dieb *gen.* s, *pl.* e; *it.* ein Schelm *gen.* s, *pl.* en.

Rubbio, (certa misura), eine Art Getreidemaß.

Rubelle *ec.*, *V.* Ribelle *ec.*

Ruberia, die Dieberey *pl.* en; *it.* die Plünderung. *V.* Rubamento.

Rubicondo, *ag.* roth vom Gesichte.

Rubino, der Rubin *gen.* s.

Rubinoso, *ag.* rubinfarbig.

Rubbia, *sust.* eine Art rothe Erde zum Färben.

Rubrica, argomento di libro, o qualche sua parte, die Rubrike, eine Aufschrift eines Kapitels, einer Urkunde *rc.*

Ruffianesimo, die Kuppeley.

Ruffianescamente, *av.* nach Kuppler Art, durch Kuppeley.

Ruffianesco, *ag.* kupplerisch.

Ruffiano, ein Kuppler *gen.* s.

Ruga, eine Runzel, eine Falte *pl.* n, (im Gesichte, auf der Stirne); *it.* die Raupe; *riveda eruca.*

Ruggiamento, e ruggito, das Brüllen *gen.* s, (der Löwen).

Ruggiare, brüllen *v. r.*, (als ein Löwe).

Ruggine) das Brüllen *gen.* s, *V.*
Ruggio) Ruggito.

Ruggine, der Rost *gen.* es.

Rugginente, e rugginoso, *ag.* rostig, vom Roste befressen.

Rugginire, rosten *v. r.*, rostig werden *v. aus.*

Ruggire, brüllen *v. r.*, (als ein Löwe *rc.*)

Ruggito, das Brüllen *gen.* s; *it.* das Poltern, das Kullern *gen.* s, welches die Winde verursachen, *V.* Gorgogliamento.

Rugiada, der Thau *gen.* s.

Rugiadoso, *ag.* bethauet; *met.* naß, nicht benetzt.

Rugoso, *ag.* runzlicht.

Ruina *ec.*, das Verderben *gen.* s, *V.* Rovina *ec.*

Ruzzare, mit dem Kreisel spielen *v. r.*, *V.* Ruzzolare.

Rullo, e rullo, eine Art Kreiselspiel; das Kreisel *gen.* s; *it.* eine Walze, um die Schollen im Felde zu zerschlagen, oder große Lasten zu bewegen.

Rumo-

Rumore ec., das Lärmen, *V.* Romore ec.

Ruolo, das Register *gen.* s, das Verzeichniß *gen.* es, *pl.* e, die Rolle, die Liste *pl.* n.

Ruota, das Rad *gen.* s; *it.* eine Drehwinde in den Klöstern.

Rupe, der Fels *gen.* es, *pl.* en.

Rurale, *ag.* ländlich, zum Lande gehörig.

Ruscello, ein kleiner Bach *gen.* s, *pl.* Bäche), ein Bächelchen *gen.* s.

Rusignuolo, e rosignuolo, die Nachtigal *pl.* en.

Ruspare, scharren *v. r.*, (wie die Hühner).

Russare, schnarchen *v. r.*

Rusticaggine, das bäurische Wesen *gen.* s, die Ungeschliffenheit, *V.* Rustichezza.

Rusticale, *ag.* bäurisch, grob, ungesittet.

Rusticalmente, e rusticamente, *av.* grob, unartig, bäurisch.

Rustichezza, Rusticità, das bäurische, ungesittete, grobe, ungeschliffene Wesen *gen.* s, die Grobheit, die Ungeschliffenheit, die ungesittete Aufführung *pl.* en.

Rustico, *sust.* ein Bauer *gen.* s, ein Ackermann *gen.* s, *pl.* (leute).

Rustico, *ag.* bäurisch, grob, unhöflich.

Ruta, die Raute; ruta capraria, die Geißraute; ruta salvatica, die Bergraute, die wilde Raute.

Ruttare, rülpsen *v. r.*

Rutto, ein Rülps *gen.* es; *it.* das Aufstossen des Windes aus dem Magen.

Ruvidamente, *av.* auf eine grobe rauhe, harte, unfreundliche Art.

Ruvidezza, e ruvidità, die Rauhigkeit, die Grobheit, die Ungeschliffenheit.

Ruvidire, e ruidire, rauh, grob seyn, oder werden *v. aus.*, verwildern *v. r. comp.*

Ruvido, e ruido, grob, rauh, uneben, höckericht; *it.* unhöflich, ungesittet; un uomo ruido, ein ungesitteter, harter Mann *gen.* es, *pl.* (Leute).

Ruzzare, scherzare, scherzen, spaßen, närrische Zeug machen, schäckern *v. r.*

Ruzzo, die Schäckerey *pl.* en, der Muthwille *gen.* ns, *pl.* n.

Ruzzola, der Kreisel *gen.* s, eine Walze *pl.* n; *it.* ein Pastetenrädchen *gen.* s.

Ruzzolare, das Kreiseltreiben *v. r. comp.* walzen *v. r.*

Ruzzolarsi, sich herumwälzen, drehen, wenden *v. rec. r. comp.*

S A

Sabato, e sabbato, der Sonnabend, der Sammstag, der Sabath *gen.* s.

Sabbia, der Sand, die sandigte Erde.

Sabbionajo, die Sandgrube *pl.* n; *it.* eine Sandbank *pl.* (Sandbänke).

Sabbioso, *ag.* sandigt, mit Sand reichlich versehen.

Sabina, (erba), der Sevenbaum *gen.* s, *pl.* (bäume).

Sacca, die Tasche *pl.* n, eine Art Sack oder Schnappsack *pl.* (Säcke).

Saccardo, ein Troßbube *gen.* n, *pl.* n, ein Sackträger *gen.* s; *it.* ein Lumpenkerl *gen.* s, *it.* ein Soldatenknecht, ein Stückknecht bey der Artillerie.

Saccente, *ag.* klug, gelehrt, geschickt, weise.

Saccentemente, *av.* weislich, bedachtsam, künstlich.

Saccheggiamento, das Ausplündern *gen.* s, die Verwüstung.

Saccheggiare, plündern *v. r.*, ausplündern *v. r. comp.*, Beute machen *v. r.*, verwüsten *v. r. comp.*

Saccheggiatore, ein Plünderer, ein Verwüster *gen.* s.

Saccheggio, die Ausplünderung *pl.* en, das Plündern, das Ausplündern *g.* s.

Sacco, der Sack *gen.* s, *pl.* (Säcke); mettere a sacco una città, eine Stadt ausplündern *v. r. comp.*

Saccoccia, die Tasche *pl.* n, der Schubsack *gen.* s, *pl.* (säcke).

Sacerdotale, e sacerdotalmente, *ag. ed av.* priesterlich.

Sacerdote, der Priester *gen.* s.

Sacerdozio, das Priesterthum *gen.* s.

Sacramentale, *ag.* sakramentlich, zum Sakramente gehörig.

Sacramentalmente, *av.* sakramentalisch, nach Weise der Sakramente.

Sacramentare, die Sakramente ausspenden, austheilen *v. r. comp.*; per bestemmiare, fluchen *v. r.*, sakramentiren.

Sacramento, das Sakrament *gen.* s.

Sacrato, *sust.* ein heiliger Ort *gen.* s; *fg.* eine Freystatt *ag. e part.*,

Saldezza, die Festigkeit, die Standhaftigkeit.
Saldo, de' conti, *sust.* der Schluß, der Abschluß *gen.* es, (der Rechnungen).
Saldo, *ag.* fest, dicht, standhaft.
Sale, das Salz *gen.* es; sal nitro, der Salpeter *gen.* s; sale ammoniaco, der Salmiak *gen.* s; aver sale in zucca, Verstand haben *v. aus.*
Salgemma, das Steinsalz *gen.* es.
Salice, e salcio, die Weide *pl.* n, *V.* Salcio.
Saliera, das Salzfäßchen *gen.* s, das Salzfaß *gen.* es, *pl.* fässer).
Salimento, das Steigen, das Aufsteigen *gen.* s.
Saline, das Salzwerk *gen.* s, *pl.* e.
Salire, steigen *v. ir.*, aufsteigen, hinaufsteigen *v. ir. comp.*
Saliscendi, die Klinke *pl.* n, der Drücker *gen.* s, (an einer Thüre), der Riegel *gen.* s, (an Fenstern).
Salita, die Anhöhe *pl.* n, ein Ort, der bergauf gehet; *it.* das Aufsteigen *gen.* s.
Saliva, der Speichel *gen.* s.
Salivare, viel Speichel von sich geben *v. ir.*
Salivazione, die Speichelkur (bey venerischen Krankheiten).
Salma, eine Last, eine Bürde; eine Ladung, das Schiffspfund.
Salmeggiamento, der Psalmengesang *gen.* s, *pl.* (gesänge).
Salmeggiare, Psalmen singen *v. ir.*
Salmista, ein Psalmendichter *gen.* s.
Salmo, der Psalm *gen.* s, *pl.* en, das geistliche Loblied *gen.* s, *pl.* er.
Salmodia, das Singen der Psalmen.
Salnitro, der Salpeter *gen.* s.
Salpare, die Anker lichten *v. r.*
Salsa, eine Tunke, eine Brühe, eine Brühe (der Speisen).
Salsapariglia, die Sassaparill.
Salsedine, die Salzigkeit *pl.* en; *it.* der Salzgeschmack *gen.* s.
Salsiccia, eine Bratwurst *pl.* (würste).
Salsicciotto, eine große Bratwurst *pl.* (würste).
Salsicciuolo, eine Art Knackwurst *pl.* (würste).
Salso
Salsuggine[illegible] } *ag.* salzicht, gesalzen.
Saltante, *ag.* springend.
Saltare, springen, einen Sprung thun *v. ir.*, hüpfen *v. r.*; *fig.* saltare in collera, sich erzürnen *v. rez. r. comp.*, böse werden *v. aus.*
Saltatore, der Springer, der Tänzer *gen.* s; einer, der hüpft und springt.
Saltellante, *ag.* hüpfend.
Saltellare, hüpfen *v. r.*
Salterio, e salterò, der Psalter *gen.* s; *it.* das Psalmenbuch Davids.
Saltimbanco, ein Bänkelsänger, ein Marktschreyer *gen.* s.
Salto, das Hüpfen, der Sprung *gen.* s.
Salva, eine Salve *pl.* n; *it.* ein Gruß, den die Soldaten mit dem Geschütz einander geben.
Salvadanajo, eine Sparbüchse *pl.* n.
Salvaggina, das Wildpret *gen.* s, alle Thiere, welche auf der Jagd gefangen, oder geschossen werden; auch das Fleisch derselben.
Salvaguardia, das Sicherheitsgeleit *gen.* es, *pl.* e; *it.* ein Schutzbrief *gen.* s; (vom großen Herrn).
Salvamente, *av.* unverletzt, glücklich, ohne Schaden, in Sicherheit.
Salvamento, die Rettung, die Erhaltung, die Unverletztheit; *av.* a salvamento, unverletzt, unbeschädigterweise.
Salvare, retten *v. r.*, erretten, beschützen, befreyen *v. r. comp.*, (aus der Gefahr); Dio vi salvi! Gott grüße euch! helfe euch Gott.
Salvarsi, entgehen, entfliehen *v. ir. comp.*, sich mit der Flucht retten *v. rec. r.*; *it.* per; salvarsi bene, selig werden *v. aus.*
Salvaticamente, *av.* auf eine rohe, unmenschliche Art.
Salvatichezza, die Wildheit, die Grobheit, die Ungeschliffenheit; das rohe, bäurische Wesen *gen.* s.
Salvatico, *ag.* wild, was nicht zahm ist; una bestia salvatica, ein wildes Thier *gen.* s, *pl.* e; *it.* ungesittet, roh; un uomo salvatico, ein roher Mensch *gen.* en *pl.* en.
Salvatore, der Heiland, der Erretter, der Erlöser *gen.* s, (als Jesus Christus).
Salvazione, die Rettung, *V.* Salvamento.
Salubre, *ag.* gesund, heilsam; was zur Gesundheit beyträgt; zur Gesundheit dienlich.
Salubremente, *av.* gesund, heilsamerweise.

Salubrità, die gesunde Eigenschaft, die der Gesundheit zuträgliche Beschaffenheit.

Salvezza, die Sicherheit, die Errettung, die Befreyung; it. die Seligkeit.

Salvia, die Salbey.

Salvietta, eine Serviette pl. n; das Tellertuch gen. s, pl. (tücher).

Salume, allerhand gesalzene Waare, (als Fleisch, Fisch ꝛc.)

Salvo, sust. convenzione, der Vergleich, der Vertrag gen. s; mettere in salvo, in Sicherheit bringen v. ir., essere in salvo, sicher seyn v. aus., sich aus aller Gefahr befinden v. ir. comp.

Salvo, ag. sicher, unverletzt, außer Gefahr; sano e salvo, frisch und gesund; salvo il vero, der Wahrheit unbeschädiget; ohne der Wahrheit nahe zu treten.

Salvochè, av. außer daß, ausgenommen daß; per. purchè, wenn nur.

Salvocondotto, das Sichergeleit, der Geleitsbrief gen. es, eine Sicherheit von Regenten, oder Magistraten.

Salutare, grüßen v. r., begrüßen v. r. c.

Salutare, sust. das Begrüßen gen. s, die Begrüßung.

Salutare, e salutevole, ag. heilsam, gesund, zur Gesundheit zuträglich.

Salutazione, die Begrüßung, der Gruß gen. es, die Bewillkommung; la salutazione angelica, der englische Gruß.

Salute, die Gesundheit, die Wohlfahrt, das Heil gen. s; it. die Seligkeit; it. die Sicherheit, die Befreyung von allem Schaden.

Salutevolmente, av. auf eine gesunde Art.

Saluto, der Gruß gen. es, die Begrüßung pl. en, die Bewillkommung.

Sambuca, e sampogna, eine Art Schalmey.

Sambuco albero, der Hollunderbaum gen. s, pl. (bäume).

San, V. Santo.

Sanabile, ag. heilbar; was sich heilen läßt.

Sanamente, av. gesund, auf eine gesunde Art; mor. klug, verständig, vernünftig; giudicare sanamente, nach der gesunden Vernunft urtheilen v. r. comp.

Sanare, heilen, kuriren, gesund machen v. r., verb. neut., wieder gesund werden v. aus.

Sandalo, das Sandelholz, das Pantoffelholz gen. es.

Sandaraca, e sandraca, ein rothes Operment gen. s, ein arabischer Gummi.

Sangue, das Blut, das Geblüte gen. s; per: schiatta, parentela, die Abkunft, die Abstammung, die Verwandschaft; la nobiltà del sangue, die adeliche Geburt; a sangue freddo, mit kaltem Blute, mit gutem Bedacht, ganz gelassen; a sangue caldo, in der ersten Hitze.

Sanguigno, ag. vom Blute; it. vollblutig; color sanguigno, blutfärbig.

Sanguinaccio, eine Blutwurst pl. (würste).

Sanguinante, ag. blutend.

Sanguinare, bluten v. r.

Sanguinaria, e sanguinella, das Blutkraut gen. s.

Sanguinario, ag. blutbegierig, mörderisch, grausam.

Sanguinolente, ag. blutbegierig blutdürstig; it. blutig.

Sanguinoso, ag. blutig, blutend.

Sanguisuga, der Blutegel gen. s.

Sanità, die Gesundheit, das Wohlbefinden gen. s.

Sano, ag. gesund; malsano, ungesund, sano, e salvo, frisch und gesund; sano di mente, klug, weise, verständig; un sano consiglio, ein guter Rath; State sano, lebet wohl.

Santamente, av. heilig, auf eine heilige, göttliche Art.

Santificante, ag. heiligend, heilig machend; la grazia santificante, die heiligmachende Gnade Gottes.

Santificare, heiligen, heilig machen v. r., heilig sprechen v. ir.; it. feyern v. r.

Santificatore, der Heiligmacher gen. s.

Santificazione, die Heiligung, die Heiligsprechung.

Santità, die Heiligkeit.

Santo, sust. ein Heiliger gen. s.

Santo, ag. heilig; Dio santo! gerechter Gott! menare una vita santa, ein gottseliges Leben führen v. r., l'anno santo, das päbstliche Jubeljahr.

Santuario, das Heiligthum gen. s.

Sanzione, die juristische Bestätigung.

Sapere, wissen *v. ir.*, verstehen, *al sapere, facendo sa.* fündbeh *v. r.*, verstehen *v. ir. comp.*, saper d'odore, riechen *v. r.*

Sapere, *sust.* das Wissen, das Können *gen.* s, die Kenntniß *pl.* e, die Gelahrheit.

Sapiente, *sust.* ein Weiser, ein Gelehrter *gen.* n, *ag.* gelehrt, geschickt, weise.

Sapientemente, *av.* weislich, gelehrt.

Sapienza, die Weisheit, die Gelahrheit, die Wissenschaft, la eterna sapienza, Gott die ewige Weisheit.

Saponajo, der Seifensieder, der Seifenhändler *gen.* s.

Saponata, das Seifenwasser *gen.* s.

Sapone, die Seife.

Saporare, schmecken, kosten *v. r.*, versuchen *v. r. comp.*, *V.* Assaggiare.

Sapore, der Geschmack *gen.* s.

Saporitamente, *av.* schmackhaft, sehr mit Schmecken, mit Geschmack.

Saporito, *ag.* schmackhaft.

Saputa, das Wissen *gen.* s, die Kenntniß.

Sarcasmo, eine höhnische, bitter spöttische Rede *pl.* n, eine beißende Spottrede.

Sarchiare, jäten *v. r.*, ausjäten, das Unkraut ausrotten *v. r. comp.*, harken *v. r.*

Sarchiatore, ein Jäter *gen.* s, einer, der mit der Hacke arbeitet.

Sarchiatura, das Jäten, das Ausjäten, das Harken *gen.* s.

Sarchio, eine Jäthaue, das Jäteisen *gen.* s, eine Hacke.

Sardella, eine Sardelle *pl.* n, eine Art kleiner Häringe.

Sardonico, *ag.* riso sardonico, eine Verzuckung der beyderseitigen Lippenmuskeln.

Sarto, sartore, der Schneider *gen.* s.

Sassata, ein Steinwurf *gen.* s, *pl.* (würfe), ein Wurf mit einem Steine.

Sassoso, di sasso, *ag.* steinern.

Sasso, der Stein *gen.* s, *pl.* e, it. ein Fels *gen.* en, *pl.* en, io son di sasso, ich bin außer mir.

Sassoso, *ag.* steinicht.

Satan, satanasso, der Satan, der Teufel *gen.* s, der Oberste der bösen Geister.

Satellite, ein Trabant *gen.* s, *it.* ein kleiner Planet, der um einen größern herumgehet.

Satira, eine Stachelschrift, eine Schmähschrift *pl.* en, eine Satyre *pl.* n.

Satireggiare, Schmähschriften machen, satyrisiren *v. r.*

Satiricamente, *av.* satyrisch, satyrischer Weise, spottender Weise.

Satirico, *sust.* ein Satyrenschreiber, ein satyrischer Dichter, ein Satyriker *gen.* s.

Satirico, *ag.* satyrisch, beißend, beleidigend (mit Worten und Schriften), *it.* verleumderisch, schmähsüchtig.

Satiro, ein Waldgott *gen.* es, *pl.* (götter); *met.* ein roher, wilder Mensch *gen.* en, *pl.* en.

Satisfazione, die Versicherung.

Satisfare ec., genugthun *v. ir. comp.*, *V.* Sodisfare ec.

Satollamento, die Sättigung.

Satollare, sättigen, satt machen *v. r.*

Satollo, *ag.* satt, gesättigt.

Satrapo, *sust.* ein persischer Landpfleger *gen.* s; *met.* ein eingebildeter Mann.

Saviamente, *av.* weislich, klüglich, vernünftig.

Saviezza, die Weisheit, die Klugheit, die Vorsichtigkeit.

Savio, *ag.* klug, weise, verständig; *it.* erfahren, geschickt, gelehrt.

Savio, *sust.* ein weiser, gelehrter Mann *gen.* s, (Männer).

Sauro, (cavallo), ein dunkelbraunes Pferd *gen.* s, *pl.* e.

Saziabile, *ag.* ersättlich; was sich sättigen läßt.

Saziabilmente, *av.* zur Sättigung.

Saziare, sättigen *v. r.*, ersättigen *v. r. comp.*, stillen *v. r.*, (als den Hunger).

Sazietà, die Sättigung.

Sazio, *ag.* satt, gesättiget; *met.* überdrüßig.

S B

Sbaccaneggiare, großen Lärmen machen *v. r.*

Sbadigliamento, e sbadiglio, das Gähnen *gen.* s.

Sbadigliare, gähnen *v. r.*

Sbagliare, fehlen *v. r.*, einen Fehler begehen *v. ir. comp.*, sich irren *v. rec. r.*, sich versehen *v. rec. ir. comp.*

Sbaglio, der Fehler, der Irrthum *gen.* s, *pl.* (thümer), das Versehen *gen.* s.

Sbalordimento, die Betäubung, die Verworrenheit, die Verwirrung.

Sbalordire, *verb. neut.*, von Sinnen kommen *v. ir.*, verwirrt werden *v. auf.*, *verb. att.* verwirren, überthäuben *v. r. comp.*, verwirrt machen *v. r.*

Sbalzare, *verb. att.* werfen, einen Stoß geben *v. ir.*, umstoßen *v. ir. comp.*, *verb. neut.* sich schwingen *v. rec. ir.*

Sbalzo, ein Sturz, ein Stoß *gen.* es, ein Sprung *gen.* s.

Sbandare, zerstreuen *v. r. comp.*, auseinander reissen *v. ir.*, (was beysammen war).

Sbaragliare, in Unordnung bringen *v. r.*, zerstreuen *v. r. comp.*

Sbaraglio, die Unordnung, die Zerstreuung.

Sbarazzare, die Hindernisse wegräumen *v. r. comp.*

Sbarbare, die Wurzel von etwas ausreissen *v. ir. comp.*

Sbarbato, *part.* von der Wurzel abgerissen; *ag.* senza barba, unbärtig, der keinen Bart hat.

Sbarbicare, sradicare, ausrotten *v. r. comp.*, die Wurzel von etwas ausreissen *v. ir. comp.*

Sbarcare, *verb. att.* ausschiffen *v. r. comp.*, (Waaren, Truppen etc.), ans Land setzen *v. r.*, aus dem Schiffe ausladen *v. ir. comp.*, *verb. neut.* anlanden *v. r. comp.*, ans Land steigen *v. ir.*

Sbarco, das Ausschiffen, das Anlanden *gen.* s, die Landung.

Sbarra, der Schlagbaum, der Riegelbaum, der Querbaum, der Fallbaum *gen.* s, *pl.* (bäume).

Sbarrare, mit einem Schlagbaum vermachen *v. r. comp.*

Sbattere, zerklopfen *v. r. comp.*, schütteln *v. r.*

Sbendare, aufbinden, losbinden *v. ir. comp.*, (als eine Wunde).

Sbevazzamento, e sbevacchiamento, die Sauferey, das übermäßige Saufen *gen.* s.

Sbevazzare, e sbevacchiare, übermäßig saufen *v. ir.*

Sbiancare, *v. neut.* weiß, weißlich werden *v. auf.*

Sbigottimento, der Schrecken, das Entsetzen *gen.* s, die Furcht, die Bestürzung, *V.* Spavento.

Sbigottirsi, sich entsetzen *v. rec. r. comp.*, erschrecken *v. ir. comp.*, bange werden *v. auf.*

Sbilanciamento, e sbilancio, die Benehmung des Gleichgewichts.

Sbilanciare, das Gleichgewicht benehmen *v. ir. comp.*, aus dem Gleichgewichte bringen *v. r.*

Sbilenco, *ag.* krummbeinigt.

Sbirraglia, e sbirreria, die ganze Schaarwache, die sämmtliche Häscherschaar.

Sbirro, ein Häscher, ein Gerichtsdiener, ein Stadtknecht *gen.* s, *pl.* e.

Sboccamento, die Ergießung, der Auslauf, der Ausfluß *gen.* es, die Mündung eines Flusses, der Ausgang eines engen Passes.

Sboccare, einfließen *v. ir. comp.*, sich ergießen *v. rec. ir. comp.*; (wie die Flüsse ins Meer).

Sboccatamente, *av.* ohne Maaß, unüberlegter Weise, parlare sboccatamente, schmutzig und unflätig reden.

Sboccato, *part.* da sboccare, ins Meer ergossen etc.; *met. ag.* unehrbar, unzüchtig, ausgelassen im Reden; hartmäulig (von Pferden).

Sboccatura, **Sbocco**, das Ueberfließen, das Ueberfließen, das Ueberlaufen *gen.* s, (des Wassers), *V.* Sboccamento.

Sborsare, Geld auszahlen *v. r. comp.*, ausgeben, vorschießen *v. ir. comp.*, baar bezahlen *v. r. comp.*

Sborso, die Ausgabe, die Auslage, die Zahlung; der Vorschuß *gen.* es.

Sbottonare, aufknöpfen *v. r. comp.*

Sbozzo, *V.* Abbozzo.

Sbranare, in Stücken reissen *v. ir.*

Sbranato, *part.* in Stücken zerrissen.

Sbrattare, reinigen, rein machen *v. r.*; *it.* putzen, scheuern *v. r.*, abfegen *v. r. comp.*

Sbricciolare, zerkrümeln *v. r. comp.*, in Stücken zerbrechen *v. ir. comp.*, (als Brod).

Sbrigamento, die Eilfertigkeit, die Geschwindigkeit, die Behendigkeit, die schleunige Abfertigung.

Sbrigare, geschwind machen *v. r.*, eilfertig verrichten *v. r. comp.*

Sbrigarsi, eilen *v. r.*, sbrigati! mache geschwind!

Sbrigatamente, *av.* eilfertig, hurtig, geschwind, ohne Aufschub.

Sbrigliare, abzäumen, den Zaum vom Pferde abmachen *v. r. comp.*

Sbrigliatamente, *av.* zügelloserweise, ohne Scheu, frech.

Sbrigliato, *av.* zaumlos, zügellos, unbändig.

Sbrogliare, entwickeln *v. r. comp.*, (was verwirrt ist), losmachen *v. r. comp.*

Sbrucare, abblatten *v. r. comp.*

Sbruffare, besprudeln, mit dem Munde bespritzen *v. r. comp.*

Sbucare, aus einem Loche hervorkriechen *v. ir. comp.*

Sbudellare, ausweiden *v. r. comp.*, das Eingeweide aus dem Bauche herausnehmen *v. ir. comp.*

Sbuffare, sbuffo, *sust.* das Schnauben, das Knirschen *gen.* s, (von Wuth und Zorn).

Sbuffare, *verb.* schnauben, brausen, knirschen *v. r.*, (von Zorn und Wuth).

S C

Scabbia, die Krätze, der Grind, der Ausschlag *gen.* s, (auf der Haut); *V.* Rogna.

Scabbioso, *ag.* krätzig, grindig, raudig.

Scabello, das Stühlchen *gen.* s.

Scabino, ein Rathsverwandter *gen.* s.

Scabro } *ag.* schwer, rauch, gefährlich.
Scabroso }

Scacazzamento, e scacazzio, die Scheiße, das Scheißen, der Durchlauf *gen.* s.

Scacchiere, das Schachspiel, das Bretspiel, das Schachbret *gen.* s.

Scacciamento, die Vertreibung, die Ausstoßung, das Verjagen *gen.* s.

Scacciare, verjagen, fortjagen *v. r. comp.*, wegtreiben *v. ir. comp.*

Scacco, der Schach *gen.* s; giuocare agli scacchi, Schach spielen *v. r.*; scacco matto, Schachmatt; *av.* a scacchi, gewürfelt, würflicht.

Scadente, *av.* verfallend, abnehmend.

Scadenza, der Verfall, das Abnehmen *gen.* s, die Abnahme; *it.* la scadenza del termine, die Verfallzeit.

Scadere, verfallen, abnehmen, in Verfall, in Abnahme gerathen *v. ir. c.*

Scadimento, das Abfallen, das Abnehmen *gen.* s.

Scaglia, eine Schupe, eine Fischschuppe *pl.* n; *fr.* die Schiefern an Gefäßen, die Schaale an den Schildkröten.

Scagliamento, das Werfen, der Wurf *gen.* s.

Scagliare, levare le scaglie, schuppen *v. r.*, abschuppen *v. r. comp.*; per gettare sassi &c., werfen *v. ir.*

Scagliarsi addosso ad alcuno, über einen herfallen, auf einen losgehen *v. ir. comp.*

Scaglio, der Splitter, der Span *gen.* s, *pl.* e (Stücker von Holze).

Scaglioso, *ag.* schuppicht, blätterig; pietra scagliola, der Schieferstein *gen.* s, *pl.* e.

Scala, die Treppe, die Stiege *pl.* n; scala portatile, eine Leiter; scala a lumaca, eine Wendeltreppe, eine Schneckentreppe; scala di corda, eine Strickleiter.

Scalare, mit Leitern besteigen *v. ir. comp.*

Scalata, die Ersteigung der Mauern mit Leitern; dar la scalata, Sturm laufen *v. ir.*

Scalcheggiare, trar calci, ausschlagen *v. ir. comp.*, (von Thieren wie die Pferde).

Scalcinare, den Kalk von der Wand abkratzen *v. r. comp.*

Scalco, der Speisemeister, der Küchenmeister, der Tafeldecker *gen.* s.

Scaldaletto, ein Bettwärmer *gen.* s.

Scaldamento, das Wärmen, das Heitzen *gen.* s.

Scaldare, wärmen u. erwärmen *v. r. comp.*, warm machen, heitzen *v. r.*

Scaldatojo, die Badstube *pl.* n.

Scaldatore, ein Einheitzer *gen.* s.

Scaldavivande, das Rechaud *gen.* s, (um die Speisen warm zu halten).

Scalinata, eine Reihe Stufen, eine Treppe.

Scalino, eine Stufe, die Staffel *pl.* n, (einer Treppe).

Scalmana, *V.* Scarmana.

Scalpello, der Meißel, das Schroteisen *gen.* s.

Scalpicciare, mit den Füßen stampfen *v. r.*, *V.* Calpestare.

Scalpiccio, e scalpicciamento, das Stampfen *gen.* s.

Scalpitare, mit Füßen treten *v. ir.*

Scaltramente, *av.* verschlagener Weise, *V.* Astutamente.

Scalcrezza, die Verschlagenheit, *V.* Astuzia, Sagacità.

Scaltrire, abrichten *v. r. comp.*, witzig, klug machen *v. r.*

Scaltro, *ag.* verschlagen, witzig, schlau, listig, arglistig.

Scalzare alcuno, einem die Schuhe und Strümpfe ausziehen *v. ir. comp.*, scalzar le viti, den Weinstock umgraben *v. ir. comp.*

Scalzarsi, die Schuhe und Strümpfe ausziehen *v. ir. comp.*

Scalzo, *ag.* barfuß, der keine Strümpfe und Schuhe an hat; der barfuß gehet; i Frati scalzi, die Barfüßermönche.

Scambiamento *ec.*, die Veränderung *ec.*, *V.* Cambiamento *ec.*

Scambiettare, kleine Sprünge machen *v. r.*

Scambietto, ein Luftsprung *gen.* *s*, *pl.* (Sprünge).

Scambievole, *ag.* gegenseitig, wechselseitig, abwechselnd; eins gegen das andere.

Scambievolezza, die Gegenseitigkeit.

Scambievolmente, *av.* wechselsweise, *V.* Scambievole.

Scambio, der Wechsel *gen.* *s*, die Auswechselung *pl.* *en*, der Gegenstand *gen.* *s*; *av.* in iscambio, anstatt, *V.* Cambio.

Scampamento, die Vermeidung der Gefahr.

Scampare, difendere, vertheidigen *v. r. comp.*, retten, befreyen *v. r. comp.* (aus der Gefahr); per fuggire, fliehen *v. ir.*, entfliehen, die Flucht ergreifen *v. ir. comp.*

Scampo, die Rettung, die Entkommung aus einer Gefahr; *it.* die Zuflucht.

Scanalare, aushöhlen *v. r. comp.*, Aushöhlungen, Vertiefungen machen *v. r.*

Scanalatura, die Aushöhlung *pl.* *en*, die ausgehöhlte Streifen oder Reifen an den Säulen *ec.*

Scancellamento, e scancellatura, das Ausstreichen, das Auslöschen *gen.* *s*, das Durchstreichen des Geschriebenen.

Scancellare, auslöschen *v. r. comp.*, ausstreichen, durchstreichen *v. ir. comp.*, scancellare dalla memoria, aus dem Gedächtniß auslöschen *v. r. comp.*

Scandagliare, erforschen *v. r. comp.*, das Senkbley auswerfen *v. ir. comp.*, den Grund suchen *v. r.*; *met.* prüfen, untersuchen *v. r. comp.*

Scandaglio, das Senkbley *gen.* *s*, um die Tiefe zu erforschen; *met.* die Prüfung, die Untersuchung, die Erforschung.

Scandalizzare, ärgern *v. r.*, Aergerniß, Anstoß geben *v. ir.*

Scandalizzarsi, sich ärgern *v. rec. r.*, ein Aergerniß nehmen *v. ir.*, sich erzürnen *v. rec. r. comp.*

Scandalo, e scandolo, der Anstoß, das Aergerniß *gen.* *es*; dare scandalo, Aergerniß geben *v. ir.*

Scandalosamente, *av.* ärgerlich; auf eine ärgerliche, anstößige Art.

Scandaloso, *ag.* ärgerlich, anstößig; was Anstoß, Aergerniß giebt.

Scandere, scandiren *v. r.*, einen Vers nach seinen Sylben ausmessen *v. ir. comp.*

Scannare, die Kehle abschneiden *v. ir. comp.*, erwürgen, abschlachten *v. r. comp.*

Scannatore, ein Schlächter.

Scannellamento, die Aushöhlung *pl.* *en*.

Scannellare, abspulen *v. r. comp.*, die Spulen leer machen *v. r.*

Scanno, eine Bank *pl.* (Bänke), der Sitz *gen.* *es*, *pl.* *e*, der Sessel *gen.* *s*.

Scansamento, die Vermeidung *pl.* *en*, (einer Sache).

Scansare, vermeiden, entgehen, ausweichen *v. ir. comp.*

Scansia, das Büchergestelle *gen.* *s*, *pl.* *n*.

Scantonare, die Spitzen, die Ecken absägen *v. r. comp.*, abkürzen *v. r. comp.*

Scapecchiare, den Flachs brechen *v. ir.*

Scapestrarsi, sich von der Halfter losmachen *v. r. comp.*, unbändig werden *v. aus.*, ein ausgelassenes Leben führen *v. r.*

Scapestratamente, *av.* liederlich, ausgelassen; auf eine unbändige Art.

Scapestrato, *ag.* liederlich, wollüstig, unbändig, ausgelassen; un uomo scapestrato, ein ausgelassener Mensch *gen.* *e* *pl.* *en*.

Scapezzare, die Bäume abköpfen *v. r. comp.*

Scapigliare, die Haare zerzausen, verwirren *v. r. comp.*

Scapitare, einbüßen *v. ir. comp.*, Schaden, Einbuße, Verlust leiden *v. ir.*

Scapito, e scapitamento, die Einbuße, der Schaden, der Verlust *gen. s.*

Scappare, *verb. neut.* fuggire, fliehen *v. ir.*, entwischen *v. r. comp.*, davon laufen *v. ir.*, *V.* Scampare.

Scappino, *sust.* eine Art Mönchskappe.

Scappolo, *ag.* ledig, unverheurathet; *it.* frey, los.

Scappare, entfliehen, entkommen *v. ir. comp.*, *V.* Scampare.

Scappellare, alzarsi, einem den Hut abnehmen, abziehen *v. ir. comp.*

Scappellotto, ein derber Schlag auf den Kopf.

Scappinare, besohlen *v. r. comp.*, (als Schuhe, Strümpfe).

Scappino, eine Sohle *pl.* n, ein Fußsocken, ein Strumpfsocken *gen. s.*

Scappucciarsi, seinen Gecken, seinen Eigensinn, seinen Wahn fahren lassen.

Scapricciare, einem die Grillen vertreiben *v. ir. comp.*

Scarabocchiare, schlecht schreiben *v. r.*, Papier beschmieren *v. r. comp.*, bekleckern *v. r. comp.*

Scarabocchio, ein Klecks im Schreiben.

Scarafaggio, ein Mistkäfer, ein Dreckkäfer, ein Roßkäfer, *gen. s.*

Scaramuccia, der Scharmützel, das Gefecht *gen. s*, *pl.* e.

Scaramucciare, scharmützeln *v. r.*

Scarcerare, aus dem Gefängniße befreyen *v. r. comp.*, loslassen *v. ir. comp.*

Scardassare, krempeln, die Wolle kämmen *v. r.*

Scardassiere, ein Krempler, ein Wollkämmer *gen. s.*

Scardasso, eine Kartätsche, eine Wollkratze *pl.* n.

Scaricare, abladen, ausladen, entladen, *v. ir. comp.*, entlasten *v. r. comp.*, die Last abnehmen *v. ir. comp.*, scaricare la schioppo; l'arco, die Flinte, den Bogen losschießen *v. ir. comp.*

Scaricarsi, die Last ablegen *v. r. comp.*, sich entledigen *v. rec. r. comp.*

Scaricatojo, ein Privet, der Stapel, der Abtritt *gen.* s, *pl.* e.

Scarico, *sust.* die Entladung, die Entlastung, das Abladen *gen.* s; *it.* das Losschießen eines Geschoßes.

Scarico, *ag.* entladen, entlastet.

Scarificare, schröpfen *v. r.*

Scarificazione, die Schröpfung *pl.* en.

Scarlatto (panno), das Scharlachtuch *gen.* s; colore scarlatto, die Scharlachfarbe.

Scarmana, e scalmana, das Seitenstechen *gen.* s, (eine Krankheit).

Scarmigliare, zerzausen, *V.* Scapigliare.

Scarnare, e scarnificare, schröpfen *v. r.*, das Fleisch abziehen, abmachen *v. r. comp.*, schinden *v. r.*, zerfleischen *v. r. comp.*

Scarno, *ag.* mager, dürre.

Scarpa, der Schuh *gen.* s, *pl.* e.

Scarpellare, Steine graben *v. ir.*, ausarbeiten *v. r. comp.*, (wie die Bildhauer).

Scarpellino, der Steinmetz *gen.* es, *pl.* e, der Steinschneider *gen.* s.

Scarpello, der Meißel, das Schroteisen *gen.* s.

Scarpione, *V.* Scorpione.

Scarriera, gente di scarriera, die Landstreicher, das liederliche Gesindel *gen.* s.

Scarsamente, gar nicht viel, kärglich, sparsam, filzig.

Scarseggiare, *v. neu.* mangeln, fehlen *v. r.*, Noth leiden *v. ir.*, Mangel haben *v. aus.*, sparsam umgehen *v. ir. comp.*

Scarsella, eine Geldtasche *pl.* n, das Täschchen *gen.* s.

Scarsezza) der Mangel, der Abgang
Scarsità) *gen.* s; scarsezza di danaro, die Geldnoth; *it.* die Knauserey, die Kargheit.

Scarso, *ag.* knapp, mangelnd, fehlend; scarso di danaro, schlecht mit Gelde versehen; *it.* karg, filzig.

Scartabellare, ein Buch durchblättern *v. r. comp.*

Scartabello) ein Buch, das unnützes
Scartafaccio) Zeug in sich hält.

Scartare, verwerfen, wegwerfen *v. ir. comp.*

Scarzo, *ag.* geschlank, flink, von zarten Gliedmaßen.

Scassare, Waare aus der Kiste packen *v. r.*; *it.* die Geldkasse ausleeren *v. r. comp.*

Scatenare, von Ketten und Banden losmachen, entledigen *v. r. comp.*; *met.* wüten, toben *v. r.*, losbrechen *v. ir. comp.*, (von Winden und Stürmen).

Scatenato, *part.* da scatenare, von Ketten frey, der Banden entledigt; un diavolo scatenato, ein verteufelter Kerl *gen.* s.

Scatola, die Schachtel, die Büchse *pl.* n; da tabacco, eine Tabaksdose *pl.* n; *fig.* dire a lettere di scatola, sich kein Blatt vors Maul nehmen *v. ir.*, gerade heraussagen *v. r. comp.*

Scaturigine, die Wasserquelle, *V.* Sorgente.

Scaturire, hervorquellen *v. r. comp.* seine Quelle haben *v. aus.*, entspringen *v. ir. comp.*

Scavalcare, *v. neutr.* vom Pferde absteigen *v. ir. comp.*, *v. at.* einen vom Pferde absetzen *v. r. comp.*

Scavamento, das Ausgraben, das Aushöhlen, das Umgraben *gen.* s.

Scavare, graben *v. ir.*, ausgraben *v. ir. comp.*, aushöhlen *v. r. comp.*

Scavezzacollo, *sust.* ein Bösewicht *gen.* s; ein grundböser Mensch *gen.* e *pl.* en, ein liederlicher Kerl *gen.* s; *av.* a scavezzacollo, zum Halsbrechen, über Hals und Kopf

Scavezzare, entzwey brechen *v. ir.*, zerbrechen *v. ir. comp.*

Scavo, das Ausgegrabene, das Ausgewühlte *gen.* *pl.* n, ein Graben *gen.* s, das Hohle *gen.* n.

Scegliмento, die Wahl, das Auslesen, das Auswählen, das Aussuchen *gen.* s.

Scegliere, wählen *v. r.*, auslesen, aussuchen *v. r. comp.*

Scelleraggine, e scelleratezza, die Gottlosigkeit, die Schandthat, die schändliche Bosheit *pl.* en, das lasterhafte Wesen *gen.* s, ein Bubenstück *gen.* s.

Scelleratamente, *av.* auf eine treulose, böse, schändliche, boshafte, gottlose Weise, lasterhafterweise.

Scellerato, *ag.* boshaft, gottlos, treulos, schändlich.

Scellerato, *sust.* ein Bösewicht, ein Uebelthäter *gen.* s, ein Gottloser.

Scelta, die Wahl, die Auswahl; das Auslesen, das Aussuchen *gen.* s; a sua scelta, nach seiner Wahl; fare scelta, wählen *v. r.*

Scelto, *part.* da scegliere, gewählt, *ag.* auserlesen, sonderbar, vortrefflich.

Scemamento, die Verminderung, das Abnehmen *gen.* s.

Scemare, verringern, vermindern, verkürzen *v. r. comp.*, ins kleinere bringen *v. ir.*

Scemarsi, abnehmen *v. ir. comp.*, sich vermindern *v. rec. r. comp.*

Scemo, *part.* da scemare, vermindert rc.; *ag.* sciocco, albern, dumm, einfältig.

Scempiaggine, die Dummheit, die Albernheit, die Tölpeley *pl.* en, die Einfalt

Scempiatamente, *av.* albern, dumm.

Scempio, *sust.* die Marter, die Qual; die Ermordung, der Mord *gen.* s; die Niederschlung.

Scempio, *ag.* semplice, einfältig; per balordo, albern, dumm.

Scena, der Schauplatz, die Bühne; *pl.* le scene, die Scenen, die Wände auf einer Schaubühne; scena I. II., der erste, der zweite Auftritt *gen.* es.

Scenario, die Scenen, die Wände auf dem Theater, so man hin und wieder schieben kann.

Scendere, herabsteigen, heruntersteigen *v. ir. comp.*, hinuntergehen, heruntergehen *v. ir. comp.*, scender per un fiume, per un monte, Flußab, Bergab gehen *v. ir.*; per derivare, herkommen *v. ir. comp.*, *V.* Discendere.

Scenico, *ag.* zur Schaubühne gehörig.

Scernere ec., unterscheiden *v. ir. comp.* *V.* Discernere ec.

Scerpare, zerreissen *v. ir. comp.*

Scesa, das Heruntersteigen *gen.* s, *V.* Discesa.

Scettro, der Scepter *gen.* s; *met.* die königliche Würde, Macht.

Sceveramento ec., die Absonderung, *V.* Separamento ec

Scheggia, ein abgehauener Span *gen.* s, *pl.* (Späne) (vom Holze); *it.* ein Splitter *gen.* s, (vom Holze).

Scheggiare, zersplittern *v. r. comp.*, Splitter, Späne machen *v. r.*

Scheggioso, *ag.* splitterricht.

Scheletro, das Todtengerippe *gen.* s, *pl.* n, (von Menschen und Thieren), das Skelett *gen.* s.

Scherano, ein Straßenräuber, ein Bösewicht, ein Bandit *gen.* s.

Scherma, die Fechtkunst, das Fechten *gen.* s; il maestro di scherma, der

Fechtmeister gen. s; giuocar di scherma, fechten v. ir.

Scherimgliato, ag. zerzaust, zerrauft, verwirrt.

Schermire, giuocar di scherma, fechten v. ir.; per: schermire il colpo, den Streich oder Stoß künstlich von sich abwenden v. r. comp., den Stoß ausweichen v. ir. comp.

Schermirsi, sich wehren, sich in Sicherheit setzen v. rec. r., sich vor einem Uebel vorsehen v. rec. ir. comp.

Schermo, der Schirm, der Schutz gen. es, die Vertheidigung; it. der Schild gen. es.

Schernevole, ag. schimpflich, spöttisch, höhnisch, verächtlich.

Schernevolmente, av. schimpflicher Weise; auf eine verächtliche, schmähliche, schimpfliche Art.

Schernire, höhnen, schmähen v. r., verlachen v. r. comp., zum Spott haben v. anf., Gespötte treiben v. ir.

Schernitore, ein Spötter, ein Verhöhner gen. s.

Scherno, das Gelächter, der Hohn gen. s, der Hohnneid, die Spötterey, die Verlachung; per ischerno, zum Hohn und Spott, zum Schimpf und Spott.

Scherzando, ag. scherzend.

Scherzare, scherzen, spaßen v. r., Possen, Kurzweil treiben v. ir., schäkern v. r.

Scherzatore, ein Schäkerer, ein Possenreißer gen. s.

Scherzevole, e scherzoso, ag. scherzhaft, schälkicht, kurzweilig, possierlich, spaßhaft.

Scherzevolmente, av. zum Scherze, zum Schäkern, im Spaße, possierlicherweise, scherzhafterweise.

Scherzo, der Scherz, der Spaß gen. es, die Kurzweil, der Possen gen. s; fare uno scherzo ad alcuno, einem einen Possen spielen v. r.; av. da scherzo, zum Spaße, im Scherze, scherzweise.

Schiacciamento, e schiacciatura, das Zerquetschen gen. s, die Zerquetschung.

Schiacciare, zerquetschen v. r. comp.

Schiacciato, part. zerquetscht; naso schiacciato, eine Stumpfnase, eine platte, breite, eingedrückte Nase.

Schiaffeggiare, Maulschellen, Ohrfeigen geben v. ir., maulschellieren v. r. com.

Schiaffo, eine Maulschelle, eine Ohrfeige pl. n; dare uno schiaffo, s. schiaffeggiare.

Schiamazzare, schreyen, lärmen v. r., gackern v. r. (wie die Hühner).

Schiamazzo, das Geschrey, der Lärmen, das Geheul gen. s.

Schiancio, sust. das Quere, das Ueberzwerge gen. n; ag. ed av. schief, schräg, quer.

Schiantare, einen Baum abspleißen v. r. comp.; per: lacerare, zerreißen v. ir. comp.; per: strappare, ausreißen v. ir. comp.; schiantare dalle risa, vor Lachen platzen v. r.; mi si schianta il cuore, das Herz möchte mir zerspringen.

Schianto, der Riß gen. es, pl. e, der Spalt gen. s, die Spalte pl. n.

Schiappalegna, ein Holzspalter gen. s.

Schiappare, Holz entzwey spalten, Holz hacken v. r.

Schiarare, e schiarire, aufhellen, erleuchten v. r. comp., hell machen v. r.; schiarirsi di una cosa, sich besser erkundigen, sich besser belehren v. rec. r. comp.; schiarire alcuno di q. c., einem etwas deutlich erklären v. r. comp., einem etwas verständlich machen v. r.

Schiarimento, das Aufhellen, das Aufklären, das Klarwerden gen. s; it. die Erklärung einer dunkeln Sache.

Schiarpa, e sciarpa, eine Schärpe pl. n, eine gewisse Binde der Offiziere um den Leib.

Schiatta, das Herkommen, das Geschlecht gen. s, der Stamm gen. es; it. die Herkunft, die Abkunft, die Familie, die Geburt, die Nachkommenschaft, die Abstammung.

Schiavitù, die Sklaverey, die Knechtschaft.

Schiavo, der Sklave gen. n, pl. n, der Knecht gen. s, pl. e.

Schiccherare, schlecht schreiben v. ir.

Schiena, das Rückgrat, der Rücken gen. s, das Kreuz gen. es (eines Pferdes); av. alla schiena, von hinten, rücklings.

Schienuto, ag. breitschulterig, breitschulterig, der breite Schultern hat, was einen starken Rücken hat.

Schiera, eine gewisse Anzahl Mannschaft, eine lange Reihe Soldaten hinter einander; it. ein Trupp, eine

Schiera, eine Rotte, ein Haufen beysammen *av.* a schiera, haufenweis, rottenweis.

Schieramento, die Stellung einer Armee.

Schierare, ein Kriegsheer in Schlachtordnung stellen *v. r.*; schierarsi, sich stellen *v. rec. r.*

Schiettamente, *av.* aufrichtig, frey, redlich, freymüthig, unverweislich.

Schiettezza, die Aufrichtigkeit, die Redlichkeit.

Schietto, *ag.* aufrichtig, redlich, rein, lauter, unvermischt; vino schietto, lauterer Wein *gen.* s; parole schiette, die lautere Wahrheit; un uomo schietto, ein offenherziger, aufrichtiger Mann *gen.* es, *pl.* (Männer).

Schifamente, *av.* ekelhaft, garstig, unflätigerweise.

Schifamento, das Ekeln, der Ekel *gen.* s, die Verabscheuung: lo schivare, die Vermeidung.

Schifare, ekeln *v. r.*, einen Ekel haben *v. auf.*; per ischivare, meiden *v. r.*, *V* Schivare.

Schifevole, e schifoso, *ag.* ekelhaft, ekelicht: *it.* das Ekel macht.

Schifezza, der Ekel, das Ekeln, der Abscheu *gen.* s, die Verabscheuung, *it.* der Unflat *gen.* s, die Unsauberkeit, die Säuerey.

Schifo, *sust.* der Kahn *gen.* s, *pl.* (Kähne), der Nachen *gen.* s, *ag.* ekelhaft.

Schimbescio, *ag.* schief; a schimbescio, nach der Quere.

Schiodare, die Nägel herausziehen *v. ir. comp.*

Schioppettare, mit einer Flinte schießen *v. ir.*

Schioppettata, der Flintenschuß *gen.* es, *pl.* (Schüsse); dare una schioppettata ad alcuno, einem einen Flintenschuß geben *v. ir.*

Schioppo, die Flinte *pl.* n.

Schirro, e scirro, das Ueberbein *gen.* s.

Schivare, meiden, *v. r.*, vermeiden *v. r. comp.*, entweichen *v. ir. comp.*, entwischen *v. r. comp.*

Schiudere, öffnen *v. r.*, aufmachen *v. r. comp.*, aufschließen *v. ir. comp.*

Schiuma, der Schaum *gen.* s.

Schiumare, abschäumen *v. r. comp.*, den Schaum von etwas wegnehmen *v. ir. comp.*

Schiumatojo, e schiumaruola, der Schaumlöffel *gen.* s.

Schiumoso, *ag.* schäumig, voll Schaum.

Schivo, *ag.* zurückhaltend; der nicht daran will; *it.* widerwärtig.

Schizzare, sprißen *v. r.*, heraussprißen *v. r. comp.*

Schizzata, das Beysprißen *gen.* s.

Schizzatojo, eine Sprige *pl.* n.

Schizzettare, einsprißen, aussprißen *v. r. comp.*, durch Aussprißen reinigen *v. r.*

Schizzetto, eine kleine Sprige *pl.* n.

Schizzinoso, *ag.* verächtlich, höhnisch, nicht leicht zu begnügen.

Schizzo, der erste Entwurf *gen.* s, *pl.* (Entwürfe), die erste Zeichnung *pl.* en, (bey den Mahlern); *it.* ein Bißchen von irgend etwas.

Sciabecco, eine Quebele *pl.* n, (Art Schiffe).

Sciabla, e sciabola, der Säbel *gen.* s, der Pallasch *gen.* s, *pl.* (Pallasche).

Sciacquare, ausspühlen *v. r. comp.*, (als Gläser).

Sciacquatura, das Spühlwasser, das Spühlicht *gen.* s.

Sciagura, das Unglück, der Unfall *gen.* s, *pl.* (die Unglücksfälle); *it.* die Widerwärtigkeit *pl.* en.

Sciaguratamente, *av.* unglücklicherweise, zum Unglücke.

Sciagurato, *ag.* unglücklich; *it.* verdrüßlich, ruchlos, boshaft.

Scialacquamento, die Verschwendung, das Verprassen, das Verthun *gen.* s.

Scialacquare, verschwenden *v. r. comp.*, verthun *v. ir. comp.*, verprassen, das Seinige durchbringen *v. r. comp.*

Scialaquatamente, *av.* verschwenderischerweise.

Scialacquatore, ein Verschwender, ein Verprasser, ein Verzehrer *gen.* s, der sein Gut liederlich durchbringt.

Scialuppa, eine Chaloupe (eine Art Schiffe).

Sciame, der Bienenschwarm, der Schwarm *gen.* s; *it.* eine große Menge, ein Haufen.

Sciancato, *ag.* hüftenlos, lendenlahm.

Sciarpellare, die Augen sehr weit aufthun *v. ir. comp.*

Sciarpellato, *ag.* occhio sciarpellato, ein rothes und durch Flüsse verstelltes Auge.

Sciatica, das Lendenweh *gen.* s, die Lendengicht,

Sciatica, e sciaticoso, *ag.* am Lendenweh krank.

Scibile, *ag.* was man wissen kann; esser versato in ogni scibile, in allen Wissenschaften bewandert seyn.

Sciente, *ag.* gelehrt, wissend.

Scientemente, *av.* wissentlich, mit Wissen und Willen.

Scientificamente, *av.* künstlich, gelehrterweise.

Scientifico, e scienziato, *ag.* gelehrt, geschickt, künstlich.

Scienza, die Wissenschaft, die Gelahrtheit, die Gelehrsamkeit *pl.* en, alle und jede Kenntniß in allerley gelehrten Sachen.

Scignere, e scingere, losbinden *v. ir. comp.* aufgürten *v. r. comp.*

Scilinguare, stottern, stammeln *v. r.*, *V.* Balbettare.

Scilinguato, *sust.* ein Stammler, ein Stotterer *gen.* s; *part.* gestammelt, gestottert.

Scimia, der Affe *gen.* s, *pl.* n.

Scimitarra, der Säbel *gen.* s, der Pallasch *gen.* es, *pl.* (Palläsche), ein kurzer und breiter Säbel.

Scimunitaggine, die Albernheit, die Dummheit, das einfältige Wesen *gen.* s.

Scimunitamente, *av.* einfältig, dumm, lächerlicherweise.

Scimunito, *ag.* blöde, dumm, einfältig, albern.

Scintilla, der Funken, das Feuerfünkchen *gen.* s.

Scintillante, *ag.* funkelnd, schimmernd.

Scintillare, funkeln, schimmern, glänzen *v. r.*, (wie die Sterne, Diamanten ic.)

Scintillazione, e scintillamento, das Funkeln, das Schimmern, das Glänzen *gen.* s.

Sciocaggine, die Albernheit *V.* Sciocchezza.

Scioccamente, *av.* albern, dumm; unverständigerweise.

Scioccheggiare, närrisch, albern handeln *v. r.*, alberne Possen treiben *v. ir.*

Sciocheria, **Sciocchezza**, die Albernheit, die Tölpeley, die Thorheit, die Narrheit *pl.* en, leere Possen, närrisches, ungereimtes Zeug *gen.* s.

Sciocco, *sust.* ein Thor, ein Geck *gen.* s.

Sciocco, *ag.* albern, thöricht, dumm, ungeschickt, blödsinnig.

Sciogliere, losmachen *v. r. comp.*, losbinden *v. ir. comp.*, auflösen *v. r. comp.* *V.* Sciorre.

Scioglimento, die Auflösung, die Aufbindung, das Auflösen, das Losmachen *gen.* s.

Scioltamente, *av.* auf eine freye, ungezwungene Art, ungezwungenerweise, frey; parlare scioltamente, geläufig, fertig reden *v. r.*

Scioltezza, die Behendigkeit, die Leichtigkeit, die Fertigkeit; scioltezza di ventre, der offene Leib *gen.* s; di membri, die Geschmeidigkeit (in den Gliedmaßen).

Sciolto, *part.* da sciogliere, losgemacht ic.; *met. ag.* frey, ungezwungen; *per* disciolto, geschmolzen; versi sciolti, ungereimte Verse.

Scioperatezza, der Müßiggang *gen.* s, die Faulenzerey, die Sorglosigkeit.

Scioperato *ag.* müßig, träge, fahrlässig.

Scioperone, ein Müßiggänger, ein fauler Bengel *gen.* s.

Sciorre, e sciogliere, aufbinden, losbinden *v. ir. comp.*, losknüpfen, auflösen *v. r. comp.*; sciogliere i dubbj, die Zweifel benehmen *v. ir. comp.*; sciogliere la lingua, anfangen zu reden; sciogliersi, sich befreyen, *v. rec. r. comp.*, sich los, frey machen *v. rec. r.*; parlandosi di neve ec., sich auflösen, zerschmelzen, *v. rec. r. comp.*

Sciparo, übel zurichten *v. r. comp.* mit etwas verschwenderisch umgehen *v. ir. comp.*

Sciparore, ein Verschwender, ein Verthuer *gen.* s.

Scipidezza, die Unschmackhaftigkeit.

Scipido, *ag.* abgeschmackt, unschmackhaft.

Scipitamente, *av.* unschmackhafterweise, ohne Geschmack; *met.* albern.

Scipito, *part.* abschmackend geworden; *ag.* albern, dumm, einfältig.

Sciringa, eine Spritze *pl.* n.

Sciringare, spritzen *v. r.*, ausspritzen *v. r. comp.*, durchs Ausspritzen reinigen *v. r.*

Scirocco, der Süd-Ostwind im mittelländischen Meere.

Sciroppo, der Syrup *gen.* s.

Scirro, eine harte Beule, eine harte Geschwulst, ein Ueberbein *gen.* s.

Scirroso, *ag.* hart, als eine Beule.

Scisma, eine Religionstrennung; *it.* eine Zwistigkeit.

Scismatico, *sust.* ein Ketzer *gen.* s, *ag.* ketzerisch, abtrünnig.

Scissione, die Trennung, die Zwietracht, der Zwiespalt *gen.* s, *pl.* en.

Scissura, die Spalte *pl.* n.

Sciugamano, das Handtuch *gen.* s, *pl.* (Handtücher).

Sciugare, trocknen *v. r.*, abtrocknen *v. r. comp.*

Scivolare, (*proprio delle serpi*), zischen *v. r.*

Sciupare, verschwenden *v. r. comp.*, *V.* Scipare.

Scoccare un dardo, einen Pfeil losschießen *v. ir. comp.*

Scocco, das Losschießen eines Pfeils.

Scoccolare, Beere abpflücken, abbeeren *v. r. comp.*

Scodella, die Schüssel *pl.* n, der Napf *gen.* s, *pl.* (Näpfe).

Scoglia, die abgeworfene Haut der Schlangen.

Scoglio, die Klippe *pl.* n, die Steinklippe, der Fels *gen.* es, *pl.* en.

Scoglioso, *ag.* felsicht, voll Felsen, voll Steinklippen.

Sconoscente, *ag.* unerkenntlich.

Sconoscenza, die Unerkenntlichkeit, die Undankbarkeit.

Scolamento, der Abfluß, der Ablauf *gen.* s, die Ausfließung.

Scolare, *verb.* fließen *v. ir.*, ausfließen, tropfenweise herabfallen *v. ir. comp.* herabtriefen, abrinnen *v. r. comp.*

Scolare, *sust.* ein Schüler, ein Lehrling *gen.* s.

Scolaresca, die sammentliche Schüler.

Scolasticamente, *av.* schülerhaft, schulartig.

Scolastico, e scolaresco, *ag.* schulartig, scholastisch, schülerhaft.

Scolatojo, eine Rinne, eine Gosse *pl.* n, ein Abzug *gen.* s, *pl.* (Abzüge), (wodurch fließende Sachen abgeführet werden).

Scolatura, die Materie, die Feuchtigkeit, welche tröpfelt oder ausläuft.

Scolazione (malattia), der Saamenfluß, der Tripper *gen.* s.

Scoliaste, ein Ausleger alter griechischer Schriftsteller.

Scollare, auseinander machen, was geleimt ist; *it.* den Hals entblößen *v. r. comp.*

Scolo, das Auslaufen, das Ausrinnen flüßiger Sachen.

Scoloramento, die Entfärbung *pl.* en, das Erbleichen *gen.* s, die Bläße *pl.* n.

Scolorare, e scolorire, entfärben *v. r. comp.*, die Farbe benehmen *v. ir. comp.* blässer, bleicher machen *v. r.*, scolorarsi, die Farbe verlieren *v. ir. comp.*

Scolorito, *part.* entfärbt, abgeschossen; *ag.* bleich, verblichen.

Scolpare, entschuldigen *v. r. comp.*, *V.* Discolpare.

Scolpire, graben *v. r.*, stechen *v. ir.*, (als eine Figur in Stein ic.); scolpire nel cuore, ins Herz einprägen *v. r. comp.*

Scolpitamente, *av.* deutlich, verständlich.

Scolpito, *ag.* gegraben, gestochen; *it.* eingepräget.

Scommessa, eine Wette *pl.* n; fare una scommessa, eine Wette anstellen *v. r. comp.*

Scommettere, wetten *v. r.*, eine Wette anstellen *v. r. comp.*; per i sconnettere, zerlegen, zertrennen *v. r. c.*

Scompaginamento, die Unordnung, die Zerstöhrung *pl.* en.

Scompaginare, aus der Ordnung bringen *v. ir.*, verwirren *v. r. comp.*

Scompaginarsi, sich verwirren *v. rec. r. comp.*

Scompagnamento, die Absonderung *pl.* en.

Scompagnare, absondern *v. r. comp.*, von einander trennen, scheiden *v. r.*

Scomparire, verschwinden *v. ir. comp.*

Scompartimento, die Abtheilung, die Eintheilung *pl.* en.

Scompartire, abtheilen, eintheilen *v. r. comp.*

Scompigliamento, die Verwirrung, die Verstöhrung, die Unordnung *pl.* en, die gänzliche Umkehrung.

Scompigliare, verwirren *v. r. comp.*, stören, in Unordnung bringen *v. r.*

Scompigliatamente, *av.* unordentlicherweise, verwirrterweise; auf eine verworrene Art.

Scompiglio, die Verwirrung, die Unordnung, die Zerstöhrung *pl.* en; *it.* das Handgemenge *gen.* s.

Scomponimento, die Verrückung, die Unordnung pl. en.

Scomporre, verrücken, verwirren v. r. comp. in Unordnung bringen v. ir. zerlegen v. r. comp. [was zusammen war]; scomporsi nel volto, sein Gesicht verziehen, seine Mine verstellen v. r. comp.

Scompostezza, die Unanständigkeit.

Scomunica, der Kirchenbann gen. es, der geistliche Bann; fulminare la scomunica contro uno, einen in Bann thun v. ir.

Scomunicare, von der Gemeinde ausschließen v. ir. comp. in den Kirchenbann thun v. ir.

Scomunicato, subst. ein Verbannter gen. en; der in den Kirchenbann gethan ist ag. vermaledeyet, verflucht.

Sconcertare, irre machen, aus dem Tone bringen v. r.; mettere in Unordnung bringen, verwirren, verstören v. r. comp.

Sconcertatamente av. unordentlicher Weise, verwirrter Weise, V. Disordinatamente.

Sconcerto, die Unordnung, die Verwirrung, die Verrückung, die Verstörung; it. eine falsche Uebereinstimmung der Instrumente.

Sconcezza, der ungebührliche, [illegible] Act.

Sconciamente, av. unanständig, ungeschickter, unhöflicher Weise; unförmlich.

Sconciare, verderben v. ir. comp., zu Grunde richten v. r., übel zurichten v. r. comp.

Sconciarsi, sich übel zurichten, sich in schlechtere Umstände versetzen v. rec. r. comp.; sconciarsi una gamba, un piede, sich ein Bein, einen Fuß verrenken v. rec. r. comp.

Sconciatura, das unförmliche, unzeitige Wesen gen. s; it. eine unzeitige Geburt bey den Weibern.

Sconcio, subst. eine Unordnung, der Schaden gen. s, eine Zerrüttung.

Sconcio, ag. ungeschickt, ungereimt, übel zugerichtet, in Unordnung gestellt.

Sconcordanza, eine unregelmäßige Wortfügung.

Sconcordia, die Uneinigkeit. V. Discordia.

Sconfiggere, aufs Haupt schlagen v. ir. gänzlich niedermachen v. r. comp. [den Feind].

Sconfitta, die gänzliche Niederlage des Feindes.

Sconfortare, den Muth benehmen v. ir. comp.; it. einem abrathen v. ir. comp.

Sconforto, die Verzagung, die Kleinmüthigkeit.

Scongiungimento, die Absonderung, die Zertrennung pl. en.

Scongiuramento, scongiurazione, scongiuro, die Beschwörung der Geister; it. das inständige Bitten, das flehentliche Anhalten gen. s.

Scongiurare, die Geister beschwören v. ir. comp.; it. einen um etwas beschwören, inständigst ersuchen v. r. comp.

Sconnesso, ag. e part. von einander getrennt, abgesondert, abgerissen, unzusammenhangend.

Sconnettere, abtrennen, absondern v. r. comp. von einander scheiden v. ir.

Sconoscente, ag. undankbar, unerkenntlich, die Wohlthaten [illegible].

Sconoscenza, die Undankbarkeit, die Unerkenntlichkeit.

Sconosciutamente, all'incognito, unbekannter, unerkannter Weise, ohne sich zu erkennen zu geben.

Sconosciuto, ag. unbekannt, unerkannt.

Sconquassare, in Stücken zerbrechen v. ir. comp., zertrümmern, zerschmettern, zerschlagen v. r. comp.

Sconquasso, die Zerrüttung, die Verwüstung, die Zerstörung.

Sconsentimento, die Mißbilligung.

Sconsentire, mißbilligen v. r. comp., nicht darein willigen v. r.

Sconsideratamente, av. unbedachtsamer, achtloser, unvorsichtiger Weise, unüberlegter Weise.

Sconsideratezza, die Unbedachtsamkeit, die Unüberlegtheit.

Sconsiderato, ag. unbedachtsam, unüberlegt, achtlos, unvorsichtig.

Sconsigliare, abrathen, widerrathen, einem von etwas abbringen v. ir. comp.

Sconsigliatamente, av. unvorsichtiger Weise, unbedachtsamer Weise.

Sconsigliatezza, die Unbehutsamkeit, die Achtlosigkeit.

Sconsolato, [illegible] ag. un[illegible], trostlos.

Sconsolare, den Muth, den Trost benehmen *v. ir. comp*, verzagt machen *v. r.*

Sconsolatamente, *av.* untröstbarerweise, schmerzlich, jämmerlich, trostlos, ohne Trost.

Sconsolazione, die Trostlosigkeit, die Betrübniß.

Scontare, abrechnen *v. r. comp.*, abziehen, abbrechen *v. ir. comp.*, (von einer Summe).

Scontentare, mißvergnügt machen, unzufrieden machen *v. r.*, Anlaß zum Mißvergnügen geben *v. ir.*, Mißvergnügen erwecken *v. r. comp.*

Scontentezza, scontento, e scontentamento, das Mißvergnügen *gen.* s, die Unzufriedenheit *pl.* en, der Verdruß *gen.* es.

Sconto, der Abzug *gen.* s, die Abrechnung (von einer Summe).

Scontorcere, drehen *v. r.*, umdrehen, verdrehen *v. r. comp.*, krümmen *v. r.*

Scontorcersi, sich krümmen *v. rec. r.*

Scontorcimento, das Krümmen *gen.* s.

Scontraffatto, *ag.* ungestalt, unförmlich, häßlich.

Sconvenenza, die Unanständigkeit, die Ungebührlichkeit, das unanständige Wesen *gen.* s.

Sconvenevole, disdicevole, *ag.* unanständig, ungebührlich, unziemend.

Sconvenevolmente, *av.* ungeziemender Weise.

Sconvenire ec. *V.* Disconvenire ec.

Sconvolgere, umkehren *v. r. comp.*, das Oberste zu unterst kehren, wenden *v. r.*, untereinander werfen *v. ir.*; sconvolgere lo stomaco, den Magen verderben *v. ir. comp.*

Sconvolgimento, die Unruhe, die Verwirrung, die Zerrüttung.

Scopa, der Besen *gen.* s.

Scopare, auskehren, ausstäuben *v. r. comp.*, (mit dem Besen); *per certo castigo*, mit dem Staupenschlag bestrafen *v. ir. comp.*, auspeitschen *v. r. comp.*

Scopatore, ein Kehrmann, ein Auskehrer *gen.* s.

Scopatura (castigo), das Stäupen, das Peitschen *gen.* s; *per:* immondizie, das Kehricht, der Mist *gen.* s.

Scoperchiare, e scoverchiare, etwas aufdecken *v. r. comp.*, den Deckel abnehmen, *v. ir. comp.*

Scoperta, e scoverta, die Entdeckung, die Erfindung, die Auskundschaftung *pl.* en; alla scoperta, *av.* öffentlich; offenbarer Weise, ohne Scheu.

Scopertamente, *av.* öffentlich, offenbarlich, unverholen.

Scoperto, *part.* da scoprire, entdeckt, entblößt.

Scoperto, *sust.* ein freyer Platz, ein Ort unter freyem Himmel; allo scoperto, *av.* im Freyen, unterm freyen Himmel; rimanere allo scoperto, leer ausgehen *v. ir. comp.*; andare a fronte scoperta, ungescheut einhergehen *v. ir. comp.*

Scopetta, eine Bürste *pl.* n, eine Kleiderbürste.

Scopettare, abkehren, auskehren *v. r. comp.*, (als ein Kleid), den Staub abwischen *v. r. comp.*

Scopo, das Ziel, der Zweck, die Absicht, der Endzweck *gen.* s.

Scoppiamento, e scoppiata, das Krachen, das Knallen, das Platzen *gen.* s; *per:* scoppio, der Knall *gen.* es, *it.* der Schall *gen.* s, (von etwas das zerbricht).

Scoppiante, *ag.* krachend, knallend.

Scoppiare, entzwey springen *v. ir.*, zerspringen, mit einem starken Schall ausbrechen *v. ir. comp.*, krachen, knallen, platzen *v. r.*; scoppiare dalle risa, vor Lachen platzen *v. r.*, sich fast zu Tode lachen, sich halb todt lachen *v. rec. r.*

Scoppiato, *part.* da scoppiare, geplatzt, geknallt, gekracht.

Scoppio, das Krachen, das Knallen, das Platzen, das Prasseln *gen.* s, der Knall, der Schall *gen.* s, (von etwas, das zerbricht).

Scoprimento, die Entdeckung, die Erfindung; *it.* das Offenbaren *gen.* s.

Scoprire, aufdecken, entdecken, entblößen *v. r. comp.*; *it.* offenbaren, erforschen, erkundigen *v. r. comp.*, wahrnehmen *v. ir. comp.*; scoprire il suo animo, sein Herz eröffnen *v. r. comp.*; *fig.* scoprir terreno, auf den Grund kommen *v. ir.*; il tempo scoprirà la verità, die Zeit wird es lehren.

Scoprirsi, sich aufdecken, sich entdecken, sich entblößen *v. rec. r. comp.*, den Hut abnehmen *v. ir. comp.*

Scopritore, ein Entdecker, ein Erfinder *gen.* s.

Sco-

[illegible]gliare, den Muth benehmen v. r. comp., [illegible], verzagt machen v. r.

Sc[illegible]ggiarsi, das Herz verlieren v. ir. comp., den Muth sinken lassen.

Sc[illegible]mento, der Wehmüthigkeit, die Niedergeschlagenheit.

Sc[illegible]chiare, Kleckse machen v. r. (als mit der Dinte).

Scorbio, der Dintenfleck gen. s, pl. e.

Scorbutico, ag. scorbutisch, vom Scharbock angegriffen.

Scorbuto, sust. der Scharbock gen. s, die Mundfäule.

Scorciamento, die Verkürzung, die Abkürzung, die Abtheilung pl. en.

Scorciare, verkürzen, abkürzen v. r. comp., kürzer machen v. r.

Scorcio, das Abkürzen gen. s, ir. das [illegible] Mittel, der kürzeste Weg gen. s, ir. das Ende, der Ausgang gen. s, die Endschaft, [illegible] qualche cosa in [illegible], eine Sache [illegible] v. r. comp.; vedere in scorcio, etwas im Aufriß sehen v. ir.

Scordamento, dimenticanza, die Vergessenheit.

Scordante, discorde, ag. was nicht einstimmt, verstimmt, falsch lautend.

Scordanza, discordanza, die Uneinigkeit.

Scordare, verstimmen v. r. comp., nicht zusammen klingen v. r.

Scordarsi, dimenticarsi, vergessen v. ir. comp., nicht eingedenk seyn v. aus.

Scordato, part. da dimenticare, vergessen; da discordare, übellautend, verstimmt.

Scordevole, ag. vergeßlich; ir. [illegible].

Scoreggia, eine lange lederne Peitsche, Karbatsche pl. en; ir. ein lederner Riemen zum Festbinden; per. peto, der Furz gen. es, pl. (Fürze).

Scoreggiare, mit Riemen peitschen v. r.; per. [illegible] un peto, farzen v. r., einen Furz lassen v. ir.

Scorgere, gewahr werden v. aus., wahrnehmen v. ir. comp., entdecken v. r. comp., merken v. r., erblicken v. r. comp.; ir. führen, den Weg zeigen v. r.

Scorgitore, einer der wahrnimmt, entdeckt, erblickt, merkt; ir. ein Wegweiser gen. s.

Scoria, der Schaum gen. s, die Schlacke (vom Eisen und andern Metallen).

Scornacchiamento, e scornacchiata, das Auslachen, das Auslachen, die Spott gen. s.

Scornacchiare, e scornacchiare, verhöhnen, auslachen v. r. comp.

Scornare, die Hörner abstoßen, abbrechen v. ir. comp.; fig. beschimpfen v. r. comp., spotten v. r.

Scornarsi, sich selbst beschimpfen v. rec. r. comp.

Scorno, der Schimpf, der Spott, der Hohn gen. s, die Schande.

Scorpare da albero, einen Baum abschälen v. r. comp.

Scorpione, der Skorpion gen. [illegible]

Scorrazzare, herumschwärmen v. r. comp.

Scorrente, ag. fließend, schlüpfend.

Scorrere, zerlaufen, fließen v. ir., abschlüpfen, entwischen, [illegible] v. r. comp., fortlaufen, [illegible], durchlaufen, [illegible]; scorrere qua, e là, herum [illegible] v. r., scorrere il paese, [illegible] plündern v. r. comp., scorrere nel scrivere, versehen im Briefe wechseln v. aus., im Schreiben verstoßen v. r. comp.

Scorreria, die Streiferey pl. en, der feindliche Einfall gen. s, pl. (Einfälle), der Einbruch, das Plündern gen. s; ir. das Rennen und Laufen gen. s.

Scorrettamente, av. auf eine fehlerhafte, unrichtige Art.

Scorretto, ag. fehlerhaft, nicht richtig.

Scorrevole, ag. fließend, schlüpfend, vergänglich.

Scorrezione, die Unrichtigkeit (im Schreiben oder Drucken), ein Fehler gen. s, (im Schreiben).

Scorrimento, der Abfluß gen. es, die Ausfließung, der Ablauf gen. s; ir. das Streifen, die Streiferey.

Scorsa, dare una scorsa ad un libro, ein Buch durchblättern v. r. comp., flüchtig, geschwind übersehen, durchsehen v. ir. comp., V. Scorreria, Scorrimento.

Scorso, part. da scorrere, vergangen, verflossen, verwichen; li 10. del mese scorso, den zehnten des verwichenen, vergangenen, verflossenen Monats.

Scorso, sust. die Unordnung pl. en,

das Verstoßen, der Fehler *gen.* s; uno scorso di lingua, eine Unbedachtsamkeit in Reden; egli ha fatto uno scorso di lingua, er hat sich verschnappt

Scorta, das Geleit *gen.* s; *it.* ein Geleitsmann, ein Wegweiser, ein Führer *gen.* s; *it.* die Bedeckung, die Begleitung zur Sicherheit.

Scortare, servire di scorta, geleiten, begleiten, sicher fortbringen *v. r. comp.*

Scortare, accorciare, verkürzen, abkürzen *v. r. comp.*

Scortecciare, abrinden, die Rinde von den Bäumen abschälen *v. r. comp.*

Scortese, *ag.* unhöflich, ungesittet, unartig, grob, ungeschickt.

Scortesemente, *av.* unhöflicherweise, auf eine grobe, unhöfliche Art

Scortesia, die Unhöflichkeit, die Unartigkeit, die Grobheit, die unartige Begegnung; usare scortesia, unhöflich verfahren *v. ir. comp.*, begegnen *v. r. comp.*

Scorticamento, das Schinden *gen.* s.

Scorticare, schinden *v. r.*, abschinden *v. r. comp.*, die Haut abziehen, abreißen *v. ir. comp.*

Scorticatore, der Schinder *gen.* s, der ein todtes Vieh abledert.

Scorticatura, eine Schramme, eine kleine Verschindung, Abschürfung, das Aufreiben der Haut (als vom Reuten am Hintern).

Scorto, *part.* da scorgere, gewahr worden *ag.* geschickt, klug, bedachtsam, verschlagen.

Scorto, (coll' o stretto), ein kurzer Begriff *gen.* s, *pl.* e, der Auszug *gen.* s, *pl.* (Auszüge), der Hauptinhalt *gen.* s.

Scorza, die Schale, die Rinde *pl.* n, (an den Bäumen), die Hülse, die Haut (an Früchten, Obst rc.)

Scorzare, abrinden *v. r. comp.*, schälen *v. r.*, abschälen, die Schale abmachen *v. r. comp.*

Scorzonera, erba, die Haberwurzel.

Scoscendere, *v. att.* zerbrechen, zerhauen, zerschneiden *v. ir. comp.*, scoscendere, *v. neut.*, sinken, über den Haufen fallen *v. ir.*

Scoscendimento, das Zersplittern, das Zerspalten *gen.* s; *it.* das Einfallen, das Einstürzen *gen.* s; *it.* eine Oeffnung, eine Spalte, ein Riß *g.* es.

Scoscesо, *part.* da scoscendere, in Stücken zerspaltet, zerhauen, beschnitten *ag.* abhängig, abhängig, gäh, steil, zerstückt, schmicht.

Scossa, das Schütteln, das Rütteln *gen.* s, ein heftiges Bewegen, die Erschütterung; *it.* ein Stoß, ein Einfall *gen.* s.

Scosso, *part.* da scuotere, geschüttelt.

Scostamento, die Entfernung, die Absonderung, die Abwendung *pl.* en, das Absondern, das Entfernen *gen.* s.

Scostare, entfernen, absondern *v. r. comp.*, zurück weichen, stoßen *v. ir. comp.*, aus dem Wege treten *v. ir.*, bey Seite schaffen *v. r.*, scostarsi, auf die Seite gehen *v. ir.*

Scostumatamente, *av.* unanständig, ungebührlicherweise; auf eine unhöfliche, unbescheidene Art unweise, unartig, unehrbarlich.

Scostumatezza, die Unartigkeit, die Ungezogenheit, die Unhöflichkeit, die Ausgelassenheit, das ungezogene Wesen *gen.* s.

Scostumato, *ag.* unhöflich, unartig, ungezogen, grob, ausgelassen.

Scostume, *sust.* die Unhöflichkeit, die schlechte Erziehung, *V.* Scostumatezza.

Scotimento, das Schütteln *gen.* s, *V.* Scossa.

Scotola, eine Flachsbreche, ein Instrument, womit der Flachs von den Spelzen gereiniget wird.

Scotolare, den Flachs brechen *v. ir.*

Scotennia, gr. o di verruzine, der Schwindel *gen.* s.

Scottare, brennen *v. r.*, verbrennen *v. r. comp.*, (am Feuer, als die Finger).

Scottarsi, sich verbrennen *v. rec. r. comp.*

Scottatura, das Brennen *gen.* s, eine Brandwunde, eine Brandschade *pl.* n.

Scozzonare, ein Pferd abrichten, bereuten *v. r. comp.*

Scranna, sedia, der Sessel, den man zusammen legen kann.

Scredente, *ag.* mißtrauisch, argwöhnisch, ungläubig, treulos.

Scredere, von seiner Meinung abgehen *v. ir. comp.*; nicht mehr glauben *v. r.*

Screditare, von einem übel reden,

einen in Verachtung bringen, um seinen Ansehen bringen, seines Credit schmälern v. r.

Screditato, *ag. e part.*, in schlechten Credit gesetzt.

Scredito, der Verlust des Credits, des Ansehens, der Hochachtung; ein schlechter Ruf, worinnen einer steckt.

Screpolare, screpolo, ein Spalt, ein Riß *gen.* es, eine Oeffnung.

Screscere, discrescere, abnehmen, Abnahme leiden, fallen, vergehen *v. n. comp.* [illegible] schwach werden *v. auf.*

Scriba, ein Schreiber, ein Abschreiber, ein Kopist *gen.* en, gli Scribi, die Schriftgelehrten bey den Juden.

Scrigno, scrignetto, das Kästchen, das Kistchen, das Schränkchen *gen.* s, *per.* gobbin, *V.* Gobbo.

Scritta, scritto, scrittura, die Schrift *pl.* en, etwas Geschriebenes; *it.* eine Aufschrift, Inschrift, Ueberschrift *pl.* en; *it.* eine Beschreibung *pl.* en; *it.* ein Schein *gen.* s, *pl.* e.

Scritto, *part.* da scrivere, geschrieben *it.*

Scrittojo, eine Schreibstube, eine Studierstube *pl.* n.

Scrittore, ein Schreiber *gen.* s, ein Kopist *gen.* en, *per.* Autore, ein Schriftsteller, ein Verfasser *gen.* s.

Scrittura, die Schrift *pl.* en, aver bella Scrittura, eine schöne Handschrift, la sacra Scrittura, die heilige Schrift, die Bibel.

Scritturale, scrivano, ein Schreiber, ein Buchhalter *gen.* s.

Scrivaneria, die Buchhalterey.

Scrivere, schreiben *v. irr.*

Scroccare, schmarotzen *v. r.*, abschwatzen *v. r. comp.*

Scroccatore, ein Schmarotzer *gen.* s.

Scrocchio, usura illecita, eine Wucherey.

Scrocco, ein Schmarotzer; *it.* ein Betrüger *gen.* s.

Scroccone, e scrocchione, ein listiger Betrüger *gen.* s.

Scrofa, eine Schweinsmutter; *per.* Carnakina, ein Bettweib *gen.* s.

Scrofola, eine Drüsengeschwulst am Halse *pl.* en, der Kropf *gen.* s, (am Halse *pl.* Kröpfe).

Scrofolaria, (erba), die Braunwurz.

Scrofoloso, *ag.* drüsig, drüsenartig, drüsicht, kropfartig.

Scrollamento, e scrollo, das Schütteln, das Rütteln, das Stoßen *gen.* s, die Erschütterung.

Scrollare, schütteln, rütteln *v. r.*, erschüttern *v. r. comp.*, wackeln *v. r.*

Scropolo, der 24ste Theil von einer Unze, bey den Aerzten ein Gran.

Scropolosità, aspro) *ag.* [illegible] nicht, wackeln
Scropoloso)

Scrosciare, rauschen, knistern (wie das Brod im Backen), rauschen, sprudeln, wirbeln *v. r.*, (wie das Wasser im heftigen Anwinden).

Scroscio, das Sprudeln, das Wirbeln *gen.* s, (des Wassers), uno scroscio di risa, ein lautes, unmäßiges Gelächter *gen.* s.

Scrostare, abrinden *v. r. comp.*, die Rinde oder Kruste abschaben *v. r. c.*

Scruto, der Hodensack, der Hodenbeutel *gen.* s, *pl.* (Säcke).

Scrupoleggiare, Zweifel, Bedenken, unruhige Gedanken über etwas haben *v. auf.*, sich Gewissensangst machen *v. reg. r.*

Scrupolo, e scrupolo, der Zweifel, das Bedenken *gen.* s, der unruhige Gedanke *gen.* ns, *pl.* n, ein Gewissensangst, ein Gewissensscrupel *gen.* s, (den man sich über etwas macht), per scrupolo, *V.* Scrupolo.

Scrupolosamente, *av.* allzu gewissenhaft, allzu genau, allzu pünktlich.

Scrupolosità, ein allzu zartes Gewissen *gen.* s; *it.* allzugroße Ordentlichkeit, das Gewissenszwang *gen.* s.

Scrupoloso, *ag.* allzu gewissenhaft, allzu genau; der unnöthige Gewissensscrupel über etwas macht; der verzagt, furchtsam ist.

Scrutabile, *ag.* erforschlich.

Scrutare, forschen *v. r.*, *V.* Scrutinare.

Scrutatore, e scrutinatore, ein Erforscher, ein Ausspäher *gen.* s, Iddio è uno scrutatore del cuore umano, Gott ist ein Herzenskündiger *gen.* s.

Scrutinare, forschen *v. r.*, ausforschen, erforschen, ausspähen *v. r. comp.*

Scrutinio, die Untersuchung, die Erforschung, das Nachsuchen, das Aussuchen *gen.* s, *per.* squittinio, die Sammlung und heimliche Untersuchung der Wahlstimmen.

Scucire, e scuscire, zertrennen, abtrennen, *v. r. comp.*, was zusammen genähet ist.

Scuderia, der Pferdstall, der Marstall *gen.* s, *pl.* (Ställe).   Kk 2

Scudiere, der Stallmeister, der Bereiter *gen.* s; *it.* ein Schildträger der alten Ritter.

Scudo, der Schild *gen.* s, *pl.* er; *per*: protezione, difesa, der Schirm *gen.* s, der Schutz *gen.* es; *per certa moneta*, ein Thaler *gen.* s.

Scuffia, eine Haube, *V.* Cuffia.

Sculacciare, Schläge mit der Hand auf den Hintern geben, den Hintern mit Ruthen streichen, schlagen, hauen *v. ir.*

Scultore, der Bildhauer *gen.* s.

Scultura, die Bildhauerey, die Bildhauerkunst, die Kunst in Stein zu graben; una bella scultura, eine schöne Bildhauerarbeit.

Scuola, die Schule *pl.* n; *it.* eine Versammlung von Schülern; *it.* eine Gesellschaft, eine Brüderschaft.

Scuotere, schütteln, rütteln *v. r.*, hin und her bewegen *v. ir. comp.*, schüttern *v. r.*, stoßen *v. ir.*, abschütteln *v. r. comp.*, scuotere il giogo das Joch abschütteln; sich los oder frey machen *v. rec. r.*, scuotere la testa, den Kopf schütteln, nicht daran wollen.

Scuotersi sich schütteln *v. rec. r.*, sich abschütteln *v. rec. r. comp.*, scuotersi di paura vor Furcht zusammen fahren *v. ir.*, sich heftig entsetzen *v. rec. r. comp.*, vor Schrecken außer sich seyn *v. anf.*

Scuotimento, das Schütteln, das Rütteln, das Stoßen, das Hin- und Herbewegen *gen.* s.

Scurare) trübe, düster, dunkel werden
Scurarsi) *v. anf.*, sich verdüstern, sich verdunkeln *v. rec. r. comp.*, *V.* Oscurare, Oscurarsi.

Scurazione, die Dunkelheit, die Verdunkelung, die Verfinsterung.

Scura) iccella) das Beil *gen.* s, *pl.* e,
Scure)) die Axt *pl.* (Aexte).

Scurezza, scurità ec., die Dunkelheit *pl.* en, *V.* Oscurità ec.

Scuriada, e scuriata, die Peitsche, die Ruthe *pl.* n.

Scusa, die Entschuldigung *pl.* en; *in senso de pretesto*, der Vorwand *gen.* s *pl.* (Vorwände), das Vorgeben *gen.* s, die Ausflucht *pl.* (Ausflüchte), die Ausrede *pl.* n, die Einwendung *pl.* en.

Scusabile, *ag.* verantwortlich, verzeihlich, vergeblich; was sich entschuldigen läßt.

Scusabilmente, *av.* verantwortlicherweise.

Scusare, entschuldigen *v. r. comp.*, verzeihen *v. ir. comp.*, zu gute halten *v. ir.*, rechtfertigen *v. r. comp.*, von der Anschuldigung frey sprechen *v. ir.*

Scusarsi, sich entschuldigen, sich verantworten *v. rec. r. comp.*, die Schuld von sich ablehnen *v. r. c.*

Scuscire, auftrennen *v. r. comp.*, *V.* Scucire.

Scusso, *ag.* beraubt, entblößt, ausgezogen.

S D

Sdebitarsi, sich von Schulden losmachen *v. rec. r. comp.*, seine Schulden abtragen *v. ir. comp.*, entrichten *v. r. comp.*

Sdegnante, *ag.* verachtend.

Sdegnare, sprezzare, verachten *v. r. comp.*, unwerth achten *v. r.*

Sdegnarsi, sich erzürnen, sich ereifern *v. rec. r. comp.*, sich ärgern *v. rec. r.* böß, zornig, unwillig, ungehalten werden *v. anf.*

Sdegnato, *ag.* unwillig, ungehalten, erzürnt.

Sdegno, der Zorn *gen.* s, der Unwille, der Widerwille *gen.* ns, der Verdruß *gen.* es; *per*: disprezzo, die Verachtung; avere a sdegno, verachten, verächtlich halten *v. ir.*, verächtlich, ungnädig, mißfällig aufnehmen *v. ir. comp.*

Sdegnosamente, *av.* erzürnterweise, unwilligerweise; auf eine unfreundliche Art; mit Verdruß, zornig.

Sdegnoso, *ag.* verächtlich, verachtend, bönisch, zornig, unwillig, trotzig, ungestüm.

Sdentato, senza denti, *ag.* zahnlos, der keinen Zahn mehr hat.

Sdicevole, *ag.* unanständig, ungeziemend, ungebührlich, übelanstehend.

Sdimenticanza ec., die Vergessenheit, *V.* Dimenticanza ec.

Sdormentare, destare, erwecken, aufwecken *v. r. comp.*

Sdormentarsi, destarsi, erwachen, aufwachen *v. r. comp.*

Sdossare, levar di dosso, abbürden, entladen *v. r. comp.*, die Last abnehmen *v. ir. comp.*

Sdrajarsi, sich niederlegen *v. rec. ir. comp.*, sich hinstrecken, sich der Länge nach ausstrecken *v. rec. r. comp.*

Sdrucciolamento, das Gleiten *gen.* s, das Ausglitschen der Füße.

Sdrucciolare, glitschen *v. r.*, ausglitschen *v. r. comp.*, gleiten *v. r.*, ausgleiten *v. r. comp.*; sdrucciolare colla lingua, sich versprechen *v. rec. ir. comp.*, unbedachtsam, unüberlegt reden *v. r.*

Sdrucciolevole, *ag.* schlüpfrig, glatt.

Sdrucciolo, *sust.* eine Glitsche, eine Gliederbahn der Kinder, das Glatteis *gen.* es.

Sdrucciolo, *ag.* schlüpfrig, glatt; versi sdruccioli, fliessende Verse, eine Art italiänischer Verse, welche auf kurzsylbige Worte ausgehen.

Sdrucciolato, *ag.* schlüpfrig, glatt; wird gleitet, ausglitschet.

Sdrucire, e sdruscire, *v. att.* das Genähte auftrennen *v. r. comp.*, *v. neutr.* schlitzen *v. r.*, aufschlitzen *v. r. comp.*, aufreißen, Risse bekommen *v. ir. comp.*

Sdrucitura, der Riß, der Schlitz *gen.* es, *pl.* e.

S E

Se, *partic. cong.* wenn, wofern, im Fall daß, mit der Bedingung daß; *partic. dubit.* ob: io non so, se.., ich weiß nicht, ob...; se: quantunque, obschon, obgleich, wenn gleich ec.; io non lo farò se dovessi morire, ich werde es nicht thun, wenn ich gleich sterben sollte, wenn mirs auch das Leben kosten sollte; se non, außer: se pure, wenn nur.

Se, *pron. person.* sich.

Sebbene, *cong.* obschon, obgleich, obwohl, wiewohl.

Secca, eine Sandbank *pl.* (bänke); dare nelle secche, stranden *v. r.*; lasciare alcuno su le secche, einen in der Noth, in der Gefahr, im Stiche lassen *v. ir.*

Seccaggine, e secchezza, die Dürre, die Trockne; *it.* cosa fastidiosa, das ungestüme, abgeschmackte Wesen *gen.* s, die Ungelegenheit, der Verdruß *gen.* es, das trostige Bezeugen *gen.* s.

Seccamente, *av.* trocken, abgeschmacktenweise.

Seccamento, e secchezza, die Trockenheit, *V.* Seccaggine.

Seccare, dörren, trocknen, trocken, dürre machen *v. r.*; *per*: infastidire, mit abgeschmacktem Wesen beschwerlich fallen *v. ir.*

Seccatore, ein verdrießlicher, widerwärtiger, beschwerlicher Mensch *gen.* e *pl.* en.

Secchia, eine Wasserkanne *pl.* n, der Wassereimer *gen.* s; piove a secchie, es regnet, als wenns mit Mulden göße.

Secchiata (una), ein Eimervoll.

Secchio, der Melkkübel *gen.* s, die Melkgelte *pl.* n.

Secchione, ein großer Wassereimer *gen.* s, eine große Melkgelte.

Secco, *sust.* das Trockene, das Dürre *gen.* e *pl.* n, die Trockenheit.

Secco, *av.* trocken; a secco, trocken, ohne Vereinigung mit etwas Nassem; un muro a secco, eine Mauer ohne Kalk und Mörtel.

Secco, *ag.* trocken, dürre, gedörrt, verdörrt; un discorso secco, ein frostiges Gespräch *gen.* s.

Secento, sechshundert.

Secesso, der Abtritt *gen.* es, *pl.* e; *it.* ein abgelegener Ort im Hause; evacuare per secesso, von unten abführen *v. r. comp.*

Seco *pron. pers.* mit sich; seco medesimo, mit sich selbst.

Secolare, *sust.* ein Weltlicher *gen.* s; der in weltlichem Stande lebt.

Secolare, *ag.* weltlich; il Foro secolare, die weltlichen Gerichte.

Secolaresca mente, e secolarmente, *av.* weltlich, auf weltliche Art.

Secolaresco, *ag.* weltlich; *it.* eitel, vergänglich.

Secolarizzare, aus dem geistlichen in den weltlichen Stand versetzen *v. r. c.*

Secolarizzazione, die Versetzung aus dem geistlichen in den weltlichen Stand.

Secolo, das Jahrhundert *gen.* s, eine Zeit von hundert Jahren; *per*. lo stato secolare, der weltliche Stand *gen.* s; le persone del secolo, die Weltlichen; rimanere nel secolo, im weltlichen Stande bleiben *v. ir.*; i secoli più rimoti, die spätesten Zeitalter; il secolo d'oro, d'argento, das goldene, das silberne

Zeitalter *gen.* s; ne' secoli de' secoli, von Ewigkeit zu Ewigkeit.

Seconda, *sust.* die Nachgeburt; andare a seconda del fiume, Flußab fahren *v. ir.*; andare a seconda di alcuno, sich in einen schicken *v. r.*

Secondare, folgen *v. r.* helfen *v. ir.*, beystehen *v. ir. comp.*, gewogen, günstig seyn *v. aus.*; la fortuna vi seconda, das Glück will euch wohl, das Glück ist euch günstig.

Secondariamente, *av.* zum zweyten, zum andern.

Secondario, *ag. e sust.*, der nächste nach dem ersten; was nach dem ersten kömmt.

Secondina, die Nachgeburt, die Afterbürde.

Secondo, *sust.* der zweyte, der Andere *gen. e pl.* n; minuto secondo, der sechzigste Theil einer Minute, eine Secunde.

Secondo, *av.* zweytens; secondo che, so wie, nachdem als.

Secondo, *prep.* nach, zufolge, in Rücksicht; secondo me, nach meiner Meynung.

Secondogenito, der Zweytgebohrne *gen. e pl.* n, nach dem ersten gebohren.

Secretamente *av.*, . . . heimlich, *V.* Segretamente ec.

Secrezione, die Absonderung der Säfte im Körper als des Bluts *x.*

Sedare, stillen, lindern *v. r.*, besänftigen, beruhigen *v. r. comp.*

Sedatamente, *av.* ruhig, friedlich.

Sede, der Stuhl *gen.* s, der Sitz *gen.* es, die Gefeß; la Santa Sede, der päbstliche Stuhl; la sede del . . ., der Sitz des Bösen.

Sedentario, *sust. ed ag.*, der immer sitzt . . . vita sedentaria, ein Leben, eine Lebensart, wobey man sich wenig Bewegung giebt.

Sedente, *ag.* sitzend.

Sedere, sitzen *v. ir.*; sedersi sich setzen *v. rec. ir.*; *it.* liegen *v. ir.*; Parigi siede in un gran pianura, Paris liegt auf einer großen Ebene; sedere a mensa, bey Tische sitzen, zu Tische seyn.

Sedere, *sust.* das Sitzen *gen.* s; *it.* il culo, der Hintere, der Arsch *gen.* es.

Sedia, der Sessel *gen.* s, der Stuhl *gen.* s, *pl.* (Stühle); una sedia d'appoggio, der Lehnstuhl; per: certa vettura, eine kleine Kutsche auf zwey Rädern.

Sedicesimo, der sechzehnte *gen. e pl.* n.

Sedici, sechzehn.

Sedile, der Sessel *gen.* s, der Stuhl *gen.* s, *pl.* (Stühle), eine Bank *pl.* (Bänke), ein Sitz *gen.* es.

Sedimento, der Satz *gen.* es, die Hefen, der Schlamm *gen.* s.

Sedizione, der Aufruhr, der Aufstand *gen.* s, die Empörung.

Sediziosamente, *av.* aufrührischerweise.

Sedizioso, *ag.* aufrührisch.

Sedotto, *part.* da sedurre, verführt.

Seducente, *ag.* verführisch, betrüglich.

Seducimento, die Verführung, die Bestechung, die Anstiftung.

Sedurre, verführen *v. r. comp.*, betrügen, hintergehen *v. ir. comp.*, verleiten *v. r. comp.*, bestechen *v. ir. comp.*, abwendig machen *v. r.*, anstiften *v. r. comp.*

Seduttore, ein Verführer, Betrüger, Anstifter, Bestecher *gen.* s.

Seduzione, die Verführung, *V.* Seducimento.

Sega, die Säge, die Holzsäge *pl.* n.

Segalo, der Rocken *gen.* s; pane di segala, das Rockenbrod *gen.* s.

Segare, sägen, entzwey sägen *v. r.*; segare l'erba, il frumento, das Gras, das Getreide abmähen *v. r. c.*

Segatore, ein Holzsäger, ein Bretschneider; *it.* ein Schnitter im Felde; *it.* ein Grasmäher, ein Heumacher *gen.* s.

Segatura, e segamento, das Sägen *gen.* s, das Abgesägte *gen. e pl.* n; *pl.* die Sägespähne.

Seggetta, der Nachtstuhl *gen.* s, *pl.* (Stühle); *it.* ein Tragsessel *gen.* s.

Seggia, seggio, e seggiuola, *V.* Sedile.

Segnacaso, der Artikel *gen.* s, (in der Sprachlehre).

Segnacolo, das Merkzeichen *gen.* s.

Segnalare, auszeichnen *v. r. comp.*, berühmt, bekannt, ansehnlich machen *v. r.*

Segnalarsi, sich hervor thun *v. rec. ir.*, sich auszeichnen *v. rec. r. comp.*

Segnalatamente, *av.* auf eine auszeichnende Art, vorzüglicherweise.

Segnalato, *ag. e part.* ausgezeichnet, berühmt, vorzüglich.

Segnale, das Zeichen, das Merkmal gen. 8.

Segnare, zeichnen v. r., bezeichnen, bemerken v. r. comp., it. sottoscrivere, unterschreiben v. ir. comp.

Segnatamente, av. sonderlich, insonderheit, hauptsächlich, vornehmlich.

Segnatura, das Zeichen gen. 8; it. die Unterschrift.

Segno, das Zeichen, das Merkmal gen. 8; fare il segno della croce, das Kreuz machen v. r., far venir a segno, zum Gehorsam bringen v. r.; dare nel segno, das Ziel treffen v. ir.; tirare al segno, nach der Scheibe schießen v. ir.; esser ridotto a segno che . . . , so weit gebracht seyn, daß . . .

Sego, das Unschlitt gen. 8.

Segola, falce, eine Sichel, eine Sense, eine Hippe pl. n.

Segregare, absondern, entfernen v. r., [illegible] weichen v. ir. comp., bey Seite schaffen v. r., V. Separare.

Segreta, ein geheimer Ort, ein heimlicher Winkel gen. 8, der Abtritt gen. 28.

Segretamente, av. heimlich, verborgener weise, insgeheim, in der Stille.

Segretariato, die Secretairswürde, die Secretairstelle.

Segretario, ein Secretair, ein Geheimschreiber gen. 8; un segretario d' ambasciata, ein Gesandschaftssecretair gen. 8.

Segreteria, ein Ort, wo die Secretairs ihre Sachen ausfertigen.

Segretezza, die Verschwiegenheit, die Geheimhaltung, eine Heimlichkeit, eine heimliche, verborgene Sache; it. ein Geheimniß.

Segreto, die Heimlichkeit pl. en, eine heimliche verborgene Sache, das Geheimniß gen. 88, pl. e; conservare il segreto, verschwiegen seyn.

Segreto, av. geheim, heimlich, verborgen, verschwiegen; in segreto, av. heimlich, verborgener, heimlicher, verstohlener weise.

Seguace, ag. folgend, nachfolgend, das andern nachfolgt.

Seguace, sost. ein Anhänger, ein Nachfolger gen. 8.

Seguente, ag. darauf folgend, nachfolgend; il giorno seguente, der andere Tag; it. was unmittelbar folget, hernachkommt.

Seguentemente, av. folglich, demnach, also, hierauf.

Seguenza, die Folge, der Zusammenhang gen. 88, die Fortsetzung.

Seguimento, der Erfolg, die Fortsetzung, das Nachfolgen gen. 8.

Seguire, folgen v. r., nachfolgen v. r. comp., nachgehen, fortfahren v. ir. comp., fortsetzen v. r. comp.; per i condiscendere, willfahren v. ir. comp.; seguire [illegible] ragione, es wird große Unordnung vorgehen v. ir. comp.; per succedere, erfolgen v. r. comp., vorfallen v. ir. comp.

Seguitabile, ag. nachahmungswürdig, was verdient befolgt zu werden.

Seguitamente, av. nach einander fort, unablässig, ohne Abstand.

Seguitamento, das Folgen gen. 8, die Fortsetzung.

Seguitare, folgen v. r., nachfolgen v. r. comp., nachgehen v. ir. comp., fortfahren v. r. comp.

Seguito, part. das [illegible], erfolget, vorgefallen.

Seguito, das Gefolg, die Begleitung, der Aufzug, das Geleit, der Zug gen. 8. (vom Menschen); it. Leute, die hinter einem folgen; it. il seguito di una cosa, der Erfolg, die Fortsetzung, der Nachschlag gen. 8, folgende Sachen.

Sei, sechs.

Seicento, sechshundert.

Selce, e selice, der Pflasterstein, der Kieselstein gen. 8, ein Stein zu Pflasterung eines Boden.

Selciare, e selicare, mit Kieselsteinen pflastern v. r.

Selciato, e selicato, sost. ein Steinpflaster gen. 8; part. mit Kieseln gepflastert.

Sella, der Sattel gen. 8; gettar di sella alcuno, einen aus dem Sattel heben v. ir.

Sellajo, ein Sattler gen. 8.

Sellare, satteln v. r.

Selva, das Gehölz, ein Wald gen. es, der Forst gen. 8.

Selvaggiamente, av. auf eine schlimme, grobe, ungeschliffene Art.

Selvaggina, das Wildpret gen. 8.

Selvaggio, ag. wild, waldicht; un uomo selvaggio, einer der nicht unter die Leute kömmt; ein grober

wilder, ungezogener Mensch gen. s, pl. en.
Selvatico, ag. wild, v. Salvatico.
Selvoso, ag. mit Holz und Waldung versehen, mit Bäumen besetzt.
Sembiante, sost. das Gesicht, das Angesicht gen. s, die äusserliche Gestalt, das Ansehen gen. s, die Miene, die Gebärdung eines Menschen; far sembiante, sich stellen v. rec. r.; sotto sembiante di [illegible], unter dem Vorwande eines [illegible].
Sembianza, das äusserliche Wesen gen. s, v. Sembiante; it. [illegible], die Gleichheit, die Aehnlichkeit; sotto sembianza, unter dem Scheine.
Sembrare, scheinen, dünken, deuchten v. r., das Ansehen haben v. aus.
Seme, semente, e semenza, der Saame gen. s, pl. n, (der Erbe [illegible]).
Semestrale, ag. sechsmonatlich, halbjährig.
Semestre, das Halbjahr gen. s, eine Zeit von sechs Monaten.
Semicircolo, ein Halbzirkel gen. s.
Semicroma, eine halbgeschwänzte Note.
Semidio, ein Halbgott gen. es, pl. (Halbgötter).
Semilunare, ag. halbmondig.
Seminiminima, eine Note von einem Viertelschlag.
Seminagione, e seminazione, das Säen gen. s, die Saatzeit.
Seminale, ag. was zum Saamen gehört (in der Arzneikunst).
Seminamento, das Säen, das Aussäen gen. s.
Seminare, säen v. r., aussäen; den Saamen ausstreuen v. r.; [illegible], Zwietracht ausstreuen v. r. [illegible].
Seminario, sost. eine Pflanzschule, eine Schule des Gartenbaues, ein Collegium junger Leute zum Kirchendienst abzurichten.
Seminario, ag. zum Saamen gehörig.
Seminarista, ein Schüler in einer [illegible], ein Seminarist.
Seminato, sost. ein besäeter Ort, die Saat; [illegible] dal seminato, vom Wege abkommen v. aus., parlare da seminato, [illegible].
Seminatore, ein Säemann gen. s, pl. (leute); un seminatore di discordie, der Spaltungen anrichtet.

Semintuonare, das Säen gen. s.
Semirotondo, ag. halbrund.
Semituono, ein halber Ton.
Semivivo, ag. halb todt.
Semola, die Weizenkleie, v. Crusca.
Semovente, ag. was sich selbst bewegt.
Sempiternamente, av. von ewigen Zeiten her, immer, unaufhörlich, ewig, ohne Ende.
Sempiternare, verewigen v. r. comp.
Sempiterno, ag. ewig, immerwährend, beständig dauernd; in sempiterno, ewig.
Semplice, ag. einfältig, einfach; it. puro, rein, unvermischt; lauter; [illegible], [illegible], einfach.
Semplici (i), sost. erbe medicinali, die Arzneikräuter.
Semplicemente, av. bloß, schlechterdings, gerade, einfältig.
Semplicità, die Einfalt, die Einfältigkeit, die Schwachheit; it. [illegible], die Unerfahrenheit; [illegible], die Aufrichtigkeit.
Sempre, av. allezeit, immer, stets, beständig, jederzeit; [illegible]; sempre che, jedesmal da, wenn nur, so oft als; sempre mai, immerfort, auf immer, unaufhörlich, für beständig.
Sempreviva, (erba), die Hauswurzel, das Hauswurzkraut gen. s.
Senape, e senapa, der Senf gen. s.
Senato, der Rath einer Stadt, eine Rathsversammlung; tenere il senato, Rathsversammlung halten.
Senatore, der Rath gen. s, ein Rathsherr gen. n, pl. en.
Senatorio, ag. zur Rathsherrenwürde gehörig; dignità senatoria, die Rathswürde.
Senno, der natürliche Verstand, die Vernunft, die Klugheit; uomo di gran senno, ein sehr verständiger Mann; fare uno di senno, einen zum Narren machen v. r.; uscir di senno, närrisch werden v. aus.; essere in buon senno, völlig bey Verstande seyn v. aus.; a mio senno, nach meinem Willen; da senno, av. ernstlich, im rechten Ernste.
Se no, se non, se non che, se non se, cong. ausgenommen, außer, außer daß, es sey denn daß, es wäre denn daß; it. sonst, wo nicht.
Sensale, ein Mäkler, ein Unterhändler, ein Mäkler gen. s.

Sensatamente, *av.* sinnlicherweise, klugerweise, verständig, wohlbedächtlich, mit Verstande.

Sensatezza, die Klugheit, die Bedachtsamkeit.

Sensato, *ag.* klug, verständig, bescheiden.

Sensazione, die Empfindung, die Empfindlichkeit.

Senseria, der Mäklerlohn *gen.* s, die Mäkelerey *pl.* en.

Sensibile, *av.* empfindlich, fühlbar; was sich empfinden, fühlen läßt.

Sensibilità, die Empfindlichkeit; *it.* die Empfindsamkeit, die Fühlbarkeit, die Rührung, die Regung des Herzens, das innere Gefühl *gen.* s.

Sensibilmente, *av.* empfindlicherweise.

Sensitiva, la facoltà de' sensi, die Sinnenkraft, die Empfindungskraft; *per:* certa erba, das Sinnenkraut *gen.* s.

Sensitivo, *ag.* sinnlich, empfindlich, leidenschaftlich; appetito sensitivo, der natürliche, angebohrne Trieb *gen.* s; l' anima sensitiva, die sinnliche Seele.

Senso, der Sinn *gen.* es, die körperliche, sinnliche Empfindung, die Empfindlichkeit; il senso delle parole, die Bedeutung, der Verstand der Worte; regnano i sensi, die Sinnlichkeit hat die Oberhand; *per:* sentimento, die Meynung *pl.* en.

Sensuale, *ag.* wollüstig, unzüchtig, was von den Sinnen kömmt.

Sensualità, die Wollüstigkeit, die Wollust der Sinnen, die sinnliche Begierde.

Sensualmente, *av.* wollüstigerweise, sinnlicherweise, den Sinnen nach.

Sentenza, das Urtheil *gen.* s, der Rechtsspruch, der richterliche Ausspruch *gen.* s, *pl.* (sprüche); *it.* die Verurtheilung, die Anerkennung einer Strafe; *it.* der Spruch *gen.* s; *it.* eine sinnreiche Rede *pl.* n.

Sentenziare, urtheilen *v. r.*, verurtheilen *v. r. comp.*, ein Urtheil sprechen *v. ir.*, richten *v. r.*; *per* condannare, verdammen *v. r. comp.*

Sentenziosamente, *av.* urtheilsmäßig.

Sentenziosamente, *av.* weislich, mit lehrreichen Sprüchen.

Sentenzioso, *ag.* spruchreich, lehrreich, voller Sittensprüche.

Sentiero, der Fußsteig, der Fußpfad *gen.* s; der Weg der an einen Ort führt.

Sentimento, der Sinn *gen.* es, das Gefühl *gen.* s, die Empfindung *pl.* en; *it.* der Verstand *gen.* s; *per:* opinione, die Meynung, die Gesinnung *pl.* en; perdere i sentimenti, von Sinnen kommen *v. ir.*

Sentinella, die Schildwache *pl.* n; fare la sentinella, Schildwache stehen *v. ir. comp.*, la sentinella morta, die verlorne Schildwache.

Sentire, fühlen *v. r.*, empfinden *v. ir. comp.*, *usasi anch. per:* udire, hören; io non ho sentito a cantare, ich habe nicht singen hören; *it.* sentir noja, dolcezza, verdrüßlich seyn, vergnügt seyn *v. anf.* sentir fame, sete, hungern, dürsten *v. r.*, sentir odore, riechen *v. r.*

Sentirsi, sich befinden *v. rec. ir. comp.*, io mi sento bene, male, ich befinde mich wohl, übel; come vi sentite? wie ist euch zu Muthe; wie stehts um die Gesundheit.

Sentitamente, klüglich, *V.* Cautamente.

Sentore, der Geruch *gen.* s; die Spur einer Sache; aver sentore di qualche cosa, Wind von etwas haben *v. anf.*

Senza, *prep.* ohne; senz' altro, *av.* ohnfehlbar, ohne Zweifel, ganz gewiß; senza modo, übermäßig; senza che, ohne daß; senza più, sofort, gleich zu, nur, schlechtweg; far senza, star senza, entbehren *v. r. comp.*

Separabile, *ag.* trennbar, abtrennlich, was sich absondern, abtrennen läßt.

Separamento, die Absonderung, die Abtrennung, die Scheidung *pl.* en.

Separare, absondern, abtrennen, zertheilen *v. r. comp.*, von einander trennen, machen *v. r.*; *it.* scheiden *v. ir.*, (als Eheleute).

Separarsi, sich theilen, sich scheiden *v. rec. ir.*

Separatamente, *av.* besonders, jedes allein, verschiedentlich, absonderlich.

Separato, *part.* da separare, abgesondert 2c.

Separazione, die Absonderung, *V.* Separamento.

Sepolcrale, *ag.* zum Grabe gehörig

una iscrizione sepolcrale, eine Grabschrift pl. en.

Sepolcro, das Grab, das Grabmal gen. s.

Sepolto, part. da seppellire, begraben, zur Erde bestattet; met. vergraben, verborgen; questo segreto sta sepolto negli animi di ciascuno, dieses Geheimniß ist allen Menschen verborgen.

Sepoltura, das Begräbniß, die Grabstätte, eine Todtengruft &c. die Beerdigung, die Bestattung zur Erde.

Seppellimento, die Begrabung, die Beerdigung, die Bestattung der Leichname.

Seppellire, begraben v. irr. comp., beerdigen, zur Erde bestatten v. r. comp.; per. nascondere, verbergen v. irr. comp., verstecken v. r. comp., seppellire le differenze passate, die vorigen Zwistigkeiten in Vergessenheit setzen v. r., der alten Zwistigkeiten nicht mehr gedenken v. r. comp.

Seppellitore, becchino, der Todtengräber gen. s.

Sequela, conseguenza, die Folge pl. n, die Folgerung pl. en, der Erfolg gen. s.

Sequente, ad. folgend, V. Seguente.

Sequestramento, die gerichtliche Einziehung der Güter, V. Sequestro.

Sequestrare, in einer dritten Hand streitige Güter zur Verwaltung geben v. irr., sequestriren v. r.

Sequestrazione } die Einziehung und
Sequestro } gerichtliche Beschlagnehmung der Güter, und Verwaltung derselben durch die dritte Hand, bis der Proceß zu Ende ist; die Verpfändung, die Sequestration, der Arrest, die Verkümmerung, der Sequester.

Sera, der Abend gen. s; [illegible] Abend [illegible], auf den Abend, diesen Abend; alla sera, des Abends; buona sera, guten Abend.

Serafico, ad. seraphisch, seraphinisch.

Serafino, der Seraph gen. s.

Serbanza, die Verwahrung.

Serbare, aufheben v. irr. comp., bewahren, verwahren v. r. comp., erhalten v. irr. comp., sein Wort halten v. irr.

Serbato, part. bewahrt, aufgehoben.

Serbatojo, ein sicherer Ort, das Aufbewahren zu müssen; ein Stall zum Einsperren; it. ein Röhrkasten, ein Wasserbehälter gen. s.

Serbativo, ad. was sich hält, was sich gut aufbehalten läßt.

Serbatore, ein Verwahrer gen. s.

Serbo, die Verwahrung, V. Serbanza.

Serenare, aufheitern, ausheitern v. r. comp., heiter, hell machen v. r.

Serenarsi, sich ausheitern, sich aufhellen v. rec. v. comp.

Serenata (una), eine Abendmusik.

Serenissimo, ad. sehr heiter; it. titolo, Durchlauchtigst, V. Altezza Serenissima, Eure fürstliche Durchlaucht.

Serenità, die Heiterkeit; vostra Serenità, Eure Durchlauchtigkeit.

Sereno, sust. die Heiterkeit, das helle Wetter gen. s; it. die freie Luft, der freie Himmel gen. s; dormire al sereno, unter dem freien Himmel schlafen v. ir.

Sereno, ad. heiter, hell, still, sanft; met. fröhlich, freudig.

Sergente, ein Thürhüter, ein Gerichtsdiener, ein Häscher gen. s; sergente militare, der Feldwebel gen. s.

Seriamente, av. ernstlich, im Ernste, ohne Scherz; it. wohlbedächtig.

Serie, die Reihe, die Folge, die Ordnung, die Nachfolge, das Aufeinanderfolgen gen. s; ecco la serie delle mie disgrazie, so sind meine Widerwärtigkeiten aufeinander gefolgt, dieß ist die Erzählung meiner traurigen Umstände.

Serietà, die Ernsthaftigkeit, das ernsthafte, gesetzte, bedachtsame Wesen gen. s.

Serio, ad. ernsthaft, gesetzt, ernstlich, gründlich, wohlbedacht.

Serio, sust. der Ernst gen. s, die Ernsthaftigkeit.

Seriosamente, av. ernstlich, V. Seriamente.

Serioso, ad. ernstlich.

Sermone, eine Predigt, eine Kanzelrede pl. n; it. das Gespräch gen. s.

Serosità, e Sierosità, die wässerichte Feuchtigkeit im Geblüte.

Seroso, e Sieroso, ad. wässericht, wässerig.

Serpe, eine Schlange pl. n.

Serpeggiamento, das Krümmen, das Drehen, der schlängelichte Lauf gen. s; die Krümme.

Serpeggiante, ag. krumm, geschlängelt, gewunden, schlangenweise gehend, kriechend, schleichend; mal alla schiavacle.

Serpeggiare, sich krümmen v. rec. r., (wie eine Schlange), schlangenweise fortkriechen v. r. comp., sich schlängeln v. rec. r.

Serpente, eine Schlange pl. n.

Serpentina, (certa pietra), der Serpentinstein; dim. di serpente, eine kleine Schlange.

Serpentino, ag. schlangenartig, schlangenförmig, schlangenähnlich; pietra serpentina, ein blutfarbiger Stein; marmo serpentino, ein schwarz und grün fleckichter Marmor; lingua serpentina, eine Lästerzunge.

Serpigine, eine Schwindflechte.

Serra, e serraglio, eine Verrammlung, eine Versperrung; il das Gehäll der türkischen Kaiser; ma serraglio di animali, der Thiergarten gen. s.

Serramento, das Schließen, das Verschließen, das Zuschließen, das Versperren gen. s.

Serrare, schließen v. ir., zuschließen, verschließen v. ir. comp., zumachen, versperren v. r. comp., [illegible] v. ir. comp.; serra gli occhi, die Augen zuthun; al serrare delle porte, mit Thorschluß; serrar la mano ad uno, einem die Hände drücken v. r.

Serratamente, av. eng, dicht beysammen, eingeschlossen.

Serratura, das Schloß gen. es; [illegible] alles was zum Verschließen dienet; una serratura doppia, ein deutsches Schloß.

Serto, ein Blumenkranz gen. es.

Serva, eine Dienerin, eine Magd, ein Dienstmädchen gen. s.

Servabile, ag. bewahrlich.

Servaggio, die Dienstbarkeit.

Servamento, die Bewahrung, die Erhaltung.

Servare, bewahren v. r. comp., erhalten v. ir. comp., serv. difendere beschützen, vertheidigen v. r. comp., V. Serbare.

Servente, sust. der Bediente gen. n pl. n; [illegible], der da dienet.

Servente, ag. dienend.

Servidore, e servitore, der Diener gen. s, der Bediente gen. n pl. n.

Servigio, e servizio, der Dienst gen. es, die Bedienung, die Aufwartung; il servizio divino, der Gottesdienst; far servizio ad uno, einem einen Dienst erweisen, einen Gefallen thun v. ir.

Servile, ag. knechtisch, als ein Knecht.

Servilmente, av. knechtischer Weise, auf eine niedrige Art.

Servire, dienen v. r., bedienen v. r. comp.; servirsi di una cosa, eine Sache brauchen v. r.; a che serve ciò? was hilft es?

Servito, part. da servire, gedienet [illegible] per una portata di cibi, eine Tracht, ein Gang von Speisen.

Servitù, die Dienstbarkeit, die Knechtschaft; professar servitù ad alcuno, einen seiner Ergebenheit versichern v. r. comp., einem ergeben seyn v. aus.; la gente di servitù, das Hausgesinde.

Serviziale, sust. das Klystier gen. s; dare un serviziale ad uno, einem ein Klystier setzen v. r.

Servizio V. Servigio.

Servo, der Diener, der Knecht gen. s, der Bediente gen. n pl. n.

Sessagenario, sust. ein sechzigjähriger Mann; ag. sechzigjährig.

Sessagesima, der zweyte Sonntag vor der Fasten.

Sessantesimo, e sessantesimo, ag. der Sechzigste gen. n pl. n.

Sessanta, sechzig.

Sessantamila, sechzigtausend.

Sessantina (una) di uova, ein Schock Eyer; av. sechzig Stück.

Sessennio, eine Zeit von sechs Jahren.

Sessione, das Sitzen oder der Zusammenkunft eines Conciliums, so über etwas berathschlaget; das Beysitzen gen. s.

Sesso, das Geschlecht gen. es pl. er; sesso maschile, femminile, das männliche, weibliche Geschlecht.

Sestina, eine Zahl von sechsen.

Sesto, sust. die Ordnung, die Richtigkeit; mettere ogni cosa in sesto, alles in richtige Ordnung bringen v. r.; un sesto di [illegible], ein Sechs[illegible].

Sesto, ag. der sechste gen. n pl. n; la sesta parte di una cosa, der sechste Theil einer Sache.

Sestuplo, ag. sechsfach.

Seta, die Seide; seta greggia, die rohe Seide; un drappo di seta, ein seidener Zeug gen. s.

Setajuolo, mercante di seta, ein Seidenhändler gen. s.

Sete, der Durst; estinguere la sete, den Durst löschen v. ir.; morir di sete, vor Durst sterben v. ir., heftig dürsten v. r.; in senso di: vivo desiderio, ein heftiges, brünstiges Verlangen gen. s, eine übermäßige Begierde.

Setola, die Sauborste pl. n; pennelli fatti colle setole, aus Sauborsten gemachte Pinsel; per: spazzola da vestiti, die Kleiderbürste pl. n.

Setolare i vestiti, die Kleider ausbürsten v. r. comp.

Setoloso, ag. borstig, voller Borsten.

Setta, eine Sekte, eine Rotte, ein Anhang, so sich zu einer besondern Lehre und Meynung hält.

Settagono, ein Siebeneck gen. s, ein Körper der sieben gleiche Winkel hat.

Settania, siebentisa.

Settantesimo, der Siebenzigste gen. e pl. n.

Settario, ein Anhänger, ein Sektirender eines andern Lehre annimmt und folgt.

Sette, sieben.

Setteggiare, Sektirerey anfangen v. ir. comp.

Settembre, der Herbstmonat, der September gen. s.

Settenario, ag. die Zahl von sieben.

Settentrionale, ag. mitternächtig, nordlich.

Settentrione, die Mitternacht, der Nord, der Nordpol gen. s.

Settimana, die Woche pl. en; la settimana santa, die Charwoche.

Settimo, ag. der Siebente gen. e pl. n.

Settuagenario, sust. ein siebenzigjähriger Mann; ag. siebenzigjährig.

Settuplo, ag. siebenfach, siebenfältig.

Severamente, av. streng, scharf, hart, unbarmherzigerweise, ohne Verschonen.

Severità, die Strenge, die Schärfe, die Härte, die Unerbittlichkeit.

Severo, ag. streng, scharf, hart; per: serio, ernsthaft.

Sevizia, die Grausamkeit, V. Crudeltà.

Sevo, das Unschlitt, das Inselt gen. s; candele di sevo, die Unschlittlichter, die Inseltlichter.

Sezione, der Abschnitt gen. s.

Sfaccendato, ag. müßig, träg, faul.

Sfacciataggine, e sfacciatezza, die Unverschämtheit, die Frechheit, die Schamlosigkeit, das unverschämte Wesen gen. s.

Sfacciatamente, av. unverschämterweise, frech, kühn, verwegen.

Sfacciato, ag. unverschämt, schaamlos, frech, verwegen, vermessen; sust. ein Unverschämter gen. s.

Sfaldatura, das Schiefern und Splittern von verschiedenen Sachen.

Sfamare, den Hunger stillen v. r.

Sfamarsi, sich sättigen, sich den Hunger stillen v. rec. r.

Sfarinacciare } zu Mehle machen v. r.;

Sfarinare } ir. zermalmen v. r. r., zerreiben, zerstossen v. ir. comp.

Sfarzo, die Pracht, das prächtige Ansehen gen. s, die Pomp.

Sfarzosamente, av. prächtig, herrlich.

Sfarzoso, ag. prächtig, herrlich; ir. stolz, ansehnlich.

Sfasciare, auswickeln v. r. comp., losbinden v. ir. comp., aufbinden, (was verbunden war, als eine Wunde).

Sfavillamento, das Funkeln, der Glanz, der Schimmer gen. s.

Sfavillante, ag. funkelnd, schimmernd, glänzend, leuchtend.

Sfavillare, funkeln, glänzen, leuchten v. r. scheinen v. ir.

Sfendere, spaccare, spalten v. r., zerspalten v. r. comp

Sfera, die Sphäre, ein runder Körper, (als eine Kugel); ein Kreis; la sfera armillare, die Himmelskreiskugel.

Sfericamente, av. in die Runde, rundherum.

Sfericità, die Rundung.

Sferico, e sferale, ag. kugelrund, sphärisch.

Sferrare, die Eisen abnehmen v. ir c.; sferrare un cavallo, einem Pferde die Eisen abbrechen v. ir. comp

Sferrato, un cavallo sferrato, ein unbeschlagenes Pferd gen. es.

Sfervorato, ag. laulicht geworden, im Eifer erkaltet; kaltsinnig.

Sferza, die Ruthe, die Peitsche pl. n.

Sferzare, peitschen v. r., mit Ruthen schlagen v. ir, geißeln v. r.; fig. il sole sferza co' suoi raggi, die Sonne sticht gewaltig, die Sonne brennt.

Sferzata, ein Schlag, ein Hieb, ein Streich mit der Ruthe, ein Peitschenhieb *gen.* s.

Sfenditura, der Spalt *gen.* s, die Spaltung.

Sfesso, *part.* da sfendere, gespalten.

Sfiatamento, das Athemholen, das Athmen, das Hauchen *gen.* s; *it.* das schwere Athmen *gen.* s, (als wenn man zu sehr gelaufen ist).

Sfiatare, athmen, Athem holen, schnauben *v. r.*; *ir.* keinen Athem schöpfen können *v. ir.*

Sfiatarsi, sich aus dem Athem laufen, schreyen *v. rec. ir.*

Sfiatato, *ag.* engbrüstig; der schwer Athem holt; schnaubend; der sich außer Athem gelaufen hat.

Sfibbiare, aufschnallen *v. r. comp.*

Sfibrare, entkräften *v. r. comp.*

Sfibrato, *ag.* entkräftet, kraftlos, schwach.

Sfidamento, sfida. die Ausforderung zum Kampf.

Sfidare, ausfordern *v. r. comp*, (zum Kampf), auffordern *v. r. comp.*

Sfidatore, der Ausforderer *gen.* s; der einen zum Kampf ausfordert.

Sfigurare, verunstalten, die Gestalt verstellen *v. r. comp.*

Sfinimento, die Ohnmacht, *V.* Svenimento.

Sfinire, ohnmächtig werden *v. aus.*, *V.* Svenire.

Sfiorare, die Blüthen abbrechen *v. ir. comp.*; sfiorare una fanciulla, eine Jungfer um ihre Jungferschaft bringen *v. r.*

Sfiorire, die Blüthe verlieren *v. ir. c.*

Sfiagellare, *V.* Sfracellare.

Sfoderare, aus der Scheide ziehen *v. ir.*, (als einen Degen); sfoderare un vestito, das Unterfutter herausschneiden *v. ir. comp.*

Sfogamento, die Ausdämpfung, *V.* Sfogo.

Sfogare, ausdämpfen, ausdünsten *v. r. comp.*; sfogar la rabbia, den Zorn auslaßen *v. ir. comp.*

Sfogarsi, sich auslaßen *v. rec. ir. c.*, seinen Leidenschaften den Lauf laßen *v. ir.*

Sfogatamente, *av.* ausgelaßenerweise.

Sfoggiare, prächtig in Kleidern seyn *v. aus.*, prächtig gekleidet seyn, Staat führen *v. r.*, sich prächtig zeigen *v. rec. r.*

Sfoggiatamente, *av.* prächtig, mit Aufwand, auf eine prächtige Art.

Sfoggio, die Pracht, der große Aufwand, der übermäßige Staat *gen.* s.

Sfogliare, un albero, die Blätter abnehmen *v. ir. comp.*, un libro, ein Buch blättern *v. r.*

Sfogo, der Ausgang *gen.* s, die Ausdünstung, die Auslaßung.

Sfolgoramento, das Wetterleuchten, das Blitzen *gen.* s.

Sfolgorante, e similmente sfolgoreggiante, *ag.* blitzend, schimmernd, [illegible], strahlend.

Sfolgorare, blitzen, [illegible], blinken, leuchten, [illegible] *v.* [illegible]

Sfolgoratamente, *av.* auf eine [illegible]gende, strahlenderweise.

Sfondamento, das Sinken der Erde.

Sfondare, den Boden ausschlagen *v. ir. comp*; *it.* untersinken *v. r.*, zu Grunde gehen *v. ir.*

Sfondo, die Vertiefung.

Sformare, verunstalten *v. r. comp.*

Sformato, *ag.* ungestalt.

Sfornire, den Zierath wegnehmen *v. ir. comp.*; *it.* berauben, entblößen *v. r. comp.*

Sfornito, *ag.* beraubt, entblößt.

Sfortuna, das Unglück *gen.* s, der Unglücksfall *gen.* s, *pl.* Unglücksfälle.

Sfortunato, *ag.* unglücklich.

Sforzare, zwingen *v. ir.*, nöthigen *v. r.*

Sforzarsi, sich bestreben *v. rec. r. comp.*, sein Mögliches thun *v. ir.*, alle Sorgfalt oder Bemühung anwenden *v. r. comp.*

Sforzatamente, *av.* gezwungenerweise, mit aller Gewalt, mit Zwang.

Sforzevole, *ag.* gewaltthätig.

Sforzevolmente, *av.* mit äußerster Bemühung.

Sforzo, die Gewalt, der Zwang *gen.* s, fare ogni sforzo, sein Möglichstes thun *v. ir.*

Sfracassare⎫ zerquetschen *v. r. comp.*;
Sfracellare⎭ zerbrechen *v. ir. comp.*, zerknirschen *v. r. comp.*

Sfrattare, einen dahin bringen, daß er das Kloster verläßt; aus dem Kloster stoßen.

Sfratarsi, aus dem Kloster laufen *v. ir.*, die Kutte wegwerfen *v. ir. comp.*

Sfrattare, fortjagen *v. r. comp.*; sfrattarsi, davon laufen *v. ir.*

Sfratto, die Entweichung; it. die Verjagung: dare lo sfratto ad alcuno, einen fortjagen v. r. comp.

Sfregiare, verunzieren v. r. comp., den Zierath wegnehmen v. ir. comp.; per: oltraggiare, schimpfen v. r., sfregiare il volto, eine Schmarre ins Gesicht machen v. r.

Sfregio, oltraggio, der Schimpf gen. s, die Schmach, die Beschimpfung; uno sfregio nel viso, eine Schmarre ins Gesicht; fare uno sfregio, V. Sfregiare.

Sfrenamento, die Zügellosigkeit, die Unbändigkeit, die Ausgelassenheit.

Sfrenare, abzäumen v. r. comp.

Sfrenatamente, av. zügellos, ausgelassen; unbändigerweise.

Sfrenatezza, e sfrenataggine, die Unbändigkeit, das wilde, freche Wesen gen. s, die Liederlichkeit, V. Sfrenamento.

Sfrenato, ag. abgezäumt, zaumlos, unbändig, zügellos, ausgelassen.

Sfrondare abblatten v. r. comp., die Blätter vom Baume pflücken v. r.

Sfrontataggine, e sfrontatezza, die Frechheit, die Kühnheit, die Unverschämtheit, die Schamlosigkeit.

Sfrontatamente, av. unverschämterweise, verfrechterweise.

Sfrontato, ag. verwegen, erfrecht, unverschämt, schamlos.

Sfuggevole, ag. vergänglich, vorübergehend.

Sfuggiasco, ag. flüchtig.

Sfuggimento, die Flucht, das Fliehen, das Entlaufen gen. s.

Sfuggire, vermeiden v. r. comp, V. Fuggire.

Sfuggita, (alla), av. flüchtigerweise, verstohlens, ohne Bedachtsamkeit.

Sfumare, ausdünsten, ausrauchen v. r. comp.

S G

Sgabello der Schemmel gen. s.

Sganasciare dalle risa, aus vollem Halse lachen v. r.

Sganasciamento, das unmäßige, starke, laute Gelächter.

Sgangherare, aus den Angeln heben v. ir. mst., aus den Gelenken bringen v. r.

Sgangherataggine, die unanständige Geberdung.

Sgangheratamente, av. aus den Gelenken; unangebührlich, ungeschickt.

Sgarbataggine, e sgarbatezza, die Unhöflichkeit, die Unartigkeit, die Grobheit, die Unbescheidenheit.

Sgarbatamente, av. ungesitteterweise, auf eine unanständige Art, unartig.

Sgarbato, ag. grob, unartig, ungesittet, ohne Anstand.

Sgargarizzare, gurgeln v. r., V. Gargarizzare.

Sgarrare, prender errore, sich irren v. rec. r., sich versehen v. rec. ir.

Sghembo, sust. die schiefe Stellung, die Krümme.

Sghembo, ag. krumm, schief.

Sghermire, losgeben, von einander geben v. ir., sghermirsi, sich losgeben v. rec. ir.

Sgherro, ein Raufer; der von Schlagen Profeßion macht, ein böser Bube gen. e pl. n, ein Eisenfreßer gen. s.

Sghignazzamento, e sghignazzata, ein überlautes Gelächter gen. s.

Sghignazzare, in lautes Gelächter ausbrechen v. ir. comp.

Sgocciolare, abtropfen, abtröpfeln, tropfenweis abrinnen v. r. comp.

Sgocciolatura, das Abtröpfeln, das Abtriefen, das Abtropfen gen. s.

Sgomberare, e sgombrare, ausräumen v. r. comp.; it. entweichen v. ir. c.

Sgombero, e sgombro, part. da sgomberare, ausgeräumt ag. leer

Sgomentamento, die Bestürzung, das Entsetzen, das Schrecken gen. s

Sgomentare, erschrecken v. ir., bestürzen v. r. comp.

Sgomentarsi, erschrecken v. ir. comp., sich entsetzen v. rec. r. comp., in plötzliche Furcht gerathen, den Muth verlieren v. ir. comp., verzagen v. r.

Sgomentevole, ag. erschreckend.

Sgomento, das Schrecken gen. s, V. Sgomentamento.

Sgomitolare, einen Knaul abwickeln v. r. comp., abwinden v. ir. comp.

Sgorbiare, Dintenflecke machen v. r.

Sgorbio, der Dintenfleck gen. s pl. e

Sgorgamento, e sgorgo, die Ergießung, das Ausgießen eines Flußes ins Meer, das Ueberlaufen des Waßers.

Sgorgare, sich ergießen (als ein Fluß ins Meer); it. überlaufen v. ir. c.

Sgradire, mißfallen v. ir. comp.

Sgraffiare, zerkratzen v. r. comp., V. graffiare

Sgranare, die Körner ausmachen, auslörnen *v. r. comp.*
Sgravamento, die Entlastung, die Entbürdung
Sgravare, entlasten, entbürden *v. r. c.*
Sgraziatamente, senza grazia, ungeschickterweise, unhöflich, unartig, ungeschliffen; *per:* sfortunatamente, unglücklicherweise, zum Unglücke.
Sgridamento, die Schreyerey; *per:* rimprovero, der Verweis *gen.* es.
Sgridare, rimproverare, ausschmählen *v. r. comp.*, ausschelten *v. ir. comp.*, einen Verweis geben *v. ir.*, einen anfahren *v. ir. comp.*
Sgrigiolare, klirren *v. r.*, (wie die Degen, wenn sie zusammenstoßen).
Sgroppare, e sgruppare, losknüpfen, einen Knoten auflösen, aufmachen *v. r. comp.*
Sgrossare, das Gröbste wegnehmen, abnehmen *v. ir. comp.*, aus dem Gröbsten arbeiten *v. r. comp.*
Sguajataggine, das eckelhafte Wesen *gen.* s, die Unanständigkeit.
Sguajatamente, *av.* eckelhaft, garstig, unanständigerweise.
Sguajato, *ag.* unangenehm, garstig, häßlich, eckelhaft.
Sguainare, aus der Scheide ziehen *v. ir.*
Sgualdrina, eine Hure *pl.* n.
Sguardo, der Blick *gen.* s, *pl.* e.
Sguazzare, waten *v. r.*, (durch ein Wasser), *V.* Guazzare.
Sguernire, die Zierrathen wegnehmen *v. ir. comp.*, entblößen, berauben *v. r. comp.*
Sguernito, *ag. e part.*, der Zierde beraubt, entblößt.
Sguizzare, schlüpfen *v. r.*, entschlüpfen *v. r. comp.*, aus den Händen glitschen *v. r.*, (wie die Fische).
Sgusciare, schälen *v. r.*, die Schale von Schoten, Bohnen rc. abmachen abhülsen, aushülsen *v. r. comp.*

S I

Si, *av.* ja, freylich; io dico di si, ich sage ja; *per:* così, so, also.
Si, *pron.* sich, man; egli si loda, er lobet sich; si vuole, man will.
Si bene, *av.* ja doch, ja wohl.
Sibilante, e sibiloso, *ag.* zischend, pfeifend.
Sibilare, zischen, sausen *v. r.*, pfeifen *v. ir.*
Sibilla, eine Sibylle *pl.* n, eine von denjenigen berühmten Wahrsagerinnen.
Sibilo, das Zischen, das Sausen, das Pfeifen *gen.* s.
Sicario, ein Meuchelmörder *gen.* s.
Siccità, die Dürre, die Trockenheit.
Si che, secchè, *con.* daher, dahero, deswegen, dergestalt daß, so daß, also daß.
Siccome, *cong.* gleichwie, dieweil, so wie.
Sicuramente, *av.* sicher, gewiß, mit Sicherheit, unfehlbar, gewißlich, sicherlich, zuverlässigerweise.
Sicuranza) die Sicherheit, die Ge-
Sicurezza) wißheit, die Zuversicht, das Vertrauen *gen.* s, die Versicherung.
Sicuro *ag.* sicher, versichert, gewiß; malsicuro, unsicher; rendere sicuro, versichern, [illegible] *v. r. comp.*, mettere in sicuro, sicher stellen *v. r.*, in Sicherheit bringen *v. r.*
Sicurtà, e [illegible], die Bürgschaft, die Versicherung die Caution *pl.* en.
Siepare, mit Hecken verzäunen, verzäunen *v. r. comp.*, [illegible] *v. ir. comp.*
Siepe, die Hecke *pl.* n, der Zaun *gen.* s, *pl.* (Zäune).
Siero, e siere, die Molken.
Sierosità, die wässerichte Feuchtigkeit im Geblüte, oder in der Milch.
Sieroso, *ag.* molkicht, wässericht, was eine wässerichte Feuchtigkeit in sich hat.
Siffatto, *ag.* so beschaffen, solcher.
Sigillare, siegeln *v. r.*, versiegeln, das Siegel aufdrucken *v. r. comp.*
Sigillatamente, *av.* genau, besonders, insbesondere.
Sigillato, *part.* versiegelt.
Sigillo, das Siegel, die Petschaft, das Insiegel *gen.* s, sotto sigillo di confessione, mit der strengsten Verschwiegenheit; un intagliatore di sigilli, ein Petschierstecher *gen.* s.
Significamento, die Bedeutung, die Andeutung.
Significante, *ag.* bedeutend, andeutend, anzeigend.
Significare, bedeuten, andeuten, anzeigen *v. r. comp.*, kund thun *v. ir.*; *it.* benachrichtigen, berichten *v. r. c.*, zu wissen thun *v. ir.*, ankündigen *v. r. c.*
Significato, e significazione, die Bedeutung, der Sinn, der Verstand *gen.* s; *part.* bedeutet.

Signora, eine Frau *pl.* en, eine Gebieterinn *pl.* en.

Signore, der Herr *gen. e pl.* en: Signore Iddio, Gott der Herr; il Gran Signore, der türkische Kayser *gen.* s.

Signoreggiamento, die Oberherrschaft.

Signoreggiante, *sust.* ein Beherrscher *gen.* s, *ag.* ein Gebieter *gen.* s, herrschend, gebietend.

Signoreggiare, beherrschen, regieren, den Herrn spielen *v. r.*, die Oberherrschaft haben *v. aus.*, quello monte signoreggia la città, dieser Berg bestreicht die Stadt.

Signoria, die Herrschaft, die Herrlichkeit, die Obrigkeit *pl.* en, (eines Orts); V. Sr. Signoria, *mas.* Mein Herr, *fem.* Meine Frau; le Signorie loro, Meine Herren, Frauen.

Signorile, *ag.* herrlich, adelich, vornehm, [illegible], prächtig.

Signorilmente, *av.* edel, herrlich, [illegible], vornehm, auf eine edle Art.

Silenzio, das Stillschweigen, das [illegible], die Verschwiegenheit; imporre silenzio, Stillschweigen auflegen *v. r. comp.*, schweigen heißen *v. ir.*, stare in silenzio, stille seyn *v. aus.*, passar sotto silenzio alcuna cosa, etwas mit Stillschweigen übergehen *v. ir. comp.*, il silenzio notturno, die nächtliche Stille; silenzio! still! still geschwiegen!

Sillaba, die Sylbe *pl.* n.

Sillogismo, e sillogismo, eine Schlußrede nach der Logik, der Syllogismus.

Sillogistico, *ag.* syllogistisch, zu einer Schlußrede gehörig.

Silvè, (terra legno), das Aloeholz *gen.* es.

Silvestre, *ag.* wild, in Wäldern und Gebüschen wohnend.

Simboleggiare, gleich gesinnet seyn *v. aus.*, sich mit etwas reimen *v. rec. r.*, Aehnlichkeit, Gleichheit haben *v. aus.*

Simbolicamente, *av.* symbolischerweise, durch Sinnbilder.

Simbolico, *ag.* sinnbildlich, symbolisch, allegorisch; was eine geheime Bedeutung in sich hat.

Simbolo, das Zeichen, die Bedeutung, das Sinnbild *gen.* s, die verblümte Rede.

Simia, e scimia, der Affe *gen.* n *pl.* n.

Simigliante, *sust.* das Nämliche; *ag.* ähnlich, gleich; was sich zusammenschickt.

Simigliantemente, *av.* ähnlicherweise, gleicherweise, auf eine gleiche Art.

Simiglianza, die Aehnlichkeit, die Gleichheit, die Gleichförmigkeit; *av.* a simiglianza, eben so wie.

Simigliare, ähnlich seyn *v. aus.*, gleichen *v. ir.*, einerley Gestalt haben *v. aus.*

Simile, *sust.* das Aehnliche, das Gleiche *gen. e pl.* n; ogni simile ama il suo simile, gleich gesellt sich gern; egli non ha il suo simile, er hat seines Gleichens nicht; render il simile, gleiches mit gleichem vergelten.

Simile, *ag.* ähnlich, gleich, übereinkommend; *it.* ein solcher, nämlicher, dergleichen: è avvenuto un caso simile, es hat sich einen dergleichen Fall ereignet.

Similmente, *av.* eben so, auf die nämliche Art, gleicherweise.

Similitudine, die Aehnlichkeit, die Gleichheit; *it.* das Gleichniß *gen.* es.

Simmetria, die Gleichheit der Theile, das Gleichmaaß, das Ebenmaaß *gen.* es, das Verhältniß der Theile gegen einander.

Simo, *ag.* stumpfnäsig.

Simoneggiare, geistliche Aemter und Sachen kaufen *v. r.*, und verkaufen *v. r. comp.*

Simonia, das Kaufen und Verkaufen geistlicher Aemter.

Simpatia, die natürliche, verborgene Neigung, der natürliche, verborgene Hang *gen.* s, (gegen einander), die Sympathie.

Simpaticamente, *av.* heimlich; aus verborgener Neigung.

Simpatico, *ag.* sympathetisch; was aus verborgener Neigung wirket.

Simulacro, das Götzenbild *gen.* s, *pl.* er.

Simulare, sich verstellen *v. rec. r. comp.*, vorgeben *v. ir. c.*, thun *v. ir.*, (als wen etwas wäre, das doch nicht ist).

Simulatamente, *av.* verstellterweise, auf eine vorgebliche Art.

Simulatore, ein Heuchler *gen.* s, einer der sich verstellt.

Simulazione, die Verstellung, die Erdichtung, die Heucheley.

Sinagoga, die Judenschule *pl.* n, eine Synagoge.

Sin-

Sinceramente, av. aufrichtig, offenherzig, redlich, ohne Falschheit.

Sincerare, [illegible], verschern, v. a. comp. & r. entschuldigen.

Sincerarsi, sich rechtfertigen, sich entschuldigen v. r. r. comp.

Sincerità, die Aufrichtigkeit, die Redlichkeit, die Offenherzigkeit.

Sincero, ag. aufrichtig, ehrlich, redlich, offenherzig, [illegible].

Sincopare, die Worte verkürzen v. a. [illegible]

Sincopatamente, av. mit Wegwerfung eines Buchstabens oder einer Sylbe aus der Mitte eines Worts.

Sincopato, part. in der Mitte verkürzt.

Sincope, fem. die Wegwerfung eines Buchstabens oder Sylbe aus der Mitte eines Worts; nella medicina, eine Ohnmacht.

Sindacare, tadeln v. a., beurtheilen v. a. comp., [illegible] v. a., (eines andere Thun).

Sindacato, [illegible] gen. f. die Ablegung der Rechnungen.

Sindacatore, ein Tadler gen. s.

Sindaco, ein [illegible], ein Rechnungsführer gen. s., der die Rechnung [illegible], und ihre Richtigkeit untersucht; it. ein Sachwalter einer Gemeinde, ein Syndicus.

Sinedrio, das Haus des Gerichts, die Oberbehörde.

Sindone, das Leintuch, worein der Leichnam unsers Herrn Jesus gewickelt ward.

Sinfonia, ein musikalisches Tonstück gen. s., die Symphonie in der Musik.

Singhiozzare, den Schlucken haben, schluchzen v. n. r. [illegible] schluchzen; tief seufzend [illegible] v. n.

Singhiozzo, das Schlucken im Reden, ein tiefer Seufzer, das Ächzen gen. s.

Singolare, e singolare, ag. sonderbar, sonderlich, nicht allgemein; it. vortrefflich, ungewöhnlich, selten, besonder.

Singolarità, die Sonderheit pl. en, etwas Sonderbares, das Sonderbare Wesen gen. [illegible] it. die Seltenheit.

Singolarizzarsi, sich vor andern ausnehmen v. rec. r. comp.

Singolarmente, av. absonderlich, insonderheit, auf eine besondere Art.

Singolo, e singolo, ag. ein jeder besonders, ein jeglicher insbesondere, jedes allein.

Singozzo, das Schlucken, das Ächzen gen. s.

Siniscalco, ein Hausverwalter; it. ein Seneschall gen. s.

Sinistra, die linke Hand, die linke Seite.

Sinistramente, av. unrecht, links, bös, schlimm.

Sinistro, sost. sfigurato, das Unglück gen. s., ein böser Zufall, ein Unfall, ein Unglücksfall gen. s. pl. fälle), eine Widerwärtigkeit.

Sinistro, ag. link, zur linken Hand; it. [illegible], widerwärtig, unglücklich, schlimm; un sinistro [illegible], ein Unglücksfall gen. s.

Sino prep. bis; [illegible], bis daß; [illegible] tanto che, so lange bis, so lange als; per sino, so gar

Sinodale, ag. was zu einer Versammlung der Geistlichen gehört.

Sinodalmente, av. in öffentlicher Zusammenkunft der Geistlichen.

Sinodo, eine Kirchenversammlung pl. en, eine Zusammenkunft der Geistlichen pl. (Kunfte), ein Synodus.

Sinonimo, sost. ein Wort das eben soviel bedeutet, als ein anderes; [illegible] gleichbedeutend.

Sinopia, eine rothe Farbe, der Röthel gen. s.

Sinora, av. bis jetzt.

Sintassi, die Wortfügung.

Sintoma, ein Zufall, eine Veränderung in einer Krankheit, ein Kennzeichen gen. s., woraus man eine Krankheit erkennen kann.

Sipario, der Vorhang vor der Schaubühne.

Sirena, e serena, eine Sirene, eine Meerfrau pl. n.

Siringa, e sciringa, eine Spritze pl. n.

Siringato, e sciringato, ag. gespritzt, ausgespritzt.

Sirocco, e scirocco, der Südostwind gen. s.

Sistema, das System gen. s., die Lehrart in Abhandlung gelehrter Sachen, der Lehrsatz, oder die Ordnung in einer Lehre; it. die Verfassung.

Sistematicamente, av. nach systematischer Art.

Sistematico, ag. systematisch.

Sitibondo, ag. durstig; met. sehnsüchtig nach etwas.

Sito, der Lage, die Stellung, die Gegend, der Ort; it. der Raum,

der Platz (wo man etwas hinstellet).
Sitnare, stellen, setzen, legen v. r., (aus einem Orte, Platze).
Situazione, die Lage; it. die Stellung.

S L

Slacciare, aufschnüren, losknüpfen, aufnesteln, losmachen v. r. comp., aufbinden v. ir. comp.
Slacciato, part. aufgeschnürt.
Slanciare, werfen, schmeissen v. ir.
Slanciarsi, sich schwingen v. rec. ir.
Slargare, erweitern v. r. comp., V. Allargare.
Slattare, abgewöhnen v. r. comp., (als ein säugendes Kind), nicht mehr saugen lassen.
Slattato, part. ad ag. von der Muttermilch entwöhnt, abgesetzt.
Sleale, ag. untreu, treulos, verrätherisch.
Slealtà, die Untreue, die Treulosigkeit.
Slegamento, das Losbinden, das Aufbinden gen. s.
Slegare, losbinden, ablösen, aufbinden v. ir. comp., auflösen, aufmachen v. r. comp.
Slegarsi, sich losmachen v. rec. r. c.
Slitta, der Schlitten, der Rennschlitten gen. s.
Slittata, eine Schlittenfahrt.
Slogare, etwas aus seinem Orte verrücken, verrenken, verstauchen v. r. comp. (als ein Glied was) aus dem Gelenke, aus den Fugen bringen v. r.
Sloggiare, aus einem Hause ausziehen v. ir. comp.
Slontanamento, die Entfernung pl. en, V. Allontanamento ec.
Slungare, verlängern v. r. comp., V. Allungare.

S M

Smaccare, nach neue sich schwächen v. rec. r. comp.; [illegible] einem [illegible] v. r. comp., einem durch [illegible] Schmach anthun v. ir. comp.
Smacco, die Schmach, die Schande, die Verachtung, die [illegible], der Schimpf gen. s; fare [illegible] smacco, einem eine Schande anthun v. ir. comp.
Smagramento, e Smagrimento, die Magerkeit, das Abnehmen der Feistigkeit.
Smagrare, e Smagrire, mager werden v. aus.
Smagrito, ag. e part. mager geworden, ausgezehrt.
Smaltare, in Schmelzwerk arbeiten, oder damit überziehen v. r. comp., mit bunten Farben ausmalen v. r. comp.
Smaltatura, der Schmelz gen. es, das Schmelzwerk gen. s.
Smaltimento, digestione del cibo, die Verdauung der Speisen; per smaltimento, der Abgang, der Verkauf gen. s, der Waaren.
Smaltire, digerire, verdauen v. r. c.; per vendere, verkaufen, ausbringen v. r. comp.
Smalto, die Kütte, der Mörtel gen. s, (das Mauerwerk zu befestigen), der Schmelz gen. es; un muro di smalto, ein Schmelzwerk gen. es.
Smania, die Wuth pl. en, das Toben, das tolle Verfahren gen. s, die Unsinnigkeit.
Smaniante, ag. wütend, tobend.
Smaniare, wüten v. r., toben v. r., närrisch thun v. ir.
Smanioso, ag. rasend, wütend, tobend.
Smantellare, einreissen, niederreissen v. ir. comp., schleifen v. ir., (als die Ringmauer einer Stadt).
Smarrimento, die Verirrung, das Abkommen vom rechten Weg, die Verirrung, das Verirren des Weges; ir. der Verlust der Gedanken ec. die Ohnmacht.
Smarrire la strada, den Weg verlieren v. ir. comp.
Smarrirsi, sich verirren, sich verziehen v. rec. ir. comp., [illegible] v. ir., den rechten Weg verfehlen v. r. c.; per. svenire, aus der Fassung kommen v. ir.
Smarritamente, av. verirrterweise, mit Verwirrung.
Smarrito, part. verirrt, verschlagen.
Smascellare, sich die Kinnladen ausheben v. rec. ir. comp., ausrenken, verrenken v. rec. r. comp.; smascellare dalle risa, ein lautes Gelächter erheben v. ir. comp., der Lachen bald platzen, bald tod lachen v. r.
Smascherare, entlarven v. r. comp., die Larve abnehmen v. ir. comp.

Smascherarsi, sich entlarven *v. rec. r. comp.*, die Larve abnehmen *v. ir. c.*

Smascherato, *part.* entlarvet; *met.* entdecket.

Smembrare, zergliedern, zerstücken, zertrennen, zerlegen *v. r. comp.*

Smembrato, *part.* zergliedert.

Smemoraggine ⎫ die Vergessenheit, die
Smemoramento ⎭ Vergeßlichkeit, der Mangel der Erinnerung, das schwache Gedächtniß *gen.* es, *pl.* e.

Smemorare ⎫ vergessen *v. ir. comp.*,
Smemorarsi ⎭ vergeßlich werden, einer Sache uneingedenk werden *v. anf.*

Smemorataggine, die Vergeßlichkeit.

Smemorato, *ag.* unbesonnen, gedankenlos, vergeßlich.

Smenticanza ec., die Vergessenheit, *V.* Dimenticanza ec.

Smentire, einen der Lügen strafen *v. r.*, jemanden sagen, daß er gelogen hat.

Smentito, *part.* der Lügen bestraft, überzeugt.

Smeraldo, der Schmaragd *gen.* s.

Smerdare, bescheißen *v. ir. comp.*, mit Drecke beschmieren *v. r. comp.*

Smeriglio, der Schmergel *gen.* s.

Smidollare, das Mark herausziehen *v. ir. comp.*

Smilzo, *ag.* mager, hager, schmalbäuchig.

Sminuimento ec., die Verminderung, *V.* Diminuimento ec.

Sminuzzamento, das Zertheilen in kleinen Stücken.

Sminuzzare, in kleinen Stücken brechen *v. ir.*

Smisurabile, *ag.* unmäßig, übermäßig, unermeßlich.

Smisuratamente, *av.* unmäßiglich, unermeßlich, ohne Maaß und Ziel.

Smisuratezza, die Unermeßlichkeit, das Uebermaaß *gen.* es.

Smisurato, *ag.* übermäßig, unermeßlich, ungemein groß.

Smoccolare, ein Licht putzen *v. r.*

Smoccolatojo, eine Lichtputze, eine Lichtscheere *pl.* n.

Smoccolatura, die Putze vom Lichte, die Lichtschnuppe.

Smoderatamente, *av.* unmäßiglich, außer der Maaße.

Smoderatezza, die Unmäßigkeit, das Uebermaaß *gen.* es.

Smoderato, *ag.*, unmäßig, übermäßig.

Smontare, herunter steigen, absteigen, absitzen *v. ir. comp.*, (von Pferde), aussteigen, (aus dem Wagen); smontare di colore, abschießen *v. r. comp.* (von der Farbe).

Smorbare, gesund machen *v. r.*, die Krankheit benehmen *v. ir. comp.*, eine Familie vertreiben *v. r. comp.*; *ec.* reinigen, säubern *v. r.*

Smorfia, eine Verstellung des Gesichts und der Geberden, das unnatürliche, gezwungene Wesen *gen.* s, die seltsame Geberdung *pl.* en.

Smorfioso, *ag.* der das Gesicht verstellt, der wunderliche Geberden macht; gezwungen, affektirt, unnatürlich.

Smorto, *ag.* blaß, bleich, todtenfarbig; un colore smorto, eine verschossene Farbe.

Smorzare, auslöschen *v. r. comp.*, (als das Feuer); *met.* stillen, dämpfen, tilgen *v. r. comp.*; smorzare la sete, den Durst stillen, löschen *v. r.*

Smossa, eine außerordentliche Bewegung und Veränderung im Leibe und Gemüthe.

Smugnere, austrocknen, ausdörren *v. r. comp.*, *V.* Mugnere, e Mungere.

Smunto, *ag.* hager, dürre, abgezehrt, ausgemergelt.

Smuovere, bewegen *v. ir. comp.*, in Bewegung setzen *v. r.*, erschüttern *v. r. comp.*; smuovere la terra, die Erde umackern *v. r.*; etwas aus dem Grunde heben *v. ir.*

Smurare, die Mauer einreißen, einbrechen *v. ir. comp.*

S N.

Snamorarsi, die Liebe, die Neigung gegen eine Person verlieren *v. ir. r.*

Snaturare, *V.* Disnaturare.

Snaturato, *ag.* unmenschlich, unnatürlich, außer der Natur; was wider die Natur ist.

Snellamente, *av.* schnell, hurtig, behend.

Snellezza ⎫ die Lebendigkeit, die Hur-
Snellità ⎭ tigkeit, die Geschwindigkeit, die Fertigkeit, die Schnelle, die Leichtigkeit.

Snello, *ag.* hurtig, fertig, leicht, behend.

Snervamento, die Entkräftung, die Schwächung der Kräfte.

Snervare, die Nerven herausnehmen

v. ir. comp.; [illegible] schwächen, entkräften *v. r. comp.*

Snervato, [illegible] schwächen, entkräften, ermatten *v. rec. r. comp.*

Snervatezza, die Kraftlosigkeit.

Snidare, e snidiare, *verb. att.* aus dem Neste nehmen *v. ir.*, (ein junges Thier); *verb. neutr.* das Nest verlassen *v. ir. comp.*

Snodamento, das Auflösen, das Losmachen, *gen.* 6, die Auflösung eines Knotens, eines verwirrten Handels rc.

Snodare, aufknüpfen, einen Knoten auflösen *v. r. comp.*; [illegible] einen verwirrten Handel erklären, aufklären *v. r. comp.*, snodar la lingua, die Zunge lösen *v. r.*, aufthauen zu reden.

Snodarsi, sich losbinden *v. rec. ir. comp.*

Snocciolo, das Gelenk *gen.* 6, *pl.* ei die Auge der Glieder [illegible].

Snudare, entblößen *v. r. comp.*, aus der Scheide ziehen *v. ir.*

Snudato, entblößt, aus der Scheide gezogen.

S O

Soave, *ag.*, lieblich, angenehm, annehmlich, [illegible] und die Sinnen ergötzt, erquickt; [illegible], gelassen.

Soavemente, *av.* angenehm, lieblich, annehmlicherweise; auf eine liebliche, angenehme Art; ruhig, gelassen, still, sanft; dormire soavemente, ganz sanft, sanftmüthig schlafen *v. ir.*

Soavità, die Lieblichkeit, die Annehmlichkeit, die Sanftmuth, die Gelindigkeit.

Sobbissare, in Abgrund werfen *v. ir.*, versenken *v. r. comp.*, zu Grunde richten *v. r.*

Sobbissato, *ag.* [illegible] gefallen.

Sobbollimento, ein leichtes Aufsieden, Aufkochen *gen.* 6.

Sobbollire, unter sich kochen *v. r.*, sieden *v. ir.*

Sobborgo, eine Vorstadt *pl.* (Vorstädte).

Sobriamente, *av.* mäßig, nüchtern, bescheiden, mit Mäßigung, mit Bescheidenheit.

Sobrietà, die Mäßigkeit, die Nüchternheit, die Bescheidenheit, die Enthaltung.

Sobrio, *ag.* mäßig, nüchtern, enthaltsam.

Socchiudere, halb zumachen *v. r. comp.*; nicht ganz zuschließen *v. ir. comp.*, anlehnen *v. r. comp.*, (als eine Thüre).

Socchiuso, *part.* halb offen, nicht ganz zugeschlossen, angelehnt, (als eine Thüre); trovar la porta socchiusa, die Thüre halb offenstehend finden *v. ir.*

Soccorrere, helfen *v. ir.*, beystehen *v. ir. comp.*, retten *v. r.*, zu Hülfe kommen *v. ir.*, Beystand leisten *v. r.*, unterstützen *v. r. comp.*

Soccorrevole, *ag.* hülfreich, willfährig zu helfen.

Soccorritore, ein Helfer, ein Erretter *gen.* 6.

Soccorso, *sust.* die Hülfe, der Beystand *gen.* 6, die Rettung, die Erleichterung.

Soccorso, *ag. e part.*, geholfen, beygestanden, unterstützt, erleichtert.

Sociabile) *ag.* gesellig, gesellschaftlich,
Sociale) freundlich, umgänglich.

Socialità, die Geselligkeit, das gesellschaftliche Leben *gen.* 6.

Società, die Gesellschaft, die Gemeinschaft, die Zugesellung, der Umgang *gen.* 6.

Socio) der Geselle, der Mitgeselle
Sodale) *gen.* e *pl.* n, der Mitgenoß *gen.* ен, *pl.* en

Sodalizio, die Gesellschaft, *V.* Società.

Sodamente, *av.*, gründlich, fest; auf eine gegründete Art; rc. weislich, standhaft; bedachtsamer, entschlossener weise.

Sodamento, die Bestätigung, die Festsetzung.

Sodare, befestigen, bestätigen *v. r. comp.*; fest, beständig, dauerhaft machen *v. r.*

Sodarsi, sich befestigen *v. rec. r. comp.*; fest, dauerhaft, beständig werden *v. aus.*

Soddiaconato, ein Subdiaconat, ein Unterdiaconat.

Soddiacono, ein Subdiaconus, ein Unterdiaconus.

Soddisfacente, *ag.* begnügend, Genüge leistend, befriedigend, vergnügend.

Soddisfacentemente, *av.* hinlänglich, genugsam, zur Genüge.

Soddisfacimento, die Genugthuung, die Genugleistung, die Begnügung, *V.* Soddisfazione

Soddisfare, genugthun *v. ir. comp.*,

Gnüge leisten *v. r.*, begnügen, befriedigen *v. r. comp.*, soddisfare a' suoi debiti, seine Schulden bezahlen *v. r. comp.*, abtragen *v. ir. comp.*, seine Gläubiger begnügen, befriedigen *v. r. comp.*

Soddisfatto, *part. ed ag.*, begnügt, befriediget, zufrieden gestellet; *av.* zufrieden.

Soddisfazione, die Begnügung, die Zufriedenheit, die Genehmigung; *it.* die Genugleistung.

Soddomia, die Sodomiterey, die Knabenschänderey; peccare di soddomia Sodomiterey treiben *v. ir.*

Soddomita, e soddomito, ein Sodomit, ein Knabenschänder *gen.* 8.

Sodezza, die Dichte, die Festigkeit, die Härte; *mor.* die Beharrlichkeit, der feste Sinn *gen.* 6.

Sodo, *sust.* ein Bürge, ein Währmann *gen.* 6; der Gewähr leistet.

Sodo, *ag.* fest, dicht, derb, dik, hart; *mor.* beständig, standhaft; un animo sodo, ein gesetztes Wesen *gen.* 6; dir sodo in che, etwas mit Grunde behaupten *v. r. comp.*, fest darauf bestehen *v. ir. comp.*, parlar sul sodo, im Ernste reden *v. r.*, *V.* Solido, Solidamente.

Sofà, das Ruhebett *gen.* es, *pl.* er, ein Sopha.

Sofferente, *ag.* leidend, duldend; geduldig, ertragend.

Sofferenza, die Geduld, die Standhaftigkeit, die Duldung, die Nachsicht, das Leiden *gen.* 6.

Sofferire, e soffrire, leiden *v. ir.*, ertragen, ausstehen *v. ir. comp.*, erdulden *v. r. comp.*; non mi soffre l'animo, ich habe das Herz nicht.

Sofferto, *part.* gelitten, erduldet.

Soffiamento, das Blasen *gen.* 6, das Wehen des Windes.

Soffiare, blasen, hauchen, wehen *v. r.* (als der Wind); soffiar nel fuoco, anblasen *v. r. comp.*, soffiarsi il naso, sich schneuzen *v. rec. r.*

Soffiatore, ein Bläser *gen.* 8.

Soffice, *ag.* } weich, sanft, geschmeidig, *V.* Morbido.

Sofficemente, *av.* }

Sofficiente ec., *ag.* hinlänglich, *V.* Sufficiente ec.

Soffietto, der Blasebalg *gen.* 6, *pl.* (Blasebälge).

Soffio, das Blasen, das Wehen *gen.* 6; un soffio di vento, eine Windsbraut; in un soffio, in einem Augenblicke.

Soffitta, e soffitto, der oberste Boden unter dem Dache; il luogo ove si ripone il fieno, der Heuboden *gen.* 6.

Soffocamento, soffogamento, e soffocazione, die Erstickung, das Ersticken *gen.* 6, die Verliehrung des Athems.

Soffocare, e soffogare, ersticken, erwürgen *v. r. comp.*, den Athem benehmen *v. ir. comp.*

Soffregamento, ein leichtes, sanftes Reiben *gen.* 6.

Soffregare, leicht, sanft, sachte reiben *v. ir.*, kratzen *v. r.*

Soffribile, *ag.* erträglich, leidlich.

Soffrire, leiden *v. ir.*, ertragen *v. ir. comp.*, *V.* Sofferire.

Sofisma } ein betrüglicher Vernunftschluß, ein falscher Schluß, ein Trugschluß *gen.* es, *pl.* (schlüße).

Sofismo }

Sofista, ein Redekünstler bey den Alten, ein Betrüger mit falschen Schlüßen; einer der durch Scheingründe und Trugschlüße zu hintergehen sucht, ein Sophist.

Sofistica, die Kunst, Trugschlüße zu erkennen.

Sofisticamente, *av.* sophistisch; auf eine listige, betrügliche Art.

Sofisticare, Trugschlüße machen *v. r.*, Scheingründe anführen *v. r. comp.*, mit falschen Vernunftschlüßen betrügen *v. ir. comp.*

Sofisticheria, e sofisteria, der Betrug mit falschen Vernunftschlüßen.

Sofistico, *sust.* ein Redekünstler bey den Alten, ein Betrüger mit falschen Schlüßen.

Sofistico, *ag.*, sophistisch, betrüglich, verfänglich.

Soggettare, e suggettare, unterwürfig machen *v. r.*, unterwerfen *v. ir. comp.*, zwingen, Zwang anthun *v. ir.*

Soggetto, e suggetto, *sust.* eine Person *pl.* en, ein Subject *gen.* 6, *pl.* en; per tenore, der Inhalt, der Gegenstand *gen.* es, die Materie, wovon in einer Rede, oder Schrift gehandelt wird; die enthaltende Materie.

Soggetto, *ag.* e *part.* unterthänig, abhängig, ergeben, unterworfen.

Soggezione, e suggezione, die Dienstbarkeit, die Unterthänigkeit, die Unterwürfigkeit, der Zwang gen. s, die Unterwerfung, die Ergebung; senza soggezione, ohne Umstände, ohne Ceremonie, ohne Weitläuftigkeit, ohne überflüssige Complimente, ohne Zwang.

Sogghignare, lächeln, heimlich lachen *v. r.*

Sogghigno, das Lächeln *gen.* s.

Soggiacente *ag.*, unterworfen.

Soggiacere, unterliegen *v. ir. comp.*, unterworfen seyn *v. auf.*

Soggiacimento, die Unterthänigkeit, die Unterwürfigkeit.

Soggiogamento, die Bezwingung, die Ueberwindung, die Unterjochung, die Niederlage der Feinde.

Soggiogare, bezwingen *v. ir. comp.*, unterjochen *v. r. comp.*, überwinden, unterwerfen *v. ir. comp.*

Soggiogatore, ein Ueberwinder, ein Unterjocher, ein Bezwinger *gen.* s.

Soggiornante, *ag.* wohnend: der seinen Aufenthalt an einem Orte hat.

Soggiornare, wohnen *v. r.*, (an einem Orte, sich aufhalten *v. rec. ir. c.*, seinen Aufenthalt an einem Orte haben *v. auf.*

Soggiorno, der Aufenthalt, der Wohnplatz *gen.* es, *it.* das Wohnen, das Bleiben *gen.* s, (an einem Orte) far soggiorno, rasten *v. r.*, Rasttag halten *v. ir.*, sich aufhalten *v. rec. ir. comp.*

Soggiugnere, hinzusetzen, hinzufügen, beyfügen *v. r. comp.*, hinzu thun *v. ir.*, *it.* versetzen, antworten, erwiedern *v. r. comp.*

Soggiugnimento, die Hinzusetzung, die Hinzufügung.

Soglia, die Schwelle, die Thürschwelle *pl.* n; *it.* di soglia in soglia, von Haus zu Haus.

Soglio, trono. der Thron, ein königlicher Stuhl *gen.* s.

Sognare } träumen *v. r.*, Träume haben, *fig.* sich einbilden,
Sognarsi } sich vorstellen *v. rec. r. comp.*

Sogno, der Traum *gen.* s, *pl.* (Träume); *fig.* der Einfall *gen.* s, *pl.* (Einfälle), die Einbildung; come per sogno, wie im Traum.

Solajo, die Decke eines Zimmers, der oberste Boden unter dem Dache, eine Bodenkammer.

Solamente, *av.* nur allein; non solamente, ma anche..., nicht nur sondern auch; solamente che, wenn nur, genug daß.

Solcare, ackern *v. r.*, Furchen ziehen *v. ir.*; solcare il mare, über das Meer schiffen *v. r.*

Solco, eine Furche *pl.* n; *prov.* escir dal solco, von guten Wegen abkommen, abweichen *v. ir. comp.*

Soldano, der Großherr *gen.* en, der Kaiser der Türken.

Soldare, werben, Soldaten anwerben *v. ir. comp.*, in Kriegsdienste nehmen *v. ir.*, besolden *v. r. comp.*

Soldatesca, die Soldaten, die Kriegsvölker.

Soldato, der Soldat *gen.* s, *pl.* en, der Kriegsmann *gen.* es, *pl.* (Kriegsleute, Kriegsvölker), der Krieger *gen.* s; farsi soldato, Soldat werden *v. auf.*

Soldo, (*certa moneta di 12 danari*), ein Sold, eine Münze von 12 Danari; i soldi, *cioè*: danari in generale, das Geld *gen.* es; *per*: pagamento, die Besoldung *pl.* en; der Sold, die Löhnung der Soldaten.

Sole, die Sonne; non fa sole die Sonne scheint nicht; lo spuntare, il levare del sole, der Sonnen Aufgang *gen.* s; un sole di bellezza, eine himmlische Schönheit.

Solecismo, der Sprachfehler *gen.* s, ein Fehler wider die Regel in einer Sprache.

Solenne, *ag.* feyerlich, festlich; *it.* prächtig, mit öffentlichem Gepränge; un pazzo solenne, ein Erznarr *gen.* en, *pl.* en.

Solennemente, *av.* feyerlich, prächtig, mit öffentlichem Gepränge.

Solennità, die Feyerlichkeit, die Festlichkeit; *it.* ein hoher Festtag *gen.* s, *pl.* en; *it.* das feyerliche Begehen *gen.* s, das öffentliche Gepränge *gen.* s, *pl.* n; *it.* (in Giudizio), die gehörige Form der Rechte.

Solennizzare, feyerlich, festlich begehen *v. ir. comp.*, ein Fest begehen, feyern *v. r.*, mit Gepränge vollziehen *v. ir. comp.*

Solennizzazione, e solennizzamento, das Feyern *gen.* s, die feyerliche Begehung.

Solere, esser solito, pflegen *v. r.*, gewohnt seyn *v. auf.*

Solerzia, die Emsigkeit, die Sorgfalt, die Geschicklichkeit, der Witz gen. m., das geschickte Nachsinnen gen. n., um etwas zu erwerben.
Soletto, ag. ganz allein.
Solfa, der Tonleiter, die musikalische Leiter, der Schlüssel zur Singekunst.
Solfanello, der Schwefelfaden, das Schwefelhölzchen gen. n.
Solfeggiare, die Noten im Singen aussprechen v. a. comp.
Solfo, der Schwefel gen. m.
Solidamente, av. gründlich, fest, beständig auf eine gegründete Art.
Solidare, befestigen v. a. comp., härten, beständig machen v. a.
Solidario, sust. ein Bürge (die Schulden eines andern zu bezahlen).
Solidaria, ag. una obbligazione solidaria, ein Schuldbrief, worinnen einer verspricht, die Schulden eines andern zu bezahlen.
Solidezza } die Dichte, die Festigkeit,
Solidità } der Bestand, die Härte, die Gründlichkeit, das feste Wesen gen. n.
Solido, sust. das Gründliche, das Feste, das Dichte, die Dichte.
Solido, ag. dicht, fest, beständig, gründlich; av. in solido, mit [illegible] Sicherheit.
Soliloquio, das Selbstgespräch gen. n., das Reden mit sich selbst.
Solimato, sust. ein erhöhtes Quecksilber gen. n.
Solingo, ag. einsam, allein.
Solio, sust. der Thron, ein königlicher Sessel gen. m.
Solitariamente, av. einsam, einsiedlerisch, in der Einsamkeit.
Solitario, sust. ein Einsiedler gen. m., der die Gesellschaft mit andern flieht.
Solitario, ag. einsam, einsiedlerisch, eingezogen.
Solito, ag. gewohnt, gewöhnlich, gebräuchlich; av. al solito, wie gewöhnlich; contro il solito, wider die Gewohnheit.
Solito, sust. das Gewöhnliche, das Gebräuchliche gen. n.; pl. n., die Gewohnheit, der Gebrauch gen. m.
Solitudine, die Einsamkeit, die Einöde.
Sollazzamento, die Ergötzung, pl. n., der Zeitvertreib gen. m.
Sollazzare, sich vergnügen, sich ergötzen v. rec. r. comp., die Zeit vertreiben v. irr. comp.
Sollazzevole, ag. angenehm, gemüthlich, lustig, kurzweilig, ergötzlich.
Sollazzevolmente, av. kurzweiliger, scherzhafterweise.
Sollazzo, der Zeitvertreib gen. m., die Kurzweil, die Ergötzung, die Ergötzlichkeit, der Spaß gen. es.
Sollecitamente, av. sorgfältig; sorgfältiger, emsiger, eilfertigerweise.
Sollecitamento, e sollecitazione, das inständige Anhalten, Anhalten, Anhalten gen. vs. [illegible] der Antrieb gen. s., die Anreizung, die Anleitung.
Sollecitare, v. att. antreiben, anhalten v. ir. comp., antreiben v. r. comp., treiben, eilen v. r., geschwind fortmachen v. r. comp.
Sollecitativo, ag. anreizend, antreibend.
Sollecitatore, der um etwas anhält, ansucht; der zu etwas antreibet, zu werden sucht; it. ein Sachwalter gen. s. (im Rechtshandel).
Sollecito, ag. sorgfältig, fleißig, emsig, hitzig, behend, emsig.
Sollecitudine, die Emsigkeit, die Eilfertigkeit, die Sorge, die [illegible], die Fertigkeit; it. die Bekümmerniß.
Solleticamento, das Kitzeln, das Jucken, der Kitzel gen. s.
Solleticare, kitzeln, jucken v. r.
Solletico, sust. der Kitzel gen. s.; far solletico, kitzeln v. r.
Sollevamento, das Erheben, das Aufheben gen. s. (eine schweren Sache), das Aufrichten, das in die Höhe Setzen gen. s.; per: insurrezione, ribellione, die Empörung, der Aufruhr gen. s.; per: sollievo, die Linderung, die Erleichterung.
Sollevare, aufheben, erheben v. ir. comp., erhöhen v. r., in die Höhe heben v. ir., (als etwas schweres); aufrichten, aufhelfen, aufregen v. r. comp.; sollevare il popolo, aufwiegeln v. r. comp.; per: alleggerire, erleichtern v. r. comp.
Sollevarsi, sich aufrichten v. rec. r. comp., sich aufheben v. rec. ir. comp.; per: prendere sollievo, sich eine Erleichterung schaffen v. r.; per: ribellarsi, sich empören v. rec. r. comp.
Sollevazione, die Empörung.

Sollevato, *part.* aufgehoben, aufgerichtet, empöret, erleichtert.
Sollevatore, ein Aufwiegler, ein Aufrührer *gen.* s.
Sollevazione, der Aufstand, der Aufruhr, die Empörung, der Auflauf *gen.* s, *V.* Sollevamento.
Sollievo, die Erleichterung, die Linderung.
Solo, *ag.*, allein, einzig; da solo a solo, ihrer zwey allein.
Solo, *av.* nur, solo che, wenn nur, woferne, wenn; *it.* solo che, eccetto che, ausgenommen daß, es sey denn daß, außer daß, wo nicht.
Solstizio, die Sonnenwendezeit.
Soltanto, *av.* nur, bloß, ganz allein.
Soltanto che, *cong.* woferne nur, wenn nur.
Solubile, auflöslich, (als Metalle).
Solvente, *ag.* auflösend.
Solvere, losbinden *v. ir. comp*, *V.* Sciogliere.
Soluzione, die Auflösung *it.* die Erörterung einer Streitsache.
Soma, eine Last, die man einem Thiere auflegt; eine Bürde; un cavallo da soma, ein Saumroß *gen.* es, *pl.* e.
Somaro, das Lastthier, ein Esel *gen.* s.
Somigliante, *ag* ähnlich, gleich, gleichförmig, gleichartig, dergleichen.
Somigliantemente, *av.* ähnlicherweise.
Somiglianza, die Aehnlichkeit, die Gleichheit.
Somigliare, gleichen *v. ir.*, gleich seyn, ähnlich seyn *v. anf.*, eben so aussehen *v. ir. comp.*, einerley Auge, Gestalt, Ansehen haben *v. auf.*
Somiglievole, *ag.* ähnlich, gleich, dergleichen, gleichsehend.
Somma, eine Summe, eine Menge, eine Anzahl, eine Quantität von etwas: *av.* in somma, kurz, zum Beschluße, schlüßlich, mit einem Worte, überhaupt.
Sommamente, *av.* höchst, äußerst, überaus sehr.
Sommare, zusammen rechnen, summiren *v. r.*
Sommariamente, *av.* kurz, kürzlich, in der Kürze summarisch.
Sommario, *sust.* ein Auszug *gen.* s, *pl.* Auszüge, ein kurzer Begriff, Innhalt *gen.* s.
Sommario, *ag.* summarisch; un Giudizio sommario, ein vorläufiger Bericht *gen.* s.

Sommergere, untertauchen *v. r. comp.*, ersäufen *v. ir. comp.*, ertränken, versenken *v. r. comp.*, *it.* unter Waßer setzen *v. r.*
Sommergersi, untersinken, versinken *v. r. comp.*, ersaufen *v. ir. comp.*
Sommergimento, Sommersione, die Ertränkung, die Versenkung.
Sommerso, *part.* da sommergere, ertränkt, ersäuft &c.
Sommessamente, *av.* ganz leise, ganz sachte; mit gedämpfter Stimme.
Sommessevole, e sommessivo, *ag.* gehorsam, biegsam.
Sommessione, e sommissione, die Unterwürfigkeit, die Unterthänigkeit, die Ergebung, der Gehorsam *gen.* s, die Demuth.
Sommesso, *sust.* eine Spanne *pl.* n.
Sommesso, *ag. e part.* unterworfen &c.; voce sommessa, eine leise Stimme; con voce sommessa, ganz sachte.
Somministrante, *ag.* darreichend, verschaffend.
Somministrare, darreichen, verschaffen *v. r. comp.*, hergeben, versehen *v. ir. comp.*, austheilen *v. r. comp.*, geben, Vorschub thun *v. ir.*
Somministrazione, die Darreichung, die Verschaffung, der Vorschub *gen.* s.
Sommità, die Höhe *pl.* n, der Gipfel *gen.* s, die Spitze eines Berges, das Allerhöchste an einer Sache.
Sommo, *sust.* der Gipfel *gen.* s, *it.* Sommità.
Sommo, *ag.* der größte, der höchste, der erhabenste, der oberste, der vortrefflichste; il sommo Bene; das höchste Gut; il sommo Pontefice der Pabst *gen.* es.
Sommossa, das Anreizen *gen.* s, die Aufhetzung.
Sommovimento, e sommozione, die Bewegung, das Zureden *gen.* s, *it.* der Aufstand *gen.* s.
Sommovitore, ein Aufwiegler, ein Aufrührer *gen.* s.
Sommovere, e sommuovere, aufrühren *v. r. comp.*, *met.* anreizen *v. r. comp.*, *it.* etwas bewegen *v. ir. comp.*
Sonagliare, mit Schellen oder Glöckchen läuten, klingeln *v. r.*
Sonagliata, das Klingeln mit Schellen oder Glöckchen.
Sonaglio, eine Schelle oder Glocke *pl.* n, (die man den Thieren anhängen pflegt.

Sonamento, das Klingen, Läuten, Schallen gen. s.

Sonante, ag. klingend, schallend, ertönend, lautend.

Sonare, klingen, schallen v. n., einen Klang oder Schall von sich geben v. tr., sonare [illegible] la tromba, blasen v. tr. (als auf der Trompete); sonare strumenti d'arco, o di corde, geigen v. r. (als auf der Violine rc.); sonare le campane, läuten v. r.; sonare il tamburo, den Trommel schlagen v. tr.

Sonata, eine Sonate, die Musik mit Instrumenten.

Sonatore, ein Musikant, der auf Instrumenten spielt oder bläst.

Sonetto, eine gewisse Art Verse von vierzehn Reihen, ein Sonett gen. s.

Sonnacchioso, ag.) halb im Schla-
Sonnacchiosamente) fe, schlummernd, schlummerweise, im Schlummer.

Sonnacchioso, ag. schläfrig, [illegible], [illegible]; [illegible], ein träger Mensch, eine matte [illegible], [illegible].

Sonnecchiare, e sonnacchiare, schlummern v. r.

Sonnifero, ag. einschläfernd, was einschläfert, Schlafen macht, Schlaf machende [illegible].

Sonno, der Schlaf gen. s., morir di sonno, vor Schlaf fast umfallen v. n. comp., mi vien sonno, mich schläfert, prender sonno, einschlafen v. n. comp. dormire i sonni tranquillamente, sorgenlos dahin leben v. r.

Sonnolente, ag. schläfrig, V. Sonnacchioso.

Sonnolenza, die Schläfrigkeit, die Schlafsucht, eine [illegible], die Trägheit, das kalte, faule, schläfrige Wesen gen. s.

Sonoramente, av. wohlklingend, wohltönend, auf eine angenehme, wohlklingende Art, laut, hell, wohlklingenderweise.

Sonoro, ag. hell, laut, wohltönend.

Sontuosamente, av. prächtig, [illegible], herrlich, vornehm.

Sontuosità, die Kostbarkeit, die Pracht.

Sontuoso, ag. herrlich, prächtig, köstlich, kostbar.

Soprabbondantemente, av. über die Maßen, mehr als zuviel, im großen Ueberflusse, ungemein viel.

Soprabbondamento, ein großer Ueberfluß, das Uebermaß gen. es.

Soprabbondante, ag. der überflüssig [illegible].

Soprabbondanza, die Ueberflüssigkeit, ein allzugroßer Ueberfluß, das Uebermaß gen. es, [illegible] der Ueberfluß.

Soprabbondare, überschreiten, übertreffen v. tr. comp., it. [illegible], [illegible] v. tr. comp., [illegible], beschweren, [illegible] v. r., it. prevenire, zuvor thun v. tr.

[illegible], eine Hinzugebung, eine Ueberwerfung.

[illegible], sost. der Ueberfluß gen. es, eine überflüssige Menge; it. eine [illegible], eine Bevortheilung.

Soperchio, ag. überflüssig, übermäßig, zu viel.

Sopire, dämpfen, stillen, tilgen v. r., [illegible], unterdrücken v. r. comp. (als eine Wunde).

Sopore, ein starker, tiefer, gewaltiger Schlaf gen. s., it. die Schlafsucht.

Soppiattare, verbergen v. tr. comp., V. Nascondare.

Soppiatto, av. di soppiatto, heimlich, verstohlenerweise, unter der Hand, im Verborgenen.

Sopportabile, ag. erträglich, leidlich.

Sopportamento, die Duldung, die Ertragung, die Geduld, die Nachsicht.

Sopportare, tragen v. tr., ertragen v. tr. comp., dulden v. r., erdulden v. r. comp., leiden v. tr., aushalten, [illegible] v. tr. comp.

Sopportazione, die Nachsicht, V. Sopportamento, con sua sopportazione, mit Erlaubniß, mit Respekt zu sagen.

Soppressa (mod.), eine Presse pl. n.

Soppressare, pressen v. r., unter die Presse thun v. tr. irr. einen Glanz geben v. tr., glänzend machen v. r.; it. met. unterdrücken v. r. comp.

Soppressione, die Unterdrückung, V. [illegible]; [illegible], die Aufhebung, die Abschaffung pl. en.

Sopprimere, opprimere, unterdrücken v. r. comp.; per abolire, aufheben v. tr. comp., abschaffen v. r.

Sopra, prep. über, auf, bey, gegen, in, an, um, wegen; av. oben, sopra detto, obbesagt, oberwähnt, obenerwähnt; sopra tutto, überhaupt,

Soprabbollire, zu viel sieden *v. ir.*
Soprabbondante, *av.* zu viel, überflüssig, übermäßig.
Soprabbondantemente, *av.* im Ueberflusse, mehr als zu viel.
Soprabbondanza, ein großer Ueberfluß eine allzu große Menge, das Uebermaaß *gen.* es, die Uebermäßigkeit.
Soprabbondare, überflüssig, seyn oder haben *v. aus.*; *ir.* überlaufen, überfließen *v. ir. comp.*
Sopraccaricare, überladen überlasten *v. r. comp.*
Sopraccarico, eine Ueberladung, eine Ueberlast.
Sopraccennare, oben erwähnen, berühren *v. r. comp.*
Sopraccennato, *part. ed ag.* obengezeigt, oberwähnt, obbesagt, obbemeldet.
Sopracchiusa, sopracoperta, eine Oberdecke, eine Ueberdecke *pl.* n, ein oberer Verschluß *gen.* es.
Sopracciglio, die Augenbraune *pl.* e.
Sopraccitato, *part. ed ag.* obangeführt, *V.* Sopraccennato.
Sopraddente, der Ueberzahn *gen.* s, *pl.* (zähne).
Sopraddetto, obbesagt, *V.* Sopraccennato.
Sopraffare, bevortheilen *v. r. comp.*; *ver.* niedern treten *v. r.*, *V.* Soperchiare.
Sopraffino, *ag.* überaus fein, sehr fein.
Sopraggiungere, *verb. neut.*, unvermuthet dazu kommen, unverhofft ankommen *v. ir. comp.*; *it.* ankommen *v. ir. comp.*, anlangen *v. r. comp.*; *verb. att.* überfallen *v. ir. comp.*, erreichen, erwischen *v. r. comp.*
Sopraggiunto, *part.* da sopraggiungere, dazugekommen, überfallen, erreicht, erwischt.
Sopraggrande, *ag.* überaus groß, über die Maaßen groß.
Sopraggravare, überladen, allzusehr beschweren *v. r. comp.*
Sopraindorare, übergolden *v. r. comp.*
Soprammentovato, *ag.* oberwähnt, *V.* Sopraddetto.
Soprammodo, *av.* unmäßiglich, ohne Maaß und Ziel.
Soprannaturale, *ag.* übernatürlich; was die natürlichen Kräfte übersteigt.
Soprannaturalmente, *av.* übernatürlicherweise

Soprannome, der Zuname, der Beyname *gen.* ns, *pl.* n.
Soprannominato, *ag.* obgenannt, *V.* Sopraddetto
Soprannumerario, *ag.* überzählig über die Zahl.
Soprano, der Discant *gen.* s.
Soprantendente, ein Oberaufseher, ein Vorsteher, ein Verwalter *gen.* s.
Soprantendenza, die Oberaufsicht, die Verwaltung.
Sopraintendere, die Oberaufsicht haben *v. aus.*
Soprappeso, die Ueberlast, das Uebergewicht *gen.* s.
Soprappiù, *sust.* die Zugabe *pl.* n, der Ueberschuß, das Uebermaaß *gen.* es; *av.* di soprappiù, im übrigen, überdem, nebst dem, noch oben drein.
Soprapporre, darüber legen, setzen, stellen *v.*
Soprascritta, soprascritto, soprascrizione, die Ueberschrift *pl.* en.
Soprassedere, sich eines Dinges enthalten, aufschieben *v. ir. comp.*, aussetzen *v. r. comp.*, überhoben seyn.
Soprassegnare, zeichnen, ein Zeichen auf etwas machen *v. r.*
Soprastante, *sust.* ein Oberaufseher, ein Vorsteher, ein Hüter einer anvertrauten Sache; *ag.* hervorstehend, hervorragend.
Soprastare, oben auf etwas stehen *v. ir.*, hervorragen *v. r. comp.*; *it.* übertreffen, bevorstehen *v. ir. comp.*
Soprattutto, *av.* vornehmlich, hauptsächlich, insonderheit, vor allen Dingen, zumalen.
Sopravanzare, übertreffen übersteigen *v. ir. comp.*, übrig bleiben *v. ir.*, übrig seyn *v. aus.*
Sopravanzo, der Ueberschuß, der Rest *gen.* es, der Ueberrest, das Ueberbleibsel *gen.* s, der Ueberfluß *gen.* es.
Sopravvedere, ausspähen, auskundschaften, belauren *v. r. comp.* genau Achtung geben *v. ir.*
Sopravvegnente, *ag.* dazwischen kommend.
Sopravvenimento, der Vorfall *gen.* s, *pl.* (Vorfälle), die Vorfallenheit *pl.* en, eine Ereigniß *pl.* e.
Sopravvenire, dazu kommen, dazwischen kommen *v. ir.*, unvermuthet ankommen *v. ir. comp.*
Sopravveste, der Reisemantel *gen.* s, der Ueberrock *gen.* s, *pl.* (röcke).

Sopravvivente, *ag.* überlebend.

Sopravvivenza, die Anwartschaft auf eines andern Dienst; *it.* das Ueberleben *gen.* s.

Sopravvivere, überleben *v. r. comp.*

Soprintendenza, die Oberaufsicht, die Verwaltung.

Soprintendere, die Oberaufsicht haben *v. auf.*

Soprosso, das Ueberbein *gen.* s, *pl.* er.

Sopruniano, *ag.* übermenschlich.

Soqquadrare, über den Haufen werfen *v. ir.*

Soqquadro, die Verheerung, die Verwüstung; mettere a soqquadro, verwüsten, verheeren, zerstöhren *v. r. comp.*

Sorbettiera, das Gefäß zu Kühlgetränken.

Sorbetto, ein Kühltränkchen *gen.* s; *it.* ein süßes Getränk *gen.* s.

Sorbire, verschlucken, einschlürfen *v. r. comp.*

Sorcio, die Ratte *pl.* n, die Maus *pl.* (Mäuse).

Sordaggine, die Taubheit.

Sordamente, *av.* heimlich, leise, murmelnd, in der Stille.

Sordidamente, *av.* filzig, [illegible]; *it.* unreinlich, nachläßigerweise.

Sordidezza, die Filzigkeit, der Knauserey; *it.* die Häßlichkeit, die Unsauberkeit *pl.* en.

Sordido, *ag.* knauserisch, filzig, [illegible]; *it.* unflätig, häßlich, unreinlich, schmutzig.

Sordità, die Taubheit.

Sordo, *ag.* taub, der Gehör beraubt; fare il sordo, sich taub stellen *v. rec. r.*

Sorella, die Schwester *pl.* n.

Sorgente, die Quelle, der Ursprung, die Ursache *pl.* n.

Sorgere, aufstehen *v. r. comp.*, *it.* hervorquellen *v. r. comp.*

Sormontante, *ag.* aufsteigend.

Sormontare, ersteigen, besteigen, übersteigen *v. ir. comp.*

Soro, *fals.* ein Raubvogel, der sich noch nicht gemausert hat; *ag.* einfältig, albern, unerfahren, ungeschickt, tölpisch.

Sorpassare, übertreffen, übersteigen *v. ir. comp.*

Sorprendente, *pa.* überfallend, überraschend; *it.* meraviglioso, wunderbar, wundersam, erstaunlich, entsetzlich, bewunderungswürdig.

Sorprendere, überfallen *v. ir. comp.*, überraschen, überrumpeln *v. r. comp.* unvermuthet über den Hals kommen *v. ir.*; *it.* recar sorpresa, meraviglia, in Erstaunen setzen *v. r.*, erstaunen, Verwunderung erwecken *v. r. comp.*

Sorpresa, das Ueberraschen, das Ueberfallen, der Ueberfall *gen.* s, die Ueberrumpelung; *it.* stupore, die Verwunderung, das Erstaunen *g.* s.

Sorpreso, *part.* da sorprendere, überfallen *rc.*

Sorridente, *ag.* lächelnd.

Sorridentemente, *av.* im Lächeln, lächelnderweise.

Sorridere, lächeln, heimlich lachen *v. r.*

Sorriso, das Lächeln *gen.* s.

Sorso, der Schluck *gen.* s, *pl.* (Schlücke), ein Schlurf, ein Mundvoll *gen.* s.

Sorta, e sorte, *cioè*: qualità, maniera, die Art, die Weise, die Gattung, die Beschaffenheit *pl.* en.

Sorte, fortuna, das Glück, das Schicksal *gen.* s, das Verhängniß *gen.* es, *pl.* e; la sorte avversa, das Unglück, der Unfall *gen.* s; essere contento della sua sorte, mit seinem Stande zufrieden seyn *v. auf*; *it.* das Loos; mettere alla sorte, durchs Loos entscheiden, oder es aufs Glücke ankommen lassen *v. ir.*; toccare in sorte, zu Theile werden *v. auf.*; per mia mala sorte, zu meinem Unglücke; di sorte che, der gestalt daß; a sorte, zufälligerweise; per mala sorte; unglücklicherweise, zum Unglücke.

Sorteggiare, loosen *v. r.*

Sortilegio, die Zauberey, die Hexerey *pl.* en.

Sortimento, *V.* Assortimento.

Sortire, *V.* Assortire; *it.* escire, ausgehen *v. ir. comp*; sortire in Campagna, *term. milit.* ins Feld rücken *v. r.*

Sortita, der Ausgang, der Ausfall *gen.* s, *pl.* (Ausfälle), (der Soldaten).

Soscrivere, soscrizione ec., *V.* Sottoscrivere ec.

Sospendere, appendere, hängen *v. r.*, aufhängen *v. r. comp.*; *it.* tener in alto, in die Höhe halten *v. ir.*; *it.* prorogare, aufschieben *v. ir. comp.*

it. far cessare, einstellen *v. r. comp.*, anstehen lassen *v. r.*; *it.* interrompere, unterbrechen *v. ir. comp.*

Sospensione, das Hängen, das Aufhängen *gen.* s; *it.* incertezza, die Ungewißheit; la dubbietà, die Zweifelhaftigkeit; l'irresolutezza, die Unentschlossenheit; la protrazione, der Aufschub *gen.* s; l'interrompimento, die Unterbrechung.

Sospettamente, *av.* verdächtigerweise.

Sospettare, argwohnen *v. r. comp.*, Argwohn haben *v. auf.*, Mißtrauen tragen *v. r.*

Sospetto, der Argwohn *gen.* s, *pl.* (Argwöhne), der Verdacht *gen.* s; aver uno in sospetto, Argwohn auf einen haben *v. auf.*; escire di sospetto, aus dem Verdachte kommen *v. ir.*; cader in sospetto, in Verdacht gerathen *v. ir. comp.*

Sospetto, *ag.* verdächtig.

Sospettosamente, *av.* argwöhnischerweise.

Sospettoso, *ag.* argwöhnisch, argdenklich, mißtrauisch.

Sospezione, e sospizione, der Argwohn *gen.* s, *pl.* (Argwöhne), der Verdacht, das Mißtrauen *gen.* s.

Sospignere, e sospingere, fortstoßen, forttreiben, fortschieben *v. ir. comp.*

Sospinta, e sospingimento, der Antrieb, der Stoß, der Anstoß *gen.* es; *it.* das Forttreiben, das Fortstoßen *gen.* s.

Sospirante, *ag.*, seufzend, wehklagend; *sust.* ein Buhler, ein Liebhaber *gen.* s.

Sospirare, seufzen *v. r.*, Seufzer ausstoßen *v. ir. comp.*, nach etwas seufzen.

Sospirevole, *ag.* kläglich, wehmüthig.

Sospiro, der Seufzer *gen.* s; trarre un sospiro, einen Seufzer von sich geben oder fahren lassen *v. ir.*; i sospiri, die Klagen.

Sossopra, *av.* drunter, und drüber; mettere sossopra, gänzlich umkehren *v. r. comp.*

Sostantivo ec., *V.* Sustantivo ec.

Sostanza, ein selbstständiges Wesen *gen.* es, das Beste in etwas, der Inhalt einer Sache, Schrift *rc.*; *pl.* le sostanze, i beni, das Vermögen, das Haab und Gut *gen.* s.

Sostanziale, *ag.* wesentlich.

Sostanzioso, *ag.* nahrhaft.

Sostegno, die Stütze, die Haltung; *met.* die Unterstützung, die Hülfe, die Rettung, der Schutz *gen.* s, die Vertheidigung.

Sostenere, ertragen *v. ir. comp.*, tragen *v. ir.*, unterstützen *v. r. comp.*; *it.* sopportare, aushalten, ausstehen *v. ir. comp.*, leiden *v. ir.*, dulden *v. r.*; *it.* assicurare, versprechen *v. ir. comp.*, schützen *v. r.*, sostenere una quistione, eine Streitfrage vertheidigen *v. r. comp.*, sostenere una carica, ein Amt verwalten *v. r. comp.*, sostenere la vita ad alcuno, einem das Leben erhalten *v. ir. comp.*, sostenere una famiglia, eine Familie ernähren *v. r. comp.*

Sostenersi, ausdauern *v. r. comp.*

Sostenimento, die Stütze, die Haltung, der Schutz *gen.* es; *it.* die Erhaltung, das Tragen, das Halten, das Erhalten, das Schützen, das Behaupten, das Nähren *gen.* s.

Sostenitore, der Vertheidiger, der Beschützer *rc. gen.* s.

Sostentamento, die Stütze, die Nahrung.

Sostentare, ernähren *v. r. comp.*, erhalten, unterhalten *v. ir. comp.*, stützen *v. r.*

Sostenutezza, die Ernsthaftigkeit, das ernsthafte Wesen *gen.* s; un'aria di sostenutezza, eine gesetzte, ernsthafte Miene, ein stolzes Ansehen *gen.* s.

Sostituire, eine Sache an Statt einer andern setzen *v. r.*, *V.* Sustituire

Sostituto, e sostituito, *sust.* ein Substitut: einer der an eines andern Stelle ein Amt verwaltet.

Sostituzione, die Setzung einer Sache an der Stelle einer andern.

Sottaffittare, unterpachten *v. r. comp.*

Sottana, der Unterrock *gen.* s, *pl.* (röcke), (der Weiber).

Sottentramento, das Drunterhinschleichen *gen.* s.

Sottentrare, unterhin gehen *v. ir.*, sich unten durchschleichen *v. rec. ir. comp.*; *it.* nachfolgen *v. r. comp.*, eines andern Stelle vertreten *v. ir. c.*

Sotterfugio, die Ausflucht *pl.* (Ausflüchte), *V.* Sutterfugio.

Sotterra, *av.* unter der Erde.

Sotterramento, die Beerdigung, die Begrabung, das Begraben *gen.* s, das Begräbniß *gen.* es, *pl.* e.

Sotterraneo, *ag.* unterirdisch; *sust.* ein unterirdischer Ort *gen.* s, *pl.*

(Oerter), eine Höhle, das Gewölbe pl. en.

Sotterrare, beerdigen, begraben, zur Erde bestatten v. r. comp., unter die Erde bringen v. r.

Sotterratore, der Todtengräber gen. s.

Sotterramento, die Beerdigung.

Sottigliare, verdünnen, verfeinern v. r. comp., fr. limar, rein, fein, dünne, sauber machen, säubern v. r.

Sottigliezza, die Dünne, die Feine; met. die Scharfsinnigkeit.

Sottile, aa. dünn, fein, dünn, zart, rein, klar, leicht; met. künstlich, scharfsinnig.

Sottilizzare, ausklügeln v. r. comp., s. Sottigliare.

Sottilmente, av. fein, zart, dünn; av. geschickterweise; auf eine künstliche, listige Art; fr. genau.

Sottintendere, darunter verstehen v. ir. comp.

Sottinteso, part. darunter verstanden.

Sotto, prep. unter, bey; sotto pena della vita, bey Lebensstrafe; parlar sotto voce, heimlich, sachte, leise reden v. r.; guardar sotto occhio, anblicken v. r. comp.; tenere sotto i cavalli, ausspannen v. r. comp.; cadar di sotto, den Kürzern ziehen v. ir.; star di sotto, unterliegen v. ir. comp.; al di sotto, drunten, von unten; per al sotto, von unten zu, drunter weg.

Sotto, av. unten, unterhalb.

Sottanace, av. leise, sachte, heimlich.

Sottocoppa, der Untersatz gen. es, pl. (Untersätze).

Sottocalzoni, die Unterhosen.

Sottocancelliere, der Vicekanzler, der Unterkanzler gen. s.

Sottocuoco, der Unterkoch gen. s, pl. (Köche).

Sottogola, die Unterkehle pl. n.

Sottointeso, part. darunter verstanden.

Sottomano, av. unter der Hand, heimlich.

Sottomettere, unterwerfen v. ir. comp., unter sich bringen, unterdrücken, unterwürfig machen v. r.

Sottomettersi, sich unterwerfen, sich ergeben v. rec. ir. comp.

Sottoporre, unterlegen v. ir. comp., s. Sottomettere.

Sottoscritta, e scritto. sub. die Unterschrift, Unterzeichnung pl. en.

Sottoscrivere, unterschreiben v. ir. c., unterzeichnen v. r. comp.

Sottoscriversi, sich unterschreiben v. rec. ir. comp.

Sottoscrizione, die Unterschrift pl. en.

Sottosopra, av. drüber und drunter; mettere sottosopra, gänzlich umkehren v. r. comp., alles unter einander werfen v. r. ir.; sottosopra, sad.: presa la cosa insieme, der Sache zusammen genommen, zusammen gerechnet.

Sottoveste, eine Weste, das Kamisol gen. s.

Sottovoce, av. heimlich, leise.

Sottrarre, entziehen, wegziehen, abziehen, wegnehmen v. ir. comp.

Sottrarsi, sich entziehen v. rec. ir. c., entfliehen v. ir. comp.; sottrarsi dall' ubbidienza, ungehorsam werden v. aux.

Sottrazione, nell' aritmetica, die Subtraction gen. s, der Abrechnung pl. en.

Sovente, e soventemente, av. oft, oftmals, öfter, manchmal.

Soverchiamente, av. übermäßig, zu viel, allzuviel, im Uebermaße.

Soverchiare, übertreffen v. ir. comp., s. Superchiare.

Soverchio (ai), av. über die Maßen, adj. übrig, überflüssig.

Sovra ec., s. Sopra ec.

Sovrumano, ac. übermenschlich.

Sovvenenza, sovvenimento, sovvenzione, die Hülfe, der Beystand gen. s; fr. ricordo, der Erinnerung, das Andenken gen. s.

Sovvenire, helfen, zu Hülfe kommen v. ir.

Sovvenirsi, sich erinnern v. rec. r. c.

Sovversione, Sovvertimento, die Umkehrung, die Zerstörung, der Untergang gen. s; sovversione dello stomaco, das Aufstoßen des Magens von verdorbenen Speisen, das Umwerfen gen. s.

Sovvertire, e sovvertere, umstoßen, mit Gewalt niederreißen v. ir. comp., über den Haufen werfen v. ir., zerstören, verwüsten v. r. comp.; fig. ingannare, hintergehen v. ir. comp.

Sozio, der Gesell gen. en, pl. en, s. Compagno.

Sozzamente, av. garstig, schmierig, unflätig, unreinlich.

Sozzare, besudeln v. r. comp, garstig, schmutzig, unrein machen v. r.
Sozzo, ag. schmutzig, garstig, unsauber, unflätig, kothig.
Sozzura, der Unflat gen. s, die Unfläterey, die Säuerey, die Unsauberkeit.

S P

Spaccamento, das Spalten, das Voneinanderreißen gen. s.
Spaccare, spalten, v. r., zerspalten, zerhacken v. r. comp., (als Holz).
Spaccato, sust. nell' architettura, der Durchschnitt gen. es, pl. e; part. da spaccare, gespalten.
Spaccatura, eine Oeffnung, der Spalt gen. es, pl. en, die Ritze pl. n.
Spacciare alcuno, einen abfertigen v. r. comp; parlandosi di merci, Waaren verthun v. ir., verkaufen v. r. c.; it. sgombrare un luogo, einen Ort räumen v. r.
Spacciarsi, sich befreyen, sich losmachen v. rec. r. comp.; spacciarsi per maestro, sich für einen Meister ausgeben v. rec. ir. comp., V. Spicciarsi.
Spacciatamente, av. plötzlich, schleunig, hurtig, schnell.
Spaccio, der Verkauf, der Abgang gen. s, (der Waaren); dare spaccio, verkaufen v. r. comp.; it. die Abfertigung, die Verrichtung, die Hurtigkeit, der Gang gen. s, (einer Sache).
Spaccone, ein Großprahler, ein Windmacher gen. s.
Spada, der Degen; gen. s; il filo della spada, die Schärfe, die Schneide des Degens; mettere mano alla spada, nach dem Degen greifen v. ir.; la lama della spada, die Klinge pl. n; mandare a fil di spada il nemico, den Feind über die Klinge springen laßen; la guardia della spada, der Griff vom Degen; a spada tratta, gänzlich, völlig.
Spadajo, der Schwerdtfeger, der Degenschmidt gen. s.
Spaghetto, eine dünne Schnure, der Bindfaden gen. s.
Spagnuolo; sust. ein Spanier gen. s; ag. spanisch.
Spago, der Bindfaden gen. s; lo spago del calzolaj, der Pechdrath gen. s
Spalancare, angelweit aufsperren v. r. comp., aufsperren so weit man kann; spalancare gli occhi, die Augen aufsperren, große Augen machen v. r.
Spalare, die Pfähle ausziehen v. ir. c.
Spalla, die Schulter pl. n; volger le spalle ad uno, einem den Rücken wenden v. r.; stringersi nelle spalle, die Achseln zucken v. r.; av. alle spalle, von hinten; aver buone spalle, stark genug seyn v. aus.
Spallato, ag. buglahm, (von Pferden)
Spalleggiare alcuno, einen vertheidigen, schützen v. r., vertheidigen, unterstützen v. r. c.
Spalliera, eine Lehne pl. n; una spalliera di giardino, ein Gartengeländer zu Bäumen.
Spalmata, ein Handschlag, ein Schlag mit der flachen Hand.
Spalto, der Fußboden gen. s, pl. (böden); it. die Abdachung oder Böschung eines Walles oder einer Mauer.
Spampanare, beschneiden v. ir. comp.; it. prahlen v. r.
Spampanata, eine Prahlerey pl. n.
Spandere, ausgießen, vergießen v. ir. comp., ausstreuen, ausbreiten v. r. comp., spandere la fama, das Gerücht verbreiten, ausbreiten v. r. comp; it. prodigalizzare, verschwenden v. r. comp.
Spandersi, überlaufen v. ir. comp., (als etwas Flüßiges); it. sich verbreiten (als das Gerücht).
Spandimento, das Ausgießen, das Ausbreiten gen. s.
Spanna, eine Spanne pl. n.
Sparagio, e sparago, der Spargel gen. s.
Sparagnare, ersparen v. r. comp., V. Risparmiare.
Sparagno, die Ersparung pl. en, V. Risparmio.
Sparare un animale, ein Thier aufschneiden v. ir. comp.; it. disimparare, verlernen v. r. comp.; it. sparare la tavola, la casa, la Chiesa, ausräumen v. r. comp., sparare arme da fuoco, losschießen v. ir. comp., abfeuern, losbrennen v. r. comp.
Sparata d' armi da fuoco, das Losschießen, das Abfeuern gen. s; it. spampanata, eine Großprahlerey, eine Aufschneiderey pl. en.
Sparato, sust. der Hundeschlag gen. es.

der Schlitz am Hemde, part. aufgeschnitten rc.

Sparaviere, der Sperber gen. s.

Sparecchiare, la tavola, den Tisch abdecken, abräumen v. r. comp.

Spareggio, die Ungleichheit, der Unterschied g. w. s.

Spargere, ausbreiten v. r. comp., spargere le chiome, die Haare zerstreuen v. r. comp., s. Spandere.

Spargimento, das Ausschütten gen. s, s. Spandimento.

Sparire, verschwinden v. ir. comp., unsichtbar werden v. auf., aus den Augen kommen v. ir.

Sparlamento, die Nachrede pl. n., die Verleumdung.

Sparlare, verleumden v. r. comp., tadeln v. r., schelten v. ir., Böses nachreden v. r. comp., übel von einem reden, einen in schlechten Ruf bringen v. r.

Sparlatore, ein Verleumder gen. s.

Sparo, das Losbrennen, das Losschießen, das Abfeuern gen. s.

Sparpagliare, zerstreuen v. r. comp.

Sparpagliatamente, av. zerstreuterweise.

Sparsamente, av. abgesonderter-abgetrennterweise.

Sparso, part. da spargere, verbreitet, zerstreut rc.

Spartamente, Spartatamente, av. besonders, allein, auf eine Seite, ins besondere.

Spartimento, e spartizione, die Absonderung, die Theilung, die Abtheilung, die Austheilung, die Eintheilung pl. en.

Spartire, dividere, theilen v. r., abtheilen, absondern v. r. comp.

Spartitamente, av. getheilter abgetheilter Maßen, abgetrennter-abgesonderterweise, stückweise, einzeln.

Sparviere, der Sperber gen. s.

Spasimo, das Zucken gen. s. (in den Gliedern).

Spasimante, ag. der mit Wehen und Zucken in Gliedern beladen ist.

Spasimare, Wehen und Zucken in Gliedern haben, vom Krampfe geplagt werden v. auf., spasimare di dolore, heftige Schmerzen haben v. auf., di sete, vor Durst verschmachten v. r. comp., d'amore, [illegible] verliebt seyn v. auf.

Spassionatamente, av. Verstandesweise, leidenschaftlich.

Spasimato, sust. ein Sterblichverliebter gen. s. part. da spasimare, gezuckt.

Spasimo, das Zucken gen. s. (in den Gliedern), der Krampf gen. s; fig. ein großes Herzenleid gen. s.

Spasmodico, ag. spasmatisch, krampfig, krampfhaft.

Spaso, ag. ausgebreitet, ausgedehnt.

Spassarsi, sich ergötzen, sich erlustigen v. rec. r. comp., die Zeit vertreiben v. ir. comp.

Spassatempo, spasseggiare ec., V. passatempo, passeggiare ec.

Spassevole, ag. ergötzlich, erlustigend.

Spassionarsi, die Leidenschaften ablegen v. ir. comp.

Spassionatamente, av. ohne Leidenschaft, ohne Vorurtheil.

Spassionatezza, die Unempfindlichkeit der Seele.

Spassionato, ag. von Leidenschaften frey; it. der nicht aus Vorurtheil handelt.

Spasso, die Belustigung, die Ergötzung, die Ergötzlichkeit pl. en, die Kurzweil, der Zeitvertreib gen. s; andare a spasso, spazieren gehen v. auf., dar spasso, belustigen, ergötzen v. r. comp., prendersi spasso di qu. c., sich mit etwas lustig machen v. r., prendersi spasso di alcuno, einen zum Besten haben v. auf.

Spatola, eine Spatel pl. n. (der Apotheker).

Spatriare, uscire dalla patria, aus dem Vaterlande vertreiben; it. abbandonare la patria, das Vaterland verlassen v. ir. comp., aus dem Vaterlande gehen v. ir.

Spavalderia, die Unverschämtheit.

Spavaldo, ag. unverschämt, vermessen; sust. ein unverschämter Mensch gen. en pl. en.

Spaventacchio, das Schreckbild gen. es pl. er, eine Feldscheuche pl. n.

Spaventamente, av. erschrecklich.

Spaventare, erschrecken v. r. comp., in Schrecken, in Furcht setzen v. r.

Spaventarsi, erschrecken v. r. comp., in Angst, Furcht, Schrecken gerathen v. ir. comp., sich entsetzen v. rec. r. comp.

Spaventevole, ag. erschrecklich, entsetzlich.

Spaventevolmente, o spaventosamente, av. entsetzlicher Weise, [illegible]

Spavento, das Schrecken, das Entsetzen, das Grauen gen. s, die heftige Furcht.

Spaventoso, ag. erschrecklich, greulich.

Spauracchio, das Scheusal gen. s, pl. [illegible] eine falsche Furcht.

Spazio, der Raum gen. s, der [illegible] der Zwischenraum gen. s, die Zwischenzeit, die Frist pl. [illegible] in breve spazio, in kurzer Zeit; per lo spazio di due ore, binnen zwo Stunden, [illegible]

Spaziosamente, av. geräumig, [illegible]

Spaziosità, die Weite, die Breite, die Länge, die Größe, die Geräumigkeit, der Umfang gen. s.

Spazioso, ag. geräumig, weitläuftig, breit, von großem Umfange.

[illegible]

Specificamente, av. insbesondere, [illegible] ausdrücklich.

Specificare, [illegible]

Specificatamente, av. [illegible]

Specificazione, die Bestimmung, die [illegible] das Verzeichniß gen. es, pl. [illegible]

Specifico, [illegible]

Specioso, ag. [illegible]

Spettacolosamente, [illegible]

Spettacolo, [illegible]

Speco, eine Höhle, eine Grotte, eine Kluft.

[illegible]

Specola, [illegible]

[illegible]

[illegible], es ist wohl [illegible], [illegible] erfordern es [illegible].

Spezzare, [illegible], [illegible], [illegible] [illegible], [illegible] [illegible], [illegible], [illegible] [illegible] zu Ende bringen [illegible], [illegible] v. r. comp., spedire corriere, [illegible] Boten absichen, [illegible], [illegible] v. r. comp.

Spedirsi, eilen v. n. sich [illegible] v. rec. r., bald mit einem Ding fertig werden v. aux.

Speditamente, av. [illegible], [illegible], [illegible], eilends, in [illegible] [illegible], [illegible] [illegible] v. [illegible].

Speditezza, die Geschwindigkeit, die Hurtigkeit, die Behendigkeit, die [illegible].

Spedito, part. da spedire, abgefertigt [illegible] [illegible], schnell, hurtig, geschwind.

Spedizione, die Abfertigung, die [illegible] [illegible], die Berichtigung einer Sache [illegible], die [illegible], die [illegible].

Spedizioniere, der die Ausfertigung besorgt.

Spegnere, auslöschen v. [illegible] comp., [illegible] das Feuer, [illegible].

Spelare, das Haar ausraufen, die Haare abscheren v. a. comp.

Spelato, die Haar verlieren v. [illegible].

Spelda, o spelta, die Spelz, das Dinkelkorn gen. f.

Spelonca, eine Höhle, eine Kluft, die Grotte pl. [illegible], die Schlupfwinkel gen. [illegible].

Speme, die Hoffnung, V. Speranza.

Spendere, Geld ausgeben v. [illegible] comp., verzehren, aufwenden [illegible] comp., spendere il tempo inutilmente, die Zeit unnütz zubringen v. r. [illegible].

Spenditore, ein Einkäufer, ein Ausgeber [illegible], ein Verschwender gen. [illegible].

Spennacchiare, o spennare, die Federn ausrupfen v. [illegible] comp., [illegible] v. [illegible] comp.

Spennacchiero, [illegible], [illegible].

Spensierato, [illegible] [illegible] [illegible] [illegible] [illegible] [illegible].

Spensieratezza, die Sorglosigkeit, die [illegible].

Spensieratamente, av. [illegible], [illegible], [illegible].

Spensierato, ag. unbekümmert, sorglos, [illegible] [illegible], der sich um nichts bekümmert.

Spento, part. da spegnere, ausgelöscht.

Sperabile, ag. [illegible], was sich hoffen läßt.

Speranza, die Hoffnung pl. en; non v' è più speranza, alle Hoffnung ist verloren.

Sperare, hoffen, der Hoffnung leben v. r., [illegible] [illegible] [illegible], [illegible] [illegible] v. [illegible].

Sperdere, [illegible] v. r. comp., in [illegible] [illegible] v. r.; sperdere la [illegible], vor der Zeit [illegible] v. [illegible] comp.

Sperdere, [illegible] v. r. comp., V. [illegible].

Spergiuramento, der Meineid, der falsche Eid gen. [illegible].

Spergiurare, falsch schwören v. [illegible], einen falschen Eid ablegen v. [illegible].

Spergiuratore, o spergiuro, ein Meineidiger, ein Eidbrüchiger gen. [illegible].

Spergiuro, o spergiuramento, der Meineid, der falsche Eid gen. [illegible].

Sperienza, die Erfahrung, die [illegible] [illegible], die Versuchung [illegible].

Sperimentale, ag. auf die Erfahrung gegründet.

Sperimentare, versuchen v. r. comp., erproben [illegible], erfahren v. [illegible] comp.

Sperimentato, [illegible] [illegible] v. [illegible] [illegible] und erfahren in einer Kunst.

Sperimento, der Versuch gen. [illegible], pl. [illegible], die Probe pl. [illegible] [illegible] gen. [illegible].

Sperma, der Saamen, [illegible] [illegible] [illegible] [illegible] [illegible], der Wallrath gen. [illegible].

Spermatico, ag. zum Saamen gehörig.

Speronare, [illegible] v. r. comp., die Sporne geben v. [illegible], V. Speronare.

Sperone, der Sporn gen. [illegible], pl. [illegible], V. Sprone.

Sperto, ag. erfahren, V. Esperto.

Spesa, der Aufwand gen. [illegible], die Unkosten [illegible], die [illegible], die [illegible] [illegible] [illegible] [illegible], mit seinem Schaden klug werden [illegible], non meritla la spesa, es ist nicht der Mühe werth; a spese di [illegible] auf Kosten.

Spesare, [illegible], [illegible] v. [illegible] comp., frey halten v. [illegible], einen ernähren v. r. comp., erhalten v. [illegible].

Spessamente, [illegible] [illegible], av. oft, [illegible], [illegible], [illegible].

Spedire, [illegible] [illegible] v. r. comp. [illegible] [illegible] v. r.

Spedito, die Eile, die Fertigkeit; [illegible] [illegible] gen. f.

Speditissimamente, av. sehr eilig.

Spedito, ag. [illegible], [illegible], [illegible] [illegible] [illegible] volte, oft, [illegible] volte, [illegible] oft.

Speglio, das Scheitholz gen. f. [illegible] [illegible].

Spelonca, [illegible] [illegible], [illegible], [illegible].

Spendere, [illegible], [illegible], [illegible] v. r. comp. [illegible], [illegible] v. a. comp.

Spenditore, der Ausgeber gen. f.

Speranza, die Hoffnung, die Erwartung auf eine [illegible].

Sperare, sich die Brust entblößen v. rec. r. comp.

Sperma, das [illegible] gen. f. pl. [illegible].

Spezialità, ein [illegible] gen. f.

Speziale, ag. sonderbar, besonders, eigen, nicht allgemein.

Specialità, der [illegible] gen. f. pl. [illegible], die besondere [illegible] einer Sache.

Specialmente, av. besonders, insbesondere, [illegible].

Specie, die Gattung pl. [illegible], die Art, die Sorte [illegible], der Schein gen. [illegible] sotto specie di [illegible], unter dem Scheine einer [illegible] Gerechtigkeit.

Speziería, eine Apotheke pl. n.

Spezieríe, allerhand Gewürzwaaren.

Spezialmente, av. [illegible] [illegible].

Specialità, eine besondere [illegible] Schönheit pl. en.

Specioso, ag. schön, [illegible], [illegible].

Spettabile, ag. [illegible].

Spettacolo, der [illegible] gen. [illegible], eine [illegible].

Spezzare, brechen v. ir., zerbrechen v. ir. comp., [illegible] [illegible], zertrümmern v. r. [illegible].

Spia, der Spion gen. f. pl. [illegible], ein Ausspäher, ein heimlicher [illegible] gen. f.

Spiacere, verb. mißfallen v. ir. [illegible], zuwider [illegible] [illegible] v. [illegible].

Spiacevole, der [illegible] [illegible] [illegible] pl. [illegible] Spiacevolezza.

Spiacevole, ag. [illegible], unangenehm, [illegible].

Spiacevolmente, av. auf eine [illegible], unangenehme Art.

Spiacevolezza, der Verdruß gen. [illegible], das Mißfallen gen. [illegible], die Widrigkeit.

Spiaggia, der Strand gen. f., die [illegible] pl. n, das Ufer gen. f., das Gestade gen. f. pl. [illegible].

Spianare, das [illegible], das [illegible] gen. f.

Spianamento, das Ebenmachen, das Platzmachen, das Gleichmachen gen. [illegible], das [illegible] gen. f. (einer Mauer), das Schleifen gen. f. (der [illegible]).

Spianare, eben, platt, gleich machen, glätten v. r., abgleichen v. ir. comp., schleifen v. r. comp., [illegible] [illegible] v. r. comp. (eine Mauer) v. ir. schleifen, [illegible] v. r.

Spianata, ein weiter und ebener Platz in einer Festung.

Spiantare, das [illegible], [illegible] gen. [illegible] pl. [illegible].

Spiantamento, die [illegible] pl. en.

Spiantare, ausreißen, [illegible] v. r. comp. [illegible], [illegible] v. r. comp.

Spiare, die [illegible] [illegible] v. r. comp., [illegible] [illegible] v. r.

Spiare, [illegible] v. r., ausspähen, auskundschaften, aufpassen v. r. c.

Spiatore, der Auskundschafter gen. f.

Spica, eine Ähre pl. n.

Spicchio, [illegible] [illegible] [illegible] pl. [illegible].

Spiccare (il contrario di appiccare), abheben, abnehmen v. ir. comp., [illegible] [illegible], [illegible] [illegible] [illegible] [illegible], in die Augen fallen v. ir. [illegible] [illegible] [illegible], sich besser [illegible] v. [illegible].

Spiccarsi da un luogo, da una persona, sich von einem Orte, von einer Person entfernen v. r. [illegible].

Spicciare, [illegible] [illegible] [illegible] v. ir. comp.; spicciarsi, eilen v. r.

Spicciolare, [illegible] v. [illegible], abbeeren v. r. comp., die [illegible] [illegible] v. r.

Spicciolo, [illegible] spiccioli, der [illegible] gen. [illegible], pl. e.

Spiegabile, ag. erklärlich, erklärbar.

Spiegare ammanire, erklären, aufdecken, erläutern, [illegible] v. r. comp.; spiegare, il contrario di piegare, aus einander legen, falten v. r.; spiegare le vele, die Segel ausspannen, spreiten, sich erklären v. r. comp.

Spiegazione, die Erklärung, die Auslegung, die Erläuterung, die Auslegung pl. en.

Spiezza, die Unbarmherzigkeit, die Grausamkeit.

Spietatamente, av. unbarmherziglicher Weise, auf eine grausame Art.

Spietato, ag. grausam, unbarmherzig, unmenschlich.

Spiga, die Aehre pl. n.

Spigare, in Aehren schießen v. n.

Spigatura, das Schießen des Korns in die Aehren.

Spignere, e spingere, stoßen, treiben, schieben, einen Stoß geben v. a.

Spigolare, Aehren lesen v. a.

Spigolatore, ein Aehrenleser gen. s.

Spigolo, av. Ährenlesen, das Lesen.

Spillo, e spillo, eine Stecknadel pl. n.

Spillare, ein Faß anzapfen v. a. comp.

Spilorcio, ein Knicker gen. s.

Spilorceria, die Knauserey, die Knickerey, die [illegible] pl. en.

Spinaccio, [illegible] gen. es, ag. [illegible], [illegible].

Spinacciare, V. Spinaccegiare.

Spina, der Dorn gen. s. pl. (Dörner e Dornen) (als an Rosenhecken); it. la spina del dorso, der Rückgrad gen. s.

Spinace, (erba), der Spinat gen. s.

Spinale, ag. zum Rückgrade gehörig; la midolla spinale, das Mark im Rückgrade.

Spinetta, eine Art kleiner liegender Instrumente, so unten krummen [illegible], das Spinet gen. s.

Spingarda, eine Art kleiner Stücke oder Geschütz.

Spingere, stoßen, treiben v. a. V. Spignere.

Spino, der Dornstrauch, der Dornstrauch gen. s, pl. (Sträucher), die Dornhecken pl. n; it. lo spino del dorso, der Rückgrad gen. s.

Spinosità, das Dornichtseyn gen. s. [illegible], die [illegible] pl. en.

Spinoso, ag. dornicht, stachlicht, [illegible], beschwerlich, [illegible].

Spinto, der [illegible] (pl. [illegible]), der Leib, der [illegible], der [illegible], das [illegible], das [illegible] gen. s.

Spiombare, das Bley von etwas abnehmen v. a. comp.

Spione, der Spion, der Erspäher gen. s.

Spira, eine schneckenförmige Figur, (als [illegible]), der Wirbel gen. s.

Spiraglio, e spiraglio, das Luftloch, Zugloch gen. s, pl. (löcher).

Spirale, ag. schneckenförmig; una linea spirale, eine schneckenförmige Linie.

Spiralmente, av. auf eine schneckenförmige Art.

Spiramento, Ausathmen, das Athemholen, das Athmen gen. s.

Spirante, [illegible], ag. athmend, hauchend; it. [illegible].

Spirare, respirare, athmen, Athem holen v. n.; spirare l'aria, Luft schöpfen v. a.; it. venire spira, der Wind bläset; it. spirar di vivere, den Geist aufgeben v. a. comp.; [illegible] spirare l'anno etc. das Jahr zu Ende gehen v. ir.; [illegible] spirar d'[illegible], Geruch von sich geben; spirar [illegible], [illegible] seyn, auf [illegible] v. [illegible] spirar [illegible], [illegible] v. a. comp.

Spiritato, [illegible], vom Teufel besessen seyn v. aux.

Spiritato, part. vom Teufel besessen, ag. [illegible].

Spirito, der Geist gen. es, pl. er; lo Spirito Santo, der heilige Geist; lo spirito maligno, der böse Geist; lo spirito folletto, der Poltergeist; lo spirito dell'uomo, der Verstand, der Witz, das Genie gen. s; un uomo di spirito, ein witziger Mensch; un bello spirito, ein artiger Kopf gen. s; aver [illegible] spirito [illegible]; gli spiriti, die Geister; [illegible] lo spirito, den Geist aufgeben v. ir. comp., gli spiriti vitali, die Lebensgeister; [illegible] di [illegible], [illegible]; [illegible] alla spirito, ganz geistlich gesinnet seyn v. aux.; [illegible] la spirito, den Geist [illegible] seyn.

Spiritosamente, [illegible], [illegible].

Spiritoso, ag. [illegible]; vino spiritoso, ein feuriger Wein gen. s.

Spirituale, ag. geistlich.

Spiritualità, das geistliche Wesen gen. s, die Geistlichkeit.

Spiritualizzare, geistlich, [illegible] v. a.

Spiritualmente, av. geistlicher Weise, [illegible].

Spirumeolare, e Sprimacciare, das [illegible] [illegible], aufschütteln v. r. comp.

Sprimacciata, der Schlag mit der flachen Hand.

Sprimere, [illegible], [illegible] v. r., die [illegible] ausziehen v. irr. comp., (als den Saften ic.)

Splendente, ag. glänzend, scheinend, hervorleuchtend.

Splendentemente, av. prächtig, herrlich, auf eine schimmernde, aus[illegible] Art.

Splendere, glänzen, schimmern v. r., scheinen v. irr., hervorleuchten v. r. comp., Glanz geben v. irr.

Splendidamente, av. prächtig, herrlich.

Splendidezza, die Pracht, das Gepränge, die Herrlichkeit, die Freygebigkeit.

Splendido, ag. [illegible], prächtig, herrlich, [illegible] glänzend.

Splendore, der Schein gen. [illegible], der Glanz gen. [illegible], der Schimmer gen. [illegible], die Pracht.

Splenetico, ag. milzsüchtig.

Spoglia, [illegible] [illegible] [illegible] von einem Thiere, [illegible] [illegible] [illegible] ic. die Beute, der Raub gen. [illegible], der [illegible] gen. [illegible], (von einem [illegible]) spoglie, die [illegible].

Spogliamento, die Beraubung, das [illegible], die [illegible] [illegible] [illegible] der [illegible].

Spogliare, [illegible], entkleiden, ausziehen v. r. comp., der Kleider [illegible], [illegible] v. r. comp., [illegible], [illegible] v. r. comp., [illegible] v. r. comp.

Spogliarsi, sich ausziehen v. irr. comp., sich [illegible] v. irr. comp., [illegible] [illegible] [illegible].

Spoglio, der Raub gen. [illegible], die Beute, [illegible], die [illegible] [illegible] Mobilien, die einer [illegible].

Spola, [illegible] [illegible], [illegible] [illegible] [illegible] gen. [illegible].

Spolveraccio, das [illegible] des [illegible] [illegible] den [illegible].

Spolverare, das [illegible] von [illegible] [illegible] [illegible] [illegible] [illegible].

Spolverezzare, [illegible], [illegible], den [illegible] [illegible] v. r. comp.

Spolverizzare, [illegible], [illegible] [illegible] [illegible] [illegible].

Sponda, appoggio, eine Lehne, ein Geländer gen. [illegible], (an einer Brücke, Treppe ic.), la sponda di un fiume, das Ufer gen. [illegible].

Spongioso, ag. [illegible], schwammicht, locker.

Spontaneamente, av. freywillig, aus freyem Willen.

Spontaneità, die Freywilligkeit.

Spontaneo, ag. freywillig, ungezwungen.

Spopolare, entvölkern, vom Volke entblößen v. r. comp.

Spopolazione, die Entvölkerung, die Entblößung [illegible].

Spoppamento, die Abgewöhnung eines säugenden Kindes.

Spoppare, ein säugendes Kind abgewöhnen v. r. comp.

Sporcamente, av. unflätherlich, unreinlich, [illegible], [illegible].

Sporcare, [illegible], [illegible], beschmutzen, [illegible] [illegible] v. r. comp.

Sporcarsi, sich [illegible], [illegible] [illegible] v. r. comp.

Sporcheria, die Schmutz gen. [illegible], der Sporcizia, Unflath, die Unreinigkeit, der Koth gen. [illegible], die [illegible].

Sporco, ag. [illegible], schmutzig, [illegible], unflätig.

Sporgere infuori, [illegible] [illegible], hervorragen v. r. comp.; [illegible] [illegible] [illegible] v. r. comp.

Sporre, darlegen v. r. comp., [illegible] Esporre.

Sporta, der Handkorb gen. [illegible] (Korb).

Sportello, das [illegible] gen. [illegible].

Sporto, [illegible] ein [illegible], ein [illegible] gen. [illegible], [illegible] [illegible] [illegible], [illegible] [illegible] [illegible] gen. [illegible] [illegible].

Sposa, die [illegible].

Sposare, [illegible], die [illegible] [illegible] Frau, die [illegible].

Sposalizio, die [illegible], die Heirath, das [illegible] gen. [illegible].

Sposare, [illegible], [illegible] v. r. [illegible], sich [illegible] v. irr. comp., sich einander [illegible].

Sposizione, die Auslegung, [illegible] Esposizione.

Sposo, der [illegible] gen. [illegible], der [illegible] gen. [illegible], pl. (sposi) die [illegible] gen. [illegible].

Spossato, ag. [illegible], [illegible], entkräftet.

Spossare, schwächen, entkräften, ermüden, abmatten v. a. comp.

Spossatamente, av. ohne Kraft, schwächerweise.

Spossato, ag. erschöpft, schwach, kraftlos, matt, [illegible].

Spranga, ein eiserner Riegel gen. s, eine eiserne Stange st. [illegible] ein Riegelbaum gen. es, pl. [illegible]; ein Querbalken gen. s, eine Querstange pl. n.

Sprangare, mit Riegeln, Querbalken sc. zusammenschliessen v. a. comp.; [illegible] verriegeln v. a. comp.

Sprecare, sein Vermögen verthun v. a. ir. comp., verschwenden, vergeuden v. a. comp.

Sprecatore, der Verschwender gen. s.

Sprecamento, die Verschwendung.

Spregevole, o spregievole, ag. verächtlich, geringschätzig, verachtungswerth.

Spregevolmente, av. auf eine verächtliche Art, mit Verachtung, verächtlicherweise.

Spregiare, verachten v. a. comp., V. Disprezzare.

Spregiatore, ein Spötter, ein Verächter gen. s.

Spregio, die Verachtung, die Geringschätzung.

Spregiudicato, ag. der von Vorurtheilen, der nicht von Vorurtheilen eingenommen ist, der keine vorgefaßten Meinungen hat.

Spremere, ausdrücken, auspressen v. a. comp., den Saft herausdrücken v. a. comp.

Spremitura, das Ausdrücken, das Auspressen gen. s, der ausgedrückte Saft.

Sprezzabile, ag. verächtlich, V. Spregevole.

Sprezzante, ag. verachtend, geringschätzend.

Sprezzare, verachten, verschmähen v. a. comp., geringschätzig behandeln.

Sprezzatamente, av. verächtlicherweise, mit Verachtung.

Sprezzo, die Verschmähung, die Verachtung.

Sprigionamento, die Loslassung aus dem Gefängnisse, die Befreiung.

Sprigionare, loslassen v. a. ir. comp., aus dem Gefängniß; befreien v. a. ir.

Sprimacciare, das Federbette aufschütteln v. a. [illegible], V. Spiumacciare.

Sprimacciamento, das Schütteln, das Federbettes gen. s.

Sprofondamente, av. unergründlich.

Sprofondare, verb. neutr. sinken v. n., einsinken, versinken, untersinken v. n. comp., [illegible] hinunter, hineinsinken v. n. comp.

Spropositare, den Verstand verlieren v. a. ir. comp., sein Vorhaben nicht halten wollen.

Sprone, der Sporn, der Sporenmacher gen. s.

Spronare, spornen v. a., anspornen v. a. comp., den Sporn geben v. a. ir.

Spronata, der Spornstich gen. s, pl. e.

Sprone, der Sporn gen. s, pl. [illegible] dar di sprone, die Sporen geben v. a. ir., a spron battuto, mit verhängtem Zügel, spornstreichs.

Sproporzionare, ungleich machen, aus der Gleichheit setzen v. a.

Sproporzionatamente, av. ohne Gleichmaß, ohne Gleichheit.

Sproporzionato, ag. ungleich.

Sproporzione, die Ungleichheit, die Mißverhältniß, das ungleiche Verhältniß gen. es, die Ungleichmäßigkeit, die Ungleichheit.

Spropositare, unvernünftig Zeug vorbringen v. a. comp., ungereimte Dinge [illegible].

Spropositatamente, av. unvernünftigerweise, ungereimter, ungeschickter, ausschweifend.

Sproposito, ein Fehler, ein Versehen gen. s, die Albernheit, die Thorheit, das ungereimte Zeug, das unvernünftige Zeug gen. s.

Spropriare, des Eigenthums berauben v. a. comp.

Spropriarsi, sich des Seinigen berauben v. rec. a. comp.

Spropriazione, die Beraubung des Eigenthums.

Sprovvedere, berauben, entblößen v. a. comp.

Sprovvedutamente, av. unversehens, unverhofft, unvermuthet, ohne Vorsicht.

Sprovveduto, part. entblößt, beraubt.

Sprovvisto (a la), av. unversehens.

Spruzzare, spritzen v. a., V. Spruzzare.

Spruzzaglia, die Spritzung, das Besprützen, das Bespritzen gen. s.

Spruzzare, spritzen v. a., bespritzen v. a. comp., besprengen v. a. comp.

Spruzzo, das Bespritzen, das Be-

[illegible] gen. f. [illegible]

Spugna, der Schwamm gen. f. [illegible]

Spugnuola, [illegible] gen. f.

[illegible]

Spuma, der Schaum gen. f.

[illegible]

Spumare, schäumen [illegible]

[illegible] die Spitze abbrechen v. a. comp. [illegible]

[illegible]

mit [illegible] Sporen [illegible]

[illegible]

Squadernare, durchblättern v. a. comp. (als ein Buch).

Squadra, (o) [illegible] das Winkelmaß gen. f. [illegible] eine gewisse Anzahl [illegible]

Squadrare, viereckigt machen v. a. [illegible]

Squadronare, [illegible]

Squadrone, eine Schwadron, eine [illegible]

[illegible]

Squallido, [illegible] bleich, hager.

Squallore, die [illegible] die Todtenblässe.

Squama, eine Schuppe, [illegible] gen. f. [illegible]

[illegible]

Squarciare, zerreißen v. a. [illegible]

Squarcio, eine Zerreißung, [illegible]

Squartare, vierteilen, in vier Theile zerhauen v. a. comp.

[illegible]

[illegible]

Squisito, [illegible]

[illegible]

eine Versammlung um seine Wahlstimme zu geben.

Sraticamento, das Ausrotten gen. s, die Ausrottung, die [illegible].

Sradicare, mit der Wurzel ausreißen, [illegible], ausrotten, [illegible] v. a. comp.

Sragion[illegible], ag. unvernünftig.

Sragion[illegible], die Unvernunft, die [illegible].

Sregolatamente, av. unordentlicher Weise.

Sregolatezza, die Unordnung, die Unregelmäßigkeit.

Sregolato, ag. unordentlich.

Srugginire, den Rost abreiben [illegible].

S T

Stabbiare, [illegible] v. a.

Stabbio, der Pferch gen. s, pl. e, der Dünger.

Stabile, ag. bestehend, fest, beständig, bleibend.

Stabilimento, die Festsetzung, die Ordnung, die Errichtung, die Aufrichtung pl. en.

Stabilire, festsetzen, ordnen, errichten, [illegible] v. a. comp. [illegible] beschließen v. a. comp.

Stabilità, die Beständigkeit, der Bestand, das beständige [illegible] gen. s.

Stabilmente, av. fest, beständig, gründlich, [illegible].

Staccamento, das Ablösen, das [illegible], [illegible].

Staccare, ablösen, [illegible], los machen v. a.

Staccio, [illegible], durchsieben, [illegible] v. a. comp.

Stacciaio, der Siebmacher gen. s.

Staccio, ein Sieb [illegible].

[illegible], das Sieb gen. s, pl. e.

Stadera, eine Schnellwaage pl. n.

[illegible], [illegible] Bettel pl. n.

Staffa, ein Stück [illegible].

Staffa, der Steigbügel gen. s.

Staffetta, [illegible], die Staffete gen. s, pl. n, ein Eilbote pl. n, ein Kurier gen. s.

Staffiere, ein Bedienter, ein [illegible] gen. s.

Staffilare, peitschen; geißeln v. a.

Staffile, der Steigriemen gen. s, pl. [illegible].

Stagionamento, die [illegible] Reifmachung der Speise.

Stagionamento, die Zeitigung, die [illegible], die Reife.

Stagionare, zeitigen, reifen, reif machen, zur gehörigen Reife bringen v. a.

Stagione, die Jahreszeit, [illegible] die Witterung, [illegible] Tagzeit, außer der Zeit; a buona stagione, zu gelegener Zeit.

Stagliare, [illegible] von etwas [illegible].

Stagnaio (stagnaro), der Zinngießer, [illegible] gen. s.

Stagnare, stille stehen v. n., (als das Wasser), stillen v. a. (als das Blut), eine [illegible] v. a. comp., [illegible] verzinnen, [illegible] mit Zinn überziehen v. a. comp.

Stagnatura, [illegible] gen. es, pl. e, das Verzinnen, das [illegible] gen. s.

Stagno (stagnuo), eine Pfütze, eine Lache pl. n, der Sumpf gen. es, [illegible], das Zinn gen. es.

Stajo, der Scheffel gen. s.

Stalla, der Stall gen. s, pl. (Ställe).

Stallaggio, das Stallgeld gen. es, pl. er.

Stallo, der Wohnsitz gen. es, der Wohnort pl. en.

Stallone, [illegible], der Hengst, der Zuchthengst gen. es, pl. e, der Beschäler gen. s.

Stame, [illegible], der Faden von der Spinnrolle, [illegible] lo stame della vita, die Lebensfaden.

Stampa, der Druck, die Druckerei, das Nachdrucken gen. s, [illegible] stampa [illegible], [illegible] alla stampa, drucken [illegible], Druck [illegible].

Stampare, drucken [illegible] v. a. (als Buch, ein Kupferstich), prägen v. a. (als eine Münze).

Stamperia, [illegible], die Druckerei, der Buchdruckerei pl. en, die Buchdruckerei.

Stampatore di libri, der Buchdrucker, [illegible] gen. s.

Stancare, ermüden, [illegible] v. a., müde werden v. n., [illegible] v. a. comp. [illegible].

[illegible]

Statua, das gehauene Bild, ein Ebenbild [illegible]

Statura, die Leibeslänge [illegible]

[illegible]

Stella, der Stern [illegible]

[illegible]

Stendere, ausdehnen, ausstrecken, ausbreiten [illegible]

[illegible]

Stimatore, ein Schätzer *gen.* s.

Stimolante, *ar.*, [illegible], antreibend, [illegible].

Stimolare, anspornen, antreiben *v. a.* [illegible], entreiben *v. a.* [illegible], [illegible] *v.*, ermuntern, [illegible] *v. comp.*

Stimolazione, die Anreizung, die Erregung, die Antreibung, die Aufmunterung.

Stimolo, der Antrieb *gen.* [illegible], der Stachel *gen.* s, die Triebfeder.

Stincata, ein Schlag auf das Schienbein.

Stinco, *sost.* das Schienbein *gen.* [illegible].

Stinguere *ec.*, *V.* Estinguere.

Stipare, verstopfen *v. r. comp.*

Stipendiare, besolden [illegible] *comp.*, einen Sold [illegible] *v.* [illegible].

Stipendio, der Sold *gen.* [illegible], die Besoldung, der Gehalt *gen.* s.

Stipite, der Stamm *gen.* [illegible], die Abkunft.

Stipulare, einen Vertrag machen [illegible], übereinkommen *v. ir. comp.*, abschließen *v. r. comp.*

Stipulazione, der Vertrag *gen.* [illegible] *pl.* (Verträge), der Vergleich [illegible].

Stiracchiamento, die Auslehnung [illegible], die Kraftlosigkeit (im Reden).

Stiracchiare, dehnen *v. r.*, [illegible] *v. r. comp.*, [illegible] [illegible] *v. r. comp.*, Stiracchiare il prezzo, im Handel knickern, auf den Heller handeln *v. r.*

Stiracchiatamente, mit Schwierigkeiten, mit ängstlichem Streben.

Stiracchiatura, die Weitläufigkeit, die Betrüglichkeit im Reden, die falsche Scharfsinnigkeit, betrügliche Gründe.

Stirare, ausdehnen *v. r. comp.*

Stirpare, ausrotten *v. r. comp.*, *V.* Estirpare.

Stirpe, der Stamm *gen.* [illegible], das Geschlecht *gen.* s, *V.* Schiatta.

Stitichezza, die Verstopfung des Leibes, die [illegible], [illegible].

Stitico, *ag.* verstopft, [illegible]; [illegible].

Stiva, die Pflugsterze [illegible], die [illegible] am [illegible].

Stivaletto, der Halbstiefel [illegible], die Stiefeln anziehen *v. r. comp.*

Stivale, der Stiefel *gen.* s, *pl.* [illegible], die Stiefeln ausziehen, ausziehen *v. ir. comp.*

Stivare, [illegible], aneinander drücken *v. r.*, [illegible], ein [illegible] [illegible] Ballen [illegible] *v. ir. comp.*

Stizza, der Zorn, der Grimm, der Groll [illegible], die Erbitterung, *ec.*, die [illegible], *ec.* eine Art [illegible] der Hunde.

Stizzire, zornig werden *v. ausl.*, sich erzürnen *v. r. comp.*

Stizzire, erzürnen *v. r. comp.*

Stizzosamente, *avv.* zornmüthigerweise, erbitterterweise, mit Wuthen und Zorn.

Stizzoso, *ag.* zornig, aufgebracht, *ec.* [illegible].

Stoccata, ein Degenstoß *gen.* [illegible], *pl.* (Stöße), ein Degenstich *gen.* [illegible], *pl.* [illegible], dare stoccata al cuore, ein Stich ins Herz.

Stoccheggiare, fechten *v. ir.*, sich mit Stoßdegen schlagen *v. ir. comp.*

Stocco, ein spitziger Stock *gen.* [illegible], *pl.* [illegible].

Stoffa, ein gewirktes Zeug oder Zeug *gen.* s.

Stoffa, die Materie, woraus etwas gemacht wird.

Stogliere, *V.* Storre.

Stoia, eine Strohmatte, eine Strohdecke *pl.* n.

Stoicamente, *avv.* stoisch, auf stoische Art.

Stoico, *sost.* ein Stoiker *gen.* s, *ag.* stoisch.

Stola, ein Kleid, eine Stola, eine Art Meßgewand (in der römischen Kirche).

Stolidamente, *avv.* [illegible], albern

Weise.

Stolidezza, Stolidità, die Albernheit, die Dummheit, die Thorheit *ec.*

Stolido, *ag.* albern, dumm, thöricht.

Stoltamente, *avv.* thörichterweise, albernerweise.

Stoltezza, die Narrheit, die Thorheit, die Einfalt, die Dummheit.

Stolto, *ag.* närrisch, albern, dumm, thöricht.

Stomacaggine, der Ekel *gen.* s, das Übelsein.

Stomacale, *ag.* magenstärkend, was den Magen stärkt.

Stomacare, *v. n.* [illegible], Ekel haben, [illegible] *v. ir.*, einen Ekel verursachen *v. r. comp.*

Stomacare, [illegible], [illegible] [illegible]

[illegible]macatione, der Eckel gen. s, (von Speisen).
Stomachevole, ag. eckelhaft, eklicht; met. verdrüßlich.
Stomachevolmente, av. auf eine sehr eckelhafte Art.
Stomaco, der Magen gen. s; il mal di stomaco, das Magenweh gen. s.
Stomatico, ag. V. Stomacale.
Stoppa, das Werg gen. es.
Stoppare, mit Werg verstopfen, zustopfen, zumachen v. r. comp., stopparsi gli orecchi, sich die Ohren verstopfen v. rec. r. comp.
Stoppia, die Stoppeln.
Stoppino (di una lampada), der Docht an einer Lampe.
Stoppione, eine Distel.
Stopposo, ag. wergartig, wollicht, trunsicht, besticht.
Storace, ein Harz von dem Baume dieses Namens; it. der Baum selbst.
Storcere, drehen v. r., umdrehen v. r. comp., winden v. r.
Storcersi, sich drehen, sich wenden v. rec. r.
Storcimento, die Verdrehung des Leibes, das Verdrehen gen. s, (als der Worte).
Stordimento, die Betäubung, das Erstarren gen. s, die Unbedachtsamkeit.
Stordire, betäuben v. r. comp., dumm machen v. r.
Storditamente, av. unbesonnener, unbedachtsamer, dummerweise.
Stordito, ag. e part. toll, sinnlos, außer sich selbst, betäubt, erstaunt.
Storia, die Geschichte pl. n, die Historie, eine Erzählung.
Storicamente, av. historischerweise.
Storico, sust. ein Geschichtschreiber gen. s, ag. historisch, zur Geschichte gehörig.
Storiella, ein Mährchen gen. s.
Storione (pesce), der Stör gen. s.
Storpiamento, Storpiatura, die Lähmung, die Verstümmelung.
Storpiare, lähmen, zum Krüppel machen v. r.; it. verstümmeln v. r. comp.
Storpiato, sust. ein Krüpel gen. s; part. gelähmt, verstümmelt.
Storre, abwenden v. r. comp., V. Stoglierc.
Storsione, die Erpressung pl. en, V. Estorsione.
Storta (una), eine Verrenkung eines Gliedes.

Storto, ag. e part. schief, krumm, verdrehet, verrenkt.
Stoviglie, das Kuchengeräthe gen. s.
Strabalzamento, strabalzo, das hin und her Werfen, Stoßen, Schmeißen gen. s.
Strabalzare, prellen v. r., hin und her stoßen v. ir.
Strabiliare, sich höchst verwundern v. rec. r. comp.
Strabocchevole ag., ein jählinger, plötzlicher Fall gen s, V. Trabocamento ec.
Strabuzzare, die Augen verdrehen v. r. comp.
Stracantare, außerordentlich singen v. ir.
Stracca, die Müdigkeit.
Straccare, müde machen v. r., straccarsi, sich ermüden, sich abmatten v. rec. r. comp.
Stracchezza, die Müdigkeit, die Mattigkeit.
Stracciare, zerreißen v. ir. comp., in Stücken reißen v. ir.
Stracciato, part. da stracciare, zerrissen; un uomo tutto stracciato, ein zerlumpter Mensch gen. e pl. en.
Stracciatura, der Riß gen. es, pl. e, ein Zerreißung pl. en.
Straccio, der Lumpen, der Lappen, der Fetzen gen. s.
Stracco, ag. müde, matt, kraftlos, [illegible].
Stracuocere, e stracocere, überkochen v. r. comp.
Straccontento, ag. höchst zufrieden.
Stracorrere, [illegible] v. ir. comp.; it. schnell verfließen v. ir. comp.
Stracorrevole, ag. schnell verfließend, [illegible], vorübergehend.
Stracotto, ag. überkocht, zu sehr gekocht.
Strada, der Weg gen. s, pl. e, die Straße pl. n; la strada maestra, die Hauptstraße, die Landstraße; per strada, unter Wegs; a mezza strada, mitten auf dem Wege; la strada in città, die Gasse pl. n.
Stradone, ein breiter Weg, ein Spaziergang in einem Garten oder anderswo.
Strafare, zu viel thun v. ir.
Straforare, durch und durch bohren v. r., durchstechen v. ir. comp.
Straforo, sust. das Durchbohren gen. s, die durchbohrte Arbeit.

Strega, [illegible] die Hexe [illegible] [illegible] [illegible] der [illegible] [illegible] die [illegible] [illegible]

Strale, der Pfeil [illegible] [illegible]

Stralucente, [illegible] sehr glänzend, [illegible] [illegible]

Stralunare, das [illegible] (der Augen).

Stralunare, die Augen verdrehen [illegible]

Stramazzare, [illegible] zu Boden [illegible] [illegible] in Ohnmacht fallen.

Stramazzata (quasi), ein Fall [illegible] (auf die Erde).

Strambellare, [illegible] in Stücken [illegible]

Strambo, [illegible] ein [illegible] [illegible]

Strambotto, [illegible] [illegible]

Strame, das Streu, das Futter für das Vieh, [illegible] das Futter [illegible] die Fütterung für das Vieh.

Stramenamento, die [illegible]

Strampelare, [illegible] V. Tempelare.

Stranamente, [illegible] [illegible] auf eine [illegible] Art.

Stranezza, die [illegible] [illegible] die [illegible]

Strangolare, erwürgen, erdrosseln, [illegible]

Strangolo, Strangolamento, das Erwürgen [illegible]

Stranguglione, ein Geschwulst am Halse der Pferde.

Stranguria, die Harnstrenge, das Harntröpfeln [illegible]

Straniero, Straniero, [illegible] ein Fremder, ein [illegible] [illegible] fremd, ausländisch.

Strano, [illegible] fremd, [illegible] seltsam, [illegible]

Strano, [illegible] [illegible] wunderlich, [illegible]

Straordinariamente, [illegible] außerordentlicher Weise, [illegible]

Straordinario, [illegible] außerordentlich, [illegible] [illegible] [illegible]

Strapagare, [illegible] zu viel geben, [illegible] [illegible] [illegible]

Strapazzare, übel begegnen, schlecht [illegible] [illegible] [illegible] [illegible] [illegible] ein Pferd übertreiben [illegible]

Strapazzatamente, [illegible] nachlässiger Weise.

Strapazzo, die [illegible] [illegible] [illegible] die [illegible] [illegible] [illegible] [illegible] [illegible]

Strapiombare, [illegible] [illegible] V. Trapiombare.

Strapotente, [illegible] übermächtig.

Strappamento, Strappata, das [illegible] [illegible]

Strappare, herausreißen [illegible] [illegible] zerreißen, wegreißen.

Strapuntino, eine Art Matratze, eine durchnähte Decke [illegible]

Strascinare, schleppen [illegible] nach sich ziehen [illegible]

Strascino, Strascico, das Schleppen [illegible] der Schleppe, das Gezerre [illegible]

Strasordinario, V. Straordinario.

Straordinariamente, [illegible] V. Straordinariamente [illegible]

Stratagemma, eine Kriegslist, eine List, eine Hinterlist [illegible] der Kunstgriff, ein listiger Streich [illegible]

Stravagante, [illegible] zu viel [illegible] [illegible]

Strato, der Boden [illegible] [illegible] eine Bank [illegible] ein Bett, ein Lager, eine [illegible] worauf man sich legt.

Stratta, [illegible] ein kleiner [illegible] [illegible] [illegible]

Stravagante, [illegible] wunderlich, [illegible] [illegible] [illegible] [illegible] [illegible] [illegible] [illegible]

Stravagantemente, [illegible] [illegible] auf eine seltsame Art.

Stravaganza, die Seltsamkeit, die Wunderlichkeit [illegible] [illegible] wunderlich, närrische [illegible] [illegible]

Stravedimento, die [illegible] [illegible] [illegible] [illegible]

Stravedere, [illegible] [illegible] [illegible] V. Travedere.

Stravero, [illegible] mehr als zu wahr.

Stravizzare, schwelgen, schmausen [illegible]

Stravizzo, e Stravizzo, eine [illegible], eine [illegible], ein Schmaus *gen.* m. der Prassen *gen.* s.

Stravolgere, umdrehen, verdrehen *v. r. comp.*

Stravolgimento, die Verdrehung.

Strapazzare, übel behandeln *v. r. comp.* plagen, quälen, peinigen *v. r.*

Straziatamente, *av.* mit schlechter Begegnung.

Strazio, die Peinigung, der [illegible] *gen.* s. [illegible] des Gemüthes.

Strebbiare, e Stribbiare, reiben *v. r.* schminken *v. r.*

Streccare, aufflechten *v. r. comp.* (was geflochten ist).

Strega, eine Hexe *pl.* n. eine Zauberinn *pl.* en.

Stregare, hexen *v. r.* behexen, bezaubern *v. r. comp.*

Stregheria, die Hexerey, die Zauberey *pl.* en.

Stregghia, eine Striegel *pl.* n.

Stregghiare, striegeln *v. r.*

Stregone, Stregone, eine Zauberer, eine Hexe *pl.* en. mas. ein Hexenmeister, ein Zauberer *gen.* s.

Stregoneria, eine Hexerey *pl.* en.

Stremità *etc.* das Ende, *v.* Estremità *etc.*

Strenna, [illegible] ein Geschenk *gen.* s. *v.* Mancia.

Strenuamente, *av.* tapfer, muthig, herzhaft, beherzt, tapferlich.

Strenuità, die Tapferkeit, die Herzhaftigkeit *pl.* en.

Strenuo, *ag.* tapfer, *v.* Strenuamente.

Strepitare, rauschen, brausen, Gepolter machen, poltern, lärmen und toben *v. r.*

Strepito, das Geräusch, das Getöse, das Getümmel, das Gepolter, der Lärm, das Gerassel *gen.* s.

Strepitosamente, *av.* lärmend, mit Getöse, mit großem Geräusche.

Strepitoso, *ag.* lärmend, tobend, rauschend, laut.

Stretta, das Pressen *gen.* s. [illegible] eine enge Straße, ein Engpaß, eine Gasse, in Beschwerden, eine Sache zu beschleunigen.

Strettamente, *av.* fest, enge, beklemmen, [illegible] knapp, kümmerlich leben *v. r.*

Strettezza, die Enge, die Schmälerung [illegible] die Einschränkung [illegible] mit [illegible] in der äußersten Noth leben *v. r.* la Strettezza di spirito, die Engherzigkeit.

Stretto, *sost.* eine Enge, eine Meerenge, eine Straße, [illegible] stringere, zusammengezogen, zusammengedrückt, [illegible] verjagt, [illegible] eine [illegible] Nothwendigkeit [illegible] ein naher Verwandter [illegible] ein [illegible] Freund *gen.* s. [illegible] *v.* Strettamente.

Strettoja, eine Binde *pl.* n. ein Band *gen.* s.

Strettura, eine Presse *pl.* n.

Stridente, *v.* Stridente.

Stridere, schreyen *v. r.* laut schreyen, kreischen [illegible] zischen, [illegible] schreien, knarren, quicken, brausen, brüllen *v. r.*

Strido, } das Schreyen, das Klagen, das Geheule *gen.* s. [illegible] das Winseln, das Klirren *gen.* s.

Strigare, auswickeln *v.* [illegible]

Strige, [illegible] ein Nachtvogel *gen.* s. *pl.* [illegible]

Stringere, e Strignere, [illegible] einschränken, [illegible] zusammendrücken [illegible] Stringere la mano [illegible] Stringere amicizia con alcuno, Freundschaft mit einem machen *v. r.* Stringere alcuno, in ein Bündniß treten *v. r.* Stringere un trattato, einen Vertrag schließen *v. r.* Stringersi nelle spalle, die Achseln zucken *v. r.*

Stringimento, e Strignimento, das Zusammenziehen, Zusammendrücken, das Einschränken, das Angreifen *gen.* s.

Striscia, [illegible] Schlangenartig gehen *v. r.*

Striscio, ein [illegible] *gen.* es.

Strofa, der Vers, die Strophe, der Absatz *gen.* s.

Strofinaccio, [illegible] *gen.* s.

Strofinare, [illegible] *v. r. comp.*

Strolago, [illegible] ein Sterndeuter [illegible] *gen.* s. [illegible] die Stirn *gen.* s.

Strisciare, kriechen v. ir., (als die Schlangen auf der Erde), streifen glitten, glitschen v. r.

Strisciata, das Gleiten, das Ausglitschen gen. s. (mit den Füßen).

Stritolamento, e Stritolatura, das Mahlen, das Zerreiben, das Zermalmen gen. s.

Stritolare ec., reiben v. ir., zerstoßen v. ir. a. sep.

Strofa, ein gewisses Poetisches Werk, eine Strophe pl. n.

Strofinaccio, ein Wischlappen gen. s, ein Scheuerwisch gen. es.

Strofinamento, das Reiben zweier Dinge aneinander, das Wischen gen. s.

Strofinare, reiben v. ir., abreiben v. ir. comp., abscheuern, abwischen v. r. comp.

Strolagare, prophezeyen v. r., V. Astrologare ec.

Stromento, das Werkzeug gen. s, V. Strumento.

Stronzo, ein dicker Menschenkoth gen. s.

Stropicciamento, e Stropicciatura, das Reiben gen. s, V. Strofinamento.

Stropicciare, reiben, streichen v. ir., V. Strofinare.

Stroppiamento, das Lähmen gen. s, V. Storpiamento ec.

Stroppiatamente, av. verstümmelterweise.

Stroppiatura, die Lähmung.

Stroscio, der Fall, die Spur, der Streif, die Furche, welche das Wasser im Fließen machet, das Rauschen, Brausen gen. s.

Strosciare, rauschen, brausen v. r.

Struggimento, e Struggitura, das Schmelzen, das Zerfließen, das Zerfließen gen. s.

Struggere, schmelzen v. r., zerschmelzen v. r. comp., zerfließen v. ir. comp.

Struggersi, sich auszehren [illegible], sich vor Begierde verzehren v. r. comp.; Struggersi in pianto, bitterlich weinen v. r.

Struggitivo, die Auszehrung, die Verzehrung.

Strumentale, ag. instrumentalisch; musica strumentale, die Instrumentalmusik.

Strumento, das Werkzeug gen. s, das Instrument gen. s.

Strutto, der Speck gen. s, V. lardo; add. da struggere, aufgelöset.

Struttura, der Bau, das Gebäude gen. es, die Bauart pl. en, die Stellung pl. en.

Struzzo, e Struzzolo (uccello), der Strauß gen. es.

Stuccare, kütten v. r., verkitten v. r. comp., in Stuck arbeiten v. r., mit Stuck überstreichen v. ir. comp.

Stucchevole, ag. verdrießlich, widerwärtig, ekelhaft, überdrüßig, das Widerwillen, Unlust erwecket.

Stucchevolezza, der Ekel gen. s, der Ueberdruß gen. es.

Stucchevolmente, av. auf eine ekelhafte Art.

Stucco, sost. eine Art Mörtel, Stuck; ag. überdrüßig, satt.

Studente, sust. ein Studierender, ein Student gen. en; ag. fleißig.

Studiare, studieren, lernen v. r.

Studiatamente, av. mit allem Fleiß, vorsetzlich.

Studio, das Studieren, das Lernen gen. s, der Fleiß, die Bemühung; lo studio di un Avvocato, [illegible]; a bello studio, mit Vorsatz, mit allem Fleiße.

Studiosamente, av. fleißig, mit allem Fleiße.

Studioso, ag. fleißig; einer, der fleißig studiert.

Stufa, eine Stube, eine Badstube gen. n.

Stufaiuolo, ein Bader gen. s.

Stufare, ein warmes Bad halten v. ir.; fig. verdrüßlich machen v. r.; io sono stufato di voi, ich bin eurer überdrüßig.

Stufato, [illegible].

Stufo, ag. überdrüßig, satt, zum Ekel gesättiget.

Stuoia, eine Strohmatte pl. n, eine Decke von Binsen.

Stuolo, ein Haufen, eine Bande, eine Schaare, eine kleine Flotte.

[illegible], auf dem rechten Lande [illegible] men v. ir.

Stupefare ec., erstaunen v. r. comp., V. Stupidire.

Stupendamente, av. erstaunlich, vortrefflich, wundervollerweise.

[illegible]

[illegible], die Verwunderung, das Entsetzen [illegible]

[illegible]

Stupor, die Erstaunung, die [illegible]

[illegible], die Vermehrung, die Minderung, [illegible]

[illegible]

S U

Su, [illegible]

[illegible]

Sugere, abwenden [illegible]

[illegible]

[illegible], die [illegible]

[illegible], die Aufmunterung, [illegible]

[illegible], die Veränderung, die Verwechselung.

[illegible]

[illegible], die Untergebung, [illegible]

[illegible]

Subitaneus, [illegible], plötzlich, alsbald, auf der Stelle.

Subitaneamente, av. schnell, auf einmal, unversehens, unerwartet.
Subitaneo, ag. plötzlich; schleunig, gählings, unversehen, unvermeynt, unvermuthet.
Subitezza, die Geschwindigkeit, die Schnelligkeit.
Subito, ag. plötzlich, schnell, gähling, schleunig, geschwind, unversehen.
Subito, av. geschwind, auf der Stelle, sogleich.
Sublimare, erhöhen v. r. comp., groß machen, erhaben machen v. r., vocabo chimico, sublimiren, rectificiren steigen machen v. r., (durchs Feuer).
Sublimato, sust. der erhöhete Merkurius; part. da sublimare, erhöhet, sublimirt ꝛc.
Sublimazione, die Erhöhung, die Vergrößerung; it. das Sublimiren gen. 8.
Sublime, ag. erhaben, hoch; it. vortrefflich; lo stile sublime, die erhabene Schreibart.
Sublimemente, av. erhaben, hoch, prächtigerweise, mit Erhabenheit.
Sublimità, die Erhabenheit, die Höhe; it. die Vortrefflichkeit.
Subodorare, spüren, merken v. r., Wind von etwas haben v. aus.
Subordinatamente, untergeordneterweise.
Subordinare, unterwerfen, untergeben v. ir. comp., abhängig machen v. r.
Subordinazione, o subordinamento, die Unterwerfung, die Untergebung, die Abhängigkeit, die Subordination.
Subornare, zum Bösen verführen v. r. comp., antreiben v. ir. comp, bereden v. r. comp
Subornatore, ein Verführer, ein Anstifter gen. 8.
Subornazione, die Verführung, die Anstiftung, die Verleitung.
Succedente, ag. nachfolgend, auf einander kommend.
Succedere, nachfolgen v. r. comp., nach einander kommen v. ir.; it. accadere, geschehen, vorfallen, zustoßen v. ir. comp., begegnen v. r. comp., sich ereignen v. rec. r. comp.
Succedevolmente, av. nach einander.
Succedimento } die Nachfolge, der Erfolg, der Ausgang gen. 8; it. die Erbschaft, die Erbfolge.
Successione }
Successivamente, av. nach einander, nach der Reihe, der Ordnung nach, eins nach dem andern.

Successivo, ag. auf einander folgend, nachfolgend; it. fortgehend, nach und nach.
Successo, sust. der Ausgang, der Erfolg, der Vorfall gen. 8, ꝛc. (Geschichte); it. der Ausgang einer Sache.
Successore, der Nachfolger gen. 8.
Succhiare, o succiare, saugen v. r., aussaugen v. r. comp.
Succhiellare, durchbohren v. r. comp.
Succhiello, eine kleine Bohrer gen. 8.
Succhio, eine Bohrer gen. 8; per succo, sugo, der Saft gen. 8; it. succio, das Lebensquell gen. 8.
Succiamele, (erba), die Sommerwurz gen. es.
Succiasangue, ein Blutigel gen. 8.
Succidere, o succiddere, von unten wegschneiden v. ir. comp.
Succignere, o succingere, aufschürzen, aufbinden v. r. comp.
Succino, (gomma), der Bernstein, der Agtstein gen. 8.
Succintamente, av. kürzlich, mit wenig Worten.
Succinto, ag. kurz, nicht weitläufig; un abito succinto, ein aufgeschürztes Kleid, ein Kleid ohne Schleppe; parlar succinto, kurz reden v. r.; uno stile succinto, eine kurzgefaßte Schreibart.
Succio, (it. bacio), ein Schmatz, Bussel.
Succiola, eine gesottene Kastanie pl. n.
Succo, V. Succhio.
Succoso, ag. saftig.
Succubo, ein Teufel in Weibergestalt.
Sucido, ag. schmutzig, unrein, unflätig, schmierig.
Sucidume, sudiciume, sucidezza, der Schmutz gen. es, der Unflat gen. 8, die Schmiererey, der Schmutzfleck.
Suco, der Saft gen. 8, V. Sugo ec.
Sudare, schwitzen v. r.; fig. in großen Aengsten seyn v. aus.
Sudario (il SS.), das Grabtuch (unsers Heilandes), das Schweißtuch gen. 8.
Sudatorio, eine Badstube pl. n.
Suddelegare, andern seine verordnete Gewalt übertragen v. ir. comp.
Suddelegato, sust. ein Afterbevollmächtigter, ein Unterbeamter gen. 8.
Suddelegazione, die Verordnung, die Vollmacht an statt seiner handeln zu dürfen; die aufgetragene Ver-
[illegible]

[illegible] eines andern [illegible], [illegible] beygesellet.

[illegible] abgeschnitten, abgesondert.

Suddiacon[illegible] v. Suddiaconato [illegible].

[illegible], der Unterdiacon [illegible], [illegible], unterthänig.

Suddividere, die zertheilte Theile wieder in andere abtheilen [illegible].

Suddivisibile, [illegible], das sich wiederum in kleinere Theile abtheilen läßt.

Suddivisione, die [illegible] Eintheilung einer schon getheilten Sache.

Sudicio, [illegible] schmutzig, v. Sucido.

Sudore, der Schweiß [illegible].

Sudorifico, [illegible], ein Schweißtreibendes Mittel [illegible], ein Schweißmittel; [illegible] schweißtreibend.

Svegliamento, das Aufwachen [illegible], das Erwachen.

Svegliare, erwecken, aufwecken [illegible].

Svegliarsi, munter werden [illegible], erwachen [illegible], vom Schlafe.

Svegliatezza, die Munterkeit, die [illegible], die Aufgewecktheit.

Svegliato, [illegible], aufgeweckt [illegible], munter, [illegible].

Svegliatoio, [illegible], der Wecker [illegible].

Svellere, ausreißen [illegible], v. Sveltere.

Svelamento, die Entdeckung verborgener Dinge, die Offenbarung, die Bekanntmachung.

Svelare, das Verborgene entdecken, offenbaren, [illegible], an Tag bringen, [illegible], [illegible].

Svelatamente, [illegible], offenbarlich, [illegible], unverhohlener Weise.

Sveltere, ausreißen, herausziehen [illegible], ausrotten [illegible].

Sveltamente, [illegible], hurtig, geschwind, behend, [illegible], leichtsinnig.

[illegible], die [illegible], die [illegible], die Geschicklichkeit, die [illegible].

Svelto, [illegible] Sveltere, ausgerissen [illegible], frisch, [illegible], hurtig.

Svenare, die Adern [illegible], [illegible], [illegible] umbringen, [illegible].

[illegible], [illegible], [illegible].

[illegible], die [illegible] Ohnmacht.

Svenimento, die Ohnmacht.

Svenire, [illegible], [illegible] machen [illegible] [illegible] le vene, eine Ader öffnen [illegible] l'onore [illegible] genus, das Gewächse [illegible] [illegible] die Adern entdecken.

Svenirsi, ohnmächtig werden [illegible], in Ohnmacht fallen [illegible].

Sventolamento, das Lüften, das Auslüften, das [illegible].

Sventolare, etwas in der Luft halten, lassen, schweben lassen [illegible], wenn sich nach dem Winde drehen [illegible].

Sventrare, ausweiden [illegible], [illegible], das Eingeweide aus dem Bauche herausnehmen [illegible].

Sventura, das Unglück, der Unfall, der [illegible], die Widerwärtigkeit [illegible], ein widerwärtiger [illegible].

Sventuratamente, [illegible], unglücklicher Weise, zu einem Unglücke.

Sventurato, [illegible], ein unglücklicher Mensch [illegible].

[illegible], [illegible] [illegible].

Svergognamento, die Beschämung, die Schändung, die [illegible].

Svergognare, [illegible] der Ehrbarkeit berauben [illegible], eine Jungfrau schwächen [illegible], schänden [illegible].

Svergognatamente, [illegible] Verschämung.

Svergognato, beschämen [illegible], beschämt machen [illegible].

Svergognatamente, [illegible], unverschämter Weise, auf eine schimpfliche Art, ohne Scham und Ehre.

Svergognatezza, die Unverschämtheit, die Unverschämtheit.

Svergognato, [illegible], unverschämt, unverschämt.

Svernamento, das [illegible] [illegible].

Svernare, überwintern [illegible], den Winter [illegible], den Winter zubringen [illegible].

Sverza, [illegible] [illegible] einer Sache [illegible].

Sverzare, [illegible], mit Splittern, mit kleineren Stäben [illegible] machen [illegible].

Svestire, entkleiden, ausziehen [illegible], [illegible] die Kleider ausziehen [illegible].

Svezzare, abgewöhnen v. r. comp., v. Divezzare.

Sufficiente, aj. hinlänglich, genugsam, hinreichend.

Sufficientemente, av. genug, genugsam, hinlänglich, zur Genüge.

Sufficienza, die Hinlänglichkeit, die Genugsamkeit, die Genüge; it. die Fähigkeit, die Tüchtigkeit; av. a sufficienza, hinlänglicherweise, genugsam.

Suffocamento ec., die Erstickung, v. Soffocamento ec.

Suffraganeo, ein Bischof, der unter einem Erzbischofe steht.

Suffragare, helfen v. ir., begünstigen v. r. comp.; it. eine Wahlstimme geben v. ir.

Suffragio, der Beyfall gen. s, pl. (fehlt), der Beytritt, der Beystand gen. s; it. die Wahlstimme pl. n.

Suffumicamento, e suffumicazione, das Räuchern gen. s, die Räucherung.

Suffumicare, räuchern v. r.

Sufolamento, das Pfeifen, das Zischen gen. s, (als der Schlangen).

Sufolare, pfeifen v. ir., zischen v. r.

Suggellare, siegeln v. r., besiegeln, versiegeln, das Siegel aufdrücken, zuschließen v. r. comp.

Suggello, das Petschaft, Pettschaft, das Siegel, das Insiegel gen. s.

Suggerire, eingeben v. ir. comp., einsagen, einflüstern, vorsagen v. r. comp., it. beybringen v. r. comp., an die Hand geben v. ir.

Suggestione, die Eingebung, die Beybringung.

Suggestivamente, av. listiger betrüglicher verfänglicherweise, mit List und Betrug.

Suggestivo, ag. verfänglich, listig, [illegible]; una interrogazione suggestiva, eine verfängliche Frage pl. n.

Suggettamente, av. mit Zwang, gezwungenerweise.

Suggettamento, der Zwang gen. s, die Unterwerfung.

Suggettare, e soggettare, unterwürfig machen v. r., Zwang anthun, unterwerfen v. ir. comp.

Suggetto, e soggetto, sost. der Inhalt, der Gegenstand gen. s, pl. (Gegenstände); it. ein Unterthan gen. s, pl. en; it. eine Person, ein Subjekt gen. s; ag. unterworfen, unterthänig, abhängig, [illegible], an etwas gebunden.

Suggezione, e soggezione, die Unterwürfigkeit, die Unterthänigkeit, der Zwang gen. s; it. die Ehrerbietung; senza soggezione, ohne Umstände, ohne Zwang.

Sughero, das Pantoffelholz gen. es, der Kork gen. es.

Sugna, das Fett vom Zwerchfelle der Schweine, das Schmeer, gen. s.

Sugnaccio, das Nierenfett gen. s.

Sugnoso, ag. fettig, schmierig.

Sugo, e succo, der Saft der Pflanzen, der Kern, der Saft, das Beste in einem Buche &c.

Sugosamente, av. mit vieler Gründlichkeit.

Sugosità, die Saftigkeit, der Saft gen. s.

Sugoso, ag. saftig.

Sviamento, die Verirrung.

Sviare, vom rechten Wege abbringen, ableiten v. r. comp., irre machen, irre führen v. r. r. verb. Sviarsi, vom rechten Wege abkommen v. ir. comp., irre gehen v. ir.; it. (fig.) in Ausschweifungen gerathen v. ir. comp.

Svieto, ag. veraltet, verrunzelt, [illegible], einen Bart machen.

Svigorire, entkräften v. r. comp., die Kraft benehmen v. ir. comp.

Svigorito, ag. entkräftet, v. Spossato.

Svilimento ec., v. Avvilimento ec.

Svillaneggiare, v. Villaneggiare.

Sviluppamento, die Entwicklung, die Auswickelung.

Sviluppare, entwickeln v. r. comp., verwirrte Sachen auseinander machen v. r.

Sviluppo, die Entwicklung, die Auswickelung.

Svisceramento, das Ausweiden gen. s, das Herausnehmen der Eingeweide.

Sviscerare, ausweiden v. r. comp., das Eingeweide aus dem Bauche herausnehmen v. ir. comp.

Svisceratamente, av. herzinniglich, inbrünstig, heftig.

Svisceratezza, die innigste Liebe, die herzlichste Zuneigung.

Sviscerato, ag. geneigt, [illegible], mit Liebe zugethan, ergeben; un amore sviscerato, eine herzliche Liebe; un amico sviscerato, ein Herzensfreund gen. s, pl. e.

Svezzare, cioè levar l'usanza, die Gewohnheit ablegen v. r. comp.; it. [illegible], ausschrauben v. r. c.

[illegible], losmachen v. r. comp.

[illegible], vom Galgen befreyen v. r. c.; [illegible] v. ir. comp.

Sulfureo, ag. schwefelicht.

Sultana, die Sultaninn pl. en.

Sultano, der Sultan, der türkische Kaiser gen. s, die Sultane, pl. en.

Suo, pron. poss. (il), sua (la), il suo, der, das Seinige, der seine; fare il suo, [illegible] thun v. ir. c.; darsi delle [illegible], sich große Dinge einbilden v. rec. r. comp., das Seinige verwenden v. r. comp.

Suocera, die Schwiegermutter.

Suocero, der Schwiegervater gen. s.

Svogliare, Ekel verursachen v. r. c., die Lust benehmen, vertreiben v. ir. comp., abspenstig machen v. r.

Svogliataggine, e svogliatezza, die Unlust, der Ekel gen. s, der Widerwille gen. ns, pl. n.

Svogliatamente, av. mit Unlust, mit Ekel, auf eine unwillige Art.

Svogliato, ag. überdrüssig, ekelhaft.

Svolazzamento, das Flattern, das Herumflattern, das Hin und Herfliegen gen. s.

Svolazzare, flattern v. r., hin und her fliegen v. ir.

Svolgere, aus einander wickeln v. r., aufziehen v. ir. comp., von einander [illegible] v. r. comp., abwendig machen v. r. (von seinem Vorhaben).

Svolta (la) delle strade, die Straßenecken.

Suolo, der Boden gen. s, pl. (Böden) it. das Erdreich, die Erde, der Erdengrund gen. s; mandar uno al suolo, einen erlegen, ermorden v. r.

Svolta, eine Krümme, eine Wendung, it. eine Ecke, ein Winkel.

Suono, der Laut, der Schall, der Klang, der Ton gen. s.

Suora, die Schwester pl. n, it. eine Nonne pl. n.

Superamento, das Ueberwinden gen. s, die Ueberwindung.

Superante, av. übertreffend.

Superare, übertreffen, übersteigen, überwinden v. ir. comp., überwältigen, it. die Oberhand behalten v. ir. comp., überlegen seyn v. aux., [illegible] v. r.

Superbamente, av. hochmüthiger, hoffärtigerweise.

Superbia, der Stolz gen. es, die Hoffart, der Hochmuth gen. s.

Superbire, e superbirsi, cioè: divenire superbo, hochmüthig, hoffärtig, stolz werden v. aux.

Superbo, ag. hochmüthig, hoffärtig, stolz; it. magnifico, herrlich, prächtig, vortrefflich.

Superchiante ec., V. Soperchiante ec.

Superficiale, ag. was auf der Oberfläche ist; met. nicht gründlich, it. auswendig.

Superficialità, die Ungründlichkeit, die Seichtigkeit; it. die Fläche, die Auswendigkeit pl. en.

Superficialmente, av. nur von außen, nur zum Scheine, ungründlich.

Superficie, die Oberfläche, die auswendige Seite, das Aeußere, r. [illegible]

Superfluamente, av. überflüssiger, unnöthigerweise.

Superfluità, der Ueberfluß gen. es, die Unnöthigkeit pl. en.

Superfluo, ag. überflüssig, unnöthig, unnützlich, mehr als zu viel.

Superiore, sub. ein Oberer, ein Vorgesetzter, ein Vorsteher gen. s.

Superiore, ag. höher, erhabener, vornehmer.

Superiorità, die Oberstelle, die Obermacht, der Vorzug gen. s, pl. (Vorzüge).

Superiormente, av. vorzüglicherweise, it. dalla parte superiore, auf der Oberseite.

Superlativamente, av. aufs höchste, im höchsten Grade.

Superlativo, ag. überaus hoch, sehr erhaben; it. ganz vortrefflich, herrlich, sonderbar; una cosa in grado superlativo buona, o cattiva, etwas ausnehmend gutes, oder äußerst schlechtes.

Supernalmente, av. auf eine göttliche Weise.

Superno, ag. höchst, oben, göttlich, übernatürlich.

Superstite, ag. überlebend; der andere überlebt, der nach anderer Ableben noch übrig bleibt.

Superstizione, der Aberglaube, n. pl. n.

Superstiziosamente, av. abergläubischerweise.

Superstizioso, ag. abergläubisch.

Supinamente, av. rücklings, mit dem Bauche in die Höhe.

Supino, *sust.* das Supinum *term. gram.*
Supino, *ag.* rücklings, hinter sich, auf dem Rücken, mit dem Bauche in die Höhe.
Suppa, eine Suppe.
Suppellettile, e suppellettili, der Hausrath, das Hausgeräthe *gen.* s.
Supplemento, *V.* Supplimento.
Supplica, eine Bittschrift *pl.* en, ein Bittschreiben *gen.* s.
Supplicante, e supplice, der Supplicant *gen.* en; der unterthänig bittet, anflehet; *ag.* bittend, anflehend.
Supplicare, demüthig, inständig bitten *v. ir.*, ersuchen, anflehen *v. r.*
Supplichevole, *ag.* demüthig bittend, gehorsamst ersuchend.
Supplichevolmente, *av.* demüthigerweise, flehentlich, mit inständigen Ansuchen.
Suppllcio, e supplizio, eine Art Leibesstrafe, die Plage, der Schmerz *gen.* ens, *pl.* en, die Züchtigung; il supplicio estremo, die Todesstrafe; condurre uno al supplicio, einen auf den Richtplatz führen *v. r.*
Supplimento, e supplemento, die Zulage *pl.* n, der Zusatz *gen.* es, *pl.* (Zusätze), die Erfüllung, die Ergänzung.
Supplire, ersetzen, ergänzen, erfüllen *v. r. comp.*; supplire al bisogno, das Nöthige verschaffen *v. r. comp.*
Supponibile, *ag.* was man für wahr annehmen kann.
Supporre, voraus setzen, den Fall setzen *v. r.*, sich vorstellen *v. rec. r. c.*
Supposizione, das Voraussetzen *gen.* s, der vorausgesetzte Satz *gen.* es, *pl.* (Sätze), eine Hypothese.
Supposto, *sust.* die Voraussetzung, die Annehmung eines Satzes; *part.* vorausgesetzt.
Soppressione, e soppressione, die Aufhebung, die Abschaffung *pl.* en.
Supprimere, e sopprimere, aufheben *v. ir. comp.*, abschaffen, abstellen *v. r. comp.*; *it.* verhehlen *v. r. comp.*
Suppuramento, e suppurazione, das Eitern *gen.* s, die Eiterung.
Suppurare, eitern, schwären *v. r.*
Suppurare, [illegible] *v. r.*
Supremo, *ag.* höchst, oberst, vornehmst.
Surgere, sorgere, aufstehen *v. ir. c.*
Surrettiziamente, *av.* erschlichenerweise, durch Verschweigung der wahren Umstände.

Surrettizio, *ag.* erschlichen; was man durch vorsetzliches Verschweigen der wahren Umständen erlangt.
Surrogamento, e surrogazione, die Einsetzung an eines andern Stelle.
Surrogare, sein Recht übergeben *v. ir. comp.*, einen andern an seine Stelle setzen *v. r.*
Suscettibile, *ag.* fähig.
Suscitamento, die Anreizung *pl.* en, der Antrieb *gen.* s.
Suscitare, antreiben *v. ir. comp.*, erwecken *v. r. comp.*, bewegen *v. ir. comp.*, regen, reizen *v. r.*
Susino, eine Pflaume, eine Quetsche *pl.* n.
Susino (albore), ein Pflaumenbaum *gen.* s, *pl.* (bäume).
Suspizione, der Argwohn, der Verdacht *gen.* s.
Susseguente, *ag.* nachfolgend.
Susseguentemente, *av.* folglich, mithin, nachher, hinten nach.
Susseguenza, die Folge *pl.* n.
Sussidiariamente, *av.* zur Beyhülfe.
Sussidiario, *ag.* beyhelfend, beitragend.
Sussidio, die Hülfe, die Beyhülfe, der Beystand, der Beytrag *gen.* s, *pl.* (Beyträge); il sussidio di guerra, die Kriegssteuer.
Sussiego, das ernsthafte Wesen *gen.* s, die Ernsthaftigkeit.
Sussistente, *ag.* bestehend; una ragione non sussistente, ein Beweis, der nicht Stich hält.
Sussistenza, der Bestand, das wirkliche Daseyn *gen.* s; *it.* die Nahrungsmittel, der Unterhalt *gen.* s.
Sussistere, seyn, daseyn *v. aus.*, bestehen *v. ir. comp.*, Bestand haben *v. aus.*, *it.* auskommen *v. ir. comp.*, sich erhalten *v. rec. ir. comp.*
Susta, eine Leitfeder *pl.* n.
Sustantivo, e sostantivo, *ag.* selbstständig; un nome sostantivo, ein Selbstlauter *gen.* s *term. gram.*
Sustanza, e sostanza, das Wesen *gen.* s.
Sustanziale, e sostanziale, *ag.* wesentlich.
Sustanzialità, e sostanzialità, die Selbstständigkeit eines Dinges.
Sustanzialmente, e sostanzialmente, *av.* wesentlich, wesentlicherweise, wirklich.
Sustanzioso, e sostanzioso, *ag.* nahrhaft, saftig, kräftig.

Suffumicazione, e suffumigazione, die Einräucherung, der Räucherdampf gen. s.
Sustituire, e sostituire, einen andern an seine Stelle setzen u. r.
Sostituto, p. n. an eines andern Stelle gesetzt.
Susurrante, ag. summend.
Susurrare, summen n, sausen, ein Geräusch machen v. r.
Susurratore, ein Murmler gen. s.
Susurramento, Susurro, das Murren, das Summen, das Sausen, das Brummen, das Gemurmel, das Gerede gen. s.
Susurrone, ein Murmler, ein Murrer gen. s, einer der immer brummt.
Sutterfugio, eine Ausflucht, pl. Ausflüchte, der falsche Entschuldigung pl. en, eine Ausrede pl. n.
Suvero, suvro, e sughero, der Kork gen. s.
Svappare, allmählig trocknen, langsam dorren v. r.
Suzzo, ag. trocken, dürr, welk, ausgedorrt.

TA

Tabacchiera, eine Tabacksdose pl. n.
Tabacco, der Tabak gen. s; tabacco da fumare, der Rauchtabak; da naso, der Schnupftaback, fumar tabacco, Tabak rauchen u. r.; prender, pigliare tabacco, Tabak schnupfen u. r.
Tabarro, der Mantel gen. s; tabarro da viaggio, der Reisemantel.
Tabernacolo, die Sacramentshäuschen gen. s, pl. n. eine Hütte, eine Wohnung bey den Israeliten.
Tacca, ein Schnitt, ein Einschnitt gen. es, pl. e, eine Kerbe in einem Holze.
Taccagneria, die Knauserey pl. en.
Taccagno, sost. ein Knicker gen. s; ag. knickerisch, knauserisch.
Taccuino, der Merkbuch gen. s, pl. (Merkhefte), der Schreibtafel gen. es, pl. en.
Taccare, beschuldigen v. r. comp., vorwerfen v. ir. comp., tadeln v. r.
Taccolare, plaudern, schwatzen v. r.
Taccone, der Schuhfleck gen. es, pl. e.
Tacente, ag. schweigend.
Taccuino, der Kalender gen. s; das Denkbuch gen. s.
Tacere, schweigen v. ir., stillschweigen v. ir. comp.

Tacere, sost. das Stillschweigen gen. s.
Tacitamente, av. verschwiegenerweise, heimlich, in der Stille, sachte.
Tacito, ag. stille, verschwiegen, heimlich, ec. stillschweigend.
Taciturnità, die Verschwiegenheit.
Taciturno, ag. still, heimlich verschwiegen, von wenig Worten.
Tafanario, der Hintere gen. r pl. n, der Arsch gen. s.
Taffetà, der Taffet, der Taffent gen. s, kein seidener Zeug.
Taglia, eine Auflage pl. n; la taglia personale, die Kopfsteuer pl. n; eine Belohnung pl. en; [illegible] di mezza taglia, [illegible] von mittlerer Gestalt, vom Mittelstande; di bella taglia, schön gewachsen; la taglia del corpo, die Leibesgestalt, die Taille.
Tagliaborse, ein Beutelschneider, ein Spitzbube gen. s, pl. n.
Taglialegna, ein Holzhauer, Holzspalter, Holzhacker gen. s.
Tagliamento, das Schneiden, der Schnitt, der Einschnitt gen. s.
Tagliare, schneiden v. ir., zerschneiden, abschneiden, beschneiden v. ir. comp.; zerhauen.
Tagliata, e tagliatura, das Schneiden, das Einschneiden gen. s; der Schnitt, der Einschnitt gen. s.
Tagliente, ag. scharf, schneidend, [illegible].
Tagliere, e tagliero, sost. ein großer hölzerner Teller gen. s, das Hackbret in der Küche.
Taglio, die Schneide, die Schärfe, (eines Messers ec.), v. Tagliamento.
Tagliuzzare, in Stücken zerhauen v. r.
Talamo, das Ehebette, das Brautbette gen. s.
Tal che, cong. dergestalt daß, dermaßen daß, also daß.
Talco, der Talkstein gen. s, das Marienglas gen. es.
Tale, pron. indef. solcher, solche, solches, sothaner, e, es, dergleichen; taluno, mancher, e, es; un tale, jemand; tal quale, so wie; eben so wie; prov. tal [illegible], [illegible] schlimmer für ihn.
Talento, der natürliche Trieb, der Verstand gen. s; vivere a suo talento, nach seinem Belieben leben; [illegible] il mal talento, die schlimme Gesinnung.

Tallero, ein Thaler *gen.* s.
Tallone, die Ferse am Fuße.
Talmente, *av.* so dermaßen, dergestalt, so sehr; talmente che, so daß ꝛc.
Talmude, der Talmud *gen.* s, oder, das Gesetzbuch der Juden.
Talora, *av.* bisweilen, zuweilen, manchmal, oftmals.
Talpa, der Maulwurf *gen.* s, *pl.* (Maulwürfe).
Taluno, *pron.* jemand, *V.* Alcuno.
Talvolta, *av.* zuweilen, manchmal.
Tamburino, der Tambour, der Trommelschläger.
Tamburo, eine Trommel *pl.* n; battere il tamburo, trommeln *v. r.*, die Trommel schlagen *v. ir.*, das Spiel rühren *v. r.*, a tamburo battente, mit klingendem Spiele.
Tamburare, ausprügeln *v. r. comp.*
Tampoco, *av.* auch nicht, nicht einmal, eben so wenig.
Tana, das Lager *gen.* s, die Gruft *pl.* n, der Aufenthalt der wilden Thiere; *it.* eine Höhle, ein Loch *gen.* s.
Tanaglia, eine Zange *pl.* n.
Tanè, (colore), die Lohfarbe, das Nußbraune.
Tanfo, der Schimmelgeruch *gen.* s.
Tangente, *sust.* die Berührende; *it.* eine gerade Linie in der Trigonometrie *ag.* berührend, rührend.
Tangibile, *ag.* was sich fühlen, berühren läßt.
Tantino, das Bißchen *gen.* s, ein kleines Stückchen von etwas.
Tanto, *pron.* so viel; tanto quanto, so viel als; so lange als; ogni tanto tempo, zu einer gesetzten Zeit *av.* so lange, so weit; a tanto, so weit; di tanto in tanto, von Zeit zu Zeit. In tanto, indessen; inzwischen; per tanto, demnach, gleichwohl; non per tanto, jedoch deßwegen; ad ogni tanto, [illegible] gewisse; tanto più, tanto meno, je mehr, desto weniger; tanto meglio, desto besser; tanto peggio, desto schlimmer; tanto che, also daß.
Tantosto, *av.* bald, alsobald, sogleich, gleich [illegible], ehestens, schleunig.
Tapinare, [illegible], kümmerlich leben *v. r.*
Tapino, *ag.* elend, armselig, dürftig.
Tappeto, die Tapete, das Tapet, der Teppich *gen.* s, *pl.* e; *fig.* mettere sul tappeto, aufs Tapet bringen *v. ir.*
Tappezzare, tapezieren *v. r.*, mit Tapeten auszieren, behängen *v. r. comp.*
Tappezzeria, die Tapeten *pl.* en, das Tapetenwerk *gen.* s.
Tarantella, tarantola, eine Tarantel *pl.* n.
Tardamente, *av.* langsam, sachte, allgemach.
Tardamento, die Verzögerung, die Säumung, die Verweilung, die Saumseligkeit, der Verzug *gen.* s.
Tardante, *ag.* verziehend, zögernd.
Tardatamente, *av.* langsamer, gemächlich, *V.* Tardamente.
Tardanza, der Verzug, der Vorschub *gen.* s, *V.* Tardamento.
Tardare, verziehen, verzögern, verweilen *v. r. comp.*, säumen *v. r.*, aufschieben *v. ir. comp.*
Tardetto, *av.* etwas spät.
Tardi, *av.* spät, langsam; *it.* sachte, gemach; si fa tardi, es wird spät; meglio tardi che mai, besser spät, als gar nicht.
Tardità, die Langsamkeit, die Trägheit.
Tardivo, *ag.* } langsam, träge, saumselig, nachlässig, langsam, spät.
Tardo
Targa, eine Tarsche *pl.* n, eine Schildung *pl.* en, der Anschlag *gen.* s, *pl.* (Anschläge), der gesetzte Preis *gen.* es, *pl.* e, die Taxe *pl.* n.
Tarlare, wurmstichig werden *v. aus.*, zernagen *v. r. comp.*
Tarlato, *ag.* wurmstichig, faul, von Würmern benagt, durchfressen.
Tarlatura, der Wurmstich *gen.* s, *pl.* e, der Wurmfraß *gen.* es.
Tarlo, der Holzwurm *gen.* s, *pl.* (Holzwürmer), die Wurmmotte *pl.* n; *it.* das Mehl, welches der Wurm in Holze macht.
Tarma, eine Schabe, eine Motte, eine Milbe *pl.* n.
Tarmato, *ag.* mottenfressig, von Milben, Motten durchgefressen, zernagt.
Tarocchi, die Tarocke (ein Kartenspiel).
Tarpare, den Vögeln die Flügel beschneiden *v. ir. comp.*, abstutzen *v. r. comp.*
Tartagliare, stammeln, stottern *v. r.*, schwer aussprechen *v. ir. comp.*
Tartaglione, ein Stammler, ein Stotterer *gen.* s.

Tafano, (specie di tavia), der Bremen gen. s.
Tartareo, ag. höllisch.
Tartaria, die Tartarey.
Tartaro, sost. ein Tartar gen. en, ag. tartarisch; tartaro, der Weinstein gen. s.
Tartaruga, die Schildkröte pl. n; scorza di tartaruga, die Schale der Schildkröte.
Tartassare, einen schlecht behandeln, misshandeln v. r. comp.
Tasca, die Tasche pl. n.
Taschino, eine Tasche pl. n, der Schnubsack gen. s, pl. (Schnubsäcke).
Tascata, sost. eine Tasche voll.
Tassa, der Tax gen. s, die Taxe pl. n, die Schätzung pl. en, der Anschlag gen. s, pl. (Anschläge), der gesetzte Preis gen. es, pl. e, die Auflage pl. n.
Tassare, taxiren, schätzen, eine Taxe, einen Anschlag, eine Schätzung, eine Auflage machen, legen v. r.
Tassazione, die Bestimmung des Preises, des Werthes, die Taxe pl. n.
Tassellare, eingelegte Arbeit machen v. r.
Tassello, der Mantelkragen gen. s; fa. un Stückchen Stein oder Holz; eingelegte Arbeit zu machen.
Tasso, (erba), das Wintergrün gen. s.
Tasso, (albero), der Taxusbaum, Eibenbaum gen. s, pl. (bäume); tasso animale, der Dachs gen. es.
Tassobarbasso, das Wollkraut gen. s.
Tastare, tasten v. r., betasten v. r. comp., fühlen v. r.; fig. ausspähen, kosten v. r., versuchen, probieren v. r.
Tasto, das Tasten, das Gefühl, das Fühlen, der Griff gen. s.
Tastoni, av. blindlings, tappend, im Finstern; andar tastone, blindlings gehen v. ir.
Tatto, das Gefühl, das Fühlen gen. s, die Fühlkraft, der Sinn des Gefühls.
Taverna, eine Schenke, eine Kneipe, eine Garküche pl. n.
Tavernajo, e taverniere, ein Schenkwirth gen. s, pl. en, ein Garkoch gen. s, pl. (köche).
Taumaturgo, ein Wunderthäter gen. s.
Tavola, der Tisch gen. es, pl. e, die Tafel pl. n; fig. das Brett gen. s, pl. er; fig. ein Register gen. s, ein Verzeichniss gen. es, pl. e; apparecchiar la tavola, den Tisch decken v. r., bedecken v. r. comp.; andare a tavola, zu Tische gehen v. ir., essere a tavola, bey Tische seyn v. aus., sitzen v. r.; portare, mettere in tavola, auftragen v. ir. comp.; sparecchiare la tavola, den Tisch abdecken v. r. comp.
Tavolare, täfeln v. r.
Tavolato, sost. eine hölzerne Scheidewand pl. (wände).
Tavoletta, dim. das Tischchen gen. s, die Toilette.
Tavoliere, das Brettspiel gen. s.
Tazza, die Tasse, die Schale pl. n.

TE

Te, pron. acc. dich, dat. dir.
Tè, (erba), der Thee gen. s.
Teatrale, ag. theatralisch, zum Schauspiel gehörig.
Teatro, das Theater gen. s, die Schaubühne pl. n, der Schauplatz gen. es.
Teca, ein kleiner Fleck gen. s, pl. e.
Tecnico, ag. zur Kunst gehörig; voce tecnica, das Kunstwort gen. s, pl. (Wörter); termine tecnico, ein Ausdruck, der Künsten und Wissenschaften eigen ist.
Teco, con te, mit dir; teco medesimo, mit dir selbst.
Tecomeco, ein falscher Mensch gen. en, pl. en.
Tediare, Verdruss erwecken, beunruhigen v. r. comp., verdriesslich, beschwerlich fallen v. ir.
Tedio, der Verdruss gen. es, die lange Weile, die Verdrüsslichkeit.
Tedioso, ag. verdriesslich, beschwerlich.
Tegamata (una), ein Tiegelvoll.
Tegame, der Tiegel gen. s.
Teglia, eine Tortenpfanne pl. n.
Tegola, o tegolo, der Dachziegel gen. s.
Tela, die Leinwand, das leinene Tuch, das Gewebe gen. s; tela bambagina, der Barchent gen. s; tela di cambrai, das Kammertuch gen. s; tela di renso, zarte, feine Leinwand in Frankreich; tela lanzetta, schwäbische Leinwand; tela di ragno, ein Spinnengewebe; un mercante di tela, ein Leinwandhändler gen. s.
Telarcia, die grobe Leinwand.
Telajo, der Weberstuhl gen. s, pl. (Weberstühle).

Telería, allerhand Leinwaare.
Teleſcopio, das Fernglas, das Vergrößerungsglas *g. v.* es, *pl.* (gläſer).
Teletta, eine klare Leinwand.
Tema, der Text, der Vorſatz *gen.* es, (einer Schrift) *ic.* timore, die Furcht.
Temente, *ag.* furchtſam.
Temenza, die Furcht, die Sorge.
Temerariamente, *av.* ohnbeſonnenlich, verwegentlich, frevelich, kühnerweiſe.
Temerario, *ſuſt.* ein frecher Menſch *gen.* e *pl.* en; *ag.* verwegen, frech, vermeſſen, kühn; un giudizio temerario, ein verwegenes Urtheil.
Temere, fürchten *v. r.*, befürchten *v. r. comp.*, beſorgt ſeyn *v. auſ.*, in Sorgen ſtehen *v. n.*
Temerità, die Verwegenheit, die Frechheit, die Vermeſſenheit.
Temporale, ein ſchlechtes Wetter *g. s.*
Tempera, e tempra, die Härte; *ic.* die Gemüthsart, die Beſchaffenheit.
Temperamento, die natürliche Art oder Eigenſchaft des Menſchen; *ic.* eine Mäßigung, eine Linderung; trovare qualche temperamento, einen Ausweg, ein Mittel finden *v. ir.*
Temperante, *ag.* mäßig.
Temperanza, die Mäßigkeit, die Mäßigung.
Temperare, mäßigen *v. r.*; *ic.* härten (als das Eiſen); temperare una penna, eine Feder ſchneiden *v. ir.*
Temperatamente, *av.* mäßiglich, mit Mäßigung.
Temperato, *part.* ed *ag.* gehärtet, gemäßiget, gelind.
Temperie, die gemäßigte Witterung.
Temperinata, ein Stich mit dem Federmeſſer.
Temperino, das Federmeſſer *gen.* s.
Tempeſta, der Sturm, das Ungewitter *gen.* s.
Tempeſtare, ſtürmen, hageln, wettern *v. r.*
Tempeſtivamente, *av.* bey Zeiten, zu rechter Zeit.
Tempeſtivo, *ag.* bey rechter Zeit, was zu rechter Zeit geſchiehet.
Tempeſtoſo, *ag.* ſtürmiſch.
Tempia, der Schlaf, die Schläfe am Haupt.
Tempio, der Tempel *gen.* s, eine Kirche, ein Gotteshaus *gen.* es, *pl.* (häuſer).

Tempo, die Zeit *pl.* en; *ic.* Ungewitter, das Wetter *gen.* s; dar tempo al tempo, die Sachen zur rechten Zeit kommen laſſen *v. ir.*; paſſare il tempo, die Zeit vertreiben *v. ir. comp.*; da gran tempo, ſchon lange; di tempo in tempo, von Zeit zu Zeit; per tempo, zeitlich; fuori di tempo, zur Unzeit, unrecht; a' miei tempi, zu meiner Zeit; darſi buon tempo, ſich gute Tage machen *v. r.*; a tempo opportuno, zu rechter Zeit; fa bel tempo, cattivo tempo, es iſt ſchönes, ſchlechtes Wetter.
Tempora, (le 4), die Quatember, die vier Jahrszeiten.
Temporale, *ſuſt.* die Witterung, das Ungewitter, das Donnerwetter *gen.* s.
Temporale, *ag.* weltlich, zeitlich, leiblich.
Temporalità, die Zeitlichkeit, die Vergänglichkeit, die Weltlichkeit.
Temporalmente, *av.* zeitlich, vergänglicherweiſe; *ic.* weltlich.
Temporaneo, *ag.* zeitlich, vergänglich.
Temporeggiamento, die Verzögerung *pl.* en, der Aufſchub, das Verſchieben *gen.* s, die Erwartung einer gelegenen Zeit.
Temporeggiare, aufſchieben *v. ir. comp.*, verzögern, beſſere Gelegenheit abwarten *v. r. comp.*
Tempra, das Härten der Metalle; *ic.* die Art, *V.* Tempera.
Tenace, *ag.* klebericht, zäh; *ic.* karg, genau, karg, filzig, knickerig; una memoria tenace, ein gutes Gedächtniß *gen.* es; un proponimento tenace, ein feſter Entſchluß *gen.* es.
Tenacemente, *av.* feſtiglich, auf eine feſte, beſtändige Art, halsſtarrigerweiſe.
Tenacità, die Klebrichkeit; *met.* die Karghheit, die Filzerey, *V.* Avarizia.
Tenaglia, eine Zange *pl.* n.
Tenda, das Zelt *gen.* es, *pl.* e; (im Felde); *ic.* der Vorhang *gen.* s, *pl.* (Vorhänge), an einem Fenſter *ic.*
Tendente, *ag.* zielend, abzielend auf etwas gerichtet, hinaus lauffend.
Tendere, ſtendere, ausſtrecken, ausſpannen *v. r. comp.*; tender rete, laccivoli, Netze ſetzen, Fallſtricke legen *v. r.*; *verb. neut.* abzielen, abzwecken *v. r. comp.*, trachten *v. r.*, ſein Abſehen auf etwas haben *v. auſ.*

tender l'arco, den Bogen spannen *v. r.*; colore che tende al verde, eine Farbe die ins grüne fällt.

Tendine, die Senne oder Flechse *pl.* n, (einer Mufkel).

Tendinoso, *ag.* sennicht.

Tenebrare, finster, dunkel machen *v. r.*, verdunkeln *v. r. comp.*

Tenebre, (le), *pl.* die Finsterniß, die Dunkelheit, das Dunkle; *met.* die Blindheit.

Tenebricità, die Dunkelheit, die Verdunkelung, die Finsterniß, das Finstere, dunkele Wesen *gen.* s.

Tenebroso, *ag.* finster, dunkel.

Tenente, *sus.* (certa carica), der Lieutenant *gen.* s; un Tenente Generale, ein General Lieutenant; un Tenente Colonnello, ein Obristlieutenant

Tenente, *ag.* haltend.

Teneramente, *av.* zärtlich, inniglich, herzlich, brünstig.

Tenere, halten *v. ir.*, haben *v. auf.*, tenere in mano, in Händen halten; *ir.* in Händen haben; tener per certo, gewiß glauben *v. r.*, tener dietro ad uno, einem auf dem Fuße nachgehen *v. ir. comp.*, tenere a battesimo, aus der Taufe heben, Gevatter stehen *v. ir.*, tenere uno per francese, einen für einen Franzosen halten; tiene a voi che..., es ist an euch, daß....

Tenersi, sich halten *v. rec. ir.*, sich enthalten *v. rec. ir. comp.*, tenersi ad onore, sichs für eine Ehre rechnen *v. rec. r.*

Tenerezza, die Zärtlichkeit; *ir.* die Mürbheit der Früchte rc.

Tenero, *ag.* zart, weich, gelind, zärtlich, biegsam; la tenera età, das zarte Alter *gen.* s.

Tenerume, der Knorpel, *pl.* (Knörpel), das weiche Beinchen *gen.* s.

Tenesmo, der Stuhlzwang *gen.* s.

Tenimento, das Halten; *ir.* der Zwang *gen.* s.

Tenore, der Inhalt *gen.* s, (einer Schrift), a tenore, laut, kraft, vermöge, nach Inhalt.

Tensione, das Spannen *gen.* s, die Spannung.

Tenta, eine Sonde.

Tentare, versuchen *v. r. c.*, probiren, einen Versuch, eine Probe machen *v. r.*

Tentativo, *sus.* der Versuch *gen.* s, eine Probe *pl.* n, ein Experiment *gen.* s, *pl.* en.

Tentazione, eine Versuchung, Anfechtung, Verführung *pl.* en, (vom Teufel)

Tentennamento, e Tentennio, das Wanken, das Wackeln, das Schütteln *gen.* s.

Tentennare, schwanken *v. r. comp.*, wanken, wackeln, schütteln *v. r.*, hin und her bewegen *v. ir. comp.*

Tentone, *av.* andar tentone, herum tappen *v. r.*, blindlings gehen *v. ir.*

Tenue, *ag.* dünn, schlecht, gering, leicht, schwach.

Tenuità, die Dünne, die Geringheit, die Leichtigkeit.

Tenuta, der Besitz *gen.* es, die Besitzung *pl.* en, das Halten *gen.* s, (überhaupt); una grande tenuta, ein großer Umfang, ein reiches Landgut *gen.* s.

Tenzonare, streiten *v. ir.*

Tenzone, der Streit *gen.* s, die Streitigkeit.

Teologale, *ag.* theologisch, geistlich; le virtù teologali, die göttliche Tugenden.

Teologia, die Theologie, die Gottesgelahrheit.

Teologico, *ag.* theologisch.

Teologo, ein Theolog, ein Gottesgelehrter *gen.* s.

Teorema, eine bewiesene Warheit.

Teoretico, *ag.* theoretisch; was in der bloßen Betrachtung bestehet, ohne Rücksicht auf die Ausübung.

Teoria, e teorica, die Theorie, die bloße Betrachtung, ohne Rücksicht auf die Ausübung.

Teoricamente, *av.* theoretischerweise.

Teorico, ein Theoreticus, ein Betrachtender, der eine Wißenschaft verstehet, ohne Rücksicht auf die Ausübung.

Tepido ec., *ag.* lau, *V.* tiepido ec.

Tepore, die Laulichkeit; *V.* Tiepidità.

Tergere, reinigen, säubern, wischen, trocknen *v. r.*, abwischen *v. r. comp.*

Tergiversare, Ausflüchte suchen *v. r.*, Hindernisse vorgeben *v. ir. comp.*

Tergiversazione, die Ausflucht *pl.* (Ausflüchte), ein erdichteter Vorwand *gen.* s.

Tergo, der Rücken, das Hintertheil *gen.* s, a tergo, hinten, auf der andern Seite.

Teriaca, der Theriak *gen.* s.

Terminare, porre i confini, Gränzen setzen *v. r.*; *it.* finire, endigen *v. r. comp.*, vollziehen *v. ir. comp.*

Terminazione, fine, das Ende, die Endigung.

Termine, confine, die Gränzen; *it.* il fine, das Ende; un termine di tempo, eine Zeitfrist, eine bestimmte Zeit; *it.* espressione, der Ausdruck *gen.* s, *pl.* (Ausdrücke); contenersi nei termini, in den gehörigen Schranken bleiben *v. ir.*, uscire dai termini, die Gränzen überschreiten *v. ir. comp.*, la cosa sta in questi termini, die Sache ist so beschaffen, so ist es um die Sache; non sapere usare termine, sich nicht zu bescheiden wißen *v. rec. r.*, con bel termine, manierlicherweise; a che termine siamo ridotti! wohin ist es mit uns gekommen! wo sind wir hingerathen! un mezzo termine, eine Mittelstraße *pl.* n, ein Mittel *gen.* s.

Termometro, das Wetterglas *gen.* es, *pl.* (gläser).

Ternario, *ag.* dreyfach.

Terno, die zwo Dreyen im Würfeln.

Terra, die Erde, der Erdboden, der Erdkreiß, das Erdreich *gen.* s; *it.* il mondo, die Welt; terra ferma, das feste Land *gen.* s; viaggiar per terra, zu Lande reisen *v. r.*, prender terra, sbarcare, anlanden *v. r. comp.*, gettar per terra, zu Bode werfen *v. ir.*, un vaso di terra, ein irdenes Geschirr *gen.* es, *pl.* e; la terra santa, das gelobte Land *gen.* s; andar per terra, cioè con mani e piedi, kriechen *v. ir.*

Terrapieno, der oberste Theil am Walle, eine Höhe von Erde gemacht.

Terratico, der Zinß, den man von einem verpachteten Gute ziehet.

Terrazzano, ein Landmann *gen.* es, *pl.* (leute).

Terrazzino, ein kleiner Altan, oder ein plattes Dach auf einem Hause mit Rasen bedeckt.

Terrazzo, der Altan *gen.* s, *V.* Terrazzino.

Terremoto, e terremuoto, das Erdbeben *gen.* s.

Terreno, *sust.* der Grund, der Boden, das Land, das Erdreich *gen.* s, (eines Landes oder Feldes).

Terreno, di terra, *ag.* irdisch; was auf Erden ist; una stanza terrena, eine Stube, ein Zimmer auf der Erde, eine Unterstube *pl.* n

Terreo }
Terrestre } *ag.* di terra, irdisch, irden.

Terribile, *ag.* schrecklich, erschrecklich, entsetzlich, greulich, fürchterlich.

Terribilmente, *av.* greulich, erschrecklich, entsetzlich, fürchterlich

Territoriale, *ag.* zum Gebiete gehörig.

Territorio, das Gebiet, der Bezirk *gen.* es.

Terrore, das Schrecken, das Entsetzen, das Grauen *gen.* s, eine große Furcht.

Tersamente, *av.* säuberlich, reinlich, zierlich

Terso, *ag.* rein, sauber, nett.

Terzana, (febbre), das dreytägige Fieber *gen.* s.

Terzare, zum drittenmale pflügen oder ackern *v. r.*

Terzaruolo, eine kleine Pistole *pl.* n, der Puffer *gen.* s.

Terzo, der dritte Theil von etwas; un terzo di q. c., ein Drittel von etwas; il terzo, der Dritte *gen.* e *pl.* n.

Terzodecimo, der dreyzehnte *gen.* e *pl.* n

Tesa, das Spannen *gen.* s, die Spannung *pl.* en; la tesa del cappello, die Hutstülpen,

Teschio, der Hirnschedel *gen.* s.

Tesi, der Satz *gen.* es, *pl.* (Sätze), der Lehrsatz, den man wider die Einwürfe behauptet,

Teso, *part.* da tendere, gespannt; un arco teso, ein gespannter Bogen *gen.* s; orecchio teso, ein aufmerksames Ohr.

Tesoreria, die Schatzkammer *pl.* n; *it.* l'ufficio, das Schatzmeisteramt *gen.* s, *pl.* (ämter).

Tesoriere, der Schatzmeister, der Schatzverwahrer *gen.* s.

Tesorizzare, e tesaurizzare, Schätze sammeln *v. r.*

Tesoro, der Schatz *gen.* es, *pl.* (Schätze), zusammen gehäufte Reichthümer.

Tessere, weben, wirken *v. r.*; *fig.* tessere tradimenti, frodi, auf Verrätherey, auf Betrügerey umgehen *v. ir. comp.*

Tessitore, der Weber *gen.* s.

Tessitura, das Weben, das Gewebe, das Gewirke *gen.* s; la tessitura di

un disegno, die Einrichtung, die Abtheilung eines Gemäldes.
Tessuto, *fuß.* das Gewebe *gen.* s, *pl.* e.
Tessuura, *part.* da tessere, gewebt.
Testa, der Kopf *gen.* es, *pl.* (Köpfe), das Haupt *gen.* s, *pl.* (Häupter); empegnare la testa, seinen Kopf zum Pfande setzen *v. r.*; tagliare la testa ad uno, einen enthaupten *v. r.*; mi è salito in testa, es ist mir in Sinn gekommen; marciare alla testa dell' armata, an der Spitze der Armee marschiren *v. r.*; una testa coronata, ein gekröntes Haupt *gen.* s; uomo di buona testa, ein vernünftiger Mensch *gen.* en; una testa balzana, ein wunderlicher Kopf; fissarsi in testa, auf seinem Sinne beharren *v. r.*; rompere la testa gridando, einem die Ohren voll schreyen *v. ir.*; aver cervello in testa, Witz im Kopfe haben; stu[illegible] [illegible] *v. auf.*; una testa dura, ein Starrkopf.
Testaccia, ein Dummkopf *gen.* s.
Testamentario, *ag.* testamentlich, dem Testamente gemäß.
Testamento, das Testament *gen.* s, der letzte Wille *gen.* ens, das Erbvermächtniß *gen.* es, *pl.* e; il nuovo e vecchio testamento, das neue und alte Testament.
Testare, ein Testament machen *v. r.*
Testatore, einer der Testament macht.
Teste, *avv.* ora, jetzt, neulich, vor kurzem, vor nicht langer Zeit.
Testereccio, *ag.* hartnäckig, halsstarrig, eigensinnig.
Testicolo, coglione, eine Hode *pl.* n.
Testiera, die Kopfstelle, oder das Hauptgestell eines Zaumes.
Testificare, zeugen *v. r.*, bezeugen, behaupten, bestätigen *v. r. comp.*, (daß eine Sache wahr sey); einem Zeugniß abgeben *v. ir. comp.*, Zeugniß ablegen *v. r. comp.*
Testificazione, das Zeugniß *gen.* es, *pl.* e, das Zeugen, das Zeugnißgeben *gen.* s, die Bezeugung *pl.* en.
Testimonianza, das Zeugniß *gen.* es, *pl.* e, die Bezeugung *pl.* en, eine Bescheinigung; far testimonianza, zeugen *v. r.*, Zeugniß ablegen *v. r. comp.*
Testimonio, der Zeuge *gen.* n, *pl.* n.
Testo, der Text *gen.* es, (eines Buches); der testo, bruchstück *v. r. comp.*, Mauerschermachen *v. r.*; it. per coperchio di terra cotta, ein Deckel *pl.* n, der Deckel *gen.* s.
Testore, der Weber *gen.* s.
Testuggine, eine Schildkröte *pl.* n.
Tetragono, *ag.* e *sust.* viereckig; it. eine vierwinklichte und vierseitige Figur.
Tetro, *ag.* dunkel, schwarz, finster; it. traurig.
Tetta, mammella, die Brust *pl.* (Brüste) (der Weiber), die Tutte, die Zitze *pl.* n, (der Thiere).
Tettare, an der Brust saugen *v. r.*
Tetto, das Dach *gen.* s, *pl.* (Dächer) (über ein Haus).
Teutonico, *ag.* teutonisch, deutsch.

T I

Ti, *pron. pers. dat.*, dir *acc.* dich.
Tiepidamente, *avv.* lauich, mit Lauigkeit; it. nachläßigerweise.
Tiepidare, lau, laulicht werden *v. auf.*; it. erkalten *v. r. comp.*
Tiepidezza, die Lauigkeit; it. die Nachläßigkeit, die Erkaltung, die Kaltsinnigkeit.
Tiepido, *ag.* lau, laulicht; met. tiepido, lässig, nachläßig.
Tiglio, tiglioli, gedörrte Kastanien.
Tiglio, eine Linde *pl.* n; it. die Zäserchen oder Fasern im Holze, und am Fleische.
Tiglioso, *ag.* faserich, faserig, voll Zäserchen.
Tigna, eine Art Grind auf dem Kopfe, der böse Grind *gen.* s.
Tignere, o tingere, färben *v. r.*, mit Farben anstreichen *v. ir. comp.*, eine Farbe geben, in die Farbe bringen *v. r.*
Tignersi, sich färben *v. rec. r.*, eine Farbe bekommen *v. ir. comp.*
Tignoso, *ag.* grindig, krätzig.
Tignuola, eine Schabe, eine Motte *pl.* n.
Tigrato, *ag.* gesprenkelt, buntfleckig wie ein Tiger, tigerartig.
Tigre, der Tiger, o Tieger, das Tigerthier *gen.* s.
Timidamente, *avv.* furchtsamer Weise, furchtsam, mit Furcht.
Timidezza, e timidità, die Furcht, die Furchtsamkeit, die Zaghaftigkeit,

die Blödigkeit, die Sorge, die Befürchtniß.

Timido, *ag.* furchtsam, blöde, verzagt.

Timo (erba), der Thimian *gen.* s.

Timone, das Steuerruder *gen.* s; *it.* die Deichsel, (an dem Wagen).

Timoniere, der Steuerman *gen.* es, *pl.* (leute).

Timorato (di Dio), *ag.* gewissenhaft, gottesfürchtig

Timore, die Furcht, die Sorge, die Befürchtniß; per timore aus Furcht.

Timorosamente, *av.* furchtsamerweise, mit Furcht und Sorgen.

Timoroso, *ag.* furchtsam, verzagt.

Timpanite, e timpanitide (carta malattia), die Windwassersucht.

Timpano, eine Art Trommel, eine Pauke *pl.* n.

Tina, e tino, eine kleine Kufe *pl.* n, ein kleiner Bottich, der Zuber *gen.* s.

Tinca (pesce), eine Schleye *pl.* n.

Tingere, färben *v. r.*, *V.* Tignere.

Tinta, das Farbezeug *gen.* es, die Farbe, die Färbung.

Tintinnio, der Klang, der Schall, das Klingeln, das Schallen *gen.* s, (einer Glocke).

Tinto, *part.* da tignere, gefärbt; *ag.* schwarz, dunkel, düster

Tintore, der Färber *gen.* s.

Tintoria, die Färberey, der Ort wo gefärbt wird.

Tintura, das Färben *gen.* s, die Farbe *pl.* n.

Tipo, ein Vorbild, ein Muster, ein Modell, ein Abdruck *gen.* s.

Tipografia, die Buchdruckerey, die Buchdruckerkunst.

Tipografico, *ag.* zur Buchdruckerkunst gehörig.

Tiramento (dei nervi), die Ausdehnung der Nerven.

Tiranneggiare, e tirannizzare, tyrannisiren *v. r.*, grausam, unbarmherzig verfahren *v. ir. comp.*, gewaltig thun *v. ir.*, martern *v. r.*

Tirannia, die Tyranney, die gewaltthätige Beherrschung; *it.* die Grausamkeit *pl.* en.

Tirannicamente, *av.* grausamer-, tyrannischerweise; auf eine gewaltthätige Art.

Tirannico, *ag.* grausam, tyrannisch, gewaltthätig.

Tiranno, ein Tyrann *gen.* es, *pl.* en, ein Unmensch *gen.* e *pl.* en, ein Gewaltthätiger *gen.* s.

Tirante, *ag.* ziehend.

Tirare, trarre, ziehen *v. ir.*, tirare in lungo, eine Sache verzögern *v. r. comp.*; tirare avanti, fortfahren, fortkommen *v. ir. comp.*, sich forthelfen *v. rec. ir. comp.*; tira un vento gagliardo es gehet ein starker Wind, tirare a fine, zu Ende bringen *v. r.*; tirar di spada, fechten *v. ir.*, tirar colpi, Stöße versetzen, beybringen *v. r. comp.*; tirare a forte, nach dem Loose wählen *v. r.*, das Loos ziehen *v. ir.*; tirare i dadi, würfeln *v. r.*; *prov.* il dado è tratto, es ist gewagt, es ist einmal geschehen; tirare la paga, die Besoldung bekommen *v. ir. comp.*; tirare alcuno dalla sua, jemanden auf seine Seite bringen *v. r.*; tirare lingue, Adern lassen *v. ir.*; tirar calci, hinten ausschlagen *v. ir. comp.*; non poter trarne alcuna risposta, keine Antwort heraus bringen können; trarre d'inganno, aus dem Irrthume helfen *v. ir.*; tirare il focile d'un' arma da fuoco, losdrücken *v. r. comp.*, losschießen *v. ir. comp.*; tirare un peto, einen Wind streichen lassen; tirar sassi, Steine werfen *v. ir.*

Tirarsi (da banda), aus dem Wege, auf die Seite gehen *v. ir.*; tirarsi indietro, sich zurückziehen *v. rec. ir. c.*

Tirata) das Ziehen, der Zug *gen.* s,
Tiro) die Ziehung *pl.* en; *it.* ein Schuß, ein Wurf *gen.* s; esser a tiro, im Begriffe seyn *v. aus.*; un tiro di penna, ein Strich mit der Feder; un tiro a 2, a 4, a 6, eine zweyspännige, vierspännige, sechsspännige Kutsche, ein Zug von 2, 4, 6 Pferden.

Tisana, das Gerstenwasser *gen.* s.

Tisichezza, die Lungensucht, die Schwindsucht, die Dürrsucht

Tisico, *sust.* ein Schwindsüchtiger *gen.* s; *ag.* schwindsüchtig, lungensüchtig.

Titillamento, e titillazione, der Kützel, das Kützeln *gen.* s.

Titillare, kützeln *v. r.*

Titolare, *verb.* betiteln *v. r. comp.*, tituliren *v. r.*, einen Titel oder Namen geben *v. ir.*; *it.* benennen *v. r. comp.*

Titolato, *ag.* benannt, der den Tite-

von etwas führt, der nur den Titel hat.

Titolo, der Titel *gen.* s; *it.* die Ueberschrift (eines Buches): *it.* diritto; das Recht *gen.* s; con questo titolo, unter dem Vorwande.

Titubante, *ag.*, wankend, wackelnd.

Titubare, wanken, wackeln *v. r.*; *it.* in Zweifel stehen, Bedenken tragen *v. ir.*, wankelmüthig seyn oder werden *v. auf.*

Titubazione, e titubamento, das Wackeln *gen.* s, die Wankelmüthigkeit.

Tizzone, ein Stück Holz, das brennt oder gebrannt hat.

T O

Toccabile, *ag.* berührlich.

Toccamento, die Berührung, das Berühren *gen.* s.

Toccante, *prep.* betreffend.

Toccare, rühren *v. r.*, berühren, anrühren *v. r. comp.*, fühlen *v. r.*, (als nach dem Puls; toccare sul vivo; das rechte Fleckchen treffen *v. ir.*; tocca via! fahr zu! tocca a voi, es kommt euch zu; a chi tocca? an wem ist es? tocca a me, die Reihe ist an mir; toccare in sorte, zu Theile werden *v. auf.*; toccare con mano, deutlich erkennen *v. r. comp.*; toccare il tamburo, den Trommel schlagen *v. ir.*, toccare il cuore, das Herz rühren *v. r.*

Toccata, eine Berührung, ein Griff *gen.* s.

Tocco, (*coll' o stretto*) das Gefühl, das Fühlen *gen.* s; un tocco di campana, di tamburo, ein Schlag an der Glocke, ein Trommelschlag *gen.* s; un tocco di pennello, ein Strich mit dem Pinsel; *part.* da toccare, berührt *rc.*

Tocco, (*coll' o largo*), ein Stück, ein Schnitt *gen.* s; un tocco di pane, cacio, carne *ec.*, ein Stück, ein Schnitt Brod, Käse, Fleisch *rc.*

Toga, eine Toga; *it.* ein langer Rock, wie die Römer trugen.

Togliere, nehmen *v. ir.*, *V.* Pigliare, Prendere; togliersi da qualche luogo, sich von einem Orte weg machen, *v. r. comp.*; togliersi da dosso q. c., sich etwas vom Halse schaffen *v. r.*, togliersi dinanzi ad altrui, einem aus den Augen gehen *v. ir.*, togliere di vita, ums Leben bringen *v. r.*, toglier di mira alcuna cosa, nach etwas zielen *v. r.*

Toglimento, das Nehmen, das Wegnehmen *gen.* s.

Toletta, (*fra. z.* toilette), der Nachttisch des Frauenzimmers mit seinem Zugehör.

Tollerabile, *ag.*, erträglich, leidlich; *it.* ziemlich, mittelmäßig.

Tolleranza, die Nachsicht, die Erduldung, die Ertragung.

Tollerare, dulden *v. r.*, ausstehen, aushalten, ertragen *v. ir. comp.*, leiden *v. ir.*

Tolto, *part.* da togliere, genommen, weggenommen; mi è tolto di farlo, ich habe keine Erlaubniß dazu.

Tomajo, das Oberleder am Schuhe.

Tomba, das Grab *gen.* s, *pl.* (Gräber), die Todtengruft, das Grabmal *gen.* s, die Grabstätte *pl.* n.

Tombacco, der Tombach *gen.* s, ein vermischtes Metal von Gold und Kupfer.

Tombolare, *v. neut.* sich überschlagen *v. ir. comp.*, *fig.* stürzen *v. r.*

Tombolata, e tombolo, ein Fall *gen.* s, *pl.* (Fälle).

Tomo, (*coll' o stretto*), ein Fall, *V.* Tombolata; (*coll' o largo*), ein Band *gen.* s, *pl.* (Bänder), ein Theil *gen.* s, *pl.* e, (eines Buches).

Tonaca, e tonica, eine Tunica, ein Chorrock *gen.* s, *pl.* (röcke).

Tonamento, das Donnern *gen.* s.

Tonare, e tuonare, donnern, knallen *v. r.*

Tonchio, der Kornwurm *gen.* s, *pl.* (würmer).

Tondamento das Rundmachen *gen.* s.

Tondare, rund machen *v. r.*; *it.* scheeren *v. ir.*, (als Schaafe).

Tonditura, e stonditura, die Beschneidung; *it.* das Abgeschnittene *gen.* e *pl.* n, das Scheeren *gen.* s.

Tondeggiante, *ag.* rundlicht.

Tondeggiare, rund machen *v. r.*, *V.* Tondare.

Tondere, scheeren *v. ir.*, abscheeren *v. ir. comp.*, (als die Wolle der Schaafe).

Tondetto, *ag.* etwas rund.

Tondezza, die Rundung, die Runde,

Tondo, *sust.* ein Teller *gen.* s; *it.* eine Rundung.

Tondo, *ag.* rund, rundlich, rundförmig; *fg.* sputar tondo, sich groß machen *v. r.*; *av.* a tondo, im Kreise herum, ringsherum.

Tonduto, *part.* geschoren &c.

Tonellata, e tonnellata, eine Tonne, eine Schiffslast von 20 Centner.

Tonica, e tonaca, eine Tunica, ein Chorhemd *gen.* es, *pl.* er; *it.* ein langer Rock der Alten.

Tonno (pesce), der Thunfisch *gen.* es, *pl.* e.

Tonsura, das Bescheren des Haupthaares bey den Geistlichen; *it.* der Haarkranz, oder die Platte, so die katholischen Geistlichen auf dem Kopfe haben.

Tonsurare, eine Platte scheren *v. ir.*

Tonsurato, *sust.* der eine Platte trägt; *part.* beschoren.

Topaja, ein Rattennest *gen.* s, *pl.* er.

Topazio (pietra), der Topas *gen.* es, *pl.* en.

Topo, eine Ratte, eine Ratze *pl.* n, eine Maus *pl.* (Mäuse).

Topografia, die Beschreibung eines besondern Orts.

Topografico, *ag.* topographisch.

Toppa, ein Schloß, etwas zu verschließen; *it.* ein Flickfleck, ein Lappen *gen.* s.

Toppo, ein dicker Holzklotz *gen.* es.

Torace, der Thorax, die Brust.

Torba, das trübe Wasser vom Regen.

Torbidamente, *av.* verwirrter, verworfenerweise; *met.* bestürzterweise.

Torbidare, trübe machen *v. r.*, *it.* verwirren *v. r. comp.*, *V.* Intorbidare.

Torbidezza, das trübe Wesen *gen.* s; *it.* die Verwirrung, die Unruhe.

Torbido, *ag.* trübe; *met.* unruhig, trotzig.

Torcere, drehen, krümmen *v. r.*, winden, biegen *v. ir.*, umdrehen, verdrehen *v. r. comp.*

Torcersi, sich wenden, sich drehen *v. rec. r.*

Torchio, eine Preße *pl.* n, eine Druckpreße; di vino, eine Weinpreße; da Librajo, eine Buchdruckerpreß.; *it.* torchio, fiaccola di cera, eine Wachsfackel *pl.* n.

Torchia, eine Fackel *pl.* n.

Torcigliare, zusammen winden *v. ir.*, flechten, drehen, rollen, zwirnen *v. r.*

Torcimento, das Drehen *gen.* s; *it.* die Krümme, *V.* Tortuosità.

Torcitojo, das Drehrad *gen.* s, *pl.* (räder); *it.* eine Preße *pl.* n.

Torcitore, ein Dreher *gen.* s, einer der drehet.

Torcitura, das Drehen, das Winden, das Krümmen, das Zwirnen *gen.* s.

Torcoliere, ein Drucker, ein Preßer *gen.* s.

Torcolo, die Preße, die Kelter *pl.* n.

Tordo (uccello), ein Krammetsvogel *gen.* s, *pl.* (vögel).

Toriccia, eine junge Ziege *pl.* n.

Torma, ein Haufen *gen.* s, eine große Menge eine Rotte, ein Gedränge Leute.

Tormentare, quälen, plagen, martern, peinigen, kränken *v. r.*

Tormento, die Marter, die Plage, die Quaal, das Leiden *gen.* s, die Pein,

Tormentosamente, *av.* mit Marter und Quaal; gepeinigterweise.

Tormentoso, *ag.* marternd, quälend, peinigend, schmerzhaft.

Tormini, dolori colici, das Bauchgrimmen *gen.* s.

Tornare, zurückkehren *v. r. comp.*, wieder kommen *v. ir.*, *V.* Ritornare; tornare in niente, wieder zu nichts werden *v. aus.*; tornare a dire, nochmals sagen *v. r.*; tornare a scrivere, a fare ec., wieder schreiben, machen &c., tornare alla memoria, sich wieder erinnern *v. rec. r. comp.*; non mi torna a conto, es ist nicht mein Nutzen, es ist mir nicht ersprießlich, tornare in se, wieder zu sich kommen *v. ir.*; torna bene che ... es fällt, es schlägt gut aus, daß ...; tornare in grazia di alcuno, eines Gunst wieder erlangen *v. r. comp.*

Tornarosto, ein Bratenwender *gen.* s.

Tornata, die Wiederkunft, *V.* Ritorno.

Torneare, glostrare, Lustgefechte halten *v. r.*

Tornèo, ein Lustgefecht, ein Turnierspiel *gen.* s.

Torniare, drechseln, drehen *v. r.*; *it.* umringen, umzingeln *v. r.*

Tornio, o torno, eine Drechselbank *pl.* (bänke); *it.* ein Umlauf; ein Umkreis *gen.* es, *pl.* e.

Toro, der Stier *gen.* s, *pl.* e.

Torpedine, die Trägheit, die Schlafsucht.

Torpere, träge seyn v. aus.

Torpidezza, e torpore, die Starrheit, das Einschlafen der Glieder; it. die Trägheit, die Faulheit.

Torre (coll' o serrato), der Thurm gen. s, pl. (Thürme); torre (coll' o largo), v. Togliere.

Torreggiante, ag. hervorragend, so wie ein Thurm.

Torreggiare, hervorragen v. r. comp., wie ein Thurm in die Höhe stehen v. ir., sich aufthürmen v. rec. r. a.

Torrente, der Strom gen. s, pl. (Ströme), eine Fluth pl. en, ein schnell und heftig fließendes Wasser gen. s, der Regenbach gen. s, pl. (bäche); un torrente di lagrime, häufige Thränen.

Torrido, ag. verbrannt, dürre, ausgedörrt, ausgetrocknet; la Zona torrida, die heiße Zone.

Torrione, ein großer Thurm gen. s, pl. (Thürme).

Torta, (coll' o stretto) eine Torte pl. n; (coll' o largo), part. di torcere, gedreht.

Tortamente, av. nicht gerade, nach der Quere, überzwerch, krumm, schief.

Tortezza, die Krümmung, die Quere.

Tortiglione, der Theil an den Bäumen, der krumm, schief gebogen ist; av. krumm, in die Krümme.

Tortiglioso, ag. krumm, geschlungen.

Tortire, drehen v. ir., beugen, krümmen.

Torto, sost. das Unrecht gen. s; far torto, Unrecht anthun v. ir. comp., dar torto, Unrecht geben v. ir., aver torto, Unrecht haben v. aus., a torto, ungerechterweise, mit Unrecht; part. di torcere, gedreht; ag. e av. fare il collo torto, den Kopf hängen v. r., scheinheilig, heuchlerisch seyn v. ir.

Tortola, e tortora, eine Turteltaube pl. n.

Tortuosamente, av. krumm, in die Krümme, überzwerch.

Tortuosità, die Krümme, die Krümmung, die Quere, die Beuge, der Umschweif gen. s.

Tortura, (criminale), die Folter, die Marter, die Peinigung.

Torturare, dare la tortura, auf die Folter bringen, martern v. r.

Torvità, der Trotz gen. es, die Strenge, die Unfreundlichkeit.

Torvo, ag. trotzig, mürrisch, fürchterlich, unfreundlich, gräulich; con occhio torvo, mit gräulichem Auge.

Torzione, die Verdrehung, die Herumdrehung, das Zwacken gen. s; it. estorsione, die Erpressung.

Tosamento, e tosatura, das Scheeren gen. s.

Tosare, scheeren v. ir., abscheeren v. ir. comp., beschneiden v. ir.

Toscano, sost. ein Toscaner gen. s, ag. toscanisch.

Tosone, (d'oro), das goldene Vließ gen. es, (ein Ritterorden); it. die geschorene Wolle von den Schafen.

Tosse, der Husten gen. s.

Tossicare, vergiften v. r. comp., mit Gifte vergeben v. ir. comp.; ums Leben bringen v. r.

Tossico, der Gift gen. es.

Tossire, husten v. r.

Tosto, tostamente, av. geschwind, schnell, hurtig, plötzlich, unverzüglich, auf der Stelle, den Augenblick, ohne dem mindesten Verzuge; tosto che, so bald als; ag. fare tosta faccia, unverschämt seyn v. aus.

Totale, ag. ganz, gänzlich, völlig, vollkommen; sost. il totale, das Ganze gen. n, pl. n.

Totalità, die ganze Summe, das ganze Wesen gen. s, das Ganze gen. n pl. n.

Totalmente, av. ganz und gar, vollkommentlich, gänzlich.

Tovaglia, das Tischtuch gen. s, pl. (tücher).

Tovagliuolo, das Tellertuch gen. s, pl. (tücher), die Serviette pl. n.

Tozzo, (di pane ec.), ein Stückchen, ein Bißchen Brod, ein kleiner Bissen gen. s.

TR

Tra, prep. unter, zwischen, in mitten; essere tra il sì, ed il no, unschlüssig seyn v. aus.

Trabacca, ein hölzernes Soldatenhüttchen gen. s.

Traballare, wanken, schwanken, wackeln, schaukeln v. r.

Trabalzare, in die Höhe prellen v. r.

Trabalzo, ein Seitensprung gen. s, pl. (sprünge); it. [illegible], das Wackern pl. n.

Traboccamento, der Fall, das Fallen, das Stürzen *gen.* s, der Sturz *gen.* es; *it.* die Ergießung, der Ausbruch *gen.* s, (des Waßers), das Aufschwellen *gen.* s (der Flüße).

Traboccante, *ag.* überlaufend, übertretend, überfließend; *parlandosi di monete*, vollwichtig.

Traboccantemente, *av.* mit Uebereilung.

Traboccare, überlaufen, überfließen, übertreten *v. ir. comp.*, il fiume trabocca, der Fluß tritt über; traboccare nel fiume, ins Waßer stürzen; traboccare di giubilo, für Freuden außer sich seyn *v. aus.*

Trabocchello, e trabocchetto, eine Falle *pl.* n, der Sprenkel *gen.* s, (ein Thier zu fangen).

Trabocchevole, *ag.* übermäßig, gar zu viel.

Trabocchevolmente, *av.* übermäßigerweise, blindlings.

Trabocco, die Ergießung des Waßers *V.* Traboccamento.

Traccannare, unmäßig, wacker saufen *v. ir.*

Traccannatore, ein Säufer *gen.* s.

Traccia, die Spur *pl.* en (des Wildes), die Fußstapfen, die Tritte der Menschen; *it.* ein überbliebenes Zeichen oder Merkmal von etwas; perder la traccia, vom Wege abkommen *v. ir. comp.*; andare in traccia, der Spur nachgehen *v. ir. c.*

Tracciare, andare in traccia, der Spure nachgehen *v. ir. comp.*, auf der Spure verfolgen *v. r. comp.*

Tracciatore, ein Ausspäher, Aufsucher *gen.* s.

Trachèa, die Luftröhre *pl.* n.

Tracolla, das Gewehrgehäng *gen.* s, (über die Schulter).

Tracollamento, der Sturz, der Umsturz *gen.* es, das Umfallen *gen.* s.

Tracollare, den Kopf sinken laßen *v. ir.*

Tracollo, der Fall, der Sturz, der Umsturz *gen.* es, das Verderben *g.* s.

Tracotanza, die Vermeßenheit.

Tracuraggine, die Hinläßigkeit.

Tradimento, die Verrätherey, die Hintergehung *pl.* en, der Betrug *gen.* s.

Tradire, verrathen *v. r. comp.*, tückisch hintergehen *v. ir. comp.*, hinters Licht führen *v. r.*

Traditore, der Verräther, der Betrüger *gen.* s.

Traditorescamente, *av.* verrätherischer weise.

Tradizione, eine alte Sage von etwas, das man nur vom Hörensagen hat; *it.* die Menschensatzung, die Kirchensatzung *pl.* en.

Tradurre, da un luogo all'altro, von einem Orte an einen andern bringen *v. r.*, versetzen, verlegen *v. r. comp.*; tradurre un libro, ein Buch übersetzen *v. r. comp.*

Traduttore, ein Uebersetzer *gen.* s.

Traduzione, die Uebersetzung *pl.* en, (eines Buchs &c.)

Traere, *V.* Tirare.

Trafelo *ag.*, gespalten, zerspalten.

Trafficante, *sust.* der Handelsmann *gen.* es, *pl.* (leute) *ag.* handelnd.

Trafficare, handeln *v. r.*, Gewerbe, Handel treiben *v. ir.*

Trafficatore, der Handelsmann *gen.* es, *pl.* (leute), der Handlung, Kaufmannschaft treibt.

Traffico, der Handel *gen.* s, die Handlung *pl.* en, das Gewerb *gen.* es, *pl.* e; die Kaufmannschaft *pl.* en.

Trafiggere, durchstechen, durchstoßen *v. ir. comp.*, questo mi trafigge l'anima, das thut mir in der Seele weh.

Trafiggitura, ein Stich, so durch und durch geht.

Trafila, das Ziehеisen *gen.* s.

Traforare, durchbohren, durchlöchern *v. r. comp.*

Traforo, ein Loch *gen.* s, *pl.* (Löcher).

Trafugare, entwenden *v. r. comp.*, heimlich wegnehmen *v. ir. comp.*, trafugarsi, sich wegmachen *v. r. comp.*

Tragedia, das Trauerspiel *gen.* s, *pl.* e, die Tragödie *pl.* n.

Tragettare, tragittare, e traghettare, über etwas setzen *v. r.*, (als über einen Fluß), übergehen *v. ir. comp.*

Tragetto, e tragitto, eine Ueberfahrt zu Waßer; *it.* eine kleine Querstraße *pl.* n.

Tragicamente, *av.* auf eine tragische Art.

Tragico, *ag.* tragisch, zum Trauerspiel gehörig *sust.* ein Tragödienschreiber *gen.* s.

Tragicommedia, das Trauerlustspiel, das Schauspiel *gen.* s.

Tragittare &c., *V.* Tragettare &c.

Traimento, das Ziehen *gen.* s.

Trainare, ziehen, schleifen *v. ir.*

Trai-

Traino, die Last, die Ladung.
Tralasciamento, die Unterlassung pl. en, das [illegible] gen. s.
Tralasciare, unterlassen, [illegible] v. ir. comp., [illegible] v. ir., aufhören v. r. comp.
Tralcio, ein grüner Zweig gen. s, pl. e, eine Rebe pl. n.
Traliccio, die [illegible], der Zwilch, der Drillich gen. s.
Traligna[illegible], die Ausartung.
Tralignante, ein ausartender.
Tralignare, ausarten, zuwarten v. r. comp., aus der Art schlagen v. ir.
Tralucente, ae, durchsichtig, durchscheinend, durchleuchtend.
Tralucere, durchscheinen v. ir. [illegible], durchleuchten v. r. comp. i. [illegible], glänzen, schimmern v. r.
Traluc[illegible], die Augen verdrehen v. r. comp.
Trama, [illegible] T[illegible], der Eintrag gen. s, pl. (Einträge); der Faden [illegible], pl. (Fäden); met. [illegible], die Verrätherey, der heimliche Anschlag gen. s, pl. [illegible] heimliche Verständniß gen. ss, pl. e, ein Kunstgriff gen. s, pl. e.
Tramare, [illegible] v. r. comp., V. T[illegible].
Tramare [illegible] der Weber, [illegible] [illegible], Verräthereh anstiften v. r. comp.
Trambasciamento, die [illegible], die Wehmuth.
Trambasciare, in Ohnmacht werden v. ir. comp., [illegible], ohnmächtig werden v. r. [illegible].
Trambustare, verwirren v. r. comp.
Tramezzare, e tramettere, dazwischen legen v. r.
Tramettersi, sich dazwischen legen, sich [illegible] v. rec. r., sich in etwas einlassen v. rec. ir. comp.
Tramezzamento, das Dazwischenlegen, das Einbringen eines Dinges in ein anderes, die Scheidewand gen. s, V. Tramezzo.
Tramezzare, dazwischen legen, stellen v. r., [illegible] dividere in mezzo, mitten von einander theilen v. r.
Tramezza, e tramezzo, der Zwischenraum gen. s, eine Zwischenwand, eine Scheidewand pl. (wände); [illegible] die

[illegible], ein [illegible] Verschlag gen. s, pl. (Verschläge).
Tramontamento [del Sole], der Untergang der Sonne.
Tramontano, der Nordwind, die Mitternacht, der [illegible] Norden gen. s, [illegible] perder la tramontana, sich nicht mehr zu helfen wissen v. irr., den Verstand verlieren v. ir. comp.
Tramontare, untergehen, niedergehen v. ir. comp.
Tramortimento, die Ohnmacht pl. en, eine Schwachheit, die einem zustößt.
Tramortire, ohnmächtig werden v. ans., in Ohnmacht sinken, fallen v. ir.
Tramortito, part. in Ohnmacht gefallen.
Tramutamento, die Veränderung pl. en, das Ziehen von einem Orte zum andern.
Tramutare, von einem Orte zu einem andern ziehen v. ir. [illegible], wechseln, tauschen v. r., verändern, verwechseln, verwandeln, verwandeln v. r. comp.
Tramutazione, die Veränderung, die [illegible], die Verwandelung, die Verwechselung.
Tranguggiamento, die Verschlingung, die Verschluckung.
Tranguggiare, verschlingen, verschlucken, einschlucken v. ir. comp.
Tranquillamente, av. in der Stille, geruhig, ruhig, stillschweigend.
Tranquillare, stillen v. r., beruhigen, besänftigen, befriedigen v. r. comp., [illegible] v. r.
Tranquillità, die Stille, die Ruhe, die Zufriedenheit.
Tranquillo, ae, stille, ruhig, zufrieden, [illegible] geruhig.
Transazione, der Vergleich, der Vertrag gen. s, die Beilegung einer Streitsache.
Transcendere, übergehen v. r. comp., [illegible] übertragen v. ir. comp., V. Trascendere.
Transire, vorbeygehen v. ir. comp.
Transito, der Durchgang, der Uebergang gen. s, pl. (gänge).
Transitoriamente, av. im Vorbeygehen, im Vorübergehen, flüchtig.
Transitorio, ae, vergänglich, kurz vorbeygehend.
Trans . . . ec., V. Tras . . . ec.
Trantanio, [illegible] der Aufzug gen. s,

pl. (Auszüge), (aus einer Schrift *x.*)

Transsustanziazione, die Verwandlung des Brodes und Weines im heiligen Abendmahle in den Leib und das Blut Christi.

Trapanare, bohren *v. r.*

Trapano, ein Bohrer *gen.* 8.

Trapassare, über hin gehen, durch gehen, vorbey gehen *v. ir.*, *it.* morire, sterben *v. r.*, hinscheiden *v. ir. comp.*; *it.* sorpassare, übersteigen, übertreffen *v. ir. comp.*

Trapassato, *part.* vergangen, verflossen, verstrichen, verlaufen; *it.* gestorben, verschieden.

Trapasso, der Durchgang, der Durchzug, der Uebergang *gen.* 6; *it.* der Hintritt, der Tod *gen.* 6.

Trapiantare, verpflanzen, versetzen *v. r. comp.*; in ein anderes Erdreich setzen *v. r.*

Traporre, darzwischen setzen *v. r.*

Trappola, eine Falle, eine Mausfalle *pl.* n.

Trappolare, mit der Falle fangen *v. ir.*; *it.* ingannare, hintergehen *v. ir. comp.*

Trappolatore, ein Betrüger, ein Gleichsner *gen.* 6.

Trapuntare, durchnähen *v. r. comp.*, steppen *v. r.*

Trapunto, *sust.* eine Art genähte Arbeit.

Trapunto, *ag.*, kraftlos, matt, ausgemergelt; *part.* trapuntato, durchgenäht.

Trarre, ziehen *v. ir.*, *V.* Tirare.

Trasandamento, die Hinlässigkeit *pl.* en.

Trasandare, überschreiten, hinaus schreiten *v. ir. comp.*; *it.* negligentare, vernachlässigen, hintansetzen *v. r. comp.*

Trascegliere, aussuchen, auslesen *v. r. comp.*, auslesen *v. ir. comp.*

Trasceglimento, e trascelta, die Aussuchung *pl.* en.

Trascelto, *part.* ausgesucht.

Trascendente, *ag.* übersteigend, übertreffend; erhaben, vorzüglich.

Trascendenza, das Uebersteigen *gen.* 6.

Trascendere, übersteigen, übertreffen *v. ir. comp.*

Trascorrente, *ag.*, fließend, flüssig.

Trascorrentemente, *av.* aus Irrthum, aus Versehen; *it.* beyläufig, etwelse.

Trascorrere, schnell überlaufen *v. ir. comp.*, schnell fließen *v. ir.*, herumrennen *v. ir. comp.*; trascorrere un libro, ein Buch durchblättern *v. r. comp.*, durchsehen *v. ir. comp.*; trascorrere un paese, ein Land durchreisen *v. r. comp.*; *it.* errare, fehlen *v. r.*, sich vergehen *v. rec. ir. c.*

Trascorso, *sust.* der Fehler, das Versehen *gen.* 6, eine Uebertretung *pl.* en; *part.* da trascorrere, übergangen *x.*

Trascrivere, abschreiben, umschreiben *v. ir. comp.*

Trascuraggine, trascuranza, e trascuratezza, die Nachlässigkeit, die Unachtsamkeit, die Sorglosigkeit *pl.* en, der Unfleiß *gen.* 6.

Trascurare, vernachlässigen, hintansetzen *v. r. comp.*, unbesorgt, unbeacht, unbekümmert seyn *v. aus.*

Trascuratamente, *av.* vernachlässigterweise, unaufmerksam, nachlässig.

Trascurato, *ag.* nachlässig, unachtsam, liederlich; *part.* vernachlässiget.

Trascurato, *sust.* ein Nachlässiger *gen.* 8.

Trasecolare, sich sehr verwundern *v. rec. r. comp.*, vor Erstaunen ganz außer sich seyn *v. aus.*, erstaunen *v. r. comp.*

Trasferibile, *ag.* überbringlich.

Trasferimento, die Versetzung *pl.* en.

Trasferire, versetzen *v. r. comp.*, an einen andern Ort bringen *v. r.*; trasferirsi da un luogo all'altro, sich an einen Ort hinbegeben *v. ir. comp.*

Trasfigurare, eine andere Gestalt geben *v. ir.*, verwandeln *v. r. comp.*

Trasfigurazione, die Verwandelung.

Trasfondere, umgießen, umfüllen *v. r. comp.*, umgießen *v. ir. comp.*, (aus einem Gefäße in ein anderes.

Trasformare, verwandeln *v. r. comp.*, einen andere Gestalt geben *v. ir.*; trasformarsi, sich verwandeln *v. rec. r. comp.*, eine andere Gestalt nehmen *v. ir.*

Trasformazione, e trasformamento, die Verwandelung.

Trasfusione, die Uebergießung aus einem Gefäße in das andere.

Trasgredire, übertreten, überschreiten *v. ir. comp.*, zuwider handeln *v. r.*

Trasgreditore, e trasgressore, ein Uebertreter *gen.* 8.

Trasgressione, die Uebertretung, die Ueberschreitung *pl.* en, (der Befehle,

Gesetze; it. das Zuwiderhandeln g. s.

Traslatare, versetzen v. r. comp., V. Trasferire.

Traslato, *sust.* eine verblümte Rede *pl.* n, ein figürlicher Ausdruck *gen.* s, *pl.* (Ausdrücke); *part.* versetzt.

Traslazione, il traslatare, die Versetzung, die Verlegung; *it.* die Uebersetzung *pl.* en.

Trasmettere, übersenden, überschicken, übermachen, zustellen *v. r. comp.*; *it.* überlaßen *v. ir. comp.*

Trasmigrare, wandern *v. r.*, auswandern *v. r. comp.*

Trasmigrazione, die Wanderung, die Auswanderung; la trasmigrazione delle anime, die Seelenwanderung.

Trasmutare, verwandeln, verändern *v. r. comp.*, *V.* Tramutare.

Trasmutazione, die Verwandelung, die Veränderung.

Trasparente, *ag.*, durchsichtig.

Trasparenza, die Durchsichtigkeit.

Trasparere, e trasparire, durchscheinen *v. ir. comp.*, durchscheinend, durchsichtig seyn *v. aus.*

Traspiantare, verpflanzen, umpflanzen, umsetzen *v. r. comp.*

Traspiantamento, die Versetzung, die Verpflanzung, (der Bäume).

Traspirare, ausdünsten, ausdämpfen *v. r. comp.*, durch die Schweißlöcher; *fig.* traspirare, venire in cognizione, kund oder ruchbar werden *v. aus.*

Traspirazione, die Ausdünstung, die Ausdämpfung der Feuchtigkeiten im Leibe.

Trasponere, e trasporre, versetzen *v. r. comp.*, *V.* Traspiantare.

Trasportamento, das Wegbringen, Fortführen *gen.* s, (von einem Orte zum andern), die Versetzung.

Trasportare, wegbringen, wegschaffen *v. r. comp.*, wegtragen *v. ir. comp.*, von einem Orte an einen andern bringen *v. r.*; *it.* versetzen, übersetzen *v. r. comp.*; *met.* außer sich selbst bringen *v. r.*, verrücken *v. r. comp.*, in heftige Bewegung setzen *v. r.*, (als das Gemüthe).

Trasportazione) das Führen *gen.* s,
Trasporto) die Ausfuhr der Waaren, die Versetzung; *met.* die Verwirrung, die Verrückung des Verstandes; *it.* eine heftige Gemüthsbewegung; eine Entzückung *pl.* en.

Trasposizione, e trasponimento, die Versetzung *pl.* en, (sonderlich) der Worte).

Trastullare, ergötzen, belustigen, erquicken *v. r. comp.*; trastullarsi, sich ergötzen *v. rec. r. comp.*, sich lustig machen *v. rec. r.*

Trastullo, der Zeitvertreib *gen.* s, die Ergötzlichkeit, die Belustigung *pl.* en, die Kurzweil.

Trasudare, stark schwitzen *v. r. comp.*

Trasversale, *ag.*, überzwerch, schräg, schief; linea trasversale, die Nebenlinie, die Seitenlinie.

Trasversalmente, *av.* überzwerch, nach der Queere.

Trasvolgere, umwenden, verkehren *v. r. comp.*

Tratta, das Ziehen, das Schleppen, der Zug *gen.* s; una tratta di paese, ein Strich Landes, eine Strecke; *it.* trasportazione, die Ausfuhr der Waaren.

Trattabile, *ag.*, gesprächig, leutselig, sanftmüthig, gelind; un uomo trattabile, ein Mensch, mit dem wohl umzugehen ist.

Trattabilità, die Gelindigkeit, die Freundlichkeit im Umgange.

Trattabilmente, *av.* empfindsamerweise, auf eine gesprächige Art.

Trattamento, die Begegnung, das Betragen, das Verhalten *gen.* s, (gegen einen); *it.* die Bewirthung, die Gastereу *pl.* en; *it.* negoziazione, die Abhandlung *pl.* en.

Trattare (un negozio), behandeln, eine Sache abhandeln *v. r. comp.*, Handlung pflegen *v. r.*; trattar bene o male, wohl oder übel verfahren *v. r. comp.*, trattare da galantuomo, ehrlich umgehen *v. ir. comp.*; *it.* trattare a banchetto, e simili, gastiren *v. r.*, bewirthen *v. r. comp.*

Trattato, *sust.* ein Tractat, eine Abhandlung *pl.* en; *it.* ein Vertrag *gen.* s, *pl.* (Verträge); *part.* behandelt etc.

Trattenere, aufhalten, abhalten, verweilen *v. r. comp.*

Trattenimento, die Aufhaltung; *it.* passatempo, der Zeitvertreib *gen.* s.

Tratto, der Zug, das Ziehen, der Wurf *gen.* s; *it.* il comportarsi, das Betragen *gen.* s; un uomo di buon tratto, ein sehr artiger Mensch.

un [illegible] tratto, eine artige Manier, [illegible] spielen, [illegible], [illegible] [illegible] tratto di penna, eine [illegible] in [illegible], [illegible] di [illegible] in [illegible] [illegible] [illegible] ogni tratto, [illegible] [illegible] del tratto, [illegible] [illegible].

Tr[illegible], [illegible], [illegible] v. r. [illegible] v. a. comp. [illegible] lavorare, arbeiten v. n. comp.

Travagliatore, der Arbeiter gen. s.

Travaglio, die Mühe, die [illegible] [illegible], die [illegible] pl. [illegible] lavoro, die Arbeit.

Travalicamento, der Uebergang gen. s.

Travalicare, übergehen, [illegible] [illegible], übertreten v. r. [illegible] über einen Fluß).

Travasamento, die Ueberfüllung pl. en.

Travasare, umfüllen v. r. comp., umgießen v. [illegible] comp., aus einem Gefäße in ein anderes gießen v. ir.

Trave, der Balken gen. s.

Traveder[illegible], [illegible] [illegible] [illegible] v. [illegible] comp. [illegible] [illegible] v. n. comp.

Traversa, eine Querstange pl. [illegible], eine [illegible] [illegible], alles was in die Quere liegt [illegible].

Traversalmente, ac. überzwerch, nach der Quere.

Traversare, [illegible] v. r. comp., überfahren v. ir. comp., [illegible] v. r. comp., traversare la [illegible], [illegible] [illegible] [illegible] v. [illegible] [illegible] v. [illegible].

Traversia, [illegible], das Widrige [illegible] pl. [illegible].

Traverso, subst. das Ueberzwerche gen. s., die Quere pl. n.

Traverso, ac. [illegible], quer, überzwerch, [illegible].

Travestimento, die Verkleidung pl. en.

Travestire, verkleiden v. r. comp., [illegible] v. r. comp.

Traviamento, die Verirrung pl. en, die Irrthum gen. [illegible], der Irrthumpfad gen. s. pl. e.

Traviare, vom rechten Wege abweichen v. r. comp., irre führen v. r., [illegible], [illegible] [illegible] [illegible] v. [illegible] comp. [illegible] [illegible].

Travolgere, umwenden, umkehren v. r. comp., durch einander werfen v. ir., verwirren v. r. comp.

Tre, num. drey.

Trebbia, der Dreschflegel gen. s.

Trebbiare, dreschen v. r.

Trebbiatore, der Drescher gen. s.

Trebbiatura, das Dreschen gen. s., die Dreschzeit pl. en.

Trecentesimo, der dritte Theil eines [illegible].

Treccia, eine Haarflechte, ein Haarzopf gen. [illegible] pl. Zöpfe, [illegible] [illegible] [illegible] (B).

Trecciare, flechten v. r.

Treccone, ein Höker gen. s.

Trecentesimo (U), der Dreyhundertste gen. e pl. n.

Trecentista, ein Schriftsteller aus dem vierzehnten Jahrhunderte.

Trecento, dreyhundert.

Tredicesimo (U), der Dreyzehnte gen. e pl. n.

Tredici, num. dreyzehn.

Tregua, der Waffenstillstand gen. [illegible] fig. der Einhalt gen. s.

Tremante, ac. zitternd, bebend.

Tremare, zittern, beben [illegible] v. r.

Tremendamente, ac. [illegible] [illegible] [illegible].

Tremendo, ac. [illegible].

Trementina, der Terpentin gen. s.

Tremito, [illegible].

Tremore, il tremore, das Zittern, das Beben, der Schauer gen. s.

Tremolante, ac. zitternd, bebend, [illegible].

Tremolare, zittern, beben, schaudern v. r.

Tremore, V. Tremito.

Tremuoto, ein Erdbeben, der [illegible] gen. [illegible] [illegible] [illegible].

Trenta, num. dreyßig, trentamila, dreyßigtausend.

Trentesimo (U), der Dreyßigste, la trentesima parte, der dreyßigste Theil gen. s.

Trepidare, vor Furcht zittern v. r.

Trepidazione, das Zittern vor Furcht.

Trepido, ac. furchtsam, V. Timoroso.

Treppiede, e treppie, ein Dreyfuß gen. es.

Tresca, eine Art altväterlicher Tänze, fig. eine lustige Bande, Gesellschaft von Leuten, die sich zusammen lustig machen [illegible], ein verwirrter Handel gen. s.

Trescare, tanzen v. r. [illegible], fig. Kurzweil treiben v. ir.

Triaca, der Theriak gen. m.
Triangolare, ag. dreyeckig.
Triangolo, der Triangel, das Dreyeck gen. s.
Tribolare, e tribulare, betrüben, drängen, plagen, quälen v. a., klagen v. r. comp.
Tribolato, geplagt, gequälet, gequält.
Tribolazione, die Drangsal, die Trübsal, die Bedrängung pl. en, das Herzeleid, das Kreuz, der Kummer, der Jammer gen. s, die Angst und Noth.
Tribolo, eine Art Dorn, Distel, Strauch.
Tribù, eine Zunft, ein Stamm von den Juden.
Tribuna, eine Art Bühne für Zuschauer, Sänger x.
Tribunale, der Richterstuhl gen. s, pl. e; il Tribunale di Dio, das göttliche Gericht gen. s.
Tribuno, ein Zunftmeister gen. s.
Tributare, dienen v. n., beysteuern v. r. comp., Zoll, Schoß, Steuer geben v. a.
Tributario, ag. zinsbar, zinsbarig, ein Zinsmann gen. s, der steuern muß.
Tributo, der Tribut, der Zins gen. es, die Steuer, die Abgabe pl. n.
Tricuspide(ia), eine dreyzackige Gabel, der Dreyzack des Neptuns.
Triduo, eine Zeitraum von drey Tagen.
Triennale, ag. dreyjährig.
Triennio, die Zeit von drey Jahren.
Trifoglio (erba), der Klee, das Kleeblatt gen. s.
Triforme, ag. dreyförmig.
Trigesimo(il), der Dreyßigste gen. s pl. n.
Triglia (pesce di mare), die Meerbarbe pl. n.
Trillare, trillirren v. r., Triller schlagen v. a.
Trillo, der Triller gen. s.
Trilustre, ag. fünfzehnjährig.
Trimestre, eine Zeit von drey Monaten.
Trimpellare, klimpern, klingeln v. n. V. Dondolare.
Trina, die Tresse, die Spitze, die Borte pl. n.
Trinato, ag. mit Tressen, Spitzen, Borten x. besetzt.
Trincea, der Laufgraben gen. s.
Trinceramento, e trinceramento der Verschanzung pl. en.
Trincerare, e trincierare, verschanzen v. a. comp.
Trinchetto, ein dreyeckiges Segel gen. s, it. der Mast einer Galee.
Trinciante(sust.), der Vorschneider g. s.
Trinciare, vorschneiden v. ir. comp., die Speise abtheilen v. r. comp.
Trinità, die Dreyeinigkeit, die Dreyfaltigkeit.
Trino, ag. dreyfältig, dreyfältig.
Trionfale, ag. triumphalisch, siegprangend.
Trionfalmente, av. siegprangender Weise, im Triumphe.
Trionfante, ag. triumphirend, frohlockend, frohlockend, siegreich; sust. ein Sieger gen. s.
Trionfare, triumphiren v. r., siegen v. r., obsiegen v. ir. comp.
Trionfo, der Triumph, der Sieg, das Siegsgepränge, der siegprangende Einzug gen. s.
Tripartito, ag. in drey Theile getheilt.
Triplicare, dreyfach vermehren v. r. c.
Triplicatamente, av. dreyfach, dreymal so viel, dreymal nacheinander.
Triplicato, triplice, e triplo, ag. dreymal wiederholt, dreymal so viel.
Triplicità, die Dreyfachheit.
Tripudio, das Gebärme, das Einsweide.
Tripudiare, sich lustig machen v. r. c., tanzen v. r., (wie die Bauer).
Tripudio, ein Bauerntanz gen. es.
Triregno, die dreyfache Krone des Pabstes.
Tristamente, av. auf eine erbärmliche, beschwerliche, mühselige, elende Weise.
Tristarello, sust. ein loser Bube gen. n pl. n.
Tristezza, e tristizia, die Traurigkeit, der Kummer gen. s, die Betrübniß, der Verdruß gen. es.
Tristo, sust. ein übelgearteter Mensch gen. e pl. en; ag. melancolico, traurig, betrübt.
Tritamente, av. stückweise, V. Minutamente.
Tritamento, das Zerreiben gen. s.
Tritare, reiben v. ir., zerreiben, zermalmen v. r. comp.
Tritavo, der Urgroßvaters Vater g. s.
Triticello, kleine zerriebene Brosamen, V. Cruschello.

Trito, *ag.* e *part.* gerieben, gestoßen; it. ordinario, gemein, gewöhnlich, oft vorkommend.

Trivellare, durchbohren *v. r. comp.*

Trivello, der Bohrer *gen.* s.

Triviale, *ag.* gemein, schlecht, gering.

Trivialità, die Gemeinheit.

Trivialmente, *av.* gemeiniglich, nach gemeiner Weise, oder Art.

Trofeo, ein Siegeszeichen *gen.* s.

Troja, eine Sau *pl.* (Säue).

Tromba, e trombetta, eine Trompete *pl.* n; da tirare acqua, eine Wasserpumpe *pl.* n; sonar la tromba, auf der Trompete blasen *v. ir.*

Trombetta, sonator di tromba, ein Trompeter *gen.* s.

Trombone, eine Posaune *pl.* n.

Troncamente, *av.* abgebrochener Weise, mit Unterbrechung, stückweise.

Troncamento, die Verkürzung, die Abschneidung, die Weglassung *pl.* en.

Troncare, verkürzen, abkürzen, verstümmeln *v. r. comp.*, zerschneiden *v. ir. comp.*; troncare il discorso, das Gespräch, die Rede abbrechen *v. ir. comp.*; troncare le difficoltà, die Schwierigkeiten aus dem Wege räumen *v. r.*

Tronco, der Stamm, der Schaft *gen.* s; tronco, *part.* verkürzt, verstümmelt.

Trono, der Thron *gen.* s, *pl.* en.

Troppo, *sost.* der Ueberfluß *gen.* ss, *pl.* (Flüsse); *av.* zu viel, überflüssig, übermäßig; *av.* zu, allzu, zu sehr, gar zu viel; troppo grande ec., zu groß ec.; egli è por troppo vero, es ist nur zuverlässig wahr.

Trota (pesce), die Forelle *pl.* n.

Trottare, traben *v. r.*, den Trab gehen *v. ir.*

Trotto, der Trab, der Trott *gen.* s, (der Pferde); *av.* di trotto, trabend.

Trovamento, das Finden, das Erfinden, das Antreffen *gen.* s.

Trovare, finden *v. ir.*, *it.* antreffen *v. ir. comp.*

Trovarsi, sich befinden, einfinden *v. rec. ir. comp.*

Trucco, das Billardspiel *gen.* s, *pl.* e.

Truce, *ag.* grausam, grimmig.

Trucidare, ermorden *v. r. comp.*, todschlagen *v. ir. comp.*

Truffatore, ein Betrüger *gen.* s.

Truffa, der Betrug *gen.* s, die Betrügerey *pl.* en, ein listiger Streich *gen.* s, *pl.* e.

Truffare, betrügen *v. ir.*

Truffatore, ein Betrüger *gen.* s.

Trufferia, *V.* Truffa.

Truppa, ein Trupp, ein Haufen *gen.* s, eine Bande, eine Rotte *pl.* n; le truppe, die Kriegsvölker.

T U

Tu, *pron.* du; dar del tu ad alcuno, einen dutzen *v. r.*

Tubercolo, eine Beule *pl.* n, ein kleines Geschwür *gen.* s, *pl.* e.

Tuberosa, die Nachtviole *pl.* n.

Tubercolo, *ag.* bucklig.

Tubo, ein Rohr *gen.* s, eine Röhre.

Tuffamento, das Eintauchen *gen.* s.

Tuffare, tauchen *v. r.*, eintauchen, untertauchen *v. r. comp.*, tuffarsi, sich vertiefen *v. r. comp.*

Tuffo, das Eintauchen *gen.* s.

Tugurio, ein schlechtes Bauerhäuschen *gen.* s.

Tulipano, eine Tulpe *pl.* n.

Tumidezza, die Schwulst, die Geschwulst.

Tumido, *ag.* aufgeschwollen, aufgelaufen.

Tumore, eine Schwulst, eine Geschwulst, eine Beule *pl.* n.

Tumulare, begraben *v. ir.*, *V.* Seppellire.

Tumulo, das Grab *gen.* s, *pl.* (Gräber), das Grabmal *gen.* s, *pl.* (Grabmäler), die Begräbniß *pl.* e.

Tumulto, der Tumult, der Aufstand, der Aufruhr, das Lärmen, der Lärm, das Getümmel *gen.* s.

Tumultuante, *ag.* lärmend, aufrührerisch.

Tumultuare, Aufruhr erregen *v. r. c.*

Tumultuariamente, *av.* in Unordnung, verwirrterweise, in großer Eil.

Tumultuario, e tumultuoso, *ag.* unordentlich, aufrührerisch.

Tumultuosamente, *av.* aufrührerischerweise.

Tunica, ein Leibrock *gen.* s, *pl.* (Röcke), *V.* Tonica.

Tuo, *pron.* dein.

Tuonare, donnern *v. r.*, *V.* Tonare.

Tuono, der Donner *gen.* s; *it.* il tuono della musica, der Ton *gen.* s.

Tuorlo, das Eidotter *gen.* s.

Turà, ein Damm im Wasser.

Turacciolo, der Stöpsel *gen.* s.
Turamento, das Stöpseln, das Zustöpseln, das Zustopfen, das Zumachen *gen.* s, die Verstopfung.
Turare, stopfen *v. r.*, zustopfen, verstopfen *v. r. comp.*
Turba, der Schwarm, das Gewirre von Leuten, *it.* das gemeine Volk *gen.* s.
Turbamento, die Verwirrung, die Unruhe, die Beunruhigung, die Störung.
Turbante, der Turbant, ein türkischer Bund *gen.* s.
Turbare, stören *v. r.*, beunruhigen, verwirren *v. r. comp.*
Turbato, aufgebracht, unruhig werden *v. aux.*, sich betrüben *v. rec. r. comp.*
Turbatore, ein Störer *gen.* s.
Turbine, der Sturm *gen.* s, *pl.* (Stürme), der Wirbelwind *gen.* s.
Turbinoso, *ag.* stürmisch.
Turbolentemente, *av.* unordentlicher, verwirrter, aufrührerischerweise.
Turbolento, *ag.* unruhig, stürmisch; egli è un uomo turbolento, er ist ein unruhiger Kopf.
Turbolenza, die Beunruhigung, die Verwirrung, das stürmische Wesen *gen.* s, die Beunruhigung, *it.* die Trübe.
Turcasso, der Köcher *gen.* s.
Turchesco, *ag.* türkisch.
Turchia, die Türkey.
Turchino (colore), *sust.* die blaue Farbe, das Blaue *ag.* blau; turchino chiaro, himmelblau, dergleichen turchino scuro, dunkelblau.
Turcimanno, ein Dollmetscher *gen.* s.
Turco, *sust.* der Türke *gen.* n, *pl.* n, *ag.* türkisch.
Turgere, aufschwellen *v. ir. comp.*
Turgido, *ag.* aufgeschwollen, aufgeblasen.
Turibolo, das Rauchfaß, das Weyhrauchfaß *gen.* es, *pl.* (fässer), die Rauchpfanne *pl.* n.
Turma, eine Menge, ein Haufen Volks, Thiere *ec.*; una turma di buoi, eine Heerde Ochsen.
Turpe, *ag.* sozzo, häßlich, schändlich.
Turpemente, *av.* schändlich.
Turpezza, turpidezza, die Schande, die Unflätherey, die Häßlichkeit, *V.* Deformità.
Tutela, die Vormundschaft, die Aufsicht, der Schutz *gen.* es.
Tutelare, *ag.* beschützend; l'Angelo tutelaro, der Schutzengel *gen.* s.

Tutore, der Vormund *gen.* es; *fg.* die Beschützer *gen.* s.
Tutrice, die Vormünderinn, die einen Mündel unter sich hat.
Tuttavia, sempre, *av.* immer, beständig *it.* pure, eis dem
Tuttavolta, Tuttavolta } allein, dennoch, doch, gleichwohl, demohngeachtet, nichts desto weniger.
Tutti due, alle beyde.
Tutto, *ag. e s. av.* [illegible] intiero, ganz, völlig; in senso copulativo, all, aller, alle, alles; tutto il mondo, die ganze Welt; il tutto, das Ganze; tutto quanto, alles zusammen; tutta la gente, alle Leute; io so tutto, ich weiß alles; egli è tutt' uno, es ist alles eins; tutto dì, allezeit, täglich; da per tutto, überall, allenthalben; sopra tutto, zumal; in tutto e per tutto, ganz und gar; in tutto, überhaupt; con tutto che, obschon; con tutto ciò, demohngeachtet; tutti quanti, alle mit einander; tutt' ora, immer noch; queste sono tutte pazzie, diese sind lauter Narrenpossen.
Tuttora, *av.* immer, *V.* Tuttavolta.
Tuzia, (*medic.*) die Tutie, die Galmey.

VA

VA! *imperat.* geh!
Vacante, *ag.* sedia, unbesetzt, erledigt, leer.
Vacanza, eine verledigte Stelle *pl.* n, ein leerer Dienst *gen.* es, *pl.* e, ein offenstehendes Amt *gen.* s, *pl.* (Aemter); *it. pl.* die Gerichtsferien, die Schulferien.
Vacare, leer, ledig, offen stehen *v. ir.*, erledigt, vacant seyn *v. auf.* (als ein Amt, ein Dienst).
Vacca, die Kuh *pl.* (e); *fig. e.* ingiur. vacca, sgualdrina, die Vettel, die Schindber.
Vaccaro, vaccajo, der Kühhirte *gen. e pl.* n.
Vaccina, das Kühfleisch *gen.* es, *it.* der Kühmist.
Vacillamento, e vacillazione, das Straucheln, das Taumeln, das Hin- und Herwanken, das Wackeln, das Schwanken *gen.* s; *it.* der Unbestand, der Wankelmuth *gen.* s, die Unbeständigkeit.

Vacillante, *ag.* wankend, wackelnd; *it.* zweifelhaft.

Vacillare, wanken, schwanken *v. r.*, unschlüssig, zweifelhaft seyn *v. auf.*; *it.* delirare, wahnwitzig seyn.

Vacuare ec., ausleeren *v. r. comp.*, *V.* Evacuare ec.

Vacuo, *sust.* der, das Leere, ein leerer Raum *gen.* s; *ag.* leer, ledig, frey.

Vado, eine Furt über einen Fluß.

Vagabondare, herumschweifen *v. r. c.*, *V.* Vagare.

Vagabondità, das Herumschweifen, das Herumirren, das Herumlaufen, das Herumstreichen *gen.* s.

Vagabondo, *sust.* ein Herumläufer, ein Landstreicher *gen.* s; *ag.* herumirrend, flüchtig.

Vagamente, *av.* artig, niedlich, zierlich.

Vagamento, das Herumlaufen *gen.* s, *V.* Vagabondità.

Vagante, *ag.* herumschweifend, herumstreichend.

Vagare, herumschweifen, herumirren *v. r. comp.*, herumstreichen *v. ir. r.*; *met.* ausschweifen *v. r. comp.*

Vagellajo, ein Blaufärber *gen.* s; *it.* vasellajo, ein Töpfer, ein Hafner *gen.* s.

Vagheggiamento, die Buhlerey, das Liebkosen *gen.* s.

Vagheggiare una donna, ein Frauenzimmer liebkosen *v. r. comp.*, buhlen *v. r.*; vagheggiarsi, in sich selbst verliebt seyn *v. auf.*

Vagheggiatore, ein Liebhaber, ein Verliebter, ein Anbeter, ein Galan *gen.* s.

Vaghezza, die Lust, das Verlangen, der Trieb *gen.* s, die Neigung, die Begierde, die Sehnsucht; *it.* bellezza, die Schönheit, die Anmuth, der Reitz *gen.* es.

Vagina, die Scheide *pl.* n.

Vagire, schreyen *v. ir.*, weinen *v. r.* (wie ein kleines Kind).

Vagito, das Kindergeschrey *gen.* s.

Vaglia, die Tapferkeit, *V.* Valore; un uomo di vaglia, ein geschickter Mann *gen.* s.

Vagliare, sieben *v. r.*, durchsieben *v. r. comp.*

Vagliatore, ein Durchsieber *gen.* s.

Vagliatura, das Ausgesiebte *gen.* s *pl.* n, der Unrath *gen.* s, die Spreu vom Getreide.

Vaglio, der Sieb *gen.* s.

Vago, *ag.* herumirrend, flüchtig, unbeständig; *it.* desideroso, begierig, sehnsüchtig; *it.* bello, schön, lieblich, anmuthig.

Vago, *sust.* amante, ein Liebhaber *gen.* s, *V.* Vagheggiatore.

Vainolo, e vainole, die Blattern, die Pocken, die Kinderblattern; buccherato dal vainolo, *ag.* pockengrübig.

Valente, *ag.* geschickt, tüchtig, tapfer, wacker.

Valentemente, *av.* tapfer, herzhaft, mit getrostem Muthe.

Valere, kosten *v. r.*, gelten *v. ir.*, werth seyn *v. auf.*, taugen *v. r.*; a che vale ciò, zu was hilft's; vagliami il vero, ich will die Wahrheit gestehen; vale a dire, das heißt.

Valere, *sust.* der Werth *gen.* s.

Valersi, sich zu Nutze machen *v. rec. r.*

Valeriana (erba), der Baldrian *gen.* s.

Valetudinario, *sust.* der immer kränklich, bettlägerig ist.

Valevole, *ag.* gültig, werth tauglich, nützlich, tüchtig.

Valicare, überfahren *v. ir. comp.*, übersetzen *v. r. comp.*; valicare un fiume a guado, einen Fluß durchwaden *v. r. comp.*; valicare il mare, über das Meer fahren *v. ir.*

Valico, *sust.* der Gang zum Ueberfahren; das Ueberfahren *gen.* s.

Validamente, *av.* rechtsgültig, kräftig, gültigerweise.

Validare, gültig machen *v. r.*, bestätigen, bekräftigen *v. r. comp.*

Validità, die Gültigkeit, die Bündigkeit, der Rechtsbestand *gen.* s.

Valido, *ag.* gültig, triftig, bündig, beweisend, kräftig, stark.

Valigia, das Felleisen *gen.* s, der Mantelsack *gen.* s, *pl.* (säcke), das Reisebündel *gen.* s.

Valigiajo, ein Taschner, ein Felleisenmacher *gen.* s.

Vallame, ein Raum zwischen vielen Thälern, *V.* Intervallo.

Vallare, verschanzen *v. r. comp.*, mit Lauf gräben umgeben *v. ir. comp.*

Vallata, der Thal *gen.* s, *pl.* (Thäler); *it.* die Stadtgräben.

Valle, der Thal *gen.* s, *pl.* (Thäler).

Vallonea, der Gallapfel *gen.* s.

Valore, prezzo, der Werth, der Preis

gen. m.; fr. [illegible], die Tapferkeit, der Muth gen. s.

Valorosamente, av. tapfer, beherzt.

Valoroso, ag. [illegible] tapfer, wacker.

Valente, sust. der Werth, der Preis

Valuta, gen. des ; st. die Kraft, die Stärke.

Valutare, schätzen v. a., den Preis, den Werth bestimmen v. a. comp.

Valutazione, die Schätzung, die Bestimmung des Werthes.

Vampa, o vampo, die Flamme pl. n.

Vampeggiante, ag. flammend, lodernd.

Vampeggiare, flammen, lodern, brennen v. a.

Vanagloria, die Eitelkeit, die Ruhmredigkeit, der Hochmuth gen. s.

Vanagloriarsi, prahlen v. r., sich rühmen, sich brüsten v. rec. r.

Vanagloriosamente, av. ruhmsüchtiger-weise.

Vanaglorioso, ag. ruhmredig, ruhmsüchtig, hochmüthig, eitel, prahlerisch.

Vanamente, av. eitler, [illegible], [illegible], vergeblicher Weise, [illegible], fruchtloserweise.

Vaneggiamento, der Wahnwitz, der Aberwitz gen. es, der Phantasiren.

Vaneggiante, eitel, [illegible] albern redet, [illegible], träumet.

Vaneggiare, fantasiren, irre reden v. r., aberwitzig seyn v. auf. V. Delirare.

Vaneggiatore, ein Wahnwitziger, ein Aberwitziger gen. s.

Vanga, das Grabscheit, der Spaten gen. s.

Vangare, mit dem Spaten umgraben, die Erde mit dem Grabscheite umstechen v. ir. comp. umarbeiten v. r. a.

Vangata, ein Stich mit dem Spaten.

Vangatura, das Umgraben mit dem Spaten.

Vangelico, ag. evangelisch, dem Evangelio gemäß.

Vangelo, das Evangelium.

Vaniglia, o vainiglia, die Vanille.

Vanità, die Eitelkeit.

Vano, ag. eitel; fr. [illegible], vergeblich, [illegible]; av. in vano, vergeblich; sust. das Leere gen. s.

Vantaggiare, [illegible], übertreffen v. ir. comp.; [illegible] gewinnen, erwerben v. ir.

Vantaggio, der Vortheil gen. s, pl. e.; der Vorzug gen. s, pl. Vorzüge, [illegible], nach mehr.

Vantaggiosamente, av. vortheilhafter Weise, auf eine nützliche Art.

Vantaggioso, ag. vortheilhaft, ersprießlich, nützlich.

Vantare, [illegible] v. a.

Vantarsi, sich rühmen v. rec. r., prahlen v. r., großsprechen v. ir. comp., sich loben v. rec. r.

Vantatore, ein Prahler gen. s.

Vanto, der Ruhm gen. s, die Prahlerey; st. der Vorzug gen. s.

Vaporare, ausdünsten v. r. comp. Dunst von sich geben v. auf.

Vaporazione, die Ausdünstung.

Vapore, der Dampf gen. s, der Dunst gen. es, pl. (Dünste), die Ausdünstung pl. en.

Vaporoso, ag. dämpfig, dunstig.

Varcare, passiren v. r., [illegible] v. r. comp., überfahren v. ir. comp., [illegible] gehen v. ir.

Varco, die Ueberfahrt, der Uebergang gen. s.

Variabile, ag. veränderlich, unbeständig.

Variamente, av. unterschiedenerweise, auf mancherley Art.

Variamento, die Veränderung, V. Variazione.

Variante, veränderlich, V. variabile, Variamento.

Variare, verändern v. r. comp., ändern v. r., abwechseln v. r. comp.

Variatamente, av. auf unterschiedene weise.

Variato, part. ed ag., verändert, unterschieden.

Variazione, die Verschiedenheit, die Mannichfaltigkeit, die Veränderung pl. en.

Varietà, die Verschiedenheit, die Mannichfaltigkeit pl. en, der Unterschied gen. s, die Veränderung pl. en.

Vario, ag. verschieden, unterschieden, mancherley, unterschiedlich, veränderlich, unbeständig, di varie forme, vielförmig.

Vaschia, ein Schaff gen. s.

Vasca, der Umfang eines Springbrunnens, worein das Wasser fällt.

Vascello, das Schiff gen. s, pl. e, fig. [illegible] vascello da guerra, das Kriegsschiff.

Vasellaio, ein Töpfer, ein Hafner gen. s.

Vasellame, allerley Gefäße, allerley

Geſchirr: i vaſellami di cucina, das Küchengeſchirr; da tavola, das Tiſchgeſchirr; d' argento, das Silbergeſchirr *gen.* s.

Vaſo, das Gefäß, das Geſchirr *gen.* s, *pl.* e; un vaſo di fiori, ein Blumentopf *gen.* s, *pl.* (töpfe).

Vaſſallaggio, die Lehnsbarkeit, die Lehnspflicht, der Lehnsdienſt *gen.* es.

Vaſſallo, der Lehnsmann *gen.* es, *pl.* (leute), der Vaſal *gen.* s.

Vaſtamente, *av.* weitläuftig, ſehr ausführlich, geräumig.

Vaſtità, eine große Weite.

Vaſto, *ag.* weit und breit, weitläuftig, geräumig.

Vate, ein Dichter *gen.* s.

Vaticano, der päbſtliche Pallaſt *gen.* es.

Vaticinare, wahrſagen, weiſſagen, errathen *v. r. comp.*, prophezeyen *v. r.*

Vaticinio, die Wahrſagung, die Weiſſagung, die Prophezeyung *pl.* en.

U B

Ubbidiente, *ag.* gehorſam.

Ubbidienza, der Gehorſam *gen.* s.

Ubbidire, gehorchen, gehorſamen *v. r. comp.*, folgen *v. r.*; ella ſarà obbidita, wie Sie befehlen.

Ubbriacarſi, ſich betrinken, ſich beſaufen *v. rec. ir. comp.*

Ubbriachezza, die Trunkenheit, das Vollſaufen *gen.* s.

Ubbriaco, *ag.* trunken, betrunken, beſoffen, berauſcht; *ſuſt.* ein Trunkenbold, ein Säufer, ein ſtarker Trinker *gen.* s.

Ubertà, die Fruchtbarkeit, der Ueberfluß *gen.* es.

Ubertoſo, *ag.* fruchtbar, überflüßig, häufig, reichlich.

U C

Uccellaccio, ein Raubvogel *gen.* s, *pl.* (vögel).

Uccellagione, der Vogelfang *gen.* s, die Vogeljagd, die Zeit zum Vogelfange.

Uccellaja, ein Ort zum Vogeljagd, ein Vogelheerde *gen.* s.

Uccellajo, ed uccellatore, ein Vogelſteller *gen.* s.

Uccellare, Vogel fangen, jagen, ſtellen *v. r.*; *met.* uccellare alcuno, einen haben *v. r.*, aufhalten *v. r. comp.*, vexiren *v. r.*

Uccelliera, *ſuſt.* ein Vogelheerd *gen.* es, *pl.* en.

Uccello, der Vogel *gen.* s, *pl.* (Vögel).

Ucchiello, ed occhiello, das Knopfloch *gen.* s, *pl.* (Knopflöcher).

Uccidere, tödten *v. r.*, umbringen *v. ir. comp.*, das Leben nehmen *v. ir.*

Uccisione, der Todſchlag *gen.* s, *pl.* (Todſchläge), der Mord *gen.* s, *pl.* en, die Ermordung.

Ucciſo, *part. et ag.* getödtet.

Ucciſore, der Mörder, der Tödter, der Todſchläger *gen.* s.

U D

Udienza, das Gehör, das Hören, das Zuhören, das Anhören *gen.* s; dare udienza, Gehör geben *v. ir.*, anhören *v. r. comp.*

Udire, hören *v. r.*, anhören, zuhören *v. r. comp.*

Udita, das Gehör, das Hören *gen.* s; di udita, von Hörenſagen.

Udito (l'), das Gehör *gen.* s; *part.* gehöret.

Uditore, der Zuhörer *gen.* s.

V E

Ve, a voi, euch; *interj. invece di:* vedi; ve! ſiehe!

Vecchia, ein altes Weib *gen.* s, *pl.* er.

Vecchiaccia, ein häßliches, altes Weib *gen.* s, *pl.* er.

Vecchiaja } das hohe Alter, das Al-
Vecchiezza } ter *gen.* s.

Vecchio, *ſuſt.* ein alter, bejahrter Mann *gen.* s, *pl.* (Männer); *ag.* alt; pan vecchio, altbacken Brod *gen.* s.

Vecchione, ein alter Greis *gen.* es.

Vecchiume, allerhand alte Lumpen *rc.*

Veccia, die Wicke *pl.* n.

Vece, o veci, die Stelle; far le veci altrui, an eines Stelle kommen *v. ir.*, die Stelle vertreten *v. r. c.*; *av.* invece, anſtatt; in vece mia, ſtatt meiner, an meiner Stelle.

Vedere, ſehen *v. ir.*, beſehen, anſehen *v. ir. comp.*, ſchauen *v. r.*, anſchauen *v. r. comp.*, in Augenſchein nehmen *v. ir.*; *fig.* dare a vedere, weis machen *v. r.*; far viſta di non vedere, sich verstellen v. rec. r. comp.; [illegible] vedér l' ora, trachten, verlangen v. r. comp.; sost. das Ansehen gen. s.

Vedetta, sentinella, die Wache pl. n. (auf den Wällen, Schiffen), die Schildwache pl. en.

Vedova, eine Wittwe pl. n. (Witib).

Vedovanza, die Wittwenschaft.

Vedovile, ag. zum Wittwenstand gehörig; la dota vedovile, der Wittwenstand gen. s.

Vedovo, sost. ein Wittwer gen. s; ag. wittib.

Veduta, das Gesicht, das Sehen, das Ansehen, das Anschauen gen. s; sr. die Aussicht; ag. di veduta, von Ansehen; un testimonio di veduta, ein Augenzeuge gen. s.

Veemente, ag.) heftig, gewaltig, ungestüm,
Veementemente, av.) stark, lebhaft.

Veemenza, die Heftigkeit, die Gewalt, die Lebhaftigkeit.

Vegetabile, ag. was aus der Erde aufwächst.

Vegetare, wachsen v. r., aufwachsen v. ir. comp. (als Bäume sc.), die Kraft zu wachsen haben v. aus.

Vegetazione, das Wachsthum gen. s, die Kraft zu wachsen.

Vegeto, ag. frisch, munter, lebhaft.

Vegghiante, o veggiante, ag. lebend.

Veglia, die Wache pl. n, das Wachen, das Wachseyn gen. s.

Vegliante, ag. wachsam, wachend.

Vegliare, o vegghiare, wachen v. r.

Vegliatore, e vegghiatore, ein Wächter gen. s.

Vegnente, ag. nachfolgend, künftig, bevorstehend, bald erfolgend.

Vela, das Segel gen. s; ammainar le vele, die Segel streichen v. ir.; far vela, segeln v. r.; a vele gonfie, mit vollen Segeln.

Velame, e velamento, die Hülle, die Decke pl. n, der Schleyer, der Vorhang gen. s, die Verhüllung.

Velare, verschleyern, mit einem Schleyer verhüllen v. r. comp.; fig. verbergen v. ir. comp., verstecken, verhüllen v. r. comp.

Veleggiamento, das Schiffen, das Segeln gen. s.

Veleggiare, segeln v. r., fortsegeln v. r. comp.

Veleno, das Gift gen. s; dare il veleno, vergiften v. r. comp., mit Gift umbringen v. ir. comp.; met. der Zorn gen. s, die Wuth, die Galle.

Velenosamente, av. vergifteterweise, [illegible]

Velenosità, das [illegible] Wesen gen. s.

Velenoso, ag. giftig.

Veleta, eine Schildwache pl. n, V. Vedetta.

Vellicamento, das Stechen, das Grübeln gen. s, (an der Haut).

Vellicare, stechen v. ir., grübeln v. r., beißen v. ir. (an der Haut).

Vello, das Schaffell gen. s, die Schafwolle; sr. die Wolle und das längste Haar der Thiere; il vello d'oro, das goldene Vließ gen. es.

Velloso, ag. wollicht, haarig.

Vellutato, ag. mit Sammet gewirkt, nach Sammet Art gemacht.

Velluto, der Sammet gen. s.

Velo, die Schleyer, der Flor gen. s, eine Art durchsichtiger Zeuge.

Veloce, ag.) hurtig, schnell,
Velocemente, av.) geschwinde, flüchtig, behende.

Velocità, die Schnelligkeit, die Geschwindigkeit, die Behendigkeit.

Veltro (cane), der Windhund, das Windspiel gen. s, pl. e.

Vena, die Ader pl. n; sr. eine Röhre pl. n, ein Gang gen. s, pl. Gänge; una vena d'acqua, ein Wassergang; la vena poetica, der poetische Geist gen. es; aprir la vena, zur Ader lassen v. ir.; a per certa biada, der Haber gen. s.

Venagione, die Jagd, das Jagen gen. s, die Jägerey.

Venale, ag. feil, eigennützig, geizig; sr. was zu verkaufen ist.

Venalità, die Feilheit, die Verkäuflichkeit; sr. die Geldsucht.

Venato, ag. aderig, streifig.

Vendemmia, die Weinlese, die Weinernte.

Vendemmiare, Weinlesen v. r. comp., Weinlese halten v. ir.

Vendemmiatore, der Weinleser gen. s.

Vendere, verkaufen v. r. comp.; vendere all' asta, an den Meistbietenden verkaufen; vendere a peso, a misura, nach dem Gewichte, nach dem Maaße verkaufen; vendere al minuto, a ritaglio, einzeln, Ellenweis verkaufen; vendere caro, a buon mercato, theuer, wohlfeil verkaufen; esser da vendere, feil seyn v. auf.

Vendereccio, ag. feil; was zu verkaufen ist.

Vendetta, die Rache pl. n; far vendetta, sich rächen u. rec. v.

Vendicabilmente, av. aus Rache, rachbegieriger weise.

Vendicante, ag. rächend.

Vendicare, rächen v. r.; vendicarsi, sich rächen v. rec. r., Rache ausüben v. r. comp.

Vendicativo, ag. rachbegierig, rachsüchtig.

Vendicatore, der Rächer gen. s, einer der Rache ausübt.

Vendimento) der Verkauf gen. s, die
Vendita) Verkaufung, die Veräußerung pl. en, das Verkaufen gen. s.

Venditore, der Verkäufer gen. s.

Venefizio, die Zauberey, die Hexerey pl. en, das Zaubern gen. s, pl. [illegible]

Venefico, sost. ein Zauberer, ein Hexenmeister gen. s; ein Vergifter, ein Giftmacher gen. s; ag. zauberisch; it. giftig.

Venenifero, e venenoso, ag. giftig (von Thieren).

Veneno, der Gift gen. s.

Venerabile, e venerando, ag. ehrwürdig, verehrungswürdig.

Venerare, ehren v. r., verehren v. r. comp., Ehre erweisen v. ir. comp., in Ehren halten v. ir.

Venerazione, die Ehrerbietigkeit, die Ehrerbietung, die Ehrfurcht, die Verehrung.

Venerdì, der Freytag gen. s, pl. e; il venerdì santo, der Charfreytag.

Venere, Venus, die Göttin der Liebe.

Venereamente, av. [illegible]

Venereo, ag. venerisch; il mal venereo, die Venusseuche, die venerische Krankheit, die Franzosen.

Venerevole, ag. ehrwürdig, verehrungswürdig.

Venerevolmente, av. auf eine ehrwürdige Art, ehrerbietungsvoll, mit Ehrfurcht.

Venia, die Verzeihung, die Vergebung, die Erlassung der Schuld.

Veniale, ag. erläßlich, verzeihlich; was vergeben werden kann; un peccato veniale, eine erläßliche Sünde pl. n.

Venialmente (peccare), eine erläßliche Sünde begehen v. ir. comp.

Venire, kommen v. ir.; divenire, aufkommen v. ir. comp.; anlangen v. r. comp.; pervenire, herkommen v. ir. comp.; it. vengo a voi, in [illegible] ich komme zu euch; wir wollen zur Sache schreiten v. ir.; [illegible] quello che mi viene, ich verlange was mir gebühret, zukommt; vien detto, es heißt, man sagt, es gehet die Rede; venir fatto, gelingen v. ir. comp.; mi venne fatto, es gelung mir, ich brachte es dahin; venire a capo, ins Stande kommen v. ir.; venire a noja, zum Ekel werden v. aux.; venire a grado, gefällig sein v. aux.; venire in uncontro, begegnen [illegible] v. aus., gerade treffen v. ir.; venir alle prese, zusammen gerathen v. ir. comp.; venire in mente, a memoria, sich erinnern v. rec. r. comp., einfallen v. ir. comp.; venne il caso, es hat sich der Fall ereignet; venir lasciando, [illegible] bekommen v. ir. comp.; venire in capo, einfallen v. ir. comp.; venir meno, ohnmächtig werden v. aux.; mi vien voglia, es kommt mir die Lust an; mi vien sonno, es fängt an mich zu schläfern, es schläfert mich; venire in povertà, in Armuth gerathen v. ir. comp.; la settimana che viene, die künftige Woche; venire in cognizione di q. c., hinter etwas kommen, erfahren v. ir. comp.; quanto viene il braccio? wie theuer ist die Elle?

Venoso, ag. aderig, voll Adern.

Ventaglio, der Fächer gen. s.

Ventaruola, der Wetterhahn gen. es, pl. en, die Fahne pl. n, (auf einem Dache).

Ventesimo, der Zwanzigste gen. n, pl. n.

Venti, num. zwanzig.

Ventilamento, e ventilazione, das Durchwehen, das Durchlüften, das Auslüften gen. s.

Ventilante, ag. flatternd, fliegend, in der Luft schwebend.

Ventilare, e ventolare, lüften, fächeln, Luft machen v. r.; it. in der Luft abschlagen v. ir. comp.

Ventina, eine Zahl von zwanzig.

Vento, der Wind gen. es, pl. e; [illegible]

wolgeteilt ad ogni vento, wetterwendisch seyn; fig. tira vento, es ist windig; si leva il vento, der Wind erhebt sich; cambiarsi ad ogni vento, [illegible] nach dem Winde hängen v. auf.; mulino a vento, eine Windmühle; farsi vento, sich fächeln, sich Wind zuwehen v. rec. r.

Ventola, der Wedel, der Fächer gen. 3.

Ventolare, lüften, schwingen v. r.; ventolar la biada, den Weizen schwingen v. r.

Ventosa, der Schröpfkopf, der Laßkopf gen. 3. pl. (köpfe), applicare la ventosa, schröpfen v. r.

Ventosare, schröpfen v. r.

Ventosità, die Blähungen im Leibe, die Winde im Magen oder Gedärme.

Ventoso, ag. windig.

Ventraglia, das Gedärme, das Eingeweide gen. 5.

Ventre, der Bauch gen. 5; scaricare il ventre, zu Stuhle gehen v. irr., seine Nothdurft verrichten v. r. comp.

Ventricolo, der Magen gen. 6.

Ventriglio, der Schlund, der Kropf gen. 3. (des Geflügels).

Ventura, der Zufall, der Vorfall gen. 3. (fälle), die Ebenteuer, das Glück gen. 5, die Begebenheit, das böse oder gute Schicksal gen. 5; per ventura, per sua ventura, zum Glücke, zum Unglücke; alla buona ventura, auf gutes Glück.

Venturo, ag. künftig, zukünftig.

Venustà, die Schönheit, die Anmuth, die Annehmlichkeit.

Venuta, die Ankunft.

Verace, ag. wahr, wahrhaftig.

Veracemente, av. in der Wahrheit, der Wahrheit gemäß, wahrhafterweise.

Veracità, die Wahrhaftigkeit, die Wahrheit.

Veramente, av. wahrhaftig, gewißlich, wirklich, in Wahrheit, in der That, [illegible]

Verbale, ag.)
Verbalmente av.) mündlich.

Verbigrazia, av. zum Beyspiele, zum Exempel.

Verbo, das Zeitwort gen. 5, pl. (wörter) (in der Sprachlehre); il Verbo Divino, der ewige Sohn Gottes.

Verboso, ag. weitläufig, in Worten, [illegible] geschwätzig.

Verdastro, ag. grünlich.

Verdemonte, sost. das Berggrüne gen. 6.

Verde, sost. das Grüne gen. 6. pl. [illegible]; verde pallidino, das Blaßgrüne, [illegible] so ins Gelbliche fällt; tirare al verde, ins Grüne fallen; verde chiaro, das Hellgrüne; verde bruno, das Dunkelgrüne; verde giulio, das Apfelgrün.

Verde, ag. grün; fig. frutto verde, das unreife Obst.

Verdeggiamento, das Grünen gen. 6.

Verdeggiante, ag. grünend, blühend.

Verdeggiare, grünen v. r., grün werden, grün seyn v. aus.

Verderame, der Grünspan gen. 3.

Verdezza, das Grünen, die Grüne.

Verdiccio, ag. ins Grüne fallend, etwas grün, grünlich.

Verdura, das grüne Gras, das grüne Laub gen. 5, allerhand Grünwerk.

Verecondia, die Scham, die Schamhaftigkeit, die Verschämtheit.

Verecondo, ag. schamhaft, keusch, sittsam.

Verga, die Ruthe pl. n; una verga d'oro, d'argento, eine Stange Gold, Silber; fr. das männliche Glied; fr. ein Streif gen. 3.

Vergare, streifig machen v. r., mit Streifen auszieren v. r. comp.

Vergato, part. gestreift.

Verginale, ag. jungfräulich, jungferlich; [illegible] verginale, die Jungfräulichkeit.

Vergine, (una), sost. eine Jungfrau, eine Jungfer; la Vergine Maria, die heilige Jungfrau Maria, die Jungfrau, (ein Himmelszeichen) [illegible] vergine, [illegible] oder ungeackertes [illegible]; olio vergine, Oel, so ungepreßt abläuft; metalli vergini, gediegene Metalle; oro vergine, gediegen Gold; cera vergine, Jungfernwachs.

Verginità, die Jungfrauschaft, die Jungferschaft.

Vergogna, die Scham, die Schamhaftigkeit, die Schändung, die Schande; aver vergogna, sich schämen v. rec. r.; [illegible] die Schande; [illegible] die Schande!

Vergognare, beschämen v. r. comp. [illegible] Vergognarsi.

Vergognosamente, av. schändlicherweise, schimpflicherweise, [illegible], schändlich.

Vergognoso, *ag.* schamhaft, schüchtern, verzagt; *it.* schändlich; ella è una cosa vergognosa, es ist eine schändliche Sache: le parti vergognose, die Schamglieder.

Veridicamente, *av.* wahrhafterweise, mit Wahrheit.

Veridico, *ag.* wahrhaft, wahr, aufrichtig; der die Wahrheit redet.

Verificare, wahr machen *v. r.*, die Wahrheit beweisen, darthun *v. ir. comp.*, vergewissern *v. r. comp.*

Verificazione, die Darthuung, die Ergründigung *pl. en.*

Verisimiglianza, die Wahrscheinlichkeit, die Scheinbarkeit.

Verisimile, *sust.* das Wahrscheinliche *gen. e pl.* n, die Wahrscheinlichkeit.

Verisimile, *ag.* wahrscheinlich, scheinbar.

Verisimilitudine, die Wahrscheinlichkeit, der Anschein *gen.* s, (der Wahrheit).

Verisimilmente, *av.* wahrscheinlicher[illegible], [illegible] anscheinlicherweise.

Verissimo, *ag.* ganz wahr, vollkommen gewiß.

Verità, die Wahrheit *pl.* en; in verità, per verità, *av.* gewißlich, wirklich, in der That, in Wahrheit, wahrhaftig.

Veritiere, e veritiero, *ag.* wahrhaft, redlich, aufrichtig, *V.* Verace.

Verme, e vermine, der Wurm *gen.* s, *pl.* (Würmer).

Vermena, ein Sprößchen, ein Schößling *gen.* s, (an einer Pflanze).

Vermiglio, *sust.* die Zinnoberröthe, die Karmesinfarbe; *ag.* hochroth, zinnoberroth, korallenfarbig.

Verminoso, *ag.* wurmig, voll Würmer.

Vernaccio, ein sehr rauher Winter *gen.* s.

Vernale, *ag.* zum Winter gehörig.

Vernare, überwintern *v. r. comp.*

Vernata, die ganze Währung des Winters.

Verniciare, firnißen *v. r.*, mit Firniß bestreichen *v. ir. comp.*, lackiren, glasuren *v. r.*

Vernice, der Firniß, der Lack *gen.* es, der Glasur.

Verniciato, *ag.* mit Firniß, mit Lack, lackirt, gefirnißt.

Verno, der Winter *gen.* s.

Vero, *sust.* das Wahre *gen. e pl.* n, die Wahrheit *pl.* en; *ag.* wahr, wahrhaft, gewiß, sicher; *av.* in vero, da vero, wahrhaftig, gewißlich, wirklich, in der That.

Verone, der Altan *gen.* s, *pl.* en, ein offener Gang *gen.* s, *pl.* (Gänge), eine offene Gallerie *pl.* n.

Verro, ein Eber *gen.* s, ein Hackfisch *gen.* es.

Verruca, eine Warze *pl.* n, (auf der Haut der Menschen).

Versamento, das Ausgießen, das Einschenken *gen.* s.

Versare, ausgießen, eingießen, vergießen *v. ir. comp.*, einschenken *v. r. comp.*; versare il vino, Wein einschenken; versare lagrime, Thränen vergießen; versare uno da cavallo, einen vom Pferde stürzen *v. r.*; versare il patrimonio, sein Erbtheil verthun *v. ir. comp.*

Versato, *part.* da versare, vergossen *rc.*; *ag.* versato nelle scienze ec., bewandert, geübt, erfahren, gelehrt.

Verseggiare, e versificare, reimen, dichten, Verse machen *v. r.*

Verseggiatore, ein Reimer, ein Versmacher *gen.* s.

Versetto, ein Versickel *gen.* s.

Versificazione, das Versmachen *gen.* s.

Versione da una lingua all' altra, die Uebersetzung in eine andere Sprache.

Verso, *sust.* der Vers *gen.* es, *pl.* e; il verso dell' usignuolo, der Schlag der Nachtigal; il verso del Colombo, das Girren der Taube; per ogni verso, schlechterdings; pigliare una cosa pel suo verso, eine Sache auf der rechten Seite angreifen *v. ir. comp.*; mutar verso, anders reden *v. r.*, oder singen *v. ir.*; non v'è verso alcuno, es ist kein Mittel vorhanden; trovare il verso, den rechten Weg nehmen *v. ir.*; *prep.* gegen, verso sera, gegen Abend.

Versa, der Beutel, oder der Bauch eines Fischernetzes, wo der gefangene Fisch nicht mehr heraus kann.

Vertebra, das Wirbelbein im Rückgrade.

Vertente, *ag.* fortlaufend.

Verticale, *ag.* gerade über dem Haupte; il punto verticale, der Scheitelpunkt in der Astronomie.

Verticalmente, *av.* senkrecht.

Vertice, der Gipfel *gen.* s, die Spitze *pl.* n, (einer Höhe), der Wirbel auf dem Kopfe, das Oberste eines

Vertice, der Zenith gen. s, (in der Astronomie).

Vertigine, der Schwindel, das Drehen gen. s, (im Kopfe).

Vertiginoso, ag. schwindlig, mit Schwindel beladen.

Veruno, pron. keiner, nicht einer, niemand; in veruna modo, keines weges, auf keinerlei weise.

Vescica, die Blase pl. n, die Urinblase; [illegible] die Wasserblase auf der Haut; fr. vescicha, leere Worte, [illegible] Possen.

Vescicatorio, ein Zugpflaster gen. s, ein blasenziehendes Pflaster von spanischen Fliegen.

Vescicoso, ag. blasicht.

Vescovado, e Vescovato, das Episcopat, das Bisthum, das Bisthum gen. s, pl. (thümer); fr. la dignità, die bischöfliche Würde; l'abitazione, der bischöfliche Palast gen. es; territorio, das bischöfliche Gebiete.

Vescovile, ag. bischöflich.

Vescovo, der Bischof gen. s, pl. (Bischöfe).

Vespa, die Wespe pl. n.

Vespaio, das Wespennest gen. es, pl. er.

Vespero, s. Vespro.

Vespertino, ag. der Abendzeit, des Abends; was gegen Abend geschieht.

Vespro, die Vesper, der Abendgottesdienst, die Abendstunde; fr. la sera, der Abend, die Neigung des Tages.

Vessare, quälen, martern, peinigen, plagen v. r., verfolgen, beleidigen v. r. comp.

Vessazione, die Drangsal, die Bedrückung pl. en, das Bedrängniß gen. s, pl. e, die Verfolgung pl. en.

Vessillo, s. Stendardo.

Veste, e veste, das Kleid gen. s, pl. er, der Rock gen. s, pl. (Röcke); ein langes Gewand gen. s, die Kleidung pl. en.

Vestiario, ein gewisses Geld zu einer Kleidung.

Vestibulo, e vestibulo, der Vorhof, der Eingang gen. s, (eines Hauses); das Vorgebäude gen. s.

Vestigio, e vestigio, der Fußstapfe gen. s, pl. n, der Fußtritt gen. es, pl. e, (der Menschen und Thiere), die Spur pl. en; (des Wildes); fr. das Merkmal gen. s, pl. en.

Vestimento, das Kleid gen. es, pl. er, die Kleidung pl. en, der Anzug gen. s.

Vestire, kleiden v. r., ankleiden v. r. comp.; vestirsi, sich kleiden v. rec. r., sich anziehen v. rec. ir. comp.

Vestito, sust. das Kleid gen. es, pl. er, die Kleidung pl. en; un vestito da viaggio, ein Reisekleid; da uomo, ein Mannskleid; da donna, ein Frauenkleid; part. da vestire, gekleidet.

Vestizione, die Einkleidung pl. en, (eines Ordens).

Vesuvio, der Vesuv gen. s, ein feuerspeiender Berg.

Veterano (soldato), ein alter ausgedienter Soldat gen. s, pl. en, der sich viele Jahre in Kriege gebraucht hat.

Veterinaria, die Kunst, die Viehkrankheiten zu kuriren.

Veterinario, einer der die Viehkrankheiten zu kuriren weiß.

Vetraio, ein Glaser, ein Glasmacher gen. s.

Vetriata, e vetriera, das Glasfenster, Fensterwerk in einem Hause; die Glasfenster pl. n.

Vetrificare, zu Glas machen, zu Glase werden v. r.

Vetriuolo, der Vitriol, das Kupferwasser gen. s.

Vetro, das Glas gen. es, pl. (Gläser); un vaso di vetro, ein gläsernes Gefäße gen. es, pl. e.

Vetta, der oberste Theil von etwas, die Spitze, der Gipfel gen. s, (eines Berges, eines Baumes rc.)

Vettovaglia, die Lebensmittel, der Proviant, der Unterhalt gen. s, (der Armee).

Vettovagliare, mit Lebensmitteln, mit Mundvorrath versorgen v. r. comp., versehen v. ir. comp.

Vettura, das Fuhrwerk gen. s, die Fuhre pl. n, die Fracht; dare a vettura, eine Fuhre vermiethen v. r. comp.; pagar la vettura, das Fuhrlohn bezahlen v. r. comp.

Vetturale, der Fuhrmann gen. es, pl. (leute).

Vetturreggiare, ums Lohn, um die Fracht fahren v. ir.

Vetturino, ein Pferdeverleiher gen. s.

Vetustà, das Alterthum gen. s.

Vetusto, ag. alt, uralt, alterthümlich; was vor langer Zeit gewesen.

Vergognare, [illegible] *v. comp.* *v.* Vergognare.

Vezzo, der Wohlstand, die Liebkosung, der [illegible] *gen.* [illegible]; i vezzi *pl.* die [illegible], das Liebkosungen, die [illegible], die Lockungen eines [illegible]; far vezzi, liebkosen *v.* [illegible] *comp.* [illegible]; un vezzo di perle, eine Schnur Perlen.

Vezzolamente, *av.* auf eine liebreiche, artige, angenehme Weise, [illegible].

Vezzoso, *ag.* artig, schön, [illegible], anmuthig.

U F

Ufficiale, e ufiziale, *fust.* (uf-ficiale), ein [illegible] *gen.* [illegible], ein [illegible] *gen.* [illegible].

Ufficio, der [illegible] [illegible], in der [illegible] [illegible] der Kirche, der Gottesdienst.

Uffizio, das [illegible] *gen.* [illegible], die Pflicht *pl.* [illegible], das Amt *gen.* [illegible] [illegible], die Kanzley, in einer [illegible], die [illegible] *pl.* [illegible] [illegible], per [illegible], für [illegible] das [illegible] [illegible]; Uffizio Divino, der Gottesdienst, das Gebet der Geistlichen; [illegible] [illegible]; in Uffizio, ein Buch [illegible] [illegible] der [illegible].

Ufficialmente, *av.* [illegible].

Uffizioso, *ag.* [illegible], dienstfertig, willig, [illegible].

U G

Uggiolare, winseln, heulen *v. r.*, (als die Hunde thun).

Ugna, e unghia, der Nagel *gen.* [illegible], *pl.* (Nägel).

Ugnere, schmieren, salben *v. r.*, mit Fett beschmieren *v. r. comp.*, bestreichen *v. r. comp.*

Ugola, das Zäpfchen *gen.* s, (im Halse).

Uguaglianza, ed eguagliamento, die Gleichheit, die Gleichförmigkeit, die Gleichmachung *pl.* en, das Gleichmachen *gen.* s.

Uguagliare, gleich machen, [illegible] [illegible], [illegible] [illegible] gleich, [illegible], [illegible].

Ugualmente, *av.* gleich, auf gleiche Art, eben so wie, eins wie das andere, gleichförmiger.

V I

VI, *pron.* a voi, euch; vi, *avverb.* ivi, da, daselbst, dort, dahin, davon daher, darinnen.

Via, *fust.* cammino, strada, der Weg, *gen.* s, *pl.* e, die Straße *pl.* n; la via lattea, die Milchstraße am Himmel; *fig.* trovar la via, il mezzo, die Art, die Weise, das Mittel finden *v. ir.*, per via di lettere, durch Briefe; trar via, unter Wegs.

Via, *av.* weit, bey weitem, viel, um vieles; *it.* weg, jetzt; via più, weit mehr; via più bello, weit schöner; *it.* auch! wohlan, nur! via di quà, weg von hier; andar via, weg gehen *v. irr.*, portar via, fortragen *v. ir.*, fuggir via, entlaufen *v. ir. comp.*

Viaggiare, reisen, wandern, eine Reise machen *v. r.*, auf der Reise seyn *v. aus.*

Viaggiatore, e viaggiante, ein Reisender, ein Wanderer *gen.* s, ein Wandersmann *gen.* es, *pl.* (leute).

Viaggio, die Reise *pl.* n, die Wanderschaft *pl.* en, der Gang, oder die Fahrt von einem Orte zum andern; far un viaggio, eine Reise thun *v. ir.*, buon viaggio! glückliche Reise! in viaggio, per viaggio, auf der Reise; dare il buon viaggio, glückliche Reise wünschen *v. r.*

Viale, der Gang, der Lustgang, Spaziergang *gen.* s, (in einem Garten oder anderswo).

Viandante, ein Reisender *gen.* s, *v.* Viaggiatore.

Viatico, der Proviant, das Zehrgeld *gen.* s, (so man mit sich auf die Reise nimmt); *it.* SS. Viatico, die geistliche Wegzehrung; das heilige Abendmahl, so einem Sterbenden gereichet wird.

Vibrare, schwingen *v. ir.*; *it.* werfen, schießen, schmeißen *v. ir.*, il Sole vibra i suoi raggi, die Sonne schießt ihre Strahlen; vibrar saette, frecce, Pfeilen schießen, werfen *v. ir.*

Vi-

Vibrazione, das Schwingen, das Werfen, das Schießen, das Zittern und Hinundherbewegen *gen.* s.

Vicaria, der Vorstand *gen.* es, die Vertretung der Hauptperson durch einen Substituten.

Vicariato, die Statthalterschaft, die Stellvertretung des Statthalters &c.

Vicario, der Stellvertreter, der Verweser *gen.* s.

Vice, Vice; il vice-ammiraglio, il vice-cancelliere &c. der Viceadmiral, der Vicekanzler &c.

Vicegerente, der Verweser, der Stellvertreter *gen.* s, seines andern.

Vicenda, die Wiedervergeltung, die Gegenvergeltung, die Erwiederung, die Umwechselung, die Veränderung *pl.* en; a vicenda, wechselweise, eins ums andere.

Vicendevole, *ag.* gegenseitig, wechselseitig.

Vicendevolezza, die Abwechselung, der Wechsel *gen.* s, die abwechselnde Folge *pl.* n.

Vicendevolmente, *av.* wechselweise, eins ums andere, gegenseitig, wechselseitig.

Vicinanza, die Nähe, die Nachbarschaft.

Vicinato, die Nachbarschaft, die Nachbarn.

Vicino, *sust.* der Nachbar *gen.* s, *pl.* n.

Vicino, *ag.* benachbart, angränzend; *prep.* *av.* da vicino, vicinamente, nahe, bey, in der Nähe, von nahem.

Vico, o vicolo, ein Gäßchen *gen.* s, eine kleine, enge Gasse *pl.* n.

Vieppiù, vie più, viel weniger, weit mehr.

Vietamento, das Verbot *gen.* s, *pl.* e, die Untersagung, die Verbietung *pl.* en.

Vietante, *ag.* verbietend, untersagend.

Vietare, verbieten u. *fr.* [illegible] verwehren u. *r.* [illegible]

Vieto, *ag.* [illegible] verdorben, faul, [illegible] schimmlicht, (als Speck),

Vigesimo, der Zwanzigste *gen.* s, *pl.* n.

Vigilante, *ag.* wachsam, munter, achtsam, sorgfältig, aufmerksam.

Vigilantemente, *av.* wachsamer Weise, sorgfältigerweise, mit Wachsamkeit.

Vigilanza, die Wachsamkeit, die Aufmerksamkeit, die Sorgfalt, die Munterkeit.

Vigilare, wachsam seyn, *V.* Invigilare.

Vigilia, il vegliare, das Wachen *gen.* s; la vigilia di una festa, der Vorabend vor einem Feste, der Tag vorher; le vigilie della Chiesa romana, die Seelenmessen und Gebete in der römischen Kirche.

Vigliaccamente, *av.* [illegible] mit Feigheit.

Vigliaccheria, die Feigheit, die Zaghaftigkeit.

Vigliacco, *ag.* feig, zaghaft; *sust.* ein feiger, zaghafter Mensch *gen.* en, *pl.* en, ein Hasenherz *gen.* s.

Vigliare il grano, das Korn, das Getreide fegen, säubern, sieben u. *r.*

Viglietto, der Zettel, das Briefchen *gen.* s.

Vigna, der Weinberg *gen.* s, *pl.* e, ein Ort der ganz mit Weinstöcken gepflanzt ist.

Vignajuolo, ein Weingärtner, ein Winzer *gen.* s.

Vignare, Weinberge anlegen, Weinstöcke setzen u. *r.*

Vignato, *par.* ed *ag.* voll Weinberge, mit Weinstöcken besetzt.

Vigore, die Stärke, die Kraft, die Lebhaftigkeit; in vigore di ciò, kraft dessen.

Vigorosamente, *av.* stark, tapfer, frisch, lebhaft.

Vigoroso, *ag.* stark, munter, frisch, kräftig, bey guten Kräften.

Vile, *ag.* schlecht, gering, verächtlich, niederträchtig, kleinmüthig.

Vilipendere, verachten, verschmähen u. *r.* [illegible] schätzen u. *r.*

Vilipendio, die Verachtung, die Verschmähung, die Geringschätzung *pl.* en.

Villa, das Dorf *gen.* s, *pl.* Dörfer, das Land *gen.* es &c. [illegible] in villa, ein Meyerhof, ein Landgut *gen.* s, *pl.* [illegible]

Villaggio, das Dorf *gen.* s, *pl.* Dörfer.

Villanamente, *av.* grober, bäurischer Weise, bäurisch.

Villaneggiare, übel begegnen, schimpfen u. *r.* [illegible]

Villanella, ein Bauermädchen *gen.* s, eine junge Bäuerin *pl.* en.

Villanello, ein Bäurchen *gen.* s, ein Bauernknabe *gen.* n, *pl.* n.

Villania, die Grobheit, die Knauserey

[illegible] das [illegible] der Schwalbe [illegible] selten [illegible]

[illegible] der [illegible] ein [illegible]

Villano, [illegible] bäurisch, [illegible]

Villereccio, [illegible] vom Lande, [illegible] gehöret.

Villeggiare, [illegible] dem Lande [illegible]

Villeggiatura, [illegible] das Land- leben [illegible]

Vilmente, [illegible] verächtlich, [illegible]

Vilta, [illegible] die Niederträchtigkeit.

Vimine, der [illegible], der [illegible] das [illegible]

[illegible] eine [illegible]

Vinaccia, [illegible]

Vinaio, der Weinschenk [illegible]

Vinattiere, der Weinhändler, der [illegible]

[illegible]

Vincibile, [illegible]

Vincitore, der Sieger, der Ueberwinder [illegible]

Vinco, [illegible] die Weide, der Weiden- baum [illegible]

Vincolare, durch einen Vertrag ver- binden [illegible]

Vincolo, [illegible] das Band [illegible] die Ver- [illegible] das Band der Freundschaft [illegible]

Vinificio, die Weinlese.

Vinolenza, [illegible]

Vino, der Wein [illegible]

Viola (base), eine Viole, eine [illegible] das Veilchen [illegible]

Violabile, [illegible] verletzlich.

Violamento, die Verletzung, die [illegible]

Violare, [illegible] verletzen [illegible]

Violato, [illegible] verletzt [illegible]

Violatore, ein Verletzer, ein [illegible]

Violazione, die Verletzung, die [illegible] die Schändung [illegible]

Violentare, [illegible] Gewalt [illegible]

Violento, [illegible] gewaltsam, [illegible] heftig.

Violentemente, [illegible] mit Gewalt.

Violenza, [illegible] die Gewaltthätigkeit [illegible] die Gewalt [illegible]

[illegible]

Vergin[illegible], s. Verginale.

[illegible]

Vili[illegible], m. männlich [illegible]

[illegible]

Vilificare [illegible]

[illegible]

Visione [illegible]

Vista [illegible], das Gesicht, das Sehen [illegible]

[illegible]

Visibilmente, av. auf eine ziemlich [illegible] augenscheinlicherweise, [illegible].

Vistoso, ag. [illegible], ansehnlich, [illegible] in die Augen fallend.

Vitale, ag. was zum Leben gehört.

Visualmente, av. sichtbarlich, merklich.

Vita, das Leben gen. 6; [illegible] die Lebhaftigkeit, die Lebenslänge, die Lebensart gen. 8; regiare la vita, [illegible] Leben bringen [illegible], passar [illegible] altra vita, aus der Welt abscheiden v. [illegible], guadagnarsi la vita, sich sein Brodt verdienen v. [illegible] vi va la vita, es gilt das Leben; av. vita durante, lebenslänglich, auf Lebenszeit.

Vitalba (erba), die Zaunrebe.

Vitale, ag. belebend, gli spiriti vitali, die Lebensgeister.

Vitalizio, [illegible] eine Leibrente pl. n, was lebenslang währet.

Vite, die Rebe pl. n, der Weinstock gen. 6; pl. Stöcke; [illegible] vite, der Weinstein gen. 6.

Vitello, das Kalb gen. 6; [illegible] carne di vitello, das Kalbfleisch gen. 6; un vitello marino, ein Meerkalb.

Viticcio, [illegible] eine Winde pl. [illegible], der Windig gen. 6, ein Kraut, so sich im Wachsen um etwas herum windet.

Vitreo, ag. gläsern, glasartig.

Vitriuolo, das Kupferwasser gen. 6.

Vittima, das Opfer gen. 6; [illegible] das Schlachtopfer gen. 6.

Vitto, der Lebensunterhalt gen. 6; die Nahrung, die Nahrungsmittel; procacciarsi il vitto, sein Brod suchen v. r.

Vittoria, der Sieg gen. 6; pl. e.

Vittoriosamente, av. siegreich, [illegible].

Vittorioso, ag. siegreich, [illegible].

Vituaglia, allerley Lebensmittel.

Vituperabile, [illegible] vituperevole, ag. tadelhaft, tadelnswürdig, [illegible].

Vituperare, tadeln, schelten, [illegible], lästern v. [illegible].

Vituperatore, ein Verleumder, ein Lästerer gen. 6.

Vituperazione, die Verleumdung, s. Vitupero.

Vituperevolmente, av. schändlich, [illegible].

Vitupero, o vituperio, der Vorwurf, die Beschimpfung, der Tadel, der Schimpf gen. 6; die Schande.

Vituperosamente, av. schändlich, schimpflich.

Vituperoso, ag. schändlich, schimpflich, [illegible], schändlich, [illegible].

Viva, [illegible], es lebe! viva il Re! es lebe der König.

Vivace, ag. lebhaft, munter, frisch.

Vivacemente, av. lebhafterweise, auf munterkeit, hurtig, [illegible].

Vivacità, die Lebhaftigkeit, die Munterkeit, die Heiterkeit, die Hurtigkeit.

Vivaio, ein Fischweiher gen. 6.

Vivamente, av. lebhaft, [illegible], hurtig, frisch, munter, mit Lebhaftigkeit.

Vivanda, das Gericht, das Essen gen. 6; die Speise pl. n.

Vivandiere, der Marketender gen. 6.

Vivente, [illegible], ein Lebender, ein Lebendiger gen. 6; pl. i viventi, die Menschen.

Vivente, ag. lebend, lebendig.

Vivere, [illegible] das Leben gen. 6; [illegible] il vivere, der Lebensunterhalt, der Unterhalt gen. 6.

Vivere, verb. leben v. n., am Leben seyn v. [illegible]; la [illegible] lungo tempo vivere [illegible], dieses Geld ist noch gebräuchlich.

Vivezza, die Lebhaftigkeit, s. Vivacità.

Vivificante, e vivificativo, ag. lebendigmachend, belebend.

Vivificare, lebendig machen v. r., beleben, ermuntern v. a. comp.

Vivificazione, die Lebendigmachung, die Belebung, das Beleben gen. 6.

Viviparo, [illegible] ag. was seine Jungen [illegible] lebendig hervorbringt, ohne Eyer oder Laich.

Vivo, [illegible] der lebendige Theil gen. 6, das Lebendige gen. 6; [illegible] [illegible] [illegible] sich [illegible] [illegible], [illegible] ist es bis in dem Grunde meines Herzens.

Vivo, ag. lebendig, lebend; [illegible], lebhaft; [illegible] eine [illegible], eine unerschütterliche Festigkeit; la viva necessità, die äußerste Noth; carne viva, das frische, gesunde Fleisch [illegible] [illegible] vivo, das Quecksilber [illegible], der unaufhörliche Fels gen. [illegible], eine [illegible], hohe; [illegible] [illegible] [illegible], [illegible], ein Zwang [illegible] [illegible].

mit lauter Stimmen einen Weg zu [illegible] dt v. a., [illegible] im [illegible] haben v. aus.

Viuzzo, viottola, ein [illegible] gen. s, eine sehr enge Gasse pl. n.

Viziare, verschlimmern v. comp., verderben v. ir. comp., schänden, ein Mädchen [illegible] v. r.

Viziatamente, av. verdorbenerweise, auf eine verdorbene Art.

Vizio, das Laster gen. s, die Untugend, it. der Fehler, das Gebrechen gen. s.

Viziosamente, av. lasterhaft, mangelhafterweise.

Vizioso, ag. [illegible] der Tugend, mangelhaft, fehlerhaft, lasterhaft.

Vizzo, ag. [illegible], welk, [illegible], runzlich.

U L

Ulcera, das Geschwür gen. s, pl. e, eine Wunde pl. n.

Ulcerare, zuschwären machen v. r., entzünden v. r. comp., die Haut oder das Fleisch auffressen, anfressen v. ir. comp.

Ulcerazione; ulcerazione, ulceramento, das Eitern gen. s, die Oeffnung in der Haut durch ein Geschwür.

Ulceroso, ag. schwärend, voll Geschwüre, mit Schwären behaftet.

Uliva, die Olive pl. n.

Ulivastro, ag. olivenfärbig, grüngelb.

Ulivo (albero), der Olivenbaum, der Oelbaum gen. s, pl. (bäume).

Ulteriore, ag. ferner, weiter, fernerweitig.

Ulteriormente, av. ferner, überdem, nebst dem.

Ultimamente, av. letzlich, zuletzt; it. endlich, am Ende, neulich, vor kurzem.

Ultimare una cosa, eine Sache enden, zu Ende bringen v. r., ausmachen, vollenden, endigen, vollbringen v. r. comp.

Ultimo, sust. ed ag., der Letzte gen. e pl. n; l'ultima sentenza, das Endurtheil gen. s; l'ultima mia ruina, mein gänzliches Verderben gen. s; l'ultima mia, mein letztes Schreiben gen. s; all'ultimo, av. endlich, zu letzt, am Ende.

Ultore, ultrice, der Rächer gen. s, die Rächerin.

Ululare, heulen, winseln v. r., (wie die Wölfe, Hunde), it. Urlare.

Ululato, ululo, das Heulen, das Winseln gen. s.

U M

Umanamente, av. menschlich, menschlicherweise; it. freundlich, leutselig.

Umanarsi, ein Mensch werden v. aus.

Umanista, ein Humanist, ein Schulgelehrter gen. s, der die Schulwissenschaften wohl inne hat.

Umanità, die Menschheit, die Menschlichkeit, die menschliche Natur; it. die Freundlichkeit, die Leutseligkeit, die Gelindigkeit.

Umano, ag. menschlich; it. freundlich, leutselig, mitleidig.

Umbilico, der Nabel gen. s.

Umettare, anfeuchten v. r. comp.

Umidire, befeuchten v. r. comp., naß machen v. r.

Umidità, umidezza, die Feuchtigkeit, die Feuchte.

Umido, sust. die Feuchtigkeit; ag. feucht, naß, angefeuchtet.

Umile, ag. demüthig, sittsam, bescheiden; fig. niedrig, gering, schlecht.

Umiliante, ag. demüthigend, erniedrigend.

Umiliare, demüthigen, erniedrigen v. r. comp.; umiliarsi, sich demüthigen v. rec. r. comp.

Umiliazione, die Demuth, die Demüthigung vor Gott, die Erniedrigung des Herzens.

Umilissimamente, av. demüthigsterweise.

Umilissimo servo, demüthigster Diener.

Umilmente, av. demüthig, demüthigerweise.

Umiltà, die Demuth.

Umore, die Flüssigkeit, die Feuchtigkeit, eine flüssige Materie; it. der Saft, pl. gli umori, die Säfte im Körper; it. temperamento, die Gemüthsart, die Gemüthsbeschaffenheit, die Natur, die Laune; fare il bell' umore, seinen Kopf für sich haben, eigensinnig, ungestüm, phantastisch seyn v. aus.

[illegible]

VO

[illegible]

[illegible]

Voltare, drehen v. r. [illegible] voltare in veste, ein Kleid wenden v. r.

Voltata, voltatina, voltatura, das Wenden, das Drehen gen. f., die Wendung pl. eu.

Volteggiamento, das Hin- und Herwenden gen. f.

Volteggiare, hin und her wenden v. r.

Volto, [illegible] gen. [illegible] das Gewölbe gen. [illegible] der gewölbte Bogen. f.

Volto, (volt' o [illegible]), das Gesicht, das Ansehen gen. f.

Voltolo, der Winkel am Gewölbe des [illegible], wo die [illegible] sind.

Voltolamento, das Wälzen, das Umwälzen, das [illegible] gen. f.

Voltolare, rollen, wälzen, [illegible] v. r.

Voltolone, [illegible] [illegible] ein Kreis herum [illegible] v. [illegible]

Voltura, [illegible] gen. [illegible]

Volubile, [illegible]

Volubilità, die [illegible], die Unbeständigkeit, die [illegible] gen. [illegible]

[illegible]

Volume, [illegible] gen. [illegible]

[illegible]

Voluntà, die Wollust, der [illegible]

Voluttà, [illegible] gen. f.

Voluttuosamente, [illegible]

Voluttuoso, [illegible]

[illegible]

Vomere, [illegible] das [illegible]

Vomico, [illegible]

Vomitare, [illegible]

[illegible]

Vomitatorio, [illegible] das Brechmittel gen. [illegible] zum Erbrechen.

Vongola, das Becken; die Muschel, das Erzeugen gen. f.

Vora, der Mensch gen. [illegible] der [illegible] gen. [illegible] [illegible] Gurgel.

Vorace, [illegible] der [illegible] freßig [illegible] haben v. [illegible] es ist [illegible]

Voracità, [illegible], Gefräßigkeit [illegible]

Voracità, Gefräßigkeit, die Vergeßlichkeit, die Vielfräßigkeit, die Unmäßigkeit im Essen und Trinken.

Voragine, voraginoso, der Abgrund, der Wasserschlund [illegible] der Wasserwirbel, der Wirbel [illegible]

Vortice, der Wirbel, der Wasserwirbel, Strudel gen. f.

Vosignoria, Sie mein Herr, mein Herr.

Vostro, [illegible] das [illegible]

Votacello, [illegible] gen. [illegible]

Votamento, die Ausleerung, das [illegible] gen. f.

[illegible] Gewinnsucht gen. f.

Votante, [illegible] der [illegible] Stimme gibt.

Votare, leeren v. r. [illegible] ausleeren v. r. [illegible] feierlich [illegible] v. r. [illegible] der [illegible] seine Stimme geben v. r. [illegible] Gelübde [illegible] v. r. [illegible] v. r.

Votato, [illegible]

Voto, [illegible] das Leere, die Leerheit [illegible] [illegible]

Voto, (vot' o stretto), subst. das Gelübde, [illegible] der Wunsch [illegible] seine Stimme geben v. r. [illegible]

Uovo, das Ey gen. [illegible] [illegible] das Eyerweiß [illegible] [illegible] ein [illegible] ein [illegible] Ey.

[illegible]

Urgenza, die Dringlichkeit, die dringende Noth. [illegible]

Urina, [illegible] Urin [illegible]

Urlamento, das Heulen [illegible]

Urlare, [illegible] heulen, [illegible] (wie die Wölfe, [illegible] die Hunde), schreyen (wie die Menschen).

[illegible]

Urlo, das Geheule [illegible] das Heulen, [illegible]

Urna, die Urne, [illegible]

[illegible]

Usanza, der Gebrauch [illegible] (Gewohnheit), die Gewohnheit, die Art und Weise, [illegible]

Usare, [illegible]

Usitato, [illegible] gewöhnlich, [illegible]

[illegible]

Uscio, [illegible] die Thür [illegible]

Uscimento, der Ausgang [illegible]

Uscita, die [illegible]

Uscire, [illegible] ausgehen, [illegible]

[illegible]

Uso, der Gebrauch [illegible] der Gebrauch [illegible] die Gewohnheit, [illegible] die Uebung, [illegible] brauchen, [illegible] nach dem Gebrauche [illegible] gewohnt, gewöhnt.

[illegible]

Usuale, [illegible] gewöhnlich, [illegible]

Usufrutto, [illegible]

Usura, der Wucher [illegible]

Usurajo, der Wucherer [illegible]

Usurpare, [illegible]

Usurpazione, [illegible]

Usurpare, sich eines fremden Guts anmaßen, zueignen v. act. e. comp., mit Unrecht oder Gewalt an sich bringen v. a.

Usurpativamente, av. durch unrechtmäßige Anmaßung oder Besitzung fremder Güter.

Usurpatore, ein unrechtmäßiger, gewaltthätiger Besitzer gen. s.

Usurpazione, die unrechtmäßige Anmaßung oder Besitzung fremder Güter.

U T

Utensili, die Geräthschaft, das Hausgeräthe, it. di cucina, das Küchengeräthe gen. s.

Uterino, ag. zur Gebärmutter gehörig; fratelli uterini, Brüder von einer Mutter, aber nicht von einem Vater; furore uterino, die Mannsucht.

Utile, sost. der Nutzen gen. s, [illegible]. Utile, ag. nützlich, nutzbar, einträglich.

Utilità, der Nutzen gen. s, die Nutzbarkeit, die Nützlichkeit pl. en, [illegible] der Gewinn, der Vortheil gen. s, der Gewinnst gen. es.

Utilizzare, Nutzen ziehen v. n. ir., Nutzen haben v. aus., gewinnen v. ir. comp.

Utilmente, av. nützlich, nützlicherweise.

U V

Uva, die Weintrauben, die Weinbeere pl. en; uva passa, kleine Rosinen; uva spina, die Stachelbeeren.

Vulcano, (monte), ein feuerspeiender Berg gen. s.

Vulnerare, verwunden, [illegible] v. a. comp., V. Ferire.

Vulneraria, (erba), das Heilkraut gen. s.

Vulnerario, ag. was zum Heilen der Wunden tauglich ist; acqua vulneraria, das Heilwasser, das Wundwasser.

Vulva, der Eingang in die weiblichen Scham.

Z A

Zaccagna, die Haut am Vordertheile des Rockes.

Zacchera, der Koth gen. s, (womit man sich im Gehen bespritzt).

Zaffare, zustopfen v. a. comp.

Zafferano, der Safran gen. s.

Zaffiro, (pietra preziosa) der Saphir gen. s.

Zaino, der [illegible], der Ranzen gen. s, [illegible].

Zaino, ag. [illegible], ein ganz dunkelbraunes Pferd gen. s, pl. e.

Zambracca, ein liederliches Weibsbild gen. es, pl. er.

Zampa, die Pfote pl. n, (eines Thieres), die Tatze, die Klaue eines Vogels.

Zampata, ein Schlag gen. s, ein Stoß gen. es, ein Tritt gen. es (mit der Pfote) pl. (Schläge, Stöße, Tritte).

Zampettamento, das Herumtrappeln (als der kleinen Kinder etc.)

Zampettare, [illegible].

Zampillare, hervorquellen, hervorspringen v. n. comp. (als das Blut aus der Ader, [illegible] Wasser).

Zampillo, das Hervorquellen des Wassers.

Zampillo, ein Wasser, so aus engen Röhren oder Oeffnungen hervorspritzt, [illegible] eines [illegible] Wassers.

Zampogna, eine Hirtenpfeife, eine Sackpfeife pl. n.

Zanca, das Bein gen. s, pl. e, der Schenkel gen. s.

Zanzara, [illegible] eine Mücke, eine Schnacke pl. n.

Zappa, eine Hacke, eine Haue pl. n, it. der Grabscheit gen. s, der Karst gen. es, der Spaten gen. s.

Zappare, hacken v. a., aufhacken v. a. comp., umgraben v. ir. comp., (als die Erde); die Erde mit der Hacke umgraben v. ir. comp.

Zappatore, ein Gräber gen. s, ein Arbeiter mit der Hacke.

Zappone, eine Radhaue pl. n, ein großer Karst gen. s, pl. (Karste).

Zara, giuoco di zara, ein gewürfeltes Spiel gen. s.

Zarolo, ag. [illegible].

Zattera, der Floß gen. es, pl. (Flöße), eine Flöße Holz.

Zavorra, der Ballast oder Sand unter in dem großen Schiffe.

Zazzera, eine Perücke pl. n.

Zecca, das Münzhaus gen. es; pl. (häuser).

Zecchino, der Zechin gen. s, pl. en, ein Dukaten gen. s, eine Art goldene Münzen in Italien.

Zeffiro, ein angenehmer Abendwind gen. s, pl. e.

Zelamina, (minerale), die Galmey, der Kuil gen. s.

Zelante, ag. eifrig; sust. ein Eiferer gen. s.

Zelantemente, av. eifrig, mit Eifer, eifrigerweise.

Zelare, eifern v. r., eifrig seyn v. auf.

Zelo, der Eifer gen. s, die heilige Meinung.

Zendado, der Zendel, der Schleyer, der Seidenflor gen. s, eine Art sehr dünner Taffent.

Zenit, der Scheitelpunkt in der Astronomie, das Zenit.

Zenzero, der Ingwer gen. s.

Zeppa der Holzkeil gen. s, pl. e.

Zeppamento, das Vollfüllen gen. s.

Zeppare, völlig anfüllen v. r. comp.

Zeppo, ag. ganz voll, gänzlich angefüllt.

Zerbineria; ein gekünsteltes Wesen in der Zierlichkeit, im Anzuge.

Zerbino, sust. ein Stutzer, ein Putznärrchen gen. s.

Zero, sust. eine Nulle in der Rechnungkunst.

Z I

Zia, die Muhme, die Base, die Tante pl. n; des Vaters oder der Mutter Schwester.

Zibaldone, eine verwirrte Vermischung.

Zibellino, sust. der Zobel, das Zobelfell gen. s, pl. e; ag. vom Zobel.

Zibetto, eine Zibetkatze; it. der Zibet gen. s; die wohl riechende Materie dieses Namens.

Zibibbo, die Zibebe, die Rosine pl. n.

Zimarra, eine Art langer Rock gen. s, pl. (Röcke).

Zimbellare, die Vögel mit der Lockpfeife herbey locken v. r.

Zimbello, esca, die Lockpfeife, die Anlockung; servir di zimbello, di buffone, zum Gespötte dienen v. r.

Zingano, ein Zigeuner gen. s.

Zingaresco, ag. zigeunerisch.

Zio, der Oheim, der Onkel gen. s, des Vaters oder der Mutter Bruder.

Zitella, das Mädchen gen. s, eine Jungfer pl. n.

Zitello, ein Jüngling gen. s, pl. e; ein kleiner Knabe gen. s, pl. n.

Zitto, stille, nur stille; non si sente un zitto, man hört nicht den mindesten Lärm.

Zizzania, das Unkraut; mezzo die Zwistigkeit.

Z O

Zoccolajo, sust. der hölzerne Schuhe macht.

Zoccolante, sust. ein Barfüssermönch gen. s, pl. e.

Zoccolo, ein hölzerner Schuh gen. es, pl. e.

Zodiaco, sust. der Thierkreis am Himmel.

Zolfanello, das Schwefelhölzchen, der Schwefelfaden gen. s.

Zolfo, der Schwefel gen. s.

Zolla, eine Erdscholle pl. n, der Erdenkloß gen. es, pl. (Klöße).

Zombare, stoßen, schlagen v. ir., prügeln v. r.

Zombatore, der Schläger gen. s.

Zombatura, das Schlagen, das Prügeln gen. s.

Zona, die Weltgegend in Ansehung der Kälte oder Wärme.

Zoografia, die Beschreibung der Thiere.

Zoolatria, die Verehrung der Thiere.

Zootomia, die Thieranatomie.

Zoppicamento, das Hinken, das Lahmwerden gen. s.

Zoppicante, ag. hinkend, lahm.

Zoppicare, hinken v. r.; lahm seyn v. aus.

Zoppicone, e zoppiconi, hinkend, lahm; andar zoppiconi, hinken v. r.; lahm gehen v. ir.

Zoppo; sust. ein Lahmer, ein Hinkender gen. s; ag. lahm, hinkend.

Zoticamente, av. grober, ungeschliffener, unhöflicherweise, plumperweise.

Zotichezza, e zoticaggine, die Grobheit, die Ungeschliffenheit, die Ungezogenheit, das plumpe Wesen gen. s.

Zotico, ag. grob, rauh, roh, plump; ungeschliffen, ungesittet.

NOMENCLATURA

Delle principali Provincie, Città, Isole, e Fiumi dell' Europa (*).

A

Abbeville, Abbeville.
Abissinia, Abyssinien.
Adda, Adde (F. in Lombardia).
Adige, Etsch (F. in Tirolo).
Adrianopoli, Adrianopel.
Aja, Haag.
Aix la Capella, *ossia*: Aquisgrana, Aachen.
Alba Greca, Belgrado, Griechischweissenburg, Belgrad.
Alba Reale, Stuhlweissenburg.
Alemagna, Deutschland.
Alessandria, Alexandria (**).
Algarbia, Algarbien.
Algeri, Algier.
Alpi, Alpen, Alpengebürge.
Alsazia, Elsaß (***).
Altemburgo, Altenburg.
Altorfo, Altorf.
Amburgo, Hamburg.
Amsterdam, Amsterdam.
Amasia, Ems (F. in Germania).
Anspac, Anspach.
Anversa, Antwerpen, Antorf.
Argentina, Straßburg.
Arras, Arras, Atrecht.
Augusta, Augsburg.
Avignone, Avignon.
Aurelia, Orleans.
Austria, Oesterreich.
Austriaco, *sust.* Oesterreicher; *ag.* österreichisch.

B

Baccheraco, Bacharach.
Bamberga, Bamberg.
Bareith, Bareuto, Bairuto, Bayreuth, Bareuth.
Barbaria, Barbarey.
Basilea, Basel.
Baviera, Bayern.
Bavarese, *sust.* Bayer; *ag.* bayrisch.
Belgrado, Belgrad.
Berlino, Berlin.
Berna, Bern.
Belinzone, Bellenz.
Biscaglia, Biscaja.
Boemia, Böhmen.
Boemo, *sust.* Böhme; *ag.* böhmisch.
Bog, Bog (F. nell' Ucrania).
Bologna, Bononien.
Bolzano, Botzen.
Bona, Bonn.
Bordò, Bordeau.
Borgogna, Burgund.
Brabante, Brabant.
Brasile, Brasilien.
Brema, Bremen.
Bressanone, Brixen.
Breslavia, Breslau.
Brinno, Brünn.
Brisacco, Breysach, Brisach.
Brisgovia, Breisgau.
Bransvico, Braunschweig.
Bruselles, Brüssel.
Buda, Ofen.
Bugo, Bug (F. in Moscovia, e Polonia).

C

Cadice, Cadix.
Caffreria, Caffernland.
Calabria, Calabrien.

(*) Que' nomi che non si trovano descritti in questa raccolta ritengono il loro proprio nome in clascuna lingua e. g. Barcellona, Pavia, Calà, e simili.
(**) Nativo d'Alessandria (*dicesi*): aus Alexandria gebürtig, e così ulteriormente cogli altri.
(***) I Paesi dell' Alsazia (*dicesi*), die Gebiete, e così ulteriormente.

Cambrai, Cameryk.
Camenza, Camenz.
Campidonia, Kempten.
Canarie (isole), die Canarische Inseln.
Cantorberi, Canterbury, Cantelberg.
Carintia, Kärnthen.
Carlettone, Charleston.
Carniola, Krain, Krainerland.
Cartagine, Carthago.
Casale, Casal.
Cassella, Cassel.
Cassovia, Caschau.
Castiglia, Castilien.
Catalogna, Catalonien.
Chamberi, Chamberi.
Chemniza, Kemnitz.
Cilicia, Cilicien.
Cina, China.
Cinque Chiese, Fünfkirchen.
Cipro, Cypern.
Claudiopoli, Clausenburg.
Clivia, Cleve.
Cobienza, Coblenz.
Coburgo, Coburg.
Colberga, Colberg.
Colmaria, Colmar.
Colonia, Köln, Cölln.
Costanza, Constanz.
Costanza (il lago di), der Bodensee.
Coppenaga, Koppenhagen.
Corinto, Corinth.
Corfù, Corfu.
Costantinopoli, Constantinopel.
Cracovia, Cracau.
Croazia, Croatien.
Chiustrino, o Custrino, Küstrin, Cüstrin.

D

DAlecarlia, Dalekarlien.
Dalmazia, Dalmatien.
(Danimarca, Dännemark.
(Danese, *sust.* Däne; *ag.* dänisch.
Danubio, Donau (F. in Germania, ed Ungheria).
Danzica, Danzig.
Darmstad, Darmstadt.
Devemria, Devemter.
Duina, Dwina (F. in Moscovia).
Dovro, Dovro (F. in Ispagna).
Drava, Drau (F. in Ungheria).
Dresda, Dresden.
Dublino, Dublin.
Duepont, Zweybrücken.
Duna, Duna (F. in Moscovia).
Dunamunda, Dünamünde.
Dunkerke, Dünkirchen.
Durlacco, Durlach.

E

EBro, Ebro (F. in Ispagna).
Edimburgo, Edinburg.
Egra, Eger.
(Egitto, Egypten.
(Egiziano, *sust.* Egyptier; *ag.* egyptisch.
Eichstadio, Eichstätt.
Eisenaco, o Ifenaco, Eisenach.
Elba, Elbe (F. in Sassonia).
Elbinga, Elbingen.
Emerico, Emerich.
(Erbipoli
(Wirzburgo) Würzburg.
Ercolano, Herculaneum.
Ercs (isole), die Herrische Inseln.
Erfodia, Erfurt.
Erlanga, Erlang.
Etiopia)
Morea) Mohrenland, Aethiopien.
Eufrate Euphrat (F. nella Siria).

F

(FLandra, Flandern.
(Fiammingo, aus Flandern gebürtig, ein Flamländer; *ag.* flamländisch.
Filadelfia, Philadelphia.
Filisburgo, Philippsburg.
Finlandia, Finnland.
Firenze, Florenz.
Flensburgo, Flensburg.
Flessinga, Flissingen.
Fontanabló, Fontainebleau.
Fortelnigi, Fortluis.
(Francia, Frankreich.
(Francese, *sust.* Franzos; *ag.* französisch.
Francaforte, Frankfurt.
Franconia, Frankenland.
Friberga, Freyberg.
Friburgo, Freyburg.
Friedberga, Friedberg.
Frigia, Phrygien.
Frisia, Friesland.
Friuli, Friaul.

G

GAnt, Gent.
Garonna, Garonne (F. in Francia).
Gena, Jena.

Ginevra, Genf.
Genova, Genua.
Gerico, Jericho.
(Germania, Deutschland.
(Tedesco, *sust.* Deutscher; *ag.* deutsch.
Gerusalemme, Jerusalem.
Gheldria, Geldern.
Ghissa, o Ghiessenaa, Gießen.
Giappone, Japan.
Giavarino, Raab.
Gibilterra, Gibraltar.
Giordano, Jordan (F. nell' Asia).
Giuliers, Jülich.
Giterbocio, Jüterbock.
Glascovia, Glasgow.
Glicstadio, Glückstadt.
Glogovia, Glogau.
Gorizia, Görz.
Gorlizia, Görlitz.
Goslaria, Goslar.
Gotha, Gotha.
Gottemburgo, Gothenburg.
Gottinga, Göttingen.
Gratz, Grätz.
Granoble, Grenobel.
(Grecia, Griechenland
(Greco, *sust.* Griech, *ag.* griechisch
Grevelinga, Grevelingen.
(Grigioni (il paese de'), Graubünden.
(Grigione, *sust.* Graubündner; *ag.* graubündnerisch.
Groninga, Groningen.
Guadalquivir, Guadalquivir (F. in Ispagna).
Gubena, Guben.
Guadiana, Guadiana (F. in Ispagna).
Gustrovia, o Gustrovia, Güstrow.

H

HAja, o Aja, Haag.
Hala, o Ala, Halle, Hall.
Hannovera, o Annovera, Hannover.
Hanovia, o Anovia, Hanau.
Harlem, o Arlem, Harlem.
Hassia, o Assia, Hessen.
Heidelberga, o Aidelberga, Heidelberg.
Heilbronna, o Eilbronna, Heilbronn.
Helmstadio, o Elmstadio, Helmstädt.
Hildesia, o Ildesia, Hildesheim.
Humbero, o Umbero, Humber (F. in Inghilterra).

I

JAmes, Jamesb.

Indie (le), Indien.
(Inghilterra, Engeland.
(Inglese, *sust.* Engelländer; *ag.* engelländisch.
Ingolstadio, Ingolstadt.
Ino, Inn (F. nel Tirolo).
Inspruk, Innspruck.
Iorca, York.
Ipri, Ypern.
Irlanda, Irrland.
Isenaca, Eisenach.
Islanda, Island.
Islebia, Eisleben.
(Italia, Italien, Welschland.
(Italiano, *sust.* Italiäner, Welscher; *ag.* italiänisch, welsch.

K

KLagenfort, o Clagenfort, Klagenfurt.
Konisberga } Königsberg.
Regio Monte }
Kremnizza, Kremnitz.

L

LAgona, Lohe (F. in Germania).
Landavia, Landau.
Landberga, Landsberg.
Lapponia, Lappland.
Lassenburgo, Lauenburg.
Laubanio, Lauban.
Lavenburgo, Lauenburg.
Legia, Lys (F. ne' Paesi Bassi).
Leida, Leiden.
Leopoli, Lemberg.
Levardia, Lewarden.
Leucopietra, Weißenfels.
Liegi, Lüttich.
Lilla, Ryssel.
Limburgo, Limburg.
Limerico, Limerich.
Lindavia, Lindau.
Linguadocca, Languedock.
Lione, Lion.
Lipsia, Leipzig.
Lisbona, Lisabona.
Liptra, Liser (F. in Francia).
Lituania, Lithauen.
Livonia, Liefland.
Loira, Loire (F. in Francia).
Lombardia, Lombardie.
Londra, London.
(Lorena, Lothringen.
(Lorenese, *sust.* Lothringer; *ag.* lothringisch.

Loreto, Loretto.
Losanna, Lausanne.
Lovanio, Löwen.
Lubecca, Lübeck.
Lubiana, Laybach.
Lucerna, Luzern.
Luneburgo, Lüneburg.
Lusazia, Lausnitz.
Lussemburgo, Luxemburg.

M

Macedonia, Macedonien.
Magdeburgo, Magdeburg.
Magonza, Maynz.
Majorica, Majorca.
Malines, Mecheln.
(Malta, Maltha.
(Cavaliero di Malta, Maltheser-Ritter.
Manheim, Mannheim.
Mansfeldia, Mansfeld.
Mantova, Mantua.
Marburgo, Marburg.
Marsiglia, Marseille.
Meclenburgo, Mecklenburg.
Memminga, Memmingen.
Meno, Mayn (F. in Germania).
Messico, Mexico.
Middelburgo, Middelburg.
Milano, Meyland, Mailand.
Mincio, Minz (F. in Italia).
Minio, Minho (F. in Spagna).
Misnia, Meissen.
Mitavia, Mitau.
Molda, Mulda, Mulden.
Moldava, Moldau (F. in Boemia).
Moldavia, Prov. Moldau.
Monaco, München.
Monasterio, Münster.
Moravia, Mähren.
Mosa, Maas, Maaß (F. ne' Paesi Bassi).
(Moscovia, Moscau.
(Moscovita, sost. Moscowit; ag. moscowitisch.
Mosella, Mosel (F. in Germania).

N

Nanci, Nancy.
Napoli, Neapel.
Naumburgo, Naumburg.
Navarra, Navarra.
Neuchatel, Neufchatel.
[illegible]
Niemen, Niemen (F. in Polonia).
Nieper, chiamato anche Boristene, Dnieper, Dnepr (F. in Moscovia).
Nister, Niester, Dniester (F. in Moldavia).
Nimega, Nimwegen.
Norimberga, Nürnberg.
Normandia, Normandie.
Nortlinga, Nördlingen.
Norvegia, Norwegen.

O

Obi, Obi (F. in Moscovia).
Oenarda, Oudenarde.
Odera, Oder (F. in Germania).
Oldenburgo, Oldenburg, V. [illegible]
(Olanda, Holland.
(Olandese, sost. Holländer; ag. holländisch.
Olmuz, Olmütz.
Olsazia) Hollstein.
Olstein)
Orange, Orange, Oranien.
Osnabruga, Osnabrück.
Ostenda, Ostende.
Ottinga, Oettingen.
Overissel, Overyssel.
Oxonio, o Oxfordia, Oxford.

P

Paderborna, o Paderborn, Paderborn.
Padova, Padua.
(Paesi Bassi, Niederland.
(de' Paesi Bassi, sost. Niederländer; ag. niederländisch.
Palatinato super., Oberpfalz.
Palatinato infer., Unterpfalz.
Pensilvania, Pensylvanien.
Parigi, Paris.
Passavia, Passau.
Pera, Pera.
Perugia, Perusa.
Piccardia, Picardie.
Piemonte, Piemont.
Pietroburgo, Petersburg.
Po, Padt (F. in Italia).
(Polacco, Polack.
(Polonese, sost. Pohl. Polack; ag. polnisch.
Pomerania, Pommern.
Praga, Prag.
Portogallo, Portugall.
Prussia, Preussen.

Pru-

Polonia, F. [illegible].
Potsdam, Potsdam.
Pozzuolo, Puzol.
Praga, Prag.
Presburgo, Presburg.
(Prussia, Preussen.
(Prussiano, sust. Preuss; ag. preussisch.
Puglia, Apulien.

Q

QUedlinburgo, Quedlinburg.

R.

RAab, Raab, F. [illegible].
Ragusi, Ragusa.
Ratisbona, Regensburg.
Regiomonte, Königsberg.
Reno, Rhein (F. in Germania).
Revaglia, Revel.
Riswico, Riswich.
Roano, Roan.
Rocella, la Rochelle.
Rodano, Rhodan, Rhone (F. in Francia).
Rodi, Rhodus.
Roma, Rom.
Rostocchio, Rostock.
Rotterdamo, Rotterdam.
Ruremonda, Ruremond.
(Russia, Russland, Reussen.
(Russo, sust. Russ; ag. russisch.

S

SAla, Saal.
Salisburgo, Salzburg.
Santogna, Xanten.
Sarbruk, Sarbrücken.
Sardegna, Sardinien.
(Sassonia, Sachsen.
(Sassone, sust. Sachse; ag. sächsisch.
Sava, Sau (F. in Ungheria Bassa).
Saverna, Zabern (città nell' Alsazia).
Saverna, Severn (F. in Inghilterra).
Savoja, Savoyen.
Scaffusa, o Sciaffusia, Schaffhausen.
Schelda, Schelde (F. ne' Paesi Bassi).
[illegible], [illegible].
[illegible], [illegible].
(Scozia, Schottland.
(Scozzese, sust. Schottländer; ag. schottländisch.
Segedino, Segedin.
Segola, Segau.

Semproneo, Oedenburg.
Senna, Seine, Sequan (F. in [illegible]).
Servia, Servien.
Sicilia, Sicilien.
(Silesia, o Slesia, Schlesien.
(Silesiano, sust. Schlesier, Schlesier; ag. schlesisch.
Sittovia, Zittau.
Smirne, Smyrne.
Snaberga, Schneeberg.
Soloturno, Solothurn.
Soria, Syrien.
(Spagna, Spanien.
(Spagnuolo, sust. Spanier; ag. spanisch.
Spira, Speyer.
Stefanopoli, Cronstadt.
Stetino, Stettin.
Stiria, Steyermark.
Stocolma, Stockholm.
Stralsunda, Stralsund.
Sudermania, Südermannland.
(Suevia, Schwaben.
(Sueviano, sust. Schwab; ag. schwäbisch.
(Svezia, Schweden.
(Svedese, sust. Schwede; ag. schwedisch.
Svinfurto, Schweinfurt.
(Svizzera, Schweiz.
(Svizzero, sust. Schweizer; ag. schweizerisch.
Suezia, Schwetz.
Sund, Sund (Stretto di Mare in Danimarca).

T

TAgo, Tag (F. in Spagna, e Portogallo).
Tamigi, Themse (F. in Inghilterra).
Tanai, Don (F. in Moscovia).
(Tartaria, Tartarey.
(Tartaro, sust. Tartar; ag. tartarisch.
Tevere, Tiber (F. in Italia).
Tibisco, Theiss (F. in Ungheria).
Tierviile, Diedenhofen.
(Tirolo, Tyrol.
(Tirolese, sust. Tyroler; ag. tirolisch.
Tocai, Tokay, Tokay.
Tolosa, Toulouse.
Tolosa, Toulouse.
Torino, Turin.
Tornai, Dornick, Tornick.
Teschel, Texel.
Transilvania, Siebenbürgen.
[illegible], [illegible].

Trento, Trient.
Treveri, Trier.
Trieste, Triest.
Tubinga, Tübingen.
Tunisi, Tunis.
(Turchia, Türkey.
(Turco, *sust.* Türk, *ag.* türkisch.
Turingia, Thüringen.

V

VAnia, Meissen.
Valdecco, Waldeck.
Valenza, Valenze.
Valachia, Wallachey.
(Vallesia, Wallisserland.
(Vallesiano, *sust.* Walliser.
Valtellina, Veltelin.
Varadino, Wardein.
Varsavia, Warschau.
Varta, Warthe (F. in Polonia).
Venezia, Venedig.
Versaglia, Versailles.
Vesel, Wesel.
Vesera, o Visurgo, Weser (F. in Germania).

Vestfalia, Westphalen.
Vezlar, Wetzlar.
Vicenza, Vicenz.
Vienna, Wien.
Villaco, Villach.
Virtemberga, Würtemberg.
Visera, Weser (F. in Franconia).
Vismara, Wismar.
Vistola, Weixel (F. in Germania).
Vittemberga, Wittemberg.
Ulma, Ulm.
(Ungheria, Hungarn.
(Ungarese, *sust.* Hungar; *ag.* hungarisch.
Volga, Wolga (F. in Moscovia).
Vormazia, Worms.

Z

ZAtmaria, Zatmar.
Zelanda, Seeland.
Zell, Zelle.
Zilligovia, Züllichau.
Zittavia, Zittau.
Zurigo, Zürch, Zürich.
Zutfen, Zutphen.

INDICE

De' nomi proprj degli Uomini, e delle Donne.

A

Abbondio, *m.* Abundius.
Abele, *m.* Abel.
Abramo, *m.* Abraham.
Achille, *m.* Achilles.
Achilleo, *m.* Achilleus.
Adamo, *m.* Adam.
Adelaide, *f.* Adelhaid.
Adelgonda, *f.* Adelgunda.
Adolfo (*). *m.* Adolph, Adolphus.
Adonide, *f.* Adonides.
Adrasto, *m.* Adrast-us.
Adriano, *m.* Adrian-us.
Agapito, *m.* Agapit-us.
Agata, *f.* Agatha.
Agnese, *f.* Agnes.
Agostina. *f.* Augustina.
Agostiniano, *m.* na, *f.* Augustiner, Augustinerinn, *cioè* dell' ordine di S. Agostino.
Agostino, *m.* Augustinus.
Ajace, *m.* Ajaxes.
Alba, *f.* Alba.
Albano, *m.* Albanus.
Alberto, *m.* Albrecht, Albertus.
Albino, *m.* Albin-us.
Alessandro, *m.* Alexander.
Alessio, *m.* Alexius.
Alfonso, *m.* Alphons-us.
Ambrogio, *m.* Ambrosius, *volgar.* Ambros.
Amadeo, *m.* Gottlieb.
Amilcare, *m.* Hamilkar.

A

Anacleto, *m.* Anaclet-us.
Anastagio, *m.* Anastasius.
Andrea, *m.* Andreas, *volgo*, Andres.
Andriana, *f.* Andriana.
Andronico, *m.* Andronikus.
Angela, *f.* Angela.
Angelica, *f.* Angelica.
Angelo, *m.* Angelus.
Aniceto, *m.* Anicetus.
Anna, *f.* Anna.
Annibale, *m.* Hannibal.
Anselmo, *m.* Anselm-us.
Antonia, } *f.* Antonia.
Antonietta, }
Antonino, *m.* Antonin-us.
Antonio, *m.* Antonius.
Apollinare, *m.* Apollinaris.
Apollonio, *m.* Apollonius.
Arcangelo, *m.* Archangelus.
Aristotile, *m.* Aristoteles.
Armando, *m.* Armand-us.
Arminio, *m.* Hermann.
Arnoldo, *m.* Arnold-us.
Asdrubale, *m.* Asdrubal.
Astolfo, *m.* Astolphus.
Atanagio, *m.* Athanasius.
Augusta, *f.* Augusta.
Augusto, *m.* Augustus.
Avito, *m.* Avitus.
Aureliano, *m.* Aurelian-us.
Aurelio, *m.* Aurelius.
Aurora, *f.* Aurora.

(*) Que' nomi terminanti in us possono anche in buona parte raccorciarsi, e. g. Adolph invece di Adolphus, Anton invece di Antonius, ma non così con quelli che terminano in eus, i quali non amano di essere raccorciati, e. g. Timotheus, e non Timoth.

Giova però osservare che i veri nomi proprj tedeschi non terminano mai in us, e che quelli che hanno questa terminazione sono piuttosto di origine greca, o latina, e g. Crysostomus, Augustinus, ec., quindi è che l'ommissione della sillaba us ad un vero nome proprio tedesco non è un accorciamento; ma essa serve piuttosto a trasformare un nome proprio tedesco in un nome proprio latino, e. g. Wilhelm è il vero nome proprio tedesco, ma per l'addizione della sillaba us diventa latino: Wilhelmus.

Baldino, m. Baldinus.
Baldassarre, m. Balthasar, volg. Balzer.
Balduino, m. Balduinus.
Barbara, f. Barbara.
Barnaba, m. Barnabas.
Barnabita, m. Barnabiter, cioè: dell' ordine di S. Barnaba.
Bartoldo, m. Barthold.
Bartolomeo, m. Bartholomäus.
Basilide, m. Basilides.
Basilio, m. Basilius.
Battista, m. Baptist.
Beatrice, f. Beatrix.
Benedetto, m. Benedictus.
Benedettino, m. na, f. Benedictiner-inn, cioè: dell' ordine di S. Benedetto.
Beniamino, m. Benjamin-us.
Benigno, m. Benignus.
Berenice, f. Berenice, Beronica.
Beriola, f. Beriola.
Bernardino, m. na, f. Bernhardiner-inn, cioè: dell' ordine di S. Bernardo.
Bernardo, m. Bernhard.
Berta, f. Berta.
Biagio, m. Blasius.
Bianca, f. Blanca.
Bibiana, f. Bibiana.
Bonaventura, m. Bonaventura.
Bonifacio, m. Bonifacius.
Bono, m. Bonus.
Bonomo, m. Bonomus.
Brigida, f. Brigitta.
Bruno, m. Bruno.
Brunone, m. Brunonius.
Burcardo, m. Burchard.

C

Cajo, m. Cajus.
Calisto, m. Callistus.
Camilla, f. Camilla.
Camillo, m. Camill-us.
Candido, m. da, f. Candidus-da.
Canuto, m. Canut-us.
Canziano, m. Cantian-us.
Carlina, f. Charlotchen, Carolinchen.
Carlo, m. Carl, Karl.
Carlotta, f. Charlotte.
Carmelitano, m. na, f. Carmeliter-inn, cioè: dell' ordine Carmelitano, dicesi anche: Karmeliter &c.
Casimiro, m. Casimir.
Cassandra, f. Cassandra.
Cassiano, m. Cassianus.
Cataldo, m. Cataldus.
Caterina, f. Katharina, volgo: Käthe.
Caterinuccia, f. Kätchen.
Cecilia, f. Cäcilia.
Celestino, m. Cälestinus.
Celso, m. Celsus.
Celio, m. Cälius.
Cesare, m. Cäsar.
Cesario, m. Cäsarius.
Chiara, f. Clara.
Chiliano, m. Kilianus.
Cipriano, m. Cyprian-us.
Ciriaco, m. Cyriacus.
Cirillo, m. Cyrill-us.
Claudio, m. Claudius.
Clemente, m. Clemens.
Clemenza, f. Clementia.
Cleto, m. Cletus.
Clotilde, f. Clothilde, Chrodechilde.
Cornelio, m. Cornelius.
Corrado, m. Conrad, volgo: Kunz.
Cosmo, m. Cosmus.
Costante, m. Constans.
Costantino, m. Constantin-us.
Costanza, f. Constantia.
Costanzo, m. Constantius.
Crescenzio, m. Crescentius.
Crispino, m. Crispin-us.
Cristiano, m. Christian-us.
Cristina, f. Christina.
Cristoforo, m. Christoph.
Cunigonda, f. Kunigunda.

D

Dagoberto, m. Dagobert-us.
Dalmazio, m. Dalmatius.
Damiano, m. Damian-us.
Daniello, m. Daniel.
Dario, m. Darius.
Davide, m. David.
Decio, m. Decius.
Demetrio, m. Demetrius.
Diamante, m. Diamant-us.
Diana, f. Diana.
Diego, m. Didacus.
Dieterico, m. Dieterich.
Dionigio, m. Dionysius.
Domenicano, m. na, f. Dominicaner-inn, cioè dell' ordine di S. Domenico.
Domenico, m. Dominicus.
Domitilla, f. Domitilla.
Domiziano, m. Domitian-us.
Donato, m. Donatus.
Dorotea, f. Dorothea.

EDuardo, m. Eduard.
Edvige, f. Edwig, Hedwig.
Efraimo, m. Ephraim.
Egidio, m. Aegidius.
Elena, f. Helena.
Eleonora, f. Eleonora.
Elia, m. Elias.
Elisa, f. Elise.
Elisabetta, f. Elisabeth, vulgo: Elß.
Eliseo, m. Eliseus.
Elvira, f. Elvira.
Emilio, m. lia, f. Aemilius, Aemilia.
Engelberto, m. Engelbrecht, Engelbertus.
Enrico, m. Heinrich.
Enrichetta, f. Henrica.
Epifanio, m. Epiphanius.
Eraclio, m. Heraclius.
Erardo, m. Erhard.
Erasmo, m. Erasmus.
Ercole, m. Hercules.
Ercolano, m. Herculan-us.
Erdmunda, f. Erdmuthe.
Erico, m. Erich.
Ermenegildo, m. ildo, f. Hermenegildus-a.
Erminio, m. Herminius.
Ermolao, m. Hermolaus.
Ernesto, m. Ernestus, Ernst.
Ervardo, m. Herward-us.
Ester, m. Esther.
Ettore, m. Hector.
Eva, f. Eva.
Evandro, m. Evander.
Evangelista, m. Evangelista.
Evaristo, m. Evarist-us.
Eucario, m. Eucharius.
Eudossio, m. ossia, f. Eudoxius-xia.
Everardo, m. Eberhard.
Eufemia, f. Euphemia.
Eufrasia, f. Euphrasia.
Eufrosina, f. Euphrosyne.
Eugenio, m. nia, f. Eugenius-nia.
Eulalia, f. Eulalia.
Euremondo, m. Euremundus.
Eusebio, m. Eusebius.
Eustachio, m. Eustachius.
Ezechiele, m. Ezechiel.

F

FAbiano, m. Fabian-us.
Fabio, m. Fabius.
Fabrizio, m. Fabricius.
Fantino, m. Fantinus.
Faustino, m. na, f. Faustinus-na.
Fausto, m. Faustus.
Federica, f. Friderica.
Federico, m. Friedrich, vulgo: Fritz.
Felice, m. Felix.
Feliciano, m. ciana, f. Felicianus-na.
Felicita, f. Felicitas.
Ferdinando, m. Ferdinand-us.
Fermo, m. Firmus.
Filiberto, m. Philibertus.
Filippino, m. Philippiner, einer vom ordine di S. Filippo Neri.
Filippo, m. Philipp.
Fiorenza, f. Florentia.
Firmino, m. Firminus.
Flaminio, m. nia, f. Flaminius-nia.
Flavio, m. via, f. Flavius-via.
Flora, f. Flora.
Florio, Florian.
Fortunato, m. ta, f. Fortunatus-ta.
Fosca, f. Fusca.
Francescano, m. na, f. Franciscaner-inn, frate dell' ordine di S. Francesco.
Francesca, f. Francisca.
Francesco, m. Franciscus, vulgo: Franz.
Fulberto, m. Fulbert-us.
Fulgenzio, m. Fulgentius.

G

GAbriello, e Gabriele, m. Gabriel.
Gaetano, m. Cajetanus.
Gallo, m. Gallus.
Gaspare, m. Caspar, vulgo: Kasper.
Gastone, m. Gaston.
Gaudenzio, m. Gaudentius.
Gedeone, m. Gedeon-us.
Geminiano, m. Geminian-us.
Gennaro, m. Januarius.
Genovessa, f. Genoveva.
Gerarda, f. Gerhardina.
Gerardo, m. Gerhard.
Geremia, m. Jeremias.
Germano, m. Germanus.
Geltrude, f. Gertrud, Gertraud.
Gervasio, m. Gervasius.
Gesù, m. Jesus.
Gesuita, m. ein Jesuit.
Ghiberto, m. Gibbert.
Gherardo, m. Gerhard.
Giacinta, f. Hyacintha.
Giacinto, m. Hyacinth-us.
Giacomo, m. mina, f. Jacob-ina.
Giberto, m. Gilbert.

Gille, *m.* Gilles.
Gioachimo, *m.* Joachim, *vulgo*, Jochen.
Giobbe, *m.* Job.
Giocondo, *m.* Jucund-us.
Giona, *m.* Jonas.
Giordano, *m.* Jordan-us.
Giorgio, *m.* Georg, *vulgo*: Jörg.
Giosuè, *m.* Josua.
Giovanna, *f.* Johanna.
Giovanni, *m.* Johannes.
Giovanni Battista, *m.* Joannes der Täufer.
Gioviano, *m.* Jovian-us.
Gioviniano, *m.* Jovinianus.
Giovita, *m.* Jovita.
Girolamo, *m.* Hieronymus.
Girolamino, *m.* Hieronymitaner, *cioè*: dell' ordine di S. Girolamo.
Giuda, *m.* Judas.
Giuditta, *f.* Judith.
Giulia, *f.* Julia.
Giuliana, *f.* Juliana.
Giuliano, *m.* Julian-us.
Giulio, *m.* Julius.
Giuseppa, *f.* Josepha.
Giuseppe, *m.* Joseph.
Giustina, *f.* Justina.
Giustiniana, *f.* Justiniana.
Giustiniano, *m.* Justinian-us.
Giustino, *m.* Justin-us.
Giusto, *m.* Justus.
Giovenale, *m.* Juvenalis.
Gordiano, *m.* Gordian-us.
Gorgone, *m.* Gorgon-us.
Gottardo, *m.* Gotthard.
Gottifredo, *m.* Gottfried.
Grazia, *f.* Gratia.
Grazioso, *m.* Gratiosus.
Gregorio, *m.* Gregorius.
Grisogono, *m.* Chrysogonus.
Grisostomo, *m.* Chrysostomus.
Gualtieri, *m.* Walter.
Guglielmo, *m.* Wilhelm.
Guido, *m.* Guidus.
Guntero, *m.* Günther.
Gustavo, *m.* Gustav.

I

IGino, *m.* Hyginus.
Iguaziano, *m.* ein Jesuit.
Ignazio, *m.* Ignatius.
Ilario, *m.* Hilarius.
Ilarione, *m.* Hilarion-us.
Innocente, *m.* Innocens.
Job, *m.* Hiob, Job.
Iosuè, *m.* Josua.
Ippolito, *m.* ta, *f.* Hippolytus-ta.
Irene, *f.* Irene.
Ireneo, *m.* Irenäus.
Isabella, *f.* Isabella, *vulgo*: Isel.
Isacco, *m.* Isaac.
Isaia, *m.* Isaias.
Isidoro, *m.* Isidor-us.
Ismaele, *m.* Ismael.

L

LAmberto, *m.* Lambrecht.
Lattanzio, *m.* Lactantius.
Lauro, *m.* Laurus.
Lazaro, *m.* Lazarus.
Leandro, *m.* Leander.
Lelio, *m.* Lelius.
Leonarda, *f.* Leonardin, Lehnhardtin.
Leonardo, *m.* Leonard.
Leone, *m.* Leo.
Leonilda, *f.* Leonilde.
Leopoldo, *m.* Leopold-us.
Letizia, *f.* Lätitia.
Liberale, *m.* Liberalis.
Liberato, *m.* Liberatus.
Liborio, *m.* Liborius.
Lino, *m.* Linus.
Livio, *m.* Livius.
Lodovico, Luigi, *m.* Ludwig, Aloysius.
Longino, *m.* Longin-us.
Lorenzo, *m.* Laurentius, *vulgo*: Lorenz.
Luca, *m.* Lucas.
Lucia, *f.* Lucia.
Luciano, *m.* Lucian-us.
Lucio, *m.* Lucius.
Lucrezia, *f.* Lucretia.
Lucrezio, *m.* Lucretius.
Luigi, Lodovico, *m.* Aloysius, Ludwig.
Luisa, Lodovica, *f.* Aloysia, Ludwize.

M

MAcario, *m.* Macarius.
Maddalena, *f.* Magdalena.
Maffeo, *m.* Matthäus.
Malachia, *m.* Malachias.
Marc' Antonio, *m.* Marcus Antonius.
Marcelliano, *m.* Marcellian-us.
Marcellino, *m.* Marcellin-us.
Marcello, *m.* Marcell-us.
Marciano, *m.* Marcian-us.
Marco, *m.* Marcus.
Margarita, Margherita, *f.* Margrethe, Margarethe.
Maria, *f.* Maria.

Mariano, m. Marianus.
Marina, f. Marina.
Marino, m. Marin-us.
Mario, m. Marius.
Marsiglio, m. Marsilius.
Marta, f. Martha.
Martino, m. Martinus.
Marziale, m. Martialis.
Marzio, m. Martius.
Massimilla, f. Maximilla.
Massimiliana, f. Maximiliana.
Massimiliano, m. Maximilian-us, volgo Max.
Massimino, m. Maximinus.
Massimo, m. Maximus.
Matteo, m. Matthäus.
Mattia, m. Matthias.
Maturino, m. Maturinus.
Maurizio, m. Mauritius, Moriz.
Mauro, m. Maurus.
Medoro, m. Medorus.
Melchiorre, m. Melchior.
Metilde, f. Mechtildis.
Michele, m. Michael.
Modesto, m. Modestus.
Moisè, m. Moses, Moyses.
Monica, f. Monica.

N

Narciso, m. Narcissus.
Natale, m. Natalis.
Natanaele, m. Nathanael.
Nazaro, m. Nazarius.
Nereo, m. Nereus.
Nestore, m. Nestor.
Niceforo, m. Nicephorus.
Nicodemo, m. Nicodemus.
Nicola, Nicolò, m. Nicolaus, volgo Niklas.
Nicomede, m. Nicomedes.
Noè, m. Noe, Noah.
Norberto, m. Norbertus.

O

Odoardo, m. Odoard-us, Eduard.
Ogni Santi, m. Aller Heiligen.
Olao, m. Olaus.
Olimpio, m. pia, f. Olympius-pia.
Oliviero, m. Oliverius.
Olivo, m. va, f. Olivus-va.
Onofrio, m. Onuphrius.
Onorato, m. Honoratus.
Onorio, m. Honorius.
Onuffrio, m. Onuphrius.
Orazio, m. Horatius.
Orlando, m. Orland-us.
Oronte, m. Orontes.
Orsola, f. Ursula.
Ortensio, m. sia, f. Hortensius-sia.
Osvaldo, m. Oswald.
Ottaviano, m. Octavianus.
Ottavio, m. Octavius.
Ottone, m. Otto.

P

Patrizio, m. Patricius.
Pancrazio, m. Pancratius.
Panfilo, m. Pamphilus.
Pantaleone, m. Pantaleon.
Paola, f. Paula.
Paolo, m. Paulus.
Paolino, m. na, f. Paulinus-na.
Pasqua, f. Pascha.
Pasquale, m. Paschal.
Patrizio, m. Patricius.
Pelagio, m. gia, f. Pelagius-gia.
Pellegrino, m. Peregrinus.
Perfetta, f. Perfecta.
Petronilla, f. Petronilla.
Petronio, m. Petronius.
Pietro, m. Peter, Petrus.
Pietra, f. Petronilla.
Pio, m. Pius.
Placido, m. Placidus.
Policarpo, m. Polycarp-us.
Pompeo, m. Pompejus.
Ponzio, m. Pontius.
Prassede, f. Praxedes.
Primo, m. Primus.
Procopio, m. Procopius, Protop.
Procolo, m. Proculus.
Prosdocimo, m. Prosdocimus.
Prospero, m. Prosper.
Protasio, m. Protasius.
Probo, m. Probus.
Prudenziana, f. Prudentiana.

Q

Quirino, m. na, f. Quirinus-na.

R

Rachele, f. Rachel.
Raffaello, m. Raphael.
Raimundo, m. Raimund-us.
Rainardo, m. Reinhart.
Rebecca, f. Rebecka.

Redento, m. Redemtus.
Regina, f. Regina.
Remigio, m. Remigius.
Renato, m. Renatus.
Riccardo, m. Richard.
Rinaldo, m. Reinhold.
Roberto, m. Robertus.
Rocco, m. Rochus.
Rodolfo, m. Rodolphus.
Romano, m. Romanus.
Romualdo, m. Romualdus.
Rosa, f. Rosa.
Rosalba, f. Rosalba.
Rosaura, f. Rosaura.
Ruffino, m. Rufinus.
Ruffo, m. Rufus.
Ruggiero, m. Rüdiger.
Ruperto, m. Ruprecht.
Rustico, m. Rusticus.

S

Sabina, f. Sabina.
Salomone, m. Salomon.
Salvatore, m. Salvator.
Samuele, Samuello, m. Samuel.
Sansone, m. Samson, Simson.
Santo, m. Sanctus.
Sara, f. Sara.
Saverio, m. Xaver, Xaverius.
Scevola, m. Scävola.
Scipione, m. Scipio.
Scolastica, f. Scholastica.
Sebaldo, m. Sebaldus.
Sebastiano, m. Sebastianus.
Secondo, m. Secundus.
Sempronio, m. Sempronius.
Serafino, m. Seraphinus.
Severino, m. Severinus.
Severo, m. Severus.
Sibilla, f. Sibylla.
Sigifredo, m. Siegfried.
Sigismondo, m. Sigismundus.
Silvestro, m. Silvester.
Silvio, m. via, f. Sylvius, via.
Simeone, m. Simeon.
Simone, m. Simon.
Simpliciano, m. Simplicianus.
Simplicio, m. Simplicius.
Sinforiano, m. Symphorianus.
Sinforosa, f. Symphorosa.
Sinfronio, m. Symphronius.
Sisto, m. Sixtus.
Sofia, f. Sophia.
Spiridione, m. Spiridion.
Stanislao, m. Stanislaus.
Stefano, m. Stephanus.
Sulpizio, m. Sulpitius.

T

Tancredi, m. Tancred.
Tecla, f. Tecla.
Telesforo, m. Thelesphorus.
Teobaldo, m. Theobaldus.
Teodulo, m. Theodulus.
Teodorico, m. Theodoricus.
Teodoro, m. ra, f. Theodorus, ra.
Teodosio, m. sia, f. Theodosius.
Teofilo, m. Gottlieb, P. Amadeo.
Teresa, f. Theresia.
Tiberio, m. Tiberius.
Tiburzio, m. Tiburtius.
Tilemanno, m. Tilemann.
Timoteo, m. Fürchte Gott, Timotheus.
Tito, m. Titus.
Tiziano, m. Titianus.
Tobia, m. Tobias.
Tommaso, m. Thomas.
Trifone, m. Triphon.

V

Valente, m. Valens.
Valentino, m. Valentinus.
Valeriano, m. Valerianus.
Valerio, m. Valerius.
Ubaldo, m. Ubaldus.
Uberto, m. Hubertus.
Ugo, m. Hugo.
Ugone, m. Hugonus.
Venanzio, m. Venantius.
Venceslao, m. Wenceslaus, Wenzel.
Veronica, f. Veronica.
Vincenzo, m. Vinzenz, Vincentius.
Virginio, m. Virginius.
Vitale, m. Vitalis.
Vito, m. Veit.
Vittore, m. Victor.
Vittorino, m. Victorinus.
Vittorio, m. Victorius.
Ulrico, m. Ulrich, Ulricus.
Volfango, m. Wolfgang.
Urbano, m. Urban.

Z

Zaccaria, m. Zacharias.
Zaccheo, m. Zachäus.
Zeferino, m. Zepherinus.
Zenobia, f. Zenobia.
Zenone, m. Zeno.

www.ingramcontent.com/pod-product-compliance
Lightning Source LLC
Chambersburg PA
CBHW021229300426
44111CB00007B/475
9783741172670